新疆通志

银行业志

（1986—2005）

新疆维吾尔自治区地方志编纂委员会
《新疆通志·银行业志（1986—2005）》
编纂委员会

中国金融出版社

责任编辑:肖丽敏
责任校对:潘　洁
责任印制:裴　刚

图书在版编目(CIP)数据

新疆通志．银行业志:1986—2005/新疆维吾尔自治区地方志编纂委员会,《新疆通志·银行业志(1986—2005)》编纂委员会编．—北京:中国金融出版社,2018.12
ISBN 978—7—5049—9836—1

Ⅰ．①新…　Ⅱ．①新…②新…　Ⅲ．①新疆—地方志②银行史—新疆—1986—2005
Ⅳ．①K294.5②F832.97

中国版本图书馆 CIP 数据核字(2018)第 247537 号

出版
发行　**中国金融出版社**

社址　北京市丰台区益泽路 2 号
市场开发部　(010)63266347,63805472,63439533(传真)
网上书店　http://www.chinafph.com
　　　　　(010)63286832,63365686(传真)
读者服务部　(010)66070833,62568380
邮编　100071
经销　新华书店
印刷　北京市松源印刷有限公司
尺寸　185 毫米×260 毫米
插页　38
印张　44.5
字数　1200 千
版次　2018 年 12 月第 1 版
印次　2018 年 12 月第 1 次印刷
定价　298.00 元
ISBN 978—7—5049—9836—1
如出现印装错误本社负责调换　联系电话(010)63263947

新疆维吾尔自治区地方志编纂委员会

《新疆通志·银行业志(1986—2005)》编审人员

总　　纂　廖运建

副 总 纂　刘　星　　刘　兵

编　　纂　周　霞

《新疆通志·银行业志(1986—2005)》编纂委员会

主　　任　朱苏荣(2012—2014 年)

副 主 任　赖秀福　　岳永生

委　　员　(以姓氏笔画为序)

马肯·穆哈买提都拉　　王　博　刘国庆

刘　珂　任三中　孙建勇　农惠臣　孙黎焰

阿不都　张　宇　张阿宝　张国伟　陈明理

陈鹏君　贺晓初　袁宏伟　贾晓逵　陶　冀

穆小龙　魏承国

《新疆通志·银行业志(1986—2005)》
编纂委员会

《新疆通志·银行业志(1986—2005)》
资料提供单位

（22个单位）

中国人民银行乌鲁木齐中心支行

中国银行业监督管理委员会新疆维吾尔自治区监管局

中国农业发展银行新疆维吾尔自治区分行

中国国家开发银行新疆维吾尔自治区分行

中国工商银行股份有限公司新疆维吾尔自治区分行

中国农业银行股份有限公司新疆维吾尔自治区分行

中国银行股份有限公司新疆维吾尔自治区分行

中国建设银行股份有限公司新疆维吾尔自治区分行

中国农业银行股份有限公司新疆生产建设兵团分行

交通银行股份有限公司乌鲁木齐分行

招商银行股份有限公司乌鲁木齐分行

华夏银行股份有限公司乌鲁木齐分行

新疆维吾尔自治区农村信用社

乌鲁木齐市商业银行

中国邮政储蓄银行新疆维吾尔自治区分行

华融国际信托有限责任公司

新疆长城新盛信托有限责任公司

长城国兴金融租赁有限公司

中国信达资产管理股份有限公司新疆分公司

中国华融资产管理股份有限公司新疆分公司

中国长城资产管理公司乌鲁木齐办事处

中国东方资产管理公司乌鲁木齐业务部

目　录

第一篇　机　构

第二篇　金融改革

第三篇　人民币负债业务

第四篇　人民币资产业务

第八篇　非银行金融机构业务

第九篇　中央银行业务与管理

第十篇　人事与财务

Contents

Part Two　Financial Reform

Part Three   RMB Liability Business

Part Four   RMB Asset Business

Part Five   Settlement and Intermediary Business

Part Six   Foreign Exchange

Part Seven   Financial Market

Part Eight Non—bank Financial Institution Business

Part Nine Central Bank Business and Management

Part Ten　Personnel andFinancial Affairs

Part Eleven   Education and Science & Technology

Part Twelve   Personages

Appendix

序　言

　　《新疆通志·银行业志(1986—2005)》付梓问世,是新疆银行业的一件大事。1986—2005年,在改革开放政策引领下,根据国家的统一安排部署,不断深化金融体制改革,推动了社会主义市场经济的建立和完善。新疆5万余名各族银行业员工在上级部门和地方党政的领导和关怀下,克服艰难困苦,按照社会主义市场经济的客观规律,运用货币、信贷、结算、利率、汇率等金融杠杆并遵守严格的规章制度,从新疆少数民族地区的实际情况出发,积极筹集和融通资金,支持新疆工、商、农、牧业和公共事业发展,支持对外贸易往来,对稳定金融物价、缩小新疆与沿海内地省区的发展差距起到了积极的促进作用,取得了显著的成效。将这一时期新疆银行业发展历程用志书的方式加以反映,可供资政参考,激励新疆金融行业在深化改革中砥砺前行、科学施策,这也是摆在新疆银行业员工面前的一项重要任务。

　　新疆各银行业金融机构特别重视此次修志工作,组成了强有力的领导班子,组建了精干的修志队伍,旨在将这本银行业志书打造成集资政、教化、存史于一体的精品。修志人员满腔热忱,受命秉志,钩沉索隐,经年累月埋头于档案文牍之中,每每奔波于资料出处,走档案馆、资料室,下访基层单位,东到哈密、西至伊犁,无不留下他们匆忙的足印。披沙拣金,内视反听,寒来暑往,已历三年余,于万卷之中收录史料,精心笔耕,数易其稿,完成了新疆第一部银行业史志。编写人员依据史料,秉笔直书,源流并举,既有对前志《新疆金融志》的萧规曹随之处,又有突出时代特征的独出机杼之笔,洋洋洒洒数百万言,记述了从1986年到2005年20年间新疆银行事业发展壮大的历程。一志在手,便可一览新疆银行业的昨天,资鉴新疆银行业的今天,远瞩新疆银行业的明天,起到服务当代、泽及后世的作用。

　　读此志书,我总的体会是谋篇布局合理精当,图文并茂。全志内涵丰富,特色鲜明;既有继承,更有创新和发展;能客观、全面、真实地反映这一历史阶段新疆银行业各项工作的本质特点、来龙去脉、因果联系、成败得失和经验教训,实事求是地记述成果、不足和问题,不虚夸、不贬抑,正反面材料并蓄,问题与对问题的纠正俱载;志书有彩图 126 幅,数据对比图 27 幅,各种表格 200 多张,看得出都是经精选入志的,且主题突出,画面清晰,编排科学有序,形象鲜明生动,有强烈的视觉审美效果,文字说明简洁贴切,实现了资料性、真实性和艺术性的和谐统一;志文语言简洁、朴实、流畅,专业术语和名词力求外行人看得懂、内行人看得清。

　　《新疆通志·银行业志(1986—2005)》的出版,着实让我感到高兴;又受其约而作序,欣然命笔,乐而为之。在此,对本志编纂人员的辛勤付出表示感谢!也愿广大银行工作者能效春蚕、做红烛、当桥梁,为人谦和、行为规范,做立足银行、服务经济的德才兼备之栋梁,为更好地服务经济发展、实现以习近平为核心的党中央确立的社会稳定和长治久安总目标,推进新疆银行业健康发展作出更大贡献!

中国人民银行乌鲁木齐中心支行党委书记、行长　郭建伟

2017 年 8 月

---

　　* 　郭建伟,现任中国人民银行乌鲁木齐中心支行党委书记、行长。

凡　例

　　一、本志以马克思列宁主义、毛泽东思想、邓小平理论、"三个代表"重要思想、科学发展观和习近平新时代中国特色社会主义思想为指导,坚持辩证唯物主义和历史唯物主义的立场、观点和方法,全面客观地记述 1986 年到 2005 年新疆维吾尔自治区银行业发展的历史和现状。

　　二、《新疆通志·银行业志》是首轮《新疆通志·金融志》(59 卷)的延续,属于行业志。首轮《新疆通志·金融志》下限为 1985 年,故《新疆通志·银行业志》上限确立为 1986 年。志书中首次设置了英文目录,对前志漏载事项进行补载并详载具有地方特色的事项。

　　三、本志上限起自 1986 年 1 月 1 日,下限截至 2005 年 12 月 31 日。

　　四、本志采用篇、章、节、目结构,按照"以类相从"或突出地方特色的原则设立,以篇、章、节横分类别,节、目以下纵述史实;人物编采用传、录、表诸种表述形式,坚持"生不立传"原则,在世人物的突出事迹以事系人载入;大事记以编年体为主,辅以纪事本末体,在记事中,对于只有年、月而无日的事件,则放在当月的最后,只有年而无月、日的,则放在当年的最后;本志书运用述、记、志、传、图、表、录等体裁记述,以志为主;全书除卷首(包含图片、序言、凡例、目录)、概述、大事记、附录、外,共设 12 编 49 章 154 节,约 130 万字。

　　五、本志使用规范的现代语体文记述,行文严谨、朴实、简洁、流畅,合乎语法。使用规范汉字,用词概念准确,符合现代汉语语法规范。使用的标点符号、数字、计量单位等均按国家规定的统一标准书写。

　　六、本志使用公元纪年,正文(除引文外)采用第三人称表述;行文涉及机构、会议、文件、职衔、地名等,均按当时称谓;除涉及人名、地名、纪年和简称等项采用括注外,其余采用页下脚注。

　　七、本志资料来源于文献、档案、报刊、书摘及实地调查等,所用资料均经各承编单位或部门考证、核实。书中经济数据一般采用自治区统计局公布的数据,统计局缺乏的,采用有关部门正式提供的数据;金融数据一般采用人民银行统计部门和银行业金融机构合法统计的数据;计量单位名称、符号的使用,按国家 1994 年 7 月 1 日起实施的《国际单位制及其应用》规定,一律采用中华人民共和国法定计量单位。

八、本志图片除人物和附录外均为前置图片,书中表格均以编为单位依次排序编号。

九、本志除大事记外,各篇章均设有无题序,概述编章要义。

十、本志中的各种计数除习惯的使用汉字外,均用阿拉伯数字。在表示金额以亿或万为单位时,保留小数点后两位;在表示倍数和百分数,只保留小数点后一位。对外汇牌价等数字表述,按惯例保留小数点后的位数。

1989 年 8 月 16 日，中国银行行长王德衍在伊犁支行西沙河子分理处考察工作。

1991 年 8 月 27 日，中国银行副行长雷祖华在吐鲁番支行检查指导工作。

1991 年 11 月 27 日，中国银行副行长周小川登上由中国银行支持的塔里木油田钻井平台参观。

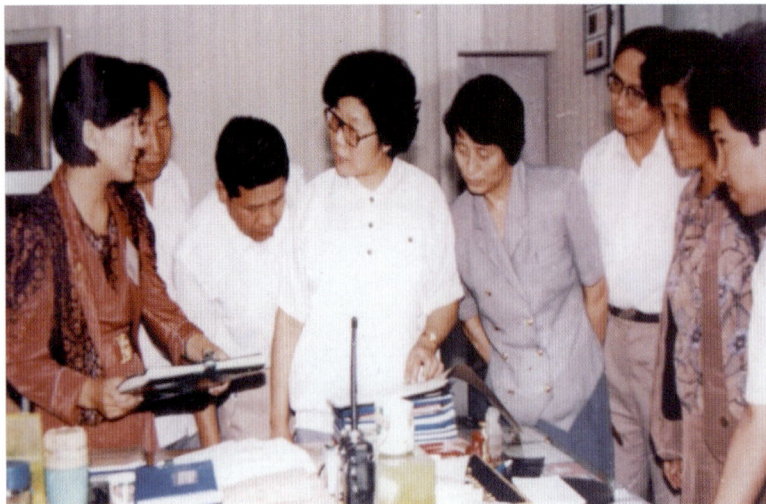

1992 年，工商银行总行行长张肖在新疆基层网点慰问员工。

1993 年 7 月 21 日，新疆维吾尔自治区党委书记宋汉良在全疆金融工作会议上作重要讲话。

1994 年 12 月 6 日，新疆维吾尔自治区副主席李东辉在全疆首届银贸协作会上作重要讲话。

1996 年 4 月 14 日，新疆维吾尔自治区副主席达列力汗·马米汗来农业发展银行新疆分行检查指导工作。

1997 年，人民银行西安分行行长胡怀邦来和田考察工作。图为考察人民银行和田地区分行会计人员办理业务现场。

1997 年，新疆维吾尔自治区副主席张云川审阅信用社体制改革文件。

1998年2月春节前夕，中国银行新疆分行领导将机关干部职工的捐款送到新疆维吾尔自治区特困企业新疆牧工商联合总公司。

1998年9月27日，农业发展银行总行行长谢旭人（前排右七）到吐鲁番考察工作时与基层干部合影。

2002年12月30日，中共中央政治局委员、新疆维吾尔自治区党委书记王乐泉，自治区党委副书记艾斯海提·克里木拜慰问工商银行新疆分行营业部员工。

2003 年 3 月 25 日，中国金融工会副主席王敬东、建设银行总行工会副主任张玉英为建设银行新疆分行营业部钢铁支行灯笼渠分理处颁发"全国金融系统女职工双文明示范岗"牌匾。

2004 年，中央宣传部宣教局局长柳丁（前排左五）在建设银行新疆分行考察"向党工作站""向党标兵"工作。

2004 年 12 月 31 日，新疆维吾尔自治区领导慰问参与年终决算的人民银行职工。

2005 年 8 月 5 日，新疆农业银行行长王纬和农总行行长杨明生拜会王乐泉。

2005 年，中国建设银行股份有限公司董事长郭树清（前排中）在新疆分行考察期间与员工亲切交谈。

2005 年 9 月 30 日，参加中华人民共和国成立 56 周年暨新疆维吾尔自治区成立 50 周年大会的中国人民银行副行长吴晓灵，看望人民银行乌鲁木齐中心支行全体职工并合影。

1985 年 2 月，工商银行新疆分行召开成立大会，新疆维吾尔自治区党委副书记祁果、新疆维吾尔自治区副主席何德尔拜出席大会，工行新疆分行行长张蔚在大会上讲话。

1986 年 5 月 1 日，新疆邮政储蓄恢复开办，自治区副主席何德尔拜，中共乌鲁木齐市委、市人民政府、市人民银行以及新疆邮电管理局等单位领导出席开业典礼。

1988 年，乌鲁木齐县信用合作联社成立。

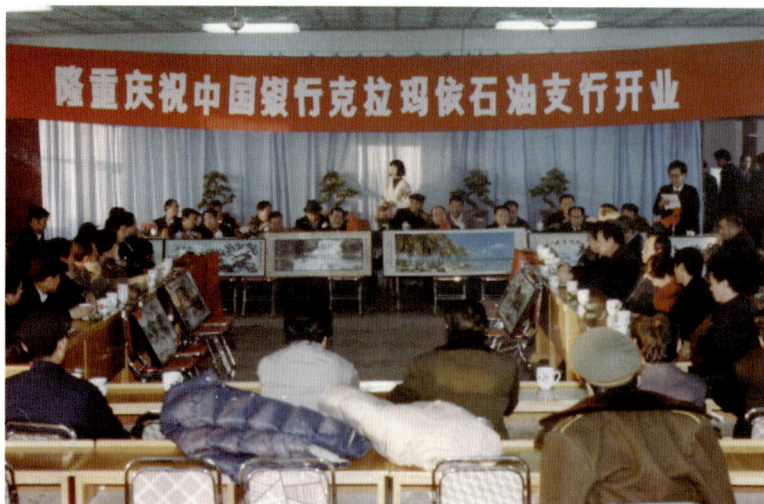

1990 年 11 月，中国银行克拉玛依石油支行开业。

1992 年 7 月 15 日，中国农业银行新疆兵团分行成立。

1995 年 4 月 28 日，中国农业发展银行新疆维吾尔自治区分行成立。

1998 年 7 月 28 日，乌鲁木齐城市合作银行更名为乌鲁木齐市商业银行。

1999 年 9 月 6 日，中国信达资产管理公司乌鲁木齐办事处成立暨揭牌仪式。

1999 年 12 月 18 日，国家开发银行乌鲁木齐分行正式挂牌成立。国开行总行行长陈元，自治区主席阿不来提·阿不都热西提为分行开业揭牌。

2002年9月18日，新疆国际信托投资有限责任公司举行揭牌仪式。

2003年10月19日，中国银行业监督管理委员会新疆监管局挂牌成立。

2003年11月12日，华夏银行乌鲁木齐分行开业。

1999 年 11 月 1 日，中国建设银行新疆分行迁入新办公楼。

2000 年 9 月 26 日，中国银行新疆分行新办公大楼落成。

2000 年，中国人民银行乌鲁木齐中心支行迁入新办公大楼。

农业银行新疆兵团分行办公大楼。

工商银行新疆分行经过装修改造的修建于民国年间的"大银行"内景。

乌鲁木齐商业银行宽敞明亮、整洁舒适的营业服务大厅。

中国农业银行阿勒泰兵团支行农十师185团营业所新楼。

1987年4月，中国银行乌鲁木齐分行行长秦道光与香港中芝兴业财务有限公司来新疆考察代表合影。

1988年6月25日，自治区经贸厅与中国银行乌鲁木齐分行召开银贸协作座谈会。

1989年，新疆国际信托投资公司首次利用国内银团外汇贷款2500万美元签字仪式在北京举行。

1991 年 12 月 17 日，中国银行乌鲁木齐分行向塔里木油田发放 7 亿美元外汇贷款签字仪式在乌鲁木齐举行。

1992 年 8 月 12 日，中国银行新疆分行向乌鲁木齐石化总厂转贷 1 亿英镑政府混合贷款签字仪式在石化总厂举行。

1994 年 11 月 17 日，乌鲁木齐石化总厂 20 万吨合成氨、30 万吨尿素项目 1.27 亿美元外汇贷款协议签字仪式在乌鲁木齐举行。

1997 年 7 月 21 日，中国银行新疆分行向乌鲁木齐市河滩路建设项目贷款 2 亿元签字仪式在乌鲁木齐举行。

1999 年 8 月 20 日，中国银行新疆分行与上海桑塔纳、神龙富康公司签订贷款协议，支持新疆汽车消费市场发展。

2000 年 1 月 18 日，工商银行新疆分行向新疆航空公司授信 40 亿元签字仪式。

2000 年 4 月 30 日，工商银行、中国银行新疆分行、乌鲁木齐市电信局召开联合开办银行代收电话费业务新闻发布会。

2001 年 8 月 14 日，建设银行新疆分行与天彩科技股份有限公司签订银企合作协议书。

2001 年 8 月 22 日，建设银行新疆分行与平安保险乌鲁木齐分公司签订业务合作协议书。

2003 年 1 月 21 日，乌鲁木齐市商业银行与乌鲁木齐市国税局签署"银税一体化"协议。

2003 年，建设银行新疆分行与哈萨克斯坦人民储蓄银行贸易结算账户协议签字仪式在乌鲁木齐举行。

2004 年 3 月 25 日，国家开发银行与新疆维吾尔自治区签订第一轮开发性金融合作协议。

2005 年 3 月，中国银行新疆分行在自治区国家助学贷款合作签字仪式上，分别与新疆职业大学等高校签订协议。

2005 年 8 月 1 日，农业银行兵团分行与新疆军区签署军民共建协议。

2005 年，交通银行乌鲁木齐分行与新疆北新路桥全面合作签约仪式。

20 世纪 80 年代，中国银行新疆分行、建设银行新疆分行重点支持的塔里木油田建设。

20 世纪 80 年代，工商银行喀什分行支持的喀什棉纺织厂。

20 世纪 90 年代，国家开发银行新疆分行贷款支持的新疆红雁池第二发电厂项目。

20世纪90年代，工商银行新疆分行支持的屯河集团年产24万吨番茄酱项目。

20世纪90年代，中国银行新疆分行利用2180万瑞士法郎外汇转贷款支持苇湖梁电厂技术改造工程。

20世纪90年代，新疆利用外资建成的最大投资项目之一的独山子乙烯工程。

1999 年 12 月 6 日，"八五"和"九五"期间，建设银行新疆分行重点支持建设的南疆铁路正式全线通车。

2000 年 11 月底，建设银行新疆分行负责转贷的世界银行乌鲁木齐至奎屯高速公路建设项目，经过四年的建设正式建成通车。

2003 年 8 月，农业银行新疆生产建设兵团分行支持兵团利用飞机除棉田杂草虫害。

2004 年，农业银行兵团分行支持的兵团农九师 163 团城镇建设。

2005 年 8 月，农业银行兵团分行投入 380 万元贷款支持新疆风力发电。

2005 年，农业银行兵团分行支持兵团贷款购进大型机采棉。

1996年11月5日，农业发展银行总行工作组在吐鲁番轧花厂了解粮棉油收购加工及贷款管理情况。

1998年4月9日至15日，中国银行新疆分行代理发行天山毛纺织品股份有限公司股票并做好各项服务工作。

20世纪90年代，人民银行乌鲁木齐市分行营业部复点旧币。

银行业志

2001年6月，中国工商银行总行在新疆召开支持西部开发座谈会。自治区人民政府副主席达列力汗·马米汗、中国工商银行行长姜建清出席会议。

2001年9月，米泉市农村信用联社创建"信用村"动员大会。

2003年7月，中国银行新疆分行推出保管箱业务为客户提供优质服务。

2004 年，建设银行新疆分行召开德隆系风险控制现场会议。

2004 年 6 月 1 日，农业银行兵团分行与兵团团委、教委共同开启新疆生产建设兵团教育储蓄特别助学仪式。

2005 年 9 月 13 日，新疆深化农村信用社改革试点动员大会召开。

2005 年，农业银行兵团分行为团场职工现场发放贷款。

工商银行新疆分行汽车消费贷款推介会。

人民银行乌鲁木齐市分行票据交换室场景。

农业发展银行、工商银行大力支持棉花收购，丰收的棉农踊跃交棉。

工商银行新疆分行向南疆莎车县希望小学捐款。

为穆斯林群众提供出国朝觐外币兑换。

金融业务知识宣传组图

2004年5月1日，新疆国际信托投资公司在乌鲁木齐人民广场举办金融宣传日活动。

2004年5月4日，建设银行新疆分行青年团员走上街头，宣传金融知识，开展业务咨询活动。

2005年，中国银行新疆分行采取多种形式宣传新业务。图为员工在乌鲁木齐人民广播电台现场解答热线电话。

20世纪80年代末，人民银行吐鲁番地区分行开展会计人员业务竞赛考核。

1991年7月24日，建设银行新疆分行举办第四届业务技术比赛。图为翻打储蓄凭条比赛。

1993年，乌鲁木齐市农业银行系统第四次业务技术比赛大会。

2004 年 4 月，建设银行新疆分行举办第八届业务技术比赛。

2004 年 5 月 25 日，农业银行兵团分行参加农行总行柜台业务技术比赛获团体第二名载誉归来。

女职工文明示范岗
中国金融工会全国委员会
2005年3月

2005 年 3 月，农业银行新疆兵团分行营业部五星路支行获全国金融系统女职工文明示范岗。

1987年4月，外汇管理局新疆分局首届全疆外汇管理培训班学员合影。

1990年12月13日，工商银行新疆分行召开卫行英雄吕守义、陈全虎、吐尔逊·古丽表彰大会。

1996年9月18日，农业发展银行新疆分行举办党纪政纪学习班。图为农发行新疆分行行长杨瑞法讲课。

1999 年 7 月，中国银行新疆分行召开"三讲"教育动员大会。

2005 年 7 月，外汇管理局新疆分局在克拉玛依举办新疆资本项目外汇管理业务培训班。

2005 年，建设银行新疆分行举办第一期"向党标兵—精英柜员"培训班。

1997年9月11日，海峡两岸台北至北京长跑新疆段在乌鲁木齐举行起跑仪式。图为中国银行新疆分行行长康美致贺词。

1998年12月3日，农业发展银行新疆分行在乌鲁木齐市举办首届职工乒乓球比赛。

1999年5月26日，中国银行新疆分行机关党委及工会代表慰问乌鲁木齐儿童福利院孤儿并捐赠现金及慰问品。

1999 年 7 月 1 日，农业发展银行新疆分行新党员在烈士陵园开展宣誓活动。

1999 年 9 月，米泉市金融系统第二届"金融杯"广播体操比赛。图为信用社参赛人员。

2002 年 8 月，人民银行乌鲁木齐中心支行表演的舞蹈"清泉"获西安分行文艺调演一等奖。

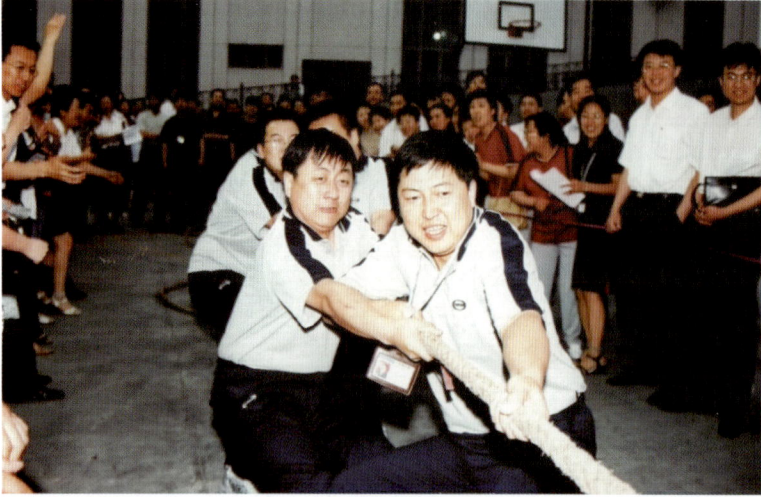

2005 年 5 月，建设银行新疆分行情系家园全民健身活动。

2005 年 7 月，人民银行乌鲁木齐中心支行领导班子与退离休老红军座谈。

2005 年 9 月 16 日，新疆国际信托有限责任公司组织登山健身活动。

2012 年，《新疆通志·银行业志（1986—2005）》编纂委员会筹备会。

2015 年 11 月 16 日，《新疆通志·银行业志（1986—2005）》（专业卷）专家评审会。

银行业志

2013 年，工商银行新疆分行举办编写《新疆通志·银行业志（1986—2005）》培训班。

2014 年 6 月，《新疆通志·银行业志（1986—2005）》简志专家评审会。

《新疆通志·银行业志（1986—2005）》编写小组。

中国人民银行

CBRC 中国银行业监督管理委员会
China Banking Regulatory Commission

中国农业发展银行
AGRICULTURAL DEVELOPMENT BANK OF CHINA

国家开发银行
THE STATE DEVELOPMENT BANK OF CHINA

中国工商银行
INDUSTRIAL AND COMMERCIAL BANK OF CHINA

中国农业银行
AGRICULTURAL BANK OF CHINA

中国银行
BANK OF CHINA

中国建设银行
China Construction Bank

中国农业银行新疆兵团分行
AGRICULTURAL BANK OF CHINA XINJIANG CORPS BRANCH

交通银行
BANK OF COMMUNICATIONS

招商银行
CHINA MERCHANTS BANK

HUAXIA BANK
华夏银行

中国邮政储蓄

ئۇرۇمچى شەھەرلىك سودا بانكسى
乌鲁木齐市商业银行
URUMQI CITY COMMERCIAL BANK

新疆维吾尔自治区农村信用社
XINJIANG RURAL CREDIT COOPERATIVES

华融国际信托有限责任公司
HUARONG INTERNATIONAL TRUST CO., LTD.

«چاتچىك گوشك» پۇل مۇئاملىه ئجارە چەكلىك شىركىتى
长城国兴金融租赁有限公司
GREAT WALL GUOXING FINANCIAL LEASING CO.,LTD.

长城新盛信托有限责任公司
GREAT WALL XINSHENG TRUST CO.,LTD.

جۇڭگو شىندا مۈلۈك باشقۇرۇش پاي چەكلىك شىركىتى
中国信达资产管理股份有限公司
CHINA CINDA ASSET MANAGEMENT CO., LTD.

新 疆 维 吾 尔 自 治 区 分 公 司
شىنجاڭ ئۇيغۇر ئاپتونوم رايونى شۆبە شىركىتى

جۇڭگو «خۇارۇڭ» مۈلۈك باشقۇرۇش شىركىتى ئۇرۈمچى ئىش باشقارمىسى
CHANC 中国华融资产管理公司 乌鲁木齐办事处
CHINA HUARONG ASSET MANAGEMENT CORPORATION URUMQI OFFICE

中国长城资产管理公司 乌鲁木齐办事处
CHINA GREAT WALL ASSET MANAGEMENT CORPORATION WULUMUQI BRANCH

中国东方资产管理公司
China Orient Asset Management Corporation

1986 ~ 2005 年新疆及全国人民币存款同比增长情况

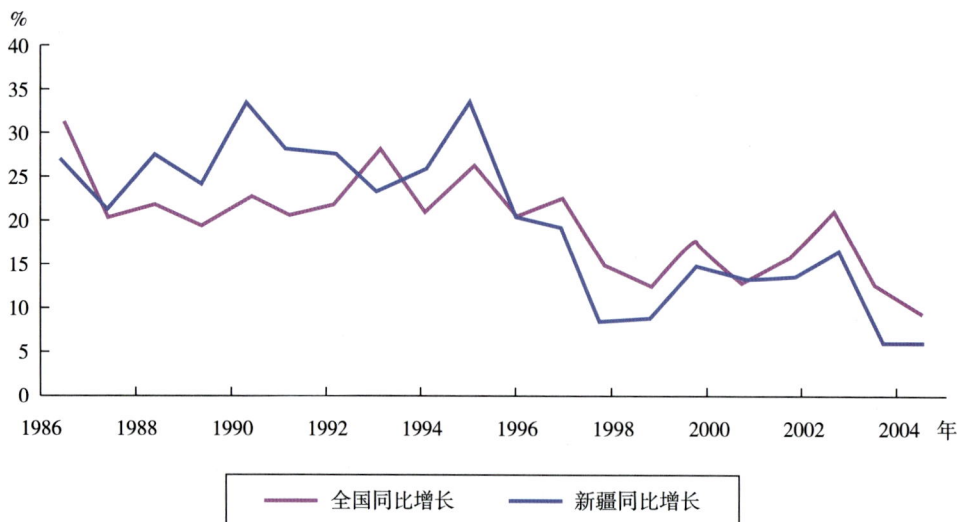

1986 ~ 2005 年新疆及全国人民币贷款同比增长情况

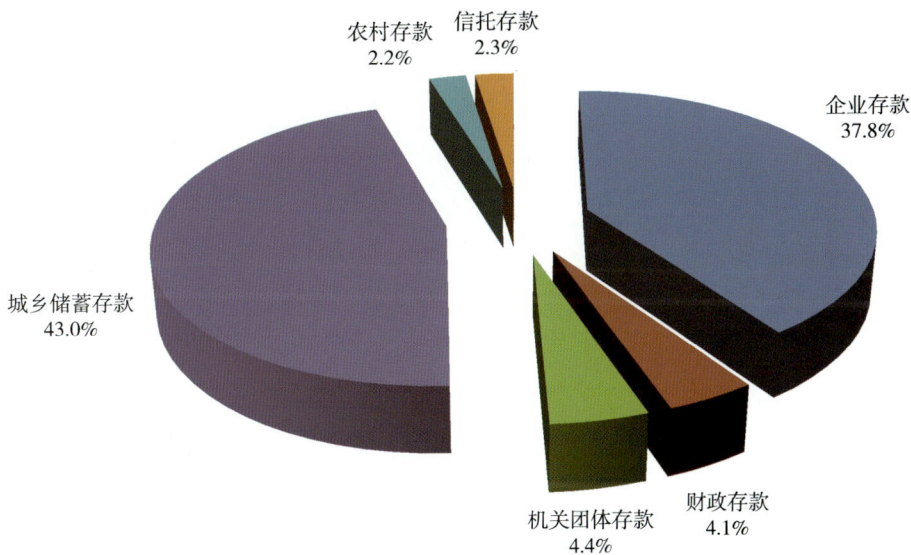

农村存款
2.2%

信托存款
2.3%

企业存款
37.8%

城乡储蓄存款
43.0%

机关团体存款
4.4%

财政存款
4.1%

1986 年新疆银行业金融机构人民币存款结构

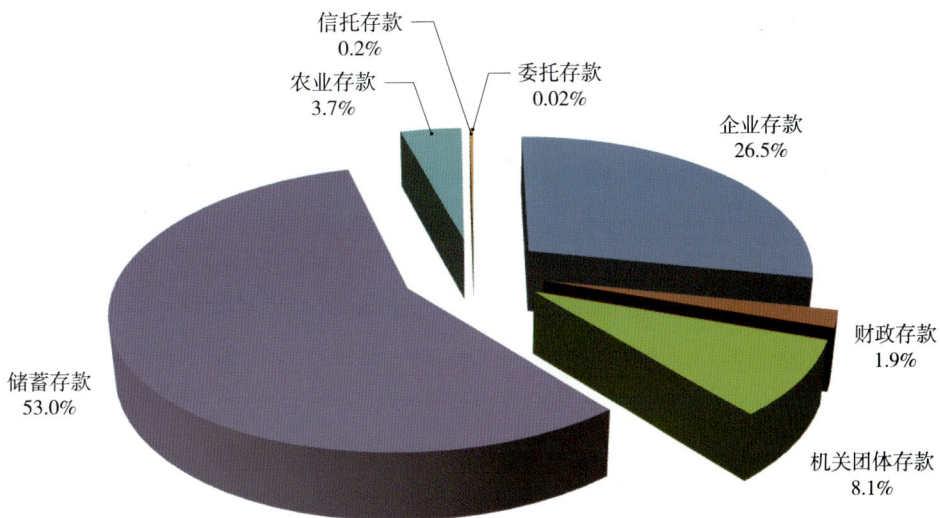

信托存款
0.2%

农业存款
3.7%

委托存款
0.02%

企业存款
26.5%

储蓄存款
53.0%

财政存款
1.9%

机关团体存款
8.1%

2005 年新疆银行业金融机构人民币存款结构

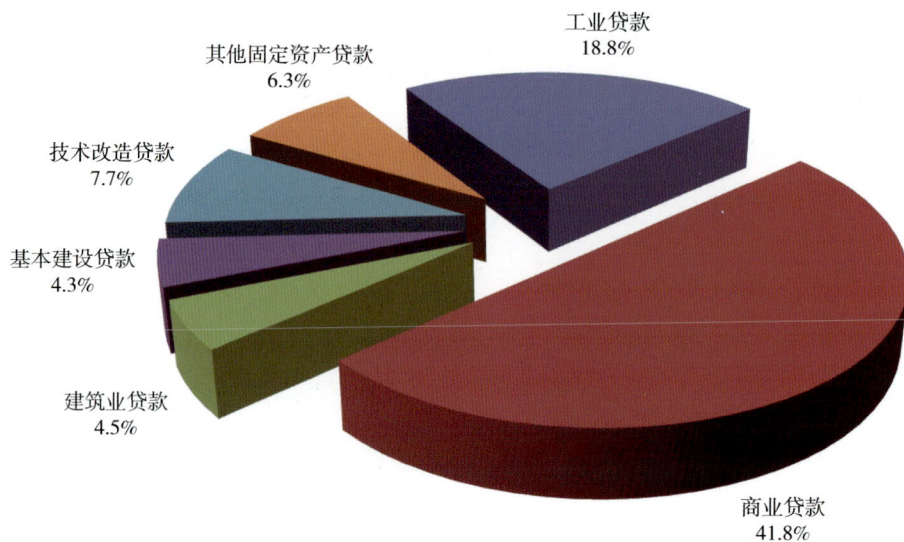

1986 年新疆银行业金融机构人民币贷款结构

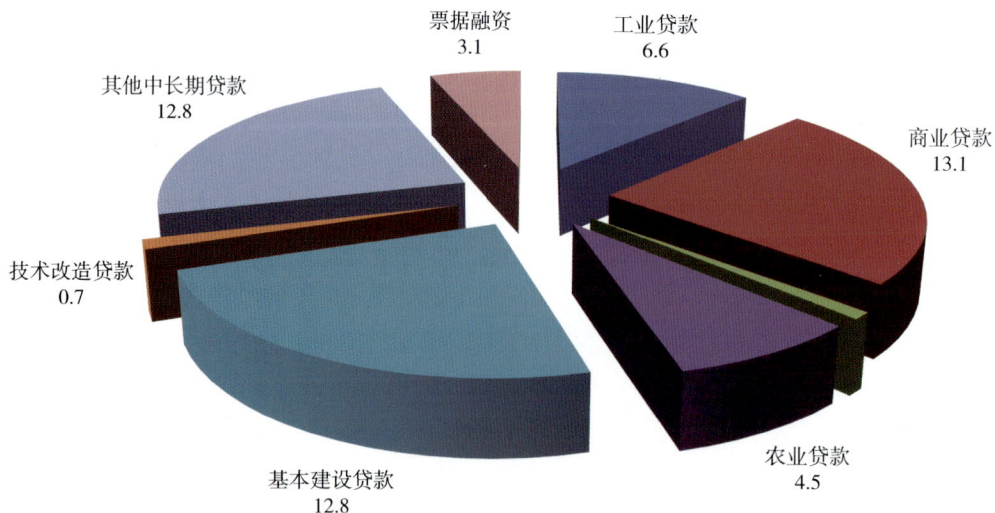

2005 年新疆银行业金融机构人民币贷款结构

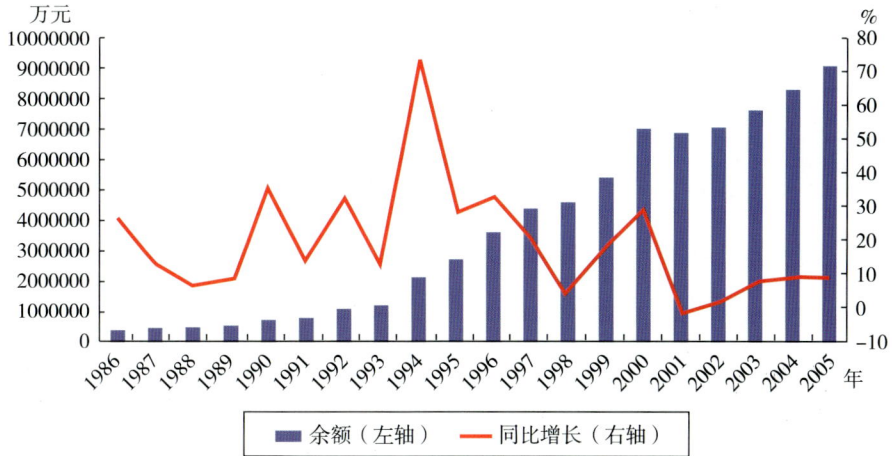

1986～2005年新疆银行业金融机构人民币企业存款余额及同比增速

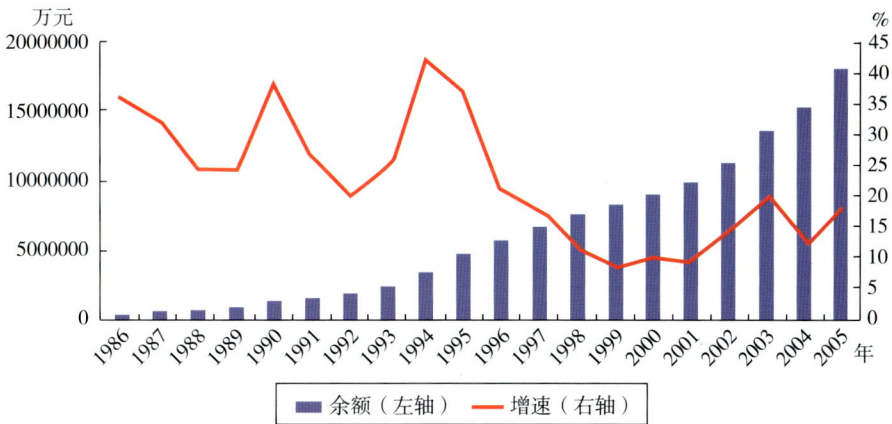

1986～2005年新疆银行业金融机构人民币储蓄存款余额及同比增速

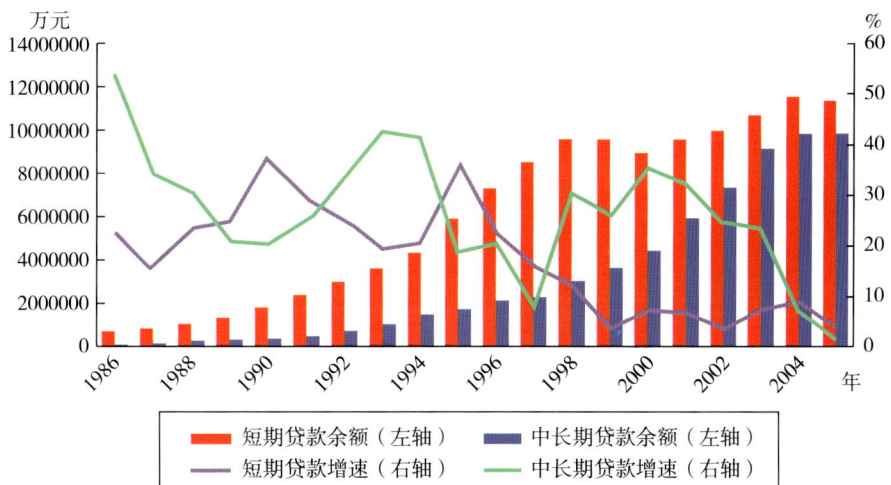

1986～2005年新疆银行业金融机构人民币短期与中长期贷款余额及同比增速

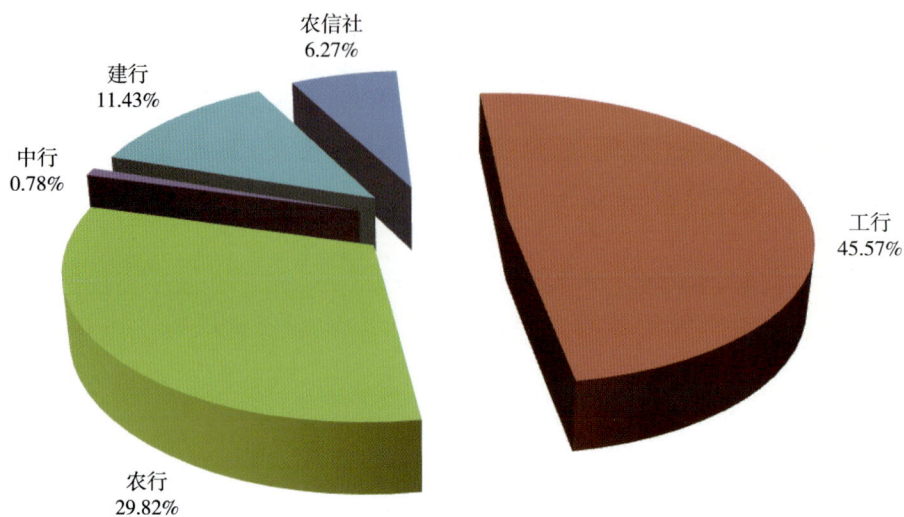

1986 年新疆银行业金融机构人民币存款占比分布

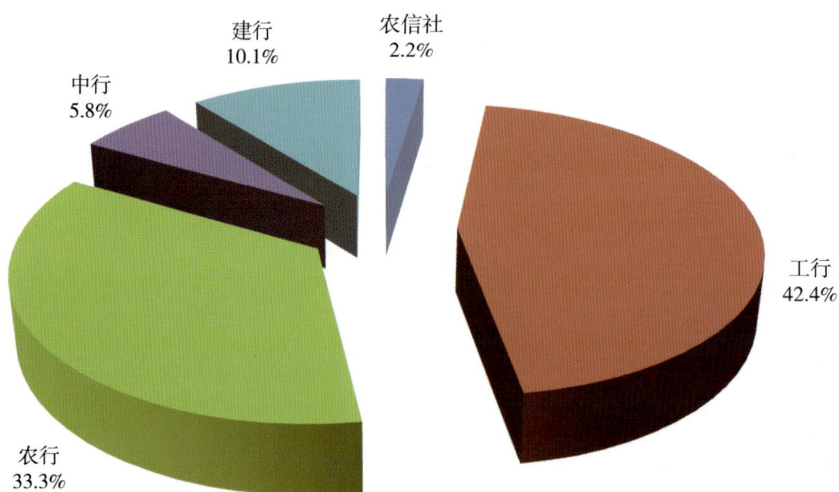

1986 年新疆银行业金融机构人民币贷款占比分布

金融租赁公司0.27%
国开行0.56%
农发行0.95%

信托公司0.19%

农信社
8.20%

城信社1.70%

城市商业银行4.11%

邮政储蓄5.29%

招商银行1.56%

华夏银行0.71%

交通银行3.57%

工行21.51%

农行14.16%

建行16.27%

兵团农行10.45%

中行8.98%

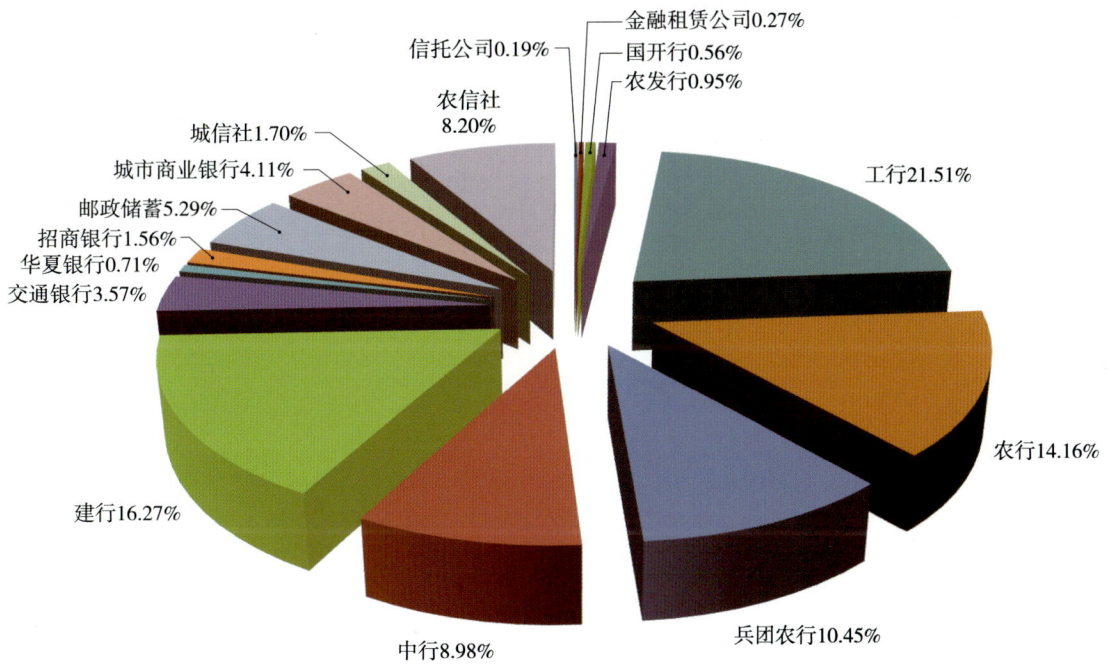

2005 年新疆银行业金融机构人民币存款占比分布

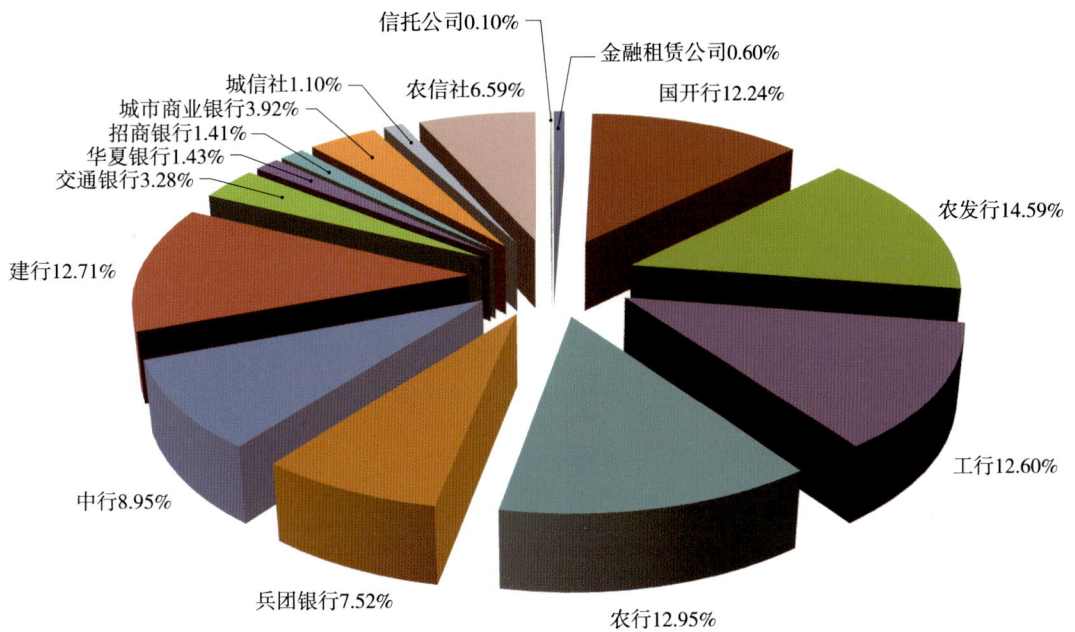

信托公司0.10%

金融租赁公司0.60%

城信社1.10%

农信社6.59%

城市商业银行3.92%

国开行12.24%

招商银行1.41%

华夏银行1.43%

交通银行3.28%

农发行14.59%

建行12.71%

工行12.60%

中行8.95%

兵团银行7.52%

农行12.95%

2005 年新疆银行业金融机构人民币贷款占比分布

概　　述

概　述

　　新疆维吾尔自治区,简称新疆或新,地处中国西北边陲,东南分别接甘肃、青海、西藏三省区,位于东经73°～97°,北纬34°～50°,东西最长处2000千米,南北最宽处1650千米,面积166.49万平方千米(兵团管辖范围7.43万平方千米),占中国国土面积的六分之一,是中国面积最大的省级行政区。从东北至西南与蒙古国、俄罗斯、哈萨克斯坦、吉尔吉斯斯坦、塔吉克斯坦、阿富汗、巴基斯坦及印度八国接壤,边境线长5600千米,是中国边境线最长、对外开放口岸最多的省区。新疆北部有阿尔泰山脉,南部有昆仑山脉。天山山脉横亘中部,把新疆分为南北两大部分,北部是准噶尔盆地,南部是塔里木盆地。习惯上称天山以南为南疆,天山以北为北疆。新疆远离海洋,高山环抱,气候干燥少雨,属于典型的大陆型干旱、半干旱气候区。新疆煤炭、石油、天然气储量丰富。首府乌鲁木齐市是连接欧亚大陆的交通要道和商贸流通中心。新疆是一个多民族居住地区,2005年末,全自治区总人口2010.35万人,其中少数民族人口占60%,有维吾尔、汉、哈萨克、回、柯尔克孜、蒙古、塔吉克、锡伯、满、乌孜别克、俄罗斯、达斡尔、塔塔尔13个民族。新疆维吾尔自治区有自治州5个、地区7个、地级市2个、县级市20个、县68个、市辖区11个。所辖境内的新疆生产建设兵团共有13个农业师,1个建筑工程师,174个农牧团场,总人口258.96万人。

　　1986—2005年,是社会主义市场经济建立和完善时期,这一时期,新疆在中共中央、国务院的正确领导和亲切关怀下,经济建设和社会各项事业全面发展,综合经济实力明显增强。与1985年相比,2005年生产总值增长22.3倍,达2604亿元;全口径财政收入增长46.0倍,达397.86亿元;工业增加值增长10.1倍,达962亿元;社会消费零售总额增长10.1倍,达638亿元;进出口贸易总额增长26.1倍,达79亿美元;城镇居民人均可支配收入增长9.9倍,达7990元;农民人均纯收入增长5.3倍,达2482元。在此期间,银行业在增强新疆综合经济实力、支持和服务新疆经济社会发展方面发挥了重要作用。在金融体制改革中,新疆银行业不断改善内部运行机制,由计划型银行体制转变为模拟市场型银行体制,再由模拟市场型银行体制转变为社会主义市场型银行体制,逐步形成与社会主义市场经济体制相适应的现代银行体系和运行机制,为新疆经济社会发展提供了强有力的保障。

一

　　1984年,中共中央、国务院决定中国人民银行专门行使中央银行职能。新疆银行业开始第一轮改革,银行组织体系与其运行机制发生了一定的变化。此前,新疆只有中国人民银行和若干农村信用合作社。经过改革,开始筹备建立专业银行。

　　1985年1月1日起,中国人民银行新疆维吾尔自治区分行(以下简称人行新疆分行)贯彻落实"统一计划,划分资金,相互融通,实贷实存"信贷资金管理办法,把计划与资金分开,人民银行不包专业银行的资金供应,专业银行可向同业横向融通资金,一定程度上改变了资金供给制状况,突破了过去指标管理的纵向直接控制体制,为实现横向融资和间接控制创造了条件。同年,中国工商银行新疆维吾尔自治区分行(以下简称工行新疆分行)成立,承接了原人民银行的工商信贷和储蓄业务。

1986年,新疆辖区人民银行原承担的专业银行及其他金融机构的职能,除专项贷款和金融业监督管理职能外,已基本剥离。新疆各级人民银行开始运用存款准备金、利率、再贷款、再贴现等一系列货币政策工具来控制信贷和货币的供给,以求达到"宏观管住、微观搞活、稳中求活"的效果。在制止"信贷膨胀""经济过热"、促进经济结构调整的过程中,初步培育了运用货币政策调节经济的能力。同年,人行新疆分行按照国务院发布《中华人民共和国银行管理暂行条例》的规定,对新疆辖区内的银行业、信托业全面履行"领导、管理、协调、监督、稽核"职责,对专业银行、信托业监督管理的工作重心是分配信贷规模和资金、审批机构设置、核准任职资格、审查新业务、实施稽核监察、检查处罚,其监督管理只限于一般性管理、行政检查、行政处罚等。同年,为适应邮政汇兑工作的需要,新疆邮电管理局开办邮政储蓄业务,建立属于组建单位的附属机构——乌鲁木齐市首家城市信用社——天山城市信用社。另外,新疆同业拆借市场也开始启动。至1986年末,新疆建立了经营信托业务、委托投资、租赁业务的独立核算信托投资公司22家,其中自治区级信托投资公司3家,其业务已渗透到工业、交通、农业、商业、科技、文化、教育、旅游等行业,在筹措资金、发放贷款以及代理发行企业股票、债券业务、支持地方建设等方面形成了良好的开端,标志着新疆银行业机构由国家银行"一统天下"逐步向多层次发展。

1987年,新疆银行业对综合信贷计划管理体制进行了改革。专业银行开始编制"两大计划"报告,人行对专业银行实行"合理供给、确定期限、有借有还、周转使用"的信贷原则和"条块结合"的分配办法,同时实行计划与资金分开管理的原则,人行不再包供资金。同年,专业银行新疆各分行按照各自总行的要求,认真核定成本率、综合费用率、利润留成与增补信贷基金或保险周转金的比率;下放业务经营自主权、信贷资金调配权、利率费率浮动权、内部机构设置权、留成利润支配权、中层干部任免及职工招聘与奖惩权。这些政策的变化突破了传统的高度垄断集中的管理体制,充分调动各级行的经营积极性,使专业银行的经营机制逐步向商业化转变。

1988年,全国较大范围内出现通货膨胀现象,尤其是在第三季度出现商品抢购风后,辖内金融机构严格坚持"两紧、两稳、一控",即收紧财政、收紧信贷、稳定经济、稳定物价、控制固定资产投资,发展和完善金融市场。从9月开始,金融机构按中共中央治理整顿和深化改革的方针及人行总行部署,及时开办保值储蓄、定期定额有奖储蓄、住房储蓄以及其他有奖储蓄。各金融机构还开展信贷现金大检查,执行"控制总量、调整结构、保证重点、压缩一般、适时调节、提高效益"的信贷政策,把工作重点放在信贷结构调整和加速资金周转,提高资金使用效率上。各金融机构清理压缩固定资产投资,清理整顿金融性公司,整顿金融秩序,清理"三角债"。专业银行开始组建信托投资公司,拓展融投资渠道。人行新疆分行牵头组建了新疆资金拆借中心,成为有形的同业拆借载体,新疆的货币市场调节资金余缺功能日益加强,同业拆借市场业务兴旺,并成为金融同业最重要的资金批发途径。同时,人行新疆分行对城市信用社的设置条件、审批程序等做了原则规定,要求城市信用社必须办成独立核算、自负盈亏的经济实体，其成立必须经人行批准。至年末，全疆城市信用社发展到173个。在发展中，城市信用社在经营范围、贷款发放、内部管理、风险防范等方面存在诸多问题。随后，人行新疆分行对有问题的城市信用社进行了全面清理整顿，严格了审批条件。

1989年，各专业银行改革房地产投资开发资金投入办法，建行、工行、农行先后成立了房地产信贷部，开办住房和房地产贷款业务。同时，专业银行分类制定工商企业信贷投放政策，停发或减少对个体私营经济、各种服务性公司贷款，对县支行发放贷款开始实行"总量控制、专项管理、分段实施"和对流动资金贷款实行"年度计划、按季下达、适时调整"办法，严格控制信贷投放规模，抑制通货膨胀，促进企业清仓挖潜。

1990年，新疆各家银行继续调整信贷结构。人行系统实行"中央银行贷款全额管理"办法，把贷款分为年度性贷款和短期贷款，层层分解下达。其他各家银行针对全辖工业企业面临生产滑坡、市场疲软、产品积压、效益下降，停产、半停产企业增多的情况，积极注入资金帮助企业"清欠"，把信贷投入的重点向国营工商企业、农副产品收购企业、"三有一不"企业倾斜。农村信用社进一步完善承包经营责任制，实行全员风险抵押承包，推行信用社等级管理制。为解决资金供求矛盾，广泛拓展融资渠道，各银行通过对企业进行"点贷"、注入"清欠"资金、发放停产、半停产企业生产启动资金，支持企业摆脱困境。年末，全辖工业贷款余额达46.8亿元，农副产品收购贷款余额57.2亿元。从下半年开始，全辖工业生产开始逐月上升，市场物资供应充足，物价渐趋平稳，人心稳定。

1991年，金融体制改革处于不规范状态，资金拆借规模和范围不断扩大。新疆银行业机构积极配合地方政企推行财政、企业、银行共同负责的"三级五方联合共保"资金供应方式，并与邮政积极配合，解决了"白条""绿条"问题。

1992年，新疆银行系统积极支持企业按照国家产业政策和效益原则开展直接融资，出现了债券、股票、大额可转让存单、商业票据等多种信用工具，银行间的同业拆借市场以乌鲁木齐为中心形成网络；资本市场从无到有，国库券、企业债券、股票都可在市场上买卖；批准和帮助企业发行股票（股权证），发行企业债券，企业内部债券，发行企业短期融资券等。同年，乌鲁木齐市城市信用社联合社经人行总行批准设立，全市城市信用社再次进入快速发展期，成为乌鲁木齐市城镇集体金融事业的一支新生力量。城市信用社作为中小金融机构，为新疆经济发展融通资金，重点为中小企业发展提供金融服务。

二

1993年，新疆银行业跟全国一样，开始了第二轮改革。由于有计划商品经济体制还保留着计划经济的框架，只是一种模拟市场经济，银行机制转变受到很大制约。第一轮改革后，银行业虽较前期有了一定的活力，业务量得到了快速增长，但是，由于旧体制遗留问题多，严重影响了银行职能的有效发挥。国有专业银行"统管"国有企业流动资金实际上是"统包"，使信贷资金供给制难以转变；专业银行只在信贷资金的供给上进行了分工，并没有改变银行的运行机制；专业银行既办理政策性业务又办理商业性业务，难以走上企业化道路；中央银行无相对独立制定和执行货币政策的权力，又无法定的地位，难以真正行使中央银行职能等。为此,国务院出台了《关于金融体制改革的决定》,明确了要把中国人民银行办成真正的中央银行,要把国家专业银行办成真正的商业银行,使政策性金融与商业性金融分离,并提出人民银行要尽快转换职能,把工作重心转向科学制定货币政策和对金融机构的监管上来。从此,新疆辖内各级人民银行开始关注辖内金融机构的金融风险,逐步将金融监管作为中央银行的重要职能;国有专业银行开始走上向国有独资商业银行转变的历程。同年,新疆维吾尔自治区邮政储汇局成立,邮政储蓄网点三分之二以上在县及县以下农村,农村金融服务得到加强。7月,新疆各行、司、社认真贯彻国务院"约法三章"的指示精神,清理乱拆借、乱投资、乱办金融业务的行为。

1994年,开始实行新的信贷资金管理体制,人民银行对金融的宏观调控,由直接调控逐步转向间接调控,集中调控权限在人行总行,人行新疆分行按照人行总行的授权负责辖内的信贷资金管理,并承担着自治区证券等非银行机构设立、企业债券及股票发行的审批事项;负责企业发行债券后资金使用情况的管理;国债、股票、企业债券等有价证券的柜台交易的管理等职能。同年,国家外汇管理体制进行了重大改革,取消了外汇留成和上缴的规定,实施汇率并轨、银行结售汇、有管理的浮动汇率、人民币经常项目可兑换政策。其后,新疆市场配置外汇资源的基础地位初步确立,健全的外汇业务体系基本形成,新疆境内的各家银行与其他国家和地区的银行分支机构建立了代理关系,为客户提供全方位的金融服务。这一年,商业银行实行"信贷总规模控制下的资产负债比例管理",全面推行"资产风险管理"。在国家层面,人行、工行、农行、建行将原办理的农业政策性业务划转农业发展银行,国有商业银行不再办理农业政策性业务。同年,自治区第一家股份制商业银行——交通银行乌鲁木齐分行成立。

1995年,《中华人民共和国中国人民银行法》(以下简称《中国人民银行法》)、《中华人民共和国商业银行法》(以下简称《商业银行法》)、《中华人民共和国担保法》(以下简称《担保法》)、《中华人民共和国票据法》(以下简称《票据法》)和全国人大通过的《关于惩治破坏金融秩序犯罪的决定》相继颁布,标志着中国金融事业步入了法制化、规范化的轨道,也意味着中国人民银行现代中央银行职能的依法确立。辖内银行业金融机构围绕适度从紧的货币政策,认真学习、宣传、贯彻"四法一规定"。依照《中国人民银行法》的规定,新疆辖区人民银行的各分支机构按照金融法律、法规,规定的权限履行宏观调控、金融监管、金融服务职责,努力改善金融服务,大力调整信贷结构,并制定了《大额贷款备案审查制度》和《大额提现备案制度》,抑制通货膨胀,控制现金投放,维护金融稳定。各国有商业银行实行一级法人体制,对分支机构实行授权授信经营,其内部经营管理体制更趋完善。10月,人行总行下发《关于进一步规范和发展再贴现业务的通知》,新疆贴现与再贴现业务进一步得到规范和发展。同年,中国农业发展银行在新疆设立分支机构,并将人行新疆分行经办的专项贷款等政策性业务划转到农业发展银行和相关的国有商业银行,人民银行履行金融宏观调控职能又迈出了重要的一步。

1996年,全国农村金融体制改革工作会议决定,中国农业银行不再领导管理农村信用社,农村信用社的业务管理由县联社负责,对农村信用社的监管由中国人民银行直接承担。其改革的目标是建立和完善以合作金融为基础,商业性金融、政策性金融等各种金融机构分工协作的服务体系。8月,国务院发布《关于农村金融体制改革的决定》,明确改革的重点是农村信用社管理体制,核心是把农村信用社逐步改为由农民入股、由社员民主管理、主要为入股社员服务的合作金融组织。10月,全疆农村信用社顺利完成与农业银行的"脱钩"工作。同年,新疆银行业金融机构现金管理体制由"条块结合、以条为主"改为"条块结合、以块为主"。全辖区人行系统加大对金融机构风险管理的监督,把高级管理人员任职资格审查纳入风险监管,各金融机构加大维权力度,对借改制之机逃废金融债务的企业实行"黑名单信贷制裁和依法清收",并试行贷款证,防止企业多头贷款。

1997年,亚洲金融危机爆发,中国经济出现滑坡,内需严重不足,新疆也受到影响,企业效益大幅下滑。为扭转局面,新疆银行系统把切实防范和化解金融风险,作为全年工作的重点。同年,农业银行基本完成了作为国家专业银行"一身三任"的历史使命,开始进入了真正向国有商业银行转化的新的历史时期。各金融机构增强了风险防范意识,加大了防范力度,商业银行强化中间业务拓展力度。人行为防范城乡信用社风险,规定了城市信用社固定资产购建经费来源和审批权限,对农村信用社高风险社实行跟踪监管。在乌鲁木齐成立了新疆第一家城市商业银行——乌鲁木齐市城市合作银行。

1998年,防范和化解金融风险仍是金融机构各项工作的重头戏。新疆人行系统贯彻执行稳健的货币政策,按人行总行的统一部署,开始实行"计划指导、比例管理、自求平衡、间接调控"的信贷资金管理体制。人民银行对国有商业银行贷款规模管理由指令性改为指导性,取消贷款规模控制,给商业银行充分的贷款自主权;逐步实行资产负债比例管理,并开始综合运用存款准备金、再贷款、再贴现、利率等货币政策工具,及时调控基础货币。同时,辖内商业银行存款准备金改缴当地人行为上划总行一级法人考核,在加大营业网点和风险机构调整力度的同时,还加大了人事改革力度,与全辖区员工签订了劳动用工合同,实行全员劳动合同制,鼓励员工提前内退,实行政策性机制减员。在防范和化解风险的同时,金融机构积极支持地方经济建设,加大对个体私营经济信贷投入,年末信贷余额达8.3亿元。同年,人行新疆分行撤销,成立中国人民银行乌鲁木齐中心支行,同时,成立人行西安分行乌鲁木齐金融监管办事处,正式在新疆履行中央银行的各项金融宏观管理职能。同年,招商银行率先推出网上银行业务,之后中行、建行、工行也先后推出此项业务。这些不同于以往计算机应用的网上银行,使客户不必受时间、空间的限制,可以享受每周7天、每天24小时的不间断的银行服务。

1999年,人行建立了金融债权管理行长联席会议制度、逃废金融债务企业名单通报制度,组织人员对全辖农村信用社1998年经营真实性情况进行了检查,对弄虚作假人员进行了查处,并对农村信用社给予发放支农再贷款、批准动用存款准备金、化解高风险信用社的支持。人行西安分行乌鲁木齐金融监管办事处出台了《关于建立金融安全区的意见》,重视防范和化解中小金融机构风险,对县级城市信用社实施了归口农村信用社行业管理,提出了更名、合并、兼并、重组、内部整顿、撤销等7种分类处置措施;协助地方政府对全疆农村合作基金会的清理整顿工作。同年,国家开发银行在新疆设立了分支机构,中国信达资产管理公司乌鲁木齐办事处在乌鲁木齐成立。辖内各商业银行以风险管理为核心,全面深化机构和内部管理体制改革,先后成立了"信贷管理委员会""借款审查委员会""信贷风险管理处""信贷营销处",加大信贷风险管理和贷款营销力度,按"运作高效、反应灵敏、管理科学、防范风险"的原则,加大机构收缩力度,对城区机构和效益差的机构进行了就近撤并。

同时,各银行采取各项措施,加大吸储力度,在国家实行储蓄存款实名制、开征利息所得税的情况下,全辖区人民币各类存款余额达到1548.7亿元,比上年净增212.2亿元。

<h1 style="text-align:center">三</h1>

2000年,国家实施西部大开发战略,同时,为适应中国加入世界贸易组织,迎接外资金融机构带来的挑战,参与国际经济金融大循环,人行乌鲁木齐中心支行印发《关于金融支持新疆西部大开发战略的意见》,提出加大对基础设施建设的信贷投入,积极支持生态环境保护和建设等金融支持实施西部大开发战略的指导原则。同年,商业银行为减轻企业债务负担,减少金融债权风险,降低经营风险,积极开展不良贷款的清分剥离、核销和债转股工作,全年剥离不良贷款本息184.7亿元。同年,对城乡信用社五类社实行了"降格、合并、精简、扶持"的处置办法。全年辖内农村信用社继续减亏,高风险社得到有效化解,并完成了增资扩股任务。同年,在新疆又有3家金融资产管理公司成立,即中国长城资产管理公司乌鲁木齐办事处、中国华融资产管理公司乌鲁木齐办事处、中国东方资产管理公司兰州办事处乌鲁木齐工作组。

2001年,人行总行下发《关于切实加强商业汇票承兑贴现和再贴现业务管理的通知》,开启票据业务的规范阶段。各商业银行适时调整票据业务营销策略,坚持发展、风险、效益并重的经营原则,积极拓展票源,逐步推进票据业务从被动营销向主动营销、从分散经营向集中经营、从传统办理商业汇票承兑和贴现向承兑、贴现和转贴现业务品种多样化的转变,促进票据业务快速、健康发展。同年,商业银行改革继续向纵深推进。农业银行全面实行农业扶贫专项贷款商业化运营,将扶贫信贷计划由指令性改为指导性;将余额净增计划改为累计发放额计划;将与常规贷款区别对待改为同等对待。同时,农业扶贫专项贷款由扶贫、财政部门进行贴息。各商业银行按照"以客户为中心、以市场为导向、以效益为目标、以创新为动力、以风险控制为主线"的原则,对内部分配进行了调整,行员结构工资成为档案工资,行员行政职务等级、绩效工资居主导地位,并统一参加地方医疗保险。各商业银行在实施行内体制改革的同时,金融风险的防范和化解仍然是各项工作的主旋律,采取了定人员、定对象、定时间、定奖励、定任务,抓重点企业、抓重点行业、抓重点地区,积极清收消化、发展转化、起诉追偿、政策化解、投入稀释的办法防范和化解风险。信贷投入重点由个体私营经济向重点项目、重点企业转移,向个人消费,特别是住房消费方向转移。同年,城乡信用社采取"规范经营,以发展降风险"的办法,大力推行《小额农贷信用卡管理办法》,并开办助学贷款。农村金融业务持续发展,农村储蓄存款突破100亿元。

2002年,人行乌鲁木齐中心支行提出打造诚信社会环境的要求。从这一年开始,在辖区开展创建"农村信用工程"。大力开展以创建"信用村(镇)""诚信企业"为主要内容的诚信工程建设,并制定了试点地区"诚信企业"评定办法。农村信用社坚持以服务"三农"为宗旨,全面开展创建"信用社、乡(镇)、村"活动,推行小额农贷管理办法。商业银行在继续改善信用环境的同时,大力发展风险性小的中间业务,进一步严格信贷审批制度,坚持以发展降风险的观点不动摇。同时,各行积极改进和加强金融服务,增强贷款营销理念,加大有效信贷投入,盘活不良信贷资产,化解风险,大力开办商业汇票承兑、贴现、再贴现业务,帮助企业灵活运用商业汇票融通资金。同年,国有独资商业银行走上了国有控股上市的国有商业银行股份制改革之路。

2003 年,新疆银监局成立,人行西安分行乌鲁木齐金融监管办事处的监管职能划转新疆银监局。至此,新疆辖区金融监管职能调整全部完成,各级人民银行机构开始真正全面履行中央银行分支行职能。专司银行业、信托业监管职能的新疆银监局成立,强化了银行、信托业监管的职能,银行监管转向以风险监管为主的合规性监管与风险性监管相结合、非现场监测和现场检查手段相结合的银行审慎监管体系,监管的专业性和有效性明显加强。同年,全国人大重新修订并颁布了《中国人民银行法》,将人民银行职能集中体现为:强化中国人民银行参与和执行货币政策有关的职责;由过去主要是直接监管的职能转换为维护金融稳定的职能;增加反洗钱和管理信贷征信两项职能,对人民银行履行中央银行的职能赋予了新的职责与任务。同年,国家对中行、建行注资,着力将其改造成具有国际竞争力的现代化股份制商业银行,同时,对工、农、交三行也提出了加快推进综合改革、完善公司治理、建设现代金融企业的要求。各商业银行对中层干部全部解聘,采取“公开、公平、竞争、择优”的办法,重新竞聘。招商银行、华夏银行等一批新的股份制商业银行陆续在乌鲁木齐设立了分行。这些股份制银行较少历史包袱,较多灵活机制,较多创新意愿和竞争能力,成为推动新疆银行业竞争的生力军。

2004 年,商业银行继续实施以公司治理机制为目标的“决策系统、组织结构、业务流程、激励机制、内控体制”改革。工行新疆分行先后将存款余额在 5000 万元以下的营业网点撤销。建行、中行新疆分行分别更名为中国建设银行股份有限公司新疆分行和中国银行股份有限公司新疆分行。

2005 年,新疆维吾尔自治区人民政府批转人行乌鲁木齐中心支行《关于加强新疆金融生态环境建设的意见》,以政府为主导的建设地方金融生态环境的工作机制开始形成。征信体系建设取得明显成效,银行的企业贷款数据和个人信贷业务数据入库率较高,为营造全疆社会诚信环境奠定了良好基础。同年,新疆以国有控股商业银行为主体、其他股份制银行、城乡信用合作社等多种类型银行机构并存发展、相互竞争的银行业体系初步形成。政策性银行、商业银行业务创新、产品创新、机制创新的意识得以增强。全疆金融机构各项存款余额由 1986 年的 105.67 亿元,增加到 2005 年末的 3427.48 亿元,增幅为 31.4 倍;各项贷款余额由 1986 年的 96.67 亿元,增至 2005 年末的 2272.08 亿元,增幅为 22.5 倍。个人理财业务不断发展并趋规范,个人消费贷款品种不断增加,联合授信业务开始起步,中间业务服务范围和农业产业化信贷服务不断扩大,小额农贷稳步增长。由于银行业在新疆作用的充分发挥,也使得新疆国内生产总值由 1986 年的 129.0 亿元增加到 2005 年的 2604.2 亿元,增幅达 19.2 倍。新疆银行业成为新疆经济发展的坚强支柱。同时,随着金融事业的不断进步,金融系统干部职工队伍专业素质得到明显提高。年末,全辖区银行业职工总数为 5.1 万人,其中,具有大中专以上文化的人员占 80.7%,具有中高级专业技术职务的人员占 39.1%。全辖区银行业金融电子化水平也不断提高,实现了临柜微机化(或电子化)、办公自动化、系统网络化,党群、社团组织健康发展,学术科研氛围浓厚。

综观新疆银行业 20 年的演进,随着金融改革的不断深入,金融法规、制度的不断完善,金融监管、内部控制与经营管理、队伍建设的不断加强,以及货币政策作用的积极发挥,金融风险的有效防范,新疆银行业同当地社会、经济、文化事业一样,经历了历史性的变迁。20年,新疆银行系统干部职工始终坚持党和国家的稳定货币、发展经济、促进社会稳定等一系列方针政策,充分发挥金融在经济发展中的杠杆作用,促进了新疆经济持续、快速、健康发展,为两个文明建设作出了贡献。展望未来,新疆银行业既面临许多难得的机遇,又面对许多严峻的挑战,也将发生许多新的变化,显现许多新的趋势。(1)综合化经营的趋势将更加明显。商业银行将通过投资设立基金公司、证券公司、保险公司、养老金公司、信托公司等金融机构,进一步加快综合经营步伐,并表管理能力也将随之进一步提升。适应这一趋势,银行、证券、保险等监管部门之间的监管协作机制将更趋完善,机构监管与功能监管的结合将不断加深,商业银行综合经营的外部环境也将进一步得到改善。(2)国际化发展的趋势将更加明显。随着经济全球化的加速发展,以及中国对外开放基本国策的深入实施,新疆银行业"走出去"的步伐将有所破冰。通过进一步深化与境外战略投资者全方位、深层次的合作,通过"走出去"战略的全面实施,新疆银行业的国际化视野将有所拓展。(3)差异化竞争的趋势将更加明显。未来银行业的竞争将主要取决于能否在提供差异化服务方面赢得显著优势。商业银行将更加重视自身竞争优势的发挥,重视自身核心竞争力的建设,重视自身品牌的培育,加速从同质同类的竞争走向差异化、个性化、特色化的竞争。以特取胜将成为新疆银行业发展取胜的基本选择。(4)多样化服务的趋势将更加明显。随着社会对金融服务需求的增加,新疆银行业在服务种类、服务水平、服务效率等方面将会取得新的突破。银行的业务范围将进一步扩大,产品将更加丰富,功能将更加完善。银行服务的多样化将会更好地服务于新疆经济社会的发展,更好地满足人民群众日益增长的金融服务需求。这些新趋势,对新疆银行业提出了新的要求。我们要深刻认识和自觉把握这些新趋势,未雨绸缪、积极应对,深化改革、扩大开放,全面提升核心竞争力,努力适应这些新趋势,总结经验,开辟未来,促进新疆银行业科学发展。我们相信,在中国社会主义市场经济体制不断完善的历史进程中,面对复杂多变的国际金融形势,新疆银行业职工会继续振奋精神,坚定信心,变压力为动力,化挑战为机遇,扎实巧干,必将迎来新疆银行业更加美好的明天。

大 事 记

1986 年

1 月 1 日　经中行总行批准,中行新疆喀什支行成立并正式开业。

1 月 7 日　工行新疆分行在全疆各县市分支机构开办定期定额有奖有息储蓄业务。

2 月 13 日　工商银行首次在新疆发行金融债券 400 万元,用于解决可可托海小电解铝厂资金需求。

4 月 1 日　邮电部公告《邮政储蓄章程》,新疆各级邮政机构从这一天起全面开办邮政储蓄业务。

5 月 1 日　新疆邮电管理局在乌鲁木齐市邮政局扬子江路营业所举行邮政储蓄开业典礼。同时开业的还有乌鲁木齐市解放北路、黄河路中心邮政支局。

同日　农行博尔塔拉州支行吴文香获 1985 年全国五一劳动奖章。

6 月 10 日　国家外汇管理局新疆分局《外汇管理简报》创刊。

6 月 30 日　中行总行党组任命秦道光为中行乌鲁木齐分行党组书记兼行长。

8 月 25 日　建行新疆分行在乌鲁木齐召开新疆投资学会成立大会,中国投资学会顾问、建行总行顾问任超亲临大会祝贺,自治区副主席何德尔拜、金云荣讲话。

9 月 10 日　以迁和夫为团长的日本金融界驻京首席代表团一行 14 人对新疆进行了为期 9 天的友好访问。

9 月 29 日　工行新疆分行开办储蓄旅行支票、活期储蓄异地通存通兑、个人汇款、定额汇票、直达汇款新业务。

10 月 4 日　应人行新疆分行行长魏盛鸿的邀请,美国大通银行中国部副总裁巴里·史博鼎和中芝兴业财务有限公司前主任大卫·沃尔那对新疆进行了为期 9 天的友好访问。

10 月 14 日　经人行总行批准,由工行上海市分行副行长夏弘宁为团长、原人行上海市分行副行长景家骝为副团长的上海银行慰问团,来新疆进行了为期 15 天的慰问。

11 月 1 日　新疆维吾尔自治区纪委驻金融系统纪检组成立,罗家仁任纪检组组长。

11 月 28 日　经新疆维吾尔自治区人民政府、人行总行、人行新疆分行批准,新疆国际信托投资公司设立。

同月　国家外汇管理局新疆分局在全疆进行了外债大普查,摸清了自治区对外举债的底数。

12 月 17 日　经人行总行、人行新疆分行批准,农行新疆分行信托投资公司设立。

12 月 31 日　新疆工行系统开始在全疆各储蓄网点实行储蓄承包责任制。

1987 年

1 月 5 日　农行新疆分行《关于改进信用社职工退休基金管理的通知》规定,从 1987 年起,信用社职工退休基金管理改全区统筹、区分行管理为全区统筹,区、地(州、市)二级管理,以地区管理为主。对退休补助费、抚恤金、艰苦地区保健费等按经营效益的好坏差别发放。

2月5日　新疆第一个金融市场在石河子成立,交易双方以资金拆借为主,当日首次交易会资金上市量达 12000 万元,成交 3000 万元。

2月23日　香港港基银行总裁安雅善、总经理欧大卫,中国部经理陈坚毅受邀到新疆访问。

同日　新疆国际信托投资公司与香港港基银行总裁安雅善、总经理欧大卫,中国部经理陈坚毅洽谈新疆伊犁亚麻厂项目。

3月21日　新疆城市金融学会成立,张蔚当选为会长。

同日　新疆城市金融学会创办的《新疆城市金融》(月刊)创刊。

3月23日　根据农行总行要求,农行新疆分行成立农村金融体制改革办公室(体改办),由农行新疆分行副行长王孟余主管体改工作。

4月2日　自治区金融学会邀请政府有关部门、科研单位和大专院校的代表 60 余人,举行了开拓新疆金融市场研讨会。

7月15日　因赴美考察期间违反外事纪律,人行总行党组决定,撤销魏盛鸿人行新疆分行行长、国家外汇管理局新疆分局局长职务。

7月22日　新疆维吾尔自治区第一家跨系统、跨地区、多功能的资金市场——乌鲁木齐中心资金市场开业。它是由乌鲁木齐市、哈密地区、吐鲁番地区、巴音郭楞蒙古自治州、昌吉回族自治州和石河子市各家银信、保险公司组成的以金融同业拆借为主的短期资金市场。开业当天拆出资金 2.22 亿元。

同月　人行新疆分行副行长朱源节主持人行新疆分行工作。

9月1日　金大鹏任新疆国际信托投资公司总经理。

同日　工行乌鲁木齐天山区、沙依巴克区两个办事处与全国省会、计划单列、体制改革试点和沿海等城市行开办直达电汇业务。

9月25日　新疆维吾尔自治区纪律检查委员会对中行乌鲁木齐分行 10 万美元旅行支票被盗案件进行了通报。

10月14日　一名持枪歹徒抢劫工行乌鲁木齐市支行四桥储蓄所,抢劫现金 9000 元,当日,警方在吐鲁番大河沿将犯罪嫌疑人宋某抓获。这是新疆历史上第一例持枪抢劫银行案。

11月22日　新疆维吾尔自治区召开第二届民族团结表彰大会,农行新疆分行再次获新疆维吾尔自治区民族团结先进集体。

12月　新疆邮电管理局与新疆保险公司联合发出通知,在全疆邮电机构恢复代办人身意外伤害保险,城乡家庭财产保险、城乡家庭财产两全保险、自行车保险等保险业务。

同年　中行乌鲁木齐分行共发放外汇贷款 1396 万美元,支持石河子八一毛纺厂和伊犁毛纺厂生产发展。

同年　人行新疆分行为解决企业外汇闲置而人民币短缺的困难,开办了外汇抵押人民币贷款业务,抵押的外汇仅限于美元、日元、港元、德国马克、英镑、瑞士法郎 6 种外币。

同年　新疆维吾尔自治区先后成立了工行信托投资公司、建行信托投资公司、乌鲁木齐国际信托投资公司、昌吉国际信托投资公司四家信托投资机构。

同年　新疆维吾尔自治区区级机关团委、广播电视台等单位组织的"五四"青年知识竞赛活动,中国银行乌鲁木齐分行青年代表队获得团体决赛第三名。

1988 年

1 月 2 日　新疆维吾尔自治区人民政府批准在新疆农业银行职工中专学校的基础上建立新疆农业银行学校,面向社会招收学生。

3 月 15 日　经人行新疆分行和新疆维吾尔自治区党委宣传部批准,《金融时报》新疆记者站成立,吴升年兼任站长。

4 月 1 日　经国家外汇管理局批准,新疆外汇调剂中心成立。

同日　中行乌鲁木齐分行第一次开办发行 1000 万元金融债券业务,所筹资金全部用于支持新疆维吾尔自治区有色进出口公司。

4 月 5 日　叶城县恰瓦克镇信用社会计吐鲁洪·库尔班尼亚孜勇斗歹徒,光荣牺牲。

4 月 25 日　建行新疆分行首次在建行和田、阿勒泰、哈密中心支行和建行石河子市支行试行行长责任制。确立行长在全行的中心位置,并对全行物质和精神文明负全面责任,任期三年。

5 月 23 日　工行新疆分行在所辖乌鲁木齐市支行储蓄所、乌鲁木齐市明德路储蓄所、乌鲁木齐市十月广场中心储蓄所、克拉玛依市支行储蓄所、克拉玛依市友谊路储蓄所、喀什市支行储蓄所、喀什市解放北路第一储蓄所开办了储蓄旅行支票业务。

6 月 14 日　建行新疆分行首次在乌鲁木齐召开储蓄工作会议,讨论修订 1988—1990 年储蓄业务发展规划,确立储蓄业务战略地位。

6 月 23 日　经新疆维吾尔自治区人民政府批准,自治区 20 所高等院校开始在新生中实行助学贷款制度。

8 月 9 日　建行总行在乌鲁木齐召开全国建行分行行长、纪检组长座谈会。建行总行行长周道炯到会参加,并深入新疆建行部分分支机构参观考察。

8 月 21 日　乌鲁木齐刮起抢购风潮,居民大量提取存款。仅 10 天时间,工行乌鲁木齐市支行储蓄存款下降 1800 万元,占全区下降额的 69%。

9 月 7 日　王友三任人行新疆分行党组书记、行长兼国家外汇管理局新疆分局局长。

9 月 8 日　陈月霞任建行新疆分行行长、党组书记。

同日　经中国人民银行批准,新疆融资公司成立。

9 月 22 日　根据国务院《关于研究新疆发展棉纺和糖业生产问题的会议纪要》,农行总行出台了《中国农业银行土地治理与开发贷款管理办法》,明确规定了新疆农业开发贷款重点用于新疆棉纺和糖业生产的开发需要。

10 月 20 日　新疆金融系统在全疆范围内开展信贷大检查。先后抽调 2436 人,组成 491 个工作组,检查了县级以上 381 家银行机构,共处理有问题贷款 4.32 亿元。

10 月 24 日　世界银行主管亚洲地区事务的副行长阿蒂拉·卡劳斯曼诺古,率领世界银行中期规划团,对乌鲁木齐、喀什、吐鲁番三地市进行了为期 7 天参观和考察。

同月　新疆辖区各级人民银行会同专业银行组成现金管理检查组,对开户单位的库存现金进行了重点检查,全疆共检查了 32788 个单位,查出超库存限额的单位 4708 个。

同月　人行新疆分行开始对辖区各种类型的金融性公司进行了清理整顿,重点是信托投资公司。

11 月 1 日　经中国人民银行、新疆维吾尔自治区党委批准,成立了新疆维吾尔自治区金融系统监察专员办公室。

12 月 6 日　利用法国、日本混合贷款,总投资达 10 亿元的乌鲁木齐石化总厂聚酯工程建设项目签约仪式在北京举行。

12 月 24 日　经中国人民银行批准,罗家仁任新疆维吾尔自治区金融系统监察专员办公室监察专员(副厅局级)兼办公室主任。

12 月 30 日　工行新疆分行出现资金借差 5.10 亿元。这是工行新疆分行成立后资金由存差变借差行的一次历史性转折。

同年　中行乌鲁木齐分行开始发行人民币长城信用卡。

同年　中苏两国政府签订新疆北疆铁路建设贷款协定。内容包括前苏联以实物形态提供中国北疆铁路建设的贷款资金 5800 万瑞士法郎(合 18000 万元人民币),由新疆国际经济合作公司和新疆国际信托投资公司具体承办。新疆国际经济合作公司负责进口前苏联提供的实物及销售,新疆国际信托公司负责以其销售款向北疆铁路公司发放贷款。

同年　新疆国际信托投资公司引进国际银团贷款 3500 万美元,支持新疆维吾尔自治区糖棉基地建设。这是新疆国际信托投资公司第一次从国际金融市场上筹措资金。

1989 年

1 月 13 日　经国家外汇管理局新疆分局批准,建行新疆分行开办外汇业务。

2 月 7 日　农行总行任命色提尼亚孜为农行新疆分行行长。

3 月 24 日　建行新疆分行在全辖区开办有奖储蓄业务。

4 月 15 日　国家外汇管理局批准,新疆维吾尔自治区从 1989 年 9 月起开办个人外汇调剂业务。

4 月 17 日　经国家外汇管理局新疆分局批准,工行新疆分行开办外汇业务。

4 月 29 日　建行新疆分行党组研究决定,成立新疆塔里木石油专业支行。

5 月 25 日　建行新疆分行行长、党组书记陈月霞参加建行总行组织的出国考察小组,到苏联、瑞典两国进行 15 天金融行业考察活动。

7 月 21 日　工行新疆分行所属各网点停办摸奖储蓄、贴水储蓄、三年以上保值有奖储蓄,以及银行给息、企业给奖联办有奖储蓄业务。

8 月 12 日　中行总行行长王德衍及办公室主任、综合计划部、财会部和人事部等部门领导一行 6 人来中行乌鲁木齐分行进行了为期 6 天的工作检查。

8 月 22 日　农行总行下发《关于农村金融体制改革项目试验方案》,要求农行新疆分行为牵头行。农行新疆分行研究决定将农行伊犁中心支行、昌吉支行、乌鲁木齐市支行设为试点行。

9 月 26 日　建行疏勒县支行周某利用工作之便,偷开储蓄存单贪污 18650 元,被疏勒县法院判刑四年。

10 月 25 日 中行系统外汇信贷工作经验交流(北方片区)会议在乌鲁木齐召开。中行北京、天津、呼和浩特、西安、郑州、兰州、汉口、太原、石家庄等 21 家分行和总行有关部门的领导和代表 30 余人参加。

11 月 20 日 建行石河子市中心支行姜某利用工作之便,挪用储户存款 170000 元转借他人,被法院判刑 10 年。

11 月 21 日 工行新疆分行召开协助企业清理贷款现场会,共清理 197 家企业 362 笔款项,注入流动资金 2500 万元,盘活资金 8600 万元。

12 月 8 日 中行乌鲁木齐分行行长秦道光同乌鲁木齐石油化工总厂厂长袁名遂在北京签署聚酯项目一期工程利用法国政府混合贷款转贷协议,并签署了 1100 万美元的贷款合同。

同年 中行乌鲁木齐分行与苏联哈萨克加盟共和国社会住宅银行建立直接代理行关系。

同年 人行新疆分行制定并颁发了新疆维吾尔自治区银行机构管理暂行规定,对 3872 个金融机构换发了金融经营许可证,并重新核定了业务经营范围,对擅自设立的 61 个非法金融机构和存在问题的 26 个金融机构,分别进行了处理。

1990 年

1 月 1 日 邮电部门办理的邮政储蓄业务在中国人民银行缴存款转变为转存款,邮政储蓄业务由代办改为自办。

3 月 6 日 建行乌鲁木齐市支行天办分理处吴某纵火烧毁天办营业大厅,造成直接经济损失 12 万余元。

4 月 14 日 工行新疆分行组织 160 多个清理"三角债"小组开始清欠工作。

4 月 由新疆维吾尔自治区妇联,人行、工行、农行、建行、中行新疆各分行,自治区邮电管理局联合发起的"新疆女子爱国储蓄活动",受到了全区各族妇女的积极响应,3 个多月共吸收存款 18000 万元。

5 月 10 日 新疆维吾尔自治区清理拖欠办公室召开各厅局及直属企业负责人会议,人行新疆分行行长兼清欠领导小组副组长王友三作动员报告,开始全面清理"三角债"。

6 月 中行喀什支行新上 B 系列计算机处理银行会计业务,这是新疆中行系统 6 个支行中第一次推广应用计算机处理会计业务的支行。此系统的应用,可直接结平当天账务、会计日报表,比手工操作提前 10 天左右出半年报、年报。通过远程通信,传送报表邮程只需两个小时。

7 月 2 日 国家财政部,国务院税收、财务、物价大检查办公室,对农行新疆分行财务收支进行了检查,查出违纪资金 124.80 万元,全部补交到国库。

9 月 1 日 北疆铁路与苏联铁路接轨,农行新疆分行为北疆铁路建设共投入贷款 2.82 亿元。

9 月 27 日 四名歹徒手持凶器抢劫工行乌鲁木齐市支行新市区办事处小西沟储蓄所。储蓄所员工吕守义、陈全虎、吐尔逊·古丽英勇无畏,身负重伤与歹徒搏斗,用鲜血保卫了国家财产,案件同日告破。

同月　中行总行组织的外国银行驻北京代表处参观团和日本商社大商代表团共计 39 人,先后来到新疆进行考察。

10 月 23 日　新疆维吾尔自治区农业综合开发重点项目——新疆塔里木农业灌、排及环境保护一期工程,申请 1.25 亿美元的世界银行贷款,经世界银行专家终审评估,获得通过。

同月　国家民委授予农行新疆分行全国民族团结先进集体称号。

11 月 4 日　为支持乌鲁木齐石油化工总厂建设,经人行新疆分行批准,建行新疆分行代理石化总厂向城乡个人发行建设债券 2000 万元,期限为二年,年利率比储蓄存款同档利率上浮 3 个百分点。

11 月 29 日　建行新疆分行干部毛某某在负责基建工作期间,先后收受物品、现金价值共 5868 元,构成受贿罪,被依法判处有期徒刑两年缓刑两年。

12 月 13 日　工行新疆分行召开大会,表彰用鲜血和生命保卫国家财产的工行乌鲁木齐新市区办事处吕守义、陈全虎、吐尔逊·古丽的英雄事迹。新疆维吾尔自治区党委书记宋汉良、自治区主席铁木尔·达瓦买提出席表彰大会。会上,新疆维吾尔自治区人民政府授予三位英雄"新疆金融卫士"称号;工行新疆分行授予"卫行英雄"称号。嗣后,工行总行授予"工行卫士"称号,并记一等功。

同年　人行新疆分行对自治区 25 家金融性公司进行了清理整顿。报经人行总行批准,决定撤销 15 家、合并 3 家。

同年　针对辖区企业多头开户、多头贷款和逃避现金管理的现状,各家银行开展了清理整顿账户工作,共对 72898 个账户进行了清理整顿,清出多头开立的账户 12475 个。

同年　新疆维吾尔自治区通过清理"三角债"活动,共清理拖欠款 24.64 亿元。

1991 年

1 月 2 日　人行总行授予与抢劫犯搏斗、保卫国家财产的工行乌鲁木齐新市区办事处吕守义、陈全虎、吐尔逊·古丽"金融卫士"称号。

3 月 21 日　农行喀什地区中心支行副行长伊布拉音·司马义、司机席明强,农行疏附县支行副行长张奇、库管员武栎东,面对四名手持刀具,抢劫农行疏附县支行布拉克苏营业所的歹徒,临危不惧,顽强搏斗,一举将歹徒全部抓获,捍卫了国家财产。

3 月 22 日　钱志泓任工行新疆分行党组书记、行长。

4 月 15 日　中行库尔勒支行向塔里木石油勘探开发指挥部提供 3000 万美元外汇贷款,签字仪式在库尔勒市举行,这是中行对塔里木油田提供的第一笔外汇贷款。

5 月 4 日　随着新疆经济建设和对外贸易的迅速发展,资金总供给和总需求的矛盾突出。为更好地服务新疆经济发展和对外开放,中行乌鲁木齐分行牢固树立"存款立行"思想,花大力气组织资金,狠抓人民币储蓄存款。同日,全疆中行系统人民币储蓄存款余额突破 2 亿元人民币。

5 月 25 日　农行新疆分行召开英模命名表彰大会,中国农业银行授予伊布拉音·司马义、张奇、席明强、武栎东"全国农村金融卫士"称号,新疆维吾尔自治区人民政府授予其

"新疆金融卫士"称号,新疆维吾尔自治区总工会授予其"优秀金融工作者"称号并颁发"开发建设新疆奖章"。

6月29日 国务院决定,由中行总行向中国石油天然气总公司新疆塔里木石油勘探开发会战指挥部提供12亿美元外汇贷款,加速开发塔里木油田。

8月8日 经农行总行批准,新疆维吾尔自治区人民政府同意,在新疆设立农行新疆生产建设兵团分行,行政级别为副厅级,隶属于农行新疆分行管辖。

9月4日 新疆独山子14万吨乙烯工程项目利用英国银团贷款17000万美元协议在北京签署。

9月9日 中行乌鲁木齐分行向吐哈石油指挥部提供5000万美元外汇贷款签字仪式在乌鲁木齐举行。新疆维吾尔自治区人民政府、中国石油天然气总公司及自治区各有关部门的领导参加了贷款签字仪式。

11月29日 朱源节任人行新疆分行党组书记、行长。

12月17日 中行乌鲁木齐分行向塔里木油田发放的7亿美元外汇贷款签字仪式在新疆人民会堂举行。这笔贷款是落实中行总行与中国石油天然气总公司根据国务院指示签署的12亿美元贷款总协议的一个具体步骤,贷款用于塔里木油田的进一步勘探开发及库尔勒至鄯善输油管线的建设。

同年 中行乌鲁木齐分行与哈萨克斯坦、乌兹别克斯坦、塔吉克斯坦、土库曼斯坦的商业银行建立了代理行关系。签订外汇贷款合同12.21亿元,用于支持自治区石油石化产业发展。

同年 报经中国人民银行批准,新疆证券公司成立。

同年 全疆通过发行债券直接融资28100万元,其中金融债券12000万元,企业债券12000万元,6家企业首次发行了短期融资券4100万元。

1992 年

1月8日 张思源任农行新疆生产建设兵团分行党组书记、行长。

3月13日 农行新疆分行机关实行亲属回避制度,调离行领导亲属31人,处级干部亲属11人,其他干部亲属13人。

3月25日 中行乌鲁木齐分行《西域国际金融》创刊。

4月3日 工行新疆分行向新疆八一钢铁总厂、新疆石油管理局、新疆皮革皮毛工业公司、乌鲁木齐百货采购供应站、东风汽车联营公司、新疆汽车厂、乌鲁木齐石化总厂、吐鲁番百货采购供应站分别派驻驻厂、站处级信贷组。

4月4日 建行新疆分行积极承诺并负责筹措"新疆聚酯项目"资金供应签字仪式在新疆人民会堂举行,自治区副主席王友三出席签字仪式。

5月16日 建行新疆分行承诺全部筹措并供应"新疆独山子14万吨乙烯工程"新疆自筹资金部分签字仪式在乌鲁木齐市假日大酒店举行。新疆维吾尔自治区党委书记宋汉良、自治区常务副主席王乐泉、自治区副主席王友三等出席了签字仪式。

6月9日 中行乌鲁木齐分行在新疆伊宁市召开地边贸金融工作座谈会。自治区副主席何德尔拜专程前往参加会议并作重要讲话。伊犁州副州长马力格吉达到会讲话。应邀参加会议还有人行总行、中行总行有关部门、有关兄弟省分行,伊犁地委副书记林天锡,青海省经贸委、人行新疆分行、外管局、经贸委等负责人70人参加了会议。

7月1日　建行新疆分行区级分行被国家财政部定为综合费用率包干改革试点单位。建行新疆分行同时确定建行昌吉州、喀什中心支行和乌鲁木齐市支行作为新疆建行首批综合费用率包干试点行,一起与区级分行配套探索经验。

同日　中行乌鲁木齐分行更名为中行新疆分行。

同日　新疆邮政储汇局开办邮政国际汇兑业务。乌鲁木齐市、克拉玛依市、喀什市、伊宁市、库尔勒市等邮电局为第一批通汇局,首先开办中日、中美间的邮政国际汇兑业务。

7月3日　由工行新疆分行联合北京、上海、无锡、沈阳四城市和陕、甘、宁、青四省区21家金融机构共同组建的新疆西域资金市场成立。

8月6日　工行总行行长张肖来新疆进行了为期9天的工作检查。

8月12日　中行新疆分行向乌鲁木齐石化总厂转贷1亿英镑政府混合贷款协议签字仪式在石化总厂举行。这是中行新疆分行为石化总厂聚酯工程筹集的第二笔贷款。自治区副主席王友三参加了签字仪式。

9月1日　工行新疆分行正式开办牡丹卡业务。

9月15日　受中行总行委托,中行新疆分行与中亚五国在乌鲁木齐举办了为期16天的国际业务研讨会。

10月24日　建行新疆分行将信托投资公司改制为股份制企业。

同日　建行万事达、维萨信用卡发卡仪式在乌鲁木齐举行,自治区副主席王友三,乌鲁木齐市委书记颉富平、市长玉素甫·艾沙,人民银行及各专业银行行长出席仪式。

11月18日　中行新疆分行领导班子进行调整,康美为代理行长。免去秦道光中行新疆分行行长职务。

12月1日　工行新疆信托投资公司改制为股份有限公司。

12月9日　建行新疆分行表彰"7·15"反抢劫案有功单位和人员,赵宝江被建行总行授予"建行卫士"、被新疆维吾尔自治区人民政府授予"新疆金融卫士"和被新疆维吾尔自治区总工会授予"开发建设新疆奖章"和"金融卫士"荣誉称号。

12月26日　根据财政部有关文件精神,经中企处同意,农行新疆分行核销呆账贷款6070.33万元。

1993 年

1月1日　中行乌鲁木齐支行正式挂牌营业,并召开新闻发布会。

1月7日　经农行总行批准农行新疆分行开办人民币金穗卡业务。

3月24日　经人行新疆分行研究决定,同意由工行新疆分行、新疆金兴贸易实业开发总公司、新疆信托投资公司、新疆经济委员会技改投资公司、新疆机械设备成套局五家共同筹建"金新租赁有限公司"。

4月6日　交通银行乌鲁木齐分行筹备领导小组在乌鲁木齐召开第一次全体会议。

乌鲁木齐市副市长、筹备领导小组组长王传洲,人行新疆分行总会计师兼筹备领导小组副组长李志清,人行乌鲁木齐市分行行长兼筹备领导小组副组长李超英等成员参加。会议由王传洲主持。人行新疆分行行长朱源节到会并讲话。会议听取了李志清关于交行乌鲁木齐分行申报筹备情况的汇报和交通银行基本情况的介绍,并就筹备工作中的一些主要问题进行了讨论和布置。

4 月 7 日　新疆邮政储汇局成立,赵国金任局长。

4 月 18 日　由原建行新疆信托投资公司改组的新疆宏源信托投资股份有限公司向社会公开募集股份。

4 月 19 日　经人行新疆分行批准,新疆金新租赁有限公司开始试营业。

同日　经国家新闻出版总署批准,《新疆金融》用汉、维吾尔两种文字出版,国内公开发行。汉文版为月刊,刊号为:CN65－1153/F,维吾尔文版为双月刊,刊号为 CN65－1154/F。

5 月 16 日　农行沙雅县支行代行长张某骗取资金 2000 万元拆借外地,新疆维吾尔自治区纪委发出通报,要求各地严肃查处类似事件,检察机关立案查办。

5 月 29 日　中国人民银行、中国金融工会全国委员会授予农行巴音郭楞州中心支行营业部、石河子 148 团营业所全国金融先进单位称号;授予刘龙弟、吕景州、买买提吐尔干、托乎提买买提、贺加依为全国金融劳动模范称号。

6 月 14 日　中行新疆分行代行长康美参加新疆代表团赴深圳与中银集团港澳管理处就新疆引进资金进行业务洽谈。

6 月 20 日　兰州军区与中行新疆分行房产转让及土地使用权转让签字仪式在乌市举行。

7 月 21 日　新疆维吾尔自治区召开金融工作会议,会议强调加强宏观调控、整顿金融秩序,迅速纠正乱拆乱借乱投资,回收流失资金。

9 月 10 日　全国建行为期 7 天的老干部管理经验交流会,首次在乌鲁木齐召开。建行乌鲁木齐市支行在会上介绍老干部管理经验。

8 月 1 日　工行新疆分行所属库尔勒市支行、克拉玛依市支行、吐鲁番市支行开办牡丹卡业务。

8 月 14 日　中行西南、西北协作组第二届存款工作会议在新疆伊宁市召开。

9 月 23 日　中共中央政治局常委、国务院副总理兼中国人民银行行长朱镕基来新疆考察工作,其间召见了人行新疆分行行长朱源节,并就如何做好金融工作作重要指示。

11 月 10 日　建行新疆分行开办外币信用卡业务,并与香港渣打银行签订收售信用卡协议书。

12 月 28 日　宏源股份有限公司在乌鲁木齐市人民会堂召开新疆宏源信托投资股份有限公司创立大会和首届股东代表大会。

12 月 30 日　人行新疆分行同意交通银行乌鲁木齐分行从 1994 年 1 月 1 日起试营业一年。

同年　《新疆通志·金融志》编纂工作历经八年,最终定稿。八年中,金融志编辑室先后完成了《新疆通志·金融志》和《中国人民银行新疆分行组织史资料》,为总结历史经验和金融事业的不断发展作出了贡献。

同年　新疆在阿勒泰市进行股份合作试点,成立了全疆第一家股份合作制农村信用联社。

1994 年

1 月 1 日　中行新疆分行开始办理礼仪储蓄存单业务。

同日　新疆农村信用社全辖恢复借贷记账法。

2 月 2 日　新疆宏源信托投资有限公司 5000 万社会公众股在深圳证券交易所挂牌,成为新疆第一家上市的股份公司。

2 月 21 日　康美任中行新疆分行行长、党组书记。

3 月 18 日　农行新疆分行银联公司总经理连某某,因受贿 120 余万元、挪用公款 3000余万元,被北京市海淀区检察院刑事拘留。

3 月 22 日　中行新疆分行开始办理小额抵押贷款。

4 月 1 日　中行新疆分行开始启用引进的伦敦路透社国际信息终端系统。

4 月 8 日　新疆维吾尔自治区第一家股份制商业银行——交通银行乌鲁木齐分行正式开业。

同月　李志清任交通银行乌鲁木齐分行党组书记、行长。

5 月 1 日　中行新疆分行全辖首届教育工作会议在昌吉召开。

7 月 1 日　农行新疆分行全面代理辖内农业发展银行业务。

8 月 9 日　中行华北、西北国际贸易结算会议在乌鲁木齐市塔里木石油大厦召开。

9 月 15 日　中国城市经济学会、中国房地产业协会、建行总行联合在乌鲁木齐市召开"中国房地产业与金融发展问题"学术研讨会。

9 月 24 日　刁会藻任建行新疆分行行长、党组书记;免去陈月霞建行新疆分行行长、党组书记职务。

10 月 1 日　工行新疆分行在全辖开始全面实行资产负债比例管理。

11 月 14 日　世界银行向新疆"吐鲁番—乌鲁木齐—大黄山"高等级公路提供 1.50 亿美元贷款协议签字仪式在北京举行。

12 月 6 日　中行新疆分行和乌鲁木齐石化总厂二化肥项目 1.27 亿美元外汇贷款签字仪式在乌鲁木齐举行。

12 月 13 日　新疆金融教育发展基金会成立。

12 月 30 日　农行新疆分行各项存款余额突破 100 亿元大关。

同年　外汇管理体制实施重大改革,汇率并轨,实行外汇结售汇制。国家外汇管理局新疆分局认真贯彻执行外汇管理体制改革的各项措施,并制定了配套的管理措施和操作办法。

1995 年

2 月 11 日　新疆维吾尔自治区金融工作会议召开,会议提出:贯彻适度从紧的货币政策,坚决把抑制通货膨胀放在金融工作首位,采取有力措施,抓出成效。

2月20日 中行新疆分行召开南疆改水捐款动员大会,全行职工共向南疆改水捐款31353元。

3月31日 经人行总行批准成立"新疆金融租赁有限公司",确定公司法定代表人为邢志立,公司注册资本人民币5500万元。

4月28日 新疆首家政策性银行——中国农业发展银行新疆分行成立,杨瑞法任行长。

同月 农行新疆分行在吐鲁番召开全疆部分地州农村信用合作联社主任会议,就农行新疆分行为农村信用社1993年前富余资金找出路,由新疆部分农村信用行社参与,向海南银联公司融出资金2.30亿元进行房地产开发,因经营不规范造成损失,商定其本金损失全部由农行新疆分行补给信用社,利息损失由信用社承担。会上,利益各方在融资损失补偿协议上签了字。

5月31日 工行新疆分行在全辖开办"活期储蓄个人支票业务"。

7月28日 新疆金融租赁有限公司在乌鲁木齐举行创立大会,大会通过了公司章程,产生了公司董事会、监事会。新疆金融租赁有限公司第一届董事会第一次会议确认邢志立为董事长。

8月8日 中行新疆分行在乌鲁木齐举行企业信用等级评估发布会。

8月15日 建行总行在克拉玛依召开为期2天的全国建行石油专业行商业化问题理论研讨会。全国各大油田石油专业行20余名代表参加会议。

8月28日 中行新疆分行行长康美作为新疆代表参加了世界妇女大会。

9月11日 马安泰出任新疆国际经济合作公司、新疆国际信托投资公司总经理。

9月14日 由建行新疆分行贷款经办的国家重点工程项目兰新线接通。

9月15日 交通银行总行决定,聘任彭纯为交通银行乌鲁木齐分行行长。免去李志清交通银行乌鲁木齐分行行长职务。

9月27日 工行总行任命张爱泽为工行新疆分行党组书记、行长。免去钱志泓工行新疆分行党组书记、行长职务。

10月4日 交通银行乌鲁木齐分行、北京分行、杭州分行、石家庄分行被交通银行总行确定为实行资产负债比例管理的试点分行。

10月12日 由中行新疆分行牵头,新疆维吾尔自治区检察院及乌鲁木齐检察院、乌鲁木齐市公安局,就惩治信用卡诈骗犯罪举行座谈会,联合加强打击信用卡诈骗活动。

10月23日 新疆金融租赁有限公司开业。

11月6日 中行新疆分行正式启动长城信用卡自动授权系统,实行全国联网。

11月10日 中行新疆分行各地州市支行开始直接办理国际结算业务。

12月14日 中行新疆分行利用法国政府混合贷款2700万国法郎与新疆维吾尔自治区电力局签订"电力微波通信工程"贷款协议。

12月25日 中行总行授予中行新疆分行"1994年、1995年度稽核先进集体"称号。

12月27日 中行新疆分行获得新疆维吾尔自治区"捐资助学先进单位"称号。

同日 中行新疆分行信托公司段晓东因向希望工程捐款705.69元,获得新疆维吾尔自治区党委"捐资助学先进个人"称号,并获得中国少年发展基金会捐赠荣誉证书。

12 月 30 日　工行新疆分行完成电子汇兑网络工程建设,实现全国范围内资金汇划 24 小时到达,所属各地州市所在地市支行实现全部储蓄种类同城通兑。

同年　国家外汇管理局新疆分局制定出台了新疆维吾尔自治区边境地方贸易外汇管理暂行办法,抑制了外汇黑市交易。

同年　新疆人行系统对全疆 5300 多个金融机构的合法性、业务经营状况、经营范围、资产质量以及法定代表人经营业绩等方面进行了全面的检查。对年检不合格的 67 个机构,违规经营的 95 个机构,变相设立的 44 个非法机构,以及擅自变更法定代表人或主要负责人的 480 个机构,依据机构管理的有关法规,分别作出了严肃处理。

同年　根据国务院、人行总行关于金融分业经营、分业管理的要求,拟定了新疆专业银行所设或控股的信托投资公司的脱钩方案,报经新疆维吾尔自治区人民政府同意,对各地、州、市设立的信托办事处、代办处行文撤销。

1996 年

1 月 12 日　农发行新疆分行签订购买新疆通宝大厦商品房写字楼商品房产购销合同。

1 月 17 日　中国使馆驻阿塞拜疆经济商务参赞张进仁到乌鲁木齐,与中行新疆分行副行长于国言等人洽谈在阿塞拜疆设中行分行事宜。

1 月 22 日　交通银行总行聘任彭纯为交通银行乌鲁木齐分行行长。免去李志清交通银行乌鲁木齐分行行长职务。

1 月 26 日　工行新疆分行在各级营业网点实行储蓄成本目标管理。

3 月 1 日　建行总行党组研究并征得新疆维吾尔自治区党委同意,任命于永顺为建行新疆分行行长、党组书记,刁会藻为巡视员(正厅级)。免去刁会藻建行新疆分行行长、党组书记职务。

3 月 22 日　农行新疆分行党组作出在全疆农行系统开展"向孔繁森式的农村金融好干部张培英同志学习活动"的决定。

3 月 26 日　中国人民建设银行新疆维吾尔自治区分行更名为中国建设银行新疆维吾尔自治区分行,其下属的地、州、市、县分支机构亦随之更名。

6 月 21 日　孔繁森式的好干部张培英事迹报告会在乌鲁木齐人民剧场举行。自治区党委副书记艾斯海提·克里木拜、自治区副主席达列力汗·马米汗、农行总行副行长何林祥等领导和农行职工千余人共同聆听报告。

同日　农行总行人事教育部主任李占臣宣布总行党组任免通知,任命黄文豹为农行新疆分行党组书记、行长,色提尼亚孜·艾外都拉退休。

7 月 1 日　中行新疆分行正式开通 930 外汇买卖资金头寸电脑传输系统全辖联网并投入使用。

8 月 13 日　建行总行行长、党组书记王岐山来新疆调研。同新疆维吾尔自治区党政领导王乐泉、阿不来提·阿不都热西提、张文岳、王友三等交谈,考察了新疆八一钢铁总厂,并与新疆维吾尔自治区八大企业和兵团领导进行座谈。

9 月 10 日 中行新疆分行主办了西北五省出纳骨干培训班,95 人参加了培训。

9 月 13 日 宗新甫任人行新疆分行党组书记、行长。

9 月 18 日 人行伽师县支行发生金库被盗案,在公安部门全力侦破和伽师县支行积极配合下,历时 12 天破案,为国家挽回了损失。

10 月 7 日 建行电子汇划清算系统正式投入运行,建行新疆分行 130 多个机构与全国同时实现联网运行。

11 月 12 日 新疆维吾尔自治区农村金融体制改革领导小组召开会议,审定《中国农业发展银行新疆维吾尔自治区分行增设分支机构实施方案》和《新疆农村信用社与新疆农业银行脱离行政隶属关系实施方案》。

11 月 18 日 中行新疆分行正式开通全国及省辖电子联行系统。

12 月 3 日 农发行新疆分行与农行新疆分行联合召开会计决算工作会议。

12 月 27 日 国家邮电部和新疆邮电管理局共同投资 3910 万元兴建的新疆邮政储蓄计算机全国联网项目乌鲁木齐"邮政储蓄绿卡工程"开通试运行。

12 月 30 日 按照《国务院关于农村金融体制改革的决定》精神,全疆农村信用社与农业银行正式脱离行政隶属关系。同时,人行新疆分行开始承担对新疆农村信用社的金融监督管理职责。

同年 完成了新疆融资中心进入全国银行间同业拆借市场的并网工作,进一步规范和完善新疆资金市场的融资业务。

同年 新疆各家商业银行继续推行资产负债比例管理基础上的贷款规模管理体制,进一步完善了以防范信贷风险为中心内容的审贷分离等内控管理制度。

同年 继续推进外汇体制改革,进一步完善银行结、售汇制度,将外商投资企业的外汇买卖纳入银行结售汇体系,全面实行了国际收支统计申报制度。

1997 年

3 月 17 日 工行新疆分行开始在全辖实行全员劳动合同制。

3 月 19 日 新疆农村信用社开办特约联行业务,同国有商业银行一样具有办理联行结算的功能。

4 月 1 日 国家开发银行西北信贷局副局长姚静来建行新疆分行调研开发银行项目代理情况。

同日 农发行新疆分行辖属各级行开展清理划转核实人民银行专项贷款工作。

6 月 18 日 农行新疆分行牵头召开对口扶贫墨玉县协作单位座谈会,研究对口扶贫事宜。建行新疆分行、自治区科委、墨玉县主要领导参加了会议。

6 月 25 日 人行新疆分行批复同意建行乌鲁木齐分行更名为建行新疆分行营业部。

7 月 21 日 中行新疆分行行长康美参加乌鲁木齐市河滩公路贷款签字仪式。中行新疆分行为乌鲁木齐市河滩公路改扩建工程提供专项贷款 2 亿元人民币,并转贷日本输出入银行"资金协力"贷款 4500 万美元。

7 月 23 日 新疆维吾尔自治区农村金融体制改革领导小组办公室制定《新疆农村信

用社经营目标责任制实施办法》规定,信用社全体职工作为经营目标责任的共同承担者,对本社的经营成果负有共同责任,利益共享,风险共担。

7月28日　全国政协委员王德衍到中行新疆分行视察,检查指导工作。

8月7日　徐月文任农行新疆生产建设兵团分行行长。

8月13日　工行新疆分行开始在全疆所辖机构办公场所及营业网点推广新的户外标识系统。

8月24日　中行塔城支行巴克图口岸外币兑换点正式开业。

8月31日　德国西德意志州银行北京代表处首席代表乌特曼汉理查德先生到中行新疆分行洽谈业务。新疆维吾尔自治区副主席达列力汗·马米汗及中行新疆分行行长康美与首席代表进行了座谈。

9月3日　中行新疆分行行长康美分别到新疆维吾尔自治区人民政府和人民银行,参与协调解决中行新疆分行独家代理"天毛"股票上市事宜。

9月11日　由中国银行赞助的海峡两岸台北—北京长跑活动大陆段开跑仪式,在乌鲁木齐人民广场举行。新疆维吾尔自治区人民政府、中行总行代表、新疆维吾尔自治区体委、中行新疆分行及新疆大学500余名长跑运动员参加了开跑仪式。

10月9日　中行总行副行长高德柱及中行总行有关部门、西北片区省市行行长,会同中国石油天然气总公司、西北石油开发指挥部及石油煤化企业负责人,到库尔勒参与召开西北石油开发销售银企协调会议。

10月21日　中行在新疆发行了第一张外币信用卡。

10月24日　新疆农村信用社开始开办通知存款业务。

11月8日　中国银行哈萨克斯坦分行与中行新疆分行共同捐资修建的疏附县阿克喀什乡"中银小学"落成,中行新疆分行副行长于国言,喀什地委委员、纪检委书记姚一剑及疏附县委、县政府领导参加落成典礼。

12月2日　农发行新疆分行被新疆维吾尔自治区人民政府评为对口支援和田地区扶贫工作先进单位。

12月19日　经中国人民政府政治协商会议新疆维吾尔自治区第七届委员会第20次会议决定,中行新疆分行行长康美被选为新疆维吾尔自治区第八届政协委员。

12月20日　根据人民银行批复,在原38家城市信用社基础上组建乌鲁木齐城市合作银行并开业,王传洲成为乌鲁木齐城市合作银行第一任董事长,孙振强任行长。

同年　经人民银行批准,新疆金融租赁有限公司发行1亿元特种金融债券,重点清理债券回购债权债务。

同年　对全疆99个自行设立或由二级分行批设的城市信用社分支机构进行了清理整顿,撤并分支机构26个,解决了城市信用社设置经营中的一些遗留问题。

同年　新疆金新信托投资股份有限公司、新疆宏源信托投资股份有限公司、新疆证券公司与相关银行脱钩。

同年　国家外汇管理局新疆分局与新疆对外经济贸易厅、工商局、财政厅、税务局、海关等部门首次完成了对自治区外商投资企业的联合年检。

同年　农行新疆分行贯彻"双保双压"信贷政策,支持新疆维吾尔自治区"一黑一白"战略。全年新增农业贷款 13.6 亿元,占贷款增量的 87.25%;新增石油开发贷款 1.7 亿元,占贷款增量的 10.11%。

1998 年

2 月 24 日 中行新疆分行行长康美参加由中行总行组团对印度、巴基斯坦等国进行为期 12 天的出访活动。

3 月 1 日 交通银行总行聘任樊军为交通银行乌鲁木齐分行行长。

3 月 2 日 农发行新疆分行在全辖正式推行粮棉油库贷挂钩管理办法。

3 月 3 日 新疆维吾尔自治区人民政府决定,新疆维吾尔自治区农村金融体制改革办公室负责解决新疆农业银行学校 1994 年、1995 年两届信用合作专业 154 名毕业生的分配问题。

4 月 1 日 经建行总行党组研究并征得新疆维吾尔自治区党委同意,任命王会民为建行新疆分行行长、党组书记。免去于永顺建行新疆分行行长、党组书记职务。

4 月 9 日 中行新疆分行首次独家代理发行"天毛"股票。

5 月 20 日 农发行新疆分行开发性专项贷款业务划转至农行新疆分行全部完成。

5 月 农行新疆分行按照国务院,人行总行、农行总行的统一部署,完成人行、农发行业务接收划转工作。共计接收划转人行、农发行专项贷款 52.90 亿元。其中接收农发行扶贫开发贷款 22.90 亿元,接收农发行划转人行专项贷款 18 亿元,接收农发行其他贷款 2.6 亿元。

6 月 9 日 世界银行批准向新疆塔里木盆地二期工程贷款,总额 15000 万美元,其中 6000 万美元为无息贷款。

6 月 27 日 建行新疆分行为主要代理行的"新疆红雁池第二发电有限责任公司贷款合同签字仪式"在新疆人民会堂举行,项目投资达 51.42 亿元,国家开发银行副行长姚中民、自治区党委书记王乐泉出席签字仪式。

6 月 30 日 农发行总行机关党委副书记、纪委书记孙洪权、农发行安徽省分行原行长俞诚璞、总行监察室高级政工师李伟生组成农发行总行工作组,对农发行新疆分行贯彻落实中央制止奢侈浪费八条规定情况进行了检查。

7 月 6 日 人行总行货币政策司、农发行总行资金计划部等组成联合工作组,前往南北疆调查了解农发行新疆分行棉花收购资金供应及管理情况。

7 月 18 日 农发行新疆分行机关的全体干部职工包括离退休职工先后两次向长江、嫩江和松花江流域发生洪涝灾害的灾区人民捐款共计 32151 元。

7 月 28 日 经人行新疆分行批准,乌鲁木齐城市合作银行更名为乌鲁木齐市商业银行。

8 月 1 日 乌鲁木齐市商业银行取得沙依巴克区国库代理业务资格。

8 月 4 日 交通银行乌鲁木齐分行营业部获 1997 年度全国青年文明号。

9 月 1 日 农行新疆分行及其辖属机构职工养老保险移交地方管理。

9 月 22 日 中行新疆分行行长康美参加新疆民航用 3752 万美元贷款购置波音 737 飞机的签字仪式。

9月24日　农发行总行行长谢旭人到新疆考察。

9月26日　建行新疆分行被评为全国抗洪赈灾先进单位,建行新疆分行行长、党委书记王会民作为先进单位代表赴北京参加表彰大会。

10月6日　根据中央金融工委及有关方面要求,中行新疆分行党委成立,康美任党委书记。

11月　农行新疆分行接收农发行粮食附营业务与加工业务贷款11.5亿元。

12月4日　中共交通银行委员会决定,成立交通银行乌鲁木齐分行党委,樊军任党委书记。

12月29日　在长江、松花江流域发生特大洪水灾害后,中行新疆分行广大干部员工纷纷捐款捐物,全辖3000余名员工共捐款52.2万元,受到新疆维吾尔自治区红十字会的表彰。

12月30日　工行新疆分行所属各地州分行与所在地城市行合并,自治区分行与乌鲁木齐市分行合并。

12月31日　成立中国人民银行西安分行乌鲁木齐金融监管处,人行西安分行党委委员李生诚任特派员、党组书记;成立中国人民银行乌鲁木齐中心支行,刘伟建任党委书记、行长。同时,人行新疆分行及人行乌鲁木齐市分行撤销。各地州、市分行一律改称人行××地(州、市)中心支行。

同年　人行新疆分行制定了《关于加强银行机构监管工作有关问题的通知》,按照属地监管原则,明确各级人民银行监管对象、内容和重点,建立金融监管工作例会制度,制定金融监管目标责任制,签订各金融机构维护金融秩序目标责任书,层层落实监管任务。

同年　人行新疆分行制定了《新疆维吾尔自治区关于严禁利用信用卡、银行卡违规套取现金实施细则》,严格执行大额现金支付登记备案制度。

同年　人行新疆分行制定并认真落实了《新疆维吾尔自治区防范和处置金融机构支付风险暂行办法》,按照属地监管的原则,进一步落实了城乡信用社监管责任制。

同年　建行新疆分行按照建行总行的部署,完成了党组改党委的工作,成立了建行新疆分行党委和纪委,并设立了党的工作部门,批准成立了13个二级分行和区分行营业部党委及纪委。

同年　农行新疆分行完成了10个地州二级分行的合并工作。完成了区分行与所在地市农行的合并工作,原区分行营业部、直属支行与乌鲁木齐市分行合并为新的区分行营业部。

同年　农行新疆分行首先完成了区分行党组改党委工作,先行成立了区分行党委办公室和组织部。

同年　农行新疆分行进行了精简管理层次、优化营业网点工作。全年农行新疆分行全辖共撤并人均存款不足50万元的营业所99个、储蓄所14个,共清退储蓄代办员395人,清退其他从业人员63人,下岗203人。

同年　中行新疆分行信贷管理全面实施统一授信,完善风险管理体系。根据国家宏观经济政策和中行总行的要求,将房地产贷款和基础设施贷款列为信贷工作的重点。

同年　中行新疆分行在全区独家开办了企业(人民币)远期结售汇和代客个人外汇买

卖等外汇保值业务,有效地扩大了外汇市场份额。

同年　中行新疆分行取消了所辖县级行和部分地州行的独立发卡权,实施全国集中式的信用卡业务处理模式,完成了信用卡业务省、市合一。

同年　工行新疆分行完成了辖属地州分行和所在城市行的合并工作,经工行总行批准成立了系统党委,并组建了各地州市分行和自治区分行营业部党委和纪委,完成了工行乌鲁木齐市分行和自治区分行的合并,组建了新的自治区分行营业部。

同年　新疆维吾尔自治区策勒县农村信用社、精河县大河沿子农村信用社、伽师县卧里托格拉克农村信用社获全国信用社系统支农先进集体。新疆维吾尔自治区巴楚县阿拉格农村信用社买买提明·卡地儿、昌吉市六工农村信用社黄建华、吐鲁番市农村信用联社艾合买提·夏尼亚孜获全国支农先进个人。

1999 年

1月1日　人行乌鲁木齐中心支行开始按照新的运行管理体制,承担原人民银行新疆分行的职能,按照属地管理的原则,依法加强对辖区银行业金融机构的监管,特别是重点监管辖内中小金融机构,防范化解支付风险,确保一方金融平安。

同日　实行新的外汇管理体制,撤销原国家外汇管理局新疆分局和乌鲁木齐市分局,新组建国家外汇管理局乌鲁木齐分局。国家外汇管理局新疆各地、州、市分局变更为支局,受乌鲁木齐分局的业务管辖。

1月27日　徐月文任农行新疆分行行长、党委书记;免去黄文豹农行新疆分行行长、党委书记职务。

同月　全疆进出口核销单联网核查系统正式启用,并妥善解决进口付汇核销中存在的问题,加强进口付汇核销工作。

2月25日　反映农行干部张培英事迹的电影《良心》在乌鲁木齐首映。新疆维吾尔自治区党委宣传部部长李康宁、农行新疆分行副行长暴士民在首映式上讲话。

同月　根据中行总行对省市行合并要求,中行新疆分行同乌鲁木齐市支行合并,名称为中国银行新疆分行。

3月26日　建行新疆分行与北大方正集团签署《建设银行新疆区分行数据大集中合作协议书》。

4月23日　农发行新疆分行对移库营销点棉花销售情况进行了为期11天的实地调查。

6月24日　农发行新疆分行在全辖实行《中国农业发展银行新疆分行粮棉油收购资金封闭运行责任制考核办法》。

8月1日　新疆正式启用新版《携带外汇出境许可证》。

8月16日　工行全疆活期储蓄暨牡丹灵通卡通存通汇业务开机运行。

8月31日　中行新疆分行开办汽车消费贷款。

9月1日　中行新疆分行开办教育助学贷款。

9月6日　中国信达资产管理公司乌鲁木齐办事处成立,袁福华任主任。

9月12日　农发行新疆分行喀什、伊犁两个二级分行被人行总行稽核检查组抽样进行了为期17天的粮棉油收购资金贷款稽核。

9月17日　国家邮政局邮政储汇局在乌鲁木齐召开为期6天的"全国邮政代理保险业务经验交流会"和知识讲座。来自全国32个省、区、市的60多名代表参加会议。国家邮政储汇局局长陶礼明、新疆邮政局副局长阿不来提·艾吾拉就开展代理保险业务讲话。

9月26日　中行新疆分行办理自治区首笔国内保理业务,为自治区企业以赊销方式销售新疆棉花"以出顶进"业务提供综合性的保理金融服务,此笔业务在国内金融界尚属首次。

9月28日　工行新疆分行推出95588电话银行业务。

10月12日　交通银行乌鲁木齐分行获全国金融系统文明建设先进单位称号。

11月　中行新疆分行全面完成计算机2000年问题改造工作,43个业务系统和25个管理系统均按2000年程序上线运行。

12月6日　中行新疆分行推出长城生肖卡。

12月18日　国开行乌鲁木齐分行正式挂牌成立并开业。国开行总行党组书记、行长陈元,自治区主席阿不来提·阿不都热西提为新疆分行开业揭牌。

12月20日　乌鲁木齐市商业银行建成以总部为中心,计算机综合业务网络系统平台全覆盖辖属69家营业网点,从而全面实现储蓄存款的通存通兑和对公业务的并网运行。

12月22日　中行新疆分行对新疆纺织品进出口公司提出讼前保全申请,配合法院在北京、天津、深圳等地保全其房产、汽车等价值3000万元的材料。

12月30日　为实现装备大中型计算机设备的城市分行全面电子化的综合目标,使其服务功能和服务范围达到20世纪90年代国际先进水平,稳步推进计算机网络延伸辐射,以乌鲁木齐为中心,工行新疆分行将大中型计算机的服务功能和范围延伸至全疆各地州市二级分行。

同日　国家开发银行与新疆维吾尔自治区政府、新疆生产建设兵团司令部和乌鲁木齐市政府签订金融合作协议。

同年　中国人民银行机构改革后,新疆维吾尔自治区、乌鲁木齐市两级国库机构合并,业务合并办理。

同年　建行新疆分行自行开发应用的综合柜面业务系统,在80%的营业机构中得到完善,所辖506个网点进入城市综合网络办理业务,规范前台操作,加快了全辖会计数据账务大集中的进程。

同年　农行新疆分行支持国家重点项目"农村电网建设和改造",向新疆电力部门提供贷款7亿元。

2000 年

1月1日　工行新疆分行实行"全额锁定、双向考核、两条线控制、年终兑现奖惩"的贷款质量管理办法。

同日　农行新疆生产建设兵团分行升格为一级分行(正局级)。

1 月 26 日　中国长城资产管理公司乌鲁木齐办事处（以下简称长城资产管理公司乌鲁木齐办事处）开始组建。顾明华为第一届党委书记、总经理。

2 月 26 日　人民银行通知，指定中行乌鲁木齐解放路支行全面开始人民币特种股票、B 股结算业务。

3 月 9 日　建行总行在新疆分行召开"建行支持西部大开发研讨会"，建行总行副行长张恩照、计划财务部、人事教育部、信贷管理委员会办公室、集团协调委员会办公室、战略规划委员会办公室、信贷经营部、中国国际金融有限公司投资银行部的负责人参加会议；来自陕西、甘肃、四川、贵州、重庆 5 个分行的 13 名代表参加了会议。王会民作题为《全力支持新疆基础设施建设，在西部大开发中办成好银行》的专题汇报。

3 月 13 日　中国长城资产管理公司乌鲁木齐办事处在新疆乌鲁木齐银都大酒店举行成立暨揭牌仪式。仪式上中国长城资产管理公司乌鲁木齐办事处正式与新疆石河子八一棉纺厂、新疆天伦化学纤维厂签订了首批企业债转股协议，债转股总额逾 3 亿元。

3 月 20 日　人行西安分行《关于对 1999 年度扭转高风险农村信用社及有关工作的通报》，在西北五省扭转高风险农村信用社的通报中，新疆仅克孜勒苏柯尔克孜自治州实现辖区无高风险社目标。

3 月 27 日　农行新疆分行召开西部大开发银企座谈会，新疆维吾尔自治区党委副书记艾斯海提・克里木拜及有关厅、局、企业领导 50 余人参加会议。

3 月 30 日　建行新疆分行与新疆财经学院签订全方位银校合作协议。

4 月 1 日　中行新疆分行在全辖开办教育储蓄业务。

4 月 26 日　中国华融资产管理公司乌鲁木齐办事处成立。

5 月 1 日　工行新疆分行在乌鲁木齐开办牡丹卡代缴中国联通移动电话费业务，成为全疆首家向合作方收取"代理业务费"的银行。

5 月 15 日　交通银行乌鲁木齐分行开发区支行行长史建华获"全国金融劳动模范"称号。

6 月 5 日　中行新疆分行《行长接待日制度》开始实施，第一次行长接待，行长康美与分行机关自愿报名的员工进行一对一的面谈，倾听员工的意见。

6 月 12 日　中国工商银行支持西部开发座谈会在乌鲁木齐召开，工行总行行长姜建清到会讲话，工行总行 8 个部室的主要负责人和工行西部五省区分行行长参加会议。

6 月 14 日　工行新疆分行召开副处级干部大会，工行总行行长姜建清到会讲话，宣布袁长清任工行新疆分行党委书记、行长，免去张爱泽分行党委书记、行长职务。

8 月 1 日　工行新疆分行开始代理国家开发银行新疆分行支付结算业务。

8 月 12 日　工行新疆分行与华融资产管理公司乌鲁木齐办事处就完成债转股及剥离不良资产事宜签约。

8 月 15 日　农发行总行行长何林祥来新疆，对农发行新疆分行进行了为期 7 天的调研。

9 月 1 日　中行新疆分行开始发行长城国际卡。

同日　工行新疆分行申请 20 万元"奉献基金"，在和田市建成的"希望小学"正式开学。

9 月 19 日　乌鲁木齐市商业银行在西北五省（区）城市商业银行业务技术比赛中荣获

团体第一名。

同日　农发行石河子兵团分行发生一起挪用公款381.5万元,涉案金额高达1885.5万元的特大经济案件。

9月22日　中国长城资产管理公司乌鲁木齐办事处组建北疆、喀什、库尔勒、中疆4个分片项目经理组。

同月　中行新疆分行全面启动与建行新疆分行在银行卡领域的合作,并正式联网,扩展了银行卡服务的辐射面。

10月1日　工行新疆分行首次实行处级以下干部(含处级)竞聘上岗。

11月29日　农行新疆分行将位于新疆乌鲁木齐市人民路19号的营业办公楼所拥有的产权,一次性整体转让给中国长城资产管理公司乌鲁木齐办事处,其转让面积5000平方米,转让价值1000万元。

11月30日　工行新疆分行个人住房贷款突破10亿元。

12月7日　工行新疆分行牡丹卡异地授权系统开通。

12月8日　中行新疆分行给予新疆农垦进出口公司授信10亿元人民币,主要用于新疆棉花出口收购工作,支持新疆棉花出口。

12月25日　中行新疆分行与友好股份公司联合推出"长城—世纪"联名卡。

12月27日　工行新疆分行活期储蓄及牡丹灵通卡异地通存通兑系统、牡丹信用卡异地自动授权系统、牡丹国际卡和外卡收单系统正式投入运行。

12月29日　中国人民银行办公厅以《关于新疆维吾尔自治区信托投资公司整顿方案的复函》,致函新疆维吾尔自治区人民政府办公厅:原则同意新疆维吾尔自治区政府对区内4家信托投资公司的清理整顿方案,保留新疆国际信托投资公司和新疆金新信托投资股份有限公司。

同年　工行新疆分行新增牡丹国际卡、牡丹彩照卡、牡丹贷记卡等新卡种,并开办了代收移动电话费、代收寻呼费和外汇卡收单业务,正式开通了全疆牡丹灵通卡异地通存通兑业务。

同年　长城资产管理公司乌鲁木齐办事处获"全国金融五一劳动奖状"。

同年　建行新疆分行代理财政业务继续发展,争办医保资金代理业务,开办了新疆民航BSP清算代理和委托贷款业务。

同年　农行新疆分行完成了不良资产剥离工作,向长城资产管理公司乌鲁木齐办事处剥离不良资产41.50亿元,总户数7819户,总笔数12160笔。

2001 年

1月8日　中行新疆分行保卫处配合营业部、结算业务处成功拦截一张350万美元的假汇票诈骗案。

2月1日　工行新疆分行与新疆证券公司、新疆宏源证券公司两家法人券商分别签订主办存管银行及证券营业部存管银行协议,并与金新证券、平安证券、湘财证券、大鹏证券、国泰君安、光大证券、银行证券、海国投、申银万国等内地券商驻疆营业部签订证券营业部存管银行协议。

3月20日 全国金融系统创建"青年文明号"工作领导小组命名建行新疆分行营业部河南路支行员工李向党为"全国金融系统青年岗位能手"。

4月1日 中行新疆分行成功开通"共享电子联行业务",结束省辖手工联行历史。

4月8日 乌鲁木齐市商业银行举行"雪莲卡"发卡仪式,标志着新疆拥有本土第一张银行借记卡。

4月11日 工行新疆分行启动对中国香港的汇款直通车业务系统。

4月20日 全国创建"青年文明号"活动组委会认定建行新疆分行营业部红山路支行营业部为全国"青年文明号"。同时,此前认定的建行新疆分行营业部黄河路支行和乌鲁木齐铁道支行营业部的全国"青年文明号",再次获得认定。

4月23日 程俊山任农发行新疆分行党委书记、行长。

4月26日 乌鲁木齐市商业银行与乌鲁木齐市公安局交通警察支队联手推出"雪莲泊车卡"。

5月1日 农发行新疆分行在全辖全面开展粮油信贷清资核贷工作。

5月20日 经交通银行总行同意,赵炯为交通银行乌鲁木齐分行行长。免去樊军交通银行乌鲁木齐分行行长职务。

5月21日 乌鲁木齐市商业银行首笔信用拆借业务,通过全国银行间同业拆借与债券交易系统开办成功。

5月24日 建行新疆分行在全行范围内推行学习普及"向党工作站"系列活动。

同月 国家开发银行乌鲁木齐分行被全国金融工会工作委员会授予"全国金融五一劳动奖状"。

同月 农行总行公司部总经理贾祥森在农行新疆分行行长徐月文的陪同下到新疆屯河投资股份有限公司调研。

6月15日 工行新疆分行首次发行牡丹国际借记卡,实现了全疆国际借记卡零的突破。

6月19日 工行新疆分行发行全疆第一张牡丹国际商务卡。

7月4日 美国花旗银行北京分行金融同业部经理杨骥和环球交易服务部国际贸易顾问朱利拜,访问中行新疆分行,就业务合作与发展问题进行了沟通交流。

7月6日 人行西安分行批准昌吉、伊犁、塔城、阿克苏、和田、吐鲁番、喀什、巴音郭楞州、阿勒泰等地州55家城市信用合作社改制更名为农村信用合作社。

7月14日 工行新疆分行生产系统成功上挂工行总行数据中心(北京)。

8月17日 农发行新疆分行向新疆维吾尔自治区党委、政府分别上报《关于棉花收购资金问题的紧急报告》(新农发行〔2001〕207号)。

8月27日 中行总行行长刘明康到中行新疆分行进行调研指导。

同月 人行乌鲁木齐中心支行原有国有商业银行监管业务及监管人员,向人行西安分行乌鲁木齐金融监管办事处集中,并加强了调整期间的监管工作,实现了监管业务工作的平稳过渡。

9月8日 中行总行在乌鲁木齐召开中行西北五省防查案件座谈会。

9月16日　农行新疆分行首家"金融超市"在农行乌鲁木齐市分行建设路分理处开业。

9月18日　乌鲁木齐市商业银行与市燃气总公司联合推出集储蓄、购燃气为一体的"雪莲燃气卡"。

11月1日　农行新疆分行营业部顺利开通银证通业务。

11月2日　招商银行乌鲁木齐分行正式开业,姚成军任行长。

11月17日　中央电视台"新闻联播"报道建行新疆分行营业部员工李向党优质服务先进事迹。随后《人民日报》《金融时报》《新疆日报》等在头版显著位置长篇报道李向党及"向党工作站"事迹。

11月30日　工行新疆分行被新疆维吾尔自治区文明委授予"文明单位"称号。

12月4日　中行新疆分行与新疆宏铁、北疆铁路公司签订了1亿元人民币授信协议。

12月15日　中行新疆分行与中基发放20485万元的国债贴息贷款举行签字仪式。

12月28日　人行西安分行核准西安万鼎实业(集团)有限公司、沈阳合金投资股份有限公司、新疆啤酒花股份有限公司、新疆屯河电机电器制造有限公司、新疆昌吉市新鑫金融容器有限责任公司、新疆天山水泥股份有限公司、新疆昌吉市瑞祥有限公司七家企业向新疆金融租赁有限公司入股的资格,增资后新疆金融租赁有限公司资本金由5500万元增至27000万元。

同年　人行乌鲁木齐中心支行加强对金融机构和高级管理人员的规范化管理,通过制定《高级管理人员考核谈话制度》,全面推行金融机构高级管理人员"准入"关,依法合规经营。

同年　原国家外汇管理局乌鲁木齐分局更名为国家外汇管理局新疆分局,实施对全疆外汇管理中心支局的系统管理。

同年　农行新疆分行和新疆生产建设兵团完成了双卡联网工程,实现了两分行银行卡的集中授权和借记卡全国联网,将电话银行升级为全国农行统一的服务号码95599。

同年　农行新疆分行联合新疆大学、华夏益农网络公司,共同创立了中国首家农副产品交易平台——CASPM,举办了网上农副产品交易会。

同年　建行新疆分行机关和营业部的全部业务通过了ISO 9001:2000版国际标准质量管理体系认证,获得了英国标准协会BSI太平洋公司颁发的国际标准质量认证证书。

2002 年

1月1日　中行新疆分行开办了进口信用证项下首笔由第三家银行贴现偿付业务。

1月2日　建行新疆分行在全疆率先推出"银证通"客户证券保证金服务业务,同时推出95533电话服务系统"银证通"业务维吾尔语翻译版。

1月23日　农发行总行召开全国分行长会议。会上,农发行新疆分行作了棉花信贷管理工作的典型发言。

1月31日　经人行西安分行核准,新疆独山子天利高新技术股份有限公司、新疆八一钢铁(集团)有限责任公司、新疆贝肯工业发展股份有限公司、独山子炼油化工建设(集团)

有限公司、新疆康普建设发展有限公司、新疆昌棉有限责任公司、北京市航联商贸公司、新疆金邦钢铁有限公司、新疆汇通农工贸实业总公司、新疆佳雨工贸(集团)有限公司、新疆三维矿业股份有限公司十一家企业入股新疆金融租赁有限公司的资格,并同意新疆三维矿业股份有限公司受让原股东新疆德隆(集团)有限责任公司(1060万元)和新疆生命红科技投资开发有限责任公司(522.5万元)的股权。增资后新疆金融租赁有限公司资本金由2.70亿元增至5.69亿元。

2月1日 新疆维吾尔自治区辖内地市级和自治区级农村信用社管理部门,2001年按农村信用社总收入0.5%的比例提取管理费,总额不超过313万元人民币。

2月 中行新疆分行与乌鲁木齐公交公司联合发行长城公交IC卡。

3月 中行新疆分行为中国移动集团新疆移动通信公司核定5亿元人民币授信额度,为中国电信新疆电信公司核定6亿元人民币授信额度。

4月5日 中行新疆分行成功堵截了一起200万元银行承兑汇票诈骗案。

4月19日 中行新疆分行为广汇集团开立了4183.92万欧元信用证,支持新疆广汇实业投资有限公司LNG(液化天然气)项目设备进口。

4月24日 建行总行团委授予新疆吐鲁番分行员工沙拉木・阿不力米提第二届"中国建设银行十大杰出青年"。

同日 农发行新疆分行配合国家审计部门对辖属51个机构进行全面审计。

4月26日 中央金融团工委、全国金融青联授予建行新疆分行营业部团委"五四金融团委"。

4月27日 中央金融团工委、全国金融青联授予建行新疆分行营业部李向党"全国金融青年五四奖章"。

5月1日 农发行总行联行检查组,对农发行新疆分行辖属营业机构联行结算工作进行重点抽查。

5月8日 交通银行乌鲁木齐分行友好路支行获"全国五一劳动奖状"。

5月18日 乌鲁木齐市商业银行开通了96518电话银行业务。

同月 中行新疆分行全辖消费信贷系统上机工作,实现了各分(支)行消费信贷业务数据的集中处理。

6月28日 中行新疆分行为特变电工股份有限责任公司办理了首笔金额为4733万元人民币的国内发票贴现业务。

7月4日 全国首家验收示范工程,新疆邮政储蓄资金清算/网管中心系统工程通过竣工验收。

7月15日 王世平主持农发行新疆分行全面工作。

7月16日 中行新疆分行营业大厅屏幕与路透社外汇牌价相连,直接显示外汇牌价,方便了客户办理外汇实盘买卖业务。

7月27日 工行新疆分行委托拍卖机构举办抵贷资产、自办经济实体专场拍卖会。

8月6日 建行总行党委研究,并报经中央金融工委同意,吴建中任建行新疆分行行长、党委书记。

8月28日 新疆国际信托投资有限责任公司重新登记,地址为乌鲁木齐市中山路86

号,法定代表人马安泰,注册资本 33063 万元人民币,为国有控股有限责任公司。

9 月 1 日　新疆农村信用社电子汇兑业务正式开通。

9 月 28 日　中行新疆分行召开领导班子成员变动会议,自治区党委书记王乐泉、自治区党委副书记艾斯海提·克里木拜、自治区党委副书记兼纪委书记胡家燕参加了会议,中行总行纪委书记平岳、人力资源部副总经理杜乐秋参加会议,会上宣布中行总行党委调整中行新疆分行领导班子变动的决定。

10 月 17 日　农发行总行团委书记蒋震峰来农发行新疆分行为全国级"青年文明号"单位——吐鲁番地区大河沿支行授牌。

11 月 5 日　中行新疆分行首次代理销售开发基金,通过营销成功向广汇实业投资集团有限责任公司销售 100 万元银华基金。

11 月 28 日　中行新疆分行为中基番茄制品有限公司办理了 565 万美元的首笔福费廷业务。

12 月 13 日　国开行乌鲁木齐分行与新疆吉林台水电梯级开发有限责任公司签订《后续融资合作协议》,成功试点首笔融资优先权业务。

12 月 18 日　人行西安分行批准新疆金融租赁有限公司注册资本金由 0.55 亿元人民币增至 5.19 亿元人民币的请批报告,并要求新疆金融租赁有限公司按期到人行西安分行换领《金融机构法人许可证》。

12 月 26 日　乌鲁木齐市商业银行正式开通全国银行卡跨行交易业务。

12 月 30 日　工行新疆分行完成 13 个二级分行扁平化改革工作,撤并了 5 个县支行、30 个分理处和 55 个储蓄所。

同年　人行乌鲁木齐中心支行制定了《新疆 2002 年银行业信贷增长指导意见》,对金融机构贯彻执行指导意见情况进行专项检查,督促金融机构加大对经济的支持力度。

同年　新疆人行系统积极提高辖区内联网水平,配合人行总行举办新疆、青海两省区电子邮件系统 R5 升级培训,并统一部署全疆各地州市中心支行实施系统升级。

同年　在乌鲁木齐票据交换区域内,基本实现了人民银行电子联网系统与各商业银行业务系统的"天地对接"。

同年　农行新疆分行完成了全疆首家校园卡——米泉第一中学校园卡的发行工作。

同年　中行新疆分行在全疆推广了"新一代"消费信贷系统,实现自动扣息,消费信贷呈现多元化的发展趋势。

同年　农行新疆分行制定实施《中国农业银行新疆分行二级分行组织机构体系调整实施意见》。在全辖推行扁平化管理,将二级分行机关和所辖营业部合并,上收二级分行营业部管理职能,由二级分行直接管理和经营城区网点,使其成为基本经营单位。

同年　农行新疆分行全面实施审计制度改革下审一级体制。全年共开展审计 419 项,发现问题 96764 笔,金额 118323.50 万元;纠正和处理各类差错和问题 60636 笔(件),金额 8935.50 万元,对违规违章责任人实施经济处罚 569 人。

2003 年

1 月 15 日　中行新疆分行信息科技处于辉获"全国金融五一劳动奖章"。

2 月 28 日 中行新疆分行为新疆电信公司叙做了一笔利率互换业务,填补了新疆一项外汇资金业务产品品种的空白。

3 月 8 日 新疆国际信托投资公司重点支持企业——新疆屯河投资股份有限公司投资 7500 万元人民币,启动吉尔吉斯斯坦野苹果浓缩汁项目。

3 月 21 日 中行新疆分行与建行、工行、农行新疆分行共同签署了《信用卡信控协作四方协议书》。

3 月 25 日 中国金融工会主席王敬东、工会副主任张玉英向建行新疆分行营业部钢铁支行灯笼渠分理处授予"全国金融系统女职工双文明示范岗"牌匾。

同日 中国金融工会主席王敬东、工会副主任张玉英对建行新疆分行民主管理、行务公开和"向党工作站"工作进行调研。

4 月 9 日 中行新疆分行为新疆阿希金矿承办了新疆辖区第一笔黄金托管业务。

4 月 22 日 国家开发银行乌鲁木齐分行更名为国家开发银行新疆维吾尔自治区分行。

4 月 30 日 工行新疆分行获中华全国总工会授予五一劳动奖状。

5 月 1 日 新疆邮政局取消邮政储蓄辖内异地存取手续费。

5 月 25 日 农行新疆分行向新疆雪莲制药厂发放贷款 100 万元,用于生产防"非典"口罩。

5 月 28 日 经人民银行批准,乌鲁木齐市商业银行正式开办外汇业务。

7 月 2 日 农发行总行副行长刘梅生来新疆,拜会了新疆维吾尔自治区党委副书记、自治区人民政府常务副主席王金祥,双方就棉花收购资金供应和管理等问题交换了意见。

7 月 16 日 中国长城资产管理总公司对长城资产管理公司乌鲁木齐办事处乌斯满江、习冰授予防止非典型肺炎工作优秀共产党员称号。

8 月 20 日 工行新疆分行营业部明德路支行(俗称大银行)入选"乌鲁木齐新十景"。

9 月 经外国银行授权同意,中油股份新疆独山子石化分公司提前归还乙烯项目英国混合贷款本金 5558 万英镑。

10 月 19 日 中国银行业监督管理委员会新疆监督管理局正式挂牌,李生诚任党委书记、局长。

11 月 12 日 华夏银行乌鲁木齐分行开业,马晓华任行长。

11 月 14 日 中行新疆分行与美克国际家私(天津)制造有限公司、美克美家家具装饰有限公司签订了《委托贷款合同》,弥补了中行新疆分行委托贷款业务空白。

11 月 22 日 工行新疆分行成功一次性投产全功能银行系统。

12 月 1 日 现代化支付系统投入运行。新疆区内联网升级扩容、中央银行会计核算系统、升级银行信贷登记咨询系统、金融法规综合办公系统、外汇账户信息管理、外债统计监测、银行卡联网系统、电子银行卫星小站、国库会计核算系统等项目投入运行。

12 月 4 日 王纬任农行新疆分行、农行新疆生产建设兵团分行党委书记、行长。

12 月 18 日 工行新疆分行推出网上银行品牌"金融@家"。

12 月 31 日 新疆维吾尔自治区邮政储蓄存款余额突破百亿元大关,达 104.10 亿元。

同年 中行新疆分行与新疆航空公司成功叙做 5 架 ATR-72 飞机债务置换业务,以较低成本的现汇贷款置换企业的高成本国外债务,为企业节约各项费用约 300 万美元。

同年　国开行新疆分行与乌鲁木齐市成立信用建设工作领导小组,建立信用建设联席会议制度,签订了"信用合作协议",对乌鲁木齐市未来 5 年城市基础设施建设项目给予统筹贷款支持。

2004 年

1 月 4 日　中行新疆分行为朝觐人员售汇 271 万美元,其中提取现钞 167 万美元,出售旅行支票 104 万美元。

1 月 6 日　全国解决建设领域拖欠工程款调查组成员,人行总行纪委书记王洪章在新疆调研,新疆维吾尔自治区主席司马义·铁力瓦尔地会见了王洪章。

1 月 10 日　工行新疆分行建立外汇单证中心,集中处理 12 个二级分行单证业务。

1 月 15 日　交通银行新疆分行正式开通太平洋卡"港澳通"业务。此业务开通,在中国香港和澳门地区,也可在接入的中国银联网络 ATM(自动柜员机)和 POS 机(销售点终端机)上办理银行卡交易业务。

2 月 13 日　工行新疆分行代销南方现金增利基金。

同月　郑旭东任国开行新疆分行党委书记、行长。

3 月 18 日　工行新疆分行与阿克苏天南农村信用合作社等签订代理支付结算业务协议。

同日　乌鲁木齐市商业银行向德国德累斯顿银行开出第一笔信用证业务。

3 月 24 日　新疆国际信托投资公司重点支持的新疆天地集团与韩国 SK 集团签署合作协议,宣布双方首期斥资 6000 万美元,成立 SK 天地电信产业有限公司,共同研发、生产高端手机。

3 月 25 日　新疆维吾尔自治区人民政府与国家开发银行签署 206 亿元开发性金融合作协议。

同月　新疆邮政储汇局升格为正处级,孙黎焰任局长。

4 月 10 日　工行新疆分行在全疆首次发行"银汇宝"个人外汇可终止理财产品。

4 月 15 日　中行新疆分行与国家开发银行新疆分行合作,就新疆天富热电股份有限公司城网改造项目发放 1 亿元联合贷款。

4 月 26 日　中行新疆分行与同业首次办理票据转贴现(买断)业务 29000 万元。

4 月 27 日　国开行新疆分行向昌吉市银洋棉麻有限责任公司就昌吉市"老龙河"等四个棉花生产组织发放棉农生产资料贷款。

同月　"德隆事件"爆发,德隆集团涉足新疆境内机械、食品、建材、农业、旅游业、房地产、金融业等诸多行业。疆内 94 家关联企业中与商业银行有贷款关系的达 50 余家,贷款金额共计 78.60 亿元。事件的爆发一定程度上加速了新疆维吾尔自治区信贷增速下滑,商业银行不良贷款上升。

5 月 11 日　交通银行总行授予交通银行乌鲁木齐分行团委宣传委员宋媛"交通银行优秀共青团干部"称号。

5月20日 工行新疆分行与乌鲁木齐海关网上支付项目合作协议签订。

同月 中行新疆分行首次开办了新产品"汇聚宝"外汇业务。

6月1日 工行新疆分行捐资兴建的莎车县恰热克镇希望小学举行落成典礼。

6月8日 乌鲁木齐市商业银行总部机关由扬子江路52号迁至新华北路8号。

6月12日 中信国安对新天国际实施增资扩股,增资额5.05亿元,参股比例占新天国际的49%。此举创造了东部企业对新疆企业参股规模的新纪录。

6月15日 交通银行乌鲁木齐分行对外发行太平洋人民币贷记卡。

6月22日 国开行与新疆生产建设兵团签署开发性金融合作协议,80亿元贷款支持兵团建设。

6月26日 中行新疆分行完成天山毛纺织股份有限公司、新疆科晨食品有限公司等10家企业共计45235万元人民币和580万欧元不良贷款的划转。

同月 "中国银行金融机构客户管理信息系统"在中行新疆分行正式启用。

7月5日 共青团中央、劳动和社会保障部授予中行新疆分行员工帕丽旦·吐尔逊2003年"全国杰出青年岗位能手"称号。

7月26日 交通银行乌鲁木齐分行行长及主管副行长专程到交通银行总行就"德隆系"有关问题作了详细汇报。

同月 新疆金新信托投资公司的乳品计划失败,成为中国信托产品到期无法偿付的第一例金融产品。

同月 长城资产管理公司完成对建行新疆分行11.20亿元可疑类不良贷款的接收工作,并对交通银行乌鲁木齐分行1.16亿元不良债权进行了接收。

8月7日 新疆金融租赁有限公司董事会召开三届十次会议,会议形成决议:由公司董事会、经营班子和股东单位共同组成"债权债务处置工作小组"。董事会授权"债权债务处置工作小组"负责实施债权债务的清偿工作。同意公司经营班子聘请北京京都律师事务所进行重组工作,同意公司实施债权债务清偿及重组思路。

8月13日 中行新疆分行争取到中基番茄制品公司在进出口银行的4000万元委托贷款。此贷款奠定了中行新疆分行与进出口银行委托贷款业务的合作基础。

8月26日 中国华融资产管理公司与屯河集团签订了资产托管协议,ST屯河将其持有的全部资产不可撤回的全权托管给华融。随后,华融组成托管组进驻,全权行使对这些上市公司的全部资产的管理和处置权力。

同日 中行新疆分行完成《新疆航空公司波音757飞机融资理财方案》,方案被新疆航空公司采纳。

8月29日 新疆金新信托投资公司因乳品计划的失败,被中国银监会新疆监管局正式责令停业整顿,由华融资产管理公司负责财产管理和处置工作。

9月7日 哈密市城郊信用社新西分社发生挪用资金事件。哈密地区公安局经侦支队接到报案后,经侦支队立即组织力量进行侦查,发现新西分社原会计王凤霞、出纳尉萍有挪用、侵占巨额资金嫌疑,涉案金额高达14500万元。鉴于案情特别重大,哈密地区公安局党委立即向地委、行署做了专题汇报,向自治区公安厅上报情况,并迅速成立专案组,集中优势警力开展案件侦查。

9 月 18 日　工行新疆分行电话银行成功上挂一体化电话银行北方托管中心。

10 月 11 日　工行新疆分行推出手机银行(短信)业务。

10 月 19 日　建行总行授予建行新疆分行营业部员工李向党,建行新疆分行信息技术部总经理陈铭新,建行新疆分行原行长刁会藻"建设银行五十周年(1954—2004)'突出贡献行员'"。

11 月 2 日　德隆系的 3 家上市公司 ST 屯河、合金投资、湘火炬发布公告表明,中国华融资产管理公司已经成功入主德隆系上市公司,并着手介入公司的实质性经营。

11 月 19 日　交通银行乌鲁木齐分行获得国开行新疆分行"新疆生产建设兵团贷款项目"代理行资格。

同月　根据中行总行人力资源改革要求,中行新疆分行结合实际,将本行临时代办用工实行劳务派遣制。

12 月 8 日　华夏银行乌鲁木齐分行以华夏丽人卡"关爱女性,品味生活"的服务理念,围绕都市白领丽人的需求、兴趣、消费热点,借助贺岁片《天下无贼》的声势,举办电影周活动。自治区文化厅、自治区电影公司和企业界代表分别到场祝贺。

12 月 15 日　交通银行乌鲁木齐分行为乌鲁木齐市邮政局办理股权变更手续,变更后的股东为上一级具有法人资格的新疆维吾尔自治区邮政局。

12 月 17 日　国家开发银行召开"开发性金融在新疆的实践暨国家开发银行新疆分行成立 5 周年座谈会",中共中央政治局委员、自治区党委书记王乐泉等应邀出席。

同年　乌鲁木齐地区所有银行均接入现代化支付系统,实现与全国各银行的跨行支付清算,提高了辖内资金使用和周转效率。

同年　国家外汇管理局新疆分局修订了《新疆维吾尔自治区边境贸易外汇管理办法实施细则》,推动贸易便利化。

同年　国家外汇管理局新疆分局积极探索资本项目外汇管理的转变方式,制定了《境外投资外汇管理改革试点办法》。获得 5000 万美元的境外投资购汇审批额度,使新疆成为全国第 16 家、西北五省首家境外投资试点区。

同年　银监会新疆监管局积极协助新疆维吾尔自治区人民政府申请将新疆列入深化农村信用社改革试点地区,得到国务院批准。

同年　中行新疆分行推出以欧元为结算货币的长城欧元国际卡。

同年　建行新疆分行"向党工作站"服务品牌商标通过国家工商行政管理管理总局注册,成为新疆第一例注册成功的服务品牌。

同年　农行新疆分行成立"德隆集团贷款风险防范小组",防范小组采取各种措施清收德隆集团不良贷款 2.3 亿元。

2005 年

1 月 28 日　银监会新疆监管局组成新疆"金融租赁有限公司停业整顿工作组",进驻金融租赁有限公司进行风险处置工作,要求公司暂缓召开临时股东大会。

同月　中行新疆分行率先推出通知存款约定转存业务。

2月　新疆维吾尔自治区农村信用社改革工作领导小组办公室筹备组，同新疆银监局、人行乌鲁木齐中心支行一道完成了全疆农村信用社有关资金扶持政策相关数据的摸底调查和测算工作，为新疆农村信用社改革试点工作的全面开展做好了准备。

3月7日　中行新疆分行与新疆维吾尔自治区国家助学贷款管理中心签署了国家助学贷款合作协议。

同日　中行新疆分行启动授信资产分类改革。

3月12日　《银行家》杂志社暨中国商业银行竞争力研究中心发布2003—2004年度全国城市商业银行综合竞争力排名和6大经济区城市商业银行排名，乌鲁木齐市商业银行在全国城市商业银行综合竞争力排名第24位。

3月15日　中行新疆分行在乌鲁木齐各网点正式启动"个人理财服务管理系统"。

3月29日　工行新疆分行网上银行在全疆13个地州养路征稽处开通业务。

同月　新疆邮政储汇局代理保险目标达成率在中国太平洋人寿保险股份有限公司、国家邮政局邮政储汇局2004年的业务考核评比中，名列全国前十位，授予新疆邮政储汇局代理保险业务合作"先锋奖"。

4月25日　新疆农村信用合作管理办公室要求，在加强农村信用社深化改革试点期间，各县(市)联社领导班子要保持稳定；已充实人员的信用社，要严格审核是否按照"三公开"原则进行招聘；加强监管，防止"突击提干、突击招工、突击花钱"的现象发生。

5月11日　中国银监会副主席李伟在新疆调研农村信用社改革工作时，应邀参加了新疆维吾尔自治区人民政府召开的深化农村信用社改革座谈会，并就加快新疆农村信用社改革提出了指导性意见。

6月21日　农行新疆分行行长王纬就博尔塔拉州新港贸易公司信用证垫款问题、博尔塔拉州钢铁公司冒名贷款问题向新疆维吾尔自治区党委书记王乐泉作专题汇报。

6月29日　中行新疆分行商户集中清算同城票据交换批量入账文本程序投产。

7月6日　首届中国新疆吸引外商投资洽谈会暨中亚地区合作论坛在乌鲁木齐举行。

7月8日　农发行总行行长郑晖与自治区人民政府及新疆生产建设兵团签订贷款协议675亿元。

7月17日　中共中央政治局委员、自治区党委书记王乐泉等到工行乌鲁木齐明德路支行调研。

7月21日　中国银监会主席刘明康来新疆分别在乌鲁木齐、喀什、克孜勒苏州等地就银行业监管和新疆银监系统开展先进性教育活动情况进行了调研。

7月23日　中国人民银行副行长李若谷来新疆考察调研，其间参加了中国进出口银行支持新疆进出口企业发展座谈会。

7月27日　中共中央政治局常委、国务院副总理黄菊在中共中央政治局委员、自治区党委书记王乐泉，自治区主席司马义·铁力瓦尔地陪同下到乌鲁木齐市商业银行考察。

同月　中哈霍尔果斯国际边境合作中心正式启动，为其吸引投资、扩大贸易规模创造条件。

8月1日　工行总行与中国石油天然气股份有限公司联合推出的"牡丹中油国际信用卡"和"牡丹中油灵通卡"在乌鲁木齐发行。

同日　农行总行党委书记、行长杨明生来新疆调研。

8月12日　中行新疆分行在全辖范围内正式向客户推出手机银行业务。

同月　中行新疆分行全面上收了二级行公司授信审批权,并对二级行上报分行项目的尽职审查权和已批授信总量中的"借新还旧"(即转贷)贷款的审批权也一并上收。

9月6日　乌鲁木齐市商业银行"雪莲贷记卡"正式发行。

9月7日　新疆维吾尔自治区人民政府与农发行签订"农业政策性金融合作协议"。

9月13日　新疆维吾尔自治区人民政府组织召开新疆农村信用社改革试点动员大会,全面启动农村信用社改革试点工作。

9月30日　参加中华人民共和国成立56周年暨新疆维吾尔自治区成立50周年大会的中国人民银行副行长吴晓灵,看望了人行乌鲁木齐中心支行全体职工。

10月28日　工行新疆分行适应股份制改革需要,正式更名为"中国工商银行股份有限公司新疆分行"。

10月29日　中行新疆分行投产银联标识准贷记卡。

11月10日　中行新疆分行与新疆农垦进出口有限公司成功叙做了第一笔"远期售汇与质押贷款套利"业务。

11月18日　工行总行聘任吴宁锋为工行新疆分行副行长(主持工作)。

同月　蓝剑集团和嘉士伯啤酒公司联合完成对新疆啤酒花股份有限公司的战略重组。牵连新疆10余家上市公司的"啤酒花事件"危机基本解决。

同月　新疆喀什、乌鲁木齐等六个地州陆续发生9起禽流感疫情,新疆维吾尔自治区人民政府全力开展疫情防控工作,金融机构积极做好相关金融服务。

12月12日　乌鲁木齐市商业银行与巴基斯坦哈比银行结成友好银行。

12月31日　华夏银行乌鲁木齐分行"95577"客户服务电话正式开通。

同年　招商银行与国家开发银行、生产建设兵团中小企业信用担保公司联合签署中小企业贷款担保业务合作三方协议。

同年　人行系统加快金融电子化建设,大额支付系统、人民币银行结算账户管理系统等8个重点项目如期推广上线。

同年　人行乌鲁木齐中心支行与新疆维吾尔自治区教育厅在新疆大学、新疆医科大学、新疆农业大学、新疆财经学院联合开展了大学生征信和相关金融知识宣传活动,并印制"征信与金融知识手册"。

同年　农行新疆分行开展以"查问题、找漏洞、抓整改、求落实"为核心的风险管理工作大检查活动。对全辖487个营业机构进行全面检查,检查出历年陈案和违规违纪案件4起。

第一篇 机 构

1986—2005 年,随着中国金融改革开放的不断推进,新疆银行业机构体系日益完善。中国人民银行由统管一切到逐渐将银行业、证券期货业、保险业监管职能分离出来,设立三个监管局,成为真正意义上的现代中央银行;新疆银监局按照自己的监管职能,对辖内银行业金融机构实施有效监管;银行业经营机构从单一的专业银行体系发展为由政策性银行、国有独资商业银行、股份制商业银行、地方性商业银行及邮政储蓄机构、金融资产管理公司、信托公司、金融租赁公司并存和分工协作的现代银行体系;为适应银行业不断发展的需要,金融学术研究、教育培训、行业自律组织机构也不断发展和健全。至 2005 年,与新疆经济社会发展相适应的现代银行业机构体系基本形成。

第一章　管理机构

新疆银行业管理机构主要由中国人民银行乌鲁木齐中心支行、国家外汇管理局新疆维吾尔自治区分局和中国银行业监督管理委员会新疆维吾尔自治区监管局三部分组成,各司其职各负其责,努力保证新疆金融的健康安全运行。

第一节　中国人民银行乌鲁木齐中心支行

一、机构沿革

中国人民银行乌鲁木齐中心支行由中国人民银行新疆维吾尔自治区分行(以下简称人行新疆分行)随中央银行体制改革演变而来。

1986年,人行新疆分行机关设置了办公室、人事保卫处、宣教处、金融行政管理处、计划处、金融研究所、金融志编辑室、调查研究室、会计处、稽核处、货币发行处、金融系统纪检组、工会、分行党组等14个处室,并在15个地州(市)设有二级分行,未设县级基层机构,两库一账及对外业务均委托专业银行代理。直到1987年才陆续在36个县恢复了县级人行机构,并在区分行本部增设了国库处和金融中专自考办。1988—1992年分行本部又先后增设了监察专员办公室、电子计算中心、行政处、劳动服务公司、专项贷款处、机关党委、金融时报新疆记者站、支付科技处、调统处9个内设部门和1个直属单位(营业部)。到1992年10月,全疆106个县、市(区)中,恢复人行机构的有76个。1996年末,人行新疆分行内设部门增至30个,增加包括银行管理处、非银行管理处、基建办、监督办、三防一保办公室、老干部处、证券公司、金融市场办、证券登记公司等部门。

1998年12月,按照国务院《关于中国人民银行省级机构改革实施方案的通知》精神,人行新疆分行与人行乌鲁木齐市分行合并,成立了人行乌鲁木齐中心支行。同年12月31日,人行新疆分行正式撤销。新疆14个地、州(市)中心支行、76个县(市)支行一并由人行乌鲁木齐中心支行辖属管理,并接受人行西安分行的大区行管理。

从1999年1月1日起,人行乌鲁木齐中心支行正式在新疆辖区履行人行总行和人行西安分行赋予的各项金融宏观管理职能。内设处室28个,另有5个直属单位。这一机构变化一直延续到2003年9月前后。

2003年10月16日,人行乌鲁木齐中心支行将部分履行金融监管职能的3个处室、128名干部整体划转至新疆银监局。人行乌鲁木齐中心支行机关内设处室减至25个,直到2005年。

至2005年末,人行乌鲁木齐中心支行内设职能处室20个、5个党群工作机构和4个直属单位,14个地州(市)中心支行,55个县支行。在册职工3089人。

二、主要职能及业务

人行新疆分行在 1986—1994 年,根据人行总行的授权,在辖区内履行对各类金融机构的"领导、管理、协调、监督、稽核"的职能,对信贷规模和市场货币流通量进行宏观调控。1995 年颁布的《中华人民共和国中国人民银行法》(以下简称《中国人民银行法》)将人行职能调整为:对金融机构各项业务实施监督管理,维护金融业的合法、稳健运行;按照规定对金融机构的市场准入、准出及其业务范围进行审批;对国家政策性银行的金融业务进行指导和监督;履行人行总行赋予的其他职能。人行新疆分行大力开展稽核工作;推进国家债券认购和兑付工作;开拓和发展资金市场,放开了国库券二级转让市场;发放、管理少数民族经济贷款和地方经济开发贷款,同时发放金银专项贷款,有力地支持了新疆维吾尔自治区的黄金生产。

1999 年 1 月起,大区分行成立后,正式履行中心支行职能的人行乌鲁木齐中心支行及其所辖分支机构,贯彻执行中央银行货币信贷政策;对辖区内各类金融机构的业务活动及金融市场进行全面监管;负责新疆辖区金融统计工作,分析、研究新疆经济金融形势,为人行总行和西安分行货币政策的制定提供信息和建议;负责管理新疆货币发行和经理国库。

2003 年,《中国人民银行法》修订及新疆银监局分设后,新疆人行系统新的职能是:执行货币政策,维护金融稳定,提供金融服务,反洗钱和征信管理。

1986—2005 年人民银行新疆分行(乌鲁木齐中心支行)机构名称变化情况

表 1—1

时　　间	名　　称	备　注
1986.01.01—1998.12.31	中国人民银行新疆维吾尔自治区分行	
1999.01.01—2005.12.31	中国人民银行乌鲁木齐中心支行	

1986—2005 年人民银行新疆分行(乌鲁木齐中心支行)历任主要负责人情况

表 1—2

姓名	性别	族别	出生年月	政治面貌	学历	行政职务		党内职务	
						职务	任职时间(年、月)	职务	任职时间(年、月)
魏盛鸿	男	汉	1944.02	中共党员	本科	行长	1985.01—1987.12	党组书记	1985.01—1987.12
朱源节	男	汉	1936.04	中共党员	初中	副行长	1985.03—1991.11	党组成员	1985.03—1991.11
						行长	1991.11—1996.09	党组书记	1991.11—1996.09

表1-2续

姓名	性别	族别	出生年月	政治面貌	学历	行政职务		党内职务	
						职务	任职时间（年、月）	职务	任职时间（年、月）
艾买提·阿西木	男	维吾尔	1938.10	中共党员	高中	副行长	1985.03—1997.09	党组成员	1985.03—1997.09
顾德生	男	汉	1932.11	中共党员	大专	副行长	1985.03—1991.02	党组成员	1987.09—1991.02
罗家仁	男	汉	1937.01	中共党员	本科	纪检组长	1985.03—1988.09	党组成员	1989.02—1992.09
						副行长	1988.09—1992.09		
王友三	男	汉	1935.07	中共党员	初中	行长	1988.09—1991.11	党组书记	1988.09—1991.11
阿不都克里木·买买提	男	维吾尔	1934.09	中共党员	中专	纪检组长	1990.11—1991.11	—	—
宗新甫	男	汉	1941.07	中共党员	大专	副行长	1991.11—1996.09	党组成员	1991.11—1996.09
						行长	1996.09—1999.01	党组书记	1996.11—1999.01
李生诚	男	汉	1946.04	中共党员	本科	副行长	1996.09—1997.09	党组成员	1996.09—1997.09
刘伟建	男	汉	1953.07	中共党员	大专	副行长	1997.12—1999.01	党组成员	1997.12—1999.01
						行长	1999.01—2005.12	党委书记	1999.01—2005.12
崔同焱	男	汉	1943.07	中共党员	大专	副行长	1999.01—2005.12	党委委员	1999.01—2005.12
苏天增	男	汉	1944.12	中共党员	大专	副行长	1999.01—2005.12	党委委员	1999.01—2005.12
饶国平	男	汉	1962.03	中共党员	研究生	副行长	1999.01—2005.12	党委委员	1999.01—2005.12

表 1—2 续

姓名	性别	族别	出生年月	政治面貌	学历	行政职务		党内职务	
						职务	任职时间（年、月）	职务	任职时间（年、月）
阿达来提·吐尼亚孜	女	维吾尔	1960.08	中共党员	研究生	副行长	1999.01—2005.12	党委委员	1999.01—2005.12
程志玲	女	汉	1953.03	中共党员	本科	副行长	1999.01—2005.12	党委委员	1999.01—2005.12
刘清泉	男	汉	1954.12	中共党员	大专	副行长	2001.10—2005.12	党委委员	2001.10—2005.12
张培英	女	汉	1957.11	中共党员	研究生	工会主任	2001.10—2005.12	党委委员	2001.10—2005.12
李寿龙	男	汉	1964.04	中共党员	本科	副行长	2001.10—2005.12	党委委员	2001.10—2005.12
朱　胜	男	汉	1956.08	中共党员	研究生	纪委书记	2005.03—2005.12	党委委员	2005.03—2005.12

1986—2005 年人民银行新疆分行(乌鲁木齐中心支行)
机构、人员情况统计

表 1—3　　　　　　　　　　　　　　　　　　　　　　　　　　　　单位:个/人

年份	机构总数	人员总数	其　中					
			自治区级分行（或中心支行）		地州市分行（或中心支行）		支行级	
			机构数	人员数	机构数	人员数	机构数	人员数
1986	16	1872	1		14		0	0
1990	102	3896	1	480	14	1914	76	1502
1995	106	4810	1	343	14	1941	80	2526
2000	78	4070	1	493	14	1761	62	1816
2001	78	4039	1	482	14	1767	62	1790
2002	78	4058	1	478	14	1777	62	1803
2003	77	3290	1	338	14	1402	62	1550
2004	77	3192	1	345	14	1412	62	1435
2005	70	3089	1	360	14	1488	55	1241

第二节　国家外汇管理局新疆分局

一、机构沿革

国家外汇管理局新疆分局（以下简称外管局新疆分局）于1984年1月1日正式划归人行新疆分行领导。对外挂牌"国家外汇管理局新疆维吾尔自治区分局"，对内称外汇业务办公室，是人行新疆分行的一个处级机构。在辖内各二级分行的金融行政管理科内设1名专职外汇管理检验员，办理各地、州、市的外汇管理业务，直到1986年。

1987年成立伊犁、石河子、乌鲁木齐、吐鲁番、巴音郭楞州和喀什6个二级分局。1988年成立阿勒泰、塔城、昌吉、和田、阿克苏和哈密6个二级分局；同年4月1日，经国家外汇管理局（以下简称外管总局）批准，新疆外汇调剂中心正式成立。1989年成立博尔塔拉州、克孜勒苏州、克拉玛依3个二级分局。1990年3月26日，在外管局新疆分局内部设立综合处、业务处、管理处，保留外汇调剂中心，撤销外汇业务办公室。1993年10月，外管局新疆分局三处一中心合并为两处一中心，即外汇业务处、外汇综合管理处、外汇调剂中心。1995年4月，将外汇业务处与外汇综合管理处合并，改名为外汇管理处。1998年12月10日，撤销国家外汇管理局新疆分局，成立国家外汇管理局乌鲁木齐分局。1999年3月4日，增设了国际收支处。2001年3月15日，国家外汇管理局乌鲁木齐分局改回原国家外汇管理局新疆维吾尔自治区分局；同年9月29日，撤销外汇管理处，保留国际收支处，增设经常项目管理处、资本项目管理处。

二、主要职能及业务

国家外汇管理局新疆分局主要职能是：1994年前，负责宣传贯彻执行国家外汇管理的方针、政策及法规，以及辖内外汇收支计划的编报、考核和统计；审批和管理外汇额度账户，办理辖内外汇额度调拨；管理贸易、非贸易外汇，审批并管理现汇账户，对批准的企业外币计价结算情况进行监督、检查；审批并核销因公出国用汇；对外商投资企业、境外投资企业、经营外汇业务的银行和非银行金融机构的外汇进行管理与监督；对外债的借、用、还进行统计监测，管理外汇担保，办理外汇调剂的审批、指导和控制。1994年后，由于国家对外汇管理体制进行重大改革，主要职能中，取消了外汇留成制度，实行银行结售汇制度，人民币官方汇率与市场汇率并轨，实行以市场供求为基础的、有管理的浮动汇率制度，建立全国统一规范的外汇市场。

外管局新疆分局主要业务是：监督管理金融机构办理国际结算、结售汇、外汇汇款、外币兑换及办理进出口核销中执行外汇管理政策法规的情况；负责金融机构境外借款、发债的具体审批；对非银行金融机构在境外开立账户进行审批；根据国际收支统计申报办法监督金融机构执行国际收支统计制度，监督管理金融机构在外汇交易市场的交易行为；对外汇指定银行外汇结售汇周转头寸进行调整和监管；对金融机构外汇业务经营中执行外汇管理政策法规情况进行检查和处罚等。

第三节　中国银行业监督管理委员会新疆银监局

一、机构设置

2003年10月19日,中国银行业监督管理委员会新疆银监局(以下简称新疆银监局)正式挂牌成立。之后,新疆辖内人行各地州(市)中心支行、各县支行的金融监管部门及人员陆续整体划转到新疆银监局系统。2004年,新疆银监局局级机关内设处室16个,即办公室(党委办公室)、工行监管处、农行监管处、中行监管处、建行监管处、股份制银行监管处、政策性银行及邮政储蓄机构监管处、非银行金融机构监管处、合作金融监管处、信用合作管理办公室、统计信息处、财务会计处、人事处(党委组织部)、监察室(纪委办公室)、机关党委、后勤服务中心。2005年11月9日,新疆银监局在保持原内设正式机构数和人员编制总数不变的情况下,新设立法规处,将原有工、农、中、建四个监管处室整合,将原有工行监管处更名为监管一处,将原有农行监管处更名为监管二处,将原有中行监管处与建行监管处合并,更名为监管三处,其他11个处室名称和职责不变。至2005年末,在全疆14个地州(市)设有银监分局,在62个县(市)分别设立监管办事处;新疆银监系统在册职工863名。监管对象为新疆辖内银行业金融机构。

二、主要职能

新疆银监局根据国家有关金融工作的法律、法规和银监会的授权,制定新疆辖区监管法规、制度方面的实施细则和规定。负责对辖内有关银行业金融机构及其分支机构的设立、变更、终止和业务活动的监督管理,依法对金融违法、违规行为进行查处,审查和批准辖内有关银行业金融机构及其分行机构高级管理人员的任职资格,统计被监管对象的有关金融数据和信息;履行中国银监会赋予的其他职能。

2003—2005年新疆银监局历任主要负责人情况

表1—4

姓名	性别	族别	出生年月	政治面貌	学历	行政职务		党内职务	
						职务	任职时间(年、月)	职务	任职时间(年、月)
李生成	男	汉	1946.04	中共党员	本科	局　长	2003.09—2005.12	党委书记	2003.09—2005.12
买买提依明·吐尔逊	男	维吾尔	1957.06	中共党员	研究生	副局长	2003.09—2005.12	党委委员	2003.09—2005.12
毛小飞	男	汉	1963.11	中共党员	本科	副局长	2004.10—2005.12	党委委员	2004.10—2005.12

表1—4续

姓名	性别	族别	出生年月	政治面貌	学历	行政职务		党内职务	
						职务	任职时间（年、月）	职务	任职时间（年、月）
顾志晨	男	汉	1952.03	中共党员	本科	纪委书记	2004.10—2005.12	党委委员	2004.10—2005.12
牛成立	男	汉	1965.02	中共党员	研究生	副局长	2004.12—2005.12	党委委员	2004.12—2005.12

2005年新疆银监局机构、人员情况统计

表1—5　　　　　　　　　　　　　　　　　　　　　　　　　　单位:个/人

机构总数	人员总数	其中						备注
		省区级监管局		地州级监管分局		县市级监管办事处		
		机构数	人员数	机构数	人员数	机构数	人员数	
77	863	1	139	14	489	62	235	

第二章 政策性银行

政策性银行是按照国家产业政策或政府的相关决策进行投融资活动的金融机构,不以利润最大化为经营目标。1986—2005 年,在新疆的政策性银行机构有两家,一家是 1995年成立的中国农业发展银行新疆维吾尔自治区分行(以下简称农发行新疆分行);另一家是1999 年成立的国家开发银行乌鲁木齐分行(后更名为国家开发银行新疆分行,以下简称国开行新疆分行)。这两家政策性银行按政策性业务分工为新疆经济的发展各司其职,各负其责。

第一节 中国农业发展银行新疆维吾尔自治区分行

一、机构沿革

1995 年 4 月 28 日,中国农业发展银行新疆维吾尔自治区分行宣布成立,隶属中国农业发展银行总行(以下简称农发行总行),同年 4 月,人、财、物从中国农业银行新疆维吾尔自治区分行(以下简称农行新疆分行)划出,5 月,农发行新疆分行成立临时领导小组,按照"三定"方案,农发行新疆分行内设 10 个职能处室,即办公室、资金计划处、工商信贷处、开发信贷处、财务会计处、信息电脑处、人事教育处、稽核处、监察室、机关党委,另设工会工作委员会与机关党委合署办公。

1996 年 8 月,增设保卫处。1997 年完成各地州(市、兵团)分行、1 个区级分行营业部、2 个直属支行和 57 个县(市)支行的设置;1998 年,将开发信贷处、工商信贷处更名为信贷一处、信贷二处。

2005 年,成立风险管理处,并将信息电脑处更名为信息技术处;年末,新疆农发行系统共有机构 91 个,职工人数 1832 人。

二、主要职能

农发行新疆分行主要职能是:落实农发行总行制定的工作方针、政策,办理粮食、棉花、油料、猪肉、食糖等主要农副产品的国家专项储备、收购、调销、批发贷款;办理承担国家政策性粮油加工任务和棉花初加工企业的贷款;办理国务院确定的扶贫贴息、老少边穷地区发展经济、贫困县县办工业、农业综合开发以及小型农、林、牧、水利基本建设和技术改造贷款;办理中央和新疆维吾尔自治区人民政府财政支农资金和为各级政府设立的粮食风险基金开立专户的代理拨付;办理业务范围内开户企事业单位的存款、结算以及经国务院和中国人民银行批准的其他业务。

三、业务发展

农发行新疆分行自成立至 1997 年前,业务主要依靠委托代理,1997 年业务随分支机构的完善开始自营。1998—2005 年,伴随粮食流通体制改革,新疆农发行系统实行粮棉油收购资金封闭运行,强化收购资金管理。1998 年,所管理的扶贫开发专项贷款 57.38 亿元划归农行新疆分行管理。支持包括辖区粮棉油收购资金的及时供应,少数民族地区的脱贫贷款,粮棉油加工及建仓建罐贷款,保证辖区粮棉油收购不打"白条"。至 2005 年末,新疆农发行系统支持新疆各项农业政策性贷款余额仍保持在 331.59 亿元。

1995—2005 年农业发展银行新疆分行历任主要负责人情况

表 1—6

姓名	性别	族别	出生年月	政治面貌	学历	行政职务		党内职务	
						职务	任职时间（年、月）	职务	任职时间（年、月）
杨瑞法	男	汉	1944.08	中共党员	大专	副行长	1995.04—1995.10	纪检组长	1996.06—1999.08
						行长	1995.10—2001.04	党委书记	1998.08—2001.04
马振云	男	回	1941.02	中共党员	大专	副行长	1995.10—2001.04	党委委员	1998.08—2001.04
买买提·铁力瓦地	男	维吾尔	1950.06	中共党员	大专	纪委书记	1999.08—2005.12	党委委员	1999.08—2005.12
王世平	男	汉	1954.12	中共党员	研究生	副行长	1999.08—2003.09	党委委员	1999.08—2001.04
						—	—	党委副书记	2001.04—2003.09
						行长	2003.09—2005.12	党委书记	2003.09—2005.12
管志强	男	汉	1963.02	中共党员	研究生	副行长	1999.09—2000.11	党委委员	1999.09—2000.11
程俊山	男	汉	1950.08	中共党员	大专	行长	2001.04—2002.07	党委书记	2001.04—2002.07
刘峰林	男	汉	1960.11	中共党员	研究生	副行长	2001.04—2005.12	党委委员	2001.04—2005.12

表 1-6 续

姓名	性别	族别	出生年月	政治面貌	学历	行政职务		党内职务	
						职务	任职时间(年、月)	职务	任职时间(年、月)
田新椿	男	汉	1958.02	中共党员	研究生	副行长	2001.04—2005.12	党委委员	2001.04—2005.12
秦永贵	男	汉	1957.07	中共党员	本科	副行长	2003.04—2005.12	党委委员	2003.04—2005.12

1995—2005 年农业发展银行新疆分行机构、人员情况统计

表 1-7　　　　　　　　　　　　　　　　　　　　　　　　　单位:个/人

年份	机构总数	人员总数	其　中					
			省区级分行		地州市分行		县市级支行	
			机构数	人员数	机构数	人员数	机构数	人员数
1995	1	65	1	65	—	—	—	—
2000	91	1790	1	82	31	635	59	1073
2001	91	1777	1	83	31	629	59	1065
2002	91	1805	1	80	31	660	59	1065
2003	91	1846	1	87	31	665	59	1094
2004	91	1844	1	88	31	678	59	1078
2005	91	1832	1	86	31	694	59	1052

第二节　国家开发银行新疆分行

一、机构沿革

1999 年 5 月 28 日,国家开发银行乌鲁木齐分行(以下简称国开行乌鲁木齐分行)筹备组成立。同年 12 月 18 日,国开行乌鲁木齐分行正式成立,内设部门 5 个,人员编制 23 人。2003 年 4 月 22 日,国开行乌鲁木齐分行更名为国家开发银行新疆分行(以下简称国开行新疆分行),内设处室为办公室(含党委办公室及保卫处)、市场与投资处、经营管理处、法律事务办公室、国际合作业务处、风险管理处(信用评级委员会)、评审处、客户一处、客户二处(富民业务处)、客户三处、客户四处、财会处(营运处)、人事处(党委组织部)、纪检监察办公室(审计举报办公室)、信息科技处等。2005 年末,国开行新疆分行机构仅有分行机关,无辖属分支机构。职工人数 57 人。

二、主要职能

国开行新疆分行根据国开行总行授权,负责国开行新疆分行的资产负债管理、资金平衡和调度;参与贷款项目的评审、贷款合同的谈判与签约;负责贷款发放、回收及日常管理;负责信贷资产的监测、管理,落实防范化解风险的措施,负责资产保全工作;负责其总行授权范围内的其他职能。规划先行,支持新疆基础设施、基础产业、支柱产业、新兴产业等领域的发展和疆内重点项目建设,促进区域协调发展、支持城镇化、中小企业、"三农"、教育、中低收入家庭住房、医疗卫生以及环境保护等瓶颈领域的发展,支持国家和地方"走出去"战略,积极拓展国际合作业务。

三、业务发展

国开行新疆分行以"稳疆兴疆、富民固边"为己任,积极服务国家发展战略,推动开发性金融支持边疆发展。至 2005 年末,国开行新疆分行累计发放本外币贷款 357 亿元,本外币贷款余额 278 亿元,占全疆金融机构人民币非个人中长期贷款余额的 33.2%;重点支持新疆三大油田为主的石油基地建设、阿尔塔什水电工程建设、兰新铁路和南疆铁路干线建设、乌鲁木齐国际机场改扩建以及民生领域和国际合作业务。

1999—2005 年国家开发银行新疆分行名称变化

表 1—8

时　间	名　称	备　注
1999.12.18—2003.04.21	国家开发银行乌鲁木齐分行	
2003.04.22—2005.12.31	国家开发银行新疆维吾尔自治区分行	

1999—2005 年国家开发银行新疆分行历任主要负责人情况

表 1—9

姓名	性别	族别	出生年月	政治面貌	学历	行政职务		党内职务	
						职务	任职时间（年、月）	职务	任职时间（年、月）
陈剑英	男	汉	1956.09	中共党员	研究生	行长	1999.12—2004.02	党委书记	1999.12—2004.02
杨文岐	男	汉	1957.07	中共党员	本科	副行长	1999.12—2003.12	党委委员	1999.12—2003.12
赵颖泽	男	汉	1958.12	中共党员	本科	副行长	1999.12—2002.11	党委委员	2001.04—2002.11

表 1-9 续

姓名	性别	族别	出生年月	政治面貌	学历	行政职务		党内职务	
						职务	任职时间（年、月）	职务	任职时间（年、月）
贾新力	男	汉	1953.01	中共党员	本科	纪委书记	1999.12—2001.12	党委委员	1999.12—2001.12
郑旭东	男	汉	1956.08	中共党员	本科	行长	2004.02—2005.12	党委书记	2004.02—2005.12
饶国平	男	汉	1962.03	中共党员	博士	副行长	2003.03—2005.12	党委委员	2003.03—2005.12
田云海	男	汉	1959.02	中共党员	本科	副行长	2003.07—2005.12	党委委员	2003.07—2005.12
杨小鲁	男	汉	1953.05	中共党员	大专	副行长	2003.07—2005.12	党委委员	2003.07—2005.12

1999—2005 年国家开发银行新疆分行机构、人员情况统计

表 1-10 单位:个/人

年份	机构总数	人员总数	其 中					
			省区级分行		地州市分行		县市级支行	
			机构数	人员数	机构数	人员数	机构数	人员数
1999	1	23	1	23	—	—	—	—
2000	1	42	1	42	—	—	—	—
2001	1	45	1	45	—	—	—	—
2002	1	44	1	44	—	—	—	—
2003	1	46	1	46	—	—	—	—
2004	1	55	1	55	—	—	—	—
2005	1	57	1	57	—	—	—	—

第三章　国有独资商业银行

国有独资商业银行是从国家专业银行演变而来的,包括中国工商银行、中国农业银行、中国银行、中国建设银行。这四家银行是 1979 年以后陆续恢复、分设的。原来的分工是:中国工商银行主要承担城市工商信贷业务;中国农业银行以开办农村信贷业务为主;中国银行主要经营外汇业务;中国建设银行主要承担中长期投资信贷业务。随着金融改革的不断深化,这四家银行的传统分工已逐步被打破。1994 年,原国家专业银行的政策性业务被划分出去,由三家政策性银行负责经营。国家专业银行专营商业性业务,成为国有独资商业银行。1998 年,农业发展银行管理的专项贷款业务又划归到农业银行管理。1986—2005 年,在新疆的国有独资商业银行一共有五家,分别是中国工商银行新疆维吾尔自治区分行、中国农业银行新疆维吾尔自治区分行、中国银行新疆维吾尔自治区分行、中国建设银行新疆维吾尔自治区分行和中国农业银行新疆建设生产兵团分行。

第一节　中国工商银行新疆维吾尔自治区分行

一、机构沿革

1985 年 1 月 1 日,中国工商银行新疆维吾尔自治区分行(以下简称工行新疆分行)正式成立,并规定辖区内各级人行、工行先实行一个机构、两块牌子、两套账目、资金分开的过渡办法。1985 年底,自治区本级及地州(市)人、工两行正式分开运营,人行县支行及办事处建制全部划归工行,保留人民银行牌子,代理人民银行业务。从 1996 年开始,工行对连续 3 年亏损的县支行进行了"明留暗收"的改革试点工作,1998 年 7 月,根据工行总行《中国工商银行县支行机构改革试点方案》,工行新疆分行对辖内无效和低效县支行进行了撤并。从 20 世纪 90 年代后期开始,为提高效益,加快向商业银行转变,工行对规模较小、距离较近、机构重叠、效益低下的城区支行实行合并,减少了城区支行数量。截至 2005 年末,工行新疆分行共有各类营业机构 317 个,其中区分行机关 1 个、区分行营业部 1 个、二级分行 14 个、县支行 61 个,城区支行、二级支行、分理处、储蓄所、城郊办事处、集镇办事处、二级分行营业部等共计 240 个。全辖职工 8271 人。

二、主要职能

工行新疆分行在工行总行统一法人、分层授权经营管理模式下,根据工行总行授权,依法合规开展经营活动,并接受工行总行统一管理。其主要职能是,为新疆辖区客户提供商业银行服务,坚持"支持重点、扶优限劣"原则,信贷资金重点支持有市场、有效益、不欠息的重点工商企业的合理资金需要,将效益好的能源、交通、通信等骨干企业、大中型企业以及出口创汇企业等作为主要支持对象。同时,其加强内部控制,增强核心竞争力,提高经营绩效和企业价值,支持新疆经济建设。

三、业务发展

1986—1993年,工行新疆分行坚持存款第一的原则,促进储蓄存款和对公存款的增长。主要办理人民币存款、贷款,国内外结算,票据承兑、贴现,各类汇兑业务;代理销售、代收代付、证券资金清算业务(银证转账)、保险业务;提供信用证服务及担保、保管箱服务,资信调查、咨询、见证业务,贷款承诺,企业、个人财务顾问服务;组织或参加银团贷款,外汇存款,外汇贷款,外币兑换,出口托收及进口代收,银行卡业务,电话银行、网上银行、手机银行业务,办理结汇、售汇业务,以及经监督机构和工行总行批准办理的其他业务等。

1993年后,工行新疆分行加快商业银行改革步伐,积极调整经营结构,实现由粗放型向集约化经营的转变,深化内部改革,加快电子化发展步伐,大力发展中间业务和国际业务,各项业务持续健康发展。

2005年末,工行新疆分行本外币各项存款余额(含同业)达748.20亿元,本外币各项贷款余额达291.78亿元。实现中间业务收入2.40亿元,实现经营利润7.20亿元,账面利润1.98亿元。

1986—2005年工商银行新疆分行名称变化

表1—11

时　间	名　称	备　注
1985.01.01—2005.10.27	中国工商银行新疆维吾尔自治区分行	
2005.10.28—2005.12.31	中国工商银行股份有限公司新疆维吾尔自治区分行	

1986—2005年工商银行新疆分行历任主要负责人情况

表1—12

姓名	性别	族别	出生年月	政治面貌	学历	行政职务		党内职务	
						职务	任职时间(年、月)	职务	任职时间(年、月)
张蔚	男	汉	1929.02	中共党员	中专	行长	1985.01—1991.03	党组书记	1985.01—1991.03
钱志泓	女	汉	1941.10	中共党员	中专	副行长	1988.08—1991.03	党组成员	1988.08—1991.03
						行长	1991.03—1995.09	党组书记	1991.03—1995.09

表1-12 续

姓名	性别	族别	出生年月	政治面貌	学历	行政职务		党内职务	
						职务	任职时间（年、月）	职务	任职时间（年、月）
张爱泽	男	汉	1940.08	中共党员	大专	副行长	1991.03—1995.09	党组成员	1991.03—1995.09
						行长	1995.09—2000.10	党组书记	1995.09—1998.12
								党委书记	1998.12—2000.10
袁长清	男	汉	1961.09	中共党员	本科	副行长	1995.09—2000.06	党组成员	1995.09—1998.12
								党委委员	1998.12—1999.10
								党委副书记	1999.10—2000.06
						行长	2000.06—2005.08	党委书记	2000.06—2005.08
吴宁锋	男	汉	1960.03	中共党员	本科	副行长	2005.08—2005.12	党委副书记	2005.08—2005.12
阿不力孜·毛拉由夫	男	维吾尔	1931.08	中共党员	大专	副行长	1985.01—1991.06	党组成员	1985.01—1998.12
								党委委员	1998.12—1991.06
董顺清	男	汉	1936.10	中共党员	中专	副行长	1985.03—1988.12	党组成员	1985.03—1988.12
贺加·阿不都索巴	男	维吾尔	1939.11	中共党员	中专	副行长	1991.06—1999.12	党组成员	1991.06—1998.12
								党委委员	1998.12—1999.12
贾泉元	男	汉	1936.11	中共党员	高中	纪检组组长	1991.11—1997.04	党组成员	1991.11—1997.04

表 1—12 续

姓名	性别	族别	出生年月	政治面貌	学历	行政职务		党内职务	
						职务	任职时间（年、月）	职务	任职时间（年、月）
袁肇绩	男	汉	1945.06	中共党员	大专	副行长	1995.09—1999.10	党组成员	1995.09—1998.12
								党委委员	1998.12—1999.10
王玉敬	男	汉	1943.12	中共党员	大专	纪委书记	1998.11—2003.12	党委委员	1998.11—2003.12
戚光亚	男	汉	1957.05	中共党员	本科	副行长	1999.08—2005.12	党委委员	1999.08—2005.12
庞　力	男	汉	1960.10	中共党员	研究生	副行长	1999.08—1999.12	党委委员	1999.08—1999.12
袁　萍	女	汉	1957.09	中共党员	本科	副行长	2000.09—2005.12	党委委员	2000.09—2005.12
洪维刚	男	汉	1960.07	中共党员	本科	副行长	2002.04—2004.11	党委委员	2002.04—2004.11
水永成	男	汉	1958.03	中共党员	本科	副行长	2003.03—2005.12	党委委员	2003.03—2005.12
艾圣智	男	汉	1952.06	中共党员	本科	纪委书记	2003.08—2005.12	党委委员	2003.08—2005.12
魏永铎	男	汉	1932.07	中共党员	中专	工委主任	1988.08—1991.02	—	—
赵鸿文	男	汉	1934.04	中共党员	中专	工委主任	1991.03—1994.12	—	—
李春满	男	汉	1954.12	中共党员	本科	工委主任	1999.08—2002.05	—	—
邵家芳	男	汉	1934.05	中共党员	中专	总经济师	1991.03—1994.09	—	—
丘伯初	男	汉	1937.08	中共党员	大专	总经济师	1995.09—1997.09	—	—

表 1—12 续

姓名	性别	族别	出生年月	政治面貌	学历	行政职务		党内职务	
						职务	任职时间（年、月）	职务	任职时间（年、月）
韩富禄	男	汉	1944.11	中共党员	大专	总稽核师	1995.09—2003.01	—	—
白才本	男	汉	1954.11	中共党员	大专	总稽核师	2003.08—2004.11	—	—

1986—2005 年工商银行新疆分行机构、人员情况统计

表 1—13　　　　　　　　　　　　　　　　　　　　　　　　　　　　　　单位：个/人

年份	机构总数	人员总数	其中					
			省区级分行		地州市分行		县市级支行	
			机构数	人员数	机构数	人员数	机构数	人员数
1986	580	10014	1	220	15	1915	83	2936
1990	904	11630	1	271	15	2130	89	3345
1995	958	12854	1	346	16	2179	87	3570
2000	755	12269	1	338	15	2038	63	2565
2001	620	10741	1	301	15	2007	78	3668
2002	525	9737	1	335	15	2383	72	2904
2003	495	9187	1	335	15	2606	68	2439
2004	375	8748	1	374	15	2769	63	2133
2005	317	8271	1	319	14	2773	62	2386

第二节　中国农业银行新疆维吾尔自治区分行

一、机构沿革

中国农业银行新疆维吾尔自治区分行（以下简称农行新疆分行）于 1979 年 6 月 1 日恢复建立，至 1986 年末，各级机构 1032 个，总人数 9617 人。

1991 年 10 月，为适应新疆生产建设兵团经济发展的需要，人行批准建立农行新疆兵团分行，隶属农行新疆分行。1992 年 7 月 15 日，农行新疆兵团分行正式成立。农行新疆分行管辖的兵团系统金融机构，包括 1 个中心支行、11 个县支行（农行奎屯市支行除外）、320 个营业机构、1 个干部学校、2240 名干部职工全部划归农行新疆兵团分行管辖。

1993年,经人行新疆分行批准,农行新疆分行成立了16家分支机构,其中,1个区分行营业部,1个县级支行办事处,7个中心支行营业部,2个信托投资公司,4个地州中心支行国际业务部。

1994年,经人行批准,农行新疆分行在克拉玛依市建立中心支行。

1995年,农发行新疆分行成立后,区分行机关划转处级及以下干部58人。

1996年11月,新疆维吾尔自治区农村金融体制改革领导小组审定批准了《新疆农村信用社与新疆农业银行脱离行政隶属关系的实施方案》,脱钩工作正式实施。同年12月底,农行新疆分行机关、12个地州中心支行的信用合作管理人员划转到同级金融体改办或信用联社共167人,全疆77个县级农村信用联社、867个农村信用社与农业银行脱离行政隶属关系。

从1997年开始,农行新疆分行撤并县以下营业机构,全疆撤并人均存款50万元以下的基层营业网点67个,接受其他银行撤并的县级机构18个,对5个二级分行和地市支行进行了合并,完成了对农业银行学校的改革。

1998年,农行新疆分行撤并低效营业所99个、储蓄所14个,清退分流安置富余人员661人。此后,直到2001年其机构没有变化。

2002年,农业银行新疆分行完成与农行兵团银行两行科技中心、银行卡中心的合并。

2003—2004年,农行新疆分行共撤并农村低效营业网点406个,占网点总数的40%,城区网点上升到总数的73.0%。分流安置富余人员2172人,占员工总数的20.0%。

2005年末,农行新疆分行共有452个分支机构。其中:1个区级分行,14个中心支行,88个县支行,347个营业及储蓄所,1个培训学校,1个其他机构。干部职工总人数8004人。

二、主要职能

农行新疆分行恢复成立时的基本职能是:统一管理支农资金,集中办理农村信贷,领导农村信用社,发展农村商品经济和农村金融事业。1983年,农行新疆分行职能出现"四个转变",一是从主要支持社队发展生产,转变为重点支持承包户、专业户发展粮食生产和多种经营;二是从主要支持农业生产转变为支持农、林、牧、副、渔、农工商运输、服务业的全面发展;三是从主要在生产环节支持生产转变为支持生产、流通、分配、消费全过程;四是从主要办理农业贷款和拨款业务转变为全面办理农区各种金融业务。1993年,农行新疆分行从国家专业银行向国有商业银行转变。1994年,其农业发展的政策性金融业务分离出去。1996年,其与农村信用社"脱钩",对农信社的金融管理职能又分离出去。1998年,农行新疆分行开始在经营理念上启动了以市场为导向,以效益为标准,打破行业、所有制界限,把优势产业、优良客户,作为支持重点。2005年,农行新疆分行强化资本约束机制,实施经济资本管理。

三、业务发展

1991年以前,农行新疆分行主要以存、贷款业务为主。1992年,经农行总行批准,农行新疆分行成立了国际业务部,开始经营外汇业务。1993年1月,经农行总行批准,农行乌鲁木齐市支行开办金穗卡业务,以此为起点,农行新疆分行电子银行业务随着电子技术的发展快速崛起。2005 年,农行新疆分行各项存款余额 485.35 亿元;各项贷款余额 294.29 亿元;外汇贷款达 2591 万美元;国际结算 10.08 万美元;中间业务收入 1.53 亿元。金穗卡完成全国联网,建立了维吾尔文、汉文 ATM 自动存、取、转账和监控系统,完成了电子银行和电话银行的建设。

1986—2005 年农业银行新疆分行历任主要负责人情况

表 1—14

姓名	性别	族别	出生年月	政治面貌	学历	行政职务		党内职务	
						职务	任职时间（年、月）	职务	任职时间（年、月）
色提尼牙孜·艾外都拉	男	维吾尔	1936.05	中共党员	大专	行长	1982.02—1996.06	党组书记	1982.02—1996.06
苏永瑞	男	回	1931.08	中共党员	高中	副行长	1982.02—1992.02	党组成员	1982.02—1992.02
任廷贵	男	汉	1926.01	中共党员	高中	副行长	1979.06—1989.02	党组成员	1979.06—1989.02
王孟余	男	汉	1933.10	中共党员	大专	副行长	1982.02—1993.10	党组成员	1982.02—1993.10
杨瑞法	男	汉	1944.08	中共党员	本科	行长助理	1989.02—1992.02	党组成员	1987.04—1995.04
						副行长	1992.02—1995.04		
阿不都热西提·阿吾提	男	维吾尔	1947.08	中共党员	本科	纪检组长	1987.12—1988.04	党组成员	1987.12—1998.08
						副行长	1988.04—1998.08		
						副行长、纪委书记	1998.09—2005.12	党委副书记	1998.09—2005.12
郭崇善	男	汉	1936.01	中共党员	大专	总稽核	1989.02—1996.02	—	—
张思源	男	汉	1944.09	中共党员	大专	副行长	1992.01—1997.02	党组成员	1992.01—1997.02

表 1—14 续

姓名	性别	族别	出生年月	政治面貌	学历	行政职务		党内职务	
						职务	任职时间（年、月）	职务	任职时间（年、月）
陈振桥	男	汉	1934.12	中共党员	中专	纪检组组长	1992.02—1995.01	党组成员	1992.02—1995.01
刘贵芳	男	汉	1937.08	中共党员	大专	工委主任	1992.02—1997.09	—	—
黄文豹	男	汉	1947.02	中共党员	大专	副行长	1993.10—1996.06	党组副书记	1995.06—1996.06
						行长	1996.06—1999.05	党组书记	1996.06—1999.05
刘崇林	男	汉	1960.04	中共党员	研究生	副行长	1995.06—2000.02	党组成员	1995.06—2000.02
暴士民	男	汉	1945.10	中共党员	大专	副行长	1997.08—2005.12	党组成员	1997.08—2005.12
徐月文	男	汉	1944.03	中共党员	大专	行长	1999.05—2003.12	党委书记	1999.05—2003.12
束 坚	男	汉	1960.09	中共党员	本科	副行长	2000.12—2008.07	党委委员	2000.12—2008.07
王 纬	男	汉	1963.01	中共党员	硕士	行长	2003.12—2005.12	党委书记	2003.12—2005.12
贺晓初	男	汉	1956.05	中共党员	本科	副行长	1999.01—2000.01	—	—
阿不都·阿不都热依木	男	哈萨克	1954.09	中共党员	本科	副行长	2005.05—2005.12	党委委员	2005.05—2005.12
陈 军	男	汉	1963.01	中共党员	本科	副行长	2005.12—2005.12	党委委员	2005.12—2005.12
程锦前	男	汉	1959.09	中共党员	硕士	副行长	2005.12—2005.12	党委委员	2005.12—2005.12
吐洪江	男	维吾尔	1961.03	中共党员	本科	副行长	2005.12—2005.12	党委委员	2005.12—2005.12

1986—2005 年农业银行新疆分行机构、人员情况统计

表 1—15　　　　　　　　　　　　　　　　　　　　　　　　　　　　单位：个/人

年份	机构总数	人员总数	其中					
			省区级分行		地州市分行		县市级支行	
			机构数	人员数	机构数	人员数	机构数	人员数
1986	1006	9617	1	230	14	932	99	3006
1990	1365	11260	1	270	14	1092	95	3438
1995	1631	13913	1	181	17	1092	110	3851
2000	1062	8161	1	269	14	889	103	2265
2001	832	7543	1	247	14	834	93	2545
2002	682	6749	1	215	14	1015	93	2258
2003	582	6349	1	342	14	1340	89	2597
2004	544	7409	1	243	14	1251	90	2694
2005	452	8004	1	361	14	1469	88	3046

第三节　中国银行新疆维吾尔自治区分行

一、机构沿革

中国银行新疆维吾尔自治区分行（以下简称中行新疆分行）在 1978 年 6 月 1 日成立时，行名为中国银行乌鲁木齐分行（以下简称中行乌鲁木齐分行），是人行新疆分行的一个处室。1984 年 1 月 1 日，中行乌鲁木齐分行从人行新疆分行分出，接受中行总行的垂直领导。1986 年 1 月，中行乌鲁木齐分行建立了第一个分支机构喀什支行，1988 年后，中行新疆分行相继在阿克苏、克孜勒苏州、和田、哈密、塔城、克拉玛依、博尔塔拉州、阿勒泰建立支行。1992 年 7 月 1 日，中行乌鲁木齐分行更名为中行新疆分行。1993 年 1 月，中行乌鲁木齐市支行挂牌营业。至此，中行新疆分行在自治区 14 个地州市都建立了支行，并在全疆 16 个县设立了县支行。1999 年，根据国务院金融改革要求，中行乌鲁木齐市支行并入中行新疆分行，撤销了中行乌鲁木齐市支行。2004 年 8 月，中行新疆分行更名为中国银行股份有限公司新疆维吾尔自治区分行（也简称中行新疆分行）。

1999—2005 年，为适应金融改革和中国银行股份制改革上市的要求，中行新疆分行内设机构进行了多次调整和重设。截至 2005 年底，中行新疆分行共有机构数 175 个。其中：自治区级分行 1 个，地州市级分行 13 个，县市级支行 21 个，营业网点 140 个。职工总数 3128 人。

二、主要职能

1994 年以前,中行新疆分行以外汇贷款、信托业务充分发挥了在生产和流通领域中的促进、调节和监督作用。

1995 年,中行新疆分行逐步完成了由国家外汇专业银行向国有商业银行的转变,并继续支持新疆进出口贸易、能源、交通、通信以及基础原材料等行业的发展。

1996—2005 年,中行新疆分行的职能由外汇专业银行向商业银行转变。

三、业务发展

1986 年,中行新疆分行开始办理人民币储蓄业务。

1992 年,中行新疆分行试行储蓄任务承包责任制和单人收付制。

1993—1995 年,中行新疆分行按照自治区银贸协作的要求,综合运用信贷、国际结算、贸易融资等手段,先后开办了外汇贷款、信托咨询、补偿贸易,担保见证和国际租赁等业务,支持外贸企业的发展和新疆维吾尔自治区利用外资引进先进技术设备加速企业技术改造等。其外汇贷款重点向石油、石化、邮电、电力、纺织、化工、原材料等基础产业倾斜,积极办理侨汇、外汇兑换、旅行支票、信用卡支付,并开办了外汇兑换券业务。

1996—1999 年,中行新疆分行执行国家信贷政策,按照商业银行的运作模式,主动调整信贷投向,优化贷款结构,推行"重点地区、重点行业、重点项目、重点产品"战略,选准新的经济增长点。其新增贷款 80% 以上投向乌鲁木齐、克拉玛依、巴音郭楞州、昌吉等重点地区,优先支持能源、交通、石油勘探开发、邮电通信、原材料等基础产业和有市场、有效益、信用好的大中型、三资、股份制企业的发展。

2000—2005 年,中行新疆分行采取授信、担保、售汇一条龙服务并开展上门服务,加强银贸协作,为外贸企业提供跟踪配套服务,巩固了国际结算的市场份额。中行新疆分行努力拓展银行卡、电子银行业务,陆续推出"长城卡""彩照卡""长城加油卡""结算卡""股票卡""电子借记卡""外币卡"等新品种,发展优良的特约商户,为公众提供良好的用卡环境。积极与保险、证券、电信、电力、社保、水、电等行业建立代收费业务关系。同时,其努力开拓基金销售、私人理财、为大型企业代售融资债券,发展住房、汽车和教育消费贷款。至 2005 年末,中行新疆分行各项人民币存款余额 307.64 亿元,各项人民币贷款余额 203.46 亿元。

1986—2005 年中国银行新疆分行名称变化

表 1—16

时 间	名 称	备 注
1978.06—1992.07	中国银行乌鲁木齐分行	
1992.07—2004.08	中国银行新疆维吾尔自治区分行	
2004.08—2005.12.31	中国银行股份有限公司新疆维吾尔自治区分行	

1986—2005 年中国银行新疆分行历任主要负责人情况

表 1—17

姓名	性别	族别	出生年月	政治面貌	学历	行政职务		党内职务	
						职务	任职时间（年、月）	职务	任职时间（年、月）
秦道光	男	汉	1931.07	中共党员	大专	行长	1986.06—1992.11	党组书记	1986.06—1992.11
郑祥芝	男	汉	1928.03	中共党员	大专	副行长	1986.06—1989.02	党组成员	1986.06—1989.02
吐尔逊·胡塞音	男	维吾尔	1926.04	中共党员	中专	副行长	1983.09—1986.11	—	—
康美	女	锡伯	1951.03	中共党员	本科	副行长	1986.11—1992.11	党组成员	1986.11—1992.11
						代总经理（代行长）	1992.11—1993.12	党组代书记	1992.11—1993.12
						总经理（行长）	1993.12—2002.11	党（组）委书记	1993.12—2002.11
王新	男	汉	1951.01	中共党员	大专	副总经理（副行长）	1986.11—1994.09	党组成员	1986.11—1994.09
于宝峰	女	汉	1949.08	中共党员	大专	副总经理（副行长）	1992.11—1997.08	党组成员	1992.11—1997.08
于国言	男	汉	1945.11	中共党员	高中	副总经理（副行长）	1992.11—2005.11	党组成员	1992.11—2005.11
王栓虎	男	汉	1951.01	中共党员	大专	副总经理（副行长）	1998.05—2002.11	党委委员	1998.05—2002.11
仇万强	男	汉	1955.11	中共党员	大专	副总经理（副行长）	1999.03—2000.08	党委委员	1999.03—2000.08
						总经理（行长）	2002.11—2010.12	党委书记	2002.11—2010.12
李正宇	男	汉	1947.10	中共党员	大专	纪检书记	2002.02—2007.11	党委委员	2002.02—2007.11
周平	男	汉	1959.12	中共党员	本科	副总经理（副行长）	2002.02—2005.12	党委委员	2002.02—2005.12
齐新玲	女	汉	1956.05	中共党员	大专	副总经理（副行长）	2002.12—2005.12	党委委员	2002.12—2005.12

1986—2005 年中国银行新疆分行机构、人员情况统计

表 1—18　　　　　　　　　　　　　　　　　　　　　　　　　　　　单位：个/人

年份	机构总数	人员总数	其中					
			省区级分行		地州市分行		县市级支行	
			机构数	人员数	机构数	人员数	机构数	人员数
1986	2	133	1	107	1	26	—	—
1990	8	531	1	239	7	292	—	—
1995	32	2742	1	375	15	2022	16	345
2000	170	2904	1	463	14	818	20	204
2001	181	2771	1	401	13	1128	24	539
2002	170	3489	1	690	13	1287	44	790
2003	179	2951	1	665	13	828	49	866
2004	183	2642	1	481	13	809	21	314
2005	175	3128	1	551	13	910	21	381

第四节　中国建设银行新疆维吾尔自治区分行

一、机构沿革

1986 年，中国人民建设银行新疆维吾尔自治区分行(以下简称建行新疆分行)实行分行、地州市级分行(中心支行)，县(市)级支行三级管理，管辖机构 81 个。其中分行 1 个，地州市级(中心支行、专业支行)16 个，县(市)级支行 64 个，职工人数 1550 人。

1987—1995 年，新疆建行系统实行分行、地州市中心支行，县(市)支行和营业网点四级管理。

1996 年 3 月 26 日，中国人民建设银行新疆维吾尔自治区分行更名为中国建设银行新疆维吾尔自治区分行，其下属的地州市、县分支机构同时更名。同年，乌鲁木齐地区 3 家二级分行的机构进行了合并，全辖撤销县支行 1 个，5 个县支行降格，撤销分理处 3 个、储蓄所 18 个。

1997 年，建行新疆分行所辖乌鲁木齐市、石河子市支行以及昌吉、塔城、阿勒泰、博尔塔拉州、哈密、巴音郭楞州、阿克苏、喀什、克孜勒苏州、和田、吐鲁番 13 个中心支行更名为分行；建行克孜勒苏州分行更名为阿图什市支行，划归建行喀什分行管辖；建行新疆区分行营业部更名为建行乌鲁木齐第一支行，建行乌鲁木齐分行更名为建行新疆分行营业部；建行新疆分行铁道专业支行更名为建行乌鲁木齐铁道支行；同年，撤销新疆辖区 28 个县级支行、25 个分理处、储蓄所。

1998 年，建行新疆分行撤销了 8 个县支行机构，并将乌鲁木齐县支行改建为城区支行。

直到 2000 年,建行新疆分行撤并后的机构数为 484 个。

2001 年,建行新疆分行撤销 35 个机构网点,其中县支行 1 个、分理处 17 个、储蓄所 17 个。

2002 年,建行新疆分行撤销 23 个营业机构,其中分理处 16 个、储蓄所 2 个、代办所 5 个。

2003 年,建行新疆分行进行岗位、网点扁平化、后勤和守押体制改革,完成塔城、阿勒泰、和田、伊犁州、博尔塔拉州 5 个分行的机构调整和人员分流,全行机构减少 35 个,员工总数减少 1256 人。

2004 年,建行新疆分行完成喀什、阿克苏、巴音郭楞州、哈密、吐鲁番、昌吉 6 个分行的机构调整和人员分流,撤并县以下机构 72 个,分流人员 979 人;同年 9 月 17 日,中国建设银行改制更名为中国建设银行股份有限公司,新疆建行系统各级分支机构也随之更名。

2005 年末,建行新疆分行机构总数为 203 个,其中区级分行 1 个,地州市级分行 14 个,县(市)级支行 57 个,支行级以下机构 131 个,职工总数 5588 人。

二、主要职能

1986—1993 年,新疆建行系统履行财政与银行双重职能。其财政职能主要是全面管理国家固定资产投资,特别是国家重点建设项目,协助清理在建项目和推行投资包干,审查基建财务决算等政策性业务。其银行职能主要是开展筹资、储蓄、债券代理、拓展信贷领域、房地产金融、国际金融、工商企业流动资金贷款等业务。1994—2005 年,其以从事中长期信贷业务为主,并按照现代商业银行运行机制全面履行国有商业银行的各项职责。

三、业务发展

从 1985 年开始,建行新疆分行承担了自治区基本建设预算内投资拨款改为贷款的全部任务,到 1990 年经办拨款改贷款 288 亿元。

1986—1987 年,建行新疆分行协助清理自治区在建项目、协助推行投资包干、审查基建财务决算等政策性业务,清理信贷资金、财政资金、委托资金等种类贷款合同约 6500 多份,制止不合理开支 1.65 亿元。建行新疆分行统一承办了自治区的房改金融业务及自治区绝大部分重点建设债券的发行和各种债券的发行交易业务。其间,建行代理发行重点建设债券 1342 万元,发行电力企业建设债券,代理发行电站集资债券 700 万元,有力保障了新疆石油、铁路、电力等重点建设项目的资金需要。

1988 年,建行新疆分行开办自治区住房改革金融配套业务、开办信托投资和金融租赁业务。

1989 年,建行新疆分行国际业务部成立,开始办理外汇业务。

1994 年,建行新疆分行正式分离财政职能,转变成以从事中长期信贷业务为主的国有商业银行。各项金融业务特别是房地产信贷、外汇、电子银行、银行卡和中间业务有了快速发展。

1999 年,建行新疆分行开展不良资产分类、清理、审查和报批,一次性向信达资产管理公司剥离移交 41.77 亿元不良资产。

2000 年,根据新疆兵团工作的特殊性,建行新疆分行机关成立兵团业务部,共向兵团系统提供贷款 22.19 亿元。

至 2005 年末,新疆建行系统各项存款余额为 557.79 亿元,各项贷款余额 288.86 亿元。按五级分类,不良贷款余额 26.91 亿元,中间业务收入 1.63 亿元,龙卡发卡量累计 355.85 万张,电子银行客户数达 38.45 万户。

1986—2005 年建设银行新疆分行名称变化

表 1—19

时　间	名　称	备　注
1986.01.01—1996.03.26	中国人民建设银行新疆维吾尔自治区分行	
1996.03.27—2004.09.17	中国建设银行新疆维吾尔自治区分行	
2004.09.18—2005.12.31	中国建设银行股份有限公司新疆维吾尔自治区分行	

1986—2005 年建设银行新疆分行历任主要负责人情况

表 1—20

姓名	性别	族别	出生年月	政治面貌	学历	行政职务		党内职务	
						职务	任职时间（年、月）	职务	任职时间（年、月）
王友三	男	汉	1935.07	中共党员	初中	行长	1983.01—1988.09	党组副书记	1983.01—1988.09
陈月霞	女	汉	1934.06	中共党员	中师	副行长	1983.01—1988.09	党组书记	1983.01—1988.09
						行长	1988.09—1994.09	党组书记	1988.09—1994.09
木沙·吐尔地	男	维吾尔	1928.09	中共党员	初中	副行长	1980.12—1990.02	党组成员	1980.12—1990.02
张士兴	男	汉	1945.10	中共党员	本科	副行长	1987.11—1993.12	党组成员	1987.11—1993.12
徐惠兰	女	汉	1936.11	中共党员	初中	纪检组组长	1987.11—1989.07	党组成员	1987.11—1989.07
李　谦	男	汉	1938.07	中共党员	大专	副行长	1990.02—1998.08	党组成员	1990.02—1998.08

表1—20 续

姓名	性别	族别	出生年月	政治面貌	学历	行政职务		党内职务	
						职务	任职时间（年、月）	职务	任职时间（年、月）
王素甫·哈斯木	男	维吾尔	1948.09	中共党员	大专	副行长	1990.02—1998.04	党组成员	1990.02—1998.04
孙坤伯	男	汉	1934.05	中共党员	中专	总经济师	1990.02—1994.10	—	—
付汉民	男	汉	1934.10	中共党员	中专	纪检组组长	1992.01—1995.03	党组成员	1992.01—1995.03
刁会藻	男	汉	1937.04	中共党员	本科	副行长	1993.12—1994.09	党组成员	1993.12—1994.09
						行长	1994.09—1996.03	党组书记	1994.09—1996.03
						巡视员（正厅级）	1996.03—1997.06	—	—
刘平	男	汉	1956.05	中共党员	本科	副行长	1993.12—1997.01	党组成员	1993.12—1997.01
刘佩方	女	汉	1947.05	中共党员	大专	总会计师	1993.12—2003.07	—	—
						工会主任	2003.07—2007.06	—	—
杨继昌	男	汉	1938.12	中共党员	高中	纪检组组长	1995.03—1998.09	党组成员	1995.03—1998.09
						纪委书记	1998.09—1998.12	党委成员	1998.09—1998.12
于永顺	男	汉	1950.11	中共党员	本科	行长	1996.03—1998.04	党组书记	1996.03—1998.04
王会民	男	汉	1959.02	中共党员	研究生	副行长	1996.03—1998.04	党组副书记	1996.03—1998.04
						行长	1998.04—2002.02	党组书记	1998.04—2002.02
						行长	1998.09—2002.02	党委书记	1998.09—2002.02

表1—20续

姓名	性别	族别	出生年月	政治面貌	学历	行政职务		党内职务	
						职务	任职时间（年、月）	职务	任职时间（年、月）
陆忠勤	男	汉	1950.02	中共党员	大专	副行长	1998.04—1998.09	党组成员	1998.04—1998.09
						副行长	1998.09—2000.05	党委成员	1998.09—2000.05
吴建中	男	汉	1961.07	中共党员	研究生	纪委书记	1998.12—2001.02	党委委员	1998.12—2001.02
						副行长	2001.02—2002.08	党委副书记	2001.02—2002.08
						行长	2002.08—2008.06	党委书记	2002.08—2008.06
袁福华	男	汉	1961.01	中共党员	本科	副行长	1998.12—1999.08	党委委员	1998.12—1999.08
艾尔肯·艾则孜	男	维吾尔	1960.04	中共党员	研究生	副行长	1998.12—2008.09	党委委员	1998.12—2008.09
曹式禹	男	汉	1947.06	中共党员	本科	副行长	2000.01—2001.02	党委委员	2000.01—2001.02
						副行长兼纪委书记	2001.02—2003.07	党委委员	2001.02—2003.07
						纪委书记	2003.07—2007.07	党委委员	2003.07—2007.07
孙积安	男	汉	1955.12	中共党员	研究生	总审计师	2000.01—2005.07	—	—
						总审计师兼主任	2005.07—2009.12	—	—
戴跃明	男	汉	1959.09	中共党员	研究生	副行长	2001.12—2008.10	党委委员	2001.12—2008.10
						副行长	2008.10—2010.12	党委副书记	2008.10—2010.12

表 1-20 续

姓名	性别	族别	出生年月	政治面貌	学历	行政职务		党内职务	
						职务	任职时间（年、月）	职务	任职时间（年、月）
帅　旗	男	汉	1955.08	中共党员	本科	行长助理	2001.12.29—2003.10.27	—	—
						副行长	2003.10—2004.10	党委委员	2003.10—2004.10
李忠华	男	汉	1961.03	中共党员	研究生	行长助理	2003.10.30—2005.06.13	—	—
						副行长	2005.06—2012.06	党委委员	2005.06—2012.06
曹建平	男	汉	1960.09	中共党员	本科	行长助理	2003.10—2006.06	—	—
王雪玲	男	汉	1969.02	中共党员	研究生	行长助理	2005.10—2006.08	—	—

1986—2005 年建设银行新疆分行机构、人员情况统计

表 1-21　　　　　　　　　　　　　　　　　　　　　　　单位：个/人

年份	机构总数	人员总数	其　　中					
			省区级分行		地州市分行		县市级支行	
			机构数	人员数	机构数	人员数	机构数	人员数
1986	81	1550	1	162	16	793	64	545
1990	561	4513	1	221	16	1365	91	2927
1995	759	8017	1	407	16	2063	110	5547
2000	484	6919	1	525	14	1585	64	2768
2001	469	6868	1	381	14	2239	68	1492
2002	402	6909	1	550	14	2526	62	1545
2003	316	5856	1	507	14	2180	57	1451
2004	224	4479	1	491	14	1137	38	877
2005	203	5588	1	722	14	1901	57	1546

第五节　中国农业银行新疆生产建设兵团分行

一、机构沿革

1991 年 10 月 12 日,经人行总行批准,中国农业银行新疆生产建设兵团分行(以下简称农行新疆兵团分行)正式成立,隶属于农行新疆分行领导。

1992 年 7 月 15 日,农行新疆兵团分行正式对外营业。农行新疆分行管辖的兵团系统机构除农七师和哈密、和田两个农场管理局的金融机构未归兵团分行管辖外,其他兵团金融机构均划归新疆兵团分行管理,自上至下形成了与兵团各师、局、团场相对应的农垦金融网络。1997 年 2 月 4 日,经农行总行批准,兵团分行计划单列,成为农行总行的直属分行,与农行新疆分行正式脱离行政隶属关系。1998 年 7 月 27 日,人行总行正式批准农行新疆兵团分行正式成为农行总行的一级分行。同年 10 月 30 日,经人民银行批准,农行乌鲁木齐兵团分行更名为农行新疆兵团分行营业部。

2005 年末,农行新疆兵团分行有区分行本部及其管辖的 1 个营业部、2 个二级分行、7 个直属支行、13 个县级支行、263 个基层营业网点、1 个培训学校(党校),在职员工 3108 人。

二、主要职能

农行新疆兵团分行以服务新疆生产建设兵团为重点,从 1998 年开始在经营理念上启动了以市场为导向,以效益为标准,打破行业、所有制界限,将优势产业、优良客户作为支持的重点。2005 年,为强化资本约束机制,转变业务增长方式,实现业务发展、风险控制和效益增长的统一,实行了经济资本管理模式,全方位地服务新疆生产建设兵团经济发展。

三、业务发展

1993 年 1 月,经农行总行批准,农行乌鲁木齐兵团支行开办金穗卡业务。1996 年 5 月 28 日,经农行总行批准,农行新疆兵团分行设立了国际业务部,开始经营外汇业务。到 2005 年末,农行新疆兵团分行所属 10 个分支行全部开办了金穗卡业务。银行卡发卡量达 42.2 万张,并与全国联网,建立了包括维吾尔文在内的 ATM 自动存取款、转账业务的监控系统,完成了电子银行和电话银行的建设。同期,农行新疆兵团分行外汇贷款达 1100 万美元,国际结算总量达到 4.53 亿美元;各项存款达 358.89 亿元,贷款达 178.38 亿元;中间业务收入完成 6200 万元;经营利润从 1992 年的 400 万元增加到 46100 万元。

1992—2005 年农业银行新疆兵团分行历任主要负责人情况

表 1—22

姓名	性别	族别	出生年月	政治面貌	学历	行政职务		党内职务	
						职务	任职时间（年、月）	职务	任职时间（年、月）
张思源	男	汉	1944.09	中共党员	大专	行长	1992.07—1997.04	党组书记	1992.07—1997.04
艾力·买买提	男	维吾尔	1937.08	中共党员	大专	副行长	1992.08—1997.09	党组成员	1992.08—1997.09
张同乐	男	汉	1946.09	中共党员	大专	副行长	1992.08—1997.07	党组成员	1992.08—1997.07
张秉昌	男	汉	1945.05	中共党员	大专	副行长	1992.08—1997.05	党组成员	1992.08—1997.05
暴士民	男	汉	1945.10	中共党员	大专	副行长	1994.02—1997.08	党组成员	1994.02—1997.08
李永库	男	汉	1933.05	中共党员	中专	副行长	1993.04—1997.06	党组成员	1993.04—1997.06
车金题	男	汉	1937.12	中共党员	中专	纪检组组长	1994.02—1997.06	党组成员	1994.02—1997.06
徐月文	男	汉	1944.03	中共党员	大专	行长	1997.08—1999.03	党委书记	1997.08—1999.03
						新疆两分行行长	1999.03—2003.10	两分行党委书记	1999.03—2003.10
顾明华	男	汉	1945.11	中共党员	大专	副行长	1997.08—2002.08	党组成员	1997.08—2002.08
韩亚庚	男	汉	1954.08	中共党员	本科	副行长	1997.09—2005.12	党组成员	1997.09—2005.12
阿不都·阿不都热依木	男	哈萨克	1954.09	中共党员	本科	副行长	1997.09—2005.05	党组成员	1997.09—2005.05
李宗毅	男	汉	1946.10	中共党员	大专	副行长	1999.03—2003.12	党组成员	1999.03—2003.12
刘崇林	男	汉	1960.04	中共党员	硕士	行长	2000.02—2003.12	党委副书记	2000.02—2003.12

表 1—22 续

姓名	性别	族别	出生年月	政治面貌	学历	行政职务		党内职务	
						职务	任职时间(年、月)	职务	任职时间(年、月)
王 纬	男	汉	1963.01	中共党员	硕士	行长	2003.12—2005.12	党委书记	2003.12—2005.12
单钜培	男	汉	1964.02	中共党员	硕士	副行长	2003.12—2005.12	党委委员	2003.12—2005.12
齐 明	男	汉	1961.01	中共党员	本科	纪委书记	2003.12—2005.12	党委委员	2003.12—2005.12
马 钊	女	回	1962.01	中共党员	本科	行长助理	2003.12—2005.12	党委委员	2003.12—2005.12

1995—2005 年农业银行新疆兵团分行机构、人员情况统计

表 1—23　　　　　　　　　　　　　　　　　　　　　　　　　　　单位:个/人

年份	机构总数	人员总数	其 中					
			省区级分行		地州市分行		县市级支行	
			机构数	人员数	机构数	人员数	机构数	人员数
1995	320	2492	1	162	3	359	7	526
2000	320	2492	1	162	3	359	7	526
2001	271	2799	1	226	3	477	7	588
2002	267	2801	1	228	3	491	7	593
2003	262	2891	1	231	3	558	7	612
2004	263	3028	1	233	3	673	7	633
2005	287	3108	1	237	3	788	7	651

第四章　股份制商业银行

在国有独资商业银行之外发展全国性的股份制商业银行,以打破银行体系垄断格局,引入市场机制和竞争机制,提高银行业的整体服务效率,是中国银行业体制改革的一项重要内容。2005年以前,在新疆设立的全国性的股份制商业银行有三家,分别是交通银行乌鲁木齐分行、招商银行乌鲁木齐分行、华夏银行乌鲁木齐分行。这三家银行在新疆的设立对新疆银行业开展有序竞争起到了一定的推动作用。

第一节　交通银行乌鲁木齐分行

一、机构沿革

1994年1月8日,交通银行乌鲁木齐分行正式挂牌,为交通银行直属分行,在与人民银行、各专业银行和保险公司的协商下,选调了首批交通银行乌鲁木齐分行工作人员95名。内设办公室、人事教育科、财务会计部、保卫处、电脑中心、稽核室、监察室、国外业务部等内部机构。同年4月,根据业务发展需要又增设信贷一部、信贷二部。1995年后,陆续增设工会、行政处、风险资产管理处、私人金融业务处、授信管理处、法律事务室、放款中心、账务中心、公司业务管理处、预算财务处、会计结算处、资产保全处,同时撤销财务会计处。1999年,将信贷一部和信贷二部改制为市场营销部和市场营销二部。2001年,将市场营销部、市场营销二部改称公司业务一部、公司业务二部;国外业务部改称国际业务部。2003年,交通银行乌鲁木齐分行除增设了个贷中心外,还拥有公司业务拓展一部、二部,零售信贷业务部,3个辖属分行,1个异地支行,9个中心支行,7个直属支行和10个二级支行组成的33个经营单位。2004年,将人事教育处、风险资产管理处分别更名为人力资源部、风险监控处。2005年9月,根据交通银行总行统一机构和职务称谓的要求,除办公室外,将所有"处"改为"部",稽核室改为审计部。同年,增设了公司业务三部。2005年末,交通银行乌鲁木齐分行共有机构24个,其中本级机构1个、基层营业网点23个,在职员工565人。

二、主要职能

交通银行乌鲁木齐分行的主要职能是"以市场为导向,以客户为中心,以营销为手段",开展金融市场和客户市场的调研,制订调拨营销方案,并推广新的金融服务产品,为服务的对象提供优质的金融支持。

三、业务发展

交通银行乌鲁木齐分行利用"业务范围不受专业分工限制"的优惠政策,坚持批发业务与零售业务、国内业务与国际业务、传统业务与非传统业务相结合的经营模式,实施银企双向选择,建立新型的银企关系,发行大额可转让定期存单、加大储蓄宣传、开展优质服务,使存款大幅增长。在资产经营方面,从稳定基本客户入手,积极拓展大客户,将效益好的骨干、大中型、出口创汇、三资等企业作为主要支持对象。建立起以"比例管理"为核心的自控体系,以"提高资产质量"为中心的监控体系,确保贷款质量。至2005年末,交通银行乌鲁木齐分行人民币贷款余额74.54亿元。

1994—2005年交通银行乌鲁木齐分行历任主要负责人情况

表1—24

姓名	性别	族别	出生年月	政治面貌	学历	行政职务		党内职务	
						职务	任职时间(年、月)	职务	任职时间(年、月)
李志清	男	汉	1939.05	中共党员	大专	总经理	1994.04—1995.09	党组书记	1994.04—1995.12
彭　纯	男	汉	1962.01	中共党员	研究生	副总经理	1994.04—1995.07	党组成员	1994.04—1995.11
						行长	1995.08—1997.12	党组书记	1995.12—1997.12
陈广荫	男	汉	1944.04	中共党员	本科	副总经理	1994.04—1996.10	党组成员	1994.04—1996.09
阿不都热依木·艾白都拉	男	维吾尔	1946.11	中共党员	本科	副行长	1995.02—2005.12	党组成员	1995.07—1998.11
						—	—	党委副书记	1998.12—2005.12
蒋志浦	男	汉	1945.11	中共党员	本科	副行长	1995.08—1998.10	党组成员	1995.12—1998.10
熊兴旺	男	汉	1952.05	中共党员	本科	纪检组组长	1996.03—1998.10	党组成员	1996.03—1998.10
樊　军	男	汉	1958.06	中共党员	研究生	副行长	1996.12—1998.03	党组书记	1998.04—1998.11
						行长	1998.04—2002.01	党委书记	1998.12—2002.01

表 1－24 续

姓名	性别	族别	出生年月	政治面貌	学历	行政职务		党内职务	
						职务	任职时间（年、月）	职务	任职时间（年、月）
赵　炯	男	汉	1961.12	中共党员	研究生	纪检组组长	1998.10—1998.11	党组成员	1998.10—1998.11
						纪委书记	1998.12—2001.09	党委委员	1998.12—2001.09
						—	—	党委副书记	2001.09—2002.01
						行长	2002.02—2005.12	党委书记	2002.02—2005.12
张万银	男	汉	1958.11	中共党员	研究生	副行长	1998.10—2005.12	党组成员	1998.10—1998.11
								党委委员	1998.12—2005.12
付万军	男	汉	1968.04	中共党员	研究生	行长助理	2000.10—2002.01	党委委员	2001.09—2005.12
						副行长	2002.02—2005.12		
史建华	男	汉	1954.01	中共党员	大专	行长助理	2001.09—2005.12	—	—
						纪委书记	2001.09—2005.12	党委委员	2001.09—2005.12
孙　洋	男	汉	1957.12	中共党员	研究生	副行长	2003.06—2005.12	—	—

1994—2005年交通银行乌鲁木齐分行机构、人员情况统计

表1—25　　　　　　　　　　　　　　　　　　　　　　　　　单位：个/人

年份	机构总数	人员总数	其中					
			省区级分行		地州市分行		县市级支行	
			机构数	人员数	机构数	人员数	机构数	人员数
1995	7	263	1	166	—	—	2	64
2000	18	396	1	165	—	—	11	175
2001	20	'432	1	188	—	—	6	140
2002	22	438	1	190	—	—	6	139
2003	24	492	1	201	—	—	7	149
2004	24	550	1	200	—	—	—	—
2005	24	565	1	216	—	—	—	—

第二节　招商银行乌鲁木齐分行

一、机构沿革

招商银行乌鲁木齐分行于2001年2月开始筹建，经中国人民银行批准，于2001年11月2日成立，内设"六部一室"，即公司银行部、个人银行部、会计部、风险控制部、信息技术部、营业部和办公室。2003年6月2日，经招商银行总行批准，招商银行乌鲁木齐分行更名为"招商银行股份有限公司乌鲁木齐分行"。2003年7月29日，招商银行乌鲁木齐分行设立监督稽核部。2004年11月11日，根据业务发展需要，招商银行总行批准招商银行乌鲁木齐分行公司银行部拆分为公司银行一部、公司银行二部。2005年5月11日，经招商银行总行批准成立招商银行乌鲁木齐分行信贷管理部。2005年6月30日，招商银行乌鲁木齐分行个人银行部更名为零售银行部。截至2005年末，共有机构8个，其中本级机构1个，下属分支机构7个，在册行员308人。

二、主要职能

招商银行乌鲁木齐分行注重金融服务创新，重点支持自治区电力、通信、能源、交通、房地产、汽车、家电、医药、公共事业等基础产业及自治区优质的上市公司、集团公司的发展，有效服务新疆经济。

三、业务发展

招商银行乌鲁木齐分行从2001年成立起，办理人民币存款、贷款、结算业务；办理票据贴现；办理外汇存款、贷款、汇款；外币兑换；国际结算；结汇、售汇；外汇票据的承兑与贴现；

招商银行总行授权的外汇借款、外汇担保、代客外汇买卖;外汇信用卡的发行;代理国外信用卡的发行及付款;代理发行金融债券,发行、兑付、销售政府债券、收付款项,保险业,同业拆借;提供信用证服务及担保,保管箱服务;承销政府债券和金融债券;资信调查、咨询、见证业务和经中国人民银行批准的其他业务。

2002 年,招商银行乌鲁木齐分行率先打造"一网通"品牌,在本地推出电话银行、24 小时自助银行、"一卡通"电信、移动、铁通自助缴费服务,增加了"一卡通"的附加功能和便民服务,获准发行国际信用卡,成功实现国内首发国际双币信用卡;推出个人银行大众版及个人银行专业版业务。

2003 年 4 月,招商银行乌鲁木齐分行率先开办"两地一卡通"业务,实现香港一卡通账户在内地的通兑业务;并在国内首推"分期付款"业务。

2004 年,招商银行乌鲁木齐分行国内首创"消费短信提醒服务",推出信用卡自动还款业务。

2005 年,招商银行乌鲁木齐分行成功发行白金信用卡,并不断创新信用卡功能及卡面设计,推出十余种附加不同功能和设计的信用卡,如南航明珠信用卡、携程旅行信用卡、贝塔斯曼书友信用卡等。至 2005 年末,招商银行乌鲁木齐分行各项存款余额 53.40 亿元,各项贷款余额 32.11 亿元,在新疆经济社会发展中发挥了应有的作用。

2001—2005 年招商银行乌鲁木齐分行名称变化

表 1—26

时　　　间	名　　　称	备　　　注
2001.11.02—2003.06.01	招商银行乌鲁木齐分行	
2003.06.02—2005.12.31	招商银行股份有限公司乌鲁木齐分行	

2001—2005 年招商银行乌鲁木齐分行历任主要负责人情况

表 1—27

姓名	性别	族别	出生年月	政治面貌	学历	行政职务		党内职务	
						职务	任职时间(年、月)	职务	任职时间(年、月)
姚成军	男	汉	1958.08	中共党员	研究生	行长	2001.10—2005.12	党委书记	2001.11—2005.12
姜志国	男	汉	1962.09	中共党员	本科	副行长	2001.10—2003.05	党委委员	2001.11—2003.05
						纪委书记	2001.11—2003.05		

表 1—27 续

姓名	性别	族别	出生年月	政治面貌	学历	行政职务		党内职务	
						职务	任职时间（年、月）	职务	任职时间（年、月）
纪辉平	女	汉	1963.07	中共党员	本科	副行长	2001.10—2003.05	党委委员	2001.11—2005.12
						行长助理	2003.06—2005.12		
刘小明	男	汉	1963.11	中共党员	研究生	行长助理	2002.06—2003.07	党委委员	2002.06—2004.11
						纪委书记	2003.05—2004.11		
						副行长	2003.07—2004.11		
王博	男	汉	1962.02	中共党员	研究生	副行长	2004.06—2005.12	党委委员	2004.04—2005.12
吕成玉	男	汉	1959.07	中共党员	本科	副行长	2004.06—2005.12	党委委员	2004.04—2005.12
						纪委书记	2005.08—2005.12		

2001—2005 年招商银行乌鲁木齐分行机构、人员情况统计

表 1—28　　　　　　　　　　　　　　　　　　　单位:个/人

年份	机构总数	人员总数	其 中					
			省区级分行		地州市分行		县市级支行	
			机构数	人员数	机构数	人员数	机构数	人员数
2001	2	50	1	32	—	—	1	18
2002	4	162	1	53	—	—	3	109
2003	6	220	1	58	—	—	5	162
2004	8	249	1	66	—	—	7	183
2005	8	308	1	78	—	—	7	230

第三节　华夏银行乌鲁木齐分行

一、机构沿革

华夏银行乌鲁木齐分行于 2003 年 4 月开始筹建,2003 年 10 月正式成立。根据华夏银行总行《关于乌鲁木齐分行内部机构设置及人员编制的批复》,华夏银行乌鲁木齐分行内设部门 12 个,下设分行营业部 1 个。至 2005 年末,共有机构 6 个,其中本级机构 1 个、分行营业部 1 个、支行 4 个,在册人员 145 人。

二、主要职能

华夏银行乌鲁木齐分行坚持以诚信立行,以信誉为重,以品质取胜,开拓公司、个人、同业三大市场,优化资产、负债、盈利三个结构,立足新疆,依法合规,稳健发展,竭诚为社会各界提供优良的金融产品和快捷、优质、满意的服务为己任。

三、业务发展

华夏银行乌鲁木齐分行成立后,重视各项存款的吸收和资产业务的营销。吸收人民币存款;发放短期、中期和长期贷款;办理结算;办理票据贴现;发行金融债券;代理发行、代理兑付、承销政府债券;买卖政府债券;参与同业拆借;提供信用证服务及担保;代理收付款项;提供保管箱服务;办理外汇存贷款、汇款、借款、票据承兑与贴现;自营和代客外汇买卖;发行、代理发行和买卖、代理买卖股票以外的外币有价证券;外币兑换;外汇担保;外汇租赁;贸易、非贸易结算;资信调查、咨询、见证业务;以及经中国人民银行批准的其他业务。至 2005 年末,华夏银行乌鲁木齐分行各项存款余额 24.65 亿元,各项贷款余额 32.39 亿元。

2003—2005 年华夏银行乌鲁木齐分行历任主要负责人情况

表 1—29

姓名	性别	族别	出生年月	政治面貌	学历	行政职务		党内职务	
						职务	任职时间（年、月）	职务	任职时间（年、月）
马晓华	男	汉	1959.04	中共党员	研究生	行长	2003.10—2005.12	党委书记	2005.02—2005.12
刘一飞	男	汉	1956.02	中共党员	本科	副行长	2003.10—2005.12	党委委员	2005.02—2005.12
钱理丹	男	汉	1960.02	中共党员	本科	副行长	2003.10—2005.12	党委委员	2005.02—2005.12
摆光炜	男	回	1965.07	中共党员	本科	—	—	党委委员	2005.12—2005.12

2003—2005 年华夏银行乌鲁木齐分行机构、人员情况统计

表 1—30　　　　　　　　　　　　　　　　　　　　　　　　　单位:个/人

年份	机构总数	人员总数	其　中					
			省区级分行		地州市分行		县市级支行	
			机构数	人员数	机构数	人员数	机构数	人员数
2003	2	86	1	59	—	—	—	—
2004	2	105	—	—	1	90	—	—
2005	6	145	—	—	1	80	4	65

第五章　地方性银行业金融机构及邮政储汇局

　　地方性银行业金融机构是指在当地注册具有法人资格的银行类金融机构。在新疆,地方性银行业金融机构主要是指农村信用合作社和城市商业银行、城市信用合作社。农村信用合作社在中国农业银行成立后曾一直是农行在农村的基层组织。1996 年 8 月,农村信用社正式脱离与农业银行的行政隶属关系,逐步转变为"农民自愿入股,社员民主管理,主要为社员服务"的合作金融组织,并由中国人民银行对其进行监督和管理。城市商业银行是中国银行业的重要组成和特殊群体,其前身即城市信用合作社。

　　新疆维吾尔自治区邮政储汇局隶属于新疆维吾尔自治区邮政局,内设综合管理、储蓄业务、汇兑业务、代理业务、国际业务、经营发展、稽核检查和资金清算中心等职能,在新疆的经济发展中发挥了一定的作用。

第一节　新疆维吾尔自治区农村信用社

一、机构沿革

　　新疆维吾尔自治区农村信用社(以下简称新疆农村信用社),1986—1996 年为农业银行托管时期。农行新疆分行由一名分行副行长主抓农村信用社工作,并在内设机构中设置信用合作管理处专司其职;农行各地州中心支行、县(市)支行设置信用合作管理科,在农村信用联社成立前,县农行设有信用合作管理股。农行新疆分行从 1988 年开始组建农村信用社县级联合社(以下简称县联社)。1996 年,新疆农村信用社与农行新疆分行"脱离"行政隶属关系,由新疆维吾尔自治区农村金融体制改革领导小组及办公室托管,人行新疆分行负责监管。各地州、县(市)均成立了农村金融体改领导小组及办公室,并于同年 6 月 30 日划转了人员和财产。新疆维吾尔自治区级以及各地州农村信用社划转到农金体改办,办公室设在人民银行。共划转干部 167 人。至 1996 年末,共组建县联社 77 个,占全疆县(市)建制的 91.7%。县联社成立后,承担着对辖内基层社的业务管理。2002 年 5 月 22 日,在人行乌鲁木齐中心支行的建议下,新疆维吾尔自治区各级农村金融体改领导小组办公室撤销。至新疆银监局成立前,新疆农村信用社的行业管理与金融监管由人行乌鲁木齐中心支行及其辖内分支机构负责,并内设合作金融监管处(科)专司其职。2002 年末,新疆农村信用社有独立核算基层社 554 个,县联社 78 个,职工人数 8702 人。2003 年,新疆监管局成立,人行乌鲁木齐中心支行合作金融监管处及全疆各地州中心支行农金科的干部全部分别划转至新疆银监局或所属各地州分局。新疆银监系统开始负责对全疆农村信用社的行业监管。2003—2005 年,在新疆维吾尔自治区农村信用社改革领导小组直接领导下,开始构建以县(市)为单位的统一法人制,到 2005 年末,全疆农村信用社有 1140 个,其中独立核算的乡信用社 437 个,县联社 79 个,筹建中的统一法人社 36 个,职工 9902 人。

二、主要职能

1986—2005 年,新疆农村信用社以服务农业、农村、农民为宗旨,坚持以农为本的市场定位。在不同时期,服务的重点和内容又有所不同。1992 年,新疆农村信用社除坚持服务"三农"外,还增加了对乡镇企业资金的支持力度;1994 年,按照国务院"充分发挥民间借贷作用"和"办成群众性的合作金融组织"的要求,积极支持农村联户承包责任制,把农、林、牧、副、渔、工商、运输、服务等多种经营纳入支持的对象。1996 年,遵照国务院《关于农村金融体制改革的决定》,明确了新疆农村信用社主要为社员服务的方向,对社员的贷款占到了全部贷款 50%以上,重点支持了农户和农村经济组织。2001 年后,新疆农村信用社改进支农服务,推行了农户小额信用贷款和农户联保贷款,并配套开展了评定信用户、信用村、信用乡活动,创新了贷款方式,支持农村调整产业结构、助推产业化经营。

三、业务发展

1986—1996 年,为农行托管时期。中共十一届三中全会后,农村经济快速发展。1988 年,新疆农村信用社普遍建立了县联社,结算渠道有了明显改善,资金调剂能力增强,资金利用率有了提高,并拓展了业务空间。到 1996 年末,新疆农村信用社各项存款 52.30 亿元,各项贷款 24 亿元,所有者权益 2.20 亿元,实收资本 1.79 亿元,与 1985 年相比,贷款增长了 8.5 倍,存款增长了 11.9 倍,所有者权益增长了 5.2 倍,实收资本增长了 11.2 倍。

1997—2002 年,为自治区农村金融体改领导小组办公室及人行托管时期。这一时期,突出抓了三方面的工作:一是按合作制规范农村信用社,提升了农村信用社综合经营管理水平;二是大幅度提升农村信用社电算化水平,普及电子化营业网点,仅 2001 年末,全疆农村信用社电子化网点达 607 个;三是因城市信用社改制和国有商业银行转轨而撤销县以下网点后的接纳工作。到 2002 年末,新疆农村信用社各项存款达到 152.37 亿元,各项贷款 77.74 亿元,所有者权益 6.10 亿元,实收资本 5.88 亿元,与 1996 年相比,存款增加了 2.5 倍,贷款增加了 2.2 倍,所有者权益增加了 1.8 倍,实收资本增加了 2.3 倍,盈亏相抵盈余 0.79 亿元。

2003—2005 年,为新疆维吾尔自治区农村信用社体改领导小组及新疆银监局监管时期。新疆农村信用社改革进一步深化,法人治理结构有了改观,内部管理得到加强,经营机制转换加速,一级法人体制改革,以及向央行申报票据置换等,使农村信用社得到快速发展。截至 2005 年末,全疆农村信用社各项存款余额达到 281.07 亿元,各项贷款余额达到 149.81 亿元,所有者权益达到 16.79 亿元,实收资本 13.73 亿元,分别比 2002 年增长 96.9%、96.7%、1.2 倍和 1.3 倍,盈亏相抵后盈利 1.38 亿元。

农行新疆分行领导管理信用社时期
行级领导及信用合作社管理处负责人情况

表 1—31

序号	姓名	职务	性别	族别	任职时间（年）	备注
1	色提尼牙孜·艾外都拉	行长	男	维吾尔	1986—1996	
2	苏永瑞	副行长	男	回	1986—1992	
3	王孟余	副行长	男	汉	1986—1993	
4	阿不都热西提·阿吾提	副行长	男	维吾尔	1987—1996	
5	张长照	处长	男	汉	1988—1992	
6	吐尔逊·拜地	副处长	男	维吾尔	1987	
7	朱朝才	副处长	男	汉	1988	
8	杜福举	副处长	男	汉	1988	
9	哈纳提	副处长	男	哈萨克	1989—1993	
10	连明辉	处长	男	汉	1992—1995	
11	董汉光	处长	男	汉	1994—1996	
12	阿里木	副处长	男	维吾尔	1996	
13	李锡印	处长	男	汉	1996	

新疆维吾尔自治区农村金融体改领导小组办公室
及人民银行领导管理时期领导处室负责人情况

表 1—32

序号	姓名	职务	性别	族别	任职时间（年）
1	达列力汗·马米汗	自治区副主席、领导小组组长	男	哈萨克	1992—2002
2	宗新甫	人行新疆分行行长、领导小组成员	男	汉	1996—1999
3	李生诚	人行新疆分行副行长、领导小组成员 兼办公室主任	男	汉	1996—1999
4	李锡印	人行新疆分行（乌中支）合作金融监管处处长、 领导小组成员、办公室专职副主任	男	汉	1996—2002
5	相　健	人行新疆分行（乌中支）合作金融监管处处长、 办公室副主任	男	汉	1996—1998
6	哈那提	人行新疆分行（乌中支）合作金融监管处副处长	男	哈萨克	1996—2002

表 1—32 续

序号	姓名	职务	性别	族别	任职时间（年）
7	阿力木	人行新疆分行(乌中支)合作金融监管处副处长	男	维吾尔	1996—2002
8	杜力功	人行新疆分行(乌中支)合作金融监管处副处长	男	汉	1996—2002
9	刘毅平	人行乌鲁木齐中心支行合作金融监管处处长	男	汉	2001—2002
10	冉光义	人行乌鲁木齐中心支行合作金融监管处处长	男	汉	2002

新疆维吾尔自治区农村信用社体改领导小组
及新疆银监局领导合作金融管理处(室)负责人情况

表 1—33

序号	姓名	职务	性别	族别	任职时间（年）	备注
1	王金辉	自治区农信社改革领导小组组长（原党委副书记、自治区常务副席）	男	汉	2004	
2	熊祥银	自治区农信社改革领导小组副组长（自治区副主席）	男	汉	2004—2005	
3	王会民	自治区农信社改革领导小组组长（自治区主席助理）	男	汉	2004—2005	
4	李生诚	新疆银监局局长	男	汉	2003—2005	
5	康和平	新疆银监局副局长（主管自治区农信社）	男	汉	2003—2005	
6	冉光义	自治区农信社管理办公室主任、新疆银监局合作金融监管处处长	男	汉	2003—2005	
7	阿里木	新疆银监局合作金融监管处副处长	男	哈萨克	2003—2005	
8	杜立功	新疆银监局合作金融监管处副处长	男	汉	2003—2005	

新疆维吾尔自治区人民政府办公厅
自治区农村信用社改革工作领导小组组成人员情况

表 1—34

序号	姓名	职务	性别	族别	任职时间（年）	备注
1	张庆黎	自治区党委副书记、自治区副主席	男	汉		组长
2	王友三	原自治区副主席	男	汉		顾问

表1—34 续

序号	姓名	职务	性别	族别	任职时间（年）	备注
3	钱　智	自治区副主席	男	汉		副组长
4	王会民	自治区主席助理	男	汉		副组长
5	王慧林	自治区党委副秘书长	男	汉		成员
6	沙达提·艾木都	自治区党委组织部副部长	男	维吾尔		成员
7	马木提·托依木利	自治区党委宣传部副部长	男	维吾尔		成员
8	李生诚	新疆银监局局长	男	汉		成员
9	刘伟建	人行乌鲁木齐中心支行行长	男	汉		成员
10	代宁祥	自治区党委农办副主任	男	汉		成员
11	李　成	自治区计委副主任	男	汉		成员
12	卡米力·阿布都拉	自治区财政厅党组书记、副厅长	男	维吾尔		成员
13	李洪运	自治区农业厅副厅长	男	汉		成员
14	宣国苗	自治区审计厅总审计师	男	汉		成员
15	佟　伟	自治区国税局副局长	男	汉		成员
16	买买提艾力·阿巴克	自治区地税局副局长	男	维吾尔		成员
17	吴同江	自治区工商局副局长	男	汉		成员

1986—2005 年新疆农村信用社辖属机构基本情况

表1—35　　　　　　　　　　　　　　　　　　　　　　　　单位：个/人/万元

年份	机构数	职工数	存款余额	贷款余额	备注
1986	793	4965	66254	21071	
1990	858	5957	163341	53258	
1995	866	7382	476888	244159	
2000	695	7326	884103	414191	
2001	696	8534	1153700	569200	
2002	632	8702	1546500	777500	
2003	904	8376	2075100	1120700	
2004	1041	8518	2382900	13467000	
2005	1140	9902	2810700	1498100	

第二节　新疆维吾尔自治区城市信用社

一、机构沿革

1986 年,乌鲁木齐市首家城市信用社——乌鲁木齐天山城市信用社成立,基本上属于组建单位的附属机构。至 1988 年末,全疆城市信用社发展到 173 个。1992 年,乌鲁木齐市城市信用社联合社经人行总行批准设立,全市城市信用社再次进入快速发展期。1998 年 7 月,乌鲁木齐市有 38 家城市信用社参与了乌鲁木齐市商业银行的组建。2001 年 7 月 6 日,人行西安分行批准昌吉、伊犁、塔城、阿克苏、和田、吐鲁番、喀什、巴音郭楞州、阿勒泰等地州 55 家城市信用合作社改制更名为农村信用合作社。至此,新疆仅保留少数几家城市信用社。到 2005 年末,新疆仅剩克拉玛依、库尔勒、哈密和奎屯城市信用社。

二、主要职能

新疆城市信用社为新疆经济发展融通资金,重点为中小企业发展提供金融服务。

三、业务发展

1986 年,新疆开始试办了属于集体经济性质的城市信用社。试点阶段的城市信用社,基本上属于组建单位的附属机构。1988 年,人行新疆分行对城市信用社的设置条件、审批程序等作了原则规定,要求城市信用社必须办成独立核算、自负盈亏的经济实体,其成立必须经人行批准。进入 20 世纪 80 年代后期,城镇集体经济和个体经济蓬勃发展。在发展中,城市信用社在经营范围、贷款发放、内部管理、风险防范等方面存在诸多问题。在 1989—1990 年,人行新疆分行先后对有问题的城市信用社进行了全面清理整顿,严格了审批条件。1992 年,城市信用社再次进入快速发展期。

1998 年参与乌鲁木齐市商业银行组建的 38 家城市信用社

表 1—36

城市信用社名称	地址	负责人	成立时间（年）	注册资本（万元）
乌鲁木齐市信用联社	乌鲁木齐市扬子江路 52 号	万永军	1992	75.84
乌鲁木齐市新合城市信用社	乌鲁木齐市新华北路 92 号	崔　灏	1994	1723.68
乌鲁木齐市恒丰城市信用社	乌鲁木齐市人民路 56 号	张军智	1993	1000.00
乌鲁木齐市环宇城市信用社	乌鲁木齐市红山路 296 号	苏　茂	1992	421.40
乌鲁木齐市银谷城市信用社	乌鲁木齐市团结路 45 号	郑新亭	1993	390.00
乌鲁木齐市万银城市信用社	乌鲁木齐市东风路 12 号	林飞跃	1993	321.47
乌鲁木齐市远大城市信用社	乌鲁木齐市西河坝前街 66 号	马新春	1987	241.78

表 1—36 续

城市信用社名称	地址	负责人	成立时间（年）	注册资本（万元）
乌鲁木齐市天山城市信用社	乌鲁木齐市解放南路 346 号	宗国伟	1987	181.38
乌鲁木齐市油城城市信用社	乌鲁木齐市石化生活区中兴路文化宫旁	贺祠顺	1993	175.12
乌鲁木齐市众亿城市信用社	乌鲁木齐市西后街 20 号	徐长青	1993	519.31
乌鲁木齐市金教城市信用社	乌鲁木齐市民主路	张宝胜	1992	279.30
乌鲁木齐市友好城市信用社	乌鲁木齐市友好北路 34 号附 8 号	邓永贵	1994	248.50
乌鲁木齐市青松城市信用社	乌鲁木齐市红旗路 107 号	吴新民	1987	176.75
乌鲁木齐市诚信城市信用社	乌鲁木齐市克拉玛依西路 2 号附 1 号	许　明	1992	168.44
乌鲁木齐市幸福城市信用社	乌鲁木齐市人民路 1 号	赵疆丽	1993	167.73
乌鲁木齐市发展城市信用社	乌鲁木齐市光明路 30 号	王　云	1993	163.21
乌鲁木齐市科技城市信用社	乌鲁木齐市西北路 124 号	张望东	1993	162.40
乌鲁木齐市松鹤城市信用社	乌鲁木齐市新华南路 42 号	张　昕	1991	161.26
乌鲁木齐市新城城市信用社	乌鲁木齐市二宫北二路	陈　疆	1993	153.45
乌鲁木齐市新光城市信用社	乌鲁木齐市友好北路 44 号	邱　琨	1995	141.99
乌鲁木齐市天元城市信用社	乌鲁木齐市阿勒泰路 229 号	周嵋涓	1993	138.65
乌鲁木齐市民升城市信用社	乌鲁木齐市扬子江路 14 号	张　斌	1993	137.64
乌鲁木齐市南巡城市信用社	乌鲁木齐市银川路 11 号	余富斌	1993	125.00
乌鲁木齐市黄河城市信用社	乌鲁木齐市经三路 28 号	李　岩	1988	108.34
乌鲁木齐市通达城市信用社	乌鲁木齐市火车南站农贸市场后门对面	刘　莉	1992	88.24
乌鲁木齐市昆仑城市信用社	乌鲁木齐市北京南路南纬二路 2 号	马　兵	1988	84.92
乌鲁木齐市二道桥城市信用社	乌鲁木齐市解放南路 130 号	吐尔逊·买买提	1988	62.62
乌鲁木齐市惠来城市信用社	乌鲁木齐市钱塘江路 26 号	姜东杰	1993	515.40
乌鲁木齐市华侨城市信用社	乌鲁木齐市新华南路 118 号	朱永红	1993	290.60
乌鲁木齐市五星城市信用社	乌鲁木齐市青年路 19 号附 4 号	唐　剑	1992	225.50
乌鲁木齐市东方城市信用社	乌鲁木齐市温泉西路 68 号附 5 号	蒋秉毅	1994	220.00
乌鲁木齐市通商城市信用社	乌鲁木齐市友好南路 22 号	李顺清	1994	200.00
乌鲁木齐市开发城市信用社	乌鲁木齐市开发区中亚大道 69 号	巩晓琪	1994	184.37

表 1-36 续

城市信用社名称	地址	负责人	成立时间 （年）	注册资本 （万元）
乌鲁木齐市汇通城市信用社	乌鲁木齐市火车南站西站路	张　宏	1994	168.00
乌鲁木齐市融汇城市信用社	乌鲁木齐市阿勒泰路 39 号	屈新鸣	1992	164.40
乌鲁木齐市金山城市信用社	乌鲁木齐市建设路 8 号	袁　斌	1990	148.05
乌鲁木齐市中亚城市信用社	乌鲁木齐市黑龙江路 6 号	海来提· 卡德尔	1993	118.37
乌鲁木齐市恒信城市信用社	乌鲁木齐市北京南路 15 号	朱雪生	1993	95.00

第三节　乌鲁木齐市商业银行

一、机构沿革

1997 年 12 月 20 日，经人民银行批准，由新疆维吾尔自治区、乌鲁木齐市两级财政、企业法人和个人共同出资，在乌鲁木齐城市信用联合社、新合信用社、天山信用社等 38 家城市信用社基础上，通过清产核资、增资扩股，组建了新疆第一家城市商业银行——乌鲁木齐市城市合作银行。

1998 年 7 月，乌鲁木齐城市合作银行经人行新疆分行批准，正式更名为乌鲁木齐市商业银行股份有限公司(以下简称乌鲁木齐市商业银行)，并核准《乌鲁木齐市商业银行股份有限公司章程》，同意其营业部及支行分别更名为"乌鲁木齐市商业银行营业部"和"乌鲁木齐市商业银行天山支行、远大支行等 37 家支行"。其组织结构含监事会、董事会、行长室，并下设总部办公室、人事教育部、融资部、计划信贷部、财务会计部、审计稽核部、科技部、安全保卫部。2000 年 5 月，乌鲁木齐市商业银行成立了一个专司票据贴现的小组，挂靠信贷部；成立资产风险管理部，取消特殊资产经营部；成立会计结算部，其职能从计划财务部中分离；成立风险管理部、资产保全部。2005 年末，乌鲁木齐市商业银行共有机构 70 个，其中本级机构 1 个、支行 37 个、基层网点 32 个，在册职工人数 999 人。

二、主要职能

乌鲁木齐市商业银行以立足"地方经济、中小企业、城市市民"为经营宗旨，不断推出新的金融服务产品，满足广大市民多样化的金融需求。

三、业务发展

乌鲁木齐市商业银行属于地方性金融机构，实行一级法人体制，统一核算，两级经营。乌鲁木齐市商业银行组建时注册资本 2.04 亿元，2001 年初，增资扩股后注册资本增加到 2.95 亿元。其坚持"服务区域经济、服务中小企业、服务城市居民"的市场定位，按照"统一授信、审贷分离、分级审批、集体决策"的信贷原则,大力拓展股票质押贷款、购房按揭贷款、汽车消费贷款、"下岗失业人员"小额担保贷款、推出了票据业务、个人住房按揭(担保)贷款等金融产品,着力调整优化信贷投向,实现市场份额扩张、经营效益提高,与地方经济发展的良好互动,各项业务均得到发展。至 2005 年末,乌鲁木齐市商业银行各项存款余额由成立时的 32.74 亿元增至 140.92 亿元,增长 3.3 倍;各项贷款余额由成立时的 22.04 亿元增至 88.98 亿元,增长 3 倍;总资产由成立时的 45.97 亿元增至 173.22 亿元,增长 2.8 倍。

1997—2005 年乌鲁木齐市商业银行名称变化

表 1—37

时　　间	名　　称	备　　注
1997.12.20—1998.07	乌鲁木齐市城市合作银行	
1998.07—2005.12.31	乌鲁木齐市商业银行股份有限公司	

1997—2005 年乌鲁木齐市商业银行历任主要负责人情况

表 1—38

姓名	性别	族别	出生年月	政治面貌	学历	行政职务		党内职务	
						职务	任职时间(年、月)	职务	任职时间(年、月)
王传洲	男	汉	1939.11	中共党员	本科	董事长	1997.10—2001.07	党组书记	1997.10—2001.07
孙振强	男	汉	1953.09	中共党员	大专	行长	1997.10—2001.07	党组成员	1997.10—2001.07
王立生	男	汉	1954.10	中共党员	大专	监事长	2002.11—2004.04	党委副书记	2002.11—2004.04
郭党禹	男	汉	1963.08	中共党员	研究生	副行长	1997.10—2001.12	党组成员	1997.10—2001.12
苏惠康	男	汉	1953.06	中共党员	大专	纪检组组长	1997.10—2005.12	党组成员	1997.10—2005.12
李新忠	男	汉	1958.10	中共党员	研究生	副行长	1997.10—2011.10	党组成员	1997.10—2011.10
尚边疆	男	汉	1960.11	中共党员	研究生	董事长	2001.07—2007.05	党组书记	2001.07—2007.05

表1—38续

姓名	性别	族别	出生年月	政治面貌	学历	行政职务		党内职务	
						职务	任职时间(年、月)	职务	任职时间(年、月)
农惠臣	男	壮	1957.09	中共党员	研究生	行长	2001.10—2007.05	党委副书记	2001.10—2007.05
张　庆	女	汉	1963.09	中共党员	研究生	纪委书记	2001.12—2005.12	党委副书记	2001.12—2005.12
						监事长	2005.08—2005.12		
吴新民	男	汉	1961.01	中共党员	研究生	副行长	2002.11—2005.12	党委委员	2002.11—2005.12
苗荣祥	男	汉	1967.12	中共党员	研究生	副行长	2003.09—2007.05	党委委员	2003.09—2007.05
张　昕	女	汉	1964.05	中共党员	研究生	—	—	党委委员	2004.04—2005.12
张　军	男	汉	1963.02	中共党员	研究生	—	—	党委委员	2005.11—2011.01

2000—2005年乌鲁木齐市商业银行机构、人员情况统计

表1—39　　　　　　　　　　　　　　　　　　　　　　　　　　　　　　单位:个/人

年份	机构总数	人员总数	其　中					
			省区级分行		地州市分行		县市级支行	
			机构数	人员数	机构数	人员数	机构数	人员数
2000	70	1302	—	—	1	311	—	—
2001	70	1285	—	—	1	287	—	—
2002	70	1052	—	—	1	250	—	—
2003	70	1044	—	—	1	231	—	—
2004	70	1037	—	—	1	279	—	—
2005	70	999	—	—	1	250	—	—

第四节　新疆维吾尔自治区邮政储汇局

一、机构沿革

1986 年 4 月 28 日,根据国务院关于积极开办邮政储蓄的指示,邮电部与人行总行达成协议并许可城乡邮政机构可办理邮政储蓄业务。基于此,1986 年 5 月 1 日,新疆邮政储蓄恢复开办,由新疆邮电管理局邮政处派一专人负责管理,新疆辖区各地州(市)邮电局邮政科设专人负责经营和管理邮政储蓄和汇兑业务。1988 年,全疆邮政通汇局、所达 1034 个,自办局、所全部办理邮政汇兑业务,占全疆邮电局所总数的 82.9%。

1990 年 3 月 28 日,新疆邮电管理局在其邮政处设立邮政储蓄科,并新增一名副处长编制,负责此项工作。

1992 年 7 月 1 日,新疆邮电管理局在乌鲁木齐、克拉玛依、喀什、伊宁、库尔勒等市邮电局先行恢复办理国际邮政汇兑业务,成为第一批通汇局。

1993 年 4 月 7 日,新疆维吾尔自治区邮电管理局在邮政处储蓄科和汇兑稽核科的基础上,成立了新疆维吾尔自治区邮政储汇局,直属新疆维吾尔自治区邮电管理局领导。内设行政办公室、行政科、储蓄科、汇兑科、储汇稽查科、汇兑稽核科、技术科。

1999 年,邮政、电信分营后,新疆维吾尔自治区邮政储汇局由新疆维吾尔自治区邮政管理局直管,并由国家邮政储汇局进行业务指导。至 2005 年末,新疆维吾尔自治区邮政储汇局下辖分支机构 658 个,含 559 个网点,在册职工总数 3688 人。

二、主要职能

新疆维吾尔自治区邮政储汇局负责邮政代理储蓄业务,包括对邮政代理储蓄网点的经营(含风险管控)、服务、业务及人员的管理。

三、业务发展

1987 年 5 月,为尽快打开工作局面,新疆邮政系统推广了有奖储蓄办法,试办了汇兑转储蓄业务。1991 年以后,全疆各级邮电部门除继续办理原有的普通汇款、电报汇款和邮电公事汇款外,又陆续开办了航空汇款、快件汇款、烈士遗款汇款和国际邮政汇款业务;1992 年开办了中日、中美间的邮政汇兑业务;1994 年,实施邮政储蓄计算机联网系统技术改造工程(即"绿卡工程");1995—1999 年,陆续开办了"邮政入账汇款""礼仪汇款""特快专递汇款"等业务;2000—2001 年,全疆与 23 个国家、地区或机构开办了国际汇兑业务,与全国 2468 个县(市)的 1 万多个邮政营业网点开通了 24 小时到达兑付的"现金—现金"电子汇款业务,结束了邮政汇兑近百年使用纸质汇票传递的历史。从 2002 年 7 月开始,新疆辖区分期分批将邮政汇款转成邮政电子汇兑,使电子汇兑联网范围扩大,联网网点数达到 482 个。2003—2005 年,新疆邮政储汇部门创新经营机制,先后开办了投单通知汇款、自行通知汇款、账户汇款、商务汇款、礼仪汇款、"网汇通"、国际汇兑、个人结算账户业务、邮政绿卡境外受理、ATM 转账、全疆通存通取、邮政汇兑加急汇款、特急汇款等业务。到 2005 年末,全疆所有市县邮政储汇局可办理国际汇款业务,种类包括西联汇款、银邮汇款和邮政电子汇款等。2005 年末,全辖储蓄存款余额 181.43 亿元,累计收汇 385.73 万笔。

1993—2005 年新疆邮政储汇局历任主要负责人

表 1—40

姓名	性别	族别	出生年月	政治面貌	学历	行政职务		党内职务	
						职务	任职时间(年、月)	职务	任职时间(年、月)
赵国金	男	汉	1946.09	中共党员	高中	局长	1993.04—1997.02	党总支书记	1993.04—1995.10
								党总支副书记	1995.10—1997.02
朱玮	女	汉	1950.11	中共党员	大专	副局长	1993.04—1997.02	党总支副书记	1997.02—2004.01
						局长	1997.02—2004.01		
鞠岚峰	男	汉	1947.11	中共党员	中专	副局长	1995.10—2004.03	党总支书记	1995.10—2004.03
秦雯	女	回	1967.05	中共党员	研究生	副局长	1997.02—2005.12	—	—
孙黎焰	男	汉	1963.05	中共党员	研究生	局长	2004.03—2005.12	党总支书记	2004.03—2005.12

第六章　非银行金融机构

新疆的非银行金融机构自 20 世纪 80 年代开始发展至 2005 年,主要有信托投资机构、金融租赁机构和金融资产管理公司等,各自在其经营范围内为新疆经济的快速发展发挥了积极的作用。

第一节　金融资产管理公司

一、信达资产管理公司乌鲁木齐办事处

（一）机构沿革

经报财政部同意,依据中国人民银行《关于中国信达资产管理公司设立办事处的批复》精神,1999 年 8 月 19 日,中国信达资产管理公司以信总发〔1999〕15 号文件,决定设立中国信达资产管理公司乌鲁木齐办事处(以下简称信达资产管理乌鲁木齐办事处),属于自治区级非银行金融机构。信达资产管理乌鲁木齐办事处是新疆行政区划内成立的第一家国有独资金融资产管理公司办事处,内设部门 5 个,即资产管理部、投资银行部、综合管理部、评估审核部和资金财务部。同年 9 月 6 日,信达资产管理乌鲁木齐办事处正式挂牌。至 2005 年末,办事处内设职能部门 7 个,无分支机构,在册人员 48 名。

（二）主要职责

在信达资产管理总公司的授权下,2000 年以前,信达资产管理乌鲁木齐办事处具体负责接收、管理和处置新疆辖区建设银行剥离的不良资产,通过债务追偿与重组、资产置换、转让与销售、企业重组、债权转股权、资产证券化等方式有效处置不良资产,争取最大限度地回收和减少资产处置损失。2001 年以后,信达资产管理乌鲁木齐办事处以部门职责开展经营和服务活动,资产管理部主要负责政策性不良资产(含偿债物)、银建委托资产的管理和处置以及中国银行不良资产的批发业务,投资银行部主要负责债转股的管理与处置工作,综合管理部主要负责文秘宣传、党群、纪检监察、干部组织、人事劳资工作、行政和内部审计工作,评估审核部主要负责资产处置方案的审查和组织资产评估,资金财务部主要负责财务管理和信息系统的管理与维护工作,同时成立了资产处置审核委员会、商业化业务委员会和报酬委员会三个专门委员会。

1999—2005年信达公司乌鲁木齐办事处历任主要负责人情况

表1—41

姓名	性别	族别	出生年月	政治面貌	学历	行政职务		党内职务	
						职务	任职时间(年、月)	职务	任职时间(年、月)
袁福华	男	汉	1961.01	中共党员	本科	办事处主任	1999.08—2003.04	党委书记	1999.08—2003.04
丁晓杰	男	汉	1962.08	中共党员	本科	办事处副主任	2000.05—2005.12	党委委员	2000.05—2003.04
								党委副书记	2003.04—2005.12
宋开颜	女	汉	1954.12	中共党员	本科	办事处主任助理	2000.05—2003.04	党委委员	2000.05—2005.09
						办事处副主任	2003.04—2005.09		
罗小平	男	汉	1956.08	中共党员	研究生	办事处主任助理	2003.04—2005.12	党委委员	2003.04—2005.12
钟占国	男	汉	1961.10	中共党员	本科	办事处副主任	2005.09—2005.12	党委委员	2005.09—2005.12
贾晓逯	男	汉	1964.10	中共党员	研究生	办事处副主任	2005.09—2005.12	党委委员	2005.09—2005.12

二、华融资产管理公司乌鲁木齐办事处

(一)机构沿革

1999年10月13日,经国务院同意,中国人民银行批准成立中国华融资产管理公司,10月19日,华融资产管理公司在北京揭牌成立。经中国人民银行批准,华融资产管理公司在全国设立了30个办事处。2000年4月26日,华融资产管理公司乌鲁木齐办事处(以下简称华融资产管理乌鲁木齐办事处)揭牌成立。同年5月,华融资产管理乌鲁木齐办事处内部机构设有综合管理部、债权管理部、股权管理部、资金财务部、审计评估部。2001年,华融资产管理乌鲁木齐办事处将审计评估部改为审计部。2002年,华融资产管理乌鲁木齐办事处撤销了债权管理部、股权管理部,增设了经营管理部、资产管理一部、二部。2003年,华融资产管理乌鲁木齐办事处增设了法律事务部和第一重组工作组,一直延续到2005年内设机构没有变化。

(二)主要职责

华融资产管理总公司对华融资产管理乌鲁木齐办事处实行授权经营,其经营范围与华

融资产管理总公司一致,即负责收购并经营中国工商银行剥离的不良资产;债务追偿,资产置换、转让与销售;债务重组及企业重组;债权转股权及阶段性持股,资产证券化;资产管理范围内的上市推荐及债券、股票承销;直接投资;发行债券,商业借款;向金融机构借款和向中国人民银行申请再贷款;投资、财务及法律咨询与顾问;资产及项目评估;企业审计与破产清算;经金融监管部门批准的其他业务。华融资产管理乌鲁木齐办事处自成立后,在化解金融风险,维护金融稳定,支持国有商业银行改革与发展,促进国有企业改革脱困,支持自治区经济发展和维护社会稳定中,发挥了"安全网"和"稳定器"作用。特别是2004年8月"德隆"危机爆发后,华融资产管理公司接受国务院的委托,对德隆系金融机构及实业实行了全面托管。

2000—2005年华融公司乌鲁木齐办事处历任主要负责人情况

表1—42

姓名	性别	族别	出生年月	政治面貌	学历	行政职务		党内职务	
						职务	任职时间（年、月）	职务	任职时间（年、月）
袁肇绩	男	汉	1945.06	中共党员	大专	总经理	2000.04—2005.10	党委书记	2000.05—2005.10
马肯·穆哈买提都拉	男	哈萨克	1960.10	中共党员	研究生	副总经理	2000.04—2005.10	党委委员	2000.05—2005.06
								党委副书记	2005.06—2005.10
						总经理	2005.10—2005.12	党委书记	2005.10—2005.12
姚彧	男	汉	1958.02	中共党员	研究生	副总经理	2002.11—2005.12	党委委员	2001.04—2005.12
						纪委副书记	2002.04—2005.12		

三、长城资产管理公司乌鲁木齐办事处

（一）机构沿革

中国长城资产管理公司是经国务院批准于1999年10月18日成立,是国有独资金融机构,隶属于国务院。公司在全国设立30个办事处。中国长城资产管理公司乌鲁木齐办事处（以下简称长城资产管理乌鲁木齐办事处）于2000年3月13日成立。长城资产管理

乌鲁木齐办事处成立后至 2005 年 12 月 31 日,按照政策性资产处置总体要求,本着"审处分离、部门制约、岗位制衡"的原则,成立了"六委一组"并设立"六部一室"。"六委一组"即经营决策委员会、内审工作委员会、资产处置委员会、财务审查委员会、资产评估审查委员会、物资采购评审委员会和中介机构选聘评审小组;"六部一室"即综合管理部、资金财务部、法律事务部、监察审计部、资产经营部、市场拓展部、处置办公室。至 2005 年末,内设处室 7 个,在册人员 84 名。

(二)主要职责

根据国务院颁布实施的《金融资产管理公司条例》规定,金融资产管理公司是专门为收购和处置国有银行不良资产而设立的非银行金融机构,由政府注资管理,公司通过划转中央银行再贷款和定向发行以国家财政为背景的金融债券,以融资收购和处置国有银行的不良贷款。其收购范围和额度均由国务院批准,资本金由财政部统一划拨,运营目标则是最大限度保全国有资产。中国长城资产管理公司的经营范围是:依据授权收购并经营中国农业银行剥离的不良资产;债务追偿、资产置换、转让与销售;债务重组及企业重组;债权转股权及阶段性持股,资产证券化;资产管理范围内的上市推荐及债券、股票承销;直接投资;发行债券、商业借款;向金融机构借款和向中国人民银行申请再贷款;投资、财务及法律咨询与顾问;资产及项目评估;企业审计与破产清算;资产租赁业务;经金融监管部门批准的其他业务。长城资产管理乌鲁木齐办事处是在中国长城资产管理总公司的授权下,负责收购、管理和处置农行新疆分行、新疆兵团分行在新疆辖内剥离的不良资产。

2000—2005 年长城公司乌鲁木齐办事处历任主要负责人情况

表 1—43

姓名	性别	族别	出生年月	政治面貌	学历	行政职务		党内职务	
						职务	任职时间(年、月)	职务	任职时间(年、月)
顾明华	女	汉	1945.11	中共党员	中专	总经理	2000.01—2005.12	党委书记	2000.01—2005.12
何晓初	男	汉	1956.05	中共党员	本科	副总经理	2000.03—2005.12	党委委员	2000.03—2005.12
乌斯满江	男	维吾尔	1952.10	中共党员	大专	副总经理	2000.03—2005.12	党委委员	2000.03—2005.12

四、东方资产管理公司兰州办事处(乌鲁木齐业务部)

(一)机构沿革

2000 年 4 月 5 日,经人民银行批准,东方资产管理公司兰州办事处(以下简称兰州办)

成立。2000 年 6 月 12 日,东方资产管理公司人力资源部批准兰州办事处内设机构为办公室、资金财会部、资产评估部、资产经营部。2000 年 7 月 12 日,兰州办乌鲁木齐工作组成立,承担中行新疆分行不良资产的管理和处置。2004 年 2 月,兰州办事处以书面形式报告东方资产管理总公司,请示撤销乌鲁木齐工作组。2005 年 4 月,乌鲁木齐工作组又恢复了在新疆处置业务的工作职能。

(二)主要职责

兰州办经营宗旨是以最大限度保全国有资产为目标,化解银行金融风险,支持国有企业改革,执行中央金融工委和东方资产管理总公司党委的各项方针、政策,完成人员配置、机构组建、资产接收等职责。根据《中国东方资产管理公司章程》及财政部《关于金融资产管理公司有关业务风险管理办法的通知》,兰州办的业务范围是:收购并经营本外币金融不良资产;本外币债务追偿,本外币资产置换、转让与销售;本外币债务重组及企业重组;本外币债权转股权及阶段性持股;接受委托方的委托,代理委托方对其资产进行管理和处置;资产证券化;投资、财务及法律咨询与顾问;资产及项目评估;企业审计与破产清算;资产租赁业务。

2004—2005 年东方公司兰州办事处历任主要负责人情况

表 1—44

姓名	性别	族别	出生年月	政治面貌	学历	行政职务		党内职务	
						职务	任职时间(年、月)	职务	任职时间(年、月)
丁康年	男	汉	1944.06	中共党员	本科	总经理	2000.04—2004.06	党委书记	2000.04—2004.06
闫玉林	男	汉	1955.05	中共党员	本科	总经理	2004.06—2005.12	党委副书记	2004.06—2005.12

注:由于乌鲁木齐营业部不是一个独立的机构,按参编单位的要求,只编到办事处一级。

第二节　信托投资公司

一、新疆国际信托投资有限责任公司

(一)机构沿革

1986 年,新疆维吾尔自治区人民政府为引进外资,筹措资金,推动横向联合,决定成立中国新疆国际经济技术合作公司(以下简称合作公司)、新疆国际信托投资公司(以下简称信托公司)。两公司对外两块牌子,对内一套机构,内设总经理办公室、计划财务部、人事部、经济技术合作一部、二部、三部、进出口业务部、国际信托投资部、信息咨询部。从业人数 100 人,其中业务人员 71 人,管理人员 21 人,其他人员 8 人,是国有独资非银行金融机构。

1998 年,两公司内设机构进行了调整,调整后公司的部室有总经理办公室,国际经济合作二部、三部、四部、五部、六部,工程部,综合业务部(兼公司驻北京办事处),金融部,信托投资部(兼企业管理部),营业部,证券营业部,计财部,人事部,保卫部,物业管理部,公司驻阿拉木图、阿拉山口办事处,党委办公室,纪检(监察)处,劳动服务公司。行政管理工作从总经理办公室分离出来合并到物业管理部,工程部的巴基斯坦绿色农场项目合并到国际经济合作四部。

1999 年,两公司成立证券投资部。

2001 年,经新疆维吾尔自治区人民政府批准两公司分设,业务和人财物彻底分开。分开后按现代企业制度的要求改制,建立完善的法人治理结构体制,新疆国际信托投资公司内设机构有资金信托部、信托投资部、信托资产管理部、证券投资部、资金计划部、上海投资管理总部、稽核部、人力资源部、财务会计部、总经理办公室。

2002 年,新疆国际信托投资公司更名为新疆国际信托投资有限责任公司。

2005 年,新疆国际信托投资有限责任公司设股东会、董事会、监事会,其中:董事会下设战略发展与投资决策委员会、风险管理委员会;内设 8 个部室,总经理办公室、人力资源部、财务会计部、自营业务管理部、证券投资部、稽核部、资金信托部、信托投资部;1 个控股子公司,新疆融盛投资有限公司。2005 年末职工 54 人。

(二)业务发展

1986 年初成立时,新疆国际信托投资公司经营的人民币信托投资业务有 1 年期以上的信托存款,甲类信托投资业务,乙类信托投资业务,融资性租赁业务,人民币债务担保和见证业务,经中国人民银行批准的证券发行业务及其他经批准的业务。同期,其经营的外汇信托投资业务有境内外外币信托存款,境外外币借款,在境外发行和代理发行外币有价证券,外汇信托投资业务,对其投资企业的外币放款,国际融资性租赁业务,向国外借款、承包、招标、履约的担保见证业务,有关推动对外经济贸易往来的征信调查和咨询业务。同年,新疆维吾尔自治区财政厅拨付新疆国际信托投资公司开业资金 2100 万元人民币。

1988—2002 年,两公司获准经营人民币和外汇信托投资业务,对外有经营权,独立建账核算,自负盈亏。

2003—2004 年,信托公司在新体制和新业务模式下,大力发展信托主业。

2005 年,新疆国际信托投资有限公司开始开办受托经营动产、不动产及其他财产的信托业务。公司进一步完善股东会、董事会、监事会、总经理办公会议议事规则,明确界定股东会、董事会、监事会、经营班子的职责范围、议事制度和决策程序,合理确定董事会对经营班子各项经营业务的授权和监督,股东会对董事会授权,董事会在股东会的授权范围内对总经理为首的经营班子授权。同年起,信托项目实施和计划发行由原来的备案制改为审批制。公司所报批信托项目和信托计划新疆银监局均未批准,信托业务经营被叫停。在全国信托公司评级中被评为 E 级,属于"严格监管,限制发展"的公司。

1986—2005 年新疆国际信托投资有限责任公司历任主要负责人情况

表 1—45

姓名	性别	族别	出生年月	政治面貌	学历	行政职务		党内职务	
						职务	任职时间（年、月）	职务	任职时间（年、月）
金大鹏	男	汉	1927.10	中共党员	本科	总经理	1986.06—1992.12	党委书记	1986.06—1992.12
杨万田	男	汉	1930.04	中共党员	大专	副总经理	1986.06—1992.05	党组成员	1986.06—1992.05
张平生	男	汉	1943.07	中共党员	本科	副总经理	1986.06—1992.05	党组成员	1986.06—1992.05
王北来	男	汉	1943.07	中共党员	本科	副总经理	1986.12—1994.07	—	1986.12～1994.07
胡家燕	女	汉	1945.11	中共党员	本科	总经理	1992.12—1995.05	党委书记	1992.12—1995.05
张　野	男	汉	1949.09	中共党员	大专	副总经理	1992.12—1995.04	党委委员	1992.12—1995.04
马安泰	男	汉	1956.10	中共党员	研究生	副总经理	1992.12—1995.08	党委委员	1992.12—1995.08
						总经理	1995.09—2002.08	党委副书记	1995.09—2005.12
						董事长兼总经理	2002.09—2005.03		
						副董事长兼总经理	2005.04—2005.12		
张闻农	男	汉	1949.09	中共党员	本科	副总经理	1995.04—2001.06	—	—
周　勇	男	汉	1956.10	中共党员	本科	副总经理	1995.04—2001.06	—	—
刘宝贵	男	汉	1950.07	中共党员	研究生	副总经理	1999.07—2005.12	—	—
颜清智	男	汉	1943.08	中共党员	高中	—	—	党委委员	2000.02—2005.12

表 1—45 续

姓名	性别	族别	出生年月	政治面貌	学历	行政职务		党内职务	
						职务	任职时间（年、月）	职务	任职时间（年、月）
任俊峰	男	汉	1958.07	中共党员	本科	董事	2000.02—2005.12	—	—
王 鹰	男	汉	1962.06	中共党员	研究生	副总经理	2001.06—2002.06	党委委员	2001.06—2005.12
						董事、副总经理	2002.06—2005.12		
刘绍华	男	汉	1964.03	中共党员	本科	副总经理	2001.06—2002.06	党委委员	2001.06—2005.12
						董事、副总经理	2002.06—2005.12		
郑福双	男	汉	1965.11	中共党员	研究生	董事	2002.06—2005.12	—	—
李 峰	男	汉	1965.07	中共党员	研究生	董事	2002.06—2005.12	—	—
李小莉	女	汉	1957.01	中共党员	大专	监事会临时负责人	2002.06—2005.12	—	—
任光华	男	汉	1955.10	中共党员	研究生	副总经理	2001.06—2002.08	党委书记	2001.06—2005.12
						监事长	2002.09—2005.03		
						董事长	2005.04—2005.12		

二、新疆金新信托投资股份有限公司

1993 年，由工行新疆分行所属的新疆信托投资公司等 5 家企业及内部职工共同出资设立了"新疆金新信托投资股份有限公司"。公司主营金融服务、证券、代客理财等业务。设立时的总股本为 26000 万股，其中法人股为 21200 万股，定向募集职工股 4800 万股。截至 1999 年 10 月底,公司营业收入 8100 万元,利润总额 6500 万元,每股收益 0.22 元,净资产负债率 13%,资产总额 24 亿元,负债总额 19.40 亿元,股东权益 4.60 亿元,资产负债率 81%,每股净资产 1.77 元。1999 年 11 月以后,由于公司发生违规经营情况,支付出现危机,于 2004 年 8 月停业整顿,进入清算阶段。

三、新疆伊犁哈萨克自治州信托投资公司

（一）机构沿革

1988 年 7 月 15 日,伊犁哈萨克自治州信托投资公司(以下简称伊犁信托投资公司),经人行新疆分行批准成立,为由新疆伊犁哈萨克自治州财政局独家出资成立的国有独资非银行金融机构,隶属伊犁哈萨克自治州财政局领导,系事业法人单位。

伊犁信托投资公司在 1989 年清理整顿中保留下来。1991 年,人行新疆分行同意伊犁信托投资公司设立证券交易营业部,实行单独核算。

1997 年,伊犁信托投资公司实施增资扩股,由于没有经过监管部门同意,未能进行工商登记变更。

1998—2005 年,伊犁信托投资公司一直处于清理整顿期。2003 年,新疆生产建设兵团国有资产经营公司、深圳市清华创业投资有限公司开始介入重组,并被中国银监会列入 13 家遗留问题的信托公司之一,不得再办理任何经营性业务。

（二）业务发展

1988—2005 年,伊犁信托投资公司发放贷款共计 10.47 亿元。2005 年末,资产总额 0.85 亿元;负债总额 0.25 亿元。

1988—2005 年新疆伊犁信托投资公司历任主要负责人情况

表 1—46

姓名	性别	族别	出生年月	政治面貌	学历	行政职务		党内职务	
						职务	任职时间(年、月)	职务	任职时间(年、月)
胡兆邦	男	汉	1942.09	中共党员	中专	董事长	1988.12—2002.12	—	—
						总经理	1988.12—1993.02(兼)	—	—
王力源	男	汉	1962.04	中共党员	大专	总经理	1999.03—2001.01	—	—
林峰	男	汉	1965.04	中共党员	大专	负责人	2001.02—2005.12	—	—

第三节　新疆金融租赁有限公司

一、机构沿革

1993年4月19日,经人行新疆分行和新疆维吾尔自治区人民政府体改委联合批准设立新疆金新租赁有限公司(以下简称金新租赁公司)。金新租赁公司为由人行新疆分行、工行新疆分行、乌鲁木齐市人民政府、新疆维吾尔自治区财政厅、新疆维吾尔自治区经济贸易委员会下属的经济实体共同投资成立的非银行金融机构。同年5月21日,经新疆维吾尔自治区工商行政管理部门注册登记的金融性股份制公司。

1994年下半年,国家调整经济政策,加强了对金融机构的清理整顿,人行新疆分行于同年11月决定撤销金新租赁公司。

1995年1月16日,金新租赁公司注销。同年10月23日,经人行总行批准新疆金融租赁有限公司挂牌。

1996年2月,新疆金融租赁有限公司办理工商登记,同年3月正式营业,主营租赁业务的股份制非银行金融机构。公司设有五部一室,即资金部、租赁部、信贷部、财务部、发展部和办公室。

2005年2月24日,新疆金融租赁有限公司因经营不善、资不抵债,被停业整顿。

二、业务发展

新疆金融租赁有限公司(含其前身新疆金新租赁有限公司)成立后至2005年,大致经历了三个发展阶段:第一阶段,1993—1995年的波动期,这一时期正值中国经济从高速发展、通货膨胀到宏观紧缩、经济萧条的大变动时期,租赁业仅占公司业务的25%,经营亏损达1600万元;第二阶段,1996—2001年的转移期,即公司仍没有集中精力做租赁,而是向证券公司方向发展;第三阶段,2002—2005年的回归期,公司决定清理老业务,开拓租赁业务。

1993—2005年新疆金融租赁有限公司名称变化

表1—47

时　间	名　称	备　注
1993.05.21—1995.01.16	新疆金新租赁有限公司	
1995.10.23—2005.12.31	新疆金融租赁有限公司	该公司于2005年2月24日停业整顿

1993—2005年新疆金融租赁公司（含金新公司）历任主要负责人情况

表1—48

姓名	性别	族别	出生年月	政治面貌	学历	行政职务		党内职务	
						职务	任职时间（年、月）	职务	任职时间（年、月）
贺加阿不都·索巴	男	维吾尔	1946.03	中共党员	本科	董事长	1993.04—1994.07	—	—
刘振国	男	汉	1947.08	中共党员	本科	董事长	1994.07—1995.01	—	—
邢志立	男	汉	1950.02	中共党员	本科	董事长兼总经理	1995.07—1996.01	—	—
何贵品	男	汉	1937.01	中共党员	本科	副董事长	1995.11—1999.04	—	—
唐万新	男	汉	1964.05	中共党员	本科	副董事长	1996.01—2002.02	—	—
秦　新	男	汉	1952.06	中共党员	本科	副董事长	1996.01—1999.04	—	—
涂承昶	男	汉	1962.03	中共党员	本科	董事长	1996.01—2001.10		
张国玺	男	汉	1964.01	中共党员	本科	副董事长	1997.03—2003.03	—	—
张亚东	男	汉	1970.11	中共党员	研究生	董事长	2001.10—2003.03	—	—
王富恒	男	汉	1948.12	中共党员	本科	副董事长	2002.02—2004.04	—	—
李太成	男	汉	1974.09	中共党员	本科	副董事长	2002.02—2004.04	—	—
万　刚	男	汉	1958.11	中共党员	本科	董事长	2004.04—2004.08	—	—
阿皮孜·尼亚孜	男	维吾尔	1952.06	中共党员	本科	副董事长	2004.04—2004.08	—	—
李凤先	男	汉	1968.04	中共党员	本科	副董事长	2004.04—2004.08	—	—

第七章　新疆金融类学会和银行业协会机构

1986—2005 年,新疆金融类学会机构一共有 6 家,分别是新疆金融学会、新疆农村金融学会、新疆城市金融学会、新疆钱币学会、新疆生产建设兵团农垦金融学会和新疆投资学会;新疆银行业协会 1 家。这七家机构在社团管理和各自主管部门的领导下,对新疆的金融理论研究与实践起到了积极的科普和理论指导作用。

第一节　新疆金融学会

一、机构沿革

1980 年 8 月 1 日,新疆金融学会在乌鲁木齐召开第一次会员代表大会,并宣告成立。其主管机关为人行新疆分行,秘书处设在新疆金融研究所。1998 年 12 月,因人行机构改革,人行新疆分行撤销后设立人行乌鲁木齐中心支行,据此,新疆金融学会主管机关变更为人行乌鲁木齐中心支行,秘书处随之改设在人行乌鲁木齐中心支行调查统计处;2004 年,秘书处改设在人行乌鲁木齐中心支行新增设的金融研究处。至 2005 年末,新疆金融学会共召开了 5 次会员代表大会,有团体会员 43 个。

二、学术研究及成果

1986—1989 年,新疆金融学会第二届理事会期间,共组织参与十余次专项研讨会,其中,向自治区首届经济与社会发展研讨会提交《论银行对新疆经济的调节作用》的论文获好评。

1990—1997 年,新疆金融学会第三届理事会期间,金融学会组织并推荐多篇金融优秀论文参与评选,其中,5 篇获中国金融学会论文奖,1 篇获自治区社科著作一等奖,8 篇分获自治区社科一、二、三等奖。

1998—2000 年,新疆金融学会第四届理事会期间,《对新疆非国有经济发展及信贷支持情况的调查》,被人行总行《金融参考》刊用。

2001—2005 年,新疆金融学会第五届理事会期间,先后组织完成 70 余篇论文参与中国金融学会优秀论文征选活动,其中《西部开发与西部资本市场的培育与发展》获中国金融学会第五届优秀论文评比三等奖。在 2005 年自治区民政厅首次组织的先进社会团体评选活动中,新疆金融学会荣获"先进社会团体"称号。

三、书刊

新疆金融学会会刊《新疆金融研究》(汉、维吾尔文版)，创刊于 1980 年，于 1985 年更名为《新疆金融》(汉、维吾尔文版)，于 1993 年 4 月经国家新闻出版署批准，成为自治区首家国内公开发行的金融刊物，1996 年 11 月再次批准，成为国内、国际公开发行的刊物。1998年，《新疆金融》被评为人民银行系统优秀期刊。至 2005 年，《新疆金融》(汉文版)发刊 234期，《新疆金融》(维吾尔文版)发刊 120 期。

第二节　新疆银行业协会

由人行乌鲁木齐中心支行召集辖区 11 家金融机构共同发起的关于成立新疆银行业协会筹备会议，于 2002 年 3 月 12 日在乌鲁木齐召开。会议通过了《关于成立新疆维吾尔自治区银行业协会的请示》。2002 年 3 月 27 日，新疆维吾尔自治区民政厅以《关于同意筹备成立新疆维吾尔自治区银行业协会的批复》，同意新疆银行业协会设立的申请。新疆银行业协会成立于 2002 年 4 月 2 日，由新疆银监局主管，由新疆辖内银行业金融机构组成的行业性组织，是经新疆维吾尔自治区民政厅批准并在新疆社会团体行政主管机关注册登记的非营利性社会组织。协会最高权力机构为会员大会，由参加协会的全体会员组成。会员大会的执行机构为理事会，对会员大会负责。理事会在会员大会闭会期间负责领导协会开展日常工作。理事会设会长一名、副会长若干名、专职副会长一名、秘书长一名。第一届会长单位为工行新疆分行，会长由工行新疆分行行长袁长清担任。内设办公室、自律维权、教育培训、宣传信息四个部门。

根据工作需要，协会设立了维权自律工作委员会、文明规范服务工作委员会、贷款合作委员会等专业委员会。

第三节　新疆农村金融学会

一、机构沿革

1981 年 12 月 18 日，新疆农村金融学会成立，设秘书处，学会秘书处设在农行新疆分行金融研究所。1982—1996 年共召开四次理事代表大会，1~4 届选举产生的会长为色提尼牙孜·艾外都拉。1992 年初，农行新疆分行机关实行"三定"方案，决定撤销农村金融研究所，保留新疆农村金融学会秘书处，承担研究所职能。2000 年 6 月，农行新疆分行机构进一步调整，新疆农村金融学会秘书处并入办公室。

二、学术研究及成果

1986—2005 年，新疆农村金融学会主编和参与编辑金融专著 9 部，获全国优秀成果奖16 项，获自治区社科成果奖 8 项，收录在国家级各类论文著作成果 57 篇，发表在经济、金融类刊物上的文章 3700 余篇，召开和参与各级各类研讨会、座谈会 200 余次；重视有关金融和农村金融民族文字翻译工作,除翻译出版学会刊物,还翻译专项业务研究资料,包括《社会主义农村金融》《关于货币流通与计划》《信贷管理及会计辅导》《汉维金融辞海》《农业银行员工上岗资格考试培训大纲》《会计、稽核工作辅导》等约 620 万字。

三、书刊

1985 年,《新疆农村金融》由双月刊改为单月刊;同时创办哈萨克文(季刊),编辑部设在农行伊犁州分行。

1988 年,农行新疆分行成立宣传处,《新疆农村金融》改由宣传处发行。学会秘书处只负责理论研究栏目的编审。

1992 年,农行新疆分行宣传处撤销,《新疆农村金融》刊物又划归新疆农村金融学会秘书处出版发行。

1993 年 1 月 1 日,《新疆农村金融》刊物更名为《新疆城乡金融》双月刊,汉、维吾尔两种文字发行。

《新疆农村金融(新疆城乡金融)》杂志从 1982 年初创刊到 2005 年底共发行汉文 189 期,维吾尔文 190 期。

第四节　新疆钱币学会

一、机构沿革

新疆钱币学会是由新疆维吾尔自治区文化厅文物处、新疆博物馆、新疆考古研究所和新疆金融研究所共同发起筹备的,成立于 1986 年 8 月 6 日。主管机关是人行新疆分行,秘书处设在人行新疆分行金融研究所。后因机构改革,从 1999 年起,主管机关变更为新设立的人行乌鲁木齐中心支行,秘书处设在人行乌鲁木齐中心支行货币金银处;2004 年成立了新疆钱币博物馆,成为人行乌鲁木齐中心支行的直属处级单位,下设学会秘书处、编辑部、陈列室,办有《新疆钱币》期刊(季刊)。学会成立至 2005 年末,团体会员 24 个,其中 1 个自治区级学会,14 个地、州二级学会,9 个区、地、县级文物管理、展览、研究处、馆、所。个人会员 209 人,分布在金融、文博、高校、社科、物资回收及社会各界,主要集中在乌鲁木齐。

二、学术研究及成果

1986 年 8 月,中国钱币学会少数民族钱币研究会成立暨第二次学术讨论会在乌鲁木齐召开。同年 12 月,新疆钱币学会编辑并内部发行了《新疆钱币通讯》(双月刊),编印了 5 期《新疆金融》钱币专刊。1989 年 8 月,编印《新疆古钱币简介》和《新疆近二百年钱币图说》。1990 年 8 月,出版新疆钱币学会编纂《新疆钱币》(英、汉文)大型图册,并参加同年 9 月在比利时布鲁塞尔举办的国际钱币图书展览,且荣获 1992 年全国图书发行评比二等奖,维吾尔文版《新疆钱币》图册嗣后出版发行。这是新疆第一本用维吾尔文介绍本地流通过的货币编著。同年 10 月,出版《新疆黑汗朝钱币》。1994 年 5 月,中国钱币学会第一届优秀学术成果"金泉奖"颁奖,《新疆钱币》图册获"优秀学术著作奖",其中《新疆阿图什出土的阿尔斯兰汗钱币研究》和《准噶尔普尔钱考》分获"优秀论文奖"。同年12月,出版《清代新疆货币史》,这是新疆第一本系统的断代货币史著作。1995年6月,《民国时期的新疆纸币》获新疆维吾尔自治区第三届优秀社科成果二等奖。1996年3月,《新疆红钱大全图说》出版。1997年,新疆钱币学会完成专著《中国丝绸之路货币》(新疆段10万字)的组稿及写作任务。1998年7月,《新疆铜元图说》出版。1999年7月,《新疆近代银币》在中国钱币学会第二届"金泉奖"评选中获"优秀论文奖"。同年10月,《新疆钱币漫话》以及《新疆近二百年的货币与金融》出版。2003年4月15日,《新疆近二百年的货币与金融》一书获新疆维吾尔自治区第五届社会科学优秀成果三等奖。2004年7月,新疆钱币学会与中国钱币学会在阿克苏共同主办了"丝绸之路货币研讨会"。2005年4月《古钱币探索》一书出版发行;同年6月21日,在伊犁地区伊宁市召开"西北五省钱币协作会2005年年会"。

三、书刊

新疆钱币学会会刊《新疆钱币》(季刊),于1995年创刊,至2005年出版发行了40期。刊物坚持以新疆和丝绸之路钱币的研讨为主,兼有中西亚和周边国家钱币以及伊斯兰钱币的介绍,同时宣传介绍人民币知识和货币发行工作。在1999年第二届和2003年第三届中国钱币学会优秀学术成果"金泉奖"颁奖中,《新疆钱币》均荣获"优秀期刊奖"。

第五节　新疆城市金融学会

一、机构沿革

新疆城市金融学会成立于1987年3月21日,是从事城市金融科学研究的群众学术团体,由各地州(市)城市金融学会、工行新疆分行本部、新疆金融培训学校和从事金融科学研究的个人组成的非营利性社会组织。挂靠单位和业务主管单位是工行新疆分行。新疆城市金融学会的最高权力机构是会员代表大会,会员代表大会每届四年。理事会是会员代表大会的执行机构。理事会下设学术委员会和秘书处,秘书处设在工行新疆分行管理信息部,具体组织开展日常工作。2005年,团体会员42个,个人会员8051人。

二、学术研究及成果

1987—2005年,平均每年组织承担重点课题10余项,平均每年开展征文活动8项,征集论文300多篇,约400人次参与研究;还积极参与自治区社科联组织的社会科学界学术年会和青年学者论坛,并推荐学术论文在年会上交流,有多篇在《青年论坛》等核心期刊上发表。

三、书刊

《新疆城市金融论坛》为双月内部期刊,特殊情况增发专刊。每期收录10~15篇文章,每期约6万字。

《新疆城市金融论坛》由新疆城市金融学会负责管理。设编辑委员会,会刊坚持为领导决策、经营管理、业务发展服务的宗旨,成为员工理论研究和学术交流的平台。在重点课题、征文活动的引导下,刊物稿源丰富,电子刊物也不断提升质量。

第六节　新疆农垦金融学会

一、机构沿革

1998年,新疆农垦金融学会正式成立,徐月文担任第一届学会会长。2000年6月,新疆农垦金融学会与新疆农村金融学会合并,组建新疆农村金融学会,秘书处并入办公室。

二、学术研究及成果

截至2005年末,新疆农垦金融学会主编和参与金融专著9部,获全国优秀成果奖16项,获自治区社科成果奖8项,收录在国家级各类论文著作成果57篇,发表在经济、金融类刊物中的论文3700余篇,召开和参与各级各类研讨会、座谈会200余次。

三、书刊

新疆农垦金融学会和新疆农村金融学会合办的《新疆城乡金融》杂志。

第七节　新疆投资学会

一、机构沿革

1986年8月25日,新疆维吾尔自治区投资学会(以下简称新疆投资学会)成立。同日,新疆投资学会在乌鲁木齐召开成立大会,会议代表有116人。学会由自治区各地州市,新疆维吾尔自治区计委、财政厅等有关委厅局,社科院,大中专院校,人行新疆分行,新疆各国有专业银行等单位和有志从事投资学科研究的个人组成。学会业务主管和挂靠单位是建行新疆分行。会员代表大会是投资学会最高权力机构,每五年举行一次。理事会是会员代表大会的执行机构,每两年举行一次年会。理事会下设秘书处,秘书处设在建行新疆分行投资研究所。1991年11月,在乌鲁木齐召开第二届会员代表大会,团体会员61个单位,个人会员254名。1996年6月27日,根据建行总行要求,新疆投资学会日常工作由建行新疆分行办公室负责。2002年8月12日,新疆投资学会恢复成立,与建行新疆分行办公室合署办公。

二、学术研究及成果

新疆投资学会自成立至2005年,就新疆经济发展和金融改革中的热点问题、难点问题,组织开展了"自治区投融资体制改革的要点和难点"等7次专题征文评比活动和理论研讨会,多次参与了由自治区党委政策研究室、新疆金融学会牵头进行的课题调研及中国投资学会年度科研课题申报立项和研究,先后向中国投资学会申报并完成了40个科研课题。

新疆投资学会先后有 56 篇文章在《中国投资》及国内重要媒体发表或获奖,其中:《改变西部地区投资环境与吸引外部资金问题研究》获得中国投资学会 2002—2003 年度二等奖,《西部地区经济发展与金融运行的关联性实证分析研究报告》荣获中国投资学会 2003—2004 年度二等奖,《建设银行信贷资产管理》获得自治区第五届社科类优秀成果三等奖,《西部交通建设投融资方略》获得自治区第六届社会科学优秀成果奖,《论国有商业银行改革中新型信贷关系的渐进式构造》获得自治区第七届社科成果一等奖。另外,新疆投资学会先后有 126 篇文章在《投资研究》《现代商业银行导刊》《新疆金融》《西部论丛》等报刊杂志发表。

三、书刊

1987 年,新疆投资学会创办会刊《新疆投资》。1987 年为季刊,出版 4 期。1988—1996 年 6 月改为双月刊,共出版 51 期。其间还出版一期"论文刊登"、一期"储蓄专题增刊"。1996 年 1—6 月,《新疆投资》出版 3 期后于 7 月停刊。1987—1996 年,《新疆投资》累计出版 57 期,共计刊登投资文章、论文或研究报告共计 1600 余篇。2001 年 12 月,新疆、甘肃、四川、陕西、广西、内蒙古、贵州、西藏、重庆、云南、青海等 12 省区市投资学会联合创办《西部论丛》杂志。

第八章　教育培训机构

　　1986—2005年,新疆的银行业教育培训机构中有影响的主要有四家,即新疆银行学校、工行新疆金融培训学校、新疆农业银行学校和农行新疆兵团分行培训学校。各学校在各自领域的不同历史时期,为全疆培养和输送了大批的各类金融人才,为新疆金融事业的发展起到了积极的人才保障作用。

第一节　新疆银行学校

一、沿革

　　新疆银行学校前身系新疆银行干校,1950年建于乌鲁木齐碾子沟,1956年停办。

　　1958年7月,乌鲁木齐银行学校开始筹建。初期,学校在人行新疆分行机关大楼内办公,同年秋季招生210名。学校共有教职员工20名,担任教学任务的教师主要是保定银校、上海银校、苏州银校、中国人民大学、上海财经学院的毕业生。1959年至1960年学校初具规模,扩大招生范围,首次跨省到湖南招收学生42名,由2个班级发展到了8个班级,在校学生400余人。

　　1961年,乌鲁木齐银行学校与自治区财政学校合并,成立新疆财政金融学校,同年4月,迁址新疆伊宁市。由于三年自然灾害和"伊塔事件"等原因,经新疆维吾尔自治区人民政府批准,新疆财政金融学校于1962年底停办。

　　1978年5月,重新恢复新疆银行学校,校址选定在昌吉市,1979年恢复招生。1993年,被新疆维吾尔自治区教委和人行总行命名为重点中专学校,成为自治区90所中专学校中的10所重点中专学校之一,成为培养新疆金融人才的重要基地。

　　1998年,新疆银行学校由昌吉市迁址乌鲁木齐经济技术开发区中亚南路137号。2000年1月,随着国家教育管理体制改革,新疆银行学校划归地方政府管理。同年9月28日,该校移交新疆维吾尔自治区党委组织部,更名为中共新疆维吾尔自治区委员会组织部干部教育培训中心(自治区党校分校)(简称干部教育培训中心),成为自治区党委组织部全额预算事业单位,标志着新疆银行学校由金融干部岗位培训向党政干部教育培训的彻底转轨。

二、教学及成果

　　1979年,复校伊始,招收学生122名,在校教职工27人。经过几年的艰苦创业,为充分发挥学校的办学功能,学校开办了电大班、大专自考班、民盟和昌吉州职业大学的委培班,增加了办学层次,扩大了招生比例。1990年,全校教职员工总数达193人。1979年到1996

年,新疆银行学校为自治区金融系统培养了 4538 名毕业生,其中,中专毕业生 3702 人(民族学生 1513 人),大专毕业生 836 人(民族学生 158 人),各类培训 3583 人次,中专自考生 5000 余人(金融中专自学考试毕业生 3000 余人)。

第二节　工商银行新疆金融培训学校

一、沿革

工行新疆金融培训学校(原工行新疆分行干部学校),于 1987 年 9 月 10 日正式成立,隶属于工行新疆分行管理。学校位于乌鲁木齐市成功街 1 号(原五星北路 26 号),占地面积 48000 平方米。建校初期,学校设有"四处一室一站一部",即教务处、政治处、学生处、总务处、办公室、函授站、勤工俭学开发部。教职员工总人数 102 人。

1998 年,根据工行总行关于一级(直属)分行院校职能转变由学历教育逐步向岗位培训过渡,剥离"三产"的工作要求,学校采取机构整合、调整、剥离,人员分流,内部退养,自愿外调等方式,第一次进行机构调整和人员整合,内设机构调整为"三处一室",人员精减至 76 人。

2000—2001 年,根据工行总行关于一级(直属)分行院校改革要求,又进行了第二次机构调整和人员整合,内设机构调整为"一科一室",员工精减至 15 人,并将工行新疆分行干部学校更名为工行新疆金融培训学校。

二、教学及成果

1987—1998 年,学校主要采取以学历教育为主,以岗位培训为辅的教学模式,先后开设有电大班、中专班、职专班、函授本科班、函授大专班、研究生班、一年制大专班等。开班最多时达 13 个班级,在校学员达 890 余人。

1998—2002 年,根据工行总行关于一级(直属)分行院校职能转变要求,学校实行以岗位培训为主,以学历教育为辅。其间学历教育逐步萎缩直至停办,岗位培训逐年加大,直至成为学校的主业。

2002—2005 年,学校成为以岗位培训为中心,兼顾视频培训、以会代训、各类资格考试为一体的培训基地。同时,配合总、分行做好重点项目的培训、新员工招聘及入职培训、重点课题研发,自主策划、设计培训项目、制作课件等综合性的工作。

学校以多层次学历教育为依托,以新员工入职模拟培训为亮点,以新知识、新业务、新技能岗位培训为中心,全方位服务工行经营发展,为全疆输送了大批金融业务技术人才。至 2005 年末,学校共开办各类学历班 149 个,人数达 9070 人;举办各类培训班 1100 期,人数达 52303 人次,共涉及 231 个专业;承担各类专业资格考试 236 场,人数达 9639 人次;承办各类视频培训 142 场,人数达 6780 人次;承办各种会议(含以会代训)84 场,人数达 3360 人次;承担各项业务比赛、竞赛、新员工招聘、师资招聘等 206 场次,人数达 4300 人次。

第三节　新疆农业银行学校

一、沿革

新疆农业银行学校位于乌鲁木齐市东端碱泉一街 146 号,学校占地 15 公顷。其前身是中国农业银行新疆干部学校,始建于 1981 年 6 月。1988 年 1 月,经新疆维吾尔自治区人民政府批准,在中国农业银行新疆职工中等专业学校的基础上,成立了新疆农业银行学校,开始面向社会招生。至 1991 年,新疆农业银行学校设有党委办公室、校长办公室、工会办公室、文化教研室、专业基础教研室、专业教研室、教务科、学生科、电大科、保卫科、总务科。教职人数 190 人。1991 年,新疆农业银行学校停止了电大工作站招生。1996 年,学校停止了全部中专班的招生。1997 年,农业银行新疆分行决定,对新疆农业银行学校的教职工进行分流安置。同年,内部退养和分流安置教职工 139 人,保留在职教员 63 人。学校的职能改为新疆农业银行系统的干部职工岗位培训基地,内设"一室三部",即办公室、培训部、教务部、总务部。

1999 年 10 月,经自治区教委批准,新疆农业银行学校改为"中国农业银行新疆维吾尔自治区分行培训学校"。同年 11 月,中共中国农业银行党委批准成立"中国共产党中国农业银行新疆维吾尔自治区分行党校",校址设在新疆农业银行学校内。2000 年,农行新疆分行再次对新疆农业银行学校教职工进行分流,34 名教职工办理了内部退养手续,保留了在职职工 27 名。截至 2005 年末,新疆农业银行学校和农行新疆分行党校两块牌子一套人马,共有职工 24 人,占地 10.05 万平方米,内设办公室、培训部、总务部。

二、教学及成果

1983 年,农业银行新疆职工中等专业学校成立广播电视大学农业银行工作站,至 1993 年共招生 6 期电大学员,20 个班,招生 682 人,毕业 674 人。其中,维吾尔及其他少数民族学员 322 人。从成立农业银行新疆职工中等专业学校,至 1997 年,共毕业各民族中专学生 3322 人,其中,维吾尔及其他少数民族毕业生 1785 人。自农行新疆干部学校成立至 2005 年末,共开办各类短期培训班 241 期,培训职工 13917 人次。

第四节　农行新疆兵团分行培训学校

一、沿革

农行新疆兵团分行培训学校,位于石河子市北四路 238 号的金融大厦内,学校占地面积 0.41 公顷。培训学校始建于 1993 年 10 月,建校初期,内设教务室、总务室、财务室和办公室。1999 年 2 月 5 日,中共农行党委批准成立"中国共产党中国农业银行新疆生产建设兵团分行党校"。2000 年 6 月 29 日,中共农行新疆兵团分行党委决定党校设在兵团分行培训学校内,并于同年 7 月 1 日开学。2005 年底,农行新疆兵团分行培训学校和农行新疆兵团分行党校使用两块牌子一套人马,共有教职员工 39 人。内设办公室、培训部、总务部、财务部,主要负责本系统职工的业务培训接待、教学和后勤食宿服务。

二、教学及成果

1999 年以前,农行新疆兵团分行培训学校主要加强自身软硬件的投入,并多次选派人员到各地同行业学习先进的管理理念及领先的服务模式。2000—2005 年,学校先后更新补充了各项先进的教学设施、增设了农行内部网络交换机房,并对培训教室、客房、餐厅进行了系统的装修改造,扩充、美化室外绿地面积。同时,培训学校注重内部员工素质培训,加强以人为本的意识教育,不断提升服务质量。1996—2005 年,培训学校以系统化、专业化的技能岗位培训为主,兼顾全疆其他行业、系统培训、会议为辅,为全疆各地州培训了大批金融业务技术人才和骨干。至 2005 年末,共开办各类短期培训班 168 期,培训员工11200 多人次。

1986—2005 年新疆银行业部分年份机构、人员情况统计

表 1—49　　　　　　　　　　　　　　　　　　　　　　　　　　　　　　　单位:个/人

机构名称	机构总数					人员总数				
	1986 年	1990 年	1995 年	2000 年	2005 年	1986 年	1990 年	1995 年	2000 年	2005 年
人行乌鲁木齐中心支行	16	102	106	78	70	1872	3896	4810	4070	3089
新疆银监局	—	—	—	—	77	—	—	—	—	863
农发行新疆分行	—	—	1	91	91	—	—	65	1790	1832
国开行新疆分行	—	—	—	1	1	—	—	—	42	57
工行新疆分行	580	904	958	755	317	10014	11630	12854	12269	8271
农行新疆分行	1006	1365	1631	1062	452	9617	11260	13913	8161	8004
中行新疆分行	2	8	32	170	175	133	531	2742	2904	3128
建行新疆分行	81	561	759	484	203	1550	4513	8017	6919	5588
农行新疆兵团分行	—	—	320	320	287	—	—	2492	2492	3108
交通银行新疆分行	—	—	7	18	24	—	—	263	396	565
招商银行乌鲁木齐分行	—	—	—	—	8	—	—	—	—	308
华夏银行乌鲁木齐分行	—	—	—	6		—	—	—	—	145
乌鲁木齐商市业银行	—	—	—	70	70	—	—	—	1302	999
新疆农村信用社	793	858	866	695	1140	4965	5957	7382	7326	9902

表 1—49 续

机构名称	机构总数					人员总数				
	1986 年	1990 年	1995 年	2000 年	2005 年	1986 年	1990 年	1995 年	2000 年	2005 年
新疆邮政储汇局	—	—	—	584	658	—	—	—	1955	3688
信达资产管理公司	—	—	—	1	1	—	—	—	40	48
华融资产管理公司	—	—	—	1	1	—	—	—	40	97
长城资产管理公司	—	—	—	1	1	—	—	—	30	84
东方资产管理公司	（机构及人事全部归兰州办事处管理,新疆没有档案记录）									
华融国际信托公司	2	2	2	1	1	100	100	100	81	51
长城新盛信托公司	—	—	—	1	1	—	—	—	43	43
长城国兴金融租赁公司	—	—	—	1	1	—	—	—	51	61
合　　计	2480	3800	4682	4334	3564	28251	33991	47828	45841	49931

2005 年末新疆银行业(经营性)机构情况统计

表 1—50　　　　　　　　　　　　　　　　　　　　　　　　　单位:个

机构类别	机构小计	机构名称	自治区级	地州级	县市级	县市级以下
政策性银行	91	农发行新疆分行	1	16	68	6
	1	国开行新疆分行	1	—	—	—
国有商业银行	317	工行新疆分行	1	14	62	240
	452	农行新疆分行	1	14	88	349
	175	中行新疆分行	1	13	21	140
	203	建行新疆分行	1	14	57	131
	278	农行新疆兵团分行	1	4	28	245
股份制商业银行	24	交通银行新疆分行	1			23
	8	招商银行乌鲁木齐分行	1			7
	6	华夏银行乌鲁木齐分行	—	1		5
地方性银行业金融机构	70	乌鲁木齐市商业银行	—	1	—	69
	1140	新疆农村信用社	—	—	170	970
邮政储蓄机构	658	新疆邮政储汇局	1	16	82	559

表 1—50 续

机构类别	机构小计	机构名称	自治区级	地州级	县市级	县市级以下
非银行金融机构	1	信达资产管理公司	1	—	—	—
	1	华融资产管理公司	1	—	—	—
	1	长城资产管理公司	1	—	—	—
	1	东方资产管理公司	1	—	—	—
	1	华融国际信托公司	1	—	—	—
	1	长城新盛信托公司	1	—	—	—
	1	长城国兴金融租赁公司	1	—	—	—
合计	3430	—	17	93	576	2744

第二篇　金融改革

1986—2005 年,国家的统一部署,首先进行了构建新的金融组织体系改革;接着改革了中央银行体系,推进了国有银行商业化改革,建立了政策性银行,发展了商业性银行。特别是 2002 年以后,成立了银监会,国有独资商业银行重组上市,支持农村信用社改革等。

在国有商业银行股份制改革期间,各国有商业银行新疆分支机构推进决策体系、内部约束体制和风险管理机制改革;以扁平化、专业化管理实现组织结构体系、业务流程和管理流程改革;薪酬制度、人力资源和激励约束机制改革产生了正向激励效果。

第一章　金融改革综述

1986—2005 年,新疆金融改革大的趋势同全国一样,主要经历了两轮改革。

1986 年至 1993 年,中国金融运作谨慎有余、开拓不足的局面制约着中国金融事业的发展,也制约着经济资源配置的效率。不改革、不加速发展中国金融业将永远是国际金融体系发展演进的被动接受者。

1994 年以后,改革虽然基本解决了谨慎有余、开拓不足的制约问题,但不解决中国金融压抑的问题,就不可能解放企业的生产力。中国需要进行金融改革,解除一些不必要的管制,让金融业回归服务实体经济的本质,这就迫切需要金融业进行深化改革。

第一节　金融组织体系的初步建立

1986—1993 年,新疆初步建立金融组织体系及其运行机制。

这一阶段,改革以金融纵向分割为主要特征。工商银行、农业银行、中国银行、建设银行、交通银行等专业银行相继从中国人民银行分离或单设,纵向切分为全国性的、总分支行政色彩鲜明的、自上而下垂直管理的专业银行体系。中国人民银行也慢慢由一个六 统的金融机构,变成了相对独立的中央银行。虽然专业保险体系也开始建立,但此时基本上是一个典型的、只有银行体系的专业金融体系。

新疆金融业进行的第一轮改革,体现在金融组织体系与其运行机制方面,有五大变化:一是实现了金融机构多样化,1986 年前后,在人民银行新疆分行的基础上,又先后成立了专业银行、保险公司、信托投资公司、证券公司、财务公司、金融租赁公司以及城市信用社、典当行等;二是建立了中央银行体制,逐步实施了直接调控与间接调控相结合的金融宏观调控机制,尤其是 1984 年,中国人民银行专门行使中央银行职能,开始运用国际通行的存款准备金,再贴现、利率、中央银行贷款、贷款限额等货币政策工具控制货币总量,调节信贷结构;三是发展并运用多种金融工具及信用方式,有了债券、股票、大额可转让存单、商业票据,国家信用、商业信用等;四是金融市场有了较快的发展,新疆银行间的同业拆借市场以乌鲁木齐为中心形成网络辐射,资本市场从无到有,国库券、企业债券、股票可上市买卖;五是进行了外汇管理体制改革,多次调整了人民币汇率水平,形成了有管理的浮动汇率制度。

第二节　商业化改革和金融安全体系建立

1994—2005 年,新疆金融业开始第二轮改革,金融业在转变机制中走向社会主义市场金融体制。

这一阶段,改革以中央政府主导,地方政府参与的纵向分割和横向分割交织为主要特征。专业银行的商业化改革启动,三大政策性银行相继设立。股票、债券等资本市场,以及期货等衍生市场,相继在各地试点,并出现了不同类型的股票热、期货热、房地产热的泡沫经济。此时,银行、证券、保险、期货以及政策金融等综合性金融体系初步建立。

新疆金融业进行的第二轮改革,使金融业在转变机制中走向社会主义市场金融体制。

由于有计划商品经济体制还保留着计划经济的框架,只是一种模拟市场经济,金融机制转变受到很大制约。第一轮金融改革后,金融虽较前有了一定的活力,金融业务量得到了迅速发展,但是,由于旧体制遗留问题很多,严重影响了金融职能的有效发挥。如:国有专业银行"统管"国有企业流动资金实际上是"统包",使信贷资金供给制难以转变;专业银行只在信贷资金的供给上进行了分工,并没有改变银行的运行机制;专业银行既办理政策性业务又办理商业性业务,难以走上企业化道路;中央银行无相对独立制定和执行货币政策的权力,又无法定的地位,难以真正行使中央银行职能,等等。

因而,新疆金融业经过第二轮改革,又发生了巨大变化。

第一,转变融资机制,实现信贷资金的商品化和融资的市场化,破除信贷资金的供给制,建立适应市场经济要求的信贷制。市场经济体制下的金融关系是特殊商品的交换关系。这就决定了信贷资金必须具有商品属性:一方面,贷多贷少,利率高低,以市场需求为导向,按照价值规律办事。另一方面,贷款要坚持自主借贷、自由选择的原则,把市场作为资金配置的基础。为了实现这个目标,新疆各级金融部门采取了多方面的改革措施,包括打破专业银行的业务分工,确立银行与企业的新型借贷关系,建立和完善商业银行的审贷分离、分级审批制度及风险管理制度,改变信贷资金的规模管理为资产负债比例管理,推行资产质量五级分类考核办法,改革统管过于僵化的利率制度,建立以中央银行利率为基准的、有管制的浮动利率制度等。

第二,转变银行经营机制,推进专业银行的企业化改革,建立商业银行体系。市场经济要求金融市场中的金融中介机构必须是具有自主经营、自负盈亏、自求平衡、自我约束、自我发展的金融实体。因此,只有把专业银行改造为商业银行,从根本上转变经营机制,才能成为金融市场中合格的金融中介机构。1994年以后,随着中国农业发展银行新疆分行和国家开发银行新疆分行先后成立,承担了自治区政策性银行业务,国有四大专业银行在改革中转变机制,走上国有控股的股份制商业银行道路。

第三,转变中央银行机制。市场经济要求中央银行对经济进行有效的金融宏观调控,对金融市场进行监管。1994年以后,人民银行新疆分行在改革中转变机制,停止直接向企业发放贷款,重点行使金融监管、现金调拨、调查统计分析、外汇管理、联行清算、管理国库、横向头寸调剂以及执行货币政策、确保地方金融稳定等职能,逐渐跨入真正的中央银行轨道。

第四,开创和完善直接融资机制,为经济活动的市场化改革提供金融环境。直接融资在市场经济阶段,主要表现为证券信用。它是以有价证券为载体的直接融资形式,具有储藏和流通双重功能,较银行信用有更多的优点,因此,更适应于现代商品经济的发展。20世纪90年代后,随着沪、深两个证券交易所的建立和国家对债券交易的开放,新疆维吾尔自治区相继成立了"新疆证券公司""新疆证券登记公司""新疆证券交易中心""国债交易中心"等,允许外地证券机构在新疆设立证券交易营业网点,开辟了新疆的资本市场。

第五,增强与完善金融市场机制。改革开放后,新疆金融市场不仅扩容迅速,而且运作逐渐规范,日益走向成熟。为了增强和完善金融市场机制,新疆金融管理层做了大量的整顿与改革工作:整顿金融秩序,加强监管与引导;建立规范的市场规则;正确引导非银行金融机构健康发展,形成良好的机制;改革股权分置,疏通非上市股权流动渠道;改革现行的利率机制,放开同业拆借利率,逐步形成利率的市场生成机制。

第六,进一步完善外汇机制。20世纪80年代的外汇体制改革,虽然把市场机制引入外汇分配领域,但仍然遗留着"双重汇率"的问题。1994年后,采取各种措施,促进了外汇机制的完善:一是从1994年1月1日起,实现汇率并轨,实行以市场供求为基础,单一的、有管理的浮动汇率制;二是实行银行结汇、售汇制,取消外汇留成和上缴;三是取消外汇收支的指令计划,代之以宏观调控;四是停止发行外汇券;五是建立银行间的外汇交易市场,改进汇率的形成机制。

第七,特殊体制下的金融配套改革,即新疆生产建设兵团。在金融改革推动下,新疆各金融机构除直接在兵团区域设立分支机构外,有14家银行机构设立了兵团业务部及工作团队。新疆兵团几乎与所有在新疆设立分支机构的银行总行建立了全面战略合作伙伴关系。新疆各金融机构针对兵团实际制定专门政策。一是中国银行针对兵团体制特殊性和经济管理特点,对相关分行兵团业务给予授信额度及信贷审批权下放。二是金融机构专门为新疆兵团创新金融产品,工商银行开发的棉花仓单质押贸易融资、棉花金融等适合兵团农业产业化特点的金融新产品得到拓展。三是金融业积极支持兵团推进企业债、公司债、集合票据、私募债等金融产品的发行。通过改革,涉农金融服务体系更加完善。兵团范围内的涉农金融机构除兵团农行、农村信用合作金融机构外,还新建了一批为企业、农户及涉农中小微企业服务的新型农村金融机构。

第二章　中央银行改革

自 1984 年人民银行专门行使中国中央银行职能以后,人民银行的职能一直处在不断转变的过程中:从"大一统"的计划经济时期既负责对金融业的行政管理,又全面经营商业银行业务,到不办理商业银行业务,真正行使中央银行职能;从集于一身的银行业、证券业、保险业的金融监管,到划出对金融机构的直接监管职能,更加专注于宏观调控、维护金融稳定和提供金融服务。1984 年,机构分设时,在县以上按行政区设置分支机构,省(自治区、直辖市)设一级分行,地(市)设二级分行,但许多县没有设县支行。1985 年,为协调专业银行间的竞争,人民银行逐步恢复县支行。1992 年下半年到 1993 年上半年,国内出现经济过热和金融秩序混乱,人民银行的宏观调控和金融监管两大职能都未能充分发挥作用,人民银行原有体制缺陷明显暴露出来。1993 年 12 月 25 日,国务院发布《关于金融体制改革的决定》,提出改革的主要目标之一就是要建立在国务院领导下,独立执行货币政策的中央银行宏观调控体系。1995 年 3 月 18 日,第八届全国人民代表大会第三次会议通过了《中华人民共和国中国人民银行法》(以下简称《中国人民银行法》),明确规定中国人民银行要按照履行职能的需要设置分支机构。1997 年,中共中央、国务院召开了全国金融工作会议,确定了进一步深化金融体制改革的方针,并把中国人民银行管理体制改革列为金融改革的重要任务。按照国务院关于机构改革的决定,1998 年 10 月,中国人民银行对管理体制进行了重大改革,撤销了 31 个省、自治区、直辖市分行,在全国设立了 9 个跨行政区划的分行。这一改革,突出了中央银行组织体系的垂直领导,强化了中央银行实施货币政策的独立性。人民银行职能调整后,更加专注于制定和执行货币政策,在宏观调控和防范与化解金融风险中的作用得到进一步发挥,金融服务得到进一步加强。

第一节　人民银行体制改革

一、职能任务转换

1983 年 9 月 17 日,国务院做出《关于中国人民银行专门行使中央银行职能的决定》,明确了人民银行是国务院领导下管理全国金融事业的国家机关,不对企业和个人办理信贷业务,集中力量研究和做好国家金融的宏观决策,加强信贷资金管理,保持货币稳定,并赋予了人民银行 10 项职责:研究和拟订金融工作的方针、政策、法令、基本制度,经批准后组织执行;掌管货币发行,调节市场货币流通;统一管理人民币存贷款和汇价;编制国家信贷计划,集中管理信贷资金;管理国家外汇、金银和国家外汇储备、黄金储备;代理国家财政金库;审批金融机构的设置或撤并;协调和稽核各金融机构的业务工作;管理金融市场;代表中国政府从事有关的国际金融活动。

1984 年 1 月 1 日,中国工商银行正式营业,人民银行过去承担的工商信贷和储蓄业务转由中国工商银行专业经营,人民银行专门行使中央银行职能。

1993 年 12 月 25 日,国务院发布《关于金融体制改革的决定》。改革的主要目标之一就是要建立在国务院领导下,独立执行货币政策的中央银行宏观调控体系,并就人民银行各级机构职责、改革和完善货币政策体系、健全金融法律法规与强化金融监管、改革人民银行财务制度等重要方面提出了系统要求,使人民银行的职能更加专业化。

1995 年,《中国人民银行法》颁布实施,从法律上确定了中国人民银行的地位和基本职能。《中国人民银行法》对中国人民银行的性质、地位、职责、组织机构和货币政策与金融监管等做出了规定,中国人民银行在实施货币政策中不受政府部门和地方政府的干预,享有法律赋予的履行职责的独立性。

人行总行对其分支行实行垂直领导和管理,政策法规、业务制度、干部任免、财务预算等全部由人行总行组织实施,以保持管理的统一性。分支机构是总行派出的办事机构,独立于各级地方政府。

人行新疆分行为人行总行的派驻机构,其基本职能是:对新疆辖区的金融机构进行监督管理;负责辖区的金融调查统计和经济金融分析工作;为当地金融机构提供头寸调剂和短期票据再融资服务;负责经理中央和地方财政金库的库款收缴和拨付;掌管人民币发行基金调拨;对人民币钞券结构进行管理;通过全国统一的电子支付网络,为辖区金融机构进行联行资金清算;对辖区内的外汇市场进行监测和管理。

1997 年,中共中央、国务院确定了进一步深化金融体制改革的方针,要把人民银行办成真正的中央银行,充分体现发行的银行、银行的银行和国家的银行三大特征,全面发挥人民银行在金融宏观调控、金融监管与金融支付服务方面的基本职能,提高风险防范和化解金融风险的预测和监控能力。

2003 年,按照中共十六届二中全会审议通过的《关于深化行政管理体制和机构改革的意见》和第十届全国人民代表大会第一次会议批准的国务院机构改革方案,将中国人民银行对银行、金融资产管理公司、信托投资公司及其他存款类金融机构的监管职能分离出来,并和中央金融工委的相关职能进行整合,成立中国银行业监督管理委员会。同年 12 月 27 日,第十届全国人民代表大会常务委员会第六次会议审议通过了《中国人民银行法》和《中华人民共和国商业银行法》(以下简称《商业银行法》)的修改决定,通过了《中华人民共和国银行业监督管理法》(以下简称《银行业监督管理法》),以法律的形式肯定了中国金融业改革的成果。

金融监管职责分离后,人民银行的职能为“制定和执行货币政策、维护金融稳定、提供金融服务”。集中表现为“一个强化、一个转换和两个增加”。强化与制定和执行货币政策有关的职能;转换实施对金融业宏观调控和防范与化解系统性金融风险的方式;增加反洗钱和管理信贷征信业两项职能。

二、组织机构调整

1997 年以前,人民银行的分支机构按行政区划设立。在新疆,人行新疆分行是人行总行的派出机构。根据《国务院关于农村金融体制改革的决定》,从 1997 年 1 月起,原农业银行系统管辖的自治区、市(地、州)两级农村合作金融体制改革办公室(简称农金改办)人员和业务划转人民银行管理。

1998年,在国家层面推进了人民银行管理体制改革,实行中央银行组织体系的垂直领导,强化中央银行实施货币政策的独立性。同年底,原人民银行省级分行全部撤销,根据地域关联性、经济金融总量和金融监管的要求,在全国9个中心城市跨行政区划设立分行(正局级),同时,在北京和重庆两个直辖市设立营业管理部,西北五省区设立了西安分行。

1999年1月1日起,人行乌鲁木齐市分行并入原人行新疆分行后更名为人行乌鲁木齐中心支行,继续履行原分行承担的职责外,增加承担原省级分行在国库经理、支付清算、现金发行和金融统计等业务中的管理汇总工作。

2003年12月,根据人行总行《关于印发中国人民银行分行、营业管理部、省会(首府)城市中心支行、副省级城市中心支行职能配置和内设机构调整意见的通知》精神,划出对银行业金融机构的监管职能,转由银监会相应机构承接,划转后乌鲁木齐中心支行设27个职能工作部门。

第二节　外汇体制改革

改革开放前,中华人民共和国实行严格外汇集中计划管理,国家对外贸和外汇实行统一经营,外汇收支实行指令性计划管理。所有外汇收入必须售给国家,用汇实行计划分配;对外基本不举借外债,不接受外国来华投资;人民币汇率仅作为核算工具。

改革开放后,随着对外经济的快速发展,国家外汇管理体制经历多次改革。

1978—1993年,为适应经济发展的需要,进行了外汇体制改革,改变了外汇的统收统支做法,允许出口企业有一定的外汇自主权。从1979年开始实行企业外汇留成制度,并允许企业间调剂外汇余缺。人民币外汇调剂市场汇率与官方汇率并行。1980年12月,国务院发布的《中华人民共和国外汇管理暂行条例》,这是外汇管理的基本法规。这一时期,配置外汇资源的市场机制不断发育,对于促进吸引外资、鼓励出口创汇、支持国民经济建设发挥了积极作用。

1994—2000年,初步建立了适应社会主义市场经济体制的外汇管理体制框架。1994年,国家对外汇管理体制进行重大改革,取消外汇留成制度,实行银行结售汇制度,人民币官方汇率与市场汇率并轨,实行以市场供求为基础的、有管理的浮动汇率制度,建立全国统一规范的外汇市场。1996年1月,《中华人民共和国外汇管理条例》颁布实施,外汇管理改革成果以法规形式得以进一步确立。同年12月,宣布接受国际货币基金组织第八条款,实现人民币经常项目可兑换。

2001—2005年,国家继续深化外汇管理体制改革。2001年底,中华人民共和国加入世界贸易组织,对外经济迅猛发展,外贸顺差急剧扩大,外商来华投资踊跃,国际收支持续大额顺差。在此背景下,国家逐步取消了经常项目外汇账户开户审批和账户限额管理,允许企业自主保留外汇;取消外汇风险审查、外汇来源审查等对外直接投资行政审批项目;先后引入合格境外机构投资者(QFII)、合格境内机构投资者(QDII)等。2005年7月,人民币汇率形成机制进一步改革,实行以市场供求为基础,参照一揽子货币进行调节的有管理的浮动汇率制度。

第三节　银行业监管改革

1985 年,银行管理条例颁布,中国人民银行的银行监管概念提出"领导、管理、监督、稽核、协调"十字方针。监管工作主要以市场准入为主,主要是批机构、批债券、批股票。

1994 年,中国人民银行进一步明确了其主要任务是运用独立的货币政策对国民经济进行调控,保持货币稳定,对金融机构进行监管,保证健康的金融秩序,促进国民经济发展。

1999 年 1 月 1 日,在人行乌鲁木齐中心支行内设职能部门中,设置了银行监管处、非银行金融机构监管处、金融机构监管处等银行业监管处室。后又设立了中国人民银行西安分行乌鲁木齐金融监管办事处(副局级),金融监管办事处是人行西安分行的派出机构,其人事、财务和业务受西安分行领导。

2003 年 4 月,国家设立了银监会,把对银行业金融机构的监管从中央银行独立出来。银监会成立后,提出"管法人、管风险、管内控、提高透明度"的监管新理念。制定并实施了《提高银行监管有效性中长期规划》,借助现代化技术手段和国际先进模式,建立完善风险监管核心指标体系,改进对银行业金融机构的现场检查和非现场监管,取得了监管能力建设的明显提升。

同年 12 月 27 日,以全国人大常委会第六次会议通过的《银行业监督管理法》为基础,及时制定并公布实施了《商业银行资本充足率管理办法》《商业银行内部控制评价试行办法》等 200 多个适应银行业审慎经营所急需的规章和规范性文件。

第三章　政策性银行改革

1986—2005 年,新疆辖区设立的两家政策性银行(农发行新疆分行、国开行新疆分行),积极承担了增强宏观调控、实现政府发展战略目标,促进国有银行商业化改革等多重使命。这两家机构的设立,填充了基础设施建设项目、农村经济发展等领域一直以来存在的融资真空,对国民经济发展、社会稳定具有重要意义。国开行针对国家中长期重点基础建设严重不足和资金短缺的情况,担负宏观上防止基建盲目膨胀引发通货膨胀和微观上确保国家重点项目资金需要这两方面的职责,贯彻国家宏观调控政策、产业政策以及区域发展政策,运用国家信用发债筹集资金,重点支持"两基一支"领域重点项目建设以及国有大中型企业建设,贷款资金向中西部地区倾斜,促进经济结构调整和区域协调发展,缓解经济发展的瓶颈制约;农发行贯彻落实国家关于"三农"发展的各项方针政策,不断加大支农力度,在稳定粮棉市场、保护农民利益、促进农业农村经济发展等方面发挥了不可替代的重要作用。

第一节　政策性与商业性金融分离

1995 年以前,涉及粮棉油收购、储备,扶贫、农业综合开发等政策性业务主要由农行新疆分行负责办理,当时属于政策性和商业性混业经营,使得商业性业务和政策性业务很难完全分离,商业性业务挤占挪用政策性业务导致亏损挂账现象严重,也加大了国家基础货币的投放,削弱了宏观调控力度。中共十四届三中全会着眼于推动建立社会主义市场经济体制,提出组建政策性银行。1995 年以后,新成立的农发行新疆分行按国家金融体制改革的要求,将政策性业务从农业银行划转过来,实现了政策性与商业性金融分离,农发行新疆分行专营粮棉油政策性业务。

1998 年以前,国开行发挥政策性银行功能优势,筹集和引导资金,支持国家"两基一支"重点项目建设。1998 年以后,国开行主动推进市场化改革,探索中国特色开发性金融办行路子,积极发展在经济社会发展中主动发挥作用、充满生机活力的开发性金融机构,国开行新疆分行就是在这种形势下成立并发挥作用的。

第二节　资金来源改革

农发行成立初期,资金主要来源于中央银行再贷款和在公开市场上发行金融债券,约占 90%,其余由代理财政资金拨付形成的财政性存款和贷款企业的结算户存款。2004 年,农发行"专司收购资金封闭运行"的历史使命基本完成后,人行不再向农发行增加再贷款,信贷资金来源成为制约农发行生存与发展的关键。在国家允许农发行经营范围扩大以后,农发行新疆分行为提高资金自给水平,构建多元化筹资体系,信贷资金来源主要靠吸收低成本存款等。由于农发行自身结算手段无法与商业银行竞争,又不能开办人民币个人储蓄业务,系统内借款仍是农发行资金来源的主要部分。

国开行自成立之初至 2005 年,资金的主要来源为国家核拨的预算内经营性建设资金和贴息资金、向国内金融机构发行金融债券和向社会发行财政担保建设债券获取的资金。

第三节　经营模式改革

农发行新疆分行 1995 年 4 月成立后,建立以贷款风险控制为核心的信贷管理机制,按照区别对待、择优扶持的原则,根据企业风险承受能力发放贷款;做好开户企业贷款资格认定和信用等级评定、推广并完善授信管理,督促有条件的企业增加自筹资金比例,落实风险补偿资金;提高贷款抵押担保比率;合理确定贷款上限和价格上限;对未按时偿还贷款本息的企业控制或停止发放新贷款;审查储备粮棉油代储企业资格,建立轮换风险补偿机制等经营模式。

农发行新疆分行 1995 年完善资金计划管理体制,加强资金计划管理,实行"全年计划、分季实施、按月监测、适时调整"的办法,并按计划配置和调度资金;1996 年,实行了"全年计划、分季实施、资金配套、核定限额"的资金管理办法;1998 年,以粮棉油封闭运行为核心,计划工作服务于粮棉油封闭管理;1999 年,保证收购资金及时足额供应,提高资金利用效果,实行"全年计划,按季下达,跟踪监测、适时调整"的资金计划管理办法;2001 年,资金计划管理采取"区别对待、分类指导"的信贷政策和管理办法逐步实行保护价、非保护价收购贷款计划和收购、储备、调销贷款计划分开管理;2002 年,积极发挥资金计划工作的业务综合协调职能,采取"年度计划,分季实施,按月监测,适时调整"的计划管理方式,坚持"小额勤调"的资金调拨办法和"动账不动资金"的调拨方式,加大对所辖分支行信贷资金运用率的考核;2004—2005 年,按照"统一计划,按季实施,分类管理,适时监测"信贷计划,加强市场的调控。

1999 年至 2005 年,国开行新疆分行贯彻国家宏观经济政策,筹集和引导社会资金,缓解经济社会发展的"瓶颈"制约。坚持"自主经营、独立核算、保本微利、自我约束"的经营方针,初步建立起较为稳定的资金来源渠道,构建了政策性项目的运作和管理体系,集中资金支持"两基一支"重点项目建设,向城镇化、中小企业、"三农"、教育、医疗卫生和环境保护等社会发展"瓶颈"领域提供资金支持;积极配合国家"走出去"战略,拓展国际合作业务;坚持发挥政府与市场之间的桥梁纽带作用,推进中长期投融资市场建设,打通融资瓶颈,实现"增强国力,改善民生"的历史使命。

第四章　国有商业银行改革

根据 2002 年全国金融工作会议精神,工、农、中、建、交五大商业银行实行股份制改革。股改期间,各国有商业银行新疆分支机构积极推进决策体系、内部约束体制和风险管理机制改革,经营管理和风险控制水平逐步提高;以扁平化管理和专业化管理为目标,实现组织结构体系、业务流程和管理流程改革,上级行对下级行的控制力增强,运行效率得到改善;薪酬制度、人力资源和激励约束机制改革呈现正向激励效果。

第一节　机构改革

国有商业银行机构实施以网点布局优化、纵向机构扁平化、业务管理垂直化和内设职能部门整合为主要内容的机构改革,对于优化国有商业银行资源配置、提高风险管理和控制能力、增强市场响应能力、改善激励约束机制等发挥积极作用。

1986 年底,农行新疆分行经过 7 年的不断发展和完善,各级机构发展到 1032 个,职工 9617 人,领导着独立核算的信用社 793 个,职工 4965 人。金融服务覆盖面遍及全疆 13 个地州,79 个县市,为新疆农、牧区的经济发展提供支持和服务。同年,建行新疆分行机构总数 81 个。

1991 年 10 月,为适应新疆生产建设兵团经济发展的需要,根据党中央关于进一步加强新疆兵团建设的指示精神,经人行总行批准,农行新疆兵团分行正式批准成立,级别为副厅级,隶属于农行新疆分行领导。

1992 年 7 月 1 日,为适应外汇外贸专业向商业银行经营管理的内在要求,中行新疆分行对组织机构进行了逐步的改制、改革,中国银行乌鲁木齐分行正式更名为中国银行新疆维吾尔自治区分行。

1992 年 7 月 15 日新疆兵团分行正式批准对外营业,并在乌鲁木齐召开了农行新疆兵团分行暨乌鲁木齐兵团支行成立大会。农行新疆兵团分行管辖的兵团系统金融机构,包括 1 个中心支行,11 个县支行,284 个营业机构,2173 名正式在编员工,兵团除农七师、哈密农场管理局、和田农场管理局的金融机构未归口兵团分行外,其他兵团金融机构都已划归新疆兵团分行管理,从上到下基本形成了与兵团各师、局、团场相对应的农垦金融网络,单一特色的兵团农行系统新格局基本建立。

经过四年发展,农行新疆兵团分行到 1995 年底共有 320 个分支机构。其中:分行 1 个,中心支行 3 个,县级支行 13 个,直属支行 7 个,营业所(储蓄所)309 个,其他机构 1 个。各级干部职工 2492 人。

1995 年,《商业银行法》颁布后,工行新疆分行针对自身存在机构网点多、人员多,管理链条长的问题,重点进行了扁平化直通式管理改革,构建现代商业银行组织结构。不断深化内部经营管理机制改革,初步完成了由传统政策性专业性银行向现代商业银行的转轨。

同年 3 月,农发行新疆分行成立。同年,建行新疆分行机构发展到 759 个,为历年最多。

1996 年 11 月,农行新疆分行按照国务院的决定,新疆维吾尔自治区农村金融体制改革领导小组审定批准了《中国农业发展银行新疆维吾尔自治区分行增设分支机构实施方案》和《新疆农村信用社与新疆农业银行脱离行政隶属关系的实施方案》,脱钩工作正式实施。同年 12 月底,农行新疆分行机关、12 个地州中心支行的信用合作管理部门人员划转到同级金融体改办或信用联社共 167 人,其中处级干部 3 人,科级干部 24 人,县联社正副主任 86 人,一般干部 54 人。全疆 77 个县级农村信用联社、867 个农村信用社与农业银行脱钩。

同年,根据中国银行总行稽核体制改革方案,中行新疆分行报经总行同意,设立区域稽核中心,即克拉玛依、巴音郭楞州、伊犁、喀什、昌吉 5 个"区域稽核中心",撤销哈密、阿勒泰、克孜勒苏州、和田 4 个 C 类行的稽核科,促使稽核功能更好地、直接地保障业务健康发展。改革后的稽核体系业务上由总行统一管理,经费由中行统一承担,人员由分行统一调配使用。

同年,建行新疆分行开始从粗放型经营向集约型经营转变,推行扁平化管理,本着"经济、合理、精简、高效"的原则,将建行总行机构改革部署与新疆经济环境相结合,推进机构改革。

1997 年,工行新疆分行认真执行相关政策,合理把握时机,灵活操作,坚决撤并机构,拓宽减员渠道。

同年 5 月,农行新疆分行共向农业发展银行新疆分行调出人员 1932 人,占农行新疆分行总人数的 15.6%,其中副处级以上干部 22 人,科级干部 176 人。按照中央金融体制改革的基本思路,国有商业银行收缩县(及以下)机构,发展中小金融机构,支持地方经济发展。国有商业银行撤出县以下区域后,农村金融服务逐渐向农村信用社和邮政储蓄银行转移。农行新疆分行撤并人均存款 50 万元以下的基层营业网点 67 个,接受其他银行撤并的县级机构 18 个,完成了对农业银行学校的改革,对五个二级分行和地市支行进行了合并。农行新疆兵团分行也开始撤并低效营业机构。

1997—1998 年,建行新疆分行用了两年的时间完成了原定三年的机构改革任务,撤并了地州市级机构 2 个,撤销县级支行 41 个,减少营业网点 89 个。

1998 年 6 月,为使信息技术更好地为业务发展发挥支持保障作用,中行新疆分行、乌鲁木齐支行合并成立了电脑中心,完成了中行总行提出的同城一个电脑中心的建设任务。同年 10 月,根据全国金融工作会议精神及中央金融工委关于建立金融系统党组织垂直领导的决定,成立了中行新疆分行党委。同时,中行新疆分行所管辖的各地、州、市(支)支行、石油支行的党组全部改为党委。

同年,农行新疆分行撤并低效营业所 99 个,储蓄所 14 个,清退分流安置富余人员 661 人。

1999 年 3 月至 7 月,中行新疆分行进行了省市行合并的各项改革工作,撤销中行乌鲁木齐市支行,设立中行乌鲁木齐市解放路支行;市支行天山区办事处更名为中国银行乌鲁木齐东风路支行;市支行新市区办事处更名为中国银行乌鲁木齐市北京路支行,市石化办事处更名为中国银行乌鲁木齐市石化支行,保留市支行经济技术开发区支行,以上五城区支行由分行垂直管理。根据中国银行对省市合并改革的总体要求,中行新疆分行与乌鲁木齐市支行合并后,对原分行的内部组织机构的管理职能和业务范围进行了调整和重组,明确界定决策、执行、监督职责,建立了新的内部组织机构框架,将原有的 18 个处室调整重组为 17 个内部处室。同年 10 月,按照中行总行《关于二级支行及直属支行内设机构改革有关问题的通知》精神,中行新疆分行对下属地州市支行内设机构实施改革,将原有的 14 个地州市支行划分为三个类别,即 A、B、C 三个等级。

2000 年,农行新疆兵团分行推行"扁平化管理",完成了 3 个中心支行和所在地支行的合并,改革后新疆兵团分行成为三个二级分行、七个直属支行的机构,农行新疆兵团分行成为一级管理三级经营的国有商业银行。

2000 年至 2002 年,中行新疆分行对长期亏损,扭亏无望的县支行及网点进行撤并,三年之内,撤并了 11 个经营机构。中行新疆分行的经营机构从最多时的 181 个缩减为 170 个。

2001—2002 年,建行新疆分行新撤并机构 58 个,其中县支行 1 个、分理处 33 个、储蓄所 19 个、代办所 5 个。

2002 年,农行新疆分行推行"扁平化管理",完成了 13 个中心支行和所在地支行的合并,改变了中心支行的职能,农行新疆分行成为一级管理三级经营的国有商业银行。

2003 年,建行新疆分行按照"效益优先、减少成本、布局合理、侧重城区、功能完善、科技水平高"的原则,完成 11 个二级分行的机构改革调整,撤并县以下机构 107 个。农行新疆分行共撤并农村低效营业网点 406 个,占网点总数的 40%,城区网点上升到总数的 73%,分流安置富余人员 2172 人,占员工总数的 20%。

2004 年 4 月,中行新疆分行根据中行总行及人行西安分行批准,辖内十家支行更名为分行,分别是:中行石河子市分行、中行塔城地区分行、中行昌吉分行、中行哈密地区分行、中行阿克苏地区分行、中行吐鲁番地区分行、中行喀什地区分行、中行克拉玛依石油分行、中行巴音郭楞蒙古自治州分行、中行博尔塔拉蒙古自治州分行。上述分行更名后其行政级别、经营业务范围等均不改变。同年 8 月,中行新疆分行更名为中国银行股份有限公司新疆维吾尔自治区分行。

同年,农业银行新疆分行撤并了农村低效营业网点 406 个,占网点总数的 40%,城区网点上升到总数的 73%。分流安置富余人员 2172 人,占员工总数的 20%。建行新疆分行按照"效益优先、减少成本、布局合理、侧重城区、功能完善、科技水平高"的原则,再一次进行了机构改革。

2005 年,工行新疆分行的机构总数由 2000 年的 755 个减少到 317 个;人员总数也由 2000 年的 12269 人减少到 8271 人。

同年,中行新疆分行根据中行总行股份制改革的总体要求,按业务拓展、业务支持和运营、业务风险和监督、业务保障和行政管理的需要设立各部。同时按照《中国银行新疆分行流程整合和机构改革方案》,对各部门正、副总经理、各部门科室主管的人选按照个人申报、演讲述职、民主测评、组织考察等程序,进行公开、公平、公正的职位聘任工作,年末,中行新疆分行共有 175 个分支机构,人员 3128 人。

同年底,农行新疆分行共有 452 个分支机构,人员 8004 人。农行新疆兵团分行机构总数 267 个,总人数 3108 人。

同年底,建行新疆分行机构总数为 203 个,总人数 5588 人。

第二节　经营机制改革

随着国有商业银行经营机制改革逐步深化,商业化进程不断加快,各行结合自身实际情况,在人员配置、分配激励和业务运作等方面进行了积极探索,成效也有所显现,同时新的问题也不断涌现,需要不断深化改革,进一步增强核心竞争力。

1985 年,农行新疆分行实行了一系列金融改革的试点,实行"实贷实存,自主经营"的信贷资金管理体制,信贷计划与信贷资金分开,打破资金分配上的"大锅饭",初步改变了资金供给制的状况;对地、县支行综合配套放权,完善其内部经营机制;转换上级行职能,逐步扩大业务经营,形成统一领导分级经营的管理体制;改革财务管理制度,试行"三包一挂"的财务包干,改费用指标管理为按成本费用率管理,使基层行的费用开支与各项收入挂钩;另外对地、县支行实行行长负责制,任期目标责任制,推行干部公开招聘、竞争上岗,对人事管理制度进行初步改革。

1986 年,农行新疆分行按农行总行的规定,内部稽核审计工作从会计部门分离出来,成立了独立的稽核审计部门。经人民银行新疆分行批准农行新疆分行成立信托投资公司,积极组织信托存款,委托存款,壮大资金力量,开展租赁、房地产等业务,支持企业更新设备和房地产的开发。

同年,建行新疆分行信贷计划纳入人民银行的综合信贷计划后,实行信贷计划与资金分开管理,将信贷计划借差额度下放到地州市建行,促使基层行吸收存款。

1987 年 3 月,农行新疆分行按农业银行总行的部署,围绕企业化经营的方向,提出了改革的具体方向、目标与管理措施,为加快金融体制改革的步伐,成立了农村金融体制改革办公室。决定农行乌鲁木齐县支行、米泉县支行作为行社综合改革试点行。

同年,建行新疆分行开办居民储蓄业务、国际金融业务,首次代理企业发行企业债券。

1988 年下半年以后,我国经济生活出现严重的通货膨胀,为了消除经济过热,抑制物价上涨,中央制定了治理经济环境、整顿经济秩序、全面深化改革的指导方针。改革要围绕治理整顿来进行并为其服务,在此背景下,农业银行的改革进入调整治理阶段。

同年,建行新疆分行统一承办住房改革金融配套业务,创办信托投资公司、房地产开发公司、机械设备租赁业务,推动中间业务发展。

同年,农行新疆兵团分行试行"三包一挂"的财务包干和内部经营责任制,对各二级分行、直属支行实行行长负责制,任期目标责任制,推行干部公开招聘、竞争上岗。

同年 12 月,新疆维吾尔自治区人民政府决定成立新疆维吾尔自治区金融体制改革领导小组。

1989 年开始,农行新疆分行连续三年贯彻"控制总量、调整结构、强化管理、适时调节、提高效益"的从紧方针。同年底,农业银行新疆分行试行行长负责制,任期目标责任制的基层行有 46 个,全辖覆盖率达到 46.5%。

同年,工行新疆分行尝试实行存款承包责任制,完善了奖励基金发放办法。

1990年,按农行总行的要求,农行新疆分行财务包干制度停止执行。

1992年,为适应新疆国际业务发展的需要,农行新疆分行成立了国际业务部,开展外汇业务经营。这一年,新疆职工住房体制改革全面铺开,经人民银行新疆分行批准农行新疆分行及所辖各地州中心支行设立房地产信贷部,承办经批准的有关房改金融业务。

同年7月,农行新疆兵团分行正式成立并对外营业之后,实行"实贷实存,自主经营"的信贷资金管理体制。

1993年,在农行总行的领导下,农行新疆兵团分行建立了分行信贷管理数据库,并向中心支行和直属支行一级推广。

同年,工行新疆分行推行新的财务管理办法,建立了一套量化指标考核体系,试行中心支行负责制。

同年,建行新疆分行对所属信托投资公司进行股份制改造,组建法人股东,并向社会公开发售股票认购证,募集公众股。

1994年1月,根据中国人民银行颁布《关于进一步改革外汇管理体制的公告》,中行新疆分行及时召开了贯彻外汇体制改革精神的紧急会议,并成立外汇体制改革领导小组,保证新体制下各项外汇业务的正常运行。中行新疆分行作为外汇指定银行,开始办理企业结、售汇业务,设立了进出口企业台账和外汇偿债基金专户。同年4月,中行新疆分行引进伦敦路透社国际信息终端系统,并在国际结算处开始启用,为实行银行结售汇制度及建立银行间外汇市场等工作发挥了积极的作用。

同年4月,人民银行和农业银行联合召开组建农业发展银行工作会议。同时,人民银行、农业银行、工商银行、建设银行联合下发了《关于向中国农业发展银行划转信贷资产与负债的规定》,同年5月2日,农行新疆分行成立向农业发展银行业务划转领导小组。按农总行规定的划转范围,以1994年6月30日的余额正式划转政策性资产负债业务。全疆各地州、县农业银行营业网点设立代理业务专柜,同年7月1日起,农行新疆分行全面代理农业发展银行业务,实行专人、专户、专款、专账管理。

而建行新疆分行按照国务院《关于金融体制改革的决定》要求,将财政拨款和监督业务交回财政部门,将政策性贷款和财政基建拨款业务改为委托代理业务;有计划有步骤地实行了统一法人体制、资金管理体制、信贷管理体制、计划财务管理体制、会计核算体制、审计体制、剥离不良资产等主要改革,实行垂直领导、集中管理、分级经营、追求利润最大化的现代金融企业管理体制,按照建行总行统一法人制定的经营方针和规章制度,全面推行"扁平化"机构改革,实施股份制改造,提高集约化经营程度,加快向中心城市行战略转移步伐,实现职工总数负增长。

1995年,《商业银行法》颁布后,工行新疆分行按照"经营效益高、资产质量高、自身信誉高"的经营理念,坚持以效益性、流动性、安全性为经营原则,明确现代商业银行的经营目标和市场定位,强化内部控制,稳健经营。

同年,农行新疆分行、农行新疆兵团分行向农业发展银行剥离原承担的政策性业务。

同年,中行新疆分行专门成立了经营目标管理委员会,研究制定了经营管理目标责任制的实施办法和地州市支行、分行部门的具体实施方案,把管理职责、业务发展、经营效益、资产质量纳入经营管理目标体系中,并把完成情况与员工目标责任津贴,评选先进和营运资金、公益金分配固定资产投资挂钩。同时,在经营管理方面积极支持和参与国家的各项改革,由外汇外贸专业银行经营机制向国有商业银行的经营机制转变,其经营业务也由单一的外汇、外贸业务向商业银行的多项业务扩展,成为多功能的商业银行。

同年,建行新疆分行改革公司、个人银行、银行卡、电子银行、房地产金融、国际金融等业务,形成不同层面的业务的经营机制。通过法人授权和分支机构转授权,建立授权经营和请示报告、签字用印、法规审查、诉讼案件管理等统一法人的管理体制;通过取消存借差制度,建立经营调节基金与专项借款制度;通过审、贷分离,经营操作与风险监管分离,申报和审批"举证式",设立了专职审批人,强化了责任和制衡;通过财务三级核算和预算管理,推行了管理会计制度;通过统一全部会计核算,实现了数据账务全集中,推行主管会计制和会计稽核制;通过成立总审计室和 4 个审计办事处,建立相对垂直的内审体系。

1996 年,中行新疆分行作为中国银行系统 10 家首批信贷体改试点行之一,按照总行的统一要求,按期完成了信贷体改方案的拟订。中行新疆分行根据人民银行对国有商业银行实行以资产负债比例管理为基础的贷款规模管理,"核定存、贷、还,多存多用,按全行统计,分季度考核"的基本原则,对分红实行"存贷比例年初亮底,按季核定量化监控,存贷计划全年统算"的管理模式。对支行实行"限额年初亮底、按季量化监控、全年统一算账"的管理模式,突出资金来源制约资金运用原则,突出质量效益原则,即年初确定各支行存贷基准比例,在确定存贷款计划之后测算亮底贷款限额,按季对存贷款增量按既定存贷比例实施动态挂钩,多存多贷,少存少贷,动态掌握;实行质量与效益挂钩,对贷款质量较高、存款结构合理、成本较低、经营盈利的支行可在 10% ~ 30% 的幅度内调增存贷比例,反之调减存贷比例;根据全疆经济发展重点和各行资产负债情况,经营效益及发展潜力,确定若干个重点发展行,在原定的存贷比例之外,依据其超额完成存款计划、贷款质量及经营效益情况,对其予以专项规模支持。按季度下达的监控指标将依据各季度存款计划和财务计划完成情况,以及贷款质量监控情况综合平衡,最终核定各行全年贷款限额。同时按照贷款"三性"原则调整信贷投向,重点支持效益好、质量高、影响大、有发展前途的企业和项目,防止信贷规模过度分散和平均分配,以适应国有企业转机建制和本行重组基本客户群的需要。

同年,农行新疆分行、农行新疆兵团分行同农村信用社"脱钩",不再承担管理职能。

1997 年,工行新疆分行以客户为中心,普遍建立了客户经理制,减少管理层次,重心向业务一线倾斜,取消二级分行营业部。信贷,不良资产实行集中经营和处置,财务上收。

同年,中行新疆分行按照中行总行的要求,与 14 家分(支)行签订了包括"业务经营授权、业务经营转授权、经营管理转授权、责任规定、效期"五项内容的《中国银行新疆分行转授权书》。同时,中行新疆分行财会管理由单纯的财务会计向管理会计、成本会计延伸,承担对辖内经营状况的事前分析预测,对经营和具体的业务品种进行成本核算。

1998 年,农行新疆分行、农行新疆兵团分行开始在经营理念上启动了以市场为导向,以效益为标准,打破行业、所有制界限,把有生命力的优势产业、优良客户,作为支持重点的"双优"战略。同时,加快城市网点的升级改造,加快电子化建设。

同年,中行新疆分行机关完成了以市场为导向,以客户为中心,以加强风险控制为特征的组织构架。同时,进行了劳动用工制度改革,在全辖全面实行了全员劳动合同制,为建立能进能出的用工制度打下了基础。

1999 年,中行新疆分行在全辖实行"一个城市、一个财务中心"的财务管理体制,为降低费用,强化成本意识,促进资源的合理配置,提高经营效益创造了条件。并按照以市场、客户为导向的经营原则和注重风险、内部制约、经营责任、激励机制为管理原则,划分出业务发展、综合管理、支持保障和监督控制部门。业务发展部门分别按照市场和产品划分,以利于加强业务授权、统一授信、资产保全、成本核算、人力资源管理、稽核、监察等职能;按照合理的业务流程确定部门职责分工,不搞因人设岗,减少中间环节,消除扯皮,推诿现象;按照授权管理办法规定,强调行长负责制,明确部门的职权职责,理顺部门之间的关系,以保证统一法人对系统的指挥、调度的权威性和有效性;按照精兵简政的原则核定部门及人员编制,因需设机构,按岗设人员,以利于合理配置人力资源,降低人工成本。

2000 年,工行新疆分行提出了"全面贯彻党和国家的金融方针政策、总行统一法人意志,以服务西部开发和自治区经济建设为宗旨,以满足客户价值取向为中心,以提高经济效益为目标,以服务创新为支撑,通过经营战略的调整,加快资源布局和资产结构优化步伐,三年实现扭亏为盈,五年建立管理高效、规范有序、富有活力的现代商业银行机制"的经营思路。并且加大人力费用与各二级分行经营管理综合考核及经营效益挂钩的力度,同时推行绩效工资制,人力费用向盈利行、增盈行倾斜,拉开收入分配差距。强化绩效考评激励导向作用,初步建立了有效的经营约束机制,还逐步建立了灵活高效的现代人力资源开发体系,实现了人事管理由政府干部向企业员工的转变。通过公开竞聘一大批德才兼备的员工走上分行处室、二级分行领导岗位。在劳动用工制度方面,不断优化劳动组合,推行"综合柜员制",建立系统内劳动力市场,规范和强化劳动合同管理,改革业务操作层的用工制度等。通过这些有益的探索和尝试,工行新疆分行初步建立起干部能上能下、员工能进能出、有效激励、竞争择优的人力资源开发机制,逐步建立了以风险管理委员会为核心的风险管理体系,设立了企业信用等级评定和授信授权管理机构,建立健全不良贷款监管体制,实行严格的资产质量监控和考核,严格落实贷款责任制,加大清收不良贷款力度。

同年,中行新疆分行成立了采购评审委员会,负责对大宗采购项目和购建项目进行评审,对基建装修、电脑及网络设备、营业用房租赁、对外捐赠、器具设备等项目进行集中评审,并对辖属行长和分行部门负责人实行了经营管理绩效考核,对二级分(支)行行长实行了新的薪酬标准和奖励办法,实行收入与经营管理责任目标的完成情况挂钩,对员工进行年度考核,考核结果与收入分配挂钩。

同年 2 月,中国长城资产管理公司乌鲁木齐办事处成立(以下简称新疆长城资产管理公司)。农行新疆分行向新疆长城资产管理公司剥离不良资产 41.50 亿元。同年,农业银行总行向新疆分行划拨 40 亿元清算资金,补充资本金。同年,农行新疆兵团分行向新疆长城资产管理公司剥离不良资产 20.50 亿元。农行总行向新疆兵团分行划拨 20 亿元清算资金,补充资本金。

2001 年,工行新疆分行加大集约化经营力度,在规模和效益、目标客户、进入和退出、绩效考核、"一行一策"、分类指导六个方面进行了全面的改革。

同年,中行总行提出利用三到五年时间,使中国银行发展成为在新体制下按照良好公司治理机制运作、功能齐全、布局合理、具有竞争优势的国际大银行。中行新疆分行按照这一奋斗目标,进行各项改革,使中行新疆分行的各项业务有了新的发展。当年,中行新疆分行成立了资产保全部,专职清收不良资产,将清收任务下达到分支机构,建立清收责任制,与奖励挂钩,完成清收任务的给予重奖。

同年,农行新疆分行和农行新疆兵团分行全面推行农行总行制定的《信贷新规则》,强化资产风险管理。

2002年,农行新疆分行和农行新疆兵团分行完成中心支行和所在地支行的合并工作。并全面实施审计制度改革,实施下审一级制度。

同年,中行新疆分行实行人事费用与经营目标责任制挂钩,考核指标分为四大类:盈利水平、业务发展类、资产质量类、综合管理类,每季度根据任务目标完成情况进行排名,确定分配系数,按所辖人均绩效考核奖金和职工人数进行分配。在收入分配上按照多劳多得的原则拉大差距,注重向一线倾斜。

2005年,工行新疆分行基本实现业务增长方式由数量型向效益型的转变,粗放型经营向集约化经营的转变。

同年,农行新疆分行和农行新疆兵团分行为了真正强化资本约束机制,转变业务增长方式,实现业务发展、风险控制和效益增长的统一,按农业银行总行的要求实施经济资本管理。

同年,中行新疆分行按照股份制商业银行的要求,对业务流程进行了重组,将原有的业务流程分解为基本业务单元,在充分的市场调研和统计的基础上,构建以客户为中心的敏捷的价值增值业务流程,实现业务流程科学化,最大限度地满足客户的服务要求。

第五章　股份制商业银行改革

以 1986 年交通银行获国务院批准重新组建为开端,继 1987 年交通银行开业、成为第一家全国性国有股份制商业银行后,1986—2005 年,新疆陆续成立了交通、招商、华夏等一批股份制商业银行的分支机构。刚开始,这几家银行只能对工、农、中、建、兵五大银行的业务起一些拾遗补阙的作用。进入 21 世纪初期,随着银行体系的市场化建设进程的明显加快,股份制商业银行的机构与业务迅速拓展,实力不断壮大。招商、华夏等股份制商业银行引资上市等工作取得积极进展。截至 2005 年末,股份制商业银行已成为新疆银行体系的重要生力军。

第一节　机构改革

1993 年 11 月 5 日,乌鲁木齐市政府决定成立交通银行乌鲁木齐分行筹建领导小组,并开始筹建。1994 年 1 月 8 日,交通银行乌鲁木齐分行对外试营业,之后针对经营发展中存在的突出问题,又经过了一系列的机构调整,设立市场营销部,撤销和合并其他 5 个部,设立私人金融营销部,信贷部改制为市场二部,专司大系统、大行业和大集团客户的开拓营销,使机构的设置更加符合经营的需要。

2000 年,交通银行乌鲁木齐分行经过多次布局调整,机构总数达到 28 个,员工总数 691 名,其中,支行机构 24 个,支行级以下机构 3 个,营业机构网点布局趋于科学合理。交通银行乌鲁木齐分行以客户为中心的经营理念、经营体制的转换,同时加强市场营销和强化内部管理,使其开拓和稳定了一批优秀客户,实现存贷款业务的持续快速和健康发展。

2001—2002 年,交通银行乌鲁木齐分行根据业务发展需要,进一步调整营业机构布局,设立了国际业务部、放款中心、账务中心;新成立了明园路支行,人民路分理处、友好路分理处、黄河路分理处、新医路分理处升格为支行。

2001 年 11 月,招商银行乌鲁木齐分行正式成立。

2003 年,交通银行乌鲁木齐分行全辖拥有公司业务拓展一部和拓展二部、零售信贷业务部、3 个辖属分行、1 个异地支行、9 个中心支行、7 个直属支行、10 个二级支行组成的 33 个经营单位。

同年 10 月,华夏银行乌鲁木齐分行成立,这也是华夏银行股票成功上市后增设的首家省级分行,是华夏银行积极响应国家西部大开发号召的具体措施。

2004 年,交通银行乌鲁木齐分行营业网点达到 23 个,自助银行 10 处,自助柜员机 65 台。同时,不断加大调整网点布局的力度,加快精品网点建设,通过改造和搬迁,提升网点形象和功能,年末,超亿元业务规模的机构达 90% 以上。

2005 年,交通银行乌鲁木齐分行整合了财会管理板块和风险管理板块,撤销了财务会计处和综合计划处,同时设立会计结算处和预算财务处。同年会计结算处改称会计结算部,会计结算部负责分行本外币(对公、对私)会计结算工作统一管理,形成了"一部三中心"的模式,一部指"会计结算部";三中心指"账务中心、参数分中心和风险监督中心"。

同年,招商银行乌鲁木齐分行积极有效地组织推进分行零售银行组织体制改革,成立了招商银行乌鲁木齐分行零售银行管理委员会。由分行零售管理委员会统筹管理分行零售银行产品、资源及相关业务。规范、完善了个人资产风险控制体制,成立了招商银行乌鲁木齐分行"个人资产审批中心"和"个人资产管理中心",实现审贷分离。改组分支行个人银行部,完善了零售银行内部组织功能。分支行个人银行部更名为零售银行部。配备产品经营和理财规划师,推动和支持支行客户经理开展财富管理业务,成立分行财富管理中心,清机维护中心、建立和完善支行零售银行部,负责零售银行的市场拓展和客户服务,柜台结算等操作职能分离。

同年末,经过多次机构变化,华夏银行乌鲁木齐分行在乌鲁木齐市的营业机构达到7家。

第二节　经营机制改革

1994年,交通银行乌鲁木齐分行在刚成立不久后,通过最初的经营管理制度的落实,使各项人民币存款达9.83亿元。

1996年,交通银行乌鲁木齐分行不断完善内部各项经营机制,调动各方智慧和力量,年末,完成本外币存款23亿元,实现利润3935万元,人均创利17万元,国际结算突破2亿美元。

1997年,交通银行乌鲁木齐分行自行开发的储蓄通存通兑系统,储蓄业务实现了全储种的通存通兑。

1998年至1999年,交通银行乌鲁木齐分行坚持"开拓、稳健、实效"的指导方针和以"存款为基础、质量为前提、实效为目标"的经营理念,准确分析判断宏观经济形势,稳定和开拓了一大批客户群,发展特约商户134家,各项业务从创业阶段迈向规范化、科学化管理。

1999年末,交通银行乌鲁木齐分行本外币总资产达38.30亿元。

2000年末,交通银行乌鲁木齐分行实现利润9114万元。

2001年,交通银行乌鲁木齐分行综合业务处理系统第一批上线行,成为继第一批5家试点行后第一个上线运行的银行。

2002年,交通银行乌鲁木齐分行利用人才、网点、电子化、创新机制四个基础,进一步加大体制创新、机制创新和产品创新,制定《客户经理制管理暂行办法补充规定》,增加了业务指标并使其量化,明确了量化后的分值划档标准,推动网点由"坐等、被动式"向"主动、综合型"转变,从而使本外币利润达到1.05亿元。

2003年,交通银行乌鲁木齐分行实现本外币利润1.34亿元,人均创利27.53万元。

2004年,交通银行乌鲁木齐分行国际结算业务再创新高,突破4亿美元。

2005年,招商银行乌鲁木齐分行面对资本约束、利率市场化和银行业全面开放的严峻挑战,提出建立适应经营战略、富有效率和活力的零售银行经营机制改革,成立零售银行管理委员会。由分行零售管理委员会统筹管理分行零售银行产品、资源及相关业务。规范、完善了个人资产风险控制体制,配备产品经营和理财规划师,推动和支持支行客户经理开展财富管理业务,负责零售银行的市场拓展和客户服务、柜台结算等操作职能分离改革。通过有效重组零售管理职能,调整、优化机构和人员,完善薪酬考核制度,实现零售银行业务"垂直化管理、专业化经营"的管理模式,搭建了"大零售"的管理架构。

华夏银行乌鲁木齐分行自成立后,创新营销机制,在分行层面集中营销与授信审批体制,减少了支行审批环节,加快了审批节奏,为客户提供优质、快捷的信贷服务;突出信贷投放重点,积极参与自治区、乌鲁木齐市、兵团的重点项目建设;培植优质客户群体,在客户定位上,重点支持与自身实力相匹配的大、中型企业的同时,不忽视优质小型企业;定期推出特色产品,除提供一大批商业银行共有的为社会各界提供存、贷款、办理结算、票据贴现、代理发行金融债券、兑付、销售政府债券、同业拆借,外汇存贷款、外汇汇款、外币兑换、国际结算、结售汇业务等几百种产品品种外,还推出华夏丽人卡产品、新疆首个自助贷款产品"华夏易贷通",把生产企业、流通企业与银行三者联系起来的"保兑仓"产品,为棉花、钢材、有色金属、大宗消费品产销提供具有华夏银行特色的服务。

第六章　地方性银行业金融机构及邮政储汇局改革

　　新疆维吾尔自治区农村信用社从 1986 年开始,直到 1996 年都是接受农行新疆分行的管理。这一时期,新疆维吾尔自治区农村信用社基本体现了农村信用社组织上的群众性、管理上的民主性、经营上的灵活性。

　　1997—2002 年,新疆维吾尔自治区农村信用社处于管理体制改革的过渡时期,改革的目标是贯彻落实国务院 33 号文件,把农村信用社办成真正为社员服务的合作金融组织。这期间,在新疆维吾尔自治区农村金融体制改革领导小组领导和人行新疆分行的监督下,在规范信用社、支持县联社、组建行业自律组织、强化自我约束、改进金融服务等方面,进行了综合配套改革,为新疆维吾尔自治区农村信用社进一步深化改革奠定了基础。

　　乌鲁木齐市商业银行是依据《公司法》和《商业银行法》,按照国务院有关文件精神,在改组原城市信用社基础上,由地方财政、企业和居民出资入股组建的股份制商业银行,是自治区唯一一家具有独立法人地位的商业银行。乌鲁木齐市商业银行成立后,不断改革创新,积极拓展业务,各项工作取得了显著的成绩,壮大了支持地方经济发展的实力。

　　1986 年,国务院批准恢复了邮政储蓄业务。恢复后的邮政储蓄成为一支网点遍布城乡、聚集金融资源的重要力量。随着邮储业务的快速发展,邮政储汇局作为国家邮政局的内设职能部门,无法按现代金融企业制度和商业银行运作要求建立独立的法人治理结构、内部控制和风险防范机制,邮政企业混合经营管理的体制已不适应金融风险监控与防范的需要,先后进行了一系列改革。

第一节　机构改革

　　1986 年以前,邮政金融由原新疆邮电管理局管理。1986 年 5 月恢复开办邮政储蓄业务后,邮政金融由原新疆邮电管理局及邮电分营后的新疆邮政局管理。成立新疆邮政储汇局前,新疆邮政汇兑、储蓄、代办保险业务由新疆邮电管理局邮政处汇兑、储蓄经营管理专职人员办理。

　　同年,农行总行印发了《关于办好县信用合作联社的意见》,要求各地在继续深入进行信用社管理体制改革的同时,要逐步把县联社建立起来,认真办好,发挥其应有作用,明确规定联社的性质、职能、组织机构、任务等。至此,县(市)联社组建步伐加快。

　　1988 年,为适应农村经济发展和支持"三农"的需要,农行新疆分行加速了县(市)联社组建步伐。同年 3 月 28 日,人行新疆分行向人行各地州(市)分行下达了《关于建立农村信用社县联社授权二级分行审批的通知》。同年 4 月 2 日,农行新疆分行向新疆维吾尔自治区人民政府上报了《县联社的几个政策问题的报告》。当时计划在全疆建立 59 个县(市)联社。年末,全疆 13 个地州已组建联社 60 个,占全辖县(市)的 71.4%,辖内自然经济条件较好、经济较发达县(市)均建立了县(市)联社。联社组建后,根据《农村信用合作社联合社示范章程》,联社的办事机构本着精简的原则设立,建立初期可以不分科室,一般设 5 至 7 人,分管或兼管社务、业务、财务、稽核等项工作,业务经营实行独立经营、独立核算、自负盈亏,股金分红掌握在联社年终纯收益的 40%,县联社与信用社从管理上是领导与被领导关系,从业务上只是经济往来关系,县联社劳动人事管理实行聘用制。

1990 年 3 月,新疆邮电管理局党组会议决定在邮政处设立邮政储蓄科,管理全疆邮政储蓄业务。

同年 11 月 20 日,农行新疆分行根据人行总行《农村信用合作社暂行规定》,结合新疆实际,对县联社经营宗旨、职责、权力机构、办事机构、行社关系、财务会计管理等制定《关于加强县联社建设的若干规定》。

1993 年 4 月 7 日,新疆邮电管理局决定成立新疆邮政储汇局,为副处级企业机构,负责全区邮政金融业务的经营管理,直属新疆邮电管理局领导。

1996 年 6 月底,农行新疆分行信用合作管理处撤销。同年,根据国务院 33 号文件和新疆维吾尔自治区人民政府《关于成立自治区农村金融体制改革领导小组的通知》精神,成立了新疆维吾尔自治区及各地州市、县农村金融体制改革领导小组及办公室。领导小组及办公室的主要任务是:贯彻执行《国务院关于农村金融体制改革的决定》;组织落实全国农村金融体制改革部际协调小组及办公室提出的各项任务和要求,以及协调解决农村金融体制改革中提出的各项任务和要求;负责改革过渡时期对农村信用社和县联社的领导和管理、指导、协调、服务工作。同年 11 月,新疆维吾尔自治区农村金融体制改革领导小组审定批准了《新疆农村信用社与新疆农业银行脱离行政隶属关系的实施方案》,脱钩工作正式展开。自治区、地州、县(市)三级农村信用社领导和管理机构发生了重大变化,即自治区及各地州(市)农业银行、信用合作管理处(科)全部干部调入自治区及地州农村金融体制改革领导小组办公室,分别担负对自治区、各地州市农村信用社的管理、指导、协调、服务工作。农行全疆各地州分行信用合作管理科干部 114 名被调入地州农金体改办工作。年末,新疆农村信用社与原农行新疆分行系统完全"脱钩"。全疆农村信用社共有独立核算的法人县(市)联社 70 个,乡级独立核算单位农村信用社有 815 个。

1997 年 6 月,新疆维吾尔自治区农村金融体制改革领导小组召开了全疆农村金融体制改革工作会议,要求按合作制规范农村信用社,并在开展试点基础上,全面进行清理整顿。

同年 12 月 20 日,经中国人民银行批准,乌鲁木齐城市合作银行正式挂牌成立。

1998 年 4 月 20 日,人行新疆分行印发了人行总行《加强联社建设问题的意见》。至年末,全疆农村信用社按合作制原则规范信用社 512 个,县联社 48 个,占信用社总数的 66.1%、县联社总数的 55%。

同年 7 月 28 日,经中国人民银行批准,乌鲁木齐城市合作银行正式更名为乌鲁木齐市商业银行,按照"统一规划、布局合理、精简高效"的原则,乌鲁木齐市商业银行将辖属 38 家支行重组为 10 个管理部,后又将管理部体制和 69 家支行进行了重新整合,设置了 10 个一类支行、13 个直属支行和 46 个二类支行,在此基础上逐步向扁平式管理模式过渡。乌鲁木齐市商业银行总部还对一类支行、直属支行授予管理和业务经营权,并授权一类支行对二类支行进行全面管理,进一步激发了经营机构的活力,提高了工作效率。

1999 年 1 月 15 日,新疆邮政局正式成立。新疆邮政储汇局隶属新疆邮政局领导。1 月 28 日,经新疆邮政局局党组会议研究决定,各地州市邮政局成立储蓄汇兑科(正科级)。

同年 6 月 23 日,人行乌鲁木齐中心支行按上级文件精神,要求辖内农村信用社进一步完善地(市)级联社、行业协会的组建,以及建立农村信用社存款保险、资金清算体系等管理体制。经人行乌鲁木齐中心支行调研分析后,确定昌吉回族自治州、喀什地区、巴音郭楞蒙古自治州三地(州)为组建地(市)农村信用社联合社试点地区。8 月 2 日,在确定试点的三地州召开了组建地(市)级联合社创立大会,选举产生了理事会、监事会,理事长、监事长和联社主任等。

2001 年 7 月,人行西安分行以文件形式对新疆辖区喀什、伊犁州、塔城、吐鲁番、阿勒泰、巴音郭楞蒙古自治州、昌吉回族自治州及精河县共 47 家城市信用社改制更名为农村信用社作了批复。改制更名后的农村信用社为独立法人机构。

2002 年,建立以农村信用社县联社为主体的"统一法人、统一经营、统一管理、统一核算"经营管理体制。全疆 78 个县联社中有 5 个实现了理事会和主任分设,占 6.4%。

2003 年,新疆维吾尔自治区农村信用社改革领导小组办公室下发《新疆农村信用社县(市)联社统一法人改革试点实施意见》。年末,在清产核资和增资扩股的基础上完成了 6 个县联社统一法人试点。

2004 年 8 月,国务院在北京召开了深化农村信用社改革试点工作会议。根据国务院《关于进一步深化农村信用社改革试点的意见》,新疆维吾尔自治区确定农村信用社改革的总体目标是:构建自治区人民政府领导、自治区农村信用社联合社具体实施行业管理和指导、由少数发达地区的县(市)联社整合组建农村合作银行、部分较发达地区统一法人的县市农村信用联社和欠发达地区仍维持二级法人体制的县联社的新疆农村合作金融体系。

同年,新疆邮政储汇局升格为正处级。

2005 年,新疆维吾尔自治区完成了组建新疆维吾尔自治区农村信用联社筹备工作。自治区联社定为自治区厅局级事业单位,实行企业化管理;自治区联社由辖区内农村信用合作社县(市)联合社、农村合作银行自愿入股组成,实行民主管理;自治区联社是组织机构,社员大会是权力机构,由县(市)联社社员代表组成,设理事会作为社员大会的执行和监督机构,高级管理层由主任和副主任组成;自治区联社设立党委,实施对全辖农村信用社党的工作统一垂直领导和管理;自治区联社理事和高级管理人员候选人由自治区政府根据任职资格条件提出推荐人选方案,与银监会协商一致并经银监会确认后提交理事会审议;自治区联社内设人教、综合、财务会计、计划信贷、监督保卫、电子化网络、结算等职能部门。

第二节　经营机制改革

1986 年,新疆农村信用社经营机制改革贯彻落实《国务院批转中国农业银行关于改革信用合作社管理体制的报告的通知》精神,逐步实现由农信社"既是集体金融组织,又是国家银行的基层机构"向实现"三性"自主经营转变:即组织上的群众性,管理上的民主性,经营上的灵活性;内部经营管理实行责、权、利相结合的经营责任制,克服分配上的平均主义,贯彻奖勤罚懒的激励机制。

1987年,农行新疆分行向人行新疆分行上报《关于米泉等四县(市)信用合作联合社建立营业部申请发给营业许可证的报告》一文,提出"以乡为单位独立经营的信用社资金分散,急需有一个更大范围的组织调剂资金和向县(市)以外进行资金折入折出的联社营业部办理,才能灵活调剂资金和充分运用资金"。同年11月24日,人行新疆分行作了批复。其后,新疆维吾尔自治区各县市在组建联社的同时,组建了县(市)联社营业部。联社营业部营运资金来源有两个方面:一是基层社入股投资;二是本身组织的存款。联社营业部成立后,联社的任务逐步实现了"管理、指导、协调全县信用合作工作,为基层信用社服务",向"以管理服务基层信用社为主,开办金融业务为辅的方向转变"。

1996年底,新疆农行系统与新疆农村信用社完成行、社"脱钩"后,由于农行县支行行长不再兼任联社主任,联社主任由农村信用社民主选举产生,农村信用社脱离行、社"依附"关系,开始试行自主经营的模式。年末,新疆全辖农村信用社存、贷款分别较1986年新增37亿元和21.9亿元,增长6.6倍和11.4倍。

1997年,自治区农村金融体改办贯彻《国务院关于农村金融体制改革的决定》,经营机制改革核心是"把农村信用社逐步改为由农民入股,由社员民主管理、主要为社员服务的合作金融组织",按照合作制原则加以规范;同时,管理上建立和完善自主经营、自负盈亏、自我发展的机制。提高了信用社自主经营发展能力、风险防范能力。

1998年后,全疆农村信用社普遍建立了县联社,完善了经营责任制的考核办法和内容;强化了信用社监督制约机制,诸如民主监督、稽核监督、社会监督等;建立和完善了信用社(联社)主任任期目标责任制、主任交流制;实行限额管理下的资产负债比例管理;联社加强对基层信用社经营的指导和管理,引导基层社的管理向制度化、规范化、科学化转变。

1999年1月28日,各地州市邮政局成立储蓄汇兑科(正科级),主要负责经营辖属地区邮政储蓄、汇兑两大业务。

2004年8月11日,国务院下发66号文件,提出进一步扩大农村信用社改革试点范围。按照自愿参加、严格审核的原则,同意新疆作为进一步深化农村信用社改革的试点区。

新疆维吾尔自治区农村信用社改革领导小组和自治区银监局切实贯彻落实国务院《关于进一步深化农村信用社改革试点意见》,在深化产权制度改革,完善农村信用社法人治理结构过程中,促进农村信用社经营机制转变;在完善法人治理结构方面,按照建立现代金融企业制度的要求,构筑适应农村信用社、农村合作银行发展的经营运行机制,明确"三会"和理事长、主任和监事长的责任、权利和义务,做到全责统一、绩效挂钩、运作规范;在强化内部管理方面,按照"统一法人,授权经营,分级管理,分级核算,单独考核"的原则,建立起了科学的内部授权、授信、信贷、财务管理等内控制度;在建立产权对经营管理行为的约束机制方面,增设并吸纳投资股,大幅提高社员在民主管理组织中的比重,充分发挥投资人的监督作用。

2005年,全疆农村信用联社在实施联社统一法人中,切实转换经营机制,进行制度创新:一是创新制约机制;二是创新内控机制;三是创新用工分配激励约束机制;四是创新独立市场主体地位。经营机制改革克服了"行社隶属"条件下形成的依附性关系地位,使其转变成符合金融市场规则的"自主经营、自我约束、自我发展、自担风险"的独立市场主体。

乌鲁木齐市商业银行成立至 2005 年末,决策者遇到的最大难题是:如何在激烈竞争的市场环境中,解决好自身的发展定位问题。起初,由于乌鲁木齐市商业银行起步晚,基础薄弱;业务又是以传统业务为主,业务面十分狭窄,在市场竞争中处于劣势。但是,通过乌鲁木齐市商业银行决策层深入调查研究分析,认识到,必须发挥自身优势,从完善法人治理结构入手,逐步建立市场经济所需要的新机制:

(1)推行现代企业制度下的一级法人体制,建立和健全了股东会、董事会、监事会职责,形成了各司其职、协调运作、有效制衡的企业法人治理机制。按照《公司法》的规定,使"三会"有效地运作起来,重大问题必须按规定程序办理,避免了决策上的随意性和盲目性。

(2)强化了企业内部管理,按照"集中管理、统一调配"的原则,在全行建立起以总部为中心的资金管理体系,统一了调度权,增强了资金营运的调控能力,为全行建立起了一个在确保支付的前提下有效使用资金的体系,使资金营运发挥出最大效益优势。

(3)人事分配制度的改革是乌鲁木齐市商业银行改革的又一个重点,在用人上,按照留住人才,用好人才的思路,全面实施全员劳动合同制,员工工资等级制,管理人员轮岗考评制,极大地调动了员工的积极性。同时在管理人员任用上,实行全行聘任制,对重要岗位采取竞聘制,初步建立起管理人员能上能下的用人机制,收入分配上坚持效率优先,奖优限劣的原则,在分配总量不减少的情况下,把员工收入的一定比例与绩效挂钩,使员工感到压力的同时,也激活了员工的创造潜能。通过改革,乌鲁木齐市商业银行的内部潜能得到了充分有效的释放,初步实现了向现代企业制度的转变,实现了传统业务向多元化业务的转变,为改革发展奠定了基础。

第七章　非银行金融机构改革

新疆非银行金融机构,主要以信托、租赁、资产管理公司为主。

1986—1988年,为新疆非银行金融机构拓展期,1989—1991年,为新疆非银行金融机构调整期。1993—2005年,在建立社会主义市场经济改革目标的指导下,新疆非银行金融机构进入了一个相对规范的发展期。

20世纪80年代至90年代,新疆国际信托投资公司基本是政府创办和经营的,主要服务于地方政府自筹的基本建设和固定资产投资,强化新疆维吾尔自治区人民政府对固定资产投资和贷款的行政手段,利润和经营绩效被置于次要地位。通过21世纪初的清理整顿,新疆国际信托投资公司对股本结构、企业模式、内控机制、管理体系按照现代企业管理要求和市场化标准进行了重大调整,基本消除了以前靠行政手段干预公司经营、按行政命令办事的现象,实现了资源的市场化配置。

为贯彻国家"债转股"政策剥离国有独资商业银行不良贷款,国家层面成立了信达、华融、东方和长城资产管理公司。随后信达、华融、东方和长城4家资产管理公司乌鲁木齐办事处或业务部先后挂牌成立,分别对口承接了建行新疆分行、工行新疆分行、中行新疆分行、农行新疆分行和农行新疆兵团分行等国有商业银行政策性剥离的不良资产,同时承担管理、处置职责。2004年,国家明确了4家资产管理公司改革和发展方向,确立政策性收购不良资产处置目标责任制,允许资产管理公司开展商业化收购和接受委托代理处置不良资产业务,走市场化、商业化的路子。

第一节　机构改革

新疆非银行金融机构经历了停办到恢复以及顺应改革开放需要而新创设的发展过程。

1991年,在全国信托业清理整顿中,新疆国际信托投资公司获重新登记,更换《经营金融业务许可证》,重新办理工商注册登记手续。

1993年5月,新疆金新租赁有限公司经人行新疆分行批准设立,注册资本金3000万元,是由人行新疆分行、工行新疆分行、乌鲁木齐市人民政府、自治区财政厅、经委下属的经济实体共同投资成立的非银行金融机构。

1994年下半年,国家调整经济政策,加强了对金融机构的清理、整顿,人行新疆分行于同年11月撤销了新疆金新租赁有限公司。

为了支持新疆地方经济的发展,妥善解决新疆金新租赁有限公司遗留的债务问题,在新疆维吾尔自治区人民政府、人行新疆分行的支持下,1995年3月,新疆金融租赁有限公司获准筹建。

1996年2月,新疆金融租赁有限公司正式开业。新疆金融租赁公司具有较完善的法人治理结构,设有股东大会、董事会、监事会,分别为公司的权力机构、决策机构、监督机构;设立资产管理委员会、风险管理委员会、薪酬考核委员会,进行专项管理工作;公司内设租赁一部、租赁二部、租赁三部、投资部、资产管理部、风险管理部、计划财务部、人事行政部8个业务和管理部门。

1999年,新疆国际信托投资公司进行改制论证,同喀什信托投资公司签署合并协议。

1999年和2000年,信达、华融、东方和长城4家资产管理公司乌鲁木齐办事处(或业务部)先后挂牌成立,分别对口承接建、工、中、农、兵五家国有商业银行新疆分行行政性剥离的不良资产,并承担管理、处置职责。

2000年,在全国信托业清理整顿中,新疆信托投资公司经人行总行批准予以保留。

2001年4月16日,自治区人民政府批复同意合作公司、信托公司分设,业务和人财物彻底分开,分开后按现代企业制度的要求改制,建立完善的法人治理结构。同时,新疆国际信托投资公司结合信托业清理整顿,制订改制方案,确定改制成为多元投资主体,多种经济成分参与的股份制公司。

同年,新疆金融租赁有限公司根据人民银行总行的要求,在新疆维吾尔自治区人民政府,各有关部门及新疆金融租赁有限公司的共同努力下,完成增资扩股,股东增至20个,完成实收注册资本金达到5.19亿元。

2002年7月31日,中国人民银行批准新疆国际信托投资公司重新登记,同年8月28日,完成工商注册登记,改制为新疆国际信托投资有限责任公司。

第二节　经营机制改革

1993年,新疆所办信托公司实行承包经营责任制。

1994年,清理整顿后的新疆国际信托投资公司,重新确定了人民币和外汇业务经营范围,修改了公司章程。

1995年,新疆所办信托公司由承包经营责任制转为经营目标责任制,实施岗位技能工资制,调动了职工积极性。

1996年,新疆所办信托公司转换经营机制,经营计划层层分解,与部室签订目标经营责任书,对各项经营管理指标进行量化,对考核指标做出详细规定,每月监测,按季考核,各项经济指标均好于上年。

1997年,新疆所办信托公司在经营理念上完成了三个转变,即从计划经济到市场经济的转变;从"窗口型"到经营型的转变;从单一经营到一业为主、多种经营的转变。

2000年,新疆国际信托投资有限责任公司对未来的发展做出了战略策划,确立了与经营目标责任制相适应的管理机制,实行"干部能上能下,职工能进能出,工资能升能降"的企业管理新机制,制订全员劳动合同制方案、养老保险和住房公积金办法并实施。

2001年,新疆所办信托公司进行了"产权清晰、权责分明、政企分开、管理科学"的股份制企业改造;完成设立股份公司的可行性研究报告、募股说明书、发起人协议书和认股意向书等文件。

2002年初,新疆国际信托投资公司经过多方努力,确定有7家发起人的股份制改制方案,并签订有关法律文件。由于新疆啤酒花股份有限公司等 3 家企业出现意外,公司只好先申报登记有限责任公司。同年 9 月 18 日,新疆国际信托投资有限责任公司挂牌成立。在申报有限责任公司的同时,抓紧第二步增资扩股、股份制改制的各项工作。

2004 年,新疆国际信托投资有限责任公司制定经营目标和计划考核指标,量化考核任务,奖罚到人,年终全公司综合部门所有人员按最终考核成绩,确定最末两人不发奖金,利润指标达到《新疆国际信托投资有限责任公司经营管理层激励约束暂行规定》的相关标准,可发奖励薪酬,反之则受惩罚。公司每年还按发放奖金总额的 5％提取总经理奖励基金,用于表彰先进和鼓励为公司发展献计献策,作出突出贡献的个人。

四家资产管理公司在新疆的机构自成立以来,也通过不断的改革完善,经营运作走上了市场化、商业化的轨道。各资产管理公司都是具有独立法人资格的国有独资金融企业,公司利用其特殊的法律地位和专业化优势,综合运用债务追偿、资产置换、资产转让与销售、资产重组与企业重组、债转股、资产证券化等方法,实现不良资产价值回收的最大化,最大限度地保全国有资产。各办事处或业务部是其总公司在新疆维吾尔自治区的派出机构,由总公司授权在新疆开展各项业务。2005 年末,各办事处或业务部克服各种难题,勇于破难,大胆改革,基本完成政策性不良资产的处置,提前或超额完成国家下达的现金回收目标,为防范和化解金融风险、支持国企改革、维护社会信用秩序作出了贡献。

第三篇　人民币负债业务

新疆银行业人民币负债业务（以下简称负债业务）是辖内银行业金融机构形成资金来源的业务，它大致可分为自有资本和外来资金两大类。自有资本主要来源于财政拨款和税后利润，外来资金主要由吸收的各项存款、借（拆）入款项、发行债券等组成。1985年以前，新疆银行业的营运资金主要依靠人民银行借款，而农业银行则主要依靠信用社转存款和人民银行借款，使得储蓄存款和对公存款余额不多。在银行各项负债业务中，各项存款一直是主要负债，在多数年份里，约占全部资金来源的90%以上。

1986—2005年，随着市场经济的发展，新疆维吾尔自治区银行业金融机构先后通过合理设置营业网点，加快电子化建设步伐，强化储蓄宣传和市场营销，创新金融服务品种，建立"24小时自助银行"体系，拓展服务领域，树立优质服务理念，特别是1992年银行信贷资金计划管理体制改革后，各家银行引进了"存款立行、效益兴行"的理念，开始了储蓄存款、对公存款"两手抓"。为负债业务的稳步发展奠定了基础。至2005年末，全疆银行业金融机构各项存款余额由1986年初的85.72亿元增至3427.48亿元，比1986年初增长39倍，占资金来源的94.6%；应付及暂收款、各项准备、所有者权益、金融债券等其他负债业务余额196.68亿元，占资金来源的5.4%。

第一章 人民币对公存款

　　人民币对公存款,是银行针对企业、事业、机关、团体、部队等各类单位开办的存款业务。对公存款是新疆各类经济实体和机关团体在生产经营和行政运转中将暂时闲置的货币资金存入银行的款项。就单个单位的存款来看,时多时少,变化较大,但从银行业金融机构全部开户单位的存款看,此消彼长,总是保持着一个相对稳定的结存量,成为银行业金融机构长期、稳定的信贷资金来源之一,也是新疆经济发展推动力的重要资源之一。

1986—2005 年新疆银行业金融机构人民币对公存款种类结构变化

表 3—1　　　　　　　　　　　　　　　　　　　　　　　　　单位:亿元,%

年　　份	1986	1990	1995	2000	2005
企业存款	39.95	71.45	274.24	702.21	909.45
占比	37.8	30.1	32.7	37.7	26.5
财政存款	4.31	4.76	7.89	12.47	64.38
占比	4.1	2.0	0.9	0.7	1.9
机关团体存款	7.03	9.24	12.65	35.00	277.55
占比	6.7	3.9	1.5	1.9	8.1
农业存款	2.29	3.82	29.28	72.39	127.15
占比	2.2	1.2	3.5	3.9	3.7
信托存款	2.44	3.04	22.45	9.51	6.66
占比	2.3	1.3	2.9	0.5	0.2
委托存款	—	—	—	26.81	0.83
占比	—	—	—	1.4	0.0
存款合计	105.67	237.12	838.42	1863.48	3427.48

第一节　工商企业存款

一、存款总量

　　20 世纪 80 年代中期以前,新疆银行业金融机构中工商企业存款占主导地位的是工商银行。随着经济的发展,新疆银行业机构工商企业存款总体呈多元化、逐年增长态势。但具体到不同年份又有所不同。

1986年,全疆银行业金融机构企业存款余额为39.95亿元,较1985年增长53.6%。这其中,中行新疆分行对公存款中没有工业企业存款,只有商业企业存款8100万元,市场份额占比很小;新疆农行系统工商企业存款余额为3.06亿元;建行新疆分行是1985年才正式纳入人民银行综合信贷计划,处于完善银行功能阶段,刚开始吸收存款,企业存款余额为10.54亿元;其余主要是工行新疆分行的余存。

1987年,人民银行不再包专业银行的资金供给,促使各专业银行增强自求资金平衡的能力和加快企业化改革的进程,各专业银行普遍重视吸存收贷工作,资金自给程度有所提高。年末,新疆银行业企业存款余额45.32亿元。

1988—1989年,因紧缩信贷、市场销售疲软等因素影响,工商企业存款增幅放缓。各家银行为确保信贷收支平衡,锐意改革,全行动员,组织吸收各类存款,打破原先的条条框框,将筹资渠道延伸到生产、流通及社会各个领域。

1990年,全疆银行业企业存款余额71.12亿元,同比增长35.7%。中行新疆分行工业存款占比首次超过商业存款达到53.0%。建行新疆分行建筑企业、专用基金、单位定期存款稳步增长,年底余额达到16.27亿元。新疆农村信用社对吸收企事业单位存款的措施,超计划部分比照储蓄存款奖励办法给经办人员以万分之一的奖励,年末,新疆农村信用社对公存款达19306万元。

1991—1992年,因信贷适度放松和企业"三角债"清理,工商企业存款增幅较大。农行新疆分行为此还取得了农行系统企事业单位存款全国第一的好成绩,并受到了农行总行的表彰。

1993年,受金融"三乱"(指单位或个人乱集资、乱批设金融机构、乱办金融业务)影响,企业资金出现分流,导致企业存款增幅与同期持平,仅13.6%。

1994—1996年,国家加强宏观调控,重点治理金融"三乱"。工行新疆分行实行"盘活存量、调整增量、择优扶持、保证重点"的信贷政策,企业存款增幅期间每年保持一定的增长速度。建行新疆分行在巩固石油、化工、钢铁等企业存款的同时,大力吸收电力、邮电、铁路等行业存款,企业存款快速增长。交通银行新疆分行不断稳定老客户,积极开发新客户,存款也稳步上升。仅交通银行新疆分行1996年人民币对公存款余额就达15.50亿元。

1997年,人民银行加强"窗口指导",商业银行调整经营机制,改善金融服务,加快金融创新,企业存款继续增加。建行新疆分行通过实施"攻大户、抓中户、带小户、稳老户、开新户"的企业存款理念,逐年扩大客户群体,增加市场份额。各家银行狠抓"联动、服务、质量和现代化手段"为重点的营销机制,想方设法组织吸收企业存款。年末,全疆银行业金融机构企业存款余额达442.76亿元。

1998年,新疆银行业在辖区工业生产低速低效,经济效益总体水平走低的情况下,完善存款管理办法,制定存款信息、服务和考核办法,深入市场调查,措施落实到人、限期完成,使存款保持增长势头。年末,新疆银行业企业存款余额461.02亿元,同比增长4.1%。

1999年,新疆银行业采取诸如稳定基本客户、新户纳入年度考核、坚持大中小客户并举、以中小户增长为主、为客户提供全方位服务等措施。仅交通银行新疆分行新开户1123

户,净增 620 户。农行新疆分行对公存款净增 16.30 亿元,占到各项存款净增额的 88%,是历年来对公存款当年净增额超过储蓄存款净增额最多的一年。

2000 年,新疆银行业金融机构紧抓金融形势逐渐好转、实施西部大开发战略、大批企业改制重组的契机,大力拓展开户质量好、存款余额大的企业。仅建行新疆分行企业存款就达 204.64 亿元,比 1986 年增长 19.4 倍。交通银行新疆分行全年新开户达 1155 户,其中百万元以上的客户 449 户,千万元大户 78 户,年末,企业存款余额达 33.20 亿元,较年初增加 8 亿元。

2001 年,新疆各家银行重视财政性存款的稳定以及对财政预算单位的综合服务,通过代理中央财政、地方财政资金、公积金、公务员卡、缴税通等业务,构建体内资金结算网络和综合服务平台。并及时对当地上市公司大小非解禁股东开展摸底和营销工作,推进追赶进位营销活动。新成立不久的招商银行乌鲁木齐分行工商企业存款余额实现 2.55 亿元。至年末,全疆银行业金融机构企业存款余额达 691.74 亿元。

2002 年,新疆银行业金融机构向交通、石油、公路、电信、电力、航空和城建等基础设施领域渗透,拓展文化教育、自来水、热力、煤气、天然气市政工程类客户,并与新疆证券、金融租赁、太平洋保险公司、人保人寿保险、人保财险等建立合作关系。农行新疆分行对公存款比年初增加 24.58 亿元,完成计划任务的 145%,在全疆金融系统增量市场占比中首次名列第一位。建行新疆分行企业存款余额达 164.18 亿元,居新疆各家银行之首。

2003 年,面对同业竞争加剧和“非典”影响,各家银行根据自身特点,深入调研,出奇招。交通银行新疆分行就出现了诸如开展 80 天营销劳动竞赛,开展账户集中大营销,实施“多层次营销,全方位渗透,重点户突破”的营销策略,建立了与新疆交通、新疆电信、西部石油、新疆民航、新疆铁路和特变电工等的合作关系。年末,交通银行新疆分行对公人民币存款达 63.20 亿元。招商银行乌鲁木齐分行企业存款余额为 19.82 亿元。

2004 年,新疆各家银行对企业存款的竞争更激烈,纷纷采取全行营销、立体营销、产品推介、股东座谈等方式开展营销攻势。交通银行新疆分行还通过行庆联谊等活动,加强银企沟通和优势行业的合作,使人民币对公存款年末余额达 77.10 亿元,较年初新增 13.90 亿元。

2005 年,新疆银行业金融机构通过对高端、对公对私联动、全员及分支行互动、部门与机构捆绑等营销方式,大力组织企业存款,使全疆银行企业存款年末余额达 909.45 亿元。其中企业存款年末余额达百亿元以上的银行分别依次有建行新疆分行、工行新疆分行、中行新疆分行、农行新疆分行。

二、存款种类结构

计划经济时期,存款种类结构按银行专业性划分比较明显。

企业其他存款是 1987 年以后才新增的存款种类,主要包括集体企业及个体工商户存款统计数据。集体企业存款是集体工业、手工业、集体合作商店、合作小组及其他合作商业组织,学校、机关团体办的集体性质的工厂、商店,各类服务公司及其所属的单位在银行结算户上的存款。私营及个体存款,是私营和个体企业在银行结算户的存款,包括流动资金、经营收入等。集体企业存款和私营及个体存款一并统计为企业其他存款。

到1990年已发展到工业存款、商业存款、私营及个体存款、专用基金存款、其他企业存款等多种存款结构并存的情况。企业专用基金存款是企业按规定提取的固定资产折旧基金、大修理基金、更新改造资金、企业基金等。企业专用基金主要从企业内部形成,更新改造资金、大修理基金、职工福利基金从企业成本中提取的,企业基金从利润中提取。专用基金分次提取,集中使用,从提取到使用有一个间隙时间,在一定时期就形成先提后用的闲置资金。银行对有专用基金的单位开立专用基金存款户,实行专款专用,专门管理。1994年,乡镇企业、民营企业、三资企业等存款和集体企业及个体工商户存款一并纳入企业其他存款。由于金融统计和会计制度变化,从1994年起不再单独统计专用基金存款。企业存款和商业存款的统计口径一直沿用到1998年。

1999年起,执行新的银行统计制度,不再单独统计企业其他存款。商业存款是1999年以前使用的名称,主要包括商业部门所属的各级批发部门、公司、零售商店及附属企业;粮食部门及其所属加工厂,外贸部门及其所属进出口企业、外贸企业,外商投资企业;供销社及所属企业,其他商业企业如工厂附属商店等单位在银行结算户上的存款。

在新疆的各家专业银行对公存款的细项也是有所不同的。

工行新疆分行工业存款主要包括国营工业生产企业、物资供销企业以及其他国有企业如机关、团体、文教、民航等部门所属的工业企业在银行结算户上的存款。

农行新疆分行工商企业存款的种类和结构在经济体制改革发展中不断创新,工商企业存款的结构更加多元化,由过去的国营、集体工商企业为主,调整为以集团公司,上市公司为主的各类工商企业。

中行新疆分行工商企业存款较为单一,只有商业企业存款。

建行新疆分行的企业存款主要包括基建及建筑企业存款、专用基金存款和企业其他存款等。从1999年起,执行新的银行统计制度,不再单独统计基建及建筑企业存款。

招商银行乌鲁木齐分行工商企业存款种类在成立之初仅有工业存款、三资企业存款、私营及个体存款和其他企业存款,且主要集中在工业存款上,后又新增了商业存款、建筑企业存款、城镇集体企业存款,存款主要集中在工业存款、其他企业存款和企业定期存款方面。

第二节　机关团体及财政性存款

一、机关团体存款

机关团体存款由两部分组成:一是预算资金存款,主要是财政机关或上级单位拨入的行政事业经费,这些经费均采用上拨下用的方式,经常在银行有一定数量的存款余额;二是一般资金存款,包括预算单位所属的食堂、幼儿园、招待所的收入、差额补助、自收自支事业单位的业务收入以及党、团、工会的收费、预算单位预算外收入等存入银行的存款。机关团体、部队是国有银行的重点服务对象,大部分机关团体、部队存款业务由国有银行承担。

1997年以后,金融统计不再划分财政存款细项。随着经济体制改革的推进,"学会""协会"等各种群众团体纷纷成立,机关团体对费用管理采取"增收节支、费用包干、节余归己"的措施,资金性质逐步发生变化。

从 1998 年起,人行总行决定将所有金融机构代理人行财政性存款中的机关团体、部队存款划为金融机构的一般存款,存款准备金由全额缴存人行改为按比例缴存人行,成为商业银行可以直接运用的信贷资金来源之一。以后,各家银行将此类存款作为重点争取对象,开展相关金融服务,对公存款领域不断开拓,特别是医院、学校等事业单位的进入,机关团体存款有了较快增长。

截至 2005 年,全疆银行业机构的机关团体、部队存款年末余额达 277.55 亿元,其中,工行、农行、中行、建行、交行、兵农行、招行新疆各分行及农村信用社年末余额分别为142.95 亿元、50.34 亿元、1.93 亿元、36.07 亿元、10.10 亿元、19.01 亿元、6.04 亿元和1.71 亿元。

二、财政性存款

财政性存款由人民银行统一规定为全额缴存的存款,缴存范围主要包括财政金库存款,包含银行机构代理国库业务吸收的地方财政库款、财政预算专项存款和国库经收待报解预算收入、代理发行国债款项等待结算财政款项以及机关团体存款、财政预算外存款等。

1986 年,全疆财政性存款仅 4.31 亿元。

1998 年之前,金融统计制度规定:财政性存款分为中央财政存款和地方财政存款,中央和地方两级财政存款又分为预算内存款和预算外存款,机关团体及部队存款归属财政性存款。财政性存款实行全额缴存制度,即每旬(或月)末由各商业银行轧算后足额缴存人民银行,不得挪用。1998 年 3 月 21 日,人民银行重新界定财政性存款的范围,将机关团体存款、财政预算外存款划为银行机构一般存款,改全额上缴为比例上缴。

随着社会主义有计划商品经济的发展和改革开放政策的实施,地方财政预算内收入和预算外收入不断增长,各项行政事业经费和基本建设投资不断增加,财政性存款来源在各家银行及信用社的变化也是各不相同。

工行新疆分行为筹集更多的建设资金,先后开办了机关、团体一年、二年和三年定期存款业务,且历年财政存款余额较为稳定,至 2005 年末,财政性存款余额 1.49 亿元。

中行新疆分行 1988 年,开始办理财政存款,但历年存款余额都很小。开办财政存款第一年余额仅为 19 万元,以后逐年增加,到 1997 年末,余额最高达 5542 万元,比 1988 年末增长了 2.9 倍。随后有所下降,到 2004 年财政存款余额已经降至 1300 万元,占各项存款余额的 0.1%。2005 年继续下降到 1118 万元。

建行新疆分行在计划经济时期,经办国家财政的基本建设拨款和地质勘探事业费拨款,一般是按月由财政拨入给单位陆续使用的,因而在单位账户中经常保留有一部分余额,形成了财政性存款。1985 年,建设银行信贷计划管理体制进行了改革,划分财政性资金和信贷资金。自 1994 年开始商业化改革之后,由于财政基建支出预算增长相对较少,加之财政职能逐渐移交至财政部门,因而财政性存款逐年减少,在 1997 年财政性存款余额达到4.41 亿元的高峰后,就开始逐渐回落,到 2005 年末,建行新疆分行代理中央银行财政性存款余额仅为 2900 万元。

新疆农村信用社代收的税金、管理费、罚款等在没有上缴以前,作为待结算资金划为财政性存款。全疆农村信用社财政性存款总量较少,到 2005 年末,财政性存款也只有 4300 万元,占其各项存款的 0.2%。

2005 年末,全疆财政性存款达到 64.38 亿元。

第三节　其他对公存款

一、农业存款

农业存款是农行新疆分行对公存款的重要组成部分,在专业银行时期尤其明显。

1986 年,农行新疆分行农业存款余额为 12.27 亿元,占全部对公存款的 75.2%。

1991 年 12 月,农业银行、农业部联合下发了《关于加强农业资金管理若干问题的通知》(以下简称《通知》),根据《通知》要求,1992 年新年伊始,农行新疆分行加强了对农业资金的管理,促使大量农口资金回流农行,到 1992 年底,农行新疆分行农业存款余额达到了 28.19 亿元。同年,农行新疆兵团分行农业存款余额为 9.40 亿元,因兵团分行支持的兵团经济是以大农业为主的经济结构,到 2005 年末农业存款余额达到 93.16 亿元。

1997 年开始,新疆农村信用合作社有了农业存款会计科目,同年存款余额 7.62 亿元。1997—1999 年,此项存款出现小幅波动,2000 年以后逐年递增,到 2005 年末余额达到 59.40 亿元。

二、基本建设存款

基本建设存款是各单位存入银行的基本建设资金,其来源有:列入国家财政预算内的基本建设拨款,由地方财政、主管部门拨给和企事业单位自筹的基本建设资金和更新改造资金存款。由于历史上四大专业银行专业分工的原因,其资金基本由建行专管,使用原则是“专款专用”。

1986 年初,建行新疆分行吸收的基建存款余额为 10.47 亿元。

1987—1989 年,新疆基本建设投资比较稳定,1987 年,基建存款余额为 13.37 亿元;1988 年,余额为 11.82 亿元;1989 年,余额为 11.03 亿元。

1990—1993 年,新疆的基本建设项目增多,投资力度加大,基建存款余额呈现稳步增长,1990 年,余额为 13.4 亿元;1991 年,余额为 13.54 亿元;1992 年,余额最高为 16.77 亿元;截至 1993 年底,余额上升到 15.55 亿元。

1994 年起,建行新疆分行不再单独统计基本建设存款。

中行新疆分行仅在 1998 年和 2000 年分别办理过基本建设存款,金额为 684 万元和 1800 万元,其他年份基本没有基本建设存款。

三、其他

此类存款包括企业专用基金存款、保证金存款、应解汇款等项目,其特点为账户多、项目杂、数额低且流动频繁。企业专用基金存款是企业按规定提取。企业专用基金主要从企业内部形成、从企业成本中提取的。企业基金从利润中提取。专用基金主要采取分次提取,集中使用的办法。1986 年以前,工行新疆分行企业存款项下没有其他企业存款统计数据。随着经济体制改革推进,从 1987 年起,工行新疆分行企业存款项下增加了集体企业及个体工商户存款统计数据。集体企业存款是集体工业、手工业、集体合作商店、合作小组、其他合作商业组织、学校及机关团体办的集体性质的工厂、商店,各类服务公司及其所属的单位在银行结算户上的存款。1987 年,工行新疆分行企业其他存款年末余额为 2.86 亿元。1993 年以前,工行、建行新疆分行对有专用基金的单位开立专用基金存款户,实行专款专用,专户管理。由于金融统计和会计制度变化,从 1994 年起不再单独统计专用基金存款。1993 年,乡镇企业、民营企业、三资企业等存款和集体企业及个体工商户存款一并纳入企业其他存款,1993 年底,工行新疆分行企业其他存款余额增至 16.14 亿元,占企业存款余额的 34.5%,同比增长 47.1%。从 1999 年起,执行新的银行统计制度,不再单独统计企业其他存款。

第二章　人民币储蓄存款

　　人民币储蓄存款既是商业银行信贷资金的重要组成部分,也是国家宏观调控依据 M_2 中较稳定的部分。储蓄存款的快速增长,已成为经济发展的主要资金来源。储蓄存款有活期和定期两种。活期储蓄存款是一种没有存取日期约束、随时可存取的存款业务。定期储蓄存款是一种存入日跟银行约定存期的存款业务,一般期限有三个月、半年、一年、二年、三年、五年和八年。新疆银行业储蓄机构办理的储蓄存款种类包括活期储蓄(活期存折储蓄)、定活两便储蓄、整存整取定期储蓄、零存整取定期储蓄、存本取息定期储蓄、整存零取定期储蓄、华侨(人民币)整存整取定期储蓄、大额可转让定期存单储蓄、保值储蓄、有奖储蓄、贴水储蓄、独生子女储蓄、住房储蓄、大额储蓄、认股专项储蓄、礼仪储蓄、通知储蓄、教育储蓄等近20种。中共十一届三中全会后,特别是随着城乡居民收入的提高,新疆储蓄存款增加较快,1986年末全疆储蓄存款余额45.48亿元,至2005年末,余额已达1816.38亿元,为推动新疆经济的发展储备了重要资源。

第一节　城乡居民储蓄[①]

一、储蓄网点

　　自20世纪80年代后期到2005年,各家银行和城乡信用社为争存款,陆续增设储蓄网点。

　　1986年,农行新疆分行成立了资金组织处,主抓储蓄工作。同年,中行新疆分行的储蓄网点只有2个,从业人员133人。而新疆农村信用社根据城乡经济发展的需要设置储蓄网点793个。

　　1987年,建行新疆分行开始经办人民币个人储蓄存款业务,在全疆各地州积极进行储蓄网点布局和建设,建成储蓄网点85个。

　　1988年,建行新疆分行新建储蓄网点247个,新增储蓄人员756人。

　　1990年,农行新疆分行大量增设储蓄所,逐步向城市发展,全面开办储蓄业务,储蓄所达222个,代办所达422个;储蓄所员工达3022人,其中代办员1679人。

　　1991年,农行新疆分行开始以“所容所貌,便民设施,员工形象”为主要内容,以储蓄网点更新改造为主,以硬件吸引储户,对储蓄网点进行高标准、规范化的新建或改建。同年,全疆农行各地建立储蓄服务部87个,代办员转入储蓄服务部合同工2795人。

　　1995年起,各国有商业银行调整发展思路,以效益优先为原则,对各自的储蓄网点布

---

　　①　这里的城乡居民储蓄不含邮政储蓄。

局进行调整。工行、农行、中行和建行新疆各分行储蓄网点建设经历了从数量扩张型到综合效益型、从手工操作型到电子化管理型的转变过程;基本上是按照"闹市区、大门面、电脑化、柜员制、高产量"的发展思路布局储蓄网点,撤建并举,储蓄网点经过标准化建设改造,综合效益整体提高。

1996年,农行新疆分行开通储蓄同城通兑网络系统,并以此为契机,大力发展储蓄电子化、磁卡储蓄业务。

2000年,农行新疆兵团分行新建高标准储蓄所67个,改建标准化储蓄所99个。农行新疆分行和农行新疆兵团分行所有营业网点全部实现电子化。同年,建行新疆分行提出了"以服务求发展,向服务要效益"的储蓄思路,把提升和发挥城市银行的主导作用作为储蓄业务发展的方向,优化储蓄网点布局,培植高产储蓄网点,降低储蓄存款运营成本,实现储蓄业务的通存通兑。

2005年,中行新疆分行网点达到175个,从业人员达到3128人,营业网点已覆盖全疆14个地州21个县市。华夏银行乌鲁木齐分行加入银联,银联卡跨境、跨省、跨行通用,进一步完善了储蓄网络功能。新疆农村信用社服务网点达1232个,年末基本实现服务电子化操作和网络电子化系统。同年,全疆所有银行业机构的储蓄网点基本实现电子化管理。

二、储蓄存款

1986年,中行新疆分行开始办理储蓄业务,年末储蓄存款余额仅有89万元。同年,全疆各地农村信用社根据农村出现新情况、新变化,加强储蓄宣传,改进服务,提高农民参加储蓄的积极性,期末农村信用社储蓄存款余额达5.11亿元,同比增长29.2%,人均储蓄68.94元,其中全疆有26个县、市达到全国农村社员储蓄百元标准县。

1987年,建行新疆分行开办了储蓄存款业务,以办理定活两便储蓄存款为主,年末储蓄存款余额1333万元,实现建行新疆分行储蓄存款零的突破。同年,为了引导信贷资金投向,保证外贸出口商品和农副产品收购资金需要,人行总行经请示国务院,从同年10月1日至11月底,在全国向农村信用社开办特种存款。全疆农村信用社统一使用定期存单代作收款收据,在收据上加注"农村信用社特种存款"字样。同年,新疆农村信用社储蓄存款保持增长态势,年末余额达6.87亿元,完成年计划的2.9倍,新疆在全国农村社员储蓄百元标准县、市的个数增至32个。

1988年,国家采取放开物价,市场调节的政策,物价普遍上涨,尤其是一些高档耐用消费品涨价过猛,如彩电、冰箱等几乎是一天一个价,导致群众产生恐慌心理。广大储户纷纷提取存款,出现一股商品抢购风。储蓄工作遇到了空前困难,银行储蓄存款急剧下降。为应对激化的事态,国务院决定自同年9月10日起开办保值储蓄,即对3年期以上城乡居民定期储蓄存款实行保值。人行总行下发通知,要求全国所有银行、城乡信用社和邮政储蓄开办长期保值储蓄。新疆银行业金融机构陆续对3年期以上整存整取、存本取息、华侨人民币定期储蓄实行保值补贴。人民银行还将城乡居民个人一年定期储蓄存款利率由7.2%调整为8.64%。在保值储蓄实施后,新疆各族城乡居民把保值储蓄作为长期投资的主要选择。与此同时,全疆银行业金融机构采取各种措施,增加储蓄存款。建行新疆分行在全疆率先开办了有奖储蓄,并配合住房制度改革,率先在全疆开办了住宅储蓄存款业务,提出"没有条件,创造条件也要上""网点＋时间＝存款""一人在建行,全家搞储蓄"的吸储攻势。年末,建行新疆分行储蓄存款余额达 2.20 亿元。农行新疆分行推出以金饰、冰箱、彩电等紧俏商品为奖品,在储户存够相当数额的存款后,奖给储户。全疆农村信用社把组织资金工作放在首位,开办了高档紧俏商品有奖储蓄、贴水储蓄、奖售储蓄、专项储蓄等,继续推行储蓄承包经营责任制,增设县以上营业服务网点,逐渐扩大了城乡居民储蓄业务,年末储蓄存款余额达 8.29 亿元。

1989 年,由于市场原因,工行新疆分行增设了 3 个月档期的储蓄品种。为解决春耕生产资金紧缺问题,农行新疆分行与自治区妇联合作,办理了"女子爱国储蓄",在很短的时间里筹集到上亿元资金,支持春耕生产;同时还根据城乡生产、生活发展的需要,推出了与生产、消费密切相关的定额转账支票储蓄,即为交售农副产品的农牧民设置的一个储种,是农行签发的有价证券,交由收购部门用于支付农副产品的价款凭证,农牧民出售农副产品后,要求兑付现金的收购部门付给现金,要求给支票的收购部门付给定额支票,方便农牧民参加储蓄。同年,中行新疆分行开办了具有中行特色的华侨人民币储蓄、存贷结合住房储蓄、存贷结合耐用消费品储蓄、教育储蓄等定期储蓄品种。随着经济体制改革的不断深入,资金需求更为突出,为吸收更多闲散资金,国家再次提高存款利率,一年期利率 11.34％,八年期利率 17.64％,为历史最高点。新疆农村信用社进一步加强服务,稳定老客户,发展新储户,鼓励农牧民参加生产费用专项储蓄,把吸储资金与信贷投向有机结合起来,坚持"以储定贷、先存后贷、以存保贷、存贷结合"的原则,使储蓄存款保持良好的增长势头。年末,新疆农村信用社储蓄存款余额 9.25 亿元。

1990 年,新疆农行系统是开办"定额转账支票储蓄"基层网点最多的银行。同年 8 月,建行新疆分行开办大额可转让定期储蓄存单业务,存单面额 500 元,存期为 1 年,利率在原利率基础上上浮 5％,存单可以转让。随着农村金融改革工作的不断深入,新疆农村信用社新增设九个月存期的定期储蓄。年末新疆农村信用社储蓄存款余额达到 13.98 亿元,同比增长 51.1％,人均储蓄 145 元。

1991 年,全疆农村信用社认真贯彻执行人民银行提出的"控制总量、调整结构、强化管理、适时调节、提高效益"的货币信贷方针,加大组织储蓄存款力度,实现储蓄存款较快增长。年末储蓄余额达到 16.72 亿元,同比增长 19.6％。人均储蓄达 135.50 元。同年 12 月 1 日,全疆银行业金融机构按有关通知要求停办了保值储蓄。

1992 年,农行新疆分行和农行新疆兵团分行与新疆维吾尔自治区劳动厅、税务局共同协商后下发了《关于在全疆农业银行系统建立储蓄服务部的通知》和《关于储蓄服务部三年免税的通知》等文件。根据这些文件,两分行对各类储蓄代办机构进行改制,将不同层次的储蓄代办所统一归并到储蓄服务部管理,把代办员全部转入合同制员工队伍,代办员积极性被充分调动起来。年末农行新疆分行和农行新疆兵团分行全辖储蓄代办余额分别达 34.26 亿元和 21 亿元,分别占两分行年储蓄净增额的 96％和 98％。同年,新疆农村信用社在商业银行间存款竞争加剧、吸存揽储的工作难度加大,员工业务技能及服务手段又在同行业竞争中处于劣势的条件下,通过走访储户、延迟工作时间,年末储蓄存款仍达到 17.19 亿元,同比只增长 3％。

1993 年 3 月 1 日,工行新疆分行停办了八年定期储蓄。同年 7 月,人行总行再次下发通知,要求全国所有银行、城乡信用社和邮政储蓄开办长期保值储蓄。接此通知,全疆所有银行、城乡信用社和邮政储蓄部门,全部恢复开办长期保值储蓄业务。同年,建行新疆分行响应建行总行提出的公存、储蓄一起抓,开展"百日增储竞赛"活动,新增储蓄存款 8.01 亿元,获得全国建设银行百日增储竞赛活动第二名。农行新疆兵团分行开通了储蓄全城通兑网络系统,大力发展储蓄电子化。全疆农村信用社完善内部经营机制,强化管理,以市场为导向,以经营为中心,以效益为目标,抓住两次提高存款利率时机,开展多种形式的储蓄宣传活动,以及在各地普遍推行储蓄承包责任制,明确目标、责任到人,调动职工揽储热情,使储蓄存款保持增长势头。年末,全疆农村信用社储蓄存款余额达 20.45 亿元,同比增长 19%。

1994 年,交通银行新疆分行成立,储蓄存款仅完成 5304 万元。由于全疆各种形式的集资频繁发生,农村基金会集中涌现,加剧了新疆农村信用社组织储蓄存款的难度。在此背景下,全疆农村信用社开展优质服务,采取多种措施,增强吸储能力,使储蓄存款年末达到 31.65 亿元,同比增长 55%。

1995 年末,新疆农村信用社储蓄存款余额达 41.94 亿元。同年,工行新疆分行开办了银行卡卡折合一"卡折通"业务。

1996 年,建行新疆分行根据国务院《储蓄管理条例》的有关规定和建行总行的相关要求,在全疆开办了通知储蓄业务,此业务的存款对象为城乡居民个人和个体工商户。建行新疆分行从优质服务入手,争取客户,使存款突破 200 亿元。同年 9 月,农行新疆分行和农行新疆兵团分行按照农行总行部署与新疆维吾尔自治区团委密切配合,开办了以支持"希望工程"为宗旨的"爱心储蓄"活动。此储蓄是广大青少年通过参加农行储蓄存款自愿捐献全部或部分利息用于"希望工程"的一种储蓄形式,在两个多月的时间里两分行分别吸收存款 2882 万元和 1200 万元,捐献利息 162 万元和 98 万元。同年,中行新疆分行开办了个人卡保证金存款,全年吸收存款 2400 万元。随着金融体制改革的深化,新疆农村信用社支农作用增强,"存款立社、效益兴社"的观念已深入职工心中。年末,全疆农村信用社农户储蓄存款余额达 38.11 亿元,定期储蓄存款余额为 26.82 亿元。

1997 年,建行新疆分行制定筹资业务经营由粗放型向集约型转移措施。在实施存款立行、存款兴行的战略目标中,将筹资工作的重点转移到强化内部管理,通过调整网点结构,优化网点布局,提高单产效益,培植高产网点,加强储蓄存款的经济效益。新疆农村信用社以农村信用社与农业银行"脱钩"为转折,以规范信用社、加强联社建设为重点,继续推进农村信用社管理体制改革,开创了信用社储蓄业务的新局面。年末,新疆农村信用社储蓄存款余额达 54.81 亿元,同比增长 43.8%,其中定期储蓄存款、保值定期储蓄存款分别 38.39 亿元和 3.64 亿元。

1998 年 6 月 21 日,人行总行下发《立即停办有奖储蓄的通知》后,全疆各家银行停办了有奖储蓄业务。受几次利率的调整影响,新疆农村信用社储蓄存款中定期存款的比重进一步上升,达 68.4%。年末,新疆农村信用社储蓄存款余额达 62.84 亿元,同比增长 14.6%。

1999 年 9 月 1 日,工行新疆分行率先在新疆境内开办了教育储蓄业务。11 月 1 日起,国家对居民本、外币储蓄存款征收利息收入个人所得税,税率为利息收入的 20%;对个人取得的教育储蓄存款利息所得免征个人所得税;由于城乡居民储蓄存款和单位存款利率水平基本一致,企业存款不征利息税,开征利息税后,部分城乡居民将私人资金以公款名义存入储蓄机构,此类存款在新疆工行系统储蓄存款中占有一定比重。同年,国家对粮棉油收购政策及价格的调整,主要农副产品如甜菜、打瓜子、红花、西红柿市场不景气。受农副产品销售困难、变现难的影响,新疆农村信用社存款增长乏力,增势减缓,出现负增长,年末储蓄存款59.25亿元,同比下降6%。这一年,交通银行新疆分行实施"客户战略",深入研究和分析市场,明确市场定位,加大营销力度,调动机构营销个人客户的积极性,为客户提供全方位服务。储蓄业务取得较大发展,储蓄存款年末余额达7.4亿元。

2000年,国家实行积极的财政政策,全国经济趋向好转,企业生产逐渐恢复,国家对农村信用社的各项扶持政策陆续出台,城市信用社并入农村信用社,以及国有商业银行转轨,县以下(含县)营业机构撤销,业务移交农村信用社,农村信用社服务功能增强,经营环境较以前有所改善,城乡居民储蓄有大幅度增加。年末,全疆农村信用社储蓄存款余额达72.60亿元。同年4月1日,新疆各家银行、信用社根据国家规定,实行了储蓄存款实名制。同月,建行新疆分行和乌鲁木齐市商业银行开办了教育储蓄业务。工行新疆分行、建行新疆分行 ATM(自动存、取款机)、POS机(商务消费刷卡机)的大量布设,储户存取款及购物消费更加方便快捷,选择这种储蓄方式的储户越来越多。中行新疆分行个人卡保证金存款余额达45.69亿元,个人卡保证金存款占各项储蓄存款余额的76.6%。

2001年,农行新疆分行和农行新疆兵团分行在乌鲁木齐市分别开办了与市民生活紧密相关的首家"金融超市"。在"金融超市"里,可以办理个人存取款,个人消费贷款,个人理财业务,代收代付业务,借记卡营销、代理保险、保险箱、个人外汇交易等各种业务,提供的是开放式一站式服务,使较长时间才能办完的业务,在短时间内就能办完,方便了民众。同年,新疆农村信用社坚持为农业、农村、农民服务的方向,端正业务经营思想,积极筹措资金,增加支农资金来源。年末,全疆农村信用社储蓄存款为88.89亿元,其中定期储蓄存款为55.09亿元,占储蓄存款的62%。交通银行新疆分行通过品牌和零售业务批发优势吸收储蓄存款,储蓄存款达14亿元,实现两年翻一番的目标。招商银行乌鲁木齐分行通过完善"一卡通"的各项功能及业务品种来吸收储蓄存款,年末人民币储蓄存款余额2967万元。在这一年里,乌鲁木齐市商业银行推出"速汇通"业务。中行新疆分行个人卡保证金存款因科目调整不再单独反映。

2002年,建行新疆分行抓住证券市场业务低迷,居民储蓄意愿增高的特点,及时调整网点布局,优化网点功能,配备了个人客户经理,将自助设备与个人理财业务相结合,设置VIP客户窗口、贵宾室和大堂经理,及时总结个人客户服务经验,使储蓄存款新增32亿元,年末达到213亿元,为年度计划新增储蓄存款额的两倍。同年2月21日,工行新疆分行5年期存本取息年利率经过1996年5月1日后的8次连续调降,由12.24%降至1.98%。这一时期在工行的储户更多选择活期储蓄。同年,交通银行新疆分行以太平洋借记卡为媒介,批量营销个人客户,重点营销有办理个人贷款业务、中间业务和"全国通"业务需求的一批优质高端客户,扩充代理产品的功能和科技含量,使个人各项储蓄存款新增4.90亿元,年末储蓄存款余额达18.90亿元。招商银行乌鲁木齐分行扩大业务规模,实施"775510"工程,年末人民币储蓄存款余额为2.86亿元。全疆农村信用社增强支农意识,坚持服务"三农"方向不变。充分调动职工吸存揽储的积极性,年末储蓄存款达113.47亿元。

2003年,交通银行新疆分行全面整合太平洋太平卡优势功能,以太平洋借记卡业务优势带动储蓄业务的发展,使储蓄存款突破20亿元大关,达23.19亿元。同年,为贯彻落实国务院批准的《深化农村信用社改革试点方案》精神,帮助消化农村信用社历年包袱,促进农村信用社改革试点工作的顺利进行,财政部制定并下发了《农村信用社保值储蓄补贴办法》。新疆农村信用社人民币储蓄存款均属城乡居民储蓄存款。农村信用社机构主要分布在县以下乡(镇)、村,且城乡居民储蓄存款中农户储蓄所占比重较大,储蓄负债结构主要以农户储蓄为主,期末全疆农村信用社储蓄存款余额达152.47亿元。新疆农村信用社按照保值储蓄贴补办法要求,做了大量准备工作。同年6月,乌鲁木齐市商业银行实行存取款免填凭条,既方便了客户,又拓展了业务,个人外币储蓄、凭证式国债、证券业务系统也相继上线,推出了自动转存、本外币定期一本通业务。招商银行乌鲁木齐分行开展一系列劳动竞赛,使年末人民币储蓄存款余额达5.72亿元。华夏银行乌鲁木齐分行实现全国系统内通存通兑。同年,农行新疆分行和农行新疆兵团分行已在全疆分别有16家和10家"金融超市"投入营运。

2004年,乌鲁木齐市商业银行业务品种也由最初的居民储蓄发展到个人存款、个人贷款、个人结算、代收代付和个人理财等系列化的产品服务。服务方式由单一柜面服务发展到综合柜面服务、自助服务和网上服务等多种渠道。业务增长方式由主要依靠外延式扩张向主要依靠科技产品、机制创新的内涵型转变。同年,招商银行乌鲁木齐分行完成人民币储蓄存款余额为9.37亿元。全疆农村信用社年末储蓄存款达175.55亿元。华夏银行乌鲁木齐分行、乌鲁木齐市商业银行改变过去别的银行单纯追求扩张规模的粗放经营模式,强化市场营销,改善网点、人员、机具等资源配置,实施储蓄产品优化与调整、客户细分、网点资源和基础管理的整合和调整,改变大众化的无差别服务,加大对"高端客户"的营销力度。

2005年,中央一号文件出台后,农民生产的积极性明显提高,农村经济形势向好。新疆农村信用社抓住这一机遇,树立"发展是第一要务"理念,按照农村信用社改革与发展的总体思路和新疆农村金融市场特点,分析各地的优势与特点,找准自身市场定位。在经营决策上按照"扎根市场,稳步城乡结合部市场,开拓城区市场"的定位取向,合理调整布局网点,积极培育各信用社的金融服务特色和经营优势,储蓄存款业务通过电子化网络系统,逐步推进综合柜员制,推行客户经理制和信用社主任联系大客户制,培育农村信用社基本客户,稳定和扩大金融服务范围,扩大储蓄存款规模。年末,全疆农村信用社储蓄存款达214.49亿元,同比增长22%。同年,工行新疆分行开办了少量的"特约存款"和"约期存款",其活期储蓄存款余额占全部储蓄存款余额的比重达到29.2%。建行新疆分行和农行新疆兵团分行不仅夯实了自身资金实力,而且优化了存款结构,增强了存款稳定性,年末储蓄存款余额分别达269.67亿元和180.14亿元。交通银行新疆分行以"得利宝"理财产品为抓手,细分客户需求,下发分行各机构"得利宝"理财产品的需求客户,指导各机构进行精准营销,人民币个人储蓄存款快速发展,年末,人民币个人储蓄日均存款达到29.84亿元,完成交通银行总行任务指标的119%。招商银行乌鲁木齐分行抓住春节前后的有利时机,通过招商银行品牌和服务优势,全力增加储蓄存款;年末,人民币储蓄存款余额为15.25亿元。华夏银行乌鲁木齐分行储蓄业务实现"三个转变"即"以增加储蓄存款"向"以提高整体经营效益"转变;"以储蓄存款计划为导向"向"以市场和客户需求为导向"转变;"以产品为中心"向"以客户为中心"转变。通过三个转变,年末,华夏银行乌鲁木齐分行城乡居民储蓄存款达 4.99 亿元。

截至 2005 年末,新疆银行业金融机构城乡居民储蓄存款余额达 1816.38 亿元,较 1986 年增加 1770.91 亿元,增长了 38.9 倍。

1986—2005 年新疆银行业机构定期、活期储蓄存款结构

表 3—2　　　　　　　　　　　　　　　　　　　　　　　　　　　　　　　单位:亿元,%

年份	定期储蓄	占比	活期储蓄	占比	储蓄存款余额合计
1986	—	—	—	—	45.47
1990	—	—	—	—	128.42
1995	382.61	80.2	94.57	19.8	477.18
2000	653.58	71.9	254.97	28.1	908.55
2005	1170.89	64.5	645.49	35.5	1816.38

1949—2006 年中国人民银行人民币储蓄存款基准利率调整

表 3—3　　　　　　　　　　　　　　　　　　　　　　　　　　　　　　　　单位:%

第次	调整日期	活期利率	3 个月期利率	6 个月期利率	1 年期利率	2 年期利率	3 年期利率	5 年期利率	8 年期利率
1	1949.08.10	60.00	×	168.00	252.00	×	×	×	×
2	1950.04.10	43.20	×	86.40	156.00	×	×	×	×
3	1950.10.20	12.60	×	31.20	34.80	×	×	×	×
4	1951.12.01	9.00	×	22.80	31.20	×	×	×	×
5	1952.09.15	5.40	10.80	12.60	14.40	×	×	×	×
6	1953.01.01	5.40	9.60	10.80	14.40	×	×	×	×
7	1954.09.01	5.40	9.72	10.80	14.40	×	×	×	×
8	1955.10.01	2.88	5.04	6.12	7.92	×	×	×	×
9	1958.10.01	2.88		6.12	7.92	×	×	×	×
10	1959.01.01	2.16	×	3.60	4.80	×	×	×	×
11	1959.07.01	2.16	2.88	4.68	6.12	6.30	6.50	×	×
12	1965.06.01	2.16	×	3.24	3.96	×	×	×	×
13	1971.10.01	2.16	×	—	3.24	×	×	×	×
14	1979.04.01	2.16	×	3.60	3.96	×	4.50	5.04	×

表3—3续

第次	调整日期	活期利率	3个月期利率	6个月期利率	1年期利率	2年期利率	3年期利率	5年期利率	8年期利率
15	1980.04.01	2.88	×	4.32	5.40	×	6.12	6.84	9.00
16	1982.04.01	2.88	×	4.32	5.76	×	6.84	7.92	9.00
17	1985.04.01	2.88	×	5.40	6.84	×	7.92	8.28	9.00
18	1985.08.01	2.88	×	6.12	7.20	×	8.28	9.36	10.44
19	1988.07.01	2.88	×	4.48	8.64	9.18	9.72	10.80	12.42
20	1989.02.01	2.88	×	9.00	11.34	12.24	13.14	14.94	17.64
21	1989.06.01	2.88	7.56	9.00	11.34	12.24	13.14	14.94	17.64
22	1990.04.15	2.88	6.30	7.74	10.08	10.90	11.88	13.69	16.20
23	1990.08.21	2.16	4.32	6.48	8.64	9.36	10.08	11.52	13.68
24	1991.04.21	2.16	3.24	5.40	7.56	7.92	8.28	9.00	10.08
25	1991.07.01	1.80	3.24	5.40	7.56	7.92	8.28	9.00	10.08
26	1993.05.15	1.80	4.86	7.20	9.18	9.00	10.80	12.06	14.58
27	1993.07.11	3.15	6.66	9.00	10.98	11.70	12.24	13.86	17.10
28	1996.05.01	2.97	4.86	7.20	9.18	9.90	10.80	12.06	×
29	1996.08.23	1.98	3.33	5.40	7.47	7.92	8.28	9.00	×
30	1997.10.23	1.71	2.88	4.14	5.67	5.94	6.21	6.66	×
31	1998.03.25	1.44	2.88	4.14	5.22	5.58	6.21	6.66	×
32	1998.07.01	1.44	2.79	3.96	4.77	4.86	4.95	5.22	×
33	1998.12.07	1.44	2.79	3.33	3.78	3.96	4.14	4.50	×
34	1999.06.10	0.99	1.98	2.16	2.25	2.43	2.70	2.88	×
35	2002.02.21	0.72	1.71	1.89	1.98	2.25	2.52	2.79	×
36	2004.10.29	0.72	1.71	2.07	2.25	2.70	3.24	3.60	×
37	2006.08.19	0.72	1.80	2.25	2.52	3.06	3.69	4.14	×

注:表内"×"表示无此档期;"—"表示停办此档期。

第二节　邮政储蓄

新疆维吾尔自治区的邮政储蓄业务自1953年9月停办后,又于1986年3月18日开始恢复办理。

一、储蓄网点

1986 年 5 月 1 日,乌鲁木齐市邮政局在扬子江路营业处开业。同时开业的还有乌鲁木齐市解放北路中心邮政支局、黄河路中心邮政支局。同年,石河子市、昌吉回族自治州、和田地区、巴音郭楞蒙古自治州、哈密地区、塔城地区、喀什地区、博尔塔拉蒙古自治州、阿克苏地区、阿勒泰地区、吐鲁番地区、伊犁哈萨克自治州 12 个地州市邮电局及县局相继设立了储蓄网点。全年共设立的储蓄网点有 28 处。年末网点平均储蓄余额达 48 万元。此后,新疆邮政储蓄网点迅速增加。

1987 年,邮电部提出"多办、快办、办好,千方百计敞开发展"的方针。年末,全疆新增邮政储蓄网点 227 个,比 1986 年增加 8.1 倍,90％的县邮电局、18％的邮电支局、所,开办了邮政储蓄业务,网点平均储蓄余额 42.04 万元。

1988 年,新疆邮政储蓄向农村发展,有 112 个农村邮电支局、所开办了邮政储蓄业务。

1990 年,邮政储蓄改为邮电局自办后,全疆开办邮政储蓄业务的邮电局、所达 440 个,占全疆邮电局、所总数的 42.7％。其中:县以上的 90 个邮电局全部开办;城市邮电支局、所 81 个,占城市支局、所总数的 44％;农村邮电支局(所)设点 269 个,占农村支局(所)总数的 35.5％。新疆城乡邮政储蓄网络基本形成。

1991 年,全疆邮政储蓄网点达 460 个。

1992 年,全疆邮政储蓄网点 471 处,其中:农村邮政储蓄点 296 处。

1993 年,全疆邮政储蓄网点已达 543 处。

1994 年,全疆邮政储蓄新增网点 50 处,年末共计储蓄网点数达 593 处。

1995 年,全疆新增邮政储蓄网点 13 处,年末达 604 处。同年,全疆已有储蓄电子化窗口 178 处,占邮政储蓄网点的 29.4％。

1996 年,全疆已有 210 个邮政储蓄网点,90％以上的地州市县邮电局的邮政储蓄事后监督业务实现了电子化。年末邮政储蓄网点总数达 585 处。

1997 年,全疆邮政储蓄网点仍保持在 585 处,其中已有 289 处邮政储蓄电子化营业网点。

1998 年,新疆邮政储蓄网点达 588 处,储户达 117 万户。

2000 年,新疆邮政储蓄网点由于邮电局、所调整网点有 585 处。

2001 年,新疆邮政储蓄网点数保持了与上一年同样个数,储户达到 173.54 万户。

2002 年,新疆邮政储蓄基本完成了县市邮政储蓄活期通存通取的联网工作,联网点有 509 个。同时,连接自动柜员机(ATM)118 台。

2003 年,新疆邮政储蓄网点数与上一年持平,即网点 585 处、联网点 509 个、连接自动柜员机(ATM)118 台。

2004 年,全疆邮政储蓄网点 582 处,储户达到 268 万户。

2005 年,全疆新增邮政储蓄绿卡网点 41 个,至此,全疆邮政储蓄网点和邮政储蓄绿卡联网网点均达 582 处,联网率达 100％。

二、储蓄业务

(一)储蓄种类。新疆邮政储蓄开办的城镇居民储蓄存款,分为定期储蓄存款和活期储蓄存款。定期储蓄占比大于活期储蓄,但定期储蓄存款占比逐年减少,活期储蓄存款占比逐年增加。1986年,新疆邮政开办的储蓄业务有:一是活期储蓄存款,开办的方法是1元起存,多存不限,随时存取;二是整存整取定期储蓄存款,开办的方法是10元起存,多存不限,存期分半年、1年、2年、3年、5年、8年档期。

1989年6月1日、8月1日又分别增设3个月、9个月两种定期储蓄。零存整取定期储蓄存款分两种:一种是每月存款一次,每次存款金额固定不变;另一种是每月存款次数和金额不固定,但均是1元起存,多存不限,存期分1年、3年、5年三种。定活两便储蓄存款,存期不限,随时可以支取,存期不满3个月的按活期存款利率计息,3个月以上的按实际存期相应档次的整存整取定期储蓄利率九折计付利息。定期定额储蓄存款,时间面额固定,存期1年,利息与整存整取1年定期利率相同,此项储蓄到期后可在新疆境内各邮政储蓄网点办理通兑。存本取息定期储蓄存款:储户可一次存入大笔款额,在定期内不动本金,按期分次支取利息,存期有1年、3年、5年三种,存期在3年以上者,除按规定利率计息外,可享受保值贴息。同年10月,全疆各邮政储蓄网点均开办了此项业务。大额可转让存单存款:存期有半年、1年两种,采取记名方式发行、背书方式转让,利息比同期储蓄利率上浮10%。汇兑转储蓄、储蓄转汇兑(汇转储、储转汇)存款:储户收到汇款通知单时,可持单直接到储蓄窗口办理存款手续,也可委托邮局将其汇款直接转入本人储蓄账户内,储户持转存折也可直接办理汇款手续。还开办代发工资转活期储蓄、零存整取集体户储蓄、中小学生节约储蓄,通存通取定期储蓄等业务。另有通知存款:通知存款五万元起存,一次性存入本金;可以一次或分次支取,最低支取金额为五万元。通知存款不论实际存期多长,按存款人提前通知的期限长短划分为一天通知存款和七天通知存款两个品种。一天通知存款必须提前一天通知约定支取存款,七天通知存款必须提前七天通知约定支取存款。通知存款可在疆内通存通兑,并可在疆内办理提前通知手续。一本通:将多个储种、多个账户的存款集中于一本存折上,用一个存款凭证记载、管理个人多个存款账户资金活动情况的一个业务品种。邮政储蓄一本通包括整存整取和不固定面额的定活两便两个储种。一本通内单笔存款金额最高100万元(含)。超过100万元的,需分笔开户。到2005年末,邮政定期储蓄存款占比已降至69.5%,比1986年下降12.5个百分点。

(二)发展阶段。代办阶段(1986—1990年)。1986年4月5日,新疆邮电管理局与人行新疆分行商定:在设有人民银行的地州市先行开办邮政储蓄业务,然后逐步扩大到县邮电局和邮电支局,邮政储蓄收存的款额全部缴人民银行统一使用,各地邮政储蓄网点储备金由人民银行提供,邮政储户利息亦由人民银行支付,人民银行按邮电局缴存款月累计日平均余额的2.2‰付给邮电局手续费,作为邮电局代办储蓄业务收入。

自办阶段(1990—2002年)。根据邮电部和人行总行的规定,从1990年1月1日起,邮政储蓄改为邮局自办。也就是将原来的上缴存款关系改为转存款关系,把支付手续费的办法改为由人行给邮电局支付存款利息和保值贴息,储户的利息由邮电部门支付,邮电部门获得的利差即为经营收入。

自营阶段(2003年以后)。2003年,邮政储蓄按照国家吸收储蓄存款的所有规定开展储蓄经营活动。同年,新疆邮政储汇局取消了邮政储蓄区内异地存取手续费和安排邮政储蓄转存款政策调整工作。

(三)业务变化。1986年,乌鲁木齐市邮政局扬子江路营业处率先开办活期储蓄异地存取款业务;石河子、昌吉、和田、巴音郭楞州、哈密、塔城、喀什、博尔塔拉州、阿克苏、阿勒泰、吐鲁番、伊犁州邮电局及县局相继开办了邮政储蓄业务;年末全疆邮政储蓄存款余额1100万元。

1987年5月1日,乌鲁木齐市邮政局举办集邮有奖储蓄,几天内即发售奖券5万张,收储150万元;玛纳斯县邮电局举办了安装电话有奖储蓄,吐鲁番地区邮电局举办了摩托车有奖储蓄,发售奖券146万张,收储2900万元,至年末,全疆邮政储蓄存款余额达1.07亿元,比1986年增长9.1倍。邮政储蓄存款突破亿元大关,受到邮电部的表彰和奖励。

1988年10月,全疆各邮政储蓄网点开办了保值储蓄存款业务。对城乡居民在3年以上的储蓄存款包括整存整取、存本取息储蓄存款实行保值补贴。保值储蓄除按原定利率支付利息外,再按零售物价上涨幅度与原利率差额给予保值补贴。全疆各级邮电局还发售了奖券275万张,收储存款5600万元。

1989年,乌鲁木齐市邮政局扬子江路营业处率先开办活期储蓄异地存取款业务后不久,克拉玛依市邮电局也开办此项业务。同年,经人行新疆分行批准,乌鲁木齐市、石河子市、克拉玛依市、阿勒泰地区、塔城地区、博尔塔拉蒙古自治州、伊犁哈萨克自治州、哈密地区、奎屯市、昌吉回族自治州等地州市邮电局发售面额500元"邮政储蓄大额可转让存单"5万张。同时,乌鲁木齐市、伊犁哈萨克自治州、昌吉回族自治州邮电局还举办了即开型实物摸奖储蓄活动。

1990年,邮政储蓄由原代人民银行办理改为邮局自办后,增强了经营活力,石河子市、喀什地区、吐鲁番地区邮电局也陆续开办活期储蓄异地存取款业务。同年,全疆有5家邮电局进入了全国100个大中城市邮政储蓄异地存取网。用户在本地存款后,可到异地办理此项业务的邮电局按章缴纳汇费和手续费后,即可支取现金和办理续存。此项储蓄业务解决了各族群众外出旅游或因公出差携带大量现金不便的困难。同时,新疆邮政储汇局把代发工资(代发养老金)业务作为邮政储蓄的源头性业务,在做好已开发代发工资(养老金)业务大客户维护的同时,以网点为单位,开展市场调研,针对不同单位分别制订不同的营销方案,抓住大单位,不放小单位,并努力与兵团社保中心建立良好的合作关系,逐步扩大兵团社保养老金的代发范围,使定期储蓄存款占比达到82.6%。这一年,新疆邮政储蓄净增储蓄余额1.80亿元,年末,全疆邮政储蓄存款余额达4.54亿元,比1989年增加68.3%,人均储蓄额比1986年增长了38倍。

1991年,全疆邮政储蓄存款余额达7.80亿元,较1990年净增3.26亿元,增长了71.8%;网点平均储蓄余额169.60万元,比上年增加63.98万元,增长了60.9%。

1992年下半年,新疆邮政储蓄业务虽然受到辖区各专业银行大额储蓄业务的影响,但期末余额仍达到10.77亿元,比1990年增长38%。

1993年,新疆邮政储蓄开展储蓄存款竞赛和"百日优质服务"活动。在同年12月创造了新疆邮政储蓄存款月净增7110万元的新纪录。同年,新疆邮政储蓄开始电子化建设,安装邮政储蓄事后监督计算机系统50处,营业窗口计算机系统18处。年末,全疆邮政储蓄存款余额达12.28亿元,同比净增1.51亿元,市场占有率达5.1%,网点平均储蓄余额226.08万元。

1994 年,全疆有 180 个邮政储蓄营业窗口采用微机处理业务,继续开展了"邮政储蓄百日优质服务竞赛"和"邮政储蓄存款竞赛"等活动。16 个地州市邮电局均完成年度收储计划。10 个地州市邮电局、29 个县邮电局完成了年度竞赛计划,并连续创出月净增额超 1 亿元的历史纪录。同时,邮政储蓄推出了"双定储蓄""礼仪储蓄""承付电话费储蓄""认购股票专项定额定期储蓄存单"等业务,全疆累计售出存单 21128 张,吸收储蓄存款 2112.80 万元。年末,全疆邮政储蓄存款余额达 19.03 亿元,净增 6.75 亿元,储蓄的利差收入率为 3.3%,网点平均储蓄余额 320.9 万元,同比增加 94.82 万元,增长了 41.9%。

1995 年,新疆邮政储蓄除了继续开展"邮政储蓄百日优质服务竞赛"活动外,还开展了"邮政储蓄存款余额 30 亿元竞赛"活动。邮政储蓄百日优质服务竞赛活动期间,全疆共净增邮政储蓄存款 3.50 亿元,创造了月均净增 10500 万元的历史好成绩。年末,全疆邮政储蓄存款余额达 30.77 亿元,同比净增 11.74 亿元,人均邮政储蓄存款达 191.69 元。邮政储蓄市场占有率为 6.5%,比 1994 年提高了 0.99 个百分点,网点平均储蓄余额 507.76 万元,比 1994 年增加 186.86 万元,增长了 58.2%。

1996 年,全疆邮政储蓄存款年末余额达 39.48 亿元,比 1995 年净增 8.7 亿元,增长 28.3%。储户达 106.7 万户,户均余额 3700 元。邮政储蓄市场占有率为 6.9%。网点平均储蓄余额 670.25 万元。

1997 年,为抑制邮政储蓄存款余额下滑,保住邮政储蓄市场份额和邮政储蓄受转存款利率调整而亏损经营的负面影响,新疆邮电管理局和新疆邮电工会联合开展了"邮政储蓄优质服务劳动竞赛"活动,并与全国 50 个城市的 200 多个邮政营业窗口开办了邮政储蓄计算机网内活期储蓄异地存取业务,累计交易 45.30 万笔,交易金额 41.70 亿元。同时,鼓励辖区各邮电局大力开办代发工资、代缴电话费和代收水电费等业务,有效优化了储蓄存款结构,增加了储蓄利差收入。年末,全疆邮政储蓄存款余额达 48.32 亿元,较 1996 年净增 8.84 亿元,同比增长 22.4%。邮储市场占有率为 7.1%,净增额市场占有率 13.6%,分别比 1996 年提高 0.28 个和降低 3.84 个百分点。网点平均储蓄余额 825.98 万元,户均余额 4525.57 元。

1998 年,新疆邮政储蓄存款余额突破 50 亿元。年末全疆邮政储蓄存款余额达 53.35 亿元,同比净增 5.03 亿元,邮政储蓄余额比 1997 年增长 10.6%。邮政储蓄市场占有率为 7.1%,活期比例达 21.1%。

1999 年,为实现新疆邮政储蓄业务"开门红",新疆邮政局在全辖范围组织开展了历时三个月的优质竞赛服务活动,累计净增储蓄存款 3.78 亿元,超额完成竞赛计划的 7.8%。并根据元旦、春节和第四季度吸储旺季居民手持现金多的特点,邮政储蓄适时开展了双百日"邮政储蓄杯"年度优质服务劳动竞赛活动,使全疆邮政储蓄存款余额得到巩固。年末,全疆邮政储蓄存款余额达 59.61 亿元,同比增长 6.26 亿元,网点平均储蓄余额 997.61 万元,户均余额 4444 元,分别较同期上升 88.82 万元和 64.84 万元。

2000 年,全疆邮政储蓄存款年末余额达 68.65 亿元,同比新增 9.34 亿元,增长 15.2%。邮政储蓄市场占有率达 7.6%,同比上升 0.33 个百分点,净增额市场占有率达 10.8%。网点平均储蓄余额 1173.42 万元,户均余额 4638.82 元,同比分别上升 157.93 万元和 108.32 元。

2001 年,新疆邮政储蓄加大农村、城市的吸储力度,通过加强基础设施和信息技术运用,提高邮政储蓄综合服务质量,培养邮政储蓄的持续发展能力。年末,全疆邮政储蓄存款余额达 86.03 亿元,同比增加 17.39 亿元,增长 25.3％,户均余额 4957.57 元。同时,邮政异地通存通取业务快速发展,全年异地交易金额达 10 亿元,交易笔数 36.4 万笔。

2002 年,邮政储蓄联网范围进一步扩大,全疆县市基本实现了邮政储蓄活期通存通取。同年,新疆邮政储蓄提前三年完成了国家邮政局规定的百亿元工程。年末,全疆邮政储蓄存款余额达 104.10 亿元,同比增加 18.07 亿元,增长 21％。

2003 年,新疆邮政局召开电视电话会议,安排部署邮政储蓄转存款政策调整后的各项工作。年末,全疆邮政储蓄存款余额达 126.85 亿元,同比增加 22.75 亿元,增长 21.9％。

2004 年,根据全疆邮政储蓄存款余额发展"三步走",即 2004 年年末余额突破 150 亿元、2005 年年末余额突破 180 亿元、2006 年年末余额突破 200 亿元的总体思路,新疆邮政储汇局组织开展"冲刺 150 亿元"超常规业务发展活动。同时,全疆邮政储蓄统一版本成功切换上线,标志着新疆邮政信息化水平进一步提高。年末,全疆邮政储蓄存款余额达 149.65 亿元,同比增加 22.79 亿元,增长 18.0％,基本实现年末余额突破 150 亿元的活动目标,市场占有率 9.7％,同比上升 0.5 个百分点。网点平均储蓄余额 2571 万元,同比上升 459 万元。

2005 年,新疆邮政储蓄分季度组织开展"开门红""打基础""促发展增效益"的营销活动,开展了"绿卡传佳音"营销和"爱我邮政刷我绿卡"有奖刷卡竞赛活动。同时邮政储蓄统一版本和邮政电子汇兑系统的邮政储蓄系统和邮政电子汇兑系统两网互通,并成功切换上线(这是邮政金融继邮政电子汇兑、邮政储蓄统一版本后的第三大信息化工程)。全疆 16 个地州市邮政局、92 个市县邮政局、582 个邮政储蓄网点、621 个邮政电子汇兑网点、536 个汇兑手工网点以及 2300 名技术人员参与了这次切换会战。系统建成后,实现了邮政储蓄、邮政汇兑两大业务有机整合,提高了邮政金融业务整体竞争能力。年末,全疆邮政储蓄存款余额达 181.43 亿元。市场占有率提高 0.2 个百分点,达到 10％;活期比例提高 2.1 个百分点,达到 30.5％,列西北五省第一,为历史最好水平。全年新增活期存款 12.76 亿元,占新增余额的 40％。

1986—2005 年新疆维吾尔自治区邮政储汇局营业网点及储蓄存款统计

表 3—4　　　　　　　　　　　　　　　　　　　　　　　　　　　　单位:个、亿元

年　份	营业网点	储蓄存款余额	年　份	营业网点	储蓄存款余额
1986	28	0.11	2002	582	104.10
1990	440	4.56	2003	582	126.85
1995	604	30.77	2004	551	149.66
2000	583	68.65	2005	559	181.43
2001	567	86.03	—	—	—

第三节　储蓄服务

一、制度建设

1986 年,农行新疆分行在下达农村信贷计划时,坚持多存多贷的原则,以调动各级行组织储蓄存款的积极性;对储蓄存款实行专项考核,做到有奖有罚,推行"全员风险抵押储蓄承包办法",把储蓄存款业务与费用、奖金、工资挂起钩来,以保证储蓄存款任务的完成;与新疆维吾尔自治区劳动部门协商,将所辖储蓄代办机构改为储蓄服务部,将所有代办员纳入合同制职工管理,充分调动了储蓄代办员的工作积极性,并对储蓄存款业务与费用、奖金、工资挂钩等储蓄管理制度进行了完善。同年,中行新疆分行制定了一系列内部管理制度,在各部门、各岗位之间建立起相互验证或共同验证的关系,分离经济业务执行和审查,分离经济业务记录和执行,分离总账和明细账登记,达到自动纠错,防止舞弊现象。邮政储蓄部门出台了《邮政储蓄业务会计核算办法》《邮政机构向人民银行缴存储蓄存款会计核算手续的规定》《邮政储蓄资金管理暂行办法》《邮政储蓄存款转存办法》《新疆有奖储蓄会计核算办法》和《邮政认购股票定额定期储蓄会计核算办法》等。

1987 年,建行新疆分行在储蓄业务核算方面实行"四栏轧账"制度,保证账务核算的正确性,并制定了《储蓄业务与会计、出纳部门的账务关系》《关于开办储蓄业务的若干规定》等。

1988 年,中行新疆分行制定和完善了《中国银行职业道德规范》《中国银行优质服务公约》《中国银行服务达标考核细则》等规章制度,并制定《中国银行业务技术能手标准》。

1989 年,建行新疆分行制定了《建设银行新疆分行现金出纳制度实施细则》。

1991 年,工行新疆分行制定了《储蓄业务应用电子计算机管理办法》,同时推行储蓄宣传标准化。新疆邮电管理局还规定邮政储蓄余额在 300 万元以上的储蓄点设专柜,充实业务人员,完善服务功能。

1993 年,工行新疆分行印发了《中国工商银行储蓄宣传工作管理办法》。农行新疆兵团分行印发了《中国农业银行储蓄管理制度》《中国农业银行储蓄会计核算暂行办法》《储蓄事后监督管理办法》等。

1995 年,工行新疆分行下发了《关于实施储蓄宣传标准化通知》,不断完善储蓄管理制度。

2000 年,建行新疆分行制定了《关于严格执行〈个人存款账户实名制规定〉有关问题的通知》,从严要求落实实名制,并制定了《中国建设银行新疆分行综合柜员业务管理办法》和相应的操作规程,对公会计、出纳、储蓄三项业务实现业务合一。

2001 年,乌鲁木齐市商业银行制定了《乌鲁木齐市商业银行雪莲储蓄卡章程》,规范储蓄卡业务。

2002 年,农行新疆兵团分行印发了《中国农业银行本外币存取款免填单业务操作规定》等办法。为了牢固树立"客户至上、服务第一"理念,招商银行乌鲁木齐分行印发了《招商银行乌鲁木齐分行储蓄柜台服务规范》。同时,为保证资讯服务质量,规范业务流程,招商银行乌鲁木齐分行还制定了《招商银行乌鲁木齐分行"金葵花"贵宾客户资讯服务管理暂行办法》。

2003年,华夏银行乌鲁木齐分行全面实行存款目标承包责任制,层层签订责任书,任务到所(柜),责任到个人,并制定了配套的奖惩措施。为进一步提升招商银行品牌服务形象,招商银行乌鲁木齐分行印发了《招商银行乌鲁木齐分行争服务明星考核认定制度》,激发分行员工服务热情。

2004年,新疆农村信用社实行储蓄存款岗位责任制,推行储蓄效益工资办法,将职工收入分成基础工资和效益工资两部分,扩大效益工资的份额,并根据吸收存款多少和存款结构优劣合理分配,区别对待,奖优罚劣,储蓄任务分配到人,按月考核。招商银行乌鲁木齐分行出台了《关于开展外聘中介服务情况调查等事宜的通知》,使服务监督管理更为全面,服务监督管理的质量和水平得到进一步提升。

2005年,招商银行乌鲁木齐分行为提升客户服务质量,加强客户投诉,制定了《招商银行乌鲁木齐分行客户投诉管理办法》。同年2月,华夏银行乌鲁木齐分行制定了《华夏银行乌鲁木齐分行会计工作考核办法》和相应的操作规程,对公会计、出纳、储蓄三项业务合一。新疆邮政局修订了《新疆邮政储蓄资金管理暂行办法》《新疆邮政储蓄资金调拨管理办法》《新疆邮政储蓄资金划拨授权管理办法》等。

二、服务环境

储蓄所是新疆银行业金融机构开展储蓄业务的基础和服务窗口。随着生产的发展和居民收入的增加,到银行存取款的人增多,储蓄网点和人员不足,客户排队久等现象时有发生。新疆各家银行、信用社为改变现状,加强和改进储蓄所和储蓄业务的管理,采取储蓄等级达标、储蓄宣传标准化和储蓄服务规范化等措施加以推进。

1986年,工行总行向人行总行提交《关于增加储蓄网点和工作人员的报告》,随后,工行新疆分行接到通知,在辖内开展增设、扩建网点工作,采取的方法有租房、合建、买房、自建等,新建、扩建储蓄所45个。根据工行总行下发《关于储蓄代办工作的若干规定》的通知,工行新疆分行在辖内机关、学校、部队和企事业单位,有条件的建立代办所,聘用代办员。

1987年,建行新疆分行在开办储蓄业务之初,营业网点采用借、租、挤、改建、自建等多种形式先营业,再逐步完善的办法,目的是力争选好点、多建、早建储蓄网点。新疆农村信用社针对信用社网点少,特别是牧区网点少,不利于农牧民存取款,在距乡所在地较远的若干自然村户联片设分社;在地处偏僻,自然村之间距离较远设信用站;聘请不脱产的协储员或信用员,按存贷业务量给予适当报酬。

1990年,中行新疆分行对营业柜台的高度、台面的宽度、座椅靠背高度、安全的标准、ATM高度及操作界面大小等服务硬件设施的设计安装要求符合人体自然行为高度。

1995年,为加快储蓄所网点电子化建设,工行新疆分行至年末上微机所(柜)416个,上机率达54%,其中254个所实现了联网,联网率达61%,有6台ATM正式开通,工行全疆各中心支行所在地的市支行和部分县支行实现了全部储种的通存通兑,并建立了量化考核指标体系,注重储蓄市场营销,方便了储户。同年,中行新疆分行印发了《中国银行机构形象设计手册》,对建立中行统一对外形象,进一步改善营业网点的服务环境,使其更加人性化,起到了积极作用。同年,建行新疆分行储蓄业务电算化网点达到 90%,服务手段得到进一步提升,并在全辖开展了"双十佳""青年文明号"竞赛活动,采取限时服务、延时服务、电话银行、夜间银行和花钱买批评等措施提高服务水平。

1997 年,乌鲁木齐市商业银行通过设立储蓄专柜和储蓄所,加强储蓄服务。

1998 年,乌鲁木齐市商业银行又增设一批储蓄网点,加快储蓄业务的发展。

2003 年,招商银行乌鲁木齐分行加强个人理财业务的形象设计,对个人理财业务进行统一 CI 整合,树立个人理财业务的品牌。搭建业务、产品、服务平台。同年,华夏银行乌鲁木齐分行储蓄专柜开业。

2004 年,新疆农村信用社在巩固网点建设的基础上,在城区、城郊、工矿区及农村集镇,按高标准、高规格的要求改造一批网点,搞好装修,增设电脑,发展电脑联网,推出自动柜员机等,改善硬件设施。

2005 年末,建行新疆分行储蓄所柜已达 131 个,所有网点都配置了 ATM、POS 机,并实现了通存通兑。同年,交通银行新疆分行在各网点大厅内配备 LED 显示屏共计 30 个、放置各类绿色植物 500 余盆、设置现金快速业务办理或小额绿色通道窗口计 30 个,营业厅对外设置电子显示屏合计 30 个、设置爱心窗口、残障人士服务窗口计 30 个,客户等候区座椅合计 530 余个,沙发 160 余个座位,填单台 80 余个,填单模板 50 个,老花镜 300 余个,便民服务箱 30 个。每个网点营业厅与自助服务区相通,配备 3 台以上的自助设备,合计在行式自助设备 130 余台。各网点实现分区服务,包括现金区、非现金区、自助银行服务区、客户休息等候区等。每个网点设有中英文对照的分区指示引导牌计 30 个。网点通过纸质、电子渠道公示主要业务收费标准、外汇牌价、本外币存贷款利率,公示"七不准""四公开",并且实现中英文对照。公示牌种类合计 120 余个,包括现金清点、安全防盗、小心地滑、小心台阶、防止挤伤、小心玻璃、小心烫伤等免责提示 400 余个。各网点配备叫号机共计 30 台。提供防伪点钞机 60 余台。各网点设置客户专用机动车停车位计 500 余个车位。极大地方便了广大客户办理常规业务的需求。招商银行乌鲁木齐分行顺利运行了"金葵花"基础服务和延伸服务体系,推进新网点建设工作,开展"阳光服务"工程,多层面、立体式地建立了业务发展的长效机制。华夏银行乌鲁木齐分行储蓄所柜已达 5 个。乌鲁木齐市商业银行在营业网点配置 ATM、POS 机,启动了个人电子汇款业务,便利客户。

三、教育培训

1986 年,工行新疆分行配备专职储蓄宣传干部,储蓄外勤人员都是储蓄宣传员,在多数机关和企事业单位建有互助储金会,聘请协储员,协助开展储蓄宣传和组织收储工作。宣传内容主要是国家举办储蓄存款的宗旨、鼓励和保护储蓄的政策、储蓄种类、实施办法等。组织各行储蓄专业人员闭卷统考,参考人数在 1600 人,占在册储蓄专业人员的 76%,对考分平均在 80 分以上的 12 个县支行(办事处)给予集体奖励。同年,中行新疆分行开始在全辖推行文明优质服务,建行新疆分行举办储蓄服务为主要内容的银行业务技术比赛活动。

1987 年,中行新疆分行以"服务第一、信誉至上、廉洁奉公、为国创汇"为职业道德准则的服务教育,通过学习、技能培训来增强全体员工的金融服务意识,提高金融服务水平。同年,建行新疆分行针对储蓄业务起步晚,基础差、发展快、新手多的情况,重视提高储蓄人员的业务素质,普遍采用了办学习班,进行岗位练兵和业务比赛,以老带新等形式加强对储蓄人员的业务培训,还配备储蓄专职宣传干部、储蓄外勤人员,通过当地广播、电视、报纸和在储蓄网点办宣传专栏,挂横幅标语等形式,宣传储蓄的好处,采取召开储户座谈会,挂牌服务,深入单位和施工现场,上门办储蓄等措施,争取客户,扩大储源。同年,农行新疆分行创办了以宣传储蓄为主要内容,维吾尔、汉两种文字印刷的《储蓄导报》,每期发行量达3.5万份。

1988年,中行新疆分行制定并下发了《中国银行业务技术能手标准》,对点钞、本外币储蓄、出口审单、信用卡、信贷、计划统计、电脑等14个项目20个主要专业规定了统一的技术标准。同年,建行新疆分行根据年初的计划,举办短期培训班,集中培训储蓄业务骨干,各基层行对新招收的储蓄人员坚持先培训后上岗,保证了储蓄业务的顺利开展。

1989年,建行新疆分行专门召开储蓄工作会议,表彰储蓄工作先进集体和个人,推行"筹资兴行""全员揽储"等理念,调动全行上下办储蓄的积极性。

1990年,工行新疆分行印发了《储蓄优质服务月活动实施细则》及《最佳储蓄所、最佳储蓄员评比条件的通知》,针对服务态度上的冷、硬、顶,业务处理上的推、拖、拒,服务环境上的脏、乱、差现象,开展"优质服务月"活动。活动期间,全行为储户做好事4415人次,受到新闻部门表扬的76人次,收到储户表扬信(含意见)400余件。同年,建行新疆分行举行开办储蓄三周年和储蓄突破10亿元宣传月活动,各营业网点制订优质服务公约,要求对客户提供热情、方便、准确、高效服务。

1991年,建行新疆分行开展上门收储、电话预约、设立"夜间银行"等服务,开展"365天,天天为您服务"和"辛苦我一人、方便千万家"活动。

1992年,工行新疆分行转发了工行总行印发的《中国工商银行储蓄所服务规范》,服务规范包括职业道德、仪表举止、接待语言、接待行为、柜面操作、所容所貌等内容,结合实际在为少数民族储户服务时,用少数民族日常用语进行业务沟通交流。同年,农行新疆兵团分行创办了以宣传储蓄为主要内容的《农垦金融报》,每期发行量达2万多份。

1993年,新疆农村信用社改善服务态度,改变话难听、脸难看、事难办的作风,主动服务上门,背包下村,向广大农牧民讲清存款功在国家,利在自己的道理,试办增加农牧民生产基金存款,引导农牧民留足来年生产备用金,帮助农牧民合理安排生产、生活资金,还针对客户的不同心理需求,开发电脑储蓄、电话储蓄、建房储蓄等新储种。

1994年,为扩大储蓄市场份额,工行新疆分行把市场营销理念引入储蓄业务宣传工作,由宣传国家政策为主逐步转向以客户为中心的营销服务活动为主。建行新疆分行推行"储蓄柜员制",并转发了建行总行印发的《储蓄员工岗位守则》《储蓄业务操作手册》,"三项承诺服务""限时服务""一米线服务"等,服务规范包括职业道德、仪表举止、接待语言、接待行为、柜面操作、所容所貌等内容。交通银行新疆分行面向客户建立可度量、可参照、可承诺的服务指标体系,做实做细柜员、客户经理、大堂经理、引导员培训工作,通过集中培训、现场培训、远程视频培训、一对一培训,提高员工服务技能。

1995年,建行新疆分行改善服务态度,开展"双十佳""青年文明号"竞赛,推行柜员制、储蓄所达标升级,营业网点达到最多时的 759 个,极大地方便了储户。

2001 年,建行新疆分行在全辖开展创建"向党工作站"和"向党标兵"活动,为客户提供"安全、方便、快捷、高效、优质"服务。

2002 年,招商银行乌鲁木齐分行在新员工入行就开展服务礼仪、服务技巧的规范化培训。各级管理人员注重加强员工的服务意识培养以及服务监督,通过多种形式,提升全行的服务水平。

2004 年,招商银行乌鲁木齐分行树立分行为支行服务、管理部门为一线服务、全行为客户经理服务、干部为员工服务的"四个服务"理念,变常规检查为常规督导。全行开展"柜面人员业务技能达标活动"和"阳光服务"活动,举办了"招商银行乌鲁木齐分行第三届业务技术比赛"、首届服务礼仪大赛等活动,使优质服务的意义、规范和要求深入人心。

2005 年,招商银行乌鲁木齐分行加大了服务监督管理力度,每季度对网点服务情况进行检查通报,对投诉情况进行分析,通过网点按月上报网点服务情况报告及客户意见、建议,理解并及时掌握网点服务情况及服务中存在的问题,对反映的情况进行调查反馈。

第三章　政策性负债业务及其他负债业务

　　政策性负债业务主要是指政策性银行的存款业务。政策性银行资金来源主要是系统内借款包括其总行借入的中央银行再贷款、在公开市场上发行的政策性金融债券等,占全部资金来源的90％以上,其余不足10％的资金来源于代理部分财政资金拨付形成的财政性存款和贷款企业的结算户存款。政策性负债业务主要记述新疆农发行系统的存款业务。国开行新疆分行其贷款的资金来源主要由其总行提供,本章不作记载。

　　银行其他负债主要有信托机构存款、委托存款等其他各类存款和金融债券,此外,还包括向人民银行借款、同业往来、联行往来、所有者权益、贷款呆账准备金等,其他负债业务主要记述新疆银行业其他各类存款业务。

第一节　政策性负债业务

一、政策性存款

　　(一)企事业单位存款。企事业单位存款是指一地区按部门分类的在某时期单位内企事业单位进行经济活动的各种存款总额。农发行新疆分行的企事业单位存款,主要有粮棉油企业存款、开发性贷款企业存款以及全疆各级农业部门及其所属单位的财政拨款和自有资金存款。到2005年末,农发行新疆分行企事业单位存款余额达32.52亿元。

　　(二)财政专项存款。财政专项存款资金是上级人民政府拨付本行政区域和本级人民政府安排的用于社会管理、公共事业发展、社会保障、经济建设以及政策补贴等方面具有指定用途的资金。它要求进行单独核算,专款专用,不得挪作他用。具体到农发行新疆分行,它包括新疆维吾尔自治区级及以下粮食风险基金专户存款、粮食政策性财务挂账利息补贴专户存款、军粮差价补贴款专户存款、国家储备粮棉油及烟叶、食糖、羊毛、牛羊肉政策性补贴专户存款以及与农副产品收购有关的各类财政拨补款的存款。1995年末,农发行新疆分行财政性专项存款余额为6.62亿元。到2005年余额达10.66亿元。

1994—2005年农发行新疆分行财政存款变化

表3—5   单位:万元

年份	财政性存款	财政存款	其　中				部队存款
			中央财政存款	地方财政存款	财政预算外存款	……	
1994	—	—	—	—	—		—
1995	—	—	—	—	—		—

表 3-5 续

年份	财政性存款	财政存款	其　中				部队存款
			中央财政存款	地方财政存款	财政预算外存款	……	
1996	—	—	—	—	—		—
1997	46212	46212	—	46212	—		—
1998	65993	65993	—	65993	—		—
1999	60058	60058	—	60058	—		—
2000	41243	41243	—	41243	—		—
2001	34702	34702	—	34702	—		—
2002	67564	67564	—	67564	—		—
2003	42642	42642	—	42642	—		—
2004	99482	98356	—	98356	—		1126
2005	106662	105213	—	105213	—		1449

二、自筹存款

自筹存款是根据国家财政管理制度的规定,由各地方、各部门、各企业及各行政事业单位自行筹措,按预算外资金规定的用途使用后,确有多余,允许用于投资建设的资金存款。

2004 年,农发行"专司收购资金封闭运行"的历史使命基本完成后,人行不再向农发行增加再贷款,信贷资金来源成为制约农发行生存与发展的关键。在国家允许农发行经营范围扩大以后,农发行新疆分行为提高资金自给水平,构建多元化筹资体系,着力自筹存款,把吸收低成本资金纳入存款组织工作并作为重点来抓。

2004 年之后,农发行新疆分行坚持"区别对待,分类指导"的客户服务原则,稳定老客户,扩大新客户。规范现有开户企事业单位账户管理,对距离农发行营业机构较远而在他行开立的存款账户,做到存款限额管理,督促企业将超过限额的存款账户资金及时全额划回农发行存款账户,督促企业销售货款及时回笼到农发行的存款账户,降低各种结算资金占用,并与开户企业协商,将改制备用资金、各种形式的保证金等资金存入农发行。农发行新疆分行在挖掘客户资源的基础上,以新开办的商业性贷款业务为平台,发展优、新客户群体,对属于农发行业务范围但暂时没有取得贷款资格的企业,动员其到农发行开立账户,办理存款和结算业务;对取得贷款资格的客户,积极给予贷款支持,并根据农发行总行有关规定,以市场化运行模式进行管理,支持其做大做强;对在农发行贷款额较其他行贷款额为最高的企业,则采取方便企业的措施,把开户企业的基本账户争取到农发行。同时,其根据客户资金使用特点,向客户推介定期存款、通知存款、协定存款等存款产品,帮助客户合理运用资金,增加利息收入。此外,其还向客户提供银行汇票、本票、票据交换、现金服务、电子汇兑等业务。开户企业有外汇结算需求的分支机构,向农发行总行申请开办此项业务,完善和改进结算方式,促进存款业务的顺利开展。

2005年,农发行获中国银监会批准开办金融机构同业存款业务,同业存款试点业务的对象为农村信用社、农村合作银行、农村商业银行和农业银行。

第二节　其他负债业务

新疆银行业其他负债业务主要有委托存款、信托存款、其他存款、同业往来、呆账准备等。本节主要记述本篇尚未介绍的其他各类存款业务。

一、委托存款

委托存款是金融信托资金来源的一种形式,其实质是委托贷款或委托投资的保证金,因而它是与委托贷款或委托投资相对应和相结合的一种存款业务,委托人多是为贷而存的,这项资金的支配和运用权限是属于委托者。委托存款的对象和范围很广,凡需要委托金融信托机构代为发放贷款或投资的单位,均可以向金融信托部门提供委托存款。

1997年,在金融统计报表中才有"委托存款"项目,此前数据统计在"信托类存款"项目中。

2000年,新疆委托存款余额达到26.81亿元,其他年份余额不大。2005年,新疆委托存款余额仅0.83亿元。

二、信托存款

信托存款是信托机构按照委托人的要求,为特定目的吸收进来代为管理的资金,是信托机构经营业务的重要资金来源。信托存款主要是组织和筹集企业单位可以自主使用的暂时闲置的资金,即机关、团体、学校、企事业及其主管部门均可作为委托人,将其可以自行使用而暂时闲置的资金,包括各种基金、税后积累、经费节余等,委托信托公司管理和运用。办理信托存款,其存期由委托人自定,存款利率略高于银行同档次的企业专用基金存款利率。根据不同的目的,信托存款有委托贷款保证金、委托投资保证金、单位信托存款、公益基金信托存款、劳保基金信托存款、个人特约信托存款等品种。

1986年,新疆信托存款余额2.44亿元。

1987年,中行新疆分行开始办理信托存款业务。

1988年,建行新疆分行成立直属的信托投资公司,开办信托投资业务,并吸收信托存款。

1990年,随着建行不断向商业银行经营体制转变,建行新疆分行经办的信托业务逐渐淡出。

1996年,工行新疆分行调整了统计范围,将所属房地产信贷部、非银行金融机构的信托投资的数据并入信托存款。

1998年,工行新疆分行信托存款将"信托类存款"拆分为"信托存款"和"委托存款"两项。同年,中行新疆分行信托存款业务停办。

2005年,新疆信托存款余额6.66亿元。

三、其他存款

此类存款包括保证金存款、应解汇款等项目，其特点为账户多、项目杂、数额低、且流动频繁。

1986年，工行新疆分行"抓大不放小"，使其他存款保持增长，年末余额达2.04亿元。同年，建行新疆分行其他存款仅为2100万元。

1993年，工行新疆分行其他存款增至16.14亿元。而建行新疆分行其他存款余额仅为7700万元。

1995年，随着金融业务发展，建行新疆分行其他存款年末余额升至1.74亿元。

1997年，中行新疆分行开始新增其他存款业务，年末余额为2544万元。建行新疆分行其他存款为1.10亿元。

1998—2000年，建行新疆分行其他存款逐年增加，年末余额分别达到7.90亿元、15.65亿元和17.33亿元。

2001—2004年，招商银行乌鲁木齐分行其他存款快速递增，年末余额分别为255万元、5572万元、1.26亿元和3.70亿元。

2005年，金融统计将"其他长期负债"项下的"住房公积金存款"纳入"其他存款"项下，工行新疆分行其他存款年末余额增至45.07亿元。中行新疆分行其他存款余额32.00亿元，比1997年增长了124.8倍，年均增长12.9倍。建行新疆分行其他存款余额62.72亿元，占同年各项存款余额的11.3%。交通银行新疆分行其他存款余额5.80亿元，主要是保证金存款和应解汇款。招商银行乌鲁木齐分行其他存款余额4.15亿元，为保证金存款。年末，新疆其他存款余额达到225亿元。

四、同业往来

同业往来是银行业金融机构之间在办理各项业务时，建立的往来关系。银行在办理汇兑、信用证、代收等业务时，需要在不同地区或两家以上的银行之间进行业务往来。同业往来业务也是新疆银行业金融机构必不可少的业务。

1987年，新疆各商业银行在统计报表中才有"同业往来"项目。当年仅中行新疆分行和建行新疆分行余额达到了千万元，分别为2623万元、1106万元。

1994年，交通银行进入新疆后，此项业务发生了变化。1994—2002年，交通银行新疆分行同业往来业务量逐年递增，同业往来日均余额由1994年的800万元，递增到1995年的1329万元，到2000年又增至2129万元，2002年，交通银行新疆分行同业往来日均余额已达1.01亿元。

2005年，新疆"同业往来"余额12.75亿元。

五、各项准备

各项准备是存款性金融机构按规定提取的坏账准备金、贷款呆账准备金和投资风险准备金。新疆银行业金融机构是按照国家对国有商业银行的要求以及世贸组织的相关规定提取此项准备的。

国开行新疆分行、农发行新疆分行、交通银行新疆分行的各项准备金均由一级法人国开行总行、农发行总行和交通银行总行统一提取管理。

1994年,农行新疆分行开始计提各项准备,年末余额为3600万元,全部为呆账准备。农行新疆兵团分行也在同一年开始计提各项准备金,年末计提余额为1300万元,随后计提额逐年加大。

1997年,农行新疆分行各项准备余额为2.17亿元,其中:坏账准备2200万元。同年,乌鲁木齐市商业银行开始计提贷款呆账准备金,计提额为600万元。

1999年,工行新疆分行开始计提呆账准备金,年末计提余额为2500万元,随着业务的发展计提额逐年加大。同年,建行新疆分行向信达资产管理公司新疆分公司剥离移交不良资产(包括债转股)41.33亿元,按照股份制银行上市要求,通过减值准备审核认定、测试工作,计提各项准备金3.85亿元。

2000年,农行新疆分行各项准备余额为1.11亿元,其中:坏账准备339万元,投资风险准备232万元,呆账准备1.05亿元。

2001年,中行新疆分行开始有了计提各项准备金的方案。年末,农行新疆兵团分行各项准备计提余额为1.34亿元。招商银行乌鲁木齐分行各项准备638万元,主要是贷款损失准备,且随业务的发展有逐年增长的趋势。

2002年,招商银行乌鲁木齐分行各项准备2685万元。

2003年,招商银行乌鲁木齐分行各项准备4787万元。

2004年,农行新疆分行各项准备余额为3.07亿元。同年,建行新疆分行向信达资产管理公司新疆分公司剥离移交不良资产11.09亿元,按照股份制银行上市要求,通过减值准备审核认定、测试工作,计提各项准备金1.03亿元。招商银行乌鲁木齐分行各项准备6762万元。

2005年,工行新疆分行呆账准备余额达到9.88亿元,较1999年增长40倍。同年,农行新疆分行各项准备余额为3.00亿元,全部为呆账准备。中行新疆分行各项准备余额达17.07亿元,较2001年增长14.3倍,占其各项存款余额的5.6%。建行新疆分行计提各项准备金6.00亿元,为应对国家宏观政策影响、贷款增速放缓、"德隆系"等不良贷款大幅攀升,年末共计提各类二级准备金达41亿元。农行新疆兵团分行各项准备余额达到1.75亿元。招商银行乌鲁木齐分行各项准备达到7550万元。乌鲁木齐市商业银行贷款呆账准备余额达到1.33亿元。年末,新疆银行业各项准备44.83亿元,其中:贷款损失准备38.08亿元。

1986—2005年新疆银行业机构人民币存款

表3—6　　　　　　　　　　　　　　　　　　　　　　　　　　　单位:亿元,%

年份	年末余额	增减额(+—)	增减率(+—)(%)	备　注
1986	105.67	19.94	23.3	
1987	130.24	24.58	23.3	
1988	149.44	19.20	14.7	

表 3—6 续

年份	年末余额	增减额（＋—）	增减率（＋—）	备　注
1989	177.05	27.61	18.5	
1990	237.13	60.07	33.9	
1991	302.24	65.12	27.5	
1992	365.98	63.75	21.1	
1993	449.00	83.01	22.7	
1994	634.44	193.76	41.3	
1995	838.42	198.45	32.2	
1996	1012.47	182.14	20.8	
1997	1149.13	183.32	13.5	
1998	1336.58	147.19	16.3	
1999	1548.72	202.33	15.9	
2000	1863.48	303.24	20.3	
2001	1972.55	141.12	5.85	
2002	2225.31	251.40	12.8	
2003	2661.65	415.79	19.6	
2004	2959.78	293.69	11.2	
2005	3427.48	452.35	15.8	

1986—2005 年新疆银行业机构人民币存款种类结构

表 3—7　　　　　　　　　　　　（年末余额）　　　　　　　　单位：亿元

年份	企业存款	财政性存款	机关团体存款	储蓄存款	农村存款	信托存款	委托存款	其他存款	存款合计
1986	39.95	4.31	7.03	45.4	2.29	2.44	—	4.17	105.67
1987	45.42	5.15	7.54	60.14	2.54	2.67	—	6.78	130.24
1988	48.40	5.27	5.85	74.63	2.69	3.44	—	9.16	149.44
1989	52.58	7.30	6.83	92.74	2.70	2.76	—	12.13	177.04
1990	71.46	4.76	9.24	128.42	3.82	3.04	—	16.38	237.12
1991	94.55	6.07	11.18	162.22	5.02	2.15	—	21.05	302.24
1992	107.37	3.14	10.98	193.80	19.96	2.69	—	28.04	365.98
1993	122.05	6.34	10.40	244.12	23.33	2.01	—	40.75	449.00
1994	214.13	5.94	11.83	347.71	24.16	24.44	—	6.23	634.44

表 3—7 续

年份	企业存款	财政性存款	机关团体存款	储蓄存款	农村存款	信托存款	委托存款	其他存款	存款合计
1995	274.24	7.89	12.65	477.18	29.28	22.45	—	14.73	838.42
1996	364.51	5.37	15.91	575.79	32.90	18.00	—	—	1012.48
1997	442.76	13.17	14.42	676.13	38.05	2.93	−58.94	20.60	1149.13
1998	461.02	13.94	20.83	759.14	52.03	3.11	−12.36	38.86	1336.57
1999	544.22	13.10	28.56	824.68	60.94	5.14	14.16	57.92	1548.74
2000	702.21	12.47	35.00	908.55	72.39	9.51	26.81	96.54	1863.48
2001	691.74	29.88	57.43	994.00	86.23	1.14	22.43	89.70	1972.55
2002	705.82	18.58	109.84	1137.87	112.15	4.18	14.80	122.07	2225.31
2003	763.49	18.87	156.95	1371.59	131.49	47.22	10.85	161.19	2661.65
2004	832.50	44.73	210.87	1534.67	151.32	48.23	12.20	125.26	2959.78
2005	909.45	64.38	277.55	1816.38	127.15	6.66	0.83	225.08	3427.48

1994—2005 年农发行新疆分行人民币存款

表 3—8　　　　　　　　　　　　　　　　　　　　　　　　单位:万元,%

年份	年末余额	增减额(+−)	增减率(+−)	备　　注
1994	188272	—	—	
1995	181119	−7153	−3.8	
1996	170459	−10660	−5.9	
1997	217305	46846	27.5	
1998	126778	−90527	−41.7	
1999	172049	45271	35.7	
2000	254899	82850	48.2	
2001	94603	−160296	−62.9	
2002	233238	138635	146.5	
2003	286456	53218	22.8	
2004	325098	38642	13.5	
2005	431862	106764	32.8	

1994—2005 年农发行新疆分行人民币存款种类结构

表 3—9　　　　　　　　　　　　　　　　　　　　　　　　　　　　　单位:万元

年份	机关团体存款	工商企业存款	储蓄存款	农业存款	财政性存款	基本建设存款	其他存款	存款合计
1994	—	—	—	—	—	—	—	—
1995	—	—	—	181119	—	—	—	181119
1996	—	—	—	170459	—	—	—	170459
1997	—	—	—	171093	46212	—	—	217305
1998	—	—	—	60785	65993	—	—	126778
1999	—	—	—	111991	60058	—	—	172049
2000	—	—	—	213656	41243	—	—	254899
2001	—	—	—	59901	34702	—	—	94603
2002	—	—	—	165674	67564	—	—	233238
2003	—	—	—	243814	42642	—	—	286456
2004	—	—	—	225616	99482	—	—	325098
2005	—	—	—	325200	106662	—	—	431862

1986—2005 年工行新疆分行人民币存款

表 3—10　　　　　　　　　　　　　　　　　　　　　　　　　　　　单位:万元,%

年份	年末余额	增减额(+—)	增减率(+—)	备　注
1986	481549	120954	33.5	
1987	566762	85213	17.7	
1988	641230	74468	13.1	
1989	743836	102606	16.0	
1990	966584	222748	30.0	
1991	1176043	209459	21.7	
1992	1412823	236780	20.1	
1993	1613845	201022	14.2	
1994	1932375	318530	19.7	
1995	2470496	538121	27.9	
1996	3037644	567148	23.0	
1997	3589296	551652	18.2	
1998	4096700	507404	14.1	

表 3－10 续

年份	年末余额	增减额(＋－)	增减率(＋－)	备　注
1999	4492227	395527	9.7	
2000	5191193	698966	15.6	
2001	5248400	57207	1.1	
2002	5521600	273200	5.2	
2003	6153800	632200	11.5	
2004	6482600	328800	5.3	
2005	7370900	888300	13.7	

1986—2005 年工行新疆分行人民币存款种类结构

表 3－11　　　　　　　　　　　　　　　　　　　　　　　　　　　　　　单位:万元

年份	机关团体存款	工商企业存款	储蓄存款	农业存款	财政性存款	基本建设存款	其他存款	存款合计
1986	—	129059	267899	703	—	—	83888	481549
1987	—	132989	334970	1443	—	—	97360	566762
1988	—	148847	385536	1087	—	—	105760	641230
1989	—	179913	451031	998	—	—	111894	743836
1990	—	233810	572344	1008	—	—	159422	966584
1991	—	392443	688152	1177	—	—	94271	1176043
1992	—	484664	812668	3182	—	—	112318	1412832
1993	—	468168	969008	12820	—	—	163849	1613845
1994	—	708717	1237688	—	—	—	－14030	1932375
1995	—	853010	1600483	—	—	—	17003	2470496
1996	—	1109970	1921053	—	—	—	6621	3037644
1997	—	1351135	2159862	—	—	—	78299	3589296
1998	—	1453619	2426116	—	—	—	216965	4096700
1999	—	1539841	2641662	—	—	—	310724	4492227
2000	—	2051460	2773087	—	—	—	366646	5191193
2001	229900	1892200	2898900	—	—	—	227400	5248400
2002	664500	1553900	3037600	2700	—	—	262900	5521600
2003	1027300	1389100	3406600	2600	—	—	328200	6153800
2004	1390400	1250600	3596100	2000	—	—	243500	6482600
2005	1429500	1417800	4070000	2900	—	—	450700	7370900

1986—2005 年农行新疆分行人民币存款

表 3—12　　　　　　　　　　　　　　　　　　　　　　　　　　单位:万元,%

年份	年末余额	增减额(+-)	增减率(+-)	备　注
1986	315102	80510	25.6	
1987	393930	78829	20.0	
1988	456063	62133	13.6	
1989	532419	76356	14.3	
1990	751414	218995	29.1	
1991	936510	185096	19.8	
1992	650266	88258	13.6	兵分行分出
1993	756905	106639	14.1	
1994	993719	328645	33.1	
1995	1083877	276223	25.5	
1996	1384839	300962	21.7	
1997	1608039	223200	13.9	
1998	1890338	282299	14.9	
1999	2159237	268864	12.5	
2000	2474675	315438	12.7	
2001	2598638	123963	4.8	
2002	3042351	464967	15.3	
2003	3717516	675165	18.2	
2004	4254836	537320	12.6	
2005	4853543	598707	12.3	

1986—2005 年农行新疆分行人民币存款种类结构

表 3—13　　　　　　　　　　　　　　　　　　　　　　　　　　　　　单位:万元

年份	机关团体存款	工商企业存款	储蓄存款	农业存款	财政性存款	基本建设存款	其他存款	存款合计
1986	—	30643	134626	122690	301	—	17332	315102
1987	—	35126	185209	138214	7825	—	24313	389344
1988	—	42359	231376	149479	6891	—	21278	456063
1989	—	50163	283619	158363	8153	—	21834	532419
1990	—	204547	390438	124024	12558	—	27542	751414

表 3—13 续

年份	机关团体存款	工商企业存款	储蓄存款	农业存款	财政性存款	基本建设存款	其他存款	存款合计
1991	—	261944	494459	142235	15722	—	33153	936469
1992	—	168091	286664	281982	14468	—	36756	1053934
1993	—	166329	364723	203410	8963	—	36741	774775
1994	—	208415	529213	259516	11845	—	—	1003244
1995	—	275305	724011	84472	14741	—	31932	1111652
1996	—	372020	860598	97533	18053	—	—	1357077
1997	—	425079	1014033	118463	27300	—	24719	1582289
1998	—	544170	1161760	125018	4369	—	61463	1891791
1999	—	717393	1227552	127492	4629	—	86382	2158788
2000	—	895447	1336975	144824	4341	—	127939	2505185
2001	90626	917631	1397702	130884	4435	—	62138	2599379
2002	132500	988800	1624043	160100	5700	—	162400	3042351
2003	161600	1135900	2071809	176500	7100	—	206500	3717516
2004	219800	1207700	2455258	169300	18400	—	177400	4254836
2005	503400	1133600	2921756	131500	29500	—	163300	4853543

1986—2005 年中行新疆分行人民币存款

表 3—14 单位:万元,%

年份	年末余额	增减额(十—)	增减率(十—)	备　注
1986	8209	3252	65.6	
1987	10338	2129	25.9	
1988	12801	2463	23.8	
1989	22543	9742	76.1	
1990	36537	13994	62.1	
1991	50729	14192	38.4	
1992	98648	47919	94.5	
1993	197175	98527	99.9	
1994	315194	118019	59.9	
1995	462586	147392	46.8	
1996	575105	112519	24.3	

表 3—14 续

年份	年末余额	增减额(±)	增减率(±)	备　注
1997	792493	217388	37.8	
1998	922213	129720	16.4	
1999	1062486	140273	15.2	
2000	1228256	165770	15.6	
2001	1537100	308844	25.1	
2002	1770200	233100	15.2	
2003	2038300	268100	15.2	
2004	2514500	476200	23.4	
2005	3074800	560300	22.3	

1986—2005 年中行新疆分行人民币存款种类结构

表 3—15　　　　　　　　　　　　　　　　　　　　　　　　　　　　单位:万元

年份	机关团体存款	工商企业存款	储蓄存款	农业存款	财政性存款	基本建设存款	其他存款	存款合计
1986	—	8118	89	—	—	—	2391	10598
1987	—	10058	280	—	—	—	2327	12665
1988	—	10950	1870	—	19	—	5613	18452
1989	—	27033	8632	—	326	—	6385	42376
1990	—	37327	17188	—	610	—	3390	58515
1991	—	25124	25605	—	820	—	7923	59472
1992	—	50639	47769	—	1312	—	9109	108829
1993	—	103204	93642	—	1713	—	35128	233687
1994	—	146477	168701	—	2231	—	3794	321158
1995	—	210192	250764	—	3220	—	105041	569217
1996	3987	241442	333663	—	3987	—	181620	760712
1997	5534	392458	397291	—	5542	—	2544	803369
1998	—	430193	467539	—	28	684	24481	922979
1999	—	494255	521696	—	139	—	46535	1062625
2000	—	619342	563875	2	22	1800	45037	1230078

表 3—15 续

年份	机关团体存款	工商企业存款	储蓄存款	农业存款	财政性存款	基本建设存款	其他存款	存款合计
2001	22300	728500	654300	—	—	—	131900	1537000
2002	27300	766100	783500	—	—	—	193300	1596200
2003	43700	832300	941800	—	500	—	220500	2038800
2004	38900	990500	1202600	1600	1300	—	280900	2515800
2005	19300	1186800	1548700	—	1118	—	321700	3077618

1986—2005 年建行新疆分行人民币存款

表 3—16　　　　　　　　　　　　　　　　　　　　　　　　　　单位:万元,%

年份	年末余额	增减额(十一)	增减率(十一)	备　注
1986	120771	10286	9.3	
1987	154344	33573	27.8	
1988	173798	19454	12.6	
1989	207999	34201	19.7	
1990	290930	82931	39.9	
1991	428044	137114	47.1	
1992	574743	146699	34.3	
1993	707482	132739	23.1	
1994	1069678	362196	51.2	
1995	1515544	445866	41.9	
1996	2078579	563035	37.2	
1997	2438077	359498	17.3	
1998	2604171	166094	6.8	
1999	3219106	614935	23.6	
2000	3859357	640251	20.0	
2001	4204056	344699	8.9	
2002	4290896	86840	2.1	
2003	4924461	633565	14.8	
2004	4650315	−274146	−5.6	
2005	5577900	927585	20.0	

1986—2005 年建行新疆分行人民币存款种类结构

表 3—17 单位:万元

年份	机关团体存款	工商企业存款	储蓄存款	农业存款	财政性存款	基本建设存款	其他存款	存款合计
1986	—	—	—	—	—	54726	66045	120771
1987	—	—	1333	—	—	54194	98817	154344
1988	—	1672	22068	—	—	43346	106712	173798
1989	—	2361	62115	—	—	47536	95987	207999
1990	—	3176	115107	—	—	53858	118789	290930
1991	—	—	163909	—	—	77232	186903	428044
1992	—	—	225716	—	—	89026	260001	574743
1993	—	—	339163	—	—	89733	278586	707482
1994	—	529005	539510	—	—	—	1163	1069678
1995	—	722515	774591	—	—	—	18438	1515544
1996	—	1079326	999253	—	—	—	—	2078579
1997	—	1314198	1113201	—	—	—	10678	2438077
1998	—	1287067	1237992	—	—	—	79112	2604171
1999	—	1644697	1417878	—	—	—	156531	3219106
2000	—	2046436	1639588	—	—	—	173333	3859357
2001	125000	2041300	1816500	16900	—	—	204200	4204056
2002	193600	1641800	2136800	19100	—	—	299700	4290896
2003	228900	1802100	2441800	22900	—	—	428800	4924461
2004	254400	1891800	2385900	30000	—	—	87900	4650315
2005	360700	1880900	2696700	12300	—	—	627300	5577900

1992—2005 年农行新疆兵团分行人民币存款

表 3—18 单位:万元,%

年份	年末余额	增减额(+—)	增减率(+—)	备 注
1992	403717	29580	7.3	
1993	479754	76037	18.8	
1994	603193	123439	25.7	
1995	752871	149678	24.8	
1996	926746	173875	23.1	

表 3—18 续

年份	年末余额	增减额(＋—)	增减率(＋—)	备　注
1997	1110119	183373	19.8	
1998	1358897	248778	22.4	
1999	1532800	173903	12.8	
2000	1738676	205876	13.4	
2001	1933064	194388	11.2	
2002	2258248	325184	16.8	
2003	2701153	442905	19.6	
2004	3150657	449504	16.6	
2005	3588897	438240	13.9	

1992—2005 年农行新疆兵团分行人民币存款种类结构

表 3—19　　　　　　　　　　　　　　　　　　　　　　　　　　单位:万元

年份	机关团体存款	工商企业存款	储蓄存款	农业存款	财政性存款	基本建设存款	其他存款	存款合计
1992	—	33836	275800	94081	—	—	—	403717
1993	—	50735	315200	113819	—	—	—	479754
1994	—	66377	395927	140889	—	—	—	603193
1995	—	88095	506513	158263	—	—	—	752871
1996	—	117786	607825	201135	—	—	—	926746
1997	—	181271	733370	195478	—	—	—	1110119
1998	—	139921	790889	168791	—	—	—	1358897
1999	—	177637	843536	179463	—	—	—	1532800
2000	—	199856	1050326	107245	—	—	—	1738676
2001	—	413605	1090448	429011	—	—	—	1933064
2002	—	899327	1144713	214208	—	—	—	2258248
2003	—	648222	1387613	665318	—	—	—	2701153
2004		783578	1551950	815129				3150657
2005	190099	665765	1801400	931633				3588897

1994—2005 年交通银行新疆分行人民币存款

表 3—20　　　　　　　　　　　　　　　　　　　　　　　　　单位：万元，%

年份	年末余额	增减额（＋—）	增减率（＋—）	备　注
1994	75896	—	—	
1995	144532	68636	90.4	
1996	185069	40537	28.0	
1997	221361	36292	19.6	
1998	276069	54708	24.7	
1999	326474	50405	18.3	
2000	430770	104296	31.9	
2001	546500	115730	26.9	
2002	720900	174400	31.9	
2003	863800	142900	19.8	
2004	1043100	179300	20.8	
2005	1223500	180400	17.3	

1994—2005 年交通银行新疆分行人民币存款种类结构

表 3—21　　　　　　　　　　　　　　　　　　　　　　　　　　单位：万元

年份	机关团体存款	工商企业存款	储蓄存款	农业存款	财政性存款	基本建设存款	其他存款	存款合计
1994	—	58818	5304	—	—	—	—	64122
1995	—	121968	16327	—	—	—	—	138295
1996	—	153010	30452	—	—	—	—	183462
1997	—	169820	47552	—	—	—	2989	220361
1998	—	197179	58850	—	—	—	20040	276069
1999	—	221454	74399	—	—	—	30621	326474
2000	—	286310	98550	—	—	—	45910	430770
2001	48100	331500	139600	—	—	—	27300	546500
2002	50500	449600	188500	—	—	—	32300	720900
2003	69800	523900	232000	—	—	—	38100	863800
2004	98600	631500	277200	—	—	—	35800	1043100
2005	101000	648600	342700	—	—	—	131200	1223500

1986—2005 年新疆邮政储汇局人民币存款

表 3—22　　　　　　　　　　　　　　　　　　　　　　　　　　单位:万元,%

年份	年末余额	增减额(+—)	增减率(+—)	备注
1986	1066	—	—	
1987	10721	9655	905.7	
1988	21702	10981	102.4	
1989	27018	5316	24.7	
1990	45462	18444	68.3	
1991	77999	32537	71.6	
1992	107646	29647	38.0	
1993	122764	15118	14.0	
1994	190284	67520	55.0	
1995	307720	117436	61.7	
1996	394776	87056	28.3	
1997	483204	88428	22.4	
1998	533458	50254	10.4	
1999	596093	62635	11.7	
2000	686452	90359	15.2	
2001	860342	173890	25.3	
2002	1041039	180697	21.0	
2003	1268575	227536	21.9	
2004	1496530	227955	18.0	
2005	1814314	317784	21.2	

1986—2005 年新疆邮政储汇局人民币存款种类结构

表 3—23　　　　　　　　　　　　　　　　　　　　　　　　　　单位:万元

年份	机关团体存款	工商企业存款	储蓄存款	农业存款	财政性存款	基本建设存款	其他存款	存款合计
1986	—	—	1066	—	—	—	—	1066
1987	—	—	10721	—	—	—	—	10721
1988	—	—	21702	—	—	—	—	21702
1989	—	—	27018	—	—	—	—	27018
1990	—	—	45462	—	—	—	—	45462

表 3-23 续

年份	机关团体存款	工商企业存款	储蓄存款	农业存款	财政性存款	基本建设存款	其他存款	存款合计
1991	—	—	77999	—	—	—	—	77999
1992	—	—	107646	—	—	—	—	107646
1993	—	—	122764	—	—	—	—	122764
1994	—	—	190284	—	—	—	—	190284
1995	—	—	307720	—	—	—	—	307720
1996	—	—	394776	—	—	—	—	394776
1997	—	—	483204	—	—	—	—	483204
1998	—	—	533458	—	—	—	—	533458
1999	—	—	596093	—	—	—	—	596093
2000	—	—	686452	—	—	—	—	686452
2001	—	—	860342	—	—	—	—	860342
2002	—	—	1041039	—	—	—	—	1041039
2003	—	—	1268575	—	—	—	—	1268575
2004	—	—	1496530	—	—	—	—	1496530
2005	—	—	1814314	—	—	—	—	1814314

1986—2005 年新疆农村信用社人民币存款

表 3-24　　　　　　　　　　　　　　　　　　　　　　　　　单位:万元,%

年份	年末余额	增减额（＋－）	增减率（＋－）	备　　注
1986	66254	10877	16.4	
1987	85417	19163	28.9	
1988	100437	15020	17.6	
1989	110094	9657	9.6	
1990	163341	53247	48.4	
1991	198279	34938	21.4	
1992	207371	9092	4.6	
1993	242265	34894	16.8	
1994	363811	121546	50.2	
1995	476888	113077	31.1	
1996	436452	－40436	－8.5	

表 3-24 续

年份	年末余额	增减额(±)	增减率(±)	备 注
1997	638099	201647	46.2	
1998	740616	102517	16.5	
1999	701362	−39254	−5.3	
2000	884103	182741	26.1	
2001	1153700	269597	30.5	
2002	1546500	392800	34.0	
2003	2075100	528600	34.2	
2004	2382900	307800	14.8	
2005	2810700	427800	18.0	

1986—2005 年新疆农村信用社人民币存款种类结构

表 3-25   单位:万元

年份	机关团体存款	工商企业存款	储蓄存款	农业存款	财政性存款	基本建设存款	其他存款	存款合计
1986	—	—	51065	8955	—	—	1130	61150
1987	—	—	68665	8817	—	—	1423	78905
1988	—	—	82893	8614	—	—	1506	93013
1989	—	—	92491	8138	—	—	1288	101917
1990	—	—	139801	11617	—	—	1642	153060
1991	—	—	167151	14950	—	—	2145	184246
1992	—	—	171932	14582	—	—	2649	189163
1993	—	—	204470	12029	—	—	2611	219110
1994	—	—	316531	—	—	—	29767	346298
1995	—	—	419414	—	—	—	60618	480032
1996	—	—	381121	—	—	—	49760	430881
1997	—	8968	548131	76193	—	—	4807	638099
1998	—	9396	628387	93407	—	—	9426	740616
1999	—	7350	592523	92068	17	—	9421	701379
2000	—	10437	726010	141814	148	—	5842	884251

表 3—25 续

年份	机关团体存款	工商企业存款	储蓄存款	农业存款	财政性存款	基本建设存款	其他存款	存款合计
2001	3600	18000	888900	227800	200	—	15500	1154000
2002	3900	28500	1134700	356000	400	—	23400	1546900
2003	8600	46500	1524700	448900	700	—	46400	2075800
2004	10700	49500	1755500	548100	10000	—	19100	2392900
2005	17100	51600	2144900	594000	4300	—	3100	2815000

1997—2005 年乌鲁木齐市商业银行人民币存款

表 3—26　　　　　　　　　　　　　　　　　　　　　　　　　　　单位:万元,%

年份	年末余额	增减额(＋—)	增减率(＋—)	备　　注
1997	327400	—	—	
1998	378900	51500	15.7	
1999	414000	35100	9.3	
2000	470900	56900	13.7	
2001	597400	126500	26.9	
2002	826100	228700	38.3	
2003	1074000	247900	30.0	
2004	1221800	147800	13.8	
2005	1409200	187400	15.3	

第四篇 人民币资产业务

————————————

　　1986—2005年，新疆银行业人民币资产业务（以下简称资产业务）是辖内银行业金融机构运用自有资本和外来资金从事各种信用活动以获取利润的业务，它主要包括贷款业务、储备资产和投资业务等。贷款业务主要由工商、农村、流动资金、中长期、个人、政策性等贷款项构成。储备资产是银行业金融机构为应付存款提取而保存的各种形式的支付准备金的总称。投资业务主要是银行业金融机构参与有价证券买入而持有证券形成的业务。

　　至2005年末，新疆银行业金融机构的各项贷款余额由1986年初的76.04亿元增至2272.08亿元，比1986年初增长28.9倍，它在整个资产业务中占到62.7％的份额；储备资产余额1219.76亿元，占资金运用的33.7％。银行业实行商业化经营管理后，随着投资业务逐步多元化及投资力度逐年加大，至2005年末，银行业金融机构有价证券及投资余额132.32亿元，占资金运用的3.6％，已成为资产业务的重要组成部分。

第一章 短期贷款

　　短期贷款是银行为满足客户在生产经营过程中临时性、季节性资金需求而发放的贷款,主要用于原材料购进、职工工资和一般经费开支,其期限主要根据借款企业的生产经营周期、偿还能力,由银企双方协商确定,一般不超过 1 年。20 世纪 80 年代,根据人行总行"银行统一管理国营企业流动资金"的规定,对留给企业的国拨流动资金由银行在企业之间进行适当调剂,实行有偿使用和管理。在新疆,当时国营工商企业流动资金贷款是由新疆工行系统负责,工行新疆分行对在本行贷款的国营企业实行流动资金定额和超定额管理。随着经济发展,短期贷款逐步从生产流通领域扩大到非物质生产行业。1986—1996 年,金融统计将各项贷款划分为流动资金贷款和固定资产贷款两大类,其中流动资金贷款按期限分为短期流动资金贷款和中期流动资金贷款。从 1997 年起,金融统计将各项贷款划分为短期贷款和中长期贷款,不再统计流动资金贷款。

第一节 工业贷款

一、国营工业贷款

(一)国营工业贷款时期(1986—1990 年)

　　1986 年,工行新疆分行对国营工业企业实行流动资金定额管理,按年核定贷款限额,贷款投向主要集中在轻工、有色、纺织、冶金、机械、石油和石油化工等行业,其产值约占全疆工业总产值的 80%,对国营工业企业开办了科技开发、森工企业多种经营贴息及新产品试制、卖方信贷等贷款业务。同年,农行新疆分行石河子支行向石河子八一毛纺厂贷款2000 万元,用于羊毛收购。中行新疆分行开办了短期流动资金,主要是解决工业企业特别是出口外贸型企业和三资企业的短期流动资金不足问题。全年,中行新疆分行共发放短期流动资金贷款 5.06 亿元,占其各项贷款余额的 90.0%。

　　1987 年,工行新疆分行信贷资金实行"压缩挖潜保重点"的办法,采取挖潜与贷款挂钩,挖潜资金留归企业使用等措施,对 852 户工交企业进行排查,排查出潜力资金 4.90 亿元,银行协助企业收回货款 5000 万元,优惠利息返还补充企业流动资金 1100 万元,对全疆791 户工业生产企业、物资供销企业和集体工业企业及 950 种工业产品进行评估排队,按照"优一、活二、紧三、收四"的信贷资金供应原则,将 90% 以上的贷款支持了一、二类产品。同年,农行新疆分行伊犁农垦办事处向 72 团酒厂提供贷款 600 万元,用于大麦、高粱的收购。农行新疆分行国营工业贷款规模非常小,占全部贷款余额不到 5%。建行新疆分行开始试办生产企业流动资金贷款业务,按年核定贷款限额,发放建筑及基建企业流动资金贷款 4.83 亿元,先后向北疆铁路、玛纳斯电厂、康苏火电厂重点项目发放临时周转贷款 2500

万元。

1988年,建行新疆分行发放流动资金贷款6.17亿元,其中发放建筑及基建企业流动资金贷款5.43亿元,发放工业企业流动资金贷款7500万元,先后为南疆泽普石化厂、玛纳斯电厂、新疆湖光糖厂、哈密二电、新疆涤纶纤维厂发放流动资金贷款4300万元、设备储备贷款1000万元。

1989年,工行新疆分行实行"先扣后调"的办法压回信贷规模及资金1亿元,其中80%用于新疆维吾尔自治区国营一、二类重点行业(企业)的资金需要。同年,中行新疆分行开办了工商企业流动资金贷款,年末贷款余额为9.07亿元,其中工业贷款仅为400万元,占比0.5%。建行新疆分行流动资金贷款主要集中在电力、石油化工、石油勘探、建筑业等行业。其发放流动资金贷款7.39亿元,其中发放建筑及基建企业流动资金贷款5.88亿元、发放工业企业流动资金贷款1.51亿元,先后向玛纳斯电厂、泽普石油化工厂发放试生产急需的流动资金1600万元,为塔北石油勘探开发解决流动资金贷款3800万元。

1990年,工行新疆分行实行"一控、二调、三搞活"措施,清理收回超储积压、挤占挪用风险呆账等贷款1.73亿元,514户国营工业企业成品资金比上年减少2.30亿元,向国家"双保"企业及新疆维吾尔自治区46户国营大中型及重点企业安排专项点贷资金3.30亿元。同年,农行新疆分行向焉耆、福海、新源三个县糖厂共发放流动资金贷款2900万元,用于收购甜菜。农行新疆分行发放国营工业贷款主要集中在农行扶持的工业企业的流动资金需求方面。中行新疆分行开始调整贷款结构,重点支持一批出口创汇大型骨干生产企业。建行新疆分行发放流动资金贷款9.40亿元,其中发放建筑及基建企业流动资金贷款6.69亿元、发放工业企业流动资金贷款2.72亿元,向新疆水泥厂4号窑工程发放2500万元临时周转贷款。

(二)国有工业贷款时期(1991—1997年)

1991年,根据工行总行清理信贷资产的要求,工行新疆分行制定了重点支持搞活大中型企业,清理信贷资产,压缩"三项资金、清理拖欠、挖潜"的29条措施,对1639户企业的流动资金贷款和428项专项贷款进行了全面清理,摸清了各项不合理贷款底数。同年,按照"控制总量,调整结构,保证重点,压缩一般,适时调节,提高效益"的信贷政策,中行新疆分行对新疆石油、石化、毛纺、邮电通信、交通、民航、电力等多家大中型骨干企业和出口商品生产企业发放流动资金短期贷款11.18亿元,占当年各项贷款余额的97.0%,缓解了部分企业资金紧缺难题。建行新疆分行贯彻执行建行总行"总量控制、调整结构、强化管理、提高效益"信贷工作方针,发放短期贷款11.80亿元,其中发放建筑及基建企业短期贷款7.23亿元、发放工业企业短期贷款1.51亿元,先后对28个工商企业发放流动资金贷款1.80亿元。

1992年,工行新疆分行对12户大中型企业派出7个驻厂信贷组并选派7名处级领导担任组长,对全疆438户企业库存产成品进行清查,清查库存产成品达16.86亿元。同年,建行新疆分行信贷投放继续坚持为重点建设及大中型项目服务的原则,发放短期贷款14.35亿元,其中发放建筑及基建企业短期贷款7.97亿元、发放工业企业短期贷款6.38亿元,为石油勘探开发的三大油田发放基建、储备、流动资金贷款12.91亿元。

1993年,工行新疆分行清查出各种不合理贷款14.50亿元,占全部工业贷款的

23.6%。按照"规模服从资金、资金服从效益"的要求,建行新疆分行支持效益好的"龙头"骨干企业,发挥规模和效益优势,年末,工商业流动资金贷款余额为 10.34 亿元。其中,建行新疆分行为新疆油田、独山子乙烯工程、新疆纯碱厂、玛纳斯电厂、乌鲁木齐聚酯工程等发放周转贷款 8900 万元。

1994 年下半年,新疆维吾尔自治区工业生产形势好转,工行新疆分行适时向石油、石油化工、民航、冶金、制糖、纺织、有色金属等重点行业新增贷款 9.40 亿元,对工行总行、新疆分行分别确定直接监控和重点支持的 15 户、35 户企业新增贷款 8.30 亿元。同年,按照人行总行和建行总行"严格控制信贷规模,强化信贷资金管理"的信贷要求,建行新疆分行发放短期贷款 23.21 亿元,其中发放建筑及基建企业短期贷款 9.06 亿元、发放工业企业短期贷款 14.15 亿元。其摸底调查国家及新建维吾尔自治区 15 个重点建设项目,先后对新疆、塔里木、吐哈三大油田、兰新复线、玛纳斯电厂、独山子石化总厂、乙烯项目发放临时贷款 3.80 亿元;向新疆维吾尔自治区邮电部门发放流动资金贷款 6300 万元。

1995 年,《商业银行法》颁布实施后,工行新疆分行实行资产负债比例管理,贷款在严格控制总量的前提下,集中资金和规模支持经济效益好,销售收入回行率高,还本付息能力强的重点企业,共选择 115 户企业重点支持。全疆工行系统推行抵押、担保贷款,并对存量贷款合同抵押、担保情况进行清查,对不符合抵押担保规定的,重新办理手续;参与全国百户(新疆两户)、自治区 8 户企业建立现代企业制度试点工作;发放解决特困企业职工基本生活费政策性贷款 2500 万元。全年工行新疆分行累计发放工业流动资金贷款 120.80 亿元。同年,建行新疆分行以"集中资金保重点、保投产",发放短期贷款 32.41 亿元,其中,发放建筑及基建企业短期贷款 10.84 亿元、发放工业企业短期贷款 21.57 亿元、向独山子乙烯和乌石化聚酯项目投产试车筹措 2.6 亿元临时贷款、向石油、石化、电力等行业的重点项目提供 3.18 亿元临时周转贷款。

1996 年,国有工业企业转换经营机制,实施兼并破产和资产重组,工行新疆分行参与"优化资本结构"试点工作,支持现代企业制度试点和集团股份公司的发展。同年,建行新疆分行先后向国家和新疆维吾尔自治区重点建设项目发放流动资金贷款 34.15 亿元,向投资未到位的八钢、红雁池电厂等项目先行垫付 1.45 亿元,向洪水冲毁的兰新复线和南疆铁路投入 9000 万元临时贷款,发放特困企业、生产启动、扶贫专项贷款 5200 万元。

1997 年,工行新疆分行向列入国家重点支持的克拉玛依石油管理局贷款 3.50 亿元、乌鲁木齐石化总厂贷款 2.34 亿元、新建钢铁集团公司贷款 2.87 亿元、向 11 户扭亏增盈企业发放专项贷款 5000 万元。同年,建行新疆分行为保证新疆维吾尔自治区能源、交通、通信等基础设施建设,向乌石化、电力、邮电、铁路分局贷款 21.88 亿元,对利税大户八钢集团公司加大投放 2.80 亿元贷款,向新联集团畅销产品"新疆二号联合收割机"生产发放 3000 万元流动资金贷款。

(三)公司法人贷款时期(1998—2005 年)

从 1998 年开始,工业贷款纳入公司法人贷款管理,实行"计划指导、自求平衡、比例管理、间接调控"的信贷资金管理体制。工行新疆分行信贷投放向大中城市有市场、有效益、讲信誉的大中型企业集中,清收与盘活的存量向重点客户、优质客户转移,制定了《信贷业务特快服务操作意见》,选定了 18 户优秀企业作为特快服务对象,发放特快服务企业流动资金贷款 22.52 亿元,年末,工行新疆分行 A 级以上工业企业流动资金贷款占全部工业流动资金贷款比重达 45.6％。同年,中行新疆分行坚持"统一授信、审贷分离、分级审批、责权分明"的原则,建立信贷业务调控决策机制和运作程序。建行新疆分行发放短期贷款 77.81 亿元,其中发放工业企业短期贷款 41.13 亿元,发放商业短期贷款 5.03 亿元,发放建筑业短期贷款 12.50 亿元,发放贴现贷款 2500 万元,发放其他短期贷款 18.91 亿元,向绩优中小企业发放贷款 35.33 亿元。

1999 年,工行新疆分行流动资金贷款投向石油石化、邮政、通信、交通、电力等支柱产业和重点行业和企业,贷款达 28.66 亿元,特快服务客户扩大到 34 户,贷款增加 20.40 亿元。同年,建行新疆分行信贷工作按照"加强信贷营销,提高资产质量,积极支持国有企业改革和新疆维吾尔自治区经济建设"的要求,发放短期贷款 95.54 亿元,其中发放工业企业短期贷款 51.62 亿元,发放商业短期贷款 10.14 亿元,发放建筑业短期贷款 12.85 亿元,发放贴现贷款 2400 万元,发放其他短期贷款 20.68 亿元。其新增短期贷款主要投向石油、铁路、电信、电力、建材行业,向 14 家上市公司中的 10 家发放了短期贷款。

2000 年,工行新疆分行加大区域结构调整,新增和移位贷款主要投向经济相对较发达的乌鲁木齐、昌吉、伊犁、巴音郭楞州等地区,年末,一类行贷款余额为 224.60 亿元,占比为 70.7％;二类行贷款余额为 57.50 亿元,占比为 18.1％;三类行贷款余额为 35.80 亿元,占比为 11.3％。根据分类指导、"一行一策"的经营原则,工行新疆分行取消了信贷业务市场小、无发展前景的第七支行信贷业务,设立客户经理部,建立包括分行营业部以及巴音郭楞州、喀什、阿克苏、哈密、石河子、阿勒泰等二级分行客户经理制,制定并下发了《中国工商银行新疆分行信贷基础管理工程建设达标方案》和《工商银行新疆分行信贷管理台账管理办法》,对法人客户信贷业务档案进行了全面清理。同年,中行新疆分行重点支持了新天国际、中基、中刚、亚鑫等一批大中型企业,共发放各类贷款 92.41 亿元。建行新疆分行在二级分行和县级支行全面推行新信贷体制,设立专职审批人,发放短期贷款 118.52 亿元,其中发放工业企业短期贷款 63.01 亿元,发放商业短期贷款 9.00 亿元,发放建筑业短期贷款 8.12 亿元,发放贴现贷款 4800 万元,发放其他短期贷款 37.90 亿元。

2001 年,工行新疆分行加强集约化管理,信贷规模从经济欠发达地区向经济发达地区移位,年内清收纺织、食糖、水泥、番茄、煤炭和酒业退出企业的贷款 3.70 亿元。同年,建行新疆分行按照"优中选优"、突出"四重"原则,对公司类客户进行全面的梳理,划分为重点客户、目标客户、保留客户和退出客户,实行动态管理,公司类新增贷款主要集中投向石油化工、交通、兵团、信息等支柱行业,发放短期贷款 118.99 亿元。

2002 年,工行新疆分行信贷机构改革,工商贷款统称为公司贷款,新增公司贷款 95％以上投向 A 一级以上客户,新增贷款继续向乌鲁木齐、昌吉、克拉玛依等一、二类二级分行倾斜,贷款增加达 18.20 亿元。同年,建行新疆分行公司类新增贷款主要集中投向石油化工、交通、电力、民航、信息等支柱行业,建立多层次营销机制,发放短期贷款 135.52 亿元。

2003 年,工行新疆分行新增贷款 77.4％投向经济相对活跃,基础设施较为完善,城市化程度较高的天山北坡经济带,这一经济带法人客户贷款占到 78.0％。同年,建行新疆分行把贷款投放的重点锁定在石油、石化、铁路、交通、信息产业、电力、重点城市基础设施建设以及文教、卫生等重点行业上,年新增贷款 9.00 亿元,占全部公司贷款新增的 26％。

2004 年,工行新疆分行天山北坡经济带法人客户贷款比重上升到 81.0％,贷款余额达 275.00 亿元,占全行贷款余额的 72.0％。同年,建行新疆分行贯彻落实国家宏观调控政策,调整信贷结构,将石油、电力、铁路、民航、电信、兵团等行业作为重点营销行业,发放短期贷款 93.62 亿元。

2005 年,面对公司法人户存、贷款严重下滑的趋势,工行新疆分行调整工作思路,将 AA 一级以上优质客户作为公司贷款的重点客户和主攻方向,向其发放贷款 64.60 亿元,占公司贷款投放额的 55.9％,年末,AA 一级以上贷款客户 67 家,贷款余额 85.06 亿元,占比 43.9％。同年,中行新疆分行继续支持新疆石油开发、大型石化项目建设、铁路、民航等交通及电力、通信、邮政、高新园区、八钢、特变电、美克、广汇、新天等一大批公司法人制大中型企业。至年末,中行新疆分行共投放各类贷款 203.46 亿元,较 2000 年增长了 1.2 倍。建行新疆分行加强集团客户的营销,专门成立集团客户部负责对石油石化、民航、铁路、电力等集团客户的营销,全年建行新疆分行发放短期贷款 105.22 亿元。

2005 年末,新疆银行业工业贷款余额 248.59 亿元。

二、城镇集体工业贷款

城镇集体工业企业原称手工业,社会主义合作化改造后,手工业改称第二轻工业,手工业贷款改称集体工业贷款。由于新疆城镇集体工业起步晚、发展慢、效益一般,在支持中受到种种限制。

1986 年,按照工行总行《关于城镇集体工业贷款掌握的意见》要求,工行新疆分行结合新疆实际研究决定,对经济效益好的集体工业企业,要与国营企业一样予以支持,特别是对适销对路的民族特需品和脱销断档的小商品生产资金需要的支持,规定城镇集体工业企业自有资金占定额资产的平均数原则上要有 50％,其不足部分按"缺多少补多少"的原则,从企业的留利中提取 30％～50％予以补充;贷款不得用于弥补亏损,不得用于上缴未实现的利润、税金;对积压产品的企业不予贷款。

1987 年,工行新疆分行首次对集体工业企业发放科技开发贷款,对 6 个经济效益较显著的项目发放了 99 万元贷款。

1988—1989 年,工行新疆分行对集体工业发展的资金需要,主要靠贷款的回收和集体企业资金挖潜来解决,对评估出的一、二类集体企业和产品有销路、发展有前景的资金需要给予支持。

1990 年,为配合做好待业高峰期就业工作,工行新疆分行安排 1000 万元贷款,支持发展集体经济,安置城市待业青年就业,年末,新疆工行系统发放城镇集体企业贷款 725 万元,解决安置城镇待业青年就业 3642 人,给 170 个校办企业发放贴息贷款 600 余万元。

1991 年以后,工业信贷主要是围绕搞活大中型企业,集中信贷资金保重点,支持经济效益好、产品适销对路的企业资金需要,对城镇集体工业支持较少。

1997 年到 2000 年的四年间,中行新疆分行向出口创汇型的乡镇企业累计贷款余额为 88 万元(1997 年 20 万元,1998 年 20 万元,1999 年 28 万元,2000 年 20 万元)主要是乡镇企业流动资金贷款。

2005 年末,新疆银行业城镇集体工业贷款余额 10.63 亿元。

第二节　商业贷款

一、商业贸易贷款

商业贸易贷款包括国营商业企业、外贸企业、餐饮、旅游、文化等公共服务企事业的流动资金贷款。

1986年,工行新疆分行支持商业企业横向经济联合,对联营企业的自有流动资金达不到30%的部分发放特种贷款,对"三照顾"县国营商业的贷款实行优惠利息返还,返还利息主要用于补充企业自有流动资金。同年工行新疆分行恢复了商业网点贷款业务,全年发放网点贷款800万元,支持项目85个。同年,中行新疆分行按照专业分工,商业贸易贷款的主要对象是大中型外贸生产企业和外贸流通企业。年末,中行新疆分行外贸企业贷款余额为4.65亿元,占商业贷款余额的91.8%。

1992年,随着商业企业转换经营机制,工行新疆分行开始实行商业企业等级评定制度,对一、二类企业执行以销定贷,压缩三类企业和清收关停企业贷款,采用抵押、担保方式,确定最高贷款限额,确定52户大中型商业企业为重点支持对象,协助企业处理有问题商品1.18亿元,清收四项有问题贷款2.33亿元,调剂安排1亿元贷款规模,支持新疆33个边境县(市)的地边贸易的发展。

1993年,工行新疆分行商业贸易贷款由分散投放向适当集中转变,增加了地边贸企业流动资金贷款和商业网点贷款投放,全年累计发放商业贷款90.19亿元,收回有问题贷款1.99亿元。

1994—1995年,工行新疆分行开始实行限额控制下的资产负债比例管理办法,但仍严格控制信贷总量,逐步停止了信用放款,全面推行抵押或经济担保贷款。1995年末,工行新疆分行抵押担保贷款占97.2%,高于工行总行要求标准。

1995年,中行新疆分行外贸企业贷款余额为15.48亿元,占商业贷款余额的86.1%。

1996年以后,工行新疆分行的商业贷款向既能按时还本付息,又能发挥稳定物价、繁荣市场、满足城市居民"菜篮子"和日用品供应的主渠道作用的国有大中型商业企业倾斜。

1997年,建行新疆分行发放的商业贸易贷款既包括国营商业企业、外贸企业、旅游企业、餐饮企业、上市公司等的流动资金贷款,也包括上述企业的农副产品收购贷款。年末,建行新疆分行商业贸易贷款余额5.32亿元。

1998—2000年,建行新疆分行商业贸易贷款余额分别为5.03亿元、10.14亿元、9亿元。

2001—2005年,建行新疆分行商业贸易贷款余额均在5.32亿元没有变化。

2005年末,新疆银行业商业贷款余额共496.99亿元。

二、粮食贷款

工行新疆分行成立后,按当时存贷款业务范围划分,新疆境内县(含县)以上粮食系统工商企业及附属企业,包括议价公司、贸易货栈、联营企业、食品工业、饲料、酿造、饭店、旅馆,以及城郊粮油收购站、粮油仓库的存贷款业务主要由工行新疆分行承担。

1986年,粮油丰收,工行新疆分行按新疆维吾尔自治区人民政府的要求,做好在订购合同外再增加收购15万吨粮食专项资金安排。为加强粮食企业的信贷资金供应和管理,工行新疆分行规定:对粮食企业开展付营业的资金需要,凡符合贷款条件的,要给予支持;粮食企业的政策性亏损和超购加价款应按月拨补清算;对粮食企业经营平价、议价粮油,或粮食工业与商业因资金合用所占贷款难以划分的,可先按流动资金贷款利率计收,待企业提出有关资料后,再办理结算退息。

1987年,工行新疆分行对293户粮食企业信贷资金占用情况进行了专项清理,共清出悬账资金8000万元。

1988年,部分粮油收购价调高,国家库存粮油升值,按1988年3月31日的库存数量和原统购价与调整后统购价的差额计算,调整账面余额。

1989年,为保证收购粮油的资金需要,工行新疆分行决定:如基层行处无贷款规模,允许先贷后报。

1990年,工行新疆分行用1200万元专项贷款支持修建15万吨地方粮食简易仓棚,此贷款由工行新疆分行贷给自治区粮食局下拨各地粮食局,存入工商银行设立的"建仓专项存款"专户,要求单独核算,专款专用,不得挤占挪用,不得突破,不得透支。

1991年,工行新疆分行共发放粮食贷款12.94亿元,保证粮油收购和储备资金需要,同时,清收粮食企业挤占挪用贷款1.44亿元。

1992年,工行新疆分行安排网点设施贷款1200万元,支持52个城镇网点建设的资金需要。同年,粮食企业转换经营机制,实行"五自主""四放开"改革,对粮食企业放开市场,开展多种经营所需流动资金,按国家粮食购销政策予以支持;对装修、改造网点、技术改造、小额技措、副食品基地贷款给予重点支持;对经营议价粮油的资金需要,根据"小批量,多品种,以销定进""以销定贷"原则给予支持。国家专项储备粮贷款,采取由人民银行提供资金和贷款规模,专业银行发放,中央财政贴息的办法。

1993年,工行新疆分行把粮食收购列入必保资金供应序列,实行规模资金单列。

1994年,工行新疆分行向农发行新疆分行划转政策性贷款17.31亿元,部分粮油付营企业的贷款仍留在工行,年末贷款余额为1.11亿元。后来,由于粮油付营企业经营效益不好,开户行对粮食系统付营企业压缩贷款规模,只收不贷。

1995年,工行新疆分行粮食贷款余额仅为3800万元。

1996—1997年,工行新疆分行粮食贷款基本在1995年的水平,没有出现变化。

1998年,按国务院深化粮食流通体制改革的要求,粮油付营业务从农业发展银行划转到国有商业银行,工行新疆分行共接受粮油付营企业16户,接收贷款1.64亿元,接收存款275万元,表内外应收未收利息397万元。

2005年末,新疆银行业农副产品贷款余额344.49亿元。

三、供销合作社贷款

供销合作社是农村商品流通的主渠道,农业银行在信贷资金上一直予以支持,主要发放有农业生产资料贷款和商品流转贷款。

农业生产资料贷款是提供给供销社所属生资公司,专门用于化肥、地膜农药等农业生产资料购进和销售的贷款。20世纪80年代,农行新疆分行平均每年累计发放农业生产资料贷款1.00亿元左右。20世纪90年代,农行新疆分行平均每年累计发放农业生产资料贷款8.00亿元左右。1995年,因进口化肥囤积的原因,全年累计发放农业生产资料贷款高达34.00亿元。进入21世纪以后,农行新疆分行平均每年发放农业生产资料贷款10.00亿元左右。2005年,农行新疆分行累计发放农业生产资料贷款10.39亿元。

商品流转贷款是为供销社系统各商业网点购进商品而提供的贷款。1986—1995年,农行新疆分行累计发放商品流转贷款近50.00亿元,平均每年5亿元。1996年以后,由于基层供销社的改制,农村私人商业兴起,对此项贷款进行了清理。

四、集体商业贷款

1986年,工行新疆分行集体商业贷款略有发展,到1987年末,集体商业贷款余额达4600万元,同比增长42.4%。

1988年上半年,工行新疆分行集体商业贷款继续保持快速发展,超过了国营商业增长幅度,但在7—8月出现商品抢购风之后,9月,工行总行要求所属各分支行集体商业贷款年末余额控制在8月底的余额之内。第四季度集体商业贷款进入压缩期,到年末,工行新疆分行集体商业贷款余额3.18亿元。

1989年,工行新疆分行对集体商业贷款继续采取压缩政策,并出台了"四不贷"规定。

1990年,适当放松集体商业贷款,对积极组织适销商品的予以贷款支持。

1992年,为防风险,工行新疆分行对集体商业三、四类企业实行抵押贷款或经济实体担保,对一、二类企业取消信用放款。

1993年,工行新疆分行将"三资"企业、股份制企业贷款归并到集体企业贷款中核算。

1994—1995年,为扩大信贷资金来源,工行新疆分行大力组织商业存款,对效益好的集体大中型商业企业在贷款上大力支持,以贷引存,存单和有价证券作贷款抵押品盛行,截至1995年末,新疆工行系统集体商业贷款余额达4.54亿元。

1996年以后,贷款增量主要投向了大中型商业企业,集体商业贷款发展趋缓。

五、农副产品收购贷款

农副产品收购贷款主要是农业银行为粮食、供销部门提供的,以收购粮、棉、油为主的专项贷款。此项贷款在农发行成立前是农行的主要信贷业务,其贷款余额占各项贷款余额的50%以上。

农行新疆分行发放的农副产品收购贷款除粮、棉、油专项以外,还根据新疆地域特色,对甜菜、羊毛、亚麻、水果等工业原料也发放过收购贷款。

1986年,国家农副产品收购政策变化较大,年内国务院《关于完善粮食合同定购制度的通知》(以下简称《通知》)和人行总行、财政部、商业部、农行总行《关于发放粮食预购定金贷款的通知》以及农行总行《关于完善收购农副产品贷款专项管理的意见》(以下简称《意见》)先后出台。农行新疆分行严格按照《通知》和《意见》要求,发放贷款,全年累计发放农副产品收购贷款24.07亿元,支持粮食、供销部门收购粮食156万吨、棉花21.50万吨、油料 8.30 万吨的收购任务。

1990 年,农行新疆分行信贷部门早调查早汇报,保证收购资金供应,全年共发放农副产品收购贷款 67.01 亿元,年末贷款余额达 46.96 亿元。

1994 年,粮、棉、油专项收购贷款划转农发行后,农行新疆分行自营农副产品收购贷款继续发放,主要支持了农行扶持起来的农产品加工企业的原料收购。

1995 年,农行新疆分行自营农副产品收购贷款累计发放 9.66 亿元,到 2005 年末,农副产品收购贷款余额仍有 11.19 亿元。

第三节 农业贷款

一、国营农业贷款

国营农业贷款主要是针对国营农、林、牧业的贷款。2005 年以前,这类贷款在新疆主要由农业银行和农村信用社承担。

1986 年,农行新疆分行累计发放国营农业贷款 12.47 亿元,年底贷款余额为 8.34 亿元。贷款的 80% 用于春耕生产费用,重点支持兵团调整种植结构;发放林业贴息贷款 390 万元,支持 19 个国营林场(站)营造速生林、中幼林抚育、经济林和开展多种经营。

1989 年,农行新疆分行累计发放畜牧业贷款 2500 万元,重点支持兵团养殖业的发展,并与新疆生产建设兵团制定了养羊基地建设贷款办法。同年,农行新疆分行发放贷款 550 万元为兵团购置 317 台畜牧业机械,用于饲草的收割和加工。

1991 年,农行新疆分行印发《新疆农村信用社信贷管理规范实施细则》,规定新疆农村信用社要服从国家产业政策,优先支持农业,在农业贷款中,粮、棉、油等基础产业贷款一般不低于 70%,其他种养殖业一般不高于 30%;农业费用性贷款一般不低于 80%,农业设备及技术改造性贷款不高于 20%,对城市副食品基地建设贷款适度从优。

1992—1993 年,新疆农村信用社严格按照固定的信贷资金使用序列,划出相应资金和规模支持"星火计划""燎原计划""丰收计划"的实施。

1994 年,国务院确定新疆国家级粮棉大县 17 个,新疆维吾尔自治区人民政府确定自治区级粮棉大县 27 个。至 1996 年末,农行新疆分行共发放粮棉大县贷款 5.85 亿元。

1997 年,新疆农村信用社调整贷款政策,注重支持一批种养殖大户,加大了对生产资料储备信贷支持,全年累计发放农业贷款 23.10 亿元。

1998 年,新疆农村信用社把调整优化结构、发展高产优质高效农业作为信贷支持的主攻方向,优先保证粮、棉、油等作物生产的贷款需要,新增农业贷款 8.23 亿元,占全疆金融机构新增农业贷款的 62.1%。年末,新疆农村信用社农业贷款余额达 22.00 亿元。

1999 年,新疆农村信用社优先保证粮、棉、油等生产费用贷款的需要和畜、禽、水产等养殖业的需要,并实行利率优惠。

2001 年,新疆农村信用社支持农民走科学种田,精耕细作,提高单产的发展道路,确保增产增收。其全年累计发放农业贷款 50.98 亿元,年末农业贷款余额 32.40 亿元。

2002 年,新疆农村信用社调整信贷结构和期限,发放农业贷款支持农村经济结构调整,支持粮、棉生产的同时增加畜牧业、林果业的贷款资金投入。

2003年,农行新疆分行累计发放春耕生产贷款12.56亿元,向农业产业化龙头企业发放贷款11.00亿元,重点支持了纵横股份、大华实业、芳香科技、乡都酒业、玉隆果业等"集团型、科技型、外向型、资源型、带动型的企业"发展。

2005年,新疆农村信用社在地方党政和人民银行的扶持下,坚持服务"三农"方向,改善支农水平,加大信贷投入,从农民和农村经济发展需要出发,拓宽服务领域,创新服务品种,增加服务手段,完善服务功能,增加农民需要的金融服务品种,支持"三农"发展。至2005年末,全疆农业贷款余额达169.78亿元。

二、农户贷款

农户贷款是银行业金融机构向农村自然人发放的生产经营性、消费性贷款。

1986—1995年,农户贷款在新疆的特点是贷款额度小,一般户均在万元以下,贷款用途主要集中在春耕生产费用方面。

1996年,新疆农村信用社为落实国务院《关于农村金融体制改革的决定》,坚持为农服务的方向,在信贷资金投向上实行"三优先",即农户贷款优先、社员贷款优先、农业贷款优先。

1996—1998年,农户贷款特点是贷款额度大,一般户均在10万元以上,贷款用途主要集中在农业开发,养殖设施建设和大型农机具购置方面。

1999年,新疆农村信用社对农户发放小额贷款,实行"限额管理、信用放款",即"一次核定、随用随贷、余额控制、次数不限、周转使用、合理调整"的办法,对农户一般性种植和养殖业生产的资金需求,采取小额信用贷款的方式解决;对超过农户小额信用贷款限额、借款者本人又无法提供有效抵押、担保的,农村信用社一般采取3~5户农民联保的办法。农户联保贷款实行个人申请、多户联保、周转使用、责任连带、分期还款的管理办法。当年,人行乌鲁木齐中心支行对新疆农村信用社发放农户小额贷款提出要求,即适当放款,简化手续,加快办理;在保证信贷资金安全性和周转性以及建立防范风险的管理制度基础上,试行农户贷款证制度;积极探索村集体担保、农户联保互保办法,解决部分农户贷款担保难的问题。

2000年,人行下发了《农村信用合作社农户联保贷款管理指导意见》,规定联保小组由居住在信用社服务辖区内有借款需求的5~10户借款人自愿组成。贷款用途及安排次序为:种植业、养殖业等农业生产费用贷款,加工、手工、商业等个体工商户贷款,其他贷款。

2001年,新疆农村信用社累计发放农户联保贷款6.37亿元。同年,建行新疆分行为了满足"三农"贷款的需求,在个人消费额度贷款基础上,推出小额农户贷款,确定了"公私联动、有效担保、统一管理、专款专用、按期偿还"的经营管理原则,使其更加贴近市场,贴近客户。

2002年,全疆有405个信用社开办了农户联保贷款,占全疆法人信用社机构数的64.2%,全年累计发放农户联保贷款14.58亿元。同年4月,新疆维吾尔自治区诞生了全区第一家信用村——精河县八家户农场六队。同年,乌鲁木齐县农村信用联社选择了1~2个村开展创建信用村的试点,有条件的乡镇信用社也选择1个村进行试点。到年末,新疆农村信用社共建立信用村 201 个,信用乡(镇)2 个。同年,建行新疆分行正式开办小额农户贷款,经办机构由最初的 3 家二级分行扩展到 12 家;客户群体从兵团向地方扩展;产品投向也从单一的棉花种植逐步向蔬果粮食种植、种苗培育、农业生产基础设施建设、农资流通供给、农机设备购买、果品采摘贮藏、标准化基地养殖、牛羊育肥、兵团小城镇住房建设等领域拓展;贷款投放时间从年初春耕的集中发放到全年循环投放;业务领域从起初单一的棉花种植逐步覆盖农、林、牧、渔及加工五个大类,产、供、销、贮、农资、用工、机具等多个环节。"小额农贷"已成为建行新疆分行个人信贷业务发展的重要支柱之一。

2004 年,中国银行业监督管理委员会印发了《农村信用合作社农户联保贷款指引》,规定联保小组由居住在贷款人服务区域内的借款人组成,一般不少于 5 户,联保协议有效期最长不超过 3 年。贷款用途为种植业、养殖业等农业生产费用贷款,加工、手工、商业等个体经营贷款,消费性贷款,助学贷款,贷款人同意的其他用途。

2005 年,新疆维吾尔自治区农村信用合作管理办公室下发《新疆农村信用社贷款支农工作考核办法》,加大对农业、农村和农民的信贷投入,增加投入总量,扩大农民贷款投入覆盖面,有效化解和分散信贷风险,促进农业增效、农民增收。同年,新疆农村信用社农户贷款继续增加。到年末,全疆农村信用社为 140 万农户建立了经济档案,评定信用户 96 万户,发放贷款证(卡)88 万本,农户小额信用贷款余额 6.70 亿元。同年,建行新疆分行累计投放小额农户贷款 7.57 亿元,没有发生一笔损失贷款,贷款利息余额全部收回。

第四节 其他短期贷款

一、建筑业贷款

1986 年初,根据建筑业管理体制改革的要求和建行总行颁发的《建筑业流动资金贷款管理试行办法》,建行新疆分行严格执行信贷计划,对中央在新疆的建安企业优先给予补充流动资金;集体施工企业只要有 30% 的自有流动资金,就考虑给予贷款支持;对盲目采购基建材料造成积压或承包计划外工程的企业,银行不予发放贷款。年末,建筑业流动资金贷款余额为 4.38 亿元。

1987 年,建行新疆分行主要支持了北疆铁路、玛纳斯电厂、康苏电厂、湖光糖厂等。年末,建筑业贷款余额为 4.83 亿元。

1988 年,为了支持促进建筑业的发展,建行新疆分行扩大了对建筑业的流动资金贷款的范围,增加了多种经营贷款、建筑机械、建材供销企业贷款和城市综合开发及商品房建设贷款,年末,建筑业流动资金贷款余额为 5.43 亿元。

1989 年,建行新疆分行把帮助企业清仓挖潜、清理被拖欠工程款和按规定预收备料款结合起来,促进加速流动资金周转,以减少贷款和利息负担。

1990 年,建行新疆分行在全疆建筑企业开展清理"三角债",帮助企业解决人欠与欠人、拖欠工程款等问题,至年末,建筑业流动资金贷款余额达 6.69 亿元。

1991 年,建行新疆分行建筑企业流动资金贷款发放实行优化投向,优先保证重点建设项目施工需要,向效益好、信誉高的施工企业倾斜,建筑业流动资金贷款余额达到 7.23

亿元。

1992年,建行新疆分行在建筑业贷款发放中坚持审贷分离、集体审贷、跟踪监督,推行贷款担保、抵押等办法,建筑业流动资金贷款余额进一步上升,达7.97亿元。

1993年,建行新疆分行调整建筑业流动资金贷款投向和结构,向大建筑业过渡,实施大建筑业一条龙服务,贷款范围扩展到建材、物资供销等企业,年末建筑业流动资金贷款余额为8.11亿元。

1994年之后的几年,建行新疆分行建筑业流动资金贷款进入快速增长期,每年以亿元递增。1994年,建行新疆分行加强建筑业贷款项目的评估,强化建筑企业预决算的复审和会审,年末,建筑业贷款余额为9.06亿元。

1995年,建行新疆分行参与建设单位和建筑施工企业财务决算的签证、审查和批复,年末,建筑业贷款余额为10.84亿元。

1996年,建行新疆分行提高建筑业贷款项目的评审效率和评审质量,进行贷款项目信息的调查和贷后评价。年末,建筑业贷款余额为12.7亿元。

1997年,建行新疆分行加强投资调查,评估建筑业贷款项目62个,年末,建筑业贷款余额为19.68亿元。同年,中行新疆分行开始向建筑业发放贷款,年末贷款余额为157万元,次年增加到2.67亿元,随后几年贷款余额有增有减。

1998年,建行新疆分行建筑业贷款主要投向基础设施、中小企业和农牧团场,年末,贷款余额为12.5亿元。同年,中行新疆分行建筑业贷款年末余额增加到2.67亿元,随后几年贷款余额有增有减。

1999年,建行新疆分行建筑业贷款主要投向冶金、纺织、外贸、兵团农场等行业,年末,建筑业贷款余额为12.85亿元。

2000年以后,随着同业的分流,建行新疆分行建筑业流动资金贷款起伏加大。2000年,建行新疆分行把石油行业和天山北坡经济带作为建筑业贷款的重点,年末,建筑业贷款余额为8.12亿元。

2001年,建行新疆分行将乌鲁木齐市和兵团作为建筑业的主要方向,年末,建筑业贷款余额为10.06亿元。

2002年,建行新疆分行把乌鲁木齐、昌吉、石河子、巴音郭楞州、克拉玛依作为主要投向外,还向棉麻、烟草行业倾斜,年末,建筑业贷款余额为14.8亿元。同年,招商银行乌鲁木齐分行开始有建筑业贷款,年末余额为3000万元。

2003年,建行新疆分行仍将乌鲁木齐、昌吉、石河子、巴音郭楞州、克拉玛依作为主要投向,年末,建筑业贷款余额为15.63亿元。同年,招商银行乌鲁木齐分行建筑业贷款余额为5800万元。

2004年,建行新疆分行将乌鲁木齐市、克拉玛依市、兵团等作为营销重点,年末,建筑业贷款余额为10.42亿元。同年,招商银行乌鲁木齐分行建筑业贷款余额达到1.22亿元。

2005年,建行新疆分行优化建筑业地区结构、产品结构、客户结构,防范经营风险。至年末,建行新疆分行建筑业流动资金贷款余额12.01亿元。同年,中行新疆分行建筑业贷款余额减少至7200万元。招商银行乌鲁木齐分行建筑业贷款余额为9800万元。

2005年末,新疆建筑业贷款余额共23.55亿元。

二、乡镇企业贷款

乡镇企业是由过去的社队企业演变而来，在 20 世纪 80 年代末 90 年代初，由于国家政策的鼓励，有过一段迅猛发展的时期。后因经济调整，有的被关停而自行消亡，有的被改制，由公司制企业取而代之。乡镇企业贷款也随之走过一段兴衰之路。

1986 年，农行新疆分行乡镇企业贷款余额 1.27 亿元。同年，农行吐鲁番地区中心支行贷款 135 万元，支持乡办、村办、联户办的葡萄加工企业 9 个。新疆农村信用社安排 3000 万元的信贷资金用于新疆乡镇企业设备贷款。

1988 年，农行巴音郭楞州中心支行贷款 200 万元，支持尉犁蛭石厂生产。

1989 年，新疆农村信用社在贯彻农户、社员、种养业贷款为主的信贷政策中，新增乡镇企业贷款 1000 万元。

1990 年，农行乌鲁木齐市中心支行，先后贷款 0.15 亿元，支持乌鲁木齐县红山棉纺厂建立 2.3 万纱锭的小型棉纺厂。

1991 年，按农行新疆分行的规定，新疆农村信用社优先支持发展前景好、效益高及信誉佳的乡镇企业。在乡镇企业贷款中，农副产品系列加工业、农业工业和能源工业等基础产业性工业及其他为农业生产服务的企业贷款不低于 50%。

1992 年，农行新疆分行将已审批的 21 个乡镇企业固定资产贷款项目改由新疆农村信用社办理，年利率在乡镇企业固定资产贷款基准利率基础上上浮 2 个百分点。新疆农村信用社乡镇企业贷款余额一度达到金融机构同类贷款余额的 63%。

1993 年，石河子兵团支行提供 20 万元支持一家典型的团办小作坊民营企业，即后来的兵团农八师石河子总场天业集团公司（也是兵团最大的一家国有企业）。农行新疆兵团分行先后累计向这家企业投入各类贷款 12.00 亿元，帮助其建成节水灌溉、滴灌等十多个生产项目。同年，新疆乡镇企业发展速度加快，新疆农村信用社乡镇企业贷款比 1992 年新增了 7400 万元。

从 1986 年农行新疆分行发放乡镇企业贷款开始，到 1995 年末，农行新疆分行累计发放了 25.00 亿元的乡镇企业贷款。农行新疆兵团分行累计发放团（团场）办乡镇企业贷款 13.00 亿元。

1996 年以后，农行新疆分行最初以流动资金贷款为主，贷款主要投向食品、建材行业的乡镇企业贷款，经过不断清理、处置，1996 年末，农行新疆分行乡镇企业贷款余额为 13.58 亿元。

1997 年，新疆农村信用社开始对效益不高、产品无市场、经营无方、重复建设小而全乡村企业加以限制，年末乡镇企业贷款余额 1.05 亿元，比 1996 年降低 428 万元。

1998 年，全疆农村信用社重点支持产品有销路、还款有保障的优秀骨干乡镇企业；对产品暂时积压、经营困难的乡镇企业，帮助查找原因、对症下药；对救助无望的乡镇企业，采取存量盘活、只收不放的措施。

1999 年，新疆农村信用社为确保资金的安全，发放乡镇企业贷款十分慎重。

2005 年末，新疆乡镇企业贷款余额共 10.63 亿元。

1986—2005 年新疆银行业机构乡镇企业贷款余额

表 4—1　　　　　　　　　　　　　　　　　　　　　　　　　　单位:亿元

年份	贷款余额			年份	贷款余额		
	余额	银行	信用社		余额	银行	信用社
1986	1.44	1.28	0.16	2000	17.19	11.68	5.51
1990	5.18	3.74	1.44	2005	10.63	10.11	0.52

三、私营企业及个体工商户贷款

1986 年,工行新疆分行对个体工商户办理贷款时要求提供担保。

1987 年,受资金和规模的限制,农行新疆分行发放的私人企业及个体工商户贷款不多。为规避风险,私人企业及个体工商户贷款多采取资产抵押的方式。在农村多为存款单质押;在城市多为房产证抵押,私人企业及个体工商户贷款多为资金周转需要,放贷时间一般不超过一年。同年,工行新疆分行个体商业贷款余额达 1100 万元。

1988 年,农行新疆分行发放的个体工商户及私营企业贷款余额为 2800 万元。1988—1989 年,工行新疆分行对个体工商业贷款采取压缩政策,严格控制贷款的发放。

1990 年,工行新疆分行才适当放开个体工商业贷款压缩政策。同年,新疆农村信用社私人企业及个体工商户贷款年末余额为 2300 万元。

1992—1995 年,工行新疆分行对个体工商业的贷款实行"以贷引存"办法,促进私营个体工商业发展。1995 年末,新疆工行系统私营个体工商业贷款余额达 1.80 亿元。新疆农村信用社私人企业及个体工商户贷款年末余额为 6.12 亿元。

1996 年以后,工行新疆分行贷款增量主要投向大中型商业企业,私营个体工商业贷款发展趋缓。

1997 年,中行新疆分行开始向私营企业及个体工商户贷款,但占比很小,年末余额为 875 万元。

2000 年,新疆农村信用社私人企业及个体工商户贷款年末余额为 4.62 亿元。

2004 年,建行新疆分行开始办理私营企业及个体工商户贷款业务。

2005 年末,新疆私人企业及个体工商户贷款余额共 13.49 亿元。

1986—2005 年新疆银行业机构私营企业及个体工商户贷款余额变化

表 4—2　　　　　　　　　　　　　　　　　　　　　　　　　　单位:亿元

年份	贷款余额		
	余额	银行	信用社
1986	0.29	0.29	—
1990	0.55	0.32	0.23
1995	7.92	1.80	6.12
2000	8.42	3.80	4.62
2005	13.49	4.44	9.05

四、特别贷款

（一）民族贸易贷款

1992—1994 年，为了支持少数民族地区民品生产，工行新疆分行开办了民族贸易网点建设和民用品生产技术改造专项贴息贷款，民族贸易贷款的利息贴补由中央和地方财政各承担一半，其投资规模由国家计委安排，信贷指标由人民银行安排。其间，工行新疆分行统一调剂安排了 1 亿元贷款规模，支持新疆 33 个边境县（市）在进行经济技术合作和组织收购出口商品以及对周边国家进行易货贸易、地边贸易企业的资金需要。

2001—2005 年，"十五"期间，经国家民委确定，新疆共有 53 个民族贸易县，全区共有 351 家民族贸易企业和民族特需用品定点生产企业，共有 87 家企业获得了民贸民品优惠利率贷款支持，贷款企业覆盖率为 24.8%，全区各经办银行累计发放民贸民品优惠利率贷款 48.1 亿元，平均每户企业获得流动资金贷款 5533.5 万元。全区各级人民银行累计办理利差补贴 1.1 亿元，平均每户企业享受贴息额 122.3 万元。

（二）扶贫贷款

1986 年，工行新疆分行将技术改造贷款与扶助贫困地区结合起来，全年给南疆地区优先安排道路贷款 4200 万元。同年，农行新疆分行对全疆 25 个贫困县和 19 个贫困乡进行了信贷扶贫。建行新疆分行为减轻和田、喀什、克孜勒苏州的经济负担，对基建投资实行拨改贷的项目一律改为无偿拨款，除以前年度下达给三地州的支持发展集体经济贷款指标 219 万元允许继续使用外，再给三地州增加扶贫贷款指标 181 万元。

1988 年，建行新疆分行安排的扶贫贷款为 746.52 万元。

1989 年，工行新疆分行向和田、喀什、克孜勒苏州、阿勒泰 4 个重点扶贫地区发放技术改造贷款和扶贫专项贷款 2600 万元，并实行贷款安排从优、掌握从宽、利率下浮的优惠政策。

1990 年，农行新疆分行向喀什地区累计发放牛羊养殖业开发扶贫贷款 1700 万元，全疆 25 个贫困县中，扶贫贷款支持的经济实体达 1527 个，安排贫困户 29890 户。

1991 年，工行新疆分行再次下达扶贫专项贷款计划 485 万元，支持喀什、塔城、阿勒泰、昌吉 4 个地州贫困县粮油加工厂浸出油改造、水泥厂散装水泥设施改造等项目。同年，农行新疆分行为扶贫贷款项目福海糖厂帮助解决原料不足问题，拿出部分扶贫贴息贷款匹配常规贷款，由乡、村集体承贷开发荒地建糖料基地。建行新疆分行安排扶贫贷款 1000 万元，专门用于贫困地区脱贫致富。

1995 年，农发行新疆分行安排扶贫开发贷款 2.16 亿元，支持了 191 个扶贫项目。

1996 年，农发行新疆分行安排 309 个扶贫贷款项目，年末扶贫贷款余额达到 9.16 亿元。

1997 年，农发行新疆分行发放扶贫贷款 3.49 亿元。

1999 年，工行新疆分行继续支持新疆贫困地区脱贫致富，发放扶贫贷款 100 万元。

2000 年，农行喀什分行投放畜牧业大户带贫困户模式扶贫贷款 642 万元。

2005 年，农行新疆兵团分行向兵团 58 个边境特困团场发放开发扶贫贷款 9 亿元。

第二章 中长期贷款

中长期贷款原称固定资产贷款。固定资产贷款分为基本建设贷款、技术改造贷款、房地产开发贷款和其他中长期贷款。20 世纪 80 年代中后期,国家对固定资产贷款中不同性质、不同用途的资金采取不同的计划管理办法,基本建设贷款适当集中,主要由建行承办,技术改造贷款和其他中长期贷款适当放权,各专业银行均可办理。1994 年金融统计变化,原固定资产贷款项目改为中长期贷款项目。1995 年《商业银行法》颁布实施后,各商业银行开始办理基本建设贷款业务。1996 年开始正式使用中长期贷款的科目。

第一节 基本建设贷款

20 世纪 80 年代,由于银行专业分工的限制,除建设银行外,其他专业银行的基本建设贷款较少。从 90 年代中期开始其他各行才大量投放基本建设贷款。

1986 年,随着金融体制改革的深化,建行新疆分行开始利用信贷资金发放基本建设贷款,年末,基本建设贷款余额达 3.80 亿元。同年,中行新疆分行基本建设贷款余额仅为 1500 万元。

1987 年,建行新疆分行基本建设贷款余额较 1986 年新增 2.00 亿元,优先保证了计划内重点项目和续贷投产、扫尾项目的资金需要。同年,农行新疆分行开始办理基本建设贷款,贷款主要用于重点建设项目的固定资产投资部分。

1988 年,建行新疆分行新投放固定资产投资贷款 1.70 亿元,保证了国家和自治区重点建设项目的资金需要,年末,基本建设贷款余额达到 7.50 亿元。

1989 年,建行新疆分行在清理、压缩一般性贷款,搞活存量的同时,贷款重点投向能源、交通、原材料等重点建设项目,支持了国家和地方一批重点项目的竣工投产,年末,基本建设贷款余额达 8.78 亿元。

1990 年,建行新疆分行继续全面清理贷款,清理的贷款优先保证新疆水泥厂 4 号窑等国家和新疆维吾尔自治区重点建设项目和新疆油田、塔里木油田等石油勘探开发的资金需要,年内新增基本建设贷款 3.75 亿元,年末基本建设贷款余额达 12.52 亿元。

1991 年,基本建设贷款和技术改造贷款统一归入中长期固定资产贷款管理。建行新疆分行基本建设贷款主要投向了石油勘探开发、电力、建材等重点项目,年末基本建设贷款余额 19.26 亿元。

1992 年,随着国家和新疆维吾尔自治区重点项目规模的扩大,建行新疆分行的基本建设贷款进入高速增长期,年末基本建设贷款余额达到 30 亿元。

1994 年,工行总行首次下达基本建设贷款计划,年内,工行新疆分行发放基本建设贷款 600 万元,年末贷款余额 1.07 亿元。

1995年，中行新疆分行基本建设贷款余额3100万元。

1998年，中行新疆分行基本建设贷款达到3.92亿元。

1999年，工行新疆分行发放基本建设贷款5.38亿元，贷款主要投向基础产业、支柱产业、高新技术产业和市场前景好的竞争性行业和发展潜力大的新型行业。同年，建行新疆分行基本建设贷款90亿元。1992—1999年，建行新疆分行基本建设贷款主要保证了石油、石化、电力、水泥、兵团等国家和新疆维吾尔自治区重点建设项目。

2000年，由于其他银行进入基本建设贷款项目，建行新疆分行的基本建设贷款处于平稳增长，这一时期的贷款主要集中投向了天山北坡经济带和西部大开发以及水利、公路、铁路、民航、电网、通信、石油、石化、天然气开发、输气管道建设及城市基础设施建设项目。

2001年，工行新疆分行安排基本建设贷款21.83亿元，贷款集中投向民航、电力、通信、石油石化和城市基础设施。同年，中行新疆分行与交通、城市基础建设等大型企业签订了多项银政、银企合作协议，累计发放基建贷款13.82亿元。

2002年，工行新疆分行通过优化贷款结构，拓展优质信贷市场，使基本建设贷款保持增长态势。

2005年末，新疆基本建设贷款余额尚有26.52亿元。

第二节　技术改造贷款

技术改造贷款（以下简称技改贷款）是新疆银行业按照国家产业政策对重点企业、支柱行业的技术改造项目（以下简称技改项目）发放的配套贷款。

1986年，工行新疆分行技改贷款重点支持中央和新疆维吾尔自治区大中型骨干企业的重点技改项目。资金大部分投向能发挥新疆维吾尔自治区资源优势经济效益较好的制盐、制糖、制革、棉纺、毛纺行业以及交通、石油、化工、建材等基础工业。同年，农行新疆分行投放技改贷款1000万元，支持石河子二纺工程。中行新疆分行运用外汇配套人民币资金，投入技改贷款3000万元，支持出口生产企业技术改造。

1987年，农行新疆分行投放800万元技改贷款，支持石河子二纺3.2万锭纺纱投产。

1988年，建设银行将更新改造措施贷款更名为"技术改造贷款"，并将贷款对象扩展到所有具有法人资格的全民、集体、联营、"三资"企业和具有还款能力的科研、卫生等事业单位，使技改贷款正式步入规范管理的轨道。

1989年，建行新疆分行向新疆邮电管理局乌鲁木齐市话项目发放邮电专项技改贷款800万元，到2002年，建行新疆分行共向新疆邮电管理部门发放技改贷款1.01亿元，收回更新改造贷款2100万元。在清理收回后的更新改造贷款中，首先解决八一糖厂等承诺项目和续建投产项目的需要，同时，还新增了2400万元的技改贷款给予支持。同年，工行新疆分行技改贷款实行贷款余额和发放额指令性指标控制，对集体工业设备贷款，不再增加信贷规模。

1990年，建行新疆分行向国家经贸部下属驻疆企业发放技改贷款520万元。

1993年，工行新疆分行技改贷款重点支持发展特、大、高、新装备与产品，提高大型项目和行业重点项目的产品技术和规模水平，贷款投向轻纺行业1.34亿元、原材料行业2.09

亿元、交通行业 4.70 亿元,使三个行业的技改贷款占工行新疆分行全部技改贷款总额的 86.2%。

1994 年,建行新疆分行再向国家经贸部下属驻疆企业发放技改贷款 3400 万元。工行新疆分行为加快八一钢铁厂年产百万吨规划的实施,发放贷款 1.06 亿元。同年,由于关、停、并、转企业债务不落实以及多头开户、逃避银行监督,致使工行新疆分行技改贷款的逾期、呆滞、呆账分别占 1994 年末贷款余额的 12%、3%、2%。

1995 年,建行新疆分行发放技改贷款 9500 万元,支持了新疆生产建设兵团、新疆邮电系统、乌鲁木齐石化总厂的技改项目资金需要。

1996 年,建行新疆分行向石河子自来水公司发放技改贷款 500 万元,并分别向新疆三建、四建发放技改贷款 400 万元、500 万元。1996—2005 年,建行新疆分行向八一钢铁厂发放技改贷款 35.00 亿元,使其钢铁生产从 15 万吨上升到 180 万吨,生产钢的品牌 64 个。

1997 年,建行新疆分行向新疆红雁池发电厂、东风汽车公司新疆汽车厂分别发放技改贷款 1000 万元。同年,农行新疆分行投放技改贷款 2000 万元,支持新疆风能公司购进风机。中行新疆分行支持出口生产企业的技术改造贷款 3.83 亿元。1997—1998 年,工行新疆分行继续支持"百万吨"钢整体改造项目配套技改贷款 1 亿元。

1998 年,建行新疆分行向新疆基建运输公司、新疆风能公司、新疆四建、新疆天龙水泥厂、民航乌鲁木齐管理局共发放技改贷款 6800 万元。同年,工行新疆分行向新疆电力公司苇湖梁电厂二期技改项目发放贷款 1.60 亿元,向库尔勒棉纺厂 4 万锭精梳技改项目发放贷款 5000 万元。

1999 年,工行新疆分行向新疆电力公司苇湖梁电厂二期技改项目追加贷款 1.60 亿元,同年,农行新疆分行投放技改贷款 2000 万元,支持新疆风能公司购进风机。建行新疆分行技改贷款主要向石油、铁路、电信、电力、建材等项目的技术开发、技术改造倾斜。

2000 年,中行新疆分行发放技改贷款 2.31 亿元,仅新钢集团(原八钢)就发放技改贷款 6500 万元。同年,工行新疆分行技改贷款发放 5.42 亿元。

2001 年,工行新疆分行安排技改贷款 1.65 亿元,重点支持了新疆众和股份公司精铝、电子铝箔项目和新疆风能公司达坂城风力发电项目等。年末,工行新疆分行技改贷款余额 36.22 亿元。

2002 年,中行新疆分行向西北金属熔炼有限公司和裕鑫铝业投放技改贷款 812 万元。同年,由于统计制度变化,工行新疆分行不再单独统计技改贷款了。

2005 年,中行新疆分行对市场前景较好、科技含量较高的企业发放技术改造贷款 2.48 亿元。同年,建行新疆分行技改贷款余额仍保持在 13.02 亿元。年末,新疆技术改造贷款余额 484.23 亿元。

第三节　房地产开发贷款

1987 年,中行新疆分行开办了房地产开发贷款,年内发放贷款 1900 万元,随后逐年增加。

1988年,建行新疆分行辖属16个中心支行成立了房地产信贷部,承办全疆房改金融业务。为加强对商品房贷款的管理,支持房改和房地产开发和城市商品住宅发展,建行新疆分行开办了房地产开发贷款。年末,建行新疆分行商品房贷款余额达1.14亿元,建成商品住宅4.85万平方米,向社会提供住房4.52万平方米。

1991年,建行新疆分行借国家住房制度改革方案出台的有利时机,做到领导、机构、人员、微机和贷款指标五到位。

1992年,建行新疆分行与全疆15个地州市、47个县(市)、铁路、兵团、部队、武警等企事业单位签订承办房改业务协议,累计发放建房贷款4.16亿元,年末贷款余额达7.7亿元。同年,工行新疆分行开始办理住房贷款业务,发放住房贷款9400万元,参与建设项目120个。农行新疆兵团分行开办了房地产开发贷款业务,重点支持了新疆金穗房地产开发公司、新疆宏大房地产开发有限公司、新疆创天房地产开发有限公司等一批乌鲁木齐市房地产开发企业,贷款涉及商品住宅开发和商业用房开发,包括向阳花园一、二期,幸福花园、金穗公寓等。

1993年,建行新疆分行支持城区住宅开发、集资合作建房、城市危房改造65.4万平方米,建成住宅6842套,支持了200多个企业单位的住房改革,发放建房贷款6.99亿元。

1994年,建行新疆分行加大个人住房建房资金的投入,发放建房贷款5.30亿元,建房贷款余额达11.10亿元。

1995年,建行新疆分行发放安居工程专项贷款4000万元,发放个人住房抵押贷款4950万元,累计发放住房贷款11.74亿元。

1996年,建行新疆分行分别发放安居工程专项贷款5132万元。

1997年,建行新疆分行发放安居工程建设贷款2.38亿元。

1998年,建行新疆分行建立"归口管理、一体经营、分账核算"的房地产金融业务经营管理体制,支持经济适用房建设。工行新疆分行房地产贷款重点支持了安居工程建设、经济适用住房小区建设,高等院校学生公寓、教师住房、教学楼、科研楼等基础设施建设,并开办了住房配套设施贷款业务。

1999年,中行新疆分行重点支持了信誉好、有影响的广汇、新天、泰阳、宝亨等一批大中型房地产开发公司,贷款额达3.20亿元,并向兵团建筑安装工程总公司提供2.00亿元贷款授信额度。

2001年,农行新疆分行开始做房地产信贷业务,年末房地产开发贷款余额2.94亿元。

2002年,工行新疆分行对新天房地产开发公司"天安名门"项目发放住房开发贷款1.80亿元;对特变电工房地产开发公司示范小区"世纪花园"一期项目发放住房开发贷款3500万元。2002—2003年,农行新疆分行向乌鲁木齐国际置地投放房地产开发贷款2.30亿元。

2005年,工行新疆分行房地产开发贷款余额为8.06亿元。同年,农行新疆分行房地产开发贷款余额为5.59亿元。中行新疆分行房地产开发贷款余额达21.62亿元。建行新疆分行房地产开发贷款余额达5.06亿元。农行新疆兵团分行房地产开发贷款余额3.50亿元。

第四节　其他中长期贷款

其他中长期贷款主要涵盖了大型项目的配套资金贷款、人行新疆分行委托发放的"少数民族经济贷款"和"地方经济开发贷款",国家兵器部的技术改造投资由银行发放的委托贷款,以及后来陆续开办的交通、能源、科技开发、黄金生产设备专项贷款等。

1986年,工行新疆分行发放1.08亿元贷款,支持乌鲁木齐民航引进三架苏联大型客机。同年,建行新疆分行为新疆维吾尔自治区重点项目红雁池电厂至昌吉220千伏输变电线路工程投资缺口提供1400万元贷款支持,并推迟了红雁池电厂1100万元储备贷款的归还期,还协助解决了新疆油田1.04亿元和乌鲁木齐石化总厂1.95亿元的投资资金缺口问题。中行新疆分行贷款3000万元,主要支持了石河子八一毛纺厂、伊犁毛纺厂、新疆毛纺厂、中美合资新疆长绒绵纺织厂、天山毛纺织品有限公司等一批自治区重点出口型创汇企业。

1987年,为进一步支持新疆轻工纺织业的发展,中行新疆分行向石河子八一毛纺厂和伊犁毛纺厂等企业发放外汇贷款1400万美元,用于企业引进国际先进生产设备。同年,建行新疆分行为玛纳斯电厂、康苏火电厂等重点项目提供临时周转贷款800余万元、向北疆铁路发放临时周转贷款1000万元。1987—2005年,建行新疆分行为支持建成微波、卫星、光缆等通信干线以及程控枢纽等重要通信工程,以及6个卫星通信电路通信站,为开通新疆到北京、上海、广州等地570条长途电路,1360条卫星通信电路,铺设光缆总长度达27016公里,出疆电路达20万条的卫星通信网,累计投放贷款20亿元。

1988年,建行新疆分行为新疆维吾尔自治区重点项目玛纳斯电厂解决设备储备贷款1000万元。同年,中行新疆分行第一次开办发行金融债务业务,共发行1000万元,所筹资金用于支持新疆维吾尔自治区有色金属进出口公司,支持扩大新疆维吾尔自治区"三高"产品铝锭生产。1988—1989年,建行新疆分行为南疆泽普石化厂解决流动资金贷款4500万元;为新疆油田解决投资贷款6000万元;为塔北石油勘探开发解决流动资金贷款3800万元、储备贷款9000万元,并发放委托贷款4100万元。

1989年,中行新疆分行向新疆邮电通信中外政府混合贷款项目发放混合贷款,用于引进先进的程控交换设备,向乌鲁木齐石化聚酯抽丝项目提供了1100万美元项目贷款,向新疆准葛尔油田建设项目投资2亿美元。同年,建行新疆分行为玛纳斯电厂解决流动资金贷款550万元。

1990年,建行新疆分行向塔里木石油指挥部发放贷款4.18亿元,为新疆油田解决3000万元投资缺口资金,落实建设资金3.39亿元。1990—1991年,建行新疆分行为新疆水泥厂四号窑改造共计发放7900万元。

1991年,中行新疆分行支持吐鲁番—哈密油田的勘探开发和产能建设,向吐哈石油指挥部提供5000万美元外汇贷款,贷款12亿美元用于库尔勒至鄯善输油管线的建设。1991—1992年,建行新疆分行为塔里木油田、吐哈油田和新疆油田发放贷款16.80亿元,向哈密纯碱厂发放基建贷款500万元,向玛纳斯电厂发放3.18亿元贷款,向独山子14万吨乙烯工程注入固定资产贷款11.95亿元,并承担投产后全部流动资金贷款。

1992 年，中行新疆分行向乌鲁木齐石化总厂转贷 1 亿英镑政府混合贷款。

1993 年，工行新疆分行投放 4.13 亿元贷款支持新疆民航公司购置三架伊尔－86 飞机及 53 辆地面特种车，使民航扭亏为盈。同年，建行新疆分行为独山子 14 万吨乙烯工程发放建设贷款 9.85 亿元。

1994 年，工行新疆分行向新疆化工行业发放贷款 1.27 亿元，支持转移纺锭 13 万锭开工建设资金发放贷款 9200 万元。也就是这一年，金银专项贷款的管理工作，全部移交给工商银行办理，专项贷款的期限、利率、操作程序均按技改贷款办法和有关规定执行，这部分贷款当时统计为其他固定资产贷款，1986 年贷款余额为 8432 万元，至 1995 年贷款余额达到 7.61 亿元。1994 年，中行新疆分行向乌鲁木齐石化总厂二化肥项目注入 1.27 亿美元外汇贷款。同年，建行新疆分行为完成新疆水泥厂四号窑 40 万吨到 110 万吨的产能扩建工程贷款 3.08 亿元，经办了世界银行贷款 1.50 亿美元的"吐鲁番—乌鲁木齐—大黄山"高等级公路项目，折合人民币总投资达 22.80 亿元。1994—1995 年，建行新疆分行为独山子 14 万吨乙烯工程和中国石油化工总公司乌鲁木齐石化总厂聚酯一、二期工程发放临时周转贷款 4.05 亿元。

1995 年，中行新疆分行用法国政府混合贷款 2700 万法国法郎向新疆电力局"电力微波通信工程"提供贷款支持。

1996 年，建行新疆分行向被洪水冲毁的南疆铁路和兰新复线提供 9000 万元临时贷款。

1997 年，中行新疆分行为乌鲁木齐市河滩公路改扩建工程提供专项贷款 2 亿元，并转贷日本输出入银行"资金协力"贷款 4500 万美元。

1998 年，建行新疆分行为中国石油化工总公司乌鲁木齐石化总厂聚酯一、二期工程贷款 6.50 亿元，并代发聚酯企业债券中石化 4 亿元。同年，工行新疆分行支持阿克苏水泥厂 20 万吨水泥改扩建项目贷款 3200 万元，支持 312 国道哈密段、吐鲁番至鄯善段公路建设项目发放固定资产贷款 1.56 亿元，哈密矿务局运输系统改造项目贷款 2900 万元，支持邮政电信项目 7 个，其中：邮电生产楼项目贷款 7000 万元、南北疆光缆项目贷款 7500 万元、本地网计费项目贷款 6000 万元。同时，工行新疆分行向轻工啤酒股份公司 45 型啤酒花颗粒项目贷款 2000 万元，向乌鲁木齐城市电网改扩建项目发放贷款 8700 万元。中行新疆分行向新疆民航贷款 3800 万美元，购置波音 737 飞机。1998—2005 年，工行新疆分行累计贷款 4.00 亿元支持乌鲁木齐石墩子山水厂扩建和恰甫其海水利枢纽工程建设；农行新疆分行涉足的大型项目建设资金贷款主要是农村电网改造项目贷款，共计贷款 43.91 亿元，解决了全疆 45 个无电乡，149 个无电村，17.80 万人的通电问题；农行新疆兵团分行为新疆生产建设兵团农村电网改造项目共计贷款 11.51 亿元，新建及改造线路 2.88 万公里，低压到户 52.09 万户。

1999 年，工行新疆分行对新疆电信局 IC 卡项目发放贷款 5000 万元，对新疆石油管理局年产 30 万吨润滑油项目贷款 4.68 亿元，对油田开发建设项目贷款 2 亿元，对 312 国道星星峡至骆驼圈子段、吐鲁番至鄯善段公路建设项目贷款 1.36 亿元，并对乌奎高速公路发放设备储备贷款 1.50 亿元，对新疆航空公司发放贷款 5000 万元，对车辆更新发放贷款 3000 万元，向乌鲁木齐城市电网改扩建项目贷款 1 亿元，支持其发展。

2000年,工行新疆分行对铁路建设项目发放贷款5.10亿元,支持邮电企业营运楼和5个电信增容扩容改造项目发放贷款2.25亿元,支持新天国际经贸股份有限公司2万吨葡萄酒项目贷款7000万元,啤酒花股份有限公司"神内胡萝卜汁"项目贷款2000万元,向特变电工股份有限公司电力电缆项目贷款7400万元,并贷款1.28亿元,支持新疆电力公司乌鲁木齐市城市电网5个项目的建设与改造。同年,建行新疆分行为中国新星石油公司和西北石油局发放贷款17.22亿元。农行新疆分行其他中长期贷款余额为39.92亿元,占中长期贷款余额的81.9%,主要由农业中长期贷款27.69亿元,个人住房中长期贷款6.63亿元,乡镇企业中长期贷款2.93亿元构成。2000—2003年,中行新疆分行向新疆航空公司贷款3000万元,向南疆铁路、北疆铁路发放贷款6000万元,并与新疆宏铁、北疆铁路公司签订了1亿元授信额度协议,为中石油股份乌鲁木齐石化分公司和新捷石油石化有限公司投放1.80亿元项目贷款。

2001年,工行新疆分行给新疆航空公司贷款5.50亿元,用于购买进口飞机,向中国移动集团新疆移动通信公司贷款1.75亿元,支持其项目扩容。同年,中行新疆分行向中国联通新疆公司贷款6000万元,支持其网络发展。2001—2003年,中行新疆分行向天毛、溢达纺织贷款2500万元、新天国际葡萄酒业公司贷款3000万元,向苇湖梁电厂、特变电工股份、昌吉热电厂等提供1.78亿元项目贷款,向屯河股份(屯河水泥)贷款1.45亿元,支持其发展。2001—2004年,工行新疆分行向乌鲁木齐电业局城市电网改造、新疆电力公司奎屯—精河线电网工程、库尔勒—阿克苏220千瓦送变电工程和华电吐鲁番发电公司项目分别发放贷款2.06亿元、1.13亿元、1.20亿元和6000万元,支持其电网升级改造。

2002年,建行新疆分行向新疆航空公司发放2亿元飞机购置贷款、1亿元固定资产贷款。

2003年,中行新疆分行贷款1亿元,支持中国电信集团发展。

2004年,工行新疆分行对新疆维吾尔自治区交通厅公路建设项目贷款7.70亿元,向中国联通新疆公司贷款7.50亿元,用于项目扩容。同年,中行新疆分行向新疆电信公司发放40亿日元现汇贷款,用于置换进出口银行转贷的日本输出入银行政府贷款。2004—2005年,中行新疆分行为昌吉热力公司管网改造和新疆天富热电股份有限公司城网改造项目发放1.30亿元联合贷款,支持发展。

2005年,建行新疆分行向南方航空公司发放外汇贷款1.80亿美元,支持乌鲁木齐地窝堡国际机场三次改扩建,使其成为具有先进水平的国际航空港。在新疆铁路建设中,建行新疆分行专门成立了新疆铁道支行,在兰新线乌鲁木齐段基本建设中,全线投资总额达7.80亿元;在支持北疆、南疆铁路建设中,发放基建贷款、设备储备贷款和临时周转贷款3.80亿元。同年,中行新疆分行其他中长期贷款余额达到69.72亿元,比1998年增长了412.8倍,主要项目有新疆证券、宏源证券、威士达生物工程、新兴科技、医疗卫生、教育、西域旅游、美克家私等。农行新疆分行其他中长期贷款余额为71.13亿元,占中长期贷款余额的88.8%,主要由农村电网改造贷款43.91亿元,扶贫贴息贷款3.67亿元,个人住房贷款20.33亿元构成。

2005年末,新疆其他中长期贷款余额483.87亿元。

第三章　政策性银行贷款

政策性贷款是银行根据国家宏观经济发展战略决策的特殊要求,发放的具有特殊用途、体现政府意图的资助性和强制性的贷款。国家政策性银行设立以前,政策性贷款由国家专业银行承担。三大政策性银行设立后专门从事政策性金融业务,商业银行除受政府委托承办政策性住房信贷业务(住房公积金贷款)外不再承担政策性金融业务,政策性金融业务和商业性金融业务分离。政策性银行实行企业化管理,自主、保本经营,不以追求盈利为目的,不参与商业竞争,根据国家制定的有关政策,按照银行的运作要求,有重点地利用优惠贷款扶持各自业务领域内行业和企业的发展。国开行服务于国民经济发展的能源、交通等"瓶颈"行业和国家需要优先扶持领域;进出口银行主要致力于扩大机电产品和高新技术产品出口以及支持对外承包工程和境外投资项目;农发行主要承担国家政策性农村金融业务,代理财政性支农资金拨付,专司粮棉油收购、调销、储备贷款业务等。

第一节　国家项目贷款

一、煤炭、煤化工、电力、水利工程项目贷款

国开行新疆分行成立后,开创了煤电开发评审、电费收费权质押贷款评审和多种担保模式,进一步开展开发性业务,先后推出了技术援助贷款、施工准备贷款等品种,重点支持新疆维吾尔自治区引额济乌、喀腊塑克水利项目、新疆电网联网、红雁池第二发电厂、神华新能公司、新疆油田勘探开发等水利、电力、煤炭、煤油化工工程项目。至 2005 年底,这些项目尚有贷款余额 46 亿元。

二、交通建设项目贷款

20 世纪 90 年代,新疆提出以乌鲁木齐主枢纽为中心,以区域性次级枢纽城市为支撑,以建设丝绸大通道为重点,着力构建高效、便捷、通畅、安全的现代交通运输和物流体系。国开行新疆分行与新疆维吾尔自治区交通厅等单位签订总额达 50 亿元的战略合作协议,支持高速公路、农村公路、二级公路项目建设。2005 年,国开行新疆分行向新疆农村公路、国道 314 线、312 线改造、兰新铁路复线、乌鲁木齐市外环路项目提供贷款 20 亿元,向新疆高速公路建设开发总公司发放贷款 15 亿元,支持高速公路项目建设。至 2005 年,国开行新疆分行先后向乌鲁木齐国际机场扩建项目提供贷款 5.50 亿元;向南疆项目贷款 12 亿元;发放 3.50 亿元贷款支持乌鲁木齐地铁前期工程,累计发放铁路贷款 62 亿元。

三、城市公共设施建设贷款

从 20 世纪 90 年代起,中国投资银行乌鲁木齐分行就注重发挥规划先行,在城市公共

设施建设领域,不断完善信贷结构。国家实施西部大开发政策后,国开行新疆分行不断加大对全疆各地城市基础设施的支持力度。至2005年末,国开行新疆分行共向乌鲁木齐、昌吉、石河子、喀什、伊犁等全疆9个地州(市)发放贷款37亿元,改善城市公共基础设施条件,提升城市的承载力、融合力和发展力,加快了全疆城镇化进程。

四、重点项目和技术改造贷款

从"八五"到"十五"期间,国开行新疆分行(含其前身)向重点工业企业发放技改贷款,支持企业自主创新,促进企业发展,其中,向新疆建工集团发放贷款8亿元、向八钢集团的改扩建项目发放贷款1.30亿元、向全疆43个中小企业发放贷款4.10亿元。

五、教育、医疗卫生及其他建设项目贷款

国开行新疆分行自成立以来,先后向新疆大学、昌吉师范学院和巴音郭楞州、石河子等州(市)的职业技术学校、农民工培训基地等建设项目发放贷款1.40亿元。2005年起,国开行新疆分行逐步加大了对农村、社区和民族地区医疗卫生事业发展的融资支持,发放贷款9000万元,支持医疗服务机构建设,至年底,共发放教育、医疗卫生及其他建设项目贷款8.70亿元。

第二节　粮棉油政策性贷款

一、粮油政策性贷款

1996年,农发行新疆分行投放夏粮收购贷款14.62亿元,支持收购粮食96.20万吨,收购国家定购粮81.20万吨。1997—1998年,农发行新疆分行给粮食收储企业发放1200万元建仓贷款,主要用于搭建露天垛,整理地坪、维修仓库、修理晒台和烘干设施等。1999年,农发行新疆分行发放收购调销贷款7.94亿元,支持全疆53.60万吨新建粮库贮粮计划。2000年,农发行新疆分行发放简易建仓贷款7400万元。2002年,农发行新疆分行支持粮食购销与加工企业的联营,选报昌吉州粮油购销公司与天山面粉公司作为农发行总行第一批28对联营试点单位。2003年,农发行新疆分行对15个地州分行营业部、59个自营行和16个代理行在农发行开户的140多家独立核算粮食企业1400多个粮站(库)进行了全面的交叉核查。2005年农发行新疆分行优先支持中储粮新疆分公司完成中央储备增储小麦40.90万吨粮食入库任务。

二、棉花政策性贷款

1995年,农发行新疆分行坚持"资金配套,专款专用,统筹统还,限额调控"的原则,为全疆98.70万吨的棉花收购提供贷款。1996年以前,全疆一些棉纺厂为维持生产、购置设备向棉麻公司赊销和借用棉花,造成挤占挪用棉花收购贷款7.60亿元。年末,农发行新疆分行通过各种途径清理回收了挤占挪用棉花收购贷款3.90亿元。1998年,全疆棉花丰收,但棉花市场低迷,造成棉花企业亏损挂账和其他不合理占用贷款增加。1999年3月,

新疆维吾尔自治区人民政府作出棉花降价、移库内地销售的决定,全疆共移往区外棉花7.55万吨,分布在12个省45个销售点。农发行新疆分行为此建立了区内移库棉管理办法和联系行协管制度。2000年,农发行新疆分行坚持"库贷挂钩,封闭运行,及时还欠"的原则,积极参与新棉收购销售作价的制定,兼顾各方利益,合理确定新棉价格,促进棉花顺价销售。农发行总行在《关于对新疆分行2000年度棉花信贷有关政策的函复》中指出:在确保"购得进,销得出,不亏损"的前提下,按照封闭管理的要求及时足额发放收购贷款。2001年,农发行新疆分行对棉花收储企业进行了信用等级评定工作,根据企业资质条件、经营状况和信用等级,在贷款发放与管理中实行"区别对待,择优扶持",推行棉花企业信用等级管理办法,优先扶持信用优良的企业。2002年7月,农发行新疆分行对94家具有贷款资格的棉花企业进行了信用等级评定,评出AAA级企业3家、AA级企业7家、A级及以下企业74家。同年,农发行新疆分行支持新疆维吾尔自治区完成新疆棉50万吨国家储备和40万吨出口计划,并对新疆维吾尔自治区棉麻公司和新疆农垦宏业股份公司两家棉花出口企业发放调销贷款21.29亿元,发放彩棉贷款2.73亿元,实现收购量1.41万吨。2003年,农发行新疆分行采取对棉花主产区按"以销定贷,以效定贷"信贷政策支持非保护价棉花收购,在喀什、阿克苏、昌吉召开棉花信贷管理片区会议,对棉花收购资金供应与管理进行全面部署。2004年,农发行新疆分行向新疆维吾尔自治区人民政府提交建议,确定棉花收购价格严格执行每担标准级皮棉贷款500元的政策。新疆棉花价格政策出台后,农发行新疆分行严格执行每公斤籽棉贷款不超过5.10元。2005年,农发行新疆分行参与制定严格执行并适时调整贷款上限,向63家改制(新)企业发放棉花收购贷款28.07亿元。

1995—2005年农发行新疆分行粮棉油收购调销贷款及收购量统计

表4—3　　　　　　　　　　　　　　　　　　　　　　　　　　　　　　单位:亿元,吨

年份	粮棉油收购调销贷款	粮棉油收购量		
		粮食收购量	油料收购量	棉花收购量
1995	216.20	846000	52500	987000
1996	228.41	809500	37000	737000
1997	346.01	1486500	51000	1043500
1998	264.35	862500	44000	1541000
1999	120.99	1328000	22500	1156000
2000	178.65	757500	8500	1062500
2001	116.12	740500	7500	1193000
2002	128.73	847500	9000	1282500
2003	64.56	567500	21000	398000
2004	161.98	895500	51000	1184500
2005	250.14	1610000	79000	1470500
合计	2076.14	10751000	383000	12055500

三、其他支农贷款

1996年末,农发行新疆分行向粮棉油加工企业所投放的固定资产贷款余额达到2.70亿元,共支持棉花加工技改项目54个,粮油加工技改项目16个。

2004年,农发行新疆分行对29家粮油(含饲料)加工、产业化龙头企业给予贷款支持,其中加工企业直贷23家、加工企业联营6家,年末贷款余额达7.65亿元。

2005年发放商品棉预购贷款9.15亿元。

第四章 个人贷款及其他资产业务

从 20 世纪 90 年代中期起,在国家扩大内需,刺激消费的政策引导下,全疆商业银行相继开办个人贷款业务,从大额耐用消费品到住房,从汽车到大型农机具,逐步涉入生活生产的方方面面。各商业银行对个人贷款的划分不尽相同,一般按用途分为个人消费类贷款和个人生产经营类贷款,其中个人消费贷款按期限分为个人短期消费贷款和个人中长期消费贷款。个人贷款一般采用担保抵押方式。截至 2005 年末,新疆银行业个人贷款余额达215.26 亿元。

其他资产业务,主要是为适应经济发展的需要,银行业金融机构处于不同时期,开办的有信托、委托类贷款和票据融资等业务。

第一节 个人贷款

一、个人消费贷款

个人消费信贷是采取信用、抵押、质押担保或保证方式,以商品型货币形式向个人消费者提供消费资金的一种融资模式。

1995 年 3 月 21 日,工行新疆分行下发通知,要求辖内机构正式开办个人消费贷款,并决定由储蓄部门具体办理,计划、信贷部门负责贷款规模的调剂和管理,稽核部门负责定期或不定期地进行稽核监察。同年 8 月 8 日,工行新疆分行转发工行总行的实施细则,并对账务处理及凭证使用作出规范。同年,中行新疆分行要求辖属分支机构安排网点试办存单和有价证券抵押小额贷款业务,后在辖内网点机构开办了存单和凭证式国债小额质押贷款业务,并在 14 个二级分行的网点同时开办小额抵押贷款业务。

1998 年,新疆乌鲁木齐成为全国试点办理汽车消费贷款业务 22 个省会城市之一。

1999 年,农行新疆分行开始专门成立机构从事个人金融业务。同年,建行新疆分行开始办理个人消费贷款业务。

2000 年,农行新疆分行所辖分支机构开始办理个人消费贷款,年末,农行新疆分行和农行新疆兵团分行个人消费贷款余额分别为 5100 万元和 2200 万元。同年,建行新疆分行共有 13 个二级分行开办个人消费贷款,发展客户 1.97 万户,发放贷款 6.09 亿元。

2002 年,为拓展个人消费信贷市场,发挥工行代发工资平台优势,工行新疆分行制定代发工资账户权利质押个人综合消费贷款管理办法,满足工行代发工资户个人消费贷款需求。

2002—2005 年,招商银行乌鲁木齐分行累计发放个人消费贷款 5300 万元,主要为个人汽车消费贷款。

2003 年,工行新疆分行对新发放汽车消费贷款进行了全面自查,确保汽车消费信贷业务健康发展。同年,建行新疆分行个人消费贷款达到 69.58 亿元。

2004 年 10 月 21 日,工行新疆分行制定并下发了个人质押贷款业务管理办法,规范个人质押贷款业务。

2005 年,农行新疆分行和农行新疆兵团分行个人消费贷款余额分别达 3.82 亿元和 5500 万元,中行新疆分行个人消费贷款余额达到 44.13 亿元,建行新疆分行个人消费贷款余额达到 42.72 亿元。

二、住房和商用房贷款

为满足城镇居民购买商品住宅的需求,在疆的各国有商业银行纷纷开办了住房和商用房贷款。

1995 年,工行新疆分行开始推出个人住房贷款业务。

1996 年,农行新疆兵团分行发放了首笔自营性个人住房贷款,年末贷款余额 188 万元。

1997 年,中行新疆分行共发放住房和商用房消费贷款 2900 万元。随后贷款数量逐年增长。

1998 年,建行新疆分行发放了第一笔个人商品住房贷款,成为疆内首家开办自营性个人住房贷款业务的金融机构,年末,全行个人住房贷款余额 1.76 亿元。同年,农行新疆分行开始办理个人住房贷款,年末个人住房贷款余额 6200 万元。

1999 年,工行新疆分行又推出个人二手房贷款、个人商用房贷款等业务产品,在全辖 14 家二级分行开办个人商用房贷款,与 270 家房地产开发商签订个人住房贷款按揭合作协议,与 33 家房地产经纪公司签订个人二手房按揭合作协议。同年,建行新疆分行房地产信贷业务中的个人住房贷款,以政策性住房信贷为主,在巩固政策性住房贷款的基础上,大力发展个人住房信贷业务,年内发放个人住房贷款新增 3.56 亿元,余额为 6.17 亿元。年末,归集到建行新疆分行的住房公积金余额达 22.04 亿元。

2000 年,农行新疆分行个人住房贷款余额达到 6.63 亿元。随着国家住房制度的进一步改革,中行新疆分行加大了贷款力度,年末,贷款余额达 16.86 亿元,且个人住房贷款占各项贷款余额的 18.5%。同年,建行新疆分行把房地产金融业务确定为一项重要支柱业务,个人住房贷款业务则成为房地产金融业务的重点产品,制定了一系列个人住房贷款措施和发展目标,由主要支持房改房、安居房、集资房扩展到经济住房、商用房、二手房、车位房等。年末,建行新疆分行自营性和政策性个人住房贷款余额为 28.90 亿元。农行新疆兵团分行发放了首笔个人商业用房贷款,随着个人住房贷款业务品种的增加,农行新疆兵团分行陆续开办了一手住房贷款、二手住房贷款、自建房贷款、其他住房贷款等业务品种。

2001 年,建行新疆分行政策性房改贷款重点用于支持经济适用的商品房建设项目,以推进住房改革。随着国家福利分房制度取消,建行新疆分行大力营销个人住房贷款,在个人商品住宅贷款业务品种上不断创新,逐步推出个人再交易住房贷款、个人商业用房贷款等业务品种。同时,建行新疆分行在乌鲁木齐地区启动自营性个贷和委托性个贷相结合的组合贷款模式。建行新疆分行个人住房贷款年末余额达到 37.20 亿元。

2002年,建行新疆分行加大现房、集资建房、商用房及高层住宅的个人消费贷款支持。各类贷款年末余额为77.32亿元。

2004年,建行新疆分行防范房地产业务风险,注重调整和优化贷款结构,房地产自营性贷款负增长17.68亿元,年底自营性贷款余额71.90亿元。

2005年,工行新疆分行累计发放个人一手房贷款95645笔,发放金额66.56亿元;发放二手房贷款1085笔,发放金额5500万元。同年,农行新疆分行个人住房贷款余额20.18亿元,全部属于抵押贷款。中行新疆分行个人住房贷款余额达37.53亿元。受宏观政策调整影响,建行新疆分行房地产自营性贷款萎缩明显,年末,自营性个人住房贷款余额为39.55亿元。农行新疆兵团分行自营性个人住房贷款余额为6.03亿元,个人商业用房贷款余额达6.26亿元。

三、其他

(一)助学贷款

2000年初,农行新疆分行制定并印发了《农行新疆分行教育助学贷款实施细则(试行)》,据此,农行新疆分行所属各行开始办理助学贷款。同年,农行新疆分行助学贷款余额为262万元。2001年,建行新疆分行开办了助学贷款业务。2002年,中行新疆分行发放的助学贷款年末余额为100万元,全部为国家贴息助学贷款。2003—2005年,中行新疆分行的一般性长期商业助学贷款余额分别为300万元、1900万元和2800万元。2005年,农行新疆分行助学贷款余额达到341.10万元。同年,建行新疆分行的国家助学贷款余额为900万元。

(二)下岗失业人员小额担保贷款

2003年,为解决国内下岗失业问题,人民银行、财政部、国家经贸委、劳动和社会保障部联合颁发《下岗失业人员小额担保贷款管理办法》,要求各商业银行为下岗失业人员的就业提供资金支持。同年,农行新疆分行发放下岗失业人员小额贷款1300万元。2004年,建行新疆分行简化贷款担保和贷款审批手续,对符合贷款条件、新增就业岗位吸纳下岗失业人员的,且达到一定比例的劳动密集型小企业加大了信贷支持。在落实风险防范措施的前提下,工行新疆分行为辖区下岗失业人员创业提供了信贷支持。2005年,发放下岗失业人员小额担保贷款23.90万元。同年,农行新疆分行发放下岗失业人员小额贷款2100万元。

(三)其他综合性消费贷款

2002年,建行新疆分行采取以履约保证保险"直客式"和"间客式"两种车贷模式开展车贷工作。2002—2004年,中行新疆分行开办的其他个人贷款余额分别达13.55亿元、18.27亿元、1.94亿元,主要贷款项目为个体货运汽车贷款和客运汽车贷款。由于个体信用和银行监管制度缺陷等问题,贷款还款率较低,余额随后逐年减少。2003年,建行新疆分行从"直客式车贷"为主转变为以"间客式车贷"为主,从购买还款保证保险模式转变为与汽车贷款中介机构合作模式。2005年,中行新疆分行转向个人汽车消费贷款,其余额为2.52亿元。同年,农行新疆分行的其他个人贷款主要有个人生产经营中期贷款和个人自建房贷款,其个人生产经营中期贷款余额为1500万元,个人自建房贷款余额为1400万元。

2000—2005年新疆银行业机构个人消费贷款明细

表4—4　　　　　　　　　　　　　　　　　　　　　　　　　　　　　　　　　　单位:亿元

年份	短期个人消费贷款						中长期个人消费贷款						个人消费贷款合计
	住房	汽车	大件	旅游	其他	小计	住房	汽车	助学	大件	其他	小计	
2000	—	—	—	—	—	16.85	—	—	—	—	—		16.85
2001	0.33	0.12	0.00	0.63	6.53	7.62	99.10	7.88	0.02	0.91	10.94	118.85	126.47
2002	0.45	0.72	0.00	0.05	5.95	7.17	131.44	26.88	0.12	0.51	23.70	182.65	189.83
2003	0.79	1.04	0.00	0.02	8.34	10.19	165.62	43.75	0.22	0.34	39.78	249.72	259.91
2004	1.48	0.88	0.02	0.00	3.51	5.89	181.27	30.39	0.36	0.14	21.49	233.65	239.54
2005	1.64	0.32	0.00	2.50		4.46	174.25	16.40	0.55	0.07	19.53	210.80	215.26

第二节　其他资产业务

一、信托贷款

信托贷款是受托人接受委托人的委托,将委托人存入的资金,按其(或信托计划中)指定的对象、用途、期限、利率与金额等发放贷款,并负责到期收回贷款本息的一项金融业务。

1985年,工行新疆分行经人民银行批准成立辖属基层信托机构9个,共吸收资金3700万元、发放贷款4400万元。

1986年,中行新疆分行和建行新疆分行开始办理信托贷款业务,其年末信托贷款余额分别为250万元和3900万元。

1987年,建行新疆分行信托贷款年末余额3900万元,与1986年持平。

1988年,工行新疆分行信托贷款余额4200万元,累计发放贷款5600万元。同年,建行新疆分行发放信托贷款1500万元,年末信托贷款余额达5000万元。

1989—1991年,工行新疆分行共吸收信托存款6400万元,发放信托贷款9700万元。其间,建行新疆分行的信托贷款年末余额分别为5500万元、6000万元和1800万元。

1992年,建行新疆分行仍有信托贷款余额3000万元。

2000年,中行新疆分行信托贷款余额达1273万元。

2001年,中行新疆分行停办了信托贷款业务。

二、委托贷款

委托贷款业务被定性为备案制的中间业务品种,是由政府部门、企事业单位及个人等委托人提供资金,商业银行(即受托人)根据委托人确定的贷款对象、用途、金额、期限、利率等代为发放、监督使用并协助回收的一项服务产品。

1995 年,根据工行总行代理国开行委托业务有关要求,工行新疆分行代理国开行贷款项目 7 个,总贷款额 5500 万元,协助收回贷款 30 万元。

1996 年 6 月,为掌握代理行贷款项目情况,工行新疆分行增设了"代理国家开发银行贷款项目月报表"。年末,工行新疆分行共代理国开行贷款项目 9 个,贷款余额 1.98 亿元。

1997 年,根据国开行代理经办行选择办法,工行新疆分行规范国开行委托代理经办行的选择行为。

1998 年,中行新疆分行开办了委托贷款业务,共办理 3 笔委托贷款业务,金额为 800 万元,全部用于外贸出口商品的收购和生产企业所需。

2002 年,工行新疆分行修订下发了《工商银行委托贷款业务管理办法》。

2003 年,招商银行乌鲁木齐分行开始办理委托贷款业务,2003—2005 年,招商银行乌鲁木齐分行委托贷款余额分别为 0.13 亿元、0.47 亿元和 1.13 亿元。

2004 年,工行新疆分行接受中粮集团委托向屯河投资公司发放 4 亿元委托贷款,此贷款是工行新疆分行 2005 年底以前单笔金额最大的委托贷款业务。

2005 年 5 月,工行新疆分行组织昌吉、哈密、巴音郭楞州、阿克苏、喀什等二级分行和营业部,对 2000 年 8 月以前发生的委托老贷款进行全面清理,销账处理委托老贷款 112 万元。同年,建银投资公司承继了原中国建设银行 2000 年 10 月 20 日以前形成的所有对公委托贷款业务,即"对公老委托贷款";对以后形成的所有对公委托贷款业务则称之为"对公新委托贷款"。年末,建行新疆分行老委托贷款仍有 2350 笔,余额 43.90 亿元,委托贷款基金余额 27.90 亿元,新委托贷款余额有 13.12 亿元。

三、票据融资

票据融资是票据持有人在资金不足时,将商业票据转让给银行,银行按票面金额扣除贴现利息后将余额支付给收款人的一项银行授信业务,是企业为加快资金周转促进商品交易而向银行提出的金融需求。

1987 年 1 月 1 日,工行新疆分行开办了商业汇票承兑和贴现业务。

1988 年,新疆工行系统共办理商业承兑汇票 37 笔,金额 548.06 万元,银行承兑汇票 140 笔,金额 3764.91 万元,贴现 33 笔,金额 925.17 万元。

1991 年 10 月 30 日,工行新疆分行结合新疆实际把开办银行承兑汇票与贴现业务的重点放在帮助大中型企业开办票据融资业务上,缩短结算资金周期,促进商品流通,并要求下属各行严格把关,各负其责,每笔金额在 50 万元以上 100 万元(含)以下的,报经管辖县支行处审批,100 万元以上至 500 万元(含)以下的,报经管辖中心支行审批后办理签发银行承兑汇票。

1993 年,工行新疆分行结合人行颁发的商业汇票办法规定,办理银行承兑汇票的范围主要是信誉高,效益好的一、二类大中型企业,其办理行(处)仅限于各地州中心支行所在地的市支行和乌鲁木齐市支行的各区办。

1997 年,中行新疆分行开始办理票据融资业务,主要业务品种为票据贴现,年内贴现额度为 2500 万元,之后逐年增加。同年,建行新疆分行开始办理票据融资业务,主要业务品种为票据贴现。建行新疆分行的票据融资业务一直处于平稳发展状态。

2000—2003年,乌鲁木齐市商业银行为石油、化工、棉麻、机电、钢铁等200余家重点企业办理了贴现业务,累计办理贴现额73.32亿元,办理转贴现44.32亿元,办理再贴现26.47亿元,累计实现票据贴现利息收入1.29亿元,未发生一笔票据差错和风险,并成功堵截了5起假汇票案,涉及金额0.11亿元。

2002年,建行新疆分行成立票据业务经营管理中心,大力发展票据业务,年内承兑汇票累计发生额为21.97亿元,贴现业务累计发生额12.60亿元。同年,招商银行乌鲁木齐分行开始办理票据融资业务。2002—2005年,招商银行乌鲁木齐分行票据融资余额分别为3.35亿元、9.89亿元、7.51亿元和1.73亿元。

2003年,建行新疆分行承兑汇票累计发生额为66.60亿元,贴现业务累计发生额为49.80亿元,并与建行河南省分行成功商谈10亿元转贴现业务。

2005年,中行新疆分行票据融资余额达40.72亿元,较1997年增长165.3倍。同年,建行新疆分行票据贴现融资余额为22.69亿元。

第五章 不良资产

随着国内经济体制改革向纵深发展,部分企业已经举步维艰,亏损严重,大批企业关闭、破产,给国有银行信贷资产安全带来巨大风险。根据中共中央、国务院关于深化金融改革、整顿金融秩序、防范金融风险的统一部署,1988年,国家财政部规定专业银行建立贷款呆账准备金。1998年,国务院作出成立资产管理公司,将国有商业银行的不良资产剥离出来,集中处置的决定。1999年,建设银行已经完成了不良资产剥离试点任务,而后的债转股与其他三家国有商业银行及国家开发银行不良资产剥离几乎同时进行,除建设银行外其他三家国有商业银行及国家开发银行都存在债转股问题。由于建设银行先进行了剥离,在其后确定的债转股企业中有一部分建设银行的债权并没有剥离到资产管理公司,而国家又没有增加建设银行的剥离额度,于是,建行就没有剥离到资产管理公司的债转股。

第一节 不良资产清理与核销

一、不良信贷资产清理

1986年,建行新疆分行会同新疆维吾尔自治区计委对全疆在建项目进行全面清理,压缩在建规模1.04亿元。

1988年,建行新疆分行又参与了全疆统一组织的在建项目清理,停缓建项目122个,压缩投资1.97亿元,清理停建楼堂馆所8个,压缩投资7600万元。同年,农行新疆分行在贯彻中央治理整顿中开始全面清理信贷资产,年内共清理出非正常贷款8.03亿元,清理收回6000万元。

1989年上半年,建行新疆分行清理收回基本建设贷款2300万元,清理收回更新改造贷款2000万元。

1990年,建行新疆分行对信贷资金贷款、财政资金贷款和委托资金贷款进行了清理,共收回贷款1.61亿元。

1991—1992年,建行新疆分行开展建设概算、工程预决算,实行事前审查和柜台监督,为国家和建设单位节约投资分别达2.25亿元、8600万元。

1993年,建行新疆分行清理回收基本建设贷款9100万元,清理回收更新改造贷款3900万元。

1996年,建行新疆分行成立了信贷风险管理委员会,制订了实施办法和操作方案,通过一系列手段清理回收固定资产贷款3.94亿元。

1997年,建行新疆分行清理回收贷款3.65亿元。

1998—1999年10月,农行新疆分行开展了"清理信贷资产,改进贷款分类"的"清分"工作,共对17.93万笔,207.97亿元贷款和10.37亿元的表内应收利息及15.77亿元的表外利息进行了清分。按五级分类的清分标准,清出正常类48.76亿元、关注类33.91亿元、次级类36.90亿元、可疑类61.60亿元、损失类26.70亿元。

2001—2005年,工行新疆分行清收转化及处置不良贷款85.93亿元。同期,农行新疆兵团分行盘活不良贷款7.50亿元。

2005年,建行新疆分行首次将不良资产现金回收指标纳入辖属二级分行负责人年度考核关键业绩指标(KPI)体系,并加大激励费用倾斜力度,调动二级分行的积极性,全年共处置不良资产14.90亿元。

二、不良信贷资产核销

1992年,工行新疆分行核销414户7300万元呆账。同时,工行新疆分行还配合新疆维吾尔自治区和新疆生产建设兵团完成国有生产企业政策性破产、兼并及减员增效工作,消化处理国有企业债务。1992年到2005年,工行新疆分行共核销企业贷款呆账28.93亿元,其中核销国有企业政策性破产呆账6.67亿元。

1995年,建行新疆分行核销呆账139万元。

1996—2000年,建行新疆分行累计核销呆坏账438户,金额11.76亿元。

1997年,农行新疆兵团分行核销呆账9700万元。

1998—2000年,农行新疆分行核销的呆坏账总额为3.48亿元、2.79亿元和1.37亿元。

1998—2005年,农行新疆兵团分行核销呆账贷款11.66亿元。

1999—2005年,中行新疆分行共核销不良信贷资产5.77亿元,核销美元不良信贷资产1400万美元。

2001—2005年,建行新疆分行共核销企业贷款呆账11.2亿元。

2005年,农行新疆分行核销呆坏账总额为5800万元。

三、不良贷款清收

1985—1994年,工行新疆分行清收不合理、一逾两呆贷款17.29亿元。

1990年,农行新疆分行在以往清理信贷资产的基础上,集中时间和精力、采取攻坚措施,清收不良贷款3.14亿元。

1995—2000年,工行新疆分行清收不良贷款(含一逾两呆)共计8.50亿元。

1999—2001年,农行新疆分行累计清收不良贷款本息30.50亿元。

2001年,建行新疆分行以压缩、盘活为重点,制定10条清收、盘活措施,年底收回存量呆滞贷款本金15.60亿元,收回利息3900万元。

2001—2005年,中行新疆分行清收不良贷款共计18.17亿元。同期,农行新疆兵团分行清收不良贷款6.50亿元。

2002年,建行新疆分行把清收盘活工作直接与绩效挂钩,强化激励约束机制,年底回收存量呆滞贷款本金1.48亿元,收回利息4600万元。

　　2003 年,建行新疆分行开展"降低不良资产攻坚战"活动,建立以五级分类为主的清收计划和考核机制,收回"双呆"贷款本金 3.68 亿元,清收利息 7100 万元。

　　2004 年,建行新疆分行深刻吸取"啤酒花事件"和"德隆危机"教训,加大清收盘活工作力度,收回不良贷款 6.24 亿元。

　　2004—2005 年,农行新疆分行累计清收不良贷款本息 23.26 亿元。

　　2005 年,建行新疆分行采取"一事一报、争取政策支持和整体动作"等办法,清收不良贷款 4.10 亿元。

四、不良贷款及不良贷款率"双降"

　　2000 年,农行新疆兵团分行通过多种手段清收、盘活不良贷款,不良贷款率从 34.4% 下降到 23.1%。

　　2000—2005 年,建行新疆分行制定清收不良贷款的奖励办法,奖励范围逐步扩大到非信贷和抵债资产处置类,建立呆账核销任务、质量、回收考核制度,与政府协商,制止逃废银行债务的行为。至 2005 年末,建行新疆分行不良贷款率降至 8.2%。

　　2005 年,工行新疆分行不良贷款余额为 28.80 亿元,不良贷款率为 9.9%。同年,中行新疆分行不良资产由 1999 年的 40.18 亿元,下降到 2005 年的 28.68 亿元,不良贷款减少了 11.49 亿元,不良率由 1999 年的 15.4% 下降到 2005 年的 12.1%,降了 3.3 个百分点。

第二节　　不良资产剥离及债转股

一、不良贷款的剥离

　　1999 年,中行新疆分行第一次剥离不良资产共计 11.72 亿元;第二次剥离不良资产是在 2000 年,剥离的不良资产额为 11.28 亿元,全部为短期贷款;第三次剥离不良资产是在 2004 年,金额为 8.69 亿元。1999 年 11 月至 2000 年 8 月,按工行总行操作要求,工行新疆分行向华融资产管理公司剥离不良资产 1698 户,本息 37.66 亿元,其中,本金 33.42 亿元,利息 4.23 亿元。

　　2000 年,农行新疆分行按照农行总行和长城资产管理公司关于剥离不良贷款的安排部署,共剥离不良资产 7819 户,12160 笔,41.50 亿元,其中:呆账贷款 15.90 亿元,呆滞贷款 19.60 亿元,逾期贷款 2000 万元,正常贷款 2.30 亿元,技改贷 3300 万元,表内利息 2.20 亿元,外币不良贷款折合人民币 5200 万元。同年,农行新疆兵团分行共剥离不良资产 274 户,1290 笔,剥离贷款本金 21.76 亿元,表内利息 2.08 亿元,表外利息 3.94 亿元,其中债转股 3 户,89 笔,剥离清算 5.30 亿元,其中贷款本金 5.04 亿元,剥离表内利息 2600 万元,表外利息 2600 万元。

　　2005 年 4 月,工行总行启动股份制改革工作,集中开展了不良贷款剥离工作。同年 4—8 月,工行新疆分行完成了 838 户,75.98 亿元的不良贷款剥离工作。

1999—2005 年部分年份新疆银行业机构不良资产剥离情况

表 4—5　　　　　　　　　　　　　　　　　　　　　　　　　　　　　单位:亿元

年份	各项不良贷款		其　　中	
	余额	剥离	短期贷款	中长期贷款
1999	398.53	53.00	36.17	16.83
2000	389.14	184.70	129.30	55.40
2004	459.75	20.51	15.66	4.74
2005	400.24	74.82	61.76	13.06

注:2004 年各项不良贷款剥离总余额含信托贷款剥离额。

二、债转股

1994 年 5 月,工行新疆分行向农发行新疆分行划转政策性贷款 1.73 亿元。

2000 年,工行新疆分行对新疆八一钢铁(集团)公司等十家企业实施了债转股,涉及贷款本息 22.79 亿元,其中贷款本金 21.14 亿元,利息 1.65 亿元。同年,农行新疆分行实施专项业务债转股 4800 万元。

2002—2003 年,工行新疆分行按照要求对新疆有色金属工业公司不良债权实施债转股,涉及贷款本息 5.44 亿元,其中贷款本金 5.19 亿元,利息 2600 万元。

1986—2005 年新疆银行业机构人民币贷款

表 4—6　　　　　　　　　　　　　　　　　　　　　　　　　　单位:亿元,%

年份	年末余额	增减额(+—)	增减率(+—)
1986	96.67	20.63	27.1
1987	117.22	20.51	21.3
1988	149.56	32.34	27.6
1989	185.59	36.03	24.1
1990	248.61	63.02	34.0
1991	318.33	69.72	28.0
1992	409.89	91.56	28.8
1993	506.52	96.64	23.6
1994	632.32	126.27	24.8
1995	843.38	210.89	33.4
1996	1016.20	174.91	20.5
1997	1215.39	168.12	19.6
1998	1318.41	102.93	8.5

表 4-6 续

年份	年末余额	增减额（十一）	增减率（十一）
1999	1386.78	68.33	5.2
2000	1403.13	74.87	1.2
2001	1584.73	182.63	12.9
2002	1801.15	204.91	13.7
2003	2099.09	296.48	16.5
2004	2214.66	134.66	5.5
2005	2272.08	135.26	2.6

1986—2005 年新疆银行业机构人民币贷款种类

表 4-7　　　　　　　　　　　　　　　　（年末余额）　　　　　　　　　　　　　　单位：亿元

项　目	1986 年	1987 年	1988 年	1989 年	1990 年	1991 年	1992 年	1993 年
各项贷款	96.67	117.21	149.55	185.59	248.61	318.33	409.89	506.52
1. 流动资金贷款	64.79	73.70	91.70	115.83	162.44	212.18	263.39	315.43
（1）工业贷款	18.21	21.35	26.88	36.71	46.75	60.39	75.49	96.86
（2）商业贷款	40.43	44.55	54.85	68.65	103.27	137.93	170.87	196.26
其中:农副产品贷款	9.93	17.87	22.27	36.20	62.47	96.11	111.20	116.34
（3）建筑业贷款	4.38	4.83	5.43	5.88	6.69	7.23	7.97	8.11
（4）个体工商贷款	0.29	0.38	0.59	0.53	0.55	0.64	1.25	2.76
（5）乡镇企业贷款	1.44	2.60	3.95	4.06	5.18	5.99	7.82	11.43
（6）其他贷款	0.05	—	—	—	—	—	—	—
2. 农业贷款	11.95	15.01	17.77	20.82	25.43	30.88	40.25	46.39
3. 固定资产贷款	17.71	23.75	31.02	37.66	45.39	56.91	76.38	108.73
（1）技术改造贷款	7.49	9.26	12.59	15.58	17.40	19.56	23.30	32.56
（2）基本建设贷款	4.13	6.82	8.76	10.95	15.96	24.51	37.39	59.58
（3）老少边穷地区发展贷款	2.53	3.22	3.84	4.11	4.42	4.63	5.10	7.28
（4）地方经济开发贷款	3.53	4.45	5.83	7.02	7.62	8.20	10.59	9.31
（5）其他中长期贷款	0.02	0	0	0	0	0	0	0
4. 信托贷款	1.46	2.63	2.94	3.28	2.62	2.38	2.89	3.36
5. 融资租赁	—	0.10	0.09	−0.15	0.22	0.61	1.62	1.67
6. 委托贷款	—	0.83	2.20	3.70	5.07	6.62	9.46	11.76
7. 其他类贷款	0.76	1.20	3.84	4.44	7.43	8.75	15.90	19.17

注:1987—1993 年各项贷款项下设置流动资金贷款(下设工业贷款、商业贷款、建筑业贷款、个体工商贷款、乡镇企业贷款、其他贷款)、农业贷款、固定资产贷款(下设基本建设贷款、技术改造贷款、其他中长期贷款)、信托贷款、其他类贷款五个子项。

表 4-7 续　　　　　　　　　　　　（年末余额）　　　　　　　　　　单位：亿元

项　目	1994 年	1995 年	1996 年	1997 年	1998 年	1999 年	2000 年
各项贷款	632.32	843.38	1016.20	1215.39	1318.41	1386.78	1403.13
1. 短期贷款	437.61	596.98	733.54	854.08	961.12	961.17	900.05
（1）工业贷款	123.93	155.23	197.94	238.72	258.31	270.20	243.03
（2）商业贷款	230.54	327.38	392.26	444.88	485.03	471.45	392.01
其中：农副产品贷款	109.39	202.95	253.00	303.00	313.53	289.22	242.16
（3）建筑业贷款	9.06	10.84	12.70	19.70	15.35	13.75	8.98
（4）农业贷款	31.53	43.34	54.51	51.31	83.41	91.51	84.13
（5）乡镇企业贷款	11.85	15.14	19.64	13.19	24.98	24.79	17.19
（6）三资企业贷款	6.02	7.92	9.45	11.83	9.14	8.54	12.50
（7）私营企业及个体贷款	5.00	6.53	9.53	9.71	8.31	8.40	8.42
（8）其他短期贷款	19.69	30.60	37.50	64.74	76.59	72.54	133.79
2. 中期流动资金贷款	—				32.15	60.07	123.83
3. 中长期贷款	154.13	183.03	220.41	237.36	278.06	313.33	327.84
（1）技术改造贷款	42.19	49.50	67.30	65.67	74.53	81.44	69.24
（2）基本建设贷款	69.17	86.11	96.61	106.45	129.29	142.73	150.97
（3）其他中长期贷款	25.90	30.14	39.38	65.24	74.25	89.16	107.62
（4）老少边穷地区发展贷款	7.85	8.09	8.01	—	—	—	—
（5）地方经济开发贷款	9.03	9.20	8.99				
（6）特定项目贷款	—	—	0.12				
4. 信托贷款	2.86	5.48	4.47	4.12	7.54	6.82	5.92
5. 融资租赁	1.04	0.84	0.43	7.94	8.38	8.98	8.08
6. 委托贷款	18.98	14.83	10.73	6.20	7.19	7.93	5.17
7. 逾期类贷款	—	—	—	105.68	23.98	28.47	32.25
8. 其他类贷款	17.70	42.23	46.63	—	—	—	—

注：1994—1996 年各项贷款项下变"流动资金贷款""固定资产贷款"划分方式为"短期贷款""中长期贷款"，短期贷款下设工业贷款、商业贷款、建筑业贷款、农业贷款、乡镇企业贷款、私营及个体工商企业贷款、三资企业贷款、其他短期贷款八个子项，中长期贷款下设技术改造贷款、基本建设贷款、其他中长期贷款三个子项。1997 年各项贷款项下增设了信托贷款、融资租赁、委托贷款、逾期类贷款等子项。1998 年"金融机构人民币信贷收支表"中，在各项贷款项下增加了"中期流动资金贷款"科目。

表 4—7 续　　　　　　　　　　　　　　（年末余额）　　　　　　　　　单位:亿元

项　目	2001 年	2002 年	2003 年	2004 年	2005 年
各项贷款	1584.73	1801.15	2099.09	2214.66	2272.08
1. 短期贷款	962.33	998.50	1074.98	1155.10	1138.67
(1)工业贷款	298.91	311.01	319.51	309.38	248.59
(2)商业贷款	433.27	397.44	411.22	471.42	496.99
其中:农副产品贷款	274.793	229.65	224.79	314.73	344.49
(3)建筑业贷款	12.14	21.39	27.62	20.56	23.55
(4)农业贷款	99.46	114.45	123.03	149.20	169.78
(5)乡镇企业贷款	17.73	17.72	21.79	22.31	10.63
(6)三资企业贷款	11.14	11.49	10.15	7.97	4.79
(7)私营企业及个体贷款	8.29	9.18	12.10	16.86	13.49
(8)其他短期贷款	81.40	115.82	149.56	157.40	170.85
其中:个人短期消费贷款	7.62	7.17	10.19	5.90	4.46
2. 中期流动资金贷款	120.04	116.84	125.22	106.59	0
3. 中长期贷款	477.66	629.83	98.24	883.16	994.62
(1)技术改造贷款	60.06	28.27	33.33	35.87	26.52
(2)基本建设贷款	183.11	283.30	368.00	419.11	484.23
(3)其他中长期贷款	234.50	318.26	396.91	428.18	483.87
其中:个人中长期消费贷款	118.85	182.67	249.70	233.65	210.80
4. 信托贷款	0.19	0.66	5.16	2.97	1.73
5. 融资租赁	12.58	16.90	17.63	9.37	9.21
6. 委托贷款	3.66	1.86	1.20	5.28	3.56
7. 票据融资	7.68	36.00	76.01	46.26	116.55
其中:贴现	7.68	36.00	76.01	46.26	116.55
8. 各项垫款	0.58	0.56	0.65	5.93	7.74

　　注:2001 年在各项贷款项下短期贷款的"其他短期贷款"和中长期贷款的"其他中长期贷款"项下分别增加了"个人短期消费贷款"和"个人中长期消费贷款"子项;取消了"逾期类贷款",增加了"票据融资(包括贴现)"和"各项垫款"两个科目。

1986—2005 年新疆银行业机构人民币存贷占比

表 4—8　　　　　　　　　　　　　　　　　　　　　　　　　　　单位:亿元,%

单　　位	年份	各项存款	各项贷款	存贷占比
农发行新疆分行	1986	—	—	—
	1990	—	—	—
	1995	18.11	198.96	1098.5
	2000	25.49	225.77	885.7
	2001	9.46	261.48	2764.0
	2002	23.32	215.90	925.7
	2003	28.65	208.15	726.6
	2004	32.51	296.26	911.3
	2005	43.19	331.59	767.8

1986—2005 年新疆银行业机构人民币存贷占比

表 4—9　　　　　　　　　　　　　　　　　　　　　　　　　　　单位:亿元,%

单　　位	年份	各项存款	各项贷款	存贷占比
国开行新疆分行	1986	—	—	—
	1990	—	—	—
	1995	—	—	—
	2000	3.08	58.66	1904.5
	2001	1.87	68.82	3680.2
	2002	16.47	112.75	684.6
	2003	12.84	156.81	1221.3
	2004	20.11	215.27	1072.7
	2005	19.24	278.05	1445.2

1986—2005 年新疆银行业机构人民币存贷占比

表 4—10　　　　　　　　　　　　　　　　　　　　　　　　　　单位:亿元,%

单　　位	年份	各项存款	各项贷款	存贷占比
工行新疆分行	1986	48.16	40.96	85.1
	1990	96.66	89.25	92.3
	1995	247.05	209.83	84.9
	2000	519.12	317.77	61.2
	2001	524.84	340.16	64.8
	2002	552.16	372.20	67.4
	2003	615.38	406.77	66.1
	2004	648.26	377.90	58.3
	2005	737.09	286.18	38.8

1986—2005 年新疆银行业机构人民币存贷占比

表 4－11　　　　　　　　　　　　　　　　　　　　　　　　　　　单位:亿元,%

单　位	年份	各项存款	各项贷款	存贷占比
农行新疆分行	1986	31.51	32.20	102.2
	1990	75.14	90.93	121.0
	1995	108.39	83.25	76.8
	2000	247.47	229.05	92.6
	2001	259.86	240.88	92.7
	2002	304.24	266.99	87.8
	2003	371.75	291.95	78.5
	2004	425.48	300.41	70.7
	2005	485.35	294.29	60.6

1986—2005 年新疆银行业机构人民币存贷占比

表 4－12　　　　　　　　　　　　　　　　　　　　　　　　　　　单位:亿元,%

单　位	年份	各项存款	各项贷款	存贷占比
中行新疆分行	1986	0.82	5.62	684.6
	1990	3.65	11.53	315.5
	1995	46.26	38.76	83.8
	2000	122.83	92.41	75.2
	2001	153.71	118.08	76.8
	2002	177.02	156.75	88.6
	2003	203.83	190.99	93.7
	2004	251.45	195.49	77.8
	2005	307.48	203.46	66.2

1986—2005 年新疆银行业机构人民币存贷占比

表 4－13　　　　　　　　　　　　　　　　　　　　　　　　　　　单位:亿元,%

单　位	年份	各项存款	各项贷款	存贷占比
建行新疆分行	1986	12.08	9.76	80.8
	1990	29.09	28.72	98.7
	1995	151.55	147.55	97.4
	2000	385.95	217.37	56.3
	2001	420.41	253.65	60.3
	2002	429.09	293.72	68.5
	2003	492.45	352.71	71.6
	2004	465.03	281.39	60.5
	2005	557.79	288.86	51.8

1986—2005 年新疆银行业机构人民币存贷占比

表 4—14   单位:亿元,%

单　　位	年份	各项存款	各项贷款	存贷占比
农行新疆兵团分行	1986	—	—	—
	1990	—	—	—
	1995	75.29	59.47	79.0
	2000	173.87	118.17	68.0
	2001	193.31	132.41	68.5
	2002	225.82	148.71	65.9
	2003	270.12	164.87	61.0
	2004	31.57	177.51	56.3
	2005	358.89	178.38	49.7

1986—2005 年新疆银行业机构人民币存贷占比

表 4—15   单位:亿元,%

单　　位	年份	各项存款	各项贷款	存贷占比
交行新疆分行	1986	—	—	—
	1990	—	—	—
	1995	14.45	0.89	56.0
	2000	43.08	27.01	62.7
	2001	54.65	36.07	66.0
	2002	72.09	43.46	60.3
	2003	86.38	54.35	62.9
	2004	104.31	63.02	60.4
	2005	122.35	74.54	60.9

1986—2005 年新疆银行业机构人民币存贷占比

表 4—16   单位:亿元,%

单　　位	年份	各项存款	各项贷款	存贷占比
招行乌鲁木齐分行	1986	—	—	—
	1990	—	—	—
	1995	—	—	—
	2000	—	—	—
	2001	—	—	—
	2002	19.84	19.02	95.9
	2003	25.53	34.59	135.5
	2004	38.66	35.97	93.0
	2005	53.41	32.13	60.2

1986—2005 年新疆银行业机构人民币存贷占比

表 4—17　　　　　　　　　　　　　　　　　　　　　　　　单位：亿元，%

单　位	年份	各项存款	各项贷款	存贷占比
华夏银行乌鲁木齐分行	1986	—	—	—
	1990	—	—	—
	1995	—	—	—
	2000	—	—	—
	2001	—	—	—
	2002	—	—	—
	2003	4.49	2.53	56.4
	2004	15.42	12.44	80.7
	2005	24.65	32.39	131.4

1986—2005 年新疆银行业机构人民币存贷占比

表 4—18　　　　　　　　　　　　　　　　　　　　　　　　单位：亿元，%

单　位	年份	各项存款	各项贷款	存贷占比
乌鲁木齐市商业银行	1986	—	—	—
	1990	—	—	—
	1995	—	—	—
	2000	47.09	31.61	67.1
	2001	59.74	40.73	68.2
	2002	82.61	55.67	67.4
	2003	107.40	72.12	67.2
	2004	122.18	83.49	68.3
	2005	140.92	88.98	63.1

1986—2005 年新疆银行业机构人民币存贷占比

表 4—19　　　　　　　　　　　　　　　　　　　　　　　　单位：亿元，%

单　位	年份	各项存款	各项贷款	存贷占比
新疆农村信用社	1986	6.63	2.11	32.0
	1990	16.33	5.33	33.0
	1995	47.69	24.42	51.0
	2000	88.41	41.42	47.0
	2001	115.37	56.92	49.0
	2002	154.65	77.75	50.0
	2003	207.51	112.07	54.0
	2004	238.29	134.67	57.0
	2005	281.07	149.81	53.0

1986—2005年新疆银行业部分年份机构贷款情况统计

表 4-20 　　　　　　　　　　　（年末余额）　　　　　　　　　　单位:亿元

机构名称	1986 年	1990 年	1995 年	2000 年	2005 年
农发行新疆分行	—	—	198.96	225.77	331.59
国开行新疆分行	—	—	—	5.86	278.05
工行新疆分行	40.96	89.25	209.83	317.77	286.18
农行新疆分行	32.20	90.93	83.25	229.05	294.29
中行新疆分行	5.62	11.53	38.76	92.41	203.46
建行新疆分行	9.76	28.72	147.55	217.37	288.86
农行新疆兵团分行	—	—	59.47	118.17	178.38
交通银行新疆分行	—	—	8.09	27.01	74.54
招商银行乌鲁木齐分行	—	—	—	—	32.13
华夏银行乌鲁木齐分行	—	—	—	—	32.39
乌鲁木齐市商业银行	—	—	—	31.61	88.98
新疆农村信用社	2.11	5.33	24.43	41.42	149.81
新疆邮政储汇局	—	—	—	—	—
合　计	90.66	225.75	770.30	1359.23	2238.67

注:"—"所在栏代表当年机构尚未设立或无数据。

第五篇 结算与中间业务

结算与中间业务是银行业金融机构在传统的资产业务和负债业务的基础上，不直接承担或不直接形成债权债务，不动用或很少动用自身资产，以中介人或代理人身份为客户提供各种金融服务并收取手续费的非利息收入业务。

20世纪90年代以前，新疆银行业非利息收入业务以汇兑业务、国内与国际结算业务以及公用事业费、水电气费等少部分代收业务为主。1993年以后，随着经济金融改革步伐的加快，新疆维吾尔自治区银行业金融机构在抓好传统中间业务的基础上，借助不断发展的银行卡、电子银行等功能的利用，开始重视并逐步加大新的中间业务的推广力度，特别是在非税收入、电信资费、税款、公用事业费、水电气费等代收，财政支付、"两保"统筹资金、政策性银行业务、商业银行同业业务、保险、证券代理业务，各类理财、担保、承诺、咨询、保管箱等业务代办方面，取得了较好的效益。

第一章 结 算

结算是银行的传统中间业务项目,其业务收入在银行中间业务收入中占据主要地位。1986—2005 年,新疆银行业金融机构在结算服务方面加强结算制度管理,强化结算风险防范。同时,为适应新的市场环境,更好地满足客户需求,积极创新结算方式,开办了直达电汇、电子汇兑、信用卡、国内信用证、银证通、即时通、支票直通车、对公业务异地通存通兑等新型结算产品,有效地扩大了新疆银行业支付结算业务的影响力,充分展现了其结算业务的品牌形象。

第一节 结算方式

一、沿革

1986—2005 年,新疆银行业的结算方式由最初的票据支付结算、汇兑、托收承付、委托收款、叙做远期外汇买卖业务、美元代保管业务、人民币代保管业务、信用卡直接购货业务、旅行支票兑换业务、外币兑换人民币业务、代理保管证业务等传统方式,发展到后来的通存通兑、电子汇兑、网上银行等;支付结算手段由原先的单点手工处理发展到依靠电子化、网络化,出现了 ATM、客户服务中心等客户自助设备,使支付结算服务的时间和空间得到了延伸;支付结算范围由原来的货币市场扩大到证券市场和保险市场,由国际支付结算扩大到国内支付结算,由客户与客户之间的清算扩大到客户内部资金的划拨清算,由单位支付结算扩大到个人支付结算;支付结算内容由原来的简单资金汇划和清算拓展到单位和个人的理财业务;支付结算速度由过去几天甚至十几天发展到实时清算、即时清算等。

1986 年,人行新疆分行在新疆维吾尔自治区境内首次开办电话汇款业务。同年 1 月,为便利商品流通,减少现金使用,工行新疆分行对个体经济户和个人结算试行支票结算。农行总行在湖北省召开了全国结算工作会议,会议决定在全国推广定额转账支票结算方式。会后,农行新疆分行在全疆推开这种结算方式,全年结算金额不足 2 亿元。建行新疆分行在 1986 年以前,执行的是 1978 年人民银行总行的结算办法。之后,为便利商品流通,减少现金使用,建行新疆分行顺应改革需要,本着“以客户为中心,以市场为导向”的经营原则,积极开展结算方式创新,加速社会资金周转,不断提高结算服务质量。同年 11 月 27日,中行新疆分行与前苏联对外贸易银行莫斯科总行互开瑞士法郎专用账户,办理了中国新疆与前苏联边境贸易第一笔记账结算业务。

1987 年,全疆票据交换中心建立,办理金融机构之间的票据交换清算业务,推行商业汇票承兑贴现业务。同年 9 月 1 日,工行新疆分行在全疆开办了直达电汇业务,利用先进的电传电报通信设备,直接拍发、接收电报,加速客户资金流转。10 月 1 日,工行新疆分行又在乌鲁木齐开办定额汇票业务,方便国内单位和个人旅游、公出及异地采购资金结算。为了全面支持改革、开放、搞活、增加灵活方便的结算方式,农业银行在系统内试办了定额汇票,电子计算机汇款和本票等结算新业务。

1988年1月,工行新疆分行先在经济较发达的乌鲁木齐等七个城市行处开办商业汇票承兑与贴现业务;同年8月,按照《国务院办公厅转发中国人民银行关于改革银行结算报告的通知》要求,农行本着方便、通用、迅速、安全的原则,对结算制度进行了改革:一是放宽开户条件,扩大开户范围,简化开户手续,以适应多种经济形式,多种经营方式,多种交易形式的需要;二是推行或试办票汇结算,限额结算,委托收款结算,定额汇票,商业票据承兑贴现等结算业务;三是参加同城票据交换不断扩大票据交换覆盖面,加速企业资金周转;四是健全岗位责任制,改善服务态度,提高服务质量。同时,农行新疆分行推行票汇结算、限额结算、委托收款结算、定额汇票、商业票据承兑贴现等结算业务品种。随着经济体制和金融体制改革的深化,银行实行新的结算体制,在全辖范围内开办了全国建设银行系统票汇结算业务,并初步确立了以"三票一卡"为主体的新的结算体系。同年,建行新疆分行在全疆开办了票汇结算业务。随着中国经济过热和经济结构、经营方式转变,银行间竞争加剧,企业多头开户,逃避还贷还债,三角债问题也日益严重。针对这种情况,人民银行于1994年下发了《关于加强银行结算工作决定的通知》和《银行账户管理办法》,建行新疆分行一方面自觉执行《票据法》《票据管理实施办法》和《支付结算办法》;另一方面,1995—1996年在全行范围内开展账户清理工作,进一步规范账户的开立和使用,并以此为契机,大力拓展基本存款账户,壮大资金实力。

1989年,新疆人行系统全面开办电话汇款业务,并修订了托收承付结算、同城异地委托收款、城乡限额结算、票汇、农副产品收购定额支票等管理办法。同年,新结算办法颁布后,工行新疆分行废止了托收承付结算方式。建行新疆分行基本实现由旧的结算方式向新的结算方式转轨,全面扩大银行汇票、银行承兑、贴现、转贴现和再贴现业务,改进支票结算方式,放宽开户条件。

1990年,由于银行信用和商业信用一时还难以彻底分开,取消托收承付后,出现了许多遗留问题。经工行总行请示国务院同意,于1990年4月1日又恢复办理托收承付结算。建行新疆分行在乌鲁木齐试办信用卡和旅行支票,在考虑计算机联网建设的前提下,为新的结算方式创造条件。

1991—1994年,建行新疆分行扩大转账结算,对个体工商户和个人推行使用转账支票、银行汇票和其他转账结算方式。

1995年5月30日,工行新疆分行批量电子汇兑系统投产。此系统以联网计算机为处理平台,批量处理全行各种汇兑信息,同年10月,工行新疆分行投产实时电子汇兑系统,此系统投产后,一笔实时汇兑业务从发送到接收只需要几秒钟,大大缩短了资金的在途时间。同年,农行总行印发了《关于建设中国农业银行人民币电子汇兑系统有关事项的通知》,规划了汇兑系统在农行的推广应用。建行新疆分行开通了电子汇兑系统,以计算机网络系统为依托,以批量传输方式传递资金信息,实现了客户异地资金在24小时内到账。

1996年,建行新疆分行又实现了异地业务的实时电子化数据传输,大额或加急的异地资金可以在2小时内到账。同年,农行总行印发了《中国农业银行全国联行机构分级管理办法》,提出了加强农行基层网点结算功能的措施,促进了电子汇兑系统在农行新疆分行、农行新疆兵团分行的应用。同时,农行新疆分行、农行新疆兵团分行在结算管理上,根据支付结算业务发展的需要,先后成立了银行卡部和营运管理部,把银行卡业务从个人金融业务部门独立出来,把结算业务从财会业务部门独立出来,加强管理,促进其健康发展。

1997年8月,工行新疆分行开办国内信用证业务。同年,农发行新疆分行规定,凡在农发行系统内开户的企业,其粮棉油调销业务推行专用银行承兑汇票结算方式;凡在农发行系统外开户的企业,其粮棉油调销业务一般使用现金交易。建行新疆分行成功研发了综合柜面业务系统。

1998年,工行新疆分行、建行新疆分行开办代理证券资金结算业务后,为加快证券资金异地汇划的速度,保证资金安全、准确、及时划拨,推出了2小时到账的"即时划拨业务"。同年,农发行新疆分行执行调销货款结算有关规定和账户管理制度,对系统内开户企业间的粮棉油调销一律实行银行承兑汇票等转账结算方式,对跨系统企业间的粮棉油调销,严格按照"钱货两清"的原则结算。农发行新疆分行结算业务主要体现在粮棉油收购资金供应和管理及粮棉油销售资金回笼。由于业务对象特定,业务范围局限,资金结算涉及银行、企业、农民,农发行结算工作表现资金季节性强、流量大、现金使用多的特点。乌鲁木齐市商业银行开通与69家城市合作银行间的电汇及《特约汇款证》业务。

1999年5月,工行新疆分行资金汇划清算系统在所有对公营业网点同时开通,此系统集汇划、结算、清算于一体,可以保证客户异地资金在24小时内到账,并可实现加急汇划2小时内到账。同年,建行新疆分行也实现了资金汇划清算系统在所有对公营业网点同时开通。

2000年,建行新疆分行试办了直接贷记转账和直接借记转账方式,建成覆盖全疆重点城镇的卫星备份网,作为全疆账务数据集中系统的备份通信系统,构成"天地合一"的多层次、多种类、多走向的立体交叉网络,完成全国电子清算系统与综合柜面业务系统直联、同城票据交换电子化,适应和满足了中小同业客户和集团客户的结算和查询需要。

2001年,人民银行取消行内大额汇划款项通过中国人民银行转汇规定,同时要求商业银行行内电子汇兑系统要与中国人民银行大额支付统计分析系统实时链接,报送大额支付信息。同年7月,工行新疆分行与证券商联合推出了"银证通"业务。建行新疆分行将联行机构与汇票机构分设,使汇票业务普及到分理处,建立结算中心、销售结算网络、网上银行,开通银企服务终端,并实现储蓄卡、信用卡交易全国联网,扩大结算覆盖面,初步建立结算方式多样化、结算手段现代化的银行结算体系。

2002年12月,在工行系统投产"即时通"业务,实现了对公业务异地通存通兑。同年,建行新疆分行组织开展基本账户营销,全行共新增公司类基本结算账户1537户,基本账户日均存款新增12.25亿元。

2003年2月,工行新疆分行在所辖分支机构范围内开办"支票直通车"业务。同年,人民银行建立和完善统一、高效、安全、自动化程度高的公共应用支付平台,开发了现代化支付系统。

2005年,全疆大额支付系统、人民币银行结算账户管理系统、中央银行会计集中事后监督系统均成功上线,全疆网点加入大额支付系统,实现跨行汇兑业务实时到账,实时清算功能。大额支付系统新增 1362 家参与者。同年,仅农行新疆分行、农行新疆兵团分行银行卡交易量分别为 180 亿元和 123 亿元,结算资金流量分别为 518 亿元和 302 亿元。

二、制度

人行新疆分行和工行新疆分行在分设后的最初几年,结算工作仍由人行新疆分行统一管理,工商银行继续沿用人民银行规定的结算制度。工行新疆分行正式挂牌以及其他各家银行成立后,在不同时期执行并制定推行过不同支付结算制度。

1985 年,根据中国人民银行对信贷资金管理体制要求的变化,建设银行对资金调拨供应、结算资金划拨、联行往来制度和交存中央银行准备金等会计核算制度作了修改和补充。

1986 年 7 月,农行新疆分行按照农行总行《关于改进与完善定额转账支票结算若干具体问题的意见》,推广和改进了定额转账支票结算工作。同年 11 月,农行总行制定了《中国农业银行商业汇票承兑、贴现办法》,农行新疆分行照此办法,开办了商业汇票承兑、贴现业务。

1986 年,中行新疆分行按照人行总行和中行总行的《银行结算办法》的规定,办理汇票、本票、支票等各种结算业务。其主要内容包括:对于款项收付单位,在办理转账过程中,不准出租、出借银行账号,不准签发空头支票和远期支票,不准套取银行信用;对于银行,在办理结算过程中,必须严格执行《银行结算办法》的规定,及时处理结算凭证,需要向外寄发的结算凭证,必须于当天及时发出,最迟不得超过次日;汇入银行收到结算凭证,必须及时将款项支付给确定的收款人,不准延误、积压结算凭证;不准挪用、截留客户和他行的结算资金;未收妥款项,不准签发银行汇票、本票;不准向外签发未办汇款的汇款回单;不准拒绝受理客户和他行的正常业务。

1988 年,人行总行颁布《银行结算办法》和《银行结算会计核算手续》。同年 8 月,国务院办公厅转发《中国人民银行关于改革银行结算报告的通知》。此后,农行新疆分行即严格执行人民银行制定的结算制度和结算纪律。建行总行依照人行总行《银行结算办法》和《银行结算会计核算手续》,制定下发了《关于制发票汇结算办法和开办票汇结算业务的通知》《个体经济户开户及结算管理试行办法》,废止了托收承付、托收无承付、付款委托书、保付支票、国内信用证、省内限额结算 6 种结算方式。

1989 年 4 月 1 日,工行新疆分行执行以汇票、本票、支票为主体的结算制度,废止托收承付、托收无承付、付款委托书、保付支票、国内信用证、省内限额结算 6 种结算方式。同年 8 月 1 日,工行新疆分行、建行新疆分行同时废止了异地托收承付结算方式。建行新疆分行基本实现由旧的结算方式向新的结算方式转轨,改进支票结算方式,放宽开户条件。

1990 年 4 月 1 日,工行新疆分行、建行新疆分行又恢复了异地托收承付结算方式,结算原则由“钱货两清,及时结算,维护收付双方正当权益,银行不垫款”改为“恪守信用,履约付款,谁的钱进谁的账,由谁支配,银行不垫款”。

1991 年,人行新疆分行制定了《人行新疆分行账户管理暂行办法》《人行新疆分行辖内往来制度》。

1992 年,全国银行整顿结算秩序,严格结算纪律,制止随意压票、退票和拒绝受理正常业务的现象。

1995 年，农行总行印发了《关于建设中国农业银行人民币电子汇兑系统有关事项的通知》，规划了汇兑系统在农行的推广应用。同年，人行新疆分行制定了《同城票据交换办法》和《同城票据交换会计核算手续》，修订了《大额汇划款项转汇会计核算手续》。

1996 年 1 月 1 日，《中华人民共和国票据法》（以下简称《票据法》）正式实施。同年，工行新疆分行、建行新疆分行转发《国家计委、中国人民银行关于进一步规范银行结算业务收费的通知》，并按统一格式、联次、颜色、规格印制支票及信汇、电汇、委托收款等特定凭证按标准收取工本费和手续费。农行总行印发了《中国农业银行全国联行机构分级管理办法》，提出了加强农行基层网点结算功能的措施，促进了电子汇兑系统在农行新疆兵团分行的应用。

1997 年，人行新疆分行建立了结算信息披露及重点联系行制度。同年，为保障银行资金安全，维护正常结算秩序，改进银行结算服务，针对当时一些不法分子利用商业汇票和银行汇票进行诈骗，给银行造成一定的资金损失，工行新疆分行、建行新疆分行加强商业汇票承兑贴现管理，严格银行汇票的签发和兑付。与《中华人民共和国票据法》相配套的"票据实施管理办法""支付结算办法"和"支付结算会计核算手续"也相继在各行实施。新银行结算办法将结算方式改称结算种类，新的结算种类是以汇票、本票、支票和信用卡为核心，并保留和改进了汇兑结算和委托收款结算。建行新疆分行成功研发了综合柜面业务系统，包括储蓄、共存、房改、信用卡等一体化应用。

1998 年，乌鲁木齐市商业银行制定了《同城票据交换操作规程的若干规定》，规范系统内往来处理流程，印发《"407 系统内往来"科目核算使用专用凭证的具体处理手续》，并加入城市合作银行清算通汇网络，开通与 16 家城市合作银行间的电汇及《特约汇款证》业务，制定了《关于开通城市合作银行通汇业务的有关通知》并转发城市合作银行相关通汇管理办法。

1999 年，人行乌鲁木齐中心支行制定了《乌鲁木齐地区银行账户管理办法实施细则》《结算证管理实施细则》《同城票据交换操作规程》和《手工联行电子对账系统管理办法》等。

2000 年，人行乌鲁木齐中心支行制定了《支付密码应用管理暂行办法》。为保证银行承兑汇票承兑业务顺利开办，同年，乌鲁木齐市商业银行制定《乌鲁木齐市商业银行银行承兑汇票贴现、再贴现会计核算手续》《乌鲁木齐市商业银行代签银行汇票实施细则》和《乌鲁木齐市商业银行代签银行汇票业务操作应用手册》。

2001 年，建行新疆分行制定了《建行新疆分行外币信用卡收单业务结算办法》。同年，乌鲁木齐市商业银行在贯彻执行《中国人民银行电子联行运行管理办法》的同时，又制定了《同城电子联行业务操作规程》。

2002 年 8 月，工行新疆分行、建行新疆分行顺利加入人行现代化运载支付系统，奠定了坚实的技术基础和制度保障。

2003 年，建行新疆分行制定了《中国建设银行新疆分行公司客户资金结算网络业务实施细则》及《建行新疆分行 2003 年票据业务工作指导意见》。同年，招商银行乌鲁木齐分行制定《招商银行乌鲁木齐分行会计业务内控指引》《招商银行乌鲁木齐分行会计结算及出纳业务风险分析防范指引》《招商银行乌鲁木齐分行会计负责人和会计主管督导管理工作指引》《各行（部）会计工作分管负责人业务检查指引》及《分行各行（部）会计主管常规检查指引》等管理办法。乌鲁木齐市商业银行印发了《乌鲁木齐市商业银行卡业务会计核算办法(试行)》。

2004年,招商银行乌鲁木齐分行制定《招商银行乌鲁木齐分行会计业务风险监督员管理办法》《招商银行乌鲁木齐分行会计物件收发管理细则》等管理办法,与公司银行部、信息部共同制定《招商银行乌鲁木齐分行代收财政非税业务管理办法(试行)》。同年,乌鲁木齐市商业银行下发《乌鲁木齐市商业银行银行汇票业务核算规定》和《乌鲁木齐市商业银行银行汇票业务操作手册》。

2005年,人行乌鲁木齐中心支行制定了《支付结算重大事项报告办法(试行)》《新疆辖区空头支票行政处罚操作流程》《新疆辖区空头支票行政处罚实施细则》和《新疆中小金融机构接入大额支付系统相关工作规定(试行)》。同年,建行新疆分行制定了《中国建设银行新疆分行单位人民币结算账户集中管理规定》《中国建设银行股份有限公司新疆维吾尔自治区分行客户交易结算资金银行独立存管业务操作实施细则(试行)》。招商银行乌鲁木齐分行制定了《同城票据交换业务管理办法》《招商银行会计综合业务操作规程——结算业务操作规程》,对各项支付结算业务的管理规定、操作处理要求、风险提示都做了规定,并规范了相关的票证版式、业务单据、登记簿以及相关申请、协议格式,保障了业务制度对操作的全面覆盖和全面风险控制。乌鲁木齐市商业银行转发《中国人民银行乌鲁木齐中心支行大额支付系统运行管理办法》《关于加强大额支付系统运行管理有关工作事项的通知》,并加入大额支付系统。

三、工具

(一)票据

人行和工行分设时,工行新疆分行就开办了支票业务。农行新疆分行恢复成立后,异地结算的票据种类有银行汇票和商业汇票,同城结算的票据种类有现金支票和转账支票。中行新疆分行除办理过银行本票、银行汇票、银行签发支票外,还开办了外汇票据融资、个人外汇票据贴现、华侨汇票贴现等业务。建行新疆分行早在1983年就已经开办了支票业务,且支票业务在支付结算业务中占比较大。

1988年,工行新疆分行、建行新疆分行开办了汇票业务,用于异地结算,银行承兑汇票业务由于银行作为承兑人,信用程度高、发展比较快。

1989年,工行新疆分行、建行新疆分行都开办了本票(银行本票)业务。当时,开办本票业务也都仅限于乌鲁木齐市区,且在支付结算业务中占比非常小。

2000年以后,银行汇票业务因解付时对票面要素要求严格,客户感到不方便而逐步萎缩。商业承兑汇票由于企业信用差,企业负责人和财务人员对票据知识缺乏,特别是2000年前后假票据较多,影响了商业承兑汇票业务的拓展,使得工行新疆分行、建行新疆分行商业承兑汇票业务基本处于停滞状态。同年,农行新疆分行办理银行汇票收入4695笔,金额7.30亿元;银行汇票付出4310笔,金额8.70亿元。办理商业承兑汇票收入10笔,金额100万元;商业承兑汇票付出13笔,金额3300万元。办理现金支票付出34.50亿笔,金额11.79亿元。办理转账支票收入24.10亿笔,金额33.92亿元;转账支票付出33.95亿笔,金额41.10亿元。

2005 年,农行新疆分行办理银行汇票收入 515 笔,金额 1.10 亿元;银行汇票付出 706 笔,金额 0.87 亿元。办理商业承兑汇票收入 8 笔,金额 0.02 亿元;商业承兑汇票付出 46 笔,金额 0.43 亿元。办理现金支票付出 14.55 亿笔,金额 13.95 亿元。办理转账支票收入 5.70 亿笔,金额 29.32 亿元;转账支票付出 14.20 亿笔,金额 52.77 亿元。

（二）银行卡

2003 年,乌鲁木齐市商业银行正式对外发行雪莲借记 IC 卡,它属于磁条式借记卡性质的支付结算工具,雪莲借记 IC 卡以智能 CPU 芯片为介质,卡片不易被复制伪造,更能切实保障持卡人银行账户资金安全,可在乌鲁木齐商业银行营业网点办理现金存取、转账汇款,在境内外(包括港澳台)标有银联标识的 POS 机上刷卡消费,可在标有银联标识的自助设备上取款、查询、转账。更重要的是,雪莲借记 IC 卡芯片加载了电子现金账户,可支持 Quick Pass 闪付支付的商户进行小额快速消费,交易时不用再输密码、打凭条,也不用签字,能够即刷即走,还加载了燃气加气、公交乘车、缴纳交通罚款等服务功能。为加强雪莲借记 IC 卡业务管理,规范业务操作规程,乌鲁木齐市商业银行下发《乌鲁木齐市商业银行雪莲借记 IC 卡业务管理办法(试行)》《乌鲁木齐市商业银行卡业务会计核算办法(试行)》。为完善用卡环境,乌鲁木齐市商业银行制定下发了《乌鲁木齐市商业银行 24 小时自助银行服务管理办法(试行)》。同时,乌鲁木齐市商业银行为提高雪莲借记 IC 卡特约商户管理水平,鼓励员工使用本行发行的雪莲借记 IC 卡,制定下发了《乌鲁木齐市商业银行特约商户考评办法》和《乌鲁木齐市商业银行雪莲借记 IC 卡(员工卡)消费激励办法》等。

2005 年,工行总行发行的是"牡丹"系列卡,如"牡丹灵通卡""牡丹社保卡""牡丹国际卡""牡丹希望工程认同卡""牡丹移动联名专用卡"等纳入银联标准卡管理。中行新疆分行发行的银行卡种类有:长城信用卡、长城国际卡、长城彩照卡、长城结算卡、长城股票卡、长城新通卡、长城生肖卡、长城借记卡等 3 大系列 9 个品种。长城信用卡有效卡 1318 万张,国际卡 4587 张。同年,农行新疆分行银行卡累计发卡量达 320 万张,有特约商户 2000 多家,银行卡交易总额达 180 亿元。农行新疆兵团分行银行卡累计发卡量达 42.80 万张,有特约商户 1033 家,银行卡交易总额达 123 亿元。

（三）汇兑

汇兑又称"汇兑结算",汇兑是汇票人委托银行将其款项支付给收款人的结算方式。主要有票汇、信汇、电汇(分电话、电报形式)、押汇等,在不同时期内,汇种有增有减,使用范围有严格规定。

1985 年以后,建行新疆分行在辖内部分储蓄网点开办了个人汇兑业务。

1986 年,工行新疆分行在辖内部分储蓄网点开办了个人汇兑业务,收取的电汇、信汇业务手续费和邮电费标准略有差异,大体上是:单笔汇款金额为 5 万元;客户申请汇款和退汇,应按汇款(退汇)金额的 1‰ 交纳手续费,最高不超过 50 元,不足 1 元的收取 1 元;汇款 24 小时到账(节假日顺延)。1998 年,为适应市场需要,工行新疆分行进一步加快了证券资金异地汇划的速度,保证了资金安全、准确、及时划拨。

1999 年 4 月,工行新疆分行、建行新疆分行对汇款的限额和收费标准进行了调整,个人电子汇款单笔限额为 100 万元;5000 元以内的汇款,按汇款金额的 1‰ 收取手续费,不足 1 元的收取 1 元,5000 元以上的汇款统一收取 50 元。

2005年,农行新疆分行、农行新疆兵团分行汇兑收付业务总量分别为17.11亿笔和9.93亿笔,分别占异地结算总笔数的97.9%和97%,资金流量分别达到414.28亿元和215亿元,分别占异地结算总资金量的99.2%和97.6%。异地结算业务是农行新疆分行、农行新疆兵团分行使用率最高的结算方式。

第二节　结算业务

结算业务是银行为单位客户和个人客户提供票据、汇款、托收、信用证、信用卡等结算方式提供货币支付及资金清算服务的业务,包括对公结算、个人结算、代理其他银行结算、非银行金融机构资金清算等业务,可分为国内结算和国际结算两大类。

一、国内结算

1998年以前,工行新疆分行、建行新疆分行在支付结算方面没有进行客户细分,服务手段以柜面手工服务为主,结算产品比较单一。1998年以后,工行新疆分行、建行新疆分行开拓结算市场,发展结算营销,积极提供并发展网络结算,实现结算制度管理到结算服务的跨越,结算服务从单一的收付款、资金归集开始向集中收付款、资金归集下拨、账户管理、法人账户透支服务综合化方向发展。建行新疆分行在1998年完成了505个营业网点的综合柜员城市综合业务网络处理系统,实现了13个地州市行的辖内结算。

1999年6月,建行新疆分行开通法人清算系统,与疆内上市公司签订了清算协议。同年7月,建行新疆分行实现全疆14个二级分行储蓄卡通存通兑联网。11月,在乌鲁木齐地区实现与全国26个省市、152个城市建行储蓄卡异地联网。

2000年,农行新疆分行的实现结算业务总笔数101万笔,总金额117.98亿元,结算业务手续费收入951.60万元。同年,建行新疆分行完善销售结算网络,在做好春兰、海信、海尔等全国性销售结算网络的同时,积极开发建立疆内区域性结算网络,利用本行网络优势为客户提供资金划拨、账户核对、票据贴现等服务,发展了一批潜在绩优客户。农行新疆兵团分行完成结算业务总笔数68万笔,总金额62.30亿元,实现结算业务手续费收入520万元。

2001年,建行新疆分行成立票据业务经营管理中心,年末承兑汇票累计发生额21.97亿元。同年,招商银行乌鲁木齐分行发展POS机特约商户7家。

2002年,建行新疆分行"委托性住房金融业务系统"等网上银行、重要客户服务系统和中间业务系统正式运行,解决了异地存款自动扣收手续费、疆内通兑不打印收费凭证、打印凭证不一致问题。同年6月,招商银行乌鲁木齐分行获批开办结售汇业务,并开办了交通银行、建设银行跨行取款,"一卡通"跨行取款、商户消费、自助缴费等功能的全面开通,为个人结算业务提速。

2003年,招商银行乌鲁木齐分行特约商户消费业务发展稳健,商户消费年累计交易额达1.72亿元。

2004年11月28日,建行新疆分行DCC系统一次性成功切换上线,为结算业务提速发挥重要作用。

2005 年,工行新疆分行结算业务收入手续费达 2516 万元。同年,农行新疆分行的结算业务总笔数 55.20 万笔,总金额 517.80 亿元,结算业务手续费收入 4856 万元。建行新疆分行与新疆电力公司结算网络和电脑体育彩票结算系统上线运行,年末,结算业务手续费收入达 2114 万元。农行新疆兵团分行结算业务总笔数 31.50 万笔,总金额 306.20 亿元,结算业务手续费收入 1426 万元。招商银行乌鲁木齐分行外汇买卖收益达到 16.70 万元,POS 机特约商户收入为 4 万元。

二、国际结算

相对于国内结算而言,国际结算是跨国进行、使用不同的货币、遵循国际惯例或根据当事双方事先协定的仲裁法所进行的结算活动。国际结算分为贸易结算和非贸易结算。贸易结算主要包括票据—资金单据、汇款方式、托收、信用证、保函、保付代理、福费廷等业务。非贸易结算主要包括非贸易汇款、非贸易信用证、旅行支票、非贸易票据的买入与托收、信用卡和外币兑换等。(国际结算业务在第六篇外汇中有详细叙述)

第三节　结算管理

一、清算管理

在国家经济、金融体制改革不断深入的同时,中小商业银行及证券公司等金融机构受自身机构和结算网络的局限而带来的制约越来越突出,迫切需要寻求国有大银行为其代理资金清算业务和全国汇票业务。为适应市场需求,国有商业银行各自总行分别下发代理其他商业银行办理全国银行汇票业务管理暂行办法和全国银行汇票业务协议的通知。为进一步加强与中小商业银行、证券公司等金融机构的合作,各国有银行新疆分行把代理其他商业银行、证券公司的资金清算业务作为一项重要业务工作来对待,扩大了资金清算代理范围和品种。

(一)同城清算

1988 年 8 月,按照《国务院办公厅转发中国人民银行关于改革银行结算报告的通知》要求,各国有商业银行在新疆的分支机构参加了当地人行建立的票据交换所,各行密切配合,形成票据交换和资金清算中心。

从 1991 年 4 月到 1993 年 3 月,按照 10 万元以上资金均通过人民银行划拨的办法,国有银行新疆各分行地(市)行以上机构之间几乎全部联行往来和 70% 以上汇划资金流都进入人民银行电子银行系统。

1997 年 4 月 1 日,开通了资金汇划清算系统,也称为"全国联行自动生成对账系统"。此系统一次同时生成来账原始凭证和资金清算,取消了发报、收报、对账的业务系统。

1999 年 5 月 31 日,新的资金汇划清算系统投产运行,改变了过去的"先汇划后清算、动账不动钱"的联行体制,实行汇划与清算同步的"实时清算"。由于实现了资金汇划与清算同步,减少了联行级次,按照统一法人体制的要求加强和完善了资金管理,变事后约束为事前控制,为实施资产负债比例管理创造了条件,且具有比原联行对账准确率更高的特点,工商银行于1999年12月2日起取消了原有的联行对账系统,全部使用新的资金汇划系统进行对账,不再上传对账数据。

2000年8月,建设银行正式启动全国联行与汇票机构管理模式改革,将全国汇票机构从全国联行机构分离出来,进一步增强和完善了营业机构的资金清算功能,提高了市场竞争力。

2001年,各行成功投产了外汇汇款暨清算系统,面向的客户包括对公客户和对私客户,实现了自动的网点对网点的处理,报文处理与账务联动处理。同年,各行投入大量人力物力进行多轮账务划转及移行测试,确保了外汇汇款暨清算系统的成功投产,建立起了具有国际先进水平的外汇清算网络体系。它使外汇汇款业务处理网点由原来的PCC延伸点扩展到普通对公营业网点,大大增加了业务办理范围,可使客户更加方便地办理外汇汇款业务,外汇汇款暨清算系统通过事中控制和事后监督机制以及相应的柜员管理、参数控制等有效方式,提升了国有商业银行的服务品质和形象,也为对内支持扁平化管理和对外实现外币与人民币清算一体化改革打下了基础。

2004年,招商银行参加人行同城票据交换系统升级改造,降低同城票交业务的操作风险,提升了同城票据交换业务的操作效率。同年,全疆有89个县级以上城市共建立票据交换所72个,日均业务笔数41865笔,日均处理业务金额28.99亿元。

2005年,参加乌鲁木齐市区同城票据交换的银行营业机构有472个,日均处理业务量为1.80万笔,日均清算资金近20亿元。同年,招商银行乌鲁木齐分行制定了《同城票据清算管理办法》规范同城资金清算操作。为彻底解决外汇清算业务处理效率,提升外汇汇款速度,建行新疆分行根据建设银行总行外币清算接入DCC系统上线安排,成功完成了上线工作,且运行稳定。

(二)跨区域清算

跨区域清算的起因源于资金汇划与资金清算不同步,辖内各行之间的资金存欠通过计算利息、事后清算的办法解决,形成了较为严重的超占联行汇差现象,助长了盲目扩张贷款的经营行为。为了解决这一系列的问题,中国人民银行按照国家支付清算需要,利用现代计算机技术和通信网络自主开发建设,能够高效、安全处理各银行间异地、同城各种支付业务及其资金清算和货币市场交易的资金清算应用系统——中国现代化支付系统。

1985年,农业银行联行自成体系后,制定了《中国农业银行联行汇差资金清算办法》。

1986年,针对当时联行汇差资金清算和调拨工作中存在的问题,为切实管好用好联行汇差资金,农行总行制定了《关于全国联行汇差资金清算办法的补充规定》。

1990年1月1日,建设银行实施了新的全国联行往来对账办法。新的建设银行全国联行对账由抄表对账改为"往来直接发报,逐级轧计汇差,往来双向报告,分行录磁传输,总行集中对账,逐月查清未达,年度上划结平"的办法。总的要求是"直接往来、分别报告、配对对账、清算结平",即建设银行参加联行往来的营业机构相互直接发报,分别往账、来账报送管辖行逐级传送建行总行,总行监督对账;每日营业终了对联行往来科目借贷发生额进行汇差轧计;汇差逐日逐级上报,其中分行辖内联行往来汇差由省(自治区)分行负责管理,全国联行汇差由省(自治区)分行逐日汇总后上报总行,总行逐行逐笔进行配对对账,对账无误后,由总行结平全国联行业务。这一管理办法的宗旨是"先汇划,后清算,动账不动钱",通过计算机一份一份地进行配对,配过对的报单数据输入已核对的联行往来账,全部配对完后结束此笔全行联行业务。同年 10 月 1 日,工行新疆分行实施新的全国联行往来对账办法。

1993 年,人行新疆分行采用计算机进行省辖联行对账。

1994 年,建行总行决定对手工联行进行改革,自行设计、开发资金清算系统。

1996 年 10 月 7 日,建行新疆分行资金清算系统正式上线运行,标志着手工联行时代的终结,建设银行资金清算开始迈入电子联行时代。同月,建行新疆分行开通资金清算系统,130 多个机构与全国建行电子汇划清算系统正式投入运行,保证了全国建行清算中心系统的正常运行。年末,电子联行网络已覆盖全疆 15 个地州市,“网络到县”工程得到落实。

1997 年,建行新疆分行成功开发了综合柜面业务系统,包括储蓄、公存、房改、信用卡等一体化应用,并下发了《资金清算工作考核办法》和《资金清算工作奖罚细则》。全年资金清算系统共接发信息 72.21 万笔,汇划金额 579.57 亿元,被查询率由年初的 3.0% 下降到年底的 0.7%,并与证券公司签订合作协议,正式代理宏源证券法人资金清算业务。

1998 年,建行新疆分行下发《资金清算业务综合考核扣分标准》,其清算中心接发信息 51.63 万笔,划汇金额 740.81 亿元,被查询信息进一步下降到 0.4%。

1999 年,工行新疆分行向工行总行上报了资金汇划清算系统投产问题的请示,并对仿真系统、大机应用系统、清算对账系统的 139 个交易进行全面测试,首次发现仿真系统一些关键技术问题,为工行总行尽快解决这些问题提供了第一手资料,并为全行测试积累了经验。不久,工行总行同意了工行新疆分行的请示,对申请行“资金汇划清算系统准备工作情况”进行了第一次通报,经过 5 次全国模拟,4 次疆内测试和 1 次投产演习,资金汇划清算系统于同年 5 月 31 日在工行新疆分行顺利投产。同年,建行新疆分行完成了全部网点的综合柜面业务系统的上线验收,结束了单机操作,在全国建设银行系统和新疆维吾尔自治区金融同业中取得领先地位,为各项业务发展奠定了良好基础;同时,资金清算系统也成功升级,62 个县支行升格为清算组,汇划信息到账时间缩短,汇划信息上网量增加 20%,全年接发信息 58.77 万笔,划汇金额 1728 亿元。

2000 年,建行新疆分行清算系统投入运行后首次对外承揽业务,与全疆 22 家地方商业银行签订了清算代理协议,累计代理业务 16.15 万笔,涉及金额 84.10 亿元,实现代理费收入 124.98 万元。

2001 年 9 月,建行新疆分行完成票据清算系统在全疆的集中,实现电子汇划、个人电子汇兑业务的全疆集中汇划、集中联机编核押、集中自动入账,至此全疆只设一个全国联行机构,提高汇划速度和质量,避免因人为因素造成的资金风险。

2002 年,全疆人行系统有 47 个县支行的电子联行业务正式运行。同年,农发行新疆分行在各级营业机构进行全国电子联行试运行工作。农发行全国电子联行在全疆正式开通,取消手工联行业务,并顺利开通全国电子联行资金调拨系统,资金直拨通汇运行正常。

2003 年,工行新疆分行成功投产了跨行支付系统,作为全功能银行系统(NOVA)的一个子系统,具备报文接收及发送、查询查复、清算、支付业务核对等功能。同年,建行新疆分行开发并上线了无线 POS 机、转账 POS 机系统,实现了在石油、畜牧、烟草、酒业等大型企业类商户资金清算,同时开办“银行机票”、推出政府税费收入系统和“银税一体化”,实现跨行业资金清算。

2004年,建行新疆分行试行开办"表易通"企业财务报表分析系统,以中央及地方财政授权支付、非税业务为基础,实现10个直属部委的中央财政资金的拨付。

2005年,招商银行乌鲁木齐分行作为小额支付系统参与行,完成了与当地人民银行的系统对接,实现跨区域资金的逐笔发送和实时清算。同年,华夏银行乌鲁木齐分行和乌鲁木齐市商业银行实现发起行到接收行全过程自动化处理和实时清算,实现跨行汇兑业务实时到账、实时清算功能。中央银行会计集中核算系统、大额支付系统在全疆推广上线。

二、账户管理

银行结算账户是银行为存款人开立的办理资金收付结算的人民币活期存款账户,按照存款人的不同分为单位银行结算账户和个人结算账户。单位结算账户按用途分为基本存款账户、一般存款账户、临时存款账户和专用存款账户。

(一)管理沿革

1986年3月,根据《中国人民银行账户管理规定》,建行总行制定了《中国人民建设银行账户管理规定》,将建设银行开立账户的单位扩大到各类承包公司、开发公司、勘察设计单位以及基本建设供销企业。

1987年4月,建行新疆分行将结算开户范围由建设单位扩大到使用建设银行贷款建成的生产企业,允许这些企业在建设银行开立工交企业存款账户。

1988年5月,根据军队生产经营的需要,建设银行规定军队团或相当于团以上单位的企业投资、生产经营资金、各项杂项收入、历年经费结余、党团费及周转金等,可在建设银行开立特种预算外存款账户。为适应个体经济发展的需要,同年9月,建行总行制定了《个体经济开户及结算管理试行办法》,规定个体经济户在建设银行可以开立账户;根据机关团体和事业单位资金来源变化的需要,规定其财政性存款,可在建设银行开立机关团体预算存款账户;一般企业存款,可开立机关团体一般存款账户。建设银行通过放宽开户条件,扩大了开户范围,增加了服务对象。同年,农业银行遵照《国务院办公厅转发中国人民银行关于改革银行结算报告的通知》精神,对农村结算制度进行了改革,放宽了开户条件,扩大了开户范围,简化了开户手续,为适应多种经济形式、经营方式、交易形式的需要,对专业户、个体工商户、经济联合体,凡符合条件的允许开立存款户(结算户)。

1990年,国家民政部、中国人民银行发出《关于社会团体开立银行账户有关问题的通知》,规定社会团体必须凭登记管理机关颁发的社会团体登记证书,向银行申请开户。

1992年4月,中国人民银行、人民解放军总后勤部制定《军队银行账户和存款管理规定》,规定军队存款不得存入外资银行、信用社、储蓄所及其他金融机构。

1993年,中国人民银行和国家技术监督局要求,银行业金融机构在账户管理工作中应查验存款企业的全国代码证书,并建立账户管理数据库。

1994年以前,新疆辖区人民币银行结算账户管理主要依据中国人民银行1977年10月28日颁发的《银行账户管理办法》。1994年11月,中国人民银行颁发新的《银行账户管理办法》,规范各级银行账户的开立和使用,将企事业单位的存款账户划分为基本账户、一般账户、临时账户和专用账户;为加强基本存款账户管理,企事业单位开立基本存款账户实行开户许可证制度,凭人行当地分支机构核发的开户许可证办理;企业单位不得为逃避还贷、还债和套取现金而多头开立基本存款账户，不得出租出借账户，不得违反规定在异地存款和贷款而开立账户。

1995 年 7 月，《商业银行法》正式颁布施行。《商业银行法》明确规定任何单位和个人不得将单位的资金以个人名义开立账户存储，明令禁止公款私存。到 1998 年，人民银行一直强调加强对企事业单位内部财务及其银行账户的管理，严禁以个人名义向储蓄账户转入公款；对公款私存的客户，按《商业银行法》的规定给予处罚；对金融机构违反规定公款私存的，人行予以严肃查处。同年 9 月，中国人民银行下发《关于进一步做好企事业单位基本账户管理的通知》，要求对企事业单位账户实行年检制度。新疆辖区各级人民银行和商业银行每年都要对企事业单位基本存款账户的建立和其他各类账户的开立和使用情况进行至少 1 次检查，对违反规定开立各类账户的行为，严格按照规定进行了处罚。

1995—1996 年，建行新疆分行在全疆范围内深入开展了账户清理工作，进一步规范账户的开立和使用。同期，根据新的《银行账户管理办法》，新疆各家银行分支机构在全疆范围内深入开展了大规模的账户清理工作。

1997 年 4 月 16 日，中国人民银行发布《关于严禁公款私存套取现金的公告》（以下简称《公告》），《公告》规定：任何部门、企业和单位和都不得将公款转入储蓄存款账户，除代发工资外，各开户银行不得接受开户单位以转账方式进入储蓄账户的存款。

1998 年 4 月 2 日至 12 月 30 日，农发行新疆分行根据收购资金封闭运行要求，建立和完善了粮棉油收购企业"一基三专"账户的设置和管理，按规定在人民银行开立存款专户，进一步加强了对政策性企业的开户管理，对违反规定在他行开户的，要坚决予以信贷制裁。

1999 年，根据粮食风险基金管理的有关规定，农发行新疆分行制定了内部粮食风险基金管理的操作办法，自上而下建立了粮食补贴资金台账，开立了粮食风险基金专户，掌握应到位、实际到位、欠拨和实际拨付到企业的金额，严格按规定的用途、范围监督拨付。

2000 年 3 月，根据国务院《个人账户实名制规定》，凡在各商业银行开立个人存款账户的，应当出示本人身份证件，使用实名。不出示本人身份证件的，不得为其开立个人存款账户。

2001 年 5 月，建行新疆分行根据《国务院办公厅转发监察部、行政部、人民银行、审计署关于清理整顿行政事业单位银行账户的通知》，在全辖开展相关自查工作。

2002 年，人行乌鲁木齐中心支行根据人行总行《金融机构协助查询、冻结、扣划工作管理规定》，开展全辖区银行账户的协助查询工作。

2003 年 4 月 10 日，中国人民银行颁布《人民币银行结算账户管理办法》，对账户的开立、使用、变更、撤销和管理做出新的规定。银行账户管理逐步走上法制化、规范化的轨道。同年 10 月 1 日，按照中国人民银行《人民币银行结算账户管理办法》的要求，工行总行制定了人民币单位和个人银行结算账户管理的两个实施细则和《验资账户管理暂行办法》，对企业登记注册因验资需要，在银行开立验资账户应履行手续，做出了明确的规定。10 月 28 日，华夏银行乌鲁木齐分行建立和完善账户的设置和管理，进一步加强对企业的开户管理，对违反规定在他行开户的予以信贷制裁。12 月 29 日，建行总行下发了《中国建设银行人民币单位银行结算账户管理实施细则》。

2004 年，新疆维吾尔自治区财政厅与人行乌鲁木齐中心支行联合下发了《新疆维吾尔自治区区级预算单位银行账户管理暂行办法》,并就驻疆部队账户制定了《军队单位银行账户管理规定》和《武警部队单位银行账户管理规定》,在新疆辖区适用。同年,工行新疆分行制定了内部账户管理实施细则,对申请开立、撤销内部表外账户作出了详细规定。为进一步加强内部账户管理,规范内部账户的开立、撤销和使用,工行新疆分行制定了内部账户管理实施细则,对申请开立、撤销内部表外账户作出了详细规定,并在同年6月21日转发了军队单位银行账户管理有关规定。

2005年,人行总行发布了《人民币银行结算账户管理办法实施细则》,在新疆辖区适用。为进一步加强账户管理,中国人民银行开发全国统一的人民币银行结算账户管理系统,并于同年6月在全国推广运行,运用信息化手段对银行结算账户的开立和使用进行管理,从此银行账户管理逐步走上法制化、规范化的轨道。按照农行总行的要求,为加强银行结算账户管理,农行新疆分行和农行新疆兵团分行印发了《新疆兵团分行关于开展全辖银行结算账户清理核实及相关工作的紧急通知》。通过人员培训、清理核实工作,同年10月底,农行新疆分行全辖共清理账户29218户,新开发客户1000余个,清理长期不动户账户3000余户,集中导入个人户963万户,抢占优良客户100余个。同年11月底,农行新疆兵团分行全辖共清理账户7613户,新开发客户383个,清理长期不动户账户685余户,集中导入个人户201万户,抢占优良客户32个,通过账户清理农行新疆分行基本账户达22005个,清理后的基本账户核准率达84%;农行新疆兵团分行基本账户达809个,清理后的基本账户核准率达91%。招商银行乌鲁木齐分行认真执行人民银行《人民币银行结算账户管理办法》《人民币结算账户管理实施细则》,对单位账户、账户管理、支取方式管理、久悬账户管理、账户年检等进行了细化规范。年末,建设银行新疆分行人民币银行结算账户开户数达到536.80万户,其中对公单位人民币开户数25.40万户,对私客户人民币开户数511万户。

(二)账户监督

新疆银行业金融机构在结算监督和管理方面,通过定期和不定期地进行结算大检查,及时通报检查结果,对暴露的问题责成有关方面整改;对新结算方式和结算制度出台执行前培训相关人员,确保规范实施。人行新疆分行作为银行结算账户的监督管理机构,负责检查监督辖内银行结算账户的开立和使用,对存款人、银行违反结算账户管理规定的行为予以处罚。各家商业银行在银行结算账户监督管理方面,既接受人行的业务指导和监督,又执行国家的法律法规,对单位客户、个人客户开立、变更和撤销及各类银行结算账户进行日常管理。

1986—1987年,建设银行根据《中华人民共和国会计法》和《全国银行统一会计基本制度》的有关规定,下发《关于制发"会计制度"和"账户管理规定"的通知》《中国人民建设银行会计核算办法》。

1987年之后,建设银行陆续开办诸如代理国家、企业发行债券业务、个体户结算、汇票、储蓄等业务,以及实行基本建设基金管理制度,并开始不断完善会计核算体系和会计核算制度内容。同年8月,工商银行根据《中华人民共和国会计法》和《全国银行统一会计基本制度》的有关规定,第一次制定和颁发了《中国工商银行会计制度》,工商银行的账务组织分为明细核算和综合核算两个系统。

1990 年,根据中国人民银行和各专业银行总行《关于开展账户清理和结算纪律检查的通知》,人行新疆分行和辖内各专业银行共商解决多头开户的问题,从而开始全面清理整顿企事业单位的银行账户。

1991 年,新疆各家银行进行结算制度和结算纪律的自查,疆内人行各地州市分行对自查情况进行了抽查,抽查金融机构达 300 个。

1993 年,建设银行制定了《企业财务通则》《企业会计准则》。

1994 年,建设银行按《企业会计准则》和《金融企业会计制度》,重新制定了《建设银行会计制度》。

1999 年,人行乌鲁木齐中心支行开展了结算纪律检查,共检查乌鲁木齐市区 8 家金融机构的 167 个营业网点,工行、农行、中行、建行、交行等行的有证率由年初摸底调查时的 70% 以下上升至 95%,乌鲁木齐市商业银行也由原来的 20% 提高到 40% 以上。

2002 年,人行乌鲁木齐中心支行账户管理办公室全年共接待公、检、法查询账户 1100 余次,还依靠 2001 年新的账户管理程序,实现全疆所辖县支行银行账户全部纳入计算机管理,并建立了开销户和开户许可证使用登记簿,首次组织实施了银行账户年检工作。

2003 年 9 月 1 日,工行新疆分行为单位客户、个人客户开立、变更和撤销银行结算账户,以及对各类银行结算账户的日常管理,均按照《办法》《通知》《单位细则》和《个人细则》等规定执行;工商银行要求单位客户、个人客户申请开立各类银行结算账户必须与工商银行签订银行结算账户管理协议,对由于因特殊原因,一些大型企业在各家商业银行均开有基本存款账户的情况,要求各行全力争取这些企业的基本存款账户保留在工商银行。同时为保障账户管理办法的贯彻落实,明确了监督的主要内容,并做好外汇账户的监管,实行按需要分设账户;对港澳及国外代理行往来的管理由工商银行总行集中对外开户,存放在港澳及国外同业的外汇资金,由工商银行总行集中对外开户,经办行共同使用。

2004 年 8 月,建行新疆分行根据股份制改革的需要,对客户开户的管理监督方法,跟工行新疆分行相似,要求单位客户、个人客户申请开立各类银行结算账户必须与开户行签订银行结算账户管理协议。同年,人行乌鲁木齐中心支行全年共核准开立人民币银行结算账户 25470 个。

2005 年 8 月,工行新疆分行全面启动了有问题内部账户的治理工作,对因科目使用不合规而产生的账户不合规问题,再次进行了清查,并向工行总行报送了账户管理系统银行机构代码变动对照表。同年 12 月,工行新疆分行向人民银行报送了人民币银行结算账户管理系统行名变更情况。农行新疆分行和农行新疆兵团分行定期、不定期地进行结算工作大检查,并及时通报检查结果,暴露问题责成整改。招商银行乌鲁木齐分行在开业之初就在账户开户、销户、印鉴变更、账户使用、账户资料管理方面严格要求,相关业务在经办人员办理的基础上,均由业务主管逐笔审核办理。同年,人行乌鲁木齐中心支行制订了《人民币银行结算账户清理核实工作实施方案》,印制了 2.40 万张《账户清理核实公告》,发至金融机构营业网点宣传张贴,向人行总行上报了巴音郭楞州、昌吉州及乌鲁木齐市的 4 起虚假基本户开户许可证、开户资料骗取开户的情况。

第二章　中间业务

　　中间业务是银行依托机构、设施、信誉、信息和人才的特殊优势,以中间人的身份替客户办理收付及其他委托事项,提供各类金融服务并收取手续费的业务,是银行商业化转变的重要内容。

　　2001年以前,新疆银行业开展的一系列中间业务,当时称为代理业务。2001年7月4日,中国人民银行为规范各商业银行的中间业务,专门颁布了《商业银行中间业务暂行规定》,将商业银行中间业务归纳为九大类。规范前的银行中间业务(代理业务),其目的并不完全是为了增加收入,而是在于通过代理业务争夺市场存款、提高市场份额,有的甚至采取一些承诺高保本收益率,搭售储蓄存款的方式销售理财产品,将个人理财产品变为揽储的工具,甚至在亏损让利的条件下推出理财产品,以理财产品为竞争手段吸引中高端客户、争夺零售客户资源,推出个人理财产品的主要目的是应对同业竞争,巩固中高端客户,减少客户流失。

　　2003年,各家银行纷纷成立专门机构,以加强业务创新和新产品项目的管理与推广。

　　2004年,为了规范服务价格,出台了一系列制度和办法,并在中间业务方面投入了大量的人力、物力和财力,更新软硬件设施,使中间业务逐步成为非资产业务收入的重要组成部分。

第一节　沿　革

　　20世纪90年代以前,银行业非利息收入业务以汇兑业务、国内与国际结算业务以及公用事业费、水电气费等少部分代收业务为主。1993年以后,随着经济金融改革步伐的加快,全疆银行业金融机构在抓好传统中间业务的基础上,借助不断发展的银行卡、电子银行的优势功能,开始重视并逐步加大新的中间业务的推行力度,特别是在非税收入、电信资费、税款、公用事业费、水电气费等代收、财政支付、"两保"统筹资金、政策性银行业务、商业银行同业往来业务、保险业务、证券业务代理,各类理财、担保、承诺、咨询、保管柜等业务代办方面,获得了较好的经济效益。

一、发展历程

　　1986年至1992年,工行新疆分行中间业务以汇兑、国内外结算及公用事业和水电气费等代收业务为主。同年,中行新疆分行开办中间业务品种有代客叙做远期外汇买卖、美元代保管业务、出售旅行支票业务、国外信用卡直接购货结算业务等。

　　1987年,新疆邮政代理业务主要分三类:代收代付业务、代理国债债券业务、代理保险业务。同年12月,新疆邮电管理局与新疆保险公司联合发出通知,要求全疆各级邮电局恢复代办人寿保险业务。

1988 年，新疆邮政储蓄机构首次代销国库券。

1989—1993 年，建行新疆分行中间业务收入增长缓慢。因当时建行兼有财政和银行双重职能，银行中间业务只有结算、委托贷款等十余个产品。为推动筹资业务稳步发展，建行新疆分行提出"以代促存、开办多种社会代理业务"，要求各储蓄网点开办代收水费、电费、暖气费、煤气费、电话费、房租费、税费、代保管有价证券、代办个人保险等业务，以增强储蓄存款市场竞争力。

1993 年以后，随着经济金融改革步伐的加快，工行新疆分行在抓传统中间业务的基础上，借助银行卡、电子银行的优势功能，重视并逐步加大新的中间业务的推行力度，特别是在非税收入、电信资费、税款、公用事业费、水电气费等代收，财政支付、"两保"统筹资金、政策性银行业务、商业银行同业业务、保险业务、证券业务代理，各类理财、担保、承诺、咨询、保管柜等业务代办方面，获得了较好的经济效益。

1994 年，农行新疆兵团分行成立代理业务处，在主要代理农发行业务的同时，开始代理保险业务和代理国开行业务。同年，农行新疆分行和农行新疆兵团分行主要代理农发行业务，同时也兼顾代理保险和代理国开行业务。随着国家专业银行政策性业务分离，建行新疆分行成立了委托代理部，负责国家开发银行、财政代理业务及委托贷款、工程审价和其他中间业务的开发与管理工作。1994 年至 2000 年，交通银行新疆分行对中间业务重视不够，且品种少、规模小、层次低，仅作为吸收和稳定存款的辅助手段。

1995 年，中行新疆分行推出系列中间业务，除原有的本外币资金、结算、银行卡等业务外，还大力提升代理同业、基金、保险等业务的市场份额。

1996 年，农行新疆分行、农行新疆兵团分行分别成立了信用卡部，把银行卡业务从个人金融管理部门独立出来，以便加强管理，促使其快速发展。建行新疆分行成立委托代理处，经营和管理中间业务。同年 12 月，邮电部和新疆邮电管理局联合投资 3910 万元，兴建新疆首家邮政储蓄计算机全国联网项目即乌鲁木齐邮政储蓄绿卡工程，并开始发行邮政储蓄绿卡。

1998 年，为进一步规范金融市场秩序，国家相继出台了《商业银行中间业务暂行规定》和《商业银行服务价格暂行办法》。建行总行将代发工资等个人代理业务纳入中间业务规范管理范围，并积极考虑代理业务品种的拓展。同年，农行新疆分行、农行新疆兵团分行分别成立了市场开发处，在开发优良客户的同时，促成代收代付业务的发展。新疆邮政储汇局在全区建成覆盖各地、州、市邮政储蓄网点的邮政储蓄计算机实时处理网络。

1999 年，新疆邮政逐步开办多种代收代付业务，包括代发养老金、代发工资、代收、代缴电信资费、代缴税金和代付电话亭酬金等业务。同年，新疆邮政局与两家保险公司签订了《代理保险业务协议》，正式开办了代理保险业务。

2000 年，建行新疆分行调整个人代理业务的发展方向，将代理业务的重点落到"效益优先、规模优先和市场优先"上，完善业务开发准入制度。

2001 年，农行新疆分行、农行新疆兵团分行成立了公司机构业务处，在拓展"双优"客户中，加快了代理保险业务和网银业务的发展。同年，交通银行新疆分行除继续巩固发展传统结算、承兑汇票、国际业务外，又新增了代收费、保函、信贷证明等中间业务。

2002年,交通银行新疆分行成功代理发行6只开放式基金,代收代缴、全国通资金汇划、特约商户消费和缴费通、银证通等业务。

2003年1月,为适应中间业务的发展,建行新疆分行将原来的委托代理处更名为中间业务部,负责中间业务的综合管理,通过营业网点、客户经理和电子银行,健全了中间业务的市场营销体系。同年,中行新疆分行专门成立了中行新疆分行业务创新推广及新产品项目管理委员会,以加强业务创新和新产品项目的推广。

2004年,为了规范服务价格,中行新疆分行专门制定了《中国银行新疆分行服务价格管理暂行办法实施细则》等一系列制度和办法,并在中间业务方面投入了大量的人力、物力和财力,更新软硬件设施,使中间业务逐步成为中行非资产业务收入的重要组成部分。

2005年,为了加强中间业务的集中统一管理,中行新疆分行专门成立了中间业务领导小组,制定了《中国银行新疆分行中间业务领导小组工作规则(试行)》。建行新疆分行中间业务综合管理职能改由计划财务部负责。新疆邮政与10家保险公司建立合作关系,代理保险网点达593处。同年,新疆邮政储蓄机构代理发行国债达6.86亿元,代理兑付国债1.82亿元,代理兑付债券1.82亿元。"邮政储蓄绿卡"结存户数突破100万户。

二、经营范围及收入结构

(一)经营范围

中间业务包括结算、代理、银行卡中间业务、信息咨询、担保及承诺、托管、投资银行、金融衍生业务、其他中间业务九大类,其中,结算业务主要包括现金结算、转账结算、汇兑、信用证、票据托收与买入、旅行支票、结售汇、外币兑换、同业清算、承兑汇票等业务;代理业务主要包括代理收付、代理证券、代理基金、代客外汇买卖、代理保险、代理保管、委托贷款、代理政策性金融机构或其他金融机构等业务;银行卡中间业务主要包括发卡、收单、转账结算、存取现金等业务;信息咨询业务主要包括资信证明、委托调查、个人理财顾问及其他信息服务等业务;担保业务主要包括融资类、非融资类担保等业务;承诺业务主要包括贷款承诺等业务;托管业务主要包括证券投资基金、产业投资基金、创业投资基金、社会保障基金、企业年金、委托资产托管及其他托管业务;投资银行业务主要包括投融资顾问、公司财务顾问、企业兼并收购顾问、银团贷款安排等业务;金融衍生业务主要包括金融期货、期权、互换交易等业务。

(二)收入结构

随着国家经济建设的发展和银行业改革的深化,居民理财意识及意愿日益增长,金融产品也日趋丰富多样。

1986年,中行新疆分行中间业务(当时称代理业务),能为客户提供的金融产品较为单一。其中间业务产品收入主要来自外汇业务中的非贸易项下收入,收入结构有代客叙做远期外汇买卖、美元代保管业务、出售旅行支票业务、国外信用卡直接购货结算业务等。当时非贸易项下外汇中间业务收入只有355万美元,其中,侨汇收入64万美元,外币收兑42万美元,其他业务收入249万美元;人民币中间业务收入888万元,其中,汇兑业务收入3万元,其他收入885万元。外汇中间业务收入和人民币中间业务收入占各项营业收入的比重分别为2.3%、39.5%。

　　1988年,中行新疆分行又增加了代客外汇买卖业务、贴现业务、定期结汇业务、单据快邮业务、个人外汇票据托收快邮业务等。此外,中行新疆分行开始发行人民币长城信用卡。至1997年,中行新疆分行中间业务本外币综合收益为23.0%,比1986年下降了18.8个百分点,其中,外汇中间业务增长了16.9个百分点,人民币中间业务下降了35.9个百分点。

　　1998年,中行新疆分行中间业务产品(人民币、外汇)逐渐丰富,除了传统的业务以外,又增加了对公对私人民币、外币投资、买卖、业务咨询、票据、债券、融资顾问、电子银行等新业务。其中间业务收入占各项业务总收入的比重也在逐年增长,1998年中间业务收入占全年本外币总收益的2.7%,到2005年本外币中间业务收入1.24亿元,占全部收入的27.7%,比1998年提高了25个百分点,其中,人民币中间业务收入1.03亿元。中间业务收益率有了提高,体现了边际成本最小化、边际效益最大化的经营原则。

　　2000年以前,农行新疆分行、农行新疆兵团分行中间业务收入以结算业务收入为主。至2005年其中间业务收入以银行卡业务收入为主,全年两分行实现中间业务收入分别为1.68亿元和6200万元,其中人民币结算业务收入占比分别为12.5%和21%,代理业务收入占比分别为7.15%和6%,银行卡中间业务收入占比分别为48.3%和68%,农行新疆分行的融资顾问业务收入占比为6.6%。

　　2005年以前,工行新疆分行、建行新疆分行中间业务收入主要以传统的结算、代理等业务为主。2005年,工行新疆分行、建行新疆分行分别实现中间业务收入2.40亿元和1.68亿元,其中人民币结算业务收入占比分别为22.8%和12.5%,外汇中间业务收入占比分别为22.3%和1.3%,代理业务收入占比分别为18.5%和7.1%,银行卡中间业务收入占比分别为15.9%和48.3%,投资银行业务收入占比分别为10.0%和6.6%。

2005 年新疆银行业机构主要中间业务产品收入情况

表 5—1　　　　　　　　　　　　　　　　　　　　　　　　　　　　　单位:万元

单位名称	中间业务收入	主要中间业务产品收入					
		人民币结算业务收入	国际业务收入	银行卡业务收入	代理业务收入	融资顾问业务收入	其他中间业务收入
农发行新疆分行	214	62	—	—	152	—	—
国开行新疆分行	884	9	40	—	1	2	832
工行新疆分行	24017	5483	5344	3818	4436	2402	2534
农行新疆分行	14682	1849	2400	8449	1725	—	259
中行新疆分行	12388	6716	1129	1656	773	1405	709
建行新疆分行	16758	2090	226	8099	1193	1107	4043
农行兵团分行	6200	1631	653	3130	786	—	—
新疆邮政储汇局	3872	3602	—	—	270	—	—

表 5－1 续

单位名称	中间业务业务收入	主要中间业务产品收入					
		人民币结算业务收入	国际业务收入	银行卡业务收入	代理业务收入	融资顾问业务收入	其他中间业务收入
交通银行新疆分行	2529	601	700	1228	—	—	—
华夏银行乌鲁木齐分行	285	5	218	6	17	—	39
招商银行乌鲁木齐分行	705	256	129	—46	146	172	48
乌鲁木齐市商业银行	1910	—					1910
合　　计	84444	22304	10839	26340	9499	5088	10374

第二节　银行卡业务

一、银行卡种类

银行卡是一种具有支付结算、汇兑转账、储蓄、消费信贷、个人信用、综合服务等全功能的信用工具。工行新疆分行发行的银行卡统一命名为牡丹卡,按是否具有消费信用功能分为牡丹借记卡、牡丹信用卡。建行新疆分行有龙卡信用卡系列。农行新疆分行和农行新疆兵团分行制发的银行卡种类从功能上可以划分为信用卡、转账卡和专用卡,主要有金穗信用卡、金穗惠农卡和金穗万事达卡。中行新疆分行发行的有系列长城卡,种类有长城人民币信用卡、长城电子借记卡、长城国际信用卡、长城欧元国际卡等十多个品种。交通银行新疆分行发行的银行卡统一命名为太平洋卡,有贷记卡、准贷记卡、借记卡三大业务品种及国际卡、人民币卡两大产品系列,并发行近百种太平洋系列联名/认同/专用卡,包括太平洋新疆通汇卡、太平洋天业联名年金卡、太平洋新疆金融社保 IC 卡、太平洋新疆青年认同 IC卡、太平洋阿克苏城市主题 IC 卡、太平洋乌鲁木齐市公交珍宝巴士薪金卡等。招商银行乌鲁木齐分行的银行卡分为借记卡、信用卡两种,包括借记卡"一卡通"和"国际信用卡"。华夏银行乌鲁木齐分行有华夏卡、华夏至尊金卡、华夏丽人卡、辰野联名卡、诺玛特联名卡。乌鲁木齐市商业银行有雪莲储蓄卡、雪莲泊车卡、雪莲燃气卡、雪莲欣文卡、好 E 家雪莲卡、雪莲贷记卡等。新疆邮政储蓄发行的是"邮政储蓄绿卡"。

（一）借记卡

借记卡因其功能较多,深受市场青睐,其发卡量占到全部银行卡的 90％以上。但借记卡不得透支。

1996 年 9 月,建行新疆分行在全疆首家推出了第一张龙卡储蓄借记卡。

1998 年,工行新疆分行开办牡丹灵通卡借记卡业务。

1999 年,建行新疆分行向大中专、少年儿童、中小学生成功推出了生肖储蓄卡借记卡。

2001 年,工行新疆分行在全疆开办牡丹国际借记卡业务。工行塔城、巴音郭楞州分行成为全疆第一张牡丹国际商务卡、牡丹国际借记卡的首发行。同年,招商银行乌鲁木齐分行开始发行借记"一卡通"。建行新疆分行建立了龙卡业务产业链运行机制,逐步整合了龙卡与各项业务相结合"一卡多能"。

2002 年,招商银行乌鲁木齐分行"一卡通"年末发卡量达 18.24 万张,较年初增加17.14 万张,卡均存款为 1600 元。

2003 年 4 月,招商银行乌鲁木齐分行开办"两地一卡通"业务,实现香港一卡通账户在内地的通兑业务。年末"一卡通"累计发卡 30.27 万张。2003 年,为了丰富储蓄卡的多元化功能,实现一卡多能,建行新疆分行对 16 位储蓄卡进行了全面清理和更换工作。

2004 年,工行新疆分行在全疆正式推广"牡丹灵通卡・E 时代"产品。同年,建行新疆分行在全疆推出了乐当家理财卡,为个人中高端客户提供便捷、高效、综合性、全方位、个性化、一站式服务。2004 年,招商银行乌鲁木齐分行"一卡通"累计发卡 435916 张。

2005 年,农行新疆分行、农行新疆兵团分行借记卡累计发卡量分别达 310 万张和198.30 万张,年末借记卡存款余额分别为 64.45 亿元和 32.60 亿元。同年,中行新疆分行长城借记卡累计发行量达 133.06 万张。招商银行乌鲁木齐分行"一卡通"累计发卡 51.37万张。

(二)信用卡

信用卡因具透支和贷款功能,其发行范围受到限制,其发卡量不到全部银行卡的 10%。

1988 年,中行乌鲁木齐分行率先在新疆发行了全疆第一张长城信用卡,全年发卡 202张,存款余额 27 万元。

1992 年,建行新疆分行开办了龙卡信用卡业务,又称贷记卡业务。

1997 年,建行新疆分行正式开通龙卡信用卡网络,实现乌鲁木齐和全国 35 个大中城市联网。

2000 年,工行新疆分行公开发行"先消费、后还款"的牡丹贷记卡。

2001 年,建行新疆分行实行了龙卡信用卡业务集中授权,增加了信用卡汇款、现金汇款、电子留言、批量汇款等多项新功能。

2002 年,工行新疆分行开展了推广政府及企事业单位公务用卡营销活动,成功为新疆维吾尔自治区党委、政府、人大、政协 4 套班子的办公厅和自治区财政厅安装了财务 POS机。同年 10 月,招商银行乌鲁木齐分行开始开办国际信用卡业务,成功实现了国内首发国际双币信用卡。

2003 年,建行新疆分行办理双币种信用卡业务。为大力拓展信用卡业务,招商银行乌鲁木齐分行首推信用卡"分期付款"业务,并组织"信用卡"营销竞赛活动,顺利完成了信用卡全年营销任务。

2004 年,招商银行信用卡国内首创"消费短信提醒服务",并推出信用卡自动还款业务,同时还推出携程旅行信用卡、招商银行贝塔斯曼书友信用卡,继续开展信用卡营销竞赛活动。招商银行乌鲁木齐分行仅在乌鲁木齐市区就发行信用卡 7192 张,年末招商银行乌鲁木齐分行累计发行信用卡 1.09 万张。

2005 年,工行新疆分行统一开展多项全疆性的大型信用卡消费促销活动,年末,累计直接消费交易额达 21.90 亿元,实现业务总收入 4458 万元。农行新疆分行和农行新疆兵团分行信用卡累计发卡量达 7.9 万张,年末,信用卡存款余额为 6800 万元,贷款余额为 395 万元。中行新疆分行长城信用卡发卡量达 13.18 万张。同年,建行新疆分行根据建行总行信用卡工作的总体部署,按照重点客户、重点产品、重点区域和重点渠道的发展战略,在全疆开展贷记卡业务营销,并重点在政府机构、事业单位以及石油石化行业推广团体办卡业务。同时,大力拓展商户收单市场,积极推进无线 POS 机应用推广,加强自助服务设施建设与维护,提高自助交易占比。年末,龙卡贷记卡累计发卡量达 1.38 万张,年新增 7398 张,贷记卡消费交易额 6057.10 万元,贷记卡不良率 0.2%,累计实现龙卡购物消费交易额 15.36 亿元,同比多增 1.38 亿元。龙卡准贷记卡发卡量 3.18 万张,存款余额 7900 万元,准贷记卡透支余额 52.85 万元。招商银行乌鲁木齐分行累计实现信用卡发卡 1.56 万张。

（三）银联卡

银联标准卡的产品类型涵盖了借记卡的普卡、金卡、白金卡,贷记卡的普卡、金卡、白金卡,准贷记卡,借贷合一卡,各类联名卡、认同卡、主题卡、异型卡,以及金融 IC 卡、磁条芯片复合卡等众多卡种,各家银行发行的银行卡都有各自特色的名称标记。建设银行成为工行、农行、中行、建行四大行中首家发行银联国际标准"BIN 号"(银行识别码)的国有商业银行。中国银行发行的银联卡,是经中国银联分配和管理,按照中国银联制定的银联卡业务规则和技术标准发行,发卡行识别码(BIN),卡面带有"银联"标识,有"51"字头,也称"中行银联卡"。

2001 年 11 月,招商银行乌鲁木齐分行开始发行卡 BIN 为 0991 的 12 位卡号的"一卡通","一卡通"的问世,整合了众多银行卡功能,依托"一卡通"提供本外币存款、定活期、通知存款、自助缴电话费等综合业务及服务。

2002 年,农行新疆分行完成了联网通用工程建设,实现全国金穗借记卡、信用卡全国授权网并网运行,正式发行银联标识卡。此后,农行新疆分行和农行新疆兵团分行根据人民银行的"314"工程目标的要求,完成了联网通用工程建设,实现全国金穗借记卡、信用卡全国授权网并网运行,在农行总行的授权下,正式发行银联标识卡。同年,招商银行乌鲁木齐分行新开通了网上个人银行专业版,"一卡通"电信服务,自助贷款,宏景通信、中国电信、中国联通、中国移动自助缴费,国债投资服务,交通银行、建设银行跨行取款,储蓄存款柜面质押贷款,个人住房按揭贷款,个人汽车消费贷款,"银基通","金葵花"理财,国际信用卡等 16 项个人业务功能和"城际通"等对公业务品种。特别是"一卡通"跨行取款、商户消费、自助缴费等功能的全面开通,为招商银行乌鲁木齐分行个人业务的快速发展起到了积极的促进作用。

2004 年 2 月,招商银行乌鲁木齐分行开始发行 BIN 为 622588、622580 的 16 位带有银联标识的标准银联借记卡。同年 7 月,建设银行与中国银联和万事达卡国际组织合作,在建行北京、江苏、湖北、山东 4 个省级分行同时推出以"62700"开头,带有银联标识的银联标准龙卡储蓄卡,此后,又会同中国银联开展"华彩之旅"联合促销活动,不断加大银联标准卡的营销推广力度。

2005 年 11 月,建设银行在 622700 银联标准储蓄卡卡片上统一启用银联新标识。后来,建行发行了"龙卡转账卡""龙卡生肖储蓄卡""龙卡联名卡(认同卡)""龙卡乐当家理财卡"等龙卡系列卡。

二、银行卡业务发展

20 世纪 80 年代中后期,中国的银行卡业务刚刚起步。当时,发卡行以工行、农行、中行、建行四大国家专业银行为主,各发卡银行以省、市分行为单位进行本系统建设,尝试发卡,布放受理终端。1988 年,中行新疆分行在新疆维吾尔自治区发行了首张人民币长城信用卡。

1989 年,中行新疆分行扩展长城信用卡直接消费特约商户,年底发展特约商户 60 家。

1990 年,中行新疆分行发行长城信用卡 1300 张,有直接消费特约商户 77 家,存款余额 845 万元,交易额达 5655 万元,直接消费额达 80 万元。

1991 年,中行新疆分行建立了长城信用卡授权中心,进一步完善了服务体系。年末,长城信用卡达 3022 张,存款余额达 1948 万元。

1992 年 2 月 19 日,工行总行批准工行乌鲁木齐市支行等 19 个城市行为第六批牡丹卡业务开办行,并于同年 9 月 1 日正式开办牡丹卡业务。同年,中行新疆分行相继推出了长城信用卡代发工资、购买机票业务,发行员工卡、金卡等新卡种,推动了信用卡业务的发展。年末,发卡 1.17 万张,吸存余额 9543 万元,特约商户 216 家,消费交易额达 7.01 亿元。建行新疆分行首次在全疆发行跨境使用的万事达信用卡、维萨信用卡 2500 余张,存款余额 527 万元。

1993 年 1 月 7 日,农行新疆分行在乌鲁木齐市支行开办了第一张金穗信用卡业务。同年 5 月 4 日,工行新疆库尔勒市支行、克拉玛依石油支行和吐鲁番市支行为工行总行第九批牡丹卡业务在新疆的开办行。同年 10 月 18 日,中行新疆分行成立了信用卡公司,开展上门收单和电话银行预约收单服务,同时开办了自动取款机、签发定额和限额转账支票、电话银行、退票通知等新业务品种。年末,长城信用卡达 3.23 万张,吸存余额 2.43 亿元,特约商户 607 家,年交易额 24.94 亿元。1993—1995 年,建行新疆分行信用卡发行总量 8.65 万张,交易量 33.23 亿元,期末存款余额分别为 3600 万元、7500 万元和 1.38 亿元。特约商户达 628 家。

1994 年,中行新疆分行长城信用卡达 5.1 万张,吸收存款余额 3.93 亿元,特约商户 889 家,累计年交易额 45 亿元。

1995 年 5 月底,新疆工行系统发卡机构有 11 家。同年,中行新疆分行相继推出了长城彩照卡、长城结算卡、长城股票卡等业务新品种。年末,长城系列有效卡达 6.24 万张,存款余额 4.36 亿元,特约商户 1233 家。开通了 AS400 小型机系统和 X-25 自动授权系统。发卡量比 1990 年增长了 47 倍,存款余额增长了 50.6 倍。农行新疆分行制发银行卡 1.24 万张,银行卡存款余额 1796 万元。

1996 年,中行新疆分行加强了信用卡电子化建设,在全辖安装了 600 余台 POS 机,并解决了地州支行代授权问题,统一了全疆信用卡电脑软、硬件系统,购置并安装了 10 台 ATM。年末,长城系列有效卡达 7.86 万张,存款余额 3.74 亿元,特约商户 1210 家,累计交易额 57.11 亿元,追回透支款累计 600 余万元。同年,建行新疆分行首次发行储蓄卡,4 个月发卡达 8.60 万张,年信用卡发卡新增 1.60 万张,交易金额 20.68 亿元,存款余额 1.49

亿元,并配备 POS 机 434 台,开通 ATM 28 台。同年 12 月 27 日,邮电部和新疆邮电管理局联合投资 3910 万元兴建的新疆首家邮政储蓄计算机全国联网项目——乌鲁木齐邮政绿卡工程开通试运行,并首批开通了乌鲁木齐扬子江路、五一路、中山路三个邮政支局的营业窗口。

1997 年,中行新疆分行在疆发行首张外币卡。为方便客户对账,中行自行开发了客户自助查询终端,率先在 CARDPOOL 完成了外币卡的 EDS 功能,实现了维萨卡、运通卡、JCB(吉士美卡)等五种外币卡的及时清算。长城系列有效卡达 12.53 万张,存款余额 3.88 亿元,特约商户 1263 家,累计交易额 68.27 亿元,透支额累计 428 余万元。同年,建行新疆分行乌鲁木齐龙卡网络开通,并与全国 35 个大中城市正式联网,实现龙卡异地交易,年底发卡总量 7.73 万张,交易金额 17 亿元。

1998 年 4 月,工行新疆分行阿克苏卡部推出了新疆第一张牡丹纳税专用卡。同年 6 月,工行新疆分行所辖各行牡丹卡系统与储蓄系统完成联网工作。7 月,建行新疆分行实现全疆 14 个二级分行储蓄卡通存通兑联网。11 月,建行新疆分行在乌鲁木齐市区实现全国 26 个省市、152 个城市行的储蓄卡异地联网,配备 POS 机达 479 台,开通 ATM 47 台。同年,中行新疆分行与新疆维吾尔自治区人民医院签订了利用信用卡代交医疗费协议,解决了患者看病携带大量现金的问题。交通银行新疆分行以信用卡业务为突破口,开拓代收天然气、税费、银证转账等新项目。新疆邮政储汇局在全疆开通邮政储蓄绿卡网点 58 处,发行"邮政储蓄绿卡"7.29 万张。

1999 年,工行新疆分行限量发行了牡丹纪念卡 8000 套(每套 5 张),发行价格最高不超过 2000 元,持卡人凭纪念卡,可在发卡行当地牡丹卡特约单位购物消费,纪念卡不使用密码,不可透支、不挂失、存款不计息,纪念卡的面值分别为 500 元、1000 元、2000 元三种,此卡只在乌鲁木齐、库尔勒、石河子、克拉玛依四市发卡机构发行。同年,中行新疆分行推出长城纪念卡、长城生肖卡。全年累计发卡量 30.5 万张,其中,长城信用卡 11.6 万张、长城新通卡 7.5 万张、长城借记卡 11.4 万张,直接消费交易额 9200 万元,信用卡项下存款余额 4.09 亿元。建行新疆分行全部网点并入龙卡网络,实现信用卡、储蓄卡全国通存通兑,全疆全储种通存通兑,信用卡发行总量 6.26 万张,交易金额 9.32 亿元,存款余额 1.17 亿元,购物消费 1317 万元,发展特约商户 540 户,开通 ATM 106 台。年末,建行新疆分行 ATM 总数达到 410 台,自助银行 11 个。

2000 年,工行新疆分行营业部率先在乌鲁木齐办理了首笔外汇卡收单业务,在乌鲁木齐发行了威士奥运牡丹信用卡,同新疆大学合作成功发行了新大牡丹认同卡,在乌鲁木齐、昌吉两城市开办了牡丹贷记卡业务。同年,中行新疆分行推广长城电子借记卡业务,发卡量 50 万张,长城卡全年发卡 11 万张,金额达 2000 万元,并全面启动与建设银行在银行卡领域的合作。年末,长城卡发卡量 10.94 万张,长城电子借记卡 50.25 万张,新增特约商户 176 家,直接消费交易额 1.34 亿元,代理外币卡交易额折合人民币 3555 万元,信用卡项下存款余额 7.29 亿元。同年 8 月,建行新疆分行龙卡网络系统与人民银行卡信息交换中心联网成功,实现银行卡多行互联。年末,龙卡发卡量达到 175.19 万张,龙卡存款余额 26.37 亿元,龙卡交易总额达 596.92 亿元,购物消费额达 6655 万元,逐步实现龙卡的一卡多能。同时建行新疆分行还开通了西北地区第一台自动存款机,成为乌鲁木齐市金融系统首家全天候营业的"自助银行"。交通银行新疆分行业务以支行为单位进行太平洋卡集中宣传营销,将太平洋卡"一卡通""全国通""银证通"及代收代付功能全面推向市场,年末,太平洋借记卡在册卡量24.6万张,卡存款1.6亿元,卡交易额达66亿元。

2001年4月,乌鲁木齐市商业银行发行首张"雪莲储蓄卡"之后,经过发展形成了以雪莲储蓄卡、雪莲泊车卡、雪莲燃气卡、雪莲欣文卡、好E家雪莲卡、雪莲贷记卡为代表的多种类卡体系。同年,中行新疆分行长城信用卡有效发卡量12.35万张,新增国际卡591张;新增特约商户182家,银行卡直接消费交易额1.54亿元,代理外币卡交易额折合人民币4479万元。信用卡项下余额8.62亿元。建行新疆分行对龙卡运用系统和ATM、POS机等终端进行改造,扩大龙卡联网范围。交通银行新疆分行太平洋借记卡发卡量33.20万张,新增卡量8.60万张,卡存款4亿元。

2002年,中行新疆分行与企业联合开发了"商户会员卡"项目,将20多家商户的会员消费纳入长城卡结算体系,为商户、卡户提供更新的服务方式。完善和推广信用卡循环信用管理办法,根据持卡人的信用等级给予不同的授信额度,鼓励持卡人善意透支。同年,建行新疆分行开展"龙卡逍遥游"营销活动,发展行业批发性市场和石油、畜牧、烟草、酒业等大型企业类商户,开发并上线了无线POS机、转账POS机系统。交通银行新疆分行新增发卡量7.80万张,新增卡存款2.30亿元,卡消费3149万元。新疆邮政储蓄机构计算机系统完成银联卡改造,实现了邮政储蓄绿卡的跨行取款、查询和消费功能。

2003年,中行新疆分行换发银联长城信用卡11.82万张,国际卡3479张。建行新疆分行正式发行龙卡贷记卡,并开展龙卡贷记卡发卡营销竞赛活动。同年,交通银行新疆分行先后开发、测试、上线太平洋借记卡"手机银行""网上银行"等业务,加大太平洋借记卡特约商户的拓展力度,增强太平洋借记卡的附加值功能。年末,太平洋卡存款7.28亿元,太平洋卡在册卡量44.30万张,新增8.30万张。

2004年,经工行总行批准,工行新疆巴音郭楞州分行发行了牡丹交通卡。同年,中行新疆分行推出了以欧元为结算货币的长城欧元国际卡,并为代发工资卡的单位职工开通了客户通知功能。年末长城信用卡有效发卡量12.92万张,借记卡133.06万张,国际卡4572张,银行卡直接消费交易额3.44亿元,代理外卡交易额4151万元,特约商户971家,其中,外卡商户92家。建行新疆分行将信用卡业务发展经营计划纳入了全行综合经营计划,发卡量、交易额、贷款余额、业务收入、不良率等作为信用卡业务主要考核指标,并将信用卡业务发展纳入各行行长经营目标责任制。年末龙卡贷记卡发卡6397张,贷记卡动户率51.2%;准贷记卡发卡量5.80万张。交通银行新疆分行新增发行太平洋借记卡7.80万张,累计在册卡量突破50万张,卡均存款1400元,卡均消费9238元。

2005年,工行新疆分行在全疆范围内实施牡丹中油联名卡项目的推广工作,年底发卡达14.38万张。同年,农行新疆分行累计制发银行卡320万张,银行卡存款余额达70.40亿元,银行卡贷款余额395万元。中行新疆分行在全辖共安装投放自助设备ATM 149台,存款机9台,且ATM已具备取款、存款、转账、账户查询等多项功能。年末,中行新疆分行长城卡有效发卡量146.70万张,国际卡有效发卡量4587张,银行卡直接消费交易额2.2亿元(剔除跨行交易),代理外币卡交易额折合人民币6659万元,特约商户1087家。建行新疆分行龙卡累计发卡总量达355.85万张,其中万事达卡2.02万张,VISA卡1.15万张,储蓄卡352.67万张;龙卡交易总额1021亿元,贷记卡贷款额743.93万元;特约商户919个,POS机2059台;成功开发应用了无线POS机、转账POS机系统,ATM总数增加到447台。交通银行新疆分行太平洋借记卡业务收入1228万元,完成交通银行总行计划任务的113%;卡消费额达到1.63亿元,完成计划任务的108.4%;年发行贷记卡5789张,完成计划任务的116%。乌鲁木齐市商业银行累计发卡量达34万张。邮政储蓄绿卡业务强势推进,年末"邮政储蓄绿卡"结存户突破100万户,卡余额达20.69亿元,占新增邮政储蓄活期余额的72%,起到了调整存款结构的作用。

2005年新疆银行业机构银行卡业务情况

表5—2　　　　　　　　　　　　　　　　　　　　　　　　　　　　单位:张,万元

单位名称	发卡名	开办年月	品种数量(个)	累计发卡量(张)	中间业务收入
工行新疆分行	牡丹信用卡	1992.02	13	3166072	3818
农行新疆分行	金穗信用卡	1993.01	2	79000	8449
	金穗借记卡	1993.01		3100000	
中行新疆分行	长城信用卡	1988	10	131800	1656
	长城国际卡	1997		4587	
	长城借记卡	1999		1330600	
建行新疆分行	龙卡	1990.03	6	3558484	8099
农行兵团分行	金穗借记卡	1999.01	2	1983000	3130
	金穗贷记卡	1993.05		83000	
招行乌鲁木齐分行	一卡通	2001.11	5	513688	-56
	信用卡	2001.11	11	15877	10
新疆邮政储汇局	邮政储蓄绿卡	1996.12	1	1004100	—
交通银行新疆分行	太平洋借记卡	1993.11	3	500000	1228
	信用卡	1993.11	1	5789	
华夏银行乌鲁木齐分行	银联标准华夏卡	2003.10	3	36489	6
	银联标准丽人卡	2004.02	2	9949	
	华夏诺玛特卡	2004.02	1	592	
	至尊金卡	2005.01	1	426	
乌鲁木齐市商业银行	雪莲储蓄卡	2001.04	2	340000	—
	雪莲贷记卡	2005.09			
合　计			63	15863453	26340

第三节　代理业务

一、概况

代理业务是指接受客户委托,为其代办指定的经济事务、提供金融服务并收取一定费用的业务。

1984 年,人行与工行分设后,工行承接了原人行的代理业务,主要涉及代收公用事业费、水、电、煤气、代理国库券承兑。

1986 年至 1992 年,中行新疆分行代理业务主要以外汇业务为主,主要为企业代客户叙做远期外汇买卖为主,并代理国外银行旅行支票和国外信用卡直接购货业务,还少量代理发行企业短期融资债券;建行新疆分行代理财政部门对国家投资项目的预决算、工程进度监督检查等业务。

1993 年起,全疆各家银行相继开办了代理收付业务,大多以代收公用事业费等便民服务项目为主,金额小、笔数多。

1994 年,农行新疆分行、农行新疆兵团分行建立代理业务处,主要代理农发行业务和国开行的贷款项目业务。

1995 年以后,银行代收代付业务发展加快,品种增多,除传统的代理收付费业务外,还陆续开办了代理保险,代理证券、基金发行与买卖,代理外汇买卖,代理政策性银行业务及其他代理业务等。

1999 年,中行新疆分行开办代扣住房按揭消费贷款还款业务、代理代收电话费、电费、保险费、交通违章罚款等业务。

2001 年,工行新疆分行扩大代理保险业务规模,利用个人住房贷款和汽车消费贷款拉动代理保险业务的发展;招商银行乌鲁木齐分行开办了包括:"银基通""外汇通""银证通""银保通"、银联 POS 机等零售代理业务。

2002 年,四大国有商业银行包括农行新疆兵团分行开始大力拓展代理业务,特别是代收代付业务和代理保险业务。

2004 年,新疆辖区股份制商业银行出现了传统代理业务与新兴代理业务齐头并进的发展状况。

2005 年,在股份制银行开办代理业务的影响下,新疆银行业的传统代理业务与新兴代理业务比例接近 1∶1。

二、代理收付费业务

新疆银行业代收代付业务从代发工资起步,不断增加业务品种,扩大服务领域。全疆银行业金融机构代收代付范围已涉及财政、税务、社保、公安等政府部门和电力、交通、电信、教育、保险等行业,涵盖了代发工资、代发养老金、退休金,代收水电气费等公用事业费、通信费、过路过桥费、学费、税费、保险费、执法部门罚没款等众多种类的代理收付费业务。

1999 年,新疆邮政储蓄机构有 6 个地州市邮政局开办了邮政代发养老金、代发工资、代收、代缴电信资费、代缴税金和代付电话亭酬金等业务。

2000年,农行新疆分行、农行新疆兵团分行代收代付品种达40个,代收代付累计发生额达60亿元。

2000—2005年,建行新疆分行代理收付费业务除保持传统优势项目以外,其范围涉及多行业和多部门的代发工资,代发养老金、退休金,代收水电气费、通信费、学费、税费、保险费,承办种类基金委托业务,医疗基金管理等众多品种的代理收付业务;利用储蓄卡开办了代发工资、汽车加油、通信收费、证券转账、电子汇款等十多项代收代付业务;开发代理铁路客票代售、交警合作业务、银税一体化业务、中国进出口银行代理业务、保险箱业务、代售彩票业务等收费项目。为了确保代收代付业务顺利进行,建行新疆分行在已开发综合柜员业务处理系统的基础上,又先后开发了各类代收、代付系统,国税税银一体化项目、代理中央财政非税收入收缴业务系统等,还先后与新疆宏景公司、新疆财经学院、新疆宏源、金新等证券公司签订合作协议,开办了电话银证转账、异地银证转账委托、代股民开户、代股民保证金等通用代收费实时代收业务,全疆共发展银证转账股民15.4万户,代理证券法人清算2010.82亿元。建行新疆分行在全辖分支机构将代理行政事业性收费业务列入综合业务系统统一核算。同期,交通银行新疆分行先后与电信、供电、联通、热力等公司达成代收费业务合作,开发卡代扣移动、联通、电信话费和居民电费等业务功能,代收费业务从起初的柜面代收现金及卡代扣方式,逐步向网上银行、自助缴费机、家易通等多种电子自助渠道发展,为客户提供更加便捷服务。同期,工行新疆分行全辖分支机构代理行政事业性收费业务列入综合业务系统统一核算,普遍推行"单位开票、银行代收、财政统管"的"银行代收制"管理办法,运用电子化实时查询体系。招商银行乌鲁木齐分行开办了"一卡通"电信、联通、中国移动自助缴费服务和铁通用户缴纳固定电话费服务。乌鲁木齐市商业银行代收代付业务包括通信类如电信话费、移动电话费;物业类如水费、电费、燃气费、有线电视费;社会保障类如医疗、养老保险金等;交通类如代售汽车票、代收养路费、车船使用税等;代发工资类如代发工资、代发奖金等。

2005年末,新疆邮政储蓄机构仅代收电信、移动、联通、铁通四项资费累计达540万笔,金额3.91亿元;代发工资、养老金、代扣工商管理费、代扣话费及代扣煤气费累计达382.93万笔,金额21.80亿元。农行新疆分行代收代付品种超过50个,代收代付累计发生额突破100亿元。

三、代理债券业务

1986年,中行新疆分行发行国库券5070万元。

1987年,建设银行代理国家财政向个人发行国家重点建设债券5亿元,建行总行分配给建行新疆分行发行900万元债券任务。建行新疆分行圆满完成了对公部分重点建设债券442万元,向个人发行的国家重点建设债券900万元任务,代发玛纳斯电厂企业建设债券4000万元。

1988年,工行新疆分行代理发行重点企业债券、金融债券3664万元。经人行新疆分行批准,中行新疆分行首次组织发行人民币金融债券1000万元,用于支持新疆有色金属进出口公司与乌鲁木齐铝厂以联营形式扩大铝锭生产,出口创汇达947万美元。同年,建行新疆分行代理发行债券 4914 万元,其中:国库券 826 万元、国家建设债券 611.80 万元、重点建设债券 658.50 万元、新疆电力局电力债券 2584.20 万元、企业债券 233.50 万元。新疆邮政储蓄部门首次代销国库券,在一个月内完成 400 万元的代销任务,受到邮电部奖励。

1989 年,工行新疆分行代理发行基本建设债券 7000 万元。同年,中行新疆分行代理新疆纺织品进出口公司发行短期融资债券 3800 万元,用于解决收购出口棉花资金需要。建行新疆分行代理发行各类债券 3446.30 万元,其中国库券 456.60 万元、重点企业债券 281.60 万元、国家建设债券 30 万元、电力债券 40 万元、重点建设债券 319.90 万元、基本建设债券 287.70 万元、保值公债 2030.50 万元。

1990 年,工行新疆分行代理发行金融债券 8000 万元。中行新疆分行发行金融债券 1860 万元。同年,建行新疆分行代理发行各种债券 3545 万元,其中国家建设债券 5 万元、重点企业债券 538 万元、国家基本建设债券 8 万元、石化企业债券 2000 万元、国库券 994 万元。

1991 年,工行新疆分行代理发行金融债券 1 亿元。中行新疆分行发行债券 1665 万元。同年,建行新疆分行组织代理发行多种债券,其中金融债券 1000 万元,国家投资债券 9400 万元、石化聚酯债券 2000 万元。同时,建行新疆分行完成了 1987 年发行的 700 万元重点建设债券的兑付工作及 1988 年发行的 2000 万元电力建设债券的兑付工作。新疆邮政储蓄机构完成代办兑付国债券本息 1672.58 万元的任务。

1992 年,工行新疆分行代理发行金融债券 2000 万元。中行新疆分行发行债券 1882 万元。同年,建行新疆分行代理发行各类债券 2.56 亿元,并组织了各种债券的兑付工作。

1993 年,中行新疆分行发行债券 1076 万元。同年,新疆邮政储蓄机构代办销售国家投资债券 5000 万元和代理兑付国家债券 631.94 万元。

1994 年,工行新疆分行开始开办凭证式国债代理业务。当时,发行品种单一,仅有 3 年期一种,票面利率为 13.96%,且实行保值贴补,承销的机构也只有工行、农行、中行、建行和交行 5 家自治区级分行。同年,中行新疆分行代理发行国债 1.54 亿元。建行新疆分行代理发行国债 3.38 亿元,并对同年到期 9400 万元的国家投资债券开展了兑付工作。新疆邮政储蓄机构代理兑付国债券本息 274.12 万元。

1995 年,新疆邮政储蓄机构代理销售凭证式国库券 11308.47 万元,兑付国库券 798.86 万元,保值公债 1.44 万元,中电二期债券 3.77 万元,国投二期债券 15.47 万元,国投三期债券 5980.78 万元。

1995 年,中行新疆分行代理发行凭证式国库券 2022 万元。同年,建行新疆分行致力于进一步提高国债业务管理水平,逐步开发凭证式国债业务的计算机处理系统,并实现了网点前台日常记账、日终处理、账簿管理和后台日常业务、日终处理、查询统计、报表管理、账簿管理、系统管理等自动化,并且能够实现国债发行和再卖出额度控制。全年,建行新疆分行代理发行债券 3.55 亿元。

1996 年,为凭证式国债调整阶段,发行规模增大,承销机构进一步扩容。同年,新疆邮政储蓄机构兑付国债本息 1242.33 万元。

1997 年,中行新疆分行发行债券 72 万元。同年,新疆邮政储蓄机构兑付债券本息 104.76 万元。

1998年,中行新疆分行发行政策性金融债券57万元。同年,新疆邮政储蓄机构兑付凭证式国库券本息1.58亿元。

1999年7月16日,国家邮政局邮政储汇局正式成为凭证式国债承销团成员,开始代理凭证式国债发行和兑付业务。同年,新疆邮政储蓄机构代理发售凭证式国库券4680万元,兑付实物国库券本息222.33万元。该年乌鲁木齐市商业银行成为凭证式国债包销团成员。乌鲁木齐市商业银行严格履行凭证式国债承销团成员应尽的各项义务,积极参与凭证式国债的承销,制定了凭证式国债发售的有关会计处理办法,制定并实施了《乌鲁木齐市商业银行债券交易管理办法》《乌鲁木齐市商业银行代理财政部凭证式国债业务管理办法》《乌鲁木齐市商业银行凭证式国债通买通卖业务核算规定》,规范了本行凭证式国债业务的合理运作。到2005年末,乌鲁木齐市商业银行共承销凭证式国债45.50亿元。

2000年,农行新疆兵团分行销售国债3.5亿元,兑付国债本息3.50亿元,手续费收入102万元。2000—2002年,新疆邮政储蓄机构累计代理发售凭证式国库券3.23亿元。

2001年,随着国家国债发行体制改革,建设银行将凭证式国债列入可开具个人存款(资金)证明的范围内,进一步拓展了凭证式国债的金融功能。

2002年,中行新疆分行发行债券1.30亿元,兑付债券3亿元。

2003年,从这一年开始,国债承销实行固定比例包销制。固定比例包销制后的农行新疆分行销售国债5.20亿元,兑付国债本息5.90亿元,手续费收入349万元。其间,建设银行依托资源和系统管理优势,参与凭证式国债(电子记账)创新产品的研究开发,在国内首批试点推出凭证式国债(电子记账)产品。同年,建行新疆分行代销凭证式国债(电子记账)总额10.37亿元。2003—2004年,新疆邮政储蓄机构累计代理销售凭证式国债1.46亿元。

2004年,农行新疆分行销售国债5.70亿元,兑付国债本息3.14亿元,手续费收入340万元。同年,建行新疆分行代销凭证式国债(电子记账)总额11.9亿元。

2005年,工行新疆分行国债承销实行固定比例包销制后累计销售国债25.16亿元,兑付国债7.57亿元。农行新疆分行销售国债5.90亿元,兑付国债本息4.63亿元,手续费收入518万元。建行新疆分行代销凭证式国债(电子记账)总额6.07亿元。农行新疆兵团分行销售国债3.80亿元,兑付国债本息3.50亿元,手续费收入186万元。

四、代理保险业务

从20世纪80年代中期起,工行新疆分行开始代理简易人身保险和健康子女保险业务,开办初期,主要通过各级储蓄机构组织实施,代理险种单一、代理方式不规范、重收付代理、轻产品销售。

1987年12月,新疆邮电管理局与新疆保险公司联合发出通知,要求全疆各级邮电局恢复代办人寿保险业务。

1990年,新疆部分地州市邮电局开办了代理保险业务,其服务网点有88处,投保户达8299户,保险金额834.34万元。

1991年,新疆邮政局服务网点与上年持平,但投保户数急剧下降,年末仅有27户,投保金额8796元。

　　1996 年 7 月,为促进代理保险业务健康发展,交通银行总行出台《交通银行代理保险业务暂行办法》,要求各分支行代理保险业务时,要办理《经营保险代理业务许可证》,并与保险公司签订代理合同。起步时的交通银行代理保险业务,主要是在协议存款、资金结算等方面开展合作,通过在分支行试点,以为个人客户提供保险产品的服务为主。

　　1997 年初,建行总行在召开建设银行工作会议上,正式提出"要大力开拓代理保险业务"。同年 4 月,建行总行下发了《中国建设银行与中保财产保险有限公司关于代理保险业务的联合通知》和《建设银行代理中保人寿保险有限公司寿险业务的通知》,建行新疆分行正式在全疆所辖网点开办代理保险业务,并把保险代理业务作为发展中间业务的重点,代理保险产品,扩大代理机构和队伍。同年,农行新疆分行仅有乌鲁木齐市、阿勒泰、哈密三家二级分行开办代理保险业务,代理保险手续费收入也只有 40 万元。农行新疆兵团分行在乌鲁木齐市、石河子市、五家渠县三家二级分行开办代理保险业务,代理保险费收入近 500 万元,取得手续费收入 20 万元。

　　1998 年,中行新疆分行申请开办兼业代理保险业务获得批准,正式开展代理保险业务。同年,建行新疆分行 14 个地州市分行与当地保险机构签订代理协议,其中 7 个二级分行开办代理保险业务。

　　1999 年,建行新疆分行分别与中国人民保险公司、平安保险公司、太平洋保险公司签订保险代理协议,有 53 个机构取得了保险兼代理人资格,248 人取得了保险代理人资格证书,制定了保险代理业务操作管理办法,年累计完成保险代理业务 4114 万元。同年,新疆邮政局分别和两家保险公司签订了《代理保险业务协议》,到 2005 年末,新疆邮政部门代理保险投保户达 20.95 万户,保险金额 2.54 亿元。

　　2000 年,建行新疆分行全面启动商业性保险代理业务,全年完成代理保险业务量 1.58 亿元,保险代理手续费收入 173.37 万元。同年,农行新疆兵团分行实现保费收入 5100 万元,实现代理保险手续费收入 30 万元。

　　2001 年,建行新疆分行代理太平洋保险公司的保险业务。其保险代理业务已成为建行新疆分行的第四大中间业务。

　　2002 年,建行新疆分行代理销售"红五月""千禧红"和"千禧红两全"保险业务。

　　2003 年,工行新疆分行加强了与各保险公司的全面合作,并利用个人住房贷款和汽车消费贷款拉动代理保险业务的发展。同年,建行新疆分行推出银行保险专柜试点。

　　2004 年,农发行新疆分行稳妥筹备并开办了保险代理业务。年末,辖属 6 个二级分行开办了保险代理业务,保险金额 3.18 亿元,代收保费 42 万元,实现代理保险手续费收入 3 万元。因受升息、保险市场疲软,代售量萎缩,工行新疆分行开展了信贷客户保险代理业务,实现代理手续费收入 772 万元。同年,农行新疆分行与人保、中华联合、平安、太平洋、永安 5 家产险公司及人寿、平安、太平洋、新华、泰康 5 家寿险公司签订了全面代理协议。代理产险量最大的是中华联合财产保险公司,代理量为 2291.70 万元,占全部产险代理量的 61.3%。代理寿险量最大的是中国人寿保险公司,代理量为 3392.40 万元,占全部寿险代理量的 60.6%。全年农行新疆分行实现保费收入 9338.10 万元,实现代理保险手续收入 488 万元。中行新疆分行实现代理保险手续费收入 228.69 万元,已占各项代理业务收入的 38.5%。交通银行开发"分布式银保通系统"后,代理保险业务量持续攀升,到 2005 年末,交通银行新疆分行代理保险业务累计收入达 22.57 亿元。

2005 年,农发行新疆分行与中华联合财产保险公司、太平洋人寿保险股份有限公司新疆分公司、平安财产保险股份有限公司新疆分公司分别签订了全面业务合作协议书,年累计代收保费、代理手续费收入分别超额完成计划的 50% 和 52%。同年,工行新疆分行实现保险代理手续费收入 1425 万元。农行新疆分行实现保费收入 1.08 亿元,代理保险手续费收入 560 万元。农行新疆兵团分行实现保费收入 8652 万元,实现代理保险手续费收入 124 万元。交通银行新疆分行推出"银保通"保险代理业务,年末,代理保险业务收入已占到零售中间业务收入的 25.4%。

五、代理委托贷款业务

1994 年,建行新疆分行开始代理国开行贷款业务,全年代理贷款项目 63 个,代理贷款余额 20.30 亿元。

1995 年,建行新疆分行代理国开行贷款项目 30 个,代理贷款余额 18.90 亿元,其中基建项目 25 个,技改项目 5 个。同年,农行新疆分行代理农发行粮油收购贷款 22.95 亿元,棉花收购贷款 115.40 亿元,粮棉调销贷款 33.90 亿元,扶贫贷款 2.88 亿元,农业综合开发贷款 9800 万元。

1996 年,建行新疆分行成立委托代理业务处,委托代理业务处以支持建设、提高效益、防范风险为原则,代理国开行贷款 57 亿元;同时继续做好中央及地方财政基建资金的拨付工作,代理中央和地方财政贷款 35 亿元;首次代理新疆维吾尔自治区投资公司委托贷款 2.30 亿元。年末建行新疆分行代理贷款余额达 200 亿元。1996—1998 年,农行新疆分行代理国开行项目贷款 2.60 亿元,代理国开行兵团"棉花基地"贷款 5650 万元。1996—1998 年,农行新疆分行代理国开行贷款项目 6 个,其中:糖厂 1 个、"东锭西移"纺纱厂 5 个,总投资 6.50 亿元,代理国开行贷款 2.60 亿元。

1997 年,为了扩大资金来源,中国银行新疆分行开办了委托贷款业务,年末贷款余额达 635 万元。同年,建行新疆分行代理国开行贷款余额 79 亿元,占国开行在新疆贷款总量的 92%,代理财政部门委托业务 40 亿元,占全疆同业的 90% 以上。

1998 年,农行新疆分行代理国开行兵团"棉花基地"贷款项目,贷款总额为 5650 万元。同年,建行新疆分行经办各类委托贷款余额达 150 亿元,其中代理国开行贷款 120 亿元。中行新疆分行为新疆维吾尔自治区企事业单位短期不用的 800 万元资金代为放款,利率随行就市,贷款全部用于外贸出口商品的收购和生产企业所需。

1999 年,建行新疆分行代理国开行项目 59 个,新增委托贷款 37.80 亿元,委托贷款余额 145 亿元,代理新疆维吾尔自治区投资公司委托贷款 2.60 亿元。

2000 年,农行新疆分行代理国开行贷款余额为 8800 万元。

2003 年,中行新疆分行与美克国际家私(天津)制造有限公司、美克美家家具装饰有限公司签订了《委托贷款合同》,同年执行合同额达 97 万美元。

2004 年,中行新疆分行与中国进出口银行合作开办中基番茄制品公司 4000 万元委托贷款业务。

六、代理人民币、外币理财业务

2001 年 11 月,建行新疆分行成功代理发行华夏成长基金,是新疆金融同业中最早代理销售开放式基金的银行。全年,建行新疆分行代理发行华夏基金 4600 万元。

2002 年,工行新疆分行开办代理销售第一只开放式基金——南方宝元债券型基金。同年,建行新疆分行共有 51 个营业网点受理基金代销业务,共代销了华夏(A、B)、银丰、融通、博时和华夏债券 4 只开放式基金和 1 只封闭式基金,代销总额 1.50 亿元,并成立了个人理财中心,启动了个人理财业务。交通银行新疆分行成立专门基金托管代销中心,开办基金代理业务。为确保基金代销业务成功,交通银行新疆分行定期组织基金业务知识和操作培训,举办基金推介会,用基金品牌吸引客户,联动业务,提升盈利能力,成为个金中间业务收入的重要来源。招商银行乌鲁木齐分行取得代理开放式基金资格,开始开办"银基通"业务。

2003 年,工行新疆分行共代理销售 4 家基金管理公司的 7 只开放式基金,即南方稳健、华安创新和华安 180 指数 3 只股票型基金,南方避险增值、鹏华行业成长和国联安安盛稳健 3 只混合型基金及南方宝元债券型基金。同年,建行新疆分行建立了理财客户经理激励约束机制,将理财客户经理纳入客户经理专业技术岗位序列,为理财客户经理拓展了发展空间和晋升通道,进一步加强了个人理财客户经理队伍的建设。招商银行乌鲁木齐分行在全行范围内开展了"外汇通"受托理财计划营销推广工作。

2004 年,工行新疆分行开办了"汇财通"个人外币理财业务。建行新疆分行在疆内首次发行保本型银华保本增值开放式基金,9 天时间发行额 11.30 亿元,并在全疆所辖分支机构正式启用了"乐当家"个人理财业务。同年,招商银行乌鲁木齐分行成功营销了"一卡通"金卡外汇受托理财 1～12 号产品、"一卡通"外汇受托理财 2～9 号产品,共实现销售外币受托理财 253 万美元,人民币受托理财 1 号、2 号产品 3406 万元,在凭借优势和特色理财品种吸引客户的同时,强化了个人综合理财领域的良好形象。

2005 年,工行新疆分行开办了购买起点为 5 万元"稳得利"个人人民币理财业务。中行新疆分行委托代理人民币理财业务收入 740 万元,代理外币理财业务收入 818 万元。同年,建行新疆分行分别代理发行了华富竞争力优选、银华货币市场、华宝兴业现金宝货币市场、长城货币市场、华夏红利混合型证券投资、博时稳定价值债券投资、上投摩根阿尔法股票型证券投资、建信恒久价值、东方精选混合型证券投资 9 只基金。同时,建行新疆分行推出了个人外汇理财产品"汇得盈"和人民币理财产品"利得盈",年末,代理收入 620 万元,其中:人民币代理理财收入 394 万元,外币代理理财收入 226 万元。招商银行乌鲁木齐分行正式开办人民币受托理财业务。

七、其他代理业务

20 世纪 90 年代起,建行新疆分行先后开展了企业投融资、改制上市、并购、债券及票据发行、资产重组、资产管理、债务管理、企业常年财务等顾问以及工程造价咨询等业务。

1994 年,建行新疆分行审查工程概预算 5301 份,总金额 26.70 亿元;审查工程标底

496份,金额4.60亿元;代理编审工程造价920份,金额4.30亿元;同时会同新疆维吾尔自治区计委等部门对全疆审价机构资质进行评定。

1995年,工行新疆分行开办出具人民币保函和代收税款业务。同年,建行新疆分行开展工程造价编审、工程造价纠纷鉴定、标底审查,工程造价咨询等业务,全年审查工程概预结算和标底4479份,总金额55.66亿元。审价咨询业务1199笔,总金额8.69亿元。

1996年,工行新疆分行在新疆开办了首家储蓄存款自动转账代缴电话费业务。同年,建行新疆分行审查工程造价4445份,总金额54.61亿元,净核减投资2.36亿元,工程审价量占全疆同业的42%;评定上等级企业157家,取消或降低信用等级企业31家;评审贷款抵押31项,评估金额1.52亿元。

1997年,建行新疆分行完成工程审价金额48.70亿元,评定上等级企业154户。

1998年,工行新疆分行在乌鲁木齐市地税征税大厅设立专柜,为企业办理税款预储和解缴。同年,建行新疆分行完成审价、咨询业务量52.40亿元。

1999年,建行新疆分行完成工程审价业务量50.12亿元,实现收入1216万元;收取财务顾问手续费500万元。

2000年,工行新疆分行代理电脑福利彩票资金结算,为新疆福利彩票发行中心进行彩票销售款的归集和资金清算。同年,加强同业合作开办代理兑付其他银行汇票及查询查复银行承兑汇票业务;同年,建行新疆分行在完成南疆铁路、民航候机楼、巴音郭楞州"金三角"商贸综合楼等项目概预算审查的同时,拓展工程监理、资产评估、招投标代理及房地产评估等业务,收入1660.13万元。

2002年,建行新疆分行以南疆铁路投资决算等大项目为重点,扩大工程造价咨询业务,全面介入财务顾问业务,实现财务顾问手续费收入250万元。

2004年,中行新疆分行与新疆电力公司正式签署《现金管理服务协议》,实现新疆三地州及乌鲁木齐市7个账户顺利实现资金归集,为新疆电力公司提供代理理财服务。同年,建行新疆分行推广"建易安"全过程投资顾问业务,试行开办"表易通"企业财务报表分析业务,搭建财务顾问基础服务平台,办理了以中央及地方财政授权支付、非税业务为基础的10个直属部委的中央财政资金拨付,预算单位39家,年代理资金量达3亿元,业务覆盖14个二级分行。

2005年,建行新疆分行实现造价咨询业务收入126.03万元,财务顾问收入80.30万元。

第四节 其他中间业务

一、担保及承诺业务

担保类业务是银行为客户债务清偿能力提供担保,承担客户违约风险的业务。承诺类业务是银行在未来某一日期按照事前约定的条件向客户提供约定信用的业务。银行业担保及承诺业务主要包括信用证、各类保函、银行承兑汇票、贷款承诺等。20世纪80年代以前,银行只开办有少量担保承诺业务,自20世纪90年代起,随着银行业金融机构增多,同业竞争加剧,各家银行更加注重发展风险成本相对较低的担保及承诺类业务。

1995年,中行新疆分行叙做进出口押汇、打包放款、额度融资、提货担保等国内短期贸易融资业务达6251万美元。

1998年,中行新疆分行为新疆维吾尔自治区外贸企业提供进出口贸易融资担保113万美元。

1999年,中行新疆分行为新疆维吾尔自治区企业以赊销方式销售新疆棉花"以出顶进"业务办理了首笔综合性的保理业务。

2000年,工行新疆分行开办承诺函业务,全年出具承诺函16份,出具意向书11份,承诺贷款金额10.04亿元。

2001年,建行新疆分行出具贷款意向书14份,金额49亿元;出具贷款承诺书3份,金额14.47亿元。

2002—2005年,中行新疆分行为外贸企业提供进出口贸易融资担保共计1.53亿美元。

2003—2004年,工行新疆分行累计办理人民币保函金额3.75亿元,办理国内保理业务2.29亿元,出具项目贷款意向书20个,涉及总投资130.70亿元,涉及贷款金额55.50亿元,并顺利为新疆特变电工股份公司办理非回购型保理业务。

2005年,工行新疆分行对新疆维吾尔自治区交通厅"十五"续建项目出具有条件承诺函9.30亿元,向西凯移动通信设备有限公司CDMA手机开发环境和规模生产建设项目等21个项目出具了项目意向书或承诺函,涉及人民币贷款91亿元、外币贷款3500万美元。

二、交易类业务

1986年以后,新疆银行业增加了中间业务的交易类品种,后来逐步发展到代客即期结售汇、代客外汇买卖、个人结售汇、个人外汇买卖、个人外币结构性存款、对公外币结构性存款等业务。

1988年,中行新疆分行开办了外汇交易类业务,共办理即期外汇业务达1169万美元,并推出对部分美元即期信用证项下的出口业务实行定期结汇,共办理定期外汇业务达250笔,金额达2012万美元。同年,国务院批准国家外汇管理局《代客外汇买卖管理办法》后,中行新疆分行开始办理进口项下的代客远期外汇买卖业务,全年共为客户办理远期外汇业务29笔,金额为1800万美元。

2000年,中行新疆分行共办理定期外汇业务来证1500笔,金额达2亿美元。

2002年,中行新疆分行为支持新疆广汇实业投资有限公司LNG(液化天然气)项目设备进口,为广汇集团开立了4200万欧元远期信用证。同年,中行新疆分行还为中基番茄制品有限公司办理了首笔金额为565万美元的"福费廷"业务。

2003年,建行新疆分行开办了交易资金托管(简称"百易安")业务。

2005年,建行新疆分行交易资金托管(百易安)业务实现手续费3.20万元。同年,中行新疆分行共办理远期外汇业务金额达2380万美元。

三、托管业务

1990年,中行新疆分行向客户推出代保管有价证券业务。

1997年,工行新疆分行开始陆续在乌鲁木齐、克拉玛依、库尔勒、伊宁、塔城5个城市开办保管箱业务。同年,交通银行新疆分行开办了保管箱业务,其保管箱库按金库标准设计,具有完善的电脑管理系统,采取最先进的活体指纹、密码、钥匙三重保险措施。客户只需携带本人有效身份证件即可申请办理保管箱租用手续。保管箱共有3060门,A、B、C、D四个种类,年租金为180~580元不等。租期灵活,可满足不同客户的需要。

2000年以后,中行新疆分行大力发展托管业务,推出个人保管箱业务,办理出租保管箱107个,租金收入1.64万元,保证金收入3.75万元。

2002年,建行新疆分行基金托管业务开始运作。

2003年,中行新疆分行为新疆阿希金矿承办了疆内第一笔黄金托管业务。

2004年,国家劳动和社会保障部正式颁布实施《企业年金试行办法》和《企业年金基金管理试行办法》后,工行新疆分行积极响应,组建专业营销团队,筛选重点目标客户,对符合政策和制度的企业开展有针对性的重点营销。同时,工行新疆分行还制定了资产托管业务营销工作指导意见,积极宣传推介委托资产托管业务,并根据新疆维吾尔自治区烟草公司、乌鲁木齐铁路局等客户年金业务需求,制订了企业年金托管服务方案,加强客户营销,取得资产托管业务收入45万元,实现了托管业务零的突破。

2005年,工行新疆分行在成功签约米泉公证处首单企业年金客户,实现业务收入3万元后,又率先在新疆维吾尔自治区社保厅办理了企业年金基金账户管理人和企业年金基金托管人资格报备登记,成为新疆境内国有商业银行唯一取得企业年金账户管理和托管人两项资格的银行。年末,其取得资产托管业务收入264万元,完成工行总行下达全年计划的2.4倍,荣获工行总行"资产托管业务开拓奖"。同年末,工行新疆分行开办的保管箱业务有1.29万个箱柜。中行新疆分行出租保管箱593个,租金收入24.82万元,保证金收入86.16万元。

四、电子银行业务

电子银行业务是指通过网络和电子终端为客户提供自助金融服务的离柜业务。电子银行业务主要包括网上银行、电话银行、手机银行、多媒体自助服务终端业务等。与东部沿海发达地区相比,新疆辖区的电子银行业务起步相对较晚,但发展迅速。

1995年,中行新疆分行正式启动长城信用卡电脑自动授权(IVAS)系统,并实行全国联网。

1996年,建行新疆分行电子汇划清算系统正式投入运行,全辖130多个机构与全国同时实现联网运行。同年,中行新疆分行在全辖正式开通并联网使用930系统外汇买卖资金头寸电脑传输系统。

1997年,工行新疆分行电子银行业务开始起步。

1999年,中行新疆分行与自治区国税局联合开通"个人储蓄利息所得税的征缴"系统在中行各网点顺利实施。同年,建行新疆分行电子银行业务正式起步,并首次将投资理财业务引入网上银行系统,增加了银证转账和网上个人外汇买卖服务,同时还增加了本地网上支付(无证书方式)服务,为网上银行走进电子商务奠定了基础。

2000 年,工行新疆分行率先在乌鲁木齐投产企业和个人网上银行系统(V2.0)推出在线支付业务,实现了企业买卖双方交易资金的网上实时划拨,并在其营业部组建了服务于电话银行业务的客户服务中心。同年,建设银行推出企业网上银行,初步建成集个人服务和企业服务的网上银行服务体系。

2001 年,工行新疆分行全疆 14 家二级分行相继开通了企业和个人网上银行业务,并开通了账户查询、账户转账、银证转账、外汇买卖、银证通、缴费付款等多项服务功能。同年,建行新疆分行实现个人网上银行电子汇款 45 亿元,手续费收入 403 万元。

2002 年,工行新疆分行正式成立了电子银行部。建行新疆分行率先推出“快捷通”电子账单业务,同时还推出代理行、收费站、贵宾室、网上汇款、网上代缴学费、网上购物、网上外汇买卖、基金买卖、网上自助注册及账户转账、外汇买卖、银证通、代缴移动话费等新品种,年末业务量达 82.56 亿元,实现汇款收入 947.22 万元。同年,招商银行乌鲁木齐分行推出了技术领先的“一网通”个人银行业务大众版及个人银行专业版品牌,为客户提供了更多的选择便利,在业内取得了领先地位。

2003 年,工行新疆分行开通电话银行异地漫游功能,方便客户异地使用电话银行。农行新疆分行发展网上银行客户 25 户,年末网上交易量 10 亿元,实现资金沉淀近 1 亿元。中行新疆分行与乌鲁木齐海关联合开通“报关即时通”“联网报关”业务,有效提高了海关通关效率。建行新疆分行电子银行 B2B 企业交易 1203.47 亿元,成为继建行北京分行之后第二个交易量突破 1000 亿元的分行。同年,招商银行乌鲁木齐分行正式发布网上企业银行 4.0 版,推出了强大的集团资金管理中心、方便的网上自动贷款、快捷的网上委托贷款、覆盖全国的网上代理收付、全流程透视的交易追踪服务、智能化的操作向导、度身定制的银行信息主动通知、海量的商务信息传递、个性化的财务授权管理和严密的网上安全账户管理十大特色功能,让客户充分享受增值的、个性化的网上企业银行服务。

2004 年,工行新疆分行推出香港异地漫游服务功能,并投产了新的电话银行系统,实行坐席接听和服务,推出手机银行(短信)业务,客户可通过手机短信的方式办理查询、转账、汇款、捐款、缴费、消费支付等多项业务。中行新疆分行开通了企业网上银行业务,可为企业提供账户查询、汇划即时通、报关即时通、定向账户支付、期货 e 支付、境外账户管理、代发工资/代理报销、集团理财、银企对接等服务。建行新疆分行完成电话银行系统升级改造,推出以网上银行、电话银行、手机银行、多媒体自助终端为主体的电子银行产品体系,提升了服务质量,年末,电子银行客户达到 23.70 万户,实现交易笔数 588 万笔,交易金额 1278 亿元,办理“速汇通”电子个人汇款 107.51 亿元,实现个人汇款业务收入 1231.12 万元。

2005 年,工行新疆分行企业网上银行先后推出了以集团理财、网上结算、网上收费站、B2B 在线支付、银企互联、贵宾室、财务室、网上支付结算代理等产品。年末,工行新疆分行企业网上银行客户为 3540 户、个人网上银行客户为 22 万户,实现交易额 7726 亿元;发展企业电话银行客户 4326 户,个人电话银行客户 24 万户,实现交易额 5751 万元,拥有手机银行(短信)客户 6004 户。农行新疆分行网上银行个人客户达 1953 户,企业客户 356 户,累计交易笔数 24.96 万笔,交易额 150 亿元。建行新疆分行电子银行客户数达到 38.04 万户,交易量 956 万笔,交易金额 810 亿元。农行新疆兵团分行网上银行个人客户达 1611 个,企业客户 257 个,累计交易笔数 16.23 万笔,交易额 121 亿元。招商银行乌鲁木齐分行网上银行个人客户数达到 22162 户,累计交易金额达到 23454 万元;企业银行客户 175 户,交易笔数 10683 笔,交易金额 392676 万元。同年,中行新疆分行正式开通个人网上银行业务,为私人客户提供账户信息查询、个人账户转账、代缴费、个人账户管理、投资理财、外汇宝、银证转账、开放式基金、信用卡等全方位的账户服务。

第六篇 外 汇

————————————

改革开放初期,新疆辖区的外汇业务范围比较窄,仅有国内外结算、代理外汇买卖、提供信用证服务等,且由中行新疆分行独家办理此项业务。随着改革的深入,新疆各家银行经人民银行批准,陆续开始办理外汇业务,但中行新疆分行在外汇业务市场上仍保持领先地位。1994年,国家外汇管理体制进行了重大改革,取消了外汇留成和上缴的规定,实施汇率并轨、银行结售汇、有管理的浮动汇率、人民币经常项目可兑换政策以后,新疆市场配置外汇资源的基础地位初步确立,健全的外汇业务体系基本形成,新疆境内的各家银行与其他国家和地区的银行分支机构建立了代理关系,为客户提供全方位的金融服务。

外管局新疆分局是新疆辖区外汇业务的主管机构。管理项目主要为经常项目、资本项目、外汇检查、国际收支统计、国际结算、外汇存贷款管理等。

第一章　外汇管理

外汇管理主要是指经常项目和资本项目管理以及由此而延伸出的外汇检查和国际收支统计制度。1986—2005 年,中国外汇管理体制大致经历了三个发展阶段。第一阶段(1986—1993 年),适应经济发展的需要,加快外汇体制改革阶段。在这一阶段中,国家逐步改变外汇的统收统支,允许出口企业有一定的外汇自主权。实行企业外汇留成制度,并允许企业间调剂外汇余缺。人民币外汇调剂市场汇率与官方汇率并行。第二阶段(1994—2000 年),初步建立起适应社会主义市场经济体制的外汇管理体制框架阶段。这一阶段,国家对外汇管理体制进行重大改革,取消外汇留成制度,实行银行结售汇制度,人民币官方汇率与市场汇率并轨,实行以市场供求为基础的、有管理的浮动汇率制度,建立全国统一规范的外汇市场,并实现人民币经常项目可兑换。第三阶段(2001—2005 年),适应形势发展,继续深化外汇管理体制改革阶段。这一阶段,中国加入世界贸易组织,对外经济迅猛发展,外贸顺差急剧扩大,外商来华投资踊跃,国际收支持续大额顺差,逐步取消了经常项目外汇账户开户审批和账户限额管理,允许企业自主保留外汇;取消外汇风险审查、外汇来源审查等对外直接投资行政审批项目;改革人民币汇率形成机制,实行以市场供求为基础,参照一篮子货币进行调节的有管理的浮动汇率制度,人民币汇率弹性和灵活性显著增强,外汇市场加快发展。外管局新疆分局在国家外管总局的领导下开展工作,经历了一系列的变革。

第一节　经常项目外汇管理

经常项目外汇管理主要包括货物贸易外汇管理、服务贸易外汇管理、个人外汇管理和经常项目外汇账户管理等内容。

一、外汇留成和外汇额度管理

中国实行的外汇留成制度,是将创汇单位收入的部分外汇留给创汇单位自主使用的一种分配外汇的制度。1985 年,国务院批转外贸部、国家计委、国家外汇管理局《出口商品外汇留成办法》。办法规定,国家对贸易出口收入外汇按照出口收汇全额计算留成外汇,并规定从 1985 年起,对新疆给予 50%的收汇留成优待。

为了鼓励增加外汇收入,国家在非贸易外汇收入领域也实行留成制度。非贸易外汇收入留成,主要包括留成比例,计算方法,审批权限和使用范围等内容。

非贸易外汇收入的留成主要包括以下项目:侨汇留成、旅游外汇留成、交通、通信部门的外汇收入留成、其他非贸易外汇收入留成。其中国家对新疆的旅游外汇留成以 100%计算,其他地区均按 40%的比例计算留成。

中国实行的外汇留成制度以留成额度为主要形式,即创汇单位的外汇收入在外汇指定银行结汇后,按照规定比例,留成给创汇单位使用的那部分外汇不是外汇现汇,而是表明单位有用汇权利的用汇指标,这就是外汇额度。外管局新疆分局外汇额度管理始于分局成立从中国银行接手之后。

1986年,在自治区计委、中行、经贸部门支持配合下,外管局新疆分局建立健全了外汇额度管理账务,至同年末,为119个单位开立了外汇额度账户,并做到每月与中行对一次账,每季度联名向开户单位发送余额对账单。在核拨外汇额度工作中,外管局新疆分局宣传国家外汇管理法令,根据国务院下达给新疆维吾尔自治区的自由外汇进口用汇控制指标,会同有关部门加强用汇审批工作,控制消费品用汇,改善用汇结构。为把外汇用活,在外管总局统一部署下,外管局新疆分局开展留成外汇额度的调剂活动,并组织全疆二级分行外汇管理部门执行《关于留成外汇调剂的实施办法》,让调出单位尝到创汇受益的好处,激发出口创汇的积极性,也帮助调入单位解决了生产性急用物资的进口用汇难题。

1987年,外管局新疆分局举办了"新疆维吾尔自治区外汇额度账务管理改革"培训班。并从七个方面对外汇额度改革进行了具体规定:一是自1988年1月1日起,将全疆各地州市和兵团创汇单位的账户下放到二级分局(分行)管理,一级分局设各地州市的外汇额度总账,二级分局设辖内创汇单位的分户账;二是对外汇额度收入、支出的审查;三是办理外汇额度调剂的办法和手续;四是外汇额度核拨的办法和手续;五是外汇额度核销的办法;六是试填各种报表;七是外汇额度账务的管理与核算。

1988年初,国务院决定对各地区、各部门的留成外汇按1986年的余额进行挂账冻结,外管局新疆分局贯彻上级要求,分四次上缴了挂账冻结的外汇额度。同年,外管局新疆分局积极支持外贸体制改革。一是加快出口商品留成外汇的核拨,改变过去每半年核拨一次出口商品留成外汇的做法,实行按季核拨留成外汇,其中按月核拨三个试点行业留成外汇额度974万美元,加速新疆维吾尔自治区外汇资金的周转使用;二是对辖区内单位要求实行以外币计价结算采取了灵活的管理办法,允许用汇进口物资生产的产品,在区内外销售收取一定的外汇额度,节约外汇使用;三是对新疆维吾尔自治区的出口创汇企业,按外汇管理要求,经严格审查后,批准实行在偿还外汇贷款期间采取先还贷后分成的措施,调动出口创汇的积极性;四是简政放权,充分发挥二级外管分局的作用,制定了十一条《外汇管理业务简政放权的暂行规定》;五是进一步改革外汇额度账户管理办法,实行一级分局管各地州总账,二级分局负责管理辖内各单位的分户账,严格执行每季上下对账制度。

1989年,外管局新疆分局坚持先上缴后分成的原则,做到按月等比例上缴中央外汇,同时,加强了外汇额度的账务管理,实现了外汇额度账务的计算机处理,提高了工作效率,并按照外管总局要求对外汇额度的调拨采取了编押制度,保证了外汇往来的安全准确。

1991年,国家批准新疆一批企业出口产品国内销售实行以外币计价结算和人民币计价加收外汇额度,全年新疆维吾尔自治区外汇收入大幅增加。

1992年,外管局新疆分局实施简政放权,将外汇额度账务业务下放各二级分局,并加快了外汇分成速度,贸易外汇分成做到了月后15日内,将上月出口收汇留成额度核拨入账,非贸易外汇分成做到了随来随办、随办随用,彻底改变了以往创汇后收入迟迟不能入创汇企业账的状况。

1993年,外管局新疆分局落实人行总行等五部委的规定,调整收购兑现人民币资金的核算手续,理顺了资金拨付渠道,保证了收购外汇的人民币资金及时到位,同时做好与银行、公司的对账工作,加快分成速度。

1994年,外汇体制改革,取消各类外汇留成、上缴、额度管理,建立了银行结售汇制度。在外汇新旧体制过渡期内,外管局新疆分局对留成外汇额度仍按原规定审批,全年审批留成外汇用汇7296万美元,同时下发了"关于清理外汇额度账户的通知",限期调剂。年末,全疆外汇额度收尾工作全部结束,余额清理为零。

二、出口收汇管理

1986年,新疆对外贸易尚处于发展初期,全年贸易外汇收入仅2.05亿美元。

1987年,外汇收入虽然有所增长,但仍然处于低位,全年出口收汇2.16亿美元。

1988年,建立了结汇水单管理制度,对促进外贸部门及时安全收汇发挥了一定的作用。全疆外汇收入比1987年增长33.6%,达2.75亿美元。

1989年,外管局新疆分局建立了出口货源监测报告制度,并开展出口逾期未收汇的调查分析,督促企业及时组织收汇,年内外汇收入突破3亿美元。

1990年12月9日,国务院批准公布《出口收汇核销管理办法》,国家外汇管理局等五部门联合制定了《出口收汇核销管理办法实施细则》,外管局新疆分局制定了《出口供货监测制度》。对出口商品进行监测分析和跟踪调查,控制逾期未收汇情况。

1991年,新疆开始执行《出口收汇核销管理办法》,外管局新疆分局出口收汇核销实现电脑化操作,并在第一季度完成了对1991年数据的追录工作,同时,主动与税务部门合作,将出口收汇核销与退税挂钩。新疆的石油、棉花等产品经国家批准在国内销售实行以外币计价结算和人民币计价加收外汇额度,为新疆维吾尔自治区增加外汇收入6000余万美元,使新疆维吾尔自治区外汇收入比1990年增长91.19%。

1992年,新疆实行了地方边境贸易易货贸易出口核销每半年集中办理一次,并采取进出口总额核销的办法。

1993年,贸易外汇收入同比小幅回落,外管局新疆分局加快了外汇分成速度,提高外汇资金使用效益,做到了月后15日内,将上月出口收汇留成额度核拨入账,同时,加强出口收汇核销,出口收汇核销率维持较高水平。

1994年,外汇管理体制发生重大改革,对企业的贸易收汇实行银行结汇制度。新体制实行后,外管局新疆分局要求各外汇指定银行必须按照人民银行公布的汇价及浮动比率执行,并对外汇指定银行新体制运行情况进行了检查,保证了新旧体制的平稳过渡。

1995—1997年,继续做好出口收汇核销工作,三年的核销率分别达到了100.3%、82.9%、90.4%。1997年,外管局新疆分局还推广了新的出口收汇核销软件。

1998年,外管局新疆分局实行"出口收汇风险企业"制度,对"风险企业"实行发单与核销挂钩制度,全年清理逾期核销单470笔、金额3738万美元,同时公布了第一批信得过企业名单。

1999年,根据外管总局做好对出口企业收汇考核工作的具体安排,外管局乌鲁木齐分局对辖内130多家企业出口收汇进行了考核,评出A级企业52家、B级企业3家、C级企业3家、D级企业34家、未定级企业38家。同年,外经贸部、财政部制定了相关的贴息政策,鼓励企业多出口、多收汇,其贴息依据外管局出口收汇核销数据贴补。外管局乌鲁木齐分局全力配合,全年提供出口贴息数据3301笔,2.54亿美元。同年,外管局乌鲁木齐分局共发出口收汇核销单9079份,收单5922份,收单率95.4%,核销6083份,收汇率95.7%,核销金额3.99亿美元。

2000年,外管局乌鲁木齐分局继续配合新疆维吾尔自治区外经贸、财政部门做好出口贴息数据支持工作,制定下发了《乌鲁木齐分局2000年出口商品贴息操作说明及贴息软件更新升级的通知》,认真核实出口企业一般贸易出口和边境贸易出口收汇给予贴息的基础数据(即2000年,新疆出口6.92亿美元,出口收汇核销6.39亿美元,逾期未核销额为5553.36万美元,共发放核销单1.18万份,核销9019份,核销率较1999年上升到85.1%),保证了企业按时足额获取应得的贴息。同年其还对上年中资企业出口收汇进行了考核,确定了出口收汇荣誉企业140家,出口收汇风险企业50家。

2001年,国家外汇管理局与海关总署共同开发"中国电子口岸收汇系统",完善出口收汇核销管理。外管局新疆分局积极进行了推广和使用,加强对出口收汇逾期核销的管理,保证了在网上向企业发放核销单,没有因发单而影响企业出口。

2002年10月,外管总局发布《境内机构经常项目外汇账户管理实施细则》,推出新的经常项目外汇账户管理政策,取消中资企业开立经常项目外汇账户的条件限制,允许具有涉外经营权或有经常项目外汇收入的中资企业和外商投资企业开立经常项目外汇账户;对经常项目外汇账户实行统一的限额管理,统一按照其上年度经常项目外汇收入的20%核定账户限额,对上年度没有经常项目外汇收入的,按不超过等值10万美元核定初始限额。按照外管总局要求,外管局新疆分局与新疆维吾尔自治区外经贸厅、新疆生产建设兵团外经贸局联合对2001年度中资企业出口收汇核销情况进行了考核通报,考核结果刊登在《新疆经济报》上,扩大了舆论监督效果,体现了扶优限劣的原则。

2003年,在全国推广使用"出口收汇核报系统",利用"国际收支统计监测系统"和"中国电子口岸出口收汇系统"获取出口收汇和出口报关信息,对资金流与企业申报数据进行核对,实现了外汇局、海关、银行三方电子数据的共享和核销监管以及货物流信息和资金流信息的电子化,贸易核销管理由逐笔审核向总量核销转变。同年,为加强出口企业管理,外管局新疆分局采取每月将逾期未核销500万美元以上的出口企业名单,分别向自治区外经贸厅、兵团外经贸局、市贸发局等职能部门共下发10期《出口逾期未核销情况通报》,使外经贸主管部门及时了解出口单位的逾期未核销情况,形成监管合力,共同督促进出口单位及时办理核销手续。年末,新疆出口核销率达到了93.1%。随着新疆进出口贸易的迅猛增长,进出口核销业务量大增,全疆出口发单5.41万份,同比增长51.9%,核销4.79万份,同比增长73.7%。

2004年5月,外管总局将经常项目外汇账户可保留外汇的比例由上年度经常项目外汇收入的20%提高到30%或50%,进一步扩大企业使用外汇的自主权。外管局新疆分局把清理逾期未核销作为工作重点,坚持编发《出口企业逾期未核销情况通报》,向逾期未核销企业发催核通知单63份。

2005年2月,外管总局对经常项目外汇账户限额管理办法进一步作出重大调整。对于因实际经营需要而确需全额保留经常项目外汇收入的进出口及生产型企业,本地外管局可根据实际情况,按企业实际外汇收入的100%核定经常项目外汇账户限额。同年6月,其又加强了对出口预收货款和转口贸易收汇的管理,对单笔等值20万美元以上(含20万美元)的预收货款、转口贸易收汇以及性质不明的收汇,实行待结汇账户管理。8月,该局进一步调整账户限额,将经常项目外汇账户可保留外汇的比例按上年度经常项目外汇支出占经常项目外汇收入的比例调整到50%或80%,经常项目外汇账户的初始限额,由以前的不超过等值10万美元调整为不超过等值20万美元。外管局新疆分局通过有步骤推广自动核销,简化出口收汇及核销手续,推进贸易便利化,在全年出口额大增的趋势下,核销率仍达到了90%以上。年末,全疆出口49.05亿美元,同比增长57.2%,核销47.26亿美元,同比增长47.9%,核销率96%。发放核销单8.48万张,同比增长28.1%;核销7.46万张,同比增长14.6%。7家自动核销企业自动核销9314张核销单,占全疆同期核销张数的12.4%,已核销金额1.23亿美元,占全疆同期已核销额的2.6%。

三、进口付汇管理

1986年,外管局新疆分局会同自治区计委、外经贸厅等单位,明确了进口用汇的方向,适当压缩市场商品用汇,提高引进先进技术设备和紧缺原材料的用汇比重。对于进口商品执行指标控制,进口单位付汇前,均需先向外管局提出申请并出具外汇来源证明,对需要进口许可证或批准件的单位或商品,还应提供相应的许可证或批准件,经审核批准后,才能通过外汇指定银行办理。年末,新疆进口商品用汇1.11亿美元。

1987年,该局实行严格而又有区别的控制进口用汇原则,积极引导用汇方向,支持农用进口物资用汇,继续提高引进先进生产技术设备和紧缺原材料的用汇比重,全年没有突破国家分配给新疆1.23亿美元的用汇控制指标。

1988年,该局继续改善用汇结构,努力使用汇与创汇相结合。全年用于发展生产的用汇明显增加,同时加强了外汇使用后的监督,外管局昌吉、巴音郭楞州两个二级分局率先建立了核销制度,随后,新疆普遍建立了进口用汇的核销制度。

1989年,外管局发布了《进口用汇指导序列》,引导用汇投向,严格控制外汇支出总量。同时开展重点用汇项目调查,发现地膜库存积压,及时调整了用汇计划,仅此项就节约外汇支出1250万美元,减少了不合理的外汇使用。

1990—1993年,外管局新疆分局继续控制外汇支出,采取农业生产物资、工业生产紧缺原材料和偿还国外贷款用汇优先和压缩其他方面用汇的措施,改善用汇结构。

1994年,国家开始进行外汇管理体制改革,对企业的贸易用汇实行银行售汇制度。企业贸易项目下产生的外汇需求,只要能够提供与支付手段相应的有效商业单据和凭证,可从外汇指定银行购买外汇。同年7月,外管总局发布《进口付汇核销管理暂行办法》,8月1日,外管局新疆分局全面实施《进口付汇核销暂行办法》,在全疆实行进口付汇核销管理,由外汇指定银行办理进口核销手续,以进口付汇金额为标准,核对是否有相应价值的货物运回境内。

1995—1996年,外管局新疆分局继续做好进口付汇核销工作,两年进口付汇分别为3.65亿美元、4.73亿美元,核销分别为2.91亿美元、3.58亿美元,核销率分别达到

86.1%、75.6%。

1997 年 3 月 1 日,实施新的《贸易进口付汇核销监管暂行办法》,新疆维吾尔自治区进口企业进口付汇核销手续开始在外管局新疆分局办理,进一步完善进口付汇核销管理。同时,企业在海关进口货物报关的情况与其在银行购汇支付的情况形成有机联系,确保进口付汇的真实性。同年,新疆外汇指定银行对外付汇 3.68 亿美元,企业报审金额 3.08 亿美元,占付汇额的 84%,付汇到货额 1.87 亿美元,核销率 54.7%。

1998 年,贸易项下售汇大幅增加,经调查,除正常进口用汇外,主要是广东、海南等地部分企业委托新疆的外贸企业利用假报关单做了大量的假代理进口业务。外管局新疆分局针对有疑点的 408 份报关单上报外管总局统一核查,经查实,这部分代理业务大多是骗购外汇行为,有 327 份确定为假报关单,金额达 3 亿美元。外管局新疆分局立刻部署,打击逃汇、套汇为主要内容的全疆外汇大检查。外管局新疆各地州二级分局陆续公布了"进口付汇企业名录"和由外管局审核单位的真实性,对付汇金额在 50 万美元以上的报关单严格按照外管总局规定进行"二次核对",对 50 万美元以下的进行抽查。同年 11 月,海关总署、人民银行、外管总局发布《关于试点和推广进出口报关单联网核查系统的通知》,进出口报关单联网核查系统在疆推广,由外管局、银行直接登录海关电子口岸系统,核对企业进口报关情况,进行企业进口付汇核销。

1999 年 1 月 1 日,新疆正式启用进出口报关单联网核查系统,与海关实现联网,有效遏制利用虚假报关单骗购外汇的现象,妥善解决进口付汇核销中存在的问题。同年,外管局乌鲁木齐分局向外管总局上报了《新疆维吾尔自治区销售以出顶进新疆棉境内外币结算的请示》,得到了外管总局的专项批复。到年底,新疆外汇指定银行对外实际付汇 6.76 亿美元,核销额 8.69 亿美元,核销率 129%,签发备案表金额 1.79 亿美元,开出 90 天以上远期信用证金额 998.50 万美元。

2000 年,外管局总局和海关总署联合下发了《关于对进口货物报关单证明联分类进行售付汇管理有关问题的通知》。外管局乌鲁木齐分局对进口付汇逾期未核销业务进行了全面清理,到年底,新疆进口付汇 9.49 亿美元,核销额 8.76 亿美元。

2001 年,外管局新疆分局继续采取有力措施,加强进口付汇的核销,对逾期未核销大户进行跟踪调查,催促核销。如新疆航空公司进口两架波音 757 飞机,付汇 9520 万美元,一直没有办理核销,在外管局新疆分局的宣传、督促、协助下办理了核销。全年,全疆进口付汇 9.11 亿美元,核销 8.82 亿美元,核销率达到了 97%。

2002 年,健全并完善了"逾期未交单、逾期未核销催核制度",有效改善了长期逾期未核销的状况并制定了进口付汇核销单报送考核制度。全年,全疆进口付汇 11.41 亿美元,核销 9.75 亿美元,核销率达到了 85.5%。

2003 年,按照外管总局部署,做好"中国电子口岸—进口付汇系统"的推广、切换工作,定期到海关对新注册企业进行中国电子口岸 IC 法人卡和操作员卡的资格和数据认证。至年末,全疆在外管局新疆分局备案的进出口企业达 870 家,新疆进口付汇 8570 笔,付汇总额 21.86 亿美元,同比增长 91.54%。

2004 年,进口付汇核销实行货到汇款自动核销,体现外管部门向事后审核角色逐步转变。随着外贸经营权由审批制改为备案制,企业从事对外贸易的门槛降低,进口企业激增。

年内企业报审到货核销额 24.86 亿美元,同比增长 65.1%。

2005 年 2 月,对进口付汇核销报审业务实现差额核销和核销备查管理。同年 3 月 1日,国家外管总局发布《关于加强进口延期付汇、远期付汇管理有关问题的通知》,通知要求,对单笔报关单未付汇金额在等值 50 万美元以上(含 50 万美元),且预计付汇日期超过报关单进口日期 90 天(含 90 天)的,进口单位在报关后 60 天内,持相关商业单证,到外管局办理延期付汇登记手续。同年 10 月,外管局新疆分局开始进一步简化预付货款、异地付汇等进口付汇审核凭证和办理程序,便利企业办理进口付汇业务,扩大了企业自主经营权;推进新的进口核销方式,积极、稳妥、有步骤地推广自动核销,促进了贸易便利化。全年,新疆进口付汇 34.07 亿美元,企业报审到货核销额 30.38 亿美元,同比增长 22%,进口付汇核销率 90%。

四、边境贸易外汇管理

国家鼓励边境省区各地方、各部门在完成国家出口计划和政府间协定,并在经贸部门统一协调管理的基础上,按照自找货源、自签合同、自负盈亏、外汇自行平衡的原则,与邻国直接开展边境贸易。

1986 年 2 月,经外经贸部批准新疆维吾尔自治区可以同苏联开展边境贸易。

1988 年,新疆维吾尔自治区同苏联的边境贸易额仅为 3600 万美元。

1989 年,新疆对苏联、蒙古国、巴基斯坦等国边境贸易扩大,出国考察、谈判、举办商品展览的人员日益增多,出国团组 497 个,是 1988 年的 1.86 倍。为加强因公出国人员用汇审批的管理,外管局新疆分局印发了《临时出国人员使用外汇的有关规定》,建立了押金收取制度,并在赴黑龙江实地考察的基础上,研究制定了适合新疆边贸活动的外汇管理办法,针对企业超计划出售商品和支持地方边境贸易发展,又制定了《以人民币计价加收外汇额度暂行管理办法》。年末,新疆边境贸易进出口总额达 7109 万美元,其中,出口 4124 万美元,进口 2985 万美元。

1992 年,新疆提出了 12 条"关于支持搞好地方边境贸易的若干外汇管理政策措施",就地方边境贸易的商品计价留成、顺差、货币结算等问题作了明确规定,从调剂外汇、用汇、机构设置、核销等方面出台了优先政策。同年 8 月,伊犁州在霍尔果斯口岸开设了全疆第一家边民互市贸易市场,日均成交达 35 万元人民币,流通货币中主要是美元和人民币,卢布所占比重很小,日均美元流量在 4 万元以上。外管局伊犁二级分局制定了《伊犁边境贸易区外汇调剂试行办法》。

1994 年,外管局新疆分局拟定了《新疆维吾尔自治区边境地方贸易外汇管理暂行办法》。实现了对地方边境贸易用汇的规范化管理,从根本上抑制了外汇黑市活动的蔓延,起到了"开正门、堵邪门"的作用。

1995 年,外管局新疆分局出台了《新疆地方边境贸易外汇管理办法》,对地方边境贸易用汇作了具体规定以及严格的核销手续。

1997 年,外管局新疆分局又制定下发了《边境贸易外汇管理办法实施细则》。

1999 年,为解决旅游贸易的核销问题,外管局乌鲁木齐分局向外管总局上报了《新疆旅游贸易如何纳入核销体系的请示报告》和《关于新疆旅游贸易出口核销有关问题的内部通知》,得到了外管总局肯定性批复。

2000 年,新疆维吾尔自治区同原苏联的边境贸易额已达 13.2 亿美元。

2001 年,按照出口收汇核销有关规定,结合新疆边贸边民互市出口收汇方式的特殊性,在严格管理的前提下,国家外管总局允许外管新疆伊犁中心支局在国家一类陆路口岸霍尔果斯封闭边民互市区内进行试点,并发布了《关于加强边民互市出口收汇核销管理的通知》,规定凡在边民互市区内开展报关出口业务的边贸企业,可在互市区内用经批准开办外币兑换业务银行兑入的边民互市外汇收入进行核销,并明确规定了核销手续及制度。

2002 年,外管局新疆分局制定了《新疆维吾尔自治区边境小额贸易出口核销管理试行办法》。同年 3 月,外管局新疆分局在全国率先制订出台了《边境贸易款项以单位简称(或私人名义)汇入有关出口收汇核销试行方案》,此方案执行后,得到了外管总局的充分肯定,仅以单位简称(或私人名义)汇入的货款就达 2430 万美元。同年 5 月,《新疆维吾尔自治区边境小额贸易出口核销管理试行办法》经外管总局批准开始运行。同时,外管总局还批复了《新疆维吾尔自治区边境小额贸易外汇管理实施细则(试行)》。年末,新疆边境小额贸易出口 3.17 亿美元,同比增长 123.4%,占新疆外贸总额的 33.7%,向边境贸易旅购企业发放出口核销单近 8702 份,支持企业出口 2.96 亿美元。

2003 年 10 月 1 日,正式实施《边境贸易外汇管理办法》(以下简称《办法》)。《办法》规范了边境贸易中的资金结算行为和账户管理。规范边境贸易中的资金结算行为和账户管理。

2004 年,外管局新疆分局结合新疆边境贸易实际情况,对《新疆维吾尔自治区边境贸易外汇管理办法实施细则》作了进一步的完善和修改,并得到外管总局的批复。同年,外管局新疆分局在乌鲁木齐、伊犁、博尔塔拉州、塔城、阿勒泰、喀什、克孜勒苏州七个有口岸的地区建立了国际收支边境贸易货币流动监测点,制定了《新疆边境贸易货币流通监测制度》和监测指标,初步建立了对周边八国[①]人民币与边贸国货币比价、外币现钞流出入、外汇黑市、边贸货币收支及结算情况等内容的监测体系。

2005 年,外管局新疆分局进一步提高了监测数据及分析报告的质量,监测到外汇黑市主要以美元为主,价格波动范围在 827～805 元,全年人民币现钞在周边国家流出 3400 万元左右,流入 2900 万元左右。新疆边境贸易通过银行结算 1.86 万笔、52.08 亿美元,同比分别增长 10.2% 和 53.2%。边境贸易出口结算中现钞收汇 31.52 亿美元,占边贸收汇总额的 77%。

五、服务贸易外汇管理

1986 年,新疆旅游服务部门抓住红其拉甫开放和世界上掀起“东方丝绸之路”旅游热的时机,改善服务,促使全疆非贸易收汇增加。年末,全疆非贸易收汇 926 万美元,超计划 71% 完成任务。

1988 年,新疆注重支持旅游、侨汇等部门增加非贸易外汇收入,加强了非贸易外汇管理,防止外汇的流失,实行按结汇水单核拨留成外汇,如外管局巴音郭楞二级分局加强了对外汇券回笼的管理,集中统一在中国银行开户,促使巴音郭楞蒙古自治州非贸易外汇收入

---

① 　是指哈萨克斯坦、吉尔吉斯斯坦、塔吉克斯坦、蒙古国、俄罗斯联邦、阿富汗、印度、巴基斯坦。

比上年有所增加。

1989年,为加强新疆的旅游外汇管理,鼓励企业创汇,外管局新疆分局与新疆维吾尔自治区旅游局共同研究制定了《旅游外汇管理办法》和《自治区旅游外汇管理暂行办法》。

1991年,外管局新疆分局针对外汇印章管理混乱的现象,在全疆建立了外汇券收取专用章管理制度。同年,与海关、经贸、旅游等部门联合制定了《关于国外旅游者在新疆维吾尔自治区购买商品的暂行规定》,抑制了苏联及东欧游客在黑市倒卖外汇,购物出境的管理。

1992年,外管总局发布了《旅购外汇管理办法》,外管局新疆分局与当地旅游,海关等部门,制定了《接待独联体国家旅游购物团组外汇管理实施细则》和《国家外汇管理局新疆分局收取外币现钞管理暂行规定》。年末,新疆接团收取的购物外币现钞达47万美元。

1993年,外管局新疆分局针对旅行社管理混乱,外汇流失严重的问题,与新疆维吾尔自治区旅游局联合下发了"接待独联体旅游购物团有关情况的通报",并会同旅游部门对旅行社进行了重点检查,先后为国旅、中旅、青旅、海外旅游公司开立了美元现汇,方便了结算,增加了外汇收入。

1994年,国家进行了外汇体制改革,取消各类外汇留成、上缴和额度管理制度,对境内机构经常项目下的外汇收支实行银行结汇和售汇制度。符合国家进口管理规定的贸易从属费用、非贸易经营性对外支付用汇,凭合同、协议、发票、境外机构支付通知书到外汇指定银行办理兑付。为集中外汇以保证外汇的供给,境内机构经常项目外汇收入,除国家规定准许保留的外汇可以在外汇指定银行开立外汇账户外,都须及时调回境内,按照市场汇率卖给外汇指定银行。根据外管总局关于结售汇有关问题的通知精神,外管局新疆分局制定了《新疆维吾尔自治区因公出国团组用汇审批规定》,将出国团组用汇直接下放银行办理,进一步简化了出国团组用汇审批手续。

1996年,国家取消出入境展览、招商等非贸易非经营性用汇的限制,并允许驻华机构及来华人员在境内购买的自用物品、设备、用具等出售后所得人民币款项可以兑换外汇汇出。

1998年,受东南亚金融危机及人们对人民币贬值的心理预期影响,居民个人外币存款大量增加。另外因私出国人员增加,国家再次提高了供汇标准,增加了非贸易项下的外汇支出。

1999年10月,国家外管总局与国家税务总局联合下发了《关于非贸易及部分资本项目项下售付汇提交税务凭证有关问题的通知》,规定境外企业及个人在中国境内的合法所得汇出时提交有关税务凭证,完善非贸易售付汇和国家税收管理,服务贸易外汇管理更加完善。

2002年5月1日,外管局新疆分局开始实施外管总局下发的《非贸易售付汇及境内居民个人外汇收支管理操作规程》,明确服务贸易项目的售付汇操作,并将审核权限下放至银行。同年,外管总局与保监会联合发布《保险业务外汇管理暂行规定》,确立国内保险市场外汇管理的基本框架。

2003年4月1日,外管局新疆分局执行外管总局《关于现行法规中没有明确规定的非贸易项目售付汇有关问题的通知》,对现行法规中没有明确规定、金额在等值5万美元以下的非贸易项目售付汇,境内机构可凭相关单证直接到外汇指定银行办理,金额在等值 5 万美元以上的,报当地外管局或外管总局审核。同年,外管总局与保监会出台保险业务外汇管理的配套操作规程。外管局新疆分局积极做好对保险公司外汇保险业务的管理工作,依据保险公司外汇保险业务的市场准入原则,组织 2 次保险公司外汇保险从业人员共 27 人参加考试,其中 24 人获得从业资格。经审核并上报外管总局批准,中华联合财产保险公司开办外汇保险业务,审核批准中国人民财产保险股份有限公司新疆分公司开办外汇保险业务,填补了新疆经常项目工作中的一项空白。

2004 年,外管总局与保监会简化保险外汇业务办理手续,便利保险公司经营。

2005 年,外管局新疆分局通过深入民航、旅游、运输、工程承包等相关部门,了解新疆服务贸易现状和政策执行中存在的问题,向外管总局提出完善服务贸易外汇管理的政策建议,在真实性审核原则下,妥善解决了陆路、铁路运费支付和朝觐购汇问题。同年,外管总局与保监会再次简化保险外汇业务办理手续,便于保险公司经营。外管局新疆分局对中国平安人寿保险股份有限公司新疆分公司和中国太平洋财产保险股份有限公司新疆分公司经营外汇保险业务市场准入进行了审核,并对中国平安财产保险股份公司新疆分公司等 6 家保险公司的外汇保险业务开展情况进行了现场调查。

六、朝觐外汇管理

1986 年,新疆朝觐人员供汇人数严格按照外管总局批准的每人 1750 美元执行。

1993 年,新疆穆斯林群众包机赴麦加朝觐,合计用汇 91.03 万美元。

1994 年,国家放宽个人因私用汇,其中核定朝觐个人用汇额度为等值 750 美元。

1996 年,国家核定朝觐个人用汇额度调整为等值 1000 美元。

1997 年,国家核定朝觐个人用汇额度再次调整为等值 2000 美元。

2003 年,出境时间在半年以内和半年以上的朝觐个人用汇额度分别调整为 3000 美元和 5000 美元。

七、个人外汇管理

1980 年国务院颁发的《外汇管理暂行条例》,明确规定个人及来华人员外汇管理的基本原则,即个人从境外汇入的外汇,除国家允许保留的外,必须卖给银行,个人的外汇,允许持有,来华人员从境外汇入的外汇,可以卖给银行,也可以保留外汇;个人及来华人员的用汇,经外管部门批准,由银行卖给。各国驻华代表机构、领事机构、商务机构、国际组织和民间机构驻华机构的常驻人员,从境外汇入或携入的外汇,可以卖给银行,可以持有,也可以存入银行,其用汇可以从其外汇账户中支付,也可以携出境外,用人民币购汇的需经外管部门批准。

改革开放,特别是 1985 年以后的不同时期,中国个人外汇管理政策各有不同。

1985 年,中国境内居民可开立外币存款账户,分为外汇账户和现钞账户,允许境内居民持有外汇,标志着对居民外汇管制的放宽。

1989 年,外管总局同意新疆开办个人外汇调剂业务,对于个人用于参加"托福"考试及类似外语测验的考试报名费可予以调剂。同年,随着新疆个人外汇调剂业务的开展,外管局新疆分局制定了《个人调剂外汇的规定》;针对出国人员不按规定核销外汇,甚至挪用、私分外汇,制定了《因公出国人员使用外汇的规定》。

1991年11月,《境内居民外汇和境内居民因私出境用汇参加调剂的暂行办法》开始实施。同年12月起,境内居民可按照国内外汇调剂市场价格出售外汇,居民因私出境可以向银行买外汇,标志着个人外汇买卖进入外汇市场。

1992年,新疆各外汇银行办理个人外币存款达716.70万美元,比上年增长37%,至同年11月末,新疆个人外币存款余额达2124.7万美元。

1994年,外管总局核定了部分个人因私用汇范围和额度。

1996年5月,国家出台《境内居民因私兑换外汇办法》,大幅提高居民因私兑换外汇的标准,扩大了供汇范围。6月,人行总行发布《结汇、售汇及付汇管理规定》,允许驻华机构及来华人员在境内购买的自用物品、设备、用具等出售后所得人民币款项可以兑换外汇汇出。之后,多次提高居民个人因私用汇供汇标准。

1998年9月,外管总局发布《境内居民个人外汇管理暂行办法》,对居民个人经常项目下、资本项目下外汇收入与支出、外汇解付作明确规定;对外汇账户分现钞和现汇账户进行管理;扩大居民因私用汇范围及购汇标准;居民移居出境,其原国内资产收益可换汇汇出;取消对非居民合法人民币收入汇兑限制。

1999年,国家对居民个人携带外币出境等进行明确和规范,8月1日起正式启用新版《携带证》,同时停止签发旧版《携带证》。

2001年,加入世界贸易组织后,为规范操作,简化手续,方便经营,国家外管总局多次提高境内居民个人购汇指导性限额并简化相关手续。

2002年,外管局新疆分局将居民个人售汇业务从中国银行扩大到所有符合条件的中、外资外汇指定银行,鼓励银行间公平竞争,全年审核居民个人携带外汇出境83笔、202.38万美元。

2003年,外管局新疆分局不断扩大个人供汇范围,多次提高境内居民个人购汇指导性限额。

2004年3月1日,为满足中国对外交往的不断扩大,适应非居民个人外汇业务规模不断增长的新形势需要,国家外管总局下发《关于规范非居民个人外汇管理有关问题的通知》,对非居民个人在境内办理外汇收支、外汇划转、结售汇行为进行了规范与完善。

八、经常项目外汇账户管理

为便利企业经常项目外汇收支活动,外管总局先后多次对境内机构外汇收入保留现汇政策进行调整,逐步提高境内机构经常项目外汇账户限额。

1989年,为加强账户管理,合理使用外汇,外管局新疆分局制定了《外汇现汇账户管理办法》。

1992年,国家外管总局发布了《旅购外汇管理办法》,要求对旅游创汇单位实行外汇券收支两个账户管理,开立双账户。同年11月1日,新疆开始实施国家出台的《对公单位现汇账户管理暂行办法》。

1994年,银行结售汇体制建立,对中资企业实行强制结汇制度。

1997年,为了适应实现经常项目可兑换的要求,中国人民银行发布《境内外汇账户管理规定》及《关于允许中资企业保留一定限额外汇收入的通知》,外管总局发布《中资企业保留限额外汇收入操作规程》。

1998年后,国家又对外汇账户管理政策进行了6次调整,持汇企业的权限和保留外汇的限额标准逐渐提高。随着国家对经常项目外汇账户管理逐渐放开、限额逐步提高以及国际国内形势的相应变化,新疆维吾尔自治区经常项目外汇账户总户数逐年增加,余额总体逐步增大,企业开立外汇账户更加方便、灵活,较好地支持了新疆各类企业的对外经营和对外贸易活动。

2000年,新疆经常项目外汇账户年检工作圆满完成,使现汇账户的管理工作更趋规范。年末,新疆共有中资企业现汇账户100个,余额2038.49万美元。

2001年,外管总局不断提高企业外汇账户限额,放宽开户条件,逐步提高企业对贸易所得外汇的支配权。

2002年,新疆中资企业经常项目外汇账户和驻华机构外汇账户共有129户,余额2892.98万美元。

2004年11月,外管局新疆分局对外汇账户管理信息系统数据进行清理,制定了《新疆分局外汇账户管理信息系统数据清理工作实施计划》《外汇账户管理信息系统运行管理工作制度》和《外汇账户数据质量考核制度》。至同年11月末,新疆正常使用的外汇账户908个,其中经常项目账户706个。

2005年3月1日,国家外管总局发布《关于调整经常项目外汇账户限额管理办法的通知》,将超限额结汇期限由现行的10个工作日延长至90个工作日,扩大按实际外汇收入100%核定经常项目外汇账户限额的企业范围。同年,新疆辖区的外汇账户全部纳入账户系统管理,企业可直接到银行办理,改变了此前需要到外管局逐笔审批的做法,简化了审批环节,提高了办事效率,降低了进出口企业结算成本。年末,新疆企业开立、变更外汇账户374户,其中经常项目外汇账户270户;关闭外汇账户102户,其中经常项目外汇账户56户。

第二节　资本项目外汇管理

资本项目是一国为了某种经济目的在国际经济贸易中发生的跨国界的收入项目,是国与国之间发生的资本流出与流入。包括各国间的股票、债券、证券等的交易,以及一国政府、居民或企业在国外的存款。

一、外商直接投资管理

20世纪50年代,中国曾与前苏联及东欧的一些社会主义国家试办过合资企业。其间,新疆辖区有中苏石油公司、中苏有色金属公司和中苏民航公司三家合资企业。

1979年,经国家外国投资委员会批准,新疆同香港半岛针织厂有限公司、香港国际棉业有限公司以及日本东洋纺丝株式会社,成立了新疆天山毛纺织品有限公司,这是新疆第一家外商投资企业,也是国内最早兴办的中外合资经营企业之一。至1984年,新疆先后批准成立了外商投资企业13家,实际利用外资1668万美元。

1985年5月,新疆维吾尔自治区人民政府在北京举办了新疆对外经济技术合作项目发布会,对外公布了新疆利用外资的8项优惠政策和新疆各行业可供外商合作的100多个项目。同年,外管总局规定,中外合营企业的外方的人民币利润可用于国内费用的支出,或经外汇管理部门批准,可对其他能赚取外汇利润的三资企业进行再投资,但三资企业外方不得使用人民币利润进行套汇活动。

1986年4月,全国人大六届四次会议通过了《中华人民共和国外资企业法》,同年10月,国务院公布了《关于鼓励外商投资的规定》。

1987年,外管局新疆分局对外商投资企业实施外汇登记管理,外商投资企业凭外汇登记证,可到银行办理账户开立手续。

1989年,外管局新疆分局加强了外商投资企业的外汇管理工作。首先加强和完善了对外商投资企业境内外汇账户的管理,允许外商投资企业可选择一家银行开户或因业务需要在一家银行开立多币种的境内外汇账户,并要求开户行在为企业开立外汇账户后20天内报外管局备案,并明确了境内企业或其他经济组织境外投资需要逐笔审批。同年8月,召开了全疆外商投资企业外汇管理座谈会,贯彻落实国家对外商投资企业的外汇管理政策,讨论了《新疆外商投资企业外汇管理暂行办法》。

1990年,国家对境外投资的外汇风险、外汇资金来源的审查,对境外投资利润、投资资金汇出与回收,以及其他外汇收益汇回等项内容的监督管理作了详细规定。同年,新疆先后批准成立了外商投资企业44家,协议利用外资14811万美元,实际利用外资8252万美元。

1991—1993年,新疆维吾尔自治区人民政府在政策上给予外商投资企业重点倾斜,使新疆登记、注册成立的外商投资企业有了较快发展。

1994年,国家实行外汇管理体制改革,主要内容虽然涉及经常项目和人民币汇率方面,但对资本项目外汇管理仍然仍然十分严格。

1995年,开始实施对外商投资企业的外汇年检工作。

1996年,对外商投资企业实施意愿性结售汇管理。并从同年7月1日起,对外商投资企业实施外汇登记管理制度,外商投资企业凭外汇登记证,才能到银行办理账户开立等手续。

1999年,在新疆境内已登记备案外商投资企业389家,投资总额10.40亿美元。

2001年,在中国加入世贸组织和国家西部大开发战略实施的大背景下,新疆外商投资企业得到了稳步发展。世界500强企业开始进入新疆投资,涉足新疆能源勘探、能源开发、环保和公共事业等行业,外商开始收购、并购新疆龙头企业,丹麦嘉士伯收购新疆乌苏啤酒有限公司、美国新桥收购新疆广汇天然气有限公司就是典型案例。

2002年3月,财政部和国家外汇管理局联合下发《关于进一步加强外商投资企业验资工作及健全外资外汇登记制度的通知》,明确外商投资企业验资工作,健全外资外汇登记制度。外管局新疆分局进一步规范外商投资企业验资工作,规定由注册会计师执行外商投资企业验资业务。

2003年,国家外经贸部和外管总局负责对境外投资实施联合年检。境外企业通过其境内的投资主体参加年检。同时规定,从同年4月1日起,外国投资者未在境内设立外商投资企业而在境内从事直接投资或与直接投资相关活动,可通过外国投资者专用外汇账户进行管理。同年4月2日,国家四部委联合发布《外国投资者并购境内企业暂行规定》,允许外国投资者对境内企业实施股权并购或资产并购,因股权并购或资产并购所设立的外商投资企业,其外汇经营行为与其他外商投资企业一样,接受外汇管理部门监督管理。

2004年11月1日,国家允许跨国公司开展外汇资金内部运营管理。即经外管局批准后,允许跨国公司的境内成员之间或境内成员与境外成员之间相互拆放外汇资金。跨国公司外汇资金内部运营资格、外汇账户的开立、境内划转及境外付汇等均须外汇管理部门核准。跨国公司还需按期向外管部门报送外汇资金内部运营情况。

2005年,国家外汇管理局公布《关于境内居民通过境外特殊目的公司融资及返程投资外汇管理有关问题的通知》,对特殊目的公司返程投资作了规定。新疆金牛生物有限公司在外管局新疆分局业务人员指导下,顺利办理了手续,成为新疆首家返程投资的公司。年末,新疆已登记外商投资企业存量305家,实际利用外资7.84亿美元。

二、境外投资管理

1990年,外管局新疆分局开始对境外投资企业实施登记管理。同年,香港新疆开发有限公司、阿联酋迪拜新疆综合贸易公司、中苏阿克布拉克保温瓶合营企业、中苏塔什干国际保温瓶有限公司、中澳蒙特沃利夫牧场5家企业办理了登记,到年末汇出投资746.45万美元。

1991年,新疆已有10家境外投资企业,投资总额910万美元。

1992—1993年,新疆境外投资企业快速发展,特别是实物投资。至1993年末,新疆已有境外投资企业381家。但由于外管局对实物投资缺乏制约手段,加上企业认识上的片面性,对外汇管理重视不够,多数企业未到外管局办理境外投资外汇登记和投资风险审查。

1994年,外管局新疆分局针对新疆维吾尔自治区境外投资企业对独联体国家实物投资多、外汇管理意识淡薄的现状,重点抓了境外投资企业补充登记工作。同年,还对10家境外投资企业效益和利润汇回情况进行了专题调查。

1998—1999年,由于亚洲金融危机的爆发,国家外管总局对境外投资企业的外汇风险、外汇资金来源审查提出了更高的要求。外管局乌鲁木齐分局从企业立项前风险和资金来源审查到立项后资金汇出均出具审核意见,在局内相关岗位形成核对关系,在企业缴纳了利润汇回保证金后由资本项目管理岗出具证明,再将其纳入进口付汇和出口收汇核销程序,用严格审查后出具的证明对冲进口付汇和出口收汇余额的办法,较好地解决了境外投资企业外汇管理与核销工作脱节的问题。

2002年,外管总局积极推进境外投资外汇管理方式改革,允许企业以人民币购汇进行境外投资,先后批准部分省市进行改革试点,支持国内企业"走出去"。外管局新疆分局积极申请改革试点。

2003年,外管局新疆分局采取措施,对境外投资实施联合年检和综合绩效评价,境外企业通过其境内的投资主体参加年检,其应参检企业45家,实际参检23家。

2004年1月,国家外管总局批准新疆进行境外投资外汇管理方式改革试点,试点期间,新疆享有5000万美元的境外投资购汇总量,成为全国第16个获准境外投资外汇管理方式改革试点的省份。同年,新疆中基番茄制品有限责任公司投资收购法国普罗旺斯公司顺利通过审核,并获准人民币购汇 700 万欧元,成为新疆第一家政策受益公司。

2005 年,国家外管总局公布《关于边境地区境外投资外汇管理有关问题的通知》,明确各分局、支局的审核权限。至 2005 年末,在新疆外汇管理部门办理境外投资企业登记的投资主体已达 56 家,中方协议投资总额 9015.91 万美元,实际投资 5445.99 万美元。新疆进行境外投资外汇管理方式改革试点后,新疆境外投资除了国有企业之外,民营企业境外投资成为了新生力量。以实物投资为主的投资方式也有所改变,外汇投资的比例不断上升,以往主要以周边国家为投资地区,逐渐向欧洲、东南亚、美国、南美洲及澳洲扩展。投资的领域和投资规模也有了扩大,投资的形式不再局限于合资、合作、独资形式,出现了收购、兼并等投资形式。

三、外债与对外担保管理

1985 年,乌鲁木齐环球大酒店是借用香港汇丰银行贷款 1.7 亿港元动工建造的,是新疆的第一笔国际商业贷款,环球大酒店属中外合作经营的大酒店。

1986 年 11 月,外管局新疆分局在全疆进行外债大普查,摸清了新疆维吾尔自治区对外举债的底数。

1987 年,国家外管总局公布《外债统计监测暂行规定》,开始对外债执行登记管理制度。同年,新疆生产建设兵团利用世界银行贷款 7000 万美元,用于"农业综合开发"项目。

1988 年,新疆国际信托投资公司与香港中芝兴业财务有限公司签订合同,借用国际商业贷款 1000 万美元,用于新疆维吾尔自治区重点项目阿克苏糖厂建设,这是新疆非银行业金融机构第一笔直接借用国际商业贷款项目。同年,新疆国际信托投资公司牵头国内八家信托投资公司,使用银团贷款方式贷款 2500 万美元,用于新疆绿洲长绒棉纺织品有限公司引进先进生产线。

1989 年,国家外管总局将外汇(转)贷款纳入外债统计监测范围。外管局新疆分局对 1983 年后全疆外汇(转)贷款进行了全面清理和登记,至 1989 年末,新疆对外借款 61 项,外债签约金额 3.13 亿美元,外债余额 1.87 亿美元。

1991 年,国家外管总局先后出台了《境内机构借用国际商业贷款管理办法》《境内机构对外提供外汇担保管理办法》,对境内机构对外担保实行登记管理。同年,新疆最大的一笔自营外汇贷款塔里木石油勘探开发会战指挥部借用中国银行 7 亿美元外汇贷款在乌鲁木齐签约。

1992 年,国家"八五"石化重点项目独山子乙烯工程,利用西班牙、意大利银行贷款 2.08 亿美元和 9850 万英镑。

1993 年,新疆邮电管理局通过利用国外政府贷款、国外贴息贷款、国外分期付款及国内外汇贷款借用外债资金 1.50 亿美元,引进国外先进通信设备、建成数字微波干线、光缆干线、卫星地球站等。

1995 年,新疆利用世界银行贷款 1.50 亿美元,开工建设了全长 283.30 公里的吐(吐鲁番)—乌(乌鲁木齐)—大(大黄山)高等级公路,这是新疆利用世界银行贷款在疆内建设的第一条高等级公路。

1996 年,从 1990 年到 1996 年末,新疆对外借款共签约 134 项,外债余额达 22.54 亿美元。

1997 年,新疆外债余额开始回落,特别是从 1999 年起,塔里木石油勘探开发会战指挥部开始偿还本金,外债余额回落到 18.92 亿美元。

2001 年,新疆辖区各外汇指定银行对历年不良外汇贷款进行了剥离,剥离总额在 2500 万美元以上。新疆塔里木石油勘探开发会战指挥部以自有外汇提前偿还了中国银行外汇贷款共 4.70 亿美元,使当期外债余额降至 13.26 亿美元。

2003 年,新疆重点对外债结构进行了调整,利用国内银行低成本的现汇贷款置换高成本的外债。同年 3 月,完成了第一笔外债置换,置换的外汇贷款是 1994 年由原新疆邮电管理局利用西班牙 BCH 银行贷款,以买方信贷方式引进程控交换机,由中行新疆分行一次发放现汇贷款 1121 万美元,给电信公司还清国外贷款本金和违约金,将国外银行买方信贷,转化为一笔国内银行自营外汇贷款。同年 9 月 30 日,外管局新疆分局批准新疆航空公司利用中国银行外汇贷款 5169 万美元,提前归还了国外飞机租赁的全部租金,使新疆航空公司在化解外债风险的同时,节约了上百万美元的费用支出,并将国外高利率的租金置换为国内低利率的外汇贷款。同年,国内金融机构自营外汇贷款管理方式实施重大改革,由原来的债务人到外汇管理部门逐笔登记,改为由债权人集中登记,由原来的外汇管理部门审核债务人开立外汇贷款专用账户和还本付息账户以及还本付息核准,改为由债权人进行真实性和合规性审核。

2004 年,外管局新疆分局在总结上年债务置换成功经验的基础上,对新疆航空公司三架波音 757 项目 8598 万美元的债务做了置换,初步测算,较原租赁的形式节约资金约 380 万美元。同年,经请示外管总局同意,批准新疆国际信托投资公司利用外汇资本金发放贷款 600 万美元,用于广汇 LNG 项目,盘活了金融机构外汇资本金,解决了企业外汇资金需求。

2005 年,外管局新疆分局完成了新疆航空公司与南方航空股份有限公司合并重组相关的外债及保函业务变更和移交手续,并对新疆航空公司已办理登记且尚未清偿的债务进行了注销。外管局新疆分局还就 1995 年批复新疆石油管理局为其属下驻港公司——双环企业(香港)有限公司,提供 500 万美元授信额度担保一事,核准新疆油田公司购汇 490 万港元,归还中国银行香港有限公司,解决了新疆石油管理局对外担保历史遗留问题。年末,全疆外债余额尚有 15.57 亿美元,其中直接外债 6546.20 万美元、外汇转贷款 9.78 亿美元、自营外汇贷款 5.13 亿美元。贷款主要投向农林水利、交通、能源、通信、城建、纺织、食品加工、化工、建材及教育、卫生、消防等 10 余个行业。

1985—2005 年新疆借用外债情况

表 6—1　　　　　　　　　　　　　　　　　　　　　　　　　　　　　　　单位:万美元

年份	外债余额	年借入额	年还本付息额
1985	1095.32	744.92	30.00
1986	2714.72	1619.4	39.27

表 6-1 续

年份	外债余额	年借入额	年还本付息额
1987	6526.87	3812.15	278.96
1988	10080.43	3553.56	590.49
1989	18670.8	8590.37	285.85
1990	21963.56	3292.76	5327.00
1991	34198.06	12234.5	2873.15
1992	60560.02	29977.32	4009.97
1993	81958.92	31834.26	8339.30
1994	135947.55	31084.26	5793.73
1995	199151.15	59617.11	10744.74
1996	225387.72	40841.03	26579.77
1997	223622.29	15564.69	32016.61
1998	214756.18	29241.39	55237.11
1999	189245.33	18051.2	58030.12
2000	183340.65	15049.33	42496.82
2001	132568.93	17549.36	73864.90
2002	133427.95	11895.72	24808.18
2003	143846.06	60705.45	55774.24
2004	134345	50264.99	59786.05
2005	155658	59569.92	39080.88

四、其他投资管理

2001 年,国家出台新政策,允许境内居民个人投资 B 股。外管局乌鲁木齐分局认真贯彻执行有关政策法规,确保证券经营机构和股民顺利开户,以及 B 股交易的有序进行。

2002 年 8 月,国家外管总局和证监会联合下发《关于进一步完善境外上市外汇管理有关问题的通知》,对企业上市所筹资金的调回及结售汇作了明确规定,并实行登记管理。

2005 年,经中国证监会批准,新疆天业节水灌溉股份有限公司拟在香港创业板发行不超过 2.43 亿股境外上市外资股,外管局新疆分局严格按照《境外上市外汇管理操作规程》的要求,为公司办理了境外上市外资股公司境外上市股票外汇登记(发股前登记),核准其 9 笔境外上市费用的购汇汇出。同年,由于新疆证券有限责任公司经营困难,且外汇资本金长期以来没有合适的出路,资金闲置,外管局新疆分局在调研的基础上多次向外管总局请示,经同意,批准新疆证券有限责任公司外汇资本金结汇 615 万美元,缓解了公司的资金困难。

五、外汇抵押人民币贷款

外管局新疆分局为解决外汇暂时闲置而人民币资金短缺不足的困难,1987年开办了外汇抵押人民币贷款业务。按照规定凡在中国境内注册的国营、集体企业和中外合资、中外合作企业,均可以其自有外汇(包括境外借入外汇)作抵押,申请办理人民币贷款。用于抵押的外汇仅限于美元、日元、港元、英镑、德国马克、瑞士法郎六种现汇。抵押贷款分为短期和中长期两种,短期是指三个月以上、一年以下的贷款,中长期是指一年以上、最长不超过五年的贷款。抵押贷款双方互不计息,人民币贷款可以用于固定资产投资和流动资金周转。同年,外管局新疆分局委托中行乌鲁木齐分行为六家国营、中外合资企业办理了外汇抵押人民币贷款,抵押外汇820.80万美元、12.62亿日元、200万港元,人民币贷款6732万元。

1988年,外管局新疆分局委托中行乌鲁木齐分行为九家企业办理了外汇抵押人民币贷款,抵押外汇1766万美元,人民币贷款6500万元。

1989年,外管局新疆分局又委托中行乌鲁木齐分行办理了外汇抵押人民币贷款10笔,抵押外汇866.50万美元,人民币贷款3215万元。

1990年,新疆外汇抵押人民币贷款余额尚有9242万元,抵押外汇568.90万美元、2.54亿日元、78万港元。

1991年上半年,人行总行下发文件要求清理外汇抵押人民币贷款业务,人行新疆分行对外汇抵押人民币贷款进行了清理。

第三节　国际收支管理

1980年,中国恢复了在国际货币基金组织和世界银行中的合法地位,开始履行成员国义务并试编国际收支平衡表。1995年,外管总局在国际货币基金组织的协助下制定《国际收支统计申报办法》,有关的实施细则和业务操作规程也从1996年1月1日起逐步开始实施,以国际交易报告制度(ITRS)和企业调查制度(ES)相结合的国际收支统计申报体系正式建立。

一、国际收支统计申报

1994年,国家外汇体制发生重大变革,取消各类外汇留成、上缴和额度管理制度,对境内机构经常项目下外汇收支实行银行结售汇制度和国际收支申报制度。

1996年,《国际收支统计申报办法》正式实施,确定了国际收支统计申报的范围、内容和方法,明确国际收支统计的执行部门和各申报主体的职责和义务,为国际收支统计申报工作奠定法律依据和制度保障,改变了过去一直依靠行政管理部门采集信息,既缺乏系统、科学性,又不符合国际标准的国际收支统计制度的局面。同年末,国家外管总局正式运行了国际收支申报统计监测系统,实行国际收支间接申报制度。国际收支间接申报分为5种,即对私涉外收入申报、对公涉外收入申报、对私对外付款申报、非贸易(含资本)对公涉外付款申报和贸易进口付汇申报。

1997年1月1日,直接投资统计申报制度、汇兑业务申报制度、证券投资统计申报制度和金融机构对境外资产负债及损益申报制度四项直接申报制度正式实施。

当年,外管局新疆分局组织全疆外汇管理部门对金融机构1996年国际收支申报数据在国际收支申报统计监测系统进行了录入,共录入7044笔,4.23亿美元。同时,该局制定了"国际收支统计监测系统数据核对制度",并实现同各外汇指定银行和各二级分局的数据网络传输。同年录入1997年的国际收支申报数据,共6097笔,4.54亿美元,在全辖实行直接投资统计、汇兑业务、证券投资统计和金融机构对境外资产负债及损益四项申报制度。

1998年,由外汇指定银行上报国际收支各项数据,外管局新疆分局在加强对数据的接收、汇总、上报的同时,按季与外管总局和外汇指定银行进行核对,提高申报数据的准确性、及时性、全面性。全年接收各类国际收支申报数据共计7308笔,4.75亿美元。

1999年,外管局新疆分局撤销,成立外管局乌鲁木齐分局,并专门设立国际收支处负责国际收支统计工作。同年,外管局乌鲁木齐分局转发了总局"国际收支申报核查处罚规程",进一步规范了银行的业务操作程序。同年,自5月开始按周分离进口用汇核销数据。

1997—1999年,国际收支统计申报工作尚处于推广实施初期,金融机构和申报主体申报的意识不强,各项制度在不断完善的过程中,对国际收支间接申报数据的处理仅停留在简单的收集上报,没有对申报数据的真实性进行核实,申报数据质量不高。

2000年,外管局乌鲁木齐分局制定了《国际收支统计申报考核办法》,对国际收支统计申报、银行结售汇、外汇账户、外汇收支形势分析等工作提出了更高的要求。

2001年,外管局新疆分局(3月由乌鲁木齐分局改回)按照"多核对、三一致、一平衡"的工作要求,按季与外管总局、辖内各中心支局及外汇指定银行进行数据核对,及时发现和纠正问题,提高了国际收支统计申报数据的真实性、完整性、时效性。

2002年,按照外管总局《关于加强国际收支间接申报数据非现场核查的通知》要求,外管局新疆分局首次对上年度国际收支间接申报数据进行了非现场核查。同年,结合工作实际,制定并在全疆范围内实施了《国际收支统计申报人员培训持证上岗制度》。

1999—2002年,开始对国际收支统计间接申报数据进行现场及非现场核查工作,金融机构和申报主体的申报意识有所增强,申报数据的及时性和数据质量有明显改善。但此阶段核查工作是不定期开展,核查频率不高,核查手段落后,核查涵盖范围有限,申报数据质量有待进一步提高。

2003年,外管局新疆分局对全疆12万笔国际收支数据进行了非现场核查,完善外汇指定银行国际收支间接申报垂直管理机制,配合外管总局完成国际收支系统升级和单证合一工作。

2004年,外管局新疆分局建立了国际收支单位基本情况数据库,推广了国际收支特殊机构代码赋码业务。同年,国家外管总局进行统计申报单证与银行有关业务凭证的合并和统一工作,并进行了国际收支统计监测系统的升级。外管总局初步建立了企业调查体系,作为相关统计系统的补充,对国际收支统计体系的进一步完善进行了有益的探索。同年,直接统计申报制度废止。

2005年,外管局新疆分局对全疆14万笔国际收支数据进行非现场核查。同时,对31家外汇指定银行国际收支数据进行了现场核查。同年,对原"外汇业务统计快报"进行改进,按季编制"新疆国际收支和外汇统计季报",着力提高分析和预测的准确性。

2003—2005 年,外管局新疆分局按照核查制度的要求,定期开展国际收支间接申报现场及非现场核查。此阶段由于核查频率提高、核查范围扩大、核查手段改进、处罚力度加大,国际收支间接申报数据的及时性、全面性和准确性得到较大提高。

1996—2005 年新疆国际收支申报情况

表 6—2   单位:万美元

年份	笔数	金额	涉外收入		涉外支出	
			笔数	金额	笔数	金额
1996	7044	42307	—	—	—	—
1997	6097	45404	5041	40962	1056	4442
1998	7308	475023				
1999	26842	120747	22091	65290	4751	55457
2000	32959	198589	24832	94535	8127	104054
2001	45643	207795	—	100136	—	107659
2002	58318	286135	49408	162743	8910	123392
2003	93671	539430	81347	308256	12324	231174
2004	—	780389		450615		329774
2005		1023367		667057		356310

二、银行结售汇

1993 年以前,国家外汇管理实行外汇汇率双轨制,企业所得外汇收入,与按国家外汇管理规定分配使用后的外币净收入,按规定有关部门申请办理了外汇留成的数额,实行出口商品外汇留成,这也是国家为了鼓励出口,增加外汇收入,支持地方生产建设,发展对外贸易的一项重要经济措施。随着经济改革的发展,这种管理模式也暴露了很多弊端。

1994 年国家对外汇管理体制进行改革,取消各类外汇留成、上缴和额度管理制度,对银行经常项目下的外汇收支实行结售汇制度,结汇实行强制结汇、意愿结汇、限额结汇三种。同年,外管总局制定下发了《过渡时期关于结售汇以及外汇管理操作办法》。新体制运行后,外管局新疆分局及时制定了配套管理措施和操作办法,加强对外汇指定银行的监管,对结售汇业务进行检查,协调和纠正出现的问题和偏差,制定了结售汇统计报表的报送办法,使统计报表的报送工作做到及时准确。全年外汇指定银行完成结汇 5.32 亿美元、售汇 2.42 亿美元。

1998 年,外管局新疆分局启用了新的银行结售汇系统,以结售汇为主线,开始按月向外管总局上报外汇收支形势分析报告。全年,新疆维吾尔自治区累计结售汇 20.27 亿美元。其中,结汇 5.99 亿美元,售汇 14.28 亿美元,售汇是结汇的 2.38 倍,结售汇逆差 8.29 亿美元。

1999 年,新疆维吾尔自治区累计结售汇达 17.46 亿美元,较 1998 年减少 13.8%。其中,结汇减少11.2%,完成5.32亿美元;售汇减少14.9%,完成12.15亿美元。结售汇逆差缩小至6.83亿美元。

2001年,新疆维吾尔自治区累计结售汇20.81亿美元,比1999年增加了3.35亿美元,但比2000年减少了0.2%。其中,结汇9.21亿美元,同比减少34.6%;售汇11.61亿美元,同比减少17.2%。结售汇逆差2.40亿美元,同比下降66.6%,结售汇逆差进一步缩小。

2005年,新疆维吾尔自治区累计结售汇完成97.75亿美元,同比增长27.6%,比2001年增长3.7倍。其中,结汇64.35亿美元,同比增长46.3%;售汇33.40亿美元,同比增长2.4%。结售汇逆差30.96亿美元,同比增长78.4%。结售汇逆差出现大幅度扩张。

新疆维吾尔自治区结售汇情况统计

表6—3 单位:亿美元

年份	累计结汇					累计售汇					差额
	贸易收入	非贸易收入	资本收入	其他收入	合计	贸易收入	非贸易收入	资本收入	其他收入	合计	
1994	2.86	0.94	1.06	0.47	5.32	1.48	0.07	0.19	0.68	2.42	2.91
1995	3.25	1.09	0	0.03	4.37	3.128	0.14	1.26	0.07	4.60	−0.23
1996	2.92	2.10	0.59	0.05	5.67	4.21	0.15	2.33	0.23	6.92	−1.25
1997	4.89	2.90	0.54	0.02	8.37	4.18	0.65	3.41	0	8.24	0.12
1998	3.90	1.18	0.91	0	5.99	8.45	0.84	4.98	0	14.28	−8.29
1999	3.86	0.75	0.71	0	5.32	6.19	1.46	4.50	0	12.15	−6.83
2000	5.85	0.32	0.68	0	6.84	9.23	0.89	3.90	0	14.02	−7.18
2001	5.38	2.85	0.97	0	9.21	8.52	1.06	2.03	0	11.61	−2.40
2002	8.41	6.64	1.29	0	16.34	10.49	0.65	1.91	0	13.06	3.28
2003	21.77	6.76	1.13	0	29.67	18.49	0.79	4.01	0	23.29	6.38
2004	36.04	6.61	1.35	0	44.00	29.20	1.18	2.24	0	32.63	11.38
2005	52.46	10.33	1.56	0	64.35	30.84	1.39	1.17	0	33.40	30.96

第四节 外汇查处管理

外汇检查是外管总局及其分支局依据国家外汇管理法规、政策,依法对境内机构、个人、驻华机构、来华人员的外汇收支和经营活动进行检查,并对违反外汇管理规定、需追究行政法律责任的当事人进行调查、处理的具体行政行为。外汇检查的对象涉及所有的涉汇单位,包括有外汇收支的境内企业、事业单位、国家机关、社会团体、部队及个人、驻华机构、来华人员以及外国留学生等。其检查内容包括由外汇管理机关负责查处的违法逃汇、套汇行为;未经外汇管理机关批准,擅自经营外汇业务及经营外汇业务的金融机构擅自超出批准的范围经营外汇业务的行为;非法使用外汇的行为;非法买卖外汇的行为;违反外汇账户管理规定的行为;违反结售汇规定的行为;违反进出口核销管理规定的行为;违反外债管理规定的行为;违反外汇市场管理规定的行为;违反汇率管理规定的行为;违反国际收支统计申报的行为;违反报表管理规定的行为等。

1986年,外管局新疆分局检查处理外汇违纪案件,共查出非法买卖外汇案件9起,已定性处理和上报审批的7起。同时,协同公安部门打击了金融诈骗活动34批,共143人次。

1987年,外管局新疆分局对新疆各地州市、各厅局及中央驻疆438个单位进行了外汇检查,共查出违纪行为48笔,金额102.74万美元。其中,外汇小金库23笔,金额49.39万美元;境外存款4笔,金额5.04万美元;违反国家规定使用外汇和外汇账户6笔,金额24.77万美元;其他违反国家外汇管理规定的行为15笔,金额23.54万美元。外管局新疆分局对查出的违纪行为按国家规定作了严肃处理。

1988年,外管局新疆分局继续在全疆进行外汇大检查,共抽查216个单位,查出10起外汇违法案件,金额88.01万美元。其中截留国家外汇2起,金额3.42万美元;违反外汇管理规定8起,金额84.59万美元。全年其处理外汇违法案件24件,违法金额175万美元,收缴罚没款4.77万美元和22.30万元人民币。

1989年,外管局新疆分局再次对全疆开展外汇了大检查,派出工作组对吐鲁番、石河子进行了重点抽查,全年共受理各种外汇违法案件17起,其中套汇10起,金额0.93万美元;逃汇1起,金额62.10万美元;倒买倒卖外汇3起,金额70万美元;变相买卖外汇1起,金额7.50万美元;其他外汇违法案件2起,金额1.47万美元。年末全部结案,罚款没收折合人民币41万元,收缴30万元。

1990年,外管局新疆分局查处外汇违法案件26起,结案24起,违法金额334.70万美元。其中套汇7起,金额1.04万美元;逃汇1起,金额0.35万美元;扰乱金融18起,金额333.31万美元,强制收兑0.6万美元,罚没人民币44.56万元。

1991—1993年,外管局新疆分局共查处外汇违纪金额238.15万美元,立案、结案32起。同时,还对金融机构的外汇违纪问题进行了处罚,开展了打击外汇黑市的专项斗争。

1992年,外管局新疆分局全年查处外汇违纪金额0.14万美元,立案、结案6起。违纪发案率明显减少。

1993年,外管局新疆分局强化外汇检查职能。全疆共立案查处外汇违法案件18起,其中私自买卖外汇8起、套汇3起、倒买倒卖外汇7起,违法金额共计229.90万美元。同时该局还对金融机构的外汇违纪问题进行了处罚,开展了打击外汇黑市活动的专项斗争。

1994—1995年,外汇体制进行了重大改革,外汇查处的重点也由检查企业转向检查各专业银行及其他金融机构。其间,外管局新疆分局共查处各类外汇违法案件6起,违纪金额共78.4万美元。同时,对全疆非法外汇期货市场进行了检查,发布了公告,勒令取缔了违反规定的外汇期货交易活动。

1996年3月,为贯彻落实国务院《关于坚决打击骗取出口退税,严厉惩治金融和财税领域违法乱纪行为的决定》精神,进一步强化对金融机构外汇业务的监管,促进金融机构外汇业务的健康发展,外管总局在全国范围内进行了一次金融机构外汇业务经营状况普查。

外管局新疆分局对辖内多家金融机构的外汇业务经营状况进行了检查。

1997年,外管局新疆分局共查处外汇违规案件84起,金额62.54万元人民币,处罚案件32起,处罚金额人民币17.48万元。并对1996年在外汇检查中发现的三家外贸公司利用假报关单骗购国家外汇进行了严肃处理,并处罚金55.56万元人民币;对49家金融机构的违规违纪问题视情节进行了通报、处罚,处罚金额共计52.58万元人民币。

1998年,为进一步加大对利用假单证逃汇活动的打击力度,摸清售汇环节中存在的主要问题,消除违法套汇对国际收支的影响,人行总行、外管总局部署全国开展进口付汇专项检查。外管局新疆分局牵头成立了由新疆维吾尔自治区经贸厅、海关、兵团外经贸局共同组成的新疆外汇检查领导小组,辖属二级分局也相应成立了领导小组,对利用假报关单骗购外汇的案件进行了严肃的查处。外管局新疆分局先后三次派人到外管总局对新疆货到付款项下信用证、托收项下付汇金额在20万美元以上的408份有疑点报关单,上报外管总局统一核查。经与外管总局、海关总署数据核对后,确定了327份为假报关单,金额约3亿美元,涉及企业17家,外汇指定银行9家。按照国家外汇管理局规定,对外经贸企业货到付款项下累计骗汇金额在500万美元以上,涉及金额共3.2亿美元的重大案件,外管局新疆分局积极配合公安部门进行查处;对累计骗汇金额在500万美元以下的4家企业的骗汇案件,由外管局新疆分局成立专案组按正常的检查处理程序立案查处,并在大检查规定的时间内,对利用假报关单骗购外汇的4个涉案金额1133.35万美元的案件进行了认真严肃的查处。

1999年,外管局乌鲁木齐分局对1998年上半年通过直接与签发地海关确认为假报关单骗购外汇遗留问题,立案查处,对违反账户管理规定一案进行立案,处罚金额5万元人民币。并对到货后长期不办理核销的企业,进行通报批评,取消在银行直接办理售付汇的资格;对所辖出口企业出口收汇核销交单率、逾期未收汇核销进行了清理;对严重违规企业进行通报并列入"风险企业"名单,控制发单限期整改。同年,外管局新疆分局在全疆范围内开展了对所辖外汇指定银行的外汇业务进行了大检查,重点检查进口付汇、外资外债、国际收支申报等,对检查出的问题在反馈被查行无异议的基础上,采取相应处理措施,并通报批评。

2000年,外管局新疆分局对全疆出口收汇核销逾期情况进行了检查,查出出口未核销单353份,金额3753.84万美元;对逾期较严重的40家企业采取适当控制付汇业务、付汇和核销挂钩的手段,催收逾期未到货核销金额1.48亿美元,按有关规定对违规企业作出相应处罚。针对非国有商业银行结售付汇查出的问题外管局新疆分局及时向外管总局作出书面汇报,并向被查行提出整改意见,督促规范结售付汇处理程序,同时依法进行所辖支局外汇查处的行政复议工作。

2001年,外管局新疆分局开展了多项外汇业务检查,其中包括银行信用证及资本项下收付汇业务,辖内外商投资企业外汇收支及境内机构实物形态外债业务,全疆18家具有对外经济合作经营权的企业1999—2000年对外承包工程中所发生外汇收支,各家银行2000年度进口货到付款项下售付汇和核销,以及三家规模较大的重点旅游用汇旅社外汇收支,部门涉外宾馆外汇兑换业务开展,境内机构经常项目外汇账户及外商投资企业外汇账户年检等情况的检查。在各地整顿经济秩序领导小组的统一领导下,全疆外管系统与公安部门密切配合,确定了乌鲁木齐、伊犁、喀什、克孜勒苏州为重点打黑地区,重拳出击,实施了多次打击行动,年内共查获 4 起涉嫌非法买卖外汇案件,涉案金额 430 余万美元。

2002 年,外管局新疆分局对疆内 24 家外商投资企业人民币注册投资,对大额外币存取报备制度执行,对口岸地区外汇指定银行、涉汇企业进口付汇,对大额存取超过 10 万美元的银行客户信息进行了检查,全年共查处违规案件 3 起,收缴罚没款 18.5 万元人民币。

2003 年 8 月,为全面了解银行办理收汇、结汇业务的合规性情况,准确分析国际收支变动趋势,打击非法跨境资金流动,防范涉外金融风险,维护国际收支平衡,对全国外汇指定银行收汇、结汇业务开展专项检查。外管局新疆分局按照上级部署,开展了外汇指定银行外汇业务合规性专项检查,配合公安部门打击非法买卖外汇行为,全年共查处违规案件 1 起,收缴罚没款 10 万元人民币。

2004 年,外管局新疆分局开展了打击非法买卖外汇专项行动,联合公安部门制订《乌鲁木齐市开展严厉打击非法买卖外汇违法犯罪活动专项整顿工作实施方案》,整顿外汇市场秩序,并对外汇指定银行收汇、结汇业务进行了跟踪回访检查。同时,还对辖区股份制银行、保险、证券的外汇业务、39 家涉外企业、47 家银行分支机构外汇业务开展了合规性检查。对 3 家违规单位进行了行政警告处罚,对 1 家违规单位进行了通报批评。

2005 年,外管局新疆分局结合实际情况,对外商投资企业资本金结汇和外债结汇业务进行了专项检查,并开展了对外汇指定银行国际收支申报、预收货款和延期付款等业务的现场检查。同时,配合人民银行开展了反洗钱现场检查,认真受理 3 起举报案件,开展调查处理;按照举报线索,配合公安部门对非法外汇交易主动出击,当场缴获假现钞 0.73 万美元;利用大额和可疑外汇资金交易系统,甄别、筛选,并通过非现场核查和现场检查,对可疑资金开展调查,对违规企业和银行进行立案查处,全年共立案 13 起,结案 13 起,收缴罚没款 1.64 万元人民币。

第五节　人民币汇率管理

一、人民币汇率制度

在传统的计划经济体制下,人民币汇率由国家外管总局实行严格的管理和控制,实行固定汇率安排,汇率由政府按照一定的原则制定。中共十一届三中全会后,中国的汇率体制从单一汇率制转为双重汇率制,经历了官方汇率与贸易外汇内部结算价并存(1981—1984 年)和官方汇率与外汇调剂价格并存(1985—1993 年)两个汇率双轨制时期。从 1994 年开始,外汇体制改革,中国实行的是以市场供求为基础、单一的、有管理的浮动汇率制度。即中国人民银行每日公布人民币对美元等各种可自由兑换货币的人民币市场汇价中间价;外汇指定银行与客户之间的外汇买入价和外汇卖出价,可在交易基准汇价上下 0.25% 的幅度内浮动,外汇买入价和外汇卖出价的价差不得超过 0.5%,现钞卖出价与外汇卖出价相同,现钞买入价与交易基准汇价的价差不超过 2.5%;每笔金额超过 100 万美元的大额交易,银行与客户可在中国人民银行公布的交易基准汇价和规定的浮动幅度内面议汇价;各外汇指定银行逐步建立本行内部汇价报价系统,保持本行系统对外挂牌汇价的一致性;中国人民银行通过国家外汇管理局对人民币汇价实施宏观调控与监管。同年,外管局新疆分局加强了对外汇指定银行的监管,要求各行必须按照人民银行公布的汇价及规定的浮动比率执行汇价,并对外汇指定银行进行检查,保证了新旧外汇体制的平稳过渡。2005 年 7 月21 日,中国人民银行发布《关于完善人民币汇率形成机制改革的公告》,宣布改革人民币汇率形成机制,人民币兑美元汇率由 8.2765 元/美元一次升值 2%后,不再单一盯住美元,开始实行以市场供求为基础,参考"一篮子货币"进行调节、有管理的浮动汇率制度。各国有商业银行按照中国人民银行公布的人民币汇率中间价,在规定幅度内确定浮动幅度后通知分支机构执行。

二、人民币对主要外币汇率

1993 年以前,特别是 1990 年以前,人民币兑美元官方汇率为 1 美元兑换 4.4~5.4 元人民币,人民币汇率呈现缓慢贬值的过程,但仍然处于高估状态,至 1993 年底,人民币兑美元汇率贬值到 1 美元兑换 5.7 元人民币。1994 年 1 月 1 日起,人民币官方汇率与外汇调剂价格正式并轨,人民币汇率为 1 美元兑换 8.72 元人民币。随后略有下浮,至 1997 年下浮至 1 美元兑换 8.3 元人民币,并一直保持稳定的汇率水平至 2005 年 6 月。2005 年 7 月 21日,国家启动人民币汇率形成机制改革,同年 9 月 23 日,中国人民银行决定适当放宽人民币价差交易幅度,扩大即期外汇市场非美元货币对人民币交易价的浮动幅度,从原来的上下 1.5%扩大开放到上下 3%,适度扩大了银行对客户美元挂牌汇价价差幅度,并取消了银行对客户挂牌的非美元货币的价差幅度限制。

1986—2005 年各月美元对人民币年、月平均汇价

表 6—4 单位:人民币元/100 美元

月份 年份	一月	二月	三月	四月	五月	六月	七月	八月	九月	十月	十一月	十二月	年平均
1986	320.15	320.7	321.2	320.61	319.44	320.35	363.82	370.36	370.66	371.64	372.21	372.21	345.28
1987	372.21	372.21	372.21	372.21	372.21	372.21	372.21	372.21	372.21	372.21	372.21	372.21	372.21
1988	372.21	372.21	372.21	372.21	372.21	372.21	372.21	372.21	372.21	372.21	372.21	372.21	372.21
1989	372.21	372.21	372.21	372.21	372.21	372.21	372.21	372.21	372.21	372.21	372.21	423.82	376.51
1990	472.21	472.21	472.21	472.21	472.21	472.21	472.21	472.21	472.21	472.21	495.54	522.21	478.32
1991	522.21	522.21	522.21	526.59	531.39	535.35	535.55	537.35	537.35	537.9	538.58	541.31	532.33
1992	544.81	546.35	547.34	549.65	550.36	547.51	544.32	542.87	549.48	553.69	561.31	579.82	551.46
1993	576.4	576.99	573.13	570.63	572.17	573.74	576.12	577.64	578.7	578.68	579.47	580.68	576.2
1994	870.0	870.28	870.23	869.55	866.49	865.72	864.03	858.98	854.03	852.93	851.69	848.05	861.87
1995	844.13	843.54	842.76	842.25	831.28	830.08	830.07	830.75	831.88	831.55	831.35	831.56	835.1
1996	831.86	831.32	832.89	833.15	832.88	832.26	831.6	830.81	830.44	830.0	829.93	829.9	831.42

表 6－4 续

月份\年份	一月	二月	三月	四月	五月	六月	七月	八月	九月	十月	十一月	十二月	年平均
1997	829.63	829.29	829.57	829.57	829.29	829.21	829.11	828.94	828.72	828.38	828.11	827.96	828.98
1998	827.91	827.91	827.92	827.92	827.9	827.97	827.98	827.99	827.89	827.78	827.78	827.79	827.91
1999	827.9	827.8	827.91	827.92	827.9	827.97	827.77	827.73	827.74	827.74	827.82	827.93	827.83
2000	827.93	827.79	827.86	827.93	827.77	827.72	827.93	827.96	827.86	827.85	827.74	827.72	827.84
2001	827.71	827.7	827.76	827.71	827.72	827.71	827.69	827.7	827.68	827.68	827.69	827.68	827.7
2002	827.67	827.66	827.7	827.72	827.69	827.7	827.68	827.67	827.7	827.69	827.71	827.72	827.7
2003	827.68	827.73	827.72	827.71	827.69	827.71	827.73	827.7	827.71	827.67	827.69	827.7	827.7
2004	827.69	827.71	827.71	827.69	827.71	827.67	827.67	827.68	827.67	827.65	827.65	827.65	827.68
2005	827.65	827.65	827.65	827.65	827.65	827.65	822.9	810.19	809.22	808.89	808.4	807.59	819.17

2004—2005 年人民币基准汇价汇总

表 6－5　　　　　　　　　　　　　　　　　　　　　　　　单位：人民币元/100 外币

年度	币种	项　　目					
		期初价	期末价	最高价	最低价	期平均	累计平均
2004.01	美元	827.67	827.70	827.72	827.66	827.69	827.69
	欧元	1040.36	1032.01	1062.37	1023.68	1042.46	1042.46
	日元	7.7410	7.8068	7.8068	7.6986	7.7598	7.7598
	港元	106.57	106.49	106.58	106.15	106.53	106.53
2005.01	美元	827.65	827.65	827.65	827.65	827.65	827.65
	欧元	1125.88	1078.33	1125.88	1072.78	1087.61	1087.61
	日元	8.0573	8.0188	8.0997	7.8967	8.0128	8.0128
	港元	106.41	106.09	106.41	106.07	106.15	106.15

第六节　银行业金融机构外汇业务监管

　　1989 年,外管局新疆分局审查批准建行新疆分行、工行新疆分行开办外汇业务,并摸清了新疆金融机构对外担保情况。

　　1991 年,外管局新疆分局批准建行新疆分行、工行新疆分行开办结算、押汇等项外汇业务,还批准了工行新疆分行所属 6 个储蓄所开办外币储蓄代办业务,并对中行乌鲁木齐分行及其分支机构颁发了《经营外汇业务许可证》,对新疆国际信托投资公司的外汇业务进行检查和验收。

1992年，外管局新疆分局批准工行新疆分行所属6个中心支行和1个办事处代理工行新疆分行开办外汇存款、外汇汇款、外汇兑换业务，并重新核定工行新疆分行6个储蓄所代办的外汇存款业务，对全疆外汇指定银行的《经营外汇业务许可证》进行了审核换发。

1993年，外管局新疆分局陆续批准了各地州市专业银行开办外汇业务。并核准增加外汇指定银行在边境口岸设立分支机构或兑换网点，使机构数由1992年的8家增至79家，分别为自治区级5家，地州市级30家，县及县以下44家。

1994年底，经外管局新疆分局核准的全疆办理外汇业务的金融机构已达118家，其中，代理外汇业务的20家。同年，外管局新疆分局还对新疆国际信托投资公司外汇业务进行全面的检查和考评。

1995年，新疆外汇管理部门明确要求各外汇指定银行，必须按照人民银行公布的汇价及规定的浮动比率执行。对外汇指定银行新体制运行情况，外管局新疆分局进行了认真的跟踪检查，对出现的问题和偏差及时纠正，保证新旧外汇体制的平稳过渡。

1999年，外管局新疆分局对全新疆198家开办外汇业务的金融机构的外币兑换点设置、分布等情况进行全面检查清理，严格规范金融机构市场准入退出、换证等审批工作，全年共批复97家金融机构开办外汇业务、代办外汇业务转自营等业务，取消17家金融机构代办外汇的资格，上报撤销了4家金融机构经营外汇资格。

2001年，外管局新疆分局对全疆工行、农行、兵团分行1999年7月1日至2000年6月30日开立信用证情况和1999年7月1日至12月31日资本项下收付汇及资本账户开立情况进行全面检查。还对全区各家银行在2000年度进口项下货到付款中结汇付汇和核销情况进行检查，进一步规范了银行业务操作。

2002年，外管局新疆分局按总局要求，严格审核银行报送的相关材料，并对外汇指定银行申办结售汇业务的网点场地、网络设备、系统配置、人员配备等情况实地进行了解查看，在条件完全符合的情况下出具同意开办结售汇业务的审核意见。至年末，该局共对30家银行机构出具了结售汇准入审核意见，批准两家机构购买外汇资本金3200万美元。

2003年，外管局新疆分局及时向各外汇指定银行传达贯彻《大额外汇交易和可疑外汇资金交易报告管理办法》及相关精神，并对银行系统的业务人员进行了培训，确保了大额外汇交易和可疑外汇资金交易报告制度于3月1日起在新疆各银行顺利实施，为检查实施效果，及时解决存在的问题，还对部分外汇指定银行大额外汇交易报告制度的执行情况进行检查。同年，外管局新疆分局两次组织保险公司外汇保险从业人员共27人参加考试，其中24人获得从业资格。经审核并上报总局批准，中华联合财产保险公司开办外汇保险业务，另审核批准中国人民财产保险股份有限公司新疆分公司开办外汇保险业务，填补了新疆经常项目工作中的一项空白。

2004年，外管局新疆分局完成了对外汇指定银行2003年收汇结汇业务检查的跟踪回访检查工作，通过回访检查，了解到各专业银行对检查中存在的问题进行有效的落实和整改，提高了执行外汇政策的自觉性。同年，组织开展了对中华联合财产保险公司、中国人民财产保险股份有限公司、新疆证券公司、新疆宏源证券股份有限公司、华夏银行乌鲁木齐分行的外汇业务现场检查，完成了对被检查单位专项检查的事实评价及整改建议的反馈工作。

　　2005年,外管局新疆分局继续加强结售汇业务市场准入和后续管理。一是对辖内外汇指定银行营业网点结售汇市场准入资格及条件进行审核、验收。完成了全疆金融机构结售汇业务管理信息核对、结售汇网点代兑和自营业务量的统计调查,初步掌握了其业务经营情况。二是为使人民币汇率改革配套政策落到实处,在较短的时间内,对招商银行所属7家营业网点开办远期结售汇业务予以备案,满足了进出口企业规避汇率风险的需求。同年,对中国平安人寿保险股份有限公司新疆分公司和中国太平洋财产保险股份有限公司新疆分公司经营外汇保险业务市场准入进行了审核,并对中国平安财产保险股份公司新疆分公司等6家保险公司的外汇保险业务开展情况进行了现场调查,规范和促进了外汇保险业务。

第二章　外汇业务

外汇业务主要是指外汇存贷款业务,1978 年以前,新疆没有设立中国银行机构,外汇业务中的进出口贸易大部分需要通过天津口岸公司代理,新疆维吾尔自治区的地方外汇和外贸专项外汇,均由中国银行天津分行代管使用。1978 年,中国银行乌鲁木齐分行成立(1992 年更名为中国银行新疆分行)。1979 年开始办理外汇存款业务。1980 年 12 月 18 日,国务院发布《中华人民共和国外汇管理暂行条例》,国家实行外汇留成管理制度,中行新疆分行开始办理进出口结算业务和外汇贷款业务,至此,中行新疆分行已全面开展外汇业务。随着金融体制改革的深化,经国家外管总局批准,工行、农行、建行、交通银行等大型银行及股份制、乌鲁木齐市商业银行也陆续开办了外汇业务。

第一节　外汇业务发展

1979 年,中行乌鲁木齐分行是国家在新疆的外汇、外贸专业银行,利用国家外汇外贸专业银行的地位和外汇优势,担负着组织、运用、积累和管理外汇资金,经营一切外贸业务和从事国际金融活动等任务。成立之初,外汇业务范围仅有国内外结算、代理外汇买卖、提供信用证服务等,办理外汇存款业务。但由于当时受经济条件等因素的限制,办理外汇业务仅限于中行乌鲁木齐分行营业部,只能开办定期存款,存款币种也只限于美元、英镑和港元三种。

1980 年,中行乌鲁木齐分行在各地营业机构陆续开办外汇存款、外汇贷款、进出口结算业务。

1983 年,中行乌鲁木齐分行所办理的外汇存款又增加了西德马克和日元。

1989 年,经外管总局批准,工行新疆分行开办外汇业务,新疆由中行独办外汇业务的局面被打破。工行新疆分行为支持三资企业的生产经营,发起并与疆内 10 多家中外合资企业共同组建了"新疆外商投资企业互助基金会",为三资企业提供融资担保、资金管理和资金外汇信息等方面的服务。同年,建行新疆分行成立国际业务部并正式开办外汇存款、外汇贷款、外汇汇款、代理外币及票据兑换、外币票据贴现、外汇担保和见证业务、征信调查和咨询业务等经外汇管理部门批准的其他外汇业务。

1991 年,工行新疆分行在全疆范围开展外币票据托收业务,实施《进口开证付款担保办法》。同年,建行新疆分行外汇业务逐步扩大服务范围,范围包括外汇存款、外汇贷款、外汇汇款、进出口贸易结算及押汇、代理外汇票据兑换、外汇担保及见证、征信调查、咨询业务和外管局批准的其他业务。

1992 年,工行新疆分行初步建立了外汇业务经营体系,全疆所辖机构全部批准开办外汇业务。同年,农行新疆分行国际业务部成立。建行新疆分行先后在 6 个开放城市和部分地州市中心支行成立国际业务部,发放外汇贷款 996 万美元,人民币配套贷款 1950 万元,并与中亚哈萨克斯坦杜兰、克拉姆德斯、对外经济、依克力克 4 家银行签订了加强交往、互惠互利的金融服务意向书。

1993 年,建行新疆分行开办了外币信用卡接单业务,并与昌吉州、博尔塔拉州、伊犁州等新疆维吾尔自治区骨干糖厂履行补偿贸易外汇担保责任。

1994 年,国家外汇管理体制进行重大改革,实行汇率并轨和对国有企业实行结售汇制度。中行新疆分行坚持以经济效益为中心,以提高信贷资产质量为重点,严守信贷规模,严格审批贷款,调整信贷结构,强化业务管理,以提高国际结算收益为目标,以高品质的服务为保障,确保中行在国际结算业务的市场领先地位。工行新疆分行继续完善外汇业务机构网络,健全了外汇业务品种,按照外管总局核准的业务范围,在大力拓展外汇存贷款和国际结算的基础上,注重发展银团贷款、国际金融组织和外国政府转贷款、担保业务、资信调查业务、结售汇业务、自营和代客外汇买卖业务、外币票据托收业务。同年 9 月,交通银行乌鲁木齐分行成立国外业务部,并获准正式开办外汇业务,业务范围包括进口开证、进口代收、出口议付、跟单托收、贸易项下汇入汇出款、受理进口和出口保函业务等;获准办理结售汇业务,开办外汇融资业务,主要种类为出口押汇、打包贷款;先行开业经营项目主要包括三资企业及其他可保有外汇账户的企业开立外汇账户、企业外币存款、个人外币储蓄存款和外币兑换四项。1994—1996 年,建行新疆分行按照建行总行制定的《中国人民建设银行分支机构开办外汇业务审批管理暂行办法》,规范了分支机构外汇业务市场准入管理,初步搭建起国际业务制度框架,在国际业务取得良好开端的基础上,组织机构进一步健全,全行陆续在 10 个二级分行开办了外汇业务,遍布全疆的营业网络正在逐步形成并不断扩大;业务范围不断拓展;规章制度进一步完善,针对外汇存贷款、国际结算、资金交易、对外担保等各项外汇业务,出台了一系列管理办法和实施细则。并积极创造条件,多渠道筹集外汇资本金,开展外汇存款业务,增强外汇资金实力。截至 1996 年底,建行新疆分行外汇存、贷款余额分别为 3237 万美元和 2198 万美元,国际结算量达到 9522 万美元,结售汇达到 1.09 亿美元。

1995 年,工行新疆分行执行工行总行制定的《结售汇业务操作规程》《自营及代理外汇交易操作规程》《自营及代理外汇交易事后监督操作规程》等一系列规章制度。本着“结汇及时、售汇方便”的原则,设立结售汇业务专柜,以提高结售汇业务的办事效率。

1996 年 12 月,交通银行乌鲁木齐分行国外业务部增设外汇信贷科。

1997 年,按照人行总行和农行总行关于外汇业务转制要求,农行新疆分行的外汇业务由代理业务转为自营业务,并按农行总行“管营分离”要求,撤销了国际业务部,外汇业务并入农行乌鲁木齐市支行。1997—2005 年,建行新疆分行通过大力实施电子化建设和建立外汇账户管理信息交互平台,国际金融业务经营范围不断扩大、业务品种不断增加、竞争实力不断增强。外汇经营范围拓展到外汇存款、外汇贷款、外币兑换、国际结算、外汇票据的承兑及贴现、结售汇,以及建行总行授权的外汇担保及见证、征信调查、咨询业务、代客外汇买卖和外管总局批准的其他业务。但由于外汇业务发展中出现贷款户以外债专户存款归还外汇贷款的增多,企业以外汇存入的进口开证保证金减少以及部分单位将外汇存款大量结汇等现象，导致外汇存款增长缓慢。

2000年，农行新疆分行的外汇业务规模不大，外汇存款和外汇贷款的市场份额只有5%左右，为加强外汇业务的力量，农行新疆分行国际业务部又重新组建。

2001年，工行新疆分行对外汇负债、资产实行"国际业务内部计价办法"，并于同年7月根据工行总行外币现钞业务的要求，与工行上海市分行签订了《外币现钞集中代理调运协议书》，外币现钞由工行上海市分行统一调运。

2002年，工行新疆分行完成了个人外汇买卖电话交易、网上交易的开通测试，成功投产了外汇汇款系统和外汇账户系统，并开发了个人外汇买卖电子银行交易系统，为外汇业务新产品的推广提供了先进的业务操作平台。2002年以前，农行新疆分行只有国际业务部一个机构办理外汇业务，从2002年开始，实施管营分离后，国际业务部转换职能，行使管理和服务两大职能，根据全辖外汇资源分布状况和客户需求，加快了经营机构和外汇市场准入工作。同年，招商银行乌鲁木齐分行经人行西安分行批准，开办了外汇业务，可经营外汇存款、外汇贷款；外汇汇款、外币兑换，国际结算、外汇票据的承兑和贴现，以及招商银行总行授权的外汇借贷、外汇担保、代客外汇买卖、资信调查咨询见证等业务。同时，通过环球金融同业电讯清算系统SWIFT办理国际结算，产品主要涉及进口信用证开立、出口来证通知、出口议付、跟单托收、光票托收、汇出汇款、汇入汇款等品种。另获外管局新疆分局批准开办结售汇业务、外商投资项下资本金结汇、审批业务的授权，其下属乌鲁木齐友好北路支行、解放北路支行获准开办外汇业务。

2003年，工行新疆分行实现全疆外汇清算、资金和单证等高技术、高风险业务集中处理的目标，国际业务营运中心正式运行。农行新疆分行外汇业务突出区域重点，强化基础管理，加快外汇业务普及和国际结算、结售汇业务发展，外汇结算业务有所突破，辖属有15个二级分行88个县支行和综合经营网点取得外汇业务经营资格；农行新疆兵团分行3个二级分行和7个直属支行取得外汇业务经营资格，两分行外汇业务经营框架初步形成。同年，招商银行乌鲁木齐分行经外管局新疆分局批准，开办境内居民个人购汇业务；所辖乌鲁木齐人民路支行、解放北路支行、友好北路支行、北京路支行、黄河路支行、西虹东路先后获准开办结售汇业务。这一年，华夏银行乌鲁木齐分行开始试办各项外汇业务。业务包括外汇存贷款、汇兑、托收、外币兑换、代客外汇买卖、外汇理财、进出口押汇、进出口保理、出口托收、进口开证、提货担保、打包贷款、福费廷、外汇票据的承兑和贴现、本外币一票通、票证通、仓单质押开证、TT押汇、出口买方信贷、华夏银行总行授权的外汇担保。同时，采用国际通行的SWIFT系统，坚持以拓展贸易融资和国际结算为主，坚持离岸业务和在岸业务的联动，努力为客户提供优质、齐备、高效、准确、安全的国际结算服务。为保证各项国际结算业务合规办理，华夏银行乌鲁木齐分行从软硬件基础设施建设和创造良好外汇经营环境方面，制定工作时限表，确保了在开业前后较短的时间内完成了SWIFT系统、结售汇报表报送系统、汇兑报表报送系统、国际收支申报系统、大额和可疑外汇资金报表校验程序以及"中国电子口岸系统"的安装、测试。加强外汇业务从业人员外汇法规、制度的学习，制定了外汇管理办法和11项外汇业务操作流程；并与中行签订了外币现钞合作协议，开立了外汇账户，解决外币现钞交存问题；与新疆维吾尔自治区外经贸厅建立了内部信息沟通交流机制，还主动与花旗银行、蒙特利尔银行、荷兰万贝银行等一些外资银行进行了业务沟通和联系,为客户在境内外资银行的融资业务提供便利。乌鲁木齐市商业银行也在这一年开办了外汇业务,业务主要包括外汇存款、外汇贷款、外汇汇款、外币兑换、同业外汇拆借、结汇、售汇、咨询和国际结算业务。乌鲁木齐市商业银行成为新疆境内首家开办国际业务的城市商业银行。

2004年,工行新疆分行继续大力实施电子化建设,建立外汇账户管理信息交互平台,完成国际结算ISEE系统、外汇汇款暨清算RFC系统的升级工作,确保SWIFT支付指令系统、RFC后台报表系统、外汇买卖集中平台和远期结售汇系统以及代理行授信管控系统在全疆的顺利投产,基本形成了以国际业务部为中心、各二级分行及所辖支行、办事处构成的三级国际业务经营网络,成为新疆国际金融业务的骨干力量。同年,农行新疆分行外汇业务中,国际结算业务发展最快,贡献来自所辖农行阿拉山口支行。年末,农行阿拉山口支行的国际结算量达5.60亿美元,比2002年增长了36倍,系统份额为59%,市场占比达45%。

2005年,中行新疆分行业务拓展瞄准中、高端客户,针对重点地区、重点客户提供差异化的个性服务,转变个人金融服务模式,加快产品创新和开拓,以业务创新为中心,积极拼抢市场,在乌鲁木齐市和全疆14个地州市机构网点全部开办了外汇业务,各项外汇业务量占新疆辖区50%以上。农行新疆分行、农行新疆兵团分行外汇业务经办机构(含网点)总数达147个和11个。年末,农行新疆分行外汇业务量达10.08亿美元,市场份额占比达20%。农行新疆兵团分行结售汇量达4.53亿美元。同年末,建行新疆分行外币各项存款余额为3536万美元,外币各项贷款余额为2.11亿美元,国际结算量达到6.9亿美元,结售汇达到11亿美元。同年,经外管局新疆分局登记备案,招商银行乌鲁木齐分行营业部、人民路支行、友好北路支行、解放北路支行、北京路支行、黄河路支行、西虹东路支行可办理远期结售汇业务。同期,招商银行乌鲁木齐分行所辖所有支行均可办理外汇业务和即远期结售汇业务,其中,国际结算业务客户数量达到50户,包括自营进出口企业和代理进出口企业。

第二节 外汇(币)存款

外汇存款又称"外币存款",是以可兑换货币表示的在银行账户里的各种存款。从银行方面来说,外汇存款是其接受顾客的外币现金、外币汇票或支票等信用工具,并对顾客负有定期或不定期偿付义务的受信行为。从银行的客户来说,则是以外币现金、外币汇票或支票等信用工具寄存银行,并可定期或不定期向银行收回的授信行为,即对银行取得外汇债权。开办外汇存款业务,是国内外汇指定银行筹集外汇资金和扩大外汇资金来源的重要渠道。

一、存款种类

1956年9月,人行总行批准中行办理外汇(币)存款业务,并颁布甲、乙两种存款章程。"文化大革命"期间,外汇(币)存款处于停顿状态,1979年11月,国务院指示中行恢复办理外汇(币)存款业务。1983年1月,将甲、乙两种存款作了新的区别。甲种外币存款是指外汇银行为各国驻华外交代表机构、领事机构、商务机构,驻华国际组织机构和民间机构,在中国境外或港澳台地区的中外企业、团体,在中国境内的外商投资企业;国内各级机关、团体、学校、国营企业、事业单位、城乡集体经济组织,其他经存款银行同意设立的外币存款。它在外币存款中占有绝对优势。甲种外币存款的存户在中国可以开立甲种外币存款账户,存款的形式主要有活期存款和定期存款两种,存款利率按国家公布的利率计息。甲种外币存款的使用范围:可以将存款汇往中国各地或境外;可以按当日的银行公布的外汇牌价兑换成人民币;可转入在存款银行开立的其他外汇账户;根据存款单位所属人员的离境需要,经银行同意,可以酌情售给外汇;可购买旅行支票在国内外使用。乙种外币存款对象为居住在境外的外国人、华侨、港澳台同胞、居住在境内的外国人和按国家规定允许将外汇留给居住在国内的中国人,均可以本人名义开立外汇存款账户。这种存款分为乙种外币定期、活期存款,存款利率按国家公布的利率计息。乙种外币存款的使用范围为:可汇往中国境外,也可支取外钞;可按公布的当日牌价兑换人民币,并按有关规定享受侨汇待遇;可以支付来华旅游的一切费用。

　　1983 年 7 月,增设外汇(币)丙种存款。丙种外币存款对象是中国境内居民,包括归侨、侨眷和港澳台同胞的亲属,均可以以本人名义或与境外亲属联名开立两种外币存款账户,分为外汇账户与外币现钞账户。由国外或港澳地区汇入、携入和国内居民持有的可自由兑换的外汇,可存入外汇账户;由国外或港澳地区携入和国内居民持有的可自由兑换的外币现钞,可存入外钞账户。丙种外币存款分为丙种外币定期、活期存款,存款利率按国家公布的利率计息。经国务院批准,自 1984 年 7 月 1 日起,中行成为国内第一家开办丙种外币存款的银行。

　　外汇(币)存款包括外汇对公存款和外币储蓄存款两大部分,即外汇对公存款为甲种外币存款;外币储蓄存款又根据存款对象不同,分为乙、丙两种外币存款。外汇存款币种为美元、日元、欧元、英镑、港元等可自由兑换外币。1983 年以前,中国银行根据国家规定只能办理外汇定期存款,1983 年以后,存款种类又增加了外汇活期存款。为方便外汇存款账户的管理,中行总行根据对外汇存款管理要求的不同,将单位及个人外汇存款划分为甲种外币存款、乙种外币存款、丙种外币存款和外债专户存款四类。甲种外币存款和外债专户存款主要是单位外汇存款,乙种外币存款和丙种外币存款主要是个人外汇存款。个人外币存款还分现汇户与现钞户。乙种存款对象为外籍华人、外国人、港澳同胞,此类存款本息可汇往境外。丙种存款对象为境内外居民,这种存款现汇户可汇往境外,现钞户也可根据外管局规定汇往境外。定期存款有一个月、三个月、六个月、一年、二年和七天通知存款六个档次。存款利率根据人民银行制定的外币存款利率执行,利率对外挂牌公布。开办外币存款的币种有美元、港元、英镑、欧元、法国法郎、德国马克、日元、加拿大元、荷兰盾、瑞士法郎、比利时法郎、澳大利亚元十二种。1987 年,工行新疆分行开办外汇业务,之后建设银行、农业银行以及股份制商业银行陆续开办外汇业务。工商银行、建设银行均按甲种外币存款、乙种外币存款、丙种外币存款分类,农行新疆分行、农行新疆兵团分行的外币存款种类分单位活期、储蓄定期、储蓄活期和定活两便储蓄存款,另有信用证保证金存款和个人结算存款。外币存款币种有美元、英镑、欧元、加拿大元、澳大利亚元等。招商银行乌鲁木齐分行外汇存款主要包括对公外汇存款和储蓄外汇存款,其中对公外汇存款包括单位活期存款、单位定期存款、单位保证金存款;储蓄外汇存款包括个人活期存款、个人定期存款。乌鲁木齐市商业银行存款种类包括个人外汇存款,对公外汇存款。

二、业务发展

新中国实行改革开放后,因国际交流增多、三资企业发展、调剂外汇的产生、允许私人调汇可以保留部分现汇、外汇牌价频繁调整、外汇能保值观念形成等原因,促进外汇(币)存款业务的发展。在《商业银行法》颁布前,新疆外汇存款业务主要在中行办理,市场份额达90%以上。

1986年,国家外汇储备下降,进口付汇增加,对外支付能力受到考验。工行、农行、建行、交通银行经批准,也陆续开办外汇(币)存款业务。

1987年,中行乌鲁木齐分行认真贯彻和改善金融宏观控制的方针,加大外汇储蓄业务宣传力度,增加外汇存款;工行新疆分行加强与国外银行合作,拓展外汇业务,提高外汇资金清算速度和质量,增加台汇、侨汇汇入汇款,带动外币储蓄存款增加。

1993年,国内在受到房产热、开发区热、股票热、乱集资等因素的冲击下,外汇存款出现大面积滑坡,资金供求矛盾十分突出。各家外汇指定银行抓住提高利率、整顿金融秩序的有利时机,加大宣传力度,采取以贷吸存,以结算保存,以服务增存等措施,保证外汇存款稳步增长。建行新疆分行把筹措外汇资金作为一项重要工作来抓,同年,建行新疆分行有14个中心支行领取了办理外汇业务许可证,并设立3个代办点,外汇存款达到3200万美元。

1999年,一直以国际结算作为外汇业务主打项目的交通银行乌鲁木齐分行,在优质结算业务服务的带动下,年末外币存款余额达到1599万美元,同比增长31.5%。

2000年,农行新疆分行、农行新疆兵团分行自开展外币存款业务后,发展基本稳定,但市场份额不大,各项外币存款年末余额分别为1200万美元和48万美元。

2001年,国家开通国内B股市场,导致外币储蓄存款分流。为增加外币储蓄存款,农行新疆分行在全疆新增开办了多个外币储蓄业务网点。中行新疆分行利用自身客源优势,吸纳外币储蓄存款,年末外汇储蓄存款余额达3.15亿美元。工行新疆分行通过加大宣传力度,不断地开拓新的储源,年末外汇储蓄存款余额为6107万美元。同年,交通银行乌鲁木齐分行国际业务在加强管理、防范风险的前提下,通过建立大营销体制,狠抓市场开拓和客户队伍建设,克服利率下调、B股市场开放,国际市场低迷、"9·11"事件后进出口贸易萎缩等不利因素,实现各项外币存款2094万美元,同比增长3.0%。

2002年,招商银行乌鲁木齐分行开始办理外汇存款业务。这一年,在外币储蓄存款受多种不利因素影响出现负增长的情况下,中行新疆分行的外币储蓄存款依然保持了增长态势,年末余额为3.35亿美元,且外汇存款年末余额达到最高点6.93亿美元,比1986年增长了38.6倍。招商银行乌鲁木齐分行对公外汇存款余额853万美元,外币储蓄存款余额215万美元。农行新疆分行和建行新疆分行的外币储蓄存款分别为600万美元和1607万美元。

2003年,中行新疆分行、工行新疆分行外币储蓄存款受多种因素影响,余额较上年同期有所下降。年末,两分行外币储蓄存款余额分别为3.10亿美元和4883万美元,较上年同期分别下降了 2515 万美元和 872 万美元。交通银行乌鲁木齐分行调整全行外汇业务发展战略和业务架构,实行统一授信下外汇业务大营销体制,实行本外币一体化营销,加强与外汇存款有关的授信安排,吸收各类外币存款 1560 万美元。

2004 年,全国外币储蓄大幅下降,工行新疆分行采取外币储蓄业务创新,通过发行"汇财通"个人外汇可终止理财产品五期,有效扭转了外币储蓄存款深度下滑的局面,年末外币储蓄存款余额又登上了 5000 万美元的平台。

2005 年,中行新疆分行的外汇存款余额由 1986 年的 1800 万美元上升至 2005 年的 4.07 亿美元,增长了 22.2 倍。工行新疆分行年末外币储蓄存款余额 4438 万美元、外汇对公存款余额 3777 万美元、外汇同业存款余额 659 万美元。农行新疆兵团分行克服人民币预期升值强烈、市场竞争激烈等不利因素,外汇存款余额开始回升,年末外汇存款余额为 262 万美元,同比增加了 71 万美元。同年,交通银行乌鲁木齐分行根据交通银行总行提出的加速发展,加强管理,加快创新的要求,年末外汇存款达 2628 万美元。招商银行乌鲁木齐分行 6 个营业网点均办理了世界主要货币的存取款业务。外币自营存款达 957 万美元,其中对公外汇存款余额为 167 万美元;外汇储蓄存款余额为 790 万美元。

1986—2005 年新疆银行业机构外汇(币)存款情况

表 6—6　　　　　　　　　　　　　　　　　　　　　　　　　　　　　　　　　　单位:万美元

年份	中行新疆分行							合计
	单位活期	其中:外商投资企业存款	单位定期	其中:外商投资企业存款	储蓄存款	其中:定期	其他存款	
1986	1165	642	528	—	58	55	3	1754
1990	2124	568	6883	—	830	817	13	9850
1995	—	—	4352		6850		—	11202
2000	1969	1251	1493	—	29314	27809	250	33026
2001	2451	556	686	—	31466	28109	453	35056
2002	3406	826	252	—	33549	29637	1609	38816
2003	3442	755	621	—	31034	26778	1615	36712
2004	2011		219		27754	21409	2078	32062
2005	1974	—	165	—	20247	16977	1292	23678

1986—2005 年新疆银行业机构外汇(币)存款情况

表 6—7　　　　　　　　　　　　　　　　　　　　　　　　　　　　　单位:万美元

年份	工行新疆分行							合计
	单位活期	其中:外商投资企业存款	单位定期	其中:外商投资企业存款	储蓄存款	其中:定期	其他存款	
2000	596	63	111	0	6111	5641	1739	8557
2001	2485	58	625	0	6107	5764	757	9974
2002	1707	57	761	0	5755	5458	916	9139
2003	3958	94	760	0	4883	4583	688	10289
2004	2374	0	114	0	5070	4422	1756	9314
2005	2663	150	1114	0	4438	4035	659	8874

1986—2005 年新疆银行业机构外汇(币)存款情况

表 6—8　　　　　　　　　　　　　　　　　　　　　　　　　　　　　单位:万美元

年份	农行新疆分行							合计
	单位活期	其中:外商投资企业存款	单位定期	其中:外商投资企业存款	储蓄存款	其中:定期	其他存款	
1995	266	—	93	—	109	76	96	564
2000	23	—	—	—	296	286	913	1232
2001	54	—	—	—	372	345	93	519
2002	190	—	—	—	600	556	306	1096
2003	228	—	—	—	922	788	679	1828
2004	197	—	—	—	1003	815	1453	2653
2005	157	—	—	—	560	507	80	797

1986—2005 年新疆银行业机构外汇(币)存款情况

表 6—9　　　　　　　　　　　　　　　　　　　　　　　　　　　　　单位:万美元

年份	建行新疆分行							合计
	单位活期	其中:外商投资企业存款	单位定期	其中:外商投资企业存款	储蓄存款	其中:定期	其他存款	
2000	4303	66	—	—	884	869	194	5381
2001	2879	2	431	—	1299	1253	103	4712
2002	2056	135	—	—	1607	1269	536	4199
2003	2374	41	—	—	1644	1594	1749	5767
2004	1608	13	—	—	1290	1197	750	3648
2005	665	54	903	—	801	756	1071	3536

1986—2005 年新疆银行业机构外汇（币）存款情况

表 6—10　　　　　　　　　　　　　　　　　　　　　　　　　　　　　单位：万美元

| 年份 | 农行新疆兵团分行 | | | | | | | 合计 |
	单位活期	其中：外商投资企业存款	单位定期	其中：外商投资企业存款	储蓄存款	其中：定期	其他存款	
2000	—	—	—	—	48	48	—	48
2001	—	—	—	—	57	57	—	57
2002	8	—	—	—	78	78	—	86
2003	11	—	—	—	121	121	—	132
2004	25	—	—	—	166	166	—	191
2005	44	—	—	—	218	218	—	262

1986—2005 年新疆银行业机构外汇（币）存款情况

表 6—11　　　　　　　　　　　　　　　　　　　　　　　　　　　　　单位：万美元

| 年份 | 招商银行乌鲁木齐分行 | | | | | | | 合计 |
	单位活期	其中：外商投资企业存款	单位定期	其中：外商投资企业存款	储蓄存款	其中：定期	其他存款	
2002	853	—	—	—	215	84		1068
2003	1014	—	—	—	395	208		1409
2004	850	—	—	—	891	183		1741
2005	167	—	—	—	790	214		957

1983—2005 年新疆银行业机构外汇（币）存款情况

表 6—12　　　　　　　　　　　　　　　　　　　　　　　　　　　　　单位：万美元

| 年份 | 乌鲁木齐市商业银行 | | | | | | | 合计 |
	单位活期	其中：外商投资企业存款	单位定期	其中：外商投资企业存款	储蓄存款	其中：定期	其他存款	
2003	—	—	—	—	12	1	—	12
2004	—	—	—	—	8	7	—	8
2005	—	—	—	—	7	7	—	7

第三节　外汇(币)贷款

外汇贷款是银行以外币为计算单位向企业发放的贷款,是商业银行运用外汇资金,强化经营机制,获取经济效益的主要手段,也是银行借以联系客户的一条主要途径。狭义的外汇贷款,仅指国内银行运用从境内企业、个人吸收的外汇资金,贷放于境内企业的贷款;广义的外汇贷款,还包括国际融资转贷款,即包括从国外借入,通过国内外汇指定银行转贷于境内企业的贷款。

一、贷款种类

在中国,外汇贷款的种类主要有现汇贷款、往来资金贷款、银行自筹资金贷款、外商投资企业贷款、国际信贷以及其他形式国际信贷。外汇指定银行根据与借款单位签订的借贷合同,凭借款单位或借款单位委托办理进口物资的外贸公司的通知,在批准的购货清单和贷款额度内,用现汇对外支付货款称为现汇贷款即自由外汇贷款;往来资金贷款包括固定资产贷款、流动资金贷款和特种外汇贷款三种。固定资产贷款是对国内企业在基本建设项目和技术改造项目中用于引进国外先进技术和设备所需外汇资金的贷款,期限一般为3～5年,贷款利率分为浮动利率和优惠利率;银行自筹资金贷款包括自筹资金外汇贷款和现汇抵押的人民币贷款,自筹资金外汇贷款是由银行在规定的筹资指标内自行向外筹资,利率为同业拆放利率加上一定的利差,期限一般在5年以内。现汇抵押的人民币贷款是外汇银行以自筹的现汇,按抵押日外管总局公布的现汇买入价,通过外汇银行向人行抵押取得人民币供借款人使用的贷款。外商投资企业贷款是1987年4月,国务院批准《外商投资企业贷款办法》后,在新疆维吾尔自治区登记注册的中外合资企业、中外合作经营企业、外商独资企业,凡属于引进先进技术及管理经验,真正引进外资,出口创汇有还款能力的企业均可申请此种贷款,为参加上述企业投资而缺乏投资股本的中方单位,对外商投资企业的建设工程及生产经营所需的资金,也可申请此种贷款。国际信贷主要有出口信贷、政府混合贷款、银团贷款等。出口信贷是出口国政府为鼓励大型资本性货物的出口,加强本国商品的国际竞争能力,通过官方金融机构或商业银行向本国出口商或外国进口商(或进口方银行)提供的优惠贷款,并对本国提供出口信贷的机构给予利息补贴并提供信贷担保的一种中长期贷款方式;出口信贷又有卖方信贷和买方信贷两种形式,卖方信贷是指在大型成套设备贸易中,为便于出口商以延期付款方式或赊销方式出售商品,出口信贷机构对出口商所提供的中长期贷款,买方信贷是指在大型成套设备贸易中,为扩大本国设备的出口,由出口商所在国的银行向进口商或进口商所在国的银行所提供的中长期贷款;政府混合贷款是政府贷款和出口信贷或商业银行贷款混合组成的一种贷款,是某国政府对另一国政府提供的具有经济援助性质的双边贷款,这种贷款要列入贷款国政府的财政预算,并须经过相应的立法机构通过,政府贷款利率较低,期限较长,但通常金额不大,而且还要考虑各种政治因素,限定贷款用途;国际银团贷款是一种由一家或几家银行牵头,多家国际商业银行作为贷款人,向某个企业或政府提供一笔金额较大的中期贷款,这是一种结构较为复杂并具有一定规模的商业贷款业务。其他形式国际信贷主要有国际租赁信贷和发行国际债券,国际租赁的种类有融资租赁、经营租赁、维修租赁、平衡租赁、回租租赁、综合性租赁等。另外,还有特种外汇贷款、配套人民币贷款、福费廷等。特种外汇贷款是自 1982 年起,中国外汇银行开办的一种把兑换外汇和信贷两种职能有机地结合在一起,以解决不同企业技术改造所需资金而发放的贷款,其做法比较灵活。配套人民币贷款包括固定资产配套人民币贷款和周转配套人民币贷款。固定资产配套人民币贷款是用于帮助使用外汇贷款的企业购置国内配套设备所需人民币资金而发放的贷款。周转配套人民币贷款是用于帮助使用外汇贷款的企业解决引进技术设备支付的关税、工商税、调节税、运保费、安装费等人民币配套资金的贷款。福费廷(Forfaiting)是出口地银行或金融机构对出口商的远期承兑汇票进行无追索权的贴现,即在延期付款的大型设备贸易中,出口商把经银行担保或进口商承兑的、期限在半年以上到 5~6 年的远期汇票,无追索权的售予出口商所在地的银行或大金融公司(即包买商),从而提前取得现款并免除一切风险的资金融通方式。

中行新疆分行、工行新疆分行的外汇贷款分为固定资金贷款和流动资金贷款、对外贸易贷款、进出口信贷。按外汇贷款期限长短分为短期贷款,期限是 1 年以内(含 1 年)的贷款;中长期贷款,期限是 1 年以上的外汇贷款。其中中行的贷款种类也由单一的现汇贷款拓展到政府贷款、买方信贷、政府混合贷款,并积极开展境外筹资转贷业务。建行新疆分行的外汇贷款种类主要是支持自治区涉外经济发展的固定资产项目贷款、流动资金贷款以及进出口贸易融资贷款。出口融资包括打包贷款、议付贷款、信用保证贷款、商票融资贷款、国际保理、福费廷、票据贴现等;进口融资包括海外代付、远期信用证、信托收据贷款等。农行新疆分行、农行新疆兵团分行办理的外汇贷款主要为外贸和出口创汇企业发放的短期外汇贷款和利用外国政府贷款或国际金融机构贷款,其规模很小。招商银行乌鲁木齐分行主要办理开证授信额度、进口押汇、进口 T/T 押汇、出口押汇、出口 T/T 押汇等业务品种。

二、业务发展

改革开放后,外商进入新疆投资逐渐增加,外商投资企业贷款业务也随之发展,新疆有外汇经营权的银行除支持一些出口创汇型项目外,还重点支持一些在国民经济中具有较大影响的技术密集型和进口替代型项目。为了更好地支持三资企业的生产经营,新疆有外汇业务经营权的银行,与境内中外合资企业一道,在平等互利、共担风险的原则下,为三资企业提供贷款担保、资金管理和资金、外汇信息等方面的服务。此后,随着新疆对外开放度进一步扩大,外汇贷款业务需求量也呈现快速增长趋势。

1986 年,中行新疆分行的外汇贷款余额仅为 2689 万美元。

1990 年,中行新疆分行将外汇信贷工作的重点放在支持大中型石油、石化、通信项目上,贷款的种类也由单一的现汇贷款拓展到政府贷款、买方信贷、政府混合贷款等,年末境内中长外汇贷款余额为 3715 万美元。

1993 年,建行新疆分行参与世界银行贷款的兵团农业综合开发、新疆维吾尔自治区高等级公路和塔里木农业灌排及环保世界银行贷款项目的管理,对新疆维吾尔自治区八一毛纺厂等 5 个重点技改引进项目建设提供外汇贷款 1500 万美元。

1994 年,建行新疆分行为引进程控邮电而办理的德国出口信贷 1000 万美元;为新疆第二毛纺厂引进设备办理了西班牙贴息贷款 300 万美元;为引进新疆风力发电设备项目办理丹麦出口信贷 500 万美元。

1995 年,建行新疆分行经办新疆第二毛纺厂等三个外国政府借款转贷项目,有效利用外资共计 1117 万美元。同年,中行新疆分行的外汇贷款余额为 18.05 亿美元,为 2005 年以前中行新疆分行的外汇贷款余额最高的年份。

1996 年,建行新疆分行承办世界银行贷款塔里木河农业灌溉、兵团农业开发和吐—乌—奎高等级公路项目,外汇贷款余额 1885 万美元。同年,交通银行乌鲁木齐分行坚持不断完善以资产负债比例管理为核心的商业银行运行机制,强化审贷分离管理,加强市场调研,对产品有市场、经营和信誉好的企业集中资金进行有效投放,累计发放外汇贷款 1304 万美元,并与新疆 20 多家边贸企业和进出口公司建立较稳定的业务往来关系,支持企业扩大进出口业务,增加出口创汇能力。

1997 年,结合人民币利率的一再下调、贷款管理的变化以及现汇贷款的需求下降的实际,建行新疆分行适时调整外汇业务发展思路,外汇贷款主要集中在以世界银行项目为主的高等级公路、高速公路、民用航空、电力建设、铁路建设,以及进出口贸易项目为主的电力设备、电气化、纺织品、绿色番茄制品等。

1998 年,建行新疆分行各项外汇贷款余额 1906 万美元,其中境内短期贷款 68 万美元、境内中长期贷款 120 万美元、各项外汇垫款 1718 万美元。

2000 年,中行新疆分行积极开展境外筹资转贷业务,向出口创汇型企业提供转贷资金 4.94 亿美元,占同年外汇贷款余额的 47.3%。年末,中行新疆分行境内中长期外汇贷款余额达 5.12 亿美元,较 1990 年增长了 12.8 倍,年均增长率 2.6 倍,且外汇贷款余额占新疆此类贷款市场份额的 60% 以上,为新疆对外经济贸易发展起到了积极的促进作用。同年,农行新疆分行各项外汇贷款余额为 766 万美元,其中自营短期贷款 465 万美元、利用外国政府贷款 268 万美元,仅为新疆和硕县青鹤农业发展有限公司利用奥地利政府提供的贷款就有 120 万美元,引进国外先进农业喷灌设备项目。

2001 年,农行新疆分行为新疆昌吉屯河工贸公司、新疆博乐棉纺厂分别办理了利用意大利政府贷款 280 万美元引进微滴灌项目、利用德国政府贷款 200 万美元购置棉纺设备项目外汇贷款业务。同年,交通银行乌鲁木齐分行国际业务在加强管理、防范风险的前提下,通过建立全行大营销体制,狠抓市场开拓和客户维护,克服利率下调、B 股市场开放,国际市场低迷、"9·11"事件后进出口贸易萎缩等不利因素,国际业务得到较快发展,年末外汇贷款余额 641 万美元,较年初增加 259 万美元。

2002 年,农行新疆分行为新疆昌吉屯河工贸公司办理了利用意大利政府 270 万美元贷款引进微滴灌生产项目、为新疆奎屯市医院办理了利用西班牙政府 324 万美元贷款建立心脑血管病中心项目、为新疆巴音郭楞州天磊石材有限责任公司办理了利用意大利政府 280 万美元贷款引进石材加工设备项目等外汇贷款业务。同年,农行新疆兵团分行各项外汇贷款余额 102 万美元,其中自营短期贷款 30 万美元、利用外国政府贷款 72 万美元。

2003 年,农行新疆分行为新疆塔城绿源良种牛业有限公司办理了利用奥地利政府 252 万美元贷款,引进农牧机具及节水灌溉设备项目;为乌苏县哈图布呼农场办理了利用西班牙政府 280 万美元,引进养牛加工设备项目。

2005 年,各家银行积极贯彻稳健的货币政策,采取多项措施开展外汇业务。建行新疆分行完成了一笔南航股份 1.85 亿美元自营现汇贷款,年末外汇贷款余额达到 2.11 亿美元,其中境内短期贷款 6600 万美元、境内中长期贷款 1.24 亿美元、进出口贸易融资 21 万美元,境外筹资贷款 2089 万美元,有力地支持了世界银行新疆高等级公路建设项目和在建行贷款的中国南方航空股份有限公司、新疆电力公司、北铁实业、特变电工以及农垦纺织品进出口公司、中基番茄制品股份有限公司等企业的发展。同年末,中行新疆分行外汇贷款余额达 4.16 亿美元,比 1986 年增长了 14.5 倍。其中,境内短期外汇贷款由 1986 年的 20 万美元增长到 2005 年的 4666 万美元,增长了 232.3 倍。农行新疆分行各项外汇贷款余额为 3599 万美元,其中自营短期贷款 584 万美元、利用外国政府贷款 1795 万美元,仅新疆轮台县绿源农村开发有限责任公司利用西班牙政府贷款引进设备项目就达 621 万美元。农行新疆兵团分行外汇贷款全部为利用外国政府的贷款,年末余额为 4693 万美元,贷款引进的项目主要包括农业喷(滴)灌、节水灌溉、农牧机具、棉纺设备、石材加工、养牛加工设备和建立心脑血管病中心等。招商银行乌鲁木齐分行将国际业务的基本客户定位在年进出口额在 500 万美元以上的自营进出口生产企业、三资企业、专业外贸公司,年末累计办理外汇贷款 4720 万美元。

2000—2005 年工行新疆分行外汇贷款余额

表 6—13　　　　　　　　　　　　　　　　　　　　　　　　　　　　　　　单位:万美元

年份	境内短期贷款	其中:外商投资企业短期贷款	境内中长期贷款	其中:外商投资企业中长期贷款	进出口贸易融资	票据融资	其他贷款	各项垫款	境外筹资转贷	合计
2000	696	—	750	—	186	—	—	0	0	1632
2001	624	—	500	—	165	—	—	250	1886	3425
2002	1205	—	500	—	204	—	—	250	1796	3955
2003	287	—	500	—	2609	—	—	250	1892	5538
2004	169	—	2300	—	872	—	—	407	2119	5867
2005	160	—	1800	—	642	—	—	2107	2258	6967

1994—2005 年农行新疆分行外汇贷款余额

表 6—14　　　　　　　　　　　　　　　　　　　　　　　　　　　　　　　单位:万美元

年份	境内短期贷款	其中:外商投资企业短期贷款	境内中长期贷款	其中:外商投资企业中长期贷款	进出口贸易融资	票据融资	其他贷款	各项垫款	境外筹资转贷	合计
1994	68	—	544	—	—	—	—	—	—	612
1995	173	—	113	—	—	—	—	—	367	653

表 6-14 续

年份	境内短期贷款	其中：外商投资企业短期贷款	境内中长期贷款	其中：外商投资企业中长期贷款	进出口贸易融资	票据融资	其他贷款	各项垫款	境外筹资转贷	合计
1996	344	—	298	—	—	—	—	—	367	1009
1997	588	—	260	—	—	—	—	—	367	1215
1998	15	—	237	—	80	—	—	—	371	1356
1999	—	—	297	—	102	—	—	—	191	1305
2000	—	—	60	—	27	—	—	—	392	766
2001	591	55	48	—	39	—	—	—	603	1281
2002	636	—	48	—	20	—	—	—	847	1551
2003	536	—	48	—	10	—	—	—	1142	1736
2004	584	—	—	—	778	—	—	—	1970	3746
2005	584	—	—	—	11	—	—	—	2591	3599

1986—2005 年中行新疆分行外汇贷款余额

表 6-15　　　　　　　　　　　　　　　　　　　　　　　　单位:万美元

年份	境内短期贷款	其中：外商投资企业短期贷款	境内中长期贷款	其中：外商投资企业中长期贷款	进出口贸易融资	票据融资	其他贷款	各项垫款	境外筹资转贷	合计
1986	20	20	1846	300	—	—	824	—	—	2690
1990	42	39	3715	—	—	—	—	—	—	3757
1995	4584	—	33165	—	6251	—	—	—	—	44000
2000	3510	260	51159	—	8	81	340	—	49376	104474
2001	1720	—	393	—	—	7	—	1009	45050	48179
2002	1475	500	444	—	1411	7	—	725	42344	46906
2003	6865	1500	8782	—	7589	6	—	725	22752	48219
2004	4339	—	18719	—	2466	—	—	290	21213	47027
2005	4666	—	14440	—	3833	—	—	190	18482	41611

1998—2005 年建行新疆分行外汇贷款余额

表 6—16　　　　　　　　　　　　　　　　　　　　　　　　　　　单位:万美元

年份	境内短期贷款	其中:外商投资企业短期贷款	境内中长期贷款	其中:外商投资企业中长期贷款	进出口贸易融资	票据融资	其他贷款	各项垫款	境外筹资转贷	合计
1998	68	—	120	—	—	—	—	1718	1298	1906
1999	60	—	138	—	—	—	—	1733	1518	1931
2000	—	—	18	—	—	—	—	292	1600	310
2001	—	—	236	—	—	—	—	—	1423	1659
2002	—	—	355	—	—	—	—	—	1530	1890
2003	794	—	458	—	127	—	—	—	1873	3252
2004	—	—	1040	—	—	—	—	49	1530	2619
2005	6600	—	12429	—	21	—	—	—	2089	21139

2002—2005 年农行新疆兵团分行外汇贷款余额

表 6—17　　　　　　　　　　　　　　　　　　　　　　　　　　　单位:万美元

年份	境内短期贷款	其中:外商投资企业短期贷款	境内中长期贷款	其中:外商投资企业中长期贷款	进出口贸易融资	票据融资	其他贷款	各项垫款	境外筹资转贷	合计
2002	30	—	—	—	—	—	72	—	—	102
2003	23	—	—	—	—	—	250	—	—	273
2004	38	—	—	—	—	—	300	—	—	338
2005	443	—	—	—	4150	—	—	—	—	4693

2002—2005 年招商银行乌鲁木齐分行外汇贷款余额

表 6—18　　　　　　　　　　　　　　　　　　　　　　　　　　　单位:万美元

年份	境内短期贷款	其中:外商投资企业短期贷款	境内中长期贷款	其中:外商投资企业中长期贷款	进出口贸易融资	票据融资	其他贷款	各项垫款	境外筹资转贷	合计
2002	70	—	—	—	—	—	—	—	—	70
2003	—	—	—	—	190	—	—	—	—	190
2004	—	—	—	—	255	—	—	—	—	255
2005	—	—	—	—	874	—	—	—	—	874

第四节　国际结算

国际结算业务一直以来就是中国银行的传统业务之一。早在 1978 年,中行新疆分行就与 15 家海外银行建立了业务往来关系,到 1985 年,已与近 80 个国家和地区的 383 家银行及分支机构建立了代理行关系。随着自治区对外贸易的快速发展,中行新疆分行的国际结算量快速增长,进出口贸易结汇金额由 1986 年的 2.72 亿美元,增加到 2005 年的 28.57 亿美元。

1989 年后,工行新疆分行、建行新疆分行在乌鲁木齐市分支机构先后开办国际支付结算业务。之后,农行新疆分行、农行新疆兵团分行、交通银行乌鲁木齐分行、招商银行乌鲁木齐分行、华夏银行乌鲁木齐分行等陆续开始推出国际结算服务。

一、进出口贸易结算

(一)进口贸易结算

改革开放后,中国为适应对外经济贸易新形势,对外继续坚持平等互利、重合同守信用的原则,在进口贸易结算中坚持实行开证申请书制度,按时付汇,既维护国家经济利益,也尊重和采用国际上通用的习惯做法。从 1985 年 7 月 8 日起,对进口开证开始收取全额保证金作为将来付款的保证,同时运用灵活的信用证付款方式,原则上以单到国内开证行付款为主。同年 9 月 17 日,实行进口付款银行担保办法,进口开证原则上要保证额度与人民币的双落实,促进了进口业务迅速发展。在这个大环境下新疆对外贸易快速发展,各家银行的进口贸易结算业务量也快速增长。

1986 年,中行新疆分行为进口贸易企业办理进口贸易结算(付汇)金额达 9300 万美元,支付方式主要以现汇为主。以后中行逐步采取信用证、托收、汇出汇款等多种结算方式。

1993 年,工行新疆分行进口开证实行授信额度、进口押汇及利用海外银行资金进行信用证项下垫款。

1994 年,国家进行外汇管理体制改革,取消外汇留成,实行汇率并轨和银行结售汇制度,建立银行间外汇市场,加强结算与信贷的配合,加大融资与授信力度,进口融资品种日趋多样化。

1996 年,国家又将外商投资企业纳入银行结售汇体系,外商投资企业的所有进口都必须在外汇指定银行办理购付汇,出口收汇进入银行结算账户,超过限额予以结汇。新疆维吾尔自治区外汇指定银行的结售汇业务发展很快,尤其是进口售付汇。

1998 年,受东南亚金融危机持续动荡的影响,全疆进出口业务下滑,新疆维吾尔自治区外汇指定银行利用远期结售汇、外汇买卖品种争揽进口业务,严格审批制度,增加抵押授信,灵活运用授信、来证抵押、银行承兑汇票、存单质押、金融机构担保等手段稳住大客户。与此同时,各家银行的国际结算业务也相应上升,结算结构也日趋合理。进口贸易结算占到贸易结算量的六成以上。

1999 年,农行新疆分行为具有进出口资质的企业办理进出口贸易外汇结算业务,进口的大宗商品为钢铁、化肥、机械设备等,年内办理进口贸易结算 387 笔,付汇金额 1.04 亿美元。

2003 年,招商银行乌鲁木齐分行办理进口贸易项下付汇 4086 万美元。

2004 年,招商银行乌鲁木齐分行进口贸易付汇 1.19 亿美元。

2004 年,乌鲁木齐市商业银行共办理进口信用证 1300 万美元。

2005 年,中行新疆分行共办理进口贸易结算 4146 笔,金额达 10.65 亿美元,占进出口贸易结算总额的 54%,其中,信用证 912 笔,金额为 6.19 亿美元;托收 356 笔,金额为 1207 万美元,汇出汇款 2878 笔,金额为 4.34 亿美元。同年,建行新疆分行的国际结算业务有所上升,结算结构也日趋合理,进出口贸易结算中,进口贸易结算占到贸易结算量的 64%,其中进口开证业务 20%、汇出汇款业务 44%。农行新疆分行办理进口贸易结算 2098 笔,金额 6.72 亿美元。主要为有进口资质的企业办理进口钢铁、化肥、机械设备等大宗商品的外汇结算业务。招商银行乌鲁木齐分行进口贸易付汇为 8128 万美元。乌鲁木齐市商业银行全年共办理进口信用证 3000 万美元。

(二)出口贸易结算

为适应外贸体制改革,从 1981 年 1 月 1 日起,国务院决定对贸易外汇实行内部结算价格结汇制度改革,以调剂进出口盈利和贯彻奖出限入政策。新疆外汇指定银行与新疆维吾尔自治区外贸部门配合,对出口贸易的外汇结算将"收妥结汇"改为议付结汇(或买单业务、出口押汇)。后来,由于出口押汇的邮程偏长、利率偏高,所扣外汇影响了企业的创汇数,而人民币汇价一直呈下降势头,早结汇不如汇价变动的汇差收益,加上押汇所定的追索权太多,使企业无法承受,出口押汇业务一直处于停顿状态。外汇指定银行扩大快邮收汇比例、范围以加快收汇速度,同时拉直索汇路线,设立专职人员以加强催收查询工作,缓和了公司资金偏紧而银行结汇时间过长的矛盾。

1986 年,中行新疆分行为进出口贸易企业办理出口收汇 1.79 亿美元。

1987 年 8 月 10 日,中行总行通知开展定期结汇业务。

1988 年,中行乌鲁木齐分行强化出单速度,对外贸、工贸公司大力推广定期结汇、出口押汇、远期票据贴现等新业务。

1989 年,外贸出口受阻,进口紧缩。银行开办信用证抵押打包放款业务,即银行以出口商提交的国外银行信用证正本为抵押向出口商融通资金,以组织出口货源的业务。出口商出运货物后凭信用证要求的单据可叙做出口押汇,出口押汇时银行扣还打包放款本息。新疆各外汇指定银行充分发挥国际结算优势,加快收汇结汇速度,积极为企业融资。

1993 年,新疆各外汇银行改进国际结算运作机制,将各项业务纳入一个完整的国际结算体系,并完善国际结算功能,逐步实现国际结算由代收代付向授信融资转换,承办进出口短期融资贷款和出口信用证短期融资押汇业务,进出口短期融资贷款主要面向工贸、三资和一些新生企业,缓解其短期资金不足,改善客户群结构。

1994 年,国家实行汇率并轨,取消外汇留成、上缴和额度管理制度,实行银行结售汇,建立起统一的银行间外汇市场。新疆维吾尔自治区外汇指定银行的出口信用证业务已上 S 系列,加强结算与信贷的配合,加大融资与授信力度,银行国际结算量逐年增加。

1997 年,受东南亚金融危机的影响,新疆维吾尔自治区进出口业务下滑,各外汇指定银行的基本客户的出口业务下降,各家银行采取措施,加强与信贷部门的配合,发挥整体优势,为企业搞活资金,缓解企业的资金压力,确保出口创汇增长。

1999 年 10 月 1 日,国家开始正式实施进口开证集中化处理,对出口押汇、进口开证、保函业务全面实行统一授信管理,同时提高了进口远期信用证项下保证金的收取比例。外汇指定银行认真贯彻实施有关政策,以安全经营、保证业务质量、努力提高经济效益、严格控制业务风险为经营前提,充分发挥优势品种的市场效益,争揽出口贸易结算业务。同年,随着出口贸易结算业务持续发展,农行新疆分行办理出口贸易结算业务量 566 笔,收汇额 3965 万美元。

2001 年起,各外汇指定银行利用外汇管理政策调整之机,积极扩大外汇业务宣传,拓展贸易、非贸易结算业务,促进新疆维吾尔自治区出口贸易结算业务发展。

2003 年,乌鲁木齐市商业银行开始开办出口贸易结算业务。招商银行乌鲁木齐分行办理出口贸易项下收汇 1.12 亿美元。

2004 年,招商银行乌鲁木齐分行办理出口贸易收汇结算达 1.95 亿美元。同年,华夏银行乌鲁木齐分行办理出口收汇 1059 万美元。乌鲁木齐市商业银行完成出口结算 760 万美元。

2005 年,中行新疆分行共办理出口贸易结算 15752 笔,收汇额达 8.19 亿美元,占进出口贸易结算总额的 42%。农行新疆分行办理出口贸易结算业务量 2528 笔,收汇额 3.34 亿美元。在农行新疆分行办理出口贸易结算的企业主要有美克家私、新中基,商品主要包括家具、番茄酱等。建行新疆分行出口贸易结算额已占其办理的国际结算总额的 36%。同年,招商银行乌鲁木齐分行办理出口贸易项下收汇 5462 万美元。华夏银行乌鲁木齐分行累计办理出口收汇 2376 万美元,占贸易结算的 30.6%。

二、非贸易外汇结算

非贸易结算是指以货币结算国际间进出口贸易贷款以外的债权和债务。包括贸易交往中的各项从属费用,如运输、保险、银行手续费等,以及其他与贸易无关的属于劳务性质的非实物收支,如出国旅游费用、侨民汇款、外币收兑、国外投资和贷款的利润、利息收益、驻外使领馆和其他机构(含企业)的经费、专利权收入、馈赠等。结算方式主要有非贸易汇款、非贸易信用证、旅行支票、非贸易票据的买入与托收、信用卡和外币兑换等。非贸易结算是国际结算的重要组成部分。

(一)非贸易外汇结算完成的总体情况。1986 年,中行新疆分行非贸易外汇结算额为 500 万美元;其中:探亲费代保管业务 2661 笔,金额达 199 万美元;为出国探亲并朝觐人员提取外汇 1741 笔,共 162 万美元;办理外币、旅行支票的兑换、出境旅客的退汇等业务 38 万美元;出售旅行支票 5 种,共计 101 万美元。

1995 年,随着国家对外开放和友好交往程度的不断扩大,非贸易项下的外汇结算业务量迅速增长,中行新疆分行共办理国外汇款 6903 万美元,票据托收 201 万美元,出售旅行支票 70 万美元,为出国朝觐人员供汇 62 万美元,旅行支票和现汇 18 万美元。

2000 年,农行新疆分行办理非贸易外汇结算笔数 193 笔,金额 850 万美元。

2002 年,交通银行乌鲁木齐分行实现国际结算量 2.36 亿美元,其中旅购收汇额度 0.60

亿美元,外汇宝业务累计交易额 0.09 亿美元,客户突破 100 户,吸收丙类存款 150 万美元。

2003 年,交通银行乌鲁木齐分行调整外汇业务发展战略和业务架构,实行统一授信下外汇业务大营销体制,实行本外币一体化营销,加强与国际结算有关的授信安排,外汇宝业务累计交易额 3700 万美元。同年,招商银行乌鲁木齐分行非贸易外汇结算完成 300 万美元。

2004 年,招商银行乌鲁木齐分行非贸易外汇结算实现 1098 万美元。同年,乌鲁木齐市商业银行开办非贸易外汇结算 3 万美元。

2005 年,中行新疆分行非贸易项下的汇入汇出业务 943 笔,共 7577 万美元,比 1986 年增长了 14.2 倍。同年,农行新疆分行办理非贸易外汇结算笔数 3665 笔,金额 3196 万美元,其中办理“西联汇款”业务 3297 笔,金额 716.3 万美元。农行新疆分行办理的非贸易外汇结算业务主要有票据托收、信用卡收单、旅行支票、西联汇款等。交通银行乌鲁木齐分行根据交通银行总行提出的加速发展,加强管理,加快创新的要求,继续推动国际结算业务保持增长态势,取得较好经营业绩,非贸易结算量为 7800 万美元,外汇宝交易量 4810 万美元。招商银行乌鲁木齐分行非贸易外汇结算 1795 万美元。

(二)侨汇。侨汇是侨居在国外的本国公民或侨居在本国的外国公民汇回其祖国的款项。新疆不是一个集中侨区,但侨汇收入在新疆非贸易外汇收入中占一定比重。随着改革开放的不断深化,境外对私汇款逐年增加,包括原来海外侨胞用于赡养国内亲属的单纯的“侨汇”和形式多样的各种汇款,统称为“大侨汇”。1986 年,中行新疆分行侨汇收入 60 万美元。随后几年波动变化,1987 年侨汇收入为 64 万美元;1989 年侨汇收入 27 万美元;1992 年办理侨汇收入 31 万美元;1993 年办理侨汇收入 37 万美元。

(三)外币兑换。根据国家规定,截至 2005 年,在中国指定银行机构兑换的外币现钞有 19 种即美元、港元、英镑、欧元、法国法郎、德国马克、日元、澳大利亚元、新加坡元、加拿大元、芬兰马克、奥地利先令、比利时法郎、瑞士法郎、丹麦克朗、荷兰盾、挪威克朗、瑞典克朗、意大利里拉。1986 年,中行新疆分行外币兑换金额为 150 万美元,1993 年外币兑换金额为 408 万美元,比 1986 年增长了 1.7 倍。农行新疆分行办理外币兑换业务较晚,但外币兑换业务量发展起伏较大,2004 年,农行新疆分行办理外币兑换 680 笔,金额 4578 万美元,2005 年,办理外币兑换 519 笔,金额 694 万美元。2003—2005 年,乌鲁木齐市商业银行共办理外币兑换业务共计约 9 万美元,主要为个人零星兑换业务。

(四)其他非贸易外汇(现汇)。其他非贸易外汇(现汇)收入主要包括商品的运输费、保险费和其他附属费用,如港口费用、客运的车、船票及车、船上的其他劳务费用等;旅游,即旅游者在该国停留期间为本人或他人购买的商品和劳务;投资收入,包括经营直接投资企业的利润收入和参股投资者所得的股息收入;其他商品和劳务收支,即上述各项以外的官方交易、私人交易和私人财产收入等。此外,使领馆人员工资等开支,本国居民在国外的财产收入,商品进出口以外的商业销售、专业服务和技术服务,如通信和计算机服务,金融服务如贷款的利息,版权及许可证费,乘客保险等非商品保险等,也包括在劳务费用项目中。1986 年,中行乌鲁木齐分行侨汇、旅游、旅游购物、私人外汇等非贸易外汇(现汇)收入为 1221 万美元,非贸易外汇(现汇)支出 357 万美元。1990 年,中行乌鲁木齐分行非贸易外汇(现汇)收入 961 万美元,非贸易外汇(现汇)支出 104 万美元。1993 年,中行新疆分行非贸易外汇收入 6955 万美元,非贸易外汇支出 464 万美元。2005 年末,中行新疆分行非贸易外汇收入为 3739 万美元;非贸易外汇支出为 3838 万美元。其他几家银行也不同程度地发生了少量的其他非贸易外汇量。

1986—2005 年中行新疆分行部分年份进出口贸易结算业务量

表 6—19　　　　　　　　　　　　　　　　　　　　　　　　　　　　单位:万美元

年份	收汇	付汇	合计	备注
1986	17884	9300	27184	
1990	32591	4126	36717	
1995	28597	13168	41765	
2000	38700	29700	68400	
2001	30500	30300	60800	
2002	41500	42800	84300	
2003	73987	85144	159132	
2004	135437	138164	273602	
2005	157484	128217	285701	

2005 年中行新疆分行国际结算业务量情况

表 6—20　　　　　　　　　　　　　　　　　　　　　　单位:笔,万美元,%

项　目	国有商业银行			股份制商业银行			其他银行机构			合　计	
	笔数	金额	占比	笔数	金额	占比	笔数	金额	占比	笔数	金额
一、贸易项下收汇	15752	81894.15	42							15752	81894.15
其中:信用证	835	7185.91	4							835	7185.91
托收	578	8081.88	4							578	8081.88
汇入汇款	14339	66626.36	34							14339	66626.36
二、贸易项下付汇	4146	106466.39	54							4146	106466.39
其中:信用证	912	61863.00	32							912	61863.00
托收	356	1207.09	1							356	1207.09
汇出汇款	2878	43396.30	22							2878	43396.30
三、非贸易项下汇入	654	3738.70	2							654	3738.70
四、非贸易项下汇出	298	3838.44	2							298	3838.44
合　计	20850	195937.68	100							20850	195937.68

2000—2005 年农行新疆分行进出口贸易结算业务量

表 6—21 单位:万美元

年份	收汇	付汇	合计	备注
2000	3206	8802	12008	
2001	3449	8668	12117	
2002	5100	9200	14300	
2003	13256	17457	30713	
2004	30698	63850	94548	
2005	33773	66856	95725	

2005 年农行新疆分行国际结算业务量情况

表 6—22 单位:笔、万美元,%

项　目	国有商业银行			股份制商业银行			其他银行机构			合　计	
	笔数	金额	占比	笔数	金额	占比	笔数	金额	占比	笔数	金额
一、贸易项下收汇	2022	33426.02	33.2							2022	33426.02
其中:信用证											
托收											
汇入汇款											
二、贸易项下付汇	2098	64130.04	63.6							2098	64130.04
其中:信用证											
托收											
汇出汇款											
三、非贸易项下汇入											
四、非贸易项下汇出	3665	3195.53	3.2							3665	3195.53
合　计	7785	100751.59	100							7785	100751.59

2003—2005 年农行新疆兵团分行进出口贸易结算业务量

表 6—23 单位:万美元

年份	收汇	付汇	合计	备注
2003	6887	17271	24158	
2004	23779	24786	48565	
2005	82091	27196	109287	

2005 年农行新疆兵团分行国际结算业务量情况

表 6－24　　　　　　　　　　　　　　　　　　　　　　　　单位:笔,万美元,%

项　目	国有商业银行			股份制商业银行			其他银行机构			合　计	
	笔数	金额	占比	笔数	金额	占比	笔数	金额	占比	笔数	金额
一、贸易项下收汇	3322	81572	74.6							3322	81572
其中:信用证	39	743	0.9							39	743
托收	16	329	0.4							16	329
汇入汇款	3267	80500	98.7							3267	80500
二、贸易项下付汇	187	26211	24.0							187	26211
其中:信用证	139	25884	98.7							139	25884
托收	—	—	—							—	—
汇出汇款	48	327	1.2							48	327
三、非贸易项下汇入	608	519	0.5							608	519
四、非贸易项下汇出	358	985	0.9							358	985
合　计	4475	109287	100							4475	109287

2003—2005 年招商银行乌鲁木齐分行进出口贸易结算业务量

表 6－25　　　　　　　　　　　　　　　　　　　　　　　　单位:万美元

年份	收汇	付汇	合计	备注
2003	11161	4086	15247	
2004	19545	11896	31441	
2005	5462	8128	13590	

2005 年招商银行乌鲁木齐分行国际结算业务量情况

表 6－26　　　　　　　　　　　　　　　　　　　　　　　　单位:笔,万美元,%

项　目	国有商业银行			股份制商业银行			其他银行机构			合　计	
	笔数	金额	占比	笔数	金额	占比	笔数	金额	占比	笔数	金额
一、贸易项下收汇				387	5462	35.6				387	5462
其中:信用证				64	473	3.0				64	473
托收				10	117	1.0				10	117
汇入汇款				313	4872	31.7				313	4872

表 6-26 续

项　目	国有商业银行			股份制商业银行			其他银行机构			合　计	
	笔数	金额	占比	笔数	金额	占比	笔数	金额	占比	笔数	金额
二、贸易项下付汇				290	8128	52.8				290	8128
其中:信用证				158	7320	47.6				158	7320
托收				—	—	—				—	—
汇出汇款				132	808	5.3				132	808
三、非贸易项下汇入				342	1482	9.6				342	1482
四、非贸易项下汇出				46	314	2.0				46	314
合　　计				1065	15386					1065	15386

2003—2005 年华夏银行乌鲁木齐分行进出口贸易结算业务量

表 6-27　　　　　　　　　　　　　　　　　　　　　　　　　　　　单位:万美元

年份	收汇	付汇	合计	备注
2003	1276	18	1294	
2004	1072	6758	7820	
2005	2376	5677	8053	

第七篇 金融市场

　　金融市场是指资金供需双方通过信用工具而融资的市场。金融市场的构成十分复杂，它是由许多不同的市场组成的一个庞大体系。但是，一般根据金融市场上交易工具的期限，把金融市场分为货币市场和资本市场两大类。新疆银行业志所述金融市场专指货币市场。货币市场是融通短期资金的市场，包括金融同业拆借市场、回购协议市场、商业票据市场、银行承兑汇票市场、短期政府债券市场、大额可转让存单市场、外汇市场、黄金白银市场等。在计划经济时期，新疆维吾尔自治区地处偏远地区，经济落后，融资渠道与工具比较单一。进入20世纪90年代中后期，随着金融体制改革的逐步深入，新疆的金融市场体系初步构建并形成一定规模。至2005年末，外汇市场从最初的不规范、到逐步规范、后来建立起了全国统一的银行间外汇市场。同业拆借市场由最初各银行系统内为主发展到以系统外为主、由同城拆借逐步发展到异地拆借、再到建立起全国统一的同业拆借市场。票据市场从1986年人行推行"三票一卡"制度起，开始了有条件地鼓励银行对能源、交通等重点行业以及国家计划内的农副产品及生产资料的银行承兑汇票办理贴现业务，人行也在再贴现方面给予积极支持。2002年以前，国家对金银实行严格的计划管理，并采取多项措施，努力增加金银来源，严格控制金银支出；2002年以后，黄金白银市场便逐步放开。新疆的债券市场是从20世纪80年代的国债开始的，后来发展到金融债券和企业债券，整个新疆银行业在金融市场中形成了积极参与服务的格局。

第一章　同业拆借市场与票据贴现市场

　　各银行业金融机构在日常经营活动中会经常发生资金头寸不足或盈余的情况,银行同业间为了互相支持对方业务的正常开展,并使多余资金产生短期收益,就会自然产生银行同业之间的临时资金拆借与交易。金融机构之间以货币借贷方式进行短期资金融通活动,就形成同业拆借市场。1984 年,中国人民银行专门行使中央银行职能后,专业银行实施企业化改革,城乡信用社、信托投资公司、金融租赁公司获得发展机会。1987 年,随着社会主义有计划的商品经济体制的确立,金融市场调节资金余缺功能日益增强。1988 年,人行新疆分行牵头组建了新疆金融市场拆借中心,成为有形的同业拆借载体。伴随着市场经济的发展和商业银行业务创新,商业票据也成为重要的融资工具。

第一节　同业拆借市场

　　同业拆借市场是指金融机构之间以货币借贷方式进行短期资金融通活动的市场。同业拆借的资金主要用于弥补银行短期资金的不足、票据清算的差额以及解决临时性资金短缺需要。也称"同业拆放市场",是金融机构之间进行短期、临时性头寸调剂的市场。

一、发展历程

　　中国的同业拆借市场建立始于 1984 年。在此之前,中国实行的是高度集中统一的信贷资金管理体制,银行间的资金余缺只能通过行政手段纵向调剂,而不能自由地横向融通。1984 年 10 月,随着人行专门行使中央银行职能、加上二级银行体制的逐步形成,信贷资金管理体制也随之进行了重大改革,推出"统一计划,划分资金,实贷实存,相互融通"的新的信贷资金管理体制,允许各专业银行互相拆借资金,鼓励金融机构利用资金的行际差、地区差和时间差进行同业拆借。新的信贷资金管理体制实施后不久,各专业银行之间,同一专业银行各分支机构之间即开办了同业拆借业务。由于 1985 年实行严厉的紧缩性货币政策,同业拆借并没有真正广泛地开展起来。

　　1986 年 1 月,国家经济体制改革委员会、人行总行在广州召开金融体制改革工作会议,正式提出开放和发展同业拆借市场。同年 3 月,国务院颁布的《中华人民共和国银行管理暂行条例》,对专业银行之间的资金拆借做出了具体规定。在这一规定指引下,新疆金融机构短期资金拆借业务逐步展开,各专业银行和其他金融机构通过中介机构开展资金拆借的比重越来越大,全疆全年累计拆借资金 5.04 亿元。全疆同业拆借也逐步由系统内为主发展到以系统外为主,由同城拆借发展到异地拆借。

　　1987 年,新疆金融机构同业拆借市场发展较快,全年累计拆借资金 31.60 亿元。

　　1988 年,由于部分金融机构违反有关资金拆借的规定,用拆借资金搞固定资产投资,拆借资金到期无法收回,人行总行根据国务院的指示,对同业拆借市场的违规行为进行清理整顿,撤销各地的融资公司,整顿融资中介机构。同年9月,面对社会总供求关系严重失调,储蓄存款严重滑坡,物价涨幅过猛的严峻的宏观经济和金融形势,国家实行了严厉的"双紧"政策,同时治理"乱拆借",同业拆借市场的融资规模大幅度下降。

1990年,人行总行下发《同业拆借管理试行办法》,第一次用专门的法规形式对同业拆借市场管理做了比较系统的规定。

1991年4月,为推动金融机构资金拆借业务发展,新疆金融市场建立。

1992年,全国掀起了新一轮投资热潮。新疆各地州市相继成立了二级金融市场,人行新疆分行批准成立了工商银行西域资金市场和建设银行融资中心,但是,1992年下半年到1993年上半年,同业拆借市场出现严重的违规拆借现象,大量拆借资金被用于房地产投资、固定资产投资、开发区项目及炒卖炒买股票,一些市场中介机构乱提高拆借资金利率,一些专业银行绕过人行总行对贷款规模的控制,超负荷拆借资金。这种状况造成了银行信贷资金大量外流,干扰了金融宏观调控,影响了银行的正常运营,扰乱了金融秩序。

1993年7月,拆借市场违章拆借行为频生,人行总行根据国务院整顿拆借市场的要求,把规范拆借市场作为整顿金融秩序的一个突破口,出台一系列措施,对同业拆借市场进行整顿,撤销了各专业银行及其他金融机构设立的同业拆借市场中介机构,规定了同业拆借最高利率,要求各地抓紧收回违章拆借资金,拆借市场秩序开始好转。同月,新疆金融市场改称为新疆融资中心。人行新疆分行撤销了15家地州市的金融市场和一家县级金融市场,改组了工行、农行、建行的资金市场。并暂停银行对非金融机构的资金拆出,严禁非金融机构参与资金拆借业务,清理和回收银行违章拆借资金。到1994年末,全疆银行回收违章拆借资金20.28亿元,占全部违章拆借资金的77.4%。

1995年,为了巩固整顿同业拆借市场的成果,人行总行进一步强化对同业拆借市场的管理,要求跨地区、跨系统的同业拆借必须经过人行融资中心办理,不允许非金融机构和个人进入同业拆借市场,从而使同业拆借市场得到进一步规范和发展。同年11月,人行总行发出通知,要求商业银行在1996年4月1日前撤销其所办的拆借市场。这一措施为建立全国统一的同业拆借市场奠定了坚实的基础。

1996年1月3日,为了从根本上消除同业拆借市场的混乱现象,经过人行总行长时间的筹备,正式建立全国统一的银行间同业拆借市场,同年6月,放开了对同业拆借利率的管制,拆借利率由拆借双方根据市场资金供求状况自行决定,初步形成了全国统一的同业拆借市场利率(Chibor)。全国银行间同业拆借市场,包括金融机构通过全国银行间同业拆借中心提供的交易系统进行的同业拆借(称一级网),以及通过各地融资中心进行的同业拆借(称二级网)。新疆融资中心与全国市场联网,进一步规范和完善新疆资金市场的融资业务。

1997年,随着全国银行间同业拆借市场的建立和逐步完善,金融机构直接进行拆借交易的渠道已经开通,人行总行连续下发《关于清收融资中心拆借资金有关问题的通知》《关于进一步抓紧融资中心逾期资金清收工作的通知》,开始全面停止各地融资中心的业务,清收逾期拆借资金,清理完毕的融资中心予以撤销。金融市场建设取得一定成效,全国银行间拆借市场逐步完善。同年,新疆拆借资金交易全部进入全国统一拆借市场。

二、市场监督管理

为促使同业拆借市场健康发展,人行总行先后出台一系列有关政策法规。

1996 年 5 月,人行总行下发《关于取消同业拆借利率上限管理规定的通知》,决定从同年 6 月 1 日起取消同业拆借利率管制,拆借利率由拆借双方自行决定,完全放开。

1997 年,人行总行连续下发《关于清收融资中心拆借资金有关问题的通知》《关于进一步抓紧融资中心逾期资金清收工作的通知》,全面停止融资中心的业务,清收逾期拆借资金,清理完毕的融资中心予以撤销。

1999 年,人行总行下发《关于农村信用社资金融通若干问题的通知》和《关于农村信用社等金融机构资金融通管理问题的通知》,明确所有金融机构都可以办理同业拆借业务,鼓励商业银行和农村信用社办理融资代理业务;同年 8 月,人行总行公布《证券公司进入银行间同业市场管理规定》,规定证券公司经中国证监会推荐,可向人行申请进入全国银行间同业市场,从事同业拆借等融资业务。

2000 年,人行总行下发《财务公司进入全国银行间同业拆借市场和债券市场管理规定的通知》。

2003 年,人行总行下发《关于统一同业拆借市场中证券公司信息规范的通知》等,这些文件构成了同业拆借市场监督管理的依据。

按照"严格准入、风险自担、市场公平、分层有序"的原则,来形成合力监督管理同业拆借市场。人行乌鲁木齐中心支行在加强同业拆借市场的管理上形成了系统的行之有效的管理方式,并构成了同业拆借不同的管理手段:一是期限管理手段,即以拆入期限管理为核心,分别设置不同类型金融机构的拆入资金最长期限,存款类金融机构最长拆入期限为 4 个月、发债的政策性银行最长拆入期限为 21 天、非银行金融机构最长拆入期限为 7 天;二是限额管理手段,即为防止金融机构过度依赖同业拆借融资,针对不同类型金融机构分类设置拆出拆入的限额,主要核定方法是对于中资存款类金融机构,按照存款余额的 8% 核定拆出限额,按照存款余额的 4% 核定拆入限额,对于外资银行分行按照人民币营运资金的 1.5 倍核定拆借限额,对于发债的政策性银行按照当年市场化发债总额的 7% 核定拆借限额,对于非银行金融机构按照实收资本的比例核定拆借限额;三是备案管理手段,即利用查询系统,对同业拆借交易成员的档案资料在重新整理的基础上登记录入,实现交易会员管理无纸化,定期与各交易会员联系,及时掌握最新资料,确保会员档案资料的真实性、完整性;四是信息披露管理手段,即由于同业拆借市场参与者类型多样,信用状况与风险管理水平参差不齐,信用风险仍然值得关注。人行首先在同业拆借市场成员中的证券公司开展规范信息披露的试点工作。之后,统一了同业拆借市场中证券公司的信息披露规范,对证券公司提出强制信息披露要求,市场透明度明显增强,市场约束和激励机制初步发挥作用。

2005 年,为加强同业拆借市场和债券市场管理,规范、促进辖区货币市场发展,人行乌鲁木齐中心支行又制定印发了《新疆金融机构同业拆借备案管理试行办法》。

三、业务开展

1986 年 1 月,国家体改委、人行总行召开金融体制改革工作会议,提出开放和发展同业拆借市场。国务院颁布《银行管理暂行条例》,对专业银行之间的资金拆借做出具体规定。新疆金融机构短期资金拆借市场正式开办,各专业银行和其他金融机构通过中介机构开展资金拆借的比重越来越大,全疆同业拆借逐步由系统内为主发展到以系统外为主,由同城拆借发展到异地拆借。新疆金融机构短期资金拆借业务逐步开展,全年累计拆借资金5.04亿元。同年,工行新疆分行牵头组织了九省(区)、三市资金融通联络网,并承担了按时准确地发布联络行资金需求信息,为需求双方融资牵线搭桥。仅一年的时间,与工行新疆分行发生融资关系的行处成倍增加,融资金额同比增加了3.3倍,利差收入增加了5倍。

1987年,新疆金融机构同业拆借市场发展较快,全年累计拆借31.6亿元,其中建行新疆分行初次在系统内和系统外进行了资金拆借活动,拆入资金3笔2200万元(辖内拆入2笔,共计1200万元);拆出资金4笔,共计4200万元,其中辖内拆出3笔,共计1200万元。中行新疆分行为了弥补短期资金的不足,票据清算的差额以及解决临时性头寸资金短缺,向同业拆入资金2550万元。

1988年,为推动辖区金融市场发展,经人行总行批准同意新疆融资公司成立。同年,建行新疆分行首次成立筹资资金处,加强全行资金调拨业务,向所属各行下拨资金26.43亿元;同业拆入资金突破亿元大关,达到1.09亿元。中行新疆分行向同业拆入资金8765万元。

1989年,工行新疆分行召开全疆工行系统协助企业清欠现场会,为地州、市行调剂工商企业流动资金贷款1.07亿元,调剂拆借资金5000万元,调剂全国清欠付差规模和资金2.48亿元,调剂信贷规模8900万元,从工行北京分行拆入清欠资金2.48亿元,借入人行新疆分行资金2.50亿元。同年,建行新疆分行在对同业拆借市场进行清理整顿中,较规范地进行同业拆入资金9420万元,保证了国家和自治区重点建设项目石油勘探资金使用。

1990年,人行总行下发《同业拆借管理试行办法》,第一次用专门的法规形式对同业拆借市场管理做了比较系统的规定,拆借市场有了一定的规范和发展。同年,工行新疆分行对辖属中心支行一级超计划的资金困难,通过短期拆借解决,全年累计向所属中心支行拆出资金3.45亿元。建行新疆分行同业拆借业务增长较快,仅拆入资金就达2.53亿元,保证了企业流动资金贷款和技术改造贷款的需求。中行新疆分行向同业拆入资金3150万元,拆出资金602万元。

1991年4月,为推动金融机构资金拆借业务发展,建立新疆金融市场,后改称"新疆融资中心",全年金融机构拆借资金4.70亿元。同年,建行新疆分行资金形势进一步好转,在保证国家和自治区重点建设项目尤其石油勘探开发资金需求情况下,在没有拆入资金的情况下,拆出资金达1.13亿元。

1992年,全国掀起新一轮投资热潮。新疆各地州市相继成立了二级金融市场,人行新疆分行批准成立了工商银行西域资金市场和建设银行融资中心,全年金融机构同业拆借累计发生额达120亿元。同年,建行新疆分行融资业务快速发展,同业拆入资金2.21亿元,同业拆出资金2.32亿元。为解决基层行临时资金困难,工行新疆分行通过拆借方式给工行巴音郭楞州、塔城、昌吉、阿勒泰等中心支行融通资金5.57亿元。同年,工行新疆西域资金市场共吸收会员21家,是新疆维吾尔自治区第一家跨系统、跨省区的资金市场,全年融资总额达4.42亿元。中行新疆分行也由贷差行变为存差行,向同业拆出资金3775万元。

从 1992 年下半年到 1993 年上半年,同业拆借市场出现严重的违规拆借现象,大量拆借资金被用于房地产投资、固定资产投资、开发区项目及炒卖炒买股票,一些市场中介机构乱提高拆借资金利率,一些专业银行绕过人行总行对贷款规模的控制,超负荷拆借资金。这种状况造成了银行信贷资金大量外流,干扰了金融宏观调控,影响了银行的正常运营,扰乱了金融秩序。

1993 年 7 月,为扭转同业拆借的混乱状况,人行总行根据国务院整顿拆借市场的要求,把规范拆借市场作为整顿金融秩序的一个突破口,出台一系列措施,再一次对同业拆借市场进行整顿,撤销了各专业银行及其他金融机构办理的同业拆借市场中介机构,规定了同业拆借最高利率,要求各地抓紧收回违章拆借资金,拆借市场秩序开始好转。人行新疆分行撤销了 15 家地州市的金融市场和一家县级金融市场,改组了工行、农行、建行的资金市场。并暂停银行对非金融机构的资金拆出,严禁非金融机构参与资金拆借业务,清理和回收银行违章拆借资金。建行新疆分行按照人民银行的要求,对同业拆借业务进行了清理整改,拆入资金减少为 1065 万元,优先保证石油、化工、电力、通信、煤炭、钢铁、铁路等国家和自治区重点建设项目。中行新疆分行向同业拆出资金 1.14 亿元。工行新疆分行对辖内各地州中心支行拆借资金进行了逐笔核查、清理,至年末,全辖违章拆借资金已清收归还3.19 亿元,占应清收的 45.5%。

1994 年,全疆银行回收违章拆借资金 20.28 亿元,占全部违章拆借资金的 77.4%。同年,工行新疆分行明确规定只能与系统内融资机构发生拆出资金的活动,全年,工行新疆分行向下属各中心支行调拨资金 981 笔,金额 28.40 亿元,拆借资金 313 笔,金额 13.90 亿元。至年末,工行新疆分行向工行总行借款余额降至 28.60 亿元,比年初减少 13.80 亿元。建行新疆分行对同业拆借市场严格“约法三章”,拆借市场稳中有升,拆入资金为 7720 万元,拆出资金为 8528 万元,融资资金全部用于新疆三大油田及兰新复线、石化总厂等重点项目。中行新疆分行向同业拆入资金 600 万元,拆出资金 1.01 亿元。

1995 年,建行新疆分行同业拆入资金为 4368 万元,拆出资金 2.16 亿元。

1996 年 1 月,人行总行正式建立全国统一的银行间同业拆借市场,同年新疆融资中心与全国市场联网,进一步规范和完善新疆资金市场的融资业务。同年,建行新疆分行推进资金管理体制改革,加强全行资金集中统一调度,加上全行各项存款突破 200 亿元大关,基本解决信贷资金结构,拆出资金达 2.81 亿元,无拆入资金发生。中行新疆分行向同业拆入资金 260 万元,随着中行新疆分行资金自给率逐年提高,向同业拆借资金逐渐减少。

1997 年,全疆同业拆借累计 38.98 亿元。其中,建行新疆分行加大对全行资金集中统调和监管的力度,同业拆入资金仅 1600 万元,同业拆出资金再上新台阶,达 4.50 亿元。

1998 年,工行新疆分行成立清收逾期拆借资金办公室,年内先后派人两次赴内地清收资金,共收回拆借资金 1300 万元。同年,建行新疆分行进一步加大对同业拆借资金的管理和监督,拆入资金继续低位徘徊,为 1350 万元,同业拆出资金却再创新高,达 7.03 亿元。

1999 年,工行新疆分行多次与人行新疆分行和疆内有关拆借行联系、协调,共同确认上报符合划转条件的拆借资金 3 笔,金额 1727 万元,有争议的拆借资金 6 笔,金额 5825 万元,对清收和划转企业拖欠人民银行系统资金 4000 万元进行了划转,并在工行总行的协调下,退还了原西域资金市场部分会员行的入网基金。同年,建行新疆分行制定资金管理办法,同业拆入资金 2100 万元,同业拆出资金 6.98 亿元,拆借资金重点投向石油、铁路、电信、电力和基础设施建设。

2000 年,建行新疆分行同业拆入资金 2100 万元,同业拆出资金较上年有所下降,为 5.77 亿元,拆借资金优先支持西部大开发和天山北坡经济带龙头企业。同年,工行新疆分行对全辖系统外拆借资金的债权进行逐笔落实,并提出具体的处理意见,全年清收系统外逾期拆借资金 1500 万元。

2001 年,建行新疆分行同业拆入资金余额为 600 万元,同业拆出资金余额为 3.04 亿元。

2002 年,中行新疆分行向同业拆出资金仅为 900 万元。同年,建行新疆分行同业拆入资金余额为 600 万元,同业拆出资金余额为 27.29 亿元。工行新疆分行全年全辖以现金形式清收逾期拆借资金 2 笔,金额 205 万元。

2003 年,工行新疆分行全年累计办理同业拆借业务 11 笔,金额 7.56 亿元,其中同业拆出 10 笔,金额 7.36 亿元;同业拆入 1 笔 2000 万元,其拆借未出现融资风险。同年,建行新疆分行同业拆出资金余额为 29.13 亿元。

2004 年,建行新疆分行同业拆出资金余额为 8.10 亿元。

2005 年,为加强同业拆借市场和债券市场管理,规范、促进辖区货币市场发展,人行乌鲁木齐中心支行制定印发了《新疆金融机构同业拆借备案管理试行办法》。同年,建行新疆分行基本退出了同业拆借资金市场,年末同业拆出资金余额仅 4.25 亿元。

1986—1994 年新疆融资中心拆借资金情况统计

表 7—1

年份 项目	拆借资金累计(亿元)	比上年增长(%)	年份 项目	拆借资金累计(亿元)	比上年增长(%)
1986	5.04	0	1991		
1987	31.60	527	1992	120	
1988			1993		
1989			1994		
1990					

第二节　票据贴现市场

票据贴现是指收款人持出票人出具的商业汇票,通过背书转让向银行申请办理贴现,银行审查同意,并扣除贴现利息后,将贴现资金划给收款人的资金融通行为。票据贴现包括商业银行与企业之间的直贴现,商业银行与商业银行或其他金融机构之间的转贴现和商业银行与中央银行之间的再贴现。

一、发展历程

中国的票据市场,最早起源于唐代的飞钱制度,明清两朝曾有相当的规模。解放初期,在商品交易与银行业务中,仍然广泛使用票据。20世纪50年代初至社会主义市场经济建立前,全国实行信用集中,取消商业信用,以银行结算划拨取代商业票据,票据融资和票据市场的概念从社会经济生活中消失。1982年5月,针对人行上海市分行在试点和总结经验的基础上提出的《关于恢复票据承兑、贴现业务的请示报告》,人行总行做出肯定性批复,并决定在部分省市试办此项业务。1984年12月,人行总行在总结实践经验的基础上颁发了《商业汇票承兑、贴现暂行办法》,决定从1985年起在全国普遍开办这项业务,票据业务开始进入恢复性发展阶段。直到1986年,中国人民银行开始从发展社会主义市场经济的需要出发,重新推行"三票一卡",从此,票据市场在中国又发展了起来。在这个发展过程中,新疆维吾尔自治区的票据市场大致经历了如下的发展历程:

1986年4月,针对当时企业相互拖欠货款、占用资金严重、影响社会资金周转和企业生产经营正常进行等情况,人行总行和工商银行联合下发了《关于实行商业汇票承兑贴现办法清理拖欠货款的通知》,并在部分城市开展用商业汇票承兑、贴现办法清理拖欠货款的试点,允许专业银行对工商企业进行票据贴现。用于贴现的票据限于在商品交易基础上产生的商业承兑汇票和银行承兑汇票,同时允许各专业银行间办理转贴现业务。同年,人行总行颁布《再贴现试行办法》,正式开办对专业银行的再贴现业务。当时,人行开办的商业汇票承兑、贴现、再贴现业务规模很小,其作用是引导专业银行资金的投向和投量,推动商业汇票的发展,解决企业融资单一依靠银行贷款的状况,再贴现仅仅作为信贷政策手段而存在。这一时期的新疆商业汇票承兑、贴现业务规模很小,票据市场发展缓慢。

1994年,随着国家经济的快速发展,为客户提供短期资金融通,对未到期票据进行贴现的票据市场开始迅速成长,已成为商业票据市场的重要组成部分。特别是2000年以后,由于转贴现业务的兴起,贴现交易量发展迅速,远远高于承兑发行量,贴现交易量与承兑发行量之比达到1∶1.6的高峰值。同年7月,人行总行正式制定和公布《商业汇票办法》。同年,人行新疆分行根据总行决定,安排再贴现限额,对银行持有的煤炭、电力、冶金、化工和铁道等行业及承担国家计划内棉花、生猪、食糖、烟叶和化肥五种商品调销任务的国有企业、股份制企业和供销企业之间的银行承兑汇票办理再贴现。

1995年《中华人民共和国票据法》颁布后,商业汇票的承兑和贴现业务在新疆逐渐普及。同年,人行新疆分行下发了《进一步推动商业汇票贴现、再贴现业务的通知》,积极支持新疆冶金、化工、煤炭、电力等重点行业和食糖、棉花、羊毛等商品的商业汇票承兑、贴现业务,对积极办理贴现业务的国有商业银行,优先对其办理再贴现。新疆票据承兑和贴现主要用于大宗农副产品收购、石油化工产品的交易及边贸废钢、电石、食糖等商品交易,对遏制"三角债"、防范结算风险发挥了一定作用。同年10月7日,人行总行下发《关于进一步规范和发展再贴现业务的通知》,成为票据业务发展阶段开始的标志。在这一阶段,人行总行制定《商业汇票承兑、贴现与再贴现管理暂行办法》《关于加强商业汇票管理,促进商业汇票发展的通知》等一系列的政策措施和管理办法,以推动票据业务的加速发展,再贴现政策框架基本形成。人行新疆分行在地州部分人行二级分行进行再贴现业务试点,并下发《新疆维吾尔自治区再贴现实施细则(试行)的通知》,同时建立了再贴现统计报表和限额申请制度。通过再贴现工具引导,新疆票据贴现业务迅速发展,票据市场规模不断扩大。

1999年,为鼓励和支持重点行业和重点企业扩大商业票据承兑、贴现,人行乌鲁木齐中心支行下达再贴现限额内优先受理重点行业和重点企业再贴现需求的通知,以积极稳妥地推动商业汇票业务全面健康地发展、促进商业银行调整信贷结构、增强再贴现政策工具在宏观调控中的作用。

2000年5月开始,乌鲁木齐市商业银行大力拓展票据承兑贴现业务,派最初进入票据贴现小组的8名业务骨干北上郑州及山东,南下上海、杭州,虚心求教;为了让企业了解票据贴现业务,负责票据贴现业务的工作人员深入乌鲁木齐市的大街小巷和厂矿企业,推介票据的理财功能。只要商品交易真实合法,营业执照、增值税发票、交易合同齐全,乌鲁木齐市商业银行就帮助企业将未到期的银行承兑汇票办理贴现,低息贴现帮企业置换高成本的银行贷款,把"闲钱"变成"活钱"。乌鲁木齐市环鹏公司,是乌鲁木齐市政府重点扶持的国有企业,票据中心业务人员针对企业产品旺销的特点,2000年为这家企业办理了2000万元的票据贴现。为提高办理业务的质量和效率,乌鲁木齐市商业银行规定:本埠业务,当天做好;内地业务,最长3天。为了从源头上防范票据风险,乌鲁木齐市商业银行制定了《承兑汇票贴现、再贴现管理办法》《贴现与再贴现会计核算手续》和《承兑汇票贴现操作程序》等一系列操作性较强的规章制度,严把市场准入关、手续关和服务关,做到商业汇票签发以合法商品交易为基础;不将银行承兑汇票用于资金拆借;每笔业务处理严格遵循信贷和会计制度的规范程序。2000—2003年,票据贴现小组未发生一笔票据差错和风险,并成功堵截了5起假汇票案,涉及金额1086万元。

2001年7月14日,人行总行下发《关于切实加强商业汇票承兑贴现和再贴现业务管理的通知》,开启票据业务的规范阶段。人行为控制票据业务风险,9月11日将再贴现率调高0.81个百分点;11月2日下发《关于加强开办银行承兑汇票业务管理的通知》,对金融机构开办银行承兑汇票业务的准入条件、申请、审批、退出等进行规定。这一阶段再贴现货币政策工具的宏观调控作用初显。这一年,为促进商业承兑汇票业务发展,丰富商业票据种类,加强再贴现工具在宏观调控中的作用,人行乌鲁木齐中心支行制定了《商业承兑汇票承兑、贴现与再贴现管理试行办法》,选取新疆八一钢铁集团有限责任公司、新疆众和股份有限公司、新疆广汇石材股份有限公司和新疆天彩科技股份有限公司4家企业作为首批签发、承兑商业承兑汇票的试点企业,对其商业承兑汇票的再贴现在同等条件下优先办理。此后,新疆票据业务发展迅速,票据承兑、贴现、再贴现规模成倍增加,金融机构之间对票源的竞争越来越激烈。为积极稳妥地发展新疆票据市场业务,同年,人行乌鲁木齐中心支行下发了《关于进一步促进票据业务发展的通知》,明确依照"区别对待、择优扶持"的原则办理再贴现业务。通知要求优先办理以下票据:辖内商业银行承兑贴现的票据、重点行业重点生产型企业的票据、四个月以内期限的短期票据、贴现利率相对较高的票据、已在企业间多次背书转让的票据、贴现再贴现比例较高的金融机构的票据、试点企业的商业承兑汇票等。

2002年11月,人行总行下发《关于办理银行汇票及银行承兑汇票业务有关问题的通知》,取消原规定"承兑总量不超过上年存款余额5%"的限制。同时,人行乌鲁木齐中心支行又增加了 5 家试点企业,商业承兑汇票业务试点范围进一步扩大。新疆维吾尔自治区各金融机构的票据承兑业务随即快速增长。同年,工行新疆分行、建行新疆分行营业部为拓展票据业务,筹建票据融资中心。票据融资中心以银行承兑汇票为基础,试办商业承兑汇票贴现、转贴现业务,新增票据"回购"业务。在面临国内票据市场竞争加剧、市场票源日趋紧张、利率下滑、票据业务盈利空间不断缩小的形势下,招商银行总行及时出台了转贴现专项借款政策,以优惠利率资金有力地支持了招商银行乌鲁木齐分行转贴现业务的发展。

2003 年,随着招商银行总行直贴业务优惠借款利率政策的出台,招商银行乌鲁木齐分行大力开拓直贴业务,加上同年 9 月起人民银行将存款准备金率提高 1 个百分点,致使全国货币市场资金偏紧,利率波动较大,招商银行乌鲁木齐分行在提高贴现利率的条件下,贴现业务发展迅速。这一时期,票据成为银行新的盈利来源和业务增长点,新疆各商业银行相继成立票据中心,加强了对商贸、电信、冶金、石油等行业票据业务的营销力度。

2005 年,由于国家宏观调控和金融监管加强,票据发行减少,票据市场出现前所未有的低利率、低收益的持续低迷状况。面对市场环境新变化,新疆辖区各国有商业银行适时调整票据业务营销策略,坚持发展、风险、效益并重的经营原则,分析全国票据市场格局,以票据贴现业务量大、操作规范的股份制银行和排名靠前的城市商业银行为营销对象,积极拓展票源,逐步推进票据业务从被动营销向主动营销、从分散经营向集中经营、从传统办理商业汇票承兑和贴现向承兑、贴现和转贴现业务品种多样化的转变,促进票据业务快速、健康发展。华夏银行乌鲁木齐分行制定了《华夏银行乌鲁木齐分行票据管理办法(试行)》。针对资金较为宽裕,特别是货币市场利率大幅走低的状况,招商银行乌鲁木齐分行适时调整了票据业务利率,进一步扩大票据业务规模,通过增加票据贴现收益来减少市场利率下降的影响。票据业务为优化资产结构、增强资产流动性、保持招商银行乌鲁木齐分行利润增长作出了贡献。从整体来看,年度票据签发量平均年度增长 50％以上,贴现平均年度增长 65％。

二、业务开展

1986 年,人行总行颁布了《中国人民银行再贴现试行办法》,对专业银行持有的商业承兑汇票和银行承兑汇票开办再贴现业务。

1988 年,人行总行颁布了《银行结算办法》,将商业汇票作为清理拖欠的一项措施,规范了结算、承兑、贴现、再贴现的处理程序和会计核算手续。同年,还颁发了《关于加强商业汇票管理促进商业汇票发展的通知》,继续倡导和促进商业汇票的使用和推广。

1991 年,人行新疆分行专项安排了 445 万元贷款规模用于再贴现业务试点。

1995 年,人行新疆分行下发了《关于进一步推动商业汇票贴现、再贴现业务的通知》,规定再贴现资金主要用于"煤炭、电力、冶金、化工、铁道"五个行业及"棉花、化肥、生猪、烟叶"四个商品间贴现票据的再贴现。在优先满足"五行业、四商品"贴现票据需要的前提下,也可用于国家产业政策重点支持的其他行业的贴现票据的再贴现。同年,人行新疆分行累计实现再贴现限额 17.50 亿元。

1996 年,人行新疆分行累计实现再贴现限额 15.55 亿元。

1997 年,人行总行印发了《商业汇票承兑、贴现与再贴现管理暂行办法》,明确了再贴现操作管理的一系列标准,对各再贴现授权窗口实行总量、期限和投向比例控制。人行新疆分行设立了再贴现授权窗口,可直接受理、审查并在总行再贴现限额内审批并经办有关再贴现业务。同时,根据新疆各地票据基础、业务发展情况批准设立了部分再贴现转授权窗口。转授权窗口在一级分行下达的再贴现限额内受理、审查、审批辖内金融机构的再贴现业务。同年,中行新疆分行办理的票据融资业务主要有人民币票据融资和外汇票据融资两部分,主要有银行承兑汇票、银行本票、商业承兑汇票等。同年,中行新疆分行办理人民币票据贴现 2449 万元,以后逐年增加。

1998 年,各商业银行自有资金相对充裕,受市场有效需求不足影响,商业汇票再贴现业务发展徘徊不前,再贴现业务主要用于棉花、羊绒等大宗农副产品收购及边贸中废钢、电石、食糖等商品交易中的资金需要,再贴现业务范围比较窄、品种比较单一。由于银行承兑汇票量少,再贴现票据选择空间小,一定程度上限制了再贴现工具作用的发挥。同年,人行新疆分行累计再贴现限额为 2.64 亿元,中行新疆分行开始办理外汇票据贴现业务,贴现金额为 3 万美元。

1999 年,人行乌鲁木齐中心支行累计办理再贴现 1.50 亿元。中行新疆分行办理外汇票据贴现业务量为 10 万美元。

2000 年,票据贴现、再贴现品种突破了单一的银行商业承兑汇票。为鼓励和推动票据的跨区域流动,人行乌鲁木齐中心支行累计办理再贴现 10.10 亿元。中行新疆分行办理外汇票据贴现业务量为 81 万美元。2000—2003 年,乌鲁木齐市商业银行为石油、化工、棉麻、机电、钢铁等 200 余家重点企业办理了贴现业务,累计办理贴现额 73.32 亿元,办理转贴现 44.32 亿元,办理再贴现 26.47 亿元,累计实现票据贴现利息收入 1.29 亿元,并连续 3 年占据新疆票据贴现业务的第一位。

2001 年,全疆银行商业汇票承兑汇票年末余额 7.68 亿元,票据贴现余额 7.68 亿元,人行乌鲁木齐中心支行累计办理再贴现 21.44 亿元。中行新疆分行办理的人民币票据贴现为 1.68 亿元,办理外汇票据贴现业务量下降至 7 万美元。

2002 年,全疆银行商业汇票承兑汇票年末余额 36 亿元,票据贴现余额 36 亿元,人行乌鲁木齐中心支行累计办理再贴现 9.60 亿元。中行新疆分行办理的人民币票据贴现为 13.10 亿元。

2003 年,全疆银行商业汇票承兑汇票年末余额 76.01 亿元,票据贴现余额 76.01 亿元,人行乌鲁木齐中心支行累计办理再贴现 13.62 亿元。中行新疆分行办理的人民币票据贴现为 11.61 亿元,办理外汇票据贴现业务量为 6 万美元。中行新疆分行外汇票据贴现业务量持续下降,至 2004 年停止了这项业务。

2004 年,全疆银行商业汇票承兑汇票年末余额 46.26 亿元,票据贴现余额 46.26 亿元,人行乌鲁木齐中心支行累计办理再贴现 9.62 亿元。中行新疆分行办理的人民币票据贴现为 13.72 亿元。2004—2005 年,由于市场资金宽裕,票据市场竞争加剧,贴现利率持续走低,再贴现需求逐渐下降。至 2005 年末,新疆全年累计办理再贴现 1.89 亿元。

2005 年,工行新疆分行票据融资业务交易量 51.53 亿元,贴现余额 9.24 亿元,年累计贴现 10.44 亿元。建行新疆分行票据贴现余额 22.69 亿元。中行新疆分行办理的人民币票据贴现为 1.01 亿元,累计达 40.72 亿元。华夏银行乌鲁木齐分行票据业务交易量 37.12

亿元,贴现余额 17.23 亿元,比 2004 年 2.26 亿元增加 14.97 亿元,累计贴现 18.14 亿元,同比 9.83 亿元多增 8.31 亿元。

　　至 2005 年末,新疆银行业金融机构累计共签发商业汇票 238.90 亿元,余额为 116.55 亿元;办理贴现 330.50 亿元,余额为 116.55 亿元;人行累计办理再贴现 112.69 亿元。

2001—2005 年全疆金融机构票据融资情况统计

表 7—2　　　　　　　　　　　　　　　　　　　　　　　　　　　　　　　单位:亿元

2001 年		2002 年		2003 年		2004 年		2005 年	
融资余额	其中:贴现	融资余额	其中:贴现	融资余额	其中:贴现	融资余额	其中:贴现	融资余额	其中:贴现
7.68	7.68	36.00	36.00	76.01	76.01	46.26	46.26	116.55	116.55

第二章 外汇市场

1979 年,为促进对外开放,扩大对外贸易,实行外汇留成与上缴制度,由此产生了外汇调剂市场和汇率双轨制。

1980 年 10 月,为促进外汇资金横向流动,帮助企业调剂外汇余缺,外管总局、中行总行颁布《调剂外汇暂行办法》,开始试办调剂外汇业务,作为计划分配外汇的一种补充手段。

1981 年,颁布《关于外汇额度调剂工作暂行办法》。

1986 年 3 月,发布《办理留成外汇调剂的十二项规定》,继续放宽外汇调剂业务限制,逐步允许有留成外汇的国营和集体企业,通过中行按照国家规定价格调剂外汇余缺,将多余的外汇卖给需要外汇的国营和集体企业。

1986 年 10 月,允许外商投资企业之间相互调剂外汇,同时放宽调剂价格。

1988 年,新疆成立了外汇调剂中心,外汇调剂市场汇率随市场供求状况浮动。

1994 年,进行外汇体制改革后,在全国范围内建立了统一的银行间外汇市场,实现了人民币官方汇率与外汇调剂市场汇率并轨。现行外汇市场管理主要包括外汇市场主体准入备案及交易、清算行为的规制和监测监管,外汇市场在各个方面已经接近外国的外汇市场,但是人民币不能自由兑换。

新疆对外汇市场的管理主要是主体准入备案及交易和交易的监测与监管。

第一节 外汇调剂

中国外汇调剂市场的形成和发展大致可以分为三个阶段:

外管局新疆分局在未成立调剂中心之前,就实施了《关于留成外汇调剂的实施办法》,办理一些由企业申请的外汇调剂业务。

1988 年,经外管总局批准新疆外汇调剂中心成立,原来由外管局新疆分局和中行乌鲁木齐分行共同办理的外汇调剂业务全部转到外汇调剂中心,由新疆外汇调剂中心负责办理地方、部门、国营和集体企业、外商投资企业的留成外汇和自有外汇的调剂业务。在业务范围上,所有创汇单位的外汇留成,各级地方政府统一分配的留成外汇,超过出口任务基数的外汇,供货单位分得的外汇,居民个人汇入的外汇、持有的外钞和外汇存款,外商投资企业的外汇,外汇贷款和业务经营过程中所收入的外汇都可参加调剂,境内机构贸易与非贸易用汇以及个人用汇一般均可从调剂市场购买。

新疆外汇调剂中心成立后,结合新疆维吾尔自治区的实际情况研究制定了《新疆外汇调剂中心规程》,从新疆实际出发,采取"一个中心,两个层次"的做法,发挥了新疆地州各二级分局(行)的作用,提高了工作效率,方便了企业,收到较好效果。

1989 年,经批准新疆开办个人外汇调剂业务,但在调剂范围上有较严格的规定,原则上对个人用于参加"托福"考试及类似外语测验的考试报名费可予调剂。

1991年,外管总局发布并实施《关于境内居民外汇和境内居民因私出境用汇参加调剂的暂行办法》(以下简称《办法》),外管局新疆分局对《办法》进行了宣传,并指定中行新疆分行营业部和工行新疆分行国际业务部办理此项业务。

1992年,新疆地边贸业务发展快,边境县市口岸大量开放,边贸业务蓬勃发展,因公因私进出人员不断增多,新疆外汇调剂中心经过多次调查研究,提出了进一步下放外汇调剂业务的具体意见,从同年7月1日起,外汇调剂业务全部下放到全疆各地州二级分局代办所,做到当地的事情在当地办、尽快办。

1994年,国家外汇管理体制有了重大改革,实行银行结售汇制,汇率并轨,取消外汇留成和上缴,停止发行外汇券,建立银行间外汇交易市场等。新疆外汇调剂中心及时制定了过渡期新疆如何开展外汇调剂工作的有关操作办法,下发全疆各地州市外汇调剂中心执行。由于措施及时可行,新疆维吾尔自治区外汇调剂市场运作正常,实现了平稳过渡。

1995年,为了保持对外商投资企业优惠政策的连续性,国务院决定非联网地区的外汇调剂中心继续保留,负责本地区外商投资企业的外汇调剂业务。新疆外汇调剂中心按照人行总行和国家外汇调剂总中心的有关规定,按时按质上报各类报表,保证了新疆维吾尔自治区外汇调剂市场的正常运转。同年,根据人行总行关于在非联网地区建立外汇远程交易站的安排意见,外管局新疆分局多次征求外汇指定银行的意见,经人行新疆分行领导研究决定,向中国外汇交易中心提交了关于在新疆建立远程交易站的申请,并就建站的有关具体问题向人行新疆分行领导写了专题报告,且与人行新疆分行人事、科技等有关处室就资金、场地和科技人员调配等问题多次联系并获得支持。同年3月底,从人行新疆分行科技处调配的科技人员及时到位并参加了国家外汇调剂总中心举办的远程交易站设备安装调试培训班。同时,建远程交易站的主要设备全部到位,机房落实。

随着外汇体制改革的深入,尤其是1996年外商投资企业外汇买卖可通过银行结售汇体系进行后,境内机构的外汇买卖绝大部分均通过银行结售汇体系办理。银行结售汇体系运行已基本成熟,可以满足市场主体及结售汇企业的业务需求。因此,为进一步统一和规范外汇市场,人行总行、国家外管总局决定将外商投资企业外汇调剂业务全部统一纳入银行结售汇体系。

1998年12月1日,取消外商投资企业外汇调剂业务。

第二节 外汇交易

新疆的外汇交易主要由中行新疆分行办理,外汇交易方式有即期外汇交易、远期外汇交易。

1986年,中行新疆分行陆续开办外汇市场的部分业务,如叙做远期外汇买卖业务、旅行支票出售业务、国外信用卡支付业务,为进出口企业叙做贸易项下的即期外汇交易1580万美元,叙做远期外汇交易4855万美元。非贸易项下的外汇交易1221万美元。

1987年,中行新疆分行又开办部分美元即期信用证项下出口定期结汇、远期出口押汇、信用证议付等外汇业务。此后,中行针对外汇市场的发展,逐步推出了越来越多的外汇业务品种。虽然这一时期中行新疆分行的外汇交易不是真正意义上的外汇交易市场,但它为支持新疆经济增长和改革开放发挥了重要作用。

1990年,中行新疆分行为进出口企业叙做即期外汇交易1.02亿美元,叙做远期外汇交易2325万美元,即期外汇交易比1986年增长了15.6%,远期外汇交易比1986年下降了48.4%。

1994年1月1日,国家对外汇管理体制进行重大改革,实现了官方汇率与调剂市场汇率的并轨,采取政府推动的方式,建立了全国统一的银行间外汇市场,从而彻底改变了市场分割、汇率不统一的局面。同年4月1日,国家在原有的外汇调剂中心的基础上建立了统一外汇市场——全国银行间外汇市场,各市场会员通过中国外汇交易系统买卖外汇,中国外汇交易中心也同时挂牌成立。新疆维吾尔自治区境内的银行间外汇市场会员进入中国外汇交易系统进行外汇买卖。

1999年,新疆维吾尔自治区境内的银行间外汇市场机构强化市场系统建设,完成通信线路改造和卫星网络建设,加强外汇市场的日常监管,打击骗汇、逃汇和非法买卖外汇,制止违法违规和不合理的外汇流出。严格会员管理制度,对外汇市场会员进行清理,重新建立档案资料,组织新批准入市交易成员参加外汇交易培训。对全疆部分经营外汇业务的国有商业银行进行开展外汇清算业务情况的调查,为拓展业务提供依据。

2000年,新疆维吾尔自治区境内的银行间外汇市场机构做好信息的采集、编辑、审核和发布工作,建立全方位提供货币市场宣传推介和信息服务机制,开通中源网,完成外汇交易系统的局部改造和外汇远程交易"点对点"的建设,提高交易速度,确保交易系统的网络稳定和高效运行,完善分外汇交易清算规程,加强清算资金划拨、支票和印章的管理,坚持资金清算核算制度。同年,中行新疆分行实现即期结售汇收益折合人民币2000万元,远期结售汇收益折合人民币5万元。实现外汇买卖交易量2670万美元,比1999年增长2.6倍,实现利润12.5万美元。

2001年,新疆维吾尔自治区境内的银行间外汇市场机构进一步发挥货币政策的传导作用,强化市场服务功能,拓展市场业务,完善内控制度,确保外汇市场稳健运行。

2002年,新疆维吾尔自治区境内的银行间外汇市场机构组织本地外汇交易会员间的欧元交易测试,配合国家外汇交易中心完成欧元对人民币即期交易的推出,增加欧元交易币种。

2003年,新疆维吾尔自治区境内的银行间外汇市场机构对外汇会员进行市场业务操作指导,提高其对市场的分析判断能力,调动外汇会员和企业参与市场交易的积极性。

2004年,欧元等货币兑美元大幅上涨,许多从欧洲进口原材料和设备的客户损失巨大,致使这些客户开始关心汇率走势和如何防范汇率风险的方法。新疆维吾尔自治区境内的银行间外汇市场机构围绕"防风险,促创新,推动新疆市场发展"的工作思路,充分发挥市场的货币政策传导作用,强化服务功能,拓展业务,完善内控制度,不断提升整体管理和服务水平,保证辖区银行间外汇市场的正常运行。同年,交通银行新疆分行一些基础避险产品,例如远期外汇买卖等,开始走上舞台。

2005年,美元利率从历史低点开始上涨,涨幅达到4倍以上。7月21日,人民币又实行了具有划时代意义的汇改政策,汇率和利率风险覆盖了所有的进出口企业。在此背景下,新疆维吾尔自治区境内的银行间外汇市场机构围绕"拓宽外汇市场运作空间,推进辖内银行间货币市场发展"的目标,拓展外汇市场,扩大交易主体。交通银行新疆分行的外汇资金产品需求不断扩大,为客户办理了大量远期结汇、远期售汇、远期外汇买卖等业务。交通银行新疆分行利用其总行的交易室平台,开始提供增值避险等结构性产品的服务,在交通银行总行系统内第一个设置了产品经理岗位。中行新疆分行在外汇市场上为客户提供的外汇服务项目多达几十种,贸易项下外汇交易额(即期和远期)为 26.49 亿美元,比 1986 年增长了 40.2 倍,年均增长 2.0 倍。非贸易项下的外汇交易 7766 万美元,比 1986 年增长了 5.4 倍,年均增长 0.3 倍。

第三章 债券市场

20 世纪 80 年代,债券等投资工具逐步出现。国债以及供销社、农村信用社用股金券集资,各类企业发行内部股票,企业债券、重点建设项目债券逐步出现,于是,债券市场伴随着改革开放发育起来,机构与个人投资者应运而生,形成发行与交易市场。

中国债券交易市场包括银行间市场和交易所市场。这两个市场的交易规模都有了长足的发展。在中国,银行间交易规模要远远大于交易所市场。在银行间市场中,7 天质押式回购的交易规模所占比重最大,占全部质押交易规模的将近 75％。1998 年 5 月,中国人民银行恢复了公开市场业务,有力地促进了银行间债券市场的发展。央行通过公开市场操作,来调控和引导一级交易商在市场的交易,并传递和影响银行间债券市场债券交易结算业务;中央银行公开市场操作的债券回购利率,成为银行间同业债券回购利率的指导性利率。2000 年 4 月,全国银行间债券市场债券交易管理办法出台,在中国境内具有法人资格的商业银行及其授权分支机构、在中国境内具有法人资格的非银行业金融机构和非金融机构、经中国人民银行批准经营人民币业务的外国银行分行三类机构,可成为全国银行间债券市场参与者,从事债券交易业务。2002 年 4 月 15 日,将银行间债券的准入制度由审批制改为备案制。实行准入备案制,向所有可以投资国债和金融债的金融机构以及各类投资资金开放了全国银行间债券市场,在一定程度上解决了银行间债市交易主体成分不够的问题。2002 年 6 月 17 日起,商业银行柜台记账式国债交易开始试点,将个人投资者纳入银行间市场。2002 年 10 月 29 日,银行间债券市场向非金融机构开放。2004 年 2 月 16 日,银行间债券市场向外资银行开放。2006 年,在中央国债公司直接或间接开立一级托管账户的投资者共 6439 个。在总体上看,投资者的类别相当广泛,基本覆盖了几乎所有种类的投资者群体。

在交易机制上,由过去的单边报价过渡到双边报价。双边报价,实际上就是国外的做市商制度。这一制度对于活跃债券交易,更好地发现债券价格非常有利。

第一节 国 债

1981 年 1 月,我国颁布了《中华人民共和国国库券条例》,财政部开始发行国债。中国国债的发行包括凭证式和记账式两种,凭证式针对社会公众,流动性较差;记账式主要针对机构投资者,可以在银行间债券市场或者交易所市场买卖。1981—1990 年,国债的发行基本上是依靠行政摊派的办法完成。

1987 年,国家重点建设债券发行过一次,发行金额 55 亿元,其中对单位发行 50 亿元,对个人发行 5 亿元。新疆维吾尔自治区认购 7500 万元,其中:900 万元由建行新疆分行对个人发行,年息 10.5％,期限 3 年;6600 万元由人行新疆分行组织各专业银行对单位发行,年息 6%，期限 3 年，实际完成 6617 万元。

1988 年，国家发行财政债券 80 亿元，其中原定的 10 亿元，期限 5 年，利率为 7.5%，另外 70 亿元，期限两年，利率为 8%；发行过一次国家建设债券 80 亿元，期限为 2 年，个人和单位实行统一利率，利率为 9.5%。人行新疆分行组织各专业银行和金融机构认购财政债券 8676 万元，完成了年度财政债券发行计划；新疆代销国家建设债券任务为 1.11 亿元，完成 7689 万元。同年，新疆分两步全面开放了国库券二级转让市场。同年 6 月 10 日，作为全国第二批开放国库券试点城市的乌鲁木齐市率先在农行新疆分行信托投资公司、工行乌鲁木齐信托投资公司和乌鲁木齐市财政信托投资公司的证券交易柜台开办了 1985 年度、1986 年度国库券自营买卖业务。同时，全疆地州所在城市陆续开放国库券转让市场，乌鲁木齐、博乐、吐鲁番、和田、伊宁、阿勒泰、阿克苏、阿图什 8 个城市的金融信托投资机构开设了国库券交易柜台。新疆国库券转让市场总成交额 6645.64 万元。

1989 年，国家发行一次保值公债，发行总额为 120 亿元，保值公债任务数由财政部分配给各省、自治区、直辖市以及计划单列市人民政府，各级政府负责推销任务，推销剩余部分，由各级政府用地方财政预算外资金认购。同年，人行新疆分行集中清查、销毁 1986 年度、1987 年度和 1988 年度的剩余国库券、历年兑付和提前兑付的国库券以及部分公债券，共计 13617.92 万元。

1990 年，国家发行财政债券 70 亿元，期限均为 5 年，其中新疆维吾尔自治区完成了 300 万元的财政债券发行任务。

1991 年，财政部第一次组织国债发行的承购包销，这标志着国债一级市场初步建立起来。承销制是一种协议性的市场发行制度，这种发行方式有两个特点：一是由承销合同确定发行人与承销人的权利义务关系，二是承销人向投资人分销，而分销不出去的部分由承销人自己认购。国库券发行采取行政手段为主，试行承购包销的方式发行国债，国债发行方式由行政手段为主向以经济手段为主过渡。同年，新疆国库部门第一次执行组织销毁已兑付国库券，比照销毁损伤人民币的管理办法，建立销毁领导小组，销毁券全部打洞，共销毁 1990 年已兑付国库券 1.6 亿元。

1992 年起，国库券发行采取承购包销、认购等方式。1994 年以前，中国发行的国库券是无记名实物券。

1994 年，建立国债发行期内五日报制度和发行期结束后的"国库券收款凭证买卖情况月报表"制度。

1995 年，财政部向养老保险基金和待业保险基金，以及其他社会保险基金定向募集的方式发行特种定向债券 26 亿元，期限 5 年，年利率 15.86%，"定向债券"以收款单的形式发行，由财政部负责收款单的印制、调运和分发，新疆发行任务为 3000 万元。

2005 年，为进一步推广柜台债券记账式业务，工行新疆分行开办的柜台业务网点由 46 个柜台增加到 146 个，并要求下属各行在组织管理、人员培训以及宣传营销方面加强柜台记账式债券交易业务的管理，全年代理发行柜台记账式国债三期共计 14.43 亿元，发行量在全国工行系统排名第一。同年，新疆维吾尔自治区国债收款新程序正式运行。

第二节　金融债券

金融债券是金融机构为筹措资金而发行的债券,如国家政策性银行为筹措政策性信贷资金、商业银行为筹措营运资金而发行的债券,商业银行为补充资本金而发行的次级债券和可转换债券等。

1986年2月13日,工行新疆分行印发了《关于发行金融债券、开办特种贷款的实施办法》,并第一次在新疆发行金融债券400万元,发放特种贷款,用于解决可可托海小电解铝厂资金需求。

1988年,建行新疆分行首次参与发行金融债券,发行金额277万元。

1994年,国家开发银行、中国进出口银行和中国农业发展银行三家政策性银行相继成立,这三家政策性银行的资本金和信贷资金开始由国家财政拨付,但是由于财政困难不能完全满足这三家银行的资本金和信贷资金的需求,国务院批准这三家银行可以在银行间债券市场面向金融机构发行特种金融债券。

1997年、1998年,为了解决证券回购出现的问题,中国人民银行批准了14家金融机构先后发行16次金融债券,发行总规模56亿元。这些金融机构包括华夏证券有限公司、国泰证券有限公司、南方证券有限公司、广东发展银行、海南发展银行、北京京华信托投资公司、中兴信托投资公司、海南汇通国际信托投资公司、海南赛格国际信托投资公司、中银信托投资公司、海南国际租赁公司、新疆国际租赁公司、广东国际信托投资公司深圳分公司、北京四通财务公司等。

1999年以后,中国金融债券的发行主体集中于政策性银行。

第四章　黄金白银市场

　　1949 年新中国成立后,对黄金一直是严格管制。1950 年 4 月,中国人民银行制定下发《金银管理办法》(草案),黄金开采企业必须将所生产出来的黄金交售给中国人民银行,冻结民间金银买卖,明确规定国内的金银买卖统一由中国人民银行经营管理,而后由中国人民银行将黄金配售给用金单位。那时,新生产出来的黄金主要用于新中国紧急国际支付和国家储备。至 1982 年,中国人民银行开始发行熊猫金币,社会大众才重新开始有权利拥有黄金。2001 年 4 月,中国人民银行取消黄金"统购统配"的计划管理体制,在上海组建黄金交易所。2002 年 10 月 30 日,上海黄金交易所开业,中国黄金市场走向全面开放。2003 年 4 月,中国人民银行取消了有关黄金行业的 26 项行政审批项目,其中包括取消黄金收购许可,黄金制品生产、加工、批发业务审批,黄金供应,黄金制品零售业务核准 4 个项目。这些审批项目取消后,世界各地的公司只需在中国当地市场购买黄金,就可以自由在中国投资黄金珠宝生产、批发和零售,而无须得到中国政府的批准,但进出口黄金仍需要申请。2004 年 8 月 16 日,上海黄金交易所推出 AU(T＋D)现货延迟交收业务。2004 年 9 月 6 日,中国人民银行在伦敦金银市场协会(LBMA)上海年会上表示,中国黄金市场应该实现从商品交易为主向金融交易为主转变、由现货交易为主向期货交易为主转变、由国内市场向融入国际市场转变。2005 年 7 月 18 日,上海黄金交易所与工行上海市分行联合推出"金行家"业务,这是上海黄金交易所首次推出的面向个人的黄金投资产品。

第一节　黄金市场

一、黄金收购

（一）收购政策

　　1985 年起,人行对国营企业的发展基金和超计划基数加价补贴,人行总行凭冶金工业部、有色金属工业总公司的生产月报与各分行上报的《收兑厂矿金月报》核对无误后,分别拨付给冶金工业部、有色金属工业总公司。财政部应付的发展基金由财政部拨付。

　　1987 年 10 月 29 日,国务院批准对黄金生产实行价外补贴,即向银行每交售 1 小两(折合 31.25 克,下同)矿产金,银行除支付价款和开发基金外,另由人行总行补贴 100 元。

　　1989 年以后,调整为交售 1 小两黄金给予 200 元开发基金和 100 元的价外补贴。个人持有的黄金也只能交售给人行。人行新疆各分支机构收购品种包括群众、个体淘金者交售的旧首饰、沙金;金矿开采生产的黄金;黄金使用单位回收的黄金;黄金生产企业开采生产的黄金;公安、司法、海关、工商、税务等国家机关依法没收的黄金。人行新疆各分支机构收兑业务费是依据人行总行规定按收购价款的 3‰～5‰ 比例拨付收兑业务费,原则是条件好的地方比例低些,条件差的地方比例可高些。黄金收兑业务费的提取范围是:门市收兑、厂矿金生产、"三废"回收、清仓的黄金,人行总行按照各省(市、区)分行上报的《金银收付库存月报表》和核准的比例按月拨付。人行新疆各分支机构收购的黄金,每年逐级上售人行总行。人行新疆各分支机构每年制订年度收购计划,并报上级行,由上级行根据实际情况下达下一年度的收购计划,并考核各分支机构的完成情况。

2002年起,人行收购黄金不再下达收购计划。

(二)收购情况

1986—1989年,人行新疆各分支机构的货币金银部门承担具体黄金收购工作。新疆黄金生产逐年大幅增长,但问题也不少,主要是群采黄金人数成倍增长,收购量逐年减少,采金者自留较普遍,黄金走私严重。

1989年,为遏制黄金走私,人行新疆分行货币金银部门主动配合工商行政、物价、海关等部门,牵头协助当地政府组织有关部门研究贯彻《关于加强金银饰品市场管理的通知》的具体措施,有效地促进了新疆黄金市场的健康有序发展。同年,人行新疆分行还针对新疆黄金饰品市场混乱的状况,同新疆维吾尔自治区工商行政管理局联合下发《关于对经营金银制品单位和个人进行清理整顿的通知》,要求对全疆所有黄金饰品加工、销售(批发、零售)、个体银匠以及三废回收等单位进行一次全面清理整顿,在清理整顿中共取缔金银饰品批发点1个、零售点11个、个体银匠36个,有5个金银饰品零售点受到罚款处理,支持了正当经营,使新疆金银饰品市场走上了正常发展的轨道。

1990年,在深入基层行和矿山企业调研的基础上,适时发放和回收贷款,全疆全年共发放金银专项贷款和流动资金贷款2350万元,收回贷款177万元,支持了黄金生产的发展。全年收购黄金1528千克,完成计划的146.4%,较1989年多收购614千克,同比增长67%,为历史最好水平。黄金产量由全国的倒数第二位(1979年)上升到第九位,其中富蕴县收购黄金330.6千克。

1995年,人行新疆分行根据总行下达黄金收购"保九争百"的目标,加大了对辖区金饰品市场的清理整顿力度,进一步完善"多收多奖、超收超奖"的奖励办法,会同各有关部门开展了打击黄金走私活动,全年共收缴罚没黄金26.2千克,完成人行总行下达计划的8.7倍,对稳定金饰品市场秩序发挥了重要作用。

1996年,根据人行总行关于进一步加强金银收购工作的指示精神,人行新疆分行加强了对金银收购工作的领导,落实了各地州的收购任务,加大了对黄金生产企业的支持,协调生产与交售中的有关问题,使生产、交售、化验、结算等环节紧密衔接。同年,人行新疆分行曾两次与新疆维吾尔自治区黄金局、财政厅组成联合工作组,先后对重点产金的哈密、吐鲁番、阿勒泰、伊犁四地州的10个县进行了调查,为超额完成人行总行下达的收购计划打下了坚实的基础。全年收购黄金5300.3千克,完成人行总行下达收购计划的1.5倍,为今后黄金生产和收购任务的完成奠定了基础。

(三)收购价格

1985—2002年,人行总行先后32次对黄金、白银收购、配售价作调整。

1985—1990年,黄金收购价格变动不大,几年调价一次。

1991—1995年,由于黄金饰品市场热销,饰品用金价格变动相对多些。

1996—2000 年价格变动比较频繁,有时一年调整几次。

2001 年 6 月起,黄金收售价格实行周报价制度。

2002 年 11 月起,黄金收购价又实行每日报价制,此时的价格基本保持与国际金价一样。

2004 年 1 月 1 日,人行停止黄金收购业务,同时人行总行停止发布黄金收购价格。

二、黄金配售

(一)配售规定

新疆维吾尔自治区黄金使用、加工主要以军工企业为主,民用则是以饰品用金为主。配售黄金实物由人行办理,凡需用金银的单位,每年必须按照规定程序向当地人行提出下一年度使用金银的计划,经当地人行分支机构考察核实后向上级行报计划,经上级行批准下达计划后,按计划配售金银给使用单位。

黄金配售的价格由人行总行制定,全国各地实行统一的价格。黄金制品的价格由人行总行会同国家物价主管机关制定,零售价一般由人行一级分行会同同级物价管理部门制定,并在全辖范围内统一执行。

(二)配售情况

1986—1991 年,为满足新疆黄金饰品及少数民族特需品对黄金的需求,人行新疆分行重视黄金配售工作。除 1990 年人行新疆分行完成人行总行黄金配售计划的 96.6% 以外,其余年份均完成配售计划的 99%。

1992—1993 年,人行新疆分行完成人行总行黄金配售计划的 100%。

1994 年以后,人行新疆分行完成人行总行黄金配售计划略有下降。

2002 年 10 月 30 日,上海黄金交易所正式开业。同年,黄金管理体制进行重大调整,上海黄金交易所正式运行之前,黄金收配管理仍按当时政策执行。上海黄金交易所正式运行之后,人行不再办理黄金配售业务,企业用金需求通过黄金交易所解决。

2003 年起,人民银行停止黄金配售,从统购统配的计划管理向加强市场管理的模式过渡。

1986—2003 年新疆维吾尔自治区黄金收购配售情况

表 7-3

单位:千克,%

年份	收兑	较上年增减	计划数	完成计划	配售数	占配售计划
1986	450.66	243.36	304	148.2	150.98	99.6
1987	631.56	180.9	440	143.4	67.97	99
1988	720.9	89.38	607	118.2	50.03	99.9
1989	914	193.1	775	117.9	19.9	99.4
1990	1528	614	1044	146.4	20.3	96.6
1991	1862	334	1199	155.4	35	99.8

表 7—3 续

年份	收兑	较上年增减	计划数	完成计划	配售数	占配售计划
1992	2102	240	1474	142.6	491	100
1993	2648	546	1502	176	1090.93	100
1994	3043	295	1800	169	890.14	78.71
1995	4412.74	1369.74	2822	156.39	219.44	41.4
1996	5300.3	887.56	3519	150.6	564.2	73.7
1997	6234	933.7	4235	147.2	224	24
1998	6472	238	5517	117.3	725	67.06
1999	6464.59	−7.41	5800	111.46	412	57.2
2000	5200	−1264.59	6667	78	468	75
2001	4193	−1007	6552	64	446	72
2002	—	—	—	—	—	—
2003	77.36	—	—	—	—	—

第二节　白银市场

1999 年 11 月 25 日,中国放开白银市场,封闭了半个世纪的白银自由交易开禁,为放开黄金交易市场奠定了基础。同年 12 月 28 日,上海华通有色金属现货中心批发市场成为中国唯一的白银现货交易市场。

一、白银收购

(一)收购规定

在白银统一由人行收购时期,人行新疆维吾尔自治区各分支机构的货币金银部门承担具体管理工作,设置柜台、配备专人负责收购。从事白银生产包括矿藏生产和冶炼副产品的厂矿企业、农村社队、部队和个人所采炼的白银,包括从伴生白银的矿种和含白银的废渣、废液、废料中回收的白银,必须全部交售给当地人行分支机构,不得自行销售、交换和留用。个人持有的白银也只能交售给人行。白银收购的价格由人行总行制定,全国各地实行统一的价格。白银制品的价格由人行总行会同国家物价主管机关制定,零售价一般由人行省级分行会同省物价管理部门制定,并在全辖范围内统一执行。

1985—1990 年,白银收购价格变动不大,几年调价一次。

1990—1995 年,由于白银饰品市场热销,价格变动相对多些。

1996—1999 年,价格变动比较频繁,有时一年调整几次。

（二）收购情况

1992 年,人行新疆分行采取多项措施,鼓励企业抓好"三废"的回收工作,严防"三废"外流。全年,新疆收购白银 805 千克,完成计划的 2.7 倍,较上年增长 72.7％,其中,收购"三废"回收银 539 千克,较上年增长 36.5％。

1993—1994 年,由于门市收购、"三废"回收来源不稳定和矿产白银停产、生产不正常等原因影响了白银收购。

1997 年,人行新疆分行落实了金银收购行的收购任务,完善了金银收购奖励办法,调动了各级行收购金银工作的积极性,较好地完成了人行总行下达的白银收购计划。

2000 年 1 月 1 日起,人民银行不再办理白银收购业务。

二、白银配售

（一）配售规定

新疆维吾尔自治区白银使用,主要用于保温瓶、机电、冶金工业、科学研究及少数民族饰品特需等项目,基本保证新疆工业生产、科研对白银原料的需求。配售白银实物由人行办理,凡需用白银的单位,每年必须按照规定程序向当地人行提出下一年度使用白银的计划,经当地人行分支机构考察核实后向上级行报计划,经上级行批准下达计划后,按计划配售白银给使用单位。

白银配售的价格由人行总行制定,全国各地实行统一的价格。白银制品的价格由人行总行会同国家物价主管机关制定,零售价一般由人行一级分行会同同级物价管理部门制定,并在全辖范围内统一执行。

1985—1990 年,配售价则按照不同用途制定。

1990—1995 年,由于白银饰品市场热销,饰品用银价格变动相对多些。

1996—1999 年,配售价格变动比较频繁,有时一年调整几次。

（二）配售情况

1999 年底以前,人民银行仍适当保留白银收购、配售业务。

1999 年,为了进一步促进白银生产和消费,实现白银资源合理配置,按照社会主义市场经济的要求,国家取消了白银统购统配的管理,放开了白银市场,允许白银生产企业与用银单位产销直接见面。

2000 年 1 月 1 日起,人民银行不再办理白银配售业务。

1986—1999 年新疆维吾尔自治区白银收购配售情况

表 7—4　　　　　　　　　　　　　　　　　　　　　　　　　　　　单位:千克,％

年份	收兑	较上年增加	计划数	完成计划百分比	配售数	占总行配售计划百分比
1986	374.68	—	20	187.3	951.6	96.2
1987	417.9	43.22	337.01	124	858.41	80
1988	238.99	−178.91	185.75	72.9	905.93	99.3

表 7—4 续

年份	收兑	较上年增加	计划数	完成计划百分比	配售数	占总行配售计划百分比
1989	310.7	71.7	205	151.6	879.4	90.3
1990	345	34.3	205	168.1	816	88
1991	466	121	215	216.9	487	78
1992	805	339	295	272.7	69	100
1993	217.70	−632.3	295	74	1654	89.2
1994	265	47.3	126.17	210	135.56	71.27
1995	519.12	254.12	125	415.29	930.24	59.6
1996	606.2	87.08	200	303.1	1409.8	99.3
1997	1020	460.8	200	510	913	60.5
1998	2526	1459	—	—	539	—
1999	—	—	—	—	—	—

第八篇　非银行金融机构业务

1986—2005 年,新疆的非银行金融机构业务主要有信托与金融租赁、委托及金融资产管理等业务。新疆维吾尔自治区的信托与金融租赁业分别兴起于20 世纪 80 年代中期和 90 年代初,在国家政策的指导下,新疆信托与金融租赁业先后开办了委托存、贷款和投资等业务,业务开展主要跟住房有关。在经历了初创和兴盛两个阶段后,曾一度出现内部管理混乱等诸多问题,为此,20 世纪 90 年代,新疆对信托与金融租赁业进行了清理整顿。从 1996 年开始,又按照"分业经营、分业管理"的原则,再次进行了整顿规范,几经清理、整顿与规范的信托与金融租赁业,在资金筹集、管理以及大型设备融资租赁等方面,为新疆经济发展作出了一定的贡献。

为降低四大国有银行和国开行不良贷款比例、化解金融风险,设在新疆维吾尔自治区的 4 家金融资产管理办事处或业务部,在 1999—2005 年,先后接收四大国有银行及国开行的不良资产,通过引入债务重组、企业重组、诉讼、协议以物抵债、债权转让、资产置换、破产清偿等方式处置不良资产,为国有银行和国有企业改革,轻装参与国际竞争奠定了良好基础。

第一章 金融资产管理业务

1999 年,在认真分析国内金融问题和吸取国外经验教训的基础上,中央政府审时度势,决定成立金融资产管理公司,集中管理和处置从国有商业银行收购的不良贷款,并由中国信达资产管理公司先行试点。

组建金融资产管理公司,是中国金融体制改革的一项重要举措。根据 2000 年 11 月 10 日国务院颁布实施的《金融资产管理公司条例》规定,信达、长城、华融和东方四家金融资产管理公司是专门为收购和处置国有银行不良资产而设立的过渡性非银行金融机构,由政府注资管理,公司通过划转中央银行再贷款和定向发行以国家财政为背景的金融债券,以融资收购和处置国有银行的不良贷款。

第一节 资产来源

金融资产管理公司是国家为降低四大国有商业银行和国家开发银行不良贷款比例、化解金融风险而专门成立的非银行金融机构。其设立初衷是收购国有银行不良贷款,管理和处置因收购国有银行不良贷款形成的资产,收购范围和额度均由国务院批准,资本金由财政部统一划拨,运营目标则是最大限度保全国有资产。新疆金融资产管理机构的资产来源,主要是收购或接收工行新疆分行、农行新疆分行、建行新疆分行、中行新疆分行和国开行新疆分行剥离的不良资产、财政部委托接收的剥离损失类资产。中国信达资产管理公司乌鲁木齐办事处(以下简称信达资产管理乌鲁木齐办事处)的资产来源,主要是接收建行新疆分行、国开行新疆分行剥离的不良资产以及中行新疆分行和交通银行新疆分行因改制需要所剥离的不良资产等。中国长城资产管理公司乌鲁木齐办事处(以下简称长城资产管理乌鲁木齐办事处)管理的资产来源主要是:收购或接收农行新疆分行、农行新疆兵团分行剥离的不良资产、财政部委托接收的剥离损失类资产。中国东方资产管理公司乌鲁木齐业务部(以下简称东方资产管理乌鲁木齐业务部)管理的资产来源主要是:接收中行新疆分行的损失类贷款本金和建行新疆分行的可疑类贷款本金,加上政策性剩余债权等。中国华融资产管理公司乌鲁木齐办事处(以下简称华融资产管理乌鲁木齐办事处)管理的资产来源主要是:收购工行新疆分行剥离的不良资产及损失类资产。

一、政策性剥离的不良资产

(一)长城资产管理乌鲁木齐办事处

2000 年,长城资产管理乌鲁木齐办事处收购了农行新疆分行、农行兵团新疆分行剥离的不良贷款。长城资产管理乌鲁木齐办事处收购不良资产按有关收购标准和要求收购,最终收购的资产质量规模与新疆经济、农行新疆分行经营的资产质量状况相吻合,整体看,接收的不良资产"散、小、差"的特点突出,收购的资产总体质量较差,资产的可经营性不强,如贷款额度、贷款占用形态、债务人经营现状、债务人区域分布、债务人行业和性质分布等,科技含量低、市场前景暗淡,按照国家经贸委淘汰类企业认定标准,多属于淘汰类企业,且主要集中在乡镇企业、供销社、农副产品加工收购企业等,多位于县级以下乡镇、农村,集中在城区的企业较少。

（二）东方资产管理乌鲁木齐业务部

2004 年至 2005 年初,东方资产管理乌鲁木齐业务部共接收中行新疆分行的损失类贷款本金 2.58 亿元,建行新疆分行的可疑类贷款本金 11.50 亿元,加上政策性剩余债权金额 9.69 亿元,三项业务的贷款本金合计达 23.77 亿元;按政策性贷款接收 17.46 亿元。2004 年 12 月,根据财政部委托,又接收中国银行损失类贷款 214 笔,金额 5.10 亿元。中国银行损失类因承包基数太高,中国银行移交时,已有近 90% 的债权做了法律终结。

（三）信达资产管理乌鲁木齐办事处

1999 年,信达资产管理乌鲁木齐办事处共接收建行新疆分行剥离移交的不良资产 52 亿元。2005 年末,信达资产管理乌鲁木齐办事处累计接收各类银行不良资产本息合计 123.43 亿元,其中:建行新疆分行不良资产 84.53 亿元,国开行新疆分行不良资产 27.91 亿元,中行新疆分行不良资产 9.83 亿元,交通银行新疆分行不良资产 1.16 亿元。

（四）华融资产管理公司乌鲁木齐办事处

2000—2005 年,华融资产管理公司乌鲁木齐办事处共收购工行新疆分行剥离的政策性不良资产 2460 户、确权金额 99.74 亿元。其中:收购政策性不良资产 1706 户、确权金额 72.68 亿元;收购损失类贷款和非信贷风险资产 754 户、确权金额 27.06 亿元。华融资产管理公司乌鲁木齐办事处收购工行新疆分行剥离的不良资产是办事处成立之初的制度设计,后期允许自由竞争打破了这个界限。工行新疆分行 2005 年第二次剥离的 75.98 亿元不良资产,通过多家资产管理公司竞价,最终被长城资产管理乌鲁木齐办事处竞得。

二、商业化收购的不良资产

2004 年 2 月,国家有关部门正式确定,资产管理公司将由政策性业务向商业性业务转型。长城资产管理乌鲁木齐办事处的账务被分为两部分:一部分是 2000 年剥离时的政策性业务,另一部分是 2004 年 2 月后新批的三项业务,包括商业收购、受托处置和投资,后者的资金来源是资本金。随着商业化转型,为了建立分账核算的经营管理体制,以准确反映各项业务的成本收益情况,长城资产管理总公司印发了《商业化不良资产经营考核办法》,建立以"盈亏论奖惩"的激励体系。2005 年以后,长城资产管理乌鲁木齐办事处逐步形成了一整套日趋成熟的不良资产商业化运作模式,实现了由政策性安排向市场化收购与处置的转变。正是由于主业核心竞争力的不断提高,在不良资产市场化的竞争性收购处置中,实现了较好的经营效益,逐渐探索形成了商业化收购、管理、处置运作技术和相对稳定的盈利模式。

第二节　资产处置

截至 2005 年末,信达资产管理公司乌鲁木齐办事处累计处置同口径不良资产本息合计 91.97 亿元,资产处置率达到 74.5%,累计实现现金回收 15.44 亿元,回收非现金资产 11.49 亿元,阶段性处置回收率为 16.8%。

长城资产管理公司乌鲁木齐办事处组建后,与农行新疆分行签订债权移交框架协议,完成购入不良贷款的建账工作,并组织开展接收不良贷款的调查走访,确定资产处置的重点项目,明确价值损失严重的项目,开展委托中介机构收贷的试点。

2000—2005 年,华融资产管理公司乌鲁木齐办事处共处置政策性不良资产 22.88 亿元,资产处置率为 22.9%,回收现金 6.32 亿元,资产处置现金回收率为 27.6%。

一、债务重组

债务重组是指通过修改债务条款、资产置换或其组合的方式对债权资产进行处置。

2000 年,信达资产管理公司乌鲁木齐办事处对拜城电厂项目进行了债务重组。拜城电厂属小电厂小机组,地处边远,连年亏损严重,企业发展前景暗淡,无还款记录。信达资产管理乌鲁木齐办事处在接收拜城电厂本息 2620 万元的债权后,积极与企业商谈,对企业实施债务重组。根据重组协议,回收现金 2522 万元,按接收债权本息计算,实际减免额仅 98 万元,回收率达 96%,高于建行新疆分行认定回收率 36 个百分点。

2000 年,华融资产管理公司乌鲁木齐办事处接收工行新疆分行对新疆十月拖拉机制造(集团)有限责任公司的 1.15 亿元债权。乌鲁木齐市政府确定由新疆广汇实业投资(集团)有限责任公司对其实施兼并重组后,华融资产管理公司乌鲁木齐办事处积极推动债务重组工作,最终由新疆广汇实业投资(集团)有限责任公司以承债方式兼并重组新疆十月拖拉机制造(集团)有限责任公司,至 2005 年末,华融资产管理公司乌鲁木齐办事处持有的 1.15 亿元债权已部分收回。

长城资产管理公司乌鲁木齐办事处与有重组意向的企业联系,开展债务人置换、债务期限重组、债务减免等重组工作,探索债权转让方式,以实现现金回流,并开展委托中介机构收贷的试点。2004 年 4 月 21 日,某公司董事会召开四届七次会议,审议通过关于对新疆啤酒花公司的担保在 2003 年度按担保总额的 10% 的比例计提预计负债 2100 万元的议案。并签署《担保债务重组协议》,对象是新疆啤酒花股份有限公司分别向工行乌鲁木齐市解放南路支行借款 1 亿元、向建行新疆分行借款 8000 万元和向交通银行新疆分行借款 3000 万元担保所产生的债务达成重组协议。某公司在重组协议签署后,向长城资产公司、东方资产公司和交通银行支付人民币 1000 万元、800 万元和 300 万元,共计 2100 万元。此协议履行完毕后,长城资产公司、东方资产公司和交通银行将免除某公司为啤酒花公司分别向工商银行乌鲁木齐市解放南路支行借款 1 亿元、向建设银行新疆分行借款 8000 万元和向交通银行新疆分行借款 3000 万元担保所产生的全部责任。长城资产管理乌鲁木齐办事处即组织员工对涉及 1000 万元以上的呆滞债权的债务人进行实地调查,要求做到见人见物;开展了事实呆账认定、初评估值认定调查和粗放剥离调查工作;不久,长城资产管理乌鲁木齐办事处集中时间和精力,组织开展对剥离完尚未处置完毕的资产进行全面清理;2005年底,为做好政策性收尾工作,长城资产管理乌鲁木齐办事处对存量资产再次进行了清理和分类,确认时间,落实到人。

二、司法诉讼

2001—2005年,新疆各资产管理公司办事处或业务部在对债权是否采取诉讼处置方式与各级法院进行多次反复沟通,寻求各级法院的支持和理解。各资产管理办事处或业务部自成立到2005年,已成功向地方政府打包出售了多个不良资产包,并在地方政府的出面协调下,完成了多个债权项目的维权工作。

1999年,信达资产管理公司乌鲁木齐办事处从建设银行接收对西部天然气开发公司债权1075万元。信达资产管理乌鲁木齐办事处通过执行回款以及在新疆维吾尔自治区高级法院的主持下,有效处置了此项资产。

2000年,长城资产管理公司乌鲁木齐办事处收购农行新疆分行以呆账形态剥离的大快活商贸集团不良贷款本金600万元,表外利息143.66万元,债权合计743.66万元。项目接收后,长城资产管理公司乌鲁木齐办事处组织项目组对债务人及担保人的资产状况进行了全方位的摸底调查,在掌握了大量资产线索的基础上,于2002年6月20日委托乌鲁木齐金孟律师事务所进行了风险代理诉讼。经过近两年的司法诉讼于2004年4月,在新疆维吾尔自治区高院的大力支持下,收回贷款本息1003.18万元,整体变现率为100%,实现了金融不良债权的回收最大化。在维护债权方面,长城资产管理乌鲁木齐办事处积极起草文件,争取新疆维吾尔自治区人民政府、新疆维吾尔自治区人民检察院和人行乌鲁木齐中心支行的支持,向新疆维吾尔自治区政法委、新疆维吾尔自治区人民法院、新疆维吾尔自治区经贸委等单位提供逃废债典型案例。

2000—2005年,华融资产管理公司乌鲁木齐办事处共提起司法诉讼案件139件,起诉标的6.55亿元,已结案68件,其中胜诉67件,胜诉率达98.5%,通过司法诉讼途径共收回现金1.39亿元及实物资产3600万元。此外,还对131户共计2.79亿元的不良资产以风险代理形式委托中介机构进行了处置,收到了良好效果。

三、破产清算

破产清偿是债务人无力偿付债务,自身或被其他债权人申请的破产。破产清算分为政策性破产清算、依法破产清算和自愿破产清算、非自愿破产清算。

新疆纺织工业(集团)公司其前身是新疆七一棉纺织总厂,是信达资产管理乌鲁木齐办事处接收的建行、国开行剥离项目。因新疆纺织工业(集团)公司装备水平落后,历史包袱沉重,改革滞后,经营管理不善,致使企业连年亏损,出现严重资不抵债。按照新疆维吾尔自治区党委常委会指示精神,新疆维吾尔自治区经贸委会同自治区财政厅、企业工委、纺织行办等部门,在摸清新纺集团问题的基础上,将其列入兼并破产计划。随后,信达资产管理乌鲁木齐办事处会同有关债权人展开破产清算工作,妥善解决员工安置补偿等事宜后,信达资产管理乌鲁木齐办事处债权清偿率为零。

2000年,长城资产管理公司乌鲁木齐办事处收购农行新疆分行以呆滞形态剥离的新疆霍尔果斯糖厂不良贷款本金 10325 万元,利息 1096.77 万元,债权合计 11421.78 万元。由于新疆霍尔果斯糖厂工艺落后、管理混乱,到 2000 年底累计亏损 11295 万元,被国务院列入全国制糖业关闭企业,执行国家对制糖企业关闭破产政策。2001 年 8 月 31 日,新疆生产建设兵团农四师中级人民法院民事裁定,宣告新疆霍尔果斯糖厂破产程序终结,所有债权人零受偿。鉴于此,长城资产管理乌鲁木齐办事处在协助企业做好职工安置和维护社会稳定的前提下,为维护金融秩序,多管齐下,加大对担保人连带责任的追偿力度,先后采取以诉促谈、折扣变现等处置方式,累计收回 1332 万元货币资金,实现了不良资产处置损益最大化。

2000—2005 年,华融资产管理公司乌鲁木齐办事处对从工行新疆分行接收的不良债权资产采取了破产清算、债权转让、以物抵债、削减债务、拍卖变现等多种方式进行处置。对于列入国家计划内破产企业,严格执行国家相关政策,积极推进破产清算工作顺利开展。

四、债权转股权

债权转股权是一种行之有效的债权处置手段,通过债转股不仅能够实现国有企业改革与脱困、支持国有经济布局战略调整,还可以推动建立现代企业制度。

1999—2002 年,信达资产管理公司乌鲁木齐办事处对新疆化肥厂实施了债转股处置。"新疆化肥厂"是 1999 年国开行乌鲁木齐分行根据党中央、国务院关于国有银行不良资产剥离的文件精神,政策性剥离给信达资产管理公司乌鲁木齐办事处的处置项目,剥离本息合计 27477.50 万元。信达资产管理公司乌鲁木齐办事处通过实地调研,与新疆化肥厂、新疆维吾尔自治区化工厅共同商议,考虑到新疆化肥厂产品适销对路、工艺先进,为避免企业破产,帮助企业脱困,决定对新疆化肥厂进行改制。信达资产管理公司乌鲁木齐办事处采用债转股的方式处置此项债权。2002 年 3 月 25 日,新疆新化化肥有限责任公司正式成立,公司注册资本 32221 万元,其中,信达资产管理公司乌鲁木齐办事处债转股金额 25800 万元,占总资本的 80.1%。实施债转股后新疆新化化肥有限责任公司总资产为 63518 万元,总负债为 36721 万元,资产负债率由 98.4% 下降到 57.8%,每年减少财务费用支出约 1500 万元,新疆新化化肥有限责任公司和信达资产管理公司乌鲁木齐办事处实现双赢。

1999—2002 年,长城资产管理公司乌鲁木齐办事处对新疆石河子八一棉纺厂实施了债转股处置,新疆石河子八一棉纺厂项目是 2000 年由农行新疆分行政策性剥离的项目,剥离本息金额 21569.44 万元。长城资产管理公司乌鲁木齐办事处根据当时的国家对国有大中型企业减负的有关政策,积极推进石河子八一棉纺厂的债转股工作,为了降低金融风险,搞活大中型企业,减轻企业原债务负担,积极牵头四家国有银行(工、农、建、中),将农八师石河子八一棉纺厂的 29350 万元债权转为股权。2001 年 7 月 10 日成立了由四家资产管理公司控股的"新疆石河子八棉纺织有限公司",债转股后的企业总资产 63404.79 万元,总负债 33089.6 万元,企业的资产负债率由原来的 104% 下降至 52.2%。按当时银行的贷款利率 10.8% 计算,新疆石河子八一棉纺厂一年减少利息支出 3000 万元,既减轻了企业财务负担,又稳定了企业职工队伍。2001 年,新疆石河子八一棉纺厂在册人数 9765 人,在计划经济年代,只有十几万人的石河子市,新疆石河子八一棉纺厂职工及家属就占了近三万人,国家对新疆石河子八一棉纺厂实施政策性债转股,对于石河子的社会稳定和新疆生产建设兵团棉纺业的发展起到了非常重要作用。为了做好企业债转股工作,长城资产管理公司乌鲁木齐办事处单设了资产经营部,专门从事股权管理和新业务拓展,建立债转股企业动态管理档案及台账,开展对债转股企业经营能力的调研与会诊,帮助分析转股后新公司在法人治理结构方面的不足,组织联合专题调研,深入分析,将结果向地方政府和长城资产管理总公司进行汇报,加快债转股工作步伐,与主债权企业签署了债转股协议,同时配合其他资产管理公司与非主债权企业签订债转股协议。

2000—2005 年,华融资产管理公司乌鲁木齐办事处从工行新疆分行接收的不良资产中共有 10 家拟转股企业,拟转股债权为 22.83 亿元。其中:八一钢铁(集团)有限责任公司债转股新公司于 2001 年 12 月成立后发展迅速,八一钢铁股份于 2002 年 8 月上市,华融资产管理公司乌鲁木齐办事处持有其母公司股权 61562.31 万元;新疆石河子八棉纺织有限公司债转股新公司于 2001 年 7 月成立后经营正常,华融资产管理公司乌鲁木齐办事处持有其股权 3511 万元;神华新疆能源有限责任公司债转股新公司于 2003 年 12 月成立后经营正常,华融资产管理公司乌鲁木齐办事处持有其股权 10877 万元;新疆哈密煤业(集团)有限责任公司债转股新公司于 2001 年 11 月成立后经营正常,华融资产管理公司乌鲁木齐办事处持有其股权 7200 万元;乌鲁木齐环鹏有限公司于 2005 年 9 月停止实施债转股,按一般债权处置,华融资产管理公司乌鲁木齐办事处持有其债权 41134.32 万元;新疆十月拖拉机制造(集团)有限责任公司未实施债转股,乌鲁木齐市政府确定由新疆广汇实业投资(集团)有限责任公司对其进行兼并重组,华融资产管理公司乌鲁木齐办事处持有其债权 11500 万元全额收回并实现溢价 287.5 万元。

2000—2005 年,东方资产管理公司兰州办事处贯彻国家有关政策性债转股的各项政策,把握"最大限度保权国有资产、帮助国有企业扭亏脱困、化解金融风险"的核心,做好债转股工作,并会同兄弟资产管理公司债转股组建了新疆石河子八棉纺织有限公司,减轻企业原有债务负担。

五、资产拍卖

资产拍卖是资产管理公司通过以物抵债等手段取得各种资产后,委托拍卖机构向社会公开拍卖,收回现金,从而实现不良资产的最终处置。

1999 年,信达资产管理公司乌鲁木齐办事处接收政策性剥离新疆畅兴公司债权 45193.60 万元,其中本金 39961.50 万元。信达资产管理公司乌鲁木齐办事处对其拥有的江苏昆山 92.13 公顷土地进行了追偿并实施了拍卖,按项目接收债权计算,回收率为 19.9%。

2000 年,长城资产管理公司乌鲁木齐办事处收购农行新疆分行以呆滞形态剥离的新疆泰和企业集团有限责任公司不良贷款本金 3000 万元,表内利息 412.98 万元,表外利息 78.17 万元,债权合计 3491.15 万元。项目接收后,办事处组织项目组对债务人的资产状况进行了全方位的摸底调查,由于新疆泰和企业集团有限责任公司决策失误,盲目扩张,其投资的子公司全部破产关停,已形成严重资不抵债,其名下仅有的泰和酒店资产也因存在重复抵押等诸多法律问题,难以实施以资抵债,为最大限度减少损失,长城资产管理公司乌鲁木齐办事处变被动为主动,以享有的泰和企业集团公司的债权积极参与了乌鲁木齐铁路中级人民法院依法委托进行的公开拍卖,最终竞得了"泰和酒店"的地下一层和地上一至八层共计 5279.74 平方米的所有权,并于 2001 年 11 月 20 日将产权过户至长城资产管理公司乌鲁木齐办事处名下。2002 年 9 月 19 日,经长城资产管理总公司批复,长城资产管理公司乌鲁木齐办事处再行委托新疆天纬拍卖行对过户至长城资产管理公司乌鲁木齐办事处名下资产进行了公开拍卖。最终以 1200 万元成交,实现了处置损益最大化。

2000—2005 年,华融资产管理公司乌鲁木齐办事处积极采取拍卖及招标竞价等方式加快对不良资产的处置。2002 年,华融资产管理公司乌鲁木齐办事处先后组织了 3 次专场拍卖会,对 617.5 万元不良资产进行公开处置,拍卖成交收回现金 470 万元,回现率达到 76.1%;2003 年对新亚洲工业城项目以 2760 万元为底价进行公开招标竞价处置,通过竞价最终收回现金 2995 万元,高出底价 235 万元;2004 年对 19 户不良资产进行了拍卖,拍卖成交收回现金 515 万元。

六、其他处置方式

债权转让是在资产管理公司作为债权人通过与第三人订立合同将债权的全部或部分权益转移于第三人的处置方式。在签订债权全部让与第三人合同后,第三人取代原债权人成为原合同关系的新的债权人,原合同债权人因合同转让而丧失合同债权人权利;在签订债权部分让与第三人合同后,第三人成为合同债权人加入到原合同关系之中,成为新的债权人。新加入合同的债权人与原债权人共同分享债权,并共享连带债权。

信达资产管理公司乌鲁木齐办事处享有中旅新疆公司 2179 万元债权,中旅新疆公司一直处于亏损状态,13 年还款期内无任何还款记录。信达资产管理公司乌鲁木齐办事处成功把此债权转让出售给广汇集团,盘活了债权资产。

2000—2005 年,华融资产管理公司乌鲁木齐办事处主要通过企业回购、向地方政府转让资产包及与新疆联合产权交易中心合作推介等方式加快对不良债权资产的处置。2000 年,华融资产管理公司乌鲁木齐办事处动员乌鲁木齐黄河贸易大厦以 40 万元回购了 56.90 万元债权,资产回现率达 70.3%;2003 年将 130 户、2 亿多元的不良债权资产组成 9 个资产包向当地政府进行了转让;2005 年将 92 户、3651.08 万元不良债权资产打包向当地政府进行了转让;2005 年 10 月 18 日,华融资产管理公司乌鲁木齐办事处与新疆联合产权交易中心联合举办了"新疆首届不良资产推介会",将 20 多亿元的不良资产组成 24 个资产包面向社会公开处置,推动了新疆不良资产处置开始走向市场化,至年底共处置不良资产 90 户并收回现金 707 万元。

第二章　信托业务

20 世纪 80 年代初,新疆维吾尔自治区信托业随着中国金融信托业重新恢复,信托投资公司相继成立。总体来说,新疆信托业的发展经历了 1984—1986 年信托公司的初创阶段、1987—1988 年信托公司数量的兴盛阶段,到 1989 年以后的整顿重生阶段。

第一节　信托存款

1988 年,建行新疆分行为了充分利用本行自身有利条件,健全银行功能,提高经济效益,由建行新疆分行申请,经人行总行批准成立建行新疆信托公司。其经营业务范围包括吸收信托存款、办理信托贷款和信托投资业务、办理委托人指明项目的投资或贷款、办理融资性租赁业务、代理资财保管与处理、代理收付代理保管有价证券和契约、代理发行证券业务、办理人民币债务担保和见证业务、办理经济咨询业务、办理人民银行批准的其他金融业务。

1986—2005 年建行新疆分行信托存款变化

表 8—1　　　　　　　　　　　　　　　　　　　　　　　　　　　　　　单位:万元

年份	信托存款	年份	信托存款	年份	信托存款	年份	信托存款
1986	13260	1991	657	1996	—	2001	—
1987	118119	1992	3417	1997	68	2002	—
1988	17975	1993	3087	1998		2003	—
1989	14693	1994	1163	1999		2004	—
1990	11448	1995	990	2000	—	2005	—

1991 年,新疆伊犁州信托投资公司筹集信托存款 57.7 万元。

1995 年,新疆伊犁州信托投资公司信托存款发展到 104 万元。年末,新疆国际信托投资公司、新疆国际经济合作公司各新增存款日均余额 3500 万元,国债销售 542.60 万元。

1996 年,新疆伊犁州信托投资公司信托存款 635 万元。

1997 年,新疆伊犁州信托投资公司信托存款 631 万元。

2001 年,新疆铁路局划入新疆国际信托投资公司的北铁资金 44985.46 万元。

2001—2004 年,新疆国际经济技术合作公司共计提北铁资金收益 5187 万元。到 2004 年末,北铁资金余额 43629 万元,其中本金 35715 万元,利息 2727 万元,收益 5187 万元。其 42927 万元全部得以运用,其中包括喀纳斯贾嶝峪旅游基地政府贷款 1000 万元,福润德股权投资 1000 万元,证券委托投资 15658 万元,北京腾信公司股权投资 6250 万元,深圳三九药业有限公司贷款 14019 万元,对特变电工(沈变)股权投资 5700 万元。

2002 年 5 月 31 日,新疆国际信托投资公司信托存款 47147.35 万元,户数达 85 户,其中北疆铁路还贷资金 35715.11 万元,法人信托存款 84 户,金额 11432.24 万元。北疆铁路建设资金是根据中苏两国政府 1988 年协议,系原苏联以实物形态提供北疆铁路建设的贷款资金,具体由新疆维吾尔自治区人民政府承借并担保还款,操作由北疆铁路公司、新疆国际经济技术合作公司(新疆国际信托投资公司)承办。苏方进口货物由新疆国际经济技术合作公司销售,原值及价格增值部分,均交由信托公司贷给北铁公司用于建设北疆铁路,此项资金由新疆铁路局划拨信托公司,同时新疆国际信托投资公司请示新疆维吾尔自治区党政主要领导,均同意还贷前先委托信托公司暂管,使其保值增值。同年,新疆国际经济技术合作公司与新疆国际信托投资公司分设,新疆维吾尔自治区财政厅划拨给新疆国际经济技术合作公司 6684 万元补充其实收资本。划拨后的余额为 38301 万元。

2005 年,新疆伊犁州信托投资公司信托存款只有 332 万元。

第二节　信托贷款

1988 年,新疆国际信托投资公司引进国际银团贷款 3500 万美元,支持新疆维吾尔自治区糖棉基地建设。其中 1000 万美元是从香港借入的国际银团贷款,由公司转贷给阿克苏糖厂,支持其完成日处理甜菜规模由 200 吨扩建到 1500 吨,这是新疆国际信托投资公司第一次从国际金融市场上筹措的信托贷款资金。全年发放人民币贷款 6123 万元,流动资金贷款主要用于出口创汇企业,如新疆天山毛纺织股份有限公司等。固定资产贷款主要用于北疆铁路、伊犁亚麻厂、昌吉棉纺织厂以及与地贸公司出口货源有关的纺织企业。

1995 年,新疆国际信托投资公司有投资企业 10 余家,投资金额 20669 万元,在严格手续的情况下,发放流动资金贷款 21 笔,累计 4070 万元,解决企业困难。年末,新疆伊犁州信托投资公司信托贷款余额有 1931 万元,提取贷款呆账准备金 56.5 万元。

1996 年,伊犁州信托投资公司信托贷款余额为 2549 万元。

1997 年,伊犁州信托投资公司信托贷款余额为 392.6 万元。

2002 年,作为生产基因药物的高新技术企业之一的上海唯科制药股份有限公司,由于资金短缺,引进生产新型基因药物设备有困难,新疆国际信托投资公司运用信托保全功能规避风险,运作了此项目,年内就收回了 300 万元的收益。

2003 年,新疆国际信托投资公司以 1000 万元自有资金投资控股子公司——新疆福润德公司。同年,基于三九药业提供上市公司股权质押等充分保证以及"非典"时期三九药业高速增长的实际情况,新疆国际信托投资有限责任公司与深圳三九药业有限公司签订《信托资金贷款合同》《财务顾问合同》《股权质押合同》。新疆国际信托投资有限责任公司向其发放 2 亿元信托贷款,期限 1 年,收益率 10%。同年 10 月,三九企业集团及深圳三九药业有限公司出现重大风险。国务院决定对三九集团进行行政性债务重组。12 月,新疆国际信托投资公司提前收回贷款本息 7280 万元。此项资金涉及 13 家企事业法人和 900 多位自然人,其中区内企事业法人信托资金 12622 万元、自然人信托资金 7378 万元。同年,新疆国际信托投资公司贷给福润德公司 2000 万元,同年 10 月收回。年末,新疆国际信托投资公司信托贷款 1579 万元。

2004 年,国务院批转国资委为解决三九债务问题提出了行政性管理费用方案。同年,新疆伊犁州信托投资公司信托贷款 1579 万元。

2005 年,新疆国际信托投资公司就此事向新疆维吾尔自治区人民政府作了汇报。

2004 年新疆国际信托投资有限责任公司主要贷款合同目录

表 8—2   单位:万元,%

贷款机构	金额	贷款利率	合同编号	计划用途	实际用途	贷款到期日	担保或抵押
招商银行乌鲁木齐分行	4000	4.5	2004 年借字第 0204 号	资金周转	资金周转	2004 年5 月 11 日	外币定期存款特种存单质押
招商银行乌鲁木齐分行	2400	4.5	2004 年借字第 0821 号	资金周转	资金周转	2004 年11 月 30 日	外币定期存款特种存单质押
招商银行乌鲁木齐分行	4000	5.0	2004 年借字第 0908 号	资金周转	资金周转	2004 年10 月 24 日	外币定期存款特种存单质押
招商银行乌鲁木齐分行	2400	4.5	2004 年借字第 0516 号	资金周转	资金周转	2004 年8 月 25 日	外币定期存款特种存单质押

1986—2005 年建行新疆分行信托贷款变化

表 8—3   单位:万元

年份	信托贷款	年份	信托贷款	年份	信托贷款	年份	信托贷款
1986	3898	1991	1779	1996	—	2001	—
1987	3880	1992	2989	1997	—	2002	—
1988	4992	1993	—	1998	—	2003	—
1989	5543	1994	—	1999	—	2004	—
1990	6021	1995	—	2000	—	2005	—

第三节 信托投资

1987—1991 年,新疆国际信托投资公司为 25 家大中型企业投资贷款,金额达 2.21 亿元和 1.03 亿美元,包括新疆阿克苏糖厂、新疆最大的亚麻生产联合企业——伊犁亚麻厂等一批效益较差的企业,通过信托贷款支持,引进设备和改进工艺,成为新疆维吾尔自治区的出口创汇和盈利大户。

1991 年,新疆国际信托投资公司完成信托投资项目 27 个,累计金额 7877 万元和 8568 万美元,国内投资 4 项,国外投资 2 项,担保业务 2 项。先后从国际金融机构借入 5950 万美元,从原苏联借入 4343 万美元,国内人民币融资近 1 亿元。

1992 年,新疆国际信托投资公司投资兴办了新疆统一企业食品有限公司、新澳集团公司等,这两家公司引进外资 550 万美元。同年,新疆国际信托投资公司共投资 9 个境内外合资企业(含控股企业),总投资 12421.22 万元人民币和 1009.36 万美元。自治区几个大的合资企业公司都有参与,如绿洲长绒棉厂、环球大酒店、假日大酒店、上海丝路大酒店等。

1995 年,新疆国际信托投资公司支持投资的企业,亏损严重,投资本息无法收回,使公司无法偿还债务被起诉。

2004 年,为支持特变电工兼并、重组电力装备行业的扩张战略,新疆国际信托投资公司实施对特变电工所属 3 个企业的过桥投资。年末,特变电工提出提前回购新疆国际信托投资公司对其衡阳变压器有限公司、德阳电缆股份有限公司、沈阳变压器研究院股份有限公司股权的要求,实现新疆国际信托投资公司退出。这一年,新疆国际信托投资公司有 6 个信托计划终止。特变电工衡阳变压器有限公司股权受益转让项目、特变电工德阳电缆股份有限公司过桥投资项目实际收益率 5.5%～6%。至年末,新疆国际信托投资公司发售集合资金信托计划 8 个,资金总额 1.92 亿元。

2005 年,新疆国际信托投资公司到期信托计划 10 个,共计金额 26383 万元,到期国债信托资金 4106 万元,同年 4 月,国债信托资金全部支付完毕。同年 11 月底,新疆国际信托投资公司集合资金信托计划资金总额为 3869.96 万元。至 2006 年 2 月末,已全部清算完毕。

第四节　其他信托业务

一、证券业务

1997 年,新疆国际信托投资公司开办证券业务,年内累计开户 7697 户,A 股交易 17.12 亿元,实现手续费收入 716 万元,证券销售差价收入 6251 万元。

1998 年,新疆国际信托投资公司证券交易额达 18.1 亿元,交易手续费收入、证券销售收入 5600 万元。

1999 年,新疆国际信托投资公司与工商银行、中国银行、交通银行分支机构开通银证转账业务,并与工商银行分支机构合作,由其职工坐柜代理现金收付业务。全年实现交易额 26.52 亿元,交易手续费收入、证券销售收入 5489.47 万元。

2000 年,在信托业清理整顿中,新疆国际信托投资公司将公司证券业务与新疆证券有限责任公司合并及证券营业部净资产折股参股新疆证券公司。

2001 年,新疆国际信托投资公司以净资产 2310 万元,按 1.131：1 的比例折股 2042.44 万元投资新疆证券公司,占新疆证券公司总股本的 4.7%。同年 7 月,新疆国际信托投资公司所属乌鲁木齐市解放北路证券营业部正式移交新疆证券公司,并通过程序,注销了新疆国际信托投资公司在上海证券交易所会籍。

二、教育管理信托项目

2005 年 7 月 25 日,委托人马鸿铭、受托人新疆国际信托投资公司签订教育管理信托合同。规定该合同项下信托资金为人民币 50 万元,信托期限 5 年,由受托人按信托目的,依据委托人的书面指令,信托财产用于受益人在澳大利亚环球英语学院学习期间的相关费用。

第三章　委托业务

委托业务是将自己的事务嘱托他人代为处理的一种行为活动。主要包括委托存款、委托贷款、委托投资和其他委托类业务。委托不同于信托，主要是信托的当事人是多方的，而委托代理的当事人，仅有委托人（或被代理人）和受托人（或代理人）双方；信托是以财产为中心构成的法律关系，而委托合同并不一定要有财产，在没有财产的情况下也可以成立；信托发生时，财产占有权转移到受托人手中，由受托人代为管理和处理，而委托的财产占有权始终由委托人掌握，并不发生占有权的转移。

第一节　委托存贷款及委托投资业务

一、委托存款

委托存款是金融信托资金来源的一种形式，其实质是委托贷款或委托投资的保证金，因而它是与委托贷款或委托投资相对应和相结合的一种存款业务，委托人多是为贷而存的，这项资金的支配和运用权限是属于委托者。委托存款的对象和范围很广，凡需要委托金融信托机构代为发放贷款或投资的单位，均可以向金融信托部门提供委托存款。委托存款主要有财政部门委托基金、科研部门委托基金、企业主管部门委托基金。

1988 年，新疆建行信托公司吸收的委托存款年末余额为 2649 万元。

1991 年，伊犁州信托投资公司筹集的委托存款有 500 万元。

1995 年，伊犁州信托投资公司委托存款达 1354 万元。

1996 年，伊犁州信托投资公司委托存款为 832 万元。

1997 年，伊犁州信托投资公司处于调整整顿期，委托存款与上年基本持平为 822 万元。

2002 年 5 月 31 日，新疆国际信托投资公司委托存款户有 7 户，金额达 30845.96 万元。

二、委托贷款

委托贷款是由委托人提供合法来源的资金，由委托银行根据委托人确定的贷款对象、用途、金额、期限、利率等代为发放、监督使用并协助收回的贷款业务。委托人包括政府部门、企事业单位及个人等。委托贷款的利息收入，完全归委托单位所有，新疆国际信托投资公司则向委托单位收取经办贷款的手续费。

1988 年末，建行新疆信托公司办理委托贷款余额为 2350 万元。

1995 年，伊犁州信托投资公司委托贷款余额 1209 万元。

1996—1997 年，伊犁州信托投资公司委托贷款余额没有变化，均为 822 万元。

三、委托投资

委托投资是委托人将资金事先存入金融信托机构作为委托投资基金,委托金融信托机构向其指定的联营或投资单位进行投资,并对投资的使用情况、投资单位的经营情况及利润分红等进行管理和监督的一种金融信托业务。委托投资与委托贷款是相似的业务种类,都属于特定信托业务,它们的不同点在于:委托人办理委托投资不以收取贷款利息为目的,而是从投资单位中分取利润;委托贷款时间较短,一般为1～3年,而委托投资的时间较长,一般为10年以上,或没有一定期限;委托贷款不要求金融信托机构代委托人对借款企业进行管理,只须其资金使用合理,到期收回本息即可,而委托投资则不同,它要求金融信托机构代替委托人参加投资企业的管理及企业财务核算等各方面的事务,以保证分得相当利润;委托投资包括:委托金融信托机构直接投资于企业单位和委托金融信托机构购买有价证券两方面。

1999年,新疆国际信托投资公司首次尝试小量信托、集合使用的经营模式。

2001年,新疆国际信托投资公司探索开拓新的资金信托及投资品种,成立投资银行部,开展投资银行业务,并就北京新奥集团对北控新奥特电子商务股份有限公司股权回购业务提供过桥投资服务。

2002年5月31日,新疆国际信托投资公司接受北京新奥集团公司的委托投资3笔,金额为1.40亿元。

2003年,新疆国际信托投资公司全年营销信托资金2.97亿元,加大对机构客户的营销力度和对乌鲁木齐之外市场的开发,与新疆维吾尔自治区儿童发展基金、老年基金、见义勇为基金联系,在公益信托方面进行有益的探索。

第二节　其他委托业务

1986—2005年,新疆境内信托机构的其他委托业务主要有:合资项目、发行企业债券及咨询项目以及对外担保业务。

一、合资项目

新疆国际信托投资公司成立后,新疆维吾尔自治区合资项目主管部门将几个"老大难"合资项目先后交给新疆国际信托投资公司办理,新疆长绒棉纺织厂就是由新疆国际信托投资公司帮其借款2500万美元,找到新的合资外商并引进设备的。新疆国际信托投资公司通过多方推进,于1990年促成了新疆长绒棉纺织厂4.6万纱锭投产。新疆国际信托投资公司后又接管因缺乏资金,土建工程停建,投资1000余万元的上海丝路宾馆半拉子工程项目,为其提供担保,找到外商参与合资建设,借贷款900万美元支持此项目。同时,新疆国际信托投资公司还对搁浅多年的新疆环球大酒店项目,负责而严谨地参加到中方董事会联席会中,并受托集中管理中方1400万美元的投资项目,使其建成完工投入运营。新疆国际信托投资公司还为新疆环球大酒店项目提供担保,协助从国际金融市场借入1250万美元贷款,解决资金难题。

二、发行企业债券及咨询项目

1998年,新疆国际信托投资公司在人行新疆分行支持帮助下发行2000万元新天国际企业债券,这是新疆国际信托投资公司首次代理发行企业债券。2002年,乌鲁木齐市金源燃气有限责任公司(中型企业)在业务结构、发展战略、管理运作体系和融资渠道上急需得到外界的咨询帮助和扶持,新疆国际信托投资公司克服困难,积极运作,填补了新疆国际信托投资公司为企业咨询业务的空白。

三、对外担保

2003—2004年,新疆国际信托投资公司为控股子公司新疆融盛投资有限公司提供了两次担保:一次是为新疆融盛投资有限公司向乌鲁木齐市商业银行贷款5000万元的担保;另一次是为新疆融盛投资有限公司向交通银行乌鲁木齐分行承兑限额在600万元以内的银行承兑汇票担保。这两次担保为新疆融盛投资有限公司解了燃眉之急。

第四章　租赁业务

　　租赁业务是出租人根据承租人对出卖人(供货商)的选择,向出卖人购买租赁物,提供给承租人使用,承租人支付租金,租赁期满,货物所有权归属于承租人的交易。实质上相当于出租人提供经营便利,承租人分期付款购买租赁物。它一般包括融资性租赁、经营性租赁、其他类型租赁。

　　在新疆,能办理租赁业务的机构是新疆金融租赁有限公司(含其前身新疆金新租赁有限公司)和建行新疆分行早期的机械设备租赁公司。

　　新疆金融租赁有限公司自 2002 年以后,通过回租、直接融资租赁等形式,提高了租赁业务在全部业务中的比重,并通过与邮政电信企业的合作,扩大了租赁业务量。

　　建行新疆分行的机械设备租赁公司主要经营国内生产的机电设备、起重与运输设备、电子设备、仪器仪表、工程建筑机械、施工设备、工业机械设备的租赁业务,以及经营企业更新改造机械设备的租赁业务,同时,还办理更新改造专用资金的代营、代购、代结算业务,代理出租资产的销售处理业务,办理与经营业务有关的委托代理业务。

第一节　融资性租赁

　　1993—1995 年,新疆金新租赁公司主营业务重点放在发放贷款上,融资性租赁业务仅占公司业务的 25%,结果将公司做到了清盘的边缘。1995 年末,新疆金新租赁有限公司的 3 亿元资产中,95% 以上形成不良,经营亏损达 1560 万元。不良资产近 1 亿元,一直遗留至 2002 年。

　　1996 年,新疆金新租赁有限公司经过整顿后更名为"新疆金融租赁有限公司"并重新开业。公司是主营租赁业务的股份制非银行金融机构,是新疆维吾尔自治区唯一一家主营租赁业务的股份制非银行金融机构,同类的机构全国只有 12 家。

　　1997 年 6 月,新疆金融租赁有限公司与新疆电信、新疆移动、新疆联通、新疆邮政,对其和田—乌鲁木齐、伊犁—乌鲁木齐、阿勒泰—乌鲁木齐三条通信光缆开办了为期 3 年的售后回租,期限三年,租赁成本总计 9.11 亿元。

　　1998—2000 年,新疆金融租赁有限公司为新疆电信、新疆移动、新疆联通、新疆邮政陆续办理了电话程控交换机、接入网设备、IC 卡电话机、移动电话机、线路维护用车、运钞车等设备及汽车的融资租赁,租赁成本总计 4.50 亿元。

　　2000 年 5 月,新疆金融租赁有限公司在国内率先开展了飞机租赁业务,受国内企业委托,新疆金融租赁有限公司为中国西北航空公司办理了两架空中客车 A—310 飞机的售后回租业务,价值 1.50 亿元,开创了国内租赁公司开办飞机租赁业务的先河,引起国内广泛关注。同年,与北方航空公司开展两架麦道 82 飞机回租业务,价值 1.73 亿元。新世纪金融租赁有限责任公司和新疆金融租赁有限公司,向国内几家知名航空公司租赁飞机,两家公司飞机租赁总数达到 11 架,其中 5 架 MD－82 租给中国北方航空公司,3 架空中客车 A－310 租给西北航空公司。新疆金融租赁有限公司还与其他航空公司谈了 3 架尾款租赁飞机,总金额约 10 亿元。

2002 年起,新疆金新租赁有限公司决定清理旧有业务,全员兴租真正涉足租赁业务,其坚持"以科学的管理求生存,以卓越的信誉求发展,以优质的服务求效益,以先进的理念求创新"的经营方针,积极开拓通信设备、交通运输(飞机、火车头、汽车)租赁业务,使租赁业深入到民航、电信、邮政、铁路、电力、石油、石化、农业、医疗、教育等众多行业。最主要的业务是在电信,与中国电信、中国移动、中国联通、中国邮政的新疆地区分公司办理了多项租赁业务,租赁成本总计高达 13.61 亿元,其租赁业务在全国租赁业中规模最大;同时在民航行业的租赁业务也为全国租赁业中规模最大,飞机租赁在全国租赁业中首开先河,先后与北方航空公司、西北航空公司、海南航空公司完成了 6 架飞机租赁,租赁资产 6.1 亿元,通过开展业务在壮大公司实力的同时,有力地促进和支持了新疆地方经济的发展。

第二节　经营性租赁

1988 年 3 月,建行新疆分行充分利用本行自身有利条件,由建行新疆分行与新疆维吾尔自治区建筑总公司材料设备供销公司联合申请,经新疆维吾尔自治区人民政府批准成立了新疆维吾尔自治区机械设备租赁公司。其经营业务范围是:经营国内生产的机电设备、起重与运输设备、电子设备、仪器仪表、工程建筑机械、施工设备、工业机械设备的租赁业务;经营企业更新改造机械设备的租赁业务,办理更新改造专用资金的代营、代购、代结算业务;代理出租资产的销售处理业务,办理与经营业务有关的委托代理业务。

1988 年 5 月,新疆维吾尔自治区机械设备租赁公司开业。

为适应租赁业务发展的需要,促进新疆建筑施工企业机械化施工程度的提高,经批准,新疆维吾尔自治区机械设备租赁公司在建行新疆分行的各地州经营机构建立代办处,经营建筑机械租赁业务。年末,新疆维吾尔自治区机械设备租赁公司签订机械设备租赁合同 21 份,租赁资产 1903 万元。

1999 年 8 月,新疆维吾尔自治区机械设备租赁公司正式移交中国信达资产管理公司新疆分公司。

第九篇 中央银行业务与管理

　　新疆辖区人行是人行总行的派出机构,根据国务院发布的《关于中国人民银行专门行使中央银行职能的决定》精神,专门行使中央银行在新疆的职能,在1986—2003年,经办的中央银行管理职能主要有:人民币发行的管理,信贷资金的规模安排及资金调度,信贷业务窗口指导,利率调整及利率市场化改革与管理,反假币管理,对政策性银行的金融业务进行指导和监督,工资基金管理,负责新疆辖区的金融统计、分析与研究,国库与国债管理等。2003年以后,根据新修订的《中国人民银行法》规定,新增加了信贷征信与反洗钱两项新的管理职能。

　　金融监管是金融监督与金融管理的总称,是对整个金融业务活动的监督管理。1993年前统称金融管理,其后统称为金融监管。纵观20年新疆维吾尔自治区的金融监管工作,归纳起来有三大变化:一是从监管主体上看,1993年以前,人行新疆分行对新疆辖区内的银行业、证券业、保险业全面履行"领导、管理、协调、监督、稽核"的职能,1994年以后,逐步过渡到以人行乌鲁木齐中心支行对金融业进行宏观调控与管理,以新疆银监局、证监局、保监局三个监管局对三业分业监管的格局;二是从监管内容上看,由过去重心为分配信贷规模和资金、一般性行政管理、机构准入与准出的审批、金融业务稽核与检查等内容,逐步过渡到对整个金融业系统性金融风险的防范与化解,金融安全区及金融生态环境建设方面;三是从监管方式上看,主要由过去对金融业的合规性监管,逐步过渡到了对整个金融业的审慎性监管上来。

第一章　货币管理

人民币是中华人民共和国的法定货币。根据《中华人民共和国中国人民银行法》（以下简称《中国人民银行法》）和《中华人民共和国人民币管理条例》（以下简称《人民币管理条例》）的相关规定，人民币由人行总行统一印制、发行。人行总行发行新版人民币以及纪念币的主题涉及重大政治、历史题材的，须报国务院批准。为适应经济发展和市场货币流通的要求，1987—2005 年，国务院颁令责成人行总行陆续发行第四套和第五套人民币。在 1999 年和 2000 年分别停止了第二套、第三套人民币流通（纸、硬分币除外）。在新疆市场上，1999 年 1 月 1 日前，流通着第二套、第三套、第四套人民币；1999 年 10 月 1 日至 2000 年 6 月 30 日，流通着第三套、第四套、第五套人民币；2000 年 7 月 1 日后至 2005 年，流通着第四套、第五套人民币。为了做好人民币的发行工作，新疆发行基金调拨严格按照人行总行制定的"适当集中、合理摆布、灵活调拨"基本原则进行。期间，为满足公众收藏的需求，人行总行还限量发行了具有特定主题的特定货币——纪念币（分为普通纪念币和贵金属纪念币）。针对伪造、变造人民币的行为，新疆人行系统组织辖区金融机构积极开展反假货币工作。

第一节　货　　币

人民币是中华人民共和国唯一的法定货币，于 1948 年 12 月 1 日中国人民银行成立时发行，至 2005 年底启用新版为止共发行 5 套，形成包括纸币与金属币、普通纪念币与贵金属纪念币等多品种、多系列的货币体系。

一、人民币纸币

1986 年后，新疆地区流通的纸币主要是第三套、第四套、第五套人民币。

第三套人民币于 1962 年 4 月 20 日发行。主币有 1 元、2 元、5 元、10 元四种，辅币有 1 角、2 角和 5 角三种，主辅币共七种面额，九种版别。

第四套人民币于 1987 年 4 月 27 日发行。主币有 1 元、2 元、5 元、10 元、50 元和 100 元六种，辅币有 1 角、2 角和 5 角三种，主辅币共九种面额，十一种版别。

第五套人民币于 1999 年 10 月 1 日发行。主币有 1 元、5 元、10 元、20 元、50 元、100 元六种，辅币有 1 角和 5 角两种，主辅币共八种面额。2005 年 8 月 31 日又发行了第五套人民币 2005 版，有 5 元、10 元、20 元、50 元、100 元五种面额。

第三套人民币自 2000 年 7 月 1 日起，停止在市场流通。

新疆维吾尔自治区市场上流通的第三套人民币一览

表 9-1

券别	图案		颜色	发行时间
	正面	背面		
1 角	教育与生产劳动相结合	菊花图和国徽	枣红、大红	1962.04.20
1 角	教育与生产劳动相结合	国徽和菊花图案	深棕、浅绿	1966.01.10
1 角	教育与生产劳动相结合	国徽和菊花图案	深棕、浅紫	1967.12.15
2 角	长江大桥	国徽和牡丹花	浅绿	1964.04.15
5 角	纺织厂生产图	国徽、棉花和梅花	青莲、橘黄	1974.01.05
1 元	女拖拉机手生产图	放牧、国徽	浅红	1969.10.20
2 元	车间工人生产图	国徽和石油矿井	淡绿	1964.04.15
5 元	炼钢工人生产图	国徽和露天采矿图	深棕、咖啡	1969.10.20
10 元	人民代表步出大会堂	天安门、国徽和天安门水印	黑	1966.01.10

新疆维吾尔自治区市场上流通的第四套人民币一览

表 9-2

券别	图案		颜色	发行时间
	正面	背面		
1 角	高山族、满族人物头像	国徽、民族图案	深棕	1988.09.22
2 角	布依族、朝鲜族人物头像	国徽、民族图案	蓝绿	1988.05.10
5 角	苗族、壮族人物头像	国徽、民族图案	紫红	1987.04.27
1 元	侗族、瑶族人物头像	长城	深红	1988.05.10
2 元	维吾尔族、彝族人物头像	南海、南天一柱	绿	1988.05.10
5 元	藏族、回族人物头像	长江巫峡	棕	1988.09.22
10 元	汉族、蒙古族人物头像	珠穆朗玛峰	黑蓝	1988.09.22
50 元	"工、农、知识分子"头像	黄河一壶口	黑茶	1987.04.27
100 元	"毛泽东、周恩来、刘少奇、朱德"四位领袖浮雕像	井冈山主峰	蓝黑	1988.05.10

新疆维吾尔自治区市场上流通的第五套人民币一览

表 9－3

券别	图案		颜色	发行时间
	正面	背面		
1 元	毛泽东头像、国徽、花卉	西湖图案	橄榄绿	2004.07.30
5 元	毛泽东头像、国徽、花卉	泰山图案	紫色	2002.11.18
5 元	毛泽东头像、国徽、花卉	泰山图案	紫色	2005.08.31
10 元	毛泽东头像、国徽、花卉	长江三峡图案	蓝黑色	2001.09.01
10 元	毛泽东头像、国徽、花卉	长江三峡图案	蓝黑色	2005.08.31
20 元	毛泽东头像、国徽、花卉	桂林山水图案	棕色	2000.10.16
20 元	毛泽东头像、国徽、花卉	桂林山水图案	棕色	2005.08.31
50 元	毛泽东头像、国徽、花卉	布达拉宫	绿色	2001.09.01
50 元	毛泽东头像、国徽、花卉	布达拉宫	绿色	2005.08.31
100 元	毛泽东头像、国徽、花卉	人民大会堂图案	红色	1999.10.01
100 元	毛泽东头像、国徽、花卉	人民大会堂图案	红色	2005.08.31

二、人民币金属币

人民币铸币是由中国人民银行发行的,具有一定形状、重量和面额价值的金属货币。它分为贵金属纪念币、流通纪念币和普通流通硬币。普通流通硬币,作为人民币纸币的补充,在人民币的流通过程中起着调节货币流通的作用。

1986 年以后,新疆维吾尔自治区流通的普通硬币主要是第二套、第三套、第四套、第五套人民币。

第二套普通硬币自 1957 年 12 月 1 日起发行,有 1 分、2 分、5 分三种。第三套普通硬币自 1980 起发行,有 1 角、2 角、5 角和 1 元币四种。第四套普通硬币 1992 年 6 月 1 日起发行,有 1 角、5 角和 1 元币三种。第五套普通硬币自 2000 年 10 月 16 日发行,有 1 角、5 角和 1 元币三种。

第二套人民币硬币一览

表 9－4

面额	图案		颜色	尺寸	发行时间	材质
	正面	背面				
1 分	国徽和国名	麦穗、币值、年号	银白	1.3×Φ18 毫米	1957.12.01	铝镁合金
2 分	国徽和国名	麦穗、币值、年号	银白	1.6×Φ21 毫米	1957.12.01	铝镁合金
5 分	国徽和国名	麦穗、币值、年号	银白	1.8×Φ24 毫米	1957.12.01	铝镁合金

第三套人民币硬币一览

表 9-5

面额	图案		颜色	尺寸	发行时间	材质
	正面	背面				
1 角	国徽和国名	齿轮、麦穗、币值和年号	金黄	1.3×Φ20 毫米	1980.04.15	铜锌合金
2 角	国徽和国名	齿轮、麦穗、币值和年号	金黄	1.5×Φ23 毫米	1980.04.15	铜锌合金
5 角	国徽和国名	齿轮、麦穗、币值和年号	金黄	1.7×Φ26 毫米	1980.04.15	铜锌合金
1 元	国徽、国名和年号	长城和币值	银灰	1.9×Φ30 毫米	1980.04.15	铜镍合金

第四套人民币硬币一览

表 9-6

面额	图案		颜色	尺寸	发行时间	材质
	正面	背面				
1 角	国徽、国名、汉语拼音、年号	菊花、面额	银白	22.5 毫米	1992.06.01	铝镁合金
5 角	国徽、国名、汉语拼音、年号	梅花、面额	金黄	20.5 毫米	1992.06.01	铜锌合金
1 元	国徽、国名、汉语拼音、年号	牡丹花、面额	银白	25.0 毫米	1992.06.01	钢芯镀镍

第五套人民币硬币一览

表 9-7

面额	图案			尺寸	发行时间	材质
	正面图景	背面图景	主色			
1 角	中国人民银行、1 角、拼音字母、年号	兰花图及中国人民银行汉语拼音字母	铝白色	19 毫米	2000.10.16	金
1 角	中国人民银行、1 角、拼音字母、年号	兰花图及中国人民银行汉语拼音字母	钢白色	19 毫米	2005.08.31	钢
5 角	中国人民银行、5 角、拼音字母、年号	荷花图及中国人民银行汉语拼音字母	金黄色	20.5 毫米	2002.11.18	钢芯镀铜合金
1 元	中国人民银行、1 元、拼音字母、年号	菊花图及中国人民银行汉语拼音字母	镍白色	25 毫米	2000.10.16	钢芯镀镍

三、流通纪念币

流通纪念币是具有特定主题,限量发行的人民币。纪念币选题丰富多彩,设计独具匠心,图案新颖美观。题材有事件、会议、人物、动物、文化遗产,涉及政治、法律、体育、环保、金融等多方面,将中华人民共和国辉煌成就及重要事件浓缩于纪念币的方寸之间。这些纪念币是人民币系列的重要组成部分,丰富和完善了中国的货币制度,弘扬了中国的货币文化,备受国内外钱币爱好者的收藏和青睐,同时也为促进商品流通和经济发展、扩大对外交流发挥了积极作用。

流通纪念币包括金属纪念币和纪念钞。1984 年 10 月 1 日,为纪念中华人民共和国成立 35 周年,中国人民银行首次发行流通纪念币,1999 年 10 月 1 日首次发行建国五十周年纪念钞。

1986—2005 年中国人民银行发行流通纪念币一览

表 9—8

发行序号	名　称	全套枚数	面额	图　案		发行日期	发行数量（万枚）
				正面	背面		
01	中华人民共和国成立 35 周年	3 枚	1 元	国徽、礼花、天安门广场	开国大典、民族大团结、祖国万岁	1984.10.01	2041.00
02	西藏自治区成立 30 周年	1 枚	1 元	国徽、国名、年号	布达拉宫	1985.09.01	261.50
03	新疆维吾尔自治区成立 30 周年	1 枚	1 元	新疆人民会堂、年号	丰收图	1985.10.01	450.00
04	国际和平年	1 枚	1 元	国徽、国名	《和平》雕像	1986.09.20	2704.80
05	内蒙古自治区成立 40 周年	1 枚	1 元	内蒙古人大常委会办公楼	放牧图	1987.07.30	905.40
06	第六届全运会	3 枚	1 元	国名、会徽	体操、排球、足球	1987.11.20	1053.00
07	宁夏回族自治区成立 30 周年	1 枚	1 元	银川南关大清真寺	采摘枸杞图	1988.9.20	156.00
08	中国人民银行成立 40 周年	1 枚	1 元	国徽、国名、年号	行徽及总行大厦	1988.12.01	206.80
09	广西壮族自治区成立 30 周年	1 枚	1 元	桂林漓江	壮族歌墟节	1988.12.01	407.20
10	中华人民共和国成立 40 周年	1 枚	1 元	国徽、人民大会堂、礼花	五星、和平鸽、乐谱、"40"艺术字体	1989.09.28	2100.00
11	第十一届亚运会	2 枚	1 元	国名、会徽、工人体育场	舞剑、射箭	1990.08.22	2560.80
12	全民义务植树运动 10 周年	3 枚	1 元	国名、植树节徽	治理山河,保护生态;美化祖国,造福人类;全民动员,义务植树	1991.03.02	3000.00

表 9—8 续

发行序号	名　称	全套枚数	面额	图　案		发行日期	发行数量（万枚）
				正　面	背　面		
13	中国共产党成立 70 周年	3 枚	1 元	国徽、国名	中共一大会址,遵义会议会址,十一届三中全会会址	1991.06.18	9000.00
14	第十一届世界女子足球锦标赛	2 枚	1 元	国名、会徽	踢球、扑球	1991.11.01	2000.00
15	《宪法》颁布 10 周年	1 枚	1 元	国徽、国名、56 个装饰圆点	1982 年《宪法》文本	1992.11.27	1000.00
16	宋庆龄诞辰 100 周年	1 枚	1 元	国名、上海宋庆龄故居	宋庆龄头像	1993.01.16	1044.80
17	中国珍稀野生动物——大熊猫	1 枚	5 元	国徽、国名	两只食竹嬉戏的熊猫	1993.06.15	600.00
18	毛泽东诞辰 100 周年	1 枚	1 元	毛泽东故居——湖南韶山、国名、年号	毛泽东侧面头像及"毛泽东诞辰 100 周年 1893—1993"字样	1993.12.26	2000.00
19	"希望工程"实施 5 周年	1 枚	1 元	国名、国徽、年号；下方内缘有"THE PEOPLE'S REPUBLIC OF CHINA"英文字样	1 男 1 女两名儿童头像,上方内缘是邓小平题词:"希望工程"及"PROJECT HOPE"英文字样	1993.12.26	2000.00
20	第 43 届世界乒乓球锦标赛	1 枚	1 元	国名、年号,世乒赛会徽和主赛馆	1 名直握球拍的女运动员击球的形象	1995.04.26	1000.00
21	中国抗日战争和世界反法西斯战争胜利 50 周年	1 枚	1 元	长城、国名、年号	紧握钢枪的战士和手举大刀的百姓奋力拼杀的形象,并衬以旗帜和地球图案	1995.08.31	1000.00
22	联合国第四次世界妇女大会	1 枚	1 元	国名、天坛、5 只"W"形的鸽子环绕组成的彩带	第四次世界妇女大会会徽	1995.08.31	1000.00

表9-8续

发行序号	名　称	全套枚数	面额	图　案		发行日期	发行数量（万枚）
				正　面	背　面		
23	联合国成立50周年	1枚	1元	国名、国徽、长城	联合国成立50周年的纪念标志、内缘周围用点线构成的一圈纹饰	1995.10.20	1000.00
24	中国珍稀野生动物——金丝猴	1枚	5元	国名、国徽、年号	1只金丝猴	1995.11.16	600.00
25	朱德诞辰110周年	1枚	1元	国名、年号、朱德故居	朱德的素描头像及"朱德诞辰110周年 1886—1996"字样	1996.11.27	1000.00
26	中国珍稀野生动物——华南虎	1枚	5元	国名、国徽、年号	1只站立于岩石上的华南虎	1996.12.18	600.00
27	中国珍稀野生动物——白鳖豚	1枚	5元	国名、国徽、年号	两只白鳖豚戏水图	1996.12.18	600.00
28	庆祝中华人民共和国香港特别行政区成立	2枚	10元	国名、年号、香港特别行政区区旗上的五星花蕊的紫荆花	《中华人民共和国香港特别行政区基本法》文本和牡丹花；香港风景	1997.07.01	2000.00
29	周恩来诞辰100周年	1枚	1元	国名、年号、江苏淮安周恩来故居院外正门	周恩来的侧面素描头像及"周恩来诞辰100周年 1898—1998"字样	1998.03.02	2000.00
30	中国珍稀野生动物——丹顶鹤	1枚	5元	国名、国徽、年号	1只丹顶鹤站在水草地中	1998.06.02	600.00
31	中国珍稀野生动物——朱鹮	1枚	5元	国名、国徽、年号	1只朱鹮站在树枝上	1998.06.02	600.00
32	中国珍稀野生动物——褐马鸡	1枚	5元	国名、国徽、年号	1只雄性褐马鸡站在北部山区针叶、阔叶和灌木丛等混交林区地面上	1998.10.23	600.00

表 9-8 续

发行序号	名 称	全套枚数	面额	图 案		发行日期	发行数量（万枚）
				正 面	背 面		
33	中国珍稀野生动物——扬子鳄	1 枚	5 元	国名、国徽、年号	1 只静卧在沼泽地上将近成年的扬子鳄	1998.10.23	600.00
34	刘少奇诞辰 100 周年	1 枚	1 元	国名、年号、湖南花明楼刘少奇故居	选自《刘少奇选集》的刘少奇头像及"刘少奇诞辰 100 周年 1898—1998"字样	1998.11.21	2000.00
35	中国珍稀野生动物——金斑喙凤蝶	1 枚	5 元	国名、国徽、年号	1 只雄性金斑喙凤蝶和野生的杜鹃花	1999.07.15	600.00
36	中国珍稀野生动物——中华鲟	1 枚	5 元	国名、国徽、年号	1 条成年雄性中华鲟正贴着江底游动	1999.07.15	600.00
37	中华人民共和国成立 50 周年	1 枚	10 元	国名、年号、天安门及礼花	正中央为长城变形构成的"50"字样,上方为和平鸽	1999.09.20	1000.00
38	中国人民政治协商会议成立 50 周年	1 枚	1 元	国名、年号、全国政协第一届会议会址——中南海新华门	全国政协会徽,会徽两旁有装饰花瓣	1999.09.16	1000.00
39	澳门回归普制流通币	2 枚	10 元	国名、年号、澳门特别行政区区旗上的五星荷花图案	澳门海景和《中华人民共和国澳门特别行政区基本法》文本;抽象化的长城和 3 只和平鸽衬托下的妈祖阁和帆船	1999.12.10	2000.00
40	纪念敦煌藏经洞发现一百周年普制流通币	1 枚	1 元	敦煌莫高窟九层楼、国名、面额、年号	敦煌石窟的精美彩塑及敦煌壁画	2000.06.30	2000.00
41	迎接新世纪纪念币	1 枚	10 元	滚滚前进的历史车轮、火箭及现代高层建筑	光芒四射的太阳、地球、彩带、人眼	2000.11.28	1000.00

表9—8续

发行序号	名 称	全套枚数	面额	图 案		发行日期	发行数量（万枚）
				正面	背面		
42	西藏和平解放50周年	1枚	5元	国徽、牡丹、国名、年号	布达拉宫、藏族男女舞蹈场景、面额	2001.05.23	1000.00
43	辛亥革命90周年	1枚	5元	国徽、飘带、国名、年号	人民英雄纪念碑上的武昌起义浮雕	2001.09.27	1000.00
44	世界文化遗产——万里长城	1枚	5元	国徽、国名、年号	长城烽火台、群山和长城、面额	2002.10.25	1000.00
45	世界文化遗产——秦始皇陵及兵马俑坑	1枚	5元	国徽、国名、年号	将军俑特写、兵马俑坑、面额	2002.10.25	1000.00
46	羊贺岁币	1枚	1元	行名、面额、汉语拼音字母及年号	儿童、灯笼、礼花	2003.01.16	1000.00
47	中国宝岛台湾——朝天宫	1枚	5元	国徽、国名、年号	朝天宫、树木、灯笼、面额	2003.09.30	1000.00
48	中国宝岛台湾——赤嵌楼	1枚	5元	国徽、国名、年号	赤嵌楼、树木、石碑、面额	2003.09.30	1000.00
49	世界文化遗产——曲阜孔庙、孔林、孔府	1枚	5元	国徽、国名、年号	孔庙大成殿、孔林万古长春坊、孔府门圉、面额	2003.11.18	800.00
50	世界文化遗产——明清故宫	1枚	5元	国徽、国名、年号	故宫太和门、金水桥、三大殿、故宫门、面额	2003.11.18	800.00
51	2004年贺岁	1枚	1元	行名、面额、汉语拼音字母及年号	儿童、风筝、风的线条	2004.01.06	1000.00
52	中国宝岛台湾——鹅銮鼻	1枚	5元	国徽、国名、年号	大灯塔、海岸线、飞渔船、树木、面额	2004.05.10	1000.00
53	中国宝岛台湾——日月潭	1枚	5元	国徽、国名、年号	光华岛、热带植物、群山、水鸟、面额	2004.5.10	1000.00
54	邓小平诞辰100周年普通纪念币	1枚	1元	国名、年号、面额、邓小平故居	邓小平侧面头像	2004.08.22	1000.00

表 9-8 续

发行序号	名　称	全套枚数	面额	图　案		发行日期	发行数量（万枚）
				正　面	背　面		
55	全国人民代表大会成立50 周年	1 枚	1 元	国徽、国名、年号	人民大会堂、华灯、"人民代表大会成立五十周年"和"1954—2004"字样、面额	2004.09.09	1000.00
56	世界文化遗产——苏州古典园林	1 枚	5 元	国徽、国名、年号	苏州拙政园亭台楼阁和泉石花木、面额	2004.11.08	600.00
57	世界文化遗产——周口店"北京人"	1 枚	5 元	国徽、国名、年号	周口店"北京人"复原像和周口店遗址、面额	2004.11.08	600.00
58	2005 年贺岁	1 枚	1 元	行名、面额、汉语拼音字母及年号	儿童、篮子、蚂蚱、母鸡、灯笼及"乙酉"字样	2005.01.26	1000.00
59	世界文化遗产——丽江古城	1 枚	5 元	国徽、国名、年号	随地势高低而就、错落有致的丽江古城,其背景为玉龙雪山	2005.05.12	800.00
60	世界文化遗产——青城山与都江堰	1 枚	5 元	国徽、国名、年号	都江堰水利工程主体部分之一——宝瓶口,其背景为鱼嘴分水堤等都江堰水利工程建筑	2005.05.12	800.00
61	陈云诞辰 100 周年	1 枚	1 元	国名、年号、面值、上海青浦陈云故居	陈云头像及"陈云诞辰 100 周年","1905—2005"字样	2005.01.26	1000.00
62	中国宝岛台湾——敬字亭	1 枚	5 元	国徽、国名、年号	龙潭圣迹亭、老树、相思林、面额	2005.05.12	800.00

1986—2005 年中国人民银行发行流通纪念钞一览

表 9-9

发行序号	名称	张数	面额	规格	材质	发行日期	发行地区	发行量（万张）
01	新中国成立 50 周年纪念钞	1	50	165×80 毫米	纸质	1999.10.01	全国各地	5000.00
02	迎接新世纪纪念钞	1	100	165×80 毫米	塑质	2000.11.28	全国各地	1000.00

第二节　发行基金调拨

1986—1993 年,新疆现金供应相对平稳。疆内各发行库结合交通线路长、季节性投放相对集中和点多面广的特点,在保证一定铺底资金的同时,做到早准备、早部署,保证了发行基金调拨的及时到位和地区现金有效供应。

1994 年,新疆发行调拨工作积极适应外汇体制改革的新要求,认真贯彻总行"适当集中、合理摆布、灵活调拨"的方针,加强分析预测,与各地州(市)发行部门上下联动,保证了调拨渠道的畅通。

1995 年,受金融改革惯性的影响和政策因素的进一步释放,新疆发行基金调拨首次突破 200 亿元。

1998 年,因亚洲金融危机,中国政府采取人民币不贬值,并采取加强金融监管、紧缩货币等政策。受其影响,新疆发行基金调拨数量急转直下,全年发行基金调拨仅实现 24.17亿元。

2003 年,尽管有"非典"疫情的蔓延,全疆发行基金调拨工作认真组织、合理规划、科学安排,深入疫情较重的北京、上海等高危地区开展调运工作,并合理搭配发行基金券别,积极应对突发事件,保证了新疆辖区货币供应的市场需求。年内由重点库直接向喀什中心支库调运发行基金 2500 件,调入发行基金 310 亿元,完成现金投放 588.78 亿元,实现发行基金调拨额和现金投放额历史新纪录。

2004—2005 年,新疆发行基金调拨不断回落。

1986—2005 年新疆维吾尔自治区发行基金调拨

表 9—10　　　　　　　　　　　　　　　　　　　　　　　　　　　　　单位:亿元

年份	调入数	分库下达数	年份	调入数	分库下达数
1986	10.25	12.12	1996	104.80	112.50
1987	22.10	24.60	1997	72.34	181.43
1988	17.64	24.55	1998	24.17	219.60
1989	21.00	20.60	1999	162.53	257.02
1990	29.50	32.10	2000	159.00	227.63
1991	42.50	52.00	2001	237.45	234.84
1992	25.92	44.68	2002	158.00	203.00
1993	48.50	72.50	2003	310.00	252.00
1994	140.00	144.00	2004	273.00	252.00
1995	208.73	——	2005	152.00	231.00

第三节　货币投放与回笼管理

1986—1997 年,新疆现金投放除 1990—1992 年幅度有所下降外,总体现金投放是增长的。1998 年,因职工下岗分流人员增加,部分单位拖欠职工工资;国内需求不足、个人购买力下降;农副产品价格下降以及收购期延迟等原因,现金投放回落。全疆全年现金净投放 2 亿元,投放比上年下降 89.2%。

1999 年,全疆现金投放快速回升,现金净投放 88.72 亿元,比上年增加 86.72 亿元,增加 97.8%。投放增加的主要因素为储蓄利息连续 7 次降息、储蓄利息税开征及国债发行等,引起居民支取存款转向其他投资;工资调整和补发离退休及在职职工工资,使工资性支出增大;受汇差影响,内地客商将款汇入新疆后提出现金到黑市上购买外汇,导致汇兑支出增加。

2000 年,国家实行西部大开发战略,打开了新疆现金投放的快速上升通道。新疆货币金银工作坚持"保证总量、调整结构、合理调拨、适当集中、灵活摆布"的方针,做到现金投放不脱供、不积压,确保全疆现金投放高速增长常态化的需求,全年投放现金 441.95 亿元,较上年多投放 40.28 亿元,增长了 10%。

2001 年,由于国家货币政策的调整和新疆维吾尔自治区经济持续、快速增长,新疆货币发行呈现大投放、大回笼的格局。全疆全年共投放货币 439.18 亿元,回笼 384.19 亿元,净投放货币 54.99 亿元。主要是由于居民消费回升需求扩大引起商业回笼增长,部分农副产品价格下调使农副产品收购支出下降造成。

2002—2003 年,现金投放、回笼量受国家推行扩大内需刺激消费政策的影响,特别是假日经济效益的驱动,呈现"节前投放,节后回笼,平时投放"的规律性变化,现金投放回笼呈净投放态势。其原因主要是受农产品价格上涨、农民收入增幅大、居民消费倾向提升、现金收支频率加快等因素的影响。

2004 年,新疆国民经济在国家宏观调控政策的影响下,金融运行呈现不同以往的变化,现金投放势头也较上年同期减弱,净投放为 56.93 亿元,较上年下降 46%。

2005 年,随着新疆经济持续、快速、健康发展,中央银行基础货币投放量逐年加大,全疆全年货币投放 791 亿元,净投放货币 91 亿元,同比增长 54%,主要是新疆农业和农业深加工发展快,农副产品采购现金投放不断增加。

第四节　货币流通状况与经济发展

1986—1991 年,新疆维吾尔自治区国内生产总值从 1986 年的 129.04 亿元上升到 1991 年的 335.91 亿元,年均增长达 21.3%。其货币流通量及现金收入和支出规模与新疆国民经济发展相匹配。

1992 年,新疆维吾尔自治区国内生产总值发生结构性变化,第三产业首次超过了第一产业。货币流通量为 64 亿元,比上年增加 16.50 亿元,增长 34.7%,货币供应量 399.76 亿元,增长 22.8%,而国内生产总值为 402.31 亿元,增长 16%。市场货币流通量和货币供应量增长比例高于国民经济增长幅度。

　　1994 年,国家全面开展财税、金融、外汇、外贸、投资、价格及流通体制的改革。新疆农业结构调整,棉花总产、单产和人均占有量均居全国第一,工业固定资产投资增幅较大,投资额达 299.04 亿元,比上年增长 20.4%,第二产业和第三产业双双突破 200 亿元大关。全年货币净投放 84.81 亿元,比上年同期多投放 47.35 亿元,增长 126%。年内辖区市场现金流通量为 131.74 亿元,增长 43.2%,全疆货币供应量(M_2)的增长超出经济和物价增长之和 9.46 个百分点。

　　1998 年,受亚洲金融危机以及对外贸易和旅游业发展的影响,新疆的货币净流入达 42.72 亿元,比上年增长 3.5 倍。

　　2005 年,新疆维吾尔自治区国内生产总值达 2604.14 亿元。同年,全疆的现金收入达到 8673.55 亿元,现金支出达到 8769.61 亿元,现金收入、支出与国内生产总值增长滞后 7 到 8 个百分点,而 2004 年这一指标基本是同步。

1986—2005 年新疆维吾尔自治区银行现金收支及新疆国内生产总值统计

表 9—11　　　　　　　　　　　　　　　　　　　　　　　　　　　　　　单位:亿元,%

年份	现金收入	较上年增长	现金支出	较上年增长	国内生产总值	较上年增长
1986	118.18	—	125.97	—	129.04	—
1987	152.26	28.8	161.22	28.0	148.51	15.1
1988	230.01	51.1	243.80	51.2	192.72	29.8
1989	256.11	11.4	266.16	9.2	217.29	12.8
1990	295.62	15.4	312.59	17.4	261.44	20.3
1991	375.15	26.9	398.59	27.5	335.91	28.5
1992	500.18	33.3	529.15	32.8	402.31	19.8
1993	824.00	64.7	861.46	62.8	495.25	23.1
1994	1145.47	39.0	1230.28	42.8	662.32	33.7
1995	1649.93	44.0	1725.64	40.3	814.85	23.0
1996	2066.72	25.3	2072.53	20.1	900.93	10.6
1997	2473.57	19.7	2488.06	20.1	1039.85	15.4
1998	3338.00	35.0	3332.55	33.9	1106.95	6.5
1999	3590.11	7.6	3670.89	10.2	1163.17	5.1
2000	4472.93	24.6	4546.79	23.9	1363.56	17.2
2001	4874.24	9.0	4930.42	8.4	1491.60	9.4
2002	5441.75	11.6	5509.68	11.8	1612.65	8.1
2003	6686.35	22.9	6767.75	22.8	1886.34	17.0
2004	7937.21	18.7	7969.36	17.8	2209.09	17.1
2005	8673.55	9.3	8769.61	10.0	2604.14	17.9

　　数据来源:新疆金融统计 60 年(1949—2009 年)。

第五节 反假人民币

1986—1993 年,由于假币的数量相对较小,反假人民币工作基本上是各部门各履其职,公安、检察、法院主要依法对假币犯罪进行打击,人民银行履行宣传、鉴定、收缴、销毁和奖励等职责,金融机构履行柜台堵截和肩负宣传的义务。

1994—1995 年,由于经济金融体制进行了重大调整,市场经济日趋活跃,边境贸易人民币交易频繁,外汇黑市活动猖獗,不法分子利用新疆地广人稀、交通不便、与外界联系较少等条件,将作案范围由城市向偏僻县市、乡村扩散,造成了假币大幅增长。1995 年 3 月,由人行新疆分行牵头,与工行、农行、建行、中行新疆各分行和交通银行乌鲁木齐分行联合下发了《关于开展反假人民币的联合通知》,各地州金融机构召开反假工作联席会议,由政府部门、人民银行、各专业银行、公安、信用社、邮政储蓄等单位合力,采取举办反假培训班、购置反假机具,深入城乡街道以及农牧区进行反假宣传,利用广播电视、报纸刊物等多种宣传媒介,集中力量打击和收缴假币。期间,新疆收缴假币 1000.48 万元。

1996 年 8 月,新疆维吾自治区首次召开由人行新疆分行牵头,各商业、政策性银行新疆分行和公安、安全、海关、工商行政管理、司法、新闻等有关部门参加的新疆维吾尔自治区反假货币工作联席会议,建立了新疆维吾尔自治区反假货币工作联席会议制度。会上宣读了人行新疆分行起草的《关于加强自治区反假货币工作的意见》。各地州县(市)也先后召开了反假货币工作联席会议,建立了反假货币工作联席会议制度,成立了相应的办事机构,负责协调和组织反假币宣传活动。

1996—1998 年,假币发案率和收缴总额连续三年下降,收缴总额较 1995 年分别下降了 49%、57%、61%。

1999—2005 年,在国家财政拉动经济增长,高通胀未能得到有效抑制的情况下,新疆假币案件和假币收缴额除个别年份有一定的下降外,基本处于高位徘徊。

1986—2005 年新疆维吾尔自治区反假货币收缴情况

表 9—12 单位:万元,%

年份	收缴总额	较上年增加比例	年份	收缴总额	较上年增加比例
1986	—	—	1996	255.60	−49.7
1987	0.04	—	1997	316.54	23.8
1988	0.06	57.5	1998	196.73	−37.9
1989	0.16	154.0	1999	880.97	347.8
1990	3.21	1906.2	2000	390.00	−55.7
1991	20.84	402.8	2001	710.20	82.1
1992	20.00	23.9	2002	804.40	13.3
1993	116.10	480.5	2003	687.58	−14.5
1994	492.20	323.9	2004	1173.26	70.6
1995	508.28	3.3	2005	1099.35	−6.3

第二章　中央银行宏观调控

1986—2005 年,人行总行对银行存贷款利率进行过多次调整,人行新疆分行和 1998 年后设立的人行乌鲁木齐中心支行,根据人行总行对银行存贷款利率调整及管理的有关要求,及时对存贷利率进行了调整,并予以严格管理。期间,商业银行在中央银行的存贷款利率,居民、企事业单位在商业银行的存贷款利率,所有定活期利率、长短期利率无一例外地由人行总行统一制定,并且由行政指令决定的利率一经确定下来,就长时间保持不变,商业银行和非金融机构都必须严格执行这一指令性利率。虽然按照人行的规定,各商业银行在一定幅度和范围内享有利率的浮动权,但在实际执行过程中,由于上级银行对利率浮动权限的截留,使得利率浮动权对于基层行而言往往有名无实,因而这就不得不进行利率市场化等货币政策工具调控的一系列的改革。

第一节　宏观调控政策

1986 年,人行新疆分行按照人行总行提出的金融工作要求,协助专业银行根据"有紧有松、稳中求松"的方针,贯彻择优扶植的信贷政策,使企业流动资金一度紧张的状况得到缓解,在控制货币发行、组织吸收存款、挖掘资金潜力和合理发放贷款方面做了大量工作。针对 1987 年上半年出现的宏观经济过热情况,人行总行确定了紧缩货币信贷的目标。人行新疆分行采取了一系列果断措施,保证紧缩政策的实现。至 1989 年,紧缩的货币政策效应显现,货币投放减少,通货膨胀得到初步治理。

1990 年起,人行新疆分行根据国务院"从紧方针不变、适当调整力度",按照"控制总量、调整结构、强化管理、盘活存量、提高效益"的调控原则,适度增加信贷总量,支持自治区农牧业生产和农副产品收购,支持国有大中型企业的产业和产品结构调整,支持自治区重点项目建设。1993 年,中国出现经济过热现象,并发生持续高通货膨胀。人行新疆分行按照全国金融工作会议确定的"严控总量、优化结构、面向市场、转换机制、提高效益"的货币信贷方针,严格执行信贷计划,辖内各专业银行贷款均控制在总行下达的计划之内。

1995—1997 年,贯彻实施从紧的货币政策。人行新疆分行按照人行总行调控要求,贯彻实施适度从紧的货币政策,严格控制信用总量,优化信贷结构,妥善处理宏观调整与地方经济发展之间的关系。适度从紧的货币政策收到预期效果,通货膨胀得到控制,新疆金融形势平稳发展。

1998—2005 年,贯彻实施稳健的货币政策。1998 年 1 月,人行总行取消了对商业银行贷款的直接管理,开始实施现代意义的货币政策。由于亚洲金融危机导致的出口需求减少和国企改革的持续深入推进,中国经济进入长达六年的通货紧缩期。人行总行采取了一系列政策措施,支持和激励商业银行加大有效信贷投放。人行新疆分行指导金融机构积极配合国家宏观经济政策的调整,认真贯彻执行稳健的货币政策,保持对经济增长的必要支持。根据国家扩大内需和西部大开发政策,从2002年开始,人行新疆分行进一步发挥货币政策的"窗口指导"作用,灵活运用货币政策工具,按年出台新疆银行业信贷增长指导意见,引导金融机构适当增加货币供应量,加大贷款投放力度,及时合理地调整信贷投向投量,确保了新疆金融稳健运行。

第二节　存款准备金管理

一、人民币存款准备金管理

1984年,人行总行开始对人民币存款准备金进行管理,按存款种类核定存款准备金率,即企业存款20%,储蓄存款40%,农村存款25%。1985年,针对当时存款准备金率偏高的情况,为促进商业银行资金自求平衡,人行总行取消了按存款种类核定存款准备金率的做法,一律调整为10%。1987年,为适当集中资金,支持国家重点产业和项目的资金需求,又将存款准备金率从10%调至12%。1988年9月,存款准备金率上调至13%。

1998年3月21日,经国务院批准,人行总行决定,对原有存款准备金制度实施改革。调整各金融机构一般存款缴存范围,将金融机构代理人行财政性存款中的机关团体存款和财政预算外存款划为金融机构的一般存款;将原各金融机构在人民银行的"缴来一般存款"和"备付金存款"两个账户合并,统称为"准备金存款";将法定存款准备金率由13%调低至8%;对各金融机构的法定存款准备金按法人统一考核;对各金融机构法定存款准备金按旬考核;金融机构按法人统一存入人行的准备金存款低于上一旬末一般存款余额的8%,人行对其不足部分按照每日万分之六的利率处以罚息;此外,还将金融机构法定和超额准备金利率统一下调到同一水平5.22%。为及时解决部分农村信用社和城市信用社出现的严重支付困难,支持人行分支机构及时处置辖区中小金融机构的支付困难,人行总行于1998年9月18日和1999年2月21日先后改进了农村信用社和城市信用社动用法定存款准备金的管理,规定农村信用社和城市信用社动用存款准备金须经中国人民银行批准,其他任何单位和个人都无权批准和干预。这两类机构动用法定存款准备金由人行各大区分行审批,各分行可授权辖属中心支行审批,中心支行审批动用存款准备金额度不得超过其应缴金额的50%,县(市)支行无权审批;大区分行批准动用法定存款准备金的农村信用社个数不能超过辖内农村信用社总数的30%,超过须报人行总行批准,人行各大区分行批准动用法定存款准备金的城市信用社个数不能超过辖内城市信用社总数的50%,超过须报人行总行批准。

1999年11月21日,为增加金融机构可用资金,促进经济健康发展,经国务院批准,人行总行将金融机构法定存款准备金率由8%下调至6%。

2003年9月21日,为收缩金融机构的信贷规模,人行总行将存款准备金率由6%上调至7%。此次对城乡信用社不作调整,城乡信用社仍执行6%的存款准备金率。

2004年4月25日,人行总行开始实行差别存款准备金率,金融机构适用的存款准备金率与资本充足率、资产质量状况等指标挂钩,对资本充足率不足4%的金融机构存款准备金率提高0.5个百分点,未进行股份制改造的国有商业银行、城乡信用社暂缓执行差别存款准备金率。同时,为防止货币信贷过快增长,存款准备金率上调至 7.5%,城乡信用社仍执行 6%,执行差别存款准备金率的金融机构执行 8%。同年 10 月 11 日,根据《中国人民银行总行办公厅关于新疆哈密市农村信用联社全额动用存款准备金的批复》,新疆辖区哈密市农村信用联社全额动用法定存款准备金 6 个月。同年 12 月 30 日,人行总行授权人行乌鲁木齐中心支行审批新疆辖区农村合作银行、城乡信用社动用人民币法定存款准备金,审批权限不得再下放。

2005 年 4 月,哈密市农村信用联社动用法定存款准备金继续延长 6 个月,这也是新疆唯一一家动用法定存款准备金的机构。

截至 2005 年末,新疆没有商业银行执行差别存款准备金率。

二、外汇存款准备金管理

2004 年,人行总行制定了《外汇存款准备金管理规定》,人民银行对外汇存款准备金不计付利息,城市商业银行和农村合作金融机构外汇存款准备金由其法人缴存至所在省(自治区)人民银行在境内中资商业银行开立的外汇准备金存款专用账户。美元、港元按照原币种缴存,其他币种折算成美元缴存。至 2005 年末,新疆法人金融机构尚无动用外汇存款准备金的业务发生。

第三节　利率管理

一、存贷款利率管理

1988—1989 年,两次上调存贷款利率。针对全国经济过热、货币投放多、信贷规模增长快、市场物价涨幅大的情况,人行总行于 1988 年、1989 年两次调高储蓄存款利率,并规定单位存款利率同个人存款利率拉平。同时,在全国实行 3 年期以上储蓄存款保值储蓄。人行新疆分行贯彻总行调高银行存贷款利率政策,积极发挥利率杠杆调控作用,采取有力措施稳定储蓄存款,扭转了储蓄存款迅速滑坡的局面。

1990—1992 年,三次下调存贷款利率。1990 年上半年,物价上涨过猛的势头得到有效控制,但市场商品销售不畅,产成品积压严重。人民银行相继三次下调存贷款利率。利率下调对减轻辖内企业负担起了明显的作用,并促使各家银行增加了固定资产贷款的投放。

1993—1995 年,四次上调存贷款利率,并加强外币利率管理。1993 年,在全国出现经济过热、市场物价上涨幅度持续攀升的情况下,人行总行在年内连续两次调高存、贷款利率,并下发了《关于不准擅自提高或变相提高存、贷款利率的十项规定》。人行新疆分行及时向辖内专业银行和非银行金融机构转发了这一规定,并对违反规定的行为进行了严肃查处。为了抑制通货膨胀,控制固定资产投资,根据人行总行通知规定,1995 年 1 月 1 日和 7 月 1 日,又两次上调存贷款利率。

1996—1999 年,七次下调存贷款利率,并规范住房资金存、贷款利率。1996 年,中国宏观经济调控取得预期成效,市场价格明显回落,通货膨胀得到抑制。根据人行总行通知,人行新疆分行组织辖内金融机构同年 5 月 1 日和 8 月 23 日,两次降低金融机构各项存、贷款利率。两次利率下调为新疆国有大中型工业企业减少贷款利息支出4.08亿元。为刺激消费,减弱储蓄风险,促进经济发展,1997年10月至1999年6月,人行新疆分行根据人行总行的通知规定,连续5次下调金融机构存贷款利率,切实减轻了企业利息负担,充分发挥了利率杠杆对经济发展的调节作用。为进一步规范住房资金存、贷款利率,从1999年9月21日起,个人住房公积金贷款最长期限由20年延长至30年,自营性个人住房贷款最长期限由20年延长至30年,并且个人住房贷款利率一律不得上浮。人行乌鲁木齐中心支行组织召开"利率协调会",并下发文件,从根本上规范了各国有商业银行执行住房资金存、贷款利率的尺度,维护了央行利率政策在辖内执行的权威性。

2002—2003年,下调存贷款利率,并扩大优惠政策范围。针对中国经济增速放缓、消费物价明显回落的情况,人行总行降低金融机构存、贷款利率,存款利率下调幅度小于贷款利率,银行存贷款利差缩小。2003年2月7日,为落实民族贸易和民族特需品生产贷款利率优惠政策,人行乌鲁木齐中心支行根据人行总行文件精神,新增中国银行、建设银行为执行优惠利率政策的承贷银行,并对优惠利率贷款发放的范围做出了明确规定。

2004年,上调人民币存贷款利率,并保持稳定。人行总行于同年10月29日上调金融机构存、贷款基准利率,并于此后保持基准利率不变,直至2006年。

二、利率市场化改革

1996年,人行新疆分行转发了人行总行取消同业拆借利率上限管理的通知,从同年6月1日起,放开银行间同业拆借利率,由拆借双方根据市场资金供求情况自主确定利率,标志着中国利率市场化迈出了具有开创性的第一步。

1999年10月,人行总行批准中资商业银行法人对中资保险公司法人试办5年期以上(不含5年期)、3000万元以上的长期协议存款业务,利率水平由双方协商确定,以长期大额存款入手,试点人民币存款利率市场化,拉开了存款利率市场化的序幕。

2000年9月,人行总行放开了外币贷款利率和大额(300万美元以上或等额其他外币)外币存款利率,从简化境内外币利率管理开始,探索贷款利率市场化。

2004年1月1日起,逐步扩大人民币贷款利率区间,利率市场化改革步伐加快。银行业金融机构不再根据企业规模和所有制性质,而是根据企业的信誉、风险等因素确定合理的贷款利率,逐步形成按照贷款风险成本差别定价的模式。商业银行、城市信用社的贷款利率浮动区间扩大到基准利率的0.9~1.7倍,农村信用社的贷款利率浮动区间扩大到基准利率的0.9~2倍。同年10月29日,继续放宽金融机构的贷款利率浮动空间并允许存款利率下浮,金融机构(城乡信用社除外)贷款利率不再设定上限,城乡信用社贷款利率仍实行上限管理,最大上浮系数为基准利率的2.3倍,所有金融机构贷款利率下浮幅度不变。金融机构以人行总行规定的存款基准利率为上限,实行存款下浮制度。

第四节　再贷款管理

1986年12月24日,人行总行制定下发了《对专业银行贷款管理暂行办法》,对再贷款实行"统一调度、分级管理"的管理体制。

1998 年,针对再贷款管理中出现的超限额、违规发放的情况,为进一步加强再贷款管理,人行总行出台了《中国人民银行再贷款管理若干规定》通知,强调再贷款实行指令性计划管理,各省、自治区、直辖市分行任何时点的再贷款余额均不得突破总行核定的限额,集中再贷款管理和审批权限。

一、短期再贷款

1999 年 1 月 6 日,人行总行印发了《短期再贷款管理暂行办法》,提出对短期再贷款实行"限额控制、授权操作"的管理原则。分行短期再贷款只能用于解决借款人同城票据清算和联行汇差清算的临时头寸不足,以及其他短期流动性不足,使用对象仅限于辖区内具有法人资格的商业银行和全国性或区域性商业银行设在辖区内的分支机构。同年 12 月 2 日,为支持股份制商业银行扩大贷款能力增加信贷投放,支持资信状况良好的城市商业银行和城市信用社进一步拓宽融资渠道,改善金融服务,人行总行决定对股份制商业银行和城乡信用社等中小金融机构安排增加一部分再贷款,并将短期再贷款的期限由 3 个月放宽至 1 年。所有中小金融机构再贷款未经总行批准,不得用于保支付。

2000—2005 年,新疆非农信社地方法人金融机构发展缓慢,头寸再贷款及中小金融机构再贷款使用量较小,年均投放量不足 5 亿元。2005 年以后,随着城市商业银行改革逐渐深入,金融市场业务不断拓宽,资金来源渠道多元化,再贷款需求逐步减弱。

二、对农村信用社再贷款

2001 年 4 月 17 日,为进一步规范和完善人民银行对农村信用合作社贷款的管理,支持其发放农户贷款,人行总行印发了《人行总行对农村信用合作社贷款管理办法》,对农村信用社再贷款管理实行"限额控制、规定用途、设立台账、到期收回、周转使用",规定分支行可跨年度周转使用上级下达的再贷款限额,但再贷款期限最长不超过 12 个月,贷款到期后不予展期;对解决农村信用社支付头寸不足的再贷款,期限不得超过 20 天,余额不得超过辖内再贷款限额的 5%。次年人行总行再次修订了《农村信用合作社贷款管理办法》,对借款人归还再贷款确有困难的,允许按规定予以展期,展期期限累计不得超过 2 年。2001—2005 年,全疆支农再贷款累放余额为 226.10 亿元,再贷款的运用增强了农村信用社发展的信心和信贷投放的实力,促使其转化经营机制,较好地改善了农村金融服务水平。

2000—2005 年新疆支农再贷款投放情况

表 9—13　　　　　　　　　　　　　　　　　　　　　　　　　　　　　　单位:亿元

年份	2001	2002	2003	2004	2005
累放	40.50	47.20	50.20	43.40	38.80

三、紧急再贷款

为维护金融体系的安全与稳定,防范和化解金融风险,人行总行于 1999 年 12 月 3 日下发了《中国人民银行紧急贷款管理暂行办法的通知》,规定紧急贷款仅限于兑付自然人存款的本金和合法利息,并优先用于兑付小额储蓄存款,贷款最长期限不超过 2 年,人行西安分行要求辖内各中心支行、营业管理部、县支行对西安分行下达的紧急贷款要单独设立台账、单独管理、专款专用、不得挪用。截至 2005 年末,新疆紧急再贷款余额 19483.59 万元,其中,正常再贷款 15605 万元,逾期再贷款 3878.59 万元。辖区紧急再贷款主要用于1999—2005 年兑付自然人合法储蓄、救助高风险金融机构,维护地区经济金融稳定。

四、地方政府向中央专项借款

地方政府向中央专项借款是经国务院批准,通过指定的地方商业银行向省(自治区、直辖市)政府的融资,专项解决地方要关闭的农村合作基金会、各类信托投资公司、城市商业银行、城市信用社的个人债务和合法外债的再贷款。

2000 年 4 月 29 日,人行总行、财政部联合印发了《地方政府向中央专项借款管理规定》,对地方政府向中央专项借款的申请、使用、管理和归还做了明确规定,使用期限一般为6 到 8 年,一次落实借款合同,分年签订借款借据,借款期内按季计息。2005 年,为解决金新信托投资股份有限公司、德恒证券在新疆营业部个人债权收购资金不足的问题,维护地区社会稳定,新疆地方政府发放专项借款,涉及限额 15749.02 万元。2005 年 3 月 18 日,人行乌鲁木齐中心支行发放专项借款 13717.65 万元,期限 8 年,专项用于金新信托公司兑付个人债权,其余部分于 2006 年发放,专项用于德恒证券兑付个人债权。

五、人行自办金融机构再贷款

2004 年,人行总行下发《关于金融稳定再贷款管理职责分工的通知》,明确人行自办金融机构再贷款用于兑付人民银行自办金融机构个人债务的再贷款。新疆自办金融机构再贷款共有 7 笔,为 2001 年至 2002 年发放。截至 2005 年末,自办金融机构再贷款余额为19188.85 万元,均为逾期再贷款。

第五节 再贴现管理

1986 年,人行总行颁布了《中国人民银行再贴现试行办法》,对专业银行持有的商业承兑汇票和银行承兑汇票开办再贴现业务。

1988 年,人行总行颁布了《银行结算办法》,将商业汇票作为清理拖欠的一项措施,规范了结算、承兑、贴现、再贴现的处理程序和会计核算手续。同年,还颁发了《关于加强商业汇票管理促进商业汇票发展的通知》,继续倡导和促进商业汇票的使用和推广。

1991 年,人行新疆分行安排了 445 万元贷款规模用于再贴现业务试点。

1995 年,人行新疆分行下发了《关于进一步推动商业汇票贴现、再贴现业务的通知》,规定再贴现资金主要用于"煤炭、电力、冶金、化工、铁道"五个行业及"棉花、化肥、生猪、烟叶"四个商品间贴现票据的再贴现。在优先满足"五行业、四商品"贴现票据需要的前提下,也可用于国家产业政策重点支持的其他行业的贴现票据的再贴现。

1997 年,人行总行印发了《商业汇票承兑、贴现与再贴现管理暂行办法》,明确了再贴现操作管理的一系列标准,对各再贴现授权窗口实行总量、期限和投向比例控制。人行新疆分行设立了再贴现授权窗口,可直接受理、审查并在总行再贴现限额内审批并经办有关再贴现业务。同时,根据新疆各地票据基础、业务发展情况批准设立了部分再贴现转授权窗口,转授权窗口在分行下达的再贴现限额内受理、审查、审批辖内金融机构的再贴现业务。

1998—2000 年,各商业银行自有资金相对充裕,受市场有效需求不足影响,商业汇票再贴现业务发展徘徊不前,再贴现业务主要用于棉花、羊绒等大宗农副产品收购及边贸中废钢、电石、食糖等商品交易中的资金需要,再贴现业务范围比较窄、品种比较单一。银行承兑汇票量少,再贴现票据选择空间小,一定程度上限制了再贴现工具作用的发挥。

2001 年后,新疆票据业务发展迅速,票据承兑、贴现、再贴现规模成倍增加,金融机构之间对票源的竞争越来越激烈。为积极稳妥地发展新疆票据市场业务,同年,人行乌鲁木齐中心支行下发了《关于进一步促进票据业务发展的通知》,明确依照"区别对待、择优扶持"的原则办理再贴现业务。优先办理以下票据:辖内商业银行承兑贴现的票据、重点行业重点生产型企业的票据、四个月以内期限的短期票据、贴现利率相对较高的票据、已在企业间多次背书转让的票据、贴现再贴现比例较高的金融机构的票据、试点企业的商业承兑汇票等。

2004—2005 年,由于市场资金宽裕,票据市场竞争加剧,贴现利率持续走低,再贴现需求逐渐下降。2005 年,新疆累计办理再贴现 1.89 亿元。

新疆再贴现业务情况

表 9—14　　　　　　　　　　　　　　　　　　　　　　　　　　　　　　　　　　单位:亿元

年份	1995	1996	1997	1998	1999	2000	2001	2002	2003	2004	2005
累放额	17.50	15.55	9.23	2.64	1.50	10.10	21.44	9.60	13.82	9.62	1.89

第三章　货币信贷资金管理

1985年9月，人行新疆分行根据国务院发布的《工资基金暂行管理办法》规定，要求各企业、事业、机关、团体单位只能在一个银行建立工资基金专户，工资总额组成的支出，不论现金或转账均应通过开户银行，从工资基金专用账户中列支；各基层单位根据国家下达年度工资总额计划，编制分季或分月工资基金使用计划，送单位所在地开户银行监督支付。

同年起，金融调控手段开始从原来的直接调控、行政性调控为主向间接调控、市场性调控为主转变。

1985年起实行"统一计划，划分资金，实贷实存，相互融通"的信贷资金管理新体制（以下简称实贷实存）。

1994年，实行新的管理体制，改进人行对金融的宏观调控。由直接调控逐步转向间接调控，集中调控权限于人行总行，人行分支机构按照人行总行的授权负责辖内的信贷资金管理。

1998年1月1日，新疆人行系统按照人行总行的要求，开始实行"计划指导、比例管理、自求平衡、间接调控"的信贷资金管理体制。

第一节　现金和工资基金管理

一、现金管理

1990年，全疆企业单位库存现金5.85亿元，比上年增长22.9％，低于1989年34.5％的增长幅度，低增幅的主要原因是全疆金融系统加强了现金管理工作，清理整顿了企业单位多头开立现金结算账户，全面实行了《支取现金许可证》制度，堵塞了不合理的现金支付，使集团单位库存现金的增长得到控制。

1993年8月，新疆辖区货币投放大幅度增加，货币过量投放已严重影响到自治区物价的稳定，人行新疆分行发布了《关于严格控制货币投放，加强现金管理暂行规定的通知》。

1994年，自治区制定并实施了《大额提现报备暂行办法》，对于加强现金管理，规范现金收支，减少大额现金使用量等方面起到了积极作用。

1997年5月，人行新疆分行制定了《大额现金支付登记备案实施办法》，办法规定：人民银行批准办理现金收付业务的金融机构都必须执行此办法；实行登记备案的范围限于机关、团体、企业、事业单位、其他经济组织和个体工商户以及外国驻华机构（以下简称开户单位）的大额现金支付，工资性支出和农副产品采购现金支出除外，居民个人提取储蓄存款暂不实行登记备案；新疆大额现金支付的数量标准定为金额5万元以上（含5万元）。

1998年5月，人行新疆分行下发《关于印发〈新疆维吾尔自治区关于严禁利用信用卡、银行卡、支付卡违规套取现金实施细则〉的通知》。

2002年，根据人行总行规定的"人随业务走，资料全部移交"的原则，货币信贷部门和货币金银部门按规定时间顺利完成了现金管理的交接工作。4月，人行乌鲁木齐中心支行根据中国人民银行《关于进一步加强大额现金支付管理的通知》精神，结合新疆实际，制定了《新疆维吾尔自治区大额现金支付管理实施细则》。为了加强和规范旅购换汇提现业务的管理，11月，人行乌鲁木齐中心支行下发了《关于加强旅购换汇提现管理的通知》，通知要求：开户银行要加强对旅购企业开户和提现的管理，经自治区经贸厅批准办理旅游购物贸易出口的企业，可自主选择一家外汇指定银行办理一个唯一的旅购换汇提现专户，用于提取人民币现金业务，开户银行应及时到人民银行领取"专用账户"开户许可证，并向当地人民银行进行备案说明；开户银行对旅购换汇专户发生的旅游换汇提现，需按照《新疆维吾尔自治区大额现金支付管理实施细则》进行审批、登记、备案，并在每月向当地人民银行报备的大额现金支付台账中详细说明开户单位提现的笔数、金额等情况；开户银行在对旅购换汇专户办理结算业务时，能采取转账方式进行结算的，尽量采取转账方式办理，以减少现金的提取量。

2003年3月，为防止违法犯罪分子利用金融机构从事洗钱活动，维护金融安全，人行乌鲁木齐中心支行根据人行总行颁布的《金融机构反洗钱规定》和《人民币大额和可疑支付交易报告管理办法》，结合新疆实际，制定了《加强大额现金管理防范洗钱犯罪活动的意见》。同年5月，人行乌鲁木齐中心支行建立了"新疆维吾尔自治区金融机构现金管理联席会议制度"，会议成员单位由十二家金融机构组成，有六项职责任务，即根据现金管理和反洗钱工作的有关政策、规定和制度要求，组织、领导、监督和协调辖区各成员单位的分支机构，开展以大额现金存取管理为中心的反洗钱和部署安排现金管理的各项工作；建立健全区内大额现金及可疑现金支付监测制度，及时了解和掌握异常大额现金交易情况；研究和解决大额现金管理遇到的重大疑难问题及现有现金管理制度中不完善的方面，向上级行提出具体的改进意见和措施；通报全疆可疑现金支付的情况，加强各成员部门之间的联系、沟通，密切关注其动态；总结和交流各成员单位在现金管理工作中好的做法和经验；协助有关部门对重大可疑现金支付交易进行查处。同年，人行乌鲁木齐中心支行充分发挥大额现金管理在反洗钱工作中的预警作用，结合新疆实际，制定下发了《关于加强现金管理防范洗钱犯罪活动的意见》，大额现金管理工作步入了以《金融机构反洗钱规定》《人民币大额及可疑支付交易报告管理办法》为指导的新阶段。

2005年12月，召开了自治区金融机构现金管理联席会议，会议对2002年制定并下发执行的《大额现金支付实施细则》进行了修订。加大了现金管理工作力度，维护人民币流通秩序，人行乌鲁木齐中心支行两次召开现金管理联席会议，全疆共派出现金检查人员1687人次，检查金融机构525家，共检查开户单位账户655107个，发现违规账户1883个，要求168家违规金融机构进行整改，涉及违规笔数1634笔，涉及金额18830万元，对35家金融机构的违规行为进行了警告。有力维护了现金管理制度的权威性，保证了现金管理各项规章制度的有效贯彻落实。

二、工资基金管理

工资基金管理是国家的一项重要财经制度。在新疆，工资基金管理是各家银行根据国家授权,依据有关法规对各单位工资和工资性支出进行监督和管理的制度。管理的主要对象是全民所有制企业、事业、机关、团体单位。各地区、各部门参照《工资基金暂行管理办法》的规定,对集体所有制单位因地制宜地制定相应的管理办法。工资基金管理的范围包括各单位支付给职工的劳动报酬以及其他根据有关规定支付的工资,不论是否计入成本,是否按国家规定列入计征奖金税项目,是否以货币形式支付,均列入工资总额的计算范围,接受银行监督管理。

1985年9月,人行新疆分行根据国务院发布的《工资基金暂行管理办法》规定要求:各企业、事业、机关、团体单位只能在一个银行建立工资基金专户,工资总额组成的支出,不论现金或转账均应通过开户银行,从工资基金专用账户中列支;各基层单位应根据国家下达年度工资总额计划,编制分季或分月工资基金使用计划,送单位所在地开户银行监督支付;工资基金计划不得超计划,不得提前使用,超过工资基金使用计划指标银行不予支付。1990年11月,人事部、人行总行下发《国家机关、事业单位工资基金管理暂行办法》后,人行新疆分行根据文件精神,要求辖内基层单位每年要根据上级下达的工资总额计划编制工资基金使用计划,报主管部门审核盖章,并报送同级人事部门批准后,列入《工资基金管理手册》,开户银行据此监督支付。1996年以后,人行对工资基金的管理淡出。

第二节 信贷计划管理

1986年,国务院发布了《中华人民共和国银行管理暂行条例》,为进一步强化中央银行职能提供了政策和法律依据,人行总行发布了《关于完善信贷资金管理办法的规定》,加强对人民银行贷款的管理。新疆人行系统的信贷资金实行计划管理,围绕增加储蓄、改进服务、合理使用资金等方面做了大量工作。至1995年以前,人行新疆分行根据不同时期不同的货币信贷政策,对银行信贷资金的来源、数量,以及信贷资金运用方向等采取平衡表形式的管理模式,这是计划经济体制时期的管理方法,1995年《商业银行法》出台以后,这种管理模式逐渐淡化并最终退出了市场。

第三节 信贷规模管理

1988年8月,全国物价上涨过快,储蓄利息难以保值,居民挤提存款,抢购物资。人行新疆分行要求辖区各行认真贯彻执行《国务院批转中国人民银行关于控制货币、稳定金融几项措施报告的通知》,进一步采取从紧方针和必要的紧急措施,既要促进自治区经济的健康发展,又要防止出现恶性通货膨胀。同年9月14日,人行新疆分行召开全疆地州市分行电话会议,对落实国务院提出12项措施,包括加强信贷管理,严格控制贷款规模,调整信贷结构,择优扶劣,保证农副产品收购等进行了传达。

1989年,人行新疆分行认真执行"控制总量、调整结构、保证重点、压缩一般、适时调节"的紧缩信贷政策。货币投放明显减少,通货膨胀势头减缓。信贷规模控制在计划以内,结构有所调整,信贷资金重点支持了工农业生产、农副产品收购和重点建设项目。

1990 年，人行新疆分行认真落实国务院"从紧方针不变、适当调整力度"的指示，适时适度增加信贷总量，把抓好存款、增加信贷资金来源放在重要位置，实行重点倾斜政策，运用再贷款和存款准备金等调控手段，指导专业银行适时调整紧缩力度，增加农业投放，扶持商业，启动工业，保证收购，清理"三角债"，支持和促进了自治区经济的平稳发展。

1991 年，新疆银行业金融机构认真贯彻执行"控制总量、调整结构、保证重点、压缩一般、适时调节、提高效益"的货币信贷政策，千方百计筹集融通资金，严格控制信贷总量。对金融系统信贷计划实行监督管理，及时下达各专业银行的信贷计划；对银行货币、信贷规模实行总量控制，按月监测、适时调节；对短期贷款实行收支两条线管理，抓紧回收人民银行短期贷款。

1992 年，人行新疆分行运用再贷款、备付金、调控规模等手段，对银根和资金投向适时调节，但信贷资金使用效益差，资金供需矛盾突出，资金短缺现象严重。

1993 年，为严格控制货币信贷总量，人行新疆分行要求各专业银行严格按照人行总行下达的年度信贷计划执行，未经批准不得突破。对绕过规模或变相突破规模的严肃查处。银行信贷要首先支持农业生产和农副产品收购；支持产品在国内外有销路、效益好的国有工业企业的流动资金需要。固定资产投资贷款要集中用于国家计划内的农业、交通通信、能源、重要原材料、水利等国家重点建设项目，特别是铁路建设和年内可以投产的重点建设项目。

1994 年，新疆金融系统认真贯彻"继续整改金融秩序、稳步推进金融改革、严格控制信用总量、切实加强金融监管"的金融方针。按照《关于下发〈信贷资金管理暂行办法〉的通知》要求，人行总行对货币信贷总量的控制，由信贷规模管理为主的直接控制逐步转向运用社会信用规划、再贷款、再贴现、公开市场操作、存款准备金率、存贷款基准利率、比例管理等手段的间接控制。

1995—1997 年，人行新疆分行把抑制通货膨胀放在首位，认真落实"适度从紧"的货币政策。对国有商业银行、政策性银行继续实行信贷限额控制，下达各行的年度、季度计划，未经批准，不得突破。同时，积极引导各金融机构调整信贷结构、盘活贷款存量，优化贷款增量，集中资金保重点，促进地方经济稳定发展。

1998 年，人行总行取消对国有商业银行的信贷规模管理。

第四节　资产负债比例管理

资产负债比例管理是以金融机构的资本及负债制约其资产总量及结构的管理。实行这种管理是为了保持资产的安全性和流动性，保证资产质量，防范和减少资产风险，提高信贷资金效益。

资产负债比例管理指标，主要包括资本充足率、存贷款比例、中长期贷款比例、资产流动性比率、备付金比例、单个贷款比例、拆借资金比例、股东贷款比例和贷款质量比例，商业银行根据各自的情况可增加其他监测指标。

1994 年，中国人民银行制定了《商业银行资产负债比例管理考核暂行办法》，对商业银行资产负债比例管理进行指标监控和考核,要求商业银行和非银行金融机构按照自主经营、自担风险、自负盈亏、自求平衡、自我发展的原则,实行资产负债比例和风险管理。

1995年,《商业银行法》和《贷款通则》颁布,把资产负债比例管理和风险管理作为其核心内容,以保障商业银行的稳健经营。国有银行新疆各分行制定了各自《资产负债比例管理实施细则》,不断提高资产负债管理能力和水平。

1998年,根据《中共中央、国务院关于深化金融改革,整顿金融秩序,防范金融风险的通知》要求,人行总行决定,从1998年1月1日起,对商业银行贷款增加量的管理,取消指令性计划,改为指导性计划,在逐步推行资产负债比例管理和风险管理的基础上,实行"计划指导、自求平衡、比例管理、间接调控"的信贷资金管理体制。人行新疆分行及时转发了《关于改进国有商业银行贷款规模管理的通知》,对商业银行贷款增量实行指导性计划管理,商业银行以法人为单位对资金来源与运用实现自求平衡、逐步实行资产负债比例管理。

第五节　贷款管理

新疆各国有银行在实施贷款通则、贷款新规则中,为加强信贷管理,制定了诸如审贷岗位分离、贷款风险管理,贷后管理等,还在人行的指导下实施了企业信用等级管理,信贷授权授信管理,贷款分类管理等一系列行之有效的管理办法。

一、企业信用等级管理

企业信用等级评定是一项信贷管理的基础工作。

1996年,工行新疆分行首次按照工商银行全国统一的信用等级评定标准开展企业信用等级评定工作,当年评出工业AAA级企业2户、AA级企业28户、A级企业85户、BBB级企业145户、BB级企业214户、B级企业762户。对信用等级低、贷款风险度较大的企业设立台账,实行专户监管,对B级企业只收不贷,列入清户范围。

1998年,工行新疆分行成立了企业信用等级评审委员会,负责组织领导全行的信用等级评审工作。并建立了县市支行初评、二级分行复审、一级分行终审的企业信用等级评定制度,当时评定标准仅限于生产企业和流通企业两类。

1999年,工行新疆分行借助信贷管理台账系统,对企业信用等级评定工作进行了复评,并根据企业月度、季度报表,在信贷管理台账系统中对企业信用等级进行了适时评定的尝试。

2000年初,按照人行总行、农行总行的相关文件精神,农行新疆分行制定下发了《农行新疆分行企业信用等级评定实施细则》。通过人员培训,具体操作,至年末,全辖评定出AAA级客户44户,AA级客户144户,A级客户358户,B级客户471户,C级客户1786户。

2003年,工行新疆分行加强了信用评级管理,分行成立了信用评级委员会,单设了信用评级科,配备了专职人员,制定了一系列评级操作指引,初步建立了全行统一的评级业务操作平台。

2005 年,经过 5 年的企业信用等级管理工作,农行新疆分行的优质客户不断增加。评定出 AA 级客户 149 户,AA＋级客户 98 户。中行新疆分行的信用评级方法和评级标准分为 AAA 级、AA 级、A 级、BBB 级、BB 级、B 级、CCC 级、CC 级、C 级和 D 级,共十个信用等级。

二、信贷授权授信管理

信贷授权授信管理是商业银行信贷风险管理的一种新机制,以加强信贷风险管理。

1995 年,工行新疆分行在区、地、县三级行建立了贷款审批委员会,集体审查决策,形成了在行长领导下的审贷委员会统一审批贷款的管理格局。

1996 年,工行新疆分行进一步深化信贷体制改革,一是上收了县市支行贷款审批权,贷款审批集中于二级分行,以集中资金,支持重点;二是全面推行审贷分离。

1998 年,中行新疆分行制定了《关于调整贷款审批权限、实行贷款转授权管理的通知》等管理规定和办法,对进一步规范和加强贷款审批权限、贷款转授权管理起到了强化作用。

1999 年,工行新疆分行正式实行工商企业统一授信业务,执行《中国工商银行统一授信管理制度》。

2000 年,工行新疆分行对 3757 户客户进行了统一授信,对其中 15 家重点客户进行了公开授信,最高综合授信额度达 257 亿元。同年,农行新疆分行建立了信贷授权授信管理机制,并对 7 家企业办理了公开授信业务,其中 5 家是上市公司。

2001 年,工行新疆分行将统一授信工作从具有市场营销职能的信贷部门中分离出来,成立了相对独立的统一授信机构,专门负责全行工商企业客户评价及授信管理工作,实现了风险控制与贷款营销部门的分离。同年,农行新疆分行全面推行了授权授信管理,对二级分行按等级行评定结果给予了不同的授权,各行在授权范围内按企业信用等级进行授信,并对企业的授信报上级分行贷审中心审查。全年,贷审中心共审查授信项目 410 个,额度 136.10 亿元。其中公开统一授信项目 5 个,额度 6.60 亿元;内部统一授信项目 398 个,额度 126.70 亿元;特别授信项目 6 个,额度 2.50 亿元。

2002 年以后,农行新疆分行不断修改管理办法,逐步加强授权授信管理,严格信贷准入关,加大客户退出力度,使信贷结构进一步优化。

2004 年,工行总行印发了《中国工商银行公司法人客户统一授信管理办法》,工行新疆分行依据此办法开展授信工作。自 2004 年起,工行新疆分行授信工作作为一项日常工作,不再集中审查审批,各行可根据优质客户优先授信的原则组织开展辖内客户的授信工作。同年,中行新疆分行要求其分支机构在授信过程中,严格遵循国家的有关产业政策,特别是针对集团客户的授信管理及集团企业的关联关系管理,要建立统一授信额度管理、额度监控管理、联动预警管理和联合检查管理等,对价值型集团客户的营销效率和风险集中度进行有效的目标控制,以避免类似于"德隆"事件的发生。

2005 年,工行总行对公司法人客户统一授信管理办法进行了修订完善。

三、贷款分类管理

贷款质量五级分类是信贷管理改革的一项重要内容。1998 年,农行新疆分行按照人行总行、农行总行的统一部署,开展了"清理信贷资产、改进贷款分类工作"。清分结果:年末,农行新疆分行各项贷款余额 207.97 亿元,按五级分类,正常类 48.76 亿元,占比 23.4%;关注类 33.91 亿元,占比 16.3%;次级类 36.90 亿元,占比 17.8%;可疑类 61.6 亿元,占比 29.6%;损失类 26.70 亿元,占比 12.9%。

1999 年以前,工商银行实行的是"一逾两呆"贷款分类,即正常、逾期、呆滞、呆账。1999 年末,工行新疆分行公司法人客户"一逾两呆"贷款余额 101.25 亿元,占各项贷款余额的 31.2%。农行新疆分行全面推行贷款五级分类管理,不断加强贷款分类的认定工作,真实、全面、动态反映贷款质量,提高了信贷管理水平。

2003 年,中行新疆分行按照中行总行的要求,"五级分类"与"一逾两呆"分类并行实施,对新增贷款均按五级分类法进行贷款分类管理。工行新疆分行制定并统一实行《中国工商银行信贷资产质量五级分类管理办法》,为使五级分类制度能够有效运行,在此基础上逐步改造和完善了适合自身发展战略和经营特点的风险管理体系,在内控制衡、流程优化、系统建设、档案管理等方面都进行了相应的改革和完善。随着贷款五级分类的推进,工商银行将表外信贷资产也逐步纳入分类管理体系中,进一步提高了五级分类的覆盖面。年末,工行新疆分行按五级分类口径公司法人客户不良贷款余额 73.80 亿元,比年初减少 13.80 亿元,不良贷款占比 22.6%。

2004 年,五级分类管理全面运行的阶段。工行新疆分行更多地将实施重点放在了分类方法研究和标准细化上,建立了公司客户贷款五级分类监测分析报告制度。

2005 年 10 月起,工商银行对贷款五级分类制度进行细化,采用贷款十二级内部分类体系。该体系采用量化打分,由 CM2002 系统自动初始分类。公司客户经理和信贷管理部门根据实际情况在一定权限内经过批准对初分结果进行人工修正,最终确定贷款质量分类。同时,工商银行仍使用五级分类制度对票据贴现及资产负债表外的承诺(如担保)进行内部分类。年末,工行新疆分行不良贷款余额 28.81 亿元,比年初减少 77.67 亿元,其中剥离 75.98 亿元、核销 2 亿元,不良贷款占比 9.9%。

四、专项贷款管理

1986 年,人行总行出台了《关于专项贷款管理暂行办法》,决定在全国综合信贷计划之内,由人民银行安排资金,开办指定用途的专项贷款。

1990 年,发放新开办的粮、棉、油等加工工业和温饱基金专项贷款。

1991 年,人行总行下发了《关于改进和加强人民银行专项贷款管理的通知》,从贷款投向、贷款项目的评估认证、贷款清收等八个方面提出工作要求。

1997 年,根据《关于划转人行总行专项贷款的通知》精神,人行新疆分行、农发行新疆分行召开"全疆人民银行专项贷款清理、划转工作会议",成立专项贷款清理、划转工作领导小组,将人民银行的有关专项贷款划转给农业发展银行,以 1997 年 4 月 30 日贷款余额为基数,共划转专项贷款 18.04 亿元,其中,老少边穷发展经济贷款 7.20 亿元,地方经济开发贷款 8.34 亿元,购买外汇额度人民币贷款 3577 万元,投资企业专项贷款 3366 万元,其他专项贷款 1.81 亿元。

1986—1994 年人行新疆分行专项贷款年末余额

表 9—15　　　　　　　　　　　　　　　　　　　　　　　　　　　　　　　　　　　单位：万元

年份	年末余额	老少边穷地区发展经济贷款余额	地方经济开发贷款余额
1986	61041	6815	15398
1987	—	—	—76372
1988	108930	—	96690
1989	122479	—	—
1990	133346	—	—
1991	136089	46341	82043
1992	166853	47233	105873
1993	186600	56549	109621
1994	195292	78452	909254

注：1988 年 96690 万元含贫困县办工业贷款。

第六节　清理"三角债"

"三角债"是中国改革开放新旧经济体制转换过程中国民经济深层次矛盾的反映。1989 年，工行新疆分行注入启动资金 3.20 亿元，帮助清理企业之间拖欠货款 10.80 亿元，占清理底数的 79.4%，其中人欠 4.60 亿元，欠人 6.20 亿元。相当于投入启动资金 1 元搞活 3.38 元积滞资金。

1990 年 4 月，国务院决定在全国范围内开展清理"三角债"的活动。新疆维吾尔自治区按照部署，成立了清理"三角债"领导小组，组织了由新疆维吾尔自治区计委、经委、有关专业厅局、大中型企业、各银行分行以及全疆各地州人行、工行、农行代表参加的全疆清理"三角债"办公会议，讨论新疆继续清理"三角债"的具体政策措施。一是加强对清理"三角债"的领导，采取行政、经济、法律手段进行综合治理；二是企业要主动清欠，坚决纠正一些企业存在的"拖欠有理""欠钱有理"的不正之风；三是财政部门要对计划内政策性亏损进行补贴。清理 158 个项目，清理拖欠货款 11.25 亿元，取得了注入 1 元资金清理 2.65 元的效果。对棉花、煤炭等重点行业的流动资金拖欠也进行了清理，共清理棉花欠款 1.63 亿元，煤炭欠款 600 万元，收回内地棉花欠款 5 亿元，全年共清理拖欠货款 24.64 亿元。各银行先后注入启动资金 10.69 亿元。支持了重点行业的资金需要。其中，工行新疆分行注入信贷资金 2.99 亿元，帮助企业清理拖欠款 8.37 亿元，占应清理底数的 60.9%，收到了投入 1 元贷款搞活企业资金 3.57 元的效益。

1991 年 8 月，全国召开清欠会议，要求新疆以同年 6 月末为基数，压缩产成品资金 1 亿元。新疆维吾尔自治区人民政府在全疆电话会议上点名要求 36 户企业实行限产、停产措施，工行新疆分行积极配合，全辖共组织 1000 多人，注入清欠资金 3.40 亿元，为 760 户企业清理拖欠资金 7.30 亿元，其中：固定资产清欠 2.40 亿元，流动资金清欠 4.90 亿元。

　　1992 年,工行新疆分行积极参与全国流动资金清欠试点,组织辖区内清欠,协助企业做好认账、认付工作,注入清欠资金 1600 万元,其中对新纺集团注入清欠资金 1000 万元。继续清理技改贷款项目"三角债"工作,清理技改贷款项目 15 个,注入清欠资金 2182 万元;清理基建项目 4 个,注入清欠资金 1324 万元。

　　1993 年 11 月,新疆维吾尔自治区召开清理区内棉花"三角债"和解决棉纺企业用棉会议。对清理外省区拖欠新疆棉花贷款所取得的成效给予肯定;对解决好区内 3.58 亿元的棉花"三角债",建议争取国家同意注入专项政策性贷款规模和资金。

第四章　金融稳定管理

20 世纪 80 年代后期,中国经济中出现大量"乱收费、乱罚款、乱摊派"行为,它严重干扰了社会经济秩序。根据全国治理"三乱"要求,人行总行成立治理机构并下发了《关于对金融系统收费情况进行清理检查的紧急通知》《关于人民银行系统开展治理"三乱"工作的通知》。新疆各级金融机构对本系统的"三乱"行为进行了检查清理。2003 年,银行业监管机构成立以前,人民银行始终承担着对法人银行业机构的监管职责。2003—2005 年,新疆银监局将法人机构作为监管重点,督促地方中小银行机构健全法人治理组织架构,完善法人治理运作机制,要求各城市商业银行按照《股份制商业银行公司治理指引》的要求修改章程,建立健全各专门委员会,完善董事会、监事会议事规则。督导农村信用社建立健全内控制度和内部稽核体系,提高内部控制的有效性。2004 年,新疆银监局初步建立了处置突发性事件机制。及时查清了辖内银行业金融机构与"德隆系"资金往来情况,督促银行业金融机构全力维权,积极配合地方政府有关部门对涉嫌非法集资案件进行了处置,维护了社会正常的金融秩序和群众合法利益。

第一节　金融风险管理

一、法人监管

1986 年,人行新疆分行对法人金融机构的监管主要是机构准入与退出、许可证管理、年检和日常检查,并批准设立了新疆国际信托投资公司和农行新疆分行信托投资公司两家法人机构。

1987 年,新疆首家城市信用合作社经人行新疆分行批准在和田市成立。

1988 年,新疆城市信用合作社已发展到 19 家。同年,新疆还加速了县农村信用合作联社的建设步伐,新建管理经营性的县农村信用合作联社 54 个。年末,全疆共有县联社 60 个,信托投资公司 17 家。

1992 年,人行新疆分行和各地州市二级分行成立了城市信用社管理办公室,专门负责城市信用社的管理工作。同年,人行新疆分行批准了新疆第一家城市信用社联社乌鲁木齐城市信用社联社开业。

1993 年,全疆城市信用社已经发展到 101 家。城市信用社成为自治区金融组织体系中一支重要力量。但在发展中也存在着制度不健全,管理松懈,资金风险增大和超比例发放贷款的情况。人民银行及时整章建制,加强管理,运用经济、行政的手段进行调控,使其规范发展。

1994 年,人行新疆分行将城市信用社法定代表人风险的防范和法定代表人业务资料审查作为城市信用社日常监管的重点,开展对城市信用社的信用评估。全疆有3家城市信用社被评为全国AAA级城市信用社。部分地州建立了辖内等级社考核制度。乌鲁木齐进行了城市合作银行组建试点并运行。

1995年,新疆人行系统推行法人监管和资产风险管理,严格金融机构法人代表任职资格审查和经营业绩考核,建立了金融机构资产质量的考核制度。

1996年,按照《国务院关于农村金融体制改革的决定》精神,建立了以合作金融为基础,商业金融、政策性金融分工协作的农村金融体系,农村金融体制改革取得进展,全疆农村信用社与农业银行正式脱离行政隶属关系。

1997年,人行新疆分行督促城市信用社健全和完善内控、三会、审贷分离制度,对全疆162名城市信用社高管人员进行任职资格考试,并对农村信用社大面积亏损及脱钩后经营管理中存在的问题,进行了清理整顿和规范试点。进一步加强农村信用社组织建设,建立县联社二级准备金制度,落实清收不良贷款和保支付目标责任制,严格资产负债比例管理。开辟合作金融组织特约联行,解决了农村信用社和农业银行脱钩后产生的异地结算问题。

1998年,人行新疆分行制定了《新疆维吾尔自治区防范和处置金融机构支付风险暂行办法》和化解城市信用社支付风险工作方案,落实监管责任制,做好城市信用社资产清收和保全工作,加快高风险社改制进程。对未经人民银行批准设立的41家城市信用社分支机构进行了清理撤并,将20家城市信用社改制为农村信用社。

1999年1月至2003年9月,人行乌鲁木齐中心支行以管法人、管风险、管内控为核心,严格落实金融监管责任制,加大现场检查力度,规范法人治理结构,全面实现了各项监管目标,辖区金融机构风险得到了防范,经营状况明显改善。

2003年10月,银监会新疆监管局正式成立,人民银行监管工作移交新疆银监局。

2004年至2005年,银监局加强了对农村信用社的风险监管,印发了《新疆农村信用社监管工作指导意见》,制定了《新疆农村信用社非现场监管工作考核评比办法》,成立了新疆农村信用社贷款五级分类试点工作领导小组,组织开展贷款五级分类试点工作;加强了对城市商业银行的风险监管,明确了防范化解金融风险的目标和思路,重新制定了非现场监管报表、报告及报送制度,建立了头寸日报监测制度;加强了对城市信用社的风险监管,提出了城市信用社的改革发展思路,针对城市信用社的不同风险状况,按照"一社一策"原则采取了有针对性的监管措施;加强对非银行金融机构的分类监管,督促做好对金新信托投资公司和新疆金融租赁公司停业整顿工作。

二、化解不良贷款

(一)不良贷款形成的原因。1979年以前,在对包括国有企业在内的建设资金供给中,财政占有决定性的地位,银行处于补充的次要地位。20世纪80年代初,中国进入改革后的第一个经济发展高潮期,国有企业的快速发展对资金需求很大,而财政资金供给能力开始下降,因此,银行资金成为国有企业发展的主要资金来源。到了20世纪90年代,经济过热,企业投资非常活跃,银行贷款的供给急剧增加。新疆银行业机构的各项贷款余额从1990年的248.61亿元猛增到1995年的843.38亿元,1999年达到1386.78亿元。由于银行和企业之间关系独立,使银行难以监督贷款后企业的资金运用情况,有些企业为了眼前利益,重复建设项目非常多,信贷资金使用效率不高,部分企业投资高风险、高回报的产业,如房地产开发,形成泡沫。1995年,国家为了抑制通货膨胀,实施从紧的货币政策,抽紧银根,导致企业的经营受到影响,出现了大量的不良贷款。1997年末,全疆金融机构不良贷款总额达到300.59亿元。

(二)不良贷款的剥离。1999年,通过优化新增贷款、重组不良贷款、贷款清分清收、资产剥离和债转股,不良贷款率有所下降,但不良贷款额占比仍然偏高,两呆贷款比例上升,信贷资产质量差的状况仍未明显改善。年末,不良贷款账面总额156.10亿元,平均不良贷款率30.4%。2000年,加大资产剥离、债转股及贷款清收力度,不良贷款率较年初平均下降5个百分点。但不良贷款存在前清后欠的现象,处置信贷风险难度大,高风险机构和两家农行及工行不良贷款率仍然偏高。同年,4家金融资产管理公司完成资产收购173亿元,处置率仅为5.8%。2001年,政策性银行和国有独资商业银行信贷资产质量差的状况仍然没有得到根本改善。年末,全疆本外币各项贷款中不良贷款率为22.6%,全辖农村信用社不良贷款率高达66.5%。2003年新疆银监局成立后,继续把不良贷款的"双降"作为重点监管工作:对其风险状况实行跟踪监测和目标管理,按月对国有商业银行不良贷款进行监测分析,按季对其信贷、非信贷和表外业务所形成的不良资产进行分析、监测、考核,编写监测考核报告;将不良贷款金额大、占比高和不良贷款不降反升的机构作为重点监测行,并及时进行监管提示,约见机构负责人进行监管谈话;督促辖内银行业金融机构清收转化存量不良贷款,通过多种途径加快不良资产处置,坚持清收、保全、起诉、重组、拍卖多法并举,最大限度减少资产损失;督促各商业银行提高贷款五级分类的真实性,进一步提升信贷管理水平。通过一系列措施,辖内主要银行业金融机构不良贷款"双降"有了成效,金新信托公司、金融租赁公司、新疆国际信托投资公司和新疆哈密市4家农村信用社等高危机构的风险化解和处置工作有了进展。至2005年末,辖区主要银行业金融机构不良贷款余额为400.24亿元,不良贷款率为18.6%。

1999—2005年新疆维吾尔自治区不良贷款剥离情况

表9—16 单位:亿元

年份	不良贷款剥离额	剥离金融机构
1999	53.00	工商银行、建设银行
2000	184.70	工商银行、农业银行、兵团农行、中国银行、建设银行、国家开发银行
2001	—	—
2002	—	—
2003	—	—
2004	20.51	中国银行、建设银行、交通银行
2005	74.82	工商银行

三、风险防范和处置

1997年,根据人行总行要求,人行新疆分行部署对辖区金融风险,特别是城乡信用社风险的防范和处置工作。新疆118家城市信用社中属于高风险社有34家,962家农村信用社中属于高风险社有564家。

1998年,人行新疆分行拟定了《全面开展按合作原则规范信用社的补充通知》,提出了农村信用社规范工作的任务目标,推动农村信用合作管理体制的改革,把资不抵债农村信用社的综合治理作为防范化解农村信用社经营风险的重点。全年,全疆农村信用社普遍采取综合治理措施,落实《新疆维吾尔自治区防范和处置金融机构支付风险暂行办法》,制订了化解城市信用社支付风险工作方案,同意高风险社增资扩股。

1999年,人行乌鲁木齐中心支行针对乌鲁木齐县农信社和乌鲁木齐市商业银行风险特征及经营问题,研究制定了《乌鲁木齐县农村信用社综合整治规范监管实施方案》和《防范化解乌鲁木齐市商业银行金融风险工作实施方案》,采取分类整治和防范化解风险措施,加强风险监测预警,批准动用存款准备金,适时给予再贷款支持。至2003年,解决了乌鲁木齐市商业银行9亿多元不良资产置换难题,改善了资产状况。

2004年4月,受"德隆系"危机影响,新疆金新信托投资公司、新疆金融租赁公司支付风险全面暴露。由于金新信托公司问题复杂、风险巨大,人行乌鲁木齐中心支行多次向人行总行专题汇报,得到人行总行的支持。同时,抽调人员参加金新信托债务甄别工作,及时掌握事态发展和辖内债权人动向。新疆银监局加强对金新信托投资公司和新疆金融租赁公司停业整顿工作组的监督指导,主动做好金新信托投资公司个人债权资金的申请工作,积极协助自治区人民政府解决机构名义个人债权收购问题,冷静应对和处置了多起群体性上访事件,促进了金新信托投资公司和新疆金融租赁公司风险处置工作的稳妥推进。同年8月,新疆哈密市农村信用社由于经济案件引发下属城郊乡信用社发生严重支付困难。人行乌鲁木齐中心支行积极申请紧急再贷款用于信用社储蓄兑付,并经人行总行批复,同意新疆哈密市农村信用社全额动用法定存款准备金3423万元,初步缓解了哈密市农村信用联社的支付风险。

第二节　治理整顿金融秩序

一、信托机构的清理整顿

1989年,根据国务院关于进一步清理整顿金融性公司的通知,自治区成立了由人行新疆分行行长为组长的自治区清理整顿金融性公司领导小组。对自治区23家信托投资公司进行了清理整顿。经过整顿并报经人行总行批准,决定撤销信托投资公司14家。工行新疆信托投资公司、工行乌鲁木齐信托投资公司、农行新疆信托投资公司、建行新疆信托投资公司4家信托投资公司暂不撤销。合并2家,其中,工行克拉玛依支行信托投资公司并入工行新疆信托投资公司,农行阿克苏信托投资公司并入农行新疆信托投资公司。保留新疆国际信托投资公司、伊犁哈萨克自治州信托投资公司、喀什地区信托投资公司。

1991 年底,通过治理整顿,新疆经撤并后的信托投资公司共有 7 家。

1993 年,工行新疆信托投资公司经过股份制改造,更名为新疆金新信托投资股份有限公司。建行新疆信托投资公司经过股份制改造,更名为新疆宏源信托投资股份有限公司,并于 1994 年在深圳证券交易所上市。

1995 年,国务院批转人行总行《关于中国工商银行等四家银行与所属信托投资公司脱钩的意见》的通知,要求银行与信托投资公司彻底脱钩,实行分业管理。

1997 年,按照人行总行通知精神,顺利完成了金新信托投资股份有限公司和宏源信托投资股份有限公司与有关银行脱钩、股权变更和董事会换届工作。工行乌鲁木齐信托投资公司、农行新疆信托投资公司相继撤销。

1999 年,国务院下发了关于信托投资公司清理整顿"12 号文件",要求"信托为本、分业管理、规模经营、严格监管"的原则,信托业进入第五次清理整顿,信托投资公司与证券营业部脱钩,开始分业经营,监管体制相应调整为分业监管。

2000 年,新疆宏源信托股份有限公司经中国证监会批准改组为宏源证券股份有限公司。

2002 年,新疆国际信托投资公司进行了企业改制,经批复重新登记,更名为新疆国际信托投资有限责任公司。同年 4 月,金新信托投资股份有限公司也获准重新登记。

2003 年 12 月,新疆伊犁州信托投资公司,经中国银监会批准纳入全国 13 家须重新登记的信托投资公司范围,后由新疆生产建设兵团、长城资产管理公司等四家股东注资重组,并更名为新疆长城新盛信托有限责任公司,迁址至乌鲁木齐。同年,新疆喀什信托投资公司,经银监会批复,由青岛海协重组并迁址至青岛。

2004 年 8 月 29 日,金新信托投资股份有限公司因违法违规经营被中国银监会责令停业整顿,由华融资产管理公司进驻托管,成立金新信托投资股份有限公司停业整顿工作组,后进入破产清算程序。

2005 年,新疆国际信托投资公司被中国华融资产管理公司重组,更名为华融国际信托有限责任公司。

二、基金会的清理整顿

1989 年,遵照国务院颁发的《基金会管理办法》规定和人行总行《关于进一步清理整顿基金会》的通知要求,人行新疆分行对新疆维吾尔自治区境内各种类型的基金会进行了一次全面清查。同年末,共清查出各种基金会 55 个。其中:教育基金会 14 个,农村在乡镇建立的合作基金会 29 个,儿童福利基金会 4 个,其他基金会 8 个。55 个基金会中,经中国人民银行批准成立的 8 个,其余均为各级政府、党委或主管部门批准。

1990—1991 年,人行新疆分行对 55 个不同类型的基金会进行了全面清理,有明显效果。

1998 年,人行新疆分行对辖区内 38 家基金会进行了清理整顿,经人行总行批准保留了 11 家,撤销了 12 家,有 15 家限期整改,此举规范了基金会的运作和健康发展。

1999 年,人行新疆分行组织召开了全疆清理整顿农村合作基金会工作会议,制定了《新疆清理整顿农村基金会实施办法》,清理全疆农村基金会资产 8788 万元。

三、城市信用社的清理整顿

1991年,根据人行总行《关于进一步清理整顿城市信用社的通知》,人行新疆分行对全疆城市信用社的发展状况进行了调查。查得新疆城市信用社有19家。对此清理整顿以乌鲁木齐市为重点,对城市信用社资金营运、内部管理、组织形式、人员构成等进行全面检查并纠错。

1995年,人行新疆分行对98家城市信用社1994年度经营管理情况进行了检查。8家城市信用社因经营管理不善或违规、违纪经营年检不合格,对其中1家问题较为严重的城市信用社给予撤换法定代表人的处理。至年末,全疆共清理越权批设和非法设立的各类城市信用社分支机构50个。

1997年,人行新疆分行对全疆99个自行设立或越权批设的城市信用社分支机构进行了清理整顿,撤并分支机构26个,解决了城市信用社设置与经营中的遗留问题。

1998年,人行新疆分行继续加快城市信用社改制工作进程,改制工作按照合作制原则,根据实际情况,采取"一地一策、一社一策"的方式进行,至年末,有31家城市信用社完成了改制工作。

四、治理金融"三乱"

1986年,新疆人行系统对全疆未经批准擅自设立金融机构、开办业务的;或虽经批准,但不具备设置条件的;超越经营许可范围的;农村金融机构擅自进入城市开办城市金融业务的;机构名称混乱,与牌匾、印章不一致的金融机构进行了清理整顿,清理面达88%。

1988年,人行新疆分行对全疆各类金融性公司设立的合法性、业务经营范围、资金运用情况、法定资本金、利率和费用开支及内部管理进行了清理整顿。

1989年,人行新疆分行制定并颁发了《新疆维吾尔自治区银行机构管理暂行规定》,对3872个金融机构换发了"金融经营许可证",并重新核定了业务经营范围,对擅自设立的61个非法金融机构和存在问题的26个金融机构,分别进行了处理。

1990年,人行新疆分行对自治区25家金融性公司进行了清理整顿,经人行总行批准,撤销了15家;对金融系统设立的35家非金融性公司进行了整顿,其中26家房地产开发公司撤销20家,合并4家,7家咨询公司、2家租赁公司全部撤销;对专业银行和保险公司投资兴办的4家工商企业,按照金融业与实业分业经营的原则作了处理。

1991年,新疆人行系统根据"机构管理从严控制,重点进行布局调整"的原则,调整新疆金融机构120个,其中,撤并52个,降格12个。配合工商行政管理部门对全疆3200个金融机构进行了年检。

1993年,针对金融业务活动中一度出现的乱投资、乱集资和乱设金融机构问题,人行新疆分行根据中共中央〔1993〕6号文件规定和全国金融工作会议要求,结合新疆实际,就整顿金融秩序,严肃金融纪律提出了14项措施,并先后派出6个工作组赴全疆15个地(州、市)进行督促检查。

1994年,人行新疆分行继续整顿金融秩序:对1993年8月至1994年8月发生的2.14亿元单位非法集资和金融机构违章参股与投资进行了清理;查处违章拆借,清收违章拆借资金,全年全疆共查处违章拆借资金 4.31 亿元。收回违章拆借资金 20.28 亿元;对未经人民银行批准设置、升格的 41 家金融机构分别给予撤销、停业整顿、罚款、冻结存款和追究个人经济责任的处理;依法对 557 家金融机构开展经营情况大检查;会同自治区工商局对全疆 5200 多家金融机构在合法性、安全性、效益性、营业范围、法人资格、资本充足率等方面进行了年检,增强依法经营意识。

1995 年,新疆各级人民银行对 1994 年度全疆 5300 多家金融机构的合法性、业务经营状况、经营范围、资产质量以及法定代表人经营业绩等进行了年检。全年共撤销越权批设、擅自设立及效益较差、布局不合理的金融机构 108 家,对 8 家违规金融机构进行了查处。

1996 年,新疆人行系统对全疆 3803 家大小金融机构进行了年检,查处超范围经营机构 31 个,撤销信用社分支机构 50 家,储蓄代办机构 14 家。清理规范了邮政储蓄机构、"三部"(房地产信贷部、国际业务部、信用卡部)对外经营机构和储蓄代办机构。撤销邮政机构 26 个,对县级以下的 44 个"三部"对外机构全部撤并,县级以上机构分别作撤并处理。

1997 年,共清理整顿各类金融机构 399 家。对全疆 21 家典当行、59 家代理代办外汇业务的金融机构进行了全面清查;对全疆 99 个自行设立或越权批设的城市信用社机构进行了整顿,撤并 26 个;对供销合作社系统开展安全基金统筹业务,非法办理保险业务向有关部门进行了反映;对麦盖提县的非法集资案进行了及时处理。

1998 年,人行新疆分行对以开办"个人委托存款"名义高息吸收居民个人存款进行严肃查处,并查处了一批非法集资案件,涉案金额 968 万元;与公安机关配合,清理整顿典当行,并对 38 家基金会进行了清理整顿。

1999 年,人行乌鲁木齐中心支行通过实施登记、备案、调查、分析、认定、取缔等工作程序,对新纺集团未经国家有关部门批准擅自设立结算中心予以取缔;对浩翔公司、新奇乐广场内部集资要求限期整改并列出还款计划;对农行新疆兵团分行、乌鲁木齐市商业银行账外账、违规经营的责任人、企业假报关骗购外汇、擅自开立外汇账户、公款私存等现象予以处罚。

2000 年,人行乌鲁木齐中心支行依法撤销工行新疆分行自行设立的跃进钢铁厂储蓄代办点;制止了中行新疆分行通过"银证转账"搞有奖促销;查处了工行系统违规延期使用旧版转账支票等。

2001—2002 年,根据人行总行《中国人民银行关于取缔地下钱庄及打击高利贷行为的通知》,人行乌鲁木齐中心支行对辖区民间融资借贷活动进行调查摸底,掌握了辖区民间融资借贷活动的基本状况。

五、防范化解金融风险案例

新疆金融租赁有限公司是成功防范化解金融风险案例之一。

新疆金融租赁有限公司成立于 1996 年 2 月,是新疆唯一一家主营融资租赁业务的地方性股份制非银行金融机构。作为"德隆系"的融资平台,一度出现违规经营、资不抵债,隐含巨大金融风险,严重影响新疆金融秩序和社会稳定。2004 年末,新疆金融租赁有限公司财务状况恶化,支付缺口增大,债权人通过司法诉讼、群体上访等方式追索债权,潜在的区域性金融危机随时发生。为有效处置危机状况,维护社会稳定,中国银监会于 2005 年 2 月

5日,下发了《中国银行业监督管理委员会关于责令新疆金融租赁有限公司停业整顿的通知》,授权新疆银监局责令其停业整顿,并发布停业整顿公告。受中国银监会委托,中国华融资产管理公司组成停业整顿工作组负责对新疆金融租赁有限公司的停业整顿工作。在自治区党委、政府的领导和自治区金融办、新疆银监局、华融资产管理公司的努力下,采取多种措施,清理资产、妥善处置机构自然人债权兑付,保证了停业整顿工作的顺利实施,维护了社会稳定。此后,新疆长城金融租赁有限公司举行揭牌复业仪式,宣告中国长城资产管理公司重组新疆租赁获得成功。

第三节　金融生态环境建设

1999年,人行乌鲁木齐中心支行把落实监管责任制同创建金融安全区结合起来,制定了辖区《创建金融安全区活动实施意见》,对部分监管职责实行岗位细分和责任细化,对监管目标进行分解,研究建立了监管工作量化考核指标体系,确保辖区不因未履行监管职责而引发金融风险的问题。

2000年,新疆人行系统完善金融监管制度,落实监管责任及有效监管措施,巩固和发展金融监管成效。坚持金融监管例会制度,稳步实施《创建金融安全区实施办法》,强化维护金融和社会稳定的职责。

2001年,人行乌鲁木齐中心支行始终坚持以中小金融机构监管为重点,完善和制定监管措施,积极推进金融稳定工作计划和创建金融安全区活动,有效化解风险,确保一方金融平安。

2002年,人行乌鲁木齐中心支行金融监管工作紧紧围绕各类、各家金融机构风险防范和化解的目标及工作难点,树立正确的监管理念,进一步加强对监管工作的组织领导,加强对被监管机构的风险分析与对策研究,从制度、人员等全方位落实金融监管责任制,将短期监管目标与创建金融安全区规划有机结合起来,切实提高依法履行监管职责的工作水平和质量。

2004年初,人行总行行长周小川提出金融生态环境建设的要求,人行乌鲁木齐中心支行在自治区党委、人民政府的领导和支持下,在推动新疆辖区金融生态环境建设方面进行了积极探索和尝试。

2005年,人行乌鲁木齐中心支行充分认识加强金融生态环境建设的重要性,积极开展"信用社区""信用村(镇、户)"建设,大力开展信用宣传,使"失信失利、守信获益"深入人心,同时,组织力量全面开展调查研究,摸清辖区金融生态环境现状,加快金融基础设施建设,加强征信市场管理,积极维护金融债权。在此基础上,人行乌鲁木齐中心支行积极主动向自治区党委、政府专题呈报了《关于加强新疆金融生态环境建设的意见》,提出了针对性、操作性强的措施建议,提请自治区人民政府高度重视,引导各有关部门共同努力,积极改善金融生态环境。地方党政在金融生态环境建设上给予了大力支持,积极帮助金融部门营造良好的外部环境,主动解决金融发展中的问题,妥善处置化解地方金融风险;社会诚信意识增强,信用环境逐步改善,企业新的逃废债现象得到遏制;司法环境明显改善,金融债权保护得到加强,金融胜诉案件执结率大幅提高;银企关系不断改善,合作力度不断加大。

第五章 金融监督管理

在计划经济时期，人行是一家"一身兼二任"，既制定货币信贷政策，又从事一般经营性金融业务的全能型国家银行。1986 年 1 月 7 日，国务院发布《银行管理暂行条例》后，金融管理被列为人行的重要职能之一。至 2005 年末，金融管理职能的演变大致经历了四个阶段：第一阶段，职能确立阶段（1986—1993 年），按照《银行管理暂行条例》要求新疆人行分支行开始对辖区内的银行、证券、保险业全面履行"领导、管理、协调、监督、稽核"职能，这一时期，新疆人行系统的工作重心是分配信贷规模和资金，对金融机构的监督管理也只限于一般性管理、行政检查、行政处罚等；第二阶段，职能分化及转换阶段（1994—1995 年），1993 年，国务院《关于金融体制改革的决定》提出，人行要尽快转换职能、把工作重心转向科学制定货币政策和对金融机构的监管上来，从此，新疆辖内各级人行根据上级行的要求，开始关注辖内金融机构的金融风险，逐步将金融监管作为人行的监管重心，1994 年 4 月，自治区证管会及证管办成立后，人行新疆分行除部分承担证券业、期货业机构的准入准出、债券发行审批外，还承担着银行、信托、证券、期货、保险业的监管职能；第三阶段，职能确定及强化阶段（1995—2002 年），1995 年 3 月颁布的《中国人民银行法》，首次将"对金融业实行监管"确定为人行的三大基本职能之后，人行的金融监管工作重心开始转移到以银行风险监管为核心的银行系统性监管及依法监管上来，也就是注重对金融机构的市场准入、业务经营、风险监控与处置、市场退出、建立与完善内控制度等全面系统监管，1999 年 1 月，新成立的人行乌鲁木齐中心支行在内部专设了若干个监管处室，具体承办金融监管工作，2000 年，乌鲁木齐保监办成立后，人行乌鲁木齐中心支行只负责银行业、信托业的监管工作；第四阶段，分业监管构架正式形成阶段（2003—2005 年），2003 年，专司银行业、信托业监管职能的新疆银监局成立，2004 年，乌鲁木齐证管办、保监办分别正式更名为"新疆证监局""新疆保监局"，自此，在新疆辖内的银行、证券、保险业三业分业监管格局正式形成。

第一节 管理体制

现行的金融监管体制是伴随着国家金融体制改革和金融体系的形成逐步建立和完善的。

1985 年开始，新疆陆续成立了城市信用社、信托投资公司、租赁公司、财务公司等，同时，中央银行的职能得到强化，对金融机构监管机制也在不断变革，监管力度日益加大。

1986—1992 年，人行对银行业、信托业的监管，侧重于机构的设立审批、信贷规模和资金的分配、一般性管理、行政检查、行政处罚等。

1993 年 12 月 25 日，国务院发布的《关于金融体制改革的决定》指出："建立在国务院领导下，独立执行货币政策的中央银行宏观调控体系；建立政策性金融与商业性金融分离，以国有商业银行为主体、多种金融机构并存的金融组织体系;建立统一开放、有序竞争、严格管理的金融市场体系。"明确了要把人民银行办成真正的中央银行,专业银行办成真正的商业银行,并提出人民银行要尽快转换职能,把工作重心转向科学制定货币政策和对金融机构的监管上来。从此,新疆辖内各级人民银行开始关注辖内金融机构的金融风险,逐步将金融监管作为中央银行的重要职能。

1995年3月,《中国人民银行法》颁布,首次将"对金融业实行监管"确定为人民银行的三大基本职能之后,人行新疆分行的监管工作重心开始转移到以银行风险监管为核心的银行系统性监管及依法监管上来,注重对金融机构的市场准入、业务经营、风险监控与处置、市场退出、建立与完善内控制度等全面系统监管。

1998年,按人行总行的要求,人行新疆分行进一步对金融监管体制进行了改革,建立了中央银行新的金融监管体制。新体制体现了"本外币一体化,境内境外一体化,现场与非现场监控一体化"原则,改变了原来的监管模式,手段和方式更加科学化,监管效果也有了明显提高。

2003年,新疆银监局成立后,按照《中华人民共和国银行业监督管理法》,大力践行"管法人、管风险、管内控、提高透明度"的监管理念,实施了资本监管,强化了银行业金融机构的资本约束意识,初步构建了风险为本的监管机制,重点围绕不良贷款要持续双降的目标,严格贷款五级分类,促进银行业金融机构提高贷款质量、分类的准确性,不断提高拨备覆盖率和抵补率,做实利润,提高资本充足水平。动态跟踪各类贷款迁徙率和偏离度,发挥"驻行监管"和"重点监管行"作用。适时关注不良贷款变化情况,加强对新增不良贷款的监测和损失拨备、资本充足情况的监测,督促银行业金融机构及时足额提取损失拨备,加大贷款核销力度,及时建立大额客户风险分析监测制度,初步搭建了集团客户风险信息共享平台,加强了大客户风险预警与监测,在防范集团客户集中度风险方面实现了新的突破。同时,保护广大存款人和金融消费者的利益,增进市场信心和公众对现代金融产品、服务和相应风险的识别和了解。

第二节　稽核审计

一、稽核审计机构

稽核审计机构经历了从人民银行到金融监管办事处再到专业化监管的银监会时期。

1985年7月5日,人行总行颁发《稽核工作暂行规定》后,新疆辖内人民银行陆续在内部设置了稽核部门,开始全面履行对金融机构的稽核、监督管理职能。

1986年底,人行新疆分行及十四个地州市二级分行建立了稽核机构。

1990年已有6个县支行设了稽核股,有8个二级分行配备了总稽核。

1991年总稽核增至10人,至1997年末全辖14个地州市二级分行全部配备了总稽核。

1998年以前,人民银行稽核部门对金融机构业务稽核监督的同时,履行内部稽核职能。

1999年,随着人民银行管理体制的改革,西安分行乌鲁木齐金融监管办事处履行对金融机构的稽核、监督管理职能。人行乌鲁木齐中心支行成立了内审处,重点开展对人行内部的稽核审计。

2003 年,新疆银监局成立,设立了机构监管处室,开始对新疆辖内金融机构履行稽核、监督管理职能。

二、稽核审计监督

人民银行对金融机构稽核的内容包括:执行国家的经济、金融方针政策情况;执行国家有关法律、法令、条例和中央银行各项规章情况;信贷、现金、外汇、财务计划执行情况;资金营运及经济效益情况;人行认为需要进行稽核检查的其他事项。其方法分为现场稽核和非现场稽核两种。从 1996 年起,非现场稽核监督职能逐渐分解,绝大部分由金融管理部门承担,并改称非现场监管。

(一)现场监督检查。1986 年底,全疆共稽核了 120 个金融单位,其中工行县支行 25个,农行县支行 22 个,建行县支行 11 个,县级保险支公司 9 个,营业所 29 个,信用社 24个,人行新疆分行机关直接稽核了乌鲁木齐、昌吉州 2 个二级分行和银行学校。

1987 年,人行新疆分行组织力量对全疆 28 个县支行和 6 个保险公司进行了全面稽核;对 62 个县支行、70 个营业所进行了粮食贷款专项稽核和对专业银行 263 个项目的专项贷款进行专项稽核。

1988 年,人行新疆分行组织力量对 1987 年突击发放贷款、会计决算、新疆银行学校财务收支、划缴财政性存款和存款准备金、贷款效益进行了稽核。

1989 年,人行新疆分行组织力量对贷款投向、流动资金贷款搞固定资产投资、联行资金清算、转移财政性存款、人行融资公司资金活动和收益分配等业务进行了稽核;对"地方经济开发贷款"和"老少边穷地区发展经济贷款"及人行博尔塔拉州二级分行进行了内部审计。

1990 年,人行新疆分行对利率政策执行、公款私存、业务收费、清算纪律、财政性存款缴存等进行了稽核,并全面开展了委托稽核。

1991 年,人行新疆分行对中行乌鲁木齐分行、农行新疆分行的集体、个体贷款、联行挂账、大额现金支付、结算等进行了专项稽核,并对建行乌鲁木齐、石河子、克拉玛依三个地级市行信贷资产质量进行了专项稽核。同时,其委托农行对 179 家农村信用社 1990 年度的贷款质量、执行利率政策以及经营管理状况进行了稽核检查。同年,人行新疆分行在全疆范围内开展了 581 次对 105 家金融单位进行了全面稽核,稽查流动资金和固定资产贷款余额 31.44 亿元,其中逾期贷款 2.82 亿元、明显无法收回的贷款 4643.21 万元。

1992 年,人行新疆分行对各行执行金融政策进行了专项稽核,对工行新疆分行的稽核结果是:信贷规模控制在计划规模之内、各类贷款发放合理;农行新疆分行未发现严重的违法、违纪、违章问题,但拆借资金利差倒挂,债券库存过大,信贷规模未用足,执行信贷政策不严,风险贷款仍有发生;建行新疆分行各项贷款及债券均严格控制在计划规模之内;中行新疆分行未超突破规模发放贷款,没有发生债券业务,在所发放贷款中遵守"五优先、五从严、八不贷"的原则。同年,人行新疆分行对 81 家金融单位进行了常规稽核、4 家单位进行了专项稽核,委托农行新疆分行稽核了 171 家农村信用社。

1993年,人行新疆分行组织力量分别对37家银行、60家城市信用社、33家农村信用社在执行金融宏观调控措施、利率政策、资金投向、贷款规模等方面进行全面稽核。共查出违规金额25.40亿元,其中违规贷款2.95亿元、违章拆借6.37亿元、结算延压10.90亿元。

1994年,新疆人行系统稽核部门对2家银行进行了金融宏观调控政策执行情况的后续稽核,对80家金融机构进行了固定资产贷款的专项稽核,对105家保险机构进行了常规稽核,对35家人行机构进行了内部稽核,对126家金融机构进行了农副产品收购贷款的专项稽核,委托农业银行对22家农村信用社进行了常规稽核。

1995年,人行新疆分行对新疆农行系统97家县以上机构的信贷资产质量进行了专项稽核,对19家非银行金融机构1994年底办理的证券回购业务进行了专项稽核,对新疆建行系统1994年底办理的委托业务进行了专项稽核,对新疆维吾尔自治区粮棉油收购资金使用和管理进行了专项稽核,对6家邮政储蓄机构、5家城市信用社、16家农村信用社、3家生产建设兵团保险公司进行了全面稽核,对10家县市支行进行了内部稽核。

1996年,人行新疆分行对161家县以上银行机构、3家信托公司、116家城市信用社、45家农村信用社、607家邮政储蓄机构进行了常规稽核,对757家金融机构及其营业网点进行了专项稽核,对新疆中行系统的内控制度和5家商业银行的抵(质)押贷款的情况进行了稽核调查。

1997年,人行新疆分行在全疆范围对工商银行125家机构进行了全面稽核,对新疆宏源信托投资股份有限公司、新疆金新信托投资股份有限公司1996年各项业务进行了现场稽核;对258家农村信用社进行了稽核,查出各种违规资金4.40亿元;对辖内农行新疆分行、中行新疆分行、建行新疆分行、交通银行新疆分行共109家县以上金融机构进行了抽查;对37家基金会实施了常规稽核;对保险公司经营航空人身意外险进行了专项稽核;对太平洋保险公司乌鲁木齐分公司进行了常规稽核;对中保寿险新疆分公司和新疆兵团保险公司资金运用情况进行了稽核调查;先后对辖内人行2家二级分行、2家县支行行长和人行新疆分行机关计划处处长进行了离任稽核;对银行、信用社重要空白凭证及有价证券管理使用情况进行了专项稽核。

1998年底,人行新疆分行开展了信贷管理、粮食收购资金管理使用情况专项检查,查出各金融机构违规违纪金额216亿元,限期纠正金额28.60亿元。

1999—2003年10月,由乌鲁木齐金融监管办事处对银行业金融机构开展现场检查工作。新疆银监局成立后,对现场检查严格遵守《现场检查规程》要求,制定具体的现场检查工作计划,围绕区域风险的重点领域、重点业务和重点机构,开展内部控制、非信贷资产、表外业务、集团客户授信、个人消费贷款、操作风险、房地产贷款、票据风险为主要内容的现场检查,持续跟踪检查整改情况。

2004年,新疆银监局派出检查组对2002—2004年的信托业务进行现场检查,并对信托公司证券投资从证券资产损失、信息披露、资产管理合同的订立、内控制度、数据报送情况进行了现场检查。

2005年7~8月,中国银监会现场检查组对新疆国际信托投资公司的信托业务和关联交易进行现场检查,检查出风险控制制度不健全,个别关联交易投资行为未经过论证,关联交易担保业务未纳入表外科目核算,个别关联交易金额超过规定比例,违规办理固有业务与信托业务之间的资金划拨,未全面披露关联交易事项。违规挪用信托财产,部分集合资金信托业务合同突破 200 份,多个信托计划资金同时对一个信托项目,信托财产专户之间、信托财产专户与固有财产专户之间办理款项划拨的情况较为普遍,违规承诺信托收益保底,个别信托设立不规范,部分信托项目后期管理存在薄弱环节,未及时进行信息披露,信托业务记账、审核、会计报表的编制均由一人负责、部分记账凭证仅一人签章的问题作了整改部署。同年,新疆银监局对信达资产管理公司乌鲁木齐办事处进行了为期 56 天的常规检查,主要检查办事处成立以来接收、管理、处置的所有资产和内控管理方面情况,对检查中发现的问题进行了整改。

（二）非现场监督检查。新疆银监局成立后,就设立了非现场监督检查,至 2005 年末,已建立了较完善的非现场监管指标体系和非现场监管信息系统,进一步完善了监管报告制度,不断完善非现场监管的基础工作。制定了《非现场监管实施办法》,畅通数据报送、审核和登记通道,加强对数据资料的综合分析,增加综合分析的深度和准确性,提高非现场监管报告的时效性和质量。按月、按季对各机构信贷、非信贷和表外业务所形成的不良资产进行监测分析,准确了解掌握资产质量变动迁徙情况,分析预测风险变化趋势,及时进行风险提示,使非现场监管的风险预警作用得到充分发挥。对非现场监管中发现的问题和风险苗头,适时采取约见谈话、提出监管意见,督促其关注风险,整改问题;对金融机构的违规行为下发《金融监管提示通知书》《金融监管警告通知书》,进行监管提示、监管警告,严重违规行为依法进行处罚。注重非现场监管和现场检查的有机统一,通过非现场监测分析及时发现被监管对象所存在的问题,为现场检查提供信息支持。

第三节　银行与信托业监管

一、银行业监管

1986—1988 年,人行对金融机构的管理,主要为机构准入与准出、许可证管理、年检与日常检查。

1989 年,人行新疆分行制定并颁发了《新疆维吾尔自治区银行机构管理暂行规定》,对 3872 个金融机构换发了《金融经营许可证》,并重新核定了业务经营范围。

1990 年,人行新疆分行对新疆维吾尔自治区 25 家金融性公司进行了清理整顿。

1993 年,全疆各级人行开始关注辖内金融机构的金融风险,逐步将金融监管作为人行的监管重心。

1994 年,人行新疆分行对金融机构准入、准出的原则及条件、审批权限及程序、许可证管理、资本金或营运资金管理、法定代表人或主要负责人任职资格审查、年检与日常检查、罚则等做出了具体规定。

1995 年,新疆人行系统对全疆 5300 多家金融机构的合法性、业务经营状况、经营范围、资产质量以及法定代表人经营业绩等方面进行了全面的检查。对年检不合格的 67 家机构,违规经营的95家机构,变相设立的44家非法机构,以及擅自变更法定代表人或主要负责人的480家机构,依据机构管理的有关法规,分别作出了严肃处理。

1998年,人行新疆分行制定了《关于加强银行机构监管工作有关问题的通知》,明确各级人民银行监管对象、内容和重点,建立金融监管工作例会制度,制定金融监管目标责任制,签订各金融机构维护金融秩序目标责任书,层层落实监管任务。

1999年,人行乌鲁木齐中心支行按照新的管理体制运行,承担原人行新疆分行的职能,按照属地管理的原则,依法加强对辖区银行业金融机构的监管,特别是重点监管辖内中小金融机构,防范化解支付风险,确保一方金融平安。

2003年,新疆银监局积极推进银行业金融机构改革发展,关注中行、建行新疆分行股份制改革工作的进展情况,特别是机构布局调整和减员增效工作,处理好改革、发展与稳定的关系。同时加快引进全国性股份制商业银行,引导银行机构合理布局,在行政审批过程中,坚持从机构自身经济效益、发展前景,及对地方经济特别是对县域经济的支持作用及社会综合效益等各方面进行综合、统筹考虑。

2004—2005年,国务院把新疆列为进一步深化农村信用社改革试点地区,人行乌鲁木齐中心支行和新疆银监局积极配合,加强对农村信用社改革的领导,督促农村信用社积极做好改革的准备工作,确保改革试点工作顺利进行。

二、信托业监管

1986—1995年,人行对信托业管理,主要为机构准入、年检与日常检查。

1996年,人行新疆分行成立非银行金融机构监管处,对信托公司等非银行金融机构实施监管,实行属地监管原则,各地州信托公司由地州人民银行负责监管。

1997年,完成了新疆金新信托投资股份有限公司、新疆宏源信托投资股份有限公司、新疆证券公司与相关银行脱钩。

1999年,人行乌鲁木齐中心支行成立后,信托公司由人行乌鲁木齐中心支行非银行金融机构监管处负责监管,实行属地监管原则。

2003年10月,新疆银监局成立后,信托公司由新疆银监局非银行金融机构监管处负责监管,实行属地监管。监管内容主要包括信托机构的设立、变更与终止管理、业务经营范围管理、经营规则管理。采取现场监管和非现场监管的方式。

从2005年开始,启用1104非现场监管信息系统,非现场监管进入信息系统化。

三、高管人员管理

自1985年人行新疆分行专门行使中央银行职能后,开始对辖内金融机构主要负责人进行任职资格审查,审查方式是对其是否符合任职资格签注意见。

1989年起,对辖内金融机构主要负责人进行任职资格审查成为人民银行对金融工作归口领导的一个重要标志。

1994年,新疆人行系统按照审核履历及有关材料、考察谈话、了解有关情况,对辖内金融机构的法定代表人或主要负责人实施了资格审查。

1996年,人行总行制定的《金融机构高级管理人员任职资格管理暂行规定》(以下简称

《规定》)下发后,人行新疆分行对《规定》所指高管人员,按照任职前审查、任职期间考核和离任稽核的程序加以管理,并建立了金融机构主要负责人任职资格审查制度及主要负责人档案。

1999年,根据人行总行的《金融机构高级管理人员任职资格管理办法》,人行乌鲁木齐中心支行对金融机构高管人员的管理进行了全面动态监督管理,任职资格管理开始从单纯的资格监管向资格与行为并重监管转变。

2003—2005年,新疆银监局在以往监督管理的基础上,又有所创新,对拟任高管人员进行笔试,考察其政治理论、业务综合、法律法规等综合素质及能力。对已任高管人员履职情况进行跟踪监测。

第六章　金融统计与分析

　　人行专门行使中央银行职能后,金融统计制度进行了一系列的改革,金融统计工作迅速得到加强与发展,形成以中央银行为核心,国有商业银行为主体,其他金融机构分工协作的金融统计体系。

　　金融统计调查主要分为金融专题调查与金融制度性调查两大类,金融统计分析就是依据统计报表所附有的文字说明,通过对货币流通总量的统计描述和分析,揭示社会经济总体的运行情况;在上述分析金融运行现状的同时,通过预测分析,揭示金融及社会经济活动的发展趋势和变化规律。

第一节　金融统计

　　国家实行改革开放后,新疆金融机构数量日渐增多,金融工具不断创新,5 家国有商业银行、2 家政策性银行及邮政储汇局,交通银行等 3 家股份制商业银行及新疆各城市商业银行、城乡信用社、信托公司、财务公司、金融租赁公司先后纳入统计范围。金融统计的内容除了存款和贷款的统计外,又新增了对发行债券、同业拆借、购买债券、贴现、外汇占款、收益等方面的统计,金融统计的任务由过去考核和检查信贷计划执行情况,转为反映金融机构资金来源与运用情况,为制定和实施货币政策服务。特别是 1997 年后,为满足货币政策决策、金融监管和金融机构自身经营管理的需要,人行总行对金融统计报表制度进行了重大改革,实行新的"全科目"上报指标体系。

一、金融统计制度

　　1986 年 10 月 23 日,中国人民银行发布了《金融统计暂行规定》和《其他金融机构统计管理暂行办法》。

　　1987 年,中国人民银行又颁布了《金融统计资料管理规定》。

　　1993 年,中国人民银行建立并实施中央银行资金流量核算统计制度。

　　1994 年,建立新的信贷统计旬报制度,新的旬报名称为"金融机构人民币信贷收支旬报表"。同年,金融统计制度中增加中国农业发展银行、国家开发银行、保险公司、证券公司的统计内容。

　　1995 年,中国人民银行修订发布新的《金融统计管理规定》,同时废止《金融统计暂行规定》和《其他金融机构统计管理暂行办法》。

　　1997 年 1 月 1 日起,中国人民银行和各金融机构按新的指标体系报送金融统计数据。同年 10 月 19 日,开始实行新的《现金收支统计制度》。

　　1998 年 1 月 1 日起,经营外汇业务的金融机构按新的指标体系报送外汇统计数据。

1999 年 12 月 1 日,中国人民银行制定了《金融资产管理公司金融统计制度(试行)》,将金融资产管理公司金融统计纳入人民银行统计范围之内。

2001 年,中国人民银行重新制定了《人民币贷款累放累收统计制度》,并对金融统计全科目上报指标和报表体系进行了部分修订和补充。增加贷款分行业指标和附报表,反映贷款的行业投向及变化情况。同年,中国人民银行修订下发了《金融资产管理公司金融统计制度》。

2002 年,中国人民银行修订并施行了《金融统计管理规定》。

2003 年,中国人民银行再次修订下发了《金融资产管理公司金融统计制度》;制定了《商业银行中间业务统计制度》,明确各国有独资商业银行、股份制商业银行和城市商业银行按季进行数据报送,并建立了下岗失业人员小额担保贷款临时统计报告制度。

2004 年,建立了《助学贷款统计制度》和《下岗失业人员小额贷款统计制度》。

2005 年,建立了《中长期贷款按实际投向分类统计制度》。

二、金融统计系统

1985—1996 年,各级人民银行及金融机构以电话、电报或传真形式上报金融统计数据。

1997 年 1 月 1 日起,中国人民银行和各金融机构按新的指标体系报送金融统计数据。为配合工作的开展,中国人民银行组织开发了《金融统计监测管理信息系统》,推广到省、地、县级机构。

1999 年,中国人民银行委托中软融鑫公司设计开发了《金融统计监测管理信息系统(升级版)》。该系统增强了数据操作和灵活处理报表的功能,实现了金融统计信息的网络授权共享,增加了分、支行非现场监管报表的处理功能。

三、金融统计服务

1986—1992 年,中国人民银行统计部门以现金和信贷收支项目、贷款放出数等统计报表,通过旬报、月报、季报方式向需求者提供服务。

1993—1996 年,中国人民银行统计部门以资产负债全科目统计报表、现金收支报表,通过旬报、月报、季报方式向需求者提供服务。

1997—1999 年,中国人民银行统计部门以资产负债全科目统计报表、信贷资产质量(三项分类)报表、现金收支报表,通过旬报、月报、季报、年报方式向需求者提供服务。

2000—2003 年,中国人民银行统计部门以资产负债全科目统计报表、信贷资产质量(五级分类)报表、现金收支报表、贷款累放累收报表,通过旬报、月报、季报、年报方式向需求者提供服务。

2003—2005 年,中国人民银行统计部门以资产负债全科目统计报表、信贷资产质量(五级分类)报表、现金收支报表、贷款累放累收报表、非信贷资产质量(五级分类)报表、非现场监管类统计报表,通过日报、旬报、月报、季报、年报方式向需求者提供服务。这期间,人行乌鲁木齐中心支行建立了《新疆天山北坡经济带主要经济、金融情况统计表》制度,按季编制,在内容上增加了全国、新疆和西北地区以及与新疆维吾尔自治区在地理、经济类型可比的内蒙古、云南省的资料;还建立了《米东新区金融统计报表》和《乌鲁木齐及昌吉地区金融统计报表》,为领导及相关部门及时了解米东及乌昌地区的金融运行情况、经济融合程度提供统计服务。

第二节　金融调查

一、制度性调查

人民银行制度性调查工作是常年定期开展的调查。截至 2005 年末,人行新疆分支机构开展的制度性调查主要包括工业景气调查、物价调查、银行家问卷调查、储户问卷调查。

(一)工业景气调查

1991 年,人行总行在全国 30 个省、自治区、直辖市抽取 5185 户国有大中型企业,建立工业景气调查制度。根据人行总行的安排,人行新疆分行在同年的第三季度,在全疆选取了 50 户大中型工业企业参与此项调查。1995 年,新疆将定点企业调查范围扩大到集体企业、三资企业,调查企业数量由 112 家增加到 297 家,并增加多项新的指标。截至 2005 年末,全疆 10 个地州(市)共 79 户企业纳入此项调查。

(二)物价调查

1986 年,中国人民银行建立了企业生产资料购进价格调查统计制度,此项调查在全国 31 个城市进行,报价基点企业 1250 家,调查规格品种 130 种。同年,人行乌鲁木齐市分行就开始参与了企业生产资料购进价格调查。1992 年 11 月,人行总行着手研究制定中央银行批发物价指数调查统计制度。1993 年 1 月 1 日,中国人民银行在全国 36 个大城市、1100 户企业对 791 个商品布点调查,并于 1994 年 1 月正式编制国内批发物价指数。1993 年 12 月,人行乌鲁木齐市分行作为 36 个重点联系行承担批发物价调查任务,于 1994 年 2 月开始按制度报送调查资料。1999 年 9 月,新疆又增加了人行伊犁、巴音郭楞州、阿勒泰地区、克拉玛依市中心支行为物价调查制度重点联系行。1999 年,人行总行将原来的"生产资料购进价格调查统计制度"和"国内批发物价调查统计制度",合称为"中央银行物价调查统计制度"。2001 年 9 月,批发物价指数更名为企业商品交易价格指数,调查范围扩展到 1250 多种。同年 10 月 12 日,人民银行开始按月向社会发布企业商品交易价格指数。截至 2005 年末,新疆人行系统有 5 个中心支行开展了此项调查统计工作,调查企业 53 家,调查规格品种 279 个。

(三)银行家问卷调查

2003 年,为了把握银行业的景气状况,评价货币政策效果,准确判断宏观经济走势,更好地为制定货币政策和宏观决策服务,人行总行和国家统计局联合建立了银行家问卷调查制度。此项调查的方法和主要内容由人行总行与国家统计局共同设计确定,人行具体组织实施。银行家问卷调查制度与国家统计局《全国企业景气调查制度》相互连接,互为补充,构成全面反映国民经济各个行业景气状况的问卷调查制度。2004 年,银行家问卷调查制度开始正式实施后,新疆同步参与调查,制度建立之初至 2005 年末调查对象有 105 位银行家。

（四）储户问卷调查

1993 年,中国人民银行制定城乡居民储蓄问卷调查制度,每半年在全国 20 个城市对 1 万名储户进行调查。1994 年改为季度调查。1999 年,中国人民银行对调查方法和问卷内容作了较大修订,更名为城镇居民储户问卷调查。同年,库尔勒市成为人行总行在新疆居民储户问卷调查唯一调查点,此调查点有 8 个储蓄网点和 400 个储户,每季度发放问卷 400 份。2000 年 9 月,人行巴音郭楞州中心支行的储户问卷调查的调查方法和管理模式在全国 58 个调查行中推广。

二、专题调查

1986 年,人行总行对人民银行分支机构提出了建立人民银行的宏观经济活动监测系统、围绕国民经济运行中的重大问题开展专题调查研究。

1990 年,新疆人行系统开展了搞活信贷资金、银行业务交叉与竞争、企业破产情况、农副畜产品收购资金需求状况调查;及时召开"市场疲软与金融对策"研讨会,研讨成果在《新疆日报》刊登,引起社会的广泛关注。

1992 年,人行新疆分行开展了对国营大中型企业资金营运及结构状况、自治区农业投资情况、石油工业发展给新疆经济、金融及货币流通带来的新变化及影响、农副产品收购、边境贸易情况等调查分析。完成人行总行布置的"新疆企业高负债经营状况及形成机制""工业企业产成品资金变动及结构"等专题调查。

1996 年,人行新疆分行完成人行总行布置的居民储蓄、企业资金来源、企业亏损、房地产开发投资等重点课题;并根据新疆实际情况对企业欠息、商业汇票业务、工业企业中长期贷款使用效益、大中型工业企业资金运用状况等热点进行了深入调查。

1997 年,人行新疆分行开展了棉纺工业企业亏损状况、国有商业银行不良资产状况、金融风险结构、农业生产形势、直接融资、农村信用社状况、国有商业银行县及县以下机构经营状况、新疆证券业发展情况及问题分析、塔里木石油勘探开发带动巴音郭楞州经济大发展等调研课题。

1998 年,人行新疆分行紧紧围绕宏观经济总体状况、货币政策执行情况,撰写宏观经济分析报告,还完成了《农业生产形势、农副产品收购情况及粮食购销体制存在的问题调查》《固定资产投资情况调查》和《国有企业和集体企业生产情况调查》《商业银行贷款情况》《企业改制对银行信贷资产的影响》《新疆外资情况调查》等调研报告。

1999 年,人行乌鲁木齐中心支行以时效性、针对性、科学性和可参考性,兼顾定性、定量开展宏观经济分析工作。就新疆非国有经济发展及信贷支持、居民储蓄实际情况、信贷资金供求状况、居民储蓄增长现状、人民币境外流通情况、启动最终消费需求情况、企业和银行的资产质量与潜在金融风险、房地产资金占压情况、优势资源转换等方面开展调查研究。

2000 年,人行乌鲁木齐中心支行开始按季度撰写"新疆经济金融形势分析报告"、按月度撰写"新疆货币事务监测分析报告"。完成了"新疆固定资产投资状况分析""西部开发中的特色经济及金融支持""开拓新疆农村市场的难点分析""西部开发中的金融服务调查研究""新疆消费信贷情况调查""新疆春节前后现金投放回笼调查""新疆不良贷款成因与分析""交通银行缴纳税费情况调查""新疆国有商业银行剥离不良资产情况调查""新疆助学贷款情况调查""农村信用社存在的问题、成因及对策""新疆2000年前三季度物价走势分析"等专项调查。

2001年,人行乌鲁木齐中心支行调整了宏观经济金融运行分析报告的撰写频率,由季度调整为月度,与各月货币监测制度一起,更加系统地反映出新疆经济、金融运行客观情况;完成了"对新疆非国有经济发展及信贷支持情况的调查""新疆储蓄结构及增长变动情况分析""新疆地方中小金融机构的发展和风险防范""新疆企业融资现状、问题及对策""对乌鲁木齐金融业收入分配情况调查"等。

2002年,人行乌鲁木齐中心支行完成《推进新疆农业结构战略性调整,全面提高农村经济效益》《新疆农业产业化发展现状、问题及建议》《关于对人民币境外流通情况的调查》和《对新疆金融业支持农业经济的调查与思考》等专题。

2003年,人行乌鲁木齐中心支行完成《新疆中小企业贷款情况的调查》《对新疆贷款担保机构发展情况的调查》《对当前新疆房地产业发展情况的调查》《新疆上市公司的绩效与负债研究》等专题研究。

2004年,人行乌鲁木齐中心支行完成了《德隆信用危机对新疆金融业的影响》的调查报告,对"德隆系"企业在新疆地区融资的过程和现状做了真实的反映,对德隆因信用危机对新疆金融业和新疆经济带来的影响做了深入分析,并提出了相应政策建议,报告形成后,及时报送上级行和自治区有关领导,成为妥善解决德隆问题,维护社会稳定和金融稳定的重要参考。全年共完成《关于对钢铁、水泥、电解铝、汽车、房地产行业的调查》《关于电力建设投资及贷款情况的调查》《关于对经济开发区发展情况的调查》《关于开展对辖区房地产业发展情况的调查》等13个调研课题。

2005年,人行乌鲁木齐中心支行完成了《人民币在周边国家流通情况的调查》《新疆民间融资情况的调查》《农业风险、农民增收与农村保险的调研》《对新疆石油、天然气行业发展情况的调查》《人民币贷款利率浮动区间扩大对新疆金融机构和企业影响的调查报告》《关于创业期有关情况的调查》《新疆县域金融机构支持经济发展》和《乌昌经济一体化金融支持》等调研报告。

第七章　国库国债管理

国库是国家金库的简称,是负责办理国家预算资金收入和支出的专门机构。根据1985 年 7 月 27 日国务院颁布的《中华人民共和国国家金库条例》(以下简称《国家金库条例》)规定精神,新疆设有中华人民共和国国家金库新疆分库(以下简称国库新疆分库)以及地州(市)中心支库和县(市、区)支库三级国库机构,由同级人行经理。支库以下经收处的业务,由专业银行的基层机构代理。中国国债是以中央政府为债务人,以国家财政承担还本付息为前提条件,通过借款或发行有价证券的方式向社会筹集建设资金的一种信用行为。它分为国库券、国家重点建设债券、财政债券、国家建设债券、保值公债、特种定向债券和专项国债等类型,其中以国库券为主。

第一节　国库业务

一、国库会计核算

1986—1988 年,新疆实施"划分税种、核定收支、分级包干"的财政体制。

1988—1991 年,新疆实行"财政包干"财政体制。

1992 年,新疆实行"分税制"财政体制试点,自治区各种财政收入划分为自治区财政固定收入、市(自治州、地区)财政固定收入、中央、自治区、市(自治州、地区)财政共享收入,不列入包干范围的专项收入。

1993 年 1 月 1 日起,人民银行会计科目内增设"0270 行库往来",用于核算各级人民银行会计与国库部门的资金往来。国库会计核算记账由资金收付记账法改为借贷记账法。

1994 年 1 月 1 日起,新疆正式实行新的"分税制"财政体制。

1997 年,根据中央国库和地方金库账务划分的规定,设立了国税、地税两套账务核算系统,开设了"待报解中央预算收入"和"待报解地方预算收入"两个过渡账户。同年,人行新疆分行根据人行总行的三个单项竞赛评比办法,重新修订了《国库业务竞赛评比办法》,对全疆二级分行的国库业务工作进行竞赛评比,评比内容包括国库会计制度执行情况、联网上划国库各项日报、国库统计报表、国库分析调研及管理、国库工作总结五部分。

1999 年,人行乌鲁木齐中心支行国库处根据人行总行制定的《国库会计核算操作规程》,印发《国家金库新疆分库国库会计核算操作规则》。

2002 年,为配合中国现代化支付系统的正式运行,人行总行对《中国人民银行关于国库会计核算管理与操作的规定》进行了修订。2002 年第一季度起,人行总行国库局调整了"社会保障补助资金专户季报表"内容格式。

2003 年 1 月 1 日,人行总行对各级财政机关的国库存款开始按单位活期存款利率按季结付利息。同年,新疆财政国库开始建立以国库单一账户为基础、资金缴拨国库集中收付为主要形式的财政国库管理制度。至2004年末,新疆维吾尔自治区本级财政已启动了70多个预算单位的改革试点。

2005年,国库新疆分库建立了国库业务案例和国库改革情况报告制度。同年,全疆国库部门全部参与同城票据交换,并启用同城票据交换科目。

二、国库信息化建设

新疆国库会计核算信息化建设经历了手工账务处理、独立开发国库会计核算系统和全国统一国库会计核算三个阶段。

第一阶段:1986年以前,处于手工处理账务时期。

第二阶段:1987—2000年,新疆各地区自行开发国库会计核算程序,国库会计核算系统程序不统一。

1987年,新疆自治区分行开始使用计算机进行账务处理。

1992年,新疆辖区共抽出21人参加总库举办的微机培训班,完成国库报表进入微机工作,乌鲁木齐中心支库已实现了国库会计核算电子化,12个中心支库已经配备了微机,15个地州市中心支库基本上已经装好了直拨电话,为全区即将开展微机联网打下一个良好的基础。1992年2月,新疆"国库统计分析系统"正式上线。

1995年,实现自治区分库与中心支库上划报解中央和自治区预算收入以及兑付国债款的资金联网工作。

1996年末,全疆80%以上的国库机构配备了微机。升级预算收支和国库日常核算2个系统程序,新开发了国库兑付系统程序,并将这3个程序在全疆推广应用。同年,实现与自治区地税部门微机联网。

1999年,为解决计算机2000年问题,自治区分行研制开发了国库业务微机应用软件程序4.01版。

第三阶段:2001—2005年,新疆实行全国统一的国库会计核算系统。

2001年,总行国库局开始推广全国统一的国库会计核算系统程序,新疆在4月底以前完成自治区区分库服务器的安装及系统参数设置和模拟测试工作,5月完成全疆各级国库的系统设置及账务移植工作,6月正式启用国库会计核算系统。

2002年,为做好国库会计核算系统切换工作,确保国库会计核算系统(2.0)正常运行,人行总行制定了《国库会计核算系统切换及应急处理业务方案(试行)》和《国库会计核算系统切换及应急处理技术方案(试行)》。

同年,全疆国库系统推广使用远程拷贝通信软件(简称CATBONCOPY),作为各级国库预算收入通信文件上报的备用通道。

2003年1月1日,全疆国库系统正式运行《国家金库会计核算系统》(2.0版)。12月1日,国库会计核算系统开始接入大额支付系统,国库资金清算由会计营业部代为划转的"行库往来"方式向现代化支付系统清算方式过渡。2003年,国库统计系统升级为"国库收支统计分析系统",国库综合业务报表系统成功上线运行,国库综合业务报表系统由业务量、机构及人员两表类报表和监管、年审两部分组成。其中两表类报表由国库机构及人员汇总报告表、国库业务量汇总报告表 2 个主表及 13 个子表组成。

2005 年 6 月 27 日，全疆国库会计核算系统接入大额支付系统；完成新版同城票据交换系统的测试及运行工作；新疆分库做好横向联网的前期准备工作，上报横向联网业务需求以及全疆城市商业银行和农村信用社的联系名单。

三、国库统计与分析

1991 年，新疆开始开展国库统计分析工作，主要包括国库统计报表、预算收支分析和专题调研三个部分。同年 9 月，按照人行总行国库局要求，新疆开始按月编报国库统计报表，包括地方预算收入统计月报、地方预算支出统计月报、预算收入退库季报表。

1992 年 1 月 1 日，新疆国库系统开始按月（年）逐级汇总编报国库统计报表，包括地方预算收入统计月（年）报表、地方预算支出统计月（年）报表、预算收入退库季报表。同年 4 月，地方预算收支统计月报改为季报。

1995 年 1 月，根据财政部、国家税务总局、中国人民银行《关于完善财、税、库“月报”制度的规定的通知》，国库新疆分库开始执行按月（旬）报送中央、地方预算收入统计报表制度。

1997 年，人行总行国库局在建立全国国库收支分析重点联系库制度中，将国库巴音郭楞州中心支库列为重点联系库，并建立了大额预算收入退库、大额库款支拨登记和事后跟踪调查制度。

1998 年第三季度起，按照上级国库要求，新疆国库系统将“预算收入退库季报表”变更为“预算收入退库统计报表”，其报表结构为“给企业、事业、行政单位退库”“给财政机关退库”“给税务机关退库”“给海关退库”“给个人及个体私营企业退库”五类。

2001 年，人行总行国库局对各分库以及国库收支重点联系库的统计报表及分析报告报送进行了调整，停报了“国库收支统计月报说明”“预算收入退库统计季报表”和“预算收入退库情况季度分析报告”，并将国库收支分析季度专题调研报告改为半年专题调研报告。同年，国库巴音郭楞州中心支库被人行总行国库局确定为全国国库收支分析重点联系库。

2002 年，人行总行国库局制定了《国库收支统计分析工作指导意见》，在全国范围内第一次全面规范了统计分析工作。

2003 年，新疆正式运行新的国库收支统计分析系统，新系统的统计科目代号均采用财政部发布的统一的政府预算科目编码。

2004 年 8 月，人行总行建立报送国库库存余额统计周报表制度。

2005 年，人行乌鲁木齐中心支行国库处增设国库收支统计分析组（科），举办了全疆国库收支统计分析培训班。

1986—2005 年新疆维吾尔自治区预算收支完成情况

表 9—17　　　　　　　　　　　　　　　　　　　　　　　　　　单位：亿元

年份	预算收入	预算支出
1986	10.20	35.12
1987	11.58	33.69

表 9—17 续

年份	预算收入	预算支出
1988	15.46	38.91
1989	19.15	41.70
1990	21.78	47.62
1991	26.47	50.34
1992	26.07	56.09
1993	35.13	64.71
1994	28.70	71.10
1995	38.28	96.40
1996	48.31	114.89
1997	57.62	126.82
1998	66.57	147.38
1999	74.44	169.11
2000	95.50	205.45
2001	115.75	281.81
2002	140.24	384.73
2003	157.71	394.80
2004	191.28	459.35
2005	—	—

第二节　国债管理

一、国债发行管理

（一）国库券发行管理。1981—1990 年，国库券发行采用行政分配方式。1988 年，新疆分两步全面开放了国库券二级转让市场。同年 6 月 10 日，作为全国第二批开放国库券试点城市的乌鲁木齐市率先在农行新疆分行信托投资公司、工行乌鲁木齐信托投资公司和乌鲁木齐市财政信托投资公司的证券交易柜台开办了 1985 年度、1986 年度国库券自营买卖业务。从同年 11 月起，全疆地州所在城市陆续开放国库券转让市场，至年末，有乌鲁木齐、博乐、吐鲁番、和田、伊宁、阿勒泰、阿克苏、阿图什 8 个城市的金融信托投资机构开设了国库券交易柜台。1991 年，国库券发行采取行政手段为主，试行承购包销的方式发行国债，国债发行方式由行政手段为主向以经济手段为主过渡。1992 年起，国库券发行采取承购包销、认购等方式。1994 年以前,我国发行的国库券是无记名实物券。1994 年起,开始以填写"国库券收款凭证"方式发行凭证式国债。1999 年,承担凭证式国债发行业务的商业银行,可对 1999 年后(含 1999 年)财政部发行的、以"中华人民共和国凭证式国债收款凭证"方式销售的凭证式国债,也可办理凭证式国债质押贷款业务。同年,凭证式国债收款凭证统一由中国人民银行监制,中国印钞造币总公司所属的中钞实业有限公司负责组织有关证券厂印制。2004 年 6 月和 9 月,财政部先后发行两期电子记账凭证式国债,为储蓄国债(电子式)的发行进行尝试。2005 年,全疆国债收款新程序正式运行。

(二)国家重点建设债券及国家建设债券发行管理。国家重点建设债券仅在 1987 年发行过一次,发行金额 55 亿元,其中对单位发行 50 亿元,对个人发行 5 亿元。新疆维吾尔自治区认购 7500 万元,其中:900 万元由建行新疆分行对个人发行,年息 10.5%,期限 3 年;6600 万元由人行新疆分行组织各专业银行对单位发行,年息 6%,期限 3 年,实际完成 6617 万元。

国家建设债券仅在 1988 年发行过一次。发行金额 80 亿元,期限为两年,个人和单位实行统一利率,年利率为 9.5%。1988 年,新疆代销国家建设债券任务为 11100 万元,完成 7689 万元。

(三)财政债券发行管理。1988—1993 年,除 1989 年外,国家共发行五次财政债券,均采用行政分配方式发行,认购任务由中国人民银行向各银行和其他金融机构下达。1988 年,国家发行财政债券 80 亿元,其中原定的 10 亿元,期限 5 年,年利率为 7.5%,另外 70 亿元,期限两年,利率为 8%。1988 年,人行新疆分行组织各专业银行和金融机构认购财政债券 8676 万元,完成了年度财政债券发行计划。1990—1993 年,财政债券发行额均为 70 亿元,期限均为 5 年。1990 年,新疆发行财政债券 300 万元。

(四)保值公债发行管理。国家仅在 1989 年发行过保值公债,发行总额为 120 亿元,保值公债任务数由财政部分配给各省、自治区、直辖市以及计划单列市人民政府,各级政府负责推销任务,推销剩余部分,由各级政府用地方财政预算外资金认购。

(五)特种定向债券发行管理。1995 年,财政部向养老保险基金和待业保险基金,以及其他社会保险基金定向募集的方式发行特种定向债券 26 亿元,期限 5 年,年利率 15.86%,"定向债券"以收款单的形式发行,由财政部负责收款单的印制、调运和分发,新疆发行任务为 3000 万元。

二、国债兑付管理

1989 年,人行新疆分行集中清查、销毁 1986 年度、1987 年度和 1988 年度的剩余国库券、历年兑付和提前兑付的国库券以及部分公债券,共计 13617.92 万元。

1991 年,新疆国库部门第一次执行组织销毁已兑付国库券,比照销毁损伤人民币的管理办法,建立销毁领导小组,销毁券全部打洞,共销毁 1990 年已兑付国库券 1.6 亿元。

1994 年,建立国债发行期内五日报制度和发行期结束后的"国库券收款凭证买卖情况月报表"制度。

2000 年,确定乌鲁木齐市商业银行为办理乌鲁木齐地区应兑未兑国家债券收款单位和历年已到期国债券的常年兑付行。

第三节 国库监管

一、监督内容

2000 年,国家金库总库决定建立国库监管报告制度。监管报告采取逐级汇总上报方式,每半年一次。监管报告内容包括:国库自身资金风险监管、预算收入的监督、监督库款的支拨、退付及更正情况、监督"预算收入过渡账户"开设及清理情况。同时填制国库监管情况统计表。

2004 年起,国库监管情况统计表和国债监管报告由半年报修改为一年一次,国债监管情况统计表由一张表增至三张表,分别为:国库发现违规业务及纠正情况统计表、人民银行代理支库检查情况统计表、人民银行对代理乡镇国库检查情况统计表。

2005 年,根据国库监管工作手册,国库监管内容包括:国库内部监管、国库资金清算业务监管、国库预算收支业务监管、国库业务代办机构监管。

二、监管制度

1991 年,人行新疆分行印发《国库基本制度执行情况检查提纲》,对新疆维吾尔自治区分库、各地(州、市)中心支库和部分县支库的国库组织机构、国库会计基本制度规定、国库会计凭证、国库专用会计凭证、国库会计账务组织、国库报表及其他项等进行检查。

1997 年,国家金库总库组织国库系统全面开展了国库会计实地业务检查工作,人行新疆分行按照《国库会计实地业务检查工作制度》下发了《关于开展国库管理检查工作的通知》。同年,人行新疆分行针对 1996 年国家驻地方特派员办事处对新疆分库 1995 年度和 1996 年 9 月至 12 月国库工作的审计意见书,向全疆印发《关于加强国库监管工作的通知》。

1999 年,国家金库新疆分库印发《人行乌鲁木齐中心支行国库处基本职责》。1999 年 10 月起,新疆各支库建立预算收入退库登记簿、编报支库上划资金对账单。

2000 年,国家金库新疆分库建立了综合记账、复核、计算机管理、事后监督、国债管理等国库处岗位责任制。根据人行西安分行实行全员量化管理的要求,新疆辖区各中心支库制定了《国库科量化考核办法》和《国库专业量化考核办法》。

2001 年,国家金库新疆分库重新制定和修订了《人行乌鲁木齐中心支行国库处工作职责》《人行乌鲁木齐中心支行国库处处长岗位职责》《人行乌鲁木齐中心支库退库管理办法》《人行乌鲁木齐中心支行国库处综合组岗位职责》《国家金库乌鲁木齐中心支库拨款管理办法》《商业银行、信用社代理国库业务管理办法》和《国家金库新疆分库综合业务评比办法》等十余项制度办法,并汇编成册。伊犁、巴音郭楞州、阿克苏等中心支库也重新修订、充实了 16 项国库制度和 7 项国库业务核算操作流程。

2002 年,国家金库新疆分库、人行乌鲁木齐中心支行营业部研究决定,制定下发了《乌鲁木齐地区国库经收处业务管理办法》。

2003 年,为适应国库会计核算系统(2.0 版)的操作要求,修订了《人行乌鲁木齐中心支行国库处计算机病毒防范措施》和《人行乌鲁木齐中心支行国库处票据提入、提出登记制度》;建立了"对外承诺服务公约""职业道德公约""国库联席会议制度"三项内控制度;增加修订了"国库对账办法""系统管理员职责"等两项岗位职责。

2004年,建立了《库款支拨制度》《新疆分库大额拨款审核制度》《国库核算程序操作管理制度》《国库会计岗位授权制度》《国库会计核算业务交接制度》。同年,建立由初审员、会计主管、国库负责人、主管行长负责把关的"国库退库四级审核审批制度"。

2005年,制定《人行乌鲁木齐中心支行国库工作考核办法》,考核内容包括国库综合业务考核、国库业务报表考核和国库会计核算考核三部分。同年,制定了《人行乌鲁木齐中心支行国库对账办法》《国库会计核算流程》和《国库清算业务流程》。为会计核算集中后地州中心支行国库部门开通国库内部往来和加入大额支付系统后的资金汇划,制定了《会计核算集中后国库部门资金往来有关账务处理的指导意见》以及《新疆国库资金汇划报解实施办法》。

三、监管方式

新疆国库监管方式分为现场监管和非现场监管。

1997年起,新疆实行国库会计实地业务检查制度,主要内容包括会计核算复核制度,行库往来科目每日核对制度,印、押、证分别保管制度、与财政和征收机关对账制度,国库会计档案管理以及内部管理的落实情况。同年,总行统一印制了《国库检查证》,新疆共发放265本,颁发给各地(州、市)分行和各县市支行主管国库的行长或副行长、国库科科长及助理会计师以上的国库干部、会计国库发行股股长及助理会计师以上的国库干部。新疆各级国库参加了自治区人民政府组织的清理预算外资金检查,负责多部门及单位检查报告撰写并作出处理决定。

1998年,针对广东佛山发生的"5·18"案件,全疆人行国库系统开展"三查一加强"活动和清理执法机关开设预算收入过渡账户的检查。

2000年,配合财政部云南专员办对新疆分库和部分地市县国库的检查以及自治区审计厅和乌鲁木齐市审计局对统计财政的年审工作;举办国库会计管理与操作规程培训班。

2001年起,新疆分库建立代理支库年审制度,当年对全疆各代理库资格重新审批,并颁发"代理支库资格证书"。

2005年,国家金库新疆分库接受自治区审计厅金融处对2004年度国库业务的现场审计和人行内审司乌鲁木齐中心支行内审处两次专项审计。

第八章　征信与反洗钱管理

信贷征信系统的前身是银行信贷登记咨询系统。此系统通过对借款人信息登记,全面反映借款人资信情况,为金融机构了解借款人资信情况提供咨询服务,并对金融机构和借款人的信贷行为进行监控。2002年,全国、省、市(地、州)三级数据库体系初步建成。2003年9月,国务院在人行的"三定"方案中赋予了人行"管理信贷征信业,推动建立社会信用体系"的职责。据此,人行总行成立了征信管理局。2004年,人行乌鲁木齐中心支行设立了征信管理处,总体负责新疆辖内信贷征信管理工作。辖内14个人行地州(市)中心支行调查统计科具体承担各辖区信贷征信管理职能。至2005年末,全国统一联网的个人征信系统经过试点后开始运行。

2002年12月,按照人行总行《关于加强银行反洗钱工作的通知》要求,人行乌鲁木齐中心支行成立反洗钱工作领导小组,指导辖内银行业金融机构履行反洗钱职责。领导小组组长由行长担任,小组成员为办公室、保卫处、会计财务处、资本项目处、科技处及各金融监管处室,领导小组办公室设在会计财务处和保卫处。同时,明确了人行乌鲁木齐中心支行营管部、各地州(市)中心支行会计部门,作为反洗钱职能部门履行辖内反洗钱管理职责。

第一节　征信管理

一、贷款证管理

20世纪90年代初,人民银行在深圳试点贷款证制度。1995年11月,人行总行颁布了《贷款证管理办法》。1996年,人行总行将这项制度向全国推广,新疆人民银行系统也成立了自治区及各地、州、市贷款证管理办公室,全辖贷款证管理工作全面启动,年内17个城市分两批推行贷款证制度,同年,新疆辖区共发放贷款证10053本。自1999年起,新疆辖区贷款证逐渐升级为贷款卡,通过电子方式记载相关企业信贷信息。

二、银行信贷登记咨询系统建设

1997年,人民银行开始银行信贷登记咨询系统的建设工作,即采用地市、省市和全国三级数据库体系,从商业银行采集企业基本信息、信贷交易信息、担保及企业主要财务信息。1999年,人行总行颁布了《银行信贷登记咨询管理办法(试行)》。按照人行总行的工作要求,同年底,新疆银行信贷登记咨询系统上线运行,到2002年底,实现了全国联网运行。2005年,银行信贷登记咨询系统向企业征信系统升级,将原有的三级分布式数据库升级为全国统一的企业信用信息基础数据库。新疆银行信贷登记咨询系统同步进行了升级改造的各项前期准备工作。2005 年末,银行信贷登记咨询系统中新疆人民币贷款入库余额 1950.03 亿元,新疆辖内金融机构查询网点个数 583 个。银行信贷登记咨询系统应用于新疆金融的各个领域,在支持新疆金融机构通过登录银行信贷登记咨询系统查询借款企业信用状况,有效拒绝高风险授信、预警高风险授信、清收不良贷款、防范化解信贷风险、助推守信企业发展上起到了很好的作用。

三、征信体系建设与管理

新疆人民银行系统以贷款卡发放核准等工作为基础推动全辖征信体系建设。到 2005 年末,全辖实发贷款卡 85163 张,并建立了《中国人民银行新疆征信管理工作考核办法》《商业银行定期核对系统数据制度》《贷款卡管理规章制度》等,还推动金融机构建立相关内部管理制度,积极开展征信情况大检查,促进了征信工作水平的不断提高。新疆人民银行系统组织开展了社会信用中介服务机构基本情况调查,深入了解信用调查、信用咨询和信用评级以及信用担保机构、个人融资中介机构情况,建立辖区资信评级机构统计报告制度,对辖区资信评估机构业务经营实施监管,推动新疆征信市场发展,重视新疆辖区信息主体权益保护工作,及时受理辖区个人异议并予以回复解决。

新疆人民银行系统将征信宣传教育与新疆少数民族区域特色紧密结合起来,组织金融机构结合业务特点开展丰富多彩、形式多样的征信宣传活动,并通过媒体、网络等多种渠道及组织征信知识进校园和农牧区等活动,广泛宣传普及征信知识,印制《征信与金融知识手册》(汉文、维吾尔文)计七千余份,在新疆人民银行、金融监管部门及各金融机构范围内开展征信知识宣传,分别在新疆电视台多个频道用维吾尔语、哈萨克语、蒙语、汉语等,播出征信宣传公益电视广告片《天地人篇》。乌鲁木齐市诚信办建立并开通"信用乌鲁木齐网",人行乌鲁木齐中心支行作为"信用乌鲁木齐网"成员单位之一,提供相关宣传素材,主要从征信和金融知识、征信政策法规、全国统一的企业和个人信用信息基础数据库建设、征信工作经验交流及征信体系建设论坛等多个方面开展征信宣传,正确引导舆论和公众意识,提高社会公众的信用理念。还以问卷调查等多种形式,掌握公众对征信宣传教育工作的需求,制订宣传工作计划,构建征信宣传教育长效工作机制。

四、个人征信系统建设及应用

2004 年,人民银行系统开始组织商业银行建立全国集中统一的个人征信系统。2005 年,个人征信系统实现与全国所有商业银行和部分有条件的农村信用社的联网试运行。同年,人行总行颁布并实施了《个人信用信息基础数据库管理暂行办法》。按照人行总行对个人征信系统建设推广应用工作要求,在人行乌鲁木齐中心支行的统一组织推动下,新疆辖区各国有独资商业银行、股份制商业银行、城市商业银行同步实现与个人征信系统的成功联网运行。至 2005 年末,新疆辖内商业银行个人征信系统入库余额 120.33 亿元,起用管理员用户 199 人,普通用户 1016 人,累计查询 40557 次,商业银行(不含农村信用合作社)共享个人征信系统中的信用档案,查询个人信用报告作为商业银行审批个人信贷业务的重要条件。

第二节　反洗钱管理

一、反洗钱管理机构

2003 年,人民银行监管职能分离后增加了反洗钱职能,人行乌鲁木齐中心支行及时建立反洗钱工作领导小组,制定反洗钱内控制度规程,搭建反洗钱沟通协调机制,运用反洗钱监管措施,有效开展宣传培训,使新疆反洗钱工作有序开展。

2004 年,根据人行总行"三定"方案及岗位职责,在支付结算处增设反洗钱工作岗位,落实反洗钱工作人员,全辖人民银行共配备专(兼)职反洗钱工作人员 273 人,并对反洗钱工作领导小组人员构成及时进行调整,制定领导小组工作职责。

2005 年,经人行乌鲁木齐中心支行党委研究决定,成立人行乌鲁木齐中心支行内设职能部门反洗钱处,专司指导、部署辖内金融业反洗钱工作。建立了《反洗钱工作领导小组工作机制》,规定成立反洗钱工作领导小组,明确领导小组的工作目标和组织结构,领导小组办公室设在反洗钱处,负责反洗钱工作的日常管理及组织协调工作,领导小组成员单位承担所辖业务范围内的反洗钱工作。

二、反洗钱工作协调机制

2003 年,人行乌鲁木齐中心支行与自治区公安厅有关部门组织安排了 3 次专业协调会,检查、部署、落实了反洗钱工作,根据要求,各专业银行相继落实了组织领导机构,使反洗钱工作步入规范。

2004 年,人行乌鲁木齐中心支行提出,在新疆辖内人民银行构建"三位一体"的反洗钱工作协调机制,即建立与公安、司法等及其他行政执法部门之间的联席会议制度;建立与各银行机构的联席会议制度,根据各银行机构部门设置和人员调整情况,及时对联席会议组织机构进行调整和完善,明确有关领导和工作联系部门、工作人员,并通过定期、不定期地召开联席会议,组织、指导各家银行有效开展反洗钱工作;建立与完善人民银行内部有关职能部门之间的反洗钱工作协调机制,形成支付结算、外汇管理、现金管理等相关部门反洗钱信息与人力组员共享、部门职责明晰的联动机制。

2005 年,人行乌鲁木齐中心支行在广泛征求各银行机构意见的基础上,制定了《新疆银行业金融机构反洗钱工作联席会议制度》,会议成员由 14 家银行业金融机构组成,人行乌鲁木齐中心支行为联席会议牵头单位,会议主要职责为研究落实年度反洗钱工作任务,确定反洗钱工作重点,安排、部署需统一组织开展的反洗钱宣传、培训及检查等专项工作,交流反洗钱工作经验,沟通反洗钱工作信息。2005 年 12 月 19 日,新疆反洗钱工作联席会议第一次工作会议召开。人行乌鲁木齐中心支行、自治区公安厅等 21 家单位的领导及部门负责人参加了会议,自治区领导到会讲话。会议决定正式建立《新疆反洗钱工作联席会议制度》。

三、反洗钱现场检查

2004 年,人行乌鲁木齐中心支行成立了以主管行长为组长的反洗钱专项检查领导小组,制订下发了《人民银行新疆辖内反洗钱专项检查实施方案》,抽调了170多人组成43个反洗钱工作专项检查组,对工行新疆分行、农行新疆分行、中行新疆分行、建行新疆分行、招商银行乌鲁木齐分行和乌鲁木齐市商业银行6家机构216个网点反洗钱组织机构和制度建设、客户身份识别和客户身份资料及交易记录保存、大额和可疑交易报告、宣传培训等内容进行了现场检查。针对检查中发现的制度建设不完善、客户身份识别不全面、客户身份资料保存不完整、大额交易和可疑交易报告工作不规范等问题,新疆辖内各中心支行及时提出了整改意见或进行了严肃处理。

2005年,全疆人民银行系统共检查各级银行主报告行100家,共检查金融机构网点410个,检查内容包括反洗钱组织机构建立及履行职责、内控制度建设及落实、客户尽职调查、账户资料及交易记录保存、大额和可疑交易报告、反洗钱宣传和业务培训等情况,检查采取组织会谈、调查询问、调阅档案资料、查阅电子数据、进行业务知识测试等方式进行。

四、反洗钱监测分析与案件查处

2004年,根据有关银行下发大额和可疑外汇资金交易非现场核查通知书,对交易资金进行逐笔核查,在大额和可疑支付交易系统还未建成投入使用的情况下,人行乌鲁木齐中心支行收集、整理的大额支付交易信息70余万条,上报可疑支付交易信息240余条,同时要求辖内人民银行各地、州、市中心支行负责收集所辖金融机构的大额和可疑支付交易信息,并妥善保管有关数据,为上级行的数据分析处理提供资料。

同年,人行乌鲁木齐中心支行根据公安部门提供的被查人员名单及其身份证编号,对"8·19"案件涉案人员的客户信息、开销户信息、各类账户信息、账户详细交易信息等金融交易情况分项、深入地进行了调查,共调查有关商业银行4家,向公安部门移交调查资料4本,调查涉案人员59人次,调阅被查人客户资料25份,查阅开销户信息141条,查询各类账户137个,检查交易笔数3102笔,涉及金额10亿元之多,圆满完成了对"8·19"案件的协查工作。

五、宣传与培训

2004年6月21日至22日,人行乌鲁木齐中心支行组织举办了全疆人民银行系统反洗钱现场检查培训班,辖内各中心支行反洗钱现场检查组组长及熟悉本外币业务的骨干,以及人行乌鲁木齐中心支行有关处室人员共计60余人参加了培训。自治区公安厅、乌鲁木齐市公安局的有关人员作为特邀代表参加了培训。培训包括对国际和我国反洗钱工作现状、"一个规定两个办法"的实施操作、2004年反洗钱现场检查工作指引、2004年反洗钱专项检查报表填报说明、外汇现场检查技巧等内容。

2005年8月至11月,全疆统一步调,分阶段、按步骤地开展反洗钱系列宣传活动。在活动期间,全疆累计发放宣传折页180960份,张贴宣传海报6424份,制作宣传板报1318个,悬挂宣传横幅1911个,参加上街宣传2674人,参加宣传网点1755个,媒体宣传60余次。

第十篇 人事与财务

1986—2005年,新疆银行业的员工来自五湖四海,由多民族组成,但人力配置却由粗放型向集约型过渡,在此期间,柜员制和多功能柜组制开始出现,与经营绩效紧密挂钩的薪酬分配、员工年度考评制度得到落实和改善。运用"集中核算、集中支付、预算控制"的管理手段,实现财务集约化管理模式,会计核算实行分岗约束与监控,加强对辖内营业机构会计出纳工作事前、事中、事后的检查督导,实现会计核算管理由人为控制向系统控制、前台控制向后台控制、事后控制向事前控制、物理控制向逻辑控制过渡,严禁一人兼任非相容的岗位或独自完成会计业务全过程的操作。财务管理制度经历了一个发展和完善的过程,基本达到合理使用资金,增加积累,促进业务发展的要求。纪检监察部门充分发挥自身的监督职能,建立稽核专员组巡回检查监督机制,形成相对独立垂直的稽核监督体制,特别是强化了对干部的监督和管理,重点围绕"权、钱、人"三个核心环节,认真排查内部风险点,研究防范措施,用制度落实各级的责任,从而促进和保障各项业务的健康发展,确保新疆银行业依法合规经营。

第一章　劳动人事管理

　　随着国家经济和金融体制的改革,新疆银行业的劳动人事管理经历了一系列重大变革。1986—1996 年,全疆银行业人员分干部和工人两类管理,干部占绝大多数,领导干部实行上级任命制,工人转为干部实行审批制。1997—2001 年,按照国务院和各总行(或总部)的统一部署,进行了一系列劳动人事制度改革。除人行(包括后来的银监局)外,各行均废除了干部与工人的区分,全员实行劳动合同制管理,工作人员统称员工;领导人员改任命制为聘任制,打破"铁交椅"和权责不清弊端,由终身制改为任期目标责任制。全疆各家银行引入公开竞争机制,进一步完善人员培训、管理、考核、监督等制度,优化人才资源配置,充分发挥金融管理人才和科技人才作用,初步形成了领导能上能下、收入能升能降、人员能出能进、双向选择、优化组合的现代银行业劳动人事管理体制。

第一节　管理体制沿革

　　新疆银行业劳动人事管理体制,一直以政府在有关人力资源方面的重要政策和法规出台为依托,是在一步一步深入改革中形成的。

　　1986 年,建行新疆分行劳动人事管理实行以建行管理为主、地方管理为辅的体制,主要由建行各级党组统一组织负责,地方党委协助。1986—1989 年,新疆农行系统在民主推荐,组织考察基础上选拔一批年龄在 40 岁以下,基本条件好,有发展前途的年轻干部作为各级行的后备干部,采取压担子、轮岗位、下基层锻炼等方式有计划、有步骤地进行定向培养。

　　1987—1998 年,人行新疆分行的干部人事管理隶属人行总行领导,根据总行授权管理新疆辖区地市分行和县支行的人事工作,人行新疆分行党组班子成员由总行统一管理,党组班子成员以及非党组成员的总经济师、总会计师、总稽核任免由人行总行提出人选方案,知会新疆维吾尔自治区党委主管经济金融口的"经济部"共同考察会签后,办理正式任免手续。

　　1990 年,农行新疆分行对地州及县(市)分支机构领导班子成员进行了考核、调整和后备干部的选拔培养。同年,还对 11 个地州(除喀什、和田、石河子外)中心支行的领导班子进行了换届考核,经过本人述职、民意测评、考核推荐,农行新疆分行党组对 10 个中心支行领导班子进行调整组建,新提拔中心支行行长 8 人,副行长 16 人,继续留任 38 人。

　　1991 年,农行总行要求各级农行配备同级副职的纪检组长、总稽核、工委主任,进一步充实各级行领导班子力量。同年,农行干部管理实行系统为主,地方党委协管的管理体制,按照干部管少、管好的原则,实行下管一级的分级管理办法,对干部的考察范围扩大至下两级。同年,农行新疆兵团分行隶属农行新疆分行管辖。

　　1993 年,建行新疆分行机关处室负责人实行聘任制,聘期三年。工行新疆分行的干部人事管理实行银行与地方双重领导,以银行系统统一领导统一管理为主的体制,干部的任命和人事的管理主要由上一级行负责,地方党委协助。

1994年,交通银行新疆分行根据交通银行总行相关办法,干部全部采用聘任制。聘任干部坚持任人唯贤和德才兼备的原则,要熟悉业务、事业心强、勇于开拓、愿意为交通银行的发展做出努力的优秀人才。干部聘任的程序为:先进行民主推荐,确定聘用干部的初步名单,再由人事部门对初定人选进行全面考察了解,正式确定聘用干部名单,最后由行党委审批聘任。聘任干部的任职期为三年,连聘可连任。每年对中层干部进行年度考核,对考核通过的干部,为任用德才兼备、工作业绩突出的优秀干部提供依据,对考核不称职的干部给予低聘或解聘。

1995年5月31日,农发行新疆分行根据农发行总行关于省级分行职能、机构、编制的要求,制订并上报农发行新疆分行"三定"方案,农发行总行批复新疆分行人员编制100人。分行领导职数一正三副,处级职数25人以内。同年,工行新疆分行按照工行总行制定的《中国工商银行"九五"时期发展规划》,健全和完善统一法人管理体制,解决"一大、二多、三散"的问题,建立了总行垂直领导,一级分行、二级分行两级经营管理,实行行长目标责任制。1995年以前,中行新疆分行实行以"银行与地方双重领导",以银行为主的干部员工管理体制。之后,则逐步实行银行垂直管理的体制,大胆尝试并推进人事制度改革,普遍建立了干部考核,试行干部代理、试用、招聘、聘任、全员聘任、后备干部管理、干部工作异地交流、员工岗位轮换、干部下放带职锻炼、公开考试录用和任期目标制。同一时期,新疆农村信用社劳动人事管理统一由农行新疆分行负责管理。全疆农村信用合作社实行民主管理,其人员编制、招收、聘用、撤换、调动、晋级、奖惩、退职等重大问题由信用社民主管理组织讨论决定,农行负责监督、检查信用社执行上述规定。

1996年初,工行新疆分行实行法人授权制度,大胆尝试推进劳动人事制度改革,实行领导干部公开选拔、竞争上岗。对领导干部实行任前公示、离任稽核和干部交流制度。此前,新疆国际信托投资公司总经理、副总经理以及人事、党办、纪检等部门的负责人实行任命制,其他各部室的中层干部根据工作业绩实行一年一度的聘任制。业务部、综合部的业务干部实行双向选择、优化组合。此后,中行新疆分行逐步实行了录用员工全员劳动合同制以及代办员、劳务派遣制,从优秀员工中选用管理干部制度,并逐步实施岗位责任制。工资、奖金、干部离退休制度也作了适应商业银行经营管理要求的改革。同年,新疆农村信用社"行社脱钩"后,全疆农村信用合作社的劳动人事管理开始由新疆维吾尔自治区农村金融体改办负责。

1997年6月开始,在新疆工行系统、建行系统全面推行全员劳动合同制,废除干部工人的区分,打破"铁饭碗"和干部终身制。同年,农行新疆兵团分行劳动人事管理直接由农行总行管理,分行领导班子成员由农行总行直接任命。按照"下管一级"的干部人事管理模式,分行机关处级干部、辖属分支行领导班子成员由分行考核任命,辖属分支机关中层干部、一级支行领导干部、网点负责人由分支行考核任命。同年,人行新疆分行出台了《新疆农村信用合作社职工管理暂行办法》,规定全疆农村信用合作社在上级信用合作部门领导下,实行民主管理。其人员编制、招收、聘用、调动、奖惩等重大事项,由各农村信用合作社民主管理,在人民银行监管下执行。1997年以后,新疆国际信托投资公司全面推行经营目标责任制、内部银行制和全员聘用制。

1998 年以前，乌鲁木齐市商业银行实行"一级法人、统一核算"的管理体制及"自主经营、自担风险、自负盈亏、自我约束"的经营机制，乌鲁木齐市商业银行总部对所属分、支行授予管理和业务经营权，并授权分支机构对二级支行进行全面管理。同时，建立健全了股东会、董事会、监事会职责，形成了各司其职、协调运作、有效制衡的企业法人治理机制。从 1998 年开始，乌鲁木齐市商业银行实行全员劳动合同制管理。1998 年之后，建行由党组改为党委，劳动人事管理实行建行新疆分行党委垂直管理体制，行长对本行的物质和精神文明建设负全责。同年确定了在建行石河子市支行、建行哈密、和田、阿勒泰中心支行试行行长负责制，对行长的任免、奖惩、职责、权限，提出具体规定。1998—2005 年，人行乌鲁木齐中心支行的人事工作由中国人民银行西安分行管理，实行行员制管理。人行乌鲁木齐中心支行党委班子成员中厅局级干部由总行管理，班子成员中处级干部由中国人民银行西安分行管理。人行乌鲁木齐中心支行根据干部管理权限，管理本单位人事工作，其中内设机构正处级干部的任免需报中国人民银行西安分行批准。

1999 年，四家资产管理公司新疆机构在组建初期，其人员由各不良资产剥离银行选调和社会招聘组成。随后，其管理职位实行了委任制。同年 12 月，国开行新疆分行组织人事工作由总行直接管理。根据国开行总行对分行转授权书，分行党委班子成员由总行统一管理；员工招聘、竞岗、离职等方面均由分行报总行同意后执行；劳动合同管理、员工晋级、考核评优等运作由分行掌控并向总行报备。国开行分行逐步形成了内部轮岗，总分行间交流，到地方挂职，对处以下员工推行"双导师制"等人才培养方式，进一步加强员工队伍建设，为员工提供了良好的成长、成才平台。

2000 年，农发行新疆分行完成了 59 个县市支行的"三定"工作。乌鲁木齐市商业银行实行末位淘汰制，优化人员结构。

2001 年，根据人行西安分行安排，人行乌鲁木齐中心支行首次开展行级和处级领导干部竞聘上岗工作。同年，农发行新疆分行有 18 个二级分行（含直属支行）的 15 名行长或副行长异地交流；并推行轮岗、横向交流、上下交流、试用期等劳动用工办法，规范县（市）行行长异地任职的相关办法。工行新疆分行实行激励约束机制改革，实施岗位职责制，建立职工考核、试用、招聘、聘任，从优秀员工中选用管理人员制度，形成了领导管理者能上能下、员工能进能出、收入分配能升能降的现代商业银行劳动人事管理体制，逐步建设新型的人力资源管理机制。建行新疆分行全面推行全员劳动合同制。农行新疆兵团分行推行领导干部竞聘上岗制，采取公开竞聘的方式选拔任用各层级领导干部。招商银行乌鲁木齐分行劳动人事管理实行总、分、支各级行党委垂直管理体制。对录用的正式员工、见习员工及临时员工实行全员劳动合同制。根据经营管理和业务发展需要，逐步推进人事制度改革。乌鲁木齐市商业银行从社会上公开招聘本科以上高校毕业生及优秀管理人才，形成了人才流动机制。

2002 年，人行乌鲁木齐中心支行打破干部和工人身份，开展科级干部竞聘上岗工作。同年，在人行西安分行领导下，人行乌鲁木齐中心支行有计划地招录国家统配的应届高校毕业生。农发行新疆地州分行领导交流任职 15 名。招商银行乌鲁木齐分行选拔聘用干部遵循"任人唯贤，德才兼备"的标准，实行干部聘用制和试用制，规范了干部选拔及任用程序,制定了正式员工、见习员工及临时员工的管理实施细则,从各类员工的使用与管理、考核与激励、薪酬福利等方面进行了统一规划。乌鲁木齐市商业银行推行管理人员竞聘制,按照"公开、平等、竞争、择优"的原则,通过专业知识考核、岗位演讲、民主评议、任用公示等手段,对全行中层管理岗位实行公开竞聘选拔,彻底将管理人员任用制改为聘用制。

2003 年 10 月 19 日,新疆银监局正式挂牌成立,为副局级事业单位,由中国银监会批准设立局机关 1 家,地州分局 14 家,监管办事处 62 家。负责对新疆农村信用社的行业管理。全疆农村信用合作社人员编制、招收、聘用、调动、奖惩等重大事项,由各农村信用合作社民主管理,在银监局监管下执行。同年,农发行新疆分行推行竞争上岗方式选任干部,领导干部全部实行任前公示制,并规定:地、县分支行领导班子任期一般为五年,连任一般不超过两届;全面推行届中、届末考核,考核结果作为任用与奖惩的重要依据,合格的留任,不合格的调整;建立述职述廉制度,地、县分支行主要领导每年到上级行述职。建行新疆分行在全行实施激励约束机制改革,形成了领导能上能下、收入能升能降、人员能出能进的现代银行业劳动人事管理体制。招商银行乌鲁木齐分行经过自愿报名、专业笔试、竞聘演讲、现场答辩、公示、分行党委审定、报总行批准、发文聘任等环节,实施了中层干部的公开竞聘。

2004 年 2 月 9 日,银监会办公厅审核批复了新疆银监局职能配置机构和人员编制方案的请示,同意新疆银监局内设机构 15 个,即办公室(党委办公室)、工行监管处、农行监管处、建行监管处、股份制银行监管处、政策性银行及邮政储蓄监管处、非银行金融机构监管处、合作金融监管处、信用合作管理办公室、统计信息处、财务会计处、人事处(党委组织部)、监察室(纪委)、机关党委、后勤服务中心。同年,农发行新疆分行在全行推行员工聘用制度,变身份管理为岗位管理,打破用工终身制。

2005 年起,人行总行统一组织笔试,人行乌鲁木齐中心支行按人行西安分行授权组织新疆人民银行系统面试、体检、政审、签约等招录工作。同年,农发行新疆分行按三项制度改革的要求,对分行机关和地州分行内设机构和人员进行了调整,对聘用人员全部实行社会化用工。招商银行乌鲁木齐分行制定《招商银行乌鲁木齐分行劳动合同管理实施细则》,规范劳动合同文本内容及劳动用工管理,重视干部队伍的任用、选拔和培养。

第二节 职工队伍建设

新疆银行业职工队伍建设经历了一个由招兵买马、发展壮大、结构不一,到整体综合素质提高的发展过程。

1986 年,新疆邮政储蓄恢复开办后,从事储蓄、汇兑的人员作为邮政金融类人员,开始纳入邮政金融职工队伍。同年,建行新疆分行职工队伍来自原交通银行保留下来的少数业务骨干和当地财政及其他行政事业单位选调以及统一分配的大中专毕业生。1986—1996年,全疆农村信用社在农行新疆分行代管时期,重点对原职工队伍进行清理、整顿和培训,新增职工实行合同制,全员实行聘用制,每年新增职工指标由农行新疆分行劳动人事部门统一管理、调配、审批,出台了一系列农村信用社用工管理制度,逐步完善队伍结构,清退私招和滥雇人员。"行社脱钩"后,新疆农金体改领导小组和人行新疆分行于 1998 年提出全疆农村信用社要控制员工增长,提高职工队伍素质。同年,新疆维吾尔自治区农村金融体制改革领导小组办公室将新疆农行学校 94 届、95 届信用合作专业 154 名毕业生,全部分配到各地县以下基层农村信用社工作,以提高基层信用社职工整体素质。同一年,人行新疆分行印发《关于加强农村信用社人事管理,严格员工增长的通知》,对全疆农村信用社职工的总量采取"总额冻结,局部调整,适度增加,宏观调控"的办法,要求各地州(市)调整农村信用合作社职工队伍结构,适当增加专业技术人员,按照人均存款和业务收入,重新核定职工总数。人均存款达不到保本点的农村信用社,要减员增效,分流人员。1986—2005 年,中行新疆分行员工主要来自国家统一分配、系统外调入、政府劳动部门安排的复转军人、社会公开招聘和录用的应届、历届大中专毕业生。通过选派青年员工挂职锻炼,提高员工队伍整体素养。中行新疆分行制定了一系列的管理办法,诸如《加强人力资源管理办法》《特殊贡献奖励办法》《机关岗位人员内聘办法》等。

1987—1992 年,建行新疆分行从行政企事业单位选调和统一分配的大中专毕业生中,充实员工队伍。

1988 年,工行新疆分行建立业务人员上岗考核标准,并选择了 1 个办事处和 15 个县(市)支行进行试点。同年,农行新疆分行为保证和促进经营承包制的实施,把竞争机制引进劳动管理,机关试行处室干部招聘制。

1989 年,新疆邮政储蓄从事邮政金融的专兼职人员达到 1216 人。

1992 年,工行新疆分行试行干部异地双向定期交流。

1993 年 4 月,交通银行新疆分行开始筹建后,本着因事设岗、因岗择人的原则,除择优接收了部分大中专毕业生和军转干部外,其余人员全部均面向社会公开招聘,凡是商调和招聘员工,必须经过政审、笔试、面试、体检合格后才予以录用,至 1994 年末在编干部员工达 189 人。员工人数从 1994 年的 189 人增加到 2003 年的 492 人。同年,农行新疆分行和农行新疆兵团分行在进行人事制度改革中进一步推行干部聘用制。同年,农行全疆地州中心支行(兵团分行的 10 个分支行)全部实行机关中层干部和一般干部的聘用制。按程序进行双向选择,竞争上岗,优化组合,对组合后的富余人员进行妥善安置,提倡合理流动,允许自谋出路。建行新疆分行吸收录用统一分配的电大、夜大、职大、函大、自考"五大生"及部分专业学校、技校毕业学生。

1994 年,建行新疆分行全部按要求招录大专以上应届毕业生。

1995 年,农发行新疆分行及所属地州县机构干部职工由农行随业务转入。

1996 年,工行新疆分行制订了"521"人才工程计划,完成了人才选拔、建库建档和制订培养计划等基础工作。建行新疆分行新招人员全部是本科以上应届毕业生,并实行建行总行统一组织笔试、资格审查,一级分行统一组织面试、体检、培训,面向社会公开招聘,择优录用。

1999 年以前,人行新疆分行新增人员主要渠道有大中专学生分配、接收转业退伍军人、系统内外人员调入等。工行新疆分行根据《中国工商银行员工守则》对员工行为进行考核。同年,新疆邮政储蓄从事邮政金融的专兼职人员达 1971 人,比十年前增加了 37.5%。

2000 年,人行乌鲁木齐中心支行新增人员除系统内调入外,统一实行考试选拔招录。农发行新疆分行面向社会公开招收品学兼优、专业对口的应届、历届高等院校毕业生充实业务第一线,并举办各类业务培训班,还专为南疆五地州少数民族员工举办专场培训。国开行新疆分行制订并上报了"三定"方案。同年,农行新疆分行和农行新疆兵团分行在职工管理上,实行全员劳动合同制管理,制定了《农业银行新疆分行贯彻劳动合同制管理办法》,各地州二级分行年内完成正式员工的劳动合同签订工作,有2093名储蓄代办员与所在行签订了劳动合同。

2001年,新疆人行系统首次开展副处级领导干部竞聘,后逐步将竞争上岗的范围扩大到科级干部。并按照后备干部"滚动管理,汰劣补优"的原则和要求,加强了对后备干部的考察、筛选、管理等工作。通过培训、轮岗等形式,加强对后备干部的培养锻炼,并通过下派挂职等途径进行干部交流;坚持考核制度创新,以考核干部的政治思想、道德品质、业务水平、工作能力和工作实绩为重点,建立量化考核标准。同年,国开行新疆分行面向社会公开招收品学兼优、专业对口的应届、历届高等院校毕业生。工行新疆分行制定印发了《中国工商银行新疆分行柜员合同工管理实施细则》,实行以柜员制为主要内容的人力资源管理机制,稳步推进收入分配制度改革,实行员工工资与市场劳动力价位的逐步接轨。招商银行乌鲁木齐分行的员工是通过面向社会公开招聘、择优录用,引进和员工推荐有从业经验的业务骨干,以及校园招聘招录应届毕业生等方式。其中有5次大规模的社会公开招聘活动。

2002年,乌鲁木齐市商业银行对支行负责人进行任职资格培训,对中层以上人员开展企业文化与品牌战略知识讲座;对员工开展多层次、多方面的应知业务培训。2002—2005年,国开行新疆分行制订了干部培训计划,采取了重要岗位人员上岗资格考试,推行轮岗、试用期制等办法。在此期间,工行新疆分行先后制订了中高级人才培养工作计划、百名硕士研究生培养工程实施方案、人员录用管理暂行办法、管理人员选拔任用工作规定、基层员工到分行机关交流学习人员管理暂行规定和赴基层实习锻炼人员管理暂行规定等。招商银行乌鲁木齐分行的员工吸收主要靠校园招聘为主,并加强了培训体系建设,分类别、分层级对员工进行综合素质、管理及业务类培训,不断创新培训形式,采取集中授课、讲座、案例分析、讨论会、经验交流会、拓展训练、自学、网上学校在线学习等多种方式,辅之以岗位资格考试、业务技能测试及比赛等手段,提高员工综合素养和业务素质。

2003年,新疆银监局重视干部职工队伍建设,在新员工招录中,通过资格审查、笔试、面试等程序,择优录用了一批工作人员。在教育培训中,着眼于建设高素质专业化监管队伍,坚持分级分类原则,确定干部教育培训,主要包括对管理人员、监管业务人员、综合业务人员的培养,根据不同岗位需求,因地制宜安排培训内容。在干部选拔中,按照"公开、公正、公平、民主"的原则,坚持"德才兼备、以德为先"的用人导向,在民主推荐、竞争上岗干部选拔方式的基础上,创新提出"六维立体竞聘制"的干部选拔任用机制,切实加大了干部选任工作力度。建立干部交流工作机制,建立新疆银监局和辖内商业银行之间的平行交流,各分局干部到新疆银监局机关挂职交流。通过全方位培养锻炼,有效提高了新疆银监局干部队伍的整体素质。同年,乌鲁木齐市商业银行实行岗位达标和绩效考核机制。

2004年,华夏银行乌鲁木齐分行面向社会引进熟悉商业银行业务经营与管理的大学本科以上毕业生和业务骨干;培养具备一定专业理论知识水平和专业工作经验的业务人才;清退难以适应现代化商业银行经营管理要求的人员。2004—2005年,交通银行新疆分行员工人数基本保持稳定。

2005年,人行新疆辖区各中心支行首次启动了处级领导干部集中述职工作,并把其作为年终总结、考核、评比的重要环节。同年,华夏银行乌鲁木齐分行对岗位进行科学设置,完成定岗定编工作,严格实行持证上岗,开展岗位练兵和技能比赛。年末,全疆农村信用合作社共清退计划外用工293人,辞退不合格职工66人,堵住了农村信用合作社在劳动用工中的私招乱雇现象,初步改善了全疆农村信用合作社职工队伍的结构。新疆邮政储蓄从事邮政金融的专兼职人员(包括聘用工、劳务工)计2986人,大专以上学历的占全区邮政金融职工的41.4%,比1999年增长51.5%。邮政金融职工队伍文化素质得到了提高。

第三节　劳动用工管理

相对于改革环境的变化,银行业内部也进行了一系列劳动用工的改革。

1985年5月,新疆邮政储蓄、汇兑岗位人员全面试行劳动合同制。

1986年,工行新疆分行在会计、出纳、储蓄三个专业实行定额定员管理。

1988年,农行新疆分行把竞争机制引进劳动管理,机关试行处室干部招聘制,增强了干部的危机感和进取心。

1989年,工行新疆分行先后制定了业务人员上岗考核工作实施意见、上岗考核工作验收标准等。

1990年,新疆农村信用社开始实行合同制用工制度。

1991年,新疆农村信用社明确规定合同制职工和原固定职工均为信用社的正式职工,享有同等的劳动、学习、参与民主管理、获得政治荣誉和物质奖励等权利。各地州分级定编,每年进行一次辖内农村信用社定编定员工作。

1993年,农行新疆分行所辖16个中心支行全部实行中层干部和一般干部的聘用制。通过双向选择,竞争上岗,优化组合,对富余人员进行妥善安置,允许自谋出路。同年,新疆农村信用社再次明确各地农村信用社进人要根据自身业务发展的需要和经营状况来考虑,亏损社原则上不准增加人。信用社进人必须有指标,各信用社自然减员指标由各信用社自行安排。新增指标必须逐级上报计划,经农行新疆分行信合处审查同意核批后使用,各信用社不得突破核批指标。凡未经批准乱进人一律辞退。从1993年起,全疆农村信用社劳动用工管理实行"三定"方案。

1994年以前,中行新疆分行主要以正式工为主,有少量的临时工;此后,中行新疆分行在全辖推行了各级干部聘任制,以及员工全员劳动合同制。同年,交通银行新疆分行在全行范围内推行行员制度,制定了《交通银行行员管理暂行规定》。规定要求,以职位分类为基础,以全员聘用制和等级工资制为重点,使各项人事管理行为互融衔接、具有整体功能的人事制度。职位,根据工作性质划分为行政、业务和其他三个职系;职等,根据工作难易程度、责任轻重和所需任职资格条件(包括学历、专业技术任职资格、工龄和任现职年限)划分为13个等级。

1997年,中行新疆分行对处、科、股级干部实行双向选择试点,择优录用。

1997年,工行新疆分行在县支行劳动合同制度试点的基础上,选择乌鲁木齐市、塔城和阿克苏地区三个二级分行进行劳动合同制试点,按照"充分协商,平等一致"的原则与所属3990名员工签订了劳动合同文本。同年,工行新疆分行制订了劳动合同制实施方案。

1997年,人行新疆分行出台了《新疆农村信用合作社职工管理暂行办法》。建行新疆分行废除干部与工人之分,全员试行劳动合同制。

1998年以前,人行新疆分行用人主要通过系统内调入和国家分配两个途径解决。同年,新疆工行系统员工中有10950人与单位(各级行)签订了劳动合同。农行新疆兵团分行在1998年前,主要以正式用工为主,有少量的储蓄代办员和临时用工。1998年以后开始试行劳动合同制并逐步实现全员合同制,原正式员工身份转换为长期合同工,原储蓄代办员身份转换为储蓄合同工。乌鲁木齐市商业银行开始推行劳动合同制管理。通过考试清退了40岁以上的代办员,为年龄偏大的正式员工办理了内退手续。同年7月,邮电部下发《关于邮政储汇工作人员实行岗位轮换的通知》,针对邮政储汇业务的快速发展,贪污、盗窃、挪用邮政储汇资金案件日益增多的问题,对邮政储汇人员采取岗位轮换的办法加以控制。

1999年,国开行新疆分行用人主要通过在职调入和国开行总行派驻交流干部两个途径解决。同年,中行新疆分行采用竞聘人员统一考试和竞岗演讲、员工评议、组织考察、考核小组综合打分,试行中层干部竞聘制等方式。员工队伍用工逐步实现全员合同制、劳务派遣用工以及临时用工相结合的劳动用工制度。1999—2003年,人行乌鲁木齐中心支行用人通过招录即实行分支机构自行组织进行招聘,具体由人行西安分行根据人行总行下达的指标,将指标下达至下辖分支机构,笔试由西安分行统一组织,面试由辖属分支机构自行组织。同时,实行系统外选调人员以及录用高校应届毕业生两种方式进行。在西安分行下达的指标范围内,经西安分行授权,组织开展系统外选调人员以及录用高校应届毕业生的工作。

2000年,农行新疆分行实行全员劳动合同制,制定了《农业银行新疆分行贯彻劳动合同制管理办法》,各地州分行年内完成正式员工的劳动合同签订,有2093名各行储蓄代办员与所在行签订了劳动合同,初步实现了依法管理员工的目标。同年,乌鲁木齐市商业银行制定了《末位淘汰制考核办法》《员工离岗退养规定》《员工解除劳动关系经济补偿办法》等。

2001年,为清理代办员、业务操作层用工,工行新疆分行制定出台了短期合同工清理整顿实施方案、柜员合同工管理暂行办法和清退代办员、临时工实施意见等。年内,工行新疆分行对全辖202名代办员和182名临时工进行了清退,转录720名代办员为柜员合同工。

2002年后,国开行新疆分行根据国开行总行下达的招录指标,由国开行新疆分行自行开展招聘,笔试、面试录用高校应届毕业生。同时,对于系统外在职调入人员,也采用笔试、面试程序招录。两种方式结果均需上报国开行总行,待总行批复后办理手续。随着高校毕业生录用人员的增加,在职调入人员逐年减少。

2003年,建行新疆分行完成员工劳动合同签订任务,单位分别与员工签订5年劳动合同,到期可以续签或终止劳动合同。同时,加大非正式用工清理和清退力度,探索劳务用工的形式,形成以中长期劳动合同员工为主体的多种用工方式,实行人员总量控制,建立人员分流和淘汰机制;用人直接向市场和客户岗位倾斜。2003—2005年,工行新疆分行下发了

《工行新疆分行员工待岗管理办法》和《劳务人员管理办法》,启动全行临时性用工代理制度,完成临时性用工转制。

2004年,人行总行实行统一组织招录考试、考核,强调"凡进必考、择优录用",由人行总行根据分支机构上报的需求人数,考虑自然减员等因素,下达各分支机构录用指标,分支机构根据总行统一部署,通过网上报名、资格审核、统一考试、面试等程序进行招录新行员,同时,系统外选调人员也逐渐减少。同年,农发行新疆分行依照其总行《关于进一步深化干部人事制度改革的意见》,在全行推行员工聘用制度,变身份管理为岗位管理,打破用工终身制。中行新疆分行实行全员聘任制。华夏银行乌鲁木齐分行从社会上公开招聘本科以上管理人才。

2005年,新疆银监局742名劳动用工人员均属系统正式在职在编的工作人员,劳动用工管理严格按照《劳动法》和《〈事业单位岗位设置管理试行办法〉实施意见》等相关法律法规执行。同年,农发行新疆分行按三项制度改革的要求,对分行机关和地州分行内设机构和人员进行了调整,对聘用人员全部实行社会化用工。根据工作需要,农行新疆兵团分行委托劳务派遣公司招录少量劳务派遣用工,形成以合同制用工为主,劳务派遣用工为辅的用工机制,还通过校园招聘方式对人员进行适度补充。招商银行乌鲁木齐分行自成立后,先后5次向社会公开招聘职员,招聘按照初选、笔试、面试等程序进行,采取自荐与推荐相结合的方式,物色适岗人员,并通过成立劳动争议调解委员会,确保劳动合同制的实施,与全体员工重新签订了新版劳动合同。华夏银行乌鲁木齐分行制定了《各部门负责人岗位竞聘实施办法》,彻底将干部任用体制改为聘用体制。新疆邮政储蓄加大了对劳务用工管理工作的调控和督促检查力度,并委托乌鲁木齐市邮政局鸿翔公司承担劳务派遣工作,实行集中统一管理。劳务用工的政策,缓解了邮政储蓄用人紧张的状况。

第四节　工资福利

新疆银行业工资福利在1986—2005年,也进行了全方位的变革。1992年以前基本上是按照国家统一的政策制度调整工资福利待遇;1993年后,职工工资可以随银行效益的高低按比例上下浮动。开始实施"绩效挂钩"的工资制,职工福利也随银行效益的好坏而有所不同。

1985年6月,新疆农行系统执行国家机关、事业单位工作人员工资制度,工资执行地方政府的统一政策。同年,人行新疆分行实行的是结构工资制。工资由4个部分组成:基础工资、职务工资、工龄工资、奖励工资。同时,制定了职工疗养有关制度,对职工轮流疗养作出四项规定,一是凡副处长级以上、具有中级以上职称、45周岁以上的大中专毕业生、银行系统自治区级以上先进工作者、男55周岁女50周岁以上(含离退休)以及其他有特殊情况确需疗养的干部职工;二是凡享受疗养的职工,在疗养期间一律按出差对待;三是疗养时间为2~3个月;四是疗养地为广东省银行疗养院和新疆第一、第二工人疗养院。

1986年,工行新疆分行给本行男女职工每月分别发8元和9元洗理费,给知识分子发放书报费;对1985年第一步工资套改后,工资仍低于所任职务最低等级的进行了第二步职务工资套改。中行新疆分行工资由基本工资、工龄工资以及职务工资三部分构成,并据业绩状况发放少量奖金。1986—1993年,建行新疆分行执行国家统一工资制度,工资由职务工资、基本工资、生活补贴三部分构成。

1988年,工行新疆分行人均增资10.77元;对辖属三个干校的129名教师提高了工资标准。

1989年10月,工行新疆分行对分行机关现职工作人员普调一级工资,并对离退休人员的待遇做适当调整。

1990年,新疆农村信用社实行员工等级工资制度,工资总额按照农村信用社的经营状况实行浮动。

1991年,工行新疆分行对职工(含离退休职工)生活费补贴标准低于36%的恢复和调整到36%;职工奖励工资标准由每人每月25元调到45元,按月随工资发放。同年,农行新疆分行对新疆农村信用社职工的年休假进行了规范,凡是农村信用社的固定职工、合同制职工,工龄5～19年,每年休假10天;工龄20年以上的,每年休假14天。

1993年,人行新疆分行执行事业单位第五类工资制度即行员等级工资制。工资收入由基本工资、年终一次性奖金、津贴补贴3部分构成。其中基本工资包括行员等级工资和责任目标津贴两个单元,行员等级工资是固定工资与职务等级挂钩;责任目标津贴是活工资,与考核结果挂钩。同年,工行新疆分行实行行员等级工资制,到1994年底,工行新疆分行有10309人实行了行员工资制度。建行新疆分行启动了基本养老保险系统统筹。交通银行新疆分行实行行员等级工资制,行员等级工资由等级工资、边地津贴、年终奖金、特殊职位津贴和年功工资五个部分组成;养老保险实行系统内统筹。

1994年1月1日,工行新疆分行对全辖所属职工养老保险基金实行系统统筹。同年,农行新疆分行、农行新疆兵团分行按行员等级工资进行套改,此后新疆农行系统职工工资由系统管理,不再执行地方标准,新工资由固定工资和活工资两部分构成。行员等级工资和各类专业技术职务工资是新工资的固定工资部分,责任目标津贴是活工资部分。1994—2002年,建行新疆分行按照事业单位工作人员工资制度,实行统一的行员等级工资制。工资构成主要分为行员等级工资、责任目标津贴两部分,并建立了正常升级、晋升职务、技术等级、定期调整工资标准的4种晋升工资档次的途径。

1997—2003年,人行新疆分行和后来的人行乌鲁木齐中心支行先后5次进行了工资标准调整。

1997年、1999年,建行新疆分行依据国家的工资标准进行了两次工资调整。

1997年9月30日,全疆农村信用社凡在册的正式职工列入正常晋升工资档次的范围,并对年度考核优秀、作出突出贡献的职工提前晋升工资。

1998年,建行新疆分行对在储蓄等业务岗位上非正式职工实行基本养老保险系统统筹。

1998年,人行新疆分行发文规定:农村信用社职工住房购建时,资金来源为职工集资的或部分职工集资、部分用信用社公益金开支;若职工住房属于挤占挪用农村信用社信贷资金购建的或者通过向基层信用社筹集资金购建的,不能参加房改;信用社职工实行货币分房,一次性购买资金不足者,可按有关规定向农村信用社申请住房抵押贷款。

1998年9月起,交通银行新疆分行养老保险统筹基金移交地方统筹管理。

1999 年 1 月 1 日，工行新疆分行保险统筹移交地方管理。同年，中行新疆分行工资根据绩效发放。在福利待遇方面，中行新疆分行慰问离退休人员、看望本行住院病人、接济困难员工、为员工进行体检、在传统节日给员工发放过节费、为女职工购买"健康险"、为员工开展文体活动提供了良好的场所和条件，执行年休假制度等。建行新疆分行基本养老保险由系统内管理交由地方统一管理。交通银行新疆分行给副科级以上干部发放了领导责任津贴。

2000 年，人行乌鲁木齐中心支行制定了《人民银行乌鲁木齐中心支行职工医疗费管理办法》，就职工门诊就医、医务室就医、住院治疗等情况做出了具体规定。同年，农行新疆分行、农行新疆兵团分行进一步完善工资分配办法，划分增利行、减盈行、减亏行，分别核定效益工资。并建立了奖励工资，对有突出贡献的单位和个人直接奖励。合理拉开个人收入差距，逐步减少实物性分配，扩大货币化分配；减少福利性分配，扩大考核挂钩分配；减少保障性工资，扩大奖励性工资分配；实行工资全额管理，代办费科目全部取消，增设临时工工资科目，将代办员和其他从业人员的工资支出纳入工资管理。建行新疆分行成立薪酬管理委员会，按照"按劳分配与按生产要素分配相结合""效率优先，兼顾公平"的原则，把员工工资分为基本工资和绩效工资，员工工资与岗位职责和工作绩效紧密挂钩，逐步拉开分配差距。交通银行新疆分行发放了客户经理津贴。并且从 1996 年开始连续五年进行了 5 次工资普调。

2001 年，工行新疆分行正式执行地方医疗保险办法。同年，交通银行新疆分行发放了特殊机构岗位津贴、科技人员项目经理津贴、国际结算业务客户经理津贴等。

2002 年，工行新疆分行按季兑现奖励工资，实现了个人收入与个人贡献的直接挂钩。

2003 年，人行乌鲁木齐中心支行制定《中国人民银行乌鲁木齐中心支行请销假管理暂行办法》，对探亲假、病假、婚假、产假、节育假、丧假、干部年休假等作出了具体规定。辖区内人行系统基本比照这些规定进行工资和福利管理。同年，农发行新疆分行实行联责联薪办法，通过实施岗位责任工资制，在县级支行全面推行干部人事制度和收入分配制度的综合改革，在职工福利方面，组建了服务中心，给职工办实事，实施养老、医疗保险制度，建立服务保证金制度等。建行新疆分行推行基本养老、基本医疗、失业、工伤和生育等社会保险，建立了住房补贴、企业年金和补充医疗保险的福利分配制度。2003—2005 年，新疆银监局实行职员职务岗位绩效工资制度。职员职务岗位绩效工资制在结构上分为职务工资、岗位工资、津（补）贴和绩效工资四部分。职务工资是基本工资项目，主要体现工作人员的职务差别和国家工资政策的连续性。岗位工资是基本工资项目，主要体现不同岗位（职务）的责任轻重和工作难易程度。津（补）贴主要体现工作人员原有津贴、补贴的连续性、继承性，在整合现有津贴、补贴项目的基础上确立。绩效工资主要体现工作人员的表现和工资业绩的情况，在考核的基础上依据考核结果分配。2003—2005 年，建行新疆分行实行高级管理人员年薪制，其他员工为基本工资加绩效工资制。

2004 年，工行新疆分行根据新疆维吾尔自治区社会保险管理局中央行业社会保险基金管理部通知，召开全疆基本养老保险个人账户数据移交工作会议，将新疆工行系统基本养老保险个人账户数据移交中央行业社会保险基金管理部管理。同年，新疆农行系统制定"基本工资保吃饭、绩效工资靠实干、奖励工资凭贡献"的工资分配改革办法，按照工作业绩和贡献兑现员工的报酬。

2005年6月,人行乌鲁木齐中心支行制定了《中国人民银行乌鲁木齐中心支行业绩工资考核分配暂行办法》,建立了与职、责、权、利相适应的工资激励机制,业绩工资分配以人行总行、大区分行及中心支行考核结果为依据,实行总量控制、分级管理、逐级考核、拉开档次、奖优罚劣和按绩分配。业绩工资的分配形式包括绩效工资、处室(或科室)考核工资、年功工资、行长奖励金。同年,国开行新疆分行薪酬福利体系均按照国开行总行及自治区统一规定执行,包括工资、绩效奖金及福利三部分。工资由员工的职级确定,绩效奖金由分行考核结果并结合职级确定,福利保障按照国家及国开行总行的规定办理。工行新疆分行制定了《关于分支机构经营管理人员薪酬制度改革的通知》,对管理人员的工资进行改革,打破原有的档案工资,按绩效定薪酬。交通银行新疆分行为员工办理了生育保险统筹。招商银行乌鲁木齐分行的薪酬福利包括基本工资、绩效奖金及福利三部分。基本工资由员工的职务、岗位、工龄等基本情况确定。绩效奖金由季度考核结果确定,绩效奖金考核与全行经营效益、员工贡献大小相结合,通过奖优罚劣,拉开收入分配档次。福利保障按照国家及招商银行总行的规定执行。华夏银行乌鲁木齐分行基本工资按岗分配,与分行整体业绩挂钩;奖金向经营一线倾斜,按业绩规模占比、综合计划完成情况和履行管理职责分配。

第五节　专业技术职称

1986—2005年,新疆银行业专业技术职称评聘工作走过了20年的历程。这20年,新疆各银行业金融机构通过专业技术职称的评聘,发现和培养了一大批精通金融工作的专业技术人才,并注意充分发挥专业技术人才的作用,有力地推动了新疆银行业的业务建设和其他各项工作的开展。

1986年11月,农行新疆分行成立了职称改革办公室,统一指导全疆农村信用合作社系统的专业技术职称评定和改革工作。

1987年,全疆农村信用合作社全面展开业务技术职称申报评审工作。

1988年,工行新疆分行实行专业技术职务聘任制。同年,农行新疆分行专业技术职称管理由“差额评聘”转向“等额评聘”,由以“评审”为重点转向以“管理”为重点的正常评聘阶段。

1989年,全疆农村信用合作社首次中级专业技术职务经过农行新疆分行专业技术职务评委会评审通过,首次确认了33人专业技术职务评审合格。

1991年,全疆农村信用合作社初级专业技术职称由农行新疆各中心支行评审、中级报农行新疆分行机关评审。同时规定,专业技术职务评审工作采取“确定限额,评聘结合”等额评聘办法进行。新疆农村信用合作社的专业技术职称管理由“差额评聘”转向“等额评聘”,由“评审”为重点转向以“管理”为重点的正常评聘阶段。

1992年,全疆农村信用合作社第二批、第三批中级专业技术职务经过农行新疆分行专业技术职务评委会评审通过。

1994年,人行新疆分行政工系列中级、初级职称资格评定由人行新疆分行政工系列中级评审委员会评定,高级职称则由人行新疆分行推荐,人行总行评定。政工系列专业技术人员考核同时纳入本单位专业技术人员考核、管理范围。同年,工行新疆分行高级专业技术职务由分行成立高师推荐评议小组、工行总行评定。交通银行新疆分行根据《交通银行专业岗位职务和职称管理暂行办法》,设置5个专业技术级别,实行竞争上岗、择优聘任、严格考核、聘期管理,职数实行分级管理,根据各级机构业务的发展情况,及时进行总量和结构调整。

1996年,农业银行新疆分行专业技术职务评委会对全疆15个地州市的农村信用合作社系统职工的专业技术职务进行了评审,确认293人通过评审,具备了中级专业技术职务的任职资格。同年底,全疆农村信用合作社系统的中级专业技术职务任职资格的人数有261人,助理会计师和助理经济师专业技术职务任职资格人数有1217人,会计员和经济员专业技术职务任职资格的人数有1536人。

2003年,人行乌鲁木齐中心支行评聘专业技术职务时,要求参加计算机应用能力和外语考试。同年,新疆银监局系统初级和中级专业技术职称要通过参加国家相关专业技术职称考试获得,高级专业技术职称须由中国人民银行职称改革领导小组办公室进行评审。中行新疆分行制定了8项有关经济专业、会计专业职务聘任的制度与标准。建行新疆分行根据《中国建设银行专业岗位职务管理暂行办法》,按照业务性质和岗位特点实行专业技术职称系列化分类管理,设置8个专业技术级别,实行竞争上岗、择优聘任、严格考核、聘期管理,职数实行分级管理,根据各级机构业务的发展情况,及时进行总量和结构调整。

2004年,农发行新疆分行建立和完善考试与评审相结合的专业技术职务任职资格评价机制,完善专业技术职务资格评审管理办法,建立健全专业技术职务聘任制度,打破专业技术职务终身制,以岗位职责和聘用合同为依据,加强专业技术人员的聘后管理。同年,乌鲁木齐市商业银行专业技术职称主要有初、中、高级经济师、政工师、工程师、会计师四类。

2005年3月16日,新疆农村信用合作管理办公室转发《中国银行业监督管理委员会合作部关于继续委托中国人民银行代评2005年农村信用社高级专业技术资格的函》,要求全疆各个农村信用合作社按照文件规定,认真做好申报工作。

第六节 离退休职工管理

新疆银行业离退休职工管理工作的开展,是随着形势发展和银行职工队伍年龄结构不断变化而进行的,并在实践中不断发展完善。

1985年,新疆农行系统的离退休职工管理工作由各级行劳动人事部门设立专人,并会同工会、机关党委(党支部)共同管理。

1986年以前,人行新疆分行机关老干部工作由当时的政治处主管,尚未建立专门的老干部工作机构和配备专职工作人员。同年,工行新疆分行下发了《关于加强离退休干部职工管理工作的通知》,要求在离退休职工较多的行处,建立离退休干部管理工作委员会。1986—2005年,建行新疆分行离退休人员实行两级管理:一级分行设立离退休人员管理部;二级分行配备专职离退休人员管理责任人。离退休人员除正常享受退休金、医疗保险等待遇外,还享受参与组织、集体活动、困难补助、生病住院探视等福利。

1987年,随着离退休人员的不断增加,人行新疆分行人事处成立了老干部科,配备了两名工作人员。年末，新疆人行系统已办理离休手续的老干部有 31 人。同年，工行新疆分行规定，凡所属机构缺少编制可聘用有一定金融业务知识和管理水平且身体健康的退休人员。1987—1990 年，新疆农村信用社在农行新疆分行的托管下，退休补助费、抚恤金、艰苦地区保健费等按经营效益的好坏差别发放。各社按工资总额的 20% 提取退休基金，全数上缴所辖各农行县支行（或县联社），支行全数上缴中心支行，留 80% 由中心支行平衡全辖使用，20% 上缴农行新疆分行机关在全区调剂使用。

1988 年，工行新疆分行再次规定：所属机构聘用离退休人员需经分行批准，受聘人员不分地区类别，咨询费每月高师 100 元，中师 90 元，其他人员 60～80 元。

1989 年，工行新疆分行对辖属 800 多名离退休人员调整了离退休费基数待遇。

1990 年以前，新疆人行系统分行机关的离退休职工管理基本是由组织人事部门负责；各地州（市）人行离退休职工管理由相应的政工科、人事科负责；县级人行由办公室负责。同年，工行新疆分行成立了老干部工作处和老干部退管会。

1991 年，人行新疆分行增设了老干部处，配备老干部工作人员 3 名。同年，工行新疆分行对 20 世纪 50 年代初来自江苏、浙江、上海工龄 35 年以上的离退休干部在无锡培训中心给了安置住房。农行新疆分行明确信用社正式职工实行退休养老制度。

1993 年后，人行各地州（市）中心支行在人事科配有一名副科长以上的领导主管离退休干部工作，并提高了新疆人行系统所有离退休人员的交通费发放标准。

1994 年，工行新疆分行对达到离退休年龄的干部一律办理了离退休手续；对确因工作需要，在办完离退休手续后，经批准给予了返聘，时间为两年。同年，交通银行新疆分行组建初期员工队伍中以中青年为主，没有退休人员。

1995 年，新疆人行系统离退休干部增加到 303 人。同年，工行新疆分行离休干部活动经费由每年 550 元提高到 800 元；退休干部活动经费由 300 元提高到 500 元。农行新疆分行、农行新疆兵团分行机关设立离退休干部管理处，专司离退休职工管理工作，并按离退休职工人数核定离退休职工活动经费，组织离退休干部开展文娱、体育活动，建立离退休职工活动室，组织棋牌比赛、书法、绘画、摄影展等活动。逢年过节，还对离退休干部进行慰问，发放慰问金。

1996 年 1 月，农行新疆各级行成立了养老保险统筹办公室，开展养老保险统筹工作，并严格按照农行总行规定提取养老统筹基金，包括个人应缴部分。

1997 年 3 月，中行新疆分行在人力资源部门设立了老干部工作科，配备 2 名工作人员具体负责全辖离退休干部职工的管理工作；各地、州、市支行的离退休职工的管理由相应的人事科或办公室负责。之后，陆续建立了"离退休干部工作责任制""老干部经费保障制度""老干部政治生活待遇落实制度"，以及党支部及组织生活、学习和相关车辆使用、医疗保健、健身娱乐等相关制度；年度工作会议邀请老干部代表参加；重大节日走访慰问离退休干部职工并发放福利补助；对离休干部的医疗费采取实报实销，对退休干部职工的医疗费按有关规定报销；年满 80 周岁的每年门诊费补助 11000 元，70 周岁的每年为 6000 元；对离退休干部每年进行一次体检，并建立体检档案。还为离退休人员建立了活动室，配备了桌椅、书架、电视、台球、乒乓球、健身器材等。

1998 年，新疆农发行系统职工养老保险统筹基金由农发行总行统一收缴，统一使用，并对 3 名离退休干部做了建库工作,保证了信息库各项数据准确、完整。同年,农行系统养老保险统筹移交地方管理。在移交中遵循了 5 条政策规定:先移交后调整、移交前已离退休人员待遇不变、移交后退休人员待遇实行 5 年过渡、行业结余基金全部移交、行业统筹整体移交。同时,新疆农村金融体制改革领导小组办公室要求建立全疆农村信用社统一的职工基本养老保险制度,明确了建立养老保险基金的范围、内容和管理事项。人行新疆分行要求辖内农村信用社必须从 1994 年度开始,按工资总额的 16％ 的比例差额补提养老保险金。

1999 年以前,全疆人行系统离退休人员的医药费实行实报实销。之后,实行凡工龄满 30 年以上的离退休人员看病或住院的医疗费凭医院证明可实报实销;工龄未满 30 年的离退休人员实行年度医疗费包干。同年,农行新疆分行共有离退休人员 2994 人,其中,离休 132 人,退休 2862 人,占在职职工的 37％。

2000 年,人行乌鲁木齐中心支行对新疆农村信用社实行养老保险统筹基金规范化管理,做好向地方移交的各项准备。

2001 年,人行乌鲁木齐中心支行要求各地州市加快对农村信用社养老保险工作进行规范并自查自验。同年,工行新疆分行召开了自工行成立后的第一次全辖离退休人员管理工作会议。农行新疆分行内部机构调整,撤销离退休干部管理处,离退休干部由机关党委负责管理,定期组织离退休党员学习党的有关方针、政策,讨论改革中的问题、提出合理化建议。农行新疆兵团分行离退休人员管理主要由组织人事部门负责,实行分级管理。新疆农行系统各级行组织人事部门安排专人或兼职人员负责离退休人员的管理和服务工作;离退休职工除正常享受退休金、医疗保险等福利外,有条件的分支行建立了老干部活动室,配置文娱设施,并经常性地组织开展文体活动。

2002 年,人行乌鲁木齐中心支行退休职工参加新疆维吾尔自治区基本医疗保险,住院费用由自治区医保中心与医院按相关规定统一结算。离休干部的医药费仍实行实报实销,并定期组织离退休职工健康体检。同年,交通银行新疆分行开始有退休人员,分行对退休人员的管理工作,根据国家有关政策规定和《交通银行离退休行员管理暂行办法》开展。人行乌鲁木齐中心支行(农村信用合作管理办公室)配合新疆维吾尔自治区劳动和社会保障厅对新疆农村信用社基本养老保险统筹项目,离退休人员数进行了核实、核定和移交。

2003 年,新疆工行系统共建有离退休文化活动中心(室)90 个,面积达到 7006 平方米。

2005 年,新疆人行系统共有离退休职工 1057 人,其中离休干部 32 人、退休干部 893 人、退休工人 132 人。同年,工行新疆分行设有离退休人员管理委员会 15 个。农行新疆分行共有离退休职工 2138 人,其中离休 94 人、退休 2044 人,占在职职工比例达 26.7％。中行新疆分行全辖共有离退休干部职工 81 人,其中离休干部 3 人、退休干部 78 人。建行新疆分行离退休人员总数 552 人,其中离休 45 人、退休 507 人。

第二章 会计财务及内审监察

　　新疆银行业会计财务管理是对新疆银行业资金的筹集、使用以及分配进行管理的活动。1987年,《全国银行统一会计基本制度》《中国人民银行会计制度(试行本)》颁布后,人行新疆分行结合新疆实际,制定了《会计制度实施细则》和《会计核算操作规程》,要求辖内各行贯彻执行。从1992年起,新疆人行系统贯彻执行人行总行、财政部制定的《金融企业会计制度》《企业会计准则》《企业财务通则》,指导各金融机构陆续将会计记账方法由"资金收付记账法"改为"借贷记账法"。1993年上半年,人行新疆分行要求辖内邮政储蓄机构的大额汇划款必须通过人行转汇,加强对专业银行超占汇差、占用联行和企业资金的管理。从1994年1月1日起,人行新疆分行把发生在自治区境内的联行划拨账务,一律纳入全国联行账务核算,停止了省辖往来核算,并在新疆人行系统取消了利润留成制度和缴税制度,实行独立的财务预算管理制度。1996年,人行新疆分行在辖内分支行推广使用了《中央银行会计核算系统》。1997年,农发行与农行分设、农信社脱离农行行政隶属关系后,以县支行为会计核算的基本单位,会计核算实行权责发生制。1998年,人行新疆分行指导工行新疆分行对资金汇划清算体制进行了重大改革。其中核算制度、核算账务、核算软件的"三统一"以及联行、交换、清算、监督"四集中"模式基本建立。从2001年7月1日起,人行乌鲁木齐中心支行只负责领导和管理新疆金融机构会计财务和支付结算工作。2002年后,省辖内人行的财务核算体制在维持原有财务体制总体框架不变的基础上,逐步推行部门预算管理模式,实行全账户核定分支行费用指标的预算管理模式。新疆人民银行系统财务管理体制发生了两次变化。1986—1993年财务管理执行利润留成的体制。1994—2005年,执行预算管理的体制。

第一节 会计管理

　　银行会计管理是银行各级会计工作管理部门之间及其与基层会计核算单位之间在会计工作管理方面的权责关系,它是银行经营管理活动的重要组成部分。

一、管理沿革

　　1985年,人民银行与工商银行分设后,根据人民银行账务划分办法、会计科目及有关问题的规定,建立新账,按照《账务划分的会计科目对照表》和人民银行上年年底有关科目分户账余额,不通过会计分录,分别记载总账和分户账,并在总账和分户账上分别注明"人民银行转来"字样。账务分设后,仍执行人民银行制定的会计基本制度和结算办法,暂用原来人民银行的业务公章、结算专用章、联行印章等各种办理业务的专用章,继续使用原人民银行的凭证、账簿、报表等各种空白未用的印刷品。在资金和账务上先行分开建账、分别管理。1986 年,人行新疆分行会计管理重点在会计核算、利息计算、会计基础等核算管理方面。工行新疆分行对会计科目分类进行了较大调整。由过去的按工业、商业、农业等部门分类,存贷款交叉排列,改为基本上按照资金性质分类。1986—1996 年,全疆农村信用社会计管理由农业银行新疆分行各级信合管理部门负责。会计制度执行中国农业银行制定的《农村信用社会计基本制度》。1986—2005 年,建行新疆分行推行本外币一体化的会计集中统一管理模式,恢复对支付结算业务管理职能,增加柜面管理与服务职能。会计核算记账方法由收付记账法改为借贷记账法,会计核算组织由分散核算逐步走向集中核算,会计核算手段由手工到电算化,由单机到多用户,直到后来的网络化。通过建立会计稽核和会计内部控制制度,加强了会计核算的风险防范,逐步建立起统一会计制度、集中会计核算与管理的会计核算管理体制。

1987 年后,各银行会计核算坚持钱账分管原则,并开始探索电子计算机技术在会计报表编制方面的应用,尝试开发月季报表等汇总编制程序。

1988 年,人行新疆分行会计与稽核部门开展了三次全面会计检查。

1989 年,新疆人行系统开发完成了计算机汇总报表程序,并普及到各地州市分行,实现了会计报表电子化。同时,在人行米泉、霍城等县支行开展了“会计工作达标升级活动”试点。同年,农行新疆分行在全辖推行会计达标升级工作。

1990 年,农行新疆分行要求各基层营业单位配备坐班主任,监督会计、出纳、联行、结算、财务等规章制度的执行,对会计、结算工作实行制度化、规范化管理。

1993 年 1 月 1 日起,新疆人行系统会计核算由收付记账法改为借贷记账法;会计科目由原来按资金来源和资金用途分类改为按资产和负债分类,调整后的会计科目分为资产类、负债类、资产负债共同类、损益类、表外科目类 5 大类 166 项;还完成了全疆国库会计的分账核算工作。同年,农行新疆分行组织辖内分支行会计、财务人员学习《企业会计准则》《金融企业会计制度》。同年,工行新疆分行陆续对原有会计科目进行过多次调整,并全面推行总会计配备及坐班制,按照“上级委派,集中管理,独立工作,营业坐班,定期轮岗,量化考核”的要求,因地制宜地稳步推进支行总会计和网点坐班会计委派制改革。

1994 年 1 月 1 日,农行新疆分行实行借贷记账法,会计核算由收付实现制改为权责发生制,顺利实现了新旧账结转工作。同年 5 月,在全国进行电子联行试点中,新疆乌鲁木齐市成为首批试点城市之一。同年,交通银行新疆分行实施商业银行的会计模式,设立了会计、出纳、储蓄、结算和财务 5 个科室,制定了会计规章制度、会计结算工作各岗位职责、管理办法,规范了操作规程。柜面业务也从全手工作业到人机并行,再到对公、联行、综合、交换等全部实现微机处理。

1995 年,人行昌吉州分行、人行奎屯市支行被人行总行确定为第四批“中央银行会计核算系统”的推广行。1995 年以后,工行新疆分行联行对账制度和系统经过了一次大调整。1995—1996 年,农发行新疆分行的会计管理是由代理行按“专人、专柜、专账、专户”的会计管理体系办理。1995—2005 年,交通银行新疆分行配备至少两名专职会计检查辅导员,各支行配备至少一名兼职会计检查辅导员,负责全行人民币对公会计结算的检查辅导工作。

1996 年,全疆人行 10 个分支行脱离了手工操作,推广使用了《中央银行会计核算系统》。年末,工行新疆分行试行了新的联行对账办法,调整了联行通汇机构,撤销了部分无条件入网或不能入网行处的通汇资格。

1997年,农发行新疆分行设立分支机构后,建立了支行会计部门柜面复核员,坐班主任和稽核人员等核算体系。同年,工行新疆分行的全国联行自动生成对账系统运行,一次同时生成来账原始凭证和资金清算,取消了发报、收报、对账的业务系统。全疆农村信用社会计管理由新疆各级农金体改办负责。

1998年,新疆人行系统及辖区各商业银行、政策性银行及城市信用社进行了会计全面清理自查。同年,全疆农村信用社执行中国人民银行制定的新的《农村信用社会计基本制度》。

1999年,人行新疆辖内会计财务管理划归人行西安分行管理。同年,国开行新疆分行分支机构成立后,会计核算自成体系,独立运行。财务会计部门职能一体化,营业部会计业务设置了柜面经办复核员、票据交换、账户管理、营业部主管、事后监督人员的核算体系。1999—2005年,农发行新疆分行会计管理实行等级行考核管理,会计管理工作进一步规范化,实现了财务管理与会计结算机构分设,完成财务会计部门的合并工作。

2000年,全疆支付结算和联行清算管理工作由人行乌鲁木齐中心支行会计财务处负责,并且支付结算和联行清算实行"集中统一和分级管理"相结合的管理体制。

2001年以前,四家资产管理公司在新疆的机构和全国性股份制商业银行、地方商业银行、信托租赁公司等,执行的会计制度是1993年7月1日起施行的由财政部发布的《企业会计准则》。2001年1月1日起施行财政部发布的《企业会计准则》,其财务报表科目的设置及会计核算方法,根据财政部和中国人民银行规定的相对应的企业会计制度执行。

2002年10月,审计署兰州特派办对新疆人行财务预算执行情况进行检查。同年,新疆农行系统完成"新一代"会计网络系统的推广和升级工作。招商银行乌鲁木齐分行对会计出纳人员上岗前进行了集中培训和跟班学习,设立结算督导专岗,每季度实施现场和非现场检查。

2003年,新疆人行系统全部运行"四集中"系统,即会计核算、联行清算、会计事后监督和会计档案管理的四集中。

2004年,人行乌鲁木齐中心支行将原归属于会计部门主管的支付结算、清算和人民银行会计核算管理,划归支付结算部门管理。同年,新疆银监局实行中央部门预算,分为基本支出预算和项目支出预算。部门预算后,新疆银监局严格执行财政部颁布的《中国银监会、中国证监会、中国保监会财务管理暂行办法》的规定,合理配置和使用财务预算资金,遵循"收付实现制"会计原则,执行《事业单位财务规则》和《事业单位会计制度》,实行监管收费、部门预算、"收支两条线"的管理体制。同年10月底,工行新疆分行全面完成了总会计和网点坐班会计委派制改革任务,工行全疆15家二级分行、70家县(市)支行,397家营业网点配备了总会计62人,坐班会计340人。招商银行乌鲁木齐分行制定会计人员相关考核办法,开展会计工作"学、查、改"活动,按月对会计业务进行辅导、检查。重点对业务操作、结算纪律、权限管理及重要业务环节等进行了专项检查。

2005年6月27日,新疆辖区正式运行大额支付系统和中央银行会计集中核算系统；同时，会计年终决算报表采用《中国人民银行会计报表管理系统》(4.0 版)编制。同年，农行新疆分行就启用中国农业银行统一会计科目，组织全辖业务骨干进行培训，年底，完成了会计科目结转。中行新疆分行建立、补充和完善了部分会计规章制度，组织会计核算，反映财务状况和经营成果；实行会计监督，保障资金和财产安全，维护机构信誉和权益；开展会计检查与辅导，保证会计信息质量；进行会计分析和预测，为经营决策提供信息；实施责任会计，对本机构经营活动进行预算和控制，对经营成果进行考核和评价；编制并披露财务会计报告。招商银行乌鲁木齐分行开展了"防患固本""案件专项治理"等活动，重点对业务操作、结算纪律、权限管理、重要业务环节及反洗钱工作等方面进行专项检查。

二、会计制度

1986 年，邮电部印发《邮政储蓄业务会计核算办法》。1986—1994 年，中行新疆分行下发了《中行新疆分行会计分析办法(试行)》。

1987 年，人行新疆分行将人行总行颁布的《全国银行统一会计基本制度》《中国人民银行会计制度(试行)》编印成单行本(含维吾尔族文)发至全疆各级人民银行。

1988 年 3 月 9 日，人行新疆分行印发了《空白凭证账表管理试行办法》和《有价单证和重要空白凭证管理试行办法》。同年，工行新疆分行印发了《工行新疆分行会计制度补充规定》。

1989 年 11 月 10 日，人行新疆分行印发《中国人民银行新疆维吾尔自治区分行辖内往来制度》。

1990 年 1 月，邮政机构在人民银行开立邮政储蓄长期存款户和邮政储蓄活期存款户，人民银行分别根据这两个账户的存款余额和规定的利率计付转存款利息。自此，改变了1986 年人民银行对邮政机构办理储蓄业务按手续费率千分之二点二计算结算方式的规定，邮政储蓄由代办改为自办，由手续费核算收入改为利差核算收入。

1991 年，人行新疆分行制定了《中国人民银行新疆区分行会计制度补充规定(试行本)》《人民银行新疆分行账户管理暂行办法》《中国人民银行新疆维吾尔自治区分行会计工作达标升级试行办法》，还翻译成了维吾尔文版。同年 8 月，人行新疆分行、工行新疆分行、农行新疆分行、新疆邮电管理局联合修订了 1983 年颁发的《邮政汇兑资金管理办法》(以下简称《办法》)。该《办法》规定邮政汇兑资金必须专款专用，不准移作他用；各级邮政部门按规定办法向银行开户办理汇兑资金的存提；各级银行有权检查当地开户邮电局所汇兑资金管理使用情况及汇兑账目。

1993 年，人行新疆分行制定印发了《中国人民银行新疆维吾尔自治区分行会计核算基本规程(试行本)》。农行新疆分行组织下属各级行会计、财务人员学习财政部的《两则》、《两制》及农行总行的有关规定，培训基层营业单位财会人员。建行新疆分行对传统会计管理体系和会计核算制度进行改革，会计核算采用借贷记账法；调整会计科目。同年 6 月，中国人民银行、工商银行、农业银行、邮电部联合制定《邮政汇兑资金清算办法》(以下简称《办法》)。该《办法》规定省(区、市)邮电管理局的账户只能办理省际之间和省与县之间的邮政汇兑资金清算，不准支取现金；县、市邮电局的账户办理汇兑资金的存取和上下之间汇兑资金的清算。核定开户邮政局所限额留存兑付汇票周转金;人民银行对邮政汇兑资金往来账户分别计收计付利息。同年,新疆邮电管理局制定了《新疆有奖储蓄会计核算办法》和《邮政认购股票定额定期储蓄会计核算办法》。

1994年1月1日,农行新疆分行顺利实现了新旧账结转工作,记账方法改为借贷记账法,会计核算由收付实现制改为农行新疆分行权责发生制。同年,交通银行乌鲁木齐分行出台《大额定期存款管理办法》《交通银行乌鲁木齐分行辖内票据交换暂行办法》等。

1995年,中行新疆分行印发了《中国银行新疆分行1995年财会工作要点》,建立了会计核算和成本核算为主的管理会计体系,修订和完善了《中国银行会计基本制度》。

1997年,工行新疆分行制订了《统一会计管理"四集中"实施方案》。建行新疆分行制订了会计核算改革方案,在城市行逐步实现"集中账户、集中核算、集中稽核、集中结算、集中金库"的"五集中"核算体制。年中,印发《建设银行新疆区分行会计检查管理办法(试行)》。同年,交通银行乌鲁木齐分行制定《进一步加强银行会计内部控制和管理的若干规定》。乌鲁木齐市商业银行制定了《出纳基本制度》。新疆邮政储汇局贯彻执行邮电部邮政储汇局颁发的《邮政汇兑资金清算办法》,全面进行了汇兑资金利息的重新核算,保证汇兑资金利息完整到位。

1998年,新疆农村金融体制改革领导小组办公室制定了《新疆农村信用社会计达标升级实施细则》。

1998年,农发行新疆分行制定并下发了《中国农业发展银行新疆印、押、证、机使用管理办法》《中国农业发展银行会计、出纳工作检查辅导制度》。同年,建行新疆分行下发《建行新疆分行政策性住房金融业务会计科目使用说明》《建行新疆分行政策性业务财务管理暂行办法》,调整并增设一批会计科目,规范总账传输操作。

1999年,人行乌鲁木齐中心支行制定了《中国人民银行乌鲁木齐中心支行全国手工联行电子化对账系统运行管理暂行规定》。同年,工行新疆分行对会计业务组织管理与事权划分、核算要素的管理、核算业务管理、资金汇划及清算、会计事后监督、会计档案缩微管理等事项作出了详细规定。建行新疆分行先后印发《建设银行新疆区分行清算工作补充规定》《建行新疆分行贯彻建总行有关个人消费贷款会计核算手续的实施细则》《建设银行新疆分行保险代理业务会计核算手续》等制度。乌鲁木齐市商业银行制定了《会计主管聘用的有关规定》《综合业务会计基本规定》。

2002年,人行乌鲁木齐中心支行下发《中国人民银行会计事后监督办法》。新疆邮政局修订了《新疆邮政金融部门代理凭证式国债会计核算办法》。招商银行乌鲁木齐分行制定了《会计业务综合考核办法》《会计业务事后监督奖罚办法》《会计业务补充规定》。同年5月17日,农发行新疆分行制定并实施了《中国农业发展银行新疆分行县级支行规范化管理会计业务检查考核细则》。2001—2003年,建行新疆分行先后印发《中国建设银行新疆区分行会计稽核工作管理暂行办法》《中国建设银行新疆区分行执行会计师岗位职务管理实施细则》,2002—2005年,乌鲁木齐市商业银行先后制定了《会计基础工作达标升级管理暂行办法》《会计档案管理办法》《买方付息票据贴现业务会计核算手续》《会计结算综合检查制度》《会计基础达标管理办法》等规章制度。

2003年,农发行新疆分行对辖属行进行了会计辅导检查,并设计下发了《县级支行对公门柜业务脱离手工检查表》《电子联行业务检查表》《计算机管理检查表》;年末,全辖营业机构全部实现电算化操作。同年,交通银行乌鲁木齐分行出台《交通银行乌鲁木齐分行会计检查辅导制度》。招商银行乌鲁木齐分行制定《会计业务内控指引》《出纳业务补充细则》等管理办法。华夏银行乌鲁木齐分行制定了《关于对会计主管聘用的有关规定》《出纳基本制度》。

2004 年起,新疆银监局独立编制部门预算,实行收支两条线管理,严格执行《中央本级基本支出预算管理办法》《中央本级项目支出预算管理办法》《中央本级项目库管理规定》;按照《中央预算单位银行账户管理暂行办法》规定设置银行账户;实行财权与事权有效分离,加强经费审批限额的管理,日常开支实行"一支笔"审批,重大支出由单位领导集体研究决定,固定资产管理按照《中国银监会、中国证监会、中国保监会财务管理暂行办法》规定的标准正确核算和全面反映;政府采购操作严格执行《中国银行业监督管理委员会政府采购管理暂行办法》。同年,新疆邮政局制定了《全区邮政汇兑资金调拨办法》《全区电子汇兑现金红字审核办法》。华夏银行乌鲁木齐分行制定了《会计档案管理办法》和《会计基础达标管理办法》。招商银行乌鲁木齐分行制定了《会计主管委派制度》《会计人员两级考核规程》《会计人员准入、退出暂行办法》和《会计业务风险监督员管理办法》《会计档案补充规定》《代收财政非税业务管理办法》等业务操作管理办法。2004—2005 年,中行新疆分行开始全面实施《金融企业会计制度》,并结合新版《金融企业会计制度》,修订和完善了《中国银行股份有限公司会计基本制度及部分专项会计内控制度》。

2005 年,新疆人行系统开始学习修订后的《中国人民银行会计基本制度》。新疆银监局下发了《银监会财务管理系统管理暂行规定实施细则》,规定了《新疆银监局财务管理系统管理应用考核评比暂行办法》,制定了《中国银行业监督管理委员会新疆监管局机关财务管理暂行办法》。国开行新疆分行建立和完善了各项会计业务管理规章制度,对系统内经费预算、审批、开支进行了严格规定,先后制定了《国家开发银行新疆分行单位存款支付管理办法》《国家开发银行新疆分行大额支付系统运行管理办法》《柜台前移业务操作流程》《核心系统运行管理办法》《同城票据交换操作规程》等制度。同年 8 月,按照农行总行重新制定了《中国农业银行统一会计科目表》,农行新疆分行组织全辖业务骨干进行培训,四次进行全行性的科目结转演练和两次年终决算,年底顺利完成会计科目结转,农行新疆分行的会计规范化,标准化管理工作步入正轨。建行新疆分行印发了《中国建设银行新疆区分行会计人员轮岗管理办法(试行)》《中国建设银行新疆区分行营业机构"会计主管委派制"实施细则》。交通银行乌鲁木齐分行制定《交通银行乌鲁木齐分行重要会计岗位人员轮岗、强制休假暂行办法》《交通银行乌鲁木齐分行重要会计岗位审批及报备管理暂行办法》《交通银行乌鲁木齐分行会计辅导检查工作办法》等。招商银行乌鲁木齐分行制定了《会计人员岗位准入管理办法》。华夏银行乌鲁木齐分行制定下发了《会计培训管理办法》。新疆邮政局修订了《新疆邮政储蓄资金管理暂行办法》《新疆邮政储蓄资金调拨管理办法》《新疆邮政储蓄资金调拨管理制度》《新疆邮政储蓄资金划拨授权管理办法》等。

第二节 财务管理

新疆银行业财务管理从最初的简单管理发展到今天以筹资管理、日常资金管理、投资管理以及风险管理为主要内容的财务管理体系。随着电子化、智能化、网络化经济时代的出现,财务管理的发展方向与趋势也在不断发生改变。

一、财务制度沿革

1993年以前,新疆银行业一直以"收付实现制"作为财务核算的基础。这种财务核算制度的沿用,是受国家经济发展与经济体制所制约的。在较长历史时期中,在中国实行高度统一计划产品经济的环境中,国家银行主要是行使政府的经济管理职能,不计自身的经营效益,不关注盈亏。因此,在财务核算上采用了核算比较简单的"收付实现制",这在当时是适应和必要的。当中国实行有计划的商品经济特别是在1993年之后,国家银行一方面要完成国家赋予的调控职能,另一方面要实行企业化的经营管理,讲求经营成果。因此,必须彻底改革银行1993年以前的核算基础,即改"收付实现制"为"权责发生制"。

1986—1993年,金融企业会计准则改变前,人行新疆分行财务管理执行"统一领导、分级管理、成本核算、利润留成"的体制。工行新疆分行按照工行总行的财务管理体制架构和基本制度开展财务管理工作。

1987年,农行新疆分行实行的是"统一领导、分级管理、独立核算、自负盈亏、损益集中、利润分成"财务管理体制。同年,建行新疆分行初步建立分行、地州(市)行、县行三级财务核算制。

1988年,人行新疆分行执行"统一领导、分级管理、成本核算、利润留成"的财务管理办法。

1991年1月1日起,全疆农村信用合作社开始执行《农村信用合作社财务管理试行办法》。人行新疆分行针对以往福利基金吃大锅饭的种种弊端,下发了《福利基金管理办法》,同年11月1日起,人行新疆分行一律停止执行"住宿费、市内交通费、伙食补助费总额包干"办法,工作人员到新疆境外出差,按原规定的"总额包干"办法执行;工作人员到新疆境内出差,住宿费开支标准在各自规定的标准以内凭据报销,超支部分一律自理。伙食补助标准及补助办法不变。

1992年,人行新疆分行实施利润留成办法,将福利基金、奖励基金和综合费用全额下发到二级分行,各行在一级分行核定的利润指标基数上,超额利润和减亏可按10%留成。同年,建行新疆分行下发《关于试行综合费用率包干的通知》,确定分行本部、昌吉州、喀什中心支行和乌鲁木齐市支行作为首批包干试点单位,并被财政部定为综合费用率包干改革试点行。

1993年,建行新疆分行建立了资本金制度,调整成本开支范围,改革利润分配办法,取消利润留成,按利润比例缴纳所得税、提取公积金、公益金和向投资者分配利润。1993—1994年,工行新疆分行完成了财务制度由事业预算制向企业成本制的过渡和转折。开始为向商业银行财务管理体制转变做准备,取消了专用基金制度,实行了固定资产加速折旧和利润分配制度,这个制度一直沿用到1995年底。

1994 年 1 月 1 日起,新疆农村信用社执行《农村信用合作社财务管理实施办法》。同年,人行新疆分行根据国务院《关于金融体制改革的决定》,取消人民银行各分支机构利润留成,实行独立的财务预算管理制度。此时,执行"统一领导、分级核算、预算管理、统负盈亏"的体制,直到 2005 年末。1994 年以前,中行新疆分行财务管理执行的是《中国银行财务管理制度》,中行新疆分行实行"统一管理、分级负责、逐级核算、损益集中"的体制。

1995 年 1 月 1 日,根据农行新疆分行转发财政厅《关于 1995 年国家能源交通重点建设基金和国家预算调节基金征管工作中若干问题的通知》的有关规定,全疆农村信用社免征"两金"。同年,中行新疆分行制定了《中国银行新疆分行财务管理试行办法》。1995—2005 年,农发行新疆分行财务管理执行统一领导、分级核算、指标管理、自负盈亏、集中清算的财务管理制度,实行财务开支"一支笔制度",建立了全辖财务会计核算体系;先后制定了《中国农业发展银行新疆分行关于财务开支管理实施细则》《中国农业发展银行新疆分行机关固定资产管理实施细则》《中国农业发展银行新疆分行大额费用审批管理办法》。

1996 年,工行新疆分行实行"统一计划、统一核算、统负盈亏、统缴所得税"的新的财务管理体制,实行以地(市)行为基本经营核算单位,地(市)行以下机构为非财务独立核算单位,对其实行经营计划管理,经营指标核定,支出预算控制,定期考核奖励;利润由工行总行集中管理和逐步向下分配,地(市)行利润逐级上划,亏损挂账,留待以后年度弥补。

1997 年,建行新疆分行实行"统一预算、分类管理、全面考核、明确奖罚"的集中统一财务管理新体制,由三级财务核算改为两级核算,取消全部县支行独立核算资格,上交财务经费开支审批权,财务核算和管理集中至各中心支行;印发《财务指标考核暂行办法》,在统一预算、统负盈亏基础上,合理划分各级各类行不同的财务管理和分配权限。同年,乌鲁木齐市商业银行试行《财务管理暂行规定》,各支行及营业部在年初编制财务费用支出计划,报总部财务会计部备案。

1998 年,农行新疆分行、农行新疆兵团分行在费用管理上加大对实际利润的考核力度,以效益优先原则优化费用配置,逐步建立相对集中的财务运作机制;对部分业务管理费、其他营业支出及营业外支出项目,实行专项指标控制,上收一级管理权限,集中分行审批的办法。同年,中行新疆分行根据中行总行的决定,推广"一个城市一个财务中心"的财务管理体制,严把费用开支关口。建行新疆分行开始建立以效益为中心,将财务管理与业务计划有效结合。乌鲁木齐市商业银行在原财务考核指标的基础上,新增三项财务指标:贷款利息实收率、存款资金成本率、费用利润率,同时制定并下发了《乌鲁木齐城市合作银行财务管理暂行规定》和《乌鲁木齐城市合作银行总部经费开支管理暂行办法》,明确了实行一级法人制并规定了经费开支范围及标准。

1999 年,人行乌鲁木齐中心支行制定了《中国人民银行乌鲁木齐中心支行财务管理办法》。从这一年开始,国开行新疆分行财会管理执行统一领导、分级核算、指标管理、自负盈亏、集中清算的财务管理制度,实行财务开支"一支笔制度",建立了全辖会计核算体系。运用"集中核算、集中支付、预算控制"的管理手段,实现财务集约化管理模式。同年,工行新疆分行将营业费用分为工资性费用和经营性费用分别管理,明确了财务事权划分原则和权限管理制度。农行新疆分行、农行新疆兵团分行将全年计划费用分为基本费用、发展费用、奖励费用三部分;对盈利行保证基本费用和发展费用,并根据增盈额的一定比例给予奖励。

对亏损行原则上只保证基本费用,即保证开门营业的最低费用。对减亏额较大的行,给予适当的奖励。乌鲁木齐市商业银行制定了《关于加强费用管理的若干规定》,将费用分为固定费用、保本费用、变动费用。

2000年,人行乌鲁木齐中心支行印发了《中国人民银行乌鲁木齐中心支行财务管理暂行办法》,修改了《中国人民银行乌鲁木齐中心支行医疗费管理办法》《中国人民银行乌鲁木齐中心支行接待管理办法》。并在新疆人行系统开始执行零基预算。同年,工行新疆分行严格区分财务资金和营运资金,开始注重对财务包袱的处置消化,设立封闭利润考核指标,用于对当期经营效益的考核。建行新疆分行将各级财务收归本级财会部门管理,各级行的上级拨入营运资本金、资本公积、盈余公积、长期投资、坏账准备金、累计折旧全数上划建行新疆分行统一管理;专项经费由分行集中管理,审批下拨。

2001年,人行乌鲁木齐中心支行制定了《中国人民银行乌鲁木齐中心支行采购管理实施细则》。同年,工行新疆分行实行报账制或费用实拨制等一系列大的改革,基本建立了财务集中管理制度。

2002年,农行新疆分行、农行新疆兵团分行加大了对费用集中管理力度,下达了账面利润和积极消化历史包袱两项指标,鼓励盈利行在完成账面利润的基础上,加大消化历史包袱的力度。两分行全年分别消化历史包袱8963万元和6300万元。同年,乌鲁木齐市商业银行制定并下发《加强费用管理办法》,将费用分为人力费用、按费用率控制的费用、按比例控制的费用、专项费用等,同时,设立了财务审查委员会。新疆农村信用社财务管理实行统一计划、分级管理、单独核算的管理体制,明确了全疆信用社发生贷款呆账损失的核销程序和审批权限。

2003年,人行乌鲁木齐中心支行制定、修订了《中国人民银行乌鲁木齐中心支行财务管理暂行办法》等十几项财务管理、结算监管制度,编辑印刷了《中国人民银行乌鲁木齐中心支行财务制度汇编》。同年,建行新疆分行推动全行财务管理职能向价值管理和价值创造的根本转变。交通银行乌鲁木齐分行制定《交通银行乌鲁木齐分行内部财务管理核算办法(试行)》。

2004年,人行乌鲁木齐中心支行继续贯彻财权事权分离、全账户管理、县支行集中报账制、大额集中采购落实工作。同年,华夏银行乌鲁木齐分行制定并下发了《关于进一步加强费用管理补充通知》,将人力费用集中分行管理,各支行按费用率和按比例控制费用列支,固定费用实行报账制。

2005年,农行新疆分行历史包袱基本消化完毕。同年,中行新疆分行制定并下发了《中国银行新疆分行禁止设置"小金库"财务管理实施细则》《中国银行新疆分行账务核对集中管理实施细则》。严格各项业务的核算和管理。中国建设银行股份有限公司于香港证券交易所挂牌上市,建行新疆分行实行国际通行的财务管理体制。交通银行乌鲁木齐分行财务管理新系统上线,出台并修订《交通银行乌鲁木齐分行财务管理办法》《交通银行乌鲁木齐分行内部财务管理暂行办法》《交通银行乌鲁木齐分行报表考核办法》等,编制《财务管理制度汇编》。招商银行乌鲁木齐分行财务实行"统一领导、分级管理、独立核算、绩效挂钩"的管理体制,制定了《财务管理办法》《财务审批规定》等制度。华夏银行乌鲁木齐分行、乌鲁木齐市商业银行分别制定并下发了《绩效费用管理办法》,进一步规定了费用范围和标准。

二、损益管理

1985—1992 年,建行新疆分行实行利润留成制度,按万元利润留利额占 30%、万元业务量留利额占 30%、人均留利额占 40% 的"三三四"财务制,综合测定所辖行的利润留成比例。

1986 年,全疆农村信用社实行经营责任制并与工资挂钩。直到 1997 年行社脱钩后,新疆农村信用社结益额为 5700 万元。

1987 年,工行新疆分行以 1986 年为基数,把全行利润留成资金按会计业务量占 10%、机构占 20%、利润占 30%、人员占 40% 的比例进行分配,分得的 4 项资金总数同各行调整后的 1986 年利润相比,即为各行留成比例。新的分配办法将按人头分配与按效益(包括效率)分配的比例,由原来的 8∶2 调整为 6∶4。此后,对每年实现利润超过上年的增长部分,在原留成比例基础上加提 20% 的留成资金。核定后的留成比例一定 3 年,除重大政策性因素变化外不再调整。各分行留成中三项基金的比例,按发展基金 60%,奖励、福利基金 40% 掌握。利润留成资金当年有节余,可结转下年继续使用。同年,农行新疆各级行的利润留成比例由原按人头核定改为按"人员""业务量""利润""四三三"比例确定,并确定了留成资金的使用比例和范围。

1990 年,人行新疆分行对全疆 71 个在建项目进行了清理,共缓建 4 个二级分行营业楼,4 个住宅楼项目。同年,农行新疆分行在财务管理上实行经营目标责任制,对各项指标实行动态管理,逐步加大对利润指标考核的比重,树立"效益兴行"的观念。

1992 年,工行新疆分行对利润留成办法、分配、使用作了调整。在损益分配上,由工行总行统一对财政部缴纳税利,集中分配损益。对下级行实行资金、质量、成本、利润 4 项指标考核和低值易耗品购置费、房屋及维修费等费用专项指标控制;逐级分配利润留成资金和指标,利润留成资金设立业务发展基金、职工福利基金和职工奖励基金。

1993 年以前,人行新疆分行、中行新疆分行实施利润留成管理。1993 年,建行新疆分行完成新旧财务制度接轨,改革利润分配办法,取消利润留成,按利润比例缴纳所得税、提取公积金、公益金后,剩余的作为待分配利润。

1994—1999 年,中行新疆分行实行"统一管理、分级负责、逐级核算、损益集中"的体制。1994 年,交通银行乌鲁木齐分行本着为国家多创税、为股东多回报、为员工多谋利的原则,以效益为中心,以持续、健康发展为目标,积极拓展业务,经营效益不断提高,实现税前利润总体呈稳步上升趋势。1994—2005 年,新疆人行系统实施预算管理。

1995—2005 年,农发行新疆分行在全系统逐级实行财务开支报审制。对地、县两级行的经营开支实行专户核算、专款专用的管理办法,将经费开支与其他资金分开,专项费用实行项目管理,管理行的费用实行单独核定考核。下属机构的营业办公用房租费、修理费实行按项目管理,费用向业务、向基层、向收购资金封闭运行管理倾斜。财务公开,开支实行集体研究,分级授权,集中采购,对大宗商品实行招标。

1997 年,建行新疆分行取消下属县支行独立核算资格,在统一预算、统负盈亏基础上,合理划分各级各类行不同的利润分配权限。同年,乌鲁木齐市商业银行建立健全了各项财务管理制度,强化内控管理。

1998年,建行新疆分行开始建立以效益为中心,以综合经营计划为主线的利润分配制度。同年,全疆开始全面清查农村信用社固定资产、在建工程和其他应收款。同年,人行新疆分行各级行采取多项措施,改善农村信用合作社的财务经营状况,实行六项指标管理考核,责权利结合,效益与员工收入挂钩,全年压缩营业费用1600万元。

1999年,人行乌鲁木齐中心支行下达了《1999年度全疆农村信用社财务考核指标的通知》,要求全疆农村信用社亏损面在1998年的基础上减少30%,并要求各地州县市严格控制农村信用合作社的固定资产增长。

2000年,农行新疆分行向新疆长城资产管理公司剥离不良资产41.5亿元。同年,农行总行向农行新疆分行划拨40亿元清算资金,补充资本金,年内实现扭亏为盈。2000年以后,中行新疆分行实行"统一管理、分级负责、逐级核算、统负盈亏"的财务管理体制。逐步由过去的"财务管理"向"管理财务"转变。损益管理的目标是依据财务管理政策,筹集和运用资金、控制成本费用、分配利润、防范和化解财务风险,综合运用预算、控制、分析、监督和考核等方法,实现效益最大化。2000年,建行新疆分行在统一管理各级行拨入的营运资本金、资本公积、盈余公积、长期投资、坏账准备金、累计折旧的基础上,统一进行利润分配。同年,乌鲁木齐市商业银行健全了一级法人财务管理体制,调整内部激励考核办法。利用利率政策、预算考核等方式增加资产的流动性及盈利性,改善了资产负债结构。2000—2002年,全疆农村信用社经营状况明显好转,2003—2005年结余分别为10000万元、13800万元和13800万元。

2002年,农行新疆分行对利润计划的管理和考核进行了适当调整,下达了账面利润和消化历史包袱两项指标,鼓励盈利行在完成账面利润的基础上,加大消化历史包袱的力度,年末,实现账面利润3546万元,消化历史包袱8963万元,常规业务和专项业务合并后盈利的二级分行达到10个。同年,建行新疆分行借鉴国际商业银行通行做法,建立以经济增加值为核心的绩效评价和利润分配机制。农行新疆兵团分行的利润总额由营业利润、投资收益和营业外收支净额组成,利润总额按国家税法有关规定作相应调整后,由农行总行统一对财政部缴纳税利,集中分配损益。发生的年度亏损,可以用下一年度的利润在所得税前弥补,下一年度的利润不足弥补的,可在5年内延续弥补。5年内不足弥补的,用税后利润弥补。未分配利润由农行总行集中管理。

2004年,农行新疆分行实现账面利润5130万元,消化历史包袱25601万元,实现盈利的二级分行达到12个。

2005年末,新疆国开行系统逐级实行财务开支报审制。对经营开支实行专户核算、专款专用的管理办法,将经费开支与其他资金分开管理。打破费用平均分配办法,加大费用与业务工作量和责任制考核结果挂钩比例,提高资金使用效益。按照"三定"后人员、机构、业务量责任制考核结果,合理分配当年业务管理费用。对租赁费、电算化建设运转费、修理费等专项费用继续实行指令性指标控制。同年,依据税法规定,招商银行乌鲁木齐分行实行"统一领导、分级管理、独立核算、分别考核"的财务管理体制,设立由分行领导、办公室、计划财务部等负责人组成的财务管理委员会。所有贷款业务按国家规定的利率标准执行,收到表外核算的贷款应收未收利息,全部计入利息收入科目核算;主营业务以外的其他收入在其他营业收入核算;手续费的取得和支出采用收支两条线。

1995—2005 年农发行新疆分行利润情况

表 10—1　　　　　　　　　　　　　　　　　　　　　　　　　　单位：万元，人

年份	利润	职工人数	人均创利	年份	利润	职工人数	人均创利
1995	−232477	81	−2870	2001	−56457	1779	−32
1996	−274027	81	−3383	2002	−111624	1800	−62
1997	−524533	1533	−342	2003	266348	1849	144
1998	−409993	1532	−268	2004	−25644	1896	−14
1999	106209	1584	67	2005	−26019	1895	−14
2000	167743	1776	94	—	—	—	—

1999—2005 年国开行新疆分行利润情况

表 10—2　　　　　　　　　　　　　　　　　　　　　　　　　　单位：万元，人

年份	利润	职工人数	人均创利	年份	利润	职工人数	人均创利
1999	−1034	23	−45	2003	21693	48	472
2000	14685	39	376	2004	30593	55	556
2001	8281	45	184	2005	45407	57	796
2002	10419	44	237	—	—	—	—

1986—2005 年工行新疆分行利润情况

表 10—3　　　　　　　　　　　　　　　　　　　　　　　　　　单位：万元，人

年份	利润	职工人数	人均创利	年份	利润	职工人数	人均创利
1986	10750.27	9948	1.08	1996	−1634.57	12553	−0.13
1987	12878.59	10394	1.24	1997	2700.91	12111	0.22
1988	7092.27	10991	0.65	1998	498.34	11902	0.04
1989	3390.82	11361	0.30	1999	−34845.96	11766	−2.96
1990	2913.54	11630	0.25	2000	−58098.90	10391	−5.59
1991	14110.52	11854	1.19	2001	−49200.00	10741	−4.58
1992	3595.15	12254	0.29	2002	−38814.00	9737	−3.99
1993	−1013.17	12741	−0.08	2003	1967.18	9187	0.21
1994	−5612.81	12791	−0.44	2004	2730.80	8748	0.31
1995	−3707.58	12854	−0.29	2005	19804.05	8304	2.38

1986—2005 年农行新疆分行利润情况

表 10—4　　　　　　　　　　　　　　　　　　　　　　　　　　　　单位:万元,人

年份	利润	职工人数	人均创利	年份	利润	职工人数	人均创利
1986	4213	9617	0.48	1996	2646	13907	0.19
1987	6986	10115	0.69	1997	−7446	8494	−0.88
1988	8757	10777	0.81	1998	−45059	8335	−5.41
1989	6304	10995	0.57	1999	−53007	8135	−6.52
1990	1883	11260	0.17	2000	5593	8161	0.69
1991	8175	11627	0.70	2001	2125	7543	0.28
1992	2496	12431	0.20	2002	3546	6749	0.53
1993	−8739	13294	−0.66	2003	498	6349	0.08
1994	−24504	13760	−1.78	2004	5130	7409	0.69
1995	2272	13913	0.16	2005	−34662	8004	−4.33

1992—2005 年农行新疆兵团分行利润情况

表 10—5　　　　　　　　　　　　　　　　　　　　　　　　　　　　单位:万元,人

年份	利润	职工人数	人均创利	年份	利润	职工人数	人均创利
1992	427.50	2173	0.19	1999	−13074	2818	−4.64
1993	−1103	2398	−0.46	2000	−2647	2850	−0.93
1994	−4223	2486	−1.69	2001	11044	2742	4.03
1995	296	2569	0.12	2002	20784	2531	8.21
1996	3859	2685	1.45	2003	28002	2445	11.45
1997	7550	2431	3.11	2004	42258	2414	17.51
1998	−13803	2460	−5.61	2005	47259	2411	19.60

1986—2005 年中行新疆分行利润情况

表 10—6　　　　　　　　　　　　　　　　　　　　　　　　　　　　单位:万元,人

年份	利润	职工人数	人均创利	年份	利润	职工人数	人均创利
1986	2635	118	22.33	1996	868	2777	0.31
1987	2300	160	14.38	1997	3838	2796	1.37
1988	2107	291	7.24	1998	−2282	2914	−0.78
1989	2957	376	7.86	1999	9869	2842	3.47
1990	2379	565	4.21	2000	1980	2832	0.70
1991	2030	734	2.77	2001	6237	2472	2.52
1992	3250	1340	2.43	2002	7341	2419	3.03
1993	1352	1809	0.75	2003	37342	2586	14.44
1994	27	2295	0.01	2004	37864	2435	15.55
1995	1000	2737	0.37	2005	55200	3300	16.73

1986—2005 年建行新疆分行利润情况

表 10—7　　　　　　　　　　　　　　　　　　　　　　　　　　　　单位：万元，人

年份	利润	职工人数	人均创利	年份	利润	职工人数	人均创利
1986	3800	1550	2.45	1996	5379	7893	0.68
1987	6490	2060	3.15	1997	22137	7565	2.93
1988	5654	3006	1.88	1998	22249	7066	3.15
1989	6493	3476	1.87	1999	17525	7000	2.5
1990	10178	4513	2.26	2000	1745	6919	0.25
1991	7933	5692	1.39	2001	15700	6868	2.29
1992	4824	6481	0.74	2002	−5500	6909	−8.8
1993	440	7530	0.06	2003	27500	5856	4.7
1994	2059	7833	0.26	2004	42300	4479	9.44
1995	12642	8017	1.58	2005	50400	5586	9.02

1994—2005 年交通银行新疆分行利润情况

表 10—8　　　　　　　　　　　　　　　　　　　　　　　　　　　　单位：万元，人

年份	利润	职工人数	人均创利	年份	利润	职工人数	人均创利
1994	995.83	189	5.27	2000	5817.86	396	14.69
1995	3935.22	263	14.96	2001	9113.82	432	21.09
1996	4622.63	278	16.63	2002	10450.85	438	23.86
1997	5220.34	324	16.11	2003	14536.38	492	29.55
1998	5013.93	337	14.88	2004	16576.51	550	30.14
1999	4848.24	359	13.5	2005	20816.66	565	36.84

2002—2005 年招行乌鲁木齐分行利润情况

表 10—9　　　　　　　　　　　　　　　　　　　　　　　　　　　　单位：万元，人

年份	利润	职工人数	人均创利	年份	利润	职工人数	人均创利
2002	300	162	1.85	2004	3100	249	12.45
2003	1700	220	7.73	2005	4900	308	15.91

2004—2005 年华夏银行乌鲁木齐分行利润情况

表 10—10　　　　　　　　　　　　　　　　　　　　　　　　　　　　单位：万元，人

年份	利润	职工人数	人均创利	年份	利润	职工人数	人均创利
2004	−800	105	−7.62	2005	2100	145	14.48

1997—2005 年乌鲁木齐市商业银行利润情况

表 10—11　　　　　　　　　　　　　　　　　　　　　　　　　　　　　单位:万元,人

年份	利润	职工人数	人均创利	年份	利润	职工人数	人均创利
1997	−20257.22	1343	−15.08	2002	9115.79	1052	8.67
1998	−7697.71	1366	−5.63	2003	18108.88	1044	17.35
1999	−3732.65	1350	−2.76	2004	1831.52	1013	1.81
2000	377.44	1302	0.28	2005	952.61	956	1.00
2001	2251.70	1285	1.75	—	—	—	—

1986—2005 年新疆维吾尔自治区农村信用社机构盈亏变化

表 10—12　　　　　　　　　　　　　　　　　　　　　　　　　　　　　　单位:家,%

年份	机构数	亏损社数	亏损社占比	年份	机构数	亏损社数	亏损社占比
1986	793	未查到	未查到	1996	885	未查到	未查到
1987	802	174	21.7	1997	932	251	26.9
1988	843	95	11.3	1998	798	155	19.4
1989	863	361	41.8	1999	746	未查到	未查到
1990	858	未查到	未查到	2000	1282	未查到	未查到
1991	846	未查到	未查到	2001	1523	未查到	未查到
1992	902	未查到	未查到	2002	1330	未查到	未查到
1993	909	未查到	未查到	2003	904	未查到	未查到
1994	未查到	未查到	未查到	2004	1041	未查到	未查到
1995	866	未查到	未查到	2005	1140	未查到	未查到

第三节　内部稽核审计

　　金融稽核与审计,是由金融机构稽核(审计)部门的专职人员依据国家的方针、政策,金融法规和制度,按照一定的程序和方法,对业务经营、财务收支和会计账务进行真实性、合法性、正确性和完整性进行审核、鉴证和评价的经济监督活动。内部稽核审计是各金融机构对自身及其分支机构的稽核与审计。

一、稽核审计机构

　　银行在内部设稽核审计部门或岗位,是负责本单位或系统内部稽核审计实务的事务性机构。

1985 年 10 月,农行新疆分行审计部门从会计部门分离出来,成立独立的审计稽核处。同年,建行新疆分行成立了审计处。

1986 年 1 月,中行乌鲁木齐分行设有稽核处,并在二级分支行建立了稽核机构。同年,建行新疆分行各地州市中心支行相继成立审计科。年底,工行新疆分行机关设有稽核处,所辖十五个地州(市)中心支行(吐鲁番除外)设立了稽核科,有 14 个县市支行组建了稽核股,第七支行(中心支行级)按要求配备了专职稽核员。

1987 年,工行新疆分行在喀什成立稽核处派驻南疆稽核组,为副处级建制(1993 年撤销),对喀什、和田、克孜勒苏柯尔克孜三个片区地州中心支行开展稽核检查工作。

1988 年,全疆各县(市)开始设立了县级农村信用合作社联合社内部稽核审计部(股),部分县(市)的联合社还配备了总稽核(联社副主任级),负责对全辖区各农村信用合作社的内部稽核审计工作。直到 1996 年底以前,全疆农村信用合作社的稽核由农行新疆分行的各级稽核审计部门和信用合作管理部门共同进行。

1992 年,农行新疆兵团分行成立独立的审计稽核处。

1993 年 4 月以前,新疆邮政储汇局的稽核工作由原新疆邮政局邮政处邮政储蓄科和汇兑科负责稽核、稽查,各地州市邮电局储汇科内设储汇稽查岗。同年 5 月以后,新疆邮政储汇局设置了储汇稽查科,负责全疆邮政储蓄、汇兑及其他业务的全面稽核、稽查、审计工作。

1994 年,交通银行新疆分行设立专职稽核部门。

1995 年,中行新疆分行设置了副行级总稽核。同年,农发行新疆分行成立了内部控制委员会和稽核监督委员会。

1996 年,农发行新疆分行机关设稽核处,二级分行设稽核科。同年,中行新疆分行在喀什、巴音郭楞州、昌吉、克拉玛依及伊犁设立了区域稽核中心;人事管理权上收一级分行,稽核业务由中行总行统一管理,稽核经费由中行总行统一承担,区域稽核中心实施下查一级的稽核方式,每个区域稽核中心对就近的三个地、州、市支行、县支行及网点进行稽核监督。

1997 年,乌鲁木齐城市合作银行(乌鲁木齐市商业银行的前身)正式设立稽核部门。同年,新疆农金体改办要求各地州农村信用合作社稽核工作与监察工作归并在一起,地州农金体改办均设置了内部稽核机构。

1998 年以前,新疆人行系统稽核部门对金融机构业务稽核监督的同时,履行内部稽核职能。以后,随着人民银行管理体制的改革,人行乌鲁木齐中心支行设内审处,地市中心支行设内审科,县支行设内审岗。原人行新疆分行及人行各地、州(市)分行的稽核处(科)更名为内审处(科)。人行对金融机构的稽核监督职能转变为金融监管职能,这一职能分别由银行管理处、非银行管理处、农村合作金融管理处等处室分别承担,地州人行也相应作了调整。

1999 年,人行乌鲁木齐中心支行在内审处内部设置了综合科、内审一科和内审二科。同年,国开行新疆分行设有内审部门,由行长直接领导,定期开展内部审计。建行新疆分行成立了总审计室和总审计室乌鲁木齐、昌吉、克拉玛依、阿克苏四个处级办事处,各办事处设若干驻二级分行审计小组。乌鲁木齐市商业银行成立了综合管理部,原审计稽核部职能由综合管理部稽核岗位承担,同年 11 月,乌鲁木齐市商业银行成立事后监督中心。

2000 年,农行新疆分行和农行新疆兵团分行各自的辖属分支机构设有稽核机构 11 个和 54 个。

2001年,国开行新疆分行建立了以风险为导向的独立稽核制度,将稽核资源有效分配到风险较大的信贷业务中。工行新疆分行稽核处和各二级分行稽核科统一更名为稽核监督部,同时,成立了工行昌吉、克拉玛依、库尔勒、乌鲁木齐四个稽核监督中心。同年8月,乌鲁木齐市商业银行成立了稽审部,并将事后监督中心划入稽审部管理。

2002年,国开行新疆分行建立了稽核专员组巡回检查监督机制,形成了相对独立垂直的稽核监督体制。农行新疆分行、农行新疆兵团分行均将稽核处更名为审计处。同年,交通银行总行审计体制进行了重大改革,对管辖、直属交通银行的审计处长实行委派制。交通银行稽核室更名为审计处,处长由总行委派。乌鲁木齐市商业银行成立内控管理委员会。

2003年,建行新疆分行总审计室下设的乌鲁木齐、昌吉、克拉玛依、阿克苏办事处撤销驻二级分行审计小组。同年8月,招商银行乌鲁木齐分行成立了稽核监保部,承担纪检监察、安全保卫、稽核检查、内控内管、管理评级、质量管理(ISO 9000贯标)等职能。

2005年,农发行新疆分行成立了内部监督委员会。工行新疆分行稽核监督部统一改组为内控合规部。股改后,工行新疆分行设立了内部审计委员会,直接对董事会负责。农行新疆分行机关设审计处,二级分行设审计中心,配备专职审计人员76人。中行新疆分行全辖共有专职稽核人员53人。同年8月起,交通银行新疆分行审计处改称审计部。建行新疆分行总审计室更名为新疆总审计室,撤销下设的系统处和乌鲁木齐、昌吉、克拉玛依、阿克苏四个办事处,成立综合处、现场审计一处、现场审计二处、现场审计三处、现场审计四处。改革后的新疆总审计室下设综合处和四个现场审计处,共有审计人员69人。农行新疆兵团分行机关设审计处,二级分行设审计中心,配备专职审计人员76人。

二、稽核审计工作

(一)银行业机构稽核审计

银行在内部设稽核审计部门或岗位,在遵循独立、客观、公正的原则下,对经济活动进行监督检查。其工作覆盖了本单位所有部门和工作环节。稽核审计的目的是为了业务营运的健康发展,确保国家的方针政策、金融法律、法规、政策和各项管理制度得到贯彻执行。

1986年,工行新疆分行稽核部门开展了风险贷款、联行结算、储蓄业务、现金管理、开出国库券单证等各类稽核。同年5月,农行新疆分行下发《审计稽核工作报告制度》(试行本)。

1987年,工行新疆分行对基建工作进行了专项稽核。同年2月,农行新疆分行下发《稽核审计工作实施细则》(试行办法);8月,农行新疆分行召开了稽核审计部门成立后的第一次全疆审计稽核工作经验交流会。

1988年,工行新疆分行结合业务管理实际,及时开展了"储蓄代办费提取使用和实物有奖储蓄开办情况"的专项稽核。同年,农行新疆分行分别对计划、信贷业务进行了重点审计稽核;对会计、财务进行序时审计稽核;对业务活动中的违纪、违章问题和经济案件进行认真清查。

1989年,建行新疆分行除了对财务决算报表和财务活动的正确性、合法性、合规性进行审计外,还对信贷计划等各项指标完成情况和会计核算质量及经营成果进行稽核审计,及时纠正财务结算中少列收入、挤占成本、漏交能源交通基金等违纪资金606万元。同年,全疆农村信用社各县市联社共对714家农村信用合作社进行了稽核。

1990年，建行新疆分行对财务决算的事后审计，改为事前、事中审计。审计部门派出四个工作组，协助基层行全面清理信贷资产和回收逾期贷款。

1991年，建行新疆分行审计部门对1991年以前发生的各类信用保函业务逐笔进行审计，纠正了不合规保函。

1992年，人行新疆分行对所属2个二级分行进行了内部稽核。辖内人行二级分行对51个县市支行的自查工作进行了抽查。

1993年，建行新疆分行对年内发生的基建贷款、技术改造贷款及中央基建设备储备贷款的规章制度执行情况进行审计，共回收基建贷款9132万元，回收技术更新改造贷款3942万元。

1994年，交通银行新疆分行成立后，审计稽核工作由合规性审计逐步过渡到以合规性、风险性审计为主，由事后监督过渡到事前预警和事中控制，加强内部控制状况的审计，从源头上防范经营风险，抓住风险集中环节的审计检查。

1997年，中行新疆分行对电脑应用管理以及年度决算报表进行了专项稽核。同年，全疆农村信用社各县市联社对258家农村信用合作社进行了常规稽核，查出各种违规资金4.43亿元。

1998年，中行新疆分行开展了信贷管理、会计报表、联行、银行承兑汇票四项专项稽核。同年，乌鲁木齐市商业银行对全行信贷资产质量、成本费用控制、应收利息的管理和回收开展联合审计或配合开展专项检查工作。

1999年，人行乌鲁木齐中心支行在全疆范围对人行系统资金、财务和所办经济实体损失和脱钩情况进行检查。同年，农行新疆分行对行级干部的调离和提拔进行离任和提拔前的审计。中行新疆分行开展了省市行合并专项审计，并对辖内授权与转授权的执行情况进行审计，还配合人事部门对地区支行行长及分行有关部门的负责人进行离任审计。乌鲁木齐市商业银行对内部控制制度的执行情况进行专项检查，并完成支行离任审计7项、常规审计10项。

2000年，人行乌鲁木齐中心支行开展本系统内审严查违规，强化内控的调研活动。同年，工行新疆分行开展了行长经营目标责任审计，全疆农村信用社各县市联社对管理费集中和使用情况开展了专项审计。

2001年，人行乌鲁木齐中心支行共完成各项审计和内审检查14项，提出整改意见和建议46条。同年，工行新疆分行组织开展了基层营业机构负责人离岗审计，并纳入常规化的审计。建行新疆分行先后开展财务会计真实性、固定资产管理、信贷业务、房地产信贷业务、基层网点内控审计、后续审计、离任审计和内部控制评价等多项审计工作，全年共完成审计项目111个，出具审计报告507份，查出各类问题326个，提出审计建议701条。

2002年，人行乌鲁木齐中心支行，完成内审检查19项（次），查出各类问题100多项，提出整改建议和意见76条。同年，乌鲁木齐市商业银行对辖属全部经营机构进行了常规稽核及32人次的离任经济责任审计。

2003年，人行乌鲁木齐中心支行完成内审检查19项（次），发现各类问题120多个，提出整改建议和意见100余条，承担人行总行及西安分行各类审计11项。同年，农行新疆分行、农行新疆兵团分行各级审计部门,以内控综合评价为切入点,加强内控建设,把内部控制管理提升为全行性的综合工作。建行新疆分行先后开展了资产质量真实性、内部控制评价、账外固定资产清理、资产负债损益真实性、行长任期经济责任、机构网点撤并等审计。

2004年,人行乌鲁木齐中心支行内审处完成全面审计2项、专项审计8项、离任审计8项、后续审计2项、内审调查1项,发现各类问题近100个,提出整改意见和建议70余条。同年,农发行新疆分行实行一级分行负责审计二级分行,二级分行负责审计辖内县级支行;内部审计工作以审计信贷资金封闭运行和财务收支合规性为主,审计职能上收后,以风险防控为主;由一级分行统一组织开展对辖内各级机构的审计,内部审计处负有组织管理和直接审计的双重职能。同年,建行新疆分行开展了财务收支及损益真实性、公司类新增贷款、个人类信贷业务、国际业务、外汇业务、票据业务、可疑类贷款剥离同步审计,行长任期经济责任、机构网点撤并审计,追踪审计和内部控制评价。乌鲁木齐市商业银行对银行承兑汇票业务、各支行逾期、到期贷款、人民币结算账户管理、资金营运中心业务等进行专项审计。

2005年,人行乌鲁木齐中心支行内审处完成专项审计12项、离任审计4项、全面审计6项、履职审计2项、后续审计2项、审计调查1项,涉及西安分行辖区6个中心支行、自身19个处室,发现各类问题140多个,提出整改意见和建议70余条。同年,农发行新疆分行抽调人员参加了西安分行内审特派办对农发行宁夏、甘肃、青海分行办贷合规性及信贷资产质量审计。重点对粮棉油收购资金、粮棉油企业、利息收支、内控建设、行长任期经济责任进行稽核审计。同年,建行新疆分行开展银行卡、公司类负债业务、担保承诺类业务、信息系统、个人住房业务、行长任期经济责任审计,追踪审计和内部控制评价。乌鲁木齐市商业银行完成各项稽核检查69项,提交稽核报告42份,情况调查报告5份。招商银行乌鲁木齐分行除常规稽核外,采取联动审计、交叉审计的形式,重点审计新业务及其业务流程中的关键风险点,对所有支行和部室的信贷业务、会计业务、个人银行业务进行审计。

(二)其他机构稽核审计

1993年,新疆邮政储汇局对辖内八个地州邮电局和部分县邮电局及支局进行了金融业务的全面稽查。

1994年,新疆邮政储汇局先后对辖属15个地州(市)邮电局和23个邮电支局展开了储蓄、汇兑业务的全面现场稽查。

1995年,新疆邮政储汇局对全疆16个地州市邮电局的邮政储汇业务进行了稽查。

1997年,新疆邮政储汇局对分支机构储汇及会计核算业务进行了全面实地稽查。

1998年,新疆邮政储汇局对高息揽储和应付定期利息计提情况进行了专项稽查。

2003—2005年,长城资产管理乌鲁木齐办事处内审工作编制两套方案和两套工作底稿。一套是常规审计,重点审计财务收支和资产处置内部操作过程的真实性、合规性、合法性;另一套是财务收支和资产处置档案的专项审计,重点审计档案要素的准确性、要件的完整性和要据的充分性。这期间,长城资产管理乌鲁木齐办事处共组织了3次较大规模的资产处置档案集中审计。

2005年,新疆邮政储汇局对辖属机构、网点的金库、安防设施、邮政储蓄、汇兑等制度的落实进行了审计检查。长城资产管理乌鲁木齐办事处对所有终结项目全部进行了再审计。

第四节 纪检监察

1985—1988 年,中纪委和国家监察部先后决定在人民银行派驻金融系统纪检组和成立监察部驻金融系统监察机构。1989 年以后,金融系统纪检监察又进行了一系列的改革,实行一套工作机构、两个部门名称的工作机制和"统一领导,分工合作,协调配合"的工作原则,履行党的纪律检查和单位行政监察双重工作职能。工作关系上既是党委下属工作部门,又是本单位的内设部门。这对维护金融秩序的稳定,严肃金融纪律,保证中央银行宏观调控,促进金融事业和社会主义经济建设的顺利发展,起到了积极有效的保护监督作用。

一、纪检监察机构

1985 年,人行新疆分行成立新疆维吾尔自治区纪委驻金融系统纪检组,人行各地州市二级分行也相继成立了当地纪委驻金融系统纪检组。同年,工行新疆分行纪检组正式成立,年底,全辖 15 个地州级行、处全部设立了监察科,县(市)支行、办事处配备了专职或兼职监察干部。纪检、监察体制从分行到各中心支行实行的是一套机构两块牌子。

1986 年,建行新疆分行及地州市中心支行设立了纪检组。1986—1996 年底,全疆农村信用合作社除县联社外,均未设纪检监察机构,由农行新疆分行各级纪检监察机构行使纪检监察职能。

1987 年前,中行新疆分行设置了纪检组,并配备了专职监察干部。

1988 年,人行新疆分行成立了新疆维吾尔自治区金融系统监察专员办公室,接受监察部驻金融系统监察局和人行新疆分行双重领导,并接受自治区监察厅业务指导。人行各地州市分行设立金融系统监察室。新疆维吾尔自治区各级金融系统纪检机构和监察机构全部实行一套人马、两块牌子。同年,农行新疆分行在本部及下属中心支行和 25 个县支行设立了监察室,有 68 个县支行和农行学校设专职监察员。中行新疆分行设立了监察室,地州(市)分支行也成立了监察机构。建行新疆分行在原纪检机构基础上成立监察机构,纪检和监察合署办公。

1990 年,新疆维吾尔自治区金融系统已初步形成区、地、县三级纪检、监察机构。地州市级 89 个金融单位,有 69 个设立了纪检、监察机构;县级 452 个金融单位有 160 个设立了纪检、监察机构。全疆金融系统共设立纪检、监察机构 235 个,配备纪检、监察干部 457 名。

1991 年,农行新疆分行在除农行克孜勒苏州中心支行外的 12 个中心支行配备了纪检组组长。

1992 年 8 月,农行新疆兵团分行本部及 10 个中心支行配备了纪检组组长。

1993 年 5 月,中央纪委监察部下发《关于中央直属机关和中央国家机关纪检监察机构设置的意见》,明确了"派驻纪检监察机构实行中央纪委监察部和所在部门党组、行政领导的双重领导,纪检监察业务以中央纪委监察部领导为主"的领导体制。

1994 年 3 月以前,交通银行乌鲁木齐分行没有单设纪检监察机构,有关纪检监察工作由人事教育科负责协调处理。同年 4 月,配备了专职监察员。

1995 年,农发行新疆分行成立了监察室。

1996年,农发行新疆分行设立了纪检组。同年2月,交通银行乌鲁木齐分行成立了纪律检查委员会,配备专职纪委书记,设立监察室,纪委与监察室合署办公。

1997年,乌鲁木齐城市合作银行成立了纪检组,下设纪检监察室。1997—2002年,人行新疆分行各级农金监管部门行使对辖内农村信用合作社的监察职能。全疆农村信用联合社设立了联社内部监察部门,配备了专、兼职监察人员。

1998年,人行西安分行设立,新疆维吾尔自治区纪委驻金融系统纪检组改称人行乌鲁木齐中心支行纪委,新疆维吾尔自治区金融系统监察专员办公室改称乌鲁木齐金融系统监察室,接受人行西安分行纪委、监察专员办公室领导。同年,农发行新疆分行成立了纪检检查委员会。工行新疆分行纪律检查委员会成立,同时撤销工行新疆分行纪检组。农行新疆分行、农行新疆兵团分行及下属二级分行成立了纪律检查委员会。中行新疆分行成立了分行纪律检查委员会。建行新疆分行各级成立了纪委,取代纪检组。

1999年,农发行新疆分行配备了专职纪委书记。同年,工行新疆分行配备了纪委书记,完善纪委班子,对县级支行实行派驻纪检员。农行新疆分行、农行新疆兵团分行在全辖各二级分行设立了监察室,成立了纪委。

2001年11月,招商银行乌鲁木齐分行成立了纪律检查委员会。

2002年,乌鲁木齐市商业银行纪检组改为纪律检查委员会,总部设立纪检监察室。

2003年,新疆银监局设立,乌鲁木齐金融系统监察室改称人行乌鲁木齐中心支行监察室,人行乌鲁木齐中心支行纪委名称不变。同年,招商银行乌鲁木齐分行成立了稽核监保部和纪委办公室,两块牌子一套人马。

2004年,改革领导体制,将派驻机构由中央纪委监察部与驻在部门双重领导改为由中央纪委监察部直接领导。

2005年,新疆银监局纪检监察工作人员增至5人,2004—2005年14个银监分局纪检监察室与人事部门合署办公。2005年,中行新疆分行监察处与稽核处合并成立了稽核监察部。同年,建行新疆分行设立纪委,一级分行党委设纪委书记,纪检监察部设总经理。年末,新疆建行系统共有纪检监察人员91人,县支行未设纪检监察机构,实行纪检监察特派员派驻制,共有派驻特派员40人。

二、领导干部廉洁自律

1986年,新疆维吾尔自治区各级金融系统纪检组制定了实现党风根本好转的总体规划,抓了行风建设和检查指导工作。1986—2005年,中行新疆分行在全辖范围内开展了严格执行廉洁自律的各项规定的活动,每年把考核干部同述职述廉结合起来,禁止领导干部利用职权谋私利,并制定了"党风廉政建设量化管理的制度""关于领导干部报告重大事项的规定""关于严格控制会议及庆典活动的规定"以及领导干部用车、住房的规定。

1987年,纪委驻全疆金融系统纪检组开展反对资产阶级自由化的正面教育活动。

1989年,建行新疆分行集中力量查处违纪、以权谋私等案件。1989—1990年,纪委驻新疆金融系统纪检组抓制度建设,严查违纪。

1990年,农行新疆分行党组制定《关于坚决惩治腐败,加强廉政建设的十条规定》《分行领导保持廉洁的几项规定》。同年,新疆各农村信用合作联社、信用合作社的领导干部接受群众监督,召开民主生活会进行自查和民主评议。

1993年,建行新疆分行坚持贯彻落实中央纪委提出的领导干部廉洁自律"五条规定"和禁止公款吃喝玩乐四项"补充规定"。

1994年,建行新疆分行县支行以上领导干部通过民主生活会,对照中央纪委的规定,自查"车子""房子""票子"等热点问题进行纠正和处理。

1995年2月,人行新疆分行党组、金融系统纪检组联合下发了《关于坚决刹住利用公款吃喝问题的紧急通知》,要求全疆各级行、司党组及领导干部,坚决刹住公款吃喝风。1995—1996年,农发行新疆分行制定了《关于加强党风和廉政建设的若干规定》《禁止吃喝风的五条规定》。1995年,农发行新疆分行、农行新疆兵团分行各级行党组召开廉洁自律生活会,活动扩大到营业所、信用社主任一级,所、社主任以上领导干部3204人参加了民主生活会,按廉洁自律规定,逐条对照检查。同年,新疆农村信用社按照中央和自治区有关领导干部廉洁自律的规定,各社逐条对照检查。

1996年,建行新疆分行在全行落实"廉政准则",建立《诫勉谈话制度》《廉政档案管理制度》《党风廉政述职报告制度》《廉政谈话制度》,并对超标准的小轿车按规定全部处理。1996—2005年,交通银行新疆分行先后制定了《信贷业务"三公开、一监督"制度》《纪检委工作规则》《查处案件和违规检查信访举报分工协调办法》《党风廉政建设责任制实施办法》《纪检监察工作的规则、操作规程》《领导人负责追究"两规""两指"措施》《中共交通银行乌鲁木齐分行纪律检查委员会工作规则》《反腐败抓源头工作实施办法》《党风廉政建设责任制执行情况检查实施细则》《对重大案件、重大事故和严重违规行为负有领导责任人员责任追究的规定》《党风廉政建设责任制量化管理考核细则》等,并逐项落实。

1997年,农发行新疆分行建立干部廉政考评档案。同年,工行新疆分行落实了个人收入申报制度,建立了领导干部廉政档案、重大事项报告和诫勉谈话制度。建行新疆分行印发了《关于发扬艰苦奋斗精神制止奢侈浪费行为的规定》,明令各级"一把手"在制止奢侈浪费行为中做到令行禁止,起模范带头作用。

1998年,人行新疆分行党组提出了《中国人民银行新疆区分行党风廉政建设责任制量化管理指导意见》,成立了党风廉政建设考核领导小组和办事机构,使量化管理目标和各项业务工作有机结合。同年,农发行新疆分行与所辖各二级分行、直属支行和分行营业部等18个单位领导签订了党风廉政建设与防范违法违纪案件责任书,与津贴工资直接挂钩,并实行"一票否决"。

1999年,人行乌鲁木齐中心支行建立人民银行系统领导干部廉政档案,要求副处级以上干部和县(市)级支行行长建立领导干部廉政档案。同年,全疆各农村信用合作社认真执行人行乌鲁木齐中心支行"关于进一步加强党风廉政建设责任制工作的具体措施"。

2000年,人行乌鲁木齐中心支行纪委、金融系统监察室要求辖内各金融机构组织干部,特别是领导干部,自觉执行十个"严禁"规定。同年,农发行新疆分行制定下发了《党风廉政建设责任制量化管理工作实施方案》和《执法监察工作实施意见》,将财务管理和廉政建设确定为重点执法项目。工行新疆分行纪委制定了《党风廉政建设责任制考核办法》和《领导干部执行廉政建设规定的监督办法》,把廉政建设责任制的规定细化为8个方面48项内容,并向全行领导干部配偶和子女发出公开信,要求领导干部的配偶子女,时时处处自觉做到严要求、慎言行、洁自好、重家教,当好廉内助,吹好廉政风。建行新疆分行党委印发《建设银行新疆区分行领导干部廉政档案管理办法(试行)》,并纳入长期管理。

2001年,工行新疆分行成立了反腐败抓源头领导小组,建立了各负其责、密切配合的工作机制。同年,农行新疆分行、农行新疆兵团分行成立了反腐败抓源头工作领导小组,层层落实反腐败措施,自觉接受群众监督。

2002年,建行新疆分行贯彻落实建行总行制定的《领导人员廉洁从业规定(试行)》和《中国建设银行工作人员违规行为处理办法》,加大违规处理力度。

2003年,人行乌鲁木齐中心支行制定了"党风廉政建设责任制量化管理实施细则"和"党委领导成员党风廉政建设责任分解",推行领导干部任前廉政谈话制度,建立诫勉谈话制度,制定了"三项谈话"制度实施细则。2003年后,农发行新疆分行开展领导班子及成员述职述廉,围绕权、钱、人重新修订完善了《党风廉政建设责任制量化管理考核实施方案》,从源头上预防和治理腐败。

2004年,人行乌鲁木齐中心支行纪委、监察室落实领导干部廉洁自律各项规定,从源头上预防和遏制腐败现象。

2005年,人行乌鲁木齐中心支行制定《党风廉政建设责任制量化管理实施细则》《量化管理工作目标考核方案》和《党委成员党风廉政建设责任分解》三项制度。同年,新疆银监局先后出台了《党风廉政建设责任制实施细则》《党风廉政建设责任制分解落实措施》《领导干部廉政谈话制度》。成立了党风廉政建设领导小组,印发了《党风廉政责任目标量化考核内容和考核标准》。认真开展新疆银监系统工作人员配偶子女在银行业机构从业情况进行登记、统计工作,落实履职回避制度。建行新疆分行将《党风廉政建设责任书》层层分解,逐级签订,各负其责。招商银行乌鲁木齐分行执行《领导干部廉洁纪律规定》、中央纪委关于国有企业领导人员廉洁自律的五项规定、中央金融工委提出的"五关"和"十个严禁"。涉及"权、钱、人"的重大事项充分征求意见,集体研究决策。

三、案件防范和查处

1986年以来,新疆银行业采取一系列措施,加大违法、违规案件的防范和查处力度,一定程度上遏制了案件的多发势头,确保了金融资产的安全·维护了经济和社会秩序的稳定。但是,针对一个时期以来,银行机构特别是银行基层网点发案势头迅猛,大案要案频发,涉案金额有的达到千万元以上,造成较大资金风险。而其作案表现具有作案人员年轻化、高管人员犯罪增加、金融诈骗、携款潜逃案件突出的特点。案件高发的主要原因是内控机制不健全,有章不循,违规操作,对高管人员权力缺乏有效的监督制约机制,内部控制、稽核流于形式等。为了坚决遏制案件多发势头,维护金融资产的安全,保证银行业正常经营和改革的顺利进行,新疆银行业各纪检监察部门不断加大违法违规案件防范和查处力度。

1986—1992年,全疆金融系统共发生各类经济案件853件。其间,全疆金融系统869名作案人员中,营业所、信用社主任128人,会计269人,出纳167人,信贷员196人,储蓄员82人,守库员11人,共计853人。1986年,新疆农村信用社揭发万元以上利用放贷作案5起。

1987年,由美洲银行从洛杉矶以挂号函件给中行乌鲁木齐中心支行寄来的10万美元旅行支票(共计200张,每张面额500美元),在中行收发员签收后,遗失在传达室,被值班员盗窃,中央纪委驻金融系统纪检组和中国银行、工商银行、农业银行联合调查组进行了调查,追回美元旅行支票 183 张。同年,查出新疆农村信用社经济案件及违纪问题 24 件,涉案人员 24 人,涉及金额 16.97 万元。

1988 年,新疆农行系统各级行成立"打击经济犯罪的查处玩忽职守、查处重大责任事故"领导小组和办公室,重点查处经济犯罪案件。同年,农行、信用社查出 2000 元以上经济犯罪案件 44 件,其中农行 9 件,信用社 35 件,涉案 44 人;刑事处理 13 人,行政处理 14 人。

1989 年,农行新疆分行派出两个工作组到南北疆,协助辖属分支机构查处经济犯罪案件。年内,揭露查处 2000 元以上经济案件 72 件,其中农行 24 件,信用社 48 件,处理在案人员 73 人。

1991 年,建行新疆分行开始实施大案要案"四定一包"即定领导、定人员、定任务、定要求,领导包案件查处制度。同年,乌鲁木齐市邮政局头屯河区邮政分局发生储蓄复核员将金柜撬开案件,盗走现金 17.5 万元。

1992 年 7 月至 1993 年 3 月,工行新疆分行计划处处长、西域资金市场总经理雍某某利用职务之便,贪污公款 10 万元,索取贿赂 58 万元,挪用公款 3050 万元,因玩忽职守给国家造成损失近 7000 万元。上述两起大案均系由最高人民检察院、新疆高级人民检察院分别直接办案,经新疆维吾尔自治区人民检察院反贪局侦查终结。同年,农行新疆分行深挖陈案,防范新案,查处与防范相结合,挖出 1991 年前各类陈案 104 件,查处年内新案 25 件。1992 年 6 月至 1994 年 5 月,建行新疆分行副行长张某某、建行新疆分行国际业务部经理仲某某、台湾商人邱某某等人内外勾结诈骗银行大量资金。台湾商人邱某某通过与建行新疆分行劳动服务公司合资成立"新疆畅兴房地产开发有限公司"为名,骗取建行新疆分行以契约投资和发放贷款的形式,共向邱某某提供资金人民币 35403 万元,美元 2100 万元,邱某某共欠建行新疆分行资金折合人民币 1.94 亿元。1992 年,农行新疆兵团分行挖出 1991 年以前各类陈案 6 件,查处年内新案件 1 件。1992 年 2 月至 1993 年 4 月,农行新疆分行信用合作处处长连某某利用职权挪用公款 1500 万元,用于炒股和给情妇创办公司,索取、收取贿赂 173 万元。

1994 年以前,工行新疆分行的案件防范和查处工作主要以惩治腐败、打击经济领域犯罪活动以及查办大案要案为重点。这一时期,工行新疆分行累计查处各类内部经济案件 55 起,涉案金额为 280 万元。1994 年后,工行新疆分行的案件防范和查处重点围绕完善案件防范制度、组织开展专项治理、建立健全案防工作体系、严肃查处内部经济案件等方面开展工作。1994 年,农行新疆分行开展了以防诈骗、防盗窃、防抢劫、保卫银行资金安全的"三防一保"工作,各级行成立了"三防一保"领导小组,建立了由各级行长为领导的"三防一保"责任制,签订责任书。同年,中行新疆分行严肃查处了乌鲁木齐支行营业部赵某某盗用联行资金 327 万元案件。建行新疆分行立案查处 2000 元以上经济案件 10 件,全部查结,涉及金额 586.11 万元,挽回资金 77.33 万元,处理案件涉及人员 11 人。

1995 年初,农行新疆兵团分行原行长张某某结识了无业人员万某(女)和个体户凌某(女)后,多次发生权色交易。1995 年 11 月至 1997 年 4 月,农行新疆兵团分行原行长张某某利用手中的权力,以贷款和办理银行承兑汇票的形式向万某、凌某及其同伙提供大量资金,涉案金额 5155 万元。

1996年9月18日、11月4日,人行伽师县支行、于田县支行,先后发现两起金库库款被盗10万元的重大案件。同年,中行新疆分行对所属营业部何某利用电脑作案盗用资金1235万元的重大案件进行了严肃处理。建行新疆分行密切注意发案动机,研究发案特点和规律,提出防范重点,加强重要空白凭证、印章管理,对会计、出纳、储蓄、国际业务、信用卡、保卫等要害岗位执行规章制度情况进行检查和监督;全年立案查处经济案件共6件,结案后移交司法部门处理3人。

1997年,中行新疆分行注意会计、储蓄、出纳、信贷、计算机、信用卡、资金清算等重点部位和重点机构人员、重点区域时段的防查。

1998年,农发行新疆分行与下属二级分行、直属支行签订“三防一保”责任书,制定下发了安全保卫奖惩条例和量化考核标准及营业部运钞、守库操作规程,投入300多万元为营业机构安装了电视监控设备。同年6月7日,农行新疆塔城兵团支行发生建设街分理处主任刘某某伙同他人携款35.73万元潜逃案件。同年11月27日,农行新疆五家渠兵团分行新湖支行金库发生20万元短款案件。到2005年执法监察共查处案件5起,涉案人员8人,涉及金额1123.73万元,追回金额1095.73万元,共处理党纪政纪人员16人次,5人被司法机关依法审判。同年,吐鲁番、库车、福海、石河子等邮电局连续发生冒领储蓄存款、截留汇款通知单、伪造证件取款、挪用汇款、盗窃储蓄款等案件,金额达26.72万元。同年,查处原乌鲁木齐县联社主任张某某挪用信用社资金3028.05万元,以联社名义违规提供经济担保3872万元,违规向联社办“三产”注入资金9117.40万元的重大案件,经过稽核监察部门的反复认真稽查,核实犯罪事实,移交司法机关处理。

2000年,农发行新疆分行针对农发行石河子兵团分行发生孟某某挪用381.5万元资金炒股案,农发行新疆分行迅速在全辖集中开展警示教育,从自身查找管理漏洞。

2001年,人行乌鲁木齐中心支行成立专项检查组,对5家国有商业银行和1家股份制银行自1991年1月1日至2001年5月31日,累计办理银行承兑汇票、贴现、转贴现及再贴现业务进行了检查。两年中,成功堵截用银行汇票诈骗案16起,涉及金额3973.25万元人民币,300万港元、350万美元。同年,农行新疆分行执法监察共查处违规案件347起,涉及金额2430.5万元,全年处理违规人员237人次。查处重大经济犯罪案4件。3人移交司法部处理,1人携款外逃。伊犁霍城县邮政局城西支局储汇营业员携储蓄款38.3万元外逃。新疆邮政储汇局对全疆90个市县邮政局,581个邮政储蓄网点,1148个邮政汇兑网点的金库现金管理、安防设施建设运行、邮政储蓄、汇兑基本规章制度的执行落实和自查发现安全隐患的整改落实情况进行了全面检查。

2002年,建行新疆分行印发《中国建设银行新疆区分行案件防范责任制实施办法(试行)》和《中国建设银行新疆区分行员工违规违纪知情报告责任制实施办法》。同年10月28日,招商银行乌鲁木齐分行堵截一起假银行承兑汇票诈骗案。霍城邮政局一员工贪污94万元。

2003年,独山子邮政局一员工盗窃金库携款85万元潜逃。

2004年9月7日,新疆银监局会同哈密地区公安部门查处哈密市城郊农村信用合作社新西分社会计王某某、出纳尉某与社会不法人员内外勾结,挪用、侵占信用社资金1.45亿元,此案涉及哈密市城郊农村信用合作社西门分社原主任尉某某挪用310万元资金案件;

哈密市农村信用合作联社雅满苏分社原主任魏某、出纳刘某共同挪用33万元资金案件,出纳刘某侵占110万元资金案件;哈密市城郊农村信用合作社新西分社原主任雒某某职务侵占21万元资金案件;哈密市城郊农村信用合作社原主任杨某某、营业部主任孙某某隐匿、故意销毁会计凭证案件;哈密市城郊农村信用合作社西门分社、新西分社原临时工史某职务侵占、挪用20万元资金案件;哈密市城市信用合作社原主任胡某某、副主任周某挪用350万元资金案件;哈密市农村信用合作联社大泉湾信用社原主任王某某伪造金融票据、挪用、职务侵占1736万元资金案件。涉案人员全部移交司法部门追究法律责任。同年,农发行新疆分行在农发行霍城县支行开展效能执法监察试点的基础上,伊犁、喀什、昌吉、阿克苏、巴音郭楞州5个二级分行分别完成了1个县级支行的效能监察试点;对阿勒泰、塔城、克拉玛依、吐鲁番、和田、巴音郭楞州6个二级分行进行了执法监察。工行新疆分行案件呈逐年下降趋势,发案数量由最高时的11件降低到2004年的1件。

2005年4月4日,新疆银监局转发中国银监会《商业银行和农村信用社案件专项治理工作方案》,要求按照专项治理工作的三个步骤,切实加强农村信用社的管理,坚决遏制案件多发势头。同年,工行新疆分行纪委监察室对历年来案件垫款情况进行了摸底调查,共计清理5起案件垫款422余万元,并整理了相关资料,报上级行核销。建行新疆分行下发《中国建设银行股份有限公司新疆分行案件防范奖惩管理规定》。奎屯邮政局一出纳员盗窃金库邮政金融资金96.05万元潜逃。新疆银监局、交通银行乌鲁木齐分行、华夏银行乌鲁木齐分行组建后,到2005年末未发生违法违纪案件。

1986—2005年新疆金融系统违法违纪案件情况

表10—13 单位:件,人

年份	案件数量	涉案人数	涉案金额（万元）	追回金额（万元）	人员处理情况		
					党纪	政纪	刑事
1986	113	113	145.34	89.51	1	17	19
1987	65	67	148.22	54.55	1	22	12
1988	91	94	137.93	53.59	2	47	22
1989	143	143	364.49	147.51	6	47	43
1990	124	130	830.90	357.10	5	73	30
1991	120	125	431.70	255.30	1	58	15
1992	197	197	303.42	159.48	2	100	33
1993	79	79	215.69	155.84	1	44	18
1994	72	74	1572.42	1362.28	0	58	50
1995	53	54	21878.55	599.60	1	26	14
1996	57	61	2438.96	1306.64	11	41	6
1997	69	87	40878.86	11312.37	8	41	8
1998	75	79	13200.13	853.09	3	50	7

注:1. 1986—1998年,记录内容为全疆金融系统发案情况;2. 1999—2005年,记录内容为人民银行乌鲁木齐中心支行发案情况,案件数量为"零"。

1996—2005 年新疆农发行系统违法违纪案件情况

表 10—14　　　　　　　　　　　　　　　　　　　　　　　　　　　　　单位:件,人

年份	案件数量	涉案人数	涉案金额（万元）	追回金额（万元）	人员处理情况		
					党纪	政纪	刑事
1996	1	1	—	—	—	1	—
1997	1	1	—	—	—	1	—
1998	1	1	2.5	2.5	1	—	1
1999	1	1	3.8	—	1	1	1
2000	2	6	381	252.3	1	5	1
2001	2	2	4.3	4.3	1	2	1
2002	1	1	1.2	1.2	—	1	1
2003	—	—	—	—	—	—	—
2004	2	—	4.9	—	2	6	2
2005	—	—	—	—	—	—	—

1986—2005 年新疆工行系统违法违纪案件情况

表 10—15　　　　　　　　　　　　　　　　　　　　　　　　　　　　　单位:件,人

年份	案件数量	涉案人数	涉案金额（万元）	追回金额（万元）	人员处理情况		
					党纪	政纪	刑事
1986	6	6	15.9	15.9	—	6	5
1987	8	8	35.7	11.1	—	6	7
1988	5	5	34.7	26.2	—	3	5
1989	11	11	42	28.3	3	9	8
1990	5	5	29.3	26.5	—	5	2
1991	11	11	60.6	59	3	8	7
1992	1	1	0.9	0.9	—	1	—
1993	2	2	13.4	13.4	1	1	1
1994	6	6	47.9	29.9	1	6	6
1995	5	5	149.5	145.3	—	5	2
1996	7	7	89.3	57.1	1	7	3
1997	5	5	111	38.8	1	5	1
1998	4	4	649.6	405	—	14	2
1999	6	6	208.8	35.1	—	24	3
2000	1	1	40.8	—	—	1	1
2001	1	1	6.6	6.6	1	1	1
2002	3	3	8.2	8.2	—	3	1
2003	1	1	18	18	—	1	
2004	2	2	135.2	26.2	—	19	2
2005	0	0	0	0	0	0	0

1986—2005 年新疆农行系统违法违纪案件情况

表 10－16　　　　　　　　　　　　　　　　　　　　　　　　　　单位:件,人

年份	案件数量	涉案人数	涉案金额（万元）	追回金额（万元）	人员处理情况		
					党纪	政纪	刑事
1986	10	10	37.49	25.88	1	10	5
1987	56	56	98.80	—	56	—	—
1988	28	28	95.07	32.45	—	27	13
1989	64	65	174.90	87.00	—	65	26
1990	21	21	268.44	94.09	—	21	4
1991	24	24	196.15	90.42	—	24	3
1992	25	25	236.79	157.40	—	25	10
1993	28	38	141.00	97.02	—	25	—
1994	33	33	569.32	560.74	—	33	—
1995	21	21	2193.90	1268.30	—	21	—
1996	21	21	324.40	158.30	—	21	21
1997	6	6	359.29	158.29	2	6	1
1998	8	8	1276.13	134.32	1	6	1
1999	9	9	437.29	59.28	2	8	5
2000	5	5	151.77	78.93	1	5	5
2001	7	7	558.51	24.01	1	7	6
2002	3	3	307.71	39.90	—	3	2
2003	0	0	0	0	0	0	0
2004	4	4	112.24	12.67	2	4	4
2005	9	9	23329.63	2236.83	3	9	6

注:1987—1996 年表中数字包括全疆农村信用社。

1986—2005 年新疆中行系统违法违纪案件情况

表 10－17　　　　　　　　　　　　　　　　　　　　　　　　　　单位:件,人

年份	案件数量	涉案人数	涉案金额（万元）	追回金额（万元）	人员处理情况		
					党纪	政纪	刑事
1994	2	2	330.68	249.78	—	2	2
1995	1	1	20	0	—	1	1
1996	1	1	1235	575	—	—	1
1997	2	2	265.4	82.1	2	2	2
1998	1	1	65.4	65.4	1	1	1
1999	—	—	—	—	—	—	—
2000	2	2	950	487	1	2	1
2001	3	3	64.14	16.93	—	3	1
2002	4	4	828.77	115.26		4	4

注:1986—1993 年,2003—2005 年,案件数量为"零"。

1986—2005 年新疆建行系统违法违纪案件情况

表 10—18   单位:件,人

年份	案件数量	涉案人数	涉案金额 (万元)	追回金额 (万元)	人员处理情况		
					党纪	政纪	刑事
1986	2	3	0.41	0.08	—	2	1
1987	1	1	—	—	1	1	—
1988	3	3	44.1	—		2	1
1989	12	12	355.2	205.2	—	9	3
1990	15	16	200	200	1	11	4
1991	—						
1992	7	9	201.84	171.84	4	5	
1993	7	—	23.9	23.9		—	1
1994	10	11	586.11	577.33	—	9	2
1995	6	6	144.6	141		5	1
1996	7	7	104.2	57.8	2	4	3
1997	2	3	351.7	353.1	—	3	1
1998	2	3	4.2	4.2	—	3	3
1999	1	3	80	78.3	—		1
2000	—	—	—	—			
2001	1	1	65.6	65.6	—	1	1
2002	2	2	61.8	47.8		1	1

注:2003—2005 年,案件数量为"零"。

1992—2005 年新疆兵团农行系统违法违纪案件情况

表 10—19   单位:件,人

年份	案件数量	涉案人数	涉案金额 (万元)	追回金额 (万元)	人员处理情况		
					党纪	政纪	刑事
1995	1	2	68	60	2	2	2
1996	—						
1997	1	3	1000	1000	3	3	3
1998	2	3	56	36	2	5	2
1999	—		—				
2000	1		20				

注:1992—1994 年,2001—2005 年,案件数量为"零"。

1990—2005 年新疆邮政储汇局系统违法违纪案件情况

表 10—20　　　　　　　　　　　　　　　　　　　　　　　　　　单位：件，人

年份	案件数量	涉案人数	涉案金额（万元）	追回金额（万元）	人员处理情况		
					党纪	政纪	刑事
1990	1	1	1.33	1.33	—	—	1
1991	1	1	0.83	0.83	—	—	1
1992	1	1	17.50	—	—	—	1
1993	—						
1994	—						
1995	1	1	3	3	—	—	1
1996	5	5	11.68	9.70	—	—	—
1997	1	1	6.55		—	—	—
1998	4	4	26.72	5.43	—	—	—
1999	1	1	2.49		—	—	—
2000	4	4	14.40	3.60	—	—	1
2001	1	1	38		—	—	1
2002	2	2	113	17.10	—	—	—
2003	1	1	85	50	—	—	—
2004	3	3	22.18	4.60	—	—	2
2005	1	1	96.05	12.77	—	—	1

四、执法监察与效能监察

执法监察是纪检监察部门按照一定程序，对监察对象执行国家法律、法规、政策情况进行的监督检查。效能监察是纪检监察部门按一定程序，对监察对象尽职尽责、履职效率、工作效果、管理质量和经营效益等方面情况进行的监督检查。前者更注重监察对象履职过程的合法合规，后者更注重监察对象履职的综合表现和实际效果。新疆银行业的执法监察和效能监察大体经历了三个阶段：1990—1994 年为试点起步阶段；1995—1999 年为规范发展阶段；2000—2005 年为执法监察向效能监察过渡阶段。

1990 年开始，新疆银行业机构按照准备、实施、报告、处理、跟踪整改、档案整理六个阶段开展执法监察工作。在开始的几年中，围绕金融秩序的治理整顿，着重对有章不循、有法不依，无组织、无纪律的违法违纪行为，以及严重官僚主义，失职、渎职给金融资产造成重大损失的问题进行执法监察。特别是在监督检查汇票、信用担保、不良贷款、拆借资金等业务方面，以及执行规章制度不严、违章操作、业务管理松弛等环节进行制止和纠正。

1995 年，各国有商业银行和全国性股份制银行在新疆的分支机构按照各自总行的要求，重点抓了领导干部维护民主集中制和执行金融方针政策的执法监察。

1996年,新疆银行业机构陆续制订了《执法监察工作实施方案》,统一监察的内容、标准、程序、方法、时间和要求,并抓了落实。

2000年,从执法监察转变为效能监察,新疆银行系统选择基层机构、基层机构负责人的工作效率、经营情况和贷前、贷中管理作为效能监察的立项内容,特别是在处理管理与经营事务中的效率和效益问题开展监察。

2004年,新疆银行业机构借鉴以往执法监察和效能监察工作经验,围绕不良资产处置的合规性和发生案件单位的整改及责任追究情况开展效能监察。有力地促进了被监察对象在改善经营管理、提高管理效能、履行管理职责和群众参与意识方面的提高。

五、行风建设

1989年,新疆维吾尔自治区金融系统监察专员办公室制定了《金融系统监察室工作目标管理考核办法》,加强对各地州市金融系统监察室、新疆银行学校监察室的管理考核。

1990年,新疆维吾尔自治区纪委驻金融系统纪检组、监察专员办公室执行"公开办事制度,公开办事结果,充分发挥群众民主监督"制度。

1991年,农行新疆分行、农行新疆兵团分行召开农行系统"纠风"工作会议,要求各级中心支行、县支行在当地纪检监察部门领导下,集中人力,有计划、有步骤开展"纠风"工作,设立"纠风"领导小组和办公室。

1993年,全疆人行系统在与经济实体脱钩工作中,有2个金融性公司和60个第三产业性公司全部脱钩。同年,工行新疆分行全面贯彻国务院关于整顿金融秩序的"约法三章",对违章拆借资金进行全面清理,对擅自提高或变相提高存、贷款利率和乱收费的问题进行了纠正,对自办公司进行了清理整顿,限期脱钩和撤销关闭,清理4个金融公司(1个撤并、1个合并、2个在人、财、物方面彻底脱钩);15个全实业性公司彻底脱钩,并签订了脱钩协议。

1994年,建行新疆分行在全系统开展优质文明服务、创建"青年文明号""青年岗位能手""文明单位""文明窗口"等活动,促进行风进一步好转。

1996年,农发行新疆分行成立了纠正行业不正之风工作领导小组。

1997年,人行新疆分行在全疆金融系统建立纠风目标责任制,签订纠风目标责任书。

1998年,人行新疆分行会同新疆七行、四司研究制定了《新疆金融系统服务承诺公约》,在全疆金融系统全面推进社会服务承诺工作。

1999年,农发行新疆分行部分机构与企业签订了《收购服务工作责任书》,聘请了社会监督员。

2001年开始,建行新疆分行在全行持续开展学习先进典型李向党和创建"向党工作站""向党标兵"活动,行风建设效果显著,全行服务质量、服务效率、服务水平和服务技巧明显提高。

2002年6月26日,建行新疆分行党委下发《关于在全行大力开展"严格、规范、谨慎、诚信、创新"十字行风建设活动的意见》,按照十字行风建设总体要求,建立并完善了"纠、评、促"的行风建设工作机制。

2003年,人行乌鲁木齐中心支行认真开展行业作风建设和纠风工作,制定印发了《纠风和行业作风建设工作实施意见》,按照"八个坚持,八个反对",着力解决思想作风、工作作风、领导作风和干部生活作风方面的突出问题。

2004年,新疆银监局出台了《对现场检查人员实行再监督的暂行办法》,制作了"新疆银监局现场检查人员执行纪律情况征求意见卡",由现场检查组进入现场时携带并交被检查单位,被检查单位在检查组离开后5个工作日内填列意见,寄送新疆银监局。

2005年,人行乌鲁木齐中心支行制定了《人民银行乌鲁木齐中心支行纠风和加强行业建设工作实施意见》,结合新特点,坚持"纠建并举,以建为主"的方针,增强服务意识、端正服务态度、规范服务言行,不断加强行业作风建设。

第十一篇　教育与科技

　　为提高金融从业者素质，促进金融组织、金融产品和金融服务创新，并在全体公民中进行信用教育、防诈骗教育和介绍居民理财产品，普及金融基础知识，宣传国家的金融体制和金融政策，提高公民金融意识，维护金融稳定与安全。1986—2005年，新疆银行业金融机构先后举办各种类型和内容的培训班，中高层管理人员积极参加培训，对提高金融机构的经营管理水平发挥了积极的作用；此外，为推动金融领域的交流和促进金融业的改革与发展，先后举办了不同主题的论坛、研讨会与讲座，如20世纪90年代曾多次举办的"跨世纪金融人才培养研讨会"、2000年后连续举办的"金融人才论坛"以及根据不同热点问题举办的专题讲座等。

　　新疆银行业金融机构信息技术的应用与建设，也是从无到有、从小到大，其间经历了起步、发展、腾飞三个阶段，即由单机版到多用户联机版，从"286"微机到"586"直至卫星网络系统。电子信息涵盖并渗透到货币信贷、支付结算、风险监控、产品创新、公文运转等银行业经营管理的各个领域，为新疆银行业的蓬勃、健康发展作出了积极贡献。

第一章　职工文化教育与技能培训

新疆银行业职工文化教育实践形成了自身鲜明的特色。1986—2005 年,新疆银行业职工文化教育在推进模式上,基本形成了"党委领导、行政支持、工会组织、网点搭台、多方参与、职工受益"的新型职工教育模式;在学习形式上,引入了现代远程开放教育模式,改变了职工以行为表现的学习方式,方便了职工学习;在学习网络上,形成了工作网点、学习内容和学习小组的三级培训网络,培养职工自主学习的能力;在培训架构上,实现了以通用能力培训为起点和基础,劳动保障部门技能培训续接和学历教育为后续和延伸,在续接的同时享受相应的岗位技能培训和学历教育当量替换学分等优惠政策。

素质教育工程面向全疆广大银行业职工,共分为通用能力培训(含岗位技能培训)、学历教育两个阶段。通用能力培训阶段为素质教育工程的核心和重点。技能培训是提高职工技能的一个重要手段。岗位技能培训、学历教育阶段是通用能力培训阶段的重要组成部分和延伸。素质教育工程的全面实施开创了员工教育的新模式,为工作在一线的职工搭建了学习、提高的平台,使每一个职工都有机会参加教育,从根本上维护了职工的经济、政治和文化权益,为职工终身学习创造了条件。

第一节　职工学历教育

新疆银行业职工学历教育主要依托疆内外大中专院校,通过联合办学、委托培养和自费学习等多种方式,对管理人员和普通职工分别实施针对性的教育方案,培养了大批具有大中专学历的金融从业人员。

1985 年起,工行针对新入行人员大多为中专以下学历人员,文化水平偏低的状况,工行总行连续 3 年召开了三次全行职工教育工作会议,重点研究部署如何利用所属教育基地开展员工成人教育,加快学历教育步伐。在职工学历教育中,工行新疆分行坚持自费、业余、自学为主的原则,控制脱产学历教育规模。中专学校开办一年制干部进修班,进行中专学历教育;选送一部分业务骨干到社会金融类大专院校进行一年或两年脱产学习,取得相应文凭。同时鼓励各级行充分利用社会办学条件,广开学路,进行文化补习,参加各种电大班、函授班、自学考试、业余大学、专业证书班等,鼓励自学成才,支持和帮助职工通过业余自学取得较高学历,提高和改善了全行员工队伍的文化素质和知识结构。其间,农行新疆分行陆续在新疆伊犁、石河子、喀什等十个地州建立了干部学校或培训中心,常年从事职工文化和专业技能培训工作。

1986 年,建行新疆分行采取定向委托培养、自费教育等形式,先后委托东北财经大学、新疆财经学院、新疆财政学校、新疆电大、常州财经学校、哈尔滨投资专科学校、新疆各地州市财政学校开办学制三年和两年的大中专班,培养了多名基建财务、项目评估、工程概算、审计、经济管理、计算机、会计等专业人才,在大中专院校、干部培训班学习培训的职工达 228 人,其中专科 60 人、电大 30 人、函授 3 人、夜大 5 人、中专 133 人,占职工总数的 15％。同年,新疆邮电学校恢复开办,针对邮政储蓄需要大量邮政金融专业人才的情况,新疆邮政储汇局在全疆举办了邮政储蓄、汇兑、会计、金融、《邮政法》5 门单科函授教育,经考试,领取结业证的达 600 余人。

1987—1992 年,中行新疆分行提出了"教育兴行",主要抓职工文化培训与学历教育,对取得学历毕业证的人员报销相应的学费,促使干部员工分别达到应有的文化水平。

1988 年,工行新疆分行根据国家教委《关于改革和发展成人教育的决定》精神,开始逐步向岗位技能培训上转移,坚持自费、业余、自学为主的原则,控制脱产学历教育规模。中专学校开办一年制干部进修班,进行中专学历教育;选送部分业务骨干到社会金融类大专院校进行一年或两年脱产学习,取得相应文凭。同时,鼓励各行充分利用社会办学条件,广开学路,进行文化补习,参加各种电大班、函授班、自学考试、业余大学、专业证书班等,鼓励自学成才,支持和帮助职工通过业余自学取得较高学历。同年,新疆农村信用合作社的业务骨干经考核选送到农行干校学习的有 118 人,其中脱产参加大专班的 1 人、中专 110 人。参加各种金融函授班的有 300 余人。

1989 年,新疆邮电干部学校招收了邮政汇兑业务学生,学制 3 年。

1991 年,农行新疆分行印发《关于对信用社职工实行自学奖励办法》,鼓励农村信用合作社的职工以自学的方式获取文凭,并对通过参加自学取得文凭的职工进行奖励。同年,建行新疆分行在校学习人数 79 人,其中五大学习的 65 人、干部进修专科学习的 11 人、中专学习的 3 人,当年从学校毕业人数 149 人,其中五大毕业 23 人、干部进修专科毕业 8 人、中专毕业 42 人、取得大专毕业证书的 42 人、取得中专毕业证书的 34 人。1991—1998 年,新疆邮电学校共招收邮政金融技工班 8 个,专门为新疆邮政储汇系统培养学生 397 名。

1992 年前,中行新疆分行在加快机构网点建设的过程中,调入和吸收了大量的外系统人员以及复转退伍军人,其文化程度相对较低。1992 年后,中行新疆分行鼓励干部职工参加夜大、职大、电大、函大等文化学历的学习,在学习过程中准予干部员工一定的假期,参加各种文化学习和集中辅导,对取得学历毕业证的人员报销相应的学费等。1992—1994 年,新疆邮电技工学校招收邮政储蓄技工班 2 个共 100 人。1992—2005 年,农行新疆兵团分行通过择优选派、院校统招、委托培养等形式,委托陕西财经学院、中央财经大学、新疆财经学院等院校,培养了一批处、科级干部取得成人大专以上学历教育。鼓励员工通过成人函授、自学考试等形式,参加 MBA、本科、专科学历的继续教育,以改善员工的学历结构。

1994 年,为提高退役士兵的文化水平和银行业务操作能力,建行新疆分行先后选送部分部队退伍职工到哈尔滨高等投资专科学校和常州中等财经学校进行金融、会计和计算机三个专业、学制两年的大专学习,并采取对外合作学历教育形式,选派优秀基层管理人员到厦门大学、武汉大学进行金融专升本在职教育。到 1994 年末,农行新疆分行累计投入日常教育经费 1200 多万元。培养各民族中专毕业生 1984 人,大专毕业生 1230 人,短期技术培训员工 3 万多人次。

1995 年,中行新疆分行鼓励员工参加了相关高校研究生的学习,掌握现代国际贸易金融理论知识和现代科学管理知识,提高经营管理能力。

　　1996—1998 年,"行社脱钩"后,新疆农金体改办、人行新疆分行非常重视新疆农村信用合作社职工的学历教育工作。人行新疆分行农金处为提高农村信用社员工文化、干部素质,组织新疆农村信用社系统干部、职工报考成人高等学校。脱产专科共 28 名,其中经济专业 6 名、金融专业 22 名。还分别选送了 22 名和 45 名优秀中青年信用社员工到金融院校和计算机专业证书班进修,全疆 130 名农村信用合作社员工参加了新疆财院金融函授大专进修学习。

　　2001 年,乌鲁木齐市商业银行根据业务发展需要,除招聘金融、会计、法律等专业的优秀大学生外,还不断鼓励员工通过自考或参加成人教育获得国家教育部门承认更高学历,并在《乌鲁木齐市商业银行工资管理办法》中将员工学历与工资待遇直接挂钩。

　　2003 年,招商银行乌鲁木齐分行在本科及以上学历占全行 60％以上的基础上,不断鼓励员工利用业务时间参加函授大学、自学考试、业余大学、专业资格培训班等,取得更高学历,获得专业资格证书,提高学历水平及综合素养。

　　2004 年,乌鲁木齐市商业银行年末共拥有硕士 39 人,本科 249 人,大专 535 人,为提高经营管理水平和服务质量奠定了人才基础。

　　2005 年,为全面提高新疆农村信用社员工的综合素质,规范员工学历管理,新疆农村信用合作管理办公室印发《关于做好新疆农村信用社学历教育的通知》,新疆银监局信合办委托新疆财经学院成人教育学院,对全疆农村信用社学历达不到规定的员工进行学历教育。同年,华夏银行乌鲁木齐分行根据华夏银行总行《关于在全行进行基层机构负责人统考的通知》精神,积极开展基层机构负责人统考前辅导工作,经过统筹组织和安排,顺利完成了基层机构负责人统考任务。同年末,农行新疆分行共有研究生以上学历的员工 14 人,大学本科 1409 人,大专 2818 人,中专 947 人,中专以上文化程度员工占员工总数的 84％。

1986—2005 年人行新疆分行职工学历构成

表 11－1　　　　　　　　　　　　　　　　　　　　　　　　　　　　单位:人,％

年份	职工总数	学历									
		研究生以上	占比	本科	占比	大专	占比	中专	占比	高中(含)以下	占比
1986	1872	—	—	—	—	—	—	—	—	—	—
1990	3896	—	—	—	—	—	—	—	—	—	—
1991	4089	3	0.1	230	5.6	770	18.8	1371	33.5	1715	41.9
1992	4297	3	0.1	269	6.3	866	20.2	1422	33.1	1737	40.4
1993	4874	5	0.1	1298	26.6	—	0.0	1395	28.6	2176	44.6
1995	4810	—	—	—	—	—	—	—	—	—	—
1997	4882	17	0.3	348	7.1	1749	35.8	1412	28.9	1356	27.8
1998	4770	17	0.4	379	7.9	1852	38.8	1309	27.4	1213	25.4
2000	4070	—	—	—	—	—	—	—	—	—	—
2001	4039	—	—	—	—	—	—	—	—	—	—

表 11—1 续

年份	职工总数	学历									
		研究生以上	占比	本科	占比	大专	占比	中专	占比	高中(含)以下	占比
2002	4058	—	—	—	—	—	—	—	—	—	—
2003	3290	—	—	—	—	—	—	—	—	—	—
2004	3192	—	—	—	—	—	—	—	—	—	—
2005	3089	—	—	—	—	—	—	—	—	—	—

　　注：因资料不全，有些年份数据缺失，本表仅反映部分年份的数据(以下同)。

2003—2005 年新疆银监局职工学历构成

表 11—2　　　　　　　　　　　　　　　　　　　　　　　单位：人，%

年份	职工总数	学历									
		研究生以上	占比	本科	占比	大专	占比	中专	占比	高中(含)以下	占比
2003	853	—	—	—	—	—	—	—	—	—	—
2004	853	—	—	—	—	—	—	—	—	—	—
2005	863	—	—	—	—	—	—	—	—	—	—

1986—2005 年农发行新疆分行职工学历构成

表 11—3　　　　　　　　　　　　　　　　　　　　　　　单位：人，%

年份	职工总数	学历									
		研究生以上	占比	本科	占比	大专	占比	中专	占比	高中(含)以下	占比
1995	65	1	1.5	8	12.3	32	49.2	10	15.4	5	7.7
1996	81	2	2.5	19	23.5	33	40.7	9	11.1	10	12.4
1997	1809	3	0.2	62	3.4	482	26.6	549	30.4	405	22.4
1998	1724	2	0.1	65	3.7	564	32.4	535	31.0	351	20.4
1999	1761	3	0.1	81	4.6	604	34.3	525	29.8	340	19.3
2000	1788	3	0.1	83	4.6	609	34.1	525	29.4	341	19.1
2001	1777	7	0.4	149	8.4	756	42.5	469	26.4	262	14.7
2002	1805	8	0.4	186	10.3	835	46.3	415	23.0	238	13.2
2003	1846	20	1.1	261	14.1	905	49.0	344	18.6	196	10.6
2004	1844	20	1.1	384	20.8	858	46.5	307	16.7	178	9.7
2005	1832	21	1.1	445	24.3	830	45.3	276	15.1	167	9.1

1986—2005 年工行新疆分行职工学历构成

表 11—4   单位:人,%

年份	职工总数	学历									
		研究生以上	占比	本科	占比	大专	占比	中专	占比	高中(含)以下	占比
1986	10014	—	—	—	—	—	—	—	—	—	—
1987	10494	—	—	—	—	630	6.0	2179	20.8	7685	73.2
1988	11070										
1989	11387	—	—	172	1.5	1206	10.5	2569	22.6	7440	65.3
1990	11630	—	—	212	1.8	1272	10.9	3215	27.6	6931	59.6
1991	11854	—	—	252	2.1	1550	13.1	3454	29.1	6598	55.7
1992	12254	—	—	—	—	—		—		—	
1993	12741	—	—	—	—	—		—		—	
1994	12791	—	—	—	—	—		—		—	
1995	12854	—	—	—	—	—		—		—	
1996	12553	—	—	—	—	—		—		—	
1997	12111	—	—	—	—	—		—		—	
1998	11902	—	—	—	—	—		—		—	
1999	11766	—	—	—	—	—		—		—	
2000	10391	—	—	—	—	—		—		—	
2001	10741	40	0.4	862	8.0	4598	42.8	2404	22.4	2837	26.4
2002	9737	38	0.4	1235	12.7	4564	46.9	1823	18.7	2077	21.3
2003	9187	12	0.1	1628	17.7	4540	49.4	1454	15.8	1553	16.9
2004	8748	14	1.6	2055	23.5	4226	48.3	1214	13.9	1239	14.2
2005	8304	18	2.2	2179	26.2	4159	50.1	737	8.9	1211	14.6

1989—2005 年农行新疆分行职工学历构成

表 11—5   单位:人,%

年份	职工总数	学历									
		研究生以上	占比	本科	占比	大专	占比	中专	占比	高中(含)以下	占比
1989	10014	—	—	—	—	1250	11.4	2338	21.3	6426	58.4
1990	11260	—	—	—	—	1614	14.3	2955	26.0	5699	51.0
1991	9917	1	0.0	228	2.3	1359	13.7	3240	32.7	5087	51.3
1992	12511	—	—	282	2.3	1688	13.5	3918	31.3	6623	52.9
1993	11477	3	0.0	323	2.8	1936	16.9	4125	35.9	5090	44.4
1994	13760	—	—	367	2.7	2212	16.1	4395	31.9	6783	49.3
1995	13913	3	0.0	424	3.0	2944	21.2	4684	33.7	5858	42.1

表 11—5 续

年份	职工总数	学历									
		研究生以上	占比	本科	占比	大专	占比	中专	占比	高中（含）以下	占比
1999	—	—	—	—	—	3031	37.3	2448	30.1	2656	32.7
2000	8161	8	0.0	659	8.1	2734	33.5	2284	28.0	2476	30.3
2001	7096	4	0.0	554	7.8	2724	38.4	1954	27.5	1860	26.1
2002	6436	5	0.0	740	11.5	2854	44.3	1504	23.4	1333	20.7
2003	6349	5	0.0	948	14.9	2888	45.5	1318	20.8	1190	18.7
2004	6215	—	—	1205	19.4	2915	46.9	1071	17.2	1018	16.4
2005	6156	14	0.2	1409	22.9	2818	46.4	947	15.4	928	15.1

1986—2005 年中行新疆分行职工学历构成

表 11—6

单位：人，%

年份	职工总数	学历									
		研究生以上	占比	本科	占比	大专	占比	中专	占比	高中（含）以下	占比
1986	118	—	—	19	16.1	33	28.0	24	20.3	42	35.6
1987	160	—	—	24	15.0	37	23.1	37	23.1	62	38.8
1988	291	—	—	34	11.7	63	21.7	88	30.2	106	36.4
1989	376	—	—	39	10.4	84	22.3	116	30.9	137	36.4
1990	565	2	0.4	52	9.2	124	22.0	162	28.7	225	39.8
1991	734	2	0.3	78	10.6	158	21.5	287	39.1	209	28.5
1992	1340	2	0.2	118	8.8	350	26.1	451	33.7	419	31.3
1993	1809	2	0.1	168	9.3	496	27.4	594	32.8	549	30.4
1994	2295	3	0.1	208	9.1	662	28.9	735	32.0	687	29.9
1995	2737	3	0.1	253	9.2	784	28.6	751	27.4	946	34.6
1996	2777	3	0.1	269	9.7	857	30.9	723	26.0	925	33.3
1997	2796	5	0.2	303	10.8	938	33.6	693	24.8	857	30.7
1998	2914	8	0.3	344	11.8	1020	35.0	608	20.9	934	32.1
1999	2842	7	0.3	359	12.6	1118	39.3	569	20.0	789	27.8
2000	2832	7	0.3	396	14.0	1331	47.0	753	16.0	645	22.8
2001	2472	7	0.3	387	15.7	1199	48.5	373	15.1	506	20.5
2002	2419	2	0.1	419	17.3	1298	53.5	351	14.5	352	14.6
2003	2586	6	0.2	612	23.7	1242	48.0	315	12.2	411	15.9
2004	2435	9	0.4	753	30.9	1158	47.6	227	9.3	288	11.8
2005	3300	13	0.4	890	27.0	1512	45.8	418	12.7	467	14.2

1986—2005 年建行新疆分行职工学历构成

表 11-7　　　　　　　　　　　　　　　　　　　　　　　　　　　　　　单位:人,%

年份	职工总数	学历									
		研究生以上	占比	本科	占比	大专	占比	中专	占比	高中(含)以下	占比
1986	1550	—	—	54	3.5	145	9.3	475	30.7	876	56.5
1987	2060	—	—	85	4.1	237	11.5	641	31.1	1097	53.3
1988	3006	1	0.0	117	3.9	497	16.5	949	31.6	1442	48.0
1989	3476	1	0.0	124	3.6	547	15.7	1171	33.7	1633	47.0
1990	4513	1	0.0	140	3.1	720	16.0	1468	32.5	2184	48.4
1991	5692	2	0.0	181	3.2	1006	17.7	1760	30.9	2743	48.2
1992	6481	3	0.1	273	4.2	1274	19.7	1957	30.2	2974	45.9
1993	7530	6	0.1	381	5.1	1595	21.2	2173	28.9	3375	44.8
1994	7833	7	0.1	435	5.6	1778	22.7	2266	28.9	3347	42.7
1995	8017	9	0.1	466	5.8	1976	24.7	2181	27.2	3385	42.2
1996	7893	11	0.1	511	6.5	2295	29.0	1976	25.0	3100	39.3
1997	7565	12	0.2	559	7.4	2483	32.8	1846	24.4	2665	35.2
1998	7066	13	0.2	564	8.0	2614	37.0	1676	23.7	2199	31.1
1999	7000	14	0.2	699	10.0	2778	39.7	1533	21.9	1976	28.2
2000	6919	17	0.3	755	10.9	2910	42.1	1425	20.6	1812	26.2
2001	6868	20	0.3	823	12.0	3123	45.5	1292	18.8	1610	23.4
2002	6909	22	0.3	920	13.3	3378	48.9	1091	15.8	1498	21.7
2003	5856	25	0.4	1254	21.4	2822	48.2	746	12.7	1009	17.2
2004	4479	27	0.6	1472	32.9	1945	43.4	391	8.7	644	14.4
2005	5588	31	0.6	1655	29.6	1821	32.6	288	5.2	1791	32.1

1992—2005 年农行新疆兵团分行职工学历构成

表 11-8　　　　　　　　　　　　　　　　　　　　　　　　　　　　　　单位:人,%

年份	职工总数	学历									
		研究生以上	占比	本科	占比	大专	占比	中专	占比	高中(含)以下	占比
1992	2173	—	—	225	11.5	812	37.0	788	36.2	348	15.3
1993	2258	—	—	261	11.6	885	39.1	796	35.2	316	14.1
1994	2377	1	0.0	289	12.2	906	38.1	893	37.5	289	12.2
1995	2492	2	0.0	309	12.4	933	37.4	901	36.1	349	14.1
1996	2589	2	0.0	316	12.3	951	36.7	912	35.2	410	15.8

表 11-8 续

年份	职工总数	学历									
		研究生以上	占比	本科	占比	大专	占比	中专	占比	高中(含)以下	占比
1997	2611	1	0.0	332	12.7	988	37.8	932	35.6	359	13.9
1998	2638	3	0.1	367	13.9	1006	38.1	938	35.5	327	12.5
1999	2707	3	0.1	389	14.4	1010	37.3	938	34.6	370	13.7
2000	2710	5	0.2	451	16.6	1025	37.8	941	34.7	293	10.9
2001	2799	2	0.1	329	11.8	1106	39.5	946	33.7	418	15.0
2002	2801	3	0.1	572	20.4	1165	41.5	955	34.0	109	4.1
2003	2891	5	0.2	733	25.3	1189	41.1	953	32.9	16	0.7
2004	3028	—	—	789	26.0	1301	42.9	918	30.3	5	0.8
2005	3108	6	0.2	853	27.4	1322	42.5	928	29.8	5	0.3

2001—2005 年招商银行乌鲁木齐分行职工学历构成

表 11-9 单位:人,%

年份	职工总数	学历									
		研究生以上	占比	本科	占比	大专	占比	中专	占比	高中(含)以下	占比
2001	50	8	16.0	29	58.0	12	24.0	—	—	1	2.0
2002	162	10	6.2	76	46.9	48	29.6	1	0.6	27	16.7
2003	220	24	10.9	117	53.2	65	29.5	5	2.3	9	4.1
2004	249	25	10.0	137	55.0	69	27.7	8	3.2	10	4.1
2005	308	27	8.8	185	60.1	79	25.6	8	2.6	9	2.9

2003—2005 年华夏银行乌鲁木齐分行职工学历构成

表 11-10 单位:人,%

年份	职工总数	学历									
		研究生以上	占比	本科	占比	大专	占比	中专	占比	高中(含)以下	占比
2003	80	3	3.8	44	55.0	28	35.0	4	5.0	1	1.3
2004	100	5	5.0	66	66.0	25	25.0	4	4.0	0	0
2005	138	7	5.1	100	72.4	30	21.7	1	0.7	0	0

1996—2005 年乌鲁木齐市商业银行职工学历构成

表 11-11　　　　　　　　　　　　　　　　　　　　　　　　　　　单位:人,%

年份	职工总数	学历									
		研究生以上	占比	本科	占比	大专	占比	中专	占比	高中(含)以下	占比
1996	1346	—	—	—	—	—	—	—	—	—	—
1997	1343	2	0.0	—	—	—	—	—	—	—	—
1998	1366	—	—	—	—	—	—	—	—	—	—
2004	1013	39	4.0	266	26.0	502	50.0	58	6.0	148	14.0
2005	956	33	4.0	334	35.0	439	46.0	46	5.0	104	11.0

1999—2005 年信达资产管理乌鲁木齐办事处职工学历构成

表 11-12　　　　　　　　　　　　　　　　　　　　　　　　　　　单位:人,%

年份	职工总数	学历									
		研究生以上	占比	本科	占比	大专	占比	中专	占比	高中(含)以下	占比
1999	39	5	13.0	12	31.0	20	51.0	1	2.5	1	2.5
2000	40	5	12.5	15	37.5	19	47.5	0	0	1	2.5
2001	40	6	15.0	14	35.0	18	45.0	1	2.5	1	2.5
2002	38	5	13.0	16	42.0	15	39.0	1	3.0	1	3.0
2003	37	5	13.0	12	32.0	18	49.0	1	3.0	1	3.0
2004	37	5	13.0	12	32.0	18	49.0	1	3.0	1	3.0
2005	37	7	19.0	16	43.0	13	35.0	1	3.0	0	0

第二节　岗位培训与技能比赛

一、岗位培训

随着改革开放的深入,新疆银行业的业务不断拓展,对从业人员业务技能提出了更高的要求。为解决大批新进人员不熟悉银行业务及部分老职工知识老化的矛盾,新疆各银行金融机构本着"干什么学什么,缺什么补什么"的原则,举办了各种类型的短期培训班,并做到了形式多样,内容常新。

1986 年,农行新疆分行开展了适应性岗位培训。适应性岗位培训由全员轮训转移到企业骨干和领导干部学习新业务和管理知识的培训。同年,中行新疆分行不断加强员工教育培训工作,坚持统一规划、归口管理、分层实施;坚持培训与使用相结合、与员工职业生涯发展相结合;坚持思想教育与业务培训并重,把爱行敬业、员工守则、职业道德、遵纪守法等内容渗透到各级各类培训之中;坚持改革创新,充分利用信息科技手段,多形式、多渠道开展培训工作。建行新疆分行为了提高干部文化、业务素质,以适应业务发展的需要,在全疆建行系统内,推荐政治条件好、有培养前途的中青年干部报考高、中等专业学校,派送部分处级干部和地、市支行行长赴辽宁财经学院学习,还与新疆财政学校联合举办一期业余中专班,与上海财经学院、财贸学院联合举办函授大学专科班和电大班各一期。新疆邮电局举办了"邮政储蓄业务短训班",参训人员为第一批开办邮政储蓄业务的乌鲁木齐邮政局等邮政业务管理人员,学员经培训后,均担任了邮政储蓄管理、稽核或营业人员。

1987年,农行新疆分行专业人员岗位培训工作全面展开。按照农行总行《岗位职务培训试行方案》,在辖内地州各选一个县试点。培训以县为单位,以"在职、业余、自学"为主,按照教材集中辅导,定期完成学习任务,经上级教育部门考试合格后发给结业证书。同年,新疆邮电局采取地、市、县邮电局相结合的办法,多渠道、多层次、多形式对邮政储蓄专业人员进行培训,未经培训不得上岗。

1988年,新疆农村信用合作社在农行新疆分行管理时期的培训方式,是先组织力量将培训书籍翻译成维吾尔文、哈萨克文提供给全疆各地州县农村信用合作社的少数民族职工学习使用,再以培训班的形式开展全员岗位技能培训。年末,全疆农村信用合作社职工培训班开办了8期,参加人数272人,送到外地培训的有4人。之后,根据国家教委《关于改革和发展成人教育的决定》精神,新疆银行业系统逐渐缩减职工学历教育规模,转向学历教育与岗位培训并行,主要依靠岗位培训提高员工素质。在实施岗位培训过程中,新疆各金融机构通常将岗位适应性培训与岗位资格培训相结合,开展了基础培训、轮岗培训、试用期培训、上岗培训、出疆出国培训、挂职培训和远程培训等形式多样的培训。

1989年,建行新疆分行岗位培训重点抓了短训和岗位技术练兵工作。

1990年,全疆建行系统从1986年起,累计有2137人参加电大、函授、夜大和业余中专学习。与此同时,还组织处级以上干部41人参加中共新疆维吾尔自治区党校理论研究班,学习政治经济理论、经济体制改革等,以提高干部的政治经济理论水平。

1991年,工行新疆分行注重员工教育培训,将学历教育和岗位培训结合起来,并行发展。建行新疆分行员工教育培训坚持长短结合,形式多样,分层次培训的原则,全年举办各类培训班27期,培训1175人(次),提高了干部的业务素质。同年,建行新疆分行分南、北疆两片区举办现金出纳培训班,所属中心支行、县(市)支行出纳人员180人参加培训,并对北疆5个地州行的31名出纳人员进行能手级考核,其中5人分别达到1级、2级、3级,1人达到多指多张单手点钞能手1级、10人达到3级。

1992年,工行新疆分行员工教育培训以岗位培训为主。同年,农行新疆分行在玛纳斯县举办了全疆农村信用社新财会制度培训班,120人参加了学习,使新旧财务制度的交替工作得以顺利进行。为了普及计算机应用水平,农行新疆分行还专门举办了计算机操作培训班。新疆邮电局举办多期全疆邮政储蓄事后监督微机培训班和邮储前台微机专业培训班。

1993 年,随着国家专业银行向国有商业银行转变,工行新疆分行员工教育培训转向了经营管理为主的系列培训。

1994 年,建行新疆分行举办 2 期县支行行长培训班,160 多人参加培训;举办 10 期专业岗位培训班,培训业务骨干 431 人。同年起,交通银行乌鲁木齐分行一直重视教育培训工作。在人事教育部门配备了专职教育干部,后期又专门设立了培训中心,配齐了电脑、电教室等。在培训内容上,有业务培训、技能培训、管理培训、综合素质培训、专业技术资格培训、职称培训等。人事教育部门根据业务发展的需要制订培训计划,并分期分批抓业务培训。行员培训的重点是业务基础知识和技能等基本功的训练,以及新职工入行上岗培训。

1995 年以后,为不断提高员工队伍的整体素质,中行新疆分行采取以适应性和资格性岗位培训并以岗位培训为主的原则,多渠道、多层次、多形式地开展职工岗位培训工作,如每年坚持基础培训,对新入行的员工进行一个月的银行基本技能培训。同时分别对在职干部、行长资格、处长资格、关键管理岗位进行上岗培训,专门对行长岗位进行了职务培训,对新业务、新产品所需知识及时进行专业知识培训,聘请专业教师进行授课,学习商业银行的管理及业务运作知识,使员工较快掌握新的业务知识,利用代理行关系进行出国出境培训。出国出境人员回来后,运用所学知识,在业务开拓、提高服务质量与效率、讲求经济效益等方面不断得到加强。同年,建行总行启动"三千人工程"即组织 3000 名本科以上学历的年轻干部到县支行任职锻炼的培养计划,至 2005 年底,建行新疆分行共有 90 多名符合条件的年轻职工到基层挂职锻炼。

1996 年,农发行新疆分行根据业务发展的需要,举办了应知应会培训班,并建立了日常学习制度,坚持每周用半天时间组织全体员工进行业务学习,采取专题讲授、以老带新、能者为师、职工自学等办法,举办了农业政策性金融业务知识讲座和电脑基础知识讲座,对45 岁以下的人员进行了电脑理论知识和上机操作考试。

1997 年,农发行新疆分行举办了计划、信贷、财会、稽核、信息电脑、办公室、人事等培训班 20 期,参加培训人员达 1015 人次,所属二级分行举办了各类业务培训班 101 期,培训人员 1260 人次。同年,建行新疆分行对网点一线员工的岗位任职资格和岗位适应性进行培训,到 2005 年末,共举办各业务岗位近万人次一线人员的培训班 500 多期。交通银行总行印发了《交通银行"九五"期间教育培训工作提纲》,要求各分支行逐步把教育培训工作纳入经营管理轨道,提出了"三级培训"和"五个一工程"即一个专职教育干部、一间教室、一支兼职老师队伍、一批自编培训讲义和一些必要的教学设备的要求,进一步完善培训制度,提高教学质量。交通银行乌鲁木齐分行按照交通银行总行的要求认真落实,租用了专门的地点作为培训中心使用,并在人力资源部配备了专职教育培训干部,把教育培训工作纳入到经营管理轨道。制订了下一年培训计划,使培训工作逐步走上制度化、规范化和全员化。全年共组织各类业务技术培训、考试、上岗培训 6 期,通过多种形式的业务培训和技能练兵提高员工的业务素质和操作水平。

1998 年,农发行新疆分行专门成立培训中心,继续加大教育培训力度;对信贷、会计、出纳人员,稽核、计划等专业人员进行上岗资格考试;对新入行人员实行试用期制度,先培训,后上岗;制定有效措施,鼓励员工自学成才。农行新疆分行在全疆开展储蓄、会计、信贷等业务岗位资格考试,推进持证上岗制度落实。同年,人行新疆分行为提高全疆农村信用合作社的高管人员素质,举办了民汉两期县联社主任短训班,培训 102 人次,并对农村信用合作社全员职工进行了考试考核。乌鲁木齐市商业银行实行一级综合柜员达标培训,在信贷、会计、出纳、稽核、微机、储蓄等方面组织开展培训 30 期,参加培训人数达 1000 人次,举办各类考试 16 次。同时,完成了储蓄上岗证考试测试工作,实行持证上岗。

1999 年,农发行新疆分行采取走出去、请进来等多项措施开展业务培训,全年培训人员 3970 人次。同年,建行总行委托清华大学、北京大学、中国人民大学、厦门大学、复旦大学等国内著名学府举办中高级管理人员和专业技术人员培训班,建行新疆分行有 150 多名高层次人才参加培训,并开展了"千人培训工程",举办培训班 34 期,培训业务骨干 2216 人次,并进行了严格的岗位考试。为改善员工队伍的专业知识结构,建行新疆分行与新疆财贸学院、哈尔滨投资管理学校合作,开办"货币银行学"专业函授专升本班和"银行会计"专业函授大专班。全年共举办各类短期业务培训班 80 期,培训 4361 人次。从 1999 年起,建行新疆分行分期分批组织分行、二级分行多名行长、部门主要负责人、后备干部、业务骨干、先进典型到国内其他金融机构及美国、英国、德国、新加坡、中国香港等境外金融机构进行管理及业务知识考察学习短训。同年,乌鲁木齐市商业银行组织 18 人参加研究生进修班,开展各类培训 20 次,开设反假币学习班,对出纳人员进行反假币知识考试。

2000 年,农发行新疆分行紧密结合封闭运行管理实践,针对问题,开展培训。同年,建行新疆分行全年共两次组织信贷、审计、筹资、会计、国际业务、监察、信用卡、保卫及房地产金融九个岗位计 2717 人次参加全行系统岗位考试,组织完成了新入行大学生及军转干部岗前培训。同年,中行新疆分行培训中心成立,先后制定了《培训工作管理暂行规定》《本部员工业余进修管理暂行规定》《培训班管理办法》等;加强培训硬件基础建设,增添培训教室,搭建模拟柜面业务操作的教学环境;积极走出去,联系大专院校教授前来讲授"市场营销""人力资源管理""金融英语"等课程,拓宽参训人员视野;加强教研和教学等基础工作,组织《综合柜员业务基础培训教材》《综合柜员相关业务规章及文件汇编》和《金融产品学习手册》等教材的编写,方便一线员工的学习与工作。在组织培训中,中行新疆分行紧密结合发展战略开展培训,发挥培训对各项业务支持作用;紧密结合银行风险控制开展培训,强化公司和零售等业务风险控制培训工作;紧密结合经营管理机制改革,突出领导力、控制力和执行力培训,促使参训管理者成为改革的先行者和中坚力量;紧密结合员工发展需求,突出"以人为本"理念,尝试"按需选训"、开放图书资料室、通过网络提供学习资料等方式满足员工学习需求。同年,农行新疆兵团分行采取奖励措施,鼓励员工参加业余自学各类职业(执业)资格、银行业从业资格的考试培训,多途径培养专业人才。同年,交通银行乌鲁木齐分行在适当引进部分高层次、复合型专业人才的同时,立足于提高现有员工素质,优化人力资源配置,促进干部员工在行内合理流动,在培训中提高队伍素质,人力资源配置逐步优化,共引进各类专业人员 5 人,共选送 30 人次参加交通银行总行组织的培训,开展营销、计算机等专业培训 40 余次,累计培训 600 多人次,并首次组织了 19 人离岗一个月集中培训。同年,乌鲁木齐市商业银行实行岗位从业资格培训,相应岗位人员按要求持证上岗。新疆邮电局在全疆开展了邮政储蓄业务人员"上岗资格证函授培训"活动。

2001 年,农发行新疆分行及所属二级分行举办各类培训班分别达 20 期和 176 期,培训人次分别为 1083 人次和 6055 人次。同年,还分维、汉两种文字组织粮棉信贷和会计出纳人员上岗考试。按照农行总行《员工培训规划(2001—2005)年》要求,农行新疆分行在不同层次、不同岗位上开展培训工作,着力拓宽员工学习渠道,推动员工终身学习体系建立。建行新疆分行制定并下发《教育培训管理暂行办法》,推荐了 2 名行级领导干部、2 名处级干部分别参加中央党校建行总行分校领导干部进修班和中青年干部进修班学习,推荐 10 名处级干部参加建行总行党校常州分校学习;推荐 5 名年轻处级干部分别赴清华大学、复旦大学、武汉大学和厦门大学参加现代商业银行管理高级研修班学习;推荐 4 名二级分行行长参加建行总行行长轮训;推荐 12 名县(市)、城区支行行长参加总行统一举办的基层机构负责人培训;172 名基层机构负责人参加了为期 7 天的岗位培训与集中辅导。交通银行乌鲁木齐分行综合业务系统上线期间对员工队伍进行了长达四个月的大规模培训,培训达 350 人次。网点为适应业务需要,加大了轮岗力度,还进行了多形式、多层次、不同规模的培训活动和选拔管理人员到交通银行总行接受培训。同年,乌鲁木齐市商业银行主要从金融法律法规、金融市场营销、金融产品创新、金融风险控制等方面,分层级、分类别按计划按需求组织开展培训,年举办专题讲座及培训班 30 余期。通过岗位培训促使全员整体素质提升,促进了各项业务的发展。新疆邮政储汇局自 2001 年后的 5 年,为强化邮政金融员工岗位培训,提高邮政金融队伍素质,全疆各地州市邮政局共开办邮政金融各类学习短训班 933 期 22379 人次,其中邮政储蓄班 294 期、汇兑业务班 240 期、代理保险班 232 期、代理债券班 2 期、储汇稽查班 42 期、邮政金融综合班 40 期。同年,信达资产管理乌鲁木齐办事处制定、印发了《培训工作实施细则(试行)》,从职责划分、培训计划制订、培训实施、培训费用管理、培训协议管理等方面,对办事处的培训工作进行了规范,鼓励员工自学提高。实施细则的出台,标志着信达办事处的员工培训工作实现了有章可依,基本做到了制度化和规范化。

2002 年,在充分调研的基础上,国开行新疆分行着手制定了干部培训教育规划。举办了包括资金计划、大项目信贷管理、领导科学知识、财务管理、文秘档案、计算机运用等内容的培训班。农发行新疆分行加强教育培训,举办培训班 215 期,培训员工 4600 余人次。建行新疆分行全年推荐了 24 名处级及以上领导干部参加中央党校总行分校领导干部进修班、中青年干部进修班、建行总行党校常州分校、清华大学、复旦大学、武汉大学和厦门大学等参加各类学习;推荐 30 名县(市)、城区支行行长参加建行总行统一举办的基层机构负责人培训。为提高基层机构负责人的经营管理水平,增强风险防范意识,全面提高建设银行的市场竞争能力,根据建行总行《关于在全行进行基层机构负责人统考的通知》精神,建行新疆分行积极做好基层机构负责人统考考前辅导工作,经过统筹组织和安排,顺利完成了基层机构负责人统考任务,共有 400 人参加基层机构负责人统考,考试合格率为 95.8%。同年,乌鲁木齐市商业银行对支行负责人进行任职资格培训;对中层以上人员开展企业文化与品牌战略知识讲座;对员工开展内控稽核、储蓄业务、票据业务、客户经理业务及末位淘汰应知业务等培训。2002—2003 年,招商银行乌鲁木齐分行致力于建立"学习型组织",鼓励员工终身学习,多种举措并行,充分利用招商银行富有特色的三级培训体系开展教育培训,满足了不同层次员工发展的需要;建立业务专家组成的兼职教师队伍;完善以"岗位资格考核"为标志的在职训练体系;开办"网上学校",利用行内办公自动化系统进行e-learning在线培训;对分支机构送"教"上门;加强业务技能辅导和服务技巧培训,举办业务技能测试及比赛,全面提升柜面员工服务水准;强化对各类产品的把握与营销技巧,锻造市场营销人员不畏艰难、勇创佳绩的坚强意志;注重新员工入行培训及上岗预备期考核,使初出校门的大学生能够顺利实现从学生到职场新人的角色转换。通过分层次有重点的系统培训,提高干部和员工的管理水平、职业道德、业务素质,达到了熟悉技艺、掌握技能、运用技巧的目的。

2003 年,农发行新疆分行采取行校联办的方式,在新疆维吾尔自治区党校举办了两期辖属行骨干培训班,91 名副科级干部集中进行了培训,选派了 107 位民族干部分两批在大专院校进行了业务知识的集中培训,全年共举办培训班 156 期,培训人员 2448 人次,培训面达 100%。2003 年以后,根据中央《关于深入开展学习贯彻"三个代表"重要思想,做好大规模培训干部工作的意见》精神,工行新疆分行及时安排大规模培训,服务业务发展和改革需要。为进一步加大中高级管理人员的培训力度,不断提高中高级管理人员的综合理论水平和经营管理能力,建行新疆分行全年 16 名处级以上干部参加了各类培训,组织对 177 名基层机构负责人进行了为期一周的集中培训,同时还推荐了 21 名优秀基层机构负责人参加建行总行统一举办的基层机构负责人轮训班。全辖共举办各类培训班 620 期,参加培训人数达 28512 人次。乌鲁木齐市商业银行实行岗位达标和绩效考核机制,提高客户经理和综合柜员整体素质。制定了三年至五年面向社会招入 50 名熟悉精通商业银行业务经营与管理的大学本科以上应届毕业生和业务骨干;面向行内培养 50 名具备一定专业理论知识水平和专业工作经验的业务人才;退出 50 名难以适应现代化商业银行经营管理要求的人员。同年,全疆市、县城区邮政储蓄营业岗位上新使用的劳务人员一律实行"统一考试、集中培训、持证录用",通过技能鉴定考试后持证上岗。

2004 年,新疆银监局以提高各级领导班子和监管干部的监管水平为目标,进一步加强和改进干部教育培训工作,对主要干部进行重点培训,对业务骨干进行专业培训,对一般员工进行再培训,对新入局人员进行初任培训,对突出问题组织开展专题培训,并做好培训效果的事后评价,提高培训质量和效果。同年,农发行新疆分行选派 10 名副处级以上干部和5 名县级支行党支部书记参加了农发行总行党校的集中培训;还采取行校联办的方式对全辖 95 名副科级干部进行集中培训。全年累计举办培训班 117 期,培训 1728 人次。农行新疆分行按照农行总行统一部署,制定人才培养五年规划,把培养决策人才、管理人才、专业技术人才、市场营销人才以及岗位操作人才作为全行人才队伍建设重点。在组织开展全员培训基础上,重点抓了中高级管理人才培训和专业技术人才培训。建行新疆分行研究印发了《关于适应股份制改造要求,加强员工培训,提高员工素质的实施意见》,作为贯彻建行总行人才战略工作会议以及培训体制改革精神的具体举措,并组织实施了青年业务骨干专项培训工作,共推荐了 520 名年纪轻、业务好、潜力大、学历高的业务骨干参加专项培训。全年针对不同岗位的履岗要求,全辖共举办各类培训班 550 期,参加培训人数达 24512 人次。同年,交通银行乌鲁木齐分行教育培训工作坚持"以人为本",通过交通银行总分行三级培训框架使员工培训覆盖面进一步扩大,满足全行对各类人才的需求。招商银行乌鲁木齐分行逐步加大对前台人员的培训和考核力度,从服务态度、服务技能、服务效率等方面不断提升柜员的服务技能水平。华夏银行乌鲁木齐分行加强培训制度建设,提升行员队伍素质,将培训纳入绩效考评体系,以推动和完善教育培训体系建设。乌鲁木齐市商业银行开展了行级领导、中层干部和员工多层次、多形式的培训,培训人次达到 1200 人。新疆维吾尔自治区农村信用联社组建后,高度重视农村信用社领导班子和员工队伍建设,着力解决队伍素质与农村信用社发展严重不适应的问题,创新培训、考核的方式,以应知应会的技能操作和基本业务知识为重点,针对农村信用社管理的需要,举办了多次高管人员和部门负责人培训班,例如,举办了统一法人改革培训班、举办了员工违规行为处罚办法培训、稽核部门负责人培训、财会人员培训等。

2005 年,国开行新疆分行举行全辖项目贷款和会计出纳人员上岗资格考试,有 30 余名员工按国开行总行的要求参加了考试。农发行新疆分行全年累计举办培训班 28 期,培训 2111 人次。建行新疆分行专门成立了培训工作领导小组,对培训工作实行统一规划和统一管理,共开展各类培训 833 期,参训人次为 40499 人次,共推荐 42 名分行机关部门副总经理级以上领导人员参加建行总行举办的各类培训班,16 名基层机构负责人参加建行总行统一举办的基层机构负责人轮训班。至 2005 年末,建行新疆分行根据业务发展的需要,分期分批组织多名分行机关、二级分行行长,分行部门主要负责人,各级后备人才,业务骨干和尖子,先进典型代表到国内其他金融机构及美国、英国、德国、新加坡、中国香港等境外金融机构进行管理及业务知识学习考察和短期培训,出疆培训 9037 人次,出境培训 904 人次。建行新疆分行根据建行总行的统一组织,选派大多数处级以上高级管理人员到中央党校、建行总行党校进行政治理论、党建知识、国内形势、经营管理等内容的培训。建行新疆分行组织 500 多人次县(市)支行正副行长、网点负责人参加常州培训中心“示范性基层机构负责人轮训班”。招商银行乌鲁木齐分行根据招商银行总行的培训计划要求,适当调整了业务系统操作类的培训,完成新系统上线、新员工入行、厅堂营销人员、客户经理等重点培训。同年,人行乌鲁木齐中心支行、新疆银监局印发《关于举办央行专项票据操作实务培训班的通知》,全疆农村信用社参加了三期央行专项票据操作实务培训班。为进一步提高全疆农村信用社养老统筹工作人员的政策和业务水平,新疆农村信用合作管理办公室印发《关于参加自治区劳动和社会保障厅培训班的通知》,组织各社参加培训;新疆银监局举办了全疆农村信用社县(市)联社理事长(主任)培训班和农村信用社贷款五级分类试点培训班。全年,新疆维吾尔自治区农村信用联社共举办了各种形式的培训班 11 次,参加培训的人数达到 1200 余人。各县联社也分别进行了形式多样、注重实效的培训,对提高现有员工队伍素质起到了重要作用。2005 年以前,信达资产管理公司乌鲁木齐办事处主要是依托信达资产管理总公司业务部门主办专题培训完成的。在此期间,为适应业务发展需要,信达资产管理总公司资产处置审核、股权管理、资金财务、法律事务等业务部门,每年主办专题业务培训,要求系统内各办事处派员参加。办事处参加培训的人员返回办事处后,再组织办事处的全体人员进行转培训。此时的培训方式受条件限制,基本上是传统的讲授口述,视频等多媒体手段尚未应用。在此过程中,办事处也在逐步强化培训工作。华融资产管理公司乌鲁木齐办事处的员工培训工作在坚持与业务开展相结合的基础上,重点是围绕资产处置的多方式、多元化和投资银行、资产重组、投资咨询、财务顾问等方面开展培训工作。以办事处有专长人员辅导为主,外请公司总部和院校专家学者为辅,坚持每月安排一次集中培训,并鼓励员工以自学的形式,积极参加学历和各类从业资格考试。为适应办事处业务发展的需要,在资产处置过程中,办事处或利用自身的人力资源,或有重点地邀请公司总部、高等院校的专家学者开展综合业务培训。利用自身力量开展的业务培训主要内容有:债权转让、资产置换和打包处置的操作程序和注意事项,特别是呆账准备提取的范围、条件和程序,资产信息管理系统数据采集和录入的规定和要点,计算机基础知识和在资产处置中的应用技巧,《合同法》和诉状的撰写模式等。利用公司总部、高等院校的专家学者开展的系列业务培训主要有:《资产管理与投资银行业务》的专题讲座、《企业兼并重组中的财务问题》专题讲座、《如何做好企业财务顾问工作》专题讲座、《中国投资咨询业务的现状与发展》专题讲座等。通过上述一系列既有理论知识,又有实际业务操作;既立足于资产管理公司的实际运作,又多侧面介绍国内理论界各种不同观点的培训,使全体员工对资产处置和投资银行业务有了更清晰的了解和掌握,操作更规范、更系统,并使受训者树立了从眼前的工作做起、做好,在实践中锻炼自己,不断掌握和熟悉市场,为向现代投资银行转变做好自身知识储备的信念。

2000—2005 年人行乌鲁木齐中心支行岗位培训情况

表 11—13   单位:人次

年份	岗位资格	岗位适应性	出疆培训	出国(境)培训
2000	198	868	—	—
2001	108	535	—	—
2002	82	791	—	—
2003	32	693	—	—
2004	0	499	—	—
2005	20	625	—	—

2000—2005 年农发行新疆分行岗位培训情况

表 11—14   单位:人次

年份	岗位资格	岗位适应性	出疆培训	出国(境)培训
2000	1160	2030	—	—
2001	—	65	—	—
2002	—	4600	—	—
2003	—	2392	—	—
2004	—	110	—	—
2005	—	2111	—	—

2000—2005 年工行新疆分行岗位培训情况

表 11—15　　　　　　　　　　　　　　　　　　　　　　　　　　单位:人次

年份	岗位资格	岗位适应性	出疆培训	出国(境)培训
2000	—	30059	157	12
2001	—	31067	203	14
2002	50	33435	316	13
2003	64	37288	200	16
2004	12113	40738	373	17
2005	322	38172	401	19

2000—2005 年农行新疆分行岗位培训情况

表 11—16　　　　　　　　　　　　　　　　　　　　　　　　　　单位:人次

年份	岗位资格	岗位适应性	出疆培训	出国(境)培训
2000	206	1811	6	—
2001	126	3866	51	—
2002	0	2000	0	—
2003	0	860	0	—
2004	377	2182	27	—
2005	70	2039	0	—

2000—2005 年中行新疆分行岗位培训情况

表 11—17　　　　　　　　　　　　　　　　　　　　　　　　　　单位:人次

年份	岗位资格	岗位适应性	出疆培训	出国(境)培训
2000	39	717	166	13
2001	0	1077	193	18
2002	0	1158	205	25
2003	0	1104	164	7
2004	0	1352	203	24
2005	28	1350	199	20

2000—2005 年建行新疆分行岗位培训情况

表 11-18　　　　　　　　　　　　　　　　　　　　　　　　　　　　单位:人次

年份	岗位资格	岗位适应性	出疆培训	出国(境)培训
2000	2272	7836	1136	114
2001	2524	8708	1262	126
2002	2804	9676	1402	140
2003	3053	10532	1527	153
2004	3510	12109	1755	176
2005	3909	13487	1955	195

2000—2005 年农行新疆兵团分行岗位培训情况

表 11-19　　　　　　　　　　　　　　　　　　　　　　　　　　　　单位:人次

年份	岗位资格	岗位适应性	出疆培训	出国(境)培训
2000	187	1022	9	—
2001	198	1289	38	—
2002	177	1031	17	—
2003	193	995	17	—
2004	238	1120	26	—
2005	106	982	21	—

2000—2005 年招商银行乌鲁木齐分行岗位培训情况

表 11-20　　　　　　　　　　　　　　　　　　　　　　　　　　　　单位:人次

年份	岗位资格	岗位适应性	出疆培训	出国(境)培训
2000	—	—	—	—
2001	210	350	25	0
2002	620	684	33	0
2003	864	1750	51	4
2004	910	2122	55	11
2005	994	2319	52	7

2000—2005 年乌鲁木齐市商业银行岗位培训情况

表 11－21　　　　　　　　　　　　　　　　　　　　　　　　　　　　　　　单位:人次

年份	岗位资格	岗位适应性	出疆培训	出国(境)培训
2000	—	4300	—	—
2001	—	4650	—	—
2002	—	5120	—	—
2003	—	5050	—	—
2004	—	4950	—	—
2005	—	5030	—	—

2000—2005 年信达资产管理公司乌鲁木齐办事处岗位培训情况

表 11－22　　　　　　　　　　　　　　　　　　　　　　　　　　　　　　　单位:人次

年份	岗位资格	岗位适应性	出疆培训	出国(境)培训
2000	—	—	3	—
2001	—	—	1	—
2002	—	—	2	1
2003	—	—	0	0
2004	—	—	4	1
2005	—	—	1	0

二、技能比赛

作为职工学历教育和岗位培训的补充,技能比赛是新疆银行系统提高业务水平,提供优质服务的重要手段。技能比赛主要包括职业知识竞赛、业务技能竞赛和文体竞赛等。随着银行业务的快速发展,新疆银行业为不断提高员工的综合素质、业务技能和服务水平,除系统内经常举办多种形式的业务技能比赛,还组织员工参加全国金融系统、总行、新疆维吾尔自治区总工会举行的各种技能比赛。

1985 年,在农行总行"双红"竞赛即"争当金融红旗手、金融红旗单位的社会主义劳动竞赛"推动下,农行新疆分行号召全系统职工和信用社职工大练基本功,大搞技术比武,掀起了比、学、赶、帮的热潮。

1986—2005 年,新疆人民银行广大干部职工立足本职工作,通过参加各类技能竞赛,全面提升整体素质和履职能力,有 2 名职工在总行级以上业务比赛中获奖。

1987 年开始,中行新疆分行在全行员工中开展了"文明优质服务""文明服务标兵"、创建"青年文明号"、争当"青年岗位能手"、争当"巾帼标兵"和争当"技术尖子"等竞赛活动,大大提高了行业服务水平。

1989 年,建行新疆分行在乌鲁木齐市举行第三届业务技术比赛,全行 82 名选手参加会计接柜记账、储蓄计息、点钞、珠算、翻打凭条五个项目比赛,产生团体总分前五名和个人单项前三名的成效。

1990年,建行新疆分行第二届建经技术业务比赛在乌鲁木齐举行,30名选手参加,产生团体前3名和个人全能前5名的比赛结果。

1991年,在吉林举行的全国建行工会主任会议上,建行新疆分行铁道支行戴永华参加的"四职四爱"演讲,获得西北省区唯一的一个二等奖。

1992年,在桂林举行的全国建行储蓄业务技术比赛中,建行新疆分行参赛的5名代表取得较好成绩。同年9月,建行新疆分行在西安召开的西北行协作会议上,一篇论文获得一等奖,两篇论文获得二等奖,并取得打字比赛团体第一名、个人第一名和第三名。

1994年,建行新疆分行在乌鲁木齐举行储蓄业务技术比赛。建行乌鲁木齐市支行、石油分行、昌吉州、巴音郭楞州、阿勒泰中心支行获团体前五名。

1995年,交通银行新疆分行在乌鲁木齐市举行第一届业务技术比赛,全行28名选手参加了会计接柜记账、点钞、珠算、翻打凭条四个项目比赛。

1996年,农行新疆分行用十年时间,多次召开业务比赛大会,比赛项目包括会记记账、统计编制信贷项目月报、银行出纳点钞以及信用社点钞和计息。选拔优秀代表参加农行系统全国技术比赛大会,对各级技术比赛的优胜者,大力表彰和奖励,对提高新疆农行、信用社干部职工的生活、业务素质起到了积极的作用。为使文明优质服务常态化,中行新疆分行结合本行的实际,制定了竞赛、评比、表彰办法。为打造技术过硬的员工队伍,中行新疆分行紧密结合改革和业务发展开展技能比赛活动,技能测试考试,每两年在全辖进行一次技能比赛,并适时组织文艺表演,羽毛球、乒乓球比赛活动。如1996年组织了10名文明优质服务标兵分两个组到南北疆14个支行进行演讲和表演,使广大员工获得面对面的技能培训。同年,交通银行总行在上海举办了全国业务技能比赛,交通银行新疆分行代表队获得翻打传票第三名,珠算综合算第四名,业务理论知识第五名,出纳单指单张点钞第四名、多指多张点钞第六名。

1997年,在武汉举行的全国建行营业部业务比赛中,建行新疆分行代表队获得翻打传票第五名,珠算综合算第六名,业务理论知识第六名,出纳单指单张点钞第七名、多指多张点钞第八名。同年7月,建行新疆分行举办精神文明建设综合知识竞赛决赛,9个代表队经过角逐,建行喀什、石河子、伊犁州分行分别获得第一、第二、第三名。

1998年,人民银行新疆分行举办了全疆农村信用合作社第四届业务技术比赛,层层筛选的84名业务技术能手参加了比赛。同年,建行新疆分行在乌鲁木齐举办第六届业务技术比赛,14个二级分行的84名选手参加了储蓄、会计业务的10个项目比赛,建行哈密分行、建行新疆分行营业部、建行塔城、伊犁州、巴音郭楞州分行代表队获得团体总分前5名。从1998年开始,乌鲁木齐市商业银行连续四年举办了以点钞、汉字录入、翻打传票为主的业务技能大赛。

2000年,农行新疆兵团分行用了5年的时间,举办第一至第四届业务技术比赛,比赛项目涵盖储蓄计息、单指单张点钞、多指多张点钞、珠算、翻打凭条五个项目。

2002年,乌鲁木齐市商业银行参加了自1999年后连续三届西北五省城市商业银行业务技能比赛,并三次获得团体第一名。2002—2005年,招商银行乌鲁木齐分行每年举办业务技术比赛,所有柜面员工必须参加指定项目,其余岗位员工自愿报名参赛。比赛设团体奖、个人单项奖及个人全能奖。比赛项目有翻打百张传票、手工点钞、人民币识假、中文录入、储蓄计息、储蓄传票录入等。通过业务技术比赛择优选拔选手参加招商银行总行每两年举办一届的业务技术比赛。

2003年,农发行新疆分行举办了会计职业道德知识竞赛、宣讲、征文和问卷答题等形式的活动。

2004年,在北京举行的全国农行系统第二届柜台业务技术比赛中,农行新疆兵团分行代表队获得团体第二名。

2005年,中行新疆分行组织员工积极参加金融系统和中行总行以及西北、华北组织的各类业务技术比赛。同年,交通银行新疆分行举办了第五届业务技能大赛,全行128名选手参加了储蓄、会计业务的5个项目比赛。

1986—2005 年新疆人行系统参加总行级以上业务比赛获奖情况

表 11—23

年份	参赛单位名称	主办单位名称	比赛项目	获奖者	奖项
1989	人行和田地区分行	中国珠算协会	珠算比赛	米日阿衣	优秀奖
1997	人行喀什地区中心支行	共青团中央、劳动部、中国人民银行	青年岗位能手技能运动	蒋湘	鼓励奖

1986—2005 年工行新疆分行参加总行级以上业务比赛获奖情况

表 11—24

年份	参赛单位名称	主办单位名称	比赛项目	获奖者	奖项
2002	工行新疆分行	工行总行工会	假币鉴别	李云	第二名
2002	工行新疆分行	工行总行工会	点钞	杜霞	第二十五名

1986—2005 年农行新疆分行参加总行级以上业务比赛获奖情况

表 11—25

年份	参赛单位名称	主办单位名称	比赛项目	获奖者	奖项
1986	农行伊犁州分行	中国农业银行总行	计算机处理信贷现金项目统计报表	霍玉萍	第四名
1986	农行乌鲁木齐分行	中国农业银行总行	多指多张点钞	赵宁芝	第十一名
1996	农行哈密分行	全国金融系统创建"青年文明号"工作领导小组	青年岗位能手	张永红	晋升一级工资

表 11-25 续

年份	参赛单位名称	主办单位名称	比赛项目	获奖者	奖项
2000	农行乌市七道湾路支行	中国农业银行总行	百名业务技术女明星	於剑秋	奖励 1000 元
2000	农行新疆分行营业部团结路支行东风分理处	中国农业银行总行	百名业务技术女明星	王俊萍	奖励 1000 元
2000	农行塔城乌苏支行长征分理处	中国农业银行总行	百名业务技术女明星	王雪梅	奖励 1000 元
2004	农行巴音郭楞州分行	中国农业银行总行	第二届柜台业务比赛个人理财项目前九名	赵皖茜	奖励 10000 元
2004	农行奎屯支行	中国农业银行总行	第二届柜台业务比赛点钞项目前十三名	张睿	奖励 6000 元
2004	农行新疆分行营业部	中国农业银行总行	第二届柜台业务比赛全能项目前十六名	马京	奖励 3000 元

1986—2005 年农行兵团分行参加总行级以上业务比赛获奖情况

表 11-26

年份	参赛单位名称	主办单位名称	比赛项目	获奖者	奖项
2000	农行兵团分行	农行总行	柜台业务项目	团体	第二名
2005	农行兵团分行	农行总行	柜台业务项目	团体	第五名

1986—2005 年建行新疆分行参加总行级以上业务比赛获奖情况

表 11-27

年份	参赛单位名称	主办单位名称	比赛项目	获奖者	奖项
1991	建行新疆铁道支行	建设银行总行	四职四爱演讲	戴永华	二等奖
1992	建行新疆分行	建设银行总行	西北片区论文比赛	团体	一等奖
1992	建行新疆分行	建设银行总行	西北片区论文比赛	团体	二等奖
1992	建行新疆分行	建设银行总行	西北片区打字比赛	团体	第一名
1992	建行新疆分行	建设银行总行	西北片区打字比赛	个人	第一名
1992	建行新疆分行	建设银行总行	西北片区打字比赛	个人	第三名
1993	建行新疆分行	建设银行总行	百日增储竞赛	团体	第二名
1993	建行新疆分行	建设银行总行	地方级基建财务决算	团体	嘉奖
1993	建行新疆分行	建设银行总行	投资专用年度决算	团体	嘉奖

表 11－27 续

年份	参赛单位名称	主办单位名称	比赛项目	获奖者	奖项
1995	建行新疆分行	建设银行总行	三季度增存竞赛	团体	一等奖
1997	建行新疆分行	建设银行总行	翻打传票	团体	第五名
1997	建行新疆分行	建设银行总行	珠算综合算	团体	第六名
1997	建行新疆分行	建设银行总行	业务理论知识	团体	第六名
1997	建行新疆分行	建设银行总行	出纳单指单张点钞	团体	第七名
1997	建行新疆分行	建设银行总行	出纳多指多张点钞	团体	第八名
2005	建行新疆分行	建设银行总行	节约增效金点子竞赛	团体	一等奖
2005	建行新疆分行	建设银行总行	节约增效金点子竞赛	团体	二等奖

1994—2005 年交通银行新疆分行参加总行级以上业务比赛获奖情况

表 11－28

年份	参赛单位名称	主办单位名称	比赛项目	获奖者	奖项
1996	交行乌鲁木齐分行	交通银行总行	珠算综合算	吴新滨	第二名
1996	交行乌鲁木齐分行	交通银行总行	出纳单指单张点钞	吴新滨	第三名
1996	交行乌鲁木齐分行	交通银行总行	翻打凭条	阿米娜	第二名
1996	交行乌鲁木齐分行	交通银行总行	打字比赛	团体	第三名
1996	交行乌鲁木齐分行	交通银行总行	打字比赛	李佩云	第二名
1997	交行乌鲁木齐分行	交通银行总行	翻打传票	团体	第三名
1997	交行乌鲁木齐分行	交通银行总行	珠算综合算	团体	第四名
1997	交行乌鲁木齐分行	交通银行总行	业务理论知识	团体	第五名
1997	交行乌鲁木齐分行	交通银行总行	出纳单指单张点钞	团体	第四名
1997	交行乌鲁木齐分行	交通银行总行	出纳多指多张点钞	团体	第六名
2001	交行乌鲁木齐分行	交通银行总行	综合业务比赛	团体	优秀组织奖

2002—2005 年招商银行乌鲁木齐分行参加总行级以上业务比赛获奖情况

表 11－29

年份	参赛单位名称	主办单位名称	比赛项目	获奖者	奖项
2002	招行乌鲁木齐分行友好北路支行	招商银行总行	现金项电	厉鹏炜	第二名
2002	招行乌鲁木齐分行友好北路支行	招商银行总行	会计计息	厉鹏炜	第二名

1999—2005 年乌鲁木齐市商业银行业务比赛获奖情况

表 11—30

年份	参赛单位名称	主办单位名称	比赛项目	获奖者	奖项
1999	乌鲁木齐市商业银行	西北五省城市商业银行业务技能比赛(兰州)	业务技能比赛	团体	团体第一名
1999	乌鲁木齐市商业银行	西北五省城市商业银行业务技能比赛(兰州)	业务技能比赛	熊燕	多指多张第一名
1999	乌鲁木齐市商业银行	西北五省城市商业银行业务技能比赛(兰州)	业务技能比赛	李长岩	单指单张第二名
2000	乌鲁木齐市商业银行	西北五省城市商业银行业务技能比赛(银川)	业务技能比赛	团体	团体第一名
2000	乌鲁木齐市商业银行	西北五省城市商业银行业务技能比赛(银川)	业务技能比赛	李峰	多指多张第一名
2000	乌鲁木齐市商业银行	西北五省城市商业银行业务技能比赛(银川)	业务技能比赛	熊燕	多指多张第二名
2000	乌鲁木齐市商业银行	西北五省城市商业银行业务技能比赛(银川)	业务技能比赛	王斌	多指多张第二名
2000	乌鲁木齐市商业银行	西北五省城市商业银行业务技能比赛(银川)	业务技能比赛	李长岩	单指单张第五名
2001	乌鲁木齐市商业银行	西北五省城市商业银行业务技能比赛(新疆)	业务技能比赛	团体	团体第一名
2001	乌鲁木齐市商业银行	西北五省城市商业银行业务技能比赛(新疆)	业务技能比赛	周莉	单指单张第三名
2001	乌鲁木齐市商业银行	西北五省城市商业银行业务技能比赛(新疆)	业务技能比赛	熊燕	多指多张第一名 单指单张第二名
2001	乌鲁木齐市商业银行	西北五省城市商业银行业务技能比赛(新疆)	业务技能比赛	周智慧	多指多张第三名

2000—2005 年长城资产管理公司乌鲁木齐办事处参加总公司级以上业务比赛获奖情况

表 11—31

年份	参赛单位名称	主办单位名称	比赛项目	获奖者	奖项
2000	长城资产管理公司乌鲁木齐办事处	中国长城资产管理公司	收购业务比赛	马力克、周建新、谈华	优秀

第二章　金融电子化

　　金融电子化,是计算机技术和通信技术在银行及其他金融机构的业务处理和管理领域的应用。早期的金融电子化主要是把计算机应用于银行传统的存、贷、汇业务处理中,实现会计账务和各项金融业务的电子数据处理,主要目的是提高业务处理的效率、减轻劳动强度、增强服务能力。随着计算机和通信技术的快速发展,金融计算机网络日趋成熟和扩大,以银行为主的金融界再也不能满足于对传统的存、贷、汇业务实现电子化处理,推出许多新的金融业务服务品种,如自动存取款机(ATM)、商业网点电子资金自动转账(EFT－POS)、自助银行、电话银行、网上银行、手机银行等。利用金融电子化衍生产品及机具,通过网络和电子终端为客户提供自助金融离柜服务,分流柜面业务,延长服务时间,其高效快捷、安全可靠、灵活方便的服务手段,极大地方便了客户。1986—2005 年,新疆银行业机构的信息化建设从应用计算机代替手工操作再到计算机处理系统,从单项计算机应用系统到全功能银行系统,从单一网点到全国联网,从业务分散处理到业务集中处理,从柜员综合处理到面向客户的网上银行以及采用现代通信与计算机技术陆续推出的电话银行、网上银行、企业银行、自助银行等多种金融服务系统,建立起了方便、安全、高效、快捷的银行电子化服务体系。

第一节　电子化设备与网络基础建设

　　1986 年,人行新疆分行金融电子化处于空白阶段,银行所有的业务完全依靠手工。

　　1987 年,人行新疆分行初步开展电子化设备建设,下拨 28 台计算机给辖区 14 个二级分行,基本实现了各二级分行都有电子计算机,业务也能够在单机上进行。

　　1988 年,人行新疆分行与全辖 12 个二级分行微机通信网联通。农行新疆分行将调研信息处改为信息电脑处,地州中心支行成立了信息电脑科,县(市)支行成立了信息计划股。实现了自上而下统计、信息、计算机"三位一体"的归口管理。

　　1989 年,人行新疆分行主要业务部门开始使用单机处理银行业务,这时数据的二次录入问题暴露出来,由于数据的二次录入,数据的准确性、及时性没有保证。由此,对涉及地州行数据的业务系统增加了数据导入的功能,通过报盘的方式导入到业务系统中去。这样,不仅可以传输电报,而且可以传输少量的数据,但电报方式传输的速率太低,业务报表数据无法传输。同年,工行新疆分行电子化建设起步,只有少数网点有微机。

　　1990 年,人行总行举办了远程通信学习班。之后,人行新疆分行在全辖尝试用电话线路进行数据传输。这种传输的方式费用很高,只有部分业务部门应用。工行新疆分行在乌鲁木齐市、昌吉市建成分布式储蓄通存通兑网络系统。同年,农行新疆分行建立了地面卫星接收小站,通过卫星实现了与农行总行的远程数据通信,实现了计划信息总行、分行、中心支行和县支行四级联网。

1991年,人行新疆分行开展38个县支行的机房装修、设备选型、设备购置及安装调试工作,年底,人行新疆分行卫星小站入网成功,建立起了天地互为备份的网络体系。同年,工行新疆分行本部各业务处室基本实现微机处理统计业务,部分支行实现支行内储蓄电脑联网,并对储蓄网点进行电子化改造,先在乌鲁木齐城区实现系统内联网运行,后又逐步向郊区县(市)延伸,实现了城区、郊县支行的联网运行和通存通兑。

1992年,人行新疆分行在全疆开办了第一个网络培训班,进行了远程网络技术的培训,并利用电信的PAD进行远程网络的试验,为15个县(市)支行会计、国库业务多用户处理系统选型、采购微机和终端等设备。人行新疆分行机关、各二级分行传真网的建设工作完成,微机电传网和传真网的开通基本满足了金融业务发展的需要。同年,农行新疆分行为管辖区各地州农村信用合作社核批120万元资金配置计算机40台,并于1992年底和1993年初举办了两期计算机操作培训班。新疆邮政储蓄开始网点电子化建设,用3年时间完成了储蓄业务电子化需求书的编制,软件和机型的选订,网点安装维护等一系列工作,自行开发了后监督软件。

1993年,人行新疆分行科技处在其机房内通过同轴电缆建立了第一个局域网,虽然连接的设备不多,但毕竟是名副其实的计算机网络,处在实验室阶段,没有投入到实际的应用之中。新疆邮政储蓄共安装邮政储蓄事后监督计算机系统50处和营业窗口计算机系统18处。

1994年,人行新疆哈密等11个二级分行的卫星电子联行业务开通,至此,全疆参加电子联行的卫星小站已达17个。同年,建行新疆分行召开《乌鲁木齐地区计算机综合业务系统》方案评审会,北大方正集团、宏成电脑、中创三家公司及新疆的部分特邀专家参加评审。建行新疆分行率先在乌鲁木齐地区推行中型电子计算机网络系统。交通银行新疆分行开始使用对公业务系统。新疆邮政储汇局完成"邮政储蓄事后监督计算机处理系统"业务需求书编制工作。

1995年,人行新疆分行建立了交换网,在全疆开始了综合布线工作,建立局域网。工行新疆分行租用电信部门的X.25线路,组建全辖的电子汇兑网络,实现工行系统内转账24小时到达对方客户账户的功能,并且有40%的营业网点实现电子化,55%的业务量运用电脑处理,ATM、微机网络、监控设施投入营运。同年,中行新疆分行通过多路复用器实现了网点与中心机房的网络建设,结束了通过磁盘进行业务数据收集集中处理的历史。建行新疆分行以乌鲁木齐地区城市综合网络系统开发为重点,完成了中心机房建设,开通了局域网和电子信箱,与建行总行X.25专用网通联。交通银行新疆分行使用了储蓄系统、事后监督系统和外汇储蓄系统。新疆邮政储汇局完成《新疆邮政储蓄计算机联网系统技术改造工程总体规划》《乌鲁木齐市"绿卡工程"主机房场地技术要求》《乌鲁木齐邮政储蓄会计业务需求书、邮政储汇业务需求书、邮政储蓄统计业务需求书及"绿卡工程"网点业务状况及预测》的编制工作,初步确立了储汇电子化网络的构想。

1996年,全疆人行系统网络调试工作全面完成,实现了县支行、二级分行、区级分行、总行间的数据信息传输,"网络到县"工程圆满完成。同年,工行新疆分行通过租用电信的帧中继线路,采用IGX交换机实现全疆办公系统的联网,并开始推行柜员制,营业网点普遍实现应用计算机处理储蓄业务,实现了数据由二级分行管理。中行新疆分行完成了一期网络工程建设,通过 DDN 专线、X.25 帧中继实现了全辖各分支机构之间以及上联中行总行的信息传输信息化;完成了对中行总行一级网增速的开通工作,开通与中行总行的国际收支、会计月报表管理、人事信息管理、电子联行版本升级、电子邮件版本升级以及储蓄事后监督等共 10 个系统。邮电部和新疆邮电管理局联合投资 3910 万元,兴建新疆首家邮政储蓄计算机全国联网项目——乌鲁木齐"绿卡工程"(邮政储蓄绿卡)开通试运行。

1997 年,人行乌鲁木齐城市网的全部调试工作完成,保证了数据信息的快速、准确传递;建立了天地互为备份的网络体系,并通过电子联行卫星通信系统进行大额资金的划拨;利用卫星通道,开通了电视电话会议系统。人行喀什地区 9 个县支行电子联行到县试点工作顺利完成。同年,农发行新疆分行启用农发行总行开发的"统计信息管理"软件,开通了农发行新疆分行与农发行总行的数据通信网。建行新疆分行下发《建设银行新疆区分行总账传输工作考评办法》《建设银行新疆区分行网络建设规划》和《建设银行新疆区分行 TCP/IP 主机名和网络地址定义暂行标准》;并开通了乌鲁木齐龙卡网络,且与全国 35 个大中城市正式联网,实现龙卡异地交易,系统内 12 个信用卡部授权联网,建成辖内乌鲁木齐、石河子市等 10 个大中城市综合业务系统,全行资金清算管理加强、汇划质量提高、金融电子化建设加快、网络自动化程度提高。

1998 年,农发行新疆分行由工商信贷处和信息处联合举办"库贷挂钩管理月报电脑传输"培训班,向全疆推行粮棉油库贷挂钩管理办法;农发行总行开发统计信息系统软件在全疆各县支行推广应用,实现了总行、省分行、地市行、县支行四级骨干网的电子化建设,完善了过去单一的数据通信网,加快了信息传递速度,提高了工作效率;对公门柜业务全部实现电算化,为农发行新疆分行收购资金的封闭运行提供了良好的技术保障;农发行总行配发的 RS36000 小型机在农发行新疆分行顺利通过调试、安装并投入运行。同年,工行新疆分行完成全辖卫星通信网络组建和"疆内网络"建设,与 15 个地、州(市)分行的 DDN 通信全部开通。建行新疆分行印发《中国建设银行新疆分行计算机网络管理暂行办法》,建行新疆分行辖属 505 个网点综合柜员业务网络处理系统成功运行,实现了 13 个地州市行辖内通存通兑。同年,交通银行新疆分行银证联网规模进一步扩大,为解决"千年虫"问题,交通银行新疆分行对操作系统进行升级。

1999 年,人行总行为了完善内联网,将整个内联网工程分多期建设,内联网一期工程为大区分行和省会中心支行增设了骨干路由器,人行乌鲁木齐中心支行在这个工程建设中增设了 CISCO7204 路由器。并解决了计算机 2000 年的问题,确保计算机网络和所有的业务系统平稳过渡。全疆人行系统的网络通信线路全面提速。同年,农发行新疆分行信息电脑处参与人民银行的信贷咨询系统和同城清算系统的银行电子化建设工程,并与二级分行间开通了电子邮件系统。国开行乌鲁木齐分行上线了办公自动化系统,基本实现无纸化办公,并与国开行总行的广域网开通,内部建立了局域网,保障了内外部的数据通信需求。工行新疆分行各二级分行顺利挂接分行大机,实现数据由区分行集中管理,活期储蓄与银行卡在全新疆系统内、全国部分城市系统内通存通兑。建行新疆分行在数据集中方面跨上新台阶,全部网点进入城市综合网办理业务;80% 营业网点实现综合柜面制劳动组合方式;全部网点并入龙卡网络,实现信用卡、储蓄卡全国通存通兑,全疆全储种通存通兑;ATM 跨网通兑,新增 ATM 80 台;查询 POS 机、消费 POS 机、电话银行得到推广应用。交通银行新疆分行完成了对小型机、数据库、操作平台及全行各项应用软件进行了升级。全疆农村信用社有电子化营业网点 324 个,占机构网点总数的 20%,并建立了柜面业务系统、管理信息系统和特约电子汇兑业务系统。为解决全疆农村信用社计算机 2000 年问题,人行乌鲁木齐中心支行成立了解决技术抢救小组。经人行总行同意,从人行总行合作金融机构监管司筹集的管理费中资助人行乌鲁木齐中心支行 20 万元,用于亏损农村信用社计算机更新及软件升级的补助,专门应对计算机 2000 年问题。人行乌鲁木齐中心支行将申请到的管理费拨付给阿勒泰地区、塔城地区、乌鲁木齐县信用联社各 5 万元。信达资产管理公司乌鲁木齐办事处成立后,信息化建设逐步推进,先后建立了多项 IT 系统,为公司管理、经营、决策奠定了基础;在内部设置了系统维护岗协助公司技术保障部推进信息化建设及保障 IT 类设备、系统及网络的正常运转。

2000 年,人行总行同人行乌鲁木齐中心支行内联网一期建设的场地、自备设备、机房环境、中元帧中继数据专线等准备工作顺利完成,并实施了人行总行及人行乌鲁木齐中心支行与全疆所有地、州、市中心支行的内联网二期工程。为了提高内联网的运行性能,人行总行在内联网二期工程中将原来 64K 的 X.25 通信线路转换成中元公司提供的 512K 帧中继,大大提高了线路的带宽,使电视电话会议系统从卫星转到地面成为可能。为了保证二期工程的顺利进行,人行总行为新疆各市行配备了 CISCO36 系列路由器、局域网交换机和部分服务器,并组建了利用地面网的电视电话会议系统。同年,农发行总行在农发行新疆分行举办了路由器及网络知识培训班。工行新疆分行完成网络备份工程建设,开通了工行新疆分行到工行总行卫星通信以及辖内二级网卫星信道,形成"以天备地、安全可靠、多种协议并存"的计算机网络体系。农行新疆分行与农行新疆兵团分行科技中心实施了战略合并,成立了农行新疆科技中心,隶属两分行管理。中行新疆分行实施了分行机关大楼标准化综合布线及层级化网络改造工程,通过使用双核心 CISCO6509 三层交换机以及分区域网络建设,通过对二级骨干路进行 SDH 光纤改造及升速,网络已具备了金融行业对网络高可靠、高可用、高扩展性的要求。同年,建行新疆分行建成本系统覆盖全疆重点城镇的卫星备份网和全疆账务数据集中系统的备份通信系统,形成了"天地合一"的多层次、多种类、多走向的立体交叉网络,完成全国电子清算系统与综合柜面业务系统的直联,同城票据交换实现了电子化,开通了 95533 客户服务电话,个人贷款系统成功上线。交通银行新疆分行完成了信贷综合系统的测试、安装和推广,配合国外业务部上线"进出口业务系统"。乌鲁木齐市商业银行开发出具有完全知识产权的新一代综合柜面业务系统。新疆邮政储蓄绿卡工程改造完成了南北疆同主机异地活期通存通兑。同年,人行合作金融监管机构确定了农村信用合作社计算机综合业务系统中心部分主要技术配置标准分为大、中、小三种规模类型和九种基本系统配置标准。

2001 年,人行乌鲁木齐中心支行完成全疆电视会议系统建设任务,14 个地、州、市中心支行节点网络通信平台、网络管理平台、网络服务平台构建的人民银行内联网工程建设和测试任务也顺利完成,初步实现了人行乌鲁木齐中心支行各处室对国际互联网资源的安全访问和共享。同年,农发行新疆分行在阿克苏地区分行举办信贷管理软件 2.0 版培训班,并召开了银企联网现场会推行银企联网;辖内分支机构按期全面完成了网络升级改造工程,建成系统内部"信息高速公路";全面推广和使用《信贷管理系统》软件,协助信息电脑部门解决软件应用中的问题,进一步提高台账和报表的效率和质量。国开行乌鲁木齐分行面向客户的柜台前移系统正式上线,在一定程度上解决了国开行营业网点少的问题。同时,国开行乌鲁木齐分行科技处还参与了人行信贷咨询系统和同城清算系统的银行电子化建设。工行新疆分行完成全疆网络设备资源的调整和改造及电视电话会议系统工程建设,并顺利挂接北方数据中心,实现数据由工行总行集中管理。农行新疆分行和农行新疆兵团分行完成了全疆二级骨干网络一、二、三期网点、网络改造,25 个二级分行、直属支行到省域数据中心的网络主干线全部开通;同时还完成了 95 个县级支行电子邮件、电子公文三级网络建设,成为全国农行系统第一家从一级网到三级网全部使用新版电子公文的分行。同年6 月,建行新疆分行实现了全行账务数据的实时查询,完成了建行总行规划的一级分行数据集中任务,对龙卡运用系统和 ATM 及 POS 机终端进行改造,提高了网络运行的稳定性、可靠性,扩大龙卡联网范围,并完成了一、二级骨干网的改造。交通银行新疆分行完成了交通银行总行版个人消费信贷的移植和上线运行工作。招商银行乌鲁木齐分行电子化设备包括 10 台服务器、8 台网络设备、50 台 PC 机,并与招商银行总行建立办公网络连接,使用全行统一的办公 NOTES 系统;其机房通过验收,办公业务环境具备,实现主机在总行,前置在分行运行模式,招商银行乌鲁木齐分行通过电信专线、联通专线和卫星与上联招商银行总行;开通电话银行和网上银行业务,存款机、取款机、查询机、95555 电话也对外营业;通过 TOKEN 认证技术,在全疆银行业首家实现离行开卡业务,为促进招商银行乌鲁木齐分行个人业务快速发展奠定了技术基础。新疆邮政局与兴唐科技股份有限公司等四家公司签订了邮政储蓄计算机网络系统改造工程合同;新疆邮政局完成了对乌鲁木齐城市2000 版新系统 4 个综合业务类型的 12 次测试与再确认工作。同年,人行乌鲁木齐中心支行印发《2001 年新疆农村信用社电子化建设指导意见》,提出了新疆农村信用社电子化建设指导思想,要求各级合作金融机构部门充实高科技人才队伍、加强电子化建设力量,继续扩大农村信用社电子化营业网点覆盖范围,解决当前农村信用社结算渠道不畅问题,以县联社为试点单位大力发展综合业务网络,加强电子化制度建设。

2002 年,新疆人行系统完成了内联网升级改造及内联网"防火墙"建设工作。国开行乌鲁木齐分行开通了与新疆维吾尔自治区人民政府间的联网,实现了政府与国开行公文传递的电子化;加密机也投入了使用,数据和文档的安全性得到提高。农发行新疆分行对公门柜业务升级至 3.3 版,举办了对公门柜业务培训班,初步实现了电子文档一体化,完成了电子联行系统的开通和会计报表应用计算机直接转项电的任务,启用了"中国农业发展银行电子公文处理系统"。工行新疆分行综合业务二期工程顺利投产,部分银行间实现银行卡跨行使用,提升了储蓄网络功能。农行新疆分行和农行新疆兵团分行顺利实现农行系统全疆大联网。中行新疆分行与西北中心、北京中心完成电信、联通 2M SDH 联网,满足了数据大集中的数据传输要求;根据投产离行式自助银行以及外联接入需求,中行新疆分行完成了全辖外联网络接入建设,通过使用"防火墙"实现了内外网的安全隔离,投产了 IDS入侵检测系统,实现对内部网络异常数据流量的监控分析。同年,交通银行新疆分行完成"报关一点通"项目的技术准备和测试环境准备,并在国际部开通了中国电子口岸系统的运行,国际收支系统的数据采集上报。同时,完成对国际部 SWIFT 系统的改造,风险资产管理系统正式进行前期的数据移植工作。招商银行乌鲁木齐分行开通了代收电信、移动、联通话费业务和银证转账功能。乌鲁木齐市商业银行综合柜面业务系统正式投入营运,还先后完成银行卡系统与银行卡信息交换总中心接口的标准化改造工作和行内银行卡清分交换系统的开发和成功上线。同年,人行乌鲁木齐中心支行出台《新疆农村信用社网络项目建设工程实施方案》,成立了新疆农村信用社综合业务网络应用系统项目领导小组。新疆邮政局银联卡建设方案完成,并上报国家邮政局;邮政储蓄卡(绿卡)新疆处理中心完成全疆各地州市中心与省中心网络汇接;完成邮政储蓄绿卡区处理中心与国家中心的切换;邮政储蓄绿卡区处理中心正式启用;新疆邮政局信息技术局完成银联卡程序开发与测试工作;完成银联卡系统与国家邮政局中心的联调并通过测试;全疆银联卡联网改造工程新系统正式开通;新疆邮政局还完成了南北疆城市中心、自治区交换中心、开通银联卡和中间业务主机的4次切换工作。

2003年,人行乌鲁木齐中心支行进一步完善内控机制,并先后完成了乌鲁木齐中心支行和辖区地、州、市中心支行的网络系统升级改造和性能优化工作。同时,为保证内联网不受非法入侵和立即报警采取安全措施,根据人行总行的要求,人行乌鲁木齐中心支行建成入侵监测系统。为及时发现重要业务系统存在的隐患,人行乌鲁木齐中心支行建成了内联网漏洞扫描系统。人行、银监局机构分设后,在银监会计算机网络信息系统建立之前,新疆银监局包括各地、州、市银监分局依照双方签订的协议继续使用人民银行各地、州、市中心支行的计算机信息系统资源。人民银行各地、州、市中心支行为新疆银监局和各地州市银监分局继续使用人民银行计算机信息系统资源提供有关计算机安全方面的技术支持。新疆银监局与人行乌鲁木齐中心支行签订了一年的办公场地租赁合同,可以继续在人行办公楼办公,没有自己独立的办公楼和办公网络。为了工作的正常开展,新疆银监局配备25台松下传真一体机、20台进口速印一体机、20台惠普专业扫描仪、25台索尼数码摄像机、30台索尼数码相机、50支日产录音笔、140块活动硬盘、140支U盘,为年满50周岁以上的老职工配备30块国产名牌电子手写板。同年,国开行新疆分行中泉大厦新机房投入使用,有效保障日常系统的正常运行。农发行新疆分行正式运行"中国农业发展银行电子公文处理系统",综合业务系统也投入试运行,全辖营业机构全部实现了电算化操作;成功完成现代支付系统的接入和辖属行机房的防雷接地工作;通过安装隔离卡,实现了一机多用、内外网分离,推广门柜业务系统自动生成统计报表软件的应用。建行新疆分行通过前端界面优化、外围业务集中、提高非人工交易比重的措施,对电子银行营销服务网络进行整合和再造,加大了系统之间的耦合力度,实现综合柜员系统7×24小时营业,保证住房补贴存款业务及房改业务管理系统、手机银行、网上银行、重要客户系统、银行机票系统的正确应用。交通银行新疆分行完成世界银行系统上线,并进行骨干网升级和网点的网络改造。招商银行乌鲁木齐分行有3家支行机房完成了电信、联通双网专线接入;为了加强对业绩的管理,招商银行乌鲁木齐分行还上线了统计考核系统。乌鲁木齐市商业银行开通24小时电话银行服务,加大了电子化建设的力度,建成覆盖全行的计算机综合网络系统。同年,新疆农村信用社电子信息技术服务中心正式成立,隶属于新疆农村信用合作管理办公室的内部职能部门,面向全疆农村信用社提供计算机网络、资金结算、人员培训等服务,负责全疆农村信用社电子化建设工作的组织实施和技术指导。新疆邮政综合网电子汇兑系统工程通过了最终验收。

2004 年,人行乌鲁木齐中心支行研究制定了《内联网升级扩容二期工程实施方案》,并圆满完成了全疆内联网升级扩容二期工程建设项目和改动节点更为庞大、复杂的人行乌鲁木齐中心支行局域网升级改造工作;人行总行为省会中心支行解决了核心交换机和核心路由器的双机问题,确保了省会中心支行核心节点的网络可靠运行。随着信息技术的发展,以非现场监管为主,现场检查为补充,实现对银行业的合理、有效监管,信息科技手段是必不可少的,且日益成为监管工作的主要手段。新疆银监局实现与银监会之间的电子公文传输,并做了财务预算管理系统的推广使用培训工作,于同年底实现 14 个分局的全覆盖。为确保各项软件和网络系统的正常运转,新疆银监局配置了服务器 15 台、台式机 160 台、打印机 45 台、笔记本电脑 142 台,并及时制定了相应的规章制度。同年 5 月,新疆银监局完成了信息网络管理机房规划、设计和招标、机房建设和综合布线工作,开通新办公楼与人行内联网的连接,确保了启用新办公楼后计算机网络的正常使用,开通电话 161 部、网络 116 个信息点。同年,农发行新疆分行配合新诺卫星公司及分包商北京万家、西安恒星等公司,完成了农发行新疆分行远程教育卫星通信网及电视电话会议室的安装工作,进行了系统调试,并开通农发行新疆分行网站。国开行撤销信息部门,保留信息岗,并入经营管理处。农行新疆分行和农行新疆兵团分行实现了第三方网络互联,实现光纤接入,按时隙划分不同外联业务的接入。同年 7 月,经农行总行批准,农行新疆科技中心下设农行新疆计算机数据中心。交通银行新疆分行安装计算机入侵检测系统和 MACAFEE 防病毒软件;配合国外业务部完成 ISP 系统上线工作,上线电子报表系统、5031 对账系统、实时电子汇兑系统;完成了 CAS 客户分析系统安装、测试和上线;对主机的存储设备进行了升级改造,完成了综合业务数据库到 EMCCX600 上的迁移;将零售业务 SYBASE 数据库系统升级到 12.5。招商银行乌鲁木齐分行实现了业务、办公网分离,提高了业务网络的安全性;开通了银税通系统,实现了国税的网上和柜台缴费。华夏银行乌鲁木齐分行逐步建成了辖内骨干网络系统,对数据集中系统进行了二期优化,增加了前台客户管理、单证控管、贷款账户转移、风险控制等功能,为客户提供了安全、快捷的结算服务。同年,全疆首批邮政国际电子汇兑 5 个网点正式上线,并完成国际电汇兑的软件升级工作;新疆邮政储蓄统一版本切换上线,全疆邮政 582 个储蓄网通过此线正式对外营业。

2005 年,人行乌鲁木齐中心支行完成了新疆辖区内联网市县网改造工程暨支付系统网络延伸工程,共完成全疆 14 个地、州、市中心支行节点和 62 个县支行节点的工程安装、调试等工作。按照银监会银行监管信息系统建设(简称"1104"工程)的总体思路,充分利用现代化网络技术、数据仓库技术和数据挖掘技术,采取数据大集中的模式,科技部门向新疆银监局机关处室和银监分局推广应用新的内外网邮件系统,建设与信息化总体状况相适应的银行业监管信息系统和网络体系。农发行新疆分行顺利完成了综合业务会计系统和大额支付系统的推广应用工作,开通了综合业务会计应用系统论坛,完成了全辖二级网络建设工作,两次增配 PC 机 400 台,打印机 50 余台,累计维护维修计算机及附属设备 160 多台次,为各项业务系统稳定运行提供了有力保证。同年,银联新疆公司成立,工行新疆分行加入银联,银联卡跨境、跨省、跨行通用,进一步完善了储蓄网络功能。至此,工行新疆分行系统储蓄网点基本实现电子化管理。农行新疆科技中心完成了 ISO 9001:2000 质量管理体系建设,并投入运行,同时,完成了县级网络改造项目的建设和实施工作,实现了办公和前台业务的安全隔离,完善了网络设备和通信线路的备份机制,增强了网络的扩展性和稳定性,为全疆农行业务经营提供了良好的网络平台。中行新疆分行通过引入第二家运营商,完成了乌鲁木齐网点、二级行骨干线路的改造,满足双线路均为2M的高宽带数据传输以及双运营商的冗余接入要求,制定了统一的网络建设规范,为二级行投产两台CISCO3845以及两台CISCO3550三层交换机,完成了对二级行网络建设的标准化改造,确保了二级行网点汇聚、核心局域网、上联广域网的有效分离。交通银行新疆分行建立了综合管理、运行维护、应用开发、系统网络四个板块,加大计算机安全管理的力度。招商银行乌鲁木齐分行电子化设备发展到21台服务器、15台网络设备、200多台PC机的全电子化银行机构,并制定了《招商银行乌鲁木齐分行应急方案》和《招商银行乌鲁木齐分行计算机安全管理规定》,以演练方式对其进行检验,推动招商银行乌鲁木齐分行计算机安全管理工作。华夏银行乌鲁木齐分行完成了DCC系统上线工作。新疆邮政代理保险系统及代理开放式基金系统切换上线工作正式启动,新疆邮政储蓄统一版本和邮政电子汇兑系统两网互通成功切换上线,全疆16个地州市、92个市县、582个储蓄网点、621个电子汇兑网点、536个汇兑手工网点实现邮政储汇业务有机整合,实现了邮政储蓄、汇兑两大应用系统的集成。同年,信达资产管理公司乌鲁木齐办事处陆续完成了机房网络建设,通过国家金融数据专网中元网(帧中继方式)与信达资产管理公司总部网络链接,并完成了资产管理业务系统、资金财务管理系统、事务信息管理系统、决策支持系统、系统应用平台的上线运行。

第二节 电子化项目的开发与推广

1986年,人行新疆分行开始着手计算机应用开发工作。工行新疆分行开始在全疆工行系统储蓄网点陆续配备电脑,单机办理储蓄业务和储蓄事后监督。

1987年,工行新疆分行在15个地州(市)二级分行开通电传业务,试办"旅行支票储蓄"和"异地通存通取",初步改变几十年封闭式的业务活动方式,打破了地域界限,扩大了服务领域和空间。同年,建行新疆分行推广远程计算机通信网络项目,开通分行机关、下属各支行两级远程计算机通信网络,传递汇总主要业务报表和资金调拨。从根本上改变了手工汇总报表、信函传递报表的工作方式,减轻了劳动强度,提高了工作效率,加快了资金周转。

1988年,农行新疆分行在M290多用户机上分别开发了储蓄应用软件和对公门市业务微机处理系统,并荣获了新疆维吾尔自治区科技进步奖。同年,建行新疆分行在业务量最大、占用人力最多、劳动强度最高的会计柜台推广电子化。

1989年,建行新疆分行率先在全疆推广同城储蓄业务通存通兑电子化业务,全行电算化普及率达98.7%,通存通兑率达62.9%,乌鲁木齐、昌吉、哈密等城市综合网开通,50台ATM投入使用。并率先在全疆推广储蓄业务事后监督电子化项目,使每日逐笔逐张复核监督的繁重任务,通过此项目实现了事后电子化监督,减轻了纷繁复杂的劳动负荷。

1990年,建行新疆分行进一步推广信用卡管理电子化业务。

1991年,人行新疆分行完成了金银业务管理、金融机构管理系统的软件开发工作,完善优化了县支行业务综合处理系统；对已配机的县（市）支行业务综合处理软件进行了试运行；完成了 TOWER 机到 S/640 超微同城票据交换计算机处理系统的软件移植工作。同年，工行新疆分行部分支行实现储蓄电脑联网，实现系统内联网运行，先实现活期储蓄通存通取，后开通定期储蓄通存通取。

1992 年，人行新疆分行开通了分行机关与人行乌鲁木齐市分行的电子联行系统；新疆人行系统同城票据清算系统实现人—机并行。同年，建行新疆分行分南、北疆片区举办微机多用户培训班，在全行首次推广应用柜台微机多用户业务，全行 106 个网点实现储蓄电算化。

1993 年，人行新疆分行科技处完成了"专项贷款数据库查询系统"软件及"非现场稽核报表综合处理系统"软件的开发。建行新疆分行开通 15 个 POS 机自动授权业务，填补信用卡业务的一项空白；全行 130 个网点实现储蓄电算化，达到 96.2%。同年，新疆邮政储蓄安装了邮政储蓄事后监督系统。

1994 年，人行新疆分行重新开发了实行分税制后的"国库业务处理系统"，并开发了"全疆人民银行系统人事档案管理网络系统""工资套改统计系统""新疆城市信用社对公及储蓄业务处理系统""同城票据清算处理系统"等。建行新疆分行储蓄通存通兑现场会在克拉玛依市召开，定于次年各中心支行所在地城市行全部开办储蓄通存通兑业务。同年，新疆邮政储蓄共安装邮政储蓄营业窗口计算机系统 52 处，事后监督计算系统 8 处。

1995 年，人行新疆分行科技处组织开发了"国库业务处理系统""清算账户软件""计划资金贷款情况登记汇总分析系统软件""新疆融资中心资金拆借账务管理系统""养老保险金上缴、支付体系记账系统软件""清产核资低值易耗品登记统计软件""发行日报、统计及券别登记软件"等。同年，新疆邮政储蓄共安装邮政储蓄营业窗口计算机微机 96 处，事后监督计算机处理系统 19 处，更换邮政储蓄事后监督系统 50 处。

1996 年，人行在全疆中心城市基本实现了同城票据清算的计算机化，全疆 15 个二级分行和 40 个县支行分两批上线中央银行会计核算系统。人行新疆分行机关建立了 NOTES 邮件系统。工行新疆分行开发对公联网业务，实现对公会计同城业务汇兑清算的实时处理，完成新疆维吾尔自治区辖内电子汇兑应用系统的开发；之后，工行新疆分行的科技应用重点转入多用户微机储蓄、对公业务管理系统、小型机联行、超级小型机储蓄通存通兑、微机电传网等的开发应用。同年，邮电部确定的第二批推广城市——乌鲁木齐市首家邮政储蓄"绿卡工程"开通并投入试运行，并首批开通了乌鲁木齐市扬子江路、五一路、中山路三个邮政支局的营业窗口。农行新疆分行、农行新疆兵团分行建立了农行新疆二级公用数据网，在两分行机关建立了办公自动化 NOVELL 局域网，并开发了 ATM、POS 机软件、密码印鉴支付系统。建行新疆分行完成会计核算系统、国际业务系统、房改业务系统、POS 机业务系统的开发应用；全国建行电子汇划清算系统正式投入运行，建行新疆分行 130 多个机构与全国同时实现联网运行。

1997 年，人行新疆分行完成了全疆"发行管理信息系统"的建设工作，保证了"发行管理信息系统"试运行及正式运行，完成了分行机关"办公自动化系统"。农发行新疆分行启用"统计信息管理"数据通信网。农行新疆分行、农行新疆兵团分行推广了电子邮件一级网、办公自动化网、电子公文、保卫信息、资金组织及各类管理应用系统。建行新疆分行开发和推广"住房公积金查询卡业务系统""股票资金代缴系统"及各类代收费服务系统等;开通了区内电子邮路,实现了与上级行和下级行的办公邮件电子化。同年,新疆邮政储蓄共安装邮政储蓄营业窗口计算机系统 53 处;全疆邮政储蓄电子化网点已达 331 处;邮政储蓄"绿卡工程"推广速度加快;乌鲁木齐邮政局安装 35 个网点,11 台 ATM(自动柜员机)进入试运行,并与全国十个城市联网试运行成功;昌吉、奎屯、库尔勒三个城市邮政储蓄账务清算中心实施方案基本完成。

1998 年,新疆辖区人民银行全部完成了"手工联行电子化对账系统"的准备和模拟运行工作,全疆人行系统均采用了 Lotus Notes 平台下电子邮件的信息传输方式,将原有的客户对服务器方式改变为客户对客户方式,保证了数据传输的安全性和准确性。农发行新疆分行实现"库贷挂钩管理月报"电子传输,以及统计信息系统软件在全疆各县支行推广应用,完成了总行、自治区分行、地市行和县支行四级骨干网的电子化建设。建行乌鲁木齐、昌吉、石河子、伊宁、哈密、吐鲁番、阿克苏、库尔勒、喀什、克拉玛依等城市行向全社会推出个人电子汇兑业务;分行科技处自行开发、拥有独立知识产权的"综合柜员业务网络系统"被建行总行授予"科技进步一等奖",并在 1999 年获新疆维吾尔自治区科技进步二等奖;还先后设计、开发了代收保险费、银证转账、社会养老基金管理、医疗保险金管理、多媒体自助等系统。同年,新疆邮政储蓄"绿卡"二期工程是在乌鲁木齐邮政储蓄计算机网络技术改造工程、404 邮政储蓄网点、15 台自动柜员机、与全国 50 个城市实现联网的基础上正式启动的,主要是建设奎屯和库尔勒两个邮政储蓄计算机网络系统技术改造工程。1998 年至 2000 年,农行新疆兵团分行在全疆农行范围内建成了 5 个地州以小型机(RS6000)为平台和 16 个二级分行以双机双工服务器为平台的门市业务城市网络;"九五"期间,农行新疆兵团分行基本完成了各二级分行(含直属支行)城市计算机网络建设,电子化建设从微机处理模式转向了集中分布式以及小型机集中处理模式。

1999 年,人行乌鲁木齐中心支行辖内 65 个分(支)行脱离手工对账,正式运行全国"手工联行电子对账系统";开发了人行乌鲁木齐中心支行专用的"同城清算系统",并于同年 7 月完成编程;完成了"国库会计核算系统"和"同城票据清算系统"的培训和全疆推广任务;自行研发了"财务核算系统""账户管理系统""金融机构经营许可证管理软件";建立了全疆的 Lotus Notes 电子邮件系统,通过内联网实现了全国联网,实现了整个人民银行系统电子邮件运行。同年,农发行新疆分行机关与二级分行开通了电子邮件系统。在解决计算机 2000 年问题攻坚中,农行新疆分行和农行新疆兵团分行做到了组织、计划、资金、技术四落实,成功解决了计算机 2000 年问题,受到农行总行的表彰。建行新疆分行作为建行总行办公自动化试点行,分行机关和巴音郭楞州分行的办公自动化系统软件测试工作获得圆满成功;全行正式加入全国建行 180 个城市行储蓄卡通存通兑异地联网交易。同年,新疆邮政储蓄完成了南疆绿卡中心的设备安装及 6 个网点的联网工作;完成了全区"绿卡工程"的业务测试、技术测试及乌鲁木齐市"绿卡工程"网点安装 232 处。

2000 年,人行乌鲁木齐中心支行不断加大"银行信贷登记咨询系统"建设力度;"支付密码系统"在乌鲁木齐地区初步建成;开发了"财务核算系统";自主开发了适应房产管理工作需要的"房产管理系统";对"账户管理系统"进行了改造、升级。农行新疆分行和农行新疆兵团分行在全疆范围内建成了 5 个地州以小型机(RS6000)为平台和 16 个二级分行以双机双工服务器为平台的门市业务城市网络;"九五"期间,基本完成了各二级分行(含直属支行)城市计算机网络建设,电子化建设从微机处理模式转向了集中分布式以及小型机集中处理模式;新疆农行系统推广应用了全国和省辖人民币电子汇兑和实时汇兑系统;农行总行开发的储蓄、对公和信用卡系统在全疆农行所有计算机网点全面推广应用;建成并改造了农行总行到县级支行的四层三级数据通信网;启动了经营管理信息系统工程建设;信贷管理系统与人民银行信贷登记咨询系统实现对接;电子邮件、公文传输、人事等十余种管理信息系统在全疆农行推广。同年,建行新疆分行启动了"全集中项目""大信贷系统""同城票据交换及清算直联系统""安全管控系统"银行卡联网(中行、建行)"多卡合一""企业终端""19位卡账号改造""生肖卡二期优化""房信部新需求""自动存款机""柜员劳动量统计""自助设备控管平台""商场软POS机""本外币一体化系统""全集中稽核系统""银税系统""自助设备转账""Internet网点接口""指纹验印系统"等48个项目;建行新疆分行开发的外币卡收单清算系统与建行广东省分行外币卡网络系统正式直联,并研究开发包括公司业务、房地产金融业务、个人业务、外汇业务、信用卡业务等诸多内容的大信贷计算机系统;推广的机关办公自动化系统试运行,并实现分行机关与昌吉州分行电子收发文运转。乌鲁木齐市商业银行开发出具有完全知识产权的新一代综合柜面业务系统,在此系统的基础上,先后完成银行卡系统与银行卡信息交换总中心接口的标准化改造和行内银行卡清分交换系统的开发工作,并成功上线;银联卡交易系统的开通,进一步拓展了乌鲁木齐市商业银行业务空间。乌鲁木齐市商业银行完成政府采购系统、商业银行汇票系统、储蓄集中事后监督系统、贷款五级分类及报表系统、安全应用系统的开发及上线;加大业务处理系统和管理信息系统的开发和利用,完成新疆维吾尔自治区财政代理支付系统、管理信息系统等业务处理系统以及一本通功能的程序、卡积分功能的程序开发。同年,新疆邮政储蓄绿卡工程改造完成了南北疆同主机异地活期通存通兑。

　　2001年,人行乌鲁木齐中心支行完成了《固定资产管理软件》的开发、测试和试运行工作;建立了人行乌鲁木齐中心支行办公自动化系统,并正式投入使用。同年,新疆农发行系统全面推广和使用信贷管理系统。建行新疆分行开发了哈密自谋职业养老金代收系统、通过委托单位方模拟软件等12个项目,完成了房改数据全集中和房改对账系统、委托性住房金融业务等项目的上线,推出了95533电话客户服务系统,证券系统,优化了支付密码在票据清算系统及综合柜员中的应用,实现了外汇储蓄系统、个贷系统的电算化;实现全辖建行账务数据在综合柜面业务基础上的全集中,使综合柜面能够办理所有人民币业务,实现电子汇划、个人电子汇兑业务的全疆集中汇划、集中联机编核押、集中自动入账,且全疆只设一个全国联行机构,提高了汇划速度和质量,避免了因人为因素造成的资金风险。同年,招商银行乌鲁木齐分行陆续推出了一卡通电信、移动、联通、铁通等自助缴费功能。随后,招商银行银证转账系统、个人外汇实盘买卖系统、Windows AD域管理的推广实施等项目先后上线。新疆邮政局在全国邮政电子汇兑建设工作会议后,专门成立了电子汇兑建设领导小组,随后,新疆邮政电子汇兑第一期工程通过了国家邮政局的模拟测试及试运行;完成了新疆维吾尔自治区邮政局汇兑中心及5个电子汇兑网点的建设,并顺利实现与国家邮政局汇兑中心及乌鲁木齐市汇兑中心的联网;同年9月,新疆邮政第二期15个地州市汇兑中心和45个电子汇兑网点工程建设顺利完工;第三期73个市县中心及90个网点电子汇兑网点工程也相继建设完工。至年末,全疆邮政电子汇兑经过三期工程建设,实现了 16 个地州市中心、74 个县中心、223 个网点联入电子汇兑系统。全疆邮政储蓄 400 多个邮政储蓄绿卡网点顺利实现了全国异地联网。同年,新疆农村信用社成立了新疆农村信用社电子汇兑中心,正式开通新疆农村信用社电子汇兑业务,第一批参加特约汇兑的农村信用社有 86 家。

2002 年,人行乌鲁木齐中心支行建成"内部网络非法外联监控管理系统"并正式运行。中行新疆分行完成本地第一次年中决算"新一代"综合业务系统(SBS2.0);采用全辖集中模式,统一数据处理的"新一代"消费信贷系统(CCS)投产上线;"电子联行"集中版投产,实现网上银行的汇划功能;信用卡发卡系统(SA400)投产,并在同业中首先完成了 AS/400 银行卡业务系统联网通用的系统开发和推广工作;"新一代"综合业务系统(SBS3.0)投产,实现 SBS2.0 西北五省数据大集中;配合综合业务系统 3.0 上线。中行新疆分行投产柜员前端系统(OFP2.0),使其成为全国第一家汇票平台试点行;FTS 金融交易平台是中行新疆分行自行设计开发支持惠普柜面信用卡交易、查询交易和银税一体化交易的处理平台。NAS 和 ATMP 大集中版本投产,将部署在地州的 NAS 和 ATMP 前置机集中至分行集中版系统。同年,建行新疆分行开发的"委托性住房金融业务系统"通过了人行总行组织的科技成果鉴定,并在建行济南、青岛、沈阳分行顺利上线运行,有 14 个一级分行推广使用;开发的电子账单系统正式上线运营,开发的"银证通"客户证券保证金服务业务和 95533 电话服务系统"银证通"业务维吾尔语翻译版在新疆维吾尔自治区率先上线,开发的视频会议系统正式建成启用,开发的数据全集中项目通过了建行总行验收评审,开发的全疆网上培训系统完成,实现从总行到二级分行视频会议的同步传送。

2003 年,人行乌鲁木齐中心支行推动现代化支付系统在乌鲁木齐市的推广应用,并组织各地、州、市中心支行完成新疆辖区"内联网非法外联监控系统"的推广应用,还自主设计开发与人行总行、全国人行系统实现互联互通的"综合性金融信息网站",实现了人行乌鲁木齐中心支行内联网用户与全国人行实现互访和信息共享,实现省会城市大额支付系统与人行总行联通。同年,农发行新疆分行全辖营业机构全面完成电算化操作任务。工行新疆分行对全行中间业务进行整合创新,统一系统平台和应用模式。农行新疆分行和农行新疆兵团分行中间业务平台在农行总行科技成果(开发项目)评比中获三等奖,并顺利完成了综合应用前置系统(AIPS)的升级切换工作,所有业务集中到前台运行,改善了银行卡用卡环境,进一步推进了联网通用工作,为银行卡业务提供了技术支撑。建行新疆分行加快了客户信息库、现金统计分析、账户管理系统、客户贡献度评估、劳动定额升级优化、网上银行统计分析、非现场稽核、价格检测系统的开发和建设,开发的"非现场稽核系统"正式上线运行;开发的"个人客户消费信贷与银行卡网上受理系统"上线;具有自主知识产权的"管理会计信息系统""总控中心系统""应用安全控管系统""网上视频及培训系统""信息资产管理系统"分获建行总行金融科技进步二等奖和三等奖。新疆农村信用社的结算服务中心通过乌鲁木齐县联社以间接参与方式开通了大额支付业务;并开始组建自己的综合门柜业务网络系统,网络建设采取全疆大集中的方式进行。同年,新疆邮政储汇局组织完成邮政储蓄卡(绿卡)制卡软件开发、测试工作,全辖 16 个地州市邮政局全面发行银联卡;完成新疆邮政自行研制开发邮政储蓄事后监督、会计、统计计算机处理系统软件升级改造工作。

2003—2005 年,华夏银行乌鲁木齐分行先后开发与推广了全疆数据集中系统、资金清算系统、华夏丽人卡网络系统、办公自动化系统(OA)、信用卡授权系统、网上银行、电话银行、重要客户系统、证券基金系统、银证转账系统、银券一户通(存折炒股)、代理收费业务系统、信贷管理信息系统、人力资源管理信息系统、企业银行、自助产品、华夏银行证券磁卡系统 17个重点业务应用系统,计算机应用覆盖了全行的主要业务,以及华夏银行乌鲁木齐分行城市综合业务网络与异地互联网络正式开通。

2004 年,人行乌鲁木齐中心支行开发了"错款信息处理系统"并运行;将中央国债系统及银行卡系统接入大额支付系统,完成了乌鲁木齐大额支付系统(V2.0 版)应用软件升级换版工作;完成了乌鲁木齐处理中心(CCPC)、国库核算系统(TBS)、中央银行会计核算系统(ABS)应用软件升级换版工作;完成了人事系统数据大集中项目建设。同时,乌鲁木齐地区同城清算系统进行了大的改造。农发行新疆分行完成了远程教育卫星通信网及电视电话会议室的安装、调试。中行新疆分行新版本"分行办公网站"正式投产使用;中行新疆分行全员客户经理考核系统正式投产使用,使客户经理考核更加量化;银行卡联网联合 IST2.0 标准改造项目投产。同年,招商银行乌鲁木齐分行实施了网络改造,将业务网与办公网分离,进一步提高了全行业务网络的安全性。全疆首批 5 个邮政国际电子汇兑网点正式上线;邮政储蓄统一版本工程切换上线,完成了 240 万户数据的导出和导入,582 个储蓄网点、119 台 ATM 联入了计算机处理系统,储蓄网点联网率达到 100%。同年,全疆有 48家县级农村信用联社、341 个网点与区级数据中心进行业务联网;有 14 家联社首先开通了通存通兑业务。

2005 年,人行乌鲁木齐中心支行完成了"货币金银管理系统"全国数据集中处理、新版"同城清算系统"开发、大额支付系统全疆推广、全国统一"人民币银行结算账户管理系统"上线、电子邮件、公文传输系统升级等一系列工作;货金系统上线运行是人行总行第一个集中运行的系统,也第一个使用数字证书的系统;国库收款单管理系统和会计集中核算事后监督系统都成功上线运行。与此同时,农发行新疆分行完成了综合业务会计系统和大额支付系统的推广应用。"农行新疆科技中心卷烟销售电子结算系统"荣获农业银行 2003—2005 年度优秀科技成果奖。中行新疆分行信息科技部按照中行总行规定,完成可信系统第一期项目推广工作,实现了全国范围内实时汇划和通存通兑。中行新疆分行和人民银行同时投产了"同城票据清算系统",此系统彻底更新了中行新疆分行的同城票据清算模式,由单机独立录入模式转化为网络互联、数据集中方式。中行新疆分行还完成了国税代理业务系统开发,并在克拉玛依试点成功。中行新疆分行"外汇大额和可疑资金交易反洗钱系统"正式投入运行,并开始向中行总行上报数据。新版电子设备固定资产管理系统在中行新疆分行信息科技部正式投产。建行新疆分行各二级分行办公自动化系统 2.0 版一次性上线成功;开发的"客户信息库系统"获得建行总行金融科技进步二等奖;"存储区域网络系统""综合业务灾难备份系统""手机银行系统""委托性住房金融业务一级分行数据集中"四项程序获得建行总行金融科技进步三等奖。建行总行在新疆分行组织召开"信息总线基础设施建设 EAI 试点子项目专家验收评审会"和"信息系统认证授权平台技术方案专家评审会",总行 6 个部门和 3 个省区市分行的专家对建行新疆分行开发的这两个项目给予充分肯定,一致通过验收和评审。同年,新疆邮政储蓄统一版本和邮政电子汇兑系统切换上线,实现邮政储蓄、汇兑两大应用系统的集成;新疆邮政代理保险系统及代理开放式基金系统切换上线工作正式启动;外币邮政储蓄系统上线;启动了新疆邮政局银联卡 2.0 版本改造工程,完成全疆第一期 49 个邮政储蓄网点监控设备的改造和新增 45 个储蓄网点监控设备的安装工程。新疆农村信用社各地州以联社为单位,将所需开通大额支付业务的营业网点按规定格式及所需材料上报新疆维吾尔自治区联社电子汇兑中心,实现支付系统行名行号的科学管理。

第三节　电子化服务产品

新疆银行业金融电子化服务产品主要有自助银行、电话银行、网上银行、手机银行、ATM、POS 机等。随着金融电子化服务产品不断丰富,网点服务环境得到改善,服务渠道日益完善,形成了一个"遍及天山南北,连接城市乡村"的经营网络。金融电子化服务产品已由单一的手工处理业务的柜台服务,向全方位包括营业网点、自助终端、电子支付等多种方式转变,其业务核心竞争能力显著增强。

1991 年,建行新疆分行推出在全行 482 个营业网点使用储蓄事后监督电算化服务产品。

1993 年以前,农行新疆分行、农行新疆兵团分行开发了储蓄同城通兑软件和磁卡储蓄软件,农行乌鲁木齐市支行开办金穗卡业务,全疆农行系统实现门市业务电脑化。同年,建行新疆分行在全疆各营业网点推广应用了计算机多用户会计柜台系统、储蓄前台和事后监督系统、房改金融电子系统、人事信息综合管理系统、信用卡电子业务系统等产品。

1995 年,农行新疆分行、农行新疆兵团分行组织开发了异地通存通兑储蓄业务系统。

1996 年,农行新疆分行、农行新疆兵团分行开通了全国电子汇兑系统。同年,邮电部和新疆邮电管理局联合投资 3910 万元兴建的新疆首家邮政储蓄计算机全国联网项目——乌鲁木齐"绿卡工程"开通试运行。

1997 年,农行新疆分行、农行新疆兵团分行省辖电子汇兑系统正式运行。

1998 年,建行新疆分行以城市行为中心、以网络为重点,在全疆新开通 479 台 POS 机、47 台 ATM 服务产品。同年,交通银行新疆分行首批自助设备投入运营。

2000 年,农行新疆分行、农行新疆兵团分行先后开发了医保、代收电费、移动代收费、联通代收费、固定电话代收费、天然气代收费、中保续期、首期保险费、保险赔付和银证转账等中间业务软件。建行新疆分行推出以互联网为基础,应用安全证书认证的商业银行网络服务系统,经过不断优化升级、逐步形成了面向个人、企业客户和商户的综合性服务平台;并推出为客户提供电话自助交易,人工受理客户咨询、投诉、建议、外呼、电话营销等综合性服务平台。同年,交通银行新疆分行首批 CRS 投入使用。新疆邮政储蓄绿卡工程改造完成了南北疆同主机异地活期通存通兑。

2001 年,人行乌鲁木齐中心支行成立了"新疆银行卡工作协调领导小组",大力推广全国统一的"银联"标识,建立统一的银行卡受理市场,促使"银行卡联网联合"。建行新疆分行推出哈密自谋职业养老金代收系统、房改数据全集中和房改对账系统、委托性住房金融业务系统、95533 电话客户服务系统,证券系统、外汇储蓄系统和个贷系统等。同年,交通银行新疆分行第一个离行单点设立。新疆农村信用合作社根据人行总行《农村信用社银行卡业务统一管理工作实施意见》的要求,银行卡业务执行全国银行卡统一的业务规范和技术标准,统一农村信用社银行卡品牌,推出带"银联"标示的农村信用社银行卡,逐级建立了责任制。

2002 年,人行乌鲁木齐中心支行组织开展了"银行卡联网通用"实地测试检查工作,全疆各商业银行、邮政储汇局积极配合参与,提高了银行卡交易成功率。同年,农行新疆分行、农行新疆兵团分行"多网合一网"网络工程改造全面完成,全面完成了联网通用工程建设,实现全国金穗借记卡、信用卡全国授权网并网运行。在农行总行的授权下,两分行已正式发行银联标识卡。建行新疆分行推出方便客户财务资金管理,提高客户资金使用效率,由设在建行总行的总中心和各地一级分行的分中心组成,贯通全行综合信息的服务平台,为政府客户、重要大型公司客户、机构客户以及跨国集团客户提供个性化电子银行,并依托移动通信运营商的网络,推出以客户手机为终端而开办的金融服务业务。

2003 年,根据新疆银行卡联网通用实际,人行乌鲁木齐中心支行要求各发卡行(局)张贴"银联"标识,抓紧"银联"标识卡的更换工作。中行新疆分行与乌鲁木齐海关联合推出"报关即时同""联网报关"产品。建行新疆分行推出了客户信息库系统、现金统计分析系统、账户管理系统、客户贡献度评估系统、劳动定额升级优化系统、网上银行统计分析系统、非现场稽核系统、价格检测系统、个人客户消费信贷系统、银行卡网上受理系统、管理会计信息系统、总控中心系统、应用安全控管系统、信息资产管理系统,在多媒体自助终端机上自行操作的综合金融服务平台,为客户提供多种交费转账服务。同年,乌鲁木齐市商业银行高起点发行银联卡、一本通,批量推出 ATM、CDM 及多媒体查询机,构筑出自助设备、客户服务中心等体现商行特色的自助服务体系,全天候、多方式地向客户提供不断增强的金融服务渠道。

2004 年,人行乌鲁木齐中心支行在乌鲁木齐市 9 家发卡金融机构的支持和配合下,对昌吉、吐鲁番、喀什、石河子、克拉玛依、阿勒泰、伊犁、哈密、博尔塔拉州、阿克苏、克孜勒苏州、巴音郭楞州 13 个地州所在地城市的银行卡联网通用工作进行了较为全面的检查和验收。中行新疆分行信息科技部研发的手机银行系统完成了验收工作。乌鲁木齐市商业银行开始上线中间业务平台,整合中间业务应用,打造出包含水电、话费、社保等 13 项涉及百姓生活的"缴费通"业务品牌。同年,全疆邮政储蓄统一版本工程切换上线,顺利完成了240 万户数据的导出和导入;全疆 582 个邮政储蓄网点、119 台 ATM 联入了计算机处理系统,储蓄网点联网率达到 100%;每月邮政储蓄跨省异地交易量超过 32.3 万笔,银联卡跨行交易量 10.3 万多笔,代收电信、移动、联通、铁通资费业务 32.53 万多笔,异地及跨行交易成功率得到有效提高,为业务发展提供了有力的技术支撑。新疆邮政储蓄网点进行了进一步改造,由传统的哑终端改为网络终端,更新网络终端 868 台、打印机 311 台、刷卡器 82台、密码键盘 232 个。

2005 年,人行乌鲁木齐中心支行召开了由乌鲁木齐市商业银行、邮政储汇局、新疆银联商务公司参加的联席会议,在征求意见后,制订了《2005 年新疆银行卡联网通用检测方案》。同年,工行新疆分行金融电子化服务产品主要有自助银行、电话银行、网上银行、手机银行、ATM、POS 机等。到年末,工行新疆分行拥有自助银行 14 家;网上银行签约客户

88292户,其中对公网上银行1529户,对私网上银行86763户;分布各营业网点的ATM 358台,分布的POS机达到1160部。农行新疆分行、农行新疆兵团分行7×24小时服务系统在全疆农行系统投产,为客户提供了银行卡、ATM取现、POS机消费及网上银行业务7×24小时的不间断服务,解决了两分行在日终期间不能办理上述业务的难题,为客户提供了更好的服务环境。中行新疆分行自行设计开发的"汇聚宝系统"成功投产,VIPS大客户系统也成功投产,提供了理财中心维护,管理银行客户的功能;完成了国税代理业务系统开发,并在克拉玛依中行试点成功,继而在全辖推广应用。建行新疆分行推出了存储区域网络系统、综合业务灾难备份系统、手机银行系统、委托性住房金融业务一级分行数据集中系统等。交通银行新疆分行新建24小时自助银行1家,新增ATM、CRS、自助终端和缴费通等自助设备共32台,全行各类自助设备规模达105台,弥补了机构网点的不足,改善了客户用卡环境,强化了对客户个性化和差异化服务。招商银行乌鲁木齐分行共有营业机构7家,自助银行5家,另设有多个单台自助设备,其电子化服务产品主要包括一卡通、一网通、双币国际信用卡、金葵花理财、自助银行、电话银行、POS机等。华夏银行乌鲁木齐分行分布在各营业网点的ATM有12台,其电子化服务产品主要有自助银行、电话银行、网上银行、手机银行、ATM、POS机等。乌鲁木齐市商业银行银信通、财务POS机、银证转账、代理财政非税收入收缴业务系统、代理财政授权支付系统等研发成功并投产,为乌鲁木齐市商业银行实现集约化经营、扁平化管理提供一定的技术保障。

第十二篇　人　物

　　本篇以事系人,采用传记、简介、名录等形式,按照人物的作用和影响作为收录标准,全面反映新疆解放以来,特别是1986—2005年新疆银行从业人员服务地方经济发展的重要作用。在传记中,坚持两分法,全面重点记述重要人物的是非功过。一个人的一生不可能不犯错误,也不可能样样都好。人无完人,只要这个人对历史作出了重大贡献,本篇中都给予如实的反映和肯定,并以大量的篇幅介绍有突出贡献的新疆银行从业人员,将新疆银行业的优秀党员、劳动模范、优秀银行家、文明建设标兵,先进集体、先进个人的先进事迹一一介绍,因为他们代表了新疆银行业时代的精神和风貌。

第一章　人物传与人物简介

新疆银行业"人物传"记载已故的曾对新疆银行事业发展有较大影响、为机构创办或长期主持工作；或在银行工作中作出突出贡献；在新疆乃至全国有较大影响的人员。

新疆银行业"人物简介"记载在世的典型人物的典型事迹。对人物的记述，力求做到平实，以资料和事实说话，不夸张、不拔高。

第一节　人物传

张定繁

张定繁（1911—1985年），男，汉族，中国人民银行新疆省分行第一任行长，新中国成立后新疆金融事业的奠基人。张定繁1911年出生于陕西，1935年10月投身革命，在陕西瓦窑堡参加陕北苏维埃国家银行的建设工作。1937年4月加入中国共产党。延安时期，张定繁担任陕甘宁边区银行主要业务处的领导工作，他和战友们一起，坚决贯彻党中央提出的"发展经济，保障供给"方针，充分运用边区货币工具，从政治、经济上支援了革命战争，确保了边区建设和革命战争对资金的需要，促进了边区经济的发展。

1949年9月，新疆和平解放。同年11月，受中共中央派遣，张定繁来到新疆，接管新疆省银行。同年12月，对新疆省银行进行了改组，将原总行、分行、办事处改编为以区为中心支行的三级领导关系。1950年1月23日，中国人民银行新疆省分行正式成立，张定繁任行长。1950年2月，根据新疆省人民政府统一三区［指伊犁、塔城、阿山（今阿勒泰）］、七区［指迪化（今乌鲁木齐）、哈密、喀什、和田、焉耆、莎车、阿克苏］金融问题的决议，张定繁派员赴伊犁将三区的农民银行、商业银行先后合并到新疆省银行，完成了地方性的统一。1950年7月8日，中国人民银行新疆省分行根据新疆省银行资产清理、民股退出的情况，张定繁向新疆省人民政府递呈《关于新疆省银行拨归中国人民银行新疆省分行的提案》，得到了批准，顺利地实现了新疆地方金融机构与全国金融机构的统一。

在金融机构统一之后，张定繁着手进行金融秩序的建立和巩固工作，集中力量完成币制的统一。解放初，针对历史遗留下来的财政困窘、通货膨胀、生产停滞、物资交流不畅、各族人民生活陷入贫困等状况，张定繁决定首先进行稳定币值、恢复市场、安定人心的工作。根据新疆各民族协商会议的决定，肯定了以银元票为本省暂时流通的合法货币，斩断银元票与银元（硬币）的直接联系，停止银元兑现，迅速开放了新疆同全国的汇兑，确定了银元票与人民币的兑换率。在银元票初步稳定后,又于1950年2月停止了"期票"的发行,使三区与七区的货币逐步统一,为开展省内贸易铺平了道路。随后又开始了"期票"的收兑工作,到1950年底,"期票"大部分收回,新疆的币制宣告统一。随着人民币地位的不断提高,在银元票流通过程中,人民银行先后三次降低了银元票与人民币的兑换率,在客观上促使币市的加速统一。1951年10月1日,根据中央人民政府政务院的命令,在新疆发行了人民币,实现了新疆与全国币制的统一。

在币制统一的基础上,张定繁又重点推进了现金管理工作。从1952年1月起,迪化(今乌鲁木齐)、喀什、伊犁三地区开始编制出纳计划,重点掌握现金流通情况,同年6月,在迪化召开了货币管理奖励大会。喀什、绥来(今玛纳斯)、焉耆也先后进行了货币管理工作的检查与评比。同年11月,张定繁在省分行组织召开了全疆首届货币管理工作会议,具体部署了各支行以后进行货币管理的工作任务,从此把新疆的货币管理工作推向了新的阶段。

在进行现金管理的同时,张定繁积极倡导开展储蓄和个人业务,在全疆掀起了爱国主义的储蓄热潮,1950—1952年,全疆各行与当地一半以上的工商户建立了存款关系,存款的户数和金额都有明显增加。在筹集资金的同时,各地区人民银行按张定繁的要求,积极开展贷款业务。1950年起,首先开始农牧业贷款的发放。1951年,发放贸易长期贷款、合作长短期贷款及工业生产贷款。人民银行在支持国营贸易与合作的同时,大力扶持私营工商业,特别是民族手工业的发展和市场的恢复。通过支持贸易,办理农牧产品收购工作,促进了城乡内外物资交流,扭转了解放前土特产滞销,日用必需品来源困难的局面。

解放初的三年,是艰苦创业的三年。中国人民银行新疆省分行在当地党政和上级行的领导下,在张定繁的率领下,统一了机构、统一了币制,制止了通货膨胀,建立了金融市场新秩序,筹集资金、扶持生产和商品流通,促进国民经济快速恢复,奠定了新疆金融事业的发展基础。三年来,全疆存款、放款、汇兑三项业务有了突飞猛进的发展,以1949年为基数,存款增加了400多倍,放款增加了1000多倍,汇兑增加了76倍,有力地支持了全疆工农牧业生产的恢复与发展,支持了省内外及城乡之间的物资交流和贸易合作事业的发展,促进了新疆面貌的改变。

1953年1月张定繁调入人民银行西北区行任副行长,1955年又调入总行,先后担任组织预算司司长、会计发行局局长,中监委驻中国人民银行监察组副组长,中国人民银行副行长级顾问等职务直到离休。1985年10月3日张定繁同志因病医治无效,在北京逝世,终年74岁。

李书田

李书田(1915—2005年),男,汉族,1952年分配来新疆工作,1954年4月任人民银行新疆分行副行长,1961年5月任人民银行新疆分行行长,即人民银行新疆省分行第三任行长,一直到1979年3月,也是历任行长中任职时间最长的一位行长。这期间还经历了文化大革命,1966年文化大革命开始,李书田和人民银行新疆分行其他领导被群众组织夺权,

人民银行工作陷入瘫痪,后被军管会实行军事管制。1970年12月,全疆人民银行系统除阿里中心支行(1970年6月1日,根据中央和西藏、新疆两个自治区革命委员会有关指示,人民银行阿里中心支行及辖属6个县支行、28个信用社划归人行新疆分行领导)、农九师支行未成立革委会、第七支行进行正面教育外,其他各行都成立了革委会。1971年3月8日,根据自治区革命委员会生产指挥组指示,自治区人民银行变为自治区财政局的一个二级机构,由财政局领导,对外挂中国人民银行新疆维吾尔自治区分行的牌子,对内从分行抽调18人成立了业务班子,名称为银行组,归并自治区财政局办公。原分行的干部从行长李书田到工勤人员200多人,于1971年6月25日全部下放到轮台县野云沟"五七"干校进行"斗、批、改"。

直到1973年人民银行新疆分行恢复,李书田也恢复了原来的职务。其间曾调新疆维吾尔自治区物价局任局长三年,27年的大部分时间都在银行担任领导工作。

李书田担任行长期间能按照中央在各个时期的战略部署,在人民银行总行和新疆维吾尔自治区党委的领导下,根据工作要求,结合当地具体情况,积极开展金融业务,在工作中认真贯彻党的金融政策,工作中的问题及时向党委请示汇报,使金融工作能够纳入党委的议事日程。他对革命工作勤勤恳恳、事业心强,办事认真负责,谨慎细致,能经常深入基层,以点带面,推动全盘工作。

李书田在各项政治运动中立场坚定,旗帜鲜明地和党中央保持一致,在林彪、江青反革命集团横行期间,被审查揪斗。担负领导工作后,能做到三个正确对待,集中精力工作。能正确贯彻党的民族政策,珍视民族团结,与民族领导共事,相互支持、尊重、爱护、重视培养少数民族干部,民族关系融洽,在民族干部中普遍反映良好。他平易近人,生活艰苦朴素,保持了党的优良传统和作风。

1979年,李书田调回人民银行总行工作,直到退休,2005年在北京逝世。

阿不都热依木·吾买尔

阿不都热依木·吾买尔(1925—1982年),男,维吾尔族,中国人民银行新疆维吾尔自治区分行第四任行长,是中国共产党培养的新疆少数民族地区成长起来的优秀维吾尔族干部,也是人民银行新疆分行历任行长中唯一的一位维吾尔族干部。

1925年,阿不都热依木·吾买尔出生在新疆喀什市一个贫民家庭,早在青年时期,受中国共产党的影响,积极要求进步,1949年,阿不都热依木·吾买尔参加了革命,经历了新中国的诞生和新疆的和平解放。1950年,他加入了中国共产党,成为新疆解放后第一批入党的中共党员。入党后,阿不都热依木·吾买尔认真读马列主义和毛主席著作,先后两次被派到中共中央党校学习,他理论联系实际、抚今追昔,深信只有社会主义才能救中国。他为自己作为伟大、光荣、正确的中国共产党党员和社会主义新中国的公民而自豪。

1956年5月,阿不都热依木·吾买尔由新疆维吾尔自治区油脂公司调入中国人民银行新疆分行,并担任党组成员、副行长。初到金融系统,他虚心向老同志学习、向其他领导请教,认真学习金融理论,努力钻研业务知识。由于他有一定的汉语基础,很快就掌握了银行业务知识和金融工作的方针政策,并能独立处理工作中的重大问题。同时,他不放松对马列主义、毛泽东思想的学习,1964年被评为学习毛主席著作的积极分子,受到了新疆维吾尔自治区的表彰。在文化大革命时期,他顾大局、识大体,坚持四项基本原则,立场坚定、旗帜鲜明地和党中央保持一致。在粉碎"江清反党集团"以后,他坚决拥护中共十一届三中全会以来的路线、方针、政策。在落实党的干部和知识分子政策中,他做了干部职工大量的思想政治工作,引导干部职工认清各种错误思想。

1979年3月,阿不都热依木·吾买尔担任中国人民银行新疆维吾尔自治区分行行长。他上任后,率领全疆金融战线上的各族职工,逐步把工作的着重点转移到社会主义现代化建设上来。根据人民银行总行全国分行长会议的精神,特别是"四个转变""五项改革"的要求,加强对金融工作重点转移的组织领导,集中精力抓业务工作,努力吸收各项存款,为"四化"建设筹集资金,运用信贷手段,加强对农牧业生产的支援,促进工业企业的调整、整顿和商品流转的发展,较好地发挥了人民银行的职能。同时,积极稳妥地恢复了各级农业银行,大力加强了农村金融工作,成立了中国银行新疆分行,开展了国际金融业务。

在干部队伍建设方面,阿不都热依木·吾买尔根据各个不同时期的中心工作和人民银行所承担的任务,抓学习、抓政治思想教育,在实践中锻炼提高干部的觉悟。中共十一届三中全会后,国家实行对外开放、对内搞活的方针,金融工作面临着新的历史性转折。为开创银行工作的新局面,阿不都热依木·吾买尔根据分行党委集体讨论的意见,在全疆支行长会议上讲了自己的看法:"新疆地处祖国边陲,又是多民族地区,在国民经济大调整中,我们银行肩负着重要的历史使命"。

新疆是个多民族地区。阿不都热依木·吾买尔无论在哪里工作,都强调各民族之间的团结,在关键时刻,他能以党性原则、政策约束来维护民族团结。在新疆维吾尔自治区几次大的事件中都作出了表率。在1957年反地方民族主义斗争中,阿不都热依木·吾买尔坚持党的领导,反对民族分裂;在1962年边民外逃事件中,阿不都热依木·吾买尔坚持一个中国,维护祖国统一的信念没有变。

阿不都热依木·吾买尔担任行长的三年时间里,认真贯彻国务院"关于切实加强信贷管理,严格控制货币发行的决定",紧紧围绕严格控制货币发行,保证经济调整,稳定市场物价这一中心任务,积极开展各项工作,取得了较好的成绩。阿不都热依木·吾买尔对党赤胆忠心,对马列主义、毛泽东思想坚信不疑。在阿不都热依木·吾买尔的一生中,为维护祖国统一、民族团结,发展新疆维吾尔自治区的社会主义现代化建设和金融事业,献出了毕生的精力!

1982年5月18日凌晨4时,阿不都热依木·吾买尔同志因长期患病突发心肌梗塞,抢救无效,不幸逝世,终年57岁。

杨　琦

　　杨琦(1918—2007年),男,汉族,1918年出生,1937年参加革命,从事抗日青年工作,后去延安就读行政学院和延安大学。1952年,任中国人民银行新疆维吾尔自治区分行副行长。1983年,出任中国人民银行新疆维吾尔自治区分行第五任行长。

　　杨琦既参与了新中国的创建大业,又长期从事有中国特色社会主义现代化建设。在抗日战争和解放战争中,做军队经济建设和后勤财务工作,随军转战晋西北与陕甘宁边区。1949年解放大西北,随中国人民解放军第二军进驻新疆。解放初期,他以中国人民解放军军事代表的身份接收新疆喀什旧商业银行。

　　1950年5月,杨琦担任了中国人民银行喀什中心支行行长,当时的喀什一穷二白,百废待兴,面临着极为严峻的社会经济形势:一是物资奇缺,物价飞涨,金融秩序相当混乱,市场上流通的货币,除了黄金、白银外,还有国民党时期新疆省银行发行的"银元票"、迪化(今乌鲁木齐)铸造的银元以及苏联卢布和金元券等;二是城乡物资流通不畅,生产资金匮乏,高利贷活动猖獗;三是封建势力操纵市场;四是银行机构太少,职员严重不足。为了保护新疆各族人民的利益,统一币制、平抑物价、稳定市场,杨琦领导开展了一场打击银元投机活动的战斗,通过定期挂牌抛兑银元,加大用银元收购土特产品范围,很快就使银元价格大幅度下跌,喀什银元与银元票的比价由1∶22跌至1∶11。杨琦在喀什人民银行工作期间,采取了多项措施,紧缩了银根,稳定了金融秩序,增加了农民收入,大大提高了党和人民银行在南疆各族群众中的威信。1956年7月,杨琦调中国人民银行新疆维吾尔自治区分行任副行长,兼新疆银行学校校长,次年8月,又到库车县任县委第一书记。1979年11月,杨琦再次回到金融战线,任人民银行新疆分行党组书记、副行长。

　　改革开放后,杨琦率领新疆金融战线的干部职工,认真贯彻执行党的各项方针政策,完成了新疆各专业银行的分设等体制改革工作。他尊重人才,爱护干部,实事求是地贯彻执行党的干部政策,能客观、公正地对待来自五湖四海的干部,使一批忠于党、热爱社会主义,有能力、有才华的干部受到了应有的信任、使用和安排,为党保护和培养了一大批人才。

　　杨琦以身作则,平易近人,关心别人,乐于助人,善于团结同志,善于做思想政治工作,善于联系群众,体察民情,有良好的群众关系。他好学不倦,学而不厌,坚持学以致用,善于在实践中学习。特别在改革开放时期,更不断学习新理论、新知识,探索新情况、新问题,不断适应新形势,跟上新时代。他学习兴趣广泛,酷爱古文诗词,离休以后,仍关心政治,关心时事,学习不断,笔耕不辍,永葆思想活力。

　　杨琦是新疆金融事业优秀的奠基人之一。他不畏艰险,在艰苦的环境中不断战胜自我,在经济建设中依靠党的领导和各族群众,施展聪明才智、克服困难,取得了不俗业绩,在中共十一届三中全会后,为重建新疆金融体系作出了突出贡献,为新疆经济、金融事业的发展奠定了坚实的基础。

　　2007年4月9日,杨琦在乌鲁木齐与世长辞,终年89岁。

张　蔚

张蔚(1929—2003 年),男,汉族,1929 年 2 月出生,河北省顺义人,中国共产党党员,中国工商银行新疆分行(以下简称工行新疆分行)首任行长、党组书记。

张蔚 1949 年 9 月参加工作,1955 年 5 月加入中国共产党。从1953 年起,曾先后担任中国人民银行新疆分行直属督导组组长,办公室副主任,商业信贷科副科长,政治部宣教科副科长,政治处副处长,计划处副处长、处长,中国人民银行新疆分行副行长。1985 年起,担任工行新疆分行第一任行长。1991 年,担任工行新疆分行党组特邀顾问、中国工商银行总行特邀巡视员等职务。1985 年 5 月,荣获中共新疆维吾尔自治区党委、新疆维吾尔自治区人民政府企业整顿奖。1988 年,被新疆维吾尔自治区评为优秀科技工作者一等奖。1989 年 12 月,由于工作成绩突出被金融系统评为全国金融劳动模范。

1980 年,张蔚任中国人民银行新疆维吾尔自治区分行副行长,主管计划、信贷工作。张蔚根据当时的政策要求,结合新疆实际,勇于开拓,突破常规,积极而慎重地发展固定资产信贷业务,精心组织力量,系统研究区内外信贷资金运动规律和管理模式,对技术改造贷款和其他固定资产贷款的发放和管理进行了大胆、卓有成效的尝试,并逐步建立一套预测评估、筛选、审定、效益监督一条龙的固定资金贷款管理办法,对新疆的重点行业的开发和改造投入了精力,促进了信贷资金的有效投入,产生了较好的经济和社会效益。

在工作中,张蔚注意研究新疆经济、金融工作的特殊性,善于为上级提供切实可行的决策依据。1982 年,张蔚运用宏观调控,微观搞活的金融研究理论,向人民银行总行力陈对新疆实行信贷优惠政策的必要性和迫切性,阐述了振兴新疆经济和全国经济发展的协调关系。人民银行总行在认真分析研究后,决定在“七五”后三年,每年给新疆增加 2 亿元“老、少、边、穷”贷款,同时批准新疆地方工业贷款实行下浮 20％的优惠利率政策,从而给新疆经济发展注入了活力。张蔚经常深入实际调查研究,联系银行工作实际,撰写了具有学术研究价值和应用价值的金融理论文章,并担任新疆城市金融学会会长、为推动新疆城市金融科研事业的不断发展,积累了宝贵的经验和资料。原中共新疆维吾尔自治区党委书记宋汉良高度评价说:“张蔚行长是个老金融家,在新疆金融界很有影响,不论是在新疆经济建设顺利时,还是困难时,他都积极地为党委、政府出主意、想办法、办实事,特别是在十年改革和自治区工商银行成立以后,他更是为工商银行以及自治区经济发展和建设呕心沥血,作出了贡献。对此,自治区党委和人民政府是很满意的。”

1985 年,张蔚担任工行新疆分行首任行长,在机构初建、资金形势严峻、任务繁重中,张蔚克服各种困难,认真贯彻党和国家的经济金融政策,紧紧围绕经济建设这个中心,把握改革开放的有利时机,立足于新疆的发展实际,整章建制,大力筹措融通资金,全面推行储蓄承包责任制,增扩网点机构,严格内部管理,增强服务功能,深化金融体制改革,迅速推动工行新疆分行走上快速发展的轨道。

张蔚还高度注重干部职工队伍教育,投入大量资金建设工行新疆分行干部学校,主持与陕西财经学院等院校签订了委托培训本专科学生协议书。1988年,建立了无锡干部培训中心,派出一批又一批干部职工进行业务技能学习培训和学历教育,为工行未来发展提供了有力的人力资源保障。

张蔚工作态度一贯任劳任怨,具有良好的工作作风,他注意加强领导班子的建设,坚持民主集中制原则,维护各级领导班子内部的团结。坚持"发展与管理一起抓"的指导思想,要求全行牢固确立经营观念,法制观念,竞争观念,从强化内部管理,执行规章制度,抓大案、要案查处,克服严重官僚主义,提高队伍整体素质等方面下大力气,不断加强内部建设,使全系统的各项工作逐步做到了管理科学化,手段现代化,程序条理化。

2003年9月14日,张蔚因病在北京逝世,享年74岁。

曾　华

曾华(1914—1989年),男,汉族,1914年9月14日,出生在河南省新县。1930年12月,参加赤卫队、游击队,后编入中国工农红军第四方面军。1931年,国民党反动派围剿大别山苏区时,曾华的祖母、父母及兄弟等全都惨遭杀害,房屋被烧毁。1933年1月,曾华加入中国共产党。1934—1937年,曾华在红四方面军31军任干事、连长、指导员、特派员等职,并参加了举世闻名的二万五千里长征。1942—1944年,曾华在延安抗大总校、中央党校学习期间,为了粉碎国民党反动派和日本帝国主义的围剿、封锁,积极投入到轰轰烈烈的大生产运动中。抗日战争期间,曾华任八路军一二九师七七一团政治部特派员,在晋冀鲁豫、陕甘宁边区等地参加了多次战斗。1944年10月,曾华以中央特派员身份随三五九旅主力南下,北返时,参加了中原突围战役。解放战争后期,因伤病复发,曾华转入地方工作,曾在中原解放区六地委,冀南二地委公安局,河北省衡水专区公安处任科长、社会部部长等职,曾华在战争年代曾四次负伤,致左臂三等甲级残废,解放后,曾华在中央政治干校进修后,于1953年4月,调中国人民银行总行保卫处任科长、副处长、处长。1961年12月,为响应党的号召,投身于边疆的金融事业,调乌鲁木齐市人民银行任行长、党组书记等职。1964年,任中共乌鲁木齐市监察委员会副书记。1972年,调回乌鲁木齐市人民银行后,任市人民银行革委会副主任、主任、党委副书记、书记、行长、党组书记、顾问等职,1984年6月离休。

曾华无论是在战争年代,还是在社会主义建设时期,都一直保持着中国共产党、人民解放军艰苦奋斗的优良传统,具有极高的党性原则,工作中勤勤恳恳,任劳任怨,从不追求个人的名利与地位,生活上十分简朴,从不摆阔气、讲排场、乱花国家一分钱,深受党和人民的信任。曾华曾被选为乌鲁木齐市第五、第六届政协委员。离休后,曾华仍十分关心国家大事,病重期间还坚持学习中共十三届五中全会文件,教育子女不要给国家增加过多负担。1989年11月17日,曾华同志因患癌症在北京去世,终年75岁。

曾华去世后,其子女在他的墓碑上,以一首"满江红",概括了他光荣的一生:牧牛青山,少年郎,星寒林晚。鏖沙场,戎装铁马,气豪精悍。草地篝火映晓月,雪山长歌笑鬼还。激战酣,晨露洗征衫,夕阳暖。雪国耻,驱倭寇;英雄血,层林染。傲回眸,已是残云风卷。曾为开国平荆棘,华鬓无缀功名淡。待长眠、风骨依然在,人未远。

董庆煊

董庆煊(1921—2004 年),男,汉族,浙江省温州人,1921 年 12 月出生,大学文化。1933 年 9 月至 1940 年 7 月,在杭州上高中。1940 年 9 月至 1941 年 12 月,在上海震旦(今复旦大学)大学上学。1942 年 9 月至 1947 年 7 月,在上海交通大学财务管理系毕业,并获学士学位。1947 年,在上海新华银行参加工作。1952 年,董庆煊奔赴新疆,投身于新疆的金融事业,曾在原人民银行莎车地区中心支行计划股、喀什地区中心支行计划信贷股、克孜勒苏州中心支行计划信贷科和农金科任股长和科长等职。1979 年 8 月,调至人民银行新疆分行金融研究所任咨询员。1985 年 11 月,光荣加入中国共产党。1985 年 12 月,光荣退休。董庆煊在人民银行工作几十年里,刻苦学习,勤奋敬业,忘我工作,成绩突出,多次被评为先进工作者和优秀共产党员。

董庆煊热爱党热爱社会主义,拥护党对金融工作的各项方针政策,坚持四项基本原则和改革开放,有坚定的共产主义信念,始终保持谦虚谨慎的工作作风,认真贯彻执行党的金融方针政策和货币政策,他始终在政治上自身进步外,还关心他人的成长进步,在生活上为他人排忧解难,与同事建立了深厚的感情,深受大家的爱戴。董庆煊在几十年的社会主义建设和金融工作实践中,对党忠诚、襟怀坦白、任劳任怨、勤勤恳恳、谦虚谨慎、作风朴实、率先垂范、平易近人。董庆煊具有较高的思想理论和专业水平,坚持理论联系实际,形成了实事求是的思想作风和求真务实的工作作风。董庆煊敬业尽责,艰苦朴素,具有强烈的事业心和政治责任感,善于团结同志,为人坦诚、秉公办事、勤政廉洁、作风正派。

董庆煊热爱钱币事业,在新疆钱币的鉴定及研究方面有很深的造诣并作出了杰出的贡献,是新疆钱币事业的奠基人之一。他经过积极筹备和多方努力,于 1986 年 8 月组织召开第一次全疆会员代表大会,正式成立新疆钱币学会,是学会第一、第二、第三届理事会常务理事和副会长及第四届理事会常务理事和学会顾问。其间,董庆煊编写的《新疆近二百年钱币图说》等四册,成为此后新疆钱币研究的引玉之砖。1986 年 12 月起,编辑发行《新疆钱币通讯》(双月刊),并编印了 5 期《新疆金融》钱币专刊。1991 年 8 月编撰的《新疆钱币》图册出版,并参加了同年 9 月在比利时布鲁塞尔国际钱币图书展览。同时,出席在比利时布鲁塞尔召开的第十一届国际钱币学大会,董庆煊还用英语在大会上作了学术发言,引起轰动。其论文《新疆近代银币》获第二届"金泉奖"。1999 年 10 月,同穆渊教授合著的《新疆近二百年的货币与金融》获新疆维吾尔自治区第五届社会科学"优秀学术著作"三等奖。

董庆煊编著的《新疆近二百年钱币图说》和《新疆钱币》图册填补了新疆钱币研究的空白,奠定了新疆钱币研究的基础,赢得了国际钱币界广泛赞誉和尊重。

董庆煊还是中国钱币学会第一、第二、第三、第四届理事会理事,第五届理事会名誉理事及第四、第五届学术委员会委员。

2004 年 12 月 3 日,董庆煊因病在乌鲁木齐逝世,享年 83 岁。

蔡起弘

蔡起弘(1925—2001 年),男,汉族,新疆银行学校教员,中共党员。1925 年,蔡起弘出生在江苏镇江,后来在上海求学,大学经济系毕业。1945 年 4 月起,在一家银行工作。1952 年 9 月,组织上号召上海金融界组成工作队,支援祖国边疆建设。蔡起弘满腔热情,争先报名。"到新疆去!"成为他和许多青年的热切愿望。一天,组织上通知他:"你的请求被批准了!"他激动地握着领导同志的手连声说:"好、好。"这一夜,他和新婚不久的妻子没有睡好,他们议论着新疆是个什么样子?计议着到新疆后如何做好工作。他们下定决心,绝不眷恋上海优越的物质生活,而要志在边疆,去贡献自己的一切力量!

蔡起弘到了新疆后,一直从事金融教育工作。他对待同志诚恳热情,对待工作兢兢业业。他主要做过两个方面的工作:一是银行会计,二是教学。岗位虽然平凡,但总感责任重大。他把自己的全部精力都投入到了平凡而又重要、烦琐而又紧张、艰苦而又光荣的会计工作。起初当记账员,他不仅安心,而且精力集中,不但没有发生过差错,而且字码写得工整漂亮,他记的账被誉为"铁账"。后来,由于事业发展的需要,他被调任会计检查辅导和巡回教学。他意识到担子加重,工作更加积极主动。对待同事、学员,耐心热情,循循善诱,把自己的知识和经验,毫无保留地传授给他们,为提高银行会计工作质量,付出了辛勤的劳动。天山南北许多银行留下了他的足迹,许多受他教诲的会计人员对他十分敬佩。

从 20 世纪 60 年代起,蔡起弘当了教员,他忠诚党的教育事业,为培养金融人才呕心沥血。备课严肃认真,常常到深夜;讲课深入浅出,力争通俗易懂;作业亲手批改,从不马虎放过;考试严格要求,为造就人才一丝不苟。大伙儿一致赞扬:"蔡老师的工作是没说的!"评职称时,大家一致通过他为讲师。同学们反映,蔡老师讲课好。就连个别调皮的学生也说:"蔡老师那么大年纪,上课那么认真,我不好意思不好好听讲,也不敢不交作业。"如今,他的学生遍布全疆银行,许多人成了业务骨干,有的当了金融红旗手、有的被提拔为领导干部。蔡起弘在培养年轻教师中,要求严、指导细,被培养的老师很快可以独立工作,老师和同学们反映较好,他参与兄弟银行学校教材编写组,共同编写"习题集",受到好评。

有多少个春秋,蔡起弘默默无闻地付出,把青春献给了祖国边疆金融事业。进疆时年轻体壮,随着年月的递增,他头发斑白,身体也渐渐地衰老了……然而,他勤奋学习、忘我工作的精神和干劲却不减当年。

蔡起弘一贯严格要求自己,他说:"人总得有点精神。"1979 年夏天,他感觉自己得了病,却不声张,也不到医院检查治疗,还像往常一样,仍专心致志地进行教学工作。直到 1981 年 12 月,病情发作,在妻子和同事的劝说下,才到医院去检查,确诊是癌症,才不得不住院,立即做了手术。对于病魔,他很坚强。他说:"我知道这只是个时间问题,我不在乎。"他常常给同志们说:"我只有两个心愿,一是尽量为人民多做点事情;二是争取早日加入中共党组织。老蔡提出入党的要求已经20多年了,鉴于身体不好,希望能够尽快入党。1984年,他的愿望得以实现。当年还当选为昌吉市人民代表,临退休他还念念不忘进修或参观学习,以便提高教学水平。蔡起弘人老心不老,浑身充满了活力。他请人写了一副条幅:"老牛明知夕阳短,不用扬鞭自奋蹄",用以自勉。他表示,"只要我活一天,我就要工作一天!"

2001年,蔡起弘因病去世,享年76岁。

张培英

张培英(1943—1995年),男,汉族,1943年出生,中共党员,1963年参加工作,曾任教师、营业所会计、股长、副行长、行长、总稽核等职。1994年任农业银行新疆克拉玛依市支行行长。

从1964年,张培英由天津支边进疆,到临终前只回津探视父母两次。从基层营业所到县支行,从县支行到中心支行,从福海县到塔城,从塔城到克拉玛依市,工作多次调动,七次举家搬迁,张培英都无条件地服从组织分配,无怨无悔,舍小家为大家。张培英时刻不忘共产党人的神圣职责,不忘为群众排忧解难,默默地接济烈士遗孤,无私资助失学儿童和贫困农牧民;义务为群众理发、裁衣、演唱、修理钟表,总是把困难留给自己,把方便让给别人,处处献爱心,时时送温暖。在从事金融工作中,张培英多次拒收贷款户、基建队、供货商以咨询费、信息费等名义的贿款共9万余元。张培英一生没有一件像样的衣服,600元的借款直到临终前才刚刚还完。张培英是一个从基层成长起来的领导干部,无论在福海、塔城还是克拉玛依,张培英用自己的行动带领全行干部职工,创造优异的工作业绩。在福海县支行任行长的6年,支行先后获得新疆维吾尔自治区授予的"民族团结先进集体""扶贫先进单位"、伊犁州总工会命名的"先进职工之家"、阿勒泰地区授予的"文明单位""先进支行"等荣誉称号。张培英本人1980年也荣获农行新疆分行颁发的"金融红旗手"称号。他在塔城工作不到两年,塔城支行一举甩掉了稽核工作落后的帽子,由后进变成先进;1994年7月1日,农行总行批准建立克拉玛依市支行,张培英被任命为行长,筹建克拉玛依支行。张培英到克拉玛依后,白手起家,克服重重困难,顶酷暑、冒严寒,奋力拼搏,在一年时间里站稳了脚跟,打开了局面。1995年底,实现营业利润22万元。1995年9月27日,张培英出差途中遭遇车祸不幸去世,终年52岁。

1990年12月21日,农行吉林省和龙市支行西林储蓄所发生持刀抢劫案,24岁的朝鲜族储蓄员白花子在和歹徒搏斗中英勇牺牲,留下女儿小红莲成为遗孤。张培英从新闻报道中得知后,深为感动,决定以"金穗"为名资助小红莲成长,他按月给小红莲汇款,从不间断,并表示一直要抚养孩子长大成人。和龙县农业银行及小红莲亲属一直在寻找"金穗"无果。1994年6月23日《中国城乡金融》报发表题为"金穗白云你们在哪里?"的通讯,寻找"金穗"仍无下落。张培英去世后单位派人整理遗物时,发现他寄给小红莲的36张汇款存根和捐给"希望工程"600元的荣誉证书。消息传出，塔城和克拉玛依农业银行员工一片哗然，原来找了几年的"金穗"就是张培英。

农业银行新疆分行党组、新疆维吾尔自治区人民政府1996年追授张培英为"孔繁森式的好干部"称号。1999年，新疆天山电影制片厂以张培英生前事迹为样本，拍摄了电影《良心》，1999年2月25日在乌鲁木齐首映后，在全国上映，给人们留下深刻的印象。

吐鲁洪·库尔班尼亚孜

吐鲁洪·库尔班尼亚孜（1967—1988年），男，维吾尔族，1967年出生，共青团员。新疆叶城县恰瓦克信用社会计主管。

1986年9月，吐鲁洪·库尔班尼亚孜初中毕业后，分配到恰瓦克信用社当会计。他勤奋好学，钻研业务，不到两个月的时间就熟悉了记账、利息计算等业务技能，并能独立开展工作。平时或奔波于田间地头，或走家串户动员吸收储蓄存款和回收贷款，在恰瓦克镇总能见到他忙碌的身影。

1988年4月5日晚9点30分，吐鲁洪·库尔班尼亚孜正在营业室值夜班，突然有人敲响了营业室的后门，吐鲁洪·库尔班尼亚孜警觉地转过身，只见一个蒙面人闯进来，掏出手枪对着吐鲁洪·库尔班尼亚孜威胁说："把钱拿来！"，"这里是国家的金库，谁也不能动。"吐鲁洪·库尔班尼亚孜迅猛抓起桌上的算盘，与歹徒展开搏斗。就在吐鲁洪·库尔班尼亚孜抓起算盘的瞬间，一颗子弹从他的肩上擦过，射进营业室的前门。吐鲁洪·库尔班尼亚孜迅即用算盘砸向歹徒。就在这时第二颗子弹从他的右臂穿进了右肋骨，殷红的鲜血顿时浸透了衣服。吐鲁洪·库尔班尼亚孜不顾剧烈疼痛，一边坚持与歹徒进行殊死搏斗，一边大声疾呼："快抓坏人啦……"丧心病狂的歹徒又朝吐鲁洪·库尔班尼亚孜开了第三枪，罪恶的子弹从吐鲁洪·库尔班尼亚孜的下颌穿到后脑勺。吐鲁洪·库尔班尼亚孜倒在血泊之中。吐鲁洪·库尔班尼亚孜为保卫国家金库，献出了宝贵的生命，牺牲时年仅21岁。闻声赶来的信用社干部托乎提努尔地夫妇，立即打电话向县公安局和县农业银行报案，当晚，抢劫杀人犯落入法网。

吐鲁洪·库尔班尼亚孜英勇牺牲的消息传开后，群众纷纷前来吊唁。中学时的班主任老师乌斯曼毛拉克说，吐鲁洪·库尔班尼亚孜的英雄主义思想从小就有。1980年3月的一天，在放学回家的路上，吐鲁洪·库尔班尼亚孜听到不远处水渠里有微弱的哭救声。吐鲁洪·库尔班尼亚孜迅速循声奔跑过去，只见一个三四岁的汉族小孩，掉进了半米多深的水渠里。年仅13岁的吐鲁洪·库尔班尼亚孜扔下书包，毫不犹豫地纵身跳进了冰冷的水渠，从水中救出了汉族小孩。然后，吐鲁洪·库尔班尼亚孜不顾寒冷和饥饿，又把小孩送回家。小孩的父母感激不尽，赶到吐鲁洪·库尔班尼亚孜的家和学校连连道谢。初中3年，吐鲁洪·库尔班尼亚孜年年被评为"三好学生"，刚满14周岁的他就光荣加入了共青团组织。他的同学阿衣古丽叙说了这样一个故事：有一年秋天，洪水淹没了学校操场，眼看教室和宿舍有坍塌的危险，吐鲁洪·库尔班尼亚孜响应学校号召，扛着坎土曼第一个跳进湍急的洪水中。他一会儿搬起石头走进激流，一会儿又抱着大捆树枝奔向决口，不知有多少次，他跌倒在洪水里又爬起来继续干。洪水堵住了,他最后一个上岸。为此,他受到公社和学校领导的表彰奖励。发生在吐鲁洪·库尔班尼亚孜身上的好人好事还有很多很多……

为表彰英雄事迹,吐鲁洪·库尔班尼亚孜被评为保卫国家财产革命烈士、记三等功。

叶城县农业银行号召农村金融系统全体员工学习吐鲁洪·库尔班尼亚孜保卫国家财产,英勇献身的大无畏精神,专门印发了学习吐鲁洪·库尔班尼亚孜的材料,组织全体员工学习。

徐永新

徐永新(1974—1998 年),男,汉族,1974 年出生,1993 年 12 月在乌鲁木齐市青松城市信用社从事出纳工作。1997 年 7 月,任乌鲁木齐市商业银行青松支行红旗路营业部经理,1998 年 7 月,任乌鲁木齐市商业银行金山支行综合业务部常规稽核员,1998 年 9 月 11 日,在乌鲁木齐市商业银行金山支行小西门营业处发生的银行抢劫案中,为保护库款不幸中弹牺牲。

1998 年 9 月 11 日晚 9 时,天色已晚,喧闹了一天的乌鲁木齐市商业银行繁华地段小西门渐渐安静下来。小西门营业处为了尽可能地方便周围客户仍在延时服务,员工们紧张而愉快地做着一天的收尾工作。晚 9 时 25 分,所有的工作都已结束,运款车来接款了。经济民警贾殿科手提两个库款箱走在前,徐永新提着一个库款箱和女员工余静紧随其后,就在他们刚走到运钞车旁时,突然从车旁冲出一持枪歹徒向贾殿科开了一枪,将其击伤并大喊"抢劫",随后抢走他身边一个装有 69 万余元的库款箱欲逃。徐永新见状不顾自身安危,掀起手中库款箱用力向歹徒砸去。丧心病狂的歹徒对这突如其来的举动恐慌不已,朝着徐永新就是一枪,子弹从徐永新的侧胸穿过,他中弹倒在地上。歹徒提着库款箱向同案犯雇用的出租车逃去。余静见状立即向歹徒追出 100 多米,并大喊"打劫了"! 慌乱中歹徒又向追赶的余静和其他群众连开两枪,未击中,随即跳上出租车仓皇逃去。经警贾殿科因身穿防弹衣伤势较轻。当余静和贾殿科抱起躺在地上的徐永新时,奄奄一息的徐永新用尽最后一丝力量睁开眼睛念道:"库箱……!"随后就失去了知觉。送到医院时,因伤势过重,抢救无效,于当晚 10 时 25 分停止了呼吸,年仅 24 岁。徐永新走了,他走得很匆忙,很英勇,很光荣,也很悲壮,他用自己的生命保护了国家 42 万元的巨款,保卫了人民利益。也许他当时并未意识到这是他生命的最后一刻,但这一刻却是他生命中灿烂的一刻,他用鲜血和生命谱写了一曲英雄的壮歌。

在徐永新年仅 24 岁的生命中,既没有太多的辉煌,也没有更多的轰轰烈烈,有的只是平凡、兢兢业业、一丝不苟,但我们回过头来看,英雄的行为并非偶然。

徐永新出生在一个普通的工人家庭,从小就过着艰苦的生活。他学习刻苦,成绩一直优秀。1993 年 12 月,高中毕业的徐永新受聘于乌鲁木齐市青松城市信用社。那时,由于青松城市信用社刚成立不久,工作经常加班加点,有时干到深夜,但徐永新从无怨言。星期天加班也从不要求调休,有时别的同事家里有事,他就主动放弃休息时间替他们值班。在工作中他给自己定下这样几条规矩:工作要严谨,账目不能有漏洞,必须按制度办事;业务水平要精,服务态度要好,让顾客在这里办事满意放心。1997 年 7 月,徐永新被任命为乌鲁木齐市商业银行青松支行红旗路营业部经理。担任营业部经理后,徐永新对自己要求更加严格了。他每天都是第一个来,最后一个走,营业部成了他的家。1997 年,红旗路营业部各项工作有了较大提高,业务状况稳步发展。同年,徐永新被评为青松支行先进工作者。1998 年 7 月,因工作需要,徐永新被调到乌鲁木齐市商业银行金山支行综合业务部任常规稽核员,徐永新深深感到这项工作责任重大,不光要埋头苦干,还要全面学习金融知识,掌握全行各项业务。于是,徐永新自费订购了多种专业书籍,在工作中边学边干。有一次,他在书店看到一本很实用的参考书,可是价格太贵,他便下了班就往书店跑,硬是把他需要的部分抄了下来。就这样,他很快就熟练掌握了稽核及统计业务,成为全行的业务骨干。徐永新常说:一个人做人要有自己的原则,凡事但求无愧于心。没有沃土,开不出鲜艳的花朵。年仅 24 岁的徐永新,在乌鲁木齐市商业银行的培养下,在学校的教育下,用自己的一言一行,一举一动,完成了他人生中英雄的壮举。他是金融战线的骄傲。

阿不都热依木·艾拜都拉

阿不都热依木·艾拜都拉(1946—2004 年),男,维吾尔族,1946 年 11 月出生,新疆和田县人,大学文化,1969 年 8 月参加工作,1978 年 10 月加入中国共产党。

1964 年 9 月至 1969 年 7 月,阿不都热依木·艾拜都拉在新疆八一农学院学习。在新疆八一农学院学习期间,阿不都热依木·艾拜都拉参加过学院的群众组织,为一般成员,参与一般性的活动,没有参加过"打砸抢"夺权和其他非法活动。

1969 年 8 月至 1970 年,阿不都热依木·艾拜都拉参加"一打三反"运动。1970 年至 1972 年,在吐鲁番 801 部队农场搞路线教育。1972 年至 1980 年 8 月,阿不都热依木·艾拜都拉在人民银行于田县支行当干部,后任农金股股长。

1980 年 8 月至 1982 年 6 月,阿不都热依木·艾拜都拉在新疆银行学校当教员。1982 月 6 月至 1985 年 5 月,任新疆银行学校干训科副科长。1985 年 5 月至 1990 年 10 月,任新疆银行学校副校长。

在新疆银行学校工作,阿不都热依木·艾拜都拉能够坚持四项基本原则,拥护党中央的英明决策,在学校出现不安定苗头时,能够根据校党委的安排,积极做好对话、改善教学和生活条件等工作。对有些认识模糊的同学,尤其是少数民族同学,积极做好疏导工作。

1990 年 10 月至 1994 年 9 月,阿不都热依木·艾拜都拉先后在人民银行新疆维吾尔自治区分行调查统计处、教育处任副处长。

1994 年 10 月至 2004 年 4 月,阿不都热依木·艾拜都拉在交通银行乌鲁木齐分行任党委副书记、副行长。

到交通银行乌鲁木齐分行工作后,阿不都热依木·艾拜都拉作为少数民族领导干部能够坚持原则,积极拥护中共十一届三中全会以来的路线、方针、政策。在思想上、政治上同党中央保持一致,有较强的党性修养和思想修养。对自己要求严格,工作认真负责,虚心学习,刻苦钻研,无论是在何种工作岗位上,都能很好地完成任务。有一定的组织协调能力。阿不都热依木·艾拜都拉思想作风正派,待人诚恳,联系群众,团结同志,注意维护领导班子的团结,尤其能够结合新疆实际,牢固树立"汉族离不开少数民族,少数民族离不开汉族"的民族团结思想,维护大局,积极搞好工作,在群众中有一定的威信。

2004年4月阿不都热依木·艾拜都拉因突发心脏病去世,享年58岁。

第二节　人物简介

杨万胜

杨万胜,男,汉族,1919年8月4日出生于陕西瓦窑堡,高小文化,1935年投身革命,在陕西瓦窑堡参加了陕北苏维埃国家银行的建设工作。

当时苏维埃国家银行所在地瓦窑堡比较僻静,毛泽东同志写文章就选中了这里。有一次,毛泽东在这里写了半个多月的文章,杨万胜当时只有16岁,活泼好动,时任苏维埃国家银行行长的林伯渠就告诫他:"不要闹,毛主席在里面写文章呢"。

在陕北苏维埃国家银行工作以后,杨万胜通过不断努力,逐渐成长为一个革命战士,和战友们一起,坚决贯彻党中央提出的"发展经济,保障供给"的方针,充分运用边区货币这个重要工具,从政治、经济上极大地支援了革命战争,确保了边区建设和革命战争对资金的需要,促进了边区经济的发展。

1953年1月1日,时任中国人民银行西北区行计划处处长的杨万胜被任命为中国人民银行新疆省分行行长,也是新疆省分行第二任行长。他率领全行职工,以促进农牧业生产发展为中心任务,加强放款,支援建设、稳定市场,1953年,新疆部分地区发生了不同程度的水、旱、雨、雪、病虫等自然灾害,受灾面积约2.53万公顷,人民银行新疆分行根据总行关于《灾区到期农贷减、免、缓处理办法》,结合新疆具体情况规定:能偿还本金的,免计利息;能偿还部分本金的,酌情减免本息;确实无力偿还本息的,免除全部本息,新疆共减免了1.61亿元。

在"大跃进"时期,他带领新疆维吾尔自治区各级人民银行职工,组织和分配大量资金,支持新疆国民经济的高速发展。同时,实行"存贷下放,计划包干,差额管理,统一调度"的信贷计划管理办法,将原来分行的贷款批准权下放给基层支行,给扩大贷款范围,盲目支持不合理建设创造了条件。1961年,因工作需要杨万胜离开了人民银行,1979年在自治区商业厅光荣离休。

王友三

王友三,男,汉族,1935年7月出生,陕西韩城人,初中文化,高级经济师,中共党员。

1949年1月进入陕西省韩城县贸易公司工作。1950年5月参加陕西省土改训练学习,11月毕业后赴陕西省韩城县、商南县参加土改。1952年8月派往新疆维吾尔自治区税务局工作。1957年11月调建行新疆区分行,历任科长,处长、副行长等职,1980年9月任建行新疆区分行行长、党组副书记。王友三在建行新疆区分行工作31年,从任科长开始逐步走上分行"一把手"领导岗位。自1980年主持建行新疆分行工作的8年时间里,正值改革开放初期,他带领一班人和全行广大职工以推进改革和发展为中心,调整投资结构,控制投资规模,加强资金管理,积极支持国家和自治区公路、铁路、电力、石油、化工、电信等重点建设项目,使全行的各项贷款余额从1985年的7.1亿元,增长到1988年的16.7亿元;大力吸收存款,拓展业务领域,完善银行功能,增强银行资金实力,使全行的各项存款余额从1985年的11.5亿元,增长到1988年的17.4亿元;加强职工队伍建设,强化职工文化教育,针对人才不足的矛盾,根据国家有关方针政策,依托社会力量,与内地和新疆当地的大中专院校挂钩,采取联合办学、委托培养的形式,开设基本建设财务与信用、投资经济管理等专业,积极培养金融急需的大、中专人才,提高了全员业务素质。

1988年9月调任新疆人民银行行长、党组书记。1991年2月当选新疆维吾尔自治区人民政府副主席。1996年2月当选新疆维吾尔自治区政协副主席,2001年1月离休。

色提尼牙孜·艾外都拉

色提尼牙孜·艾外都拉,男,维吾尔族,1936年出生,新疆吐鲁番人。

1954年,色提尼牙孜·艾外都拉在新疆第二师范学校毕业后,进入托克逊县人民银行工作,在基层营业部,他勤恳好学,工作踏实认真,很快成为业务骨干,并担任营业部主任。1959年,由于工作业绩突出,被新疆维吾尔自治区人民政府授予"金融工作标兵和模范工作者"称号,作为新疆劳模代表出席1959年9月在北京召开的全国"群英会",受到毛泽东、刘少奇、周恩来、朱德等国家领导的接见。并在北京参加了国庆十周年观礼。1966年调任托克逊县人民政府任县长。1973年9月,调任中共乌鲁木齐市沙衣巴克区区委副书记。1976年1月,调人民银行新疆区分行,任分行副行长、(党组)核心组成员。

1979年6月,农业银行恢复,色提尼牙孜·艾外都拉调农业银行新疆分行任副行长,1983年任农业银行新疆分行行长、党组书记。

1991年到1999年连续9年被新疆维吾尔自治区人民政府聘为专家顾问团成员,对新疆农村金融事业的发展作出了突出的贡献。1988年被授予"全国民族团结先进工作者"称号,并出席了全国第一次民族团结进步表彰大会。

王会民

王会民,男,汉族,1959年2月出生,甘肃宁县人,1975年7月参加工作,1982年11月加入中国共产党,长江商学院高级管理人员工商管理专业毕业,在职研究生学历,工商管理硕士。

王会民在建行新疆分行工作近20年,先后在人事教育、工会、办公室、巴音郭楞州分行、乌鲁木齐市支行、区分行领导岗位任职,特别是任建行新疆分行行长、党委书记的4年期间,率先在全行推行人事制度改革,开展处级干部综合考评,引入竞争机制,改变领导干部"能上不能下"的弊病;最早在全行开展职业道德教育活动,通过多种活动形式,提高员工的职业理想、职业道德、职业纪律、职业技能;率先在全行开展ISO 9000:2000版国际质量标准管理认证,使建行新疆分行成为全国金融系统第一家通过国际质量标准认证的国有商业银行;最早在全行开展学习李向党和创建"向党工作站""向党标兵"活动,提高了全行服务质量、服务水平、服务效率,在新疆社会各界引起强烈反响,取得明显的经济和社会效益。

2005年8月,调入新疆维吾尔自治区人民政府,任新疆维吾尔自治区人民政府党组成员、主席助理,自治区人民政府金融工作办公室主任。

全秉中

全秉中,男,汉族,1935年6月出生,人民银行新疆分行副总经济师,中共党员,1952年参加工作,1996年退休。他先后受聘和担任新疆维吾尔自治区专家顾问、自治区人民政府特约研究员、新疆证券业协会副会长、新疆大学兼职教授、自治区党校、兵团党校客座教授等职。多次参与新疆重大经济战略研究,特别是在专家研讨会上就西部大开发的投融资战略做重点发言,并对自治区建立特色产业发展的金融支持体系,解决企业历史债务方案,设立风险投资基金支持高新技术发展方案,引起有关方面的重视。

全秉中不顾年迈多病,热情极高地从事顾问、写作、讲学工作,辛勤耕耘,不知疲倦地默默奉献,成为新疆知名金融专家,被称为自治区党政得力的参谋和助手,为新疆的经济发展和改革作出了突出贡献,曾受到自治区专家顾问团的表彰奖励。1997年后,全秉中就经济金融的热点、焦点问题,向自治区党校、兵团党校、新疆大学、农大、财院、经管院和自治区有关厅局、新疆军区以及昌吉、哈密、吐鲁番、巴音郭楞州、克拉玛依等地市的干部、学生,做学术报告一百余场。2001年被评为全国人民银行系统"十佳"离退休干部。是新疆金融系统唯一享受国务院津贴待遇的专家。

1996—1998年,全秉中受原人行新疆分行返聘,3年中为分行领导起草、修改重要报告约30篇,为金融学会起草了7年以来的工作总结,组织中央银行货币政策宣传系列论文7篇,在《新疆经济报》上连续刊载。

1999 年,全秉中被聘为自治区人民政府特约研究员后,多次参与自治区人民政府的决策研究和《政府工作报告》修改工作,作为自治区专家顾问,参与 2002 年、2003 年"政府工作报告"修改工作,提出关于金融、国企改革及设立产权交易市场等多项合理化建议。

宋兰芳

宋兰芳,女,汉族,中共党员,1929 年 9 月出生,1950 年,人行新疆分行成立不久,她便在人行新疆分行工作,曾任科员、政治处副处长(处长由行长兼)、办公室主任、党组秘书、《新疆金融志》主编兼编辑室主任等职。

1953 年,她随新疆金融参观团赴全国五大区 20 多个省市分行参加了金融业务和工作经验的学习交流。这一年,适逢国庆佳节,正赶上天安门广场国庆庆典,在天安门观礼台上见到了伟大领袖毛主席,内心万分激动,决心努力学习、埋头苦干,为新疆的金融事业奋斗一生。

1985 年,宋兰芳到退休年龄后,又被返聘到金融志编辑室工作。金融志编辑室是一个老中青三结合的集体,以老同志为主,人员从五行一司抽调组成,协调工作相当频繁。当时正值金融改革,银行分家,矛盾很多,但写《新疆金融志》又要求五行一司合编,人民银行牵头,这是一项新的学科,但由于领导支持和同志们共同努力,终于在 2001 年全部完成了 100 多万字的新疆第一部社会主义金融志的编纂发行任务,并组织翻译出版了维吾尔文字的《新疆金融志》。

在新疆维吾尔自治区地方志优秀成果评选中,《新疆金融志》荣获一等奖,金融志编辑室荣获自治区人民政府授予的锦旗,宋兰芳荣获先进工作者称号。在全国"重视老年工作领导者功勋奖""老有所为先进集体创新奖"评选活动中,新疆金融志编辑室荣获荣誉证书,宋兰芳获得"全国老有所为先进集体创新奖"带头人金牌,并被中国人民银行总行授予全国离退休干部先进工作者称号,在总行召开的表彰大会上重点发言。

金大鹏

金大鹏,男,汉族,1927 年 10 月出生于上海,1952 年 9 月,积极响应号召,支援新疆建设,到新疆莎车专区人民银行工作。1954 年 5 月,任新疆泽普县人民银行支行代行长。1955 年 4 月,任莎车专区人民银行督导股股长。1956 年,任西北银行学习校长。1957 年,任喀什市人民银行行长。1960 年,任喀什地区财贸学校校长。1962 年,任喀什地区人民银行行长。1970 年 3 月,任喀什地区人民银行党委书记、副行长。

1976 年,筹备组建中国银行新疆分行,金大鹏担任第一任行长。他身体力行,带领分行首批员工搭建组织架构、整章建制、招募人员,开始了中国银行新疆分行从无到有,业务从小到大、从简单到丰富多样的发展之路。

1986 年初,受新疆维吾尔自治区党委、人民政府委派负责筹建新疆国际信托投资公司、新疆国际经济合作公司。同年 6 月,任新疆国际信托投资公司、新疆国际经济合作公司总经理、党组书记。1992 年 12 月,金大鹏退休后回原籍上海居住养老。

席时珞

席时珞,男,汉族,高级讲师。1936 年 4 月 2 日出生于江苏苏州吴县,1953 年参加工作,先后在西北银行学校,人行新疆分行监察室、办公室、发行处工作。1979 年参加筹建新疆银行学校工作,至 1996 年在原新疆银行学校工作期间,曾任工会办公室主任,并担任书法教学工作,先后培养了 2000 多名书法兴趣爱好者,完成了 744 书法学时的教学,同时承担了乌鲁木齐和昌吉老年书法学校的教学,还兼职昌吉老年大学书法艺术顾问。

席时珞书法以古拙壮美,清风骨峻闻名,1984 年至 1988 年,先后在上海《书法》杂志、《书法报》《新疆金融》等书报杂志发表多篇书法作品和文章,参加全国及多个省、市书画大赛 20 余次,多次荣获二等、三等、佳作、优秀奖等,部分作品被"四川杜甫纪念馆""陕西省博物馆"收藏。

1989 年至 1996 年,作品在全国和新疆各类书画大赛中入展并多次获奖,特别是 1995 年一年中曾获新疆四十年大庆书法大赛一等奖,全国第六届硬笔书法大赛三等奖,全国人民银行职工书画大赛二等奖,诸多书法作品入选全国总工会举办的职工书画展等。同年 9 月赴吉林参加金融专业书法交流活动,参加小型书法展览,在吉林工行干校,延边人民银行等多处举办书法交流会,为新疆银行学校争得了荣誉。

1996 年 7 月,席时珞光荣退休。现任中国书法家协会会员,新疆书画家协会副主席,被新疆维吾尔自治区和乌鲁木齐授予新疆"德艺双馨"艺术家称号。

蒋扶中

蒋扶中,男,汉族,1925 年出生,福建省福州市人,1949 年 5 月经中央组织部批准作为支援"新解放区"工作人员由华北人民大学调往西北,并分配到西北大区人民银行工作。

1955 年,蒋扶中调往人民银行新疆分行工作,1959 年,蒋扶中的工作调整,去银行学校教书。1962 年,蒋扶中被调往人民银行塔城县支行工作。

党的十一届三中全会后,人民银行新疆分行成立了金融研究所,为充实金融研究队伍,1979 年把蒋扶中从塔城调入新疆分行金融研究所从事金融研究工作。蒋扶中在承担刊物编辑工作的同时,结合新疆实际撰写了大量金融研究论文。1984 年经人民银行新疆分行推荐,蒋扶中被人行总行评为全国金融劳动模范。

1988 年,蒋扶中光荣离休,虽然离开了工作岗位,但他一刻也没有停止关心新疆的经济发展,没有停止金融研究,离休后每年都有多篇论文发表。由于学识渊博、名望较高,蒋扶中离休后先后被多家高校、政府机构、科研单位聘为兼职教授和特约研究人员。

于永顺

于永顺,男,汉族,1950年11月出生,黑龙江齐齐哈尔人,中共党员,在职研究生学历,高级经济师,中国政府特殊津贴获得者。1990年10月至1996年2月,先后任建行总行资金计划部副总经理,房地产信贷部总经理。1996年3月,任建行新疆区分行行长、党组书记。1998年4月至2005年7月,先后任建行总行第二营业部总经理,审计部总经理,总审计师,首席审计官。

于永顺到建行新疆区分行任职之初,正值新疆区分行与其他金融领域一样出现办公司热、搞贸易热、案件多发的情况,他带领全行上下认真贯彻落实建行总行确立的"一心一意办银行"和"以经营效益为中心"的经营管理指导思想,规范经营行为,防范经营风险;坚持"多轮驱动"、强化"集约经营",推进综合性零售业务快速发展;改革经营管理方式,健全和强化统一法人体制,实行以存贷比为主要内容的信贷资金管理体制改革;率先实施分业经营和区域性发展战略,推进"大行业、大企业"的经营特色;按照商业银行机构设置原则,大力进行分支机构改革和网点调整,探索职工收入分配制度和人事管理体制改革,试行职工收入与绩效挂钩和劳动合同制。上任当年,全行实现扭亏增盈,各项存款突破200亿元大关。清理各类自办公司178个,停业98个。1996—1997年两年,完成了原定3年的分支机构改革和网点调整任务,完成全部9个"一地两行"的合并工作,使全行的经营和管理工作跨上新台阶。

郑旭东

郑旭东,男,汉族,1956年8月出生,浙江浦江人,高级工程师。1974年12月参加工作;1982年2月至1988年8月,任水电部水电建设局助工、工程师、主任科员;1988年8月至1994年3月,任国家能源投资公司水电项目部项目二处副处长、处长;1994年3月至1999年10月,历任国家开发银行电力信贷局水电项目二处处长、信贷管理三处处长、中南信贷局一处处长、综合处处长;1999年10月至2002年5月,任国家开发银行郑州分行党委委员、副行长;2002年5月至2004年2月,任国家开发银行信贷管理局副局长;2004年2月,任国家开发银行新疆分行党委书记、行长。调到新疆分行工作以来,他带领国开行新疆分行迅速成长壮大为支持新疆发展的主力银行,为促进中央"稳疆兴疆、富民固边"战略作出了突出贡献。

2004年和2005年,国开行新疆分行年新增贷款占全自治区贷款总量的35%,居各家金融机构之首,使国家和自治区高度关注的新疆三大河流开发、农村及县乡公路、自治区电网联网及主要电厂等一大批重大项目得以开工建设,有力地促进了新疆基础设施、基础产业和支柱产业以及民生领域和社会薄弱环节的发展。

郑旭东主持建立了与新疆维吾尔自治区、新疆生产建设兵团的应急贷款机制,在第一时间为南疆冰冻灾害、自治区抗震安居工程、乌鲁木齐防控禽流感、兵团收购农产品原料等突发紧急事件提供了及时的贷款支持。

在郑旭东的悉心推动下,国开行新疆分行获得了"全国金融五一劳动奖状""全国金融系统思想政治工作优秀单位""全国金融系统模范职工之家""全国金融系统劳动关系和谐企业""国家开发银行学习型组织标兵单位""开发建设新疆奖状"等多项荣誉。

胡家燕

胡家燕,女,汉族,1945年11月出生,辽宁辽中人,1969年9月参加工作,1977年5月加入中国共产党。1985年6月至1991年11月,先后担任中共阿克苏地委委员、阿克苏地区行署副专员等职务。

1991年12月,在新疆维吾尔自治区对外经济贸易委员会担任副主任、党组成员。1992年12月,兼任新疆国际经济技术合作公司、新疆国际信托投资公司党委书记、总经理。在任期间,积极贯彻国家出台的一系列外贸、金融改革的方针政策,在两公司推行内部经营承包责任制,建立"自主经营,自求资金平衡,自担风险,自我约束,自负盈亏,自求发展"的经营机制,实行有监督的资产负债比例管理,以资本和负债制约资产总量和结构,积极稳妥地开展各项信托投资业务,改善了资本结构,增强了资产流动性。到1995年末,公司资产达到10.86亿元,为历史最好水平。同时她还带领经济合作公司贯彻执行自治区党委"全方位开放,向西倾斜,外引内联,东联西出"的战略方针,坚持一业为主,多种经营,积极开展对外贸易,努力开拓劳务市场,1995年,实现贸易额955万美元,为历年最好经营成果。

1995年5月,担任新疆昌吉回族自治州党委书记。后又担任新疆维吾尔自治区党委常委、党委副书记、自治区纪委书记。2005年11月调国家体育总局,并担任副局长、党组副书记、中央纪委驻国家体育总局纪检组组长等职。

拉孜克·买买提

拉孜克·买买提,男,维吾尔族,新疆喀什人,1949年10月1日出生,1970年在叶城县乌夏巴什宗郎四大队接受再教育。1972年调入叶城县人民银行工作,1978年在叶城县政府办公室从事秘书工作,之后先后在中国人民银行喀什地区分行干校、中国人民银行喀什地区中心支行任副校长、科长、副行长,1999年11月至2005年8月,任中国人民银行喀什地区中心支行党委书记、行长。这位与共和国同龄的少数民族干部,将自己的青春年华和毕生热血奉献给了挚爱的边疆基层金融事业,他以对党的无比忠诚、对金融事业的无限热爱、对边疆各族人民的深厚感情,深深扎根在祖国边疆,默默奉献在金融岗位,用一片丹心和满腔热血,书写着自己精彩的人生,留下了一串串闪光的足迹:拉孜克·买买提2001 年 6 月,被中央金融工委评为优秀党务工作者,同年 7 月被中国人民银行总行评为全国金融系统优秀党务工作者,被中组部评为优秀党务工作者称号;2004 年被中国总工会授予全国"五一劳动奖章";2005 年 5 月,被中组部评为全国民族团结进步模范个人。

李向党

李向党,男,汉族,中共党员,1968 年出生,是建行新疆分行营业部一名普通员工,李向党把客户当亲人,视奉献为快乐,真诚地为每一位客户提供"热情、周到、方便、快捷、高效"的服务,赢得了广大客户的高度信任和尊敬。李向党对本职工作精益求精,坚持勤学苦练,在实践中总结出"接一、待二、招呼三"的服务模式,练就了"手快、嘴勤、眼亮、嗓圆、脸笑、脑记"六种柜台服务技巧,探索出人性化服务、个性化服务、差别化服务的方式方法。李向党经手办理了 40 余万笔业务,日均 160 笔,累计吸收存款 5.47 亿元,日均 15.19 万元,编制各类业务报表 1600 余份,无长款短款、无违规操作、无客户有效投诉现象发生。

李向党在踏实、平凡的工作中,获得了一系列荣誉,成为一个集多种荣誉于一身的先进典型。1996—1999 年连续 4 年被评为中国建设银行新疆区分行营业部"十佳标兵";1996年荣获中国建设银行储蓄先进工作者称号;1997 年荣获中国建设银行新疆区分行"十佳储蓄员"称号;1998 年荣获新疆维吾尔自治区金融系统"青年岗位能手"称号;1999 年荣获中国建设银行新疆区分行"优秀员工"称号;2000 年荣获全国金融系统"优秀共青团员"称号;2001 年荣获中国建设银行"十大杰出青年"和"优秀共产党员"、全国"青年岗位能手"、全国金融系统"五一劳动奖章";2002 年荣获新疆维吾尔自治区职工职业道德"十佳标兵"、全国金融系统"五四青年奖章"、全国"五一劳动奖章",并光荣当选中共十六大代表;2003 年被评为中国建设银行新疆区分行"先进个人"和中国建设银行"优秀共产党员";2004 年荣获新疆维吾尔自治区党委表彰的"优秀共产党员"、新疆第六届"十大杰出青年"等荣誉;2005年荣获"全国劳动模范";2006 年荣获"新疆银行业文明规范服务金牌个人""中国建设银行突出贡献奖"一等奖;2008 年跟随新疆代表团参加了北京奥运会闭幕式。

韩　娥

韩娥,女,汉族,出生于 1938 年 10 月,中共党员,初中文化,1954年 10 月参加工作,1985 年调入人行阿勒泰分行工作,1993 年 10 月退休。退休前职务为人行阿勒泰分行货币发行科科长,会计师职称。

韩娥在金融战线工作 38 年,先后从事过收发、打字、文书、档案、会计、出纳、计划、稽核等岗位工作;担任过股长、科长等职务。自担任货币发行科科长后,她严格按照人行阿勒泰分行党组的要求,坚持两个文明建设一起抓,注重民族团结,认真做好货币发行的调拨和供应,积极做好金银收购和黄金市场管理工作，带领科室人员团结协作，齐心创一流。她所在的货币发行科先后数次荣获各类奖状、锦旗。1990 年，货币发行科被评为自治区先进集体；1987 年、1989 年、1990 年，货币发行科均被评为地区级先进集体；1988 年，货币发行科被评为县级先进集体。

韩娥干一行爱一行，无论是作为一名普通的工作人员还是科室领导，她总是吃苦在前、享受在后，在平凡的工作岗位上，勤勤恳恳，埋头苦干，所在集体获得荣誉的同时，她个人也获得了多项荣誉，为金融事业发展作出了突出贡献。1987 年被评为县级先进工作者；1988 年被评为优秀共产党员；1990 年荣获民族团结先进个人。曾多次被授予地区级"金融红旗手""先进工作者""三八红旗手"等称号。1992 年 4 月，被中华全国总工会授予"全国优秀业务能手称号"和"五一劳动奖章"。

陈开芸

陈开芸，女，汉族，1956 年 9 月出生，1982 年毕业于新疆财经学院。1990 年底，中国金融界涌现出了"英雄三姐妹"：吉林省延边朝鲜族自治州和龙市农行西林储蓄所的白花子、黄英姬、崔福顺，为保护国家财产，与抢劫储蓄所的歹徒英勇搏斗，白花子不幸牺牲。一年后，她的丈夫和公婆又相继去世，年仅 4 岁的小红莲成了孤儿。一个署名"白云"的捐款者，坚持在每月定时汇款给小红莲 200 元不等，一汇就是 5 年。汇款邮局不断变换，汇款从未间断过。小红莲一家为找不到汇款人而焦躁不安，只得通过新闻媒体，发出《"白云"，你在哪里》的呼唤。一时间，中央及新疆各大主流新闻媒体纷纷报道呼唤"白云"你在哪里……经过农行新疆分行和兵团分行百般寻找，她就是农行新疆兵团分行机关副处级干部陈开芸。陈开芸当时的月工资只有 276 元，连续默默无闻地为小红莲捐款五年多，始终守口如瓶，默默坚持资助小红莲的事迹被天山电影制片厂拍成了电影《良心》，在全国上映后产生了强烈反响。陈开芸先后获得了"全国金融系统优秀共产党员""自治区、兵团优秀共产党员""新疆十大杰出青年""自治区劳动模范"等多项省级以上荣誉。

左力皮牙·艾里木

左力皮亚·艾里木，女，维吾尔族，1948 年 1 月出生，新疆洛浦县人，1964 年 10 月参加工作，1981 年 4 月加入中国共产党。1988 年 1 月，任原中国人民银行新疆和田地区分行会计科科长；1990 年，任新疆金融学会理事；1992 年，翻译出版了《金融市场与实务》一书（24.6 万字）；1993 年 1 月，任新疆金融会计学会常务理事；1993 年 7 月，任原中国人民银行新疆和田地区分行总会计师；1997 年，翻译出版了《中央银行会计核算系统操作手册》；2001 年光荣退休。

多年来左力皮亚·艾里木重视维护祖国统一,加强民族团结。业务上肯学习、肯钻研,管理上坚持原则,努力探索会计工作的科学化、规范化管理,协助县支行健全了各项制度,促进了金融业务的开展。

1988年,被评为和田地区先进工作者、民族团结先进个人、学习民族理论积极分子。1990年,被评为中心支行劳动竞赛先进个人和防暴护行、民族团结先进个人。1991年,中华全国总工会授予"全国优秀工作者"称号。1997年,被全国总工会评为"全国优秀金融工作者"并荣获"五一劳动奖章"。同年,被人行总行授予"在会计工作中取得好成绩"特予表扬。

左力皮牙·艾里木将毕生的精力奉献给了基层央行会计事业。成绩与荣誉的取得,渗透着她的智慧、汗水和心血,也实现好扎根金融沃土,无私奉献终生的誓言。

董汉光

董汉光,男,汉族,1948年6月20日出生于天津市宁河县。1964年7月,毕业于天津第32中学。1964年7月,从天津市支边来疆,分配到伊犁霍城县农业银行,参加过农村社会主义教育运动,从事过人民公社财会辅导工作,1969年,参加过农村信用社"三清、四整顿"工作。打倒"江青反党集团"后,1976年11月,加入中国共产党。1977年10月,担任霍城县人民银行副行长。1979年人、农两行分家,担任霍城县农业银行副行长。在霍城县支行担任领导期间,分管农村金融工作,负责对农村信用社的管理,实行所社合署办公,干部统一管理,主任择优选择,个人贷款风险责任制,使信用社业务很快发展成为地区的排头兵。

1983年9月,担任农业银行伊犁地区中心支行副行长。1985年,参加全国成人高考,在上海农学院脱产学习两年,取得大专学历。1987年,伊犁州、地银行合并,担任伊犁州农行副行长。1990年9月至1993年,担任农行伊犁州分行行长。任职期间,注重强化信贷支农,曾获得伊犁州政府表彰,授予支农先进个人称号。

1993年9月至1996年8月,担任农业银行新疆区分行信合处处长。1996年9月,被农行总行交流到农行总行信合部工作。1997年,转入人民银行总行农金局工作,担任清理农村合作基金会办公室副主任。2000年4月,正式调入人行总行工作。

2003年,国家成立银行业监督管理委员会,人民银行监管司局整体划转到银监会,他便到了合作金融监管部工作。2004年,担任农村合作金融杂志社社长。

索芙蓉

索芙蓉,女,回族,1970年出生,中共党员,大专文化。1988年8月她中专毕业,分配到建行米泉县支行工作。1998年9月调到建行昌吉州分行营业部从事柜员工作。先后评为全国"三八红旗手"、全国金融系统"五一劳动奖章",新疆维吾尔自治区、建行总行、建行新疆分行"巾帼建功标兵",建行总行"柜面服务十佳标兵"、建行新疆分行"产品营销先进个人""向党标兵",昌吉州"五一劳动奖章""先进女职工""三八红旗手"。2002 年,在建行昌吉州分行开展的学习李向党和创建"向党工作站""向党标兵"活动中,她学习李向党的服务模式及技巧,用心为客户服务,获得首批"向党标兵"称号。

她所在的分理处周围有很多民族学校,民族学生汉语表达能力较差,索芙蓉就努力学习有关银行业务的维吾尔服务用语,极大地方便了民族客户办理业务。一名叫艾则孜的维吾尔族残疾人,家庭生活比较困难,索芙蓉就经常把自己家里的衣物捐给艾则孜,正是她的爱心,换来了不同民族、不同层面客户对她的赞美和尊敬,也为建行赢得了一批又一批的客户群体。

王连发

王连发,男,汉族,1963 年出生,王连发进入农行新疆阿克苏兵团支行一团营业所工作,一干就是 38 年。先后当过营业所出纳、会计、信贷员、营业所主任。在担任阿克苏兵团支行一团营业所主任的 23 年里,经王连发之手发放的过千笔、数亿元贷款,利息收回率达到 100%,连续 11 年保持贷款无逾期、无欠息、无呆坏账的纪录。到 2000 年底,一团营业所各项存款余额达两亿多元,成为全疆兵团农行系统第一个突破亿元的营业所。1999 年,农行新疆兵团分行授予王连发"模范营业所主任"称号,中央金融工委授予他优秀共产党员称号。2000 年,王连发被评为自治区劳动模范、全国金融系统劳动模范。同年 5 月 1 日,王连发荣获全国"五一劳动奖章"。

杨雪梅

杨雪梅,女,汉族,1968 年 8 月出生,招商银行乌鲁木齐分行营业部主任。她在服务招行事业的 3 年中,以勤奋扎实的作风,谦虚谨慎的品质,开拓进取的精神,宽容真诚的为人,展示着人生风采的美丽华章。

"党员干部要明明白白干事,堂堂正正做人。"这是杨雪梅对自己的要求。作为党员,杨雪梅公而忘私奉献招行;作为领导,杨雪梅为事业倾注爱心,始终把加强员工队伍建设,全面提高员工综合素质作为一件大事来抓。杨雪梅结合职业道德教育和警示教育,组织开展演讲、路演、报告会、观看典型案例录像、宣传树立先进典型、召开座谈会、经验交流会等多种形式的活动,引导大家树立正确的世界观、人生观和价值观,使员工思想不断得到升华,形成了敬业爱岗、以行为家和无私奉献的良好风气。杨雪梅还积极探索、创造一个优良的企业文化环境,倡导"人争一等,事创一流"的经营思想,深化"用我真诚服务,换您真诚笑容"等良好的企业理念,这些对全体员工产生了良好的影响和无形的号召力。在分行营业部,员工们普遍反映:我们主任作风民主,平易近人,真诚待人,能认真听取员工们的建议和呼声。杨雪梅所在的营业部在"续写创业情、实现新跨越"三周年行庆表彰会上共计获得五项大奖:公司负债营销奋进奖、网上企业银行业务先锋奖、国际业务结算量先锋奖、中间业务收入贡献奖、代发通业务先锋奖。在 2004 年年终表彰会上,营业部获得"分支机构经营管理综合考核奖""中间业务收益贡献奖""代发通贡献奖""2004 年度综合管理评级 AA 级""2004 年度招商银行总行监保管理先进集体"。

马合木提·阿不力孜

马合木提·阿不力孜,男,维吾尔族,1978 年出生,中共党员。东北财经大学本科毕业,毕业后分配在建行新疆分行营业部。在入行工作不到 10 年时间里,马合木提·阿不力孜先后获得 2003 年分行营业部"服务标兵"和"营销标兵"称号;2004 年分行营业部"向党标兵""服务标兵""营销标兵"和分行"DCC 先进个人"称号;2005 年所在黄河路支行营销大战"电子账单营销标兵""好巴郎突出贡献奖"称号。

马合木提·阿不力孜先后从事过个人客户经理、内勤、前台柜员、个人业务顾问等多项工作。马合木提·阿不力孜怀着对事业的无限忠诚、对客户的无限热忱和对建行的无限热爱,无论做什么工作都能干一行、爱一行、精一行,用自己的实际行动做出不平凡的业绩。从事综合柜员后,马合木提·阿不力孜将满腔热情扑在一线柜台,提出"眼到、心到、情到、人到"的"四到"特色服务。办理业务的时候,马合木提·阿不力孜总是保持着站立姿势,弯着腰操作每一个流程,凡是经马合木提·阿不力孜办理过业务的客户,都会留下"建行服务态度真好"的赞扬声。在马合木提·阿不力孜的《向党与您沟通意见簿》中写满了上千条各行各业、各个民族客户的热情赞扬,带动了全辖的服务、营销和管理,成为继李向党之后又一名热情、规范、严谨的新时期少数民族金融服务标兵,各族群众热情地称赞他是建行"好巴郎"。

第二章　人物名录

新疆银行业"人物名录"列入 1986—2005 年新疆银行业机构自治区(含各总行)级以上先进集体、先进工作者、全国劳动模范、三八红旗手;受国务院表彰享受政府特殊津贴以及高级技术职称人员。

第一节　先进人物名录

一、先进集体

1986—2005 年新疆人行系统获自治区、总行级以上先进集体一览

表 12—1

单位名称	先进集体荣誉称号名称	授予年月	发证机关
人行新疆分行	自治区军队转业干部安置工作先进单位	1986.04	自治区人民政府
人行伊犁州分行	全国金融系统先进单位	1989.10	中国人民银行 中国金融工会
人行哈密地区分行会计科	中国人民银行会计系统全国表扬集体	1991.04	中国人民银行及工会工作委员会
人行博尔塔拉州分行	中国人民银行货币发行工作先进集体	1991.09	中国人民银行及工会工作委员会
人行喀什地区分行保卫科	中国人民银行保卫工作先进单位	1991.10	中国人民银行及工会工作委员会
人行吐鲁番地区分行保卫科	中国人民银行保卫工作先进单位	1991.10	中国人民银行及工会工作委员会
人行昌吉州分行保卫科	中国人民银行保卫工作先进单位	1991.10	中国人民银行及工会工作委员会
人行和田地区分行稽核科	全国金融系统稽核先进集体	1992.12	中国人民银行
人行和静县支行	中国人民银行货币发行工作先进单位	1993.09	中国人民银行及工会工作委员会

表 12—1 续

单位名称	先进集体荣誉称号名称	授予年月	发证机关
人行昌吉州分行	中国人民银行货币发行工作先进单位	1993.09	中国人民银行
人行吐鲁番地区分行	教育工作先进集体	1993.11	中国人民银行及工会工作委员会
人行喀什地区分行	全国人民银行系统科技工作先进集体	1995	中国人民银行及工会工作委员会
人行墨玉县支行	全国金融系统职工生活后勤先进单位	1995.02	中国金融工会全国委员会
人行博尔塔拉州分行调统科	人民银行系统金融统计先进集体	1995.05	中国人民银行及工会工作委员会
人行喀什地区分行	中国人民银行系统安全保卫工作先进集体	1996.01	中国人民银行及工会工作委员会
人行拜城县支行	中国人民银行先进集体	1996.04	中国人民银行及工会工作委员会
人行拜城县支行	青年文明号	1997	共青团中央
人行巴音郭楞州分行	中国人民银行稽核监督工作先进集体	1997.02	中国人民银行及工会工作委员会
人行阿克苏地区分行	中国人民银行稽核监督先进集体	1997.03	中国人民银行及工会工作委员会
人行博尔塔拉州分行	全国金融系统先进女工委	1997.03	中国人民银行
人行和田地区中心支行	民族团结进步模范单位	1998.01	国家民委
人行和田地区中心支行	全国金融系统先进单位	1999.02	中国人民银行中国金融工会
人行巴音郭楞州中心支行	中国人民银行国库系统先进集体	1999.03	中国人民银行及工会工作委员会
人行英吉沙县支行	1996—1999 年度中国人民银行先进单位	2000.04	中国人民银行及工会工作委员会
人行巴音郭楞州中心支行	1999—2000 年度双文明单位	2001.07	中共中国人民银行委员会中国人民银行

表 12—1 续

单位名称	先进集体荣誉称号名称	授予年月	发证机关
人行博尔塔拉州中心支行	1999—2000年度双文明单位	2001.07	中国人民银行
人行吐鲁番地区中心支行保卫科	中国人民银行安全保卫工作先进集体	2001.08	中国人民银行及工会工作委员会
人行博尔塔拉州中心支行	安全保卫先进集体	2001.09	中国人民银行及工会工作委员会
人行乌鲁木齐中心支行	全国打击制贩假币犯罪联合行动先进集体	2001.01	中国人民银行及工会工作委员会
人行喀什地区中心支行保卫科	中国人民银行安全保卫工作先进集体	2001.08	中国人民银行及工会工作委员会
人行伊犁州中心支行	中国人民银行安全保卫先进集体	2001.09	中国人民银行及工会工作委员会
人行拜城县支行营业部	2001年度全国"青年文明号"	2002.08	中央金融工委共青团中央
人行富蕴县支行会计发行股	总行级2001年度"青年文明号"	2002.08	中国人民银行
国家金库哈密地区中心支库	中国人民银行国库系统先进集体	2003.03	中国人民银行及工会工作委员会
人行乌鲁木齐中心支行调查统计处	全国金融系统银行信贷登记咨询系统建设先进集体	2003.11	中国人民银行
人行乌鲁木齐中心支行科技处	全国金融系统银行信贷登记咨询系统建设先进集体	2003.11	中国人民银行
人行伊犁州中心支行	中国人民银行国库系统先进集体	2003.03	中国人民银行及工会工作委员会
人行阿克苏地区中心支行	社会治安综合治理先进单位	2004.02	中国人民银行及工会工作委员会
人行博尔塔拉州中心支行	社会治安综合治理先进集体	2004.03	中国人民银行及工会工作委员会
人行博尔塔拉州中心支行	金融统计先进集体	2004.11	中国人民银行
人行乌鲁木齐中心支行	金融统计先进集体	2004.11	中国人民银行
人行博尔塔拉州中心支行	全国精神文明建设工作先进集体	2005.01	中央文明委

表 12—1 续

单位名称	先进集体荣誉称号名称	授予年月	发证机关
人行伊犁州中心支行	2004 年度全国金融系统体育达标先进单位	2005.03	中国金融工会全国委员会 中国金融体育协会全国理事会
人行富蕴县支行会计发行股	全国级"青年文明号"	2005.04	共青团中央
人行奎屯市支行	全国级"青年文明号"	2005.04	共青团中央
人行拜城县支行营业部	全国级"青年文明号"	2005.04	共青团中央
人行博尔塔拉州中心支行	2000—2004 年先进集体	2005.04	中国人民银行
人行巴里坤县支行	2004 年度"青年文明号"	2005.04	中国人民银行
人行阿克苏地区中心支行	先进内审工作集体	2005.07	中国人民银行及工会工作委员会
人行乌鲁木齐中心支行后勤服务中心	中国人民银行后勤工作先进集体	2005.11	中国人民银行及工会工作委员会
人行乌鲁木齐中心支行法律事务办公室	中国人民银行"四五"普法先进集体	2005.12	中国人民银行及工会工作委员会
人行巴音郭楞州中心支行	2003—2005 年度人总行文明单位	2005.12	中共中国人民银行委员会 中国人民银行
人行乌鲁木齐中心支行内审处	中国人民银行系统先进内审工作集体	2005.02	中国人民银行及工会工作委员会

1995—2005 年新疆农发行系统获自治区、总行级以上先进集体一览

表 12—2

单位名称	先进集体荣誉称号名称	授予年月	发证机关
农发行新疆分行信贷处	先进集体	1995.12	农发行总行
农发行新疆分行吐鲁番地区分行营业部	1999 年度总行级"青年文明号"	2000.04	农发行总行
农发行新疆分行大河沿支行营业部	1999 年度总行级"青年文明号"	2000.04	农发行总行
农发行新疆分行克拉玛依市分行营业部	1999 年度总行级"青年文明号"	2000.04	农发行总行
农发行新疆分行麦盖提县支行营业部	1999 年度总行级"青年文明号"	2000.04	农发行总行

表 12－2 续

单位名称	先进集体荣誉称号名称	授予年月	发证机关
农发行新疆分行伽师县支行营业部	1999 年度总行级"青年文明号"	2000.04	农发行总行
农发行新疆分行和田县支行营业部	1999 年度总行级"青年文明号"	2000.04	农发行总行
农发行新疆分行阿克苏地区分行营业部	1999 年度总行级"青年文明号"	2000.04	农发行总行
农发行新疆分行吐鲁番地区分行营业部	2001 年度总行级"青年文明号"	2002.04	农发行总行
农发行新疆分行大河沿支行营业部	2001 年度总行级"青年文明号"	2002.04	农发行总行
农发行新疆分行克拉玛依市分行营业部	2001 年度总行级"青年文明号"	2002.04	农发行总行
农发行新疆分行麦盖提县支行营业部	2001 年度总行级"青年文明号"	2002.04	农发行总行
农发行新疆分行伽师县支行营业部	2001 年度总行级"青年文明号"	2002.04	农发行总行
农发行新疆分行和田县支行营业部	2001 年度总行级"青年文明号"	2002.04	农发行总行
农发行新疆分行阿克苏地区分行营业部	2001 年度总行级"青年文明号"	2002.04	农发行总行
农发行新疆分行克孜勒苏州分行营业部	2001 年度总行级"青年文明号"	2002.04	农发行总行
农发行新疆分行营业部	2001 年度总行级"青年文明号"	2002.04	农发行总行
农发行新疆分行温泉县支行	2001 年度总行级"青年文明号"	2002.04	农发行总行
农发行新疆分行博湖县支行	2001 年度粮油信贷管理先进单位	2002.02	农发行总行
农发行新疆分行库车县支行	2001 年度粮油信贷管理先进单位	2002.02	农发行总行
农发行新疆分行伊犁哈萨克自治州分行营业部	2001 年度粮油信贷管理先进单位	2002.02	农发行总行

1999—2005 年新疆国开行系统获自治区、总行级以上先进集体一览

表 12－3

单位名称	先进集体荣誉称号名称	授予年月	发证机关
国开行新疆分行	全国金融五一劳动奖章	2000	全国金融工会
国开行新疆分行	2000 年度合理化建议活动优秀组织奖	2001	国开行总行
国开行新疆分行	"创一流业绩,全面提升我行资金管理水平"有奖征文最佳组织奖	2002	国开行总行

表12－3续

单位名称	先进集体荣誉称号名称	授予年月	发证机关
国开行新疆分行	2002年度合理化建议活动优秀组织奖	2003	国开行总行
国开行新疆分行	新疆维吾尔自治区文明单位	2004	新疆维吾尔自治区文明办
国开行新疆分行	2003年度合理化建议活动优秀组织奖	2004	国开行总行
国开行新疆分行	"2004年度国家开发银行优秀评审报告"评选活动优秀组织奖	2004	国开行总行
国开行新疆分行	全国金融模范职工之家	2005	全国金融工会
国开行新疆分行	全国金融系统思想政治工作优秀单位	2005	全国金融工会
国开行新疆分行	2004年度合理化建议活动优秀组织奖	2005	国开行总行
国开行新疆分行	国家开发银行信贷管理优秀分行	2005	国开行总行
国开行新疆分行	国家开发银行"法律杯"征文比赛组织奖	2005	国开行总行
国开行新疆分行	国家开发银行模范职工之家	2005	国开行总行

1986—2005年新疆工行系统获自治区、总行级以上先进集体一览

表12－4

单位名称	先进集体荣誉称号名称	授予年月	发证机关
工商银行新疆分行	开发建设新疆奖状	2002.05	自治区人民政府
工商银行新疆分行	全国五一劳动奖状	2003.05	中华全国总工会

1986—2005年新疆农行系统获自治区、总行级以上先进集体一览

表12－5

单位名称	先进集体荣誉称号名称	授予年月	发证机关
农行新疆分行机关	民族团结先进集体	1987.11	自治区人民政府
农行新疆分行	信息计算机工作先进集体	1989.06	农业银行总行
农行新疆分行营业部昌吉州新湖支行	思想政治工作先进集体	1989.04	农业银行总行
农行新疆分行博尔塔拉州中心支行	思想政治工作先进集体	1989.04	农业银行总行
农行新疆分行	全国民族团结先进集体	1990.10	国家民委
农行新疆分行巴音郭楞州中心支行营业部	全国金融先进单位	1993.05	中国金融工会
农行新疆分行营业部中山路支行	五一劳动奖状	2001.04	中国金融工会
农行新疆分行库尔勒石油支行	全国农行系统文明建设先进单位	2003.11	农业银行总行

表 12—5 续

单位名称	先进集体荣誉称号名称	授予年月	发证机关
农行新疆分行	先进保密工作集体	2003.12	中央保密委员会、国家保密局
农行新疆分行奎屯市支行	资产负债管理先进集体	2004.02	农业银行总行
农行新疆分行营业部营业室	全国百家先进支行	2004.03	农业银行总行
农行新疆分行营业部河南路支行	外汇储蓄存款十佳单位	2004.05	农业银行总行
农行新疆分行昌吉州分行工会	全国 1000 家优秀组织奖获奖单位	2004.11	全国总工会
农行新疆分行	扶贫工作先进集体	2005.05	自治区人民政府
农行新疆分行	"十佳优秀策划项目"奖	2005.10	农行总行

1986—2005 年新疆中行系统获自治区、总行级以上先进集体一览

表 12—6

单位名称	先进集体荣誉称号名称	授予年月	发证机关
中行乌鲁木齐分行辖下红其拉甫口岸外币兑换点	文明优质服务先进单位	1988.12	中国金融工会
中行乌鲁木齐分行财会出纳专柜	文明优质服务先进单位	1989.01	中行总行
中行新疆库尔勒支行营业部	文明优质服务先进单位	1991.03	中行总行
中行克拉玛依石油支行营业部储蓄专柜	文明优质服务先进单位	1995.05	中行总行
中行喀什地区莎车县支行	文明优质服务先进单位	1995.05	中行总行
中行新疆分行	迎香港回归文艺节目组织奖	1997.09	中行总行
中行新疆分行	迎香港回归文艺节目优秀奖舞蹈《牧鹰女》王江风等四人	1997.09	中行总行
中行新疆分行	迎香港回归文艺节目优秀奖《甜的歌儿迎宾客》	1997.09	中行总行
中行克拉玛依石油支行党支部	先进基层党组织	2001.06	中行总行
中行克拉玛依石油分行	全国金融五一劳动奖状	2001.05	中国金融工会
中行新疆阿拉山口支行	中国银行先进单位	2002.04	中行总行
中行乌鲁木齐解放路支行	"巾帼文明示范岗"	2002.04	中行总行
中行新疆阿拉山口支行党支部	先进基层党组织	2003.06	中行总行

表 12－6 续

单位名称	先进集体荣誉称号名称	授予年月	发证机关
中行喀什地区分行塔西南油田分理处	中国银行先进单位	2003.05	中行总行
中行乌鲁木齐市解放路支行团结路支行	中国银行总行级"巾帼文明示范岗"	2003.03	中行总行
中行乌鲁木齐市迎宾路支行	中国银行先进单位	2004.04	中行总行
中行乌鲁木齐市解放路支行团结路支行	中国银行总行级"巾帼文明示范岗"	2004.05	中行总行
中行新疆分行营业部	中国银行总行级"巾帼文明示范岗"	2004.05	中行总行
中行乌鲁木齐市解放路支行营业部	中国银行精神文明建设先进单位	2004.06	中行总行
中行乌鲁木齐市解放路支行营业部	全国"青年文明号"集体	2004.05	中行总行
中行克拉玛依石油分行通讯路支行	全国"青年文明号"集体	2004.05	中行总行
中行新疆分行乌市北京路支行迎宾路支行	中国银行系统"青年文明号"集体	2004.05	中行总行
中行阿克苏分行大十字分理处	中国银行系统"青年文明号"集体	2004.05	中行总行
中行乌鲁木齐市石化支行营业部	中国银行系统"青年文明号"集体	2004.05	中行总行
中行巴音郭楞州分行塔里木石油支行营业部	中国银行系统"青年文明号"集体	2004.05	中行总行
中行新疆分行营业部	文明优质服务红旗单位	2005.04	中行总行
中行阿克苏地区分行	文明优质服务红旗单位	2005.04	中行总行
中行石河子市分行	中国银行先进单位	2005.04	中行总行
中行乌鲁木齐解放路支行团结路支行	中国银行"巾帼文明示范岗"	2005.04	中行总行
中行新疆分行营业部	全国青年文明号	2005.06	中行总行
中行乌鲁木齐市解放路支行营业部	全国青年文明号	2005.06	中行总行
中行克拉玛依市石油分行通讯路支行	全国青年文明号	2005.06	中行总行
中行乌鲁木齐市钱塘江路支行	中国银行系统"青年文明号"集体	2005.06	中行总行
中行乌鲁木齐市青年路支行	中国银行系统"青年文明号"集体	2005.06	中行总行
中行克拉玛依市石油分行营业部	中国银行系统"青年文明号"集体	2005.06	中行总行
中行阿克苏分行库车县支行	中国银行系统"青年文明号"集体	2005.06	中行总行
中行新疆分行信息科技处	中国银行系统"青年文明号"集体	2005.06	中行总行
中行乌鲁木齐市光明路支行	中国银行系统"青年文明号"集体	2005.06	中行总行

表 12－6 续

单位名称	先进集体荣誉称号名称	授予年月	发证机关
中行乌鲁木齐市解放路支行团结路支行	中国银行系统"青年文明号"集体	2005.06	中行总行
中行阿拉山口支行	中国银行系统"青年文明号"集体	2005.06	中行总行
中行乌鲁木齐市河南西路支行	中国银行系统"青年文明号"集体	2005.06	中行总行
中行石河子分行营业部	中国银行系统"青年文明号"集体	2005.06	中行总行
中行独山子支行营业部	中国银行系统"青年文明号"集体	2005.06	中行总行
中行巴音郭楞州分行营业部	中国银行系统"青年文明号"集体	2005.06	中行总行
中行吐鲁番支行营业部	中国银行系统"青年文明号"集体	2005.06	中行总行
中行阿克苏大十字支行	中国银行系统"青年文明号"集体	2005.06	中行总行
中行塔里木石油支行	中国银行系统"青年文明号"集体	2005.06	中行总行
中行乌鲁木齐市迎宾路支行	中国银行系统"青年文明号"集体	2005.06	中行总行

1986--2005 年新疆建行系统获自治区、总行级以上先进集体一览

表 12－7

单位名称	先进集体荣誉称号名称	授予年月	发证机关
建行新疆石油分行	总行重点项目财务资金管理先进集体	1986.02	建行总行
建行乌鲁木齐市支行	全国金融先进单位	1989.12	全国金融工会
建行阿勒泰地区中心支行	总行储蓄工作先进集体	1990.03	建行总行
建行石河子市支行	总行储蓄工作先进集体	1990.03	建行总行
建行乌鲁木齐市天山区办事处	总行储蓄工作先进集体	1990.03	建行总行
建行托克逊县支行储蓄专柜	总行储蓄工作先进集体	1990.03	建行总行
建行伊宁市支行储蓄专柜	总行储蓄工作先进集体	1990.03	建行总行
建行新疆分行机关党委	自治区先进党组织	1990.09	区级机关党委
建行新疆分行	总行思想政治工作先进集体	1990	建行总行
建行阿勒泰中心支行	总行审计工作先进集体	1992.07	建行总行
建行乌鲁木齐市支行	总行宣传报道工作先进集体	1992.08	建行总行
建行新疆分行机关	自治区文明机关	1992.09	区直属文明委
建行新疆分行	自治区捐资助残先进集体	1992.12	自治区政府
建行新疆石油分行	总行重点项目目标管理达标先进	1992	建行总行
建行塔里木石油支行	总行重点项目目标管理达标先进	1992	建行总行

表 12—7 续

单位名称	先进集体荣誉称号名称	授予年月	发证机关
建行乌鲁木齐市新市区办事处	总行先进集体	1993.05	建行总行
建行精河县支行沙山子分理处	总行先进集体	1993.05	建行总行
建行昌吉州中心支行阜康市支行	总行先进集体	1993.05	建行总行
建行新疆区分行铁道支行西山办事处东林街储蓄所	总行先进集体	1993.05	建行总行
建行新疆分行	总行地方级基建财务决算先进集体	1993.10	建行总行
建行新疆分行	总行投资专用年度决算先进集体	1993.10	建行总行
建行新疆分行	总行"百日增百亿"竞赛第二名	1993.10	建行总行
建行新疆分行建筑经济处	总行贯彻实施新制度先进集体	1994.07	建行总行
建行乌鲁木齐市支行	总行建经工作先进集体	1994.07	建行总行
建行新疆分行	自治区文明单位	1994.12	自治区文明委
建行新疆分行	总行筹资金杯奖新增第二名	1995.01	建行总行
建行新疆分行	总行储蓄快速发展奖	1995.01	建行总行
建行新疆分行	总行增存竞赛一等奖	1995.09	建行总行
建行新疆区分行营业部会计专柜	自治区级"青年文明号"	1995.12	区直机关团工委
建行乌鲁木齐市支行老干办公室	总行老干部工作先进集体	1995.12	建行总行
建行乌鲁木齐市天山区办事处	全国国债兑付先进单位	1996.02	财政部、人民银行
建行新疆分行	总行筹资金杯奖	1996.04	建行总行
建行新疆分行	总行证券工作先进集体	1996.05	建行总行
建行乌鲁木齐新市区办事处储蓄专柜	总行储蓄工作先进集体	1996.05	建行总行
建行塔里木石油支行储蓄专柜	总行储蓄工作先进集体	1996.05	建行总行
建行库尔勒市支行储蓄专柜	总行文明服务储蓄所	1996.05	建行总行
建行新疆石油分行明园办事处地调处分理处	总行文明服务储蓄所	1996.05	建行总行
建行喀什中心支行	全国金融先进单位	1996.07	全国金融工委
建行乌鲁木齐市支行	总行先进工会委员会	1996.11	建行总行
建行乌鲁木齐市沙区办事处营业部	全国"青年文明号"	1997.05	全国创建组委会

表12—7续

单位名称	先进集体荣誉称号名称	授予年月	发证机关
建行乌鲁木齐沙依巴克区办事处	全国"青年文明号"	1998.08	全国创建组委会
建行新疆分行	乌鲁木齐社会治安综合治理模范单位	1998.10	乌鲁木齐市综治委
建行新疆分行营业部钢铁支行	新疆金融模范职工之家	1998.12	新疆金融工委
建行新疆石油分行白碱滩办事处	新疆金融模范职工之家	1998.12	新疆金融工委
建行新疆分行营业部河南路支行	新疆金融模范职工之家	1998.12	新疆金融工委
建行新疆分行	综合柜员业务处理系统科技进步二等奖	1999.11	自治区政府
建行新疆分行营业部	自治区文明行业	1999.11	自治区文明委
建行石油分行金龙镇办事处营业室	总行巾帼文明示范岗	2000.03	建行总行
建行新疆分行营业部红山路支行	总行思想政治工作先进集体	2000.07	建行总行
建行巴音郭楞州分行营业部楼兰分理处	总行思想政治工作先进集体	2000.07	建行总行
建行吐鲁番分行吐哈石油支行	总行思想政治工作先进集体	2000.07	建行总行
建行新疆分行营业部黄河路支行营业部	全国"青年文明号"	2001.04	全国创建组委会
建行新疆分行营业部铁道支行营业部	全国"青年文明号"	2001.04	全国创建组委会
建行新疆分行营业部红山路支行营业部	全国"青年文明号"	2001.04	全国创建组委会
建行石油分行营业部营业室	总行"青年文明号"	2001.09	建行总行
建行石油分行营业部大十字分理处	总行"青年文明号"	2001.09	建行总行
建行新疆分行营业部人民路支行民主东路储蓄所	总行"青年文明号"	2001.09	建行总行
建行伊犁州分行营业部会计储蓄专柜	总行"青年文明号"	2001.09	建行总行
建行伊犁州分行营业部胜利路分理处	总行"青年文明号"	2001.09	建行总行

表 12—7 续

单位名称	先进集体荣誉称号名称	授予年月	发证机关
建行博尔塔拉州分行精河县支行沙山子分理处	总行"青年文明号"	2001.09	建行总行
建行阿勒泰分行富蕴县支行铜矿分理处	总行"青年文明号"	2001.09	建行总行
建行吐鲁番分行大河沿办事处营业部	总行"青年文明号"	2001.09	建行总行
建行吐鲁番分行绿洲路分理处	总行"青年文明号"	2001.09	建行总行
建行哈密分行营业部建国北路分理处	总行"青年文明号"	2001.09	建行总行
建行哈密分行石油支行十六区分理处	总行"青年文明号"	2001.09	建行总行
建行巴音郭楞州分行营业部储蓄专柜	总行"青年文明号"	2001.09	建行总行
建行巴音郭楞州分行塔里木石油支行营业部	总行"青年文明号"	2001.09	建行总行
建行阿克苏分行营业部健康路分理处	总行"青年文明号"	2001.09	建行总行
建行分行营业部铁道支行营业部	总行个人银行业务客户服务先进集体	2001.12	建行总行
建行新疆分行信贷风险管理处	提高资产质量降低不良贷款工作先进集体	2002.02	建行总行
建行新疆分行纪检监察部	总行纪检监察先进集体	2002.02	建行总行
建行新疆分行营业部	全国金融五四红旗团委	2002.04	全国金融工委
建行新疆分行营业部铁道支行营业部	自治区第五届职工职业道德先进集体	2002.04	自治区总工会
建行新疆分行营业部民航局分理处	总行"青年文明号"	2002.05	建行总行
建行石河子分行幸福路分理处	总行"青年文明号"	2002.05	建行总行
建行新疆分行营业部钢铁支行灯笼渠分理处	总行女职工双文明示范岗	2003.03	建行总行

表 12－7 续

单位名称	先进集体荣誉称号名称	授予年月	发证机关
建行新疆分行克拉玛依市审计办事处	总行审计工作先进集体	2003.03	建行总行
建行新疆分行纪检监察部	纪检监察工作先进集体	2003.03	中央金融纪工委
建行新疆分行	总行银行卡联网通用先进集体	2003.04	建行总行
建行哈密分行	总行呆账核销工作先进集体	2004.01	建行总行
建行新疆分行	总行中间业务资源利用专项奖	2004.03	建行总行
建行新疆分行营业部	总行五四红旗团委	2004.04	建行总行
建行新疆区分行营业部新华南路支行营业室	总行"青年文明号"	2004.08	建行总行
建行昌吉州分行玛纳斯县支行营业部	总行"青年文明号"	2004.08	建行总行
建行新疆分行营业部钢铁支行	总行模范职工之家	2004.09	建行总行
建行新疆分行	总行客户信息库系统二等奖	2005.01	建行总行
建行新疆分行	总行存储区域网络系统三等奖	2005.01	建行总行
建行新疆分行	总行综合业务灾难备份系统三等奖	2005.01	建行总行
建行新疆分行	总行手机银行系统三等奖	2005.01	建行总行
建行新疆分行	总行委托性住房金融业务一级分行数据集中系统三等奖	2005.01	建行总行
建行巴音郭楞州分行轮台县支行营业部	总行女职工文明示范岗	2005.03	建行总行
建行新疆石油分行营业部营业室	全国"青年文明号"	2005.05	全国创建组委会
建行新疆分行营业部直属营业室营业部	总行"青年文明号"	2005.12	建行总行
建行新疆分行营业部青年路储蓄所	总行"青年文明号"	2005.12	建行总行
建行昌吉州分行五家渠支行营业部	总行"青年文明号"	2005.12	建行总行
建行新疆分行	总行存储区域网络系统科技进步奖	2005.12	建行总行
建行新疆分行	总行综合业务灾难备份系统科技进步奖	2005.12	建行总行

1986—2005 年新疆兵团农行系统获自治区、总行级以上先进集体一览

表 12—8

单位名称	先进集体荣誉称号名称	授予年月	发证机关
农行新疆兵团分行	思想政治工作先进集体	1993.04	农行总行
农行新疆兵团分行营业部	全国金融先进单位	1993.05	中国金融工会
农行新疆兵团分行	支持新疆体育事业突出贡献奖	1999.08	自治区人民政府
农行新疆兵团分行	全国农行系统业务技术比赛第二名	2000.08	农行总行
农行阿克苏兵团支行一团营业所	全国"青年文明号"	2000.05	共青团中央
农行新疆兵团分行营业部建设路支行	五一劳动奖状	2001.04	中国金融工会
农行五家渠兵团分行	全国农行系统文明建设先进单位	2003.11	农行总行
农行新疆兵团分行营业部建设路支行	全国百家先进支行	2004.03	农行总行
农行新疆兵团分行	学习贯彻"三个代表"先进单位	2004.04	农行总行
农行新疆兵团分行	全国农行系统审计工作先进单位	2004.12	农行总行
农行新疆兵团分行	扶贫工作先进集体	2005.06	新疆生产建设兵团
农行新疆伊犁兵团支行	全国金融系统"模范职工之家"	2005.08	中国金融工会

1986—2005 年新疆招行系统获自治区、总行级以上先进集体一览

表 12—9

单位名称	先进集体荣誉称号名称	授予年月	发证机关
招行乌鲁木齐分行营业部	2004 年度招商银行"先进集体"	2005.05	招商银行总行
招行乌鲁木齐分行营业部	2005 年度招商银行"先进集体"	2006.05	招商银行总行

1986—2005 年新疆邮储系统获自治区、总行级以上先进集体一览

表 12—10

单位名称	先进集体荣誉称号名称	授予年月	发证机关
新疆邮政储汇局	代理保险业务销售业绩突出"达标奖"	2005.03	中国人寿保险股份有限公司 国家邮政局邮政储汇局
新疆邮政储汇局	代理保险业务销售业绩突出"超额奖"	2005.03	中国人寿保险股份有限公司 国家邮政局邮政储汇局
新疆邮政储汇局	代理保险业务合作"先锋奖"	2005.03	太平洋人寿保险股份有限公司 国家邮政局邮政储汇局

1986—2005 年新疆交行系统获自治区、总行级以上先进集体一览

表 12－11

单位名称	先进集体荣誉称号名称	授予年月	发证机关
交通银行乌鲁木齐分行	全国金融系统文明建设先进单位	2001.05	中央金融工委
交通银行乌鲁木齐分行友好路支行	全国五一劳动奖状	2002.05	全国总工会
交通银行乌鲁木齐分行开发区支行	精神文明建设先进集体	2003.04	中央金融工委
交通银行乌鲁木齐分行营业部	全国"青年文明号"	2005.05	共青团中央
交通银行乌鲁木齐分行开发区支行	全国"青年文明号"	2005.05	共青团中央

二、先进个人

1986—2005 年新疆人行系统获自治区、总行级以上先进个人一览

表 12－12

姓名	性别	族别	所在单位	称号	表彰年月	表彰机关
左力皮亚·艾里木	女	维吾尔	人行和田地区分行	中国人民银行会计系统全国表扬个人	1991.04	中国人民银行及工会工作委员会
李缇华	女	汉	人行石河子市分行	中国人民银行会计系统工作先进工作者	1991.04	中国人民银行及工会工作委员会
木合百提	男	维吾尔	人行喀什地区分行	全国金融系统优秀工会积极分子	1991.07	中国金融工会
吴代禹	男	汉	人行博尔塔拉州分行	全国金融系统优秀工会干部	1991.07	中国人民银行
刘淑香	女	汉	人行巴音郭楞州分行	货币发行先进工作者	1991.09	中国人民银行
巴　亚	男	蒙古	人行博尔塔拉州分行	中国人民银行货币发行工作先进个人	1991.09	中国人民银行及工会工作委员会
季从科	男	汉	人行石河子市分行	中国人民银行货币发行工作先进个人	1991.09	中国人民银行及工会工作委员会
王新忠	男	汉	人行新疆分行	中国人民银行保卫工作先进工作者	1991.10	中国人民银行及工会工作委员会
马福民	男	回	人行焉耆县支行	安全保卫工作先进工作者	1991.10	中国人民银行及工会工作委员会
李胜利	男	汉	人行新源县支行	安全保卫先进工作者	1991.10	中国人民银行及工会工作委员会

表 12—12 续

姓名	性别	族别	所在单位	称号	表彰年月	表彰机关
毛拉别克	男	哈萨克	人行精河县支行	安全保卫先进个人	1991.10	中国人民银行及工会工作委员会
柴建光	男	汉	人行巴里坤县支行	安全保卫先进工作者	1991.10	中国人民银行及工会工作委员会
艾斯卡尔	男	维吾尔	人行和田地区分行	中国人民银行保卫工作先进工作者	1991.10	中国人民银行及工会工作委员会
吾守尔·牙生	男	维吾尔	人行克孜勒苏州分行	安全保卫工作先进工作者	1991.10	中国人民银行及工会工作委员会
热合曼坎	男	维吾尔	人行拜城县支行	中国人民银行保卫工作先进工作者	1991.10	中国人民银行及工会工作委员会
高 杰	男	汉	人行哈巴河县支行	中国人民银行保卫工作先进工作者	1991.10	中国人民银行及工会工作委员会
张鹏飞	男	汉	人行沙湾县支行	中国人民银行保卫工作先进工作者	1991.10	中国人民银行及工会工作委员会
杨景清	女	汉	人行喀什地区分行	中国人民银行会计系统全国表扬个人	1991.04	中国人民银行及工会工作委员会
赛达哈买提	男	乌孜别克	人行伊犁州分行	全国金融系统文明优质服务标兵	1991.12	中国金融工会
魏玉英	女	回	人行吐鲁番地区分行	文明优质服务标兵	1991.12	中国金融工会
李东明	男	汉	人行伊犁州分行	稽核先进工作者	1992.11	中国人民银行
樊式方	男	汉	人行喀什地区分行	全国金融系统稽核先进个人	1992.12	中国人民银行
木合百提	男	维吾尔	人行喀什地区分行	全国金融系统劳动模范	1992.12	中国人民银行中国金融工会
黄杰述	男	汉	人行乌鲁木齐市分行货币发行科	全国货币发行工作先进个人	1993.09	中国人民银行及工会工作委员会
艾山·玉苏因	男	维吾尔	人行喀什地区分行	全国货币发行工作先进个人	1993.09	中国人民银行及工会工作委员会
宁中琳	女	汉	人行奎屯市支行	全国货币发行工作先进个人	1993.09	中国人民银行及工会工作委员会

表 12—12 续

姓名	性别	族别	所在单位	称号	表彰年月	表彰机关
慕顺学	男	汉	人行克孜勒苏州分行	全国货币发行工作先进个人	1993.09	中国人民银行及工会工作委员会
木合百提	男	维吾尔	人行喀什地区分行	全国民族团结进步模范	1994.09	中华人民共和国国务院
全秉中	男	汉	人行新疆分行	自治区第三届社会科学优秀成果一等奖	1994.12	新疆维吾尔自治区人民政府
全秉中	男	汉	人行新疆分行	自治区第三届社会科学优秀成果三等奖	1994.12	新疆维吾尔自治区人民政府
宁中琳	女	汉	人行奎屯市支行	金融系统劳动模范	1995	中国人民银行
莫塔力甫	男	维吾尔	人行和田地区分行	全国三产普查数据处理先进工作者	1995.04	国务院三产普查协调小组
木合百提	男	维吾尔	人行喀什地区分行	新疆维吾尔自治区先进工作者	1995.09	新疆维吾尔自治区人民政府
姬　霞	女	汉	人行哈密地区分行	金融统计先进工作者	1995.12	中国人民银行及工会工作委员会
古丽克孜	女	维吾尔	人行克孜勒苏州分行	全国人行系统金融统计先进工作者	1995.12	中国人民银行及工会工作委员会
周克文	男	汉	人行新疆分行	全国人行系统金融统计先进工作者	1995.12	中国人民银行及工会工作委员会
王　莉	女	汉	国家外汇局新疆分局	全国人行系统金融统计先进工作者	1995.12	中国人民银行及工会工作委员会
海拉提	男	维吾尔	人行塔城地区分行	全国金融系统职工生活后勤先进个人	1995.02	中国金融工会全国委员会
姚云龙	男	汉	人行伊犁州分行	人民银行系统科技先进工作者	1995.05	中国人民银行及工会工作委员会
邓迪荣	男	汉	人行昌吉州分行	人民银行系统科技先进工作者	1995.05	中国人民银行及工会工作委员会
何碧群	女	汉	人行克拉玛依市石油分行	人民银行系统科技先进工作者	1995.05	中国人民银行及工会工作委员会
宁中琳	女	汉	人行奎屯市支行	先进工作者	1996	中国人民银行

表12—12续

姓名	性别	族别	所在单位	称号	表彰年月	表彰机关
宋兰芳	女	汉	人行新疆分行	先进离退休干部	1996	中国人民银行及工会工作委员会
陈小波	男	汉	人行新疆分行	先进工作者	1996	中国人民银行及工会工作委员会
宁中琳	女	汉	人行奎屯市支行	金融系统劳动模范	1996	中国人民银行及工会工作委员会
康进荣	男	汉	人行吐鲁番地区分行	中国人民银行安全保卫工作先进工作者	1996.03	中国人民银行及工会工作委员会
高　杰	男	汉	人行哈巴河县支行	中国人民银行保卫工作先进工作者	1996.10	中国人民银行及工会工作委员会
王日义	男	汉	人行伊犁州分行	中国人民银行安全保卫工作先进工作者	1996.03	中国人民银行及工会工作委员会
张满仓	男	汉	人行泽普县支行	中国人民银行安全保卫工作先进工作者	1996.03	中国人民银行及工会工作委员会
王广斌	男	汉	人行呼图壁县支行	中国人民银行安全保卫工作先进工作者	1996.03	中国人民银行及工会工作委员会
木合百提	男	维吾尔	人行喀什地区分行	五一劳动奖章	1997.04	中华全国总工会
廖江礼	男	汉	人行伊犁州分行	稽核先进工作者	1997.03	中国人民银行及工会工作委员会
张元生	男	汉	人行石河子市分行	中国人民银行稽核监督先进工作者	1997.03	中国人民银行及工会工作委员会
刘　莉	女	汉	人行昌吉州分行	金融系统1997年度全国级青年岗位能手	1998.06	全国金融系统创建"青年文明号"工作领导小组
全秉中	男	汉	人行乌鲁木齐中心支行	中国人民银行成立五十周年荣誉证书	1998.12	中国人民银行
全秉中	男	汉	人行乌鲁木齐中心支行	新疆维吾尔自治区第四届社会科学优秀成果三等奖	1999.02	自治区人民政府
刘秀明	男	汉	人行乌鲁木齐中心支行	中国人民银行离退休干部工作先进工作者	2000.12	中国人民银行及工会工作委员会

表 12—12 续

姓名	性别	族别	所在单位	称号	表彰年月	表彰机关
崔同炎	男	汉	人行鲁木齐中心支行	新疆维吾尔自治区先进工作者	2000	自治区人民政府
全秉中	男	汉	人行乌鲁木齐中心支行	中国人民银行先进离退休干部	2000.12	中国人民银行及工会工作委员会
司马义江	男	维吾尔	人行克孜勒苏州中心支行	全国金融五一劳动奖章	2001.04	中国金融工会
拉孜克·买买提	男	维吾尔	人行喀什地区中心支行	全国优秀党务工作者	2001.07	中共中央组织部
拉孜克·买买提	男	维吾尔	人行喀什地区中心支行	全国金融系统优秀党务工作者	2001.07	中共中央金融工作委员会
拉孜克·买买提	男	维吾尔	人行喀什地区中心支行	中国人民银行优秀党务工作者	2001.07	中共中国人民银行委员会
田　野	男	汉	人行阿克苏地区中心支行	中国人民银行安全保卫先进工作者	2001.09	中国人民银行及工会工作委员会
李雅军	男	汉	人行克拉玛依市中心支行	总行安全保卫先进工作者	2001.09	中国人民银行及工会工作委员会
曾建强	男	汉	人行乌鲁木齐中心支行	在查办厦门特大走私案件中表现突出,授予其三等功	2001.08	中央"4·20"专案工作组
吴宏伟	男	汉	人行喀什地区中心支行	中国人民银行安全保卫工作先进个人	2001.08	中国人民银行及工会工作委员会
许卫江	男	汉	人行米泉市支行	中国人民银行安全保卫工作先进个人	2001.08	中国人民银行及工会工作委员会
刘伟建	男	汉	人行乌鲁木齐中心支行	金融教育优秀工作者	2001.09	中国金融教育基金会
杨英利	女	汉	人行和田地区中心支行	中国人民银行"优秀共青团员"	2002.04	中央金融团工委
康进荣	男	汉	人行吐鲁番地区中心支行	全国金融"五一劳动奖章"	2002.05	中国金融工会
南丽军	女	汉	人行博尔塔拉州中心支行	2001—2002 年度金融监管先进个人	2002.12	中国人民银行

表 12－12 续

姓名	性别	族别	所在单位	称号	表彰年月	表彰机关
乌 兰	女	蒙古	人行博尔塔拉州中心支行	银行信贷登记咨询系统建设先进个人	2003	中国人民银行
杨英利	女	汉	人行和田地区中心支行	2002 年度"青年文明号""青年岗位能手"	2003.04	中国人民银行
李 楠	男	汉	人行乌鲁木齐中心支行	全国金融系统银行信贷登记咨询系统建设先进个人	2003.11	中国人民银行
李朝辉	男	汉	人行乌鲁木齐中心支行	全国金融系统银行信贷登记咨询系统建设先进个人	2003.11	中国人民银行
王新和	男	汉	人行昌吉州中心支行货币信贷与统计科	全国金融系统银行信贷登记咨询系统建设先进个人	2003.11	中国人民银行
侯 强	男	汉	人行喀什地区中心支行	全国金融系统银行信贷登记咨询系统建设先进个人	2003.11	中国人民银行
熊 忻	男	汉	人行巴音郭楞州中心支行	银行信贷登记系统建设先进个人	2003.11	中国人民银行
程海军	男	汉	人行石河子市中心支行	银行信贷登记咨询系统建设先进个人	2003.11	中国人民银行
欧阳登峰	男	汉	国家金库新疆分库	中国人民银行国库系统先进个人	2003.03	中国人民银行及工会工作委员会
周洪峰	男	汉	人行若羌县支行	社会治安综合治理先进个人	2004	中国人民银行
拉孜克·买买提	男	维吾尔	人行喀什地区中心支行	五一劳动奖章	2004.01	中华全国总工会
拉孜克·买买提	男	维吾尔	人行喀什地区中心支行	中国人民银行社会治安综合治理先进工作者	2004.02	中国人民银行及工会工作委员会
康进荣	男	汉	人行吐鲁番地区中心支行	社会治安综合治理先进工作者	2004.02	中国人民银行及工会工作委员会

表 12－12 续

姓名	性别	族别	所在单位	称号	表彰年月	表彰机关
杨　岩	女	回	人行吐鲁番中心支行	先进离退休干部工作者	2004.11	中国人民银行
刘　伟	男	汉	人行和布克赛尔县支行	人民银行系统金融统计先进工作者	2004.11	中国人民银行及工会工作委员会
文志军	男	汉	人行乌鲁木齐中心支行	人民银行系统金融统计先进工作者	2004.11	中国人民银行及工会工作委员会
古丽娜儿·买买提	女	维吾尔	人行哈密地区中心支行	人民银行系统金融统计先进工作者	2004.11	中国人民银行及工会工作委员会
蔡新权	男	汉	人行鄯善县支行	全国杰出青年岗位能手	2004.12	共青团中央 劳动和社会保障部
郑永忠	男	汉	人行乌鲁木齐中心支行	全国反假币工作先进个人	2004.04	国务院反假货币工作联席会议
万　毅	男	汉	人行巴音郭楞州中心支行	内审工作先进工作者	2005.02	中国人民银行及工会工作委员会
戴军英	女	汉	人行阿克苏地区中心支行	巾帼建功标兵	2005.03	中国人民银行
王界堂	男	汉	人行乌鲁木齐中心支行	中国人民银行后勤工作先进个人	2005.11	中国人民银行
林春喜	女	汉	人行伊犁州中心支行	中国人民银行"四五"普法先进个人	2005.12	中国人民银行及工会工作委员会
罗长娥	女	汉	人行塔城地区中心支行	中国人民银行系统先进内审工作个人	2005.02	中国人民银行及工会工作委员会
王义良	男	汉	人行额敏县支行	中国人民银行先进会计工作者	2005.04	中国人民银行及工会工作委员会
何丽君	女	汉	人行伊犁州中心支行	中国人民银行青年岗位能手	2005.05	中国人民银行
孙慧兰	女	汉	人行塔城地区中心支行	中国人民银行青年岗位能手	2005.05	中国人民银行
阿曼·巴拉提	女	维吾尔	人行乌鲁木齐中心支行	新疆维吾尔自治区先进工作者	2005	自治区人民政府

1986—2005 年新疆农发行系统获自治区、总行级以上先进个人一览

表 12—13

姓名	性别	族别	所在单位	称号	表彰年月	表彰机关
沈仁德	男	汉	农发行新疆分行	先进工作者	1995.12	农发行总行
刘彪	男	汉	农发行新疆分行阿瓦提县支行	优秀信贷员	1998	农发行总行
石瑞平	男	汉	农发行新疆分行阿克苏分行	先进工作者	1999	农发行总行
马建森	男	回	农发行新疆分行库车县支行	优秀信贷员	1999	农发行总行
石瑞平	男	汉	农发行新疆分行阿克苏分行	先进工作者	2000	农发行总行
沙保	男	回	农发行新疆分行阿克苏分行	"十岗百佳"优秀稽核员	2000	农发行总行
刘彪	男	汉	农发行新疆分行阿瓦提县支行	优秀党员	2000	农发行总行
刘彪	男	汉	农发行新疆分行阿瓦提县支行	青年岗位能手	2001	农发行总行
谢吉元	男	汉	农发行新疆分行大河沿支行	2001 年度青年岗位能手	2002.04	农发行总行
邱江新	男	汉	农发行新疆分行奇台县支行	2001 年度优秀信贷员	2002.02	农发行总行
赵永生	男	汉	农发行新疆分行新源县支行	2001 年度优秀信贷员	2002.02	农发行总行
依米热米孜	男	维吾尔	农发行新疆分行温宿县支行	2001 年度优秀信贷员	2002.02	农发行总行
孙冬梅	女	汉	农发行新疆分行于田县支行	2001 年度优秀信贷员	2002.02	农发行总行
丛品玉	男	汉	农发行新疆分行伽师县支行	2001 年度优秀信贷员	2002.02	农发行总行
佟蛟	男	汉	农发行新疆分行额敏县支行	2001 年度优秀信贷员	2002.02	农发行总行

表 12—13 续

姓名	性别	族别	所在单位	称号	表彰年月	表彰机关
陶 俊	男	满	农发行新疆分行五家渠兵团分行营业部	2001 年度优秀信贷员	2002.02	农发行总行
文成兵	男	汉	农发行新疆分行营业部	2001 年度优秀信贷员	2002.02	农发行总行
姚 艺	女	汉	农发行新疆分行五家渠兵团分行营业部	优秀会计员	2002.06	农发行总行
王新霞	女	汉	农发行新疆分行吐鲁番分行营业部	优秀会计员	2002.06	农发行总行
马丽红	女	汉	农发行新疆分行克拉玛依市分行营业部	优秀会计员	2002.06	农发行总行
卜爱荣	女	汉	农发行新疆分行巴音郭楞蒙古族自治州分行营业部	优秀会计员	2002.06	农发行总行
于荣贞	女	汉	农发行新疆分行哈密分行营业部	优秀会计员	2002.06	农发行总行
杨 锋	男	汉	农发行新疆分行伊犁州分行营业部	优秀会计员	2002.06	农发行总行
张相勇	男	汉	农发行新疆分行营业部	优秀会计员	2002.06	农发行总行
娜迪拉	女	哈萨克	农发行新疆分行哈巴河县支行	2002 年度青年岗位能手	2003.04	农发行总行
王 中	男	汉	农发行新疆分行伊犁州分行稽核科	优秀稽核员	2003.04	农发行总行
艾肯·司马义	男	维吾尔	农发行新疆分行和田分行稽核科	优秀稽核员	2003.04	农发行总行
黄 萍	女	汉	农发行新疆分行吐鲁番分行稽核科	优秀稽核员	2003.04	农发行总行
刘世煊	男	汉	农发行阿克苏分行	优秀调研报告二等奖	2004.01	农发行总行
刘纯琪	男	汉	农发行新疆分行	优秀调研报告三等奖	2004.01	农发行总行
吴志强	男	汉	农发行新疆分行克孜勒苏州分行	优秀调研报告三等奖	2004.01	农发行总行
宋成章	男	汉	农发行新疆分行	优秀调研报告优秀奖	2004.01	农发行总行

表 12－13 续

姓名	性别	族别	所在单位	称号	表彰年月	表彰机关
曾 曾	女	汉	农发行新疆分行克孜勒苏州分行	优秀调研报告优秀奖	2004.01	农发行总行
赵永生	男	汉	农发行新疆分行新源县支行	优秀调研报告优秀奖	2004.01	农发行总行
武巧福	男	汉	农发行新疆分行	优秀调研报告三等奖	2004.01	农发行总行
叶小康	女	汉	农发行新疆分行昌吉州分行营业部	2003 年度青年岗位能手	2004.04	农发行总行
孙玉琴	女	汉	农发行新疆分行克拉玛依市分行	2004 年度青年岗位能手	2005.06	农发行总行
尚 玲	女	汉	农发行新疆分行沙湾县支行	2004 年度青年岗位能手	2005.06	农发行总行

1986—2005 年新疆国开行系统获自治区、总行级以上先进个人一览

表 12－14

姓名	性别	族别	所在单位	称号	表彰年月	表彰机关
韩 冬	男	汉	国开行新疆分行	国家开发银行优秀共青团员	2000	国开行总行
王 伟	男	汉	国开行新疆分行	国家开发银行优秀青年	2000	国开行总行
陈剑英	男	汉	国开行新疆分行	全国金融系统职工之友	2001	全国金融工会
张建新	男	汉	国开行新疆分行	国家开发银行劳动模范	2001	国开行总行
李玉婷	女	汉	国开行新疆分行	国家开发银行优秀青年	2001	国开行总行
高金山	男	汉	国开行新疆分行	国家开发银行青年岗位能手	2001	国开行总行
白海龙	男	汉	国开行新疆分行	国家开发银行优秀共产党员	2003	国开行总行
李 明	男	汉	国开行新疆分行	国家开发银行青年岗位能手	2003	国开行总行
成永旭	男	汉	国开行新疆分行	国家开发银行劳动模范	2004	国开行总行
潘岩新	男	汉	国开行新疆分行	国家开发银行青年岗位能手	2004	国开行总行
郑旭东	男	汉	国开行新疆分行	新疆维吾尔自治区劳动模范	2005	自治区人民政府
李玉婷	女	汉	国开行新疆分行	国家开发银行优秀女职工	2005	国开行总行
白海龙	男	汉	国开行新疆分行	国家开发银行劳动模范	2005	国开行总行
口晓东	男	汉	国开行新疆分行	国家开发银行青年岗位能手	2005	国开行总行

1986—2005年新疆工行系统获自治区、总行级以上先进个人一览

表12—15

姓名	性别	族别	所在单位	称号	表彰年月	表彰机关
吴振凡	男	汉	工行巴音郭楞州分行	新疆维吾尔自治区劳模	1959	自治区人民政府
郭清芳	女	汉	工行昌吉分行稽核中心	新疆维吾尔自治区劳模	1984	自治区人民政府
任惠芳	女	汉	工行新疆分行营业部	全国金融劳动模范	1984	中国金融工会
徐燕君	女	汉	工行阿克苏分行	全国金融五一劳动奖章	1985	中国金融工会
薛顺清	男	汉	工行新疆分行	自治区劳模	1985	自治区人民政府
马凤英	女	汉	工行新疆分行营业部	全国金融劳动模范	1986	中国金融工会
买买提·托乎提买提	男	维吾尔	工行和田分行	全国金融"红旗手"	1986	中国金融工会
陈建军	男	汉	工行阿勒泰分行	全国金融劳动模范	1989	中国金融工会
李鸿兴	男	汉	工行伊犁州分行	开发建设新疆奖章	1989	自治区人民政府
刘亚荣	男	汉	工行新疆分行营业部建国路支行	全国金融劳动模范	1992	中国金融工会
石祖堂	男	汉	工行新疆分行营业部	开发建设新疆奖章	1992	自治区人民政府
张珍玟	女	汉	工行新疆分行营业部	全国金融劳动模范	1992	中国金融工会
郭　荣	男	锡伯	工行新疆分行内控合规部	开发建设新疆奖章	1993	自治区人民政府
李素兰	女	汉	工行克拉玛依市分行	全国金融五一劳动奖章	1993	中国金融工会
陈全虎	男	汉	工行新疆分行营业部	全国见义勇为先进分子	1993	中宣部、公安部
吕守义	男	汉	工行新疆分行营业部	全国见义勇为先进分子	1993	中宣部、公安部
吐尔逊·古丽	女	维吾尔	工行新疆分行营业部北京路支行	全国三八红旗手	1993	全国妇联
古力巴哈尔·卡得尔	女	维吾尔	工行伊犁州分行营业部	全国劳动模范	1995	国务院

表 12－15 续

姓名	性别	族别	所在单位	称号	表彰年月	表彰机关
赵伟乾	男	汉	工行新疆分行营业部米东支行	新疆维吾尔自治区先进工作者	1995	自治区人民政府
高发仁	男	汉	工行新疆分行营业部	全国金融劳动模范	1996	中国金融工会
卡 加	男	蒙古	工行博尔塔拉州分行	全国金融劳动模范	1996	中国金融工会
薛法刚	男	汉	工行石河子分行	开发建设新疆奖章	1996	自治区人民政府
王桂森	男	汉	工行昌吉分行	开发建设新疆奖章	1997	自治区人民政府
丘梅红	女	汉	工行巴音郭楞州分行广场支行	新疆维吾尔自治区劳模	2000	自治区人民政府
王玉维	女	汉	工行塔城分行沙湾县支行	全国金融五一劳动奖章	2000	中国金融工会
秦淑萍	女	汉	工行新疆分行营业部人民广场支行	全国先进女职工	2003	全国妇联
赵红星	男	汉	工行新疆分行工会办	全国金融五一劳动奖章	2003	中国金融工会
房玉忠	男	汉	工行新疆分行个金部	全国金融五一劳动奖章	2004	中国金融工会
王怀荣	女	汉	工行克拉玛依市分行	新疆维吾尔自治区劳模	2005	自治区人民政府

1986—2005 年新疆农行系统获自治区、总行级以上先进个人一览

表 12－16

姓名	性别	族别	所在单位	称号	表彰年月	表彰机关
沙迪克·司马义	男	维吾尔	农行新疆分行伊吾县支行	全国金融劳动模范	1986	农行总行
玖 梅	女	蒙古	农行新疆分行和静县支行	全国金融劳动模范	1986	农行总行
色提尼亚孜·艾外都拉	男	维吾尔	农行新疆分行	全国民族团结先进工作者	1988	国家民委
侯 伟	男	汉	农行新疆分行哈密市支行	全国金融劳动模范	1989	农行总行

表 12—16 续

姓名	性别	族别	所在单位	称号	表彰年月	表彰机关
苏雯华	女	汉	农行新疆分行博尔塔拉州分行	全国"三八红旗手"	1989	全国妇联
肉孜玉素甫	男	维吾尔	农行新疆分行伽师县卧里托格拉克营业所	全国先进工作者	1989	国务院
茹先古丽·赛里木	女	维吾尔	农行新疆分行乌什县支行	新疆维吾尔自治区先进工作者	1990	自治区人民政府
汪允沛	男	汉	农行新疆分行博乐市支行	全国民族团结先进个人	1990	国家民委
张奇	男	汉	农行新疆分行疏附县支行	全国农村金融卫士	1991	农行总行
武振东	男	汉	农行新疆分行疏附县支行	全国农村金融卫士	1991	农行总行
席明强	男	汉	农行新疆分行喀什地区中心支行	全国农村金融卫士	1991	农行总行
依不拉音·司马义	男	维吾尔	农行新疆分行喀什地区中心支行	全国农村金融卫士	1991	农行总行
郭启麟	男	汉	农行新疆分行阜康县支行	新疆维吾尔自治区劳模	1991	自治区人民政府
刘龙弟	男	汉	农行新疆分行兵团农二师塔什店分理处	全国金融劳动模范	1992	农行总行
买买吐尔干·玉买西	男	哈萨克	农行新疆分行乌恰县支行	全国金融劳动模范	1992	农行总行
吕景洲	男	汉	农行新疆分行奎屯市支行	全国金融劳动模范	1992	农行总行
贺加依	女	哈萨克	农行新疆分行福海县支行	全国金融劳动模范	1992	农行总行
黄怀强	男	汉	农行新疆分行石河子市莫索湾支行	全国金融劳动模范	1995	农行总行
马玉梅	女	回	农行新疆分行精河县托里营业所	全国金融劳动模范	1995	农行总行

表 12—16 续

姓名	性别	族别	所在单位	称号	表彰年月	表彰机关
娜仁才次克	女	蒙古	农行新疆分行和静县巩乃斯林场营业所	全国金融劳动模范	1995	农行总行
苏发慧	女	汉	农行新疆分行鄯善县支行	新疆维吾尔自治区先进工作者	1995	自治区人民政府
万述平	男	汉	农行新疆分行伊犁霍尔果斯口岸办事处	全国金融劳动模范	1995	农行总行
加锁尔·阿不力米提	男	维吾尔	农行新疆分行额敏县支行	新疆维吾尔自治区先进工作者	1995	自治区人民政府
徐向东	男	汉	农行新疆分行乌鲁木齐市支行	全国"百名优秀支行行长"	1996	农行总行
周永政	男	汉	农行新疆分行奎屯市支行	全国"百名优秀支行行长"	1996	农行总行
莫合塔尔·卡斯木	男	维吾尔	农行新疆分行麦盖提县克孜阿瓦提营业所	全国农村金融卫士	1996	农行总行
张培英	男	汉	农行新疆分行克拉玛依市支行	孔繁森式好干部	1996	自治区人民政府
周晓芹	女	汉	农行新疆分行奎屯市支行	全国五一劳动奖章	1998	全国总工会
吾斯满·依明	男	维吾尔	农行新疆分行巴楚县支行	全国"百名优秀支行行长"	1999	农行总行
朱锦	男	彝	农行新疆分行克拉玛依市依独山子办事处	全国"百名优秀支行行长"	1999	农行总行
芦武	男	汉	农行新疆分行阿克苏地区中心支行	全国金融劳动模范	2000	农行总行
马龙潭	男	汉	农行新疆分行阿克苏地区中心支行	全国"百名优秀支行行长"	2000	农行总行
李军	男	汉	农行新疆分行营业部	全国金融五一劳动奖章	2000	中国金融工会
莎尼亚·艾拉瓦依	女	维吾尔	农行新疆分行营业部	新疆维吾尔自治区劳模	2001	自治区人民政府

表 12—16 续

姓名	性别	族别	所在单位	称号	表彰年月	表彰机关
周 红	女	回	农行新疆分行焉耆县支行	"十大杰出青年"	2001	农行总行
牛晓亮	男	汉	农行新疆分行营业部团结路支行	全国"百名优秀支行行长"	2001	农行总行
曹 伟	男	汉	农行新疆分行克拉玛依市支行营业部	全国"百名优秀支行行长"	2001	农行总行
周 斌	男	汉	农行新疆分行奎屯市支行	全国金融五一劳动奖章	2002	中国金融工会
张志强	男	汉	农行新疆分行营业部	全国金融五一劳动奖章	2003	中国金融工会
赵 斌	男	汉	农行新疆分行米泉支行	中国农业银行劳动模范	2003	农行总行
李 兴	女	汉	农行新疆分行营业部	中国农业银行劳动模范	2003	农行总行
陈 勇	男	汉	农行新疆分行巴音郭楞州中心支行	全国金融五一劳动奖章	2004	中国金融工会

1986—2005 年新疆中行系统获自治区、总行级以上先进个人一览

表 12—17

姓名	性别	族别	所在单位	称号	表彰年月	表彰机关
申 瑛	女	汉	中行新疆分行营业部	先进工作者	1990.12	自治区人民政府
爱丽玛依•欧尔汗	女	乌孜别克	中行伊犁州分行	文明优质服务标兵	1991.03	中国金融工会
陆志林	男	汉	中行新疆分行工会	金融系统工会积极分子	1991.03	中国金融工会
徐学军	男	汉	中行库尔勒市支行	稽核先进工作者	1992.12	中国人民银行中国金融工会
孟 浩	女	汉	中行新疆分行人事处	"女职工"之友	1992.12	中行总行
杨茂堂	男	汉	中行新疆分行电脑处	突出贡献奖	1993.07	中行总行
王正才	男	汉	中行阿克苏分行	突出贡献奖	1993.07	中行总行

表 12—17 续

姓名	性别	族别	所在单位	称号	表彰年月	表彰机关
刘二生	男	汉	中行喀什市分行	突出贡献奖	1993.07	中行总行
齐卫东	男	汉	中行巴音郭楞州分行	文明优质服务标兵	1995.05	中行总行
白　勇	男	汉	中行喀什市分行	全国金融系统劳动模范	1996.07	中国人民银行 中国金融工会
阿孜古丽·阿西木	女	维吾尔	中行伊犁州分行	中国银行系统先进工作者	1996.07	中行总行
窦　波	男	汉	中行新疆分行公司业务处	全国金融系统劳动模范	2000.07	中国金融工会
李正宇	男	汉	中行克拉玛依市石油支行	中国银行先进工作者	2000.07	中行总行
周厚杰	男	汉	中行新疆分行财会处	优秀教育工作者	2001.06	中行总行
古力巴旦·阿不都热衣木	女	维吾尔	中行新疆分行清算处	金融五一劳动奖章	2001.06	中国金融工会
李　莹	女	汉	中行阿克苏分行	优秀工会干部	2001.10	中国金融工会
马　琴	女	回	中行阿克苏分行	中国银行文明优质服务标兵	2001.12	中行总行
方晓进	男	汉	中行新疆分行营业部	中国银行文明优质服务标兵	2001.12	中行总行
卢战备	男	汉	中行博尔塔拉州分行	先进个人	2002.04	中行总行
康　美	女	锡伯	中行新疆分行	爱行敬业先进模范	2002.04	中行总行
帕丽旦·吐尔逊	女	维吾尔	中行新疆分行营业部	爱行敬业先进模范	2002.04	中行总行
于　辉	男	汉	中行新疆分行信息科技处	全国金融五一劳动奖章	2003.05	中国金融工会
付敏敏	女	汉	中行克拉玛依市石油支行	全国金融先进女职工	2004.02	中国金融工会
史晓燕	女	汉	中行塔城分行	中国银行文明优质服务标兵	2004.02	中行总行
方晓进	男	汉	中行新疆分行营业部	中国银行文明优质服务标兵	2004.02	中行总行

表 12—17续

姓名	性别	族别	所在单位	称号	表彰年月	表彰机关
杜新力	女	汉	中行新疆分行财会处	中国银行先进女职工	2004.02	中行总行
董淑英	女	汉	中行新疆分行石化支行	中国银行先进女职工	2004.02	中行总行
倪素芬	女	汉	中行新疆分行营业部	全国金融五一劳动奖章	2004.04	中国金融工会
徐晓宁	男	汉	中行新疆分行营业部	中国银行"青年岗位能手"	2004.05	中行总行
帕丽旦·吐尔逊	女	维吾尔	中行新疆分行营业部	全国杰出青年岗位能手	2004.07	共青团中央
张建娥	女	汉	中行新疆分行北京路支行	中国银行先进工作者	2005.04	中行总行
张 燕	女	汉	中行石河子分行	文明优质服务标兵	2005.04	中行总行
温 洁	女	汉	中行阿勒泰市支行	文明优质服务标兵	2005.04	中行总行
高 薇	女	汉	中行巴音郭楞州分行营业部	文明优质服务标兵	2005.04	中行总行
米雪娥	女	汉	中行博尔塔拉州分行	文明优质服务标兵	2005.04	中行总行
郭俊玲	女	汉	中行昌吉分行	文明优质服务标兵	2005.04	中行总行
张 红	女	汉	中行哈密分行	文明优质服务标兵	2005.04	中行总行
赵秀琴	女	汉	中行伊犁州分行	文明优质服务标兵	2005.04	中行总行
熊 杰	男	汉	中行新疆分行银行卡部	文明优质服务标兵	2005.04	中行总行
张春燕	女	汉	中行克拉玛依市石油分行	文明优质服务标兵	2005.04	中行总行
唐万兵	男	汉	中行新疆分行信息科技处	文明优质服务标兵	2005.04	中行总行
布合力丽·买买提	女	维吾尔	中行喀什分行	文明优质服务标兵	2005.04	中行总行
阿米娜·阿斯木	女	维吾尔	中行巴音郭楞州分行	文明优质服务标兵	2005.04	中行总行
伍 芳	女	汉	中行石河子市分行	文明优质服务标兵	2005.04	中行总行

表 12-17 续

姓名	性别	族别	所在单位	称号	表彰年月	表彰机关
张素雯	女	汉	中行塔城分行	文明优质服务标兵	2005.04	中行总行
宋 红	女	汉	中行吐鲁番分行	文明优质服务标兵	2005.04	中行总行
段凤玲	女	汉	中行伊犁州分行	文明优质服务标兵	2005.04	中行总行
刘兆梅	女	汉	中行新疆分行石化支行	文明优质服务标兵	2005.04	中行总行
赵 欣	女	汉	中行新疆分行北京路支行	文明优质服务标兵	2005.04	中行总行
张鑫新	女	汉	中行新疆分行解放路支行	文明优质服务标兵	2005.04	中行总行
方晓进	男	汉	中行新疆分行营业部	文明优质服务标兵	2005.04	中行总行
古丽娜·守尔吾	女	维吾尔	中行新疆分行营业部	全国民族团结进步模范先进个人	2005.05	国务院
古力巴旦·阿不都热衣木	女	维吾尔	中行新疆分行零售业务处	自治区劳动模范	2005.05	自治区人民政府

1986—2005 年新疆建行系统获自治区、总行级以上先进个人一览

表 12-18

姓名	性别	族别	所在单位	称号	表彰年月	表彰机关
杨继昌	男	汉	石油分行	总行重点项目财务资金管理先进个人	1986.02	建行总行
黄本善	男	汉	建行石油分行	自治区劳动模范	1986.05	自治区政府
黄本善	男	汉	建行石油分行	全国金融劳动模范	1986.05	全国金融工会
刁会藻	男	汉	建行和田中心支行	全国金融劳动模范	1989.12	全国金融工会
陈洁民	女	汉	建行乌市支行沙区办事处	总行储蓄工作先进个人	1990.03	建行总行
吐尔洪	男	维吾尔	建行喀什中心支行莎车县支行	总行储蓄工作先进个人	1990.03	建行总行
樊俊英	女	汉	建行新疆分行	自治区优秀党员	1990.09	自治区区级机关党委

表 12—18 续

姓名	性别	族别	所在单位	称号	表彰年月	表彰机关
焦得功	男	汉	建行昌吉州中心支行	自治区开发建设新疆奖章	1992.05	自治区总工会
郭正平	男	汉	建行巴音郭楞州中心支行	全国金融劳动模范	1992.06	全国金融工委
李兆田	男	回	建行乌鲁木齐市支行	全国金融劳动模范	1992.06	全国金融工委
赵宝江	男	汉	建行乌鲁木齐市支行	建行卫士	1992.12	建行总行
赵宝江	男	汉	建行乌鲁木齐市支行	新疆金融卫士	1992.12	自治区政府
赵宝江	男	汉	建行乌鲁木齐市支行	自治区开发建设新疆奖章	1992.12	自治区总工会
赵宝江	男	汉	建行乌鲁木齐市支行	新疆金融卫士	1992.12	自治区总工会
马宏义	男	汉	建行新疆分行审计处	总行审计工作先进个人	1992.07	建行总行
陈月霞	女	汉	建行新疆分行	新疆募捐助残工作先进个人	1992.12	自治区政府
戴永华	女	汉	建行新疆分行铁道专业支行	总行四职四爱演讲二等奖	1992.08	建行总行
常新娟	女	汉	建行新疆分行	总行先进个人	1993.05	建行总行
卓菲娅	女	维吾尔	建行新疆分行	总行先进个人	1993.05	建行总行
周学功	男	汉	建行新疆分行铁道专业支行	自治区优秀党支部书记	1993.06	自治区党委
石 润	女	汉	建行乌鲁木齐市支行	总行优秀教育工作者	1994.09	建行总行
孔建新	男	汉	建行新疆分行	优秀论文三等奖	1994.06	全国金融学会
罗晓雯	女	汉	建行阿克苏中心支行	总行第二届十佳储蓄员	1995.06	建行总行
沙拉木·阿不力米提	男	维吾尔	建行吐鲁番市支行	自治区先进工作者	1995.09	建行总行
周 瑞	女	汉	建行和田市中心支行	中国金融教育基金奖	1995.10	建行总行
王耀兴	男	汉	建行乌鲁木齐市分行	总行老干部工作先进个人	1995.12	建行总行
张学礼	男	汉	建行喀什市支行筹资科	总行储蓄工作先进个人	1996.05	建行总行
朱凤珍	女	汉	建行石油分行明园办事处	总行储蓄工作先进个人	1996.05	建行总行

表12—18续

姓名	性别	族别	所在单位	称号	表彰年月	表彰机关
关武英	女	锡伯	建行伊犁州分行伊宁市支行储蓄专柜	总行储蓄工作先进个人	1996.05	建行总行
赵玉花	女	汉	建行昌吉州分行五建渠支行	全国金融劳动模范	1996.07	全国金融工委
邹成德	男	汉	建行乌鲁木齐市支行	总行优秀工会干部	1996.11	建行总行
盛延礼	男	汉	建行新疆石油专业分行	总行优秀工会干部	1996.11	建行总行
关武英	女	锡伯	建行伊犁州分行伊宁市支行储蓄专柜	全国金融青年岗位能手	1997.05	全国金融工委
田海霞	女	汉	建行巴音郭楞州分行营业部	全国金融青年岗位能手	1998.08	全国金融工委
解乃武	男	汉	建行新疆分行	总行信贷信息管理系统维护工作先进个人	1999.09	建行总行
徐兆霖	男	汉	建行新疆分行	总行信贷信息管理系统维护工作先进个人	1999.09	建行总行
付伟宏	男	汉	建行新疆分行	总行信贷信息管理系统维护工作先进个人	1999.09	建行总行
孔建新	男	汉	建行新疆分行	优秀论文三等奖	1999.10	新疆金融学会
刘佩方	女	汉	建行新疆分行	自治区支持工会工作的好领导	1999.12	新疆金融工委
王敏	男	汉	建行新疆分行	自治区优秀工会工作者	1999.12	新疆金融工委
孔建新	男	汉	建行新疆分行	剥离不良资产工作先进个人	1999.12	建行总行
张洁	女	汉	建行新疆分行营业部	自治区先进女职工工作者	1999.03	新疆金融工委
王臻	男	汉	建行新疆分行	自治区督查工作先进个人	2000.03	新疆党委办公厅
马红	女	回	建行昌吉州分行	总行巾帼建功标兵	2000.03	建行总行
陈铭新	男	汉	建行新疆分行	全国金融劳动模范	2000.04	全国金融工委
任志学	男	汉	建行和田分行	总行思想政治工作先进个人	2000.07	建行总行

表 12—18 续

姓名	性别	族别	所在单位	称号	表彰年月	表彰机关
王长庆	男	汉	建行巴音郭楞州分行	总行思想政治工作先进个人	2000.07	建行总行
张才新	男	汉	建行昌吉州分行	总行思想政治工作先进个人	2000.07	建行总行
雷　新	男	汉	建行新疆分行	总行柜面业务系统技术贡献奖	2000.12	建行总行
李向党	男	汉	建行新疆分行营业部	建行第一届十大杰出青年	2001.04	建行总行
李向党	男	汉	建行新疆分行营业部	全国金融青年岗位能手	2001.03	全国金融工委
程　英	女	汉	建行吐鲁番分行	总行青年岗位能手	2001.09	建行总行
吴　昕	女	汉	建行新疆分行营业部铁道支行	全国金融工会积极分子	2001.10	全国金融工委
孔建新	男	汉	建行新疆分行	社科成果三等奖	2001.10	全国社科院
李向党	男	汉	建行新疆分行营业部	总行个人银行业务客户服务标兵	2001.12	建行总行
马　红	女	回	建行昌吉州分行	总行个人银行业务客户服务标兵	2001.12	建行总行
李　辉	女	汉	建行新疆分行营业部	建行个人银行业务客户服务标兵	2001.12	建行总行
王长庆	男	汉	建行巴音郭楞州分行	总行纪检监察先进工作者	2002.02	建行总行
曹惠珍	女	汉	建行新疆分行营业部	总行提高资产质量降低不良贷款工作先进个人	2002.02	建行总行
沙拉木	男	汉	建行吐鲁番分行	总行提高资产质量降低不良贷款工作先进个人	2002.02	建行总行
李向党	男	汉	建行新疆分行营业部	全国金融青年五四奖章	2002.04	金融团工委
李向党	男	汉	建行新疆分行营业部	全国五一劳动奖章	2002.05	全国总工会
李向党	男	汉	建行新疆分行营业部	自治区第五届职工职业道德十佳标兵	2002.12	自治区总工会
沙拉木	男	维吾尔	建行吐鲁番分行	建行第二届十大杰出青年	2002.12	建行总行

表 12—18 续

姓名	性别	族别	所在单位	称号	表彰年月	表彰机关
爱尼瓦尔	男	维吾尔	建行阿克苏分行	总行优秀共青团员	2002.04	建行总行
陈丽娟	女	汉	建行新疆分行营业部	总行青年岗位能手	2002.05	建行总行
王会民	男	汉	建行新疆分行	科研课题三等奖	2002.10	中国投资学会
孔建新	男	汉	建行新疆分行	科研课题三等奖	2002.10	中国投资学会
孔建新	男	汉	建行新疆分行	科研课题三等奖	2002.10	中国投资学会
孔建新	男	汉	建行新疆分行	优秀科研成果二等奖	2002.11	新疆金融学会
王会民	男	汉	建行新疆分行	社科成果三等奖	2002.12	新疆社科院
刘佩方	男	女	建行新疆分行	社科成果三等奖	2002.12	新疆社科院
孔建新	男	汉	建行新疆分行	社科成果三等奖	2002.12	新疆社科院
张　毅	男	汉	建行新疆分行总审计室	总行审计工作先进个人	2003.03	建行总行
付桂菊	女	汉	建行新疆分行营业部	总行呆账核销工作先进个人	2003.01	建行总行
左　玲	女	汉	建行新疆分行营业部	总行呆账核销工作先进个人	2003.01	建行总行
李锦辉	男	汉	建行新疆分行营业部	总行重点盘活工作先进个人	2003.03	建行总行
张宝红	女	汉	建行新疆分行	总行银行卡联网通用先进个人	2003.06	建行总行
邓　波	男	汉	建行新疆分行	总行银行卡联网通用先进个人	2003.06	建行总行
马治强	男	回	建行新疆分行营业部	总行青年岗位能手	2003.04	建行总行
王　勇	男	汉	建行巴音郭楞州分行	总行青年岗位能手	2003.04	总行总行
索芙蓉	女	回	建行昌吉州分行	总行巾帼建功标兵	2003.03	建行总行
孔建新	男	汉	建行新疆区分行	科研课题三等奖	2003.10	中国投资学会
吴建中	男	汉	建行新疆分行	科研课题三等奖	2003.10	中国投资学会
孙积安	男	汉	建行新疆分行	科研课题三等奖	2003.10	中国投资学会
孔建新	男	汉	建行新疆分行	科研课题三等奖	2003.10	中国投资学会
马　红	女	回	建行昌吉州分行	总行优秀共青团干部	2004.04	建行总行
唐啸澎	女	汉	建行新疆石油分行	总行优秀共青团员	2004.04	建行总行

表 12-18 续

姓名	性别	族别	所在单位	称号	表彰年月	表彰机关
刘 英	女	汉	建行昌吉州分行	总行青年岗位能手	2004.08	建行总行
李向党	男	汉	建行新疆分行营业部	建行五十周年突出贡献员工	2004.10	建行总行
陈铭新	男	汉	建行新疆分行	建行五十周年突出贡献员工	2004.10	建行总行
刁会藻	男	汉	建行新疆分行	建行五十周年突出贡献员工	2004.10	建行总行
吴建中	男	汉	建行新疆分行	科研课题二等奖	2004.10	中国投资学会
孙积安	男	汉	建行新疆分行	科研课题二等奖	2004.10	中国投资学会
孔建新	男	汉	建行新疆分行	科研课题二等奖	2004.10	中国投资学会
樊英姿	女	汉	建行石河子市分行	总行巾帼建功标兵	2005.03	建行总行
吴建中	男	汉	建行新疆分行	总行数据集中推广工作特别组织奖	2005.01	建行总行
刘佩方	女	汉	建行新疆分行	总行数据集中推广工作重大贡献奖	2005.01	建行总行
陈铭新	男	汉	建行新疆分行	总行数据集中推广工作突出贡献奖	2005.01	建行总行
祝万夫	男	汉	建行新疆分行	总行数据集中推广工作突出贡献奖	2005.01	建行总行
陶锡伟	男	汉	建行新疆分行	总行数据集中推广工作突出贡献奖	2005.01	建行总行
朱 鹏	男	汉	建行新疆分行	总行数据集中推广工作突出贡献奖	2005.01	建行总行
李 春	男	汉	建行新疆分行	总行数据集中推广工作突出贡献奖	2005.01	建行总行
任 峻	男	汉	建行新疆分行	总行数据集中推广工作贡献奖	2005.01	建行总行
郑文峰	男	汉	建行新疆分行	总行数据集中推广工作贡献奖	2005.01	建行总行
张含春	男	汉	建行新疆分行	总行数据集中推广工作贡献奖	2005.01	建行总行

表 12－18 续

姓名	性别	族别	所在单位	称号	表彰年月	表彰机关
张春瑞	男	汉	建行新疆分行	总行数据集中推广工作贡献奖	2005.01	建行总行
李　强	男	汉	建行新疆分行	总行数据集中推广工作贡献奖	2005.01	建行总行
于瑞国	男	汉	建行新疆分行	总行数据集中推广工作贡献奖	2005.01	建行总行
张　军	男	汉	建行新疆分行	总行数据集中推广工作贡献奖	2005.01	建行总行
刘爱辉	男	汉	建行新疆分行	总行数据集中推广工作贡献奖	2005.01	建行总行
林伟华	男	汉	建行新疆分行	总行数据集中推广工作贡献奖	2005.01	建行总行
吴建中	男	汉	建行新疆分行	客户信息库系统二等奖	2005.01	建行总行
帅　旗	男	汉	建行新疆分行	客户信息库系统二等奖	2005.01	建行总行
刘佩方	男	汉	建行新疆分行	客户信息库系统二等奖	2005.01	建行总行
孙积安	男	汉	建行新疆分行	客户信息库系统二等奖	2005.01	建行总行
赵志贵	男	汉	建行新疆分行	客户信息库系统二等奖	2005.01	建行总行
陈铭新	男	汉	建行新疆分行	客户信息库系统二等奖	2005.01	建行总行
陈　飚	男	汉	建行新疆分行	客户信息库系统二等奖	2005.01	建行总行
雷　新	男	汉	建行新疆分行	客户信息库系统二等奖	2005.01	建行总行
李世昕	男	汉	建行新疆分行	客户信息库系统二等奖	2005.01	建行总行
陆登强	男	汉	建行新疆分行	客户信息库系统二等奖	2005.01	建行总行
闫立志	男	汉	建行新疆分行	客户信息库系统二等奖	2005.01	建行总行
蒋　炜	男	汉	建行新疆分行	客户信息库系统二等奖	2005.01	建行总行
吾买尔江	男	汉	建行新疆分行	客户信息库系统二等奖	2005.01	建行总行
李光宇	男	汉	建行新疆分行	客户信息库系统二等奖	2005.01	建行总行
何银行	男	汉	建行新疆分行	客户信息库系统二等奖	2005.01	建行总行
帅　旗	男	汉	建行新疆分行	存储区域网络系统三等奖	2005.01	建行总行

《新疆通志·银行业志(1986—2005年)》 第十二篇 人 物

表 12—18 续

姓名	性别	族别	所在单位	称号	表彰年月	表彰机关
刘佩方	女	汉	建行新疆分行	存储区域网络系统三等奖	2005.01	建行总行
朱 鹏	男	汉	建行新疆分行	存储区域网络系统三等奖	2005.01	建行总行
祝万夫	男	汉	建行新疆分行	存储区域网络系统三等奖	2005.01	建行总行
刘爱辉	男	汉	建行新疆分行	存储区域网络系统三等奖	2005.01	建行总行
谭 川	男	汉	建行新疆分行	存储区域网络系统三等奖	2005.01	建行总行
朱 雷	男	汉	建行新疆分行	存储区域网络系统三等奖	2005.01	建行总行
林伟华	男	汉	建行新疆分行	存储区域网络系统三等奖	2005.01	建行总行
张含春	男	汉	建行新疆分行	存储区域网络系统三等奖	2005.01	建行总行
帅 旗	男	汉	建行新疆分行	综合业务灾难备份系统三等奖	2005.01	建行总行
刘佩方	女	汉	建行新疆分行	综合业务灾难备份系统三等奖	2005.01	建行总行
朱 鹏	男	汉	建行新疆分行	综合业务灾难备份系统三等奖	2005.01	建行总行
祝万夫	男	汉	建行新疆分行	综合业务灾难备份系统三等奖	2005.01	建行总行
刘爱辉	男	汉	建行新疆分行	综合业务灾难备份系统三等奖	2005.01	建行总行
谭 川	男	汉	建行新疆分行	综合业务灾难备份系统三等奖	2005.01	建行总行
朱 雷	男	汉	建行新疆分行	综合业务灾难备份系统三等奖	2005.01	建行总行

表 12—18 续

姓名	性别	族别	所在单位	称号	表彰年月	表彰机关
林伟华	男	汉	建行新疆分行	综合业务灾难备份系统三等奖	2005.01	建行总行
张含春	男	汉	建行新疆分行	综合业务灾难备份系统三等奖	2005.01	建行总行
帅　旗	男	汉	建行新疆分行	手机银行系统三等奖	2005.01	建行总行
陈铭新	男	汉	建行新疆分行	手机银行系统三等奖	2005.01	建行总行
庄　玮	男	汉	建行新疆分行	手机银行系统三等奖	2005.01	建行总行
李　春	男	汉	建行新疆分行	手机银行系统三等奖	2005.01	建行总行
邓　波	男	汉	建行新疆分行	手机银行系统三等奖	2005.01	建行总行
李晓敦	男	汉	建行新疆分行	手机银行系统三等奖	2005.01	建行总行
王旭刚	男	汉	建行新疆分行	手机银行系统三等奖	2005.01	建行总行
方　群	男	汉	建行新疆分行	手机银行系统三等奖	2005.01	建行总行
方　敏	男	汉	建行新疆分行	手机银行系统三等奖	2005.01	建行总行
邓玉英	女	汉	建行新疆分行	委托性住房金融业务一级分行数据集中三等奖	2005.01	建行总行
王会民	男	汉	建行新疆分行	社科成果优秀奖	2005.05	新疆社科院
孔建新	男	汉	建行新疆分行	社科成果优秀奖	2005.05	新疆社科院
索芙蓉	女	回	建行昌吉州分行	自治区劳动模范	2005.11	自治区总工会
孔建新	男	汉	建行新疆分行	优秀科研成果一等奖	2005.10	新疆金融学会
吴建中	男	汉	建行新疆分行	优秀科研成果一等奖	2005.10	新疆金融学会
孙积安	男	汉	建行新疆分行	优秀科研成果一等奖	2005.10	新疆金融学会
孔建新	男	汉	建行新疆分行	优秀科研成果一等奖	2005.10	新疆金融学会
吴建中	男	汉	建行新疆分行	优秀科研成果二等奖	2005.10	新疆金融学会
孙积安	男	汉	建行新疆分行	优秀科研成果二等奖	2005.10	新疆金融学会
孔建新	男	汉	建行新疆分行	优秀科研成果二等奖	2005.10	新疆金融学会
张丽琳	女	汉	建行新疆分行营业部明园支行	第二届公司与机构业务百佳客户经理	2005.12	建行总行
瞿红权	男	汉	建行库车县支行	第二届公司与机构业务百佳客户经理	2005.12	建行总行

1986—2005 年新疆兵团农行系统获自治区、总行级以上先进个人一览

表 12—19

姓名	性别	族别	所在单位	称号	表彰年月	表彰机关
刘龙弟	男	汉	农行新疆兵团分行巴音郭楞州兵团支行塔什店分理处	全国金融劳动模范	1992	农行总行
王连发	男	汉	农行新疆阿克苏兵团支行一团营业所	全国金融劳动模范	1992	农行总行
王连发	男	汉	农行新疆阿克苏兵团支行一团营业所	全国五一劳动奖章	1992	全国总工会
陈开云	女	汉	农行新疆石河子兵团分行	全国金融劳动模范	1992	农行总行
陈开云	女	汉	农行新疆石河子兵团分行	新疆维吾尔自治区优秀共产党员	1992	自治区人民政府
杜玉萍	女	汉	农行新疆石河子兵团分行	全国金融系统五一劳动奖章	1992	农行总行
黄怀强	男	汉	农行新疆石河子市莫索湾支行	全国金融劳动模范	1995	农行总行
杨瑞敏	男	汉	农行新疆阿克苏兵团支行	全国金融五一劳动奖章	1995	农行总行
王新梅	女	汉	农行新疆伊犁兵团支行	全国金融五一劳动奖章	1995	农行总行
张靖平	男	汉	农行新疆五家渠兵团分行	全国金融五一劳动奖章	1995	自治区人民政府
闫超	男	汉	农行新疆喀什兵团支行	全国农行系统劳动模范	1995	农行总行
李华	女	汉	农行新疆兵团分行营业部	全国农行系统百名优秀支行行长	1995	自治区人民政府
姚金枝	女	汉	农行新疆兵团分行营业部	全国"百名优秀支行行长"	1996	农行总行
田文元	男	汉	农行新疆喀什兵团支行	全国"百名优秀支行行长"	1996	农行总行
李冠萍	女	汉	农行新疆阿克苏兵团支行	全国金融系统先进女职工	1996	农行总行

表 12—19 续

姓名	性别	族别	所在单位	称号	表彰年月	表彰机关
董 敏	女	汉	农行新疆喀什兵团支行	全国金融系统先进女职工	1996	自治区人民政府
吴文香	女	汉	农行新疆兵团分行营业部	全国五一劳动奖章	1998	全国总工会
杨红波	男	汉	农行新疆兵团分行营业部	全国农行系统优秀信贷员	1999	农行总行
苏晓杰	男	汉	农行新疆兵团分行	全国金融系统优秀职工之友	1999	农行总行
丁江勇	男	汉	农行新疆石河子兵团分行	全国"百名优秀支行行长"	2000	农行总行
李 勋	男	汉	农行新疆石河子兵团分行	全国"百名优秀支行行长"	2000	农行总行
宋良钦	男	汉	农行新疆石河子兵团分行	全国"百名优秀支行行长"	2000	中国金融工会
黄海军	男	汉	农行新疆五家渠兵团分行	全国"百名优秀客户经理"	2001	自治区人民政府
张建平	男	汉	农行新疆五家渠兵团分行	全国"百名优秀客户经理"	2001	农行总行
金 焰	女	汉	农行新疆兵团分行	全国"百名优秀客户经理"	2001	农行总行
张 勇	男	汉	农行新疆阿勒泰兵团支行	全国农行系统劳动模范	2001	农行总行
王忠全	男	汉	农行新疆石河子兵团分行	全国农行系统劳动模范	2002	中国金融工会
张志强	男	汉	农行新疆阿克苏兵团支行	全国金融五一劳动奖章	2003	中国金融工会
陈 艳	女	布依	农行新疆兵团分行	中国农业银行法制建设工作先进个人	2003	农行总行
张武军	女	汉	农行新疆兵团分行营业部	中国农业银行业务技术女明星	2003	农行总行
黄 枫	女	汉	农行新疆阿克苏兵团支行	中国农业银行业务技术女明星	2004	中国金融工会

1986—2005 年新疆交行系统获自治区、总行级以上先进个人一览

表 12—20

姓名	性别	族别	所在单位	称号	表彰年月	表彰机关
史建华	男	汉	交通银行乌鲁木齐分行开发区支行	全国金融劳动模范	2000.05	中国金融工会

1986—2005 年新疆招行系统获自治区、总行级以上先进个人一览

表 12—21

姓名	性别	族别	所在单位	称号	表彰年月	表彰机关
翟 丽	女	汉	招行乌鲁木齐分行人民路支行	2003 年度招商银行"劳动模范"	2004.05	招商银行总行
杨雪梅	女	汉	招行乌鲁木齐分行营业部	2004 年度招商银行"劳动模范"	2005.05	招商银行总行

1986—2005 年新疆邮政储汇局获自治区、总局级以上先进个人一览

表 12—22

姓名	性别	族别	所在单位	称号	表彰年月	表彰机关
孙黎焰	男	汉	邮政储汇局	中国邮政储蓄统一版本工程建设优秀工作者	2005.05	国家邮政局

第二节 享受政府特殊津贴人员名录

1986—2005 年新疆人行系统受国务院表彰享受政府特殊津贴人员一览

表 12—23

姓名	性别	族别	受表彰内容	获表彰年份	工作单位	备注
全秉中	男	汉	科学技术	1993.10	人行新疆分行	

第三节　高级技术职称人员

1986—2005 年新疆银行业（人行）机构高级专业职称人员一览

表 12—24

机构名称	姓名	性别	族别	专业技术职称	授予年月	发证机关
人民银行新疆分行	阿不都热依木·阿吉	男	维吾尔	高级会计师	1987.12	中国人民银行高级专业技术资格评审委员会
人民银行新疆分行	耿苍惠	男	汉	高级会计师	1991.01	中国人民银行高级专业技术资格评审委员会
人民银行新疆分行	赵　锋	男	汉	高级经济师	1991.01	中国人民银行高级专业技术资格评审委员会
人民银行新疆分行	张祥生	男	汉	高级经济师	1991.01	中国人民银行高级专业技术资格评审委员会
人民银行新疆分行	吴升年	男	汉	高级经济师	1991.01	中国人民银行高级专业技术资格评审委员会
人民银行新疆分行	阿不都热依木·塔什别克	男	维吾尔	副译审	1991.01	中国人民银行高级专业技术资格评审委员会
人民银行新疆分行	蔡文瑜	男	汉	副译审	1991.01	中国人民银行高级专业技术资格评审委员会
人民银行新疆分行	李生诚	男	汉	高级经济师	1992.03	中国人民银行高级专业技术资格评审委员会
人民银行新疆分行	张建珍	女	汉	高级会计师	1992.05	中国人民银行高级专业技术资格评审委员会
人民银行新疆分行	全秉中	男	汉	高级经济师	1992.07	中国人民银行高级专业技术资格评审委员会
人民银行新疆分行	朱宗达	男	汉	高级会计师	1992.07	中国人民银行高级专业技术资格评审委员会
人民银行新疆分行	钱宗铭	男	汉	高级会计师	1993.10	中国人民银行高级专业技术资格评审委员会
人民银行新疆分行	康和平	男	汉	高级会计师	1993.10	中国人民银行高级专业技术资格评审委员会

表 12—24 续

机构名称	姓名	性别	族别	专业技术职称	授予年月	发证机关
人民银行新疆分行	杨金生	男	汉	高级会计师	1993.10	中国人民银行高级专业技术资格评审委员会
人民银行新疆分行	孙自公	男	汉	高级经济师	1994.08	中国人民银行高级专业技术资格评审委员会
人民银行新疆分行	阿不都热依木·艾拜都拉	男	维吾尔	高级经济师	1994.08	中国人民银行高级专业技术资格评审委员会
人民银行新疆分行	盛玉喜	男	汉	高级经济师	1994.08	中国人民银行高级专业技术资格评审委员会
人民银行新疆分行	袁士泰	男	汉	高级经济师	1994.08	中国人民银行高级专业技术资格评审委员会
人民银行新疆分行	聂培仁	男	汉	高级经济师	1994.08	中国人民银行高级专业技术资格评审委员会
人民银行新疆分行	帕提曼·依不拉音	女	维吾尔	高级经济师	1994.08	中国人民银行高级专业技术资格评审委员会
人民银行新疆分行	崔国承	男	汉	高级经济师	1994.08	中国人民银行高级专业技术资格评审委员会
人民银行新疆分行	韩荣江	男	汉	高级政工师	1994.12	中国人民银行高级专业技术资格评审委员会
人民银行新疆分行	程志玲	女	汉	高级经济师	1995.08	中国人民银行高级专业技术资格评审委员会
人民银行新疆分行	刘清泉	男	汉	高级经济师	1995.08	中国人民银行高级专业技术资格评审委员会
人民银行新疆分行	杨 丽	女	汉	高级统计师	1995.12	中国人民银行高级专业技术资格评审委员会
人民银行新疆分行	朱啸江	男	汉	高级经济师	1997.09	中国人民银行高级专业技术资格评审委员会
人民银行新疆分行	艾买提·阿西木	男	维吾尔	高级会计师	1998.01	中国人民银行高级专业技术资格评审委员会
人民银行新疆分行	胡兴科	男	汉	高级会计师	1998.01	中国人民银行高级专业技术资格评审委员会

表 12－24 续

机构名称	姓名	性别	族别	专业技术职称	授予年月	发证机关
人民银行新疆分行	罗群芳	女	汉	高级会计师	1998.01	中国人民银行高级专业技术资格评审委员会
人民银行新疆分行	买买提衣明·吐尔逊	男	维吾尔	高级会计师	1998.01	中国人民银行高级专业技术资格评审委员会
人民银行新疆分行	宗新甫	男	汉	高级经济师	1998.01	中国人民银行高级专业技术资格评审委员会
人民银行新疆分行	耿立荣	女	汉	高级经济师	1998.01	中国人民银行高级专业技术资格评审委员会
人民银行新疆分行	张普仕	男	汉	高级经济师	1998.01	中国人民银行高级专业技术资格评审委员会
人民银行新疆分行	李锡印	男	汉	高级经济师	1998.01	中国人民银行高级专业技术资格评审委员会
人民银行新疆分行	苏天增	男	汉	高级经济师	1998.01	中国人民银行高级专业技术资格评审委员会
人民银行新疆分行	阿不列孜·艾孜木	男	维吾尔	高级经济师	1998.01	中国人民银行高级专业技术资格评审委员会
人民银行新疆分行	张国书	男	汉	高级政工师	1998.01	中国人民银行高级专业技术资格评审委员会
人民银行新疆分行	马木提·沙加尔	男	维吾尔	高级政工师	1998.01	中国人民银行高级专业技术资格评审委员会
人民银行新疆分行	严之江	男	汉	高级政工师	1998.01	中国人民银行高级专业技术资格评审委员会
人民银行乌鲁木齐中心支行	张培英	女	汉	高级经济师	1999.11	中国人民银行高级专业技术资格评审委员会
人民银行乌鲁木齐中心支行	赵　冰	女	汉	高级经济师	1999.11	中国人民银行高级专业技术资格评审委员会
人民银行乌鲁木齐中心支行	饶国平	男	汉	高级经济师	1999.11	中国人民银行高级专业技术资格评审委员会
人民银行乌鲁木齐中心支行	高　虎	男	汉	高级工程师	1999.12	中国人民银行高级专业技术资格评审委员会

表 12—24 续

机构名称	姓名	性别	族别	专业技术职称	授予年月	发证机关
人民银行乌鲁木齐中心支行	热夏提·莫合买提	男	维吾尔	高级工程师	1999.12	中国人民银行高级专业技术资格评审委员会
人民银行乌鲁木齐中心支行	惠囿麟	女	汉	高级会计师	2000.01	中国人民银行高级专业技术资格评审委员会
人民银行乌鲁木齐中心支行	伊力哈木	男	维吾尔	高级工程师	2001.09	中国人民银行高级专业技术资格评审委员会
人民银行乌鲁木齐中心支行	阿不都外力·阿不都古力	男	维吾尔	高级会计师	2001.09	中国人民银行高级专业技术资格评审委员会
人民银行乌鲁木齐中心支行	刘伟建	男	汉	高级经济师	2001.10	中国人民银行高级专业技术资格评审委员会
人民银行乌鲁木齐中心支行	法尔哈提·法·萨依布拉托夫	男	塔塔尔	高级经济师	2001.10	中国人民银行高级专业技术资格评审委员会
人民银行乌鲁木齐中心支行	纪辉萍	女	汉	高级经济师	2001.10	中国人民银行高级专业技术资格评审委员会
人民银行乌鲁木齐中心支行	冉光义	男	汉	高级经济师	2001.10	中国人民银行高级专业技术资格评审委员会
人民银行乌鲁木齐中心支行	卢建生	男	汉	高级经济师	2001.10	中国人民银行高级专业技术资格评审委员会
人民银行乌鲁木齐中心支行	李景兰	女	汉	高级经济师	2001.10	中国人民银行高级专业技术资格评审委员会
人民银行乌鲁木齐中心支行	顾进毅	男	汉	高级经济师	2001.10	中国人民银行高级专业技术资格评审委员会
人民银行乌鲁木齐中心支行	庞小红	女	汉	高级经济师	2001.10	中国人民银行高级专业技术资格评审委员会
人民银行乌鲁木齐中心支行	艾尔肯·卡德尔	男	维吾尔	副译审	2001.10	中国人民银行高级专业技术资格评审委员会
人民银行乌鲁木齐中心支行	朱胜	男	汉	高级政工师	2002.09	中国人民银行高级专业技术资格评审委员会
人民银行乌鲁木齐中心支行	任光平	女	汉	高级政工师	2002.09	中国人民银行高级专业技术资格评审委员会

表 12—24 续

机构名称	姓名	性别	族别	专业技术职称	授予年月	发证机关
人民银行乌鲁木齐中心支行	王杰璞	男	汉	高级经济师	2003.11	中国人民银行高级专业技术资格评审委员会
人民银行乌鲁木齐中心支行	王国明	男	汉	高级经济师	2003.11	中国人民银行高级专业技术资格评审委员会
人民银行乌鲁木齐中心支行	米力古丽·阿吉	女	维吾尔	高级经济师	2003.11	中国人民银行高级专业技术资格评审委员会
人民银行乌鲁木齐中心支行	尚　晓	男	汉	高级会计师	2003.12	中国人民银行高级专业技术资格评审委员会
人民银行乌鲁木齐中心支行	高为民	女	汉	高级会计师	2003.12	中国人民银行高级专业技术资格评审委员会
人民银行乌鲁木齐中心支行	靳艺庆	男	汉	高级工程师	2003.12	中国人民银行高级专业技术资格评审委员会
人民银行乌鲁木齐中心支行	郭新萍	女	汉	高级经济师	2003.12	中国人民银行高级专业技术资格评审委员会
人民银行乌鲁木齐中心支行	张　伟	男	汉	高级经济师	2004.07	中国人民银行高级专业技术资格评审委员会
人民银行乌鲁木齐中心支行	倪素芳	女	汉	高级经济师	2005.01	中国人民银行高级专业技术资格评审委员会
人民银行乌鲁木齐中心支行	黄公健	男	汉	高级工程师	2005.01	中国人民银行高级专业技术资格评审委员会
人民银行乌鲁木齐中心支行	朱　明	男	汉	高级工程师	2005.01	中国人民银行高级专业技术资格评审委员会
人民银行乌鲁木齐中心支行	阿达来提·吐尼亚孜	女	维吾尔	高级经济师	2005.09	中国人民银行高级专业技术资格评审委员会
人民银行乌鲁木齐中心支行	肖克来提·艾合买提	男	维吾尔	高级经济师	2005.09	中国人民银行高级专业技术资格评审委员会
人民银行乌鲁木齐中心支行	岳永生	男	汉	高级会计师	2005.10	中国人民银行高级专业技术资格评审委员会
人民银行乌鲁木齐市分行	李超英	男	汉	高级经济师	1992.02	中国人民银行高级专业技术资格评审委员会

表 12-24 续

机构名称	姓名	性别	族别	专业技术职称	授予年月	发证机关
人民银行乌鲁木齐市分行	张合亭	男	汉	高级会计师	1993.01	中国人民银行高级专业技术资格评审委员会
人民银行乌鲁木齐市分行	田文卿	男	汉	高级会计师	1993.08	中国人民银行高级专业技术资格评审委员会
人民银行乌鲁木齐市分行	买买提·依明	男	维吾尔	高级会计师	1993.08	中国人民银行高级专业技术资格评审委员会
人民银行乌鲁木齐市分行	杨旭如	男	汉	高级经济师	1994.08	中国人民银行高级专业技术资格评审委员会
人民银行昌吉州分行	马学文	男	回	高级经济师	1987.12	中国人民银行高级专业技术资格评审委员会
人民银行昌吉州分行	仝文雄	男	汉	高级经济师	1994.08	中国人民银行高级专业技术资格评审委员会
人民银行昌吉州分行	傅祖宏	男	汉	高级经济师	1995.08	中国人民银行高级专业技术资格评审委员会
人民银行石河子市分行	邵裕和	男	汉	高级经济师	1987.10	中国人民银行高级专业技术资格评审委员会
人民银行石河子市分行	薛龙祥	男	汉	高级经济师	1993.08	中国人民银行高级专业技术资格评审委员会
人民银行石河子市分行	徐熙年	男	汉	高级经济师	1994.08	中国人民银行高级专业技术资格评审委员会
人民银行石河子市分行	冯茂生	男	汉	高级经济师	1994.12	中国人民银行高级专业技术资格评审委员会
人民银行石河子市分行	刘德才	男	汉	高级经济师	1994.12	中国人民银行高级专业技术资格评审委员会
人民银行石河子市分行	张其忠	男	汉	高级经济师	1996.01	中国人民银行高级专业技术资格评审委员会
人民银行石河子市分行	许一兰	女	汉	高级经济师	1997.02	中国人民银行高级专业技术资格评审委员会
人民银行石河子中心支行	傅 琳	女	汉	高级经济师	2003.11	中国人民银行高级专业技术资格评审委员会

表 12-24 续

机构名称	姓名	性别	族别	专业技术职称	授予年月	发证机关
人民银行石河子中心支行	戴红军	男	汉	高级经济师	2003.11	中国人民银行高级专业技术资格评审委员会
人民银行吐鲁番地区分行	徐金宝	男	汉	高级经济师	1987.11	中国人民银行高级专业技术资格评审委员会
人民银行吐鲁番地区分行	段永相	男	汉	高级会计师	1993.08	中国人民银行高级专业技术资格评审委员会
人民银行吐鲁番地区分行	阿合买提·艾依提	男	维吾尔	高级会计师	1993.08	中国人民银行高级专业技术资格评审委员会
人民银行吐鲁番地区分行	戚文卓	男	汉	高级经济师	1994.03	中国人民银行高级专业技术资格评审委员会
人民银行哈密地区分行	苏为宝	男	汉	高级经济师	1987.10	中国人民银行高级专业技术资格评审委员会
人民银行哈密地区分行	王昌善	男	汉	高级经济师	1987.10	中国人民银行高级专业技术资格评审委员会
人民银行哈密地区分行	祁开明	女	汉	高级经济师	1987.10	中国人民银行高级专业技术资格评审委员会
人民银行哈密地区中心支行	王亚明	男	汉	高级政工师	2004.07	中国人民银行高级专业技术资格评审委员会
人民银行克拉玛依市分行	黄日添	男	汉	高级经济师	1991.01	中国人民银行高级专业技术资格评审委员会
人民银行克拉玛依市分行	俞俊罗	男	汉	高级经济师	1992.01	中国人民银行高级专业技术资格评审委员会
人民银行克拉玛依市分行	周天宝	男	汉	高级会计师	1993.10	中国人民银行高级专业技术资格评审委员会
人民银行伊犁市分行	倪格仁	男	汉	高级经济师	1987.10	中国人民银行高级专业技术资格评审委员会
人民银行伊犁市分行	李东明	男	汉	高级会计师	1993.07	中国人民银行高级专业技术资格评审委员会
人民银行伊犁市分行	黄秉豹	男	汉	高级经济师	1993.07	中国人民银行高级专业技术资格评审委员会

表 12－24 续

机构名称	姓名	性别	族别	专业技术职称	授予年月	发证机关
人民银行伊犁市分行	孙建玉	女	汉	高级会计师	1993.07	中国人民银行高级专业技术资格评审委员会
人民银行伊犁市分行	张雅荣	男	汉	高级经济师	1993.08	中国人民银行高级专业技术资格评审委员会
人民银行奎屯市支行	袁　冲	男	汉	高级经济师	1993.08	中国人民银行高级专业技术资格评审委员会
人民银行伊犁市分行	廖江礼	男	汉	高级会计师	1994.08	中国人民银行高级专业技术资格评审委员会
人民银行新源县支行	吴　锋	男	汉	高级经济师	1994.08	中国人民银行高级专业技术资格评审委员会
人民银行伊犁市分行	贾方江	男	汉	高级会计师	1994.08	中国人民银行高级专业技术资格评审委员会
人民银行伊犁市分行	郭云振	男	汉	高级会计师	1994.08	中国人民银行高级专业技术资格评审委员会
人民银行伊犁市分行	卡德尔·吐尔地	男	维吾尔	高级会计师	1994.08	中国人民银行高级专业技术资格评审委员会
人民银行伊犁市分行	杨汉尧	男	汉	高级政工师	1994.12	中国人民银行高级专业技术资格评审委员会
人民银行伊犁市分行	蒋国驹	男	汉	高级会计师	1995.07	中国人民银行高级专业技术资格评审委员会
人民银行伊犁中心支行	曹　刚	男	汉	高级经济师	2003.11	中国人民银行高级专业技术资格评审委员会
人民银行塔城地区分行	热依甫	男	哈萨克	高级经济师	1987.10	中国人民银行高级专业技术资格评审委员会
人民银行塔城地区分行	甘世儒	女	汉	高级经济师	1992.12	中国人民银行高级专业技术资格评审委员会
人民银行阿勒泰地区分行	戴源洪	男	汉	高级经济师	1993.07	中国人民银行高级专业技术资格评审委员会
人民银行阿勒泰地区分行	叶航书	男	汉	高级会计师	1993.10	中国人民银行高级专业技术资格评审委员会

表 12－24 续

机构名称	姓名	性别	族别	专业技术职称	授予年月	发证机关
人民银行阿勒泰地区分行	左力皮牙·艾里木	女	维吾尔	高级会计师	1993.10	中国人民银行高级专业技术资格评审委员会
人民银行阿勒泰地区分行	巴德力汗	男	哈萨克	高级经济师	1994.08	中国人民银行高级专业技术资格评审委员会
人民银行阿勒泰地区分行	韦　猛	男	汉	高级经济师	1999.11	中国人民银行高级专业技术资格评审委员会
人民银行阿勒泰中心支行	阿米娜	女	哈萨克	高级工程师	2003.12	中国人民银行高级专业技术资格评审委员会
人民银行阿勒泰中心支行	祁小玲	女	汉	高级会计师	2003.12	中国人民银行高级专业技术资格评审委员会
人民银行博尔塔拉州分行	安新贵	男	汉	高级经济师	1989.01	中国人民银行高级专业技术资格评审委员会
人民银行博尔塔拉州分行	宋家宸	男	汉	高级会计师	1989.01	中国人民银行高级专业技术资格评审委员会
人民银行博尔塔拉州分行	吴代禹	男	侗	高级政工师	1995.12	中国人民银行高级专业技术资格评审委员会
人民银行巴音郭楞州分行	孟昭孔	男	汉	高级经济师	1993.07	中国人民银行高级专业技术资格评审委员会
人民银行巴音郭楞州分行	王洪顺	男	汉	高级会计师	1993.08	中国人民银行高级专业技术资格评审委员会
人民银行巴音郭楞州分行	朱桐仁	男	汉	高级经济师	1994.09	中国人民银行高级专业技术资格评审委员会
人民银行巴音郭楞州分行	刘崇义	男	汉	高级政工师	1994.12	中国人民银行高级专业技术资格评审委员会
人民银行巴音郭楞州分行	刘淑香	女	汉	高级会计师	1995.01	中国人民银行高级专业技术资格评审委员会
人民银行巴音郭楞州分行	刘恒德	男	汉	高级经济师	1995.09	中国人民银行高级专业技术资格评审委员会
人民银行巴音郭楞州分行	王　玲	女	汉	高级经济师	1999.11	中国人民银行高级专业技术资格评审委员会

表 12－24 续

机构名称	姓名	性别	族别	专业技术职称	授予年月	发证机关
人民银行阿克苏地区分行	冯家鑫	男	汉	高级会计师	1988.12	中国人民银行高级专业技术资格评审委员会
人民银行阿克苏地区分行	杨　健	男	汉	高级经济师	1991.01	中国人民银行高级专业技术资格评审委员会
人民银行阿克苏地区分行	李富生	男	汉	高级经济师	1993.07	中国人民银行高级专业技术资格评审委员会
人民银行阿克苏地区分行	李善发	男	汉	高级经济师	1994.12	中国人民银行高级专业技术资格评审委员会
人民银行阿克苏地区分行	林钧超	男	汉	高级经济师	1994.12	中国人民银行高级专业技术资格评审委员会
人民银行阿克苏地区分行	沙比提·沙吾提	男	维吾尔	高级经济师	1995.03	中国人民银行高级专业技术资格评审委员会
人民银行阿克苏中心支行	戴军英	女	汉	高级经济师	2003.11	中国人民银行高级专业技术资格评审委员会
人民银行喀什分行	吴永年	男	汉	高级会计师	1987.10	中国人民银行高级专业技术资格评审委员会
人民银行喀什分行	毛启欢	男	汉	高级会计师	1991.10	中国人民银行高级专业技术资格评审委员会
人民银行喀什分行	方学治	男	汉	高级经济师	1993.07	中国人民银行高级专业技术资格评审委员会
人民银行喀什中心支行	张玉民	男	汉	高级政工师	2000.04	中国人民银行高级专业技术资格评审委员会
人民银行喀什中心支行	张　坚	男	汉	高级工程师	2000.01	中国人民银行高级专业技术资格评审委员会
人民银行和田地区分行	陈家栋	男	汉	高级经济师	1992.04	中国人民银行高级专业技术资格评审委员会
和田地区中心支行	杨为新	男	汉	高级经济师	2001.10	中国人民银行高级专业技术资格评审委员会

1986—2005 年新疆银行业(银监局)机构高级专业职称人员一览

表 12—25

机构名称	姓名	性别	族别	专业技术职称	授予年月	发证机关
新疆银监局	叶　琪	女	汉	副研究馆员	1992.12	中国人民银行高级专业技术资格评审委员会
新疆银监局	买买提依明·吐尔逊	男	维吾尔	高级会计师	1993.08	中国人民银行高级专业技术资格评审委员会
新疆银监局	江国坚	男	汉	高级经济师	1995.08	中国人民银行高级专业技术资格评审委员会
新疆银监局	顾进毅	男	汉	高级经济师	2000.10	中国人民银行高级专业技术资格评审委员会
新疆银监局	李景兰	女	汉	高级经济师	2001.01	中国人民银行高级专业技术资格评审委员会
新疆银监局	王　山	男	汉	高级经济师	2001.10	中国人民银行高级专业技术资格评审委员会
新疆银监局	李　坚	男	汉	高级经济师	2001.12	中国人民银行高级专业技术资格评审委员会
新疆银监局	伊力哈木	男	维吾尔	高级工程师	2002.09	中国人民银行高级专业技术资格评审委员会
新疆银监局	何光杰	男	汉	高级经济师	2003.11	中国人民银行高级专业技术资格评审委员会
新疆银监局	张建军	男	汉	高级经济师	2003.11	中国人民银行高级专业技术资格评审委员会
新疆银监局	戴晓晗	女	汉	高级经济师	2003.11	中国人民银行高级专业技术资格评审委员会
新疆银监局	阿布力克木	男	维吾尔	高级经济师	2003.11	中国人民银行高级专业技术资格评审委员会
新疆银监局	刘　冰	男	汉	高级经济师	2003.11	中国人民银行高级专业技术资格评审委员会
新疆银监局	张石泉	女	汉	高级经济师	2005.09	中国人民银行高级专业技术资格评审委员会
新疆银监局	石丽娟	女	汉	高级经济师	2005.09	中国人民银行高级专业技术资格评审委员会

1986—2005 年新疆银行业(农发行)机构高级专业职称人员一览

表 12—26

机构名称	姓名	性别	族别	专业技术职称	授予年月	发证机关
农发行新疆分行	马振云	男	回	高级经济师	1988.02	中国农业银行
农发行新疆分行	阿依木汗	女	维吾尔	高级讲师	1988.02	自治区人事厅
农发行新疆分行	王润清	男	汉	高级经济师	1989.05	中国农业银行
农发行新疆分行	杨瑞法	男	汉	高级经济师	1989.07	中国农业银行
农发行新疆分行	刘佰渠	男	汉	高级会计师	1990.02	中国农业银行
农发行新疆分行	王世平	男	汉	高级经济师	1992.07	中国农业银行
农发行新疆分行	买买提肉孜	男	维吾尔	高级讲师	1992.07	自治区人事厅
农发行新疆分行	李焕明	男	汉	高级会计师	1993.08	中国农业银行
农发行新疆分行	司马义吾守	男	维吾尔	副译审	1995.04	自治区人事厅
农发行新疆分行	王庆生	男	汉	高级经济师	1996.01	中国农业银行
农发行新疆分行	廖一军	男	汉	高级会计师	1997.12	农发行总行
农发行新疆分行	吴志强	男	汉	高级经济师	1997.12	农发行总行
农发行新疆分行	柳军跃	男	汉	高级工程师	1997.12	农发行总行
农发行新疆分行	茹克娅	女	维吾尔	高级会计师	1997.12	农发行总行
农发行新疆分行	石瑞平	男	汉	高级经济师	1997.10	农发行总行
农发行新疆分行	欧阳碧湘	男	汉	高级经济师	1997.12	农发行总行
农发行新疆分行	田新椿	男	汉	高级经济师	2001.07	农发行总行
农发行新疆分行	杜光胜	男	汉	高级经济师	2001.12	农发行总行
农发行新疆分行	于传明	男	汉	高级经济师	2001.12	农发行总行
农发行新疆分行	杨光华	男	汉	高级经济师	2001.12	农发行总行
农发行新疆分行	崔文强	男	汉	高级经济师	2001.12	农发行总行
农发行新疆分行	邓　斌	男	汉	高级工程师	2002.08	农发行总行
农发行新疆分行	马　清	女	汉	高级经济师	2004.03	农发行总行
农发行新疆分行	史燕生	女	汉	高级经济师	2004.08	农发行总行
农发行新疆分行	孟　霞	女	汉	高级会计师	2004.03	农发行总行
农发行新疆分行	苗　新	男	汉	高级工程师	2004.04	自治区人事厅

1986—2005 年新疆银行业(国开行)机构高级专业职称人员一览

表 12—27

机构名称	姓名	性别	族别	专业技术职称	授予年月	发证机关
国开行新疆分行	陈剑英	男	汉	高级工程师	1994.11	国开行总行
国开行新疆分行	杨文岐	男	汉	高级工程师	1994.11	国开行总行
国开行新疆分行	赵颖泽	男	汉	高级经济师	1994.11	国开行总行
国开行新疆分行	李相毅	男	汉	高级经济师	1994.11	国开行总行
国开行新疆分行	郑旭东	男	汉	高级工程师	1994.11	国开行总行
国开行新疆分行	田云海	男	汉	高级工程师	1994.11	国开行总行
国开行新疆分行	饶国平	男	汉	高级经济师	1996.02	国开行总行
国开行新疆分行	李颂中	男	汉	高级工程师	1997.11	国开行总行
国开行新疆分行	吕峰松	男	汉	高级工程师	1997.11	国开行总行
国开行新疆分行	郑文杰	男	汉	高级工程师	1997.11	国开行总行
国开行新疆分行	张 静	女	汉	高级经济师	1998.11	国开行总行
国开行新疆分行	刘培勇	男	汉	高级工程师	1998.11	国开行总行
国开行新疆分行	成永旭	男	汉	高级经济师	1998.12	国开行总行
国开行新疆分行	贾新力	男	汉	高级经济师	1999.12	国开行总行
国开行新疆分行	朱永兵	男	汉	高级经济师	2001.10	国开行总行
国开行新疆分行	孙艾玎	女	汉	高级会计师	2001.11	国开行总行
国开行新疆分行	梁 文	女	汉	高级政工师	2002.11	国开行总行
国开行新疆分行	丁梅华	女	汉	高级会计师	2002.11	国开行总行
国开行新疆分行	李玉婷	女	汉	高级经济师	2002.11	国开行总行
国开行新疆分行	郝 钢	男	汉	高级经济师	2003.11	国开行总行
国开行新疆分行	张 峻	男	汉	高级经济师	2003.11	国开行总行
国开行新疆分行	宋 征	女	汉	高级经济师	2003.11	国开行总行
国开行新疆分行	张建新	男	汉	高级经济师	2004.11	国开行总行
国开行新疆分行	张莉梅	女	汉	高级经济师	2004.11	国开行总行

1986—2005 年新疆银行业(工行)机构高级专业职称人员一览

表 12—28

机构名称	姓名	性别	族别	专业技术职称	授予年月	发证机关
工行新疆分行	张　蔚	男	汉	高级经济师	1987.12	工商银行总行
工行新疆分行	钱志泓	女	汉	高级经济师	1987.12	工商银行总行
工行新疆分行	邵家芳	男	汉	高级经济师	1987.12	工商银行总行
工行新疆分行	雍应基	男	汉	高级经济师	1987.12	工商银行总行
工行新疆分行	赵守正	男	汉	高级经济师	1987.12	工商银行总行
工行新疆分行	丘伯初	男	汉	高级经济师	1987.09	工商银行总行
工行新疆分行	周金锭	男	汉	高级经济师	1987.12	工商银行总行
工行新疆分行	贾永希	男	汉	高级经济师	1987.12	工商银行总行
工行新疆分行	冯笑野	男	汉	高级经济师	1987.12	工商银行总行
工行新疆分行	杨文华	男	汉	高级经济师	1987.12	工商银行总行
工行新疆分行	贾泉源	男	汉	高级经济师	1987.12	工商银行总行
工行新疆分行	沈德虎	男	汉	高级经济师	1987.12	工商银行总行
工行新疆分行	刘振国	男	汉	高级经济师	1987.12	工商银行总行
工行新疆分行	王思祥	男	汉	高级经济师	1987.12	工商银行总行
工行新疆分行	蒋汉明	男	汉	高级经济师	1987.12	工商银行总行
工行新疆分行	季秀章	男	汉	高级经济师	1987.12	工商银行总行
工行新疆分行	刘家林	男	汉	高级经济师	1987.12	工商银行总行
工行新疆分行	孙连喜	男	汉	高级经济师	1987.12	工商银行总行
工行新疆分行	阿·毛拉由夫	男	维吾尔	高级会计师	1987.12	工商银行总行
工行新疆分行	石玉才	男	汉	高级会计师	1987.12	工商银行总行
工行新疆分行	陈文琴	女	汉	高级会计师	1987.12	工商银行总行
工行新疆分行	徐其石	男	汉	高级工程师	1987.11	工商银行总行
工行新疆分行	帕塔尔·土尔地	男	维吾尔	副译审	1988.06	工商银行总行
工行新疆分行	刘素芳	女	汉	高级讲师	1988.02	工商银行总行
工行新疆分行	张爱泽	男	汉	高级经济师	1991.04	工商银行总行
工行新疆分行	贺加·阿不都索巴	男	维吾尔	高级经济师	1991.04	工商银行总行

表12－28续

机构名称	姓名	性别	族别	专业技术职称	授予年月	发证机关
工行新疆分行	吴伯年	男	汉	高级经济师	1991.04	工商银行总行
工行新疆分行	邢志立	男	汉	高级经济师	1991.04	工商银行总行
工行新疆分行	聂士俭	男	汉	高级经济师	1991.04	工商银行总行
工行新疆分行	谭立煌	男	汉	高级经济师	1991.04	工商银行总行
工行新疆分行	宋祥贵	男	汉	高级经济师	1991.04	工商银行总行
工行新疆分行	吴济仁	男	汉	高级经济师	1991.04	工商银行总行
工行新疆分行	祁光玉	女	汉	高级经济师	1991.04	工商银行总行
工行新疆分行	南文革	男	汉	高级经济师	1991.04	工商银行总行
工行新疆分行	汪载源	男	汉	高级经济师	1991.04	工商银行总行
工行新疆分行	张书羲	男	汉	高级经济师	1991.04	工商银行总行
工行新疆分行	王玉才	男	汉	高级经济师	1991.04	工商银行总行
工行新疆分行	孙纪东	男	汉	高级经济师	1991.04	工商银行总行
工行新疆分行	顾金泉	男	汉	高级经济师	1991.04	工商银行总行
工行新疆分行	朱广学	男	汉	高级经济师	1991.04	工商银行总行
工行新疆分行	艾则孜·玉买尔	男	维吾尔	高级经济师	1991.04	工商银行总行
工行新疆分行	塔吉古丽·艾买提	女	维吾尔	高级会计师	1991.04	工商银行总行
工行新疆分行	张汉武	男	汉	高级会计师	1991.04	工商银行总行
工行新疆分行	薛顺清	男	汉	高级会计师	1991.04	工商银行总行
工行新疆分行	戴敬宗	男	汉	高级会计师	1991.04	工商银行总行
工行新疆分行	韩富禄	男	汉	高级会计师	1991.04	工商银行总行
工行新疆分行	张培基	男	汉	高级会计师	1991.04	工商银行总行
工行新疆分行	张先春	男	汉	高级会计师	1991.04	工商银行总行
工行新疆分行	孙学民	男	汉	高级会计师	1991.04	工商银行总行
工行新疆分行	赵润福	男	汉	高级会计师	1991.04	工商银行总行
工行新疆分行	买买提·伊明	男	维吾尔	副译审	1991.04	工商银行总行
工行新疆分行	姚颂成	男	汉	高级经济师	1991.04	工商银行总行
工行新疆分行	何郁哉	男	汉	高级经济师	1991.04	工商银行总行

表12—28续

机构名称	姓名	性别	族别	专业技术职称	授予年月	发证机关
工行新疆分行	穆罕买提·里浦	男	维吾尔	高级经济师	1991.04	工商银行总行
工行新疆分行	邢保全	男	汉	高级经济师	1991.04	工商银行总行
工行新疆分行	陈祥尧	男	汉	高级经济师	1993.02	工商银行总行
工行新疆分行	尹殿成	男	汉	高级经济师	1993.02	工商银行总行
工行新疆分行	袁肇绩	男	汉	高级经济师	1993.02	工商银行总行
工行新疆分行	艾合买·艾孜来提	男	维吾尔	高级会计师	1993.02	工商银行总行
工行新疆分行	郑守温	男	汉	高级工程师	1993.02	工商银行总行
工行新疆分行	张序东	男	汉	高级讲师	1993.02	工商银行总行
工行新疆分行	张俊民	男	汉	高级政工师	1993.02	自治区政工高级专业职务评委会
工行新疆分行	蔡宗先	男	汉	高级政工师	1993.02	自治区政工高级专业职务评委会
工行新疆分行	郑国君	男	汉	高级经济师	1993.05	工商银行总行
工行新疆分行	阿里木汗·阿力皮木什	男	维吾尔	高级经济师	1993.05	工商银行总行
工行新疆分行	周河林	男	汉	高级经济师	1993.05	工商银行总行
工行新疆分行	石祖堂	男	汉	高级经济师	1993.05	工商银行总行
工行新疆分行	衣马木·阿木提	男	维吾尔	高级经济师	1993.05	工商银行总行
工行新疆分行	金鹏镛	男	汉	高级经济师	1993.05	工商银行总行
工行新疆分行	买买提·艾力	男	汉	高级经济师	1993.05	工商银行总行
工行新疆分行	巴依木汗	女	维吾尔	高级会计师	1993.05	工商银行总行
工行新疆分行	王继军	男	汉	高级会计师	1993.05	工商银行总行
工行新疆分行	张洪源	男	汉	高级经济师	1993.06	工商银行总行
工行新疆分行	李继锋	男	汉	高级经济师	1993.06	工商银行总行
工行新疆分行	王道海	男	汉	高级经济师	1993.06	工商银行总行
工行新疆分行	战淑媛	女	汉	高级经济师	1993.06	工商银行总行
工行新疆分行	徐维德	男	汉	高级经济师	1993.06	工商银行总行

表 12-28 续

机构名称	姓名	性别	族别	专业技术职称	授予年月	发证机关
工行新疆分行	叶小春	男	汉	高级经济师	1993.06	工商银行总行
工行新疆分行	施正洪	男	汉	高级经济师	1993.06	工商银行总行
工行新疆分行	金兴才	男	汉	高级经济师	1993.06	工商银行总行
工行新疆分行	王克舜	男	汉	高级经济师	1993.06	工商银行总行
工行新疆分行	杨 良	男	汉	高级经济师	1993.06	工商银行总行
工行新疆分行	李木喜	男	汉	高级经济师	1993.06	工商银行总行
工行新疆分行	许国新	男	汉	高级经济师	1993.06	工商银行总行
工行新疆分行	袁 青	男	汉	高级经济师	1993.06	工商银行总行
工行新疆分行	张士忠	男	汉	高级经济师	1993.06	工商银行总行
工行新疆分行	郑玉海	男	汉	高级经济师	1993.06	工商银行总行
工行新疆分行	赵中振	男	汉	高级经济师	1993.06	工商银行总行
工行新疆分行	李 荣	男	汉	高级会计师	1993.06	工商银行总行
工行新疆分行	肖汝烈	男	汉	高级会计师	1993.06	工商银行总行
工行新疆分行	艾合买提	男	维吾尔	高级会计师	1993.06	工商银行总行
工行新疆分行	吾浦尔买明	男	维吾尔	高级会计师	1993.06	工商银行总行
工行新疆分行	张惠敏	女	汉	高级会计师	1993.06	工商银行总行
工行新疆分行	王玉敬	男	汉	高级会计师	1993.06	工商银行总行
工行新疆分行	雷明学	男	汉	高级讲师	1994.11	工商银行总行
工行新疆分行	张玉玲	女	汉	高级讲师	1994.11	工商银行总行
工行新疆分行	艾比布拉	男	维吾尔	高级讲师	1994.11	工商银行总行
工行新疆分行	高长恒	男	汉	高级工程师	1994.11	工商银行总行
工行新疆分行	何义林	男	汉	高级工程师	1994.11	工商银行总行
工行新疆分行	吐拉克	男	维吾尔	高级经济师	1994.11	工商银行总行
工行新疆分行	秦仁兴	男	汉	高级经济师	1994.11	工商银行总行
工行新疆分行	许效励	男	汉	高级经济师	1994.11	工商银行总行
工行新疆分行	张成元	男	汉	高级经济师	1994.11	工商银行总行
工行新疆分行	张丁劳	男	汉	高级经济师	1994.11	工商银行总行
工行新疆分行	赵世珠	男	汉	高级经济师	1994.11	工商银行总行
工行新疆分行	吴志平	男	汉	高级经济师	1994.11	工商银行总行
工行新疆分行	王洪图	男	汉	高级经济师	1994.11	工商银行总行

表 12—28 续

机构名称	姓名	性别	族别	专业技术职称	授予年月	发证机关
工行新疆分行	李树春	男	汉	高级经济师	1994.11	工商银行总行
工行新疆分行	色买提	男	维吾尔	高级经济师	1994.11	工商银行总行
工行新疆分行	邵居生	男	汉	高级经济师	1994.11	工商银行总行
工行新疆分行	刘忠信	男	汉	高级经济师	1994.11	工商银行总行
工行新疆分行	郑文斌	男	汉	高级经济师	1994.11	工商银行总行
工行新疆分行	王建伟	男	汉	高级经济师	1994.11	工商银行总行
工行新疆分行	魏秋香	女	汉	高级经济师	1994.11	工商银行总行
工行新疆分行	过宝琏	男	汉	高级经济师	1994.11	工商银行总行
工行新疆分行	赵其扬	男	汉	高级经济师	1994.11	工商银行总行
工行新疆分行	张广平	男	汉	高级经济师	1994.11	工商银行总行
工行新疆分行	张往妹	男	汉	高级经济师	1994.11	工商银行总行
工行新疆分行	李春满	男	汉	高级经济师	1994.11	工商银行总行
工行新疆分行	郭振邦	男	汉	高级经济师	1994.11	工商银行总行
工行新疆分行	田利华	男	汉	高级会计师	1994.11	工商银行总行
工行新疆分行	陈子谛	男	汉	高级会计师	1994.11	工商银行总行
工行新疆分行	库其拉	男	维吾尔	高级会计师	1994.11	工商银行总行
工行新疆分行	杨成持	男	汉	高级会计师	1994.11	工商银行总行
工行新疆分行	李骏华	男	汉	高级会计师	1994.11	工商银行总行
工行新疆分行	张淑琴	女	汉	高级会计师	1994.11	工商银行总行
工行新疆分行	阿那依提	女	维吾尔	高级政工师	1994.12	工商银行总行
工行新疆分行	阿不来提·买买提	男	维吾尔	副译审	1997.06	自治区民族语文翻译专业评委会
工行新疆分行	袁长青	男	汉	高级经济师	1997.10	工商银行总行
工行新疆分行	吴典平	男	汉	高级经济师	1997.10	工商银行总行
工行新疆分行	吴宪	女	汉	高级经济师	1997.10	工商银行总行
工行新疆分行	马肯	男	维吾尔	高级经济师	1997.10	工商银行总行
工行新疆分行	张小燕	女	汉	高级经济师	1997.10	工商银行总行
工行新疆分行	王金良	男	汉	高级经济师	1997.10	工商银行总行
工行新疆分行	贝长宁	男	汉	高级经济师	1997.10	工商银行总行
工行新疆分行	帕尔哈提	男	维吾尔	高级经济师	1997.10	工商银行总行

表 12－28 续

机构名称	姓名	性别	族别	专业技术职称	授予年月	发证机关
工行新疆分行	卡吾力	男	维吾尔	高级经济师	1997.10	工商银行总行
工行新疆分行	庞　力	男	汉	高级经济师	1997.10	工商银行总行
工行新疆分行	袁　萍	女	汉	高级经济师	1997.10	工商银行总行
工行新疆分行	白　江	男	汉	高级经济师	1997.10	工商银行总行
工行新疆分行	戚光亚	男	汉	高级经济师	1997.10	工商银行总行
工行新疆分行	马志明	男	汉	高级经济师	1997.10	工商银行总行
工行新疆分行	葛合昌	男	汉	高级经济师	1997.10	工商银行总行
工行新疆分行	林　彬	男	汉	高级经济师	1997.10	工商银行总行
工行新疆分行	左建华	男	汉	高级经济师	1997.10	工商银行总行
工行新疆分行	阿不力米提	男	维吾尔	高级经济师	1997.10	工商银行总行
工行新疆分行	白才本	男	汉	高级会计师	1997.10	工商银行总行
工行新疆分行	陈天德	男	汉	高级会计师	1997.10	工商银行总行
工行新疆分行	公　河	男	汉	高级工程师	1997.10	工商银行总行
工行新疆分行	王新平	男	汉	高级工程师	1997.10	工商银行总行
工行新疆分行	张　茵	女	汉	高级工程师	1997.10	工商银行总行
工行新疆分行	黄中平	男	汉	高级工程师	1997.10	工商银行总行
工行新疆分行	张新成	男	汉	高级政工师	1997.10	工商银行总行
工行新疆分行	贺忠武	男	汉	高级政工师	1997.10	工商银行总行
工行新疆分行	盛正旭	男	汉	高级讲师	1997.10	工商银行总行
工行新疆分行	肖　生	男	汉	高级经济师	1999.08	工商银行总行
工行新疆分行	张广顺	男	汉	高级经济师	1999.08	工商银行总行
工行新疆分行	刘　芳	女	汉	高级经济师	1999.08	工商银行总行
工行新疆分行	郭　威	男	汉	高级经济师	1999.08	工商银行总行
工行新疆分行	艾尔肯·依买木艾山	男	维吾尔	高级经济师	1999.08	工商银行总行
工行新疆分行	麦麦提尼亚孜·托乎提	男	维吾尔	高级经济师	1999.08	工商银行总行
工行新疆分行	吴永强	男	汉	高级经济师	1999.08	工商银行总行
工行新疆分行	帕塔尔·卡哈尔	男	汉	高级经济师	1999.08	工商银行总行

表 12—28 续

机构名称	姓名	性别	族别	专业技术职称	授予年月	发证机关
工行新疆分行	张家琦	男	汉	高级经济师	1999.08	工商银行总行
工行新疆分行	杨志忠	男	汉	高级经济师	1999.08	工商银行总行
工行新疆分行	赵红星	男	汉	高级经济师	1999.08	工商银行总行
工行新疆分行	郭 荣	男	汉	高级经济师	1999.08	工商银行总行
工行新疆分行	姚 彧	男	汉	高级经济师	1999.08	工商银行总行
工行新疆分行	王维萍	女	汉	高级会计师	1999.08	工商银行总行
工行新疆分行	魏 波	男	汉	高级讲师	1999.08	工商银行总行
工行新疆分行	艾圣智	男	汉	高级政工师	2001.08	工商银行总行
工行新疆分行	兰 鸥	男	汉	高级经济师	2001.08	工商银行总行
工行新疆分行	杜海棠	男	汉	高级经济师	2001.08	工商银行总行
工行新疆分行	麦永红	女	汉	高级会计师	2001.08	工商银行总行
工行新疆分行	窦晓云	男	汉	高级经济师	2001.08	工商银行总行
工行新疆分行	沈新力	男	汉	高级工程师	2001.08	工商银行总行
工行新疆分行	库热西·米吉提	男	维吾尔	高级工程师	2001.08	工商银行总行
工行新疆分行	邢敏辉	男	汉	高级经济师	2001.08	工商银行总行
工行新疆分行	张盛生	男	汉	高级经济师	2001.08	工商银行总行
工行新疆分行	黄新海	男	汉	高级经济师	2001.08	工商银行总行
工行新疆分行	邢 雷	男	汉	高级经济师	2001.08	工商银行总行
工行新疆分行	张 存	男	汉	高级政工师	2001.08	工商银行总行
工行新疆分行	孙新民	男	汉	高级政工师	2001.08	工商银行总行
工行新疆分行	陈玉宝	男	汉	高级经济师	2001.08	工商银行总行
工行新疆分行	吴平生	男	汉	高级经济师	2001.08	工商银行总行
工行新疆分行	王迪荣	女	汉	高级经济师	2001.08	工商银行总行
工行新疆分行	娄维力	男	汉	高级会计师	2001.08	工商银行总行
工行新疆分行	房玉忠	男	汉	高级经济师	2001.08	工商银行总行
工行新疆分行	张延挺	男	汉	高级经济师	2001.08	工商银行总行
工行新疆分行	哈木热提·买吐松	男	维吾尔	高级经济师	2001.08	工商银行总行
工行新疆分行	韩百合	男	汉	高级政工师	2001.08	工商银行总行

表12－28续

机构名称	姓名	性别	族别	专业技术职称	授予年月	发证机关
工行新疆分行	李海洛	男	汉	高级政工师	2001.08	工商银行总行
工行新疆分行	李芝兰	女	汉	高级政工师	2001.08	工商银行总行
工行新疆分行	全 伟	男	汉	高级会计师	2001.08	工商银行总行
工行新疆分行	王海江	男	汉	高级会计师	2001.08	工商银行总行
工行新疆分行	向福中	男	回	高级经济师	2001.08	工商银行总行
工行新疆分行	巴哈尔别克	男	哈萨克	高级经济师	2001.08	工商银行总行
工行新疆分行	程建明	男	汉	高级经济师	2001.08	工商银行总行
工行新疆分行	袁新章	男	汉	高级经济师	2001.08	工商银行总行
工行新疆分行	陈新月	男	汉	高级经济师	2001.08	工商银行总行
工行新疆分行	张脉群	男	汉	高级经济师	2003.08	工商银行总行
工行新疆分行	岳 刚	男	汉	高级经济师	2003.08	工商银行总行
工行新疆分行	袁 洲	男	汉	高级经济师	2003.08	工商银行总行
工行新疆分行	魏 斌	男	汉	高级经济师	2003.08	工商银行总行
工行新疆分行	李 伟	男	汉	高级经济师	2003.08	工商银行总行
工行新疆分行	李新玉	男	汉	高级经济师	2003.08	工商银行总行
工行新疆分行	陆国际	男	汉	高级经济师	2003.08	工商银行总行
工行新疆分行	加依拉吾	男	哈萨克	高级经济师	2003.08	工商银行总行
工行新疆分行	潘晓燕	女	汉	高级经济师	2003.08	工商银行总行
工行新疆分行	强玉洁	女	汉	高级经济师	2003.08	工商银行总行
工行新疆分行	戴长健	男	汉	高级经济师	2003.08	工商银行总行
工行新疆分行	王江鸿	女	汉	高级经济师	2003.08	工商银行总行
工行新疆分行	李朝霞	女	汉	高级会计师	2003.08	工商银行总行
工行新疆分行	刘 伟	女	汉	高级会计师	2003.08	工商银行总行
工行新疆分行	朱晶华	女	汉	高级会计师	2003.08	工商银行总行
工行新疆分行	曹 崴	男	汉	高级工程师	2003.08	工商银行总行
工行新疆分行	肖 平	男	汉	高级政工师	2003.08	工商银行总行
工行新疆分行	许群龙	男	汉	高级政工师	2003.08	工商银行总行
工行新疆分行	徐 辉	男	汉	高级政工师	2003.08	工商银行总行
工行新疆分行	依则提汗	女	维吾尔	高级政工师	2003.08	工商银行总行

表 12—28 续

机构名称	姓名	性别	族别	专业技术职称	授予年月	发证机关
工行新疆分行	曹　阳	男	汉	高级政工师	2003.08	工商银行总行
工行新疆分行	王文杰	男	汉	高级政工师	2005.09	工商银行总行
工行新疆分行	阿里木	男	汉	高级经济师	2005.10	工商银行总行
工行新疆分行	王　海	男	汉	高级经济师	2005.10	工商银行总行
工行新疆分行	戴光明	男	汉	高级经济师	2005.10	工商银行总行
工行新疆分行	刘　斌	男	汉	高级经济师	2005.10	工商银行总行
工行新疆分行	刘　辉	男	汉	高级工程师	2005.10	工商银行总行
工行新疆分行	蒋志斌	男	汉	高级经济师	2005.10	工商银行总行
工行新疆分行	米荣昆	男	汉	高级会计师	2005.10	工商银行总行
工行新疆分行	刘京丽	女	汉	高级经济师	2005.10	工商银行总行
工行新疆分行	矫国华	男	汉	高级经济师	2005.10	工商银行总行
工行新疆分行	唐丽丽	女	汉	高级经济师	2005.10	工商银行总行
工行新疆分行	孙　辉	男	汉	高级经济师	2005.10	工商银行总行
工行新疆分行	徐开明	男	汉	高级经济师	2005.10	工商银行总行
工行新疆分行	李德利	男	汉	高级政工师	2005.10	工商银行总行
工行新疆分行	高继强	男	汉	高级政工师	2005.10	工商银行总行
工行新疆分行	王君华	女	汉	高级政工师	2005.10	工商银行总行
工行新疆分行	文德明	男	汉	高级经济师	2005.10	工商银行总行
工行新疆分行	蔡学德	男	汉	高级经济师	2005.10	工商银行总行
工行新疆分行	薛　炜	男	汉	高级经济师	2005.10	工商银行总行
工行新疆分行	董宏勋	男	汉	高级工程师	2005.10	工商银行总行
工行新疆分行	何　平	男	汉	高级政工师	2005.10	工商银行总行
工行新疆分行	阿布都外力	男	维吾尔	高级政工师	2005.10	工商银行总行
工行新疆分行	邵泽山	男	汉	高级政工师	2005.10	工商银行总行
工行新疆分行	陈　晶	男	汉	高级经济师	2005.10	工商银行总行
工行新疆分行	郝俊武	男	汉	高级政工师	2005.10	工商银行总行
工行新疆分行	李卫东	男	汉	高级政工师	2005.10	工商银行总行
工行新疆分行	马　莉	女	汉	高级经济师	2005.10	工商银行总行
工行新疆分行	姜新平	男	汉	高级经济师	2005.10	工商银行总行

1986—2005 年新疆银行业（农行）机构高级专业职称人员一览

表 12—29

机构名称	姓名	性别	族别	专业技术职称	授予年月	发证机关
农行新疆和田分行	阿巴吐地	男	维吾尔	高级经济师	1987.06	农行总行
农行新疆和田分行	买吐送·巴拉提	男	维吾尔	高级经济师	1987.06	农行总行
农行新疆分行	徐月文	男	汉	高级经济师	1987.10	农行总行
新疆农行学校	全凤昭	女	汉	高级讲师	1987.11	农行总行
农行新疆分行	谭　鉴	男	汉	高级经济师	1987.12	农行总行
农行新疆分行	阿不都热·西提	男	维吾尔	高级经济师	1988.01	农行总行
新疆农行学校	孙自亮	男	汉	高级政工师	1988.01	农行总行
农行新疆分行	吾买尔江·沙吾提	男	维吾尔	副译审	1988.04	自治区人民政府
农行新疆伊犁分行	施忠良	男	汉	高级经济师	1988.07	农行总行
农行新疆分行	翁象源	男	汉	高级经济师	1989.07	农行总行
农行新疆分行	葛增林	男	汉	高级经济师	1989.07	农行总行
农行新疆分行	暴士民	男	汉	高级经济师	1989.08	农行总行
新疆农行学校	孙守明	女	汉	高级讲师	1989.09	农行总行
农行新疆分行	王润请	男	汉	高级经济师	1989.10	农行总行
新疆农行学校	陈桂玉	女	汉	高级讲师	1989.10	农行总行
新疆农行学校	苏在讯	男	汉	高级讲师	1989.10	农行总行
农行新疆分行	陈希渊	男	汉	高级经济师	1989.12	农行总行
新疆农行学校	李屯颐	男	汉	副译审	1991.03	自治区人民政府
农行新疆分行	王景华	男	汉	高级会计师	1991.12	农行总行
农行新疆喀什分行	伊布拉因·司马义	男	维吾尔	高级会计师	1992.07	农行总行
农行新疆分行	赵玉琦	男	汉	高级会计师	1992.10	农行总行
农行新疆喀什分行	帕塔尔·卡迪尔	男	维吾尔	高级经济师	1992.12	农行总行
农行新疆克拉玛依分行	赵恩山	男	汉	高级经济师	1993.01	农行总行
农行新疆阿克苏分行	哈衣木·哈里克	男	维吾尔	高级经济师	1993.01	农行总行
新疆农行学校	解长功	男	汉	高级政工师	1993.03	农行总行
农行新疆分行	阿布都	男	哈萨克	高级政工师	1993.04	农行总行
农行新疆分行	许昆生	男	汉	高级经济师	1993.05	农行总行
农行新疆昌吉分行	陈欲谷	男	汉	高级经济师	1993.05	农行总行

表 12—29 续

机构名称	姓名	性别	族别	专业技术职称	授予年月	发证机关
农行新疆分行	哈里买提·祖农	男	维吾尔	高级会计师	1993.06	农行总行
农行新疆分行	张克钧	男	汉	高级经济师	1993.08	农行总行
农行新疆巴音郭楞分行	倪其宝	男	汉	高级经济师	1993.08	农行总行
农行新疆分行	季诚泉	男	汉	高级经济师	1993.09	农行总行
农行新疆奎屯支行	夏孟善	男	汉	高级会计师	1993.10	农行总行
新疆农行学校	张永周	男	汉	其他副高	1993.10	农行总行
新疆农行学校	木斯来	男	维吾尔	高级讲师	1993.10	农行总行
新疆农行学校	朱晓玲	女	汉	高级讲师	1993.10	农行总行
新疆农行学校	王彬亚	女	汉	高级讲师	1993.10	农行总行
新疆农行学校	玛利亚木	女	维吾尔	高级讲师	1993.10	农行总行
新疆农行学校	武容芝	女	汉	高级讲师	1993.11	农行总行
新疆农行学校	帕　夏	女	维吾尔	高级讲师	1993.11	农行总行
农行新疆分行	李光胜	男	汉	高级经济师	1994.01	农行总行
农行新疆分行	张　奇	男	汉	高级经济师	1994.01	农行总行
农行新疆阿勒泰分行	訾金玉	男	汉	高级经济师	1994.01	农行总行
农行新疆分行	邱晓伦	男	汉	副译审	1994.09	农行总行
农行新疆分行	汪振东	男	汉	高级会计师	1994.12	农行总行
农行新疆分行	贺晓初	男	汉	高级经济师	1994.12	农行总行
农行新疆分行	李尊褀	男	回	高级经济师	1994.12	农行总行
农行新疆分行	徐向东	男	汉	高级经济师	1994.12	农行总行
农行新疆博乐市支行	王允沛	男	汉	高级经济师	1994.12	农行总行
农行新疆伊犁分行	常永昌	男	汉	高级经济师	1995.01	农行总行
农行新疆分行	斯拉木	男	维吾尔	高级经济师	1995.03	农行总行
新疆农行学校	赵彦波	男	汉	高级讲师	1995.06	农行总行
农行新疆分行营业部	俞存田	男	汉	高级经济师	1995.10	农行总行
农行新疆分行	陆庆伟	男	汉	高级会计师	1995.10	农行总行
农行新疆分行	马建忠	男	回	高级会计师	1995.11	农行总行
农行新疆昌吉分行	李润祥	男	汉	高级经济师	1995.12	农行总行
农行新疆分行	王兆祥	男	汉	高级政工师	1995.12	农行总行

表 12－29 续

机构名称	姓名	性别	族别	专业技术职称	授予年月	发证机关
新疆农行学校	热衣汗古丽·热扎	女	维吾尔	高级讲师	1995.12	农行总行
农行新疆分行	樊乐明	男	汉	高级政工师	1995.12	农行总行
农行新疆分行	蒋贵园	男	汉	高级经济师	1996.01	农行总行
新疆农行学校	井励智	男	汉	高级讲师	1996.01	农行总行
农行新疆分行	董文明	男	汉	高级经济师	1996.12	农行总行
农行新疆阿勒泰分行	秦 俊	男	汉	高级经济师	1996.12	农行总行
农行新疆分行	刘志平	男	汉	高级经济师	1997.01	农行总行
农行新疆克孜勒苏分行	衣沙哈迪尔	男	柯尔克孜	高级经济师	1997.05	农行总行
农行新疆分行	阿依娜	女	维吾尔	高级工程师	1998.01	农行总行
农行新疆分行	牙生吐尔	男	维吾尔	高级经济师	1999.01	农行总行
农行新疆分行	周永政	男	汉	高级经济师	1999.05	农行总行
农行新疆分行	左新江	男	汉	高级经济师	1999.10	农行总行
农行新疆分行	张志强	男	汉	高级经济师	1999.12	农行总行
农行新疆分行	王立东	男	汉	高级工程师	2000.01	农行总行
农行新疆分行	熊奕民	男	汉	高级经济师	2000.01	农行总行
农行新疆分行	施云龙	男	汉	高级工程师	2001.01	农行总行
农行新疆分行	蒲永昌	男	汉	高级工程师	2001.03	农行总行
农行新疆分行	杨瑞敏	男	汉	高级会计师	2001.11	农行总行
农行新疆分行	赵继尚	男	汉	高级经济师	2002.06	农行总行
农行新疆和田分行	薛峰林	男	汉	高级经济师	2002.12	农行总行

1986—2005 年新疆银行业（中行）机构高级专业职称人员一览

表 12－30

机构名称	姓名	性别	族别	专业技术职称	授予年月	发证机关
中行新疆分行	谢跃云	男	汉	高级经济师	1988.12	中行总行专业技术资格评审委员会
中行新疆分行	赵 信	男	汉	高级经济师	1988.12	中行高级专业技术职务任职资格评审委员会

表 12—30 续

机构名称	姓名	性别	族别	专业技术职称	授予年月	发证机关
中行新疆分行	董勇茂	男	汉	高级会计师	1990.12	中行高级专业技术职务任职资格评审委员会
中行新疆分行	王 新	男	汉	高级经济师	1990.12	中行高级专业技术职务任职资格评审委员会
中行新疆分行	黄培权	男	汉	高级经济师	1991.09	中行总行专业技术资格评审委员会
中行新疆分行	王亿钧	男	汉	高级会计师	1992.06	中行高级专业技术职务任职资格评审委员会
中行新疆分行	张昭新	男	汉	高级经济师	1992.06	中行高级专业技术职务任职资格评审委员会
中行新疆分行	于宝峰	女	汉	高级经济师	1992.10	中行总行专业技术资格评审委员会
中行新疆分行	康 美	女	锡伯	高级经济师	1992.12	中行总行专业技术资格评审委员会
中行新疆分行	杨庆祥	男	汉	高级会计师	1992.12	中行总行专业技术资格评审委员会
中行新疆分行	曾洪添	男	汉	高级政工师	1993.01	新疆企业思想政治工作人员专业职务评定工作领导小组
中行新疆分行	王其福	男	汉	高级政工师	1993.01	新疆企业思想政治工作人员专业职务评定工作领导小组
中行新疆分行	陆志林	男	汉	高级政工师	1993.01	新疆企业思想政治工作人员专业职务评定工作领导小组
中行新疆分行	孙振东	男	汉	高级会计师	1993.08	中行总行专业技术资格评审委员会
中行新疆分行	禹月英	女	汉	高级经济师	1993.08	中行总行专业技术资格评审委员会
中行新疆分行	于国言	男	汉	高级经济师	1993.08	中行总行专业技术资格评审委员会
中行新疆分行	张玉梅	女	汉	高级经济师	1993.08	中行总行专业技术资格评审委员会

表 12—30 续

机构名称	姓名	性别	族别	专业技术职称	授予年月	发证机关
中行新疆分行	张　敏	女	汉	高级经济师	1993.08	中行高级专业技术职务任职资格评审委员会
中行新疆分行	刘洪柯	男	汉	高级经济师	1993.09	中行总行专业技术资格评审委员会
中行新疆分行	赖桐清	男	汉	高级经济师	1994.08	中行总行专业技术资格评审委员会
中行新疆分行	江汉鲸	男	汉	高级政工师	1994.11	新疆企业思想政治工作人员专业职务评定工作领导小组
中行新疆分行	姚省会	男	汉	高级政工师	1994.11	新疆企业思想政治工作人员专业职务评定工作领导小组
中行新疆分行	张援朝	男	汉	高级工程师	1994.12	中行总行专业技术资格评审委员会
中行新疆分行	张　锋	男	汉	高级经济师	1994.12	中行总行专业技术资格评审委员会
中行新疆分行	周　平	男	汉	高级经济师	1994.12	中行总行专业技术资格评审委员会
中行新疆分行	王利民	男	汉	高级经济师	1995.03	中行高级专业技术职务任职资格评审委员会
中行新疆分行	刘明利	女	汉	高级会计师	1995.12	中行总行专业技术资格评审委员会
中行新疆分行	韦建玲	女	壮	高级经济师	1995.12	中行总行专业技术资格评审委员会
中行新疆分行	贺建华	女	汉	高级经济师	1995.12	中行总行专业技术资格评审委员会
中行新疆分行	齐新玲	女	汉	高级经济师	1995.12	中行总行专业技术资格评审委员会
中行新疆分行	郑思青	女	汉	高级经济师	1995.12	中行总行专业技术资格评审委员会
中行新疆分行	邱其林	男	汉	高级工程师	1995.12	中行高级专业技术职务任职资格评审委员会

表 12—30 续

机构名称	姓名	性别	族别	专业技术职称	授予年月	发证机关
中行新疆分行	何文岐	男	汉	高级经济师	1996.08	中行总行专业技术资格评审委员会
中行新疆分行	杨益华	女	汉	高级经济师	1996.12	中行总行专业技术资格评审委员会
中行新疆分行	王怡舟	女	汉	高级经济师	1996.12	中行总行专业技术资格评审委员会
中行新疆分行	王正才	男	汉	高级经济师	1996.12	中行总行专业技术资格评审委员会
中行新疆分行	李海钧	男	汉	高级经济师	1996.12	中行总行专业技术资格评审委员会
中行新疆分行	仇万强	男	汉	高级经济师	1996.12	中行总行专业技术资格评审委员会
中行新疆分行	陈定华	男	汉	高级政工师	1996.12	中行总行专业技术资格评审委员会
中行新疆分行	申远超	男	汉	高级政工师	1996.12	中行总行专业技术资格评审委员会
中行新疆分行	杨永红	女	汉	高级经济师	1997.01	中行总行专业技术资格评审委员会
中行新疆分行	张国芳	男	汉	高级工程师	1997.12	中行总行专业技术资格评审委员会
中行新疆分行	徐 华	女	汉	高级经济师	1997.12	中行总行专业技术资格评审委员会
中行新疆分行	杨自非	女	汉	高级经济师	1997.12	中行总行专业技术资格评审委员会
中行新疆分行	孙致勤	男	汉	高级经济师	1997.12	中行总行专业技术资格评审委员会
中行新疆分行	臧汉民	男	汉	高级经济师	1997.12	中行总行专业技术资格评审委员会
中行新疆分行	吴 凯	女	汉	高级经济师	1998.01	中行总行专业技术资格评审委员会

表 12—30 续

机构名称	姓名	性别	族别	专业技术职称	授予年月	发证机关
中行新疆分行	方 浩	男	汉	高级经济师	1998.01	中行总行专业技术资格评审委员会
中行新疆分行	胡江龙	男	汉	高级经济师	1999.09	中行总行专业技术资格评审委员会
中行新疆分行	窦 波	男	汉	高级经济师	2000.07	中行总行专业技术资格评审委员会
中行新疆分行	李志明	男	汉	高级经济师	2000.11	中行总行专业技术资格评审委员会
中行新疆分行	李向东	男	汉	高级会计师	2005.12	新疆人事厅

1986—2005 年新疆银行业(建行)机构高级专业职称人员一览

表 12—31

机构名称	姓名	性别	族别	专业技术职称	授予年月	发证机关
建行新疆分行	张 野	男	汉	高级经济师	1987.10	建行总行职改办
建行乌鲁木齐市支行	包厚之	男	汉	高级经济师	1987.10	建行总行职改办
建行新疆分行	杜学甫	男	汉	高级会计师	1987.10	建行总行职改办
建行新疆分行	郝公超	男	汉	高级工程师	1987.10	建行总行职改办
建行新疆分行	仲维新	男	汉	高级工程师	1987.10	建行总行职改办
建行新疆分行	王友三	男	汉	高级经济师	1987.11	建行总行职改办
建行石河子市支行	陆连富	男	汉	高级经济师	1987.11	建行总行职改办
建行和田中心支行	刁会藻	男	汉	高级经济师	1987.11	建行总行职改办
建行新疆分行	季兴邦	男	汉	高级经济师	1987.11	建行总行职改办
建行新疆分行	张 稷	男	汉	高级经济师	1987.11	建行总行职改办
建行新疆分行	陈铭伯	男	汉	高级会计师	1987.11	建行总行职改办
建行新疆分行	邵永坤	男	汉	高级会计师	1987.11	建行总行职改办
建行新疆分行	孙坤伯	男	汉	高级经济师	1987.12	建行总行职改办
建行哈密中心支行	朱希廷	男	汉	高级经济师	1987.12	建行总行职改办
建行新疆石油专业分行	胡望瑷	女	汉	高级经济师	1987.12	建行总行职改办

表12—31续

机构名称	姓名	性别	族别	专业技术职称	授予年月	发证机关
建行新疆分行	胡令祥	男	汉	高级经济师	1987.12	建行总行职改办
建行乌鲁木齐市支行	李兆田	男	汉	高级会计师	1987.12	建行总行职改办
建行博尔塔拉州中心支行	乔润伯	男	汉	高级会计师	1987.12	建行总行职改办
建行乌鲁木齐市支行	谢祖瑢	女	汉	高级工程师	1987.12	建行总行职改办
建行阿勒泰中心支行	关德富	男	汉	高级工程师	1987.12	建行总行职改办
建行新疆分行	任果成	男	汉	高级政工师	1992.11	自治区职改办
建行新疆分行	王守敏	男	汉	高级政工师	1992.11	自治区职改办
建行新疆分行	胡炳新	男	汉	高级经济师	1993.01	建行总行职改办
建行和田中心支行	陆鹤声	男	汉	高级经济师	1993.01	建行总行职改办
建行伊犁州分行	李思安	男	汉	高级经济师	1993.01	建行总行职改办
建行新疆分行	孙积安	男	汉	高级经济师	1993.01	建行总行职改办
建行新疆分行	玉素甫·哈斯木	男	维吾尔	高级经济师	1993.01	建行总行职改办
建行喀什中心支行	黄世达	男	汉	高级经济师	1993.01	建行总行职改办
建行巴音郭楞州中心支行	刘佩方	女	汉	高级会计师	1993.01	建行总行职改办
建行石河子市支行	李财章	男	汉	高级会计师	1993.01	建行总行职改办
建行新疆分行	帅　旗	男	汉	高级工程师	1993.01	建行总行职改办
建行乌鲁木齐市支行	崔天祥	男	汉	高级工程师	1993.01	建行总行职改办
建行昌吉州中心支行	曾锡蔚	男	汉	高级工程师	1993.01	建行总行职改办
建行乌鲁木齐市支行	汲忠祥	男	汉	高级工程师	1993.04	建行新疆区分行
建行吐鲁番中心支行	朱东煜	男	汉	高级经济师	1993.05	建行总行职改办
建行昌吉州中心支行	沈兆琏	男	汉	高级经济师	1993.05	建行总行职改办
建行喀什中心支行	施承贵	男	汉	高级经济师	1993.05	建行总行职改办
建行新疆分行	彭志新	男	汉	高级会计师	1993.05	建行总行职改办
建行巴音郭楞州中心支行	乔树林	男	汉	高级工程师	1993.05	建行总行职改办
建行吐鲁番中心支行	夏德贞	男	汉	高级工程师	1993.05	建行总行职改办
建行和田中心支行	黄富茂	男	汉	高级工程师	1993.05	建行总行职改办
建行新疆石油专业分行	朱国兴	男	汉	高级经济师	1994.03	建行总行职改办

表 12－31 续

机构名称	姓名	性别	族别	专业技术职称	授予年月	发证机关
建行新疆分行	王国兴	男	汉	高级经济师	1994.03	建行总行职改办
建行伊犁州分行	周洪德	男	汉	高级经济师	1994.03	建行总行职改办
建行新疆分行	张映仓	男	汉	高级经济师	1994.03	建行总行职改办
建行昌吉州中心支行	陈志忠	男	汉	高级经济师	1994.03	建行总行职改办
建行新疆分行	刘　平	男	汉	高级经济师	1994.03	建行总行职改办
建行伊犁州分行	张崇馥	男	汉	高级经济师	1994.03	建行总行职改办
建行巴音郭楞州中心支行	曹式禹	男	汉	高级经济师	1994.03	建行总行职改办
建行塔城中心支行	李荣斌	男	汉	高级经济师	1994.03	建行总行职改办
建行乌鲁木齐市支行	蒋自富	男	汉	高级经济师	1994.03	建行总行职改办
建行乌鲁木齐市支行	赵志贵	男	汉	高级经济师	1994.03	建行总行职改办
建行吐鲁番中心支行	钱奕俊	男	汉	高级经济师	1994.03	建行总行职改办
建行阿勒泰中心支行	毛忠孝	男	汉	高级经济师	1994.03	建行总行职改办
建行新疆分行	郭新兰	女	汉	高级经济师	1994.03	建行总行职改办
建行乌鲁木齐市支行	梅荣霞	女	汉	高级经济师	1994.03	建行总行职改办
建行伊犁州分行	邢玉文	男	汉	高级经济师	1994.03	建行总行职改办
建行石河子市支行	刘树海	男	汉	高级经济师	1994.03	建行总行职改办
建行吐鲁番中心支行	戚文卓	男	汉	高级经济师	1994.03	建行总行职改办
建行新疆分行	阿不都·库吐尔	男	维吾尔	高级经济师	1994.03	建行总行职改办
建行乌鲁木齐市支行	那国瑜	女	汉	高级会计师	1994.03	建行总行职改办
建行阿克苏中心支行	顾李仁	男	汉	高级会计师	1994.03	建行总行职改办
建行喀什中心支行	黄国钧	男	汉	高级会计师	1994.03	建行总行职改办
建行乌鲁木齐市支行	赵新民	男	汉	高级工程师	1994.03	建行总行职改办
建行新疆分行	孙长强	男	汉	高级工程师	1994.03	建行总行职改办
建行石河子市支行	黄青莲	女	汉	高级工程师	1994.03	建行总行职改办
建行新疆分行	邹蕴瑞	男	汉	高级工程师	1994.03	建行总行职改办
建行新疆分行	许晓辉	男	汉	高级工程师	1994.03	建行总行职改办
建行新疆分行	任大明	男	汉	高级工程师	1994.03	建行总行职改办
建行新疆石油专业分行	刘学军	男	汉	高级工程师	1994.03	建行总行职改办

表 12—31 续

机构名称	姓名	性别	族别	专业技术职称	授予年月	发证机关
建行新疆分行	綦增华	男	汉	高级工程师	1994.03	建行总行职改办
建行乌鲁木齐市支行	彭诗才	男	汉	高级工程师	1994.03	建行总行职改办
建行新疆分行	阿不力孜·克友木	男	维吾尔	高级翻译	1994.08	自治区职改办
建行乌鲁木齐市支行	谷昕	男	汉	高级政工师	1994.12	自治区职改办
建行乌鲁木齐市支行	李德智	男	汉	高级政工师	1994.12	自治区职改办
建行新疆分行	李谦	男	汉	高级经济师	1995.01	建行总行职改办
建行博尔塔拉州中心支行	张军志	男	汉	高级经济师	1995.01	建行总行职改办
建行新疆分行	艾尔肯·艾则孜	男	维吾尔	高级经济师	1995.01	建行总行职改办
建行新疆分行	袁福华	男	汉	高级经济师	1995.01	建行总行职改办
建行阿勒泰中心支行	王毓美	女	汉	高级经济师	1995.01	建行总行职改办
建行博尔塔拉州中心支行	刘文喜	男	汉	高级经济师	1995.01	建行总行职改办
建行昌吉州中心支行	高雷明	男	汉	高级经济师	1995.01	建行总行职改办
建行昌吉州中心支行	谢嗜文	男	汉	高级经济师	1995.01	建行总行职改办
建行石河子市支行	聂永泉	男	汉	高级经济师	1995.01	建行总行职改办
建行塔城中心支行	刘才章	男	汉	高级经济师	1995.01	建行总行职改办
建行新疆分行	李薇兰	女	汉	高级经济师	1995.01	建行总行职改办
建行伊犁州分行	柯建新	男	汉	高级经济师	1995.01	建行总行职改办
建行昌吉州中心支行	宗永年	男	汉	高级经济师	1995.01	建行总行职改办
建行乌鲁木齐市支行	沙广泰	男	汉	高级经济师	1995.01	建行总行职改办
建行乌鲁木齐市支行	冯兰生	女	汉	高级经济师	1995.01	建行总行职改办
建行乌鲁木齐市支行	陈新华	女	汉	高级经济师	1995.01	建行总行职改办
建行乌鲁木齐市支行	坎亦良	男	汉	高级经济师	1995.01	建行总行职改办
建行乌鲁木齐市支行	张铁道	男	汉	高级经济师	1995.01	建行总行职改办
建行新疆分行	李文	男	汉	高级经济师	1995.01	建行总行职改办
建行新疆分行	张忠有	男	汉	高级会计师	1995.01	建行总行职改办
建行新疆石油专业分行	欧桂兰	女	汉	高级会计师	1995.01	建行总行职改办
建行阿勒泰中心支行	李淑萍	女	汉	高级会计师	1995.01	建行总行职改办

表 12—31 续

机构名称	姓名	性别	族别	专业技术职称	授予年月	发证机关
建行哈密中心支行	赵学敏	女	汉	高级会计师	1995.01	建行总行职改办
建行昌吉州中心支行	王毓石	男	汉	高级会计师	1995.01	建行总行职改办
建行喀什中心支行	徐贵筑	男	汉	高级会计师	1995.01	建行总行职改办
建行新疆分行	杨淑华	女	汉	副研究馆员	1995.03	自治区职改办
建行新疆分行	施美芬	女	汉	副研究馆员	1995.03	自治区职改办
建行克孜勒苏州中心支行	杨瑞敏	女	汉	高级会计师	1996.03	建行总行评审委
建行石河子市支行	孙楚林	男	汉	高级会计师	1996.03	建行总行评审委
建行伊犁州分行	李彦玲	女	汉	高级会计师	1996.03	建行总行评审委
建行新疆分行	李晓白	男	汉	高级会计师	1996.03	建行总行评审委
建行阿克苏中心支行	郁景周	男	汉	高级会计师	1996.03	建行总行评审委
建行阿勒泰中心支行	吴玉泉	女	汉	高级会计师	1996.03	建行总行评审委
建行哈密中心支行	张锡昌	男	汉	高级会计师	1996.03	建行总行评审委
建行石河子市支行	倪金林	男	汉	高级工程师	1996.03	建行总行评审委
建行喀什中心支行	雅合甫·吾买尔	男	维吾尔	高级经济师	1996.03	建行总行评审委
建行新疆分行	王会民	男	汉	高级经济师	1996.03	建行总行评审委
建行新疆铁道专业支行	周学功	男	汉	高级经济师	1996.03	建行总行评审委
建行乌鲁木齐市支行	高 华	男	汉	高级经济师	1996.03	建行总行评审委
建行新疆分行	谢福珍	女	汉	高级经济师	1996.03	建行总行评审委
建行乌鲁木齐市支行	于云湘	女	汉	高级经济师	1996.03	建行总行评审委
建行哈密中心支行	张全志	男	汉	高级经济师	1996.03	建行总行评审委
建行伊犁州分行	吴建中	男	汉	高级经济师	1996.03	建行总行评审委
建行巴音郭楞州中心支行	任 群	男	汉	高级经济师	1996.03	建行总行评审委
建行新疆分行	叶 星	女	汉	高级经济师	1996.03	建行总行评审委
建行新疆石油专业分行	丁晓杰	男	汉	高级经济师	1996.03	建行总行评审委
建行哈密中心支行	邓玉英	女	汉	高级经济师	1996.03	建行总行评审委
建行阿勒泰中心支行	宋述俭	男	汉	高级经济师	1996.03	建行总行评审委

表 12－31 续

机构名称	姓名	性别	族别	专业技术职称	授予年月	发证机关
建行乌鲁木齐市支行	钱里丹	男	汉	高级经济师	1996.03	建行总行评审委
建行新疆分行	张莉莉	女	汉	高级经济师	1996.03	建行总行评审委
建行阿勒泰中心支行	张新建	男	汉	高级经济师	1996.03	建行总行评审委
建行博尔塔拉州中心支行	钱永文	男	汉	高级经济师	1996.03	建行总行评审委
建行新疆分行	韩新林	男	汉	高级经济师	1996.03	建行总行评审委
建行新疆分行	罗小平	男	汉	高级经济师	1996.03	建行总行评审委
建行伊犁州分行	古丽比娅	女	维吾尔	高级经济师	1996.03	建行总行评审委
建行巴音郭楞州分行	李孝	男	汉	高级政工师	1997.03	建行总行评审委
建行新疆分行营业部	戴跃明	男	汉	高级经济师	1997.03	建行总行评审委
建行新疆分行	马建民	男	汉	高级经济师	1997.03	建行总行评审委
建行新疆分行营业部	王新荣	男	汉	高级经济师	1997.03	建行总行评审委
建行哈密分行	万迪宣	男	汉	高级经济师	1997.03	建行总行评审委
建行阿勒泰分行	丁常水	男	汉	高级经济师	1997.03	建行总行评审委
建行新疆分行	蔡肖葵	男	汉	高级经济师	1997.03	建行总行评审委
建行新疆分行	伊力哈木·伊明	男	维吾尔	高级经济师	1997.03	建行总行评审委
建行新疆分行营业部	刘静	女	汉	高级会计师	1997.03	建行总行评审委
建行新疆铁道专业支行	卢富明	男	汉	高级会计师	1997.03	建行总行评审委
建行新疆分行	关文成	男	锡伯	高级会计师	1997.03	建行总行评审委
建行阿勒泰分行	王淑珍	女	汉	高级会计师	1997.03	建行总行评审委
建行新疆分行	马峻	男	汉	高级工程师	1997.03	建行总行评审委
建行喀什分行	付定辉	男	汉	高级工程师	1997.03	建行总行评审委
建行阿克苏分行	李岠	男	汉	高级工程师	1997.03	建行总行评审委
建行阿克苏分行	阿布来提·木明	男	维吾尔	高级工程师	1997.03	建行总行评审委
建行巴音郭楞州分行	郭正平	男	汉	高级经济师	1997.12	建行总行评审委
建行新疆分行营业部	贾晓逵	男	汉	高级经济师	1997.12	建行总行评审委
建行巴音郭楞州分行	陈伟林	男	汉	高级经济师	1997.12	建行总行评审委
建行新疆分行	张勇	男	汉	高级经济师	1997.12	建行总行评审委
建行新疆分行营业部	初明信	男	汉	高级经济师	1997.12	建行总行评审委

表 12—31 续

机构名称	姓名	性别	族别	专业技术职称	授予年月	发证机关
建行新疆分行	刘向军	男	汉	高级经济师	1997.12	建行总行评审委
建行新疆分行	吴　颖	男	汉	高级经济师	1997.12	建行总行评审委
建行新疆分行	魏秀梅	女	汉	高级经济师	1997.12	建行总行评审委
建行新疆分行	邱广平	男	汉	高级经济师	1997.12	建行总行评审委
建行新疆分行	祝万夫	男	汉	高级工程师	1997.12	建行总行评审委
建行新疆分行	牛　珍	女	汉	高级工程师	1997.12	建行总行评审委
建行新疆分行	赵成坤	男	汉	高级工程师	1997.12	建行总行评审委
建行巴音郭楞州分行	周新平	男	汉	高级工程师	1997.12	建行总行评审委
建行新疆分行营业部	刘秋丽	女	汉	高级工程师	1997.12	建行总行评审委
建行吐鲁番分行	李忠华	男	汉	高级经济师	1998.12	建行总行评审委
建行伊犁州分行	姜志国	男	汉	高级经济师	1998.12	建行总行评审委
建行喀什分行	曹建平	男	汉	高级经济师	1998.12	建行总行评审委
建行新疆分行	成永旭	男	汉	高级经济师	1998.12	建行总行评审委
建行新疆分行	许建军	男	汉	高级经济师	1998.12	建行总行评审委
建行新疆分行	聂　敏	女	汉	高级经济师	1998.12	建行总行评审委
建行新疆分行	常志强	男	汉	高级经济师	1998.12	建行总行评审委
建行新疆分行	于　靖	女	汉	高级经济师	1998.12	建行总行评审委
建行新疆分行	唐志敏	男	汉	高级经济师	1998.12	建行总行评审委
建行新疆分行	姜东杰	男	汉	高级经济师	1998.12	建行总行评审委
建行新疆分行	张春生	男	汉	高级会计师	1998.12	建行总行评审委
建行阿克苏分行	李华明	男	汉	高级会计师	1998.12	建行总行评审委
建行新疆分行	钟　薇	女	汉	高级会计师	1998.12	建行总行评审委
建行新疆分行	李　元	女	汉	高级会计师	1998.12	建行总行评审委
建行新疆分行	王毓东	男	汉	高级工程师	1998.12	建行总行评审委
建行伊犁州分行	宋照平	男	汉	高级经济师	1999.12	建行总行评审委
建行新疆分行	侯永新	男	汉	高级经济师	1999.12	建行总行评审委
建行昌吉州分行	李新平	男	汉	高级经济师	1999.12	建行总行评审委
建行新疆分行	周　苏	女	汉	高级经济师	1999.12	建行总行评审委
建行伊犁州分行	阿不都热依木·阿勒玛斯	男	维吾尔	高级经济师	1999.12	建行总行评审委

表 12—31 续

机构名称	姓名	性别	族别	专业技术职称	授予年月	发证机关
建行吐鲁番分行	秦克楼	男	汉	高级会计师	1999.12	建行总行评审委
建行新疆分行	陈铭新	男	汉	高级工程师	1999.12	建行总行评审委
建行新疆分行	朱鹏鹏	男	汉	高级工程师	1999.12	建行总行评审委
建行新疆分行	刘爱辉	男	汉	高级工程师	1999.12	建行总行评审委
建行新疆分行营业部	徐 才	男	汉	高级政工师	1999.12	建行总行评审委
建行石河子市分行	杨险峰	男	汉	高级经济师	2000.12	建行总行评审委
建行新疆分行	刘娅萍	女	汉	高级经济师	2000.12	建行总行评审委
建行阿勒泰分行	常克勤	男	汉	高级经济师	2000.12	建行总行评审委
建行喀什分行	韩 勇	男	汉	高级经济师	2000.12	建行总行评审委
建行新疆分行	刘正刚	男	汉	高级经济师	2000.12	建行总行评审委
建行新疆分行	王 鹏	男	汉	高级会计师	2000.12	建行总行评审委
建行新疆分行	庄 玮	男	汉	高级工程师	2000.12	建行总行评审委
建行新疆分行营业部	阿孜古丽·斯迪克	女	维吾尔	高级工程师	2000.12	建行总行评审委
建行新疆分行营业部	热普卡提·努热合曼	男	维吾尔	高级经济师	2001.12	建行总行评审委
建行新疆分行	张 新	男	汉	高级经济师	2001.12	建行总行评审委
建行新疆分行营业部	徐军世	男	汉	高级经济师	2001.12	建行总行评审委
建行吐鲁番分行	王海林	男	汉	高级经济师	2001.12	建行总行评审委
建行阿勒泰分行	王庆平	男	汉	高级经济师	2001.12	建行总行评审委
建行石河子分行	刁东梅	女	汉	高级经济师	2001.12	建行总行评审委
建行新疆分行	朱 雷	男	汉	高级工程师	2001.12	建行总行评审委
建行新疆分行	郭小琼	女	汉	高级工程师	2001.12	建行总行评审委
建行巴音郭楞州分行	赵冰膺	男	汉	高级经济师	2002.12	建行总行评审委
建行新疆分行	符伟宏	男	汉	高级经济师	2002.12	建行总行评审委
建行昌吉州分行	孙学东	男	汉	高级经济师	2002.12	建行总行评审委
建行哈密分行	李志平	男	汉	高级经济师	2002.12	建行总行评审委
建行石河子市分行	周一平	女	汉	高级经济师	2002.12	建行总行评审委
建行哈密分行	汤先锋	男	汉	高级经济师	2002.12	建行总行评审委
建行新疆分行	孔建新	男	汉	高级经济师	2002.12	建行总行评审委

表 12-31 续

机构名称	姓名	性别	族别	专业技术职称	授予年月	发证机关
建行塔城分行	张为民	男	汉	高级工程师	2002.12	建行总行评审委
建行新疆分行	田志刚	男	汉	高级工程师	2002.12	建行总行评审委
建行伊犁州分行	兰胜利	男	汉	高级经济师	2003.12	建行总行评审委
建行巴音郭楞州分行	李新平	男	汉	高级经济师	2003.12	建行总行评审委
建行新疆分行	李晓芳	女	汉	高级经济师	2003.12	建行总行评审委
建行新疆分行	王 荣	女	汉	高级经济师	2003.12	建行总行评审委
建行新疆分行	王 博	男	汉	高级会计师	2003.12	建行总行评审委
建行新疆分行	邓 波	男	汉	高级工程师	2003.12	建行总行评审委
建行新疆分行	杨建军	男	汉	高级工程师	2003.12	建行总行评审委
建行新疆分行	贺永班	男	汉	高级工程师	2003.12	建行总行评审委
建行新疆分行	徐勇辉	男	汉	高级经济师	2004.12	建行总行评审委
建行新疆分行	彭 捷	女	汉	高级经济师	2004.12	建行总行评审委
建行新疆分行	张玲玲	女	汉	高级经济师	2004.12	建行总行评审委
建行塔城分行	焦永恒	男	汉	高级经济师	2004.12	建行总行评审委
建行新疆分行	史咏梅	女	汉	高级经济师	2004.12	建行总行评审委
建行新疆分行营业部	高 颖	女	汉	高级会计师	2004.12	建行总行评审委
建行新疆分行	崔 文	男	汉	高级会计师	2004.12	建行总行评审委
建行新疆分行营业部	丁陆春	男	汉	高级会计师	2004.12	建行总行评审委
建行巴音郭楞州分行	于遵明	男	汉	高级会计师	2004.12	建行总行评审委
建行新疆分行	马青桂	女	汉	高级经济师	2005.12	建行总行评审委
建行新疆分行	陈 静	女	汉	高级经济师	2005.12	建行总行评审委
建行新疆分行	张富江	男	汉	高级经济师	2005.12	建行总行评审委
建行新疆分行	张 静	女	汉	高级经济师	2005.12	建行总行评审委
建行新疆分行	刘铁成	男	汉	高级经济师	2005.12	建行总行评审委
建行新疆分行	何景蕾	男	汉	高级经济师	2005.12	建行总行评审委
建行石油分行	彭玉忠	男	汉	高级经济师	2005.12	建行总行评审委
建行新疆分行	焦 翔	女	汉	高级经济师	2005.12	建行总行评审委
建行新疆分行	郑文峰	男	汉	高级工程师	2005.12	建行总行评审委
建行新疆分行	傅卫锋	男	汉	高级会计师	2005.12	建行总行评审委

1986—2005年新疆银行业(兵行)机构高级专业职称人员一览

表12—32

机构名称	姓名	性别	族别	专业技术职称	授予年月	发证机关
农行兵团分行	盛华馨	男	汉	高级经济师	1987.09	农行总行
农行兵团分行	谭连雄	男	汉	高级经济师	1988.03	农行总行
农行兵团分行	麦　培	男	汉	高级会计师	1988.04	农行总行
农行兵团分行	方敦记	男	汉	高级经济师	1988.04	农行总行
农行兵团分行	李宗毅	男	汉	高级讲师	1989.07	农行总行
农行兵团分行	艾力买买提	男	汉	高级经济师	1989.07	农行总行
农行兵团分行	车金题	男	汉	高级经济师	1989.07	农行总行
农行兵团分行	王世森	男	汉	高级经济师	1989.07	农行总行
农行兵团分行	杨乃明	女	汉	高级经济师	1989.07	农行总行
农行兵团分行	余志良	男	汉	高级会计师	1990.06	农行总行
农行兵团分行	许秉献	男	汉	高级经济师	1991.11	农行总行
农行兵团分行	马　钏	女	回	高级经济师	1993.01	农行总行
农行兵团分行	许曾平	男	汉	高级讲师	1993.10	农行总行
农行兵团分行	李　孝	男	汉	高级经济师	1993.11	农行总行
农行兵团分行	叶妙娟	女	汉	高级会计师	1993.12	农行总行
农行兵团分行	胡乔生	男	汉	高级经济师	1993.12	农行总行
农行兵团分行	马荣贵	男	汉	高级经济师	1993.12	农行总行
农行兵团分行	高良煦	男	汉	高级经济师	1993.12	农行总行
农行兵团分行	历国斌	男	汉	高级经济师	1994.12	农行总行
农行兵团分行	陈炳直	男	汉	高级经济师	1994.12	农行总行
农行兵团分行	刘崇林	男	汉	高级经济师	1994.12	农行总行
农行兵团分行	高学义	男	汉	高级工程师	1995.01	农行总行
农行兵团分行	鄂立坚	男	汉	高级经济师	1995.10	农行总行
农行兵团分行	吴其标	男	汉	高级经济师	1995.10	农行总行
农行兵团分行	张顺银	男	汉	高级经济师	1995.10	农行总行
农行兵团分行	杜玉萍	女	汉	高级会计师	1995.12	农行总行
农行兵团分行	李秀琴	女	汉	高级工程师	1996.12	农行总行

表 12－32 续

机构名称	姓名	性别	族别	专业技术职称	授予年月	发证机关
农行兵团分行	韩亚庚	男	汉	高级经济师	1996.12	农行总行
农行兵团分行	李振国	男	汉	高级政工师	1996.12	农行总行
农行兵团分行	束 坚	男	汉	高级经济师	1997.01	农行总行
农行兵团分行	马 环	女	汉	高级会计师	1997.12	农行总行
农行兵团分行	张甘泉	男	汉	高级经济师	1997.12	农行总行
农行兵团分行	赵培智	男	汉	高级经济师	1997.12	农行总行
农行兵团分行	丁生光	男	汉	高级会计师	1998.06	农行总行
农行兵团分行	苏 健	女	回	高级政工师	1998.09	农行总行
农行兵团分行	单钜培	男	汉	高级经济师	1999.12	农行总行
农行兵团分行	齐 明	男	汉	高级经济师	1999.12	农行总行
农行兵团分行	尹金春	男	汉	高级经济师	1999.12	农行总行
农行兵团分行	张武军	女	汉	高级经济师	1999.12	农行总行
农行兵团分行	张 勇	男	汉	高级经济师	1999.12	农行总行
农行兵团分行	边柱林	男	汉	高级经济师	2001.12	农行总行
农行兵团分行	郭田正	男	汉	高级经济师	2001.12	农行总行
农行兵团分行	闫学胜	男	汉	高级经济师	2001.12	农行总行
农行兵团分行	樊培强	男	汉	高级工程师	2002.12	农行总行
农行兵团分行	王 纯	男	汉	高级工程师	2002.12	农行总行
农行兵团分行	张益民	男	汉	高级经济师	2002.12	农行总行
农行兵团分行	王少华	男	汉	高级政工师	2003.11	农行总行
农行兵团分行	李 靖	男	汉	高级经济师	2003.12	农行总行
农行兵团分行	杭承康	男	汉	高级经济师	2005.12	农行总行
农行兵团分行	张新全	男	汉	高级经济师	2005.12	农行总行
农行兵团分行	王玉花	女	汉	高级会计师	2005.12	农行总行
农行兵团分行	刘新玲	女	汉	高级经济师	2005.12	农行总行
农行兵团分行	张风雷	男	汉	高级经济师	2005.12	农行总行
农行兵团分行	张 伟	男	汉	高级经济师	2005.12	农行总行

1986—2005 年新疆银行业(交通银行)机构高级专业职称人员一览

表 12-33

机构名称	姓名	性别	族别	专业技术职称	授予年月	发证机关
交行乌鲁木齐分行	李志清	男	汉	高级会计师	1993.01	中国人民银行
交行乌鲁木齐分行	彭　纯	男	汉	高级经济师	1996.10	交通银行总行
交行乌鲁木齐分行	樊　军	男	汉	高级经济师	1997.08	交通银行总行
交行乌鲁木齐分行	赵　燕	女	汉	高级会计师	2000.12	交通银行总行
交行乌鲁木齐分行	赵　炯	男	汉	高级经济师	2005.08	交通银行总行

1986—2005 年新疆银行业(招商银行)机构高级专业职称人员一览

表 12-34

机构名称	姓名	性别	族别	专业技术职称	授予年月	发证机关
招行乌鲁木齐分行	姚成军	男	汉	高级经济师	1995.05	农行总行
招行乌鲁木齐分行	吕成玉	男	汉	高级工程师	1995.12	建行山东分行
招行乌鲁木齐分行	褚洪娟	女	汉	高级经济师	1999.08	工行总行
招行乌鲁木齐分行	刘　芳	女	汉	高级经济师	1999.08	工行总行
招行乌鲁木齐分行	姜志国	男	汉	高级经济师	1999.10	建行总行
招行乌鲁木齐分行	纪辉平	女	汉	高级经济师	2000.11	人行新疆分行
招行乌鲁木齐分行	刘小明	男	汉	高级经济师	2000.12	招商银行总行
招行乌鲁木齐分行	王　博	男	汉	高级经济师	2001.12	国开行新疆分行
招行乌鲁木齐分行	毛立新	男	汉	高级经济师	2002.12	平安保险公司

1986—2005 年新疆银行业(邮政储蓄)机构高级专业职称人员一览

表 12-35

机构名称	姓名	性别	族别	专业技术职称	授予年月	发证机关
新疆邮政储汇局	张银录	男	汉	高级政工师	1992.01	自治区邮电管理局
新疆邮政储汇局	孙黎焰	男	汉	高级经济师	1996.04	自治区邮电管理局
新疆邮政储汇局	赵国金	男	汉	高级经济师	1996.04	自治区邮电管理局

表 12－35 续

机构名称	姓名	性别	族别	专业技术职称	授予年月	发证机关
新疆邮政储汇局	杨立华	女	汉	高级统计师	1996.04	自治区邮电管理局
新疆邮政储汇局	付　方	男	汉	高级政工师	1996.04	自治区邮电管理局
新疆邮政储汇局	马　健	女	汉	高级会计师	1996.04	自治区邮电管理局
新疆邮政储汇局	朱　玮	女	汉	高级经济师	1998.09	自治区邮电管理局
新疆邮政储汇局	郭永江	男	汉	高级经济师	1998.09	自治区邮电管理局
新疆邮政储汇局	许　琦	男	汉	高级工程师	1998.09	自治区邮电管理局
新疆邮政储汇局	秦　雯	女	回	高级经济师	2001.12	自治区邮电管理局
新疆邮政储汇局	陆亚平	女	汉	高级经济师	2001.12	自治区邮电管理局

1986—2005 年新疆银行业（乌鲁木齐市商业银行）机构高级专业职称人员一览

表 12－36

机构名称	姓名	性别	族别	专业技术职称	授予年月	发证机关
乌鲁木齐市商业银行	农惠臣	男	汉	高级经济师	2001.02	新疆人力资源和社会保障厅
乌鲁木齐市商业银行	王立生	男	汉	高级经济师	2001.02	新疆人力资源和社会保障厅
乌鲁木齐市商业银行	王云	女	汉	高级经济师	2001.02	新疆人力资源和社会保障厅
乌鲁木齐市商业银行	李宏海	男	汉	高级经济师	2001.08	新疆人力资源和社会保障厅
乌鲁木齐市商业银行	谭钊泽	男	汉	高级经济师	2002.11	新疆人力资源和社会保障厅
乌鲁木齐市商业银行	马兵	男	汉	高级经济师	2002.11	新疆人力资源和社会保障厅
乌鲁木齐市商业银行	唐新平	男	汉	高级经济师	2003.11	新疆人力资源和社会保障厅

1986—2005 年新疆银行业(信达资产管理公司)金融机构高级专业职称人员一览

表 12—37

机构名称	姓名	性别	族别	专业技术职称	授予年月	发证机关
信达乌鲁木齐办事处	袁福华	男	汉	高级经济师	1995.02	建行总行
信达乌鲁木齐办事处	谢嗜文	男	汉	高级经济师	1995.02	建行总行
信达乌鲁木齐办事处	罗小平	男	汉	高级经济师	1995.12	建行总行
信达乌鲁木齐办事处	丁晓杰	男	汉	高级经济师	1995.12	建行总行
信达乌鲁木齐办事处	张莉莉	女	汉	高级经济师	1996.04	建行总行
信达乌鲁木齐办事处	贾晓遒	男	汉	高级经济师	1997.12	建行总行
信达乌鲁木齐办事处	古丽皮艳木·吐达洪	女	维吾尔	高级经济师	1997.12	建行总行
信达乌鲁木齐办事处	邱广平	男	汉	高级经济师	1997.12	建行总行
信达乌鲁木齐办事处	常志强	男	汉	高级经济师	1998.12	建行总行
信达乌鲁木齐办事处	纪泰	男	汉	高级经济师	2003.12	信达资产管理公司

1986—2005 年新疆银行业(新疆国投公司)金融机构高级专业职称人员一览

表 12—38

机构名称	姓名	性别	族别	专业技术职称	授予年月	发证机关
新疆国际信托投资公司	金大鹏	男	汉	高级经济师	1989.07	不详(未查到)
新疆国际信托投资公司	杨万田	男	汉	高级经济师	1989.07	不详(未查到)
新疆国际信托投资公司	王北来	男	汉	高级工程师	1989.07	不详(未查到)
新疆国际信托投资公司	乔培生	男	汉	高级会计师	1989.07	不详(未查到)
新疆国际信托投资公司	张雷	男	汉	高级工程师	1989.07	不详(未查到)
新疆国际信托投资公司	梁树森	男	汉	高级经济师	1989.07	不详(未查到)
新疆国际信托投资公司	俞逢智	男	汉	高级经济师	1989.07	不详(未查到)
新疆国际信托投资公司	李亦平	男	汉	高级经济师	1989.07	不详(未查到)
新疆国际信托投资公司	胡德义	男	汉	高级经济师	1989.07	不详(未查到)
新疆国际信托投资公司	徐乃良	男	汉	高级经济师	1989.07	不详(未查到)
新疆国际信托投资公司	葛莐峰	男	汉	高级工程师	1989.07	不详(未查到)
新疆国际信托投资公司	王毅昌	男	汉	高级会计师	1989.07	不详(未查到)
新疆国际信托投资公司	马安泰	男	汉	高级经济师	1996.01	不详(未查到)

表 12－38 续

机构名称	姓名	性别	族别	专业技术职称	授予年月	发证机关
新疆国际信托投资公司	张闻农	男	汉	高级经济师	1996.01	不详（未查到）
新疆国际信托投资公司	田正杰	男	汉	高级经济师	1996.01	不详（未查到）
新疆国际信托投资公司	徐乃良	男	汉	高级经济师	1996.01	不详（未查到）
新疆国际信托投资公司	乔培生	男	汉	高级会计师	1996.01	不详（未查到）
新疆国际信托投资公司	刘同德	男	汉	副译审	1996.01	不详（未查到）
新疆国际信托投资公司	靳 曼	女	汉	副译审	1996.01	不详（未查到）
新疆国际信托投资公司	李雷洲	男	汉	高级经济师	1999.02	不详（未查到）
新疆国际信托投资公司	曹步宁	男	汉	高级工程师	1999.02	不详（未查到）
新疆国际信托投资公司	帕提古丽·阿不都拉	女	维吾尔	高级工程师	1999.02	不详（未查到）
新疆国际信托投资公司	田文君	女	汉	高级经济师	2000.03	不详（未查到）
新疆国际信托投资公司	周 勇	男	汉	高级经济师	2000.03	不详（未查到）
新疆国际信托投资公司	苏瑞华	女	汉	高级会计师	2000.03	不详（未查到）
新疆国际信托投资公司	南 昌	男	汉	高级工程师	2000.03	不详（未查到）

1986—2005 年新疆银行业（金融租赁）金融机构高级专业职称人员一览

表 12－39

机构名称	姓名	性别	族别	专业技术职称	授予年月	发证机关
新疆金融租赁有限公司	怀建新	男	汉	高级经济师	1996.01	中国人民银行

附　　录

　　本志书附录部分,主要记录重要文献的辑存;对一轮《新疆通志·金融志》(59卷)遗漏项的补载;2006—2012年新疆银行业发展变化中的大事记;2006—2012年新疆银行业(机构)发展概况和2005年新疆银行业辖属分支机构的基本情况等。

一、文献辑存

（一）法规、文件

新疆维吾尔自治区人民政府批转人民银行自治区分行
关于自治区粮、棉、油政策性收购资金
被挤占挪用情况报告的通知

（新政函〔1995〕144 号）

伊犁哈萨克自治州，各州、市、县（市）人民政府，各行政公署，自治区人民政府各有关部门：

现将自治区人民银行《关于自治区粮、棉、油政策性收购资金被挤占挪用情况的报告》转发你们。从报告所反映的情况来看，自治区粮棉油收购资金被挤占挪用的情况十分突出。特别是一些企业无视党的纪律、置国家三令五申的有关政策于不顾，大量挪用收购资金搞基本建设，购买汽车，外借转作其他用途，其性质十分严重。如不采取有效措施纠正并清理收回，将对发展农业生产、抑制通货膨胀产生十分不利的影响。为此，根据国务院国发〔1995〕12 号文件精神，特就清理收回被挤占的农副产品收购资金，加强农副产品收购资金管理问题通知如下：

一、农副产品收购资金的供应与管理涉及多个部门，农副产品收购资金被挤占挪用的情况错综复杂。因此，无论从加强管理、保证供应和清理收回的角度来看，都需要各级政府和主管部门的领导思想高度重视，并作为一项重要任务，认真去抓，才能取得成效。自治区人民政府重申，农副产品收购资金的管理工作，实行州长、市长、专员负责制，在各级政府（行署）统一领导下，收购部门、财政部门和有关银行，要各负其责，对本地区、本部门被挤占挪用的收购资金，要核实账目，查清去向，明确责任，落实回收计划，采取有效措施，予以清理收回。

二、对于财政性的挤占挪用，由自治区财政厅牵头，会同有关部门进一步核实被挤占挪用资金数额。对欠拨政策性补贴而挤占挪用银行贷款的，自治区财政厅要分别不同情况提出拨补方案。对中央、自治区财政已下拨的政策性补贴款被挪用的、地（州）县（市）财政部门要进行清理，归还农业发展银行贷款。

三、对于挪用收购资金用于基建、购置固定资产、用于借贷的，各挪用企业要立即采取有效措施，切实认真进行清理，归还占用的收购贷款；对于清收不回的要追究其单位领导和有关人员的责任。并按中国人民银行银发〔1995〕237 号文件规定计收利息。自治区供销

社、粮食局等上级主管部门,要负责督促检查,确保下属企业认真清理回收被占用的收购资金,并从整章建制方面入手,加强业务指导,严防类似情况再次发生。

四、中国人民银行、财政部等部门已明文规定、停止发放粮棉预购定金。对于个别地区挪用收购资金垫付预购定金与农作物保险金的,要在粮棉收购中扣回。农作物保险金应由农户承担。

五、对个别无视党的纪律,人民利益,挪用粮棉油政策性收购资金购置豪华车辆;贪污、行贿、挥霍收购资金的单位领导及有关人员要由各级纪检监察部门严肃查处,触犯刑律的要送交司法机关依法惩处。

六、农业发展银行和各代理业务行要按有关规定加强对粮油收购资金的管理,对挤占挪用的资金要进行认真清理,确保收购资金的供应。

一九九五年十月十六日

新疆农村信用社与新疆农业银行
脱离行政隶属关系实施方案

新农金改传〔1996〕11号

根据《国务院关于农村金融体制改革的决定》和国务院农村金融体制改革部际协调小组有关文件精神,结合新疆实际情况,为保证农村信用社与中国农业银行脱离行政隶属关系工作的顺利实施,特制订本实施方案。

一、"脱钩"应遵循的原则

(一)在新疆农村金融体制改革领导小组的领导下,积极稳妥地做好各项改革工作,确保新疆农村信用社管理工作的连续性和新疆农村信用合作管理干部的稳定。

(二)顾全大局,尊重事实,客观公正地处理行社资金、财产和人员关系,确保国有资产和集体资产的完整。

(三)有利于把新疆农村信用社办成合作金融组织,有利于新疆农业银行向商业银行转轨,促进行社共同发展,更好地为新疆农村经济发展服务。

(四)不误农时,不影响行社业务的正常进行。

(五)顾及新疆少、边、穷地方特点。

二、"脱钩"工作的组织领导

(一)"脱钩"工作由自治区各级农村金融体制改革领导小组具体组织和领导。各级农村金融体制改革领导小组下设办公室,负责办理农村金融体制改革的具体事项。办公室分别设在中国人民银行自治区,地、州、市分行和县(市)支行。

(二)自治区与地、州、市两级办公室设农村金融体制改革和信用合作管理部门,信用合作管理部门负责过渡时期信用社的日常管理工作。办公室工作人员由自治区、地州(市)信用合作管理干部和从当地人民银行、农业银行、农业发展银行等部门抽调干部组成。

(三)从宣布"脱钩"之日起,对农村信用社的领导和管理,地、州、市以上分别由自治区及地、州、市农村金融体制改革领导小组办公室负责,县(市)以下由县联社负责,没有县联社的仍委托当地农业银行代管。

三、宣布"脱钩"的条件和时间安排

(一)宣布"脱钩"的条件

1. 自治区、地、市、县(市)三级农村金融体制改革领导小组及办公室均已组建并开始正常工作。

2. 县联社的管理职能进一步加强,领导班子、内部职能机构和人员配备适应管理工作需要。并分别达到以下具体要求:(1)全疆 76 个县(市)联社领导已配一正一副,业务量大的已配一正两副、内部职能机构已建三股一室,个别业务量小的,经地、州、市农村金融体制改革领导小组办公室批准,可建两股一室;(2)县(市)联社正副主任已经地、州、市农村金融体制改革领导小组办公室批准,并报经同级人民银行进行了任职资格审查。

3. 县(市)联社已基本完成农村信用社与中国农业银行之间人员、财产、资金的界定与划转,并登记造册清楚,对相互借用的人员和相互占用的财产已经清理、登记,并已确定归还时间或签署合法的借用合同。

(二)"脱钩"的时间安排

1. 以 1996 年 6 月 30 日为人员、财产、资金界定划转日,按该日的归属关系划转。6 月 30 日至正式"脱钩"前的一段时间,人员、财产、管理费、资金的增减要由上一级领导小组办公室逐笔、逐人审核。

2. "脱钩"以自治区为单位统一宣布。自治区农村金融体制改革领导小组办公室以地、州、市为单位分别组织验收,地、州、市对联社分别组织验收。成熟一个,验收一个(验收标准另下)。全部验收完毕,自治区农村金融体制改革领导小组确认已具备"脱钩"条件,并报国务院农村金融体制改革部际协调小组批准后,宣布新疆农村信用社与新疆农业银行脱离行政隶属关系。

3. 全疆农村信用社的"脱钩"工作必须于 1996 年 12 月底前结束。

四、处理农村信用社与农业银行的人员关系

(一)中国农业银行区、地(市)农村信用社管理干部在农村金融体制改革领导小组办公室成立时,全部一次划转到办公室工作。

(二)农业银行干部担任县联社专职正副主任的原则上全部划转县联社工作,个别有特殊原因且能够脱离正副主任岗位者可调回农业银行工作,但以不削弱联社领导班子为原则,并报经地、州、市农村金融体制改革领导小组办公室审批。兼任县联社正副主任的,可根据实际需要,由农业银行地、州、市中心支行与地、州、市农村金融体制改革办公室,研究决定去留。以上人员必须报经同级人民银行审查,确认任职资格后方可划转。

(三)在县联社和基层信用社工作的农业银行干部原则上一律划转到县联社或农村信用社,其原有身份不变,特殊情况需调回农业银行的,由农业银行地、州、市中心支行与地、州、市农村金融体制改革领导小组办公室研究决定。

(四)农业银行借用农村信用社的干部原则上一律返回农村信用社。

五、处理农村信用社和县联社的财务关系

(一)农村信用社和县联社的财产处理。行社之间产权基本上是明晰的。对行社在

1994年清产核资时,已按照有关规定界定产权,并办理产权界定手续的行社共同财产,按财产界定手续处理,对已界定产权但未办理法定手续的,应在1996年11月底前办完产权界定手续并据此划分财产。对个别地区行社在购置财产、基本建设等方面形成的财务挂账,按双方原签订的合同或协议进行处理,协议或合同不完备的要重签合同;对双方有争议难以划分的,可提交上一级农村金融体制改革领导小组仲裁解决。

(二)地、州、市和自治区农村信用合作发展基金和管理费的处理。用发展基金和管理费购建的资产以及节余资金,属于辖区内农村信用社集体所有,"脱钩"后全部划归地、州、市及自治区农村金融体制改革领导小组办公室管理。对有争议的,由地、州、市农村金融体制改革领导小组报当地国税局仲裁处理。对节余资金,要设专户,并按新制定的管理费管理办法严格管理。

六、农村信用社与中国农业银行的资金关系

(一)农村信用社在中国农业银行存款准备金及转存款的处理。严格按国务院农村金融体制改革部际协调小组农经传〔1996〕1号《关于印发农村信用社与中国农业银行脱钩资金划转及清算办法和会计核算手续的通知》要求,核实基数,划转和清算资金。

(二)农村信用社借入中国农业银行的支持款,由农村信用社与农业银行签订协议,逐年归还中国农业银行。

(三)清理和划转行社之间办"三产"等资金占用。

对近几年行社办"三产"及资金拆借等相互资金占用,进行彻底清理并划转资金或行社重新签订合法借款合同。对有争议的,由农村金融体制改革领导小组协调解决。

七、统计数据及会计报表报送

(一)受中国人民银行委托,在1997年底以前,农村信用社的金融统计报表,仍由中国农业银行逐级收集、汇总上报。

(二)农村信用社会计报表和财务报表要报送县联社,由县联社汇总和综合后报地、州、市农村金融体制改革领导小组办公室,同时抄报中国人民银行县支行。然后由地、州、市农村金融体制改革领导小组办公室汇总和综合后报自治区农村金融体制改革领导小组办公室。

八、"脱钩"中其他业务问题

(一)农村信用社资金清算和结算问题。

具备条件的城郊农村信用社在中国人民银行县(市)支行开立清算账户,参加同城票据交换;不具备条件的农村信用社通过县辖往来参加同城票据交换,办理同城结算。

异地结算,原则上维持原有结算方式,也可以采取以下结算方式:

1. 农村信用社在县联社开立活期存款户,县联社通过人民银行县支行转汇。

2. 农村信用社在中国农业银行或其他商业银行开立活期存款户,委托这些商业银行办理。

3. 农村信用社直接通过中国人民银行转汇。

(二)农村信用社的现金供应可以采取以下方式解决:

1. 向中国农业银行分支机构办理现金供应。

2. 县联社负责现金供应和回收,县联社向人民银行县支行申请办理现金供应。

3. 农村信用社直接通过人民银行县(市)支行办理现金供应。

(三)农村信用社安全保卫问题。"脱钩"后,县联社应积极创造条件尽快独立承担农村信用社安全保卫工作。目前全疆相当多数农村信用社安全防范基础设施条件差,内部保卫机构不健全,为保证工作的衔接性,过渡时期,农业银行仍应协同县联社搞好安全保卫工作,包括库款押运、金库代保管等方面,中国农业银行应尽可能提供条件和服务,经协商农村信用社支付一定数额的服务费。

(四)"脱钩"后,县联社、人民银行县(市)支行要做好资金衔接,农业银行县(市)支行和其他商业银行要给予支持,把确保农村信用社支付作为重要工作,对个别农村信用社发生支付困难,县联社通过调剂资金仍解决不了的,经当地县(市)人民银行批准,可以动用农村信用社上存的存款准备金。

(五)原由中国农业银行下发的农村信用社各项规章制度、信贷计划、工资费用管理办法等,在没重新修订、调整前仍继续执行。

(六)农村金融体制改革过渡时期农村信用社和县联社人员实行暂时冻结政策。为加强联社建设,县联社确需补充少量业务骨干的,可以在其辖区内农村信用社正式职工(含合同制员工)中抽调。地、州、市农业银行和农村信用社管理机构及其人员,1996年6月30日为基数,如需增减和变动的需报经自治区农村金融体制改革领导小组办公室审批。

(七)确保农村信用合作管理干部工资福利等待遇。行社"脱钩"后至农村信用社行业自律组织成立之前,农村信用合作管理干部的工资及办公费用等从农村信用合作管理费中列支。其他福利待遇,暂时由中国农业银行继续予以解决。

(八)目前暂不具备成立县联社条件的八个县(即:塔城地区的额敏县、托里县、和布克赛尔蒙古自治县;克孜勒苏克尔柯孜自治州的阿合奇县、乌恰县;阿克苏地区的柯坪县;哈密地区的伊吾县;巴音郭楞蒙古自治州的若羌县)农村信用社也应采取措施,创造条件脱钩,有的县可以某个规模较大的信用社为基础,组建县联社,有的县可以合并为一个信用社(其余信用社保留牌子,内部按分社或储蓄所管理);有的可由相邻县联社管理或直接由地区农村金融体制改革领导小组办公室管理。

一九九六年十一月二十五日

中共中国建设银行委员会
《关于在全行系统开展向李向党和
"向党工作站"学习的决定》

建党发〔2001〕17 号

各省、自治区、直辖市分行党委,总行直属分行党委,苏州、三峡分行党委,哈尔滨、常州培训中心党委,总行机关党委:

李向党是中国建设银行新疆维吾尔自治区分行营业部的一名普通员工,中共党员。他在平凡的岗位上做出了不平凡的业绩,从事临柜工作近十年来,经手办理了403000多笔业务,日均 160 笔,累计吸收存款 5.47 亿元,日均 15.19 万元,编制各类业务报表 1600 多份,无一次长款短款,无一次违纪违规,无一次客户有效投诉。他爱岗敬业,把储蓄岗位当作事业去追求,对本职工作精益求精,坚持勤学苦练,不仅掌握了娴熟的业务技能和专业知识,而且还在实践中总结出"接一、待二、招呼三"的服务模式,即在为排队的第一位客户办理业务的同时,热情接待第二位客户,招呼第三位客户,练就了"手快、嘴勤、眼亮、嗓圆、脸笑、脑记"六种柜台服务技巧,探索出人性化服务、个性化服务、差别化服务的方式方法,使之达到艺术化服务的新境界。他自觉实践党的宗旨,全心全意为人民服务,把客户当亲人,视奉献为快乐,真诚地为每一位客户提供"热情、周到、方便、快捷、高效"的服务,赢得了广大客户的高度信任和尊敬,被人民群众誉为金融理财的好帮手、贴心人。他具有大局意识、创新意识和表率意识,每接待一位客户、每办理一笔业务、每处理一件事情,都自觉维护国家利益、人民利益和建设银行整体利益,自觉实践公民道德、职业道德,自觉把柜面服务与宣传金融知识、窗口营销有机地结合起来,努力用自己的实际行动影响、带动身边的员工,不断改善和提高服务态度、服务质量、服务效率,树立建设银行良好的行业风气和企业形象。

李向党同志是一位具有高尚的职业道德、精湛的服务技能、突出的工作业绩的好员工,是立足平凡岗位、坚持十年如一日、努力实践"三个代表"重要思想、全心全意为人民服务的好党员。他的先进事迹十分感人,可亲可敬可信可学,是贯彻落实党中央印发的《公民道德建设实施纲要》,加强社会主义道德建设,特别是建设银行系统职业道德建设的好教材。

李向党同志 1996 年至 1999 年连续 4 年被评为中国建设银行新疆维吾尔自治区分行营业部"十佳标兵";1996 年荣获中国建设银行储蓄先进工作者称号;1997 年荣获中国建设银行新疆维吾尔自治区分行"十佳储蓄员"称号;1998 年荣获新疆维吾尔自治区金融系统"青年岗位能手"称号;1999 年荣获中国建设银行新疆维吾尔自治区分行"优秀员工"称号;2000 年荣获全国金融系统"优秀共青团员"称号;2001 年荣获中国建设银行"十大杰出青年"和"优秀共产党员"称号,全国"青年岗位能手"、全国金融系统"五一劳动奖章"等荣誉。

为了充分发挥李向党同志的榜样和示范作用,中国建设银行新疆维吾尔自治区分行党委认真贯彻落实中央金融工委和总行党委的有关指示精神,在基层网点中全面开展创建"向党工作站"活动,以"服务大众,奉献真诚,全心全意为人民服务"为宗旨,以集内部管理、优质服务、市场营销、经营效益于一体为特征,逐步形成了一套评审、督导、考核、奖励、管理等具体措施和办法,建立了相应的激励约束机制,坚持把先进性与广泛性、思想教育与政策导向、原则要求与具体规范、精神鼓励与适当的物质奖励、社会效益与经济效益等有机地结合起来,充分调动基层负责人和广大员工学习李向党,争创先进的积极性、主动性和创造性。先后有 17 个窗口服务单位被评为"向党工作站",有一批员工成为"向党工作站"成员和"向党标兵"。通过开展创建"向党工作站"活动,对于提高员工队伍素质,加强职业道德建设,规范基层管理,提升服务水平,提高经营效益,弘扬企业精神等都产生了积极影响和促进作用,已经逐步使一个先进人物发展成为一个群体典型,使一个平凡英雄的魅力转变成为建设银行窗口服务与营销的形象品牌。

实践表明,以创建"向党工作站"活动为载体,并建立与之相适应的推进机制和制度保障,是新形势下宣传推广先进典型,大力弘扬正气,改进思想政治工作,加强职业道德建设、行业风气建设和基层全面建设,推进企业文化建设,提高服务质量和经营效益,促进两个文明协调发展的一个成功尝试,值得认真总结和推广。

中共中国建设银行委员会决定,在全行系统开展向李向党同志和"向党工作站"学习的活动。广大党员干部和职工都要向他们学习,学习他们爱岗敬业、严格规范的职业精神,好学不倦、见贤思齐的学习精神,勇于探索、大胆创新的进取精神,脚踏实地、真抓实干的务实精神,心系客户、真诚服务的奉献精神,顾全大局、密切合作的团队精神。

全行各级党组织要紧密结合本单位实际,采取生动活泼、富有成效的方式方法,广泛宣传、学习李向党同志和"向党工作站"的先进事迹和经验。要把学习李向党同学习汪洋湖、王希等先进典型结合起来,同开展各类"创先争优"活动、职业道德实践活动结合起来,同树立宣传本单位的先进典型结合起来。要以先进典型为榜样,立足本职岗位,认真实践"三个代表"重要思想,深入贯彻落实《中共中央关于加强和改进党的作风建设的决定》和《公民道德建设实施纲要》,切实加强和改进党的作风建设、职业道德建设和企业文化建设,全面提高员工队伍素质,树立"严格、规范、谨慎、诚信、创新"的好行风,为全面贯彻《中国建设银行"十五"规划纲要》,进一步深化改革,强化管理,改进服务,提高资产质量和经营效益提供思想保证和精神动力。

二零零一年十一月三十日

（二）会议纪要、讲话

在自治区农村信用社管理体制改革工作会议上的讲话

自治区副主席　张云川

（一九九七年五月二十六日）

同志们:

这次会议是深入贯彻全国农村信用社管理体制改革工作会议精神,推动农村信用社改革和发展的一次重要会议。开好这次会议,对于建立农村信用合作新体制,开创农村金融工作新局面,大力筹措和用好农业资金,支持和促进自治区农业的持续发展,具有十分重要的意义。

多年来,全疆农村信用合作战线上的各族广大干部职工,扎根农村牧区,辛勤努力工作,服务于农牧民,同农业银行和农业发展银行系统的干部职工一道,为自治区农业连续多年丰收和农村商品经济发展,为广大农牧民脱贫致富作出了重要贡献。借此机会,我代表自治区党委和人民政府向全区农村信用社系统的同志们表示亲切的慰问和衷心的感谢。下面,我讲三点意见:

一、关于当前自治区农业的形势和农业发展的目标任务

农村金融事业的发展和农村信用社的改革,必须适应农业和农村经济发展的要求。做好农村金融工作,搞好农村信用社改革,首先要对自治区农业和农村经济发展全局有一个

全面的了解。胸有全局才能站得高,看得远,增强工作的自觉性、主动性和预见性。

改革开放以来,特别是近几年来,在自治区党委和人民政府的领导以及各行各业的大力支持下,经过广大农村干部和农牧民的共同努力,自治区农业和农村经济有了很大发展,取得了很大成绩。主要标志:一是农业连续十几年丰收,粮食产量大幅度增长。去年粮食产量在 1995 年丰收增产的基础上再创历史新高,达到 780 万吨以上。全区人均粮食占有量达到 460 公斤,高于全国平均水平。二是农村经济全面发展。多种经营持续增长,乡镇企业保持良好的发展势头。去年乡镇企业总产值达到 162.00 亿元,增长 22.8%,已成为农村经济的主体力量,国民经济的一大支柱。三是农民收入持续增加。去年农民人均纯收入达到 1290 元,比上年增长 13.5%。扶贫步伐加快,去年有 21 万农村贫困人口解决了温饱问题。农村精神文明建设和教育、文化、卫生等事业也有新的进步。总的来说,我区农业和农村经济呈现良好发展势头。

1997 年,国家将恢复对香港行使主权,我们党将召开十五大,做好今年农业和农村工作,继续加强农业的基础地位,确保农业持续稳定增长,是今年经济工作中关系全局的重要环节。为此,自治区提出要继续把农业放在国民经济的首位,进一步深化农村改革,加大农业投入力度,大力实施科教兴农。坚持"增粮增棉,提高经济效益,增加农民收入"的方针,确保粮棉等大宗农作物和畜产品的增长,实现农村经济全面发展和再上一个新台阶。今年我区农业总体目标:一是粮食总产要达到 800 万吨,棉花总产达到 115 万吨,甜菜总产达到 380 万吨,肉类总产量达 64 万吨,乡镇企业产值达 208 亿元;二是农牧民人均收入增加 100~200 元,全区粮食播种面积保持 2400 万亩水平。努力扩大棉花种植面积,全区要达到 1300 万亩。全区要完成开荒 100 万亩,中低产田改造 120 万亩,新修防渗渠道 1 万公里的任务;三是加快贫困地区扶贫攻坚进度,实现 2000 年基本解决我区农村贫困人口的温饱问题。上述目标任务是必须实现的。

实现上述目标的任务是十分艰巨的,需要付出巨大的努力。我们必须看到,在我区农业发展中存在着一些不利因素,主要表现是:农业基础设施非常薄弱,特别是水利建设方面,抗御大的洪涝灾害的能力仍很弱,由于南疆春夏季持续低温、技术措施跟不上,局部地区发生病虫害等原因,造成去年棉花减产,未能实现计划目标,在农产品流通环节,也存在一些困难。与此同时,近年来,自治区各级党政十分重视农业,不断加大投入力度,科教兴农正在形成热潮,农民积极性较高,特别是国家把我区作为最大的商品棉基地和重要的粮食基地给予支持,为我区农业发展提供了大好机遇。我们要努力克服不利因素,发挥有利因素,扎扎实实地做好各方面工作,落实党在农村的各项基本政策,深化农村改革,调动农民的积极性。同时,要调整优化农村产业结构,搞好农业综合开发,加快农村市场流通体系建设,加强水利建设,改善农业生产条件。在社会主义市场经济条件下,金融的支持对于农业和农村经济的发展至关重要。近几年来,我区计划、财政、金融部门为支持农牧业的发展做出了巨大的努力。但是由于我区财政力量有限,各项事业都要发展,财政拿不出更多的钱来用于农业。因此,应当充分发挥金融对农业的支持作用。从近年的实际情况看,在农村,商业银行把较多的资金投向二、三产业,对于商业银行实现经营方式的转变是必要的,政策性银行的资金主要是保农产品收购,农户生产资金主要是靠信用社。到去年底,全疆农村信用社各项存款达到 52.3 亿元,各项贷款余额达到 25.5 亿元,80% 以上的农户贷款都是信用社提供的,农村信用社已成为支持农业和农村经济发展的重要力量,在农村金融中具有举足轻重的地位。从事农村金融工作的同志,农村信用社的广大干部职工,要充分认识农村信用社在农业和农村经济发展中的重要地位和作用,创造性地搞好信用社体制改革,更好地服务于农民和农业,为我区农业和农村经济的发展,为全疆各族农牧民尽快富起来作出新的更大贡献。

二、认真搞好农村信用社管理体制改革的工作

《国务院关于农村金融体制改革的决定》(以下简称《决定》)指出:"农村信用社管理体制改革,是农村金融体制改革的重点。改革的核心是把农村信用社逐步改为由农民入股、由社员民主管理、主要为入股社员服务的合作性金融组织。"实现这个目标要求,关键要抓好以下三个环节:

第一,坚持合作制的基本原则,切实恢复信用社农民合作金融组织的性质。我区农村信用社在 20 世纪 50 年代初期就是按照合作制的原则建立起来的。信用社资本金由农民入股,干部由社员选举,通过信贷活动为社员的生产生活服务。信用社的所有权,既不属于国家银行,也不属于哪级政府,而是属于入股的社员。社员买种子、化肥、农药,搞家庭副业,没有钱可以随时到信用社贷款。信用社的工作人员,实心实意地为农民服务,扶危济困,"雪中送炭",成为农民生产上的好参谋、生活上的贴心人。农民从切身的体会中感到信用社是自己的,满腔热情地关心支持信用社的工作。但是后来,由于种种原因,不少信用社逐步偏离了"合作"性质,走上了"官办"道路,成了国家银行的"基层机构"。贷款不能很好地为社员服务,社员对信用社的经营活动不能进行有效地监督,一些信用社逐渐脱离了农民,失去了农民的信任,路子越走越窄。最近,国务院决定对农村信用社实行改革,恢复其合作制的性质,这是激发信用社的生机活力,推进农村金融体制改革的重大决策,表达了广大农民的强烈愿望,反映了发展农村经济的客观需求,我们要坚持贯彻落实。

1996 年以来,按照国务院的决定,在农业银行的积极配合下,农村信用社脱离了同国家专业银行的行政隶属关系,迈出了管理体制改革的重要步伐。但是也要看到,仅仅迈出这一步还很不够,更重要的是按合作制的原则,重新规范信用社。这一步走好了,信用社的合作制性质才能真正得到体现。如果这一步走不出去或者走不好,整个信用社的改革就会半途而废。对信用社的规范,包括股权设置、民主管理、服务方向、财务管理等多方面的内容,最核心的是实行民主管理。信用社既然属于合作制的性质,其经营管理中的重大问题就必须由社员当家做主。信用社主任必须由社员民主选举,贷款投向、财务收支等重要事项必须定期向社员公布。信用社经营活动中的重大问题,必须由社员代表大会或理事会决定,不能由少数管理人员决定,也不能由县、乡政府决定。在这些原则问题上,信用社的规范工作绝不能走过场,不能流于形式。不然,信用社还会再次失去农民的信任。信用社重新规范后,各级农村金融体制改革领导小组要严格进行检查验收。验收内容主要看三条:一是能否使社员享有充分的民主权利;二是能否为社员提供优良的服务,增大支农的力度;三是能否促进信用社的发展,存贷总量是否增加,经济效益是否提高。

第二,坚持为社员服务的办社宗旨,更有成效地促进农村经济的发展。为全体社员提供有效、及时、方便、优惠的金融服务,促进我区农村经济发展,改善各族农牧民生活,这是我区农村信用社的根本宗旨。能否真正体现这个宗旨,是信用社能不能办好,能不能取得

农牧民支持的关键所在。要把真心实意为社员服务,作为农村信用社一切经营活动的出发点和落脚点。只有这样,广大农民才能把信用社看成是自己的,才能把自己积攒的钱积极地存到信用社,支持信用社的发展。可以说,坚持为社员服务的宗旨,努力为社员提供一流的服务,是农村信用社的立社之本、发展之源。坚持为社员服务的宗旨,要体现在信用社的日常业务工作上,尤其要做到以下几点:一是贷款主要贷给广大社员,用于扶持农业生产。所有信用社必须按照国务院《决定》的要求,保证本社社员的贷款占全部贷款金额的 50%以上。二是要增加贷款的透明度,发放多少贷款,贷给哪些社员,要定期公布,接受社员的监督检查。三是各项贷款要用在社员最急需的生产建设项目上。重点支持粮棉油等主要农产品生产,支持经济效益较高的种植业、养殖业和其他多种经营,支持各种先进适用技术的推广应用。有条件的信用社,要适当集中一些资金,支持以农产品加工为主的乡镇企业。四是要主动、热情、及时、高效地搞好服务。不是坐等农民上门贷款,而是要走出去,调查市场的需求和当地的优势,研究应当重点发展哪些优势产品,哪些村、哪些户需要给予扶持,主动地为农民提供信息,当好参谋,及时提供他们所需求的资金。要彻底改变一些信用社"门难进、脸难看、款难贷、评难听"的状况,坚持纠正部分信用社工作人员利用职权搞人情贷款和收回扣等错误做法,严重的依法依规查处。

第三,加强经营管理,提高经济效益。当前,不少农村信用社不良贷款增加,亏损相当严重。到去年底,全区农村信用社亏损面达到 40.5%,亏损额达到 8412 万元。亏损面和亏损额都是近年来最严重的。这些问题的形成,既有体制、政策等外部原因,也有经营管理不善等内部原因。今年,要把提高信贷资产质量,扭转经营亏损,提到重要日程,认真研究,切实抓好。要从加强内部经营管理入手,下大力气抓好三个方面的工作:一是大力组织存款,壮大资金实力,今年计划新增各项存款 13 亿元,增长 25%。二是努力提高贷款质量。信用社和县联社都要严格执行《贷款通则》,合理划分贷款权限,坚持贷款的集体审批制度,提高资金使用效益,提高贷款回收率。目前全疆信用社不良贷款已占全部贷款的 41.5%,今年要通过清理活化,努力使不良贷款总量和比例有所下降。三是要发扬艰苦创业、勤俭办社的优良传统。勤俭办社是信用社的传家宝,任何时候都不能丢。要严格控制增加人员,压缩各项开支,要狠刹摆阔气、讲排场的不良风气。在同行业中,不要比办公条件是否优越,福利待遇是否优厚,而要比为群众服务的质量,比工作水平和作风,比为当地经济发展作出的贡献。有些边境农牧区、偏僻乡村的信用社,条件很差,生活艰苦,却创造了一流的工作业绩,受到群众的称赞。我们要在信用社系统大力弘扬这种艰苦创业精神。

三、加强对农村信用社管理体制改革工作的领导

推进农村信用社管理体制改革,建立农村合作金融体制,是一项新的开拓性事业。它直接关系到农业的发展、农民的富裕、农村的繁荣,关系到"九五"期间和 2010 年农业和农村经济发展目标的实现。这项改革政策性很强,难度比较大,面临不少新的矛盾,一定要精心组织,加强领导,确保改革的顺利进行。

首先,各级党委、政府要加强对这项工作的领导,重视和支持农村信用社的改革。农村信用社是农民的合作金融组织,是自主经营的独立法人,在中国人民银行监管下,它的业务管理由县联社和各级行业自律组织负责。但这并不是说各级党委、政府就没有责任了,信用社的改革,是整个农村经济体制改革的重要组成部分,各级党委、政府应当责无旁贷地加

强对农村信用社的监督和指导。要组织各级干部认真学习贯彻国务院关于农村金融体制改革决定的精神,学习合作金融的基本知识,弄清合作金融组织的性质和特点,掌握国家的金融法规和政策,统一思想,提高认识,把握好农村信用社改革的方向和原则。要认真检查分析当地农村信用社改革的进展情况,是否符合国务院决定的精神,是否坚持了合作金融的性质和为农服务的宗旨,及时总结经验,发现问题,解决问题。要加强信用社干部职工的思想政治工作,教育大家热爱信用合作事业,遵守职业道德,搞好廉政建设,努力提高政治、业务素质,立志做好本职工作。要帮助信用社解决工作中的困难和问题。农村信用社不同于国有商业银行,机构比较分散,交通不便,条件比较差,工作中难免会遇到这样那样的困难、问题。各级党政要及时协调方方面面的关系,帮助信用社组织资金,收回贷款,给予必要的扶植,为信用社的发展创造较好的环境、条件。要切实保障信用社的经营自主权。各级政府可以按照地方经济的发展规划,引导信用社的资金投向,但不要干预信用社的贷款业务,更不得把信用社办成县、乡政府的"小金库"。

其次,中国人民银行要加强对农村信用社的金融监管,扶持农村信用社的发展。人民银行的监管,主要是检查监督农村信用社贯彻执行国家的金融法规和政策,坚持其合作制的性质和为农服务的宗旨,而不是干预具体的业务管理。中央银行应充分考虑其农民合作金融组织的性质和特点,在资金、利率等方面给予必要的优惠和扶持。与国有商业银行相比,农村信用社没有形成全国性的网络体系,与农业银行脱钩后,尚未组建自律组织,调剂资金的职能不健全,抗御金融风险的能力比较差。人民银行要特别重视帮助信用社解决好存款支付、季节性资金短缺和支农资金不足等问题,确保农村信用社改革的平稳过渡和业务的顺利开展。最近中国人民银行已就这些问题制定并下发了一整套规定和办法,希望我区各地认真贯彻执行,并不断充实完善。

再次,充分发挥各级农村金融体制改革领导小组办公室和县联社的职能作用。农村信用社与农业银行脱钩后,在过渡时期,各级农村金融体制改革领导小组办公室和县联社承担着领导信用社改革和管理信用社业务的双重任务。它们的作用发挥得如何,直接关系到农村信用社改革的成效和今后的发展。按照国务院的决定,县联社要真正办成基层社的联合组织,更好地为基层社服务。不管是管理型联社,还是经营管理型联社,都要把更多的精力放到对基层社进行管理、指导、协调、服务上来,经常检查督促基层社执行制度、加强管理、自我约束、提高效益的情况,帮助解决存在的问题。要加强结算服务,组织好资金调剂和现金供应,加强信息咨询服务,搞好培训教育,严格稽核检查,做好安全保卫工作。各级农村金融体制改革领导小组办公室要很好地担负起领导管理信用社的职责。在自律组织还没有建立之前,各级体改办公室要承担起自律组织的职责。要把行业的系统管理与联社、信用社的民主管理以及人民银行的监管有机结合起来,根据农村信用社的特点,探索出农村合作金融组织管理上的新体制、新路子。要尊重基层社的法人地位,解决好基层办不了或办不好的事情,为基层社排忧解难。总之,要以对信用合作事业高度负责的精神,克服困难,尽心尽力,把各项工作做得更好。

最后,希望农村金融战线的同志们,在以邓小平同志建设有中国特色社会主义理论指引下,在自治区党委领导下,振奋精神,扎实工作,努力开创我区农村合作金融业的新局面,为自治区农业和农村经济的持续快速健康发展作贡献。

二、《新疆通志·金融志》(59 卷)
遗漏项补记

（一）机构

1. 自 1951 年 4 月 5 日新疆省人行营业部代办对苏联的易货贸易人民币结汇起,新疆外贸结算业务由新疆省人行办理。1978 年 6 月 1 日,中国银行新疆维吾尔自治区分行成立。当时,既用中国银行乌鲁木齐分行的名义,又相当于中国人民银行新疆维吾尔自治区分行一个处室。在金融体制改革后,经自治区人民政府新政发〔1984〕7 号文批准,同意中国银行乌鲁木齐分行自 1984 年 1 月 1 日起从人民银行自治区分行划出,作为自治区外汇外贸专业银行的经济实体,受中国银行总行的垂直领导,业务上接受中国人民银行区分行的领导、协调、监督和检查;党的生活和干部职工的思想政治工作接受自治区党委和政府的领导监督,级别与其他专业银行一样是自治区厅级单位。

2. 1979 年 6 月 1 日,新疆维吾尔自治区人民政府决定恢复建立中国农业银行新疆维吾尔自治区分行,农业银行恢复后,各级行领导十分重视农村金融理论研究工作,1980 年 8 月 30 日,上报《关于筹建新疆维吾尔自治区农村金融研究所及落实农村金融调研任务的报告》。同年,经自治区政府批准正式成立新疆农村金融研究所。1981 年 10 月,农业银行新疆分行以新农银〔1981〕第 8 号文件上报新疆维吾尔自治区党委宣传部,申报成立新疆农村金融学会。1981 年 12 月 18 日,自治区党委宣传部以新党宣字〔1981〕73 号文件批准成立新疆农村金融学会。同年 10 月,新疆农村金融学会筹备组成立后即着手编印《农村金融研究资料》,作为不定期刊物在内部不定期印发。1982 年 8 月 21 日,新疆农村金融学会召开第一次理事代表大会,选举产生会长色提尼牙孜·艾外都拉,成立秘书处,秘书长严玲,学会秘书处设在农业银行新疆分行金融研究所,两个机构,一套人马。1982 年 1 月,《新疆农村金融研究》维吾尔文、汉文版创刊。同年出版汉文 7 期,维吾尔文版 6 期。从 1983 年 1 月开始,《新疆农村金融研究》定为双月刊,维吾尔文、汉文两种文字发行,每期 15 万字。1985 年,《新疆农村金融研究》改名为《新疆农村金融》,双月刊改单月刊。同时创办哈萨克文季刊,编辑部设在农行伊犁州分行。

3. 新疆维吾尔自治区农业银行学校(以下简称新疆农行学校)位于乌鲁木齐市东端碱泉一街 146 号,其前身是中国农业银行新疆干部学校,始建于 1981 年 6 月。建校初期,主要进行农业银行新疆分行全疆在职干部的短期业务培训。机构设置两科一室(教务科、总务科、办公室)。1983 年 4 月,经新疆维吾尔自治区教育厅和农业银行总行批准,在中国农业银行新疆干部学校的基础上成立了中国农业银行新疆职工中等专业学校。同年 4 月,经新疆维吾尔自治区教育厅和农业银行总行批准,在中国农业银行新疆职工中等专业学校内设立新疆广播电视大学新疆农业银行工作站。学校开始了新疆农业银行在职干部的中专、大专学历教育。1985 年,学校机构设置为三室(办公室、文化教研室、专业教研室)、四科(教务科、学生科、电大科、总务科)。学校使用两种语言、文字从事教育,开始步入正规化教学轨道。

4.1979 年 6 月 1 日,根据国务院通知重新组建监察机构。新疆维吾尔自治区党委作出关于县、团级以上单位建立健全纪律检查机构的决定,自治区各个分行(司)均成立纪律检查组。纪律检查组在各分行党组的领导下,贯彻执行中央和自治区纪律检查委员会的方针政策,同监察室一套人员两块牌子。

(二)资产业务

1981 年,为配合国家民族扶持政策,支持和促进民族用品生产、发展民族贸易、保证民族地区商品供应,人民银行积极利用信贷政策,于 1981 年 7 月,印发了《关于对民族贸易和民族用品生产企业给予低息贷款的通知》,规定对于生产少数民族用品的企业发展生产所需要的流动资金和中短期设备贷款,银行要按照贷款条件优先给予支持,对其贷款给予低息照顾,按月息 3.3‰ 计息;对于少数民族聚居地方生产一些批量小、工艺复杂、利润低的集体所有制手工业的贷款,按月息 3‰ 计息;对生产民族用品的企业实行低息优惠,一定三年不变,从 1981 年第三季度实行。1983 年 3 月,中国人民银行又向云南等八省、区印发了《关于对八个少数民族地区贷款实行优惠利率的通知》,决定对"六五"后三年增批的 3 亿元发展少数民族经济贷款,按月息 3‰ 计息。

(三)中间业务

中国银行新疆分行是较早开展结算和中间业务的国有商业银行之一,1978 年,就与布加勒斯特、平壤、莫斯科等外贸银行保持业务关系,还与新加坡、中国银行(香港)、澳门南通银行、香港交通银行、南洋银行、新华银行、中南银行、金城银行等 15 家海外银行建立了业务往来关系。1985 年发展到同 80 个国家和地区的 383 家银行建立了直接和代理业务关系,并同伦敦、新加坡中国银行建立了通汇业务,使部分商品就地出口就地结汇。20 世纪 80 年代后,国家对外贸体制进行了改革,将原有的计划指标改为自主经营,中行新疆分行国际贸易结算业务从原来仅办理对港澳地区的结算,发展到办理远洋结汇,从单纯办理出口结算业务发展到办理进出口结算业务。1985 年全区进出口贸易结汇金额达 30772.00 万美元,其中出口收汇 17451.00 万美元,进口付汇 13321.00 万美元。

（四）劳动用工

1984 年,国务院批复中国农业银行《关于改革信用合作社管理体制的报告》中指出:"1982 年底以前参加工作的正式职工政治、经济待遇原则不变。对新增职工实行合同制,可进出。"这是信用社用工制度的一项重大改革。从 1983 年起,新招收的和从外系统调入的职工一般应属于合同制职工。1982 年以前的固定职工自然减员后,一律按合同制职工进行补充。

（五）离退休管理

1974 年第四季度,新疆人民银行系统首次被组织批准退休的职工是沈洪水、罗世玉。1980 年 12 月末,新疆人民银行系共有离休老干部 6 名,其中有一位是第一、第二次国内革命战争时期参加革命工作的,有 3 位是抗日战争时期参加革命工作的。1981 年 12 月 15 日,人民银行新疆分行、农业银行新疆分行根据人、农总行《关于人、农两行分设前退休人员的管理归属问题联合通知》,下发了《对人、农两行分设前退休人员的管理归属问题联合通知》,通知规定:对人、农两行分设前已经退休的企业编制人员的管理,县支行以上的由人民银行负责。县支行农金股人员及营业所由农业银行负责。对于 1978 年《国务院关于安置老弱病残干部的暂行办法》和《国务院关于工人退休、退职的暂行办法》颁发前,已由地方民政部门管理的行政编制的退休人员,在国家没有新的规定之前,仍由地方管理;1981 年末,新疆人行系共有离休、退休、退职干部 270 名,其中国务院两个《办法》颁发前离休 2 人,退休 63 人,退职 10 人。两个《办法》颁发后离休 11 人,退休 164 人,退职 15 人。跨省(市)安置的共 35 人,在新疆安置的 1 人。享受特殊贡献待遇的 6 人。1982 年 2 月 20 日,《中共中央关于建立老干部退休制度的决定》正式发布。同年,新疆人行系共有 8 名老干部办理了离、退休手续,其中离休干部 5 名,退休干部 3 名。1984 年 2 月,中国人民银行转发了国家劳动人事部劳人科《关于贯彻执行〈国务院关于延长部分骨干教师、医生、科技人员退休年龄的通知〉的说明》,同年 3 月 10 日,人行新疆分行又转发了人行总行的文件,并就新疆辖区人民银行系统延长离、退休年限的有关问题作了相关补充规定:(1)可延长工作年限的系指各级金融业务和教学工作岗位上的具有经济师、会计师、统计师、讲师、教师等职称的同志;(2)延长离、退休年限掌握在 1~5 年之内。即男的离、退休年龄不得超过 65 岁,女的不得超过 60 岁。不符合条件的其他人员的离、退休年龄,仍按国家统一规定执行;(3)可延长工作年限的,必须是业务工作能力强、身体好,能坚持八小时正常工作,完成工作任务,本人又自愿服从组织分配的。1985 年 1 月 1 日,人民银行新疆分行再次分设了中国工商银行新疆维吾尔自治区分行,根据人民银行、工商银行两行联合通知规定,分设前的离休人员由人民银行管理,退休人员由工商银行管理。同年末,新疆人行系已办理离休手续的老干部有 25 人(少数民族 4 人),占符合离休条件老干部 53 人的 47%。其中厅局级干部 4

人,享受厅局级待遇的 6 人;县处级干部 3 人,享受县处级待遇的 3 人;一般干部 9 人。25 人中除 2 名异地安置外,其余 23 人均在本地进行了安置。

(六)新疆银行业纪事

1. 毛泽民在抗战时期对新疆财政金融的改革

毛泽民是毛泽东同志的大弟弟,生于 1896 年 4 月 3 日。他生于农村,长于农村,是一个刻苦劳动、勤俭持家的厚道农民,是他父亲治家理财的好帮手。在哥哥毛泽东的启迪和引导下,1921 年,毛泽民毅然离开韶山冲,参加了革命,翌年参加了中国共产党。毛泽民参加革命以来,党叫干啥就干啥,长期为党理财管钱。1923 年,他担任了安源路矿工人消费合作社经理,为工人群众谋福利。1925 年,党中央派毛泽民担任中共中央出版发行部经理,此后,他长期负责党的刊物的秘密印刷与发行工作。

1931 年夏,毛泽民进入苏区,受临时中央政府和毛泽东委派筹建中华苏维埃国家银行。1932 年 3 月国家银行成立,毛泽民担任了第一任银行行长。他在担任行长期间,为中央革命根据地统一货币,统一财政,发展经济,粉碎敌人的经济封锁,作出了重大贡献。在长征途中,他在患病中仍能身先士卒,千方百计为部队筹款筹粮。中央红军到达陕北后,党中央决定毛泽民担任中央工农民主政府的国民经济部部长,他在长期领导党的财经工作实践中,积累了丰富的理财经验,成为我党卓越的财经工作领导人。

中国共产党出色的理财家、优秀的共产党人毛泽民同志从 1938 年到 1943 年,战斗、生活和壮烈牺牲于新疆。在新疆近 6 年的时间里,他对党的事业无限热忱,不顾疾病在身,全身心投入新疆财政金融的改革,使新疆货币统一,金融改善,财政好转,大大促进了经济发展。他还十分重视民主政治建设,1942 年 9 月,他被军阀盛世才逮捕,在狱中,遭到严刑逼供,在敌人酷刑面前,他坚定信念,怒斥敌人对我党的诬蔑,表现了共产党人视死如归的高尚品质。

一、民国时期新疆的经济现状

民国时期,新疆战乱不已,生产凋敝,财政枯竭,民不聊生,统治者为维护腐败黑暗统治,滥发纸币,引起通货膨胀,财政金融市场一片混乱。

1912 年,杨增新统治新疆。1915 年,新疆殖边银行在迪化开业,不久即告倒闭。1916 年,蔚丰商业银行成立,1921 年停业。1919 年,苏联国内战争中红军节节胜利,白俄军队溃败,杨增新为防止战火波及新疆,加强防御,军费大增,以致原来平衡的财政预算,又发生赤字,省币贬值 50%。1928 年,金树仁上台,于 1929 年停办新疆官钱局,1930 年 7 月 1 日成立新疆省银行,发行货币,开展存、放、汇业务。为弥补财政赤字,赶印三两、五两的省币,甚至印油未干即上市流通。1931 年,金树仁和甘肃军阀马仲英之间爆发战争,新疆省银行停业。

1933 年,盛世才任新疆督办,当时,他所辖地区仅为东至奇台,西至玛纳斯以及伊犁、塔城地区所属的数十个县,范围很小,而甘肃军阀马仲英西侵新疆和南疆的武装割据又使哈密、阿山、喀什和阿克苏这几个主要税源区尚不属于他的统治区域。加之连年战乱,造成工农商各业凋零,财政入不敷出,军费开支浩繁的难堪局面。当时新疆币制也非常混乱,除北疆地区和阿克苏地区使用新疆省财政厅发行的"省票"(见图示省票 50 两)和"伊帖"外,南疆还有"喀票"流通,另外,国民党"关金券"也有较广泛的流通。盛世才在这种情况下,为了扩充实力,维护其统治,便采取了增大"省票"票面金额和大量发行省票的办法维持局面,致使币值大幅下跌,物价巨涨,省票几同废纸,连公务人员领工资,都用马车或人力车到省政府去拉票子。人们嘲讽说:"银钞一堆,只可买香烟一包"。银票毛荒程度已经到了很危险的境地。有资料统计表明,盛世才开头执政的 5 年(1933—1937 年),新疆累计财政收入为 4171.8 万元,而累计支出为 6232.3 万元,累计的赤字高达 2060.5 万元。这就是说,有三分之一的支出都是打的赤字,靠滥发票子和借外债过日子。1935 年和 1936 年,盛世才先后两次向苏联借款 750 万金卢布。1932 年省票 3000 两可兑换关内现洋 100 元,到 1939年初,省票 3000 两只能折合现洋 1 元。这些情况综合起来,便形成了 20 世纪 30 年代新疆的金融危机,致使民不聊生,怨声载道。

二、改组之前新疆省银行的情况

1933 年盛世才上台后,恢复了新疆省银行。新疆省银行自建立到新疆解放,一直是新疆最大的也是唯一的金融机构,名义上是新疆省的地方银行,实际上却行使着本省中央银行的职能,垄断着新疆地方的金融市场,具有浓厚的封建性和垄断性。尽管如此,因其"政府外库"的色彩,加上资本额少,业务规模小、范围窄、管理方式落后等原因,省银行"活跃经济"的作用非常有限。

在改组之前，新疆省银行的资本总额只有 250 万元（折合成新省币），而且全部是官方资本。银行的业务只限于办理省内的存款、放款、汇兑、代理省库、买卖生金银等。在全疆也只有 9 个分支机构，且在喀什、伊犁、塔城等几个较大的县城才有分行。因此，省银行的活动能力很有限，影响也不大。省银行的历届领导人，大部分是由省财政厅的正副厅长兼任，财政、金融关系十分密切，银行实际附属于财政厅，具有浓厚的"财政外库"的色彩。银行没有独立的金融货币政策，不能发行货币，不能按社会经济发展的客观需要开展银行业务活动，而且官僚作风严重，管理方式落后，组织及制度不健全，社会信誉日趋下降。但由于其特殊的垄断地位，始终是"历届统治者的得力筹款工具和财政支柱"。

在毛泽民主持改组新疆省银行之前，因新疆战乱尚未平息，军政支出浩大，再加政府内官僚腐化、贪污、浪费的歪风严重，财政十分困难。盛世才只得靠无休止地印发钞票来维持局面。由于财政管理混乱，盛世才曾先后从苏联请来米赫里满、甘列切夫和喀尔布尼切三人作顾问，帮助新疆搞财政整顿工作。苏联顾问的工作虽有一时之效，但并没有从根本上解决新疆的财政、金融问题，随着抗日战争爆发，新疆财政金融状况濒临崩溃的边缘。

三、党的出色理财专家毛泽民到新疆

1937 年，我党与盛世才建立统战关系以后，盛世才向我党驻新疆党代表邓发提出能否请党中央从延安派懂得财经工作的干部到新疆帮助整理财政。1938 年 2 月，毛泽民乘飞机来到迪化（乌鲁木齐），准备转道去苏联治病。由于在长期艰苦工作中，积劳成疾，为爱护干部，党中央决定毛泽民取道新疆到苏联治病。但因中苏边境发生鼠疫，边界封锁，与苏联的交通断绝，毛泽民只好滞留迪化等候。毛泽民的到来，让邓发同志喜出望外，他深知毛泽民的理财经验和本领，认为他是帮助新疆整顿财政的最理想人选。邓发同志找到毛泽民，向他介绍新疆财政经济情况和存在的严重困难，并提出想留他在新疆帮助整顿财政和金融。毛泽民同志事前对留新工作毫无准备，但他一贯以党的利益高于一切，无条件地服从党的工作需要，所以，他把去苏联治病置之度外，欣然表示愿意留在新疆工作。邓发对毛泽民的无私无畏的精神十分感动和高兴，立即请示党中央，经党中央批准，毛泽民留新疆工作。1938 年 2 月 10 日他被任命为财政厅副厅长、代理厅长职务。

毛泽民上任后开始着手对财政金融工作进行整顿，他深刻认识抗日战争时期，整顿财政的必要性。但在如何整顿财政金融方面，他与财政厅苏联专家意见不一致。他不同意财政厅苏联顾问提出的在旧基础上求解决的办法，他说："在这样千头万绪的乱麻中，想要梳理出来，即是说，想要将三百万万两省票逐渐恢复到原来价格，这在世界无先例，维护现状也绝不可能。"毛泽民主张对财政金融进行改革，他提出"唯有快刀斩乱麻，新起炉灶的办法"。毛泽民以改革精神整理财政金融意见开始未被多数人同意，但在党代表邓发支持下，毛泽民多次详细说明自己的意见，后为大家同意，盛世才更一字不改地同意。这样，毛泽民在新疆进行了一系列财政金融改革。

四、健全财政税务机构，培训财政干部

毛泽民到财政厅工作后，他感到推行财政改革困难重重，机构不健全，工作动作不灵，

机关人员旧恶习太深又毫无章则。他深感千头万绪的财政金融工作,首先要健全机构,充实领导,纠正恶习。毛泽民在 1938 年 4 月给洛甫、毛泽东的信中说:"必须有强有力的领导人,才能很快转变,起到作用。"信中他要求党中央设法给他十个搞经济的党的干部。中央十分重视,中央组织部很快选派了一批干部。毛泽民点名要的高登榜、郑亦胜等于 1938 年11 月到了新疆,他们都充实到财政厅和县税局担任领导工作,为财政金融改革配备了领导骨干。从延安派"援兵"总是有限的,新的财税干部主要得靠本地培养,毛泽民很重视财税干部的培养,1938 年他在省城迪化建立了财政专修学校,分普通和深造两个班,共招收 80名青年学员,毛泽民兼任财校校长并亲自到校讲课,宣传他的理财思想。此外,在南疆也办了一些短训班,培养了一批有为青年,能担当财政金融改革的骨干。对染有恶习的原财政厅工作人员,盛世才数次要毛泽民提出名单,用调虎离山的方法调到别的机关去,毛泽民认为靠上面势力,解决干部中问题,不利于今后工作,他到机关后,对工作人员旧恶习不是嫌弃,而是从团结愿望出发,进行艰苦的说服与教育工作。

经过毛泽民的努力,财政战线领导力量加强,新生力量在成长,原有工作人员作风在改变,这样,财政整顿就有了坚固的组织基础。整顿财政必须调整健全财政税务机构。毛泽民到财政厅后,针对财政厅机构臃肿,人浮于事的情况,对财政厅机构进行了调整,将财政厅编制由 120 人压缩到 100 人,除设正、副厅长外,还在原有科室基础上重新调整,设立了二室五科,即秘书室、视察室、税务科、官产科、会计科、审计科、金库科。根据 1938 年 928 日批复的《新疆省、区财政局组织暂行条例》在全疆八区设财政局。每局暂由十人至十五人,受财政厅直接管辖及由本区行政长官监督,并明确规定了其八项职权。在用人上,1939 年 3 月 25 日,财政厅又规定总局自科长以上,分局自主任以上的职员,须由厅核准其履历后才可委任。1941 年 1 月,又对各地方税局按行政区域重新划分,改组八大局,各县税务机关改为县税局,这样形成省、区、县有机配合,改变了过去机构混乱的局面,健全的组织机构有力地保证了财政金融的改革。

五、完善财税制度,严明财经纪律

毛泽民到财政厅工作后,深感过去毫无章则严重影响了工作。他整顿财政,重要举措就是要完善财税制度,严明财经纪律,为起草好各种条例,他在致洛甫、毛泽东的信中要求把"陕甘边区政府各种法令与章程,最好所有一切政府各部厅新旧章程、细则,尤其是财政、银行、金库、国民经济部的新旧章则,全给我一份作参考"。毛泽民根据苏区财经制度,结合新疆实际,起草了许多财税制度。健全预决算制度是完善财税制度的重要措施,毛泽民以财经委主任委员身份在原预算制基础上进行了健全预、决算工作制度,要求每年财政上编制的全疆收支总预算,必须经过财委会审查,报请省政府,经过省务会批准后,再责成财政厅执行。同时规定,预算须根据全省总收入情况控制数字编拟,各区、县预算由财政厅统一编拟,各分支部门归口编拟,最后由财政厅按预算数字核实拨款,此外,又进行统一账簿,建立会计制度工作,改变了新疆过去开支不严格限制的局面。对审计、财监也作了不少规定,财监制后来发展为全疆性的实行财政审核制度。财税制度不断地完善,与之相应的财经纪律也更严明了,如为反对浪费,节约开支,政府责成财监机关按时检查,多次强调:"如有浮滥糜费及贪婪不法情弊,立即检举依法惩办。"

健全制度,严明纪律,狠刹了旧的恶习,开始树立了廉政之风,保证了财政、金融改革的顺利进行,使财政上能用更多的财力用之于新疆建设事业发展上。

六、改组新疆省银行

银行是金融政策的实施机构,其能否有效运作依赖于其经营机制的好坏。要整顿新疆金融,省银行显然是重要的一环,而要整顿省银行,措施是否得力,改组是否彻底,就显得尤为重要。

在1938年4月毛泽民写给延安党中央领导同志的信中,就提出了改组省银行,改革省票制度的设想。之后,他亲自筹划、组织、实施。1938年7月,毛泽民与省银行行长张宏与联名向盛世才、李溶(当时的新疆省主席)递交了改组新疆省银行的书面报告,提出:"……为吸收多数游资,使所有全疆四百万民众之经济力量均能投入于各建设部门,拟将省银行改为官商合办之银行,广招商股,……使全省人民在经济生活上更进一步与政府合作"。改官资垄断为官商合办,招募私人资本入股,完成体制与性质上的重大变革,并改名为"新疆商业银行"。实际上是把一个具有浓厚封建性、垄断性的地方政府银行改组为相对独立的商业性银行。10月,新疆省第三次民众代表大会,对改组省银行的议案做出了决议,使筹办改组一事纳入了法定程序。同年12月5日,由邱宗浚、毛泽民等人发起,又聘请了各族领袖及富商10人为筹备委员,成立了商业银行筹备委员会。毛泽民任筹委会委员长,在他主持下,12月8日发布了《新疆商业银行招收商股启事》,启事说明改组银行是"为发展本省经济,巩固抗战后方,运用游资增加生产"的目的,实行改组后,银行资本充实,它"能加强其扶助全省农牧工商各业发展经济之效能,同时亦可使民众股东每年由银行分得许多股息和红利,化停滞之游资为生产之资本"。其后,筹委会又拟就了《新疆商业银行章程》,使筹备工作基本就绪。省银行改组为官商合办的商业银行利国利民,各族民众踊跃认股,银行改组原计划要使资本总额达到国币(现大洋)500万元,官股占60%,商股占40%,但截至1941年底,银行实际收到资本总额已达534.9万元,超过了原计划,比银行改组前的资本额增加了一倍多,大大充实了银行资本。1939年1月1日新疆商业银行正式成立,股东大会为最高权力机构,设理事会监事会领导监督一切活动,毛泽民任理事会理事长。理事会由官股理事6人、商股理事15人组成,监事会由官股监事2人、商股监事3人组成。虽然银行实权依然操纵在政府之手,但商股理事,监事在管理上的参与,无疑有助于克服银行原有的官僚作风,提高工作效率,树立银行新的形象。为管理和监督发行事宜,还设立发行委员会。银行章程规定有常年股东大会及临时股东大会,两会负责议定本行经营管理方面的有关事宜。商业银行总行执行班子设立总经理,协理和襄

新疆商业银行原址

理,内部设有经济研究室,稽核处、储蓄处、会计处、业务处、金库处和总务处。全省设总行、分行和办事处三级机构,实行三级营业、两级管理。改组当年,全省设有 15 个分行,3 个公司及 1 个办事处。另外建立人事制度,管理和培训在职行员,提高工作素质和效率。改组中,银行要求全行员工继续充任原工作,但不强求留任,保持了全行人心的稳定,保证了业务工作的正常进行。

商业银行成立后,业务发展很快,改组前省银行主要靠有限的资本金、署局存款和财政发票子赖以支撑,以代理省库收拨款的手续费勉强生存。改组后不仅扩大了原有业务的规模,并且扩展了业务范围,开办了公济当、增办信托保险业务,承募本省发行经济建设公债等。增强了银行的经济影响力。单 1939 年 1～9 月总分行放款的总额为大洋 17872876元,放款的余额经常有大洋 400 余万元,银行放贷业务量大增,业务范围不断扩大,银行组织也逐渐扩大,由 4 个分行扩大为 1 个总行,17 个分行,1 个储蓄处,13 个办事处,3 个副业。银行利润可观,1940 年银行纯利润为 734296 元,商股获利不少,他们喜气洋洋地给股东大会发来贺电说:"我们在银行入股,不但得到很优厚的股息红利,而且间接地参加了抗战建新的工作。"商业银行的建立促进了新疆经济发展,巩固了抗日的后方基地。

七、废两改元,改革新疆币制

货币政策是金融工作的核心,对整个经济的发展起重要调节作用。然而改组前新疆货币不统一,省银行等于省府,财政用款均由银行支取,而银行的货币又均为财政厅所发行,故此财政厅与银行,如车轮鸟翼,相辅而行。而且旧省票仍以银两为单位,已远远落后于时代,加之发行无度,信用已是很差。由于滥发纸币,货币贬值,造成通货膨胀,物价高涨,财政不稳。改组新疆省银行后,毛泽民提出必须对货币政策做重大改革。第一,将货币发行权从省政府改为由银行发行,废除旧省票,发行新币,由财政厅发行货币改为商业银行发行,这是货币发行权上的一次改革,意义深远。在当时,银行不掌有货币发行权,就无法按财政需要发票子,事实上就导致了当时货币不稳定的状态。货币发行权归银行,无论对于银行本身,还是对于整个新疆金融,都是一项根本性的改革。1939 年 2 月 1 日,新疆商业银行正式发行新货币,新币把旧币以"两"为单位改为以"元"为单位(见图示新币 1 元、3 元面额)。新币共发行 1000 万元,取代了无准备金,以银两为单位的旧省票,并规定旧省票 4000 两、喀票 160 两兑换新币一元。7 月,商业银行公开焚毁收兑回归的旧省票 100 亿两,从而基本上控制了滥发货币和物价上涨现象。1940 年元旦,正式废除了旧币,新疆币制得以统

一。新币发行后,使用信誉良好,币值稳定,受到群众的热烈拥护。这种情况对维护商业银行的信誉和新形象,起到了相当大的作用。第二,为保证新货币信誉,储备足够金银,银行发行钞票必须有相应的黄金、白银作为发行准备金,银行对发行钞票必须实行严格的核定、管理。《新疆商业银行章程》对此有专门规定,第四章第三十三条就规定:"发行部应有独立金库及资产负债表,不与商行者相混合……"由于制度落实,商业银行发行新省币非常有限度。从 1939 年 2 月到 1942 年 3 月末,3 年 2 个月共发行新币 5404 万元,平均每年发行1500 万元左右,只相当于同期一年财政支出的 33%。为防止金银流失,毛泽民主持修订了《新疆省限制现金银出境暂行办法》严禁金银出境。

新疆货币改革以后,新币以其稳定良好的信誉,在发行的五年中从未贬值。这一革新是政府在经济建设上的一次伟大收获,是新疆经济史上空前的统一币制的新纪元。

八、改革税制,减轻群众负担,保证正当税收

新疆当时税制弊端很多,如收税不按羊的多少计税,却按户计税,大牧主羊多,税不多,穷苦牧农羊少税不少,商业税也是如此,不按资金和利润的多少进行收税。而且五花八门的额外负担更把普通百姓压得喘不过气来。毛泽民对此十分不满,坚决进行了税制改革。提出收税按羊的多少计税,商业税对行商和坐商都要收税,统一发牌照,按资金和利润的多少,分等收税田赋规定要进行验契和重新丈量土地,堵住地主隐瞒土地、偷税逃税的漏洞。另外,修正税章,废除过去的田赋中的样粮、鼠粮、鸽粮和耗粮,核减了行商的贩运牌照税,核减了旱田的田赋额粮,取消了南疆各区多年惯例随田赋额粮带征的正草,豁免了南北疆因灾歉收的田赋额粮,取消了牧民自己食用羊也要交的屠宰税,大大减轻了各族人民的负担。此外,为保证正当税收,防止纳税人偷税、漏税,毛泽民制定了许多规章,1940 年 3 月拟定了《征收牧税奖惩条例》,6 月又颁发 6 条训令,保证了牧税的正常缴纳,做到了"上不亏公,下不累民"。

经过税制改革,减轻了各族群众负担,增加了政府财政收入,显示了毛泽民税制改革的成功。

九、发行建设公债,筹措建设资金

为了援助抗战,巩固新疆,加快了新疆的经济建设,抗战以来,实施了第三个三年计划。搞建设需要资金,但当时建设资金不足,毛泽民在理财方面思路广、起点高,一向注重开源节流,善于把银行工作同实业、财政贸易交流紧密结合起来,尤其于吸收社会游资方面,他有着独到的成功经验。早在 1923 年,毛泽民在安源路矿工人俱乐部工作时,就为给工人消费合作社筹集资金,实行过股份式操作,虽然只是简单的"按股分红"形式,但其获得的良好效益无疑对于毛泽民在改组新疆省银行过程中运用股份制形式有着一定的启示和影响。毛泽民正是从工作实践中总结了经验,才对省银行的改组前景抱有信心,而商业银行改组成功,证明了以有价票券形式吸收游资,是筹资的有效方式。这也促使他在 1941 年春新疆有史以来第一次发行建设公债活动中,依然采用发行股券形式。对于建设公债发行的目的,作为当时财政厅厅长的毛泽民在《新疆日报》上为发行建设公债撰写的《发刊词》上说:"政府发行公债,它的目的是在于增强建设力量,以求加速完成二期三年计划;是在于使国

际后方更臻于巩固，以保证前线抗战的更大胜利，也就是发展四月革命的胜利，更加提高人民的文化，更加改善人民的物质生活，也就是完全为人民谋更多福利"。他向各族群众宣传要进行更大更迅速的建设，单靠一般税收还不够，还需要广大人民来参加，这次发行建设公债，就是政府向人民借一笔钱，即是政府和人民通力合作，加速新疆的建设。他还说，人民认购公债是"给自己的子子孙孙造成快乐幸福的生活"。在《新疆省建设公债宣传大纲》上是这样解释的："为了增强新疆建设力量，加速完成第二期三年计划；为了巩固国防，保证抗战建新的胜利，为了新疆的新文化能迅速发展"。

　　发行建设公债，这是新疆有史以来的第一次，1940 年 12 月 1 日财政厅公布了由毛泽民亲自起草的《民国三十年新疆省建设公债条例》和《民国三十年新疆省建设公债施行细则》。建设公债定额为新币 500 万元，于 1941 年 1 月 1 日起按票面发行。建设公债债票分为 50 元、25 元、10 元、5 元、1 元五种（见图示 25 元面额），为无记名式，由省政府主席、财政厅厅长签字盖印发行。建设公债专为建设新疆省文化、国防及农工事业，不作他用。《新疆日报》出了发行建设公债特刊，由于宣传工作深入细致，发行办法规范严密，各族群众踊跃认购，结果短期内就超额完成了发行任务，原计划发行 500 万元，实际发行推销了 668.91 万元，超过原计划的 33%，为新疆建设缓解了资金之困。这不仅说明当时新疆地方政府所做的发行工作全面而细致，而且说明新疆各族人民由于经济形势的稳定和发展，对地方政府所产生的信任，尤其是对毛泽民主持新疆财政的信任。"在发行公债时，由于当时各族人民认为在毛泽民同志主持财政下,信用昭著,有稳定的保证,因而民间购买公债非常踊跃"。当时有个汽车商叫马宝良,开来一辆苏制嘎斯车,要求作价购买公债。如果不是政府信用昭著,重利的商人怎会如此积极购买公债?

公债的发行,不仅超额完成了任务,而且对于发动人民积极参与国家建设事业,全力抵抗日本帝国主义的侵略,增强新疆与内地的紧密联系,起到不可低估的作用。新疆是抗日的大后方,是苏联等国援华物资的重要交通线,新疆经济的发展,人民的团结是维护抗日民族统一战线的有力武器,是抗日胜利的重要保障。新疆建设公债的超额完成,为中国的抗日战争提供了一定的物质支援。新疆人民踊跃购买公债,为新疆本地的建设筹集了资金。与第一个三年计划(1937—1939 年)相比,第二个三年计划(1940—1942 年)中投入各项建设的费用比例明显增加。

新疆财政金融的改革、公债的顺利发行,特别是新疆省银行成功改组,与毛泽民的工作和贡献是紧密相连的。他亲自组织了一系列活动,拟就了大部分文件规章和银行的业务方针。正是在他的亲自筹划和主持下,新疆省银行改组才取得了解放前新疆金融业最辉煌的成就。新疆省银行改组为商业银行后,它的调节社会经济的作用得到了更好的发挥,并通过币制改革,终于使新疆的金融市场摆脱了长期动荡的混乱局面而渐趋稳定,促进了当时社会经济的恢复和发展。正如原省银行行长张宏与所说:"不但是辅助了农牧工商各业的发展,加强了各部门的生产力量,也奠定了本省的金融与经济基础。"毛泽民担任财政厅长期间的这 3 年多时间,是解放前新疆金融史上最为兴盛的时期。

毛泽民在新疆工作仅 4 年多时间,就被盛世才阴谋杀害了,但他给新疆的财政、金融工作留下了很深的影响和宝贵的经验,他为新疆人民所做的巨大贡献,将永载史册。

2. 中印边界自卫反击战随军银行轶事

1962 年,是新中国发展中最困难的一年。以美苏为首的两个超级大国想在中国遭遇严重自然灾害的情况下遏制新中国的发展;台湾国民党反动势力派遣大批武装特务袭扰大陆;中国西部的印度也屡屡在中印边界克什米尔争议地区袭击中方哨所和边民制造流血事件,企图将边境线向中方推进。中国面临国际反华反共的严峻考验。1962 年,中国政府在多次警告无效情况下,对入侵印军进行自卫还击,取得全面胜利,捍卫了祖国领土完整和共和国的尊严。

中印边界自卫反击战西段战场,位于西藏阿里高原,平均海拔 4500 米以上。人迹罕至、冰雪覆盖、气候多变,氧气含量不足海平面的 50%。自卫反击就在这里展开。这个地方距新疆喀什地区道路交通相对较顺,自卫反击西段战区的解放军部队,兵员输送和战斗后勤物资补给由新疆军区负责。西藏阿里地区的边防建设也由新疆军区代管。

中印边界自卫反击战的后方基地,设在新疆喀什地区叶城县康瓦西镇。前线指挥部则设在西藏阿里地区首府狮泉河镇。参加自卫反击作战的部队,经新疆喀什开进狮泉河镇前线。从叶城基地上阿里高原必须越过海拔 6200 米的界山大坂,反击战异常艰难,后勤保障不可或缺。参加自卫反击战的新疆军区部队,因缺少财会人员,加之交通通信设施匮乏,资金清算结算渠道不畅,致使部队内外资金结算拖欠,给军需供应和后勤保障工作带来诸多麻烦。部队的后勤物资供给无法及时结算,影响了日常训练和军事行动的进行。在这种情况下,新疆军区商请人民银行新疆维吾尔自治区分行派出业务骨干帮助前线部队(疆字301 部队)进行资金清算和随军金融服务。自治区人民银行党组经过慎重研究,决定派屈应礼、姜心禹等人组成随军银行参加新疆军区 7997 部队随军服务。1962 年 8 月,派出人员踏上前往阿里前线的征程。入队后,他们帮助部队清理了以往内外资金拖欠,有效保障了前线部队战斗装备和生活保障物资的供给,并为部队指战员提供储蓄汇兑等战地金融服务。1964 年 10 月,在中印边界自卫反击战取得全面胜利后,派出人员回到自己的工作单位。时隔不久,支援国防建设和西藏阿里高原经济金融建设的任务又落到了他们的肩上。

　　姜心禹,1935 年生于上海,1956 年由上海银行学校毕业分配到人民银行新疆维吾尔自治区分行,先后在会计科和计划科工作。1962 年 8 月,被抽调中印边界自卫反击战随军银行工作,他很好地完成了随军银行的各项任务。回原单位仅十个月,1965 年 8 月,新疆军区为加强南疆军区后勤建设,向人民银行新疆维吾尔自治区分行请求支援干部组建南疆军区后勤部财务处并点名要姜心禹参加,人民银行自治区分行党组经研究决定批准抽调姜心禹到南疆军区直接入伍,姜心禹服从组织安排,在南疆军区一干就是 21 年,直至升任南疆军区后勤部副部长(副师级)。其间,按新疆军区部署,他带领营房建设人员走高原、入边防,强化边防部队营房哨所军事设施建设,受新疆军区党委嘉奖并立功。为带头安心南疆边防建设,姜心禹动员在乌鲁木齐市自治区人民医院检验科工作的爱人陈洁(上海籍),调到南疆军区驻地疏勒县医院工作。由于部队工作繁忙,姜心禹很少回家,甚至爱人孩子吃水都要靠家属买的大水缸请人帮忙挑水解决。那时,姜心禹的爱人孩子住在医院附近破旧的平房,下雨时屋子漏得厉害,同事帮忙搬到医院食堂躲避。姜心禹的档案中是这样记载他的经历的:"姜心禹同志,1962 年中印边境自卫反击战时作为随军银行工作人员参加战斗"。"严格执行国家金融政策和部队财务管理制度,根据部队财力,制订出合理使用方案,及时给党委和首长反映情况、提供信息,检查督促部队执行财经纪律情况,及时调整部队经费,保障重点建设项目完成,把有限的财力用到了部队急需的地方,保证了部队建设顺利进行,为国防建设作出了积极贡献;1983 年,南疆军区全面开展边防建设,在世界屋脊阿里高原进行大规模建设,史无前例,没有现成经验可取,更无历史资料,边施工边展开,困难很多,艰难之苦都是事先不可估量。为完成军委交给的任务,巩固边防,造福于边疆各族人民,军区党委决定他参与前线指挥并领导施工保障,连续两年深入各部指挥奋战,汗水洒满阿里高原,后勤保障工作充分周到,对每一项计划都要亲自审阅,及时给军区提供可行的保障方案,边建物资应有尽有,奇迹般地按期完成了军委和各级党委交给的各项任务,工作出色,乌鲁木齐军区为他记三等功。"直到 1986 年 6 月,姜心禹转业回到人民银行新疆分行,爱人和两个孩子才随他迁回首府乌鲁木齐市。1992 年,姜心禹任人民银行新疆维吾尔自治区分行助理巡视员。由于长期在高寒缺氧环境中工作,致使他心脏扩大和呼吸系统功能不好,于2009年1月因心肺功能衰竭病逝。

屈应礼,他的随军银行及西藏阿里的艰苦工作环境、生死考验的经历,很少跟家人说起。那个年代没有什么节假日和休假,加之南疆和阿里地区多是高山峡谷,道路异常难走,驾车稍不留神就会跌入悬崖。那时只能用解放牌大卡车执行现金押运任务,屈应礼和同事从喀什到乌鲁木齐往返一趟就是20天。在西藏阿里工作时,特别是在阿里中心支行工作时,深感基层银行藏族干部太缺乏,基本没有能从事金融工作的合适人才,于是屈应礼向地委组织部门提出重点培养本地藏族干部,解决阿里地区人才短缺问题的建议,并主动联系送四名藏族干部到新疆财院学习,还吸收当地青年牧民送到拉萨财政学校培训。他重视培养藏族干部职工的做法,受到阿里地委行署的好评。屈应礼还注重营业网点建设和干部职工素质提高,以及金融储蓄政策宣传,储蓄余额由1970年的4亿元上升到1978年的10.7亿元。他在阿里地区工作时培养成长的阿旺行长和财政局局长吐曲以及西藏自治区分行行长格桑阿穷等藏族干部还经常来新疆家中看望他。屈应礼从来没因为孩子和家里的事找过组织。

事情已经过去好多年了,但姜心禹、屈应礼两位老金融战士,为了祖国安危无私忘我的奉献精神,激励着新疆的一代又一代金融人,在建设繁荣富强的国家中不断前行!

三、2006—2012 年新疆银行业机构大事记

2006 年

2 月 28 日　新疆天业节水灌溉股份有限公司在香港创业板上市,募集资金 2.4 亿港元。这是新疆维吾尔自治区首家在香港创业板上市的股份公司。

3 月 15 日　国家开发银行与新疆维吾尔自治区政府签署第二轮 605 亿元开发性金融合作协议,重点支持"十一五"期间新疆水利、交通、中小企业和矿产资源开发等重要领域建设。

3 月 27 日　新疆作为全国第一批小额支付系统推广省份,成功上线运行,有效提升了金融机构服务水平。

4 月 24 日　工行总行副行长王丽丽出席新疆罗布泊钾盐有限责任公司年产 120 万吨钾肥项目开工新闻发布会暨银团贷款签字仪式和奠基典礼。

4 月 27 日　国开行新疆分行、农行新疆分行被自治区人民政府授予"开发建设新疆奖"。

5 月 23 日　中国—哈萨克斯坦石油管道全线开通,新疆作为国家能源基地的战略优势进一步凸显。

5 月 25 日　新疆维吾尔自治区党委研究决定,成立中国共产党新疆农村信用社联合社党委,自治区主席助理、金融工作办公室主任王会民兼任党委书记。

5 月 29 日　自治区联社召开发起人大会。全疆 83 家发起人参加了会议,自治区人民政府金融办、新疆银监局、人行乌鲁木齐中心支行领导和有关部门的负责人出席了会议。

6 月 1 日　上海浦东发展银行乌鲁木齐分行正式成立。

6 月 6 日　克拉玛依市商业银行正式成立,谢鹏飞任董事长,吴勇任行长。

同日　吴宁锋任工行新疆分行党委书记、行长。

同日　中行新疆分行完成 ATM 外卡取现交易路径的改造,实现了 ATM 外卡取现的集中清算。

6 月 8 日　建行总行在乌鲁木齐召开社保业务营销团队座谈会,其总行机构业务部副总经理王强到会并讲话,总行机构部高级副经理俞立、基金托管部高级副经理梁昊及北京、天津、山西、辽宁、浙江、山东、河南、湖北、湖南、广东、新疆等分行部门负责人 25 人参加会议,国家劳动和社会保障部林志超副处长应邀参加会议。

6 月 24 日　华夏银行乌鲁木齐分行成功举办了华夏外汇卡首发仪式。

6 月 25 日　建行新疆分行"全国支票影像系统"正式运行,系统采取"二级分行扫描和提出、一级分行集中提回"的业务处理模式,实现了支票全国通用,拓宽了传统结算工具的使用范围。

7 月 24 日　银监会主席刘明康来新疆检查工作,其间,到阿勒泰银监分局调研指导并捐助金融希望小学。

同日　高骏任银监会新疆监管局党委书记、局长。

7 月 26 日　经银监会批准,新疆农村信用社联合社正式挂牌成立,成为由新疆维吾尔自治区党委、人民政府管理,对全疆农村信用社履行管理、指导、协调、服务等职能的地方性金融机构。

8 月 4 日　上海浦东发展银行乌鲁木齐分行举办开业庆典。钱理丹任行长。同日,上海浦东发展银行乌鲁木齐分行向乌鲁木齐市达坂城地区中学捐赠 25.00 万元人民币。

10 月 16 日　兴业银行乌鲁木齐分行正式成立,汤政军任党委书记、行长;并向新疆青少年基金会捐赠 5.00 万元人民币。

同月　在人行乌鲁木齐中心支行、新疆银监局、自治区农村信用社的共同努力下,新疆农村信用联社 8.23 亿元专项中央银行票据获准发行。

11 月 8 日　建行新疆分行与乌鲁木齐铁路局举行"龙卡名企卡—乌铁龙卡"首发仪式。

11 月 22 日　银监会纪委书记胡怀邦一行到新疆银监局调研,并参加新疆银监局党员领导干部民主生活会。

同月　新疆特变电股份有限公司首次在全疆成功获准发行 6.00 亿元企业短期融资券。

同年　完成对德隆系"屯河集团""天山股份"及新疆证券公司的重组,风险得到有效化解,金融机构逐步走出"德隆"阴影。

2007 年

1 月 16 日　工行新疆分行与宝钢集团新疆八一钢铁集团签订增资重组协议。工行总行副行长李晓鹏出席签字仪式,工行新疆分行担任该项目战略并购顾问。

同日　新疆八一钢铁集团有限责任公司与上海宝钢集团有限公司签订资产重组协议,宝钢集团注资 30 亿元对八钢进行重组。

1 月 17 日　丁晓杰任中国信达资产管理公司乌鲁木齐办事处党委书记、主任。

1 月 26 日　国家开发银行牵头联合 5 家金融机构为支持新疆公路建设发放银团贷款 100 亿元。

2 月 7 日　中行新疆分行根据奥运计划对 ATM 提示信息画面进行规范化处理,科技人员和维吾尔文翻译共同研讨改进维吾尔文提示信息;中行新疆分行成为第一家在新疆推出具有维吾尔文字提示信息的 ATM 的银行。

2 月 12 日　新疆邮政公司成立,标志着新疆邮政政企分开工作基本完成。

2 月 17 日　中行新疆分行解放路支行司晓虎贪污 347.40 万元重大经济案件,在案件调查清楚后,对 31 名责任人进行了责任追究,并终止了司晓虎劳动合同关系,司晓虎于同年 12 月 21 日被法院判处有期徒刑 8 年零 6 个月。

同月　贺晓初任长城资产管理公司乌鲁木齐办事处党委书记、总经理。

4 月 10 日　陈军任农行新疆分行和农行兵团分行党委书记、行长。

5 月 10 日　交通银行乌鲁木齐分行首家沃德财富服务中心成立。

5 月 11 日　农发行新疆分行向新疆锦棉棉业股份有限公司发放农业科技中长期贷款 3.05 亿元,这是全国农发行获准办理此类贷款后的第一笔贷款。

5 月 15 日　交通银行股份有限公司在上海证券交易所正式上市。交通银行乌鲁木齐分行正式更名为交通银行股份有限公司乌鲁木齐分行。

6 月 1 日　招商银行乌鲁木齐分行在新疆地区推出了第一张区域百货联名信用卡——招商银行辰野名品联名信用卡。

6 月 4 日　根据银监会决定,哈密市 4 家农村信用社被依法行政撤销。

6 月 15 日　经中行总行批准,中行新疆分行国际结算部与法兰克福中行、米兰中行相继签署了进口保付达业务合作协议。

7 月 22 日　招商银行总行任命管奇志为招商银行股份有限公司乌鲁木齐分行行长。

8 月 9 日　浦发银行乌鲁木齐分行与新疆生产建设兵团举行 50 亿元综合授信签约仪式。

8 月 14 日　"农行富蕴助学计划——为了边陲的孩子"捐款助学活动捐赠仪式在新疆阿勒泰地区富蕴县可可托海镇一小隆重举行。新疆维吾尔自治区纪委书记符强、农行总行副行长韩仲奇,农行新疆分行行长陈军等有关领导参加了捐赠仪式。

9 月 11 日　建行与新疆生产建设兵团签订《战略合作协议》暨兵团龙卡发行签约仪式。

10 月 1 日　征信系统应收账款质押登记公示系统在新疆推广运行。

10 月 18 日　新疆维吾尔自治区国有资产监督管理委员会与中国华融资产管理公司在北京举行《新疆维吾尔自治区国有资产监督管理委员会与中国华融资产管理公司重组新疆国际信托投资有限责任公司协议书》签字仪式。新疆国资委将持有的新疆国际信托投资有限责任公司 94.1％股份即股本金 32981.04 万元,转让给中国华融资产管理公司。

同月　新疆新鑫矿业在香港联交所主板上市,募集资金 46.30 亿港元。

11 月 10 日　中行新疆分行陆续与东京中行、新加坡中行、米兰中行签订了进口业务项下协议付款合作协议。

11 月 28 日　工行新疆分行成功为中粮新疆屯河股份有限公司办理了福费廷业务和出口跟单托收项下押汇业务,实现工行新疆分行国际贸易融资品种的突破。

12 月 18 日　新疆维吾尔自治区农村信用社联合社"玉卡"正式面世,在全疆发行。

12 月 26 日　工行新疆分行与乌鲁木齐铁路局举行银行账户监管与实施资金归集签字仪式。

同日　风电产业的龙头——新疆金风科技股份有限公司在深圳证券交易所成功上市。金风科技以 138.00 元的超高价开盘,一举创出新股首日上市开盘价历史新高。

12 月 28 日　新疆银监局就新疆长城金融租赁有限公司开业申请作出肯定批复,并为新疆长城金融租赁有限公司换领了新的"金融许可证"。

同月　中国长城资产管理公司成功重组新疆金融租赁有限公司,设立新疆长城金融租赁有限公司。

2008 年

1 月 2 日 中行新疆分行利用自身优势,自行开发《出口美元计价欧元搭桥》产品,以期通过分散计价货币总体平衡出口结汇汇率波动的风险。

1 月 8 日 中行新疆分行与新疆天业合作成功办理首笔进口汇利达业务,金额为885.00 万美元。

1 月 9 日 中行新疆分行与新疆万达有限公司合作成功办理首笔进口协议付款业务25.45 万美元。

1 月 12 日 新疆维吾尔自治区农村信用联社召开撤销哈密市四家农村信用社债权人会议,会议由王会民主持。会议听取了原哈密市四家农村信用社个人和机构债权兑付、贷款清收、股金清理等情况汇报,以及讨论终止员工劳动合同经济补偿方案的事项。

1 月 17 日 "中国贫困英模母亲"建行资助计划向乌鲁木齐德汇国际广场火灾中牺牲的三位英烈捐赠仪式隆重举行,全国妇联中国妇女发展基金会主任张大珍,新疆妇女联合会党组书记、副主席王建玲,建行新疆分行行长吴建中,新疆公安厅党委委员、政治部主任袁争鸣,新疆公安消防总队副政委吐尔逊·亚森等领导出席捐赠仪式;来自中央电视台、《中国妇女报》《金融时报》《人民公安报》、北京电视台、《中国妇运》杂志等多家国内重要媒体及自治区当地媒体的记者参加捐赠仪式。

1 月 18 日 新疆首家新型农村金融机构五家渠国民村镇银行挂牌成立,朱定国任董事长,熊建江任行长。

1 月 28 日 中国邮政储蓄银行新疆分行组建成立,孙黎焰任行长。

2 月 18 日 新疆长城金融租赁有限公司挂牌复业,历时三年多的"德隆系"金融机构风险处置工作宣告结束。

同月 银监会批准中国华融资产管理公司重组新疆国际信托投资有限责任公司。

3 月 20 日 工行新疆分行首次为新疆特变电工股份有限公司成功办理非买断型融资性出口单保理业务,实现了此项业务零的突破。

4 月 25 日 兴业银行总行副行长陈德康与新疆生产建设兵团签署《全面战略合作协议》。

同月 国开行新疆分行行长郑旭东荣获"全国五一劳动奖章"。

5 月 8 日 小额支付系统本票业务在新疆开通。

5 月 19 日 华融国际信托投资有限责任公司在乌鲁木齐揭牌。华融国际信托投资有限责任公司是在中国华融资产管理公司重组新疆国际信托投资有限责任公司基础上成立的,注册资本 35032.00 万元。其中中国华融资产管理公司持股 94.1%。自治区国资委、新疆恒合投资股份有限公司和新疆凯迪投资有限公司 3 家合计持股 5.9%。

5 月 28 日 人行乌鲁木齐中心支行"中亚金融研究中心"揭牌,为金融支持国家向西开放战略提供政策建议和决策支持。

6 月 13 日 付万军被任命为交通银行乌鲁木齐分行党委书记、行长。

6 月 17 日 奥运圣火在新疆传递,工行新疆分行行长吴宁锋、石河子市银监分局副局长张斌、喀什市银监分局木合百提三人分别担任乌鲁木齐等三个城市火炬传递手。

同日　"传递希望,祝福祖国——中国建设银行万人签名迎奥运"活动在乌鲁木齐举行,建行新疆分行李向党作为第203棒火炬手参加火炬传递活动。

同月　张涛任建行新疆分行行长。

6月21日　交通银行乌鲁木齐分行与金石期货首家签署全国集中式银期转账协议。

7月22日　管奇志任招商银行乌鲁木齐分行行长。

8月7日　人行乌鲁木齐中心支行连夜处置、平息"8月8日低价限售黄金谣言事件",维护了奥运期间新疆金融秩序和社会稳定。

8月31日　农行新疆分行行长陈军陪同农行总行行长项俊波到阿勒泰可可托海镇参加中国农业银行捐助的富蕴县可可托海镇希望小学落成庆典仪式。

同月　人行乌鲁木齐中心支行和《金融时报》联合主办"新疆对外开放与金融支持论坛",多角度专题研究新疆向西开放与金融支持问题。

9月11日　建行总行与新疆生产建设兵团"战略合作协议暨兵团龙卡发行签约仪式"在乌鲁木齐举行,建行总行行长张建国与新疆生产建设兵团司令员华士飞代表双方签署战略合作协议。根据协议,建行将在符合国家有关政策的前提下3年内拟向兵团现代农业建设、重大基础设施项目、重点企业及教育、医疗、优质中小企业提供人民币200亿元的支持额度。

9月16日　东亚银行乌鲁木齐分行正式开业,吴俊良任行长;东亚银行乌鲁木齐分行向南疆某希望小学捐款40万元人民币。

9月27日　农行总行行长项俊波与新疆生产建设兵团司令员华士飞签署《中国农业银行与新疆生产建设兵团全面战略合作协议》暨举行金穗惠农卡发行签字仪式。

10月28日　新疆农村首家合作银行——石河子市农村合作银行正式成立。

11月14日　新疆维吾尔自治区人民政府召集在疆各金融机构举行旨在落实中央扩大内需、促进经济增长精神专题会议。

12月22日　农行新疆分行举行"大行德广、伴您成长金钥匙春天行动"个人金融综合营销活动启动仪式。

2009 年

1月20日　建行新疆分行营业部河南路支行荣获全国精神文明建设工作最高奖项——"全国文明单位"荣誉称号。

2月19日　新疆维吾尔自治区人民政府下发《新疆维吾尔自治区小额贷款公司试点管理暂行办法》,小额贷款公司试点工作在新疆正式启动。

3月2日　自治区人民政府与中国农业银行在北京签署全面战略合作协议。根据协议,中国农业银行在3～5年内,向新疆提供500亿～700亿元的意向性信用额度,重点对石油等优势产业以及农产品深加工企业提供支持。

3月3日　新疆维吾尔自治区人民政府与中国工商银行在北京签署金融战略合作协议。

3 月 18 日　中国银联新疆分公司在乌鲁木齐市成立。

4 月 3 日　全国首只地方债 2009 年新疆第一期债券在深交所、上交所上市交易。

4 月 10 日　国开行新疆分行、中行新疆分行、新疆美克化工有限责任公司、美克投资集团有限公司四方举行关于美克集团丁二醇项目合作协议签署仪式。

4 月 27 日　建行新疆分行财富中心获得中华全国总工会颁发的"全国工人先锋号"称号,李向党去北京领奖,并参加五一劳动节庆祝活动。

同月　中国石油集团公司以 28.10 亿元资金入股克拉玛依市商业银行,开创了新疆维吾尔自治区全国大型企业参股新疆地方城市商业银行的先例。

5 月 8 日　农行兵团喀什地区分行为巴基斯坦哈比银行开立人民币同业往来专用账户,用于中巴边境贸易结算。

5 月 19 日　新疆维吾尔自治区人民政府与中国农业银行在乌鲁木齐签署金融服务行动计划合作备忘录。5 年内,中国农业银行将安排 100 亿元意向性信用额度,用于支持新疆特色林果业涉及的种植、收购、存储、加工、销售等关键环节,提供优质高效的金融服务。

5 月 25 日　新疆维吾尔自治区人民政府与中国银行股份有限公司在乌鲁木齐签署全面合作备忘录。中国银行在 3 年内,为新疆经济社会发展提供 600 亿元意向性融资安排。

6 月 15 日　新疆首家小额贷款公司乌鲁木齐市新温商小额贷款股份有限公司成立,注册资本 1.25 亿元。

9 月 10 日　农行新疆生产建设兵团分行为吉尔吉斯斯坦商业银行开立中亚五国银行机构在新疆境内的第一个人民币同业往来专用账户。

9 月 22 日　国开行新疆分行为吉尔吉斯斯坦 RSK 银行开立人民币银行结算专用账户,用于国开行新疆分行对 RSK 银行的人民币贷款授信项目。

10 月 31 日　银监会党委书记、主席刘明康来疆调研,重点为克孜勒苏州及喀什地区调研银行业支持和服务地方经济社会发展、解决金融服务空白乡镇情况。

11 月 1 日　中行新疆分行与匈牙利分行签订《协议付款业务合作协议》。

12 月 10 日　农行新疆分行召开干部大会。农行总行组织部长王纬宣读总行决定:任命张阿宝为农行新疆分行行长。

12 月 22 日　中国金融职工思想政治工作研究会,授予建行新疆分行工会主任胡丛林"新中国六十年金融先进文化优秀建设者"。

同年　中行新疆分行首次支持客户开办 2000 万欧元"内保外贷"、国际组织担保项下"福费廷""借款保函"等多项新业务产品;在与海外联行优势合作中,首次与香港中行叙做 7 天浮动利率代付业务。

同年　新疆维吾尔自治区全年共审批设立了 20 家小额贷款公司,注册资本达 9.70 亿元,对改善农村金融环境、缓解中小企业资金紧张起到了积极的促进作用。

2010 年

3 月 29 日　全国对口支援新疆工作会议在北京召开。会议确定 19 个省市(含深圳市)对口支援新疆 12 个地州的 82 个县市和新疆生产建设兵团 12 个师。

　　同月　乌鲁木齐市建设投资有限公司融资发债项目成功发行,"2010乌城投债"是新疆维吾尔自治区发行的首只企业债,发行规模为人民币25.00亿元,期限7年,票面利率6.5%。

　　4月　新疆首家全国性银行法人机构——昆仑银行挂牌。

　　6月1日　人行总行党委书记、行长周小川在乌鲁木齐与新疆维吾尔自治区党委书记张春贤以及自治区主席努尔·白克力等自治区领导会谈,就如何认真贯彻落实中央新疆工作座谈会精神交换了意见。

　　6月3日　中信银行乌鲁木齐分行开业,这是入驻新疆的第5家股份制商业银行。

　　6月22日　中行新疆分行与哈萨克斯坦中国银行成功叙做首笔新疆地区跨境贸易人民币结算业务。

　　同月　国务院批准新疆成为全国第二批跨境贸易人民币结算试点省区。

　　同月　哈密市商业银行开业,标志着新疆城市信用社向商业银行改制全面完成。

　　7月19日　银监会与新疆维吾尔自治区人民政府在乌鲁木齐召开银行业金融机构支持新疆经济社会跨越式发展座谈会,自治区党委书记张春贤、银监会主席刘明康出席会议并作重要讲话。

　　8月27日　资本市场支持新疆跨越式发展工作报告会在乌鲁木齐召开,证监会主席尚福林出席会议并作重要讲话。

　　同日　《新疆日报》《新疆都市报》推出"十年铸丰碑,品牌耀天山——建设银行优质服务品牌'向党工作站'创建十周年风采展示"系列报道,连续一个月报道建行新疆分行十佳"向党工作站"和十佳"向党标兵"的先进事迹。

　　8月30日　中共中央政治局委员、国务委员刘延东一行亲临建行新疆分行,对总行委托建行新疆分行信息技术管理部实施的"国产高端容错计算机金融行业应用示范项目"进行实地调研,并参加"国产高端容错计算机应用系统上线测试启动仪式",为启动仪式点击启动键。国家科委、教育部、国家自然基金会和工程院相关领导,自治区党委书记张春贤、自治区主席努尔·白克力等领导参加。

　　同月　库尔勒富民村镇银行开业。

　　9月10日　中行新疆分行成功叙做单笔金额高达20亿元跨境人民币结算业务。

　　同月　国务院批准新疆成为全国首个开展跨境直接投资人民币结算试点省区。

　　10月8日　中行新疆分行95566人工座席于2010年10月开通7×24小时服务,为新疆地区广大客户提供全天候的金融咨询服务。

　　10月29日　新疆跨境贸易与投资人民币结算试点工作启动,成为全国首个跨境贸易与投资人民币结算试点省区。

　　12月3日　中国农业银行与新疆维吾尔自治区人民政府签订全面战略合作协议。农行总行董事长项俊波、副行长朱洪波、农行新疆分行行长张阿宝等参加签约仪式。

　　12月22日　陶冀被任命为中行新疆分行党委书记、行长。

　　12月30日　交通银行总行党委书记、董事长胡怀邦一行来疆调研并指导工作。同日晚,新疆维吾尔自治区党委书记张春贤会见交通银行总行党委书记、董事长胡怀邦一行。

　　同月　石河子市交银村镇银行成立。

同年　中行新疆分行与国家开发银行合作,参与土库曼斯坦 3.00 亿美元的天然气康采恩银团贷款,投放 7300 万美元,这是首次介入境外企业的授信业务。

同年　新疆银监局协调疆内银行机构争取总行支持,多家银行与中亚国家银行直接建立代理行、账户与印押关系,为发展边境贸易、旅游购物、边民互市、物流配送等提供支持。

2011 年

1 月　新疆维吾尔自治区人民政府出台《关于加快推进自治区社会信用体系建设的实施意见》,兵团印发《关于建立兵团社会信用体系建设联席会议制度的通知》。

3 月 13 日　新疆人行系统在全疆范围内开展了为期三天的征信、支付结算、反洗钱、反假币等金融知识宣传活动。

3 月 21 日　中行新疆分行主承销,成功为特变电工股份有限公司在银行间债券市场发行 2011 年度第一期 4 亿元短期融资券。

3 月 28 日　人行乌鲁木齐中心支行与新疆经济和信息化委员会联合举办了"金融市场与煤化工企业拓展融资渠道宣介座谈会"。宣介座谈会是为了进一步做好金融支持新疆煤炭、煤化工发展相关工作,加强金融对煤化工业企业的支持,加大利用金融市场短期融资券等融资工具的融资力度,是人行乌鲁木齐中心支行落实支持新疆跨越式发展和长治久安的具体举措之一。

4 月 19 日　格鲁吉亚国家银行行长高尔基·卡达吉泽、经济发展部副部长戴维·格奥尔加泽、伊灭吉列州州长米哈依尔·邵格瓦泽一行应新疆维吾尔自治区人民政府邀请对新疆进行了为期 4 天的工作访问。人行乌鲁木齐中心支行积极借助政府搭建的两国金融合作交流平台,大力向格方宣介跨境人民币试点政策。这是新疆自跨境人民币试点工作开展以来,首次通过自治区政府平台对外宣介跨境人民币业务,为实现新疆跨境人民币业务在周边国家取得突破进展迈出的重要一步。

4 月 28 日　中行新疆分行主承销,成功为特变电工股份有限公司在银行间债券市场发行 2011 年度第一期 10 亿元中期票据。

同月　新疆首家农村资金互助社——昌吉市榆树沟镇民心农村资金互助社开业。

同月　新疆维吾尔自治区妇联"新疆妇女小额担保贷款工作"正式启动。

5 月　中国人民银行、银监会、证监会、保监会联合下发了《关于金融支持新疆跨越式发展的意见》。

6 月 14 日　人行乌鲁木齐中心支行组织全疆人行系统及金融机构开展全国第四个"信用记录关爱日"宣传活动。此次"信用记录关爱日"活动的宣传主题是"我与我的信用记录"。

同月　新疆正式推出人民币与坚戈现汇挂牌交易。

7 月 8 日　乌鲁木齐市商业银行举办增资扩股项目股权认购协议签约仪式。山东日照钢铁控股集团、北京佳龙投资集团有限公司、新疆华凌工贸(集团)有限公司等 12 家机构投资者认购新增发的 11.50 亿新股。

7 月 19 日　新疆跨越式发展形势下金融运行与改善金融服务座谈会在乌鲁木齐召

开。人行乌鲁木齐中心支行党委书记、行长朱苏荣出席会议并作重要讲话。自治区党委政研室,自治区发改委、经信委、财政厅、商务厅、国土资源厅、住房和城乡建设厅、统计局,兵团金融办及乌鲁木齐市政府有关部门负责人到会并对支持新疆加快发展提出了针对性的意见和建议。

7月22日　人行乌鲁木齐中心支行、自治区经信委、兵团金融办联合举办了"企业融资与金融支持座谈会"。

7月28日　人行乌鲁木齐中心支行组织召开新疆银行业跨境人民币业务座谈会,15家具备开办跨境人民币业务的银行参加了会议。

8月　人行乌鲁木齐中心支行陆续下发了《关于做好2011年亚欧博览会期间新疆金融业网络和信息系统信息安全保障工作的通知》和《关于做好2011年亚欧博览会金融服务工作的通知》,并召开金融机构座谈会,要求在乌鲁木齐的各家金融机构全面提高首届中国—亚欧博览会金融服务水平,营造良好的金融服务环境。

9月1日　新疆成功举办首届中国—亚欧博览会,顺利召开中国—亚欧博览会金融论坛。

9月2日　由中国人民银行、中国银行业监督管理委员会、中国证券监督管理委员会、中国保险监督管理委员会联合新疆维吾尔自治区人民政府、新疆生产建设兵团召开的金融支持新疆跨越式发展座谈会在乌鲁木齐市召开。

10月20日　具有金融功能的社会保障卡发放启动仪式在乌鲁木齐举行。至此,新疆维吾尔自治区成为全国第一个推广具有金融功能的社会保障卡的省级试点单位。

10月26日　中行新疆分行与俄罗斯新西伯利亚左岸社会商业银行联合举办了"跨境人民币结算业务研讨会"。人行乌鲁木齐中心支行、自治区国税局、乌鲁木齐海关、自治区边贸局等相关单位领导及30家中俄双方重点企业参会。

同月　《国务院支持喀什霍尔果斯经济开发区建设的若干意见》发布,推出十大扶持政策支持两个开发区跨越发展。

11月　中国进出口银行新疆分行挂牌成立。

12月20日　中行新疆分行个人金融板块6大重点项目获总行2011年重大项目奖励:梦幻楼兰系列主题卡、互联网无卡支付收单业务项目、中职卡项目、理财产品定向营销数据库项目、益农贷项目、石河子大学高校金融服务项目。

2012 年

2月27日　新疆交通建设(集团)有限责任公司与交通银行新疆分行《全面战略合作协议》签字仪式在乌鲁木齐举行。

同月　新疆首次有偿出让三塘湖特大整装煤田探矿权,新疆维吾尔自治区人民政府、生产建设兵团与国家开发银行在同年7月签署《矿权大额融资协议》,提供200亿元综合融资支持。

3月1日　首场银行卡助农取款现场观摩会在巴音郭楞州和硕县新塔热乡成功举办。

3月22日　人行乌鲁木齐中心支行举行空头支票"黑名单"信息与企业征信系统的对

接签字仪式,标志着企业账户信息和企业征信系统数据共享得到实现,企业非信贷信息更趋完备。

3 月 26 日 人行乌鲁木齐中心支行召开金融业统一征信平台建设工作座谈会,新疆保监局、新疆保险行业协会相关领导,以及人寿保险股份有限公司新疆分公司、人民财产保险股份有限公司新疆分公司、太平洋财产保险股份有限公司新疆分公司、太平洋人寿保险股份有限公司新疆分公司、平安财产保险股份有限公司新疆分公司、联合财产保险股份有限公司业务代表和人民银行相关处室负责人出席会议。

4 月 人行乌鲁木齐中心支行与新疆银监局、证监局、保监局联合出台《关于金融支持昌吉州跨越式发展的指导意见》,促成昌吉回族自治州人民政府与自治区 19 家金融机构签署战略合作协议,积极打造新疆首个区域金融服务品牌。

5 月 31 日 交通银行新疆分行《新交行人》报创刊,《新交行人》是交通银行新疆分行成立以来创办的第一份刊物。

6 月 1 日 人行乌鲁木齐中心支行召开新疆辖区加快推进金融 IC 卡应用工作会议。人行乌鲁木齐中心支行副行长陶君道出席会议并作了重要讲话。自治区金融办、辖区国有商业银行、股份制商业银行以及地方法人金融机构,中国银联新疆分公司、银联商务新疆分公司的有关负责人参加了会议。

6 月 5 日 国内首笔人民币兑哈萨克斯坦货币坚戈交易的国际贸易结算在新疆实现,这是自 2011 年 6 月人民币兑坚戈现汇挂牌后发生的首笔跨境本币支付业务。

6 月 8 日 农发行总行行长郑晖来疆工作调研,并与新疆维吾尔自治区党委书记张春贤,自治区主席努尔·白克力座谈。

6 月 11 日 农发行总行与新疆维吾尔自治区签订了《战略合作框架协议》。

6 月 19 日 乌鲁木齐市成长型中小企业集合票据获准发行,这是由国开行新疆分行作为主承销商发行的新疆首只企业集合票据,总金额 1.70 亿元,期限三年。

7 月 中国银行间市场交易商协会、新疆维吾尔自治区人民政府、生产建设兵团、人行乌鲁木齐中心支行共同签署《借助银行间市场 助推新疆跨越式发展合作备忘录》。人行总行副行长刘士余主持召开"金融市场支持新疆经济发展座谈会",提出《金融市场支持新疆经济发展的十条措施》。

同月 中国新疆华凌工贸(集团)有限公司收购格鲁吉亚 Basis 银行,成为中国首家控股海外银行的民营企业。

9 月 15 日 人行乌鲁木齐中心支行组织开展了乌鲁木齐市银行业金融机构 2010 版银行票据凭证防伪知识培训,通过案例分析等方式,直观、生动地宣讲 2010 版银行票据凭证的票面特征以及伪造票据的鉴别方法,揭示各类伪造、变造、克隆票据的作案方法及手段。

9 月 22 日 交通银行总行董事长胡怀邦出席交通银行新疆区分行干部大会,宣布班子主要负责人调整:任命任三中为交通银行新疆区分行党委书记。

9 月 28 日 以"金融服务民生 银行卡走进'芯'时代"为主题内容的新疆金融 IC 卡集中宣传启动仪式在乌鲁木齐举行。人行乌鲁木齐中心支行副行长陶君道、新疆维吾尔自治区人社厅副厅长杨勇及自治区金融办、中国银联新疆分公司相关领导和辖区各商业银行主管行领导、部门负责人等 90 余人参加了启动仪式。

　　同月　中国人民银行、银监会、证监会、保监会联合出台《关于金融支持喀什霍尔果斯经济开发区建设的意见》。

　　10 月 15 日　人行乌鲁木齐中心支行召集自治区金融办、新疆银监局、保监局、证监局、自治区公安厅和自治区通信管理局以及各银行业金融机构共计 30 家单位召开了新疆首届金融业信息安全联席会议。

　　11 月 12 日　人行乌鲁木齐中心支行组织新疆金融系统召开了贯彻落实人民银行、银监会、证监会、保监会联合印发的《金融支持喀什霍尔果斯经济开发区建设的意见》座谈会。

　　11 月 15 日　人行乌鲁木齐中心支行组织召开国库会计数据集中系统(TCBS)推广联席会议,党委委员、副行长陶君道作了重要讲话。自治区财政厅、财监办、国税局、地税局、乌鲁木齐市海关、乌鲁木齐市财政局、乌鲁木齐市国税局、乌鲁木齐市地税局、22 家商业银行和中国银联新疆分公司相关负责人参加了会议。

　　11 月 27 日　人行乌鲁木齐中心支行组织召开了《新疆银行业志(1996—2005 年)》编纂委员会筹备会议。自治区金融办、银监局、政策性银行、商业银行、农信社、资产管理公司、信托投资公司、金融租赁公司等 22 家单位的相关负责人参加了会议,自治区证监局、保监局的相关负责人列席会议。

　　12 月 3 日　国库会计数据集中系统(TCBS)在新疆成功上线运行,标志着新疆国库综合业务集中系统现代化管理模式已初步形成。

　　12 月 5 日　工行新疆分行与工行北京分行合作为新疆生产建设兵团发放首笔银团贷款。

　　12 月 14 日　新疆金融学会中亚金融研究中心联合新疆大学中亚研究室召开"中亚金融问题座谈会"。座谈会上,参会人员就坚戈与人民币汇率定价机制、哈萨克斯坦金融生态及货币调控机制、推动中国与中亚贸易企业人民币结算等问题进行了深入的交流探讨。

　　同月　中行新疆分行荣获第六届风尚之巅年度行业评选"年度最具贡献力奖"。

　　同年　新疆正式启动中小企业私募债券试点,年底前,成功注册西北地区首单区域集优债券。

四、2006—2012 年新疆银行业机构发展概况

2006—2012 年,新疆银行业机构认真贯彻落实中共中央关于促进新疆经济社会发展的各项政策,转变观念、积极作为,主动谋划金融支持自治区经济发展的新思路、新举措,信贷投入力度明显加大,融资渠道逐步拓宽,资金配置效率不断提高,金融保障功能和综合服务能力显著增强,为新疆大发展、后发赶超提供强有力的支持和保障。

(一)组织体系日益健全,金融服务功能日臻完善。2006 年,新疆农村信用社改革全面推开,按照国务院的总体改革部署,新疆农村信用社联合社正式挂牌成立。同年,建行新疆分行机构按区分行、地州市级分行,县(市)级支行、营业网点(营业室、分理处、储蓄所)四级管理。同年 7 月,农行新疆分行改革审计体制,上收审计职能,对所属机构实行直接审计或派驻审计;合并农行新疆分行、兵团分行审计处,成立新疆农行审计中心,撤销二级分行及以下机构所属审计机构,设立派驻审计办事处。推进股份制改革。新疆农村信用社联合社成立以后,顺利完成了 84 家县市联社统一法人,成功处置了哈密市四家农村信用社退出市场案件,新建立了北屯、伊吾两家联社,1 家农村合作银行,启动了天山农商行、沙湾县、博乐市、博湖县 4 家农村商业银行的改制工作;健全了"三会一层"的管理体制,及时建立了权责制衡、决策监督、激励约束的经营管理机制,稳妥地实施了干部、员工聘用制度、薪酬和绩效考评制度等项改革。2006 年以后,招商银行乌鲁木齐分行有序新建新增机构网点,在乌鲁木齐成立了苏州路支行、迎宾路支行、鲤鱼山路支行、中山路支行 4 家营业网点,同时结合代发业务的发展,先后设立了南湖电信、家乐福、边防干部训练大队、天山花园小区、中环花苑小区、教育学院等自助银行以及布设了自助存取款机;交通银行新疆分行陆续成立了乌鲁木齐友好南路支行、幸福路支行、克拉玛依西路支行、光明路支行、青年路支行,将炉院街支行调整为昌吉支行,为区分行第一家异地支行。

2007 年 3 月,农行新疆分行按照全国金融工作会议确定的农业银行股份制改革"面向'三农'、商业运作、整体改制、择机上市"的原则成立股份制改革领导小组,加快推进不良资产处置准备,土地物业确权,历史包袱消化等股改各项准备工作。同年 12 月 18 日,新疆农村信用社经中国银监会批准,正式面向社会发行玉卡(借记卡)。同年,农发行新疆分行总务处成立;中国东方资产管理总公司应用 ISO 质量认证体系后,东方资产管理公司兰州办事处对内部机构实施了整合重命名即办公室、资金财会部、原处置审查办公室更名为风险管理部;撤销资产经营部,成立资产经营一部、资产经营二部;乌鲁木齐工作组更名为乌鲁木齐业务部。

2008 年 1 月 28 日,邮储银行新疆分行举行成立揭牌仪式;全疆范围设置 16 家地州市分行,96 家县支行,511 个网点。邮储银行新疆分行成立后,相继开办了公司业务、个人贷款业务、信用卡等新业务。在农村,通过绿卡乡镇建设为农民提供现代化的金融支付服务。邮储银行新疆分行开办的第一个零售信贷业务是小额贷款业务。在城市开办了为中小企

业量身定制的个人商务贷款、二手房抵押贷款业务,开辟了邮储助力中小企业发展的新途径,累计发放个人商务、二手房抵押贷款2亿元。实现农户小额贷款"县县通",52万人从中受益;投放60亿元贷款,重点支持了自治区公路、水利、城市建设项目。通过在乡镇增设定时定点服务站、开设流动服务车等形式填补金融服务空白乡镇17处,并在此基础上完成了5个流动服务点固化工作。积极开展新农保服务,先后投入近3000万元,在喀什地区乡镇建立"服务三农工作站"114个,配备ATM 139台,保证了"新农保"金融服务顺利开展。同年,农发行新疆分行增设若羌、布克赛尔两县支行;撤销和田县支行、吐鲁番地区大河沿支行。

2009年1月19日,乌鲁木齐市商业银行昌吉分行正式开业,使乌鲁木齐市商业银行的外在形象和内在素质得到了较大提升。至年末,乌鲁木齐市商业银行网点超过70家。同年6月1日,为进一步整合监管资源,提高监管工作效率,在保持内设机构总数和人员总编制不变的前提下,新疆银监局对部分内设机构、职责和人员配备进行调整。撤销原国有银行监管一处、二处、三处及政策性银行和邮政储蓄机构监管处,设立非现场监管一处、二处,现场检查一处、二处。同年,中行新疆分行对乌鲁木齐市地区机构管理模式进行了调整,对乌鲁木齐地区各城区机构,划分为解放路支行、扬子江路支行、北京路支行、南湖路支行、石化支行共五个管辖支行,各管辖支行均设业务发展部、业务管理部、综合管理部、营业部4个部门,并下辖若干经营性支行或分理处,新设立了乌鲁木齐北京南路科技大厦支行、解放南路二道桥支行、卫星路支行、炉院街支行、体育馆支行、南湖东路支行,有23家分理处升格为支行,中行新疆分行计划财务部更名为财务管理部,同时,将米泉市支行更名为米东区支行。这一年,农发行新疆分行客户三处和信贷管理处成立;农行新疆分行更名为"中国农业银行股份有限公司新疆维吾尔自治区分行"。

2010年后,4家中资全国性银行先后入驻新疆,首家全国性城市商业银行昆仑银行成立,小额贷款公司等新型金融机构从无到有,城市信用社向商业银行的改制全面完成,为新疆金融市场注入了生机和活力。同年,中行新疆分行为适应市场经济和社会发展的需求,以及内部管理更加科学化、规范化和标准化,按照中行总行业务流程再造工作进程,成立了业务流程再造领导小组,相继完成了《中行新疆分行业务流程再造工作方案》《中行新疆分行新旧业务(归属)管理部门梳理汇总》《中行新疆分行中后台业务集中处理情况汇总》;根据业务流程再造方案,中行新疆分行在分行机关新设立了"电子银行部""国内结算与现金管理部""中小企业中心",在新疆兵团农一师所在地阿拉尔市设立了中国银行股份有限公司阿拉尔市支行。年内,新疆信用联社启动了核心业务系统、信贷管理系统、财新系统和客户信息管理系统四大项目建设,投资达2亿余元,四系统于2011年11月20日顺利上线。

2011年10月8日,新疆银监局对机关内设机构、职能配置和人员编制进行进一步调整。将大型银行的监管,由原有的非现场监管一处、现场检查一处调整为大型银行监管处一个处负责;将政策性金融机构的监管,由原有的非现场监管二处、现场检查二处调整为政策性银行和邮政储蓄银行监管处一个处负责,并新设立了城市商业银行监管处、农村中小金融机构监管一处和农村中小金融机构监管二处,加强了对法人机构的监管。进出口银行新疆分行落户新疆;浦发银行、兴业银行、中信银行、光大银行、广发银行等股份制银行相继入驻新疆;首家外资银行——东亚银行乌鲁木齐分行顺利开业;3家非银行业金融机构成功重组并实现稳健运行;新型农村金融机构培育发展不断提速,五家渠国民村镇银行、石河子交银村镇银行、昌吉榆树沟农村资金互助社等 12 家新型农村金融机构相继设立;中行新疆分行在昌吉州、阿克苏地区设立了中行吉木萨尔县支行和拜城县支行;交通银行新疆分行成立了乌鲁木齐天津北路支行和伊犁分行,交通银行伊犁分行是交通银行新疆分行第一家辖属分行。

2012 年,交通银行新疆分行增加 3 个中心支行、1 个直属支行,并成立了交通银行阿克苏分行和巴音郭楞分行。年末,农发行新疆分行有区分行营业部 1 个,地(州、市)分行 13 个;兵团分行 2 个:五家渠兵团分行和石河子兵团分行;直属支行 2 个:农发行奎屯市支行和北屯兵团支行;县(市)支行 74 个。同年,中行新疆分行设立了中行哈密市延安路支行、中行和静县支行、中行巴楚县支行、中行奇台县支行、中行北屯市支行、筹建了中行乌苏市新区支行;年末,中行新疆分行辖内机构总数 168 个,其中:一级分行 1 个、二级分行(地、州、市)14 个、县级机构 19 个、经营性支行 129 个、5 个分理处。农行新疆分行共有 363 个分支机构,其中一级分行 1 个,二级分行 13 个,一级分行营业部 1 个,一级支行 97 个,二级支行 111 个,分理处营业所 138 个,培训学校 1 个,其他机构 1 个。建行新疆分行总机构数 198 个,下设区分行 1 个、区分行营业部 1 个、地州市分行 12 个、专业分行 1 个、县(市)支行 163 个、分理处 18 个、储蓄所 2 个。新疆农村信用社有 83 家县市联社和 1 家农村合作银行,共有营业网点 1093 个,区级联社内设党委、理事会、行政办公室、党委宣传部、人力资源部、党委组织部、工会办、计划财务部、信贷管理部、资产风险管理部、审计部、监察保卫部、党委纪检部门、科技中心、信用卡中心;全疆信用户总数为 187 万户,信用村 4833 个,信用乡镇 284 个。全疆有邮政金融网点 637 个,其中银行自营网点 120 个,43.5%的储蓄网点分布在县以下区域。

截至 2012 年末,新疆维吾尔自治区境内共有中资全国性银行 17 家,外资银行 1 家,城市商业银行 5 家,信托公司 2 家,金融租赁公司 1 家;农村中小法人金融机构 93 家,县域金融机构稳步发展,实现空白乡镇基础金融服务全覆盖。

(二)信贷总量强劲增长,有力支持新疆维吾尔自治区实体经济发展。2006 年,国开行新疆分行及时发放 3000 万元应急短期贷款,支持南疆四地州抗震安居工程的顺利实施。同年 12 月,国开行新疆分行国际合作业务处正式成立;并向新疆美克集团年产 6 万吨 1.4—丁二醇项目成功发放 1100 万美元外汇贷款,实现外汇业务零的突破。同年,农发行新疆分行强化落实政策性金融职能作用,支持粮棉油购销工作,全年累计发放各项贷款 289.82 亿元,累计完成企业收购粮食 302.50 万吨,油脂 20.10 万吨,棉花 193.65 万吨;向 47 家粮油加工和产业化龙头企业累计发放贷款 10.13 亿元;扩大棉花预购贷款业务,累计发放预购贷款 14.64 亿元。

2007 年,农发行新疆分行业务发展形成以粮棉油收购贷款和农副产品生产、加工为"一体两翼"的信贷发展方向。全年累计发放各项贷款 369.96 亿元。同年,国开行新疆分行贷款余额增幅达 30%。

2008 年,农发行新疆分行在做好粮棉油收购信贷资金供应和管理的同时,积极发挥政策性和准政策性业务调控粮棉市场、保护农民利益的作用,审慎发展商业性贷款业务,支持新疆新农村建设。全年累计发放各项贷款 405.08 亿元,其中发放政策性贷款 12.62 亿元,准政策性贷款 333.43 亿元,发放商业性贷款 59.03 亿元。至同年末,国开行新疆分行共计向 73 个电力项目累计发放贷款 323.00 亿元,为新疆 90％以上的重大电力项目提供了融资支持,包括全疆电网联网、玛纳斯电厂三期电网项目、吉林台一级水电站、开都河察汗乌苏水电站项目、乌鲁木齐热电厂工程、红雁池"以大代小"热电联产项目、乌苏热电厂、石河子南热电厂、昌吉热电三期一大批电力重点项目开工建设或投入使用,支持建设的电站总装机容量达 877 万千瓦,实现了全疆 220 千瓦联网,并与西北电网的联网。

2009 年,农发行新疆分行围绕自治区"保粮,稳棉,促牧,兴果"和大力发展特色农业战略,加强与新疆维吾尔自治区和新疆生产建设兵团的协作,把调整信贷结构作为信贷工作的重大举措,全年累计发放农业产业化龙头企业和加工企业贷款 26.5 亿元;投放非经营性中长期贷款 28.29 亿元,支持地县两级项目 38 个。同年末,国开行新疆分行表内外管理资产总额 859.46 亿元,其中表内本外币贷款余额 728.47 亿元,在支持地方经济建设中,贷款的保有量持续高位。农行新疆兵团分行各项存款余额 609.72 亿元,各项贷款余额 184.04亿元,贷款支持了兵团节水农业、特色农业和优势农业示范区建设,以及团场区域特色种植基地和农产品加工企业的发展,提升了兵团农产品的质量和附加值;重点支持了疆南牧业、叶河阳光农业、鑫宝牧业、西部牧业等现代农业企业,还对团场职工小额贷款业务以"惠农卡"为载体,为承包大户授信 5000 元至 2000 万元不等,只要符合贷款条件,讲信用的团场职工就可得到所需资金支持。同年末,乌鲁木齐市商业银行资产总计 348.57 亿元,营业利润 1 亿元,净利润 2872 万元。

2010 年,农发行新疆分行坚持树立"保粮稳棉,调结构,促发展,树形象"的工作思路,全年累计发放各项贷款 443.42 亿元。同年,国开行新疆分行共支持哈密市、木垒县、奇台县及阜康等 6 个设施农业项目,发放中小企业贷款 5.25 亿元、保障性住房建设贷款 13.29亿元。同年末,新疆农村信用社各项存款余额 1857.63 亿元,各项贷款余额 1174.83 亿元,实现拨备前利润 69.14 亿元,与 2006 年全辖亏损相比增加 69.14 亿元;累计对外发行玉卡550 万张,卡存款余额 389 亿元。

2011 年,农发行新疆分行为确保粮棉油收购资金供应不出现问题,重点加大对地方和兵团中长期贷款项目的支持力度,突出支持水利和新农村建设,全年累计发放各项贷款681.74 亿元,各项贷款余额达 683.70 亿元,其中累计发放粮油收购贷款 77.46 亿元,棉花收购贷款 486.28 亿元;商业性短期流动资金贷款发放 70.70 亿元;累计发放新农村建设和民生类项目中长期贷款 43.10 亿元。同年,国开行新疆分行支持哈密设施农业、阜康白杨河水库、鄯善金汇铸造、伊犁中小企业、哈密"富民安居"工程等,批量开发项目贷款 560 亿元。华夏银行乌鲁木齐分行连续 3 年新投放表内贷款规模年平均 18 亿元,累计为兵团系统企业储备发行债务融资承销业务 97.50 亿元、结构化融资业务 5 亿元。重点项目涉及农七师年产 30 万吨合成氨和 52 万吨尿素工程、农八师年产 120 万吨聚氯乙烯联合化工项目二期年产 40 万吨聚氯乙烯及配套建设等;为包括新疆生产建设兵团国有资产管理公司,天业集团等 8 家兵团系统重点企业成功申报其总行级优质客户"绿色通道"业务。

2012 年,农发行新疆分行支持粮棉收储和新农村建设,累计发放各类贷款 867.9 亿元,其中新棉收购贷款 591.10 亿元,中长期贷款 93.80 亿元,支持项目 70 个,改善 30.70万户农村人口住房,整治土地 1066 公顷,新建改建农村道路 61 公里;支持国家、自治区和兵团化肥,肉,羊毛,棉花储备的贷款 19.72 亿元;支持农业产业化龙头和加工企业以及农业科技进步贷款 41.1 亿元;发放农业生产资料,棉花预购贷款 13.27 亿元。工行新疆分行同年末实现账面净利润 23.30 亿元,增长 12.2%;各项存款(不含同业存款)较年初增加了 243.3 亿元,增长 15.1%,各项贷款较年初增加 133.8 亿元,增长 22.3%,创工行新疆分行历史纪录;实现中间业务收入 9.40 亿元、增长 4.7%,增幅居系统内第 17 位,较上年提升 20 位。不良贷款余额和占比较年初分别下降 1.42 亿元和 0.44 个百分点,降至 6.56 亿元和 0.89%,继续保持"双降"的态势。同期,农行新疆分行各项存款达到 1355.56 亿元,各项贷款 400.50 亿元,总资产 1414.63 亿元,利润 21.70 亿元,中间业务收入 8.98 亿元。邮储银行新疆分行资产规模达到 627 亿元,贷款余额 101.20 亿元,邮政储蓄客户达到 1209 万户;累计为再就业人员办理小额贷款 11250 笔,金额 49481.20 万元。

从 2010 年开始,全疆银行业机构本外币存、贷款年均增速 21.8% 和 28.5%,分别高出全国 6.3 个和 12 个百分点。贷款增速排名由 2006 年的全国第 26 位,上升至 2012 年的全国前 3 位,增速高于 GDP 增速 13—20 个百分点。截至 2012 年末,新疆银行业金融机构不良贷款率较 2003 年末下降了 11.85 个百分点;中小法人机构资本充足率达到 13.85%,拨备覆盖率为 2.4%,地方法人机构风险抵御能力显著增强。全疆银行业总资产达到 1.70 万亿元,各项贷款余额 8386 亿元,存款余额 1.24 万亿元;全疆银行业金融机构实现净利润 222 亿元。

(三)跨境人民币业务取得突破性进展。2010 年,新疆成为全国第二批跨境贸易人民币结算试点和全国第一个获准开展跨境直接投资人民币结算试点省区后,至 2012 年末,新疆已与哈萨克斯坦、美国等 46 个国家和地区开展了跨境人民币实际收付业务,跨境结算实际收付累计达 871.60 亿元人民币,有境外银行和非居民机构人民币同业往来账户 37 个、非居民机构人民币账户 39 个。

五、新疆银行业机构辖属分支机构

2005 年新疆银行业机构自治区、地(州)机构一览

表附录—1

机构名称	负责人	地　址	邮　编
中国人民银行乌鲁木齐中心支行	刘伟建	乌鲁木齐市人民路 395 号	830002
中国人民银行阿勒泰地区中心支行	程　刚	阿勒泰市团结路 69 号	836500
中国人民银行伊犁州中心支行	曹　刚	伊宁市斯大林街 93 号	835000
中国人民银行塔城地区中心支行	刘宏立	塔城市塔尔巴哈台南路	834700
中国人民银行博尔塔拉州中心支行	王志武	博乐市团结路 99 号	833400
中国人民银行克拉玛依市中心支行	王志虎	克拉玛依市迎宾路 50 号	834000
中国人民银行石河子市中心支行	王嵩青	石河子市东五路 50 号	832000
中国人民银行昌吉州中心支行	杨为新	昌吉市北京南路 17 号	831100
中国人民银行哈密地区中心支行	王月玲	哈密市阿牙路 3 号	839000
中国人民银行巴音郭楞州中心支行	段小丽	库尔勒市石化大道	841000
中国人民银行吐鲁番地区中心支行	黄　宪	吐鲁番市前进街 588 号	838000
中国人民银行阿克苏地区中心支行	樊式方	阿克苏市迎宾路 16 号	843000
中国人民银行克孜勒苏州中心支行	张志平	阿图什市松塔路 15 号	845350
中国人民银行喀什地区中心支行	王晓东	喀什西域大道 158 号	844000
中国人民银行和田地区中心支行	常　江	和田市北京西路 116 号	848000
中国银行业监督管理委员会新疆监管局	李生诚	新疆乌鲁木齐市和平北路 11 号	830002
中国银行业监督管理委员会伊犁监管分局	周维民	新疆伊犁州伊宁市斯大林街 39 号	839000
中国银行业监督管理委员会塔城监管分局	达　目	新疆塔城市解放路生产街	834700
中国银行业监督管理委员会阿勒泰监管分局	韦　猛	新疆阿勒泰市团结路	836500
中国银行业监督管理委员会博尔塔拉监管分局	成湘滨	新疆博乐市顾力木图路 11 号	833400

表附录－1 续

机构名称	负责人	地　址	邮　编
中国银行业监督管理委员会昌吉监管分局	李文彪	新疆昌吉市北京南路 22 号	831100
中国银行业监督管理委员会哈密监管分局	刘子荣	新疆哈密市文化路 10 号	839000
中国银行业监督管理委员会吐鲁番监管分局	谢念虎	新疆吐鲁番市绿洲中路 16 号	838000
中国银行业监督管理委员会巴音郭楞监管分局	王新伟	新疆库尔勒市石化大道 68 号	841000
中国银行业监督管理委员会阿克苏监管分局	陈新民	新疆阿克苏市新华东路 14 号	843000
中国银行业监督管理委员会克孜勒苏监管分局	孙厚荣	新疆阿图什市布松他克路 15 号	845350
中国银行业监督管理委员会喀什监管分局	张　坚	新疆喀什市人民西路 124 号	844000
中国银行业监督管理委员会和田监管分局	宋晓新	新疆和田市北京西路 28 号	848000
中国银行业监督管理委员会克拉玛依监管分局	李　恺	新疆克拉玛依市塔河路 67 号	834000
中国银行业监督管理委员会石河子监管分局	张元生	新疆石河子开发区东幸福路 52 号	832000
中国农业发展银行新疆维吾尔自治区分行	王世平	乌鲁木齐市人民路 193 号	830004
中国农业发展银行昌吉州分行	杜建新	昌吉市健康西路 29 号	831100
中国农业发展银行五家渠分行	塔兰特	五家渠市长征西街 60 号	831300
中国农业发展银行吐鲁番地区分行	于传明	吐鲁番市青年路 1099 号	838000
中国农业发展银行哈密地区分行	曾　源	哈密市中山北路 180 号	839000
中国农业发展银行伊犁州分行	胡升阳	伊宁市解放西路 299－1 号	835000
中国农业发展银行塔城地区分行	朱　保	塔城市伊宁路 299－1 号	834700
中国农业发展银行阿勒泰地区分行	丁新贵	阿勒泰市解放路 39 号	836500
中国农业发展银行博尔塔拉州分行	邢国建	博乐市青年得里大街 176 号	833400
中国农业发展银行克拉玛依市分行	杨　娟	克拉玛依市塔河路 58 号	833500

表附录－1 续

机构名称	负责人	地 址	邮 编
中国农业发展银行石河子兵团分行	黄怀强	石河子市东环路 17 号	832000
中国农业发展银行巴音郭楞州分行	王 涤	库尔勒市石化大道 35 号	841600
中国农业发展银行阿克苏地区分行	刘世煊	阿克苏市迎宾路 26 号	843000
中国农业发展银行克孜勒苏州分行	崔维强	阿图什市松它克路北 8 号	845350
中国农业发展银行喀什地区分行	李新让	喀什市人民东路 256 号	844000
中国农业发展银行和田地区分行	刘启明	和田市纳瓦格路 18 号	848000
中国农业发展银行奎屯市支行	张兆平	奎屯市团结西街 19 号	833200
中国农业发展银行北屯兵团支行	周晓宝	北屯团结新区 10 号	836000
国家开发银行新疆维吾尔自治区分行	郑旭东	乌鲁木齐市中山路 333 号	830002
中国工商银行股份有限公司新疆维吾尔自治区分行	吴宁锋	乌鲁木齐市人民路 88 号	830002
中国工商银行股份有限公司新疆维吾尔自治区分行营业部	张延挺	乌鲁木齐市新民路 2 号	830002
中国工商银行股份有限公司伊犁哈萨克自治州分行	张脉群	伊宁市斯大林街 39 号	835000
中国工商银行股份有限公司塔城地区分行	许群龙	塔城市新华街 153 号	834700
中国工商银行股份有限公司阿勒泰地区分行	李新玉	阿勒泰市金山路 1 号	836500
中国工商银行股份有限公司博尔塔拉蒙古自治州分行	邓学工	博乐市青得里大街 74 号	833400
中国工商银行股份有限公司昌吉回族自治州分行	向福中	昌吉市延安北路 23 号	830011
中国工商银行股份有限公司哈密地区分行	肖 平	哈密市中山北路 22 号	839000
中国工商银行股份有限公司吐鲁番地区分行	袁 洲	吐鲁番市绿洲路	838000
中国工商银行股份有限公司巴音郭楞蒙古自治州分行	房玉忠	库尔勒市石化大道工行大厦	841000
中国工商银行股份有限公司阿克苏地区分行	邢 雷	阿克苏栏杆路 24 号	843000

表附录－1 续

机构名称	负责人	地 址	邮 编
中国工商银行股份有限公司喀什地区分行	文德明	喀什市人民西路 65 号	844000
中国工商银行股份有限公司和田地区分行	邵泽山	和田市乌鲁木齐南路 1 号	848000
中国工商银行股份有限公司克拉玛依市石油分行	吴永强	克拉玛依市天山路 38 号	834000
中国工商银行股份有限公司石河子分行	岳 刚	石河子市北四路 23 小区	832000
中国工商银行股份有限公司第七支行	帕塔尔·卡哈尔	马兰地区	841700
中国农业银行新疆维吾尔自治区分行	王 纬	乌鲁木齐市解放南路 66 号	830002
农行新疆分行昌吉回族自治州分行	蒋贵园	新疆昌吉市北京南路 1 号	830001
农行新疆分行喀什地区分行	吐洪江	新疆喀什市人民东路 155 号	844000
农行新疆分行和田地区分行	薛峰林	新疆和田市北京西路 286 号	848000
农行新疆分行阿克苏地区分行	蒲跃生	新疆阿克苏市新华东路 33 号	843000
农行新疆分行巴音郭楞自治州分行	陈 勇	新疆库尔勒市团结北路 9 号	841000
农行新疆分行克孜勒苏自治州分行	蔡酒庆	新疆阿图什市文化路 17 号院	845350
农行新疆分行哈密地区分行	张胜虎	新疆哈密市中山北路 18 号	839000
农行新疆分行吐鲁番地区分行	邢 珂	新疆吐鲁番市绿洲中路 497 号	838000
农行新疆分行阿勒泰地区分行	董建新	新疆阿勒泰市公园路 44 号	836500
农行新疆分行塔城地区分行	赵继尚	新疆塔城市团结路 3 号	834700
农行新疆分行伊犁自治州分行	王炳剑	新疆伊宁市飞机场路 77 号	835000
农行新疆分行克拉玛依市石油分行	严 明	新疆克拉玛依市准噶尔路 110 号	834000
农行新疆分行乌鲁木齐市分行	杨金山	乌鲁木齐市解放南路 66 号	830001
农行新疆分行奎屯市支行	赵 斌	新疆奎屯市北京西路 16 号	833200
中国银行股份有限公司新疆维吾尔自治区分行	仇万强	乌鲁木齐市东风路 1 号	830002
中国银行股份有限公司昌吉州分行	郭鲁成	新疆昌吉市宁边东路 2 号	831100
中国银行股份有限公司伊犁州分行	刘 斌	新疆伊宁市解放西路 5 巷 2 号	835000
中国银行股份有限公司巴音郭楞州分行	倪建荣	新疆库尔勒市人民东路	841000
中国银行股份有限公司喀什分行	李 辉	新疆喀什市人民东路 53 号	844000

表附录－1 续

机构名称	负责人	地　　址	邮　编
中国银行股份有限公司克拉玛依分行	臧汉民	新疆克拉玛依市光明西路 6 号	834000
中国银行股份有限公司石河子分行	陈定华	新疆石河子市北四路 163 号	832000
中国银行股份有限公司阿克苏分行	王守东	新疆阿克苏市新华东路 1 号	843000
中国银行股份有限公司塔城分行	杨坚斌	新疆塔城市光明路	834700
中国银行股份有限公司哈密分行	魏东赟	新疆哈密市广场北路 107 号	839000
中国银行股份有限公司吐鲁番分行	王怡舟	新疆吐鲁番市老城路 119 号	838000
中国银行股份有限公司博尔塔拉州分行	杨建林	新疆博乐市北京路 148 号	833400
中国银行股份有限公司和田分行	杨卫锐	新疆和田市乌鲁木齐南路 75 号	848000
中国银行股份有限公司阿勒泰分行	闫　鹏	新疆阿勒泰市解放南路 61 号	836500
中国银行股份有限公司克孜勒苏州分行	托合托逊	新疆阿图什市帕米尔路	845350
中国建设银行股份有限公司新疆维吾尔自治区分行	吴建中	乌鲁木齐市民主路 99 号	830002
中国建设银行股份有限公司新疆区分行营业部	杨险峰	乌鲁木齐市西河坝后街 139 号	830002
中国建设银行股份有限公司伊犁哈萨克自治州分行	兰胜利	新疆伊宁市斯大林街 7 号	835000
中国建设银行股份有限公司博尔塔拉蒙古自治州分行	王庆平	新疆博乐市青德里大街 89 号	833400
中国建设银行股份有限公司塔城地区分行	李　刚	新疆塔城市新华街	834700
中国建设银行股份有限公司阿勒泰地区分行	常克勤	新疆阿勒泰市解放路 4 号	836500
中国建设银行股份有限公司克拉玛依市石油分行	周　荣	新疆克拉玛依市准噶尔路 178 号	834000
中国建设银行股份有限公司石河子市分行	李华明	新疆石河子市北四路 188 号	832000
中国建设银行股份有限公司昌吉回族自治州分行	王海林	新疆昌吉市北京南路 13 号	832000
中国建设银行股份有限公司吐鲁番地区分行	秦克楼	新疆吐鲁番市青年路 9 号	838000

表附录－1续

机构名称	负责人	地　址	邮　编
中国建设银行股份有限公司哈密地区分行	汤先锋	新疆哈密市广东路 385 号	839000
中国建设银行股份有限公司巴音郭楞蒙古自治州分行	郭正平	新疆库尔勒市萨依巴格路 1 号	841000
中国建设银行股份有限公司阿克苏地区分行	阿不来提	新疆阿克苏市东大街 17 号	843000
中国建设银行股份有限公司喀什地区分行	韩　勇	新疆喀什市解放南路 102 号	844000
中国建设银行股份有限公司和田地区分行	刘宇民	新疆和田市友谊路 2 号	848000
中国农业银行新疆维吾尔自治区兵团分行	王　纬	乌鲁木齐市解放南路 259 号	830002
中国农业银行新疆兵团分行营业部	边桂林	乌鲁木齐市解放南路 259 号	830002
中国农业银行新疆石河子兵团分行	杜玉萍	石河子市北四路 212 号	832000
中国农业银行新疆五家渠兵团分行	张益民	五家渠市青湖南路 1098 号	831300
中国农业银行新疆巴音郭楞兵团支行	黄海军	库尔勒市人民西路 70 号	841000
中国农业银行新疆阿克苏兵团支行	张新全	阿克苏市迎宾路 20 号	843000
中国农业银行新疆喀什兵团支行	黄　枫	喀什市解放南路 270 号	844000
中国农业银行新疆伊犁兵团支行	张　勇	伊宁市解放南路 256 号	835000
中国农业银行新疆塔城兵团支行	李　靖	塔城额敏县农九师	834601
中国农业银行新疆博尔塔拉兵团支行	陈剑波	博乐市新华路 27 号	833400
中国农业银行新疆阿勒泰兵团支行	杨中华	北屯团结路 936 号	836000
交通银行乌鲁木齐分行	赵　炯	乌鲁木齐市东风路 16 号	830002
交通银行乌鲁木齐分行营业部	郝亚丽	乌鲁木齐市东风路 16 号	830002
招商银行股份有限公司乌鲁木齐分行	姚成军	乌鲁木齐市新华北路 80 号	830002
华夏银行股份有限公司乌鲁木齐分行	马晓华	乌鲁木齐市东风路 15 号	830002
乌鲁木齐市商业银行	尚边疆	乌鲁木齐市新华北路 8 号	830002
新疆维吾尔自治区农村信用社联合社	阿不都	乌鲁木齐市天山区金银路 53 号	830001
新疆维吾尔自治区邮政储汇局	孙黎焰	乌鲁木齐市民主路 77 号	830002
新疆维吾尔自治区乌鲁木齐市邮政局	成光华	乌鲁木齐市扬子江路 1 号	830000
新疆维吾尔自治区昌吉回族自治州邮政局	张建强	昌吉市延安北路 2 号	831100

表附录－1续

机构名称	负责人	地 址	邮 编
新疆维吾尔自治区吐鲁番地区邮政局	刘富崇	吐鲁番市高昌中路 712 号	838000
新疆维吾尔自治区哈密地区邮政局	德里夏提·买合买提	哈密市天山北路 60 号	839000
新疆维吾尔自治区巴音郭楞蒙古自治州邮政局	胡世意	库尔勒市石化大道 82 号邮政大厦	841000
新疆维吾尔自治区喀什地区邮政局	买买提·牙生	喀什市人民西路40 号	844000
新疆维吾尔自治区克孜勒苏柯尔克孜自治州邮政局	雷永新	阿图什市光明北路 21 号	845350
新疆维吾尔自治区阿克苏地区邮政局	陈 萍	阿克苏市南大街	843000
新疆维吾尔自治区和田地区邮政局	杜海啸	和田市北京西路 340 号	848000
新疆维吾尔自治区伊犁哈萨克自治州邮政局	李建中	伊宁市新华西路 25 号	835000
新疆维吾尔自治区博尔塔拉蒙古自治州邮政局	玉素甫	博乐市团结路 89 号	833400
新疆维吾尔自治区塔城地区邮政局	王本贵	塔城市伊宁路 320 号鸿雁大厦	834700
新疆维吾尔自治区阿勒泰地区邮政局	王保中	阿勒泰市解放路 39 号	836500
新疆维吾尔自治区克拉玛依市邮政局	申宪荣	克拉玛依市友谊路 161 号	834000
新疆维吾尔自治区石河子市邮政局	史志功	石河子市北子午路 221 号	832000
新疆维吾尔自治区奎屯市邮政局	王正平	奎屯市团结东街 36 号	833200
新疆国际信托投资有限责任公司	任光华	乌鲁木齐市中山路 333 号	830002
新疆长城新盛信托有限责任公司	林 峰	伊宁市新华西路 64 号	835000
长城国兴金融租赁有限公司	孟玲虎	乌鲁木齐市民主路 75 号	830002
中国信达资产管理股份有限公司新疆分公司	丁晓杰	乌鲁木齐市西河坝前街 127 号	830004
中国华融资产管理股份有限公司新疆分公司	马肯·穆哈买	乌鲁木齐市天山路280 号	830002
中国长城资产管理公司乌鲁木齐办事处	王仕轩	乌鲁木齐市人民路 280 号	830002
中国东方资产管理公司乌鲁木齐业务部	刘 柯	乌鲁木齐市中山路 260 号	830002

六、银行业金融机构全称及简称对照表

《新疆通志·银行业志(1986—2005 年)》
涉及金融机构全称与简称对照表

机构全称	简称
中国人民银行	人行总行
国家外汇管理局	外管总局
中国银行业监督管理委员会	中国银监会
中国农业发展银行	农发行总行
国家开发银行	国开行总行
中国工商银行股份有限公司	工行总行
中国农业银行	农行总行
中国银行股份有限公司	中行总行
中国建设银行股份有限公司	建行总行
交通银行股份有限公司	交通银行总行
招商银行股份有限公司	招商银行总行
华夏银行股份有限公司	华夏银行总行
中国人民银行西安分行	人行西安分行
中国人民银行新疆维吾尔自治区分行	人行新疆分行
中国人民银行乌鲁木齐中心支行	人行乌鲁木齐中心支行
国家外汇管理局新疆维吾尔自治区分局	外管局新疆分局
中国银行业监督管理委员会新疆监管局	新疆银监局
中国农业发展银行新疆维吾尔自治区分行	农发行新疆分行
国家开发银行新疆维吾尔自治区分行	国开行新疆分行
中国工商银行股份有限公司新疆维吾尔自治区分行	工行新疆分行
中国农业银行新疆维吾尔自治区分行	农行新疆分行
中国银行股份有限公司新疆维吾尔自治区分行	中行新疆分行
中国建设银行股份有限公司新疆维吾尔自治区分行	建行新疆分行
中国农业银行新疆维吾尔自治区兵团分行	农行新疆兵团分行

续

机构全称	简称
交通银行股份有限公司新疆维吾尔自治区分行	交通银行新疆分行
招商银行股份有限公司乌鲁木齐分行	招商银行乌鲁木齐分行
华夏银行股份有限公司乌鲁木齐分行	华夏银行乌鲁木齐分行
乌鲁木齐市商业银行	乌鲁木齐市商业银行
新疆维吾尔自治区农村信用社联合社	新疆农村信用社
新疆维吾尔自治区邮政储汇局	新疆邮政储汇局
华融国际信托有限责任公司	华融国际信托公司
新疆长城新盛信托有限责任公司	新疆长城新盛信托公司
长城国兴金融租赁有限公司	长城国兴金融租赁公司
中国信达资产管理股份有限公司乌鲁木齐办事处	信达资产管理乌鲁木齐办事处
中国华融资产管理股份有限公司乌鲁木齐办事处	华融资产管理乌鲁木齐办事处
中国长城资产管理公司乌鲁木齐办事处	长城资产管理乌鲁木齐办事处
中国东方资产管理公司乌鲁木齐业务部	东方资产管理乌鲁木齐业务部
新疆维吾尔自治区金融学会	新疆金融学会
新疆维吾尔自治区农村金融学会	新疆农村金融学会
新疆维吾尔自治区钱币学会	新疆钱币学会
新疆维吾尔自治区银行业协会	新疆银行业协会

编后记

记述新疆境内银行事业 20 年发展史实的《新疆通志·银行业志（1986—2005 年）》，历经四载寒暑，终与读者见面，可喜可贺。

为贯彻新疆维吾尔自治区党委、自治区人民政府关于续修《新疆通志》的有关部署，做好《新疆通志·银行业志（1986—2005 年）》（以下简称本志）的续修工作，2012 年 11 月，人行乌鲁木齐中心支行会同新疆银监局联合发出《关于印发〈续修新疆银行业志意见〉的通知》，对指导思想、目标任务、承编机构、经费分摊、编修进度等进行了确定，成立了本志编纂委员会（以下简称编委会），并下设编辑部专司编纂之职。编辑部成立后，从人行巴音郭楞州中心支行借调姜勇到编辑部工作。随即开始设计方案、撰写编纂大纲。纲目初定为 12 篇 56 章 205 节。2012 年 12 月，发文要求各承编机构按编纂大纲提供资料。各承编机构接此任务后，立即专题布置，抽调人员成立编纂部门主要负责此项工作，直至 2013 年 3 月末完成大纲篇目，并由编辑部对参编单位和人行内处室主要撰稿人进行了系统培训。提出了具体要求。同月底，姜勇因事离开编辑部后，编委会又从人行乌鲁木齐中心支行货币信贷处抽调正处级调研员杨新建、借调人行博尔塔拉州中心支行干部张新疆充实编辑部力量。

本志涉及机构有 22 家，由于所需资料时跨较长，导致收集难度大，加之部分承编机构抽调的人员对编修志书业务不熟等诸多因素影响，至 2013 年 8 月末，只有 6 家提供了基本资料。从 2013 年 9 初开始，编辑人员采取三项措施，加大了资料的催收及整理力度，第一，将原定纲目细化后再逐一发向未提供资料的承编机构，要求限期提供；第二，上门对个别机构进行了收集与整理资料的业务辅导；第三，对已收到的资料，及时进行分类拆分及查漏，并将需要补充资料的有关情况及时反馈至相关承编机构，要求尽快补充。

2013 年 9 月 20 日开始，由于各承编机构主要精力投入党的群众路线教育实践活动和支援基层业务大检查，致使资料提供再度延迟，至 2013 年 10 月底，只有 10 家承编机构提供了较完整的资料。当编委会领导获知此情况后，为提升编修速度，于 2013 年 11 月又专门询问详细情况并专题研究编修工作，对 22 家承编机构提供资料情况进行了通报，这些举措起到了极大的督促作用，至 2013 年 11 月末，提供资料机构增至 16 家。从收集到的资料中，编辑部从 2013 年 12 月起立即启动本志初稿的拟写工作，至 2013 年 12 月末，催收到 18 家承编机构提供的资料，初稿撰写完成 40%。与此同时，编辑部在资料分类拆分及整理过程中，及时向编辑部领导提出了纲目调整建议，获批后，形成新的纲目 12 篇 49 章 154 节。2014 年 5 月获得自治区地方志编委会批准。此次调整重点是将原定的《机构》篇的 10 章整合为 8 章，《金融改革》篇的 8 章整合为 7 章，将雷同和无资料来源的节去掉，并根据内容需要又新增了一些条目。

　　进入2014年6月后,编辑部在继续加大补充资料催收的同时,将主要精力投入初稿的拟写。

　　2014年8月,基本形成的初稿呈送副主编、执行副主编初审时,又作了一些内容上的增删,至8月末,较完整的初稿形成。2014年9月,编辑部领导又3次审读初稿,从篇章结构、内容充实等方面提出了许多建设性意见。随后,编辑部又深入人行乌鲁木齐中心支行档案室、自治区档案馆,查阅了近20万字的基础资料,对初稿进行了补充。9月下旬,形成征求意见第一稿,发送到编委会领导和22家机构征求意见。根据反馈的意见,编辑部又对志稿结构进行了微整。由于《人物》篇在上一轮修志中没有反映,此次要从2005年追溯到新中国成立,为的是全面反映曾经对新疆金融事业作出过贡献的人物代表。编辑部要求各参编单位对各自单位的人物进行深入挖掘,同时查阅历史资料,寻找金融界有影响的人物,通过老干部、退休职工等了解有关的人物事迹,并对有过突出贡献的老领导、老专家、国家级的先进人物、金融界烈士和影响较大的新疆金融界人士进行收集。还专门与人行乌鲁木齐中心支行宣传群工部的同志一道采访了94岁高龄的老红军,人行新疆分行第二任行长杨万胜,向他了解了20世纪50年代新疆金融界人物的一些珍贵资料。还派员前往伊犁等地,帮助参编单位查找资料,解决资料缺失问题。2014年10月,由张新疆对全志稿进行了总纂。2014年11月中旬,形成征求意见第二稿,分发至本志编委会领导及成员、22家承编机构,再次广泛征求意见,在此基础上形成初审稿,以通讯方式召开了由本志编委会领导及成员参加的初审会,与会人员在初审后原则同意经修改完善后呈报自治区地方志编委会复审。

　　2015年1～3月,编辑部根据初审会和第二次征求到的意见,再一次对志稿进行了修改完善。为确保志书质量,2015年4月,本志编委会将完整的修改稿交付受聘的金融专家组,用1个月的时间进行更高层面的把关。2015年6月,邀请自治区地方志编委会部分修志专家对本志稿进行了"会诊把脉"。同年8月上旬呈报自治区地方志编委会的复审稿正式形成。

　　据统计,本志编修前后九易其稿,共收到各承编机构提供的基础资料达270余万字。除此之外,编辑部还先后查阅其他资料1007卷(册),经济金融类书籍、报刊、杂志490余册(份),访问经济金融类网站29个,索取口碑资料采访10余人,采集到基础资料近30万字。

　　全志除彩图、数据对比图、行政区划图、机构标示图、序言、凡例、概述、大事记、附录、编后记十部分外,设专志12篇49章154节。志稿总字数120余万字。本志初稿撰写人如下:

　　概述、凡例、编后记、第一、第三、第四、第五、第八篇和附录中的遗漏、发展概况项目由张新疆撰写;大事记、彩图、第二、第六、第七、第九、第十、第十二篇和附录中的大事记、新疆银行业纪事由杨新建撰写;第十一篇由马正宇撰写;数字表格主要由吴雅楠完成;机构标示图由张新疆收集完成;数据对比图由温波提供数据源、张新疆加工制作完成;整体编排由杨新建、张新疆完成;英文目录由吴星翻译。

　　本志是集体智慧的结晶,是全疆银行业各承编机构共同劳动的成果。在编写过程中,新疆维吾尔自治区地方志编委会、巴音郭楞州党史办公室退休干部孙凤鸣给予了精心指导。各承编机构的修志部门、部分知情人士给予了积极配合与支持,从而确保了志书质量,在此一并致谢。

　　本志在史料上已反复核查,在编章节目上曾几经厘订,在文字上经数次审改,目的在于克臻善美。但由于这 20 年,正是金融业各项改革的频发期,加上编者学识所限,深入考究不够等原因,志书在内容的完整性、史实记述详略、材料运用等方面,难免偏颇、疏漏甚或错讹,敬请明者矫正。

编　者

二零一八年一月